20세기 프랑스 역사가들

새로운 역사학의 탄생

20세기 프랑스 역사가들
새로운 역사학의 탄생

엮은이 필립 데일리더 · 필립 월런
옮긴이 김응종, 김정인, 문지영, 박윤덕, 백인호, 성백용, 양희영, 이용재, 임승휘
펴낸이 송병섭
펴낸곳 삼천리
등 록 제312-2008-121호
주 소 08255 서울시 구로구 부일로 17길 74(2층)
전 화 02) 711-1197
팩 스 02) 6008-0436
이메일 bssong45@hanmail.net

1판 1쇄 2016년 5월 27일

값 58,000원
ISBN 978-89-94898-38-4 93920
한국어판 © 삼천리 2016

French Historians 1900-2000
New Historical Writing in Twentieth-Century France

20세기
프랑스
역사가들

새로운 역사학의 탄생

필립 데일리더, 필립 월런 엮음

김응종, 김정인, 문지영, 박윤덕, 백인호, 성백용, 양희영, 이용재, 임승휘 옮김

한국프랑스사학회 감수

삼천리

20세기 프랑스 역사학의 오디세이아

역사란 무엇인가? 역사가 E. H. 카는 "역사를 알려면 먼저 역사가를
알아야 하고, 역사가를 알려면 우선 그가 살았던 사회를 알아야 한다"
고 말했다. 자기가 사는 시대에서 얻은 통찰력이 과거에 대한 시야를 밝
혀 주는 바로 그때 역사가는 위대한 역사를 쓸 수 있기 때문이다. 역사와
역사가, 역사가와 그가 사는 시대의 관련성, 달리 말해서 역사(과거), 역사
가, 사회(현재) 사이의 상호작용에 대한 이해와 탐색은 이 책의 기본 전제
이자 목표이다.

이 책에는 지난 세기 현대 역사학을 풍미한 프랑스 역사가들의 삶과
학문이 녹아 있다. 20세기가 역사학의 세기였다면, 전성기 서양 역사학
의 한복판에는 프랑스 역사가들이 있었다. 프랑스에서 19세기 말 제3공
화국이 성립한 후, 역사학은 대외적으로 국력을 신장하고 대내적으로 공
민 의식을 함양하는 공화주의 공교육과 나란히 발전했다. 역사학은 철
학이나 문학의 글쓰기와는 구별되는 소양과 방법론을 갖춘 학문 분야로
발돋움했으며, 역사를 연구하고 가르치는 전문 역사가들이 대학과 교육
기관에 자리를 잡았다.

제1차 세계대전 이후 불모의 세월 속에 등장한 마르크스주의 역사학은 19세기식의 실증주의 역사학의 외피를 벗어던지고, '이념'과 동시에 '과학'으로 무장한 역사학의 토대를 닦았다. 제2차 세계대전의 패배를 딛고 성장한 아날학파 역사학은 역사의 시간성에 대한 새로운 성찰을 통해 역사학의 지평을 넓히고 세계 역사학을 선도해 나갔다. 20세기 식민 제국의 성장과 몰락을 지켜본 역사가들은 중동과 마그레브의 역사 문화, 더 나아가 적도아프리카와 아시아의 문명을 탐색하면서 제3세계 역사인류학의 기틀을 마련했다. 그런가 하면 역사가들은 지역 풍물과 지리 환경에 대한 고찰을 통해 프랑스 고유의 인문지리학 발전에 널리 이바지하기도 했다. 이렇게 프랑스 역사학은 경제학, 인류학, 지리학 등 인접 사회과학과 서슴없이 뒤섞이면서 사회 전반을 총체적으로 조명하는 첨단 '융복합' 인문학의 지평을 열었다. 이른바 '포스트모던' 시대로 넘어서는 20세기 후반에 마르크스주의의 몰락은 물론 아날학파의 위기가 언급될 때에도, 프랑스 역사학자들은 '역사'에서 '기억'으로, '사회'에서 '문화'로 시야를 넓히면서 역사학을 쇄신하는 데 앞장섰다.

이 책에서 우리는 익숙하기도 하고 낯설기도 한 이름들, 지난 세기 프랑스 역사학을 이끌었던 불후의 이름들을 만날 수 있다. 대개는 이미 유명을 달리했지만 몇몇은 여전히 왕성한 활동력을 과시하고 있다. 이 책에 나오는 42명의 역사가들은 하나같이 자신이 사는 시대에 얽매여 치열하게 고민하고 사회 문제와 대결하면서 학문적 성과를 일구어 낸 역사학의 거장들이다. 이 책의 궁극적인 취지는 시대의 변화와 현재의 필요에 따라 역사학이 어떻게 쇄신되어 나가는가를 밝히는 데 있다. 요컨대 지난 세기에 탁월한 업적과 명성을 남긴 역사가들의 삶의 단편들을 통해 우리가 들여다보는 것은 어쩌면 20세기라는 한 시대의 집단 초상일 것이다. 과거를 연구함으로써 궁극적으로 우리 시대의 의미를 발견하는 것이 역사학이라고 믿는 독자라면, 현재를 사는 역사가의 시대 의식이 과거를 보는 시야를 쇄신해서 끊임없이 '새로운' 역사학을 만들어 내는 생생한 사례들을 이 책에서 만날 수 있을 것이다.

프랑스 역사를 공부하는 몇몇 연구자가 이 책을 함께 번역하기로 기획한 지도 어느새 몇 해가 지났다. 지난 세기 역사가들의 평전을 새삼 번역하기로 한 까닭은 전환의 시대에 접어들어 역사학에 주어지는 새로운 과제를 가늠하기 위해서는 지난날의 성과를 되돌아볼 필요가 절실했기 때문이다. 아무쪼록 이 책이 현대 프랑스 역사학의 흐름과 성취를 살펴보는 유익한 길잡이가 되기를 바랄 따름이다. 공동 번역을 추진한 것은 방대한 분량을 나누어 맡을 수밖에 없는 현실적인 부담도 있었지만, 무엇보다 해당 역사가와 공적으로든 사적으로든 친숙한 연구자를 선정하고자 했기 때문이다. 옮긴이들은 자신이 한때 사사했거나 사숙한 역사가들, 직간접으로 친분과 교류를 나눈 역사가들, 연구 주제와 문제의식이 맞닿아 있는 역사가들을 우선적으로 맡았다. 이렇게 저마다 원하는 역사가들을 번역한 것은 그들에게서 받은 학은(學恩)에 대한 옮긴이 나름의 감사의 표시이기도 하다.

최종적으로 용어를 통일하고 내용과 문체를 조율하며 원고를 돌려 보면서 교정하는 데 시간이 많이 걸렸다. 번역 과정을 함께 해주고 값진 조언을 아끼지 않은 동료 역사학도들에게 감사의 뜻을 전한다. 그리고 시장성이라고는 찾아보기 힘든 이 두꺼운 책을 흔쾌히 맡아 준 삼천리출판사와 기획에서 출판까지 긴 시간을 함께 해준 편집진에게도 고마운 마음을 전하고 싶다. 하지만 오역과 졸역의 책임은 물론 번역자들의 몫이다.

2016년 5월
이용재

차 례

프랑스 역사학의 전문화

그 무엇보다도 프랑스 역사학의 전문화 과정은 20세기 프랑스 역사가들을 선배 역사가들과 뚜렷이 구별해 놓았다. 프랑스에서 19세기 내내 저명한 역사가들은 대개 학계와 별다른 인연이 없었으며, 생계를 위해서 역사책을 쓴다거나 역사를 가르치는 일에 매달리지도 않았다. 이 시기 역사가들은 주로 일자리를 찾지 않아도 되는 성직자 신분, 부유한 귀족 출신, 언론인, 정치인이거나 여러 방면에 글을 쓰는 문필가들이었다. 19세기 프랑스의 가장 위대한 역사가로 칭송받는 쥘 미슐레는 콜레주드프랑스에서 가르치는 동시에 프랑스 국가기록원에서 일자리를 얻었다. 말년에는 역사책뿐 아니라 곤충, 바다, 자연에 이르기까지 아주 일반적인 주제로 쓴 여러 책에서 나오는 인세 수입으로 살아갔다. 하지만 이 책에서 살펴보게 될 역사가들은 역사를 가르치고 연구하는 일을 직업으로 삼았는데 대개는 고등교육기관에 고용되어 있었다.

19세기 말과 20세기 초에 프랑스에서 나타난 역사학의 전문화는 급료 문제를 훨씬 넘어서까지 널리 영향을 끼쳤다. 전문화가 이루어짐에 따라 역사를 개념화하고 서술하는 새로운 방식이 등장했다. 19세기의 아마추어 역사가들은 진실과 허구의 문제에 무관심하지 않았고 과거를 재구성할 때 반드시 사료를 원용해야 한다는 것을 알고 있었지만, 이런 방법론보다는 문체에 더 관심을 두었다. 말하자면 문학적인 글쓰기 스타일을 즐겨 사용했다. 높은 수준의 심미적 기준을 충족시킬 수 있도록 고안된 글쓰기 방식은 독자를 과거 자체 속으로 끌고 들어가는 데 중점을 두었다. 아마추어 역사가들은 역사 자료의 부족을 메우고 자신들이 쓰는 책에 재미를 보태기 위해서 상상력을 아낌없이 구사했다. 백 년 전에 죽은 사람들이 서로 대화를 나누는 직접화법 문장은 흔히 볼 수 있는 글쓰기 관행이었다. 이러한 대화체 글쓰기는 현장감을 더해 주기는 했지만, 역사가들은 어쩔 수 없이 이야기를 꾸며내야만 했다. 풍부한 대화로 자료의 부족을 메운 셈이다. 아마추어 역사가들은 사건이 발생한 순서대로 사건을 기술하는 이야기체 서술 양식을 선호했다. 하지만 그들은 정확한 연월일을 빼먹는 버릇이 있었는데, 이런 숫자 탓에 문장의 흐름이 막히거나 문체의 유려함이 손상되지나 않을까 하는 우려 때문이었다. 아마추어 역사가들은 책을 쓰면서 자신들이 어떤 자료를 참고했는지, 아니면 참고하지 못한 자료는 어떤 것들인지조차 잘 모르는 경우가 많았다. 사용한 자료의 출처를 독자들에게 밝혀 놓는 경우는 정말 드물었다.

19세기의 아마추어 역사가들은 세분화 영역에서도 20세기의 후배들과는 달랐다. 자신이 태어난 마을이나 소도시, 지방의 이야기를 쓰는 지역 역사가들을 제외하고는, 세분화된 글쓰기를 좋아하지 않았으며 그런 글쓰기를 미덕으로 여기지도 않았다. 그들은 시공간적으로 방대한 영역을 포괄하는 두꺼운 책을 써 내는 일을 더 좋아했다. 한 나라의 지난 이야기를 모두 다루는 이러한 방대한 역사책은 뚜렷한 교육적 목적을 띠기도 했다. 휴머니즘 전통 속에서 성장한 이 아마추어 역사가들은 역사학이 도덕적 훈육의 원천이 되어야 하며, 독자들에게 옳은 행동과 그릇된 행동, 그에 따른 결과 따위의 사례를 보여 주어야 한다고 믿었다. 이런 식으로 쓰인 역사는 과거의 위인을 부각시키고 이들에게 불멸성을 부여해 주는 항구적인 기념비가 된다. 역사가의 위대함이란 이러한 기념비를 어떻게 만들어 내느냐 여부에 달려 있었으며 이를 통해 역사가 또한 불멸의 명성을 얻을 수 있었다.

19세기 말과 20세기 초에 독일 학자들은 역사학의 관행을 혁신했으니, 역사학을 인문학의 범주에서 끄집어내어 과학 쪽에 접근시켰다. 이들 독일 역사가와 그 추종자들은 흔히 '실증주의' 역사가 또는 '과학적' 역사가라고 일컬어졌다. 실증주의 역사가들은 역사학이 날로 권위를 더해 가고 있는 자연과학을 본받아 제 모습을 갖추어야 한다고 주장했다. 역사가는 사실을 탐색하는 불편부당한 연구자여야 하며 모든 역사가는 공통된 방법론을 사용해야 한다. 이러한 방법론, 곧 역사학 방법론은 자신이 묘사하고자 하는 사건들과 연대기적이고 지리적인 관계에 따라 사료를 배열하고 분석하도록 요구했다. 흔히 역사가들은 시간적으로나 공간적으로나 해당 사건과 가장 밀접하게 관련된 문건들에 가장 높은 신뢰를 부여했다.

하지만 가장 신뢰할 만한 문건이 어떤 것인가를 결정하려면 우선 그 문건에 대한 비판적 평가, 곧 사료 비판이 필요했다. 예컨대 문건의 필자가 누구인지 잘못 밝혀져 있을 수도 있고, 필자가 밝힌 것과는 다른 시기나 다른 장소에서 문건이 작성되었을 수도 있으며, 허위 자료를 곧이곧대로 잘못 해석했을 수도 있다. 그래서 분석의 정확도를 높이기 위해서 실증주의 역사가들은 문헌학의 기술을 역사학 방법론에 도입했다. 문헌학자들은 낱말의 의미와 쓰임새가 세월이 흐르면서 어떻게 달라졌는지 연구했다. 역사가들은 이러한 지식을 활용해서 해당 문건이 언제 어디서 누구에 의해 만들어졌는가를 정확하게 알아낼 수 있었다.

사실상 17세기 이후부터 생모르 교단의 수도사들과 가장 잘 알려진 대표자 장 마비용은 물론, 대개 예수회 신부이기도 했던 볼란두스파 수도사들은 사료의 진위와 신뢰성 여부를 가리기 위해서 문헌학 기술을 이미 사용하고 있었다. 생모르 교단이나 볼란두스파 수도사들은 전해 내려오는 성인 전기들의 진위 여부를 가려내려고 애썼다. 이러한 목적을 달성하기 위해 이들은 성인전의 진위와 신뢰도를 평가하는 갖가지 방법을 개발해 냄으로써 고문헌학을 무척 높은 수준으로 끌어올렸다. 실증주의 역사가들은 이러한 기술을 다른 종류의 문건들, 특히 기록물보관소에 소장되어 있는 정부 기록물들에 적용했다. 이러한 방식으로 실증주의 역사가들을 훈련시키기 위해 독일 역사가들은 전문직 훈련의 방안으로 연구 세미나를 도입했다.

"그것이 실제로 어떠했는가"(wie es eigentlich gewesen)라는 말은 19세기 말 독일 역사가들의 역사 쓰기에 가장 잘 들어맞는 구절이다. 이러한 과학적 역사학의 화신으로 그 시대 사람들의 환호를 받은 역사가가 바로 레오폴트 폰 랑케이다(물론 랑케의 역사 사유에는 낭만적이고 심지어 형이상학적인 측면도 없지 않지만, 과학적 역사학의 신봉자들은 애써 이 점을 무시하곤 한다). 실증주의 역사가들은 국민국가와 왕국의 역사에 주로 관심을 기울였으며, 역사학 방법론과 문서고에 소장된 문건들을 사용해서 정치적이고 군사적인 민족 서사를 재구성해 냈다. 이들의 저작은 주로 특정 사건이나 지도적 인물, 주요 기구들의 중요성을 강조했다. '사실'(facts)을 중시하는 연구 방식 탓에, 실증주의 역사가들은 이론화 작업은 물론이거니와 인류 역사가 어떤 특정한 목적을 향해 나아간다는 식의 목적론적 거대 담론(예컨대 인류 자유의 증진으로서 역사 또는 비합리성에 맞선 이성의 승리로서 역사)을 멀리하는 경향이 있었다. 하지만 실증주의 역사가들이 모든 면에서 중립적이었던 것은 아니다. 그들은 언제나 강력한 국민국가의 대두를 바람직한 일로 받아들였다. 사실상 국민국가들과 이 국민국가가 보유한 문서고들이 역사가들에게 기본 사료는 물론 흔히 일자리까지 마련해 주었다는 점을 고려할 때 그리 놀라운 일이 아니다.

독일의 역사학 발전에 자극을 받아 프랑스도 역사학의 전문화를 추진하고 연구 세미나를 통해 실증주의 방법론을 도입했다. 경제성장뿐 아니라 정치적·군사적 사건들도 이러한 전문화 추세를 촉진했다. 1870~1871년 프랑스-프로이센 전쟁에서 당한 패배는 프랑스 역사가들에게 큰 충격을 안겨 주었다. 전쟁 패배뿐 아니라 통일 독일 제국의 급속한 산업화가 유럽의 세력균형을 바꾸어 놓고 있다는 인식이 프랑스 지성계에 심각한 지기성찰을 불러일으켰다. 바야흐로 사상가들은 새로이 부상하고 있는 독일의 도전에 대처할 길을 찾아내려 골몰하고 있었다. 에르네스트 라비스, 가브리엘 모노, 샤를 세뇨보스 같은 영향력 있는 프랑스 역사가들은 독일식 역사 연구 방법론을 배워야 한다고 주장했다(이들은 프랑스 고등교육 시스템 전반을 완전히 바꾸어야 한다고 제안했으며, 독일처럼 전문적으로 연구에 전념할 수 있는 인적 자원을 가진 시스템을 요구했다).

이렇게 제자리를 잡은 뒤에 프랑스의 과학적 역사학은 국내뿐 아니라 대외적으로도 제몫을 해낼 수 있었다. 역사학은 프랑스의 국력 신장을 촉진하는 데뿐 아니라 공화주의 사상을 선양하고 전파하는 데에도 널리 기여할 수 있었던 것이다. 제1공화국과 제2공화국의 때 이른 붕괴에 뒤이어서 프랑스-프로이센 전쟁 후에 들어선 제3공화국마저 성립 직후부터 붕괴 위기에 처했다는 점을 고려할 때, 이러한 선양 작업은 실제로 꼭 필요하고 중요했다. 프랑스의 개혁가들은 전문적 훈련과 방법론을 통해 제모습을 갖춘 전문 역사학을 만들어 내는 데 성공했다. 이제 프랑스 역사가들은 역사학이 더 이상 철학이나 문학의 부속물이 아니라고 주장할 수 있게 되었다. 역사가들은 대담하게도 철학이나 문학이 과학적 방법론을 결여하고 있다는 점에서 오히려 역사학보다 한 수 아래라고 말하기도 했다.

그런데 제1차 세계대전은 프랑스에서 과학적 역사학의 토대를 약화시켰다. 그래도 프랑스-프로이센 전쟁 이후에는, 사실 전쟁이 쓰라린 패배이기는 했지만 문명적 재앙까지는 아니었던 까닭에, 프랑스 역사가들이 역사학의 새로운 모델을 찾아 독일을 바라볼 수 있었다. 하지만 제1차 세계대전에서 벌어진 대량학살, 프랑스 북동부 지역의 대규모 파괴, 가족과 친지의 부상과 죽음 따위의 상황은 대다수 프랑스 역사가들로 하여금 독일 냄새를 강하게 풍기는 역사 연구를 받아들이기가 정서적으로 어렵게 만들었다. 더 넓은 지평에서, 유럽의 '잃어버린 세대'는 이제 전선에 나섰던 사람들에게 혐오감을 불러일으킬 뿐인 전쟁 이전의 유럽을 지성적인 차원에서 거부했다. 몇몇 역사가들은 쥘 미슐레 같은 19세기의 아마추어 역사가들을 다시 받아들이고 역사에 대한 종래의 접근법으로 되돌아가는 방식으로 낭패감을 표현했다.

하지만 궁극적으로 과학적 역사학이 약화되는 현상은 복귀보다는 쇄신을 가져왔다. 다른 접근 방법들이 두 차례의 세계대전 사이에 첫 선을 보이기 시작했다. 마르크스주의의 영향은 특히 프랑스혁명 같은 연구 분야에서 아주 강하게 나타났다. 소르본대학에서는 사회주의에 공감하는 세 역사가(알베르 마티에즈, 조르주 르페브르, 알베르 소불)가 1928년부터 연달아 프랑스혁명사 강좌를 맡았다. 조국 프랑스의 혁명 전통에 자부심을 느낀 많은 역사가들은 볼셰비키와 1917년 러시아혁명에 공감을 표명하기도 했다. 전 세계 자본주의를 붕괴 지경으로 몰아넣은 1930년대의 대공황이 소비에트러시아에는 아무런 상처도 입히지 못했다는 사실을 알게 된 프랑스 지식인들은 더욱 더 마르크스주의의 매력에 사로잡혔다.

1930~1940년대 사회주의와 공산주의가 파시즘에 맞서 격렬한 저항을 펼친 덕에, 제2차 세계대전 이후에 마르크스주의는 프랑스 역사학계에서 훨씬 큰 영향력을 행사하게 되었다.

프랑스 마르크스주의 역사가들은 때때로 서로 어긋나기도 하면서 역사에 대한 마르크스주의적 접근의 다양한 형태를 보여 주었다. 실증주의자들과 마찬가지로 마르크스주의자들도 이야기체 역사서술을 강조했으며 정치사에 상당한 중요성을 부여했다. 하지만 마르크스주의 역사가들은 부르주아 재산의 수호자에 지나지 않는 국가에 중요성을 두는 실증주의 역사학에 의혹의 눈길을 던졌다. 유물론적 역사 발전을 믿는 마르크스주의 역사가들은 사건의 경로를 결정하는 데에 특정 개인의 개성보다는 비인격적 경제 권력이 더 중요한 역할을 한다고 보았으며, 인류 역사의 경로에 의미와 방향을 제시해 주는 목적론적 거대 담론을 받아들였다. 마르크스주의 역사가들에게 계급투쟁은 곧 역사의 추동력이었다. 계급투쟁은 생산력이 발전함에 따라 나타나는 일종의 부수 효과로서 생산력과 생산관계 사이에 맺어지는 관계에 따라 다양한 양태를 띠게 된다. 인류가 잉여생산물을 축적하고 기술을 이용하여 생산력을 발전시켜 나가는 가운데, 생산수단(물방앗간, 공장 등)을 장악한 몇몇 개인들은 그렇지 못한 사람들에게 노예나 농노, 임금노동자로서 자신들을 위해 일하도록 강요하고, 이를 통해 재산을 더 모았다.

생산수단을 소유한 자들은 현재 상황을 있을 수 있는 유일한 사회조직이라고 합리화해 주는 이데올로기를 개발해 내서 기존 질서를 정당화하곤 했다. 정치제도, 종교, 문학 등은 이데올로기적 상부구조로 간주되어야 했다. 상부구조는 사회의 토대를 형성하는 기존 생산관계를 정당화하고 또 영속화해 주는 역할을 할 따름이다. 하지만 상부구조는 언제든 와해되기 마련이었다. 왜냐하면 상부구조란 끊임없이 변화해 가는 사물들에 어떤 영속성의 허상을 심어 주려고 고안된 일종의 눈속임에 지나지 않기 때문이다. 인류는 기술 개발을 통해 끊임없이 생산력을 증대시켜 왔다. 이러한 새로운 생산기술은 사회관계에 새로운 질서를 부여하고, 나아가 그러한 사회관계를 합리화시켜 줄 새로운 이데올로기의 개발을 요구해 왔다.

하지만 낡은 질서의 수혜자들은 결코 특권적 지위를 포기하려 하지 않는다. 따라서 이들은 새로운 생산수단으로부터 가장 많은 것을 얻어 내고자 일어선 사람들에 의해 타도될 터였다. (고대·중세·근대에 이르기까지) 매 시대마다 그때까지 억압받던 계급이 지배계급을 타도함에 따라 지배계급은 역사의 뒤안길로 사라져 갔다. 예컨대 프랑스대혁명은 상업 활동과 공장 소유를 통해 점점 힘이 강해진 부르주아지와 토지 소유를 통해 재산을 축적한 귀족계급 사이의 알력으로 발생했다. 연이은 폭동은 마침내 재산이 없는 프롤레타리아계급의 폭동에 의해서만 끝을 맺게 되는데, 그도 그럴 것이 프롤레타리아계급은 더 이상 아래에 자신들이 억압할 수 있는 어떤 계급도 두고 있지 않기 때문이다. 이렇게 한 계급이 다른 한 계급을 전복시키는 과정은 중단될 수 없다. 개인은 기껏해야 역사에서 민중의 고유한 역할에 대해 민중을 계도하거나 아니면 오도함으로써 이 과정을 앞당기거나 늦출 수 있을 따름이다.

프랑스는 마르크스주의 역사학의 탁월한 전통을 발전시켰다. 하지만 다른 나라들 역시 그만큼 영향력 있는 마르크스주의 역사가들을 보유하고 있었다는 점을 고려할 때, 프랑스의 마르크스주의 역사가들은 독일 실증주의 역사가들이 누린 것만큼 국제적 파급력을 지닌 지위를 차지하지는 못했다고 보아야 할 것이다. 이 시기 동안 프랑스 역사가들이 상당히 기여한 또 다른 분야, 자크 베르크의 기여를 제외하고는 이 책에서 다루어지지 않은 분야는 바로 유럽 식민 제국 및 발전된 서구 민족이 아닌

'다른' 족속들에 대한 연구이다. 아스테카 문명에 관한 최고 권위자인 자크 수스텔의 연구, 로베르 들라비녜트(파리 소재 해외프랑스령연구소 책임자)의 프랑스령 적도아프리카 연구, 폴 뮈의 베트남 연구, 장 셰뇨의 중국 연구, 앙드레 레몽의 아랍 도시 연구, 클로드 카앙의 오스만튀르크와 근대 초기 이슬람 연구, 샤를앙드레 쥘리앵의 마그레브 연구에 이르기까지 묵직한 대작들이 쏟아져 나왔다.

이 역사가들 말고도 중요한 업적을 쏟아 낸 상당수의 인문지리학자들이 있었다. 모두들 폴 비달 드라블라슈의 신칸트주의 지리학, 즉 뤼시앵 페브르가 이른바 '환경가능론'(possibilism)이라고 부른 지리학의 세례를 받고 자랐다. (방법론에서의 혁신과 망설임이 어떻게 공존하는지를 보여 주는 대표적 사례로 이 책에서 다루고 있는) 조르주 뒤비, 뤼시앵 페브르, 가스통 루프넬 외에도 장 브륀, 조르주 아르디, 쥘 시옹, 카미유 바요, 앙드레 알릭스, 알베르 드망종, 로제 디옹, 폴 클라발, 장로베르 피트 같은 인물도 손에 꼽을 수 있다. 이들은 모두 비교 관점이나 총체적 조망, 지역연구 시야 등을 통해 시간과 공간을 교차시킨 탁월한 연구를 내놓았다. 이들은 이 책에서 다루고 있는 역사가들이 그랬던 것처럼 인문지리학 분야에서 전문화의 길을 터 주었다.

두 차례의 세계대전 사이 시기에 프랑스 역사가들은 그 누구도 넘볼 수 없는 혁신과 성취를 시작했다. 핌 덴 보어에 따르면, "제2차 세계대전 이후가 되면 프랑스 역사학은 누구도 넘볼 수 없는 범세계적 우월성을 획득하여 19세기 독일 역사가들이 누리던 지위에 오르게 되었다." 프랑스 역사학의 우월성은 바로 '아날' 운동에서 나왔다. '아날'(Annales)은 1929년 1월에 창간호를 발행한 《아날: 경제사회사》에서 이름을 따온 것이다(학술지는 몇 차례 이름이 바뀌었는데, 1946년부터 1993년까지는 《아날: 경제·사회·문명》으로, 1994년부터는 《아날: 역사·사회과학》으로 불리었다). 아날 운동을 만들어 낸 두 선구자 뤼시앵 페브르와 마르크 블로크는 이 학술지의 초대 공동편집인이었다. 두 사람의 작업은 1956년에 뤼시앵 페브르가 세상을 떠난 뒤 실질적으로 학술지를 인계받은 페르낭 브로델이나 1960년대 말에 브로델의 천거로 편집진에 합류한 엠마뉘엘 르루아 라뒤리 같은 역사가들에 의해 계속 이어졌다.

'아날학파'(Annales school)라는 용어는 바깥에 있는 사람들에게는 친숙한 용어이지만 정작 학파로 불리는 구성원들에게는 그리 달가운 칭호가 아니다. 이른바 '아날 역사가들'(Annalists)은 오히려 자기네들 사이에 차이점을 드러내는 것을 좋아한다. 이런 이유로 몇몇 역사가들은 '아날 운동'이라는 용어를 사용하는데, 그도 그럴 것이 이 용어가 구성원들 사이의 다소 느슨한 결속을 내비치기 때문이다. 물론 그렇다고는 해도 아날 역사가들은 관심사와 방법론 그리고 몇 가지 전제를 공유하고 있었다. 마르크스주의 역사가들과 마찬가지로, 아날 역사가들은 인간 존재가 인간의 통제를 훌쩍 넘어선 어떤 물질적 조건들에 뿌리박고 있는 구조적 힘에 통제되고 있다고 주장했다. 그들은 마르크스주의 역사가들처럼, 관념이 물질적 토대에 종속되어 있다고 보았다. 하지만 아날 역사가들에게 이러한 물질적 조건은 단순히 사회적이거나 경제적인 것이 아니며, 오히려 더 깊은 층위에서는 지리학적이고 인구학적인 것이었다. 인간이 살고 있는 지리적 환경과 인구의 무게는 아주 먼 옛날에 인간이 할 수 있었던 것과 할 수 없었던 것을 결정지었다. 그리고 사회경제적 구조는 이러한 지리와 인구의 속박에 또 다른 형태의 구속을 더해 주었다. 지리는 거의 변하지 않으며 인구는 참으로 더디게 변하는 까닭에, 아날 역사가들은 아주 긴 시간 거리(아날 역사가들은 이것을 '장기지속'longue durée이라고 부른다)에 걸친 온갖 역사적 변화에 관심을 두었다.

아날 역사가들의 결정론은 마르크스주의의 결정론만큼 특정 방향을 향해 가는 목적 지향성을 띠고 있지는 않다. 마르크스주의자들이 볼 때, 역사는 계급 없는 사회와 더 나은 세상을 향해 나아가고 있는 중이다. 하지만 아날 역사가들은 인류 역사의 어떤 피할 수 없는 행복한 종언 따위를 염두에 두지도 않을 뿐더러 약속하지도 않는다. 마르크스주의 역사가들이 볼 때, 관념은 기존 계급 관계와 경제 시스템을 촉진하거나 아니면 와해시키는 갖가지 이데올로기를 만들어 낸다. 반면에 아날 역사가들이 중요시하는 것은 관념이 아니라 관념보다 더 변화에 무딘 그 어떤 것, 곧 '망탈리테'(mentalités, 심성 구조)이다. 아날 역사가들이 말하는 망탈리테는 세계를 정당화하지도 왜곡하지도 않고 그냥 고스란히 드러내 주는 일종의 집단 무의식 같은 것이다.

여러 면에서 아날 운동은 실증주의 역사학과 결별하는 것으로 시작해서 마르크스주의 역사학보다 한걸음 더 앞으로 나아갔다. 마르크스주의 역사가들은 정치를 더 본질적인 그 어떤 것, 곧 계급투쟁의 외적 표현이라고 생각했음에도 불구하고 정치사와 사건의 연대기에 상당한 중요성을 부여했다. 아날 역사가들은 정치사를 중요하게 취급하지 않았으며 전통적인 이야기체 역사에도 별다른 관심을 두지 않았다. 마르크스주의 역사가가 참조하는 문헌들은 실증주의 역사가가 참조하는 문헌들보다 훨씬 다양했다. 하지만 마르크스주의 역사가들은 실증주의 역사가만큼이나 텍스트를 중요시했다.

아날 역사가들은 방법론 측면에서 아주 창의적이었다. 다른 역사가들이 그동안 무시해 온 온갖 자료들을 사용했으며 경제학이나 사회학, 나아가 인류학에 이르기까지 다른 학문 분야에서 개념과 방법론을 빌려왔다. 아날 역사가들은 들판의 패턴을 공중에서 찍은 사진, 창과 칼의 화학적 성분, 빙하의 움직임, 토탄 습지에 묻혀 있는 꽃가루 따위를 직접 연구하기도 하고 또 그런 연구를 권장했다. 이들은 사회과학의 계량화 방법을 사용했으며 팀을 이루어 작업을 했다. 이러한 새로운 방법들을 동원해서 몇몇 아날 역사가들은 복잡다기한 과거의 사회들 전부를 온전히 포착해 내는 역사, 이른바 '전체사'(histoire totale)를 시도했다.

프랑스 아날 역사가들이 제2차 세계대전 이후 수십 년 동안 전 세계에 걸쳐 타의 추종을 불허하는 위엄을 누렸다는 평가는 틀린 말이 아니다. 오늘날 뉴욕의 빙엄턴에는 경제와 역사 체제, 문명을 연구하는 페르낭브로델센터가 자리 잡고 있다(물론 뉴욕의 기후가 브로델이 사랑한 지중해의 기후와는 전혀 다르지만 말이다). 프랑스 바깥의 역사가들이 이구동성으로 아날을 칭송하지만 그렇다고 모두가 아날을 모방하는 것은 아니라는 것도 사실이다. 사실 아날의 영향력은 나라에 따라 조금씩 다르다. 역사학의 여러 조류(사회사, 환경사)가 아날에 무언가 빚을 지고 있지만, 아날의 영향력은 특히 에스파냐나 이탈리아, 라틴아메리카 국가들(말하자면, 로망스어 사용 지역)에서 더욱 뚜렷하게 나타났다. 1930년대 대다수 학자들의 해외 이주로 큰 손실을 입은 독일 역사학계는 사실상 정치사 중심으로 남게 되었다. 영국의 마르크스주의 역사가들은 전통적인 실증주의 역사학에 대한 거부감을 공유한다는 점에서 아날 역사가들과 우호적인 관계를 유지했다. 하지만 그들은 아날의 방법론을 그리 널리 받아들이지 않았다. 상대적으로 짧은 과거를 지닌 젊은 나라에 사는 미국 역사가들은 장기지속을 강조하는 역사 패러다임을 거북하게 여겼다. 독립운동이나 식민지 이후 투쟁에 관심을 둔 제3세계 역사가들은 혁명을 설명해 줄 수 있고 또 혁명을 촉진할 수 있는 마르크스주의 역사학으로 무게 중심을 옮겼다.

어떤 의미에서 프랑스 역사가들은 1975부터 1990년까지 15년 동안 전성기를 누렸다. 전후 프랑스 경제의 번영을 뜻하는 이른바 '영광의 30년'(trente glorieuses)이라는 개념에 빗대어 어떤 이들은 이 시기를 프랑스 역사책의 '영광의 15년'(quinze glorieuses)'이라고 말했다. 1975년에 출판된 엠마뉘엘 르루아 라뒤리의 책 《몽타유》는 프랑스에서 짧은 기간에 10만 부 넘게 팔려 베스트셀러 목록에 올랐다. 역사가들은 프랑스의 주요 일간지에 기사나 논설을 즐겨 썼으며, 당대의 주요 현안에 대해 논평을 내놓았다. 많은 역사가들이 저명인사가 되고 스타가 되었으며, 자주 그것도 황금시간대에 텔레비전에 등장하기까지 했다.

하지만 프랑스 역사가들이 국제적 영향력과 국내의 명성에서 절정에 다다랐을 바로 그 시점부터 이러한 위엄의 토대가 흔들리기 시작했다. 마르크스주의 역사학이든 아날 역사학이든 늘 비판하는 이들이 따라다니곤 했지만, 이러한 비판은 1970년대에 더욱 강력해지고 영향력이 커졌다. 몇몇 학자들은 1970년대, 1980년대, 1990년대에 연이어 '아날 패러다임'의 몰락에 대해 말을 꺼냈는데, 이러한 사정은 마르크스주의 패러다임의 경우도 매한가지였다.

마르크스주의 역사학과 아날 역사학 모두 논박의 대상이 되기는 했지만, 둘은 서로 다른 문제에 봉착했다. 비평가들은 마르크스주의 역사학이 너무 교조적이고 경직되어 있다고 공격했다. 프랑스대혁명에 대한 마르크스주의 해석은 너무도 잘 들어맞은 나머지 비평가들은 그것을 이를테면 '혁명적 교리문답,' 말하자면 경험적 근거보다는 신념에 토대를 둔 정통론이라고 지적할 정도였다. 유럽이 후기 산업사회로, 소비중심 경제로 이행할수록 프롤레타리아혁명의 가능성은 점점 멀어져 갔다. 마르크스가 유럽 역사의 미래를 정확하게 예측하는 데 명백히 실패했다는 사실은 과거를 분석할 마르크스주의적 접근이 여전히 유효한가 하는 의문을 불러왔다. 동유럽과 소비에트연방에서 공산주의가 붕괴된 사건은 마르크스주의 역사가들의 권위를 실추시켰으며, 그만큼 비판하는 이들의 공세는 더욱 강해졌다.

반면에 아날 역사가들의 경우, 문제는 경직성이 아니라 오히려 지나친 유연성에 있었다. 아날 역사학의 첫 두 세대 동안에는 '망탈리테'가 지리나 인구, 사회구조만큼의 관심도 중요성도 갖지 못했다. 하지만 1970년대에 엠마뉘엘 르루아 라뒤리 같은 아날 역사가들은 망탈리테에 상당한 관심을 기울이기 시작했으며 물질적 환경에는 상대적으로 그다지 관심을 두지 않았다. 더 심각한 문제는 아날 역사학이 모든 방법론들을 다 포괄하고 모든 주제를 다 연구하고자 함으로써 결국 산만한 무정형의 역사학이 되어 버렸다는 데에 있다. 아날 역사학이 모든 것의 역사라고 한다면, 그것은 진정 어떤 것의 역사란 말인가? 비평가들은 아날 역사학을 어떤 의미에서 '사람 없는 역사'라거나, 아니면 적어도 식별 가능한 개인들이 없는 역사라고 지적한다.

아날 역사가들에게 개인은 출생 집단이나 사회계급 등 여러 공동체의 '구성원'으로서 우선적인 의미를 갖는다. 이들의 저작 속에 피와 살을 가진 살아 있는 인물들은 잘 보이지 않는다. 게다가 아날의 역사에는 플라톤이나 토마스 아퀴나스 같은 유명한 사상가들이 들어 있지 않다. 마르크스주의 역사학이 이런 인물들을 계급 이데올로기의 옹호자나 비판자의 범주에라도 포함시킨 반면, 아날의 망탈리테 개념은 고급문화와는 그리 잘 어울리지 않았다. 마르크스주의 분석은 어떤 시기나 어느 지역의 역사에도 적용될 수 있고 또 적용되었으며, 변화와 지속 모두를 다 고려할 수 있었다. 반면에 아날 역사학은 변화보다는 지속에, 근대 역사보다는 근대 이전의 역사에 더 잘 부합했다.

아날 역사학에 대한 가장 날카로운 비판 가운데 하나는 한 가지 명백한 모순점에 초점을 맞춘다. 아날 역사학은 역사에서 장기지속성과 비인격적인 인구의 힘이 갖는 중요성을 강조했다. 하지만 당시 유럽은 히틀러와 스탈린으로 대표되는 인물과 이데올로기의 충돌로 격랑에 휩쓸려 있었다. 만일 아날 역사가들이 역사를 결정하는 데 개인이 본질적이지는 않지만 그래도 중요한 역할을 한다는 증거를 원했다면, 자기 집 창문을 열고 그 끔찍했던 1930~1940년대에 유럽을 뒤덮은 엄청난 재앙을 바라보는 것만으로 충분했을 것이다.

전쟁은 사실 아날 역사가들 개개인의 운명에도 영향을 끼친 재앙이었다. 페르낭 브로델은 전쟁 포로가 되어 5년 동안 나치 독일의 수용소에 갇혀 있었다. 전쟁 기간에 레지스탕스에 가담했던 마르크 블로크는 게슈타포의 고문 끝에 처형되고 말았다. 장기지속성을 중시하고 사건들을 가벼이 여기는 아날 역사학의 방법론은 어쩌면 20세기 전반의 이런 끔찍한 경험에 대한 일종의 반발에서 나온 것인지도 모른다. 실제로 브로델은 스스로 이런 생각을 넌지시 내비친 바 있다. 비평가들이 볼 때, 아날 역사학은 마르크스주의 역사학만큼이나 현실도피 경향을 띠었다. 마르크스주의 역사학이 계급 없는 미래 사회에서 안식처를 찾는다면, 아날 역사학은 오래 지속되고 변화하지 않는 과거에 대한 비전에서 안식처를 찾는다는 것이다. 비평가들은 아날 역사학에서 복고적인 요소를 들추어내고자 했으며, 아날 역사학이 프랑스에서 탄생하고 성공을 거둔 것은 프랑스가 농촌 중심 사회에서 도시 중심 사회로 제1차 세계대전 이후에야 아주 뒤늦게(영국, 독일, 미국에 비해) 이행했기 때문이라고 주장했다.

1970년대부터 마르크스주의 역사학과 아날 역사학이 프랑스 역사학계에서 어느 정도 지배력을 잃게 됨에 따라 다른 나라 역사학의 영향력이 더 뚜렷하게 드러나기 시작했다. 영어권 역사학자들은 여성사(gender history) 영역을 넓혀 나갔고, 독일 역사학자들은 일상사(Alltagsgeschichte)의 영역을 발전시켰으며, 이탈리아 역사학은 미시사(microhistory) 분야에서 성과를 냈다. 짧은 시간대 속에 있는 특정 개인이나 장소를 포괄적으로 탐색하는 미시사는 개인과 장소에 대한 세부 지식을 통해 당시의 사회구조나 문화적 가치에 이르는 더 넓은 범주를 드러내려 했다.

그런데 가장 많은 토론과 논쟁을 불러일으킨 쪽은, 텍스트 분석과 언어학적 접근을 중시하며 담론의 역사에 초점을 맞춘 새로운 형태의 문화사 또는 지성사였다. 이 새로운 역사는 사회과학이 아니라 문예 이론과 문화 연구에서 영감을 얻었으며, 특히 미셸 푸코, 미셸 드 세르토, 자크 데리다 같은 사상가들한테서 큰 영향을 받았다. 역사가들이 문예 이론의 방법론과 가설을 이용하기 시작한 과정을 두고 흔히 '언어로의 전환'(linguistic turn)을 꾀했다고 말한다. 단순화시켜 말하자면, 이러한 형태의 역사 쓰기를 시도하는 역사가들을 포스트모던 역사가라고 부를 수 있을 것이다. 신기하게도 포스트모던 역사학의 대두에 영향을 준 문예 이론가들은 대부분 프랑스인이었는데, 정작 이들은 프랑스보다 미국 역사학계에서 더 큰 인기를 누렸다. 프랑스 역사가들과 비평가들이 '언어로의 전환'을 미국산 수입품으로 간주했던 것도 바로 이런 사정 탓이다.

설명하기 정말 힘든 개념인 '담론'(discourse)은 역사가들도 저마다 달리 이해한다. 존 태입스의 지적에 따르자면, 몇몇 역사가들은 담론을 "말하는 내용과 말하는 방법을 엄격하게 규정하는 일정한 규칙과 절차에 따라 진술되는, 따라서 누구든 파헤쳐서 식별할 수 있는 논술 체계"라고 정의하며, 이 담론이 바로 "지배 구조나 권력 체계를 구성한다"고 주장한다. 그러가 하면, 또 어떤 역사가들은 담론이란 언어 외적인 대상을 지시하기 위해서 지금까지 사람들이 사용해 온 어휘와 언어적 관례들을 의미한다는 관념을 받아들이면서도 담론의 다의성과 담론들 사이의 충돌을 강조한다. 여러 담론이 주어진 역사적 순간에 어떤 특정한 문제(예컨대 올바른 정부 형태 따위)를 놓고 서로 경합을 벌인다. 이때에 담론을 만들어 내고 사용하는 사람들은 단순히 그들이 사용하는 언어를 통해 의미를 전달하는 것에 그치지 않는다. 그들은 언술 행위를 실천하는 것이며 이를 통해 자신들을 둘러싼 세계의 성격에 대해 나름대로 주장을 펼치는 것이며 타인에 대해 권력을 행사하려 드는 것이다. 프랑스혁명 시기에 열린 축제들처럼 기록되지 않은 사건들도 마찬가지로 이러한 담론의 일부가 되며, 따라서 역사가들은 이 사건들 자체에서도 그 '의미'를 '읽어 낼' 수 있다.

언어학과 문헌학에 대한 솜씨는 독일 역사학의 전통 안에서 작업하는 실증주의 역사가들의 보증수표 가운데 하나였다. 하지만 사료에 반영되어 있는 역사적 실재를 포착하고 재구성해 줄 문건들이 필요한 실증주의 역사가들은 이 문건들의 진위를 가려내기 위해 단어나 말의 쓰임새를 면밀하게 연구했다. 물론 포스트모던 역사가들도 단어를 치밀하게 연구하지만 그들은 문건을 '사료'가 아니라 하나의 '텍스트'로 여긴다. 말하자면 문건이 실제로 일어난 것을 보여 주기보다는 실재를 꾸며내고 만들어 내려는 시도를 구성한다고 간주하는 것이다. 실증주의 역사가들, 심지어 그 이후의 역사가들이 연구한 대상들(인간, 국가, 노동자계급 등)은 담론의 외부에서 어떤 독자적인 존재감을 가질 수 없다. 왜냐하면 담론이 이 외부의 대상들을 단순히 묘사하는 데 그치는 것이 아니라 실제로 그것들을 구성해 버리기 때문이다. 외부의 대상들은 그렇다면 문화적이고 정신적인 구성물이라고 할 수 있으며, 따라서 그 성격상 불확정적인 것으로 머물 수밖에 없다.

포스트모더니즘은 기존의 학문 관행에 대해 인식론이나 방법론에서 아주 진지한 도전을 제기했다. 몇몇 비평가들은 '과거'와 '역사'는 서로 다르다(과거는 되찾을 수 없고 역사만이 우리에게 남은 전부이다)라는 포스트모던의 논제가 인식론적 오류라고 주장했다. 더 나아가 포스트모더니즘이 아닐 역사학이 그랬던 것 이상으로 역사에서 인간의 숨결을 지워 버렸으며 비인격적인 담론에 역사적 행위자의 지위를 부여했다고 비판했다. 단두대에서 사람을 처형한 것은 담론이 아니라 사람이지 않은가. 비평가들은 나아가 포스트모던 역사가들의 글쓰기 문체에 공격을 퍼부었다. 포스트모던 역사가들은 압축적이고 도발적인 문체뿐 아니라 풍부한 식견을 지닌 독자들조차 알아채기 힘든 전문용어를 사용하곤 했다. 어떤 비평가는 포스트모던 역사책은 포스트모던 역사가를 제외하면 아무도 이해할 수 없을 만큼(아니, 사실상 포스트모던 역사가조차도 이해할 수 없을 만큼) 애매하고 빈약하기 짝이 없다고 말했다. 비평가들이 볼 때, 이러한 방식의 글쓰기는 숨을 고르고 있는 비판자들의 입을 막으려고, 아니면 포스트모던 역사가들 스스로도 정작 자신들이 하는 말을 이해하지 못하고 있다는 사실을 감추려고 의도적으로 만들어 낸 것일 따름이다. 하지만 포스트모던 역사가들이 볼 때, 어려운 개념은 어려운 단어를 요구하기 마련이며 역사를 만드는 새로운 방식은 새롭고 처음에는 낯선 역사 쓰기 방식을 요구하기 마련이었다.

　포스트모던 역사학이 프랑스 역사학에 장기적으로 어떤 영향을 끼칠지는 아직 판단하기 어렵다. 자크 르벨이 지적한 것처럼, "포스트모던은 현재진행형이며 그 결과를 예측하기는 아직 이르다." 하지만 최근 프랑스 역사학의 주요 동향 가운데 하나는 한편으로 '언어로의 전환'과, 다른 한편으로 20세기와 21세기 초에 걸친 역사 경험과 밀접하게 관련된 듯 보인다. 과거를 포착해 낼 수 있는 능력에 대한 회의론이 커져 감에 따라, 프랑스 역사가들을 비롯한 몇몇 역사가들은 역사 기억의 문제로 눈을 돌렸다. 예를 들자면, 앙리 루소는 비시 정권의 프랑스를 제2차 세계대전 기간에 존재하던 정부 형태로서가 아니라 비시 정권 아래 살던 사람들이나 그 이후 세대에 의해 전쟁이 끝난 뒤에 구성된 기억들의 집합체로서 연구했다. 특정 역사에 대한 기억이 집단별로 세대별로 어떻게 달라지며, 어떻게 달리 사용되는가 하는 문제에 역사가의 관심이 쏠린 것이다. 역사 기억에 대한 관심이 이렇게 커진 것은 20세기에 접어들면서 왕래와 소통 수단이 엄청나게 발전했다는 사실과 무관하지 않은 것 같다. 이러한 추세는 각 세대마다 앞선 세대와는 전혀 다른 세상을 만들어 주었으며, 과거에 대한 기억이 부적절하고 쓸모없어 보이게 만들었던 것이다. 그렇다고 이렇게 조각나고 서로 충돌하는 기억들을 그저 무시하고 넘길 수는 없는 일이다. 오히려 미셸 드 세르토가 주장했듯이, 기억의 시공간적 좌표를 재분배해 주는 역사학적 전략은 (정신분석 방법과 마찬가지로) 과거와 현재를 쉽사리 그리고 빈번히 겹쳐 놓는다는 사실을 기억해 둘 필요가 있다.

후기구조주의와 해체주의의 영향력은 아마도 통합적으로 설명하는 패러다임들의 실추, 이원론적이거나 환원론적 설명 모델들에 대한 갈망, 변하지 않는 일반 법칙들(특히 공간, 시간, 정체성, 인과성, 문화, 사회, 진리 등과 관련된 일반 법칙들)에 대한 실증주의적 가설들을 거부하는 데 한몫했을 것이다. 그리고 이러한 도전 때문에 뚜렷한 학문적 범주로서 역사학의 존재론적 가치가 적잖이 훼손될지도 모른다. 하지만 프랑스 역사학에 나타나는 이런 추세는 무시하고 넘어가거나 방치될 수 없다. 애매한 것, 불확실한 것, 불안정한 것 따위가 역사 분석에 도입됨으로써, ① 지식은 분석 대상이나 분석 체제보다는 관찰자에 의해서 생산된다는 인식이 싹트게 되었으며, ② 지식의 생산이 어느 정도 권력관계의 작동(권력관계의 작동 양식은 물론 존재론적일 수 있고, 현상학적일 수 있으며, 인식론적일 수 있고, 해석학적일 수도 있다)에 의해 좌우되는가에 대한 연구가 시작되었다.

프랑스 역사학은 줄곧 기존 문제들과 새로운 주제에 대해 섬세하고 미묘하며 이론적으로 정립된 접근법들을 내놓고 있다. 특히 문화사의 하위 분야에서 많은 저작이 쏟아져 나온 것은 괄목할 만하다. 문화의 사회사는 사회현상의 문화사로 발전했다. 이 책의 로제 샤르티에를 다룬 부분에서 로라 메이슨이 말한 것처럼, 문화란 "더 이상 단순한 부수 현상으로 여겨져서는 안 되며 경험 세계를 구조화하는 요소로 이해되어야" 한다. 실로 재현 전략들(시구, 변론, 서사, 비유 따위의 형태로 나타난다)에 대한 분석은 이른바 '문화로의 전환'(cultural turn)이라는 새롭고 유익한 탐구의 길을 열어 주었다. 이러한 관행은 과학, 의약과 몸, 역사학, 역사지리학, 역사사회학, 식민지사, 도시사, 문화재 연구, 젠더의 역사, 감각의 역사, 예술사, 음식, 여행, 빈곤, 이민, 기억, 연극과 축제, 종교사에 이르기까지 수많은 분야에 저마다 다른 비중으로 영향을 끼쳤다. 한편으로 과거에는 상상할 수 없었던 수많은 주제들(예컨대, 선탠의 문화적 의미)을 다루거나 복잡한 방법론(현상학에 대한 관심 증대)을 구사하는 연구들이 쏟아져 나오는 현상을 우려해야 할 형편이기도 하지만, 다른 한편으로 20세기 프랑스 역사학의 유산은 여전히 우리 눈앞에 펼쳐져 있다. 이런 전통의 뿌리와 풍요로움을 제대로 평가하려면, 개괄적인 설명을 넘어서 프랑스를 역사학의 선봉으로 끌어올린 역사가들의 생애와 저작으로 눈을 돌려야 할 것이다.

이 책을 기획하면서 역사가를 선별하는 일은 무척 어려운 작업이었다. 다루어야 마땅한 많은 역사가들이 이 책에 포함되지 못한 경우도 있다. 아마도 적잖은 독자들이 몇몇 역사가가 배제된 것을 보고 언짢을 수도 있을 것이다. 역사가들을 선정하는 과정에 우리는 두 가지 원칙 사이에 균형을 잡으려고 애썼다. 첫째, 우리는 프랑스혁명, 초기 근대, 중세 등 프랑스 역사학의 발전에서 특별히 중요한 역할을 한 분야를 부각시키고자 했다. 둘째, 우리는 독자들에게 20세기 프랑스 역사학이 연대기적으로나 지리적으로나 얼마나 광범위한 분야에 걸쳐 있었는지 보여 주려고 애썼다. 혁신적이고 중요한 업적은 고대사와 근대사에서, 서양의 역사와 비서양의 역사에서 두루 이루어졌다. 결과적으로 중요한 20세기 프랑스 역사가들 전부가 다 포함될 수는 없었다.

이 책에 포함되어 마땅한 역사가에 관해 글을 쓸 역량 있는 집필자를 구할 수 있는지 여부 또한 책의 전반적인 구성이 달라지게 만든 요인이다. 유감스럽게도 우리는 로베르 뮈샹블레, 아를레트 파르주, 브누아 가르노, 안마리 손, 베르나르 르프티, 로베르 망드루, 아니크 파르다예갈라브룅, 장루이 플랑드랭, 프랑수아즈 테보, 마리마들렌 콩페르, 도미니크 쥘리아, 필리프 뷔랭, 피에르 밀자, 세르주 베른슈타인, 앙드레 셰드빌, 장 바르, 즈느비에브 프레스 같은 인물을 다룬 글은 싣지 못했다. 리처드 코브 같은 프랑스어권 역사가도 이 책에 포함되지 않았다.

그럼에도 우리는 벨기에 역사가 한 사람을 이 책에 포함시켰다. 바로 앙리 피렌이다. 그 까닭은 우리가 벨기에를 '프랑스'로 여기기 때문이 아니라, 피렌이 이 책에서 다루는 역사학의 발전에 중요한 역할을 했기 때문이며 이 책에서 다루는 중요한 역사가 몇몇과 밀접한 교분을 나누었기 때문이다. 선정된 역사가들 가운데 어떤 인물은 장기적인 관점에서는 그리 큰 영향력을 갖지 못한 인물일 수도 있지만, 역사학이란 결코 어느 몇몇 인물에 의해 독점되는 분야가 아니라는 사실을 상기시켜 주기에 충분할 것이다.

게다가, 21세기 초반을 살아가는 독자라면 이 책에 주로 남성 역사가들이 많이 나오는 것을 보고 놀랄 것임에 틀림이 없다. 이런 모양새는 20세기 전반에 프랑스 역사학계는 주로 '남성들'의 활동 무대였다는 사실을 반영하고 있다. 아카데미프랑세즈가 1980년에 가서야 최초의 여성 회원 마르그리트 유르스나르를 받아들였다는 사실을 기억하도록 하자. 이러한 경향은 마침내 완화되기 시작했고, 모나 오주프나 미셸 페로 같은 역사가는 어느 모로 보나 남성 역사가들 못지않은 영향력을 발휘하고 있다.

21세기 초를 살아가는 역사가들이 앞선 세기에 살았던 저명한 선배 역사가들을 회상할 날이 온다면, 그때는 아마도 남녀 역사가를 골고루 선정한 책을 내놓을 수 있을 것이다.

역사가들을 선정하는 또 하나의 원칙은 연대기와 관련되어 있다. 많은 역사가들이 19세기와 20세기에 걸쳐서 살았으며 더러는 19세기에, 더러는 20세기에 중요 저작을 내놓았다. 우리는 20세기보다 19세기에 더 많은 생애를 보낸 역사가라면 누구든 이 책에서 제외했다. 그리고 21세기에 더 많은 생애를 살게 될 역사가들, 따라서 나중에 더 포괄적으로 다루어야 마땅한 역사가들 역시 이 책에서 찾아볼 수 없을 것이다. 파스칼 오리, 크리스토프 프로샤송, 크리스티안 클라피슈, 장프랑수아 시리넬리, 카테린 베르토 라브니르, 뤼시앵 벨리, 미셸 들롱, 도미니크 고디노, 필리프 푸아리에 같은 이들이다. 그럼에도 20세기 프랑스 역사학의 풍요로움과 복잡함을 두루 맛보기에 충분할 만큼의 역사가들이 충분히 다루어졌기를 희망할 따름이다.

이용재 옮김

참고문헌

Aymard, Maurice, "The '*Annales*' and French historiography," *Journal of European Economic History*, 1 (1972): 491-511.

Banner, Lois W., "Biography as history," *American Historical Review*, 114 (3) (2009): 579-86.

Bédarida, François, et al., *L'Histoire et le métier d'historien en France, 1945-1995* (Paris: Editions de la Maison des sciences de l'homme, 1995).

Bentley, Michael (ed.), *Companion to Historiography* (London: Routledge, 1997).

Bentley, Michael, *Modern Historiography: An Introduction* (London: Routledge, 1999).

den Boer, Pim, *History as a Profession: The Study of History in France, 1818-1914* (Princeton, NJ: Princeton University Press, 1998).

Bonnaud, Robert, *Histoire et historiens de 1900 à nos jours: l'histoire nouvelle: au-del à de l'histoire* (Paris: Editions Kimé, 2001).

Bonnaud, Robert, *Histoire et historiens depuis 68: le triomphe et les impasses* (Paris: Editions Kimé, 1997).

Bourdé, Guy and Martin, Hervé, *Les Ecoles historiques*, 2nd edn. (Paris: Editions de Seuil, 1997).

Breisach, Ernst, *Historiography: Ancient, Medieval, and Modern*, 2nd edn. (Chicago: University of Chicago Press, 1994).

Burguière, André, *The Annales School: An Intellectual History* (Ithaca, NY: Cornell University Press, 2009).

Burguière, André, "The fate of the history of 'mentalités' in the *'Annales,'*" *Comparative Studies in Society and History*, 24 (1982): 424-37.

Burke, Peter, *The French Historical Revolution: The Annales School, 1929-1989* (Stanford: Stanford University Press, 1990).

Burke, Peter, "Introduction to the third edition," *Popular Culture in Early Modern Europe*, 3rd edn. (Burlington, VT: Ashgate, 2009).

Burke, Peter (ed.), *New Perspectives on Historical Writing* (University Park, PA: Pennsylvania State University Press, 1991).

Carbonell, Charles-Olivier and Livet, Georges, *Au berceau des Annales: le milieu strasbourgeois en France au début du XXe siècle: Actes du colloque de Strasbourg, 11–13 octobre 1979* (Toulouse: Presses de l'Institute d'études politiques de Toulouse, 1983).

Carrard, Philippe, *Poetics of the New History: French Historical Discourse from Braudel to Chartier* (Baltimore, MD: The Johns Hopkins University Press, 1992).

Castelli Gattinara, Enrico, *Les Inquietudes de la raison:épistémologie et histoire en France dans l'entre-deux-guerres* (Paris: J. Vrin, 1998).

Chartier, Roger, *Au bord de la falaise: l'histoire entre certitudes et inquietudes* (Paris: Albin Michel, 1998).

Clark, Elizabeth A., *History, Theory, Text: Historians and the Linguistic Turn* (Cambridge, MA: Harvard University Press, 2004).

Clark, Stuart, *The Annales School: Critical Assessments*, 4 vols. (London: Routledge,

1999).

Clark, Terry, *Prophets and Patrons: The French University and the Emergence of the Social Sciences* (Cambridge, MA: Harvard University Press, 1973).

Comité français des sciences historiques, *La Recherche historique en France de 1940 à 1965* (Paris: Editions du Centre national de la recherche scientifi que, 1965).

Comité français des sciences historiques, *La Recherche historique en France depuis 1965* (Paris: Editions du Centre national de la recherche scientifi que, 1980).

Coutau-Bégaire, Hervé, *Le Phénomène "nouvelle histoire": grandeur et décadence de l'Ecole d'Annales*, 2nd edn. (Paris: Economica, 1989).

Delacroix, Christian, Dosse, François, and Garcia, Patrick, *Les Courants historiques en France: 19e-20e siècles* (Paris: Armand Colin, 1999).

Dewald, Johnathan, *Lost Worlds: The Emergence of French Social History, 1815-1970* (University Park, PA: Pennsylvania State University Press, 2006).

Digeon, Claude, *La Crise allemande de la pensée française, 1870-1914*, 2nd edn. (Paris: Presses Universitaires de France, 1992).

Dosse, François, *New History in France: The Triumph of the Annales*, translated by Peter V. Conroy, Jr. (Urbana, IL: University of Illinois Press, 1994); 《조각난 역사》(김복래 옮김, 푸른역사, 1998).

Forster, Robert, "Achievements of the *'Annales'* school," *Journal of Economic History*, 38 (1978): 58-76.

Forster, Robert and Ranum, Orest (eds.), *Selections from the Annales:économies, sociétés, civilisations*, 7 vols. (Baltimore, MD: The Johns Hopkins University Press, 1975-82).

Gunn, Simon, *History and Cultural Theory* (Harlow: Pearson Longman, 2006).

Harsgor, Michael, "Total history? The *Annales* school," *Journal of Contemporary History*, 13 (1978): 1-13.

Ho Tai, Hue-Tam, "Remembered realms: Pierre Nora and French national memory," *Americal Historical Review*, 106 (3) (2001): 906-22.

Hunt, Lynn, "French history in the last twenty years: the rise and fall of the *Annales* paradigm," *Journal of Contemporary History*, 21 (1986): 209-24.

Huppert, George, "The *Annales* experiment," in *Companion to Historiography*, edited by Michael Bentley (London: Routledge, 1997), pp. 873-88.

Iggers, Georg, *Historiography in the Twentieth Century: From Scientific Objectivity to the Postmodern Challenge* (Middletown, CT: Wesleyan University Press, 1997); 《20세

기 사학사》(임상우·김기봉 옮김, 푸른역사, 2000).

Iggers, Georg, *New Directions in European Historiography*, rev. edn. (Middletown, CT: Wesleyan University Press, 1984).

Keylor, William R., *Academy and Community: The Foundation of the French Historical Profession* (Cambridge, MA: Harvard University Press, 1975).

Kurzweil, Edith, *The Age of Structuralism: Lévi-Strauss to Foucault* (New York: Columbia University Press, 1980); 《구조주의 시대: 레비스트로스에서 푸코까지》(이광래 옮김, 종로서적, 1984).

Livingstone, David, *The Geographical Tradition* (Oxford: Blackwell, 1992).

Margadant, Jo Bur, "Introduction: constructing selves in historical perspectives," in *The New Biography: Performing Femininity in Nineteenth-century France* (Berkeley, CA: University of California Press, 2000).

Munslow, Alan, *The Routledge Companion to Historical Studies* (London: Routledge, 2000).

Noiriel, Gérard, *Sur la "crise" de l'histoire* (Paris: Belin, 1996).

Paligot, Carole Reynaud, "Les *Annales* de Lucien Febvre à Fernand Braudel: entre épopée coloniale et opposition Orient/Occident," *French Historical Studies*, 32 (1) (2009): 121-44.

Poirrier, Philippe, *Les Enjeux de l'histoire culturelle* (Paris: Editions du Seuil, 2004).

Poirrier, Philippe, *L'Etat et la culture en France au XXe siècle* (Paris: Livre de Poche, 2006).

Popkin, Jeremy, *History, Historians, and Autobiography* (Chicago: University of Chicago Press, 2005).

Preziosi, Donald and Farago, Claire (eds.), "Creating historical effects," in *Grasping the World: The Idea of the Museum* (Burlington: Ashgate, 2004), pp. 13-21.

Prost, Antoine, *Douze leçons sur l'histoire* (Paris: Editions du Seuil, 1996).

Revel, Jacques, "The Annales school," in *The Columbia History of Twentieth-century French Thought*, edited by Lawrence D. Kritzman (New York: Columbia University Press, 2006), pp. 9-15.

Revel, Jacques and Hunt, Lynn Avery, *Histories: French Constructions of the Past* (New York: The New Press, 1995).

Ricoeur, Paul, *The Contribution of French Historiography to the Theory of History* (Oxford: Clarendon Press, 1980).

Ringer, Fritz, *Fields of Knowledge: French Academic Culture in Comparative Perspective, 1890-*

1920 (Cambridge: Cambridge University Press, 1992).

Ruano-Borbalan, Jean-Claude, *L'Histoire aujourd' hui: nouveaux objets de recherche, courants et débats, le métier d'historien* (Auxerre: Sciences humaines, 1999).

Schechter, Ronald (ed.), *The French Revolution: The Essential Readings* (Malden, MA: Blackwell, 2001).

Solé, Jacques, *Questions of the French Revolution: An Overview*, translated by Shelley Temchin (New York: Pantheon, 1989).

Spiegel, Gabrielle M., "The task of the historian," *American Historical Review*, 114 (1) (2009): 1-15.

Stoianovich, Trajan, *French Historical Method: The Annales Paradigm* (Ithaca, NY: Cornell University Press, 1976).

Thuillier, Guy and Tulard, Jean, *Les Ecoles historiques*, 2nd edn. (Paris: Presses Universitaires de France, 1993).

Toews, John, "Intellectual history after the linguistic turn: the autonomy of meaning and the irreducibility of experience," *American Historical Review*, 92 (1987): 879-907.

Weisz, George, *The Emergence of Modern Universities in France, 1863-1914* (Princeton, NJ: Princeton University Press, 1983).

1

앙리 피렌

1862~1935

Henri Pirenne

앙리 피렌

발터 프리베니어

앙리 피렌은 1862년 벨기에 동부의 작은 도시 베르비에에서 태어났다. 아버지는 섬유산업의 중심지인 이 도시의 직물 제조업자였다. 이 같은 피렌의 출생 배경은 틀림없이 훗날 경제사에 대한 관심과 이데올로기적 신념에 결정적인 영향을 끼쳤을 것이다. 실제로 아버지의 공장에서 경험한 사업 경영과 부르주아 생활 방식(부모 모두 중산계급이었다)의 체험은 중세의 도시민과 노동자들에 대한 관심에 불을 지폈고, 또 그들에 대한 이해를 북돋우었다. 사회문제와 종교문제에 관용적인 피렌의 태도는 아버지가 자유주의적 정치가였고 프로테스탄트 가문의 프리메이슨 단원이었다는 사실과 무관하지 않았을 것이다(어머니는 가톨릭 신자였다).

1879년 피렌은 리에주대학에서 역사학 공부를 시작했는데, 이 대학에서 자신의 개성과 경력에 큰 영향을 끼친 두 선생을 만나게 되었다. 첫 스승 고드프루아 퀴르트는 독일계 역사가로서 교황권지상주의

(ultramontane) 가톨릭 신앙이 반영된 역사관을 갖고 있었다. 1874년 레오폴트 폰 랑케의 세미나와 역사에 대한 과학적 접근법을 접하게 된 뒤로 퀴르트는 역사에 대한 낭만주의적 태도를 버리고 일차사료에 대한 비판적 검토를 중심으로 하는 실증주의 방법을 지지하고 나선 최초의 벨기에 역사가가 되었다. 자유주의요 개신교도인 두 번째 스승 폴 프레데리크는 프랑스와 독일에서 세미나 수업에 대해 연구하고 1880년에 리에주대학에서 벨기에 최초의 근대 초기 역사 세미나를 개설했다. 두 선생 모두 프랑스와 네덜란드, 독일의 언어와 문화에 정통했고, 1883년 6월 피렌이 박사 학위논문을 제출했을 때는 외국어를 공부하고 다른 나라에서 대학원 과정을 밟으면 좋겠다고 권유했다.

피렌의 유학 시절은 1883년 11월 파리에서 시작되었다. 그는 고문서학교(Ecole des chartes)에서 아르튀르 지리와 함께 공부했고, 고등연구원에서는 가브리엘 모노한테서 중세 연구를, 지리한테서 경제사 연구를 위한 실습을 받았다. 또한 이 고등연구원에서 로베르 드 라스테리가 담당한 새로운 중세 고고학 강의를 들었다. 1884년 11월 피렌은 라이프치히로 옮겨 가서 빌헬름 아른트와 함께 고문서 해독법을 공부했고, 다시 베를린으로 가서 해리 브레슬라우와 함께 고문서학을, 구스타프 슈몰러와 함께 경제사를 공부했다.

베를린에서 피렌이 만난 가장 기억할 만한 인물은 게오르크 바이츠와 레오폴트 폰 랑케였다. 바이츠는 세계적인 주요 역사학 단체 가운데 하나인 '게르마니아역사간행회'(Monumenta germaniae historica)의 의장이었고, 랑케는 자신을 추종하는 이들로부터 객관적인 과학적 역사학의 창시자로 칭송받고 있었다. 피렌과 만날 당시 랑케는 이미 아흔 나이에 접어들었다. 피렌은 독일 역사과학의 거장에게 대단한 존경심을 표했으며, 일차사료에 대한 세밀한 분석을 강조한 랑케의 가르침을 결코 가벼이 여기지 않았다.

역사 보조 학문들(고문서 해독법과 고문서학 등)을 통달했던 것이 피렌에게는 기초 자산이 되었다. 그 덕분에 피렌은 벨기에서 이런 기술적 분야와 비판적 사료 분석에 대한 수준 높은 교육을 더 널리 보급시킬 수 있었으며, 또한 대개 독학으로 그런 분야를 익힌 1880년대의 동료 학자들에 비해 두각을 나타낼 수 있었다. 하지만 피렌의 수학 시절에 그에게 가장 큰 영향을 준 학자는 독일 역사가 카를 람프레히트였다. 동료들 대부분에게 멸시를 당한 람프레히트는 역사 연구 방법론에 관하여 랑케와 근본적으로 결별했다. 람프레히트는 역사에서 비인격적이고 집단적인 요인들이 유명한 개인들의 개성과 사상보다 훨씬 더 중요하다고 보고 그것들에 대해 예리한 관심을 기울인 최초의 근대 역사가 가운데 한 사람이었다. 또한 람프레히트는 프랑스의 아날학파 역사가들이 학제적 연구에 헌신할 것을 선언하기 훨씬 전에, 역사 연구와 경제학이나 사회학 분야 사이의 관련성을 분명하게 드러냈다.

19세기 말에 벨기에서는 교육부 장관이 주립대학의 교수 임용을 결정했고, 그런 임용은 정치적인 선택이 되기 일쑤였다. 자유주의자 집안에 태어난 피렌은 오로지 가톨릭 신자인 교육부 장관과 역시 가톨릭 신자로 그의 조언자였던 쿼르트 덕분에 1885년 리에주대학 교수진의 일원이 되었다(여기서 그는 고문서 해독법과 고문서학을 가르쳤다). 1886년 그는 또 다른 주립대학인 헨트대학으로 이직했다. 순수한 왈롱(주로 프랑스어를 사용하는 벨기에 남부 지방―옮긴이) 사람인 피렌으로서는 고향을 떠나 친구나 가족도 없는 플랑드르 지방 도시로 간다는 것이 쉬운 결정은 아니었다. 하지만 피렌은 새로운 환경에 곧바로 적응했다. 이곳에 도착한 지 얼마 안 되어 그는 제니 반더하헨이라는 헨트 태생에 부르주아 가정의 딸을 알게 되었고 1887년 12월에 결혼했다. 피렌이 새로운 환경에 재빨리

적응했다는 것은 그리 놀랄 만한 일이 아니다. 헨트의 사회 엘리트들은 리에주의 엘리트들처럼 프랑스어를 주요 언어로 사용했기 때문이다. 그곳 사람들의 풍부한 문화생활과 사회생활은 프랑스어로 이루어졌고, 헨트대학 강의실에서 쓰는 언어 또한 프랑스어였다.

1886년 이전까지 헨트대학에서 대부분의 역사 교육은 여전히 낭만주의 학파에 지배되고 있어서 역사는 문학의 한 종류로 취급되었다. 그러나 1883년에 폴 프레데리크가 리에주에서 헨트로 옮겨와 곧바로 근대 초기 역사 수업에 사료 '실습'을 포함한 세미나 위주의 교수법을 도입했다. 프레데리크의 이러한 혁신 덕분에, 피렌은 중세사 세미나 수업을 시작하는 데 별 어려움이 없었다. 학생들은 흔히 네덜란드어(피렌에게는 문제가 되지 않는 언어)로 된 일차사료 학습에 익숙해져 있었다. 1890년 주로 피렌이 주도하여 헨트대학 역사학과는 문학적·낭만적 역사를 가르치던 교육을 완전히 끝내고 교육과정과 프로그램을 전면적으로 개편했다. 이러한 대수술로 비전문가들이 가르치던 수업은 전문적으로 훈련받은 역사가들이 지도하는 세미나로 변모했다. 중세사 세미나와 별도로 피렌은 중세사에 관한 입문용 개론과 1893년부터 사회경제사에 관한 혁신적인 강좌를 담당했다.

연구 세미나라는 새로운 시스템과 더 광범위한 교육과정을 고민하는 피렌의 태도에는 창의성이 돋보인다. 또한 프랑스와 독일 두 나라의 유학 시절을 포함하여 폭넓은 교육으로부터 어떠한 혜택을 받았는지를 잘 보여 준다. 사실 피렌은 두 나라의 교육 방식 가운데 가장 좋은 것을 본받을 수 있었다. 강의 시간에 피렌은 학생들과 함께 일차사료를 읽었다. 또 학생들에게 중세 사료를 다루는 데 필요한 고도의 전문 기술을 전수했다. 학생들이 현대어 번역을 통하지 않고 일차사료를 읽을 수 있도록 중세 언어에 입문케 했고, 유럽의 여러 기록보관서에서 입수한 중세의 양피지 자료와 문서들을 간행되지 않은 원본으로 읽을 수 있도록 고문서 해독법을 가르쳤다. 또 문서의 외적·내적 형식에 대한 분석을 통해 드러난 대로 각 문서의 출처를 고려함으로써 사료를 비판적으로 분석하는 능력을 갖추도록 학생들에게 고문서학을 가르쳤다.

피렌은 자신이 출판한 책들을 수업에도 활용했다. 1909년에 출간한 《벨기에 고문서 선집》(Album belge de diplomatique)은 손으로 직접 쓴 중세 문서의 복사본을 묶은 것이다. 이 책은 학생들이 중세 원사료에 좀 더 수월하게 접근할 수 있도록 해주었다. 피렌은 또한 문학적이고 행정적인 중세 텍스트들의 교정판을 출간하여 독자들이 더 풍부한 일차사료를 다룰 수 있도록 했다. 그는 선량백 샤를의 암살에 관해 갈베르 드 브뤼주가 쓴 12세기의 유명한 사서를 편찬했다. 또 벨기에 왕립역사위원회에서 조르주 에스피나스와 함께 중세의 직물공업에 관한 법률·행정·재정 문서를 네 권으로 묶어 편찬했다. 1907년에 피렌은 왕립역사위원회의 사무총장이 되어 1935년 세상을 떠날 때까지 28년 동안 그 자리에 있었다. 이 위원회에서의 비중 있는 역할에 힘입어 피렌은 벨기에의 학문을 유럽의 수준으로 올려놓을 수 있었다. 1896년 그는 텍스트 교정판을 출간할 때 프랑스와 독일에서 적용되는 것에 견줄 만한 새로운 편찬 기준을 마련했다. 피렌은 저지방(오늘날의 벨기에, 네덜란드, 룩셈부르크 일대—옮긴이)의 영역에서 개최된 신분회 회의록 전집의 출간을 추진했고, 《벨기에 제후 문서집》 출간도 위원회의 사업으로 추진했다. 1936년에 시작한 이 사업은 벨기에 시대 이전 저지방 백작과 공작들의 궁정에서 나온 증서들을 그들의 상서부에 대한 고문서학 분석을 토대로 하여 교정판으로 편찬했다. 이렇듯 일차사료의 출간에 상당한 정열을 쏟으면서도 피렌은 틈틈이 독창적인 연구 성과를 내놓았다. 독일 학자들의 방법론에 의거한 1903년의 이프르에 대한 연구와 함께 벨기에에서 중세 역사인구학 분야를 창시했다.

　왕립역사위원회에서 차지하고 있던 지위는 피렌의 영향력을 벨기에를 넘어 유럽, 더 나아가 세계 역사학계로 펼칠 수 있게 해준 행정상의 요직 가운데 하나였다. 피렌은 국가인명사전편찬위원회 위원장이자 로마의 벨기에역사연구소 소장으로도 일했다. 1920년에는 국제학술원연합 회장으로 활동했는데, 피렌의 영향력 아래에서 이 기구는 원래 17세기의 언어학자인 캉주의 영주 샤를 뒤 프렌이 편찬한 중요한 라틴어사전의 새로운 판본을 내는 데 주력했다. 피렌은 역사가와 문헌학자들에게 벨기에의 가장 중요한 학술지로 평가받는《벨기에 문헌학·역사학 평론》의 창간인 가운데 한 사람이었다. 그런가 하면 1898년에 창설되어 5년마다 전 세계 수백 명의 역사가들을 한데 불러 모으는 국제역사학위원회에서 중요한 역할을 했다. 1923년 브뤼셀에서 열린 대회를 성공적으로 조직함으로써 피렌은 제1차 세계대전으로 위기를 맞았던 이 기구를 부활시킨 주역이 되었다.

　피렌의 도움으로 개발된 교과과정은 참신한 방법론에 매력을 느낀 많은 입문자들을 끌어들였다. 헨트대학에서 44년을 재직하는 동안 피렌은 32여 명의 박사 학위자를 성공적으로 지도했다. 역사학 분야, 더 나아가 벨기에와 유럽 학계 전반에 미친 피렌의 남다른 영향은 다음과 같은 사실들에서 뚜렷이 나타난다. 피렌의 제자들 가운데 많은 학자들이 역사학계에서 두각을 나타냈다. 그중에 프랑수아루이 강쇼프, 한스 반 베어베크, 가스통 데프트, 빅토르 프리스, 앙리 드 사게, 샤를 버린든 같은 연구자는 헨트대학 강단에 서게 되었고 또 어떤 제자들은 벨기에와 유럽, 그 밖의 세계 여러 곳에서 교수가 되었다. 페르난트 베르카우터른과 헤르난 반 데어 린든은 리에주에, 기욤 데 마레는 브뤼셀, 얀 데뉘세는 안트베르펜, 자크 피렌은 제네바, 그리고 빌른 블로마트는 남아프리카공화국의 스텔렌보스에서 자리를 잡았다. 외국에서 온 수많은 학생들이 피렌의 세미나에 참석했는데, 이를테면 헨리 오브린과 빌름 시브란트 윙어는 네덜란드 사람이고, 마리안 세르만은 루마니아 사람이었다. 그 밖에 미국에서 온 학생들도 꽤 많았다. 존 R. 닙핑, 로버트 레이놀즈와 그레이 C. 보이스는 캘리포니아대학(버클리) 출신이고, 제임스 L. 케이트는 시카고대학, 헨리 S. 루카스는 미시간대학, 그리고 찰스 H. 테일러와 칼 스티븐슨은 하버드대학 출신이었다.

레오폴트 폰 랑케는 피렌의 교육 방법은 물론 저술과 연구에도 영향을 끼쳤다. 피렌은 포괄적이고 과학적인 벨기에 역사를 쓴 최초의 역사가인데, 그것도 일곱 권이나 되는 방대한 분량으로 펴냈다. 무려 1894년부터 1932년까지 이 엄청난 과업에 많은 시간을 들여야 했다. 비록 벨기에는 1830년까지 하나의 국가로 존재한 적은 없었지만, 피렌의 《벨기에 역사》(Histoire de Belgique, 1900-1932)는 중세 초까지 거슬러 올라간다. 피렌은 훗날 벨기에 국가가 되는 영토 안에 자리 잡은 중세의 제후령들이 상당히 공통된 과거와 정체성을 지니고 있었으며, 그것들이 유럽 안에서 하나의 특정한 경제·문화 지역을 이루고 있었다고 생각했다. 이 같은 테제는 이데올로기적이고 목적론적이며 시대착오적인 구성물이라는 거센 비판을 받게 된다. 더욱이 이러한 비판이 엄격한 사실과 객관성을 추구하는 비판적이며 전문적인 역사학의 선구자로 이름난 이 역사가를 겨냥한 것이었기에 더욱 가혹한 평이 아닐 수 없었다.

이 벨기에 '민족'의 역사가 쥘 미슐레와 토머스 매컬리, 그리고 벨기에에서는 레옹 반더킨데르와 케어벤 드 레텐호브의 민족주의적 낭만주의를 대체하겠다는 포부를 지닌 세계시민주의 역사가에 의해 쓰였다는 사실 또한 눈길을 끄는 대목이다. 이러한 역설의 열쇠는 이 작업을 이끌어 낸 제안에서 찾을 수 있을 것이다. 1894년에 '유럽 국가들의 역사'라는 총서 가운데 한 권을 집필하도록 피렌에게 요청한 사람은 바로 카를 람프레히트였다. 제안을 받은 피렌은 저지방에 존재해 온 중세 영토들 안에 공통의 과거를 하나의 '벨기에 역사'라고 부르기에 충분할 만큼 긴밀성이 있었는가 하는 문제를 놓고 숙고하지 않을 수 없었다. 이 문제에 대한 피렌의 답은 "나는 무엇보다도 먼저 단일성을 드러내고 싶었다"라는 제1권의 머리말 속에서 찾을 수 있다.《벨기에 역사》는 확실히 어떤 종류의 '벨기에'가 중세에 존재했다는 추정적 판단의 산물이다. 일단 출판되고 나자 이 책은 벨기에 사람들에게 오랜 과거를 지닌 한 민족이라는 느낌을 주었다.

　여러모로 피렌의 《벨기에 역사》는 혁신적인 면이 있었다. 일차사료에 대한 비판적 해석에 바탕을 두었다는 점은 물론이고 벨기에 역사에서 사회적·경제적 요인들의 선차적 중요성을 강조한 점 등이 특히 그러했다. 피렌의 주된 논점은 중세 네덜란드 일대 여러 지역의 공통 역사는 정치의 문제라기보다는 상공업, 종교 운동과 예술에 대한 공통된 감수성의 문제였다는 데 있었다. 1830년 이래로 '벨기움'이라고 불리는 지역은 유럽의 축소판이자 국제 교역로의 교차로에 자리 잡아 그 이웃들의 문화와 기술을 대부분 흡수하고 또 수입된 요소와 토착 요소를 도가니처럼 한데 뒤섞는 '혼합문화'(Mischcultur) 지역이었다.

　1899년에 나온《벨기에 민족》(La Nation belge)에서, 피렌은 벨기에를 게르만 문화와 라틴 문화의 합성물이라고 명시했다. 이런 영감은 지난날 리에주대학 시절 자신의 스승 오귀스트 스테세가 1859년에 발표한 〈플라망 사람과 왈론 사람〉이라는 논문에서 비롯되었다. 벨기에 역사에 대한 이 같은 분석은 필시 일생 동안 벨기에의 교량 역할을 목도한 경험에서도 영향을 받았을 것이다. 그 모든 장점에도 불구하고《벨기에 역사》는 몇몇 약점 때문에 비판을 받아 왔다. 피렌은 벨기에에 속하는 하위 지역

들을 지배한 세습 가문들 저마다의 독립에 대한 진정한 열망은 물론이
고 그 지역들의 특수성과 지역적 충성심을 강조하지 않았다. 피렌의 테제
는 15세기의 부르고뉴령 네덜란드가 필연적으로 1830년의 벨기에 국가
로 이어졌다는 생각을 너무 강하게 내비치고 있다.

　피렌의 업적 가운데 가장 중요한 부분은 중세 유럽 도시의 역사, 특히
중세 도시의 경제에 관한 연구였다. 1889년에 발표된 첫 번째 도시 연구
에서 피렌은 리에주 공작령 있는 디낭의 역사를 다루었는데, 이 초기의
연구에서는 도시사에 대한 제도사적 접근이 여전히 지배적이었다. 도시
사 분야에 대한 이 첫 시도와 제도사에 대한 연구 경험은 도시의 역사에
대한 사법 및 정치 구조의 영향을 늘 염두에 두도록 일깨워 주었기에 나
중의 연구에 큰 도움이 되었다. 1886년 이래 헨트대학에서 학생들을 가
르치면서 피렌은 플랑드르 도시들을 포함하여 자신의 연구 범위를 더욱
더 넓혀야겠다는 구상을 하게 된다. 더 나중에 제1차 세계대전 동안 피
렌의 연구 범위는 이탈리아, 동유럽, 비잔티움, 서아시아의 도시들까지 아
우를 정도로 훨씬 더 확장되었다.

　사실, 도시사에 비교사적 접근법을 적용하고자 한 적극적인 시도는 피
렌이 이룩한 가장 중요한 방법론적 혁신 가운데 하나였다. 피렌이 체계적
인 비교 방법을 처음으로 이용한 것은 1900년부터였다. 그전까지 피렌은
연구 대상을 대개 리에주 주교령 안의 뫼즈 강 유역 도시들에 한정했다.
헨트로 옮겨 가면서 그는 중세 플랑드르 도시들의 매우 독특한 사회적·
경제적·법적 성격에 흥미를 느끼고, 또한 자신이 초기에 연구했던 도시
들과 플랑드르 도시들 사이의 차이점들을 설명해야 할 의무감을 느꼈다.
1904년에 피렌은 한 걸음 더 나아가 디낭의 상인들에 관한 연구에 손을
댔고, 이때 이 상인들과 플랑드르의 도시 두에의 사업가들 사이에, 특히
유명한 도시 귀족인 부엔브로크의 사업 방식과 행태에 관련하여 놀라운

유사점이 있음을 알아차렸다. 피렌은 "이 두 지역에서 같은 원인들이 같은 결과들을 낳았다"고 결론짓는다. 반복되는 패턴에 대한 관찰은 카를 마르크스와 막스 베버로부터 차용한 개념이다. 베버와 마찬가지로 피렌은 경험적 자료로부터 중세 말에 등장한 상인-기업가의 원형과 같은 '이념형'(비록 이러한 '이념형'의 존재가 나중의 연구에 의해 부정되었지만)을 끌어냈다.

피렌은 일상생활의 현실을 이해하고 강조했다는 점에서도 역시 혁신가다운 면모를 드러냈다. 존 먼디는 "인류 진보의 주요한 역군으로서" 사업가들에 대한 피렌의 존중에 주목했지만 한편으로 "노동자들에 대한 일정한 공감과 심지어 애정"에도 주목했다. 피렌은 1300년을 전후하여 일어난 일련의 중세 반란에서 노동자들의 적극적인 역할에 대해, 공정한 조세 체계를 마련하기를 거부한 도시 지배 엘리트들의 폐단과 정치적 실수에 대해, 그리고 자본과 노동의 분리에 근거를 둔 경제로의 근본적 이동에 대해 잘 알고 있었다.

또 하나의 혁신은 11세기 동안 중세 도시의 성장에서 새로운 떠돌이 상인과 모험적 정착자들의 역할에 관한 피렌의 테제이다. 도시의 부활과 관련하여 이 집단들의 중요성에 주목한 피렌의 학설은 확실히 정교하고 세밀한 논의가 부족했다. 애초부터 학설의 형태로는 대체로 받아들여지지 않았지만, 그럼에도 그 이론은 분명히 후속 연구를 고무하는 데 성공했으며 또한 사회구조의 관점에서 중세 도시사를 이해하려고 한 최초의 시도 가운데 하나였다. 도시사 연구에 고고학 자료들을 이용한 시도 역시 혁신적이었지만, 이 같은 혁신은 또한 피렌의 약점들 가운데 하나가 되기도 했다. 사실 피렌 생전에 중세 도시에 대한 고고학적 발굴 작업이라는 게 지극히 보잘것없는 실정이었기 때문이다.

피렌은 끊임없이 새로운 해석 모델을 추구하는 유연하고 창의적인 연구자였다.《옛 저지방의 민주주의 체제들》(Les Anciennes Démocraties des Pays-Bas, 1910)에서 피렌은, 중세의 저지방이 훗날 성공한 것은 '민주주의적' 제도가 그곳에서 일찍이 도입되고 존숭되었기 때문이라는 가설을 탐구하고 있다. '민주주의적'이라는 피렌의 용어는 시대착오적으로 사용했다는 비판을 받아 왔는데, 어쩌면 그보다는 '민주주의적 금권정치'라는 표현이 더 적절했을 것이다. 하지만 피렌은 중세사에서 '민주주의적'이라는 용어가 지니는 의미와 제한된 적용 가능성을 잘 알고 있었는데, 이는 "중세 도시의 민주주의 체제는 특권적 구성원들로 이루어져 있었다"라는 구절에서 분명히 나타난다. 그런 민주주의 체제들은 모든 사람들에게 열린 자유와 평등의 이상을 알지 못했고 알 수도 없었다. 거기에서 자유는 언제나 도시 정부를 처음 조직한 제한된 계급의 배타적 소유물로 남아 있었다.

비록 랑케와 과학적 역사의 개념에 큰 영향을 받았음에도 불구하고, 피렌은 텍스트 분석에 대한 랑케의 실증주의적 접근 방식은 너무 단순하다고 생각했다. 피렌은 역사의 변화에 대한 헤겔 철학의 변증법적 설명을 좋아했고, 카를 람프레히트를 알게 되면서 1900년 무렵부터는 마르크스주의적 분석을 받아들이기 시작했다. 이 같은 성격은 일곱 권으로 된《벨기에 역사》1권과《옛 저지방의 민주주의 체제들》에서 뚜렷하게 나타난다. 이를테면 비록 프랑스와 플랑드르 사이의 갈등이 중세 플랑드르 도시들에서 "일종의 민족의식"을 낳았다고 생각했음에도 불구하고, 1300년 무렵에 일어난 플랑드르 반란에 대한 19세기의 낭만주의적·민족주의적 해석을 거부하고 그 대신 일반적인 사회적·경제적 조건을 봉기들의 주된 원인으로 파악하는 설명을 받아들였다. 마르크스주의의 역사유물론과 사회경제적 결정론은 1914년에 발표된 피렌의 중요한 논문〈자본주의의 사회사적 단계들〉에 반영되어 있다. 이 논문은 막스 베버가 표명한 유명한 테제, 즉 칼뱅주의가 자본주의의 주된 원천이라는 테제를 거부하고 그 대신 일련의 도전에 적응하지 못한 상인들이 더 야심적인 (그리고 더 자본가적인) 기업가들에 의해 밀려나게 되는 그런 사회적 진화에 뿌리를 둔 자본주의라는 개념을 선호한다. 또한 피렌은 자본주의적 발전의 단선적 모델을 거부하고 강력한 경제적 규제의 국면과 광범위한 경제적 자유의 국면이 번갈아 교대하는 그런 모델을 선호했다.

학자로서 이미 성공을 거둔 피렌의 경력은 제1차 세계대전과 헨트대학의 언어 문제라는 두 가지 요인이 없었다면 평온하게 제 길을 따라 나아갔을 것이다. 제1차 세계대전은 아들 하나가 전선에서 사망하면서 피렌에게 우선 가족사의 비극적 사건이 되었다. 그런가 하면 교수직에서도 극적인 사건이 일어났다. 1916년 벨기에의 독일 총독인 폰 비싱 장군은 헨트대학의 교육 언어를 프랑스어에서 네덜란드어로 바꿨다. 대부분의 교수들은 이 문제에 대해 강경한 태도를 취했다. 앞장서서 항의의 대변자 역할을 한 피렌과 프레데리크는 1916년 3월 18일 체포되어 크레펠트 수용소에 수감되었고, 나중에는 독일의 홀츠민덴 수용소로 이송되었다.

이 오랜 감금생활은 1918년 11월까지 이어졌고 가정생활을 완전히 단절시켰다. 이 경험은 인생관과 전문적인 역사 접근법에 대한 피렌의 시각에 깊은 영향을 끼쳤다. 사회적·문화적·정치적 현실에 대한 피렌의 통찰은 익숙한 대학 세계와는 전혀 다른 다양한 사회적 배경과 직업을 가진 개인들과 뜻하지 않은 만남을 통해 대단히 깊어졌다. 피렌이 감금된 수용소에는 대략 1만 명의 민간인이 있었다. 지식인과 귀족도 있었고, 노동자와 상점주도 있었으며, 매춘부와 범죄자도 있었다. 수용소에서 피렌은 벨기에 역사와 유럽 경제사에 대해 강연을 했고, 다른 수감자들한테 러시아어를 배우기도 했다. 더 중요한 것은 피렌이 세계사에 끼친 동유럽의 영향을 잘 알게 되었다는 점이다. 1917년 6월 그는 노트와 책 없이 대개 기억으로 유럽의 일반 역사를 쓰기 시작했는데, 이것은 훨씬 훗날 1936년에 가서야 《이민족의 침입에서 16세기까지 유럽의 역사》(Histoire de l'Europe des invasions au XVIe siècle)라는 제목으로 출판되었다. 또한 그 무렵 장차 유명한 저작이 될 《마호메트와 샤를마뉴》(Mahomet et Charlemagne)의 초고를 쓰기 시작했다. 1917년 10월부터 1918년 11월까지 피렌은 역사의 본질과 방법론, 자기 직업의 가치 등에 대해 성찰한 것을 지적인 일기로 기록했고, 이는 1994년에 《한 은둔자의 사색》(Réflexions d'un solitaire)이라는 제목으로 출판되었다.

전쟁과 수용소 생활은 피렌에게 깊은 충격을 주었고 독일의 점령에 대한 저항은 자의식이 되었다. 그 결과 여러 독일 대학에서 유학하던 시절 이래로 독일 역사가들에 대해 존경심을 품어 왔음에도 그들과 인연을 대부분 끊어 버렸다. 그는 독일의 제국주의와 군국주의를 경멸했으며, 제국주의 이데올로기를 정당화하고 합법화하는 독일의 여러 동료 역사가들(심지어 카를 람프레히트 같은 친구들까지)에 대해 배신감을 느꼈다. 헨트대학 총장으로서 1919, 1920, 1921년 세 차례의 연설에서 피렌은 이러한 반독일 지론을 강조했다. 이 가운데 첫 번째 연설에서 피렌은 19세기 독일에서 등장한 인종주의 이론을 비판했다. 또 '독일에 대해 꼭 알아야 하는 것'이라는 인상적인 제목의 마지막 연설에서는 세계시민주의를 옹호하고 범게르만주의에 대한 거부의 뜻을 밝혔다. 피렌이 국제역사학위원회를 부활시키는 데 힘을 보탰을 때도 이 같은 반독일 감정은 여전히 뚜렷하게 남아 있었다. 피렌은 1923년 브뤼셀 대회와 그다음 대회에 독일이나 오스트리아 역사가들이 참가하는 것을 막으려는 움직임에 힘을 보탰다(하지만 미국의 압력으로 독일과 오스트리아 역사가들은 1926년부터 참가 자격을 회복했다).

1918년 벨기에 정부는 헨트대학의 교육 언어를 프랑스어에서 네덜란드어로 바꾼 독일인들의 조치를 철회하여 다시 프랑스어만을 쓰도록 했지만, 플라망어 운동을 펼친 활동가들은 행정 및 법 체제에 도입된 네덜란드어를 고등교육에까지 확대하려고 노력했다. 1923년에 교육부 장관은 헨트대학을 프랑스어 사용 집단과 네덜란드어 사용 집단으로 양분했다. 사실 왈롱 사람인 피렌은 플랑드르 사람들의 요구를 이해할 수 있었지만, 대학을 이중언어 기관으로 유지하기를 바랐다. 그는 교육 언어로서 프랑스어를 금지하게 될 어떠한 언어상의 급격한 변화에도 반대했으며, 프랑스어를 포기한다면 대학의 국제 교류가 타격을 입을 것이라고 생각했다. 1930년 헨트대학에서 네덜란드어 전용 방침이 결정되자 피렌은 조기 퇴직을 신청했다. 몇몇 대학이 교수 자리를 제의했지만, 그는 연구와 집필에 전념하는 쪽을 택했다. 그는 브뤼셀에서 가까운 조용한 우클로 이사하여 1935년 10월 24일에 눈을 감을 때까지 그곳에서 살았다.

제1차 세계대전 이후 피렌은 벨기에와 유럽의 학문과 정치 기관의 일원일 뿐 아니라 국민적 인기를 끄는 벨기에의 공인이 되었다. 어떤 이들은 그를 가리켜 '국민 역사가'라 불렀고, 또 어떤 이들은 대가라고 불렀다. 실로 그는 광범위한 국제적 연줄을 지닌 탁월한 네트워크 담당자였다. 마르크 블로크와 뤼시앵 페브르는 1921년부터 피렌에게 자신들이 창간하고자 했던 잡지, 저 유명한 《아날》의 초대 편집인을 맡아 달라고 누차 부탁했다. 피렌이 이 제안을 거절한 이유는 역사학에 대한 견해가 블로크나 페브르와 달라서가 아니라 나라 안팎에서 맡고 있던 책무(1920년대에 헨트대학 총장을 맡았으며 순회강연에다가 광범위한 저술 작업으로 여력이 없었다)가 이미 너무 무거웠기 때문이다. 두 사람의 제의를 거절하기는 했지만 피렌은 여러 해 동안 스트라스부르에 있는 두 동료 학자와 틈나는 대로 편지 왕래를 이어 갔다. 피렌은 단단히 두 역사가의 등을 떠밀었고 일단 그 잡지가 창간된 후에는 거기에 여러 차례 논문을 게재했다.

이들 사이에 오간 편지들은 피렌, 블로크, 페브르가 아날학파의 보증 마크가 될 역사 방법론과 해석에 관한 사상을 주고받았음을 보여 준다.

피렌은 또한 비공식적으로 벨기에 문화 홍보대사가 되어 벨기에가 "의도적으로 만들어 낸 국가"가 아니라는 인식을 전 세계에 널리 알렸다. 1922년에 석 달 동안 미국을 여행했을 때는 워런 하딩 대통령과 상무부 장관 허버트 후버를 만나기도 했다. 하지만 이 여행은 무엇보다도 프린스턴, 컬럼비아, 하버드, 예일, 위스콘신(메디슨), 캘리포니아대학(버클리) 같은 여러 유명한 고등교육기관을 순회하는 강연 여행이었다. 이런 강연을 통해서 수많은 동료 학자들과 젊은 학생들이 역사에 대한 피렌의 과학적 접근 방식을 접할 수 있었으며, 여러 사람들이 그와 더불어 헨트에서 공부하리라 결심하게 되었다. 프린스턴대학 출판부는 1925년에 피렌이 이 대학에서 한 강연을 모아 《중세 도시》(Medieval Cities)라는 제목으로 출판했다. 이 책은 중쇄를 거듭했으며, 1974년에 페이퍼백으로 출판되어 지금도 여전히 판매되고 있다.

역사가의 직업에 대한 피렌의 관념은 결코 고정된 것이 아니었다. 그의 사고는 끝까지 유연하고 창의적이었다. 예컨대 1933년에 피렌은 1300년 무렵 플랑드르의 반란에 관한 자신의 주장을 수정했다. 그 결과 피렌은 "그 대립은 점점 더 부자와 가난한 사람들 사이에 계급투쟁의 모양새를 띠어 갔다. 하지만 그것은 단지 겉모습에 지나지 않았다"고 주장했다. 피렌은 사회적·경제적 요인의 중요성에 대한 초기의 믿음을 버리지는 않았지만, 자신이 지난날 분석에서 이용한 사회적 범주들, 특히 부자와 가난한 자라는 이분법이 충분히 복합적이지 않다는 점을 인식하고 있었다.

단적으로, 제1차 세계대전 이후 피렌은 자신의 초기 저작들을 상당 부분 특징지었던 마르크스주의 역사 인식에 대해 흥미를 잃어버렸다. 이 같은 변화는 독일 수용소에서 보낸 몇 년 동안의 감금 생활의 결과였는데,

말하자면 그때의 경험이 개인적인 자기성찰에 몰두하는 계기가 되었던 것이다. 구체적으로 그는 마르크스주의적 시각이 너무 결정론적이고 추상적이며, 비역사적인 모델들에 너무 얽매여 있다고 생각하게 되었다. 피렌은 역사 발전의 필연성보다 역사에서 우연과 우연한 사건의 요소들을 점점 더 강조하게 되었다. 또한 역사적 결과를 결정하는 데 있어 지배적인 개인들, 그들의 사고와 별난 개성의 중요성을 점점 더 강조했다. 단순화와 종합, 폭넓은 역사적 해석에 대한 재능을 결코 잃지 않은 채로 피렌은 제1차 세계대전 이후 한층 더 순전히 실증적이고 과학적인 접근 방식을 포용하게 되었다.

피렌이 오랜 동안 시도한 이런저런 방법론적 실험들의 최종적인 성과를 보여 주는 것은 잇따라 출판된 두 권의 책, 즉 1925년 미국에서 한 강연을 토대로 펴낸《중세 도시》와 중세사에 대한 자신의 견해들을 가장 원숙하게 종합하여 제시한《중세 경제와 사회의 움직임》(Le mouvement économique et social au moyen âge, 1933)이다. 피렌의 가장 유명한 저서이자 첫손에 꼽는 대표작은 사후에 출판된《마호메트와 샤를마뉴》이다. 이 책은 고대의 종말과 중세의 탄생에 관한 문제, 특히 로마 시대와 중세 사이 도시 생활의 연속성에 관한 문제를 다루고 있다. 이 책은 오랜 구상의 산물이었다. 1889년 피렌의 강의를 수강한 한 학생의 노트에서 일찍이 이 책의 중심 개념들이 희미하게 나타난다. 제1차 세계대전 동안 독일 홀츠민덴 수용소에서 강요된 장기간의 고립도 그 책에 도움이 되었으니, 도서관과 기록보관소에 접근할 수 없는 상황에서 피렌은 역사적 종합에, 그리고 세부적인 문제들보다는 큰 문제들에 집중할 수밖에 없었을 터이다. 피렌은 더 나아가 그런 중심 개념들을 두 편의 논문 속에 점점 더 정교하고 도발적인 형태로 다듬어서 1922년과 1923년에 각각《벨기에 문헌학·역사학지》에 발표했다.

18세기 영국의 역사가 에드워드 기번까지 거슬러 올라갈 수 있는 지배적인 학설, 곧 로마제국의 붕괴가 5세기 게르만족 야만인들의 침입 결과라는 학설에 맞서서, 피렌은《마호메트와 샤를마뉴》에서 고대 세계와 로마 문명(엄밀한 의미의 로마제국과는 대조되는)은 7~8세기에 지중해의 남쪽, 곧 아프리카 쪽 연안이 아랍에 정복됨으로써 나타난 결과라고 주장한다. 이러한 정복은 로마의 '우리의 바다'(mare nostrum)를 피렌의 표현에 따르면 '이슬람의 호수'로 바꾸어 놓았다. 그리하여 로마 군사 시스템과 고대 세계경제의 역동적 중심인 지중해의 역할이 끝나고, 유럽과 서아시아의 상업적·지적 교류 관계도 깨졌다는 것이다. 8~9세기의 카롤링제국은 압도적으로 농업적인 경제로 되돌아갔고, 봉건적이라 부를 수 있을 정치 구조를 발달시켰다. 피렌의 표현에 따르면, "7세기에 로마제국은 실제로 동방의 제국이 되었고, 샤를마뉴의 제국은 서방의 제국이었다," 또는 좀 더 유명한 표현에 따르면 "무함마드(마호메트)가 없었다면 샤를마뉴는 상상할 수도 없었을 것이다." 결국, 세계경제의 중심이 지중해에서 대서양으로 옮겨 가게 된 원인은 아랍의 정복에 있는 것이다. 만일 유럽 경제와 유럽의 역사에 어떤 단절이 있었다면, 그것은 5세기가 아니라 9세기의 일로 봐야 한다.

　　피렌 테제는 논의의 범위가 대단히 큰 까닭에 대개 새로운 고고학 자료들의 발굴과 관련하여 약점을 안고 있었을 뿐 아니라 이미 잘 알려진 문서들에 대한 새로운 해석과 이해에 대해서도 약점이 있었다. 이러한 약점은 오로지 '피렌 테제'에 대한 평가를 다룬 것으로서 각각 1958년과 1983년에 출판된 두 책에서 뚜렷이 드러났다. 먼저 앨프리드 하비허스트가 엮은《피렌 테제: 분석과 비판, 수정》은 1958년부터 1976년까지 3판을 찍었다. 이 책은 피렌이《마호메트와 샤를마뉴》에서 표명한 학설을 둘러싼 여러 학자의 글을 묶은 것이다. 1983년에 출판된 두 번째 책은 리처드 호지스와 데이비드 화이트하우스가 쓴 《무함마드와 샤를마뉴 그리고 유럽의 기원: 고고학과 피렌 테제》라는 책인데, 피렌의 사망 이후 이루어진 새로운 연구 성과(주로 고고학 발굴로 나타난 수많은 성과들)에 비추어 그 테제를 재검토하고 있다. 호지스와 화이트하우스의 책은 또 피렌의 비판자들에 의해 지난 수십 년 동안 제시된 여러 가설들을 검증한다. 이 두 고고학자는 피렌과 달리 고고학 자료와 기록된 문서를 통합하고 이슬람사와 유럽사를 아우르기에 좋은 여건을 갖추고 있었다. 1996년에 이 두 저자의 책을 프랑스어로 옮긴 개정판에는 한층 더 많은 풍부한 최근의 고고학 자료들이 추가되었다. 이 책들은 피렌 테제의 유효성을 완전히 부정하지는 않지만, 여러 면에서 그 테제를 적당히 조절하고 오류를 바로잡는다. 또한 사후 50~60년이 지나서까지 동료 역사가들(그것도 경제사 자체에만 관심을 둔 역사가들만이 아니라)에게 도전하고 영감을 불어넣는 피렌의 능력을 잘 드러내 준다. 크리스토퍼 도슨과 피에르 리셰는, 비록 피렌 자신은 이런 문제들에 많은 관심을 기울이지 않았지만 고대 세계에서 중세 세계로의 문화적·종교적 이행이라는 문제에 피렌 테제를 적용했다.

지난 60년 동안 이루어진 고고학과 화폐학의 발견은 중세 도시의 기원과 구조에 대한 역사가들의 인식 역시 극적으로 바꾸어 놓았다. 이는 헨트대학의 또 다른 학자 아드리안 버휠스트가 종합적 저술인 《북서 유럽 도시들의 성장》(1999)에서 실례로 보여 준 바이다. 유럽의 원거리 무역이 중세 도시 경제의 지배적인 특징이 아니라는 것은 분명해졌으며, 이제 일부 역사가들은 9세기의 경제적 도약에 대개 수도원이나 교회 같은 종교 기관들이 앞장을 섰다고 주장한다. 더 후대의 역사가들은 도시의 기원과 구조 두 측면에서 모두 피렌의 연구가 제시한 것보다 더 많은 다양성이 있었음을 입증했다. 피렌은 고대 세계의 로마 성읍이나 도시들과 이들의 후예인 중세의 성읍 및 도시들을 갈라놓은 그 어떤 경제적 단절이 있다고 주장했지만, 1950년대에 (여러 학자들 가운데) 에디트 엔넨은 이탈리아의 성읍 및 도시들이 중세 초에도 결코 사라지지 않았다고 주장했다. 실제로, 로마 도시와 중세 도시 사이에는 피렌이 주장한 것보다 훨씬 더 큰 연속성을 찾을 수 있다. 그럼에도 피렌의 학설이 모두 폐기된 것은 아니다. 에스파냐와 프랑스 남부의 일부 지역에서 도시 생활은 불안정해졌고 어떤 경우에는 로마제국의 몰락과 함께 활력을 잃었으며, 도시 생활의 이 같은 괴리는 유럽 북부에서 훨씬 더 뚜렷하게 나타났다.

가장 강력하게 공격을 받은 것은 피렌의 연대 설정인데, 특히 서유럽 경제가 9~10세기에 부진하다가 11~12세기에 가서 급격히 향상되기 시작했다는 게 그의 의견이다. 그 뒤에 역사가들은 중세 유럽 경제가 11, 12, 13세기의 대부분 동안 왕성하게 성장했다는 데 의견을 같이했지만, 그런 경제성장이 언제 시작되었는지를 둘러싸고는 견해가 엇갈렸다. 기욤 데 마레(피렌의 제자), 로버트 로페즈, 그리고 더 나중에 데이비드 헐리는 경제의 부활이 10세기에 시작되었다고 주장했으며, 마이클 맥코믹은 최근에 그 시점을 8세기 말~9세기 초로 잡았다. 하지만 뒷날의 역사가들이 피렌의 특정한 주장에 이견을 보이는 경우라 해도 거리낌 없이 그의 통찰을 무시할 수는 없었다. 1963년에 한스 반 베어베크는 피렌의 〈중세 경제와 사회의 움직임〉을 개정하여 별도로 출판했는데, 이 책의 부록으로 1933년에서 1963년 사이에 발표된 그 분야의 가장 중요한 연구 성과들을 소개하는 37쪽에 이르는 긴 비평적 참고문헌을 덧붙였다. 놀라운 것은 이러한 연구 성과의 대부분이 1933년 피렌이 발표한 종합적 저술의 이런저런 부분에 분명히 연결되어 있다는 사실이다.

피렌은 결코 상아탑 안에 머물지 않았다. 그는 당대의 중요한 대의에 열정적으로 개입했다. 그러면서도 진지한 학자이자 견실한 교수였고, 또한 좋은 포도주, 좋은 음식, 친구, 동료, 학생들과 활기찬 대화를 곁들인 사회적 교제를 즐기는 사람이었다. 피렌은 제자들을 직업적으로나 정신적으로 격려했으며, 아버지처럼 대하고 그들을 줄곧 지켜보며 조언자로 남았다. 피렌의 제자들 또한 스승을 좋아하고 몇 차례 그를 위한 기념행사를 열었는데, 특히 1926년에는 공개적으로, 1930년에 그의 마지막 수업 직후에는 친밀한 사람들끼리 함께했다. 그리고 1935년 피렌이 사망한 직후에 다시 그런 행사를 열었다. 1962년에는 피렌의 제자를 비롯한 인사들(벨기에 국왕과 모든 벨기에 공공기관을 포함하여)이 그의 탄생 100주년을 기념하고 경축했다.

피렌의 성공이 그의 사회적·지적 환경의 산물이라고 해서 역사가로서의 성취가 조금이라도 폄하되는 것은 아니다. 사회적으로 피렌은 부르주아였고, 정치적으로 고전적인 유럽적 의미에서 자유주의자였다. 기업가의 아들로서 피렌은 연구 작업에서 확실히 상공업 경영자들에 대한 상당한 존중심을 나타내는 한편, 경제에 국가가 개입하는 것에 대해서는 강한 거부감을 드러낸다. 독일 마르크스주의 역사가들과 교제한 것에 더해 피렌이 자신의 가족 기업 안에서 여러 사회 계층을 친숙하게 겪어 본 경험은 14세기와 19세기 노동자들의 심성과 열망을 속속들이 이해하는 데 밑거름이 되었다. 헨트라는 플랑드르 도시에서 프랑스어를 말하는 상류층, 네덜란드어를 말하는 노동계급과 함께 오랜 세월을 지낸 결과 피렌은 플랑드르 자치운동의 사회적 배경에도 익숙해 있었다.

지적으로 피렌은 계몽사상의 후예로서 이성의 확대에 뿌리를 둔 역사의 진보에 대한 신념을 받아들였다. 피렌은 실증주의를 수용하는 한편 낭만주의에 대해 격렬하게 반발했다. 그는 특히 낭만주의적 역사와 낭만주의 사상 일반의 한 가지 특정한 구성 요소, 곧 역사 발전과 변화의 동력으로서 '민족정신'(Volkgeist)이라는 낭만주의적 관념을 거부했다. 그는 '민족정신'에 대한 믿음에, 19세기 말 독일의 범게르만주의와 공격적

군국주의, 더 나아가 제1차 세계대전의 원인이 있다고 생각했다. 사적인 편지에서 그는 나치 인종 이데올로기의 대두를 19세기 낭만주의 사상의 또 다른 유산으로 해석했다. 비록 제1차 세계대전이 그의 낙관론에 타격을 가했지만, 피렌은 (독일에 대한 불편한 감정에도 불구하고) 그 후로 프랑스, 독일, 네덜란드 문화 사이에서 자신의 소통 능력과 아울러 관용과 열린 마음, 세계시민주의에 대한 존중심을 잃지 않았다.

직업 면에서 피렌은 재능과 기술을 겸비한 드문 경우에 속한다. 그는 탄탄한 지식과 정교한 기술을 역사적 종합 및 폭넓은 해석의 재능과 결합시켰다. 그가 제시한 대부분의 해석이 수정될 필요가 있다고 해서, 그의 업적이 조금이라도 줄어드는 것은 아니다. 1935년 마르크 블로크가 피렌의 저술을 두고 한 발언을 신뢰한다면 오히려 그러한 점이 그의 업적을 더욱 크게 만들어 준다. "모든 위대한 책은 하나의 교훈인 동시에 출발점이다"

성백용 옮김

참고 자료

편지

The Birth of Annales History: The Letters of Lucien Febvre and Marc Bloch to Henri Pirenne (1921–1935), edited by Bryce Lyon and Mary Lyon (Brussels: Commission Royale d' Histoire, 1991).

Karl Lamprecht: Briefwechsel mit Ernst Bernheim und Henri Pirenne, edited by Luise Schorn-Schütte (Cologne: Böhlau, in press).

저작 목록

Ganshof, François-Louis, "Bibliographie des travaux historiques d'Henri Pirenne," in *Henri Pirenne: hommages et souvenirs* (Brussels: Nouvelle société d'éditions, 1938), pp. 145-64.

책

Histoire de la constitution de la ville de Dinant au moyen-âge (Ghent: Université de Gand, Recueil de travaux publiés par la Facultéde philosophie et lettres, 1889).

La Nation belge: discours prononcé à la distribution des prix aux lauréats du concours général de l'enseignement moyen le premier octobre 1899 (Brussels: H. Lamertin, 1900).

Histoire de Belgique, 7 vols. (Brussels: H. Lamertin, 1900-32).

Album belge de diplomatique: recueil des facsimilés pour servir à l'étude de la diplomatique des provinces belges au moyen âge (Brussels: Vandamme and Rossignol, 1909).

Les Anciennes Démocraties des Pays-Bas (Paris: Flammarion, 1910).

Medieval Cities: Their Origins and the Revival of Trade (Princeton, NJ: Princeton University Press, 1925); 《중세 유럽의 도시》(강일휴 옮김, 신서원, 1997).

Les Villes du moyen âge: essai d'histoire économique et sociale (Brussels: H. Lamertin, 1927).

"Le mouvementéconomique et social au moyen âge," by Henri Pirenne, Gustave Cohen, and Henri Focillon in *Histoire du moyen âge*, edited by Gustave Glotz, vol. 8: *La Civilisation occidentale au moyen âge du XIe au milieu du XVe siècle* (Paris: Presses Universitaires de France, 1933; rev. and enlarged as *Histoire économique et sociale du moyen âge*, 1963).

Histoire de l'Europe des invasions au XVIe siècle (Brussels: Nouvelle société d'éditions, 1936).

Mahomet et Charlemagne (Brussels: Nouvelle sociétéd'éditions, 1937); 《마호메트와 샤를마뉴》(강일휴 옮김, 삼천리, 2010).

Les Villes et les institutions urbaines, 2 vols. (Paris: Alcan, 1939).

The Journal de Guerre of Henri Pirenne, edited by Bryce Lyon and Mary Lyon (Amsterdam: North-Holland, 1976).

Réflexions d'un solitaire, edited by Bryce Lyon and Mary Lyon, in *Bulletin de la Commission royale d'histoire*, 160 (1994): 143-258.

피렌이 편집한 책

Galbert de Bruges, Histoire du meurtre du Comte de Flandre, Charles le Bon (1127-1128), edited by Henri Pirenne (Paris: A. Picard, 1891).

Recueil de documents relatifs à l'histoire de l'industrie drapière de Flandre, edited by Henri Pirenne and Georges Espinas, 4 volumes. (Brussels: Commission royale d'histoire, 1906-1924).

논문

"Les dénombrements de la population d'Ypres au XVe siécle, 1412-1506: contribution à la statistique sociale du moyen âge," *Vierteljahrschrift für Sozial-und Wirtschaftsgeschichte*, 1 (1903): 1-32.

"Les marchands-batteurs de Dinant au XIVe et XV siècle: contribution à l'histoire du commerce en gros au moyen âge," *Vierteljahrschrift für Sozial-und Wirtschaftsgeschichte*, 2 (1904): 442-9.

"Les périodes de l'histoire sociale du capitalisme," *Bulletin de l'Académie royale de Belgique, Classe des lettres* (1914): 258-99.

"Mahomet et Charlemagne," *Revue belge de philologie et d'histoire*, 1 (1922): 77-86.

"Un contrasteéconomique: Mérovingiens et Carolingiens," *Revue belge de philologie et d'histoire*, 2 (1923): 223-35.

참고문헌

Bierlaire, Franz and Kupper, Jean-Louis, *Henri Pirenne de la cité de Liège à la ville de Gand, Actes du Colloque organisé à l'Universitéde Liège le 13 décembre 1985* (Liège: Université de Liège, 1987).

Boone, Marc, "'L'Automne du Moyen Age': Johan Huizinga et Henri Pirenne ou 'plusieurs vérités pour la même chose'," in *Autour du XVe siècle: journées d'études en l'honneur d'Alberto Varvaro*, edited by P. Moreno and G. Palumbo (Geneva: Bibliothèque de la Faculté de philosophie et lettres de l'Universitéde Liège, 292, 2008), pp. 27-51.

Despy, Georges and Verhulst, Adriaan, *La Fortune historiographique des thèses d'Henri Pirenne* (Brussels: Institut des hautesétudes de Belgique, 1986).

Dhondt, Jan, "Henri Pirenne: historien des institutions urbaines," *Annali della Fondazione italiana per la storia amministrativa*, 3 (1966): 81-129.

Havighurst, Alfred (ed.), *The Pirenne Thesis: Analysis, Criticism and Revision* (Boston: D. C. Heath, 1958).

Hodges, Richard and Whitehouse, David, *Mohammed, Charlemagne, and the Origins of*

Europe: Archeology and the Pirenne Thesis (London: Duckworth, 1983).

Lyon, Bryce, *Henri Pirenne: A Biographical and Intellectual Study* (Ghent: E. Story Scientia, 1974).

Lyon, Bryce, *The Origins of the Middle Ages: Pirenne's Challenge to Gibbon* (New York: Norton, 1972).

Mundy, John, "Henri Pirenne: a European historian," *Journal of European Economic History*, 6 (1977): 473-80.

Schöttler, Peter, "Henri Pirenne, historien européen entre la France et l'Allemagne," *Belgisch Tijdschrift voor Filologie en Geschiedenis*, 76 (1998): 875-83.

Toubert, Pierre, "Henri Pirenne et l'Allemagne (1914-1923)," *Le Moyen Age*, 107 (2001): 317-20.

Violante, Cinzio, *La Fine della 'grande illusione': uno storico europeo tra guerraédopoguerra, Henri Pirenne (1914-1923)* (Bologna: Societ à editrici il Mulino, 1997).

2

앙리 세

1864~1936

Henri Sée

앙리 세

마크 포터

앙리 외젠 세는 프랑스 역사학의 학문적 성숙기인 19세기와 20세기에
걸쳐 활동한 전문 역사가이다. 앙리 세가 1893년 브르타뉴 지방의 렌대
학 교수가 되던 시기에 역사는 대학에서 독립적인 분과학문으로 뿌리를
내렸다. 그전까지 역사학은 아마추어 역사가들의 영역이었다. 볼테르와
쥘 미슐레, 프랑수아 기조 이 세 사람은 문학적 고안물로서 역사를 추구
하고 또 만들어 낸 대표적인 아마추어 역사가들이다.

상아탑 안에 분과학문으로 역사학을 확립하는 데 그 누구보다 크게
기여한 인물은 1833년부터 대학에서 정규 역사학 세미나를 시작한 독일
역사가 레오폴트 폰 랑케이다. 프랑스에서 분과학문으로서 역사학의 전
문직업화는 1860년대에 이루어졌다. 앙리 세는 새로이 분과학문으로 형
성된 역사학의 규범과 목표를 이어받았다. 그런 점에서 랑케와 자신의 스
승들, 특히 고대사가인 드니 누마 퓌스텔 드 쿨랑주와 기원에서부터 프랑

스혁명 시기까지 아홉 권으로 된 프랑스 역사를 편찬한 정치사가 에르네스트 라비스의 유산을 물려받았다.

앙리 세는 1864년 9월 6일 파리 북쪽 센에와즈(오늘날 발두아즈) 도의 작은 도시 생브리스에서 태어났다. 유소년 시절을 파리에서 보내면서 고등학교를 마치고 소르본대학에 입학했다. 대학에서 역사학 전공으로 박사과정을 밟았고, 1892년에 학위논문으로 〈루이 11세와 도시들〉과 〈사법 심리, 특히 13세기 국왕재판소에 관하여〉 두 편을 발표했다.

분과학문으로 확립되던 시기에 역사학은 두 가지 중요한 특징을 띠고 있었다. 프랑스에 역사학을 도입하고 다른 학문과 구별되는 전문적 규범을 확립하는 데 중요한 역할을 한 퓌스텔 드 쿨랑주는 제자 세에게 첫 번째 특징을 전수하는 데 특히 중요한 역할을 했다. 전문 역사가로서 세는 스승으로부터 선입견과 편향성에서 벗어나 과학적 객관성을 지닌 사료 증거에 충실해야 한다는 원칙을 배웠다. 세는 이 가르침을 받아들여 교사로서 연구자로서 좌우명으로 삼았다. 그 결과는 역사에 대한 실증주의적 접근 방식이다. 이러한 방식은 세심한 연구를 통해 객관적 진실이 발견될 수 있다고 믿었던 19세기 말의 전형적인 연구 방법이었다.

역사학이 학문으로 확립되면서 나타난 또 하나의 특징은 정치적인 것, 사건과 위인들의 업적에 대한 강조였다. 앙리 세가 정치적인 것에 초점을 맞춘 역사, 이른바 '사건을 고증하는 역사'(histoire historisante)의 범주에 속한다는 점은 부인할 수 없지만, 스승인 퓌스텔 드 쿨랑주에게 배운 덕에 이러한 역사의 한계를 넘어서서 새로운 탐구와 연구 방법을 만들어 낼 수 있었다. 세는 분명 역사학의 학문적 자격을 확립시킨 이들이 공통적으로 실천한 역사의 목표와 규범, 방법론을 공유했으나, 연구 목록을 얼핏 살펴보기만 해도 그가 위인들의 업적을 넘어서는 무수한 주제를 탐구했다는 점을 금방 알 수 있다.

전통에 대한 이러한 도전이 루이 11세와 도시들의 관계에 관한 학위 논문에서는 아직 분명히 드러나지 않는다. 이 논문에서 그는 14~15세기 군주정에 의해 도시의 자유가 쇠퇴하는 과정을 추적했다. 그러나 렌대학의 교수가 되자마자 세는 하층계급, 특히 농촌 하층계급의 역사를 연구하는 계획에 착수했다. 그는 또한 브르타뉴 지방의 기록보관소로 관심을 돌려 학생들에게 기록물들을 뒤지고 중세부터 근대 초까지 사회경제적 추세를 기록하게 하면서 연구 결과를 활발하게 발표했다. 그 결과 브르타뉴 관련 주제들에 관한 학술 논문을 상당수 집필할 수 있었다. 〈브르타뉴 남부 두 영주령의 행정〉, 〈앙시앵레짐 말 브르타뉴의 숲과 삼림 벌채〉가 대표적인 연구이다. 그런가 하면 세는 브르타뉴와 관련하여 책을 몇 권 쓰기도 했다. 《16세기 브르타뉴 신분회》(Les Etats de Bretagne au XVI siècle, 1895)를 비롯하여 그의 저술은 모두 사회경제사, 특히 하층계급과 관련된 것들이었다.

이 시기에 눈에 띠는 저술은 바로 《중세 프랑스의 농촌 계급과 장원제》(Les Classes rurales et le régime domanial en France au moyen âge, 1901)이다. 이 연구에서 세는 '중세 프랑스 농촌 계급의 역사'를 보여 주고자 했다. 그렇게 하려면 첫 단계는 복잡한 중세의 토지 구조를 설명해 내야 했다. 서문에서 주장하듯이 "농촌의 삶에 나타나는 지배적 특징은 장원제 구조이다. 그것이 중세 경제사의 가장 독특한 특징이라는 점에는 의심할 여지가 없다." 그리하여 세는 프랑스 전역에서 수집한 약 125건의 권리문서대장(cartulaires)을 조사하고 여기에 필사본(특히 지방의 관습법에 관한)과 당시 활용할 수 있는 지방 농촌사 2차 사료들까지 추가로 조사했다. 그 결과 농촌의 계급 관계, 특히 서로마제국 쇠퇴기부터 중세 말까지 장원제를 구성하고 있던 영주와 농민 사이의 토지와 권리 분할을 전반적으로 조망한 역사서가 탄생할 수 있었다. 장원제는 이 긴

기간에 걸쳐 발전했으며 영주권의 확립을 통해 강화되었고, 영주와 농노를 묶어 준 봉건적 관계가 점차 중앙 권력에 의해 대체되던 순간에도 계속 작동했다.

세는 경제가 장원제의 역사에서 중요한 역할을 담당했다고 주장한다. 이 대목에서 세는 역사에서 경제의 역할에 대한 자신의 근본적인 입장을 표명한다. 정치적 발전도 토지 구조와 농촌의 계급 관계 변화에 영향을 미쳤지만, "경제적 현상은 지속적으로 우세한 영향력을 행사했다." 예를 들어 그는 12~13세기의 경제적 추세가 농노제를 특징지은 농노의 조건을 약화시킨 주범이라고 주장한다. 영주들은 유동성과 상업 활동 그리고 경제적 기회의 확대에 직면하여 농민에 대한 통제를 완화하는 것 말고는 다른 선택의 여지가 없었다는 얘기이다. 경제활동에서 가장 중요한 발전은 상업 부문에서 나타났고, 이러한 발전에서 비롯된 유동성의 기회는 "점증하는 농노해방 추세의 가장 뚜렷한 원인"으로 작용했다. 역사에서 경제 변화가 차지하는 중요성과 변화의 동인으로서 상업이 지닌 중요성에 대한 이러한 입장은 평생 동안 줄곧 세의 중심 테제로 남게 된다.

이 연구는 세의 저술이 지닌 특징이긴 하지만, 세련된 방법론이라고 할 만한 것은 거의 없다. 그의 묘사체 문장은 마치 자료로부터 수집한 많은 사례들로 그림을 그려 놓은 것 같다. 어떤 사실을 설명하기 위해 언제나 두세 가지 사례를 언급한다. 통계적 분석이나 종합이라고 할 만한 것은 거의 없었다. 그렇다고 그의 결론이 가치 없는 것이라는 이야기를 하는 것은 아니다. 1970년 해럴드 파커가 세의 생애와 저작을 분석하며 지적했듯이, 세의 결론(그중 상당수는 세월의 시련을 견뎌 냈다)은 언제나 헌신적 연구자로서의 경험과 사료에 대한 세심한 분석에 기초를 두고 있었다. 초기 연구서에서 방법론 문제를 다루지 않고, 대신 결론의 근거로 가장 적합한 사례를 제공하는 데 텍스트를 한정했다는 점이 반드시 엉성한 역사의 증표가 되는 것은 아니다. 실제로 그의 후기 연구들이 분명히 보여 주듯이 사료에 대한 비판적 평가는 역사가로서 세의 작업에서 핵심이었다.

《중세 프랑스의 농촌 계급과 장원제》에서 세는 방법론을 분명하게 제시하지 않았지만, 1909년부터 1912년 사이 《1789년 전국신분회를 위한 렌 세네쇼세의 진정서》(Cahiers de doléances de la sénéchaussée de Rennes pour les états-généraux de 1789)를 출판하면서 자신의 방법론을 설명하고 있다. 네 권의 교구 진정서들 모음집에 덧붙여 세는 1910년 〈1789년 전국신분회를 위한 교구 진정서의 작성과 그 역사적 가치〉라는 제목의 논문을 발표했는데, 여기에서 그는 혁명 전야 농민의 태도를 밝히기 위해 교구 진정서를 사료로 사용하는 것의 이점과 위험에 대해 논평하고 있다. 세는 농민 공동체로부터 나온 이 진정서 목록이 도시 부르주아에 의해 작성된 견본을 따라하거나 대개 법관 같은 관직 보유자들이던 교구회의 의장들의 태도에 좌우되었음을 정확하게 지적했다. 그러나 교구의 진정서가 농민의 태도를 밝히는 데 전혀 쓸모가 없다는 주장에는 동의하지 않았다. 그는 여러 진정서들에 대한 비판적인 비교 작업을 통해 차이점을 발견할 수 있으며, 이를 통해 각 지역의 서로 다른 입장을 보여 주는 증거를 발견할 수 있으리라 생각했다. 실제로 세는 "진정서 목록들은 다른 사료에서 빌려왔다고 볼 수 없는 이러저러한 점들, 미세한 특징을 보여 준다. 여기에 이 사료의 진정한 가치가 있다"고 주장한다. 세는 교구의 진정서가 요구한 것이 담고 있는 정확한 의미를 확인하기 위해 고문서 사료를 이용해야 한다고 주장하면서, 연구자들에게 교구 진정서가 농민 공동체의 사회경제적 조건에 관한 문제를 연구하는 데 가장 적합하다는 사실을 강조한다.

그러나 세의 방법론적 사고는 이 지점에서 멈춘다. 그는 사료 증거로부터 어떻게 결론을 도출하는지에 대해서는 어떠한 안내도 제시하지 않는 다. 세의 연구 주제, 예를 들어 농촌의 계급처럼 범위가 넓은 주제들, 그리고 고문서 사료가 보여 주는 실질적 차이는 그러한 방법론적 설명이 필요한 주제이다. 게다가 제프리 호지슨이 《경제는 어떻게 역사를 잊었는가?》(2001)에서 보여 주었듯이, 세가 저술하고 그 결과를 출판하던 바로 그때 유럽에서는 경제사 연구에서 연역적 방법론에 대한 실증적 방법론의 가치를 둘러싸고 뜨거운 토론이 벌어지고 있었다. 비록 역사가들보다는 정치경제학자들 사이에서 주로 활발하게 진행되었는데, 세는 그런 이론적 논쟁으로부터 벗어나 있었다. 세의 저술에 대해 우리가 이야기할 수 있는 것은 실증적인 동시에 연역적인 방법을 혼용하고 있으며 스스로 편하게 '과학적' 직관이라고 불렀던 것을 포함하고 있다는 점이다.

주로 고문서보관소의 조사와 농촌사, 특히 브르타뉴 지방의 농촌사에 관한 저술에 전념했던 세의 초기 저술은 《1789년 렌 세네쇼세의 진정서》의 마지막 권이 출판된 1912년에 이르러 일단락되었다. 그는 제1차 세계대전 기간에는 글을 한 편도 쓰지 않았다. 전쟁이 끝나고 1920년에 세는 56세 나이에 질병으로 대학교수에서 조기 은퇴해야 했다. 하지만 명예교수직을 유지한 세는 역사학계에서 물러날 뜻이 전혀 없었다. 오히려 이미 존경스러울 정도였던 연구 생산력은 더욱 높아져서, 은퇴 후 10년 동안 무려 136편의 논문과 책 14권을 내놓았다.

세의 저술에 나타나는 스타일과 내용은 이 새로운 시기에 주요한 변화를 경험했다. 그의 책들은 좀 더 종합적인 성격을 띠게 되었다. 연구 초기부터 고문서 연구와 2차 사료를 종합했지만, 이제 그 균형추는 눈에 띄게 이동했다. 이러한 변화를 통해 세는 연구 주제와 관련하여 새로운 시도를 할 수 있게 된다. 이제 농촌사와 사회경제사에 덧붙여 정치사상사와 역사철학에 도전해 나갔다.

첫 시도는 근대 초 정치사상에 관한 주제였다. 1920년에 《18세기 프랑스 정치사상》(Les idées politiques en France au XVIIIe siècle)이 출간되고 1923년에는 《17세기 프랑스 정치사상》(Les idées politiques en France au XVIIe siècle)이 나왔다. 앞 책은 18세기의 가장 중요한 정치사상가들의 텍스트에서 엄선된 문장과 그에 대한 짧은 분석으로 구성되어 있다. 뒤 책은 절대왕정의 교리가 활발해지던 시기부터 루이 14세 때 일어난 절대주의에 대한 최초의 도전에 이르는 과정을 추적한 종합적인 저서였다. 뒤이어 1925년에는 18세기 정치 이론을 종합한 《18세기 프랑스 정치사상의 발전》(L'Evolution de la pensée politique en France au XVIIIe siècle)이 출간되었다. 여기에서 세는 17세기를 다룬 책에서 멈추었던 시기부터 다시 시작하여 자유주의의 등장과 자유주의의 최종적인 승리까지를 다루고 있다.

이러한 연구에서 세는 위인을 중심으로 역사를 해석하는 접근 방식을 따르면서 전통을 수용한다. 그는 두 세기 동안 활동한 작가들을 분석하면서 절대주의의 등장과 승리에서 자유주의의 대두에 맞선 도전과 연이은 붕괴에 이르기까지 사상의 발전을 추적한다. 세의 생애와 이력에 대한 아르망 레비용의 헌사에 나타나듯, 세가 진보를 위한 가장 위대한 희망을 비인격적인 경제적 힘의 작동보다는 인류의 사상에서 찾았다는 점에서 자유주의의 승리는 실로 축하할 만한 일이었다. 물론 정치 이론에 대한 이러한 연구에서 독창적이라고 할 만한 것은 많지 않다. 그는 대체로 특정한 개인들의 사상을 묘사하는 데 국한했고 콘텍스트와 텍스트의 관계에 대해 단순하고 단선적인 이해만을 갖고 있었다. 이들 저작에서 공통적으로 등장하는 구절은 17~18세기에 일어난 사건들이 사상의 형성에 끼친 영향이다. 즉 16세기의 내전이 절대주의 교리의 정교화를 가져왔다거나, 루이 14세의 과잉 절대주의는 국민의 이해관계가 어떤 특정 개인의 이해관계보다 우선한다는 자유주의적 의미를 강화했다는 식이다. 마지못해 자신의 편견을 넘어서면서까지 세는 종종(더구나 시대 분위기에 맞지 않을 정도로) 개혁 사상가들이 얼마나 하층계급에 우호적인지에 따라 그들을 판단했다. 그리하여 불랭빌리에 공작이 "생시몽보다 덜 귀족적이며 페늘롱보다 정치적 자유를 더 사랑했던" 인물이었으며, "민중 계급의 조건에 관심을 기울여야 한다고 부르짖었던 최초의 사상가들 가운데 한 사람이었다"고 칭송한다.

또한 세는 이 지점에서 사회경제사로 되돌아가면서 초기 접근 방식에서 벗어나 이론적으로 좀 더 명확해지고자 했다. 《18세기 프랑스의 경제와 사회》(La France écomomique et sociale au XVIIIe siècle, 1925)에서 세는 하층계급에 대한 자신의 관심을 재확인하면서 책의 절반을 농민과 소상인, 노동자, 나아가 빈곤 문제에 할애한다. 그는 구체제 사회에 대한 세련된 이해 방식을 보여 주면서 세 신분들에 대한 전통적인 법제적 구분을 거부했다. 이러한 접근 방식은 "경제적 삶의 토대를 무시한 심각한 결함"을 갖고 있었다. 대신 그는 자산 형태에 따른 구분을 시도한다. 요컨대 한편으로 "직접적으로든 간접적으로든 토지 소유와 농촌 경제를 통해 삶을 영위한 계급들"과 다른 한편으로 "도시 경제, 개인의 자산, 상업과 산업 활동을 통해 삶을 영위한 계급들"로 나누었다. 농촌 경제에서 세는 봉건적 반동, 즉 18세기 말 '영주적 착취'의 강화에 따라 형성된 장원제의 모습을 묘사한다. "이렇게 해서 우리는 농민들이 1789년에 교구의 진정서를 통해 제시한 격렬한 요구들을 설명할 수 있다"고 그는 주장했다.

세는 이러한 연구에서도 상업 부분을 고려하고 있다. 다시 한 번 그는 상업이 경제사의 주요한 동인이며, 공업의 진보에 영향을 준 선행 조건이라고 주장한다. 18세기 새로운 소비재 분야에서 장거리 교역은 상당한 발전을 거듭했고 보르도 같은 항구도시의 성장과 융성을 이끌었지만,

이런 변화는 단지 시작에 불과했다. 그런 움직임은 18세기 말, 아직 초기 단계에 머물러 있던 공업의 기계화와 조직화에 영향을 끼쳤다. 실제로 세는 《근대 자본주의의 기원》(Les Origines du capitalisme moderne, 1926)에서 장거리 교역의 성장, 공업과 기계의 발전, 그리고 재정 기구의 확립으로 나타난 어엿한 자본주의가 프랑스에서는 여전히 19세기 중엽까지 펼쳐지지 못했다고 주장한다.

이데올로기 측면에서 세는 마르크스주의에 몸을 담지는 않았지만, 마르크스주의적 범주를 자신의 연구에 활용하고 있다. 그는 법적인 차이를 경제적 실재의 표현이라고 여기지는 않았지만, 소유관계에 따른 경제사 접근 방식을 고수했다. 그리고 자본주의가 탄생과 발전 과정을 포함한 고유한 역사를 갖고 있다고 이해했고 유럽사를 통해 하층계급에 대해 꾸준히 관심을 기울였다. 그런 점에서 세가 역사유물론에 대한 마르크스주의 모델과 교감했음을 알 수 있다. 정치적으로 사회주의에 헌신했던 세는 1927년에 《역사유물론과 역사의 경제적 해석》(Matérialisme historique et interpretation économique de l'histoire)을 쓰면서 "유물론적 역사관은 …… 많은 진실을 담고 있다. 게다가 그것은 경제사 연구를 자극했다"고 고백한다.

그럼에도 세는 마르크스의 유물론에 비판적인 입장을 취한다. 바로 이러한 비판적 입장을 통해 세는 스스로 역사가의 작업을 어떻게 바라보는지를 펼쳐 보이고 있다. 예를 들어 그는 마르크스와 엥겔스가 "그들의 이념을 위해 사실을 왜곡했으며," 그들의 기획이 "불편부당한 과학적 결과물이 되기에는 심각한 결함을 안고 있다"고 지적한다. 그러면서도 책 서문에서 자신의 견해를 이렇게 내비쳤다.

이 책의 목표는 유물론적 역사관의 기원을 묘사하고 특징을 설명하면서 그에 비추어 현재와 과거의 역사적 자료들을 검토하려는 것이다. 과연 역사적 비판이 보여 주듯이 이론과 진실은 충돌하는가? 만일 그렇다면 어느 정도까지인가? 이것이 이 책에서 살펴보고자 하는 근본적 문제이다. 나는 '오로지 공정하게 그리고 될 수 있으면 객관적으로,' 대중들에게 실질적인 영향력을 행사할 뿐 아니라 역사와 정치경제학 그리고 사회학에도 중요한 영향을 끼친 한 이론의 장점과 약점을 평가하고자 한다. (따옴표 강조는 인용자)

자신의 책에 대한 인식(공정하고 객관적이다)과 마르크스·엥겔스의 책에 대한 인식(불편부당성을 결여하고 있다)에 드러나는 차이는 분명하다. 세는 마르크스·엥겔스의 유물론이 "진보의 법칙, 즉 불가피하게 실현될 수밖에 없는 예측을 포함한 진정한 법칙"으로 구성되어 있다는 결함을 안고 있으며, 따라서 그 주창자들이 주장하는 것만큼 확실한 과학적 모델이 될 수 없다고 주장한다. 세에 따르면 역사는 그보다 훨씬 더 복잡하다. 역사 속에서 우리는 "경제적 현상과 정치적 현상의 작용과 반작용"을 발견한다. "그것이야말로 역사가 보여 주는 것이 아닌가? 둘 가운데 어느 쪽이 우세한지를 발견해 내는 것이 언제나 가능한 것은 아니듯 말이다."

확실히 세는 역사가 과학이라는 생각을 받아들였고, 이 점을 1928년 《과학과 역사철학》(Science et philosophie de l'histoire)에서 분명히 밝혔다. 그러나 역사의 과학적 성격은 사회 또는 경제적 진보에 관한 불변의 법칙으로 표현되지 않는다. 세는 역사가 과학인 것은 상호작용하는 다양한 현상들의 복잡성을 역사가가 신중히 평가하고 사료의 명확성을 바탕으로 비판적이고 비교적인 방법을 통해 문제를 해결하며, 진실을 밝히는 데 헌신하거나 아니면 적어도 진실에 근접해 가고자 노력하기 때문이라고 이야기한다. 이러한 낙관적 역사관은 무엇보다도 역사적 진실이 존재하고, 헌신적인 연구를 통해 역사가가 이런 진실을 발견할 수 있다는 신념을 함축하고 있다. 이렇듯 세는 역사학 영역에 계몽주의적 시각과 가치를 도입했다. 그런데 계몽주의의 가치는 아마도 세에게 나름대로 이상주의와 과학적 불편부당성의 기운을 불어넣어 주는 동시에 세 자신도 모르는 사이에 편견마저 만들어 냈을 것이다.

임승휘 옮김

참고 자료

책

Louis XI et les villes (Paris: Hachette, 1891).

Les Etats de Bretagne au XVIe siècle (Paris: Picard, 1895).

Etudes sur les classes rurales en Bretagne au moyen âge (Paris: Picard, 1896).

Les Classes rurales et le régime domanial en France au moyen âge (Paris: Giard et Brière, 1901).

Les Classes rurales en Bretagne du XVe siècle à la Révolution (Paris: Giard et Brière, 1906).

Les Idées politiques en France au XVIIIe siècle (Paris: Hachette, 1920); 《18세기 프랑스 정치 사상》(나정원 옮김, 아카넷, 2000).

Esquisse d'une histoire du régime agraire en Europe aux XVIIIe et XIXe siècles (Paris: Giard, 1921).

Les Idées politiques en France au XVIIe siècle (Paris: Giard, 1923); 《17세기 프랑스 정치사상》 (나정원 옮김, 아카넷, 1997).

La Vie économique et les classes sociales en France au XVIIIe siècle (Paris: Alcan, 1924).

L'Evolution commerciale et industrielle de la France sous l'ancien régime (Paris: Giard, 1925).

L'Evolution de la pensée politique en France au XVIIIe siècle (Paris: Giard, 1925).

La France économique et sociale au XVIIIe siècle (Paris: A. Colin, 1925)

Les Origines du capitalisme moderne (Paris: A. Colin, 1926).

Histoire de la Ligue des droits de l'homme, 1898-1926 (Paris: Ligue des droits de l'homme,

1927).

Matérialisme historique et interpretation économique de l'histoire (Paris: Giard, 1927).

La Vie économique et sociale de la France sous la monarchie censitaire, 1815-48 (Paris: Alcan, 1927).

Science et philosophie de l'histoire (Paris: Alcan, 1928).

Esquisse d'une histoire économique et sociale de la France depuis les origines jusqu'à la guerre mondiale (Paris: Alcan, 1929).

Evolution et Révolution (Paris: Flammarion, 1929).

Französische Wirtschaftsgeschichte, 2 vols. (Jena: Gustav Fischer, 1930, 1936).

Science et philosophie d'après la doctrine de M. Emile Meyerson (Paris: Alcan, 1932).

Le XVIe siècle, by Henri Sée and Armand Rébillon (Paris: Presses Universitaires, 1935).

Histoire économique de la France: le moyen âge et l'ancien régime (Paris: Armand Colin, 1939).

그 밖의 저작

Cahiers de doléances de la sénéchaussée de Rennes pour les états-généraux de 1789, edited by Henri Sée and André Lesort, 4 vols. (Paris: E. Leroux, 1909-12).

L'Evolution économique de l'Angleterre, by William Ashley, translated by Henri Sée (Paris: Giard, 1925).

Voyages en France, 1787, 1788 et 1789, by Arthur Young, edited and translated by Henri Sée (Paris: Armand Colin, 1931).

논문

"L'administration de deux seigneuries de Basse-Bretagne au XVIIIe siècle: Toulgouët et Le Treff," *Annales de Bretagne*, 19 (1903-4): 285-320.

"La redaction et la valeur historique des cahiers de paroisses pour les états-généraux de 1789," *Revue historique*, 103 (1910): 292-306.

"Remarques sur l'application de la méthode comparative à l'histoire économique et sociale," *Revue de synthèse historique*, 36 (1923): 37-46.

"Les forêts et la question du déboisement en Bretagne à la fin de l'Ancien Régime," *Annales de Bretagne*, 36 (1924): 1-30, 355-79.

참고문헌

Hodgson, Geoffrey, *How Economics Forgot History: The Problem of Historical Specificity in*

Social Science (London: Routledge, 2001).

Parker, Harold T., "Henri Sée (1864-1936)," in *Classic European Historians*, edited by
S. William Halperin (Chicago: University of Chicago Press, 1970), pp. 318-51.

Rébillon, Armand, *Henri Sée: sa vie et ses travaux* (Rennes: Imprimerie Oberthur,
1936).

3

엘리 알레비

1870~1937

Elie Halévy

엘리 알레비

필립 데일리더

"엘리 알레비에게는 선학도 없었지만 후학도 없다. 그가 살아 있는 동안은 물론 세상을 떠난 뒤에도 프랑스에서 아무도 알레비라는 사람과 그의 업적을 어디에 어떻게 분류할지 몰랐다. 그는 아무도 닮지 않았다."

　이 글은 유명한 프랑스혁명사가 프랑수아 퓌레가 최근에 알레비의 편지 모음집에 쓴 서문에 나오는 구절이다. 모든 점에서 알레비는 독특했다. 그는 한 번도 프랑스에 대해 (적어도 직접적으로) 서술한 적이 없었던 프랑스 역사가이다. 대신에 그는 두 가지 주제에 몰두했다. 첫째, 영국 역사이다. 알레비는 생전에 19세기 영국사에 관해 정평 있는 저작들을 펴냈다. 둘째, 유럽 사회주의 역사이다. 유럽 사회주의에 대해서 생전에는 책이 출판되지 않았지만, 훗날 알레비 강의록들을 모은 유작이 나왔다. 그가 다룬 주제가 두 가지였던 만큼, 그에 대한 평판도 두 갈래로 나뉜다. 그는 주로 사회주의에 관한 저술로 이름을 알렸던 모국 프랑스에서보다

81

영국사 저술가로 이름을 알렸던 영국에서 더 잘 알려졌다. 겉보기에 관심사가 여러 갈래였다고는 하지만, 알레비는 자신의 여러 저작을 통해 철학자로서 초기 훈련에서 나온 독특한 방법론, 그리고 사건에 대한 이야기로부터 분석과 논증을 엮어 내는 독특한 문체를 선보였다. 요컨대 그것은 프랑스인들이 '문제 지향적 역사'라고 부르는 것, 곧 주요 문제들에 대한 답변으로 쓴 역사였다. 알레비가 생전에 가장 답하고 싶었던 문제는 어떻게 프랑스와 유럽이 민주주의 정부와 최대한의 개인적 자유를 누릴 만큼 자유주의적이면서도 동시에 안정적일 수 있을까 하는 문제였다.

알레비는 1870년 노르망디의 에트르타에서 태어났지만 사실 노르망디 사람이라기보다 파리 사람이었다. 어머니는 프랑스 제2제국의 몰락을 앞당긴 1870년 스당 전투에서 프랑스를 격퇴하고 파리로 전진하던 독일군을 피하기 위해 노르망디로 피신했다. 알레비 가문은 종교적으로 부계 쪽으로는 유대교와 가톨릭교가, 모계 쪽으로는 개신교가 섞여 있었다. 알레비 가문의 아이들은 모계의 종교로 양육되었다. 알레비와 어머니 루이즈 브레게는 명목상 개신교도, 아버지 뤼도비크 알레비는 가톨릭교도, 그리고 친할아버지 레옹 알레비는 유대교도였다(사실 엘리 알레비는 어떤 종교에도 속하지 않았다). 알레비 가문의 정치적 성향은 오를레앙파에 가까웠다. 일반적으로 1830~1848년 프랑스를 통치했던 루이 필리프 왕의 특징인 온건 자유주의를 선호했다는 것을 뜻한다. 그리고 다른 오를레앙파와 마찬가지로 알레비 가문은 19세기 유럽에서 가장 자유로운 국가인 영국을 동경했다.

알레비 가문은 부자였고 예술과 과학, 상업 분야에서 크게 성공했다. 아버지 뤼도비크는 자크 오펜바크와 조르주 비제 같은 작곡가와 함께 일했던 오페라 작가였다(뤼도비크 알레비와 앙리 멜라크는 비제의 오페라 〈카르멘〉의 대본을 썼다). 그는 소설가로 돈을 벌었고, 1884년 아카데미프랑세즈 회원에 선출되면서 명성도 얻었다. 할아버지 레옹은 여러 분야, 특히 시문학 분야에서 성공한 작가였다. 그는 최초의 사회주의 사상가인 생시 몽 백작(본명은 클로드 앙리 드 루브루아)의 측근이 되었다. 엘리의 증조부 자크 프로망탈 알레비는 출중한 작곡가였고, 미술아카데미에 선출된 최초의 유대인이기도 했다. 예술이 친가의 영역이었다면 사업과 과학은 외가의 영역이었다. 어머니 루이즈는 본디 스위스 출신이었으나 혁명기에 프랑스로 이주해 온 칼뱅교도 가문 출신이었다. 탁상시계와 회중시계 제조업이 브레게 가문의 성공에 밑바탕이 되었다. 또 외가 쪽으로 어머니의 조카 사위였던 마르슬랭 베르틀로는 1880년대에 교육부 장관, 1890년대에 외무부 장관으로 프랑스 내각에 오른 세계적으로 유명한 화학자였다. 뤼도비크 알레비와 마찬가지로 마르슬랭 베르틀로 역시 1900년에 아카데미프랑세즈에 선출되었다.

1871년 엘리가 어렸을 때 알레비 가문은 파리(몽마르트르)로 돌아갔고, 그곳에서 당대의 가장 출중한 예술가, 사상가, 역사가들과 친밀한 관계를 유지했다. 화가 에드가 드가와 에두아르 마네는 알레비의 집을 드나들었고, 엘리는 물론 나중에 유명한 작가가 된 남동생 다니엘과 잘 알고 지냈다. 훗날 널리 회자되는 역사 저술을 남긴 에르네스트 르낭과 이폴리트 텐 같은 유명인사도 알레비의 집에 자주 찾아왔다.

출신 배경을 고려해 볼 때 알레비가 파리에서 최고 명문 가운데 하나인 콩도르세고등학교에 다녔다는 사실은 놀라운 일이 아니다. 그곳에서 알레비는 철학 교사이자 스승인 알퐁스 다를뤼를 만났다. 우수한 성적으로 콩도르세고등학교를 졸업한 뒤 알레비는 파리 전역의 고등학교에서 뽑혀 온 학생들이 참가한 경쟁시험에서 철학 부문 1등상을 받았다. 곧이어 알레비는 명성이 높은 고등사범학교에 입학했고 2등으로 졸업했다. 1892년에 알레비는 철학교사 자격을 취득했고, 플라톤의 과학 이론에 관해 박사 학위논문을 썼다. 박사 학위논문은 1896년 《플라톤의 과학 이론》(La Théorie platonicienne des sciences)이라는 책으로 출판되었다. 대개 어떤 사람이 교사 자격을 얻게 되면 고등학교에서 중등 수준을 가르치기 시작한다. 또 어떤 사람이 대학교 수준에서 가르치려는 포부를 품었다면 그 사람은 교직을 이수하는 동안에 박사 학위논문을 쓰기 시작할 것이다. 1901년 알레비는 박사 학위를 취득했다. 그러나 1893년 말 파시(Passy)의 장바티스트세공립학교에서 근무한 짧은 기간을 빼면 알레비는 교수자격시험에 통과한 뒤 몇 년 동안 가르치지 않았다. 집안이 부자였기에 알레비는 굳이 생계를 위해 가르칠 필요가 없었다. 알레비는 1892년 10월에 처음으로 영국을 방문하고 유럽을 여행했다.

알레비와 고등사범학교 동문들은 프랑스가 지적으로 도덕적으로 쇠퇴하고 있다는 우려 섞인 시대 분위기를 외면하지 않았다. 프랑스-프로이센 전쟁에서 프랑스가 패배한 후 수십 년 동안 이러한 비관적 인식은 알레비와 그의 친구들에게만 한정된 것은 아니었다. 알레비에게 프랑스의 도덕적 쇄신을 위해 가장 알맞은 수단은 철학 연구였다. 그래서 1893년에 알레비와 몇몇 친구들은 《형이상학과 윤리학 평론》이라는 잡지를 창간했다. 창간 취지는 "실증주의와 종교적 신념 두 가지 모두에 합리주의적인 대안"을 제공하는 것이었다. 다시 말해 알레비는 프랑스 사회를 활성화시키는 토대가 될 도덕 원리를 위한 합리적·세속적 연구의 촉진을 바랐다. 이러한 도덕 원리의 확립은 한편으로 종교적 불합리성으로부터 프랑스를 구하는 것이기도 했다. 다른 한편으로 그것은 인류의 필요에 부응하는 데는 자료의 축적만으로 충분하다고 본 학문, 점진적인 발전의 더디고 불가피한 성격을 부각시킴으로써 도덕적 마비를 초래했던 학문으로부터 프랑스를 구해 내는 것이었다. 그럼에도 알레비는 자신의 세속주의가 종교적 믿음을 가진 자들보다는 실증주의자들에 더 가깝다는 점을 인정했다. 《형이상학과 윤리학 평론》은 성공을 거두었으며 향후 수십 년 동안 프랑스의 철학 논쟁에서 가장 중요한 기관지가 되었다. 1901년에 알레비는 프랑스철학회의 수석 임원이 되었다. 이 학회에는 당시 가장 중요한 프랑스 지식인들이 모여 있었고, 그들 사이에 논쟁도 활발하게 벌어졌다.

프랑스의 회복에 실마리가 될 수 있는 합리주의적 철학을 선언한 알레비는 당시 프랑스 교육 체제, 특히 프랑스 교육이 독일 교육을 본받아야 하는 범위를 둘러싼 논쟁에 뛰어들었다. 알레비는 1895년 봄 독일에서 열린 세미나에 참석할 겸 교육 방법을 직접 관찰하기 위해 독일을 여행했다. 하지만 연구와 그 연구의 실질적인 응용을 강조하는 독일의 학교들이 물질주의적이고 권위주의적인 독일에는 알맞지만 자유주의적이고 공화주의적인 프랑스에는 별로 적합하지 않다는 확신을 가지고 돌아왔다.

1890년대에 프랑스를 크게 분열시킨 드레퓌스 사건은 프랑스가 도덕적 위기의 한복판에 놓여 있다는 알레비의 신념을 더욱 강화시켰다. 1894년 프랑스 군인 누군가가 독일에 기밀을 제공하고 있다는 것을 내비치는 문서 하나가 독일 공직자의 쓰레기통에서 발견됐다. 이윽고 육군 수사관들이 프랑스 장교에게 배반의 책임을 물어 유대인인 알프레드 드레퓌스를 고발했다. 드레퓌스는 자신의 무죄를 주장했으나 비밀군사법정은 드레퓌스에게 유죄를 선고하고 계급을 박탈했으며 종신형에 처했다. 2년 뒤 프랑스군 장교인 조르주 피카르가 육군정보국 국장으로 임명되면서 드레퓌스의 유죄를 입증하는 데 사용된 증거를 재조사했다. 유대인에 대한 그의 노골적인 반감에도 불구하고 피카르는 재조사를 근거로(프랑스 군사 문서는 끊임없이 독일인들에게 넘어가고 있었다. 드레퓌스가 남아메리카 연안 악마의 섬 교도소 독방에서 그 서류들을 넘겼다고는 볼 수 없었던 것이다) 드레퓌스는 무죄이며 다른 장교 발생 에스테라지가 범인이라고 결론지었다. 그런데 피카르는 군 장교들한테 거의 협조를 받지 못했으며 튀니지의 험지로 전출된 반면에 에스테라지는 군사법정에서 무죄로 방면되었다.

1898년 1월 13일, 에스테라지가 석방되고 이틀 뒤 소설가 에밀 졸라는 드레퓌스에게 부당하게 유죄를 선언하고 그러한 실수를 은폐하려 했던 프랑스 군대를 고발했다. 공화국 대통령에게 보내는 저 유명한 공개서한 〈나는 고발한다!〉(J'accuse!)였다. 졸라의 공개서한이 발표되면서 드레퓌스 사건은 프랑스 전역을 뒤흔들었다. 가톨릭교도와 보수주의자들은 반유대주의 어투까지 동원해서 드레퓌스파, 곧 드레퓌스를 지지하는 자들이 프랑스 군대를 비방하고 애국심이 없는 무리라고 비난을 퍼부었다. 드레퓌스가 명백하게 무죄라고 하더라도 군사법정의 결정을 뒤집는 것은 프랑스에게 모욕적이었기 때문에 유죄판결은 고수되어야만 했다. 드레퓌스파가 볼 때, 졸라의 서한에 대한 가톨릭교도와 보수주의자들의 폭발적인 반응과 법정의 오판을 묵인하려는 그들의 속내는 가톨릭교회, 군대, 프랑스 보수주의가 공화국의 존재에 위협이 된다는 증거일 따름이었다.

드레퓌스 사건은 알레비의 사유에 급격한 단절을 가져오지는 않았다. 그의 가문은 오를레앙파에 치우쳐 있었음에도 제3공화국을 인정하고 지지했다. 그리고 다른 동시대인들과 달리 알레비의 신념이 드레퓌스 사건의 영향으로 공화주의에서 사회주의로 바뀌지도 않았다. 만년에 알레비는 만약 드레퓌스 사건 당시 몇 살 더 젊었고 자신의 견해가 이미 굳어 있지 않았다면 사회주의자가 될 수도 있었을 것이라고 넌지시 말한 바 있다. 알레비는 드레퓌스 사건의 영향으로 다른 이들이 가질 수 있었던 군대에 대한 혐오감도 갖지 않았다. 그럼에도 이 사건은 알레비가 이미 갖고 있던 신념들을 확고히 했고, 그것은 그의 활기를 북돋웠다. 졸라가 〈나는 고발한다!〉를 발표하기 전부터 알레비는 드레퓌스의 무죄를 확신했고, 남동생 다니엘과 함께 재심을 요청하면서 프랑스의 주요 지식인과 예술가들이 서명한 청원서를 준비하고 있었다. 알레비에 따르면, 드레퓌스 사건에 참여한 것은 자신의 유대인 가계 때문이라기보다 공화주의와 자유주의 때문이었다. 드레퓌스는 부당하게 자유를 박탈당했고, 아무리 드레퓌스의 유죄를 선언한 사람들이 드레퓌스의 결백을 인정하는 것이 당황스러울 수 있을지언정 프랑스는 도덕적인 실수와 드레퓌스의 자유를 인정해야만 했다. 또 알레비는 자유주의적 입장에서 드레퓌스 사건으로 드러난 널리 퍼져 있는 반유대주의를 거부했다. 자유주의가 개인주의와 개인의 특성을 근거로 각 개인에 대한 판단을 뒷받침했던 반면, 반유대주의는 개인적인 자질에 대한 고려 없이 혈통을 근거로 개인을 판단했다. 대다수 프랑스 시민들이 이와는 다르게 느낀다는 사실이 프랑스에서는 공화주의적이고 세속적인 가치들이 더욱 더 함양되어야 한다는 알레비의 신념을 강화시켜 주었다.

알레비는 1937년에 세상을 떠날 때까지 《형이상학과 윤리학 평론》의 편집장을 떠맡았는데, 편집 책임은 시간이 흐를수록 더 무거워졌다. 또 1896년에 그는 전문 철학자가 되지 않기로 결정했다. 그 직업으로는 행동과 개입을 위한 충분한 기회를 얻을 수 없었기 때문이다. 알레비가 보기에, 진정한 철학자가 되려면 철학 사상에 대해 사유하는 것이 아니라 공공연하게 철학적 삶을 살아야 했다. 그런데 직업적 철학자가 된다면 후자보다 전자의 모습이 되지나 않을까 염려했던 것이다. 플라톤에 관한 알레비 초기 저작을 살펴본다면, 어떻게 알레비가 일찍부터 소크라테스를 본받아야 할 모델로 여기게 되었는지를 잘 이해할 수 있다. 게다가 알레비는 에르네스트 르낭의 《예수의 생애》가 가톨릭교도들에게 끼쳤던 바로 그 영향력을 비종교인 개개인에게 발휘하게 될 소크라테스의 생애에 관한 저술을 생각해 보기도 했다. 적어도 직업으로서 철학을 포기하면서 알레비는 역사가가 되기로 결심했다. 그럼에도 불구하고 알레비의 역사 저술은 국가와 사회의 성격과 기능에 관한 폭넓은 정치 문제를 강조하고 나아가 인간 행동의 바탕이 되는 기본 원리를 강조한다는 점에서 그에게 는 여전히 철학 공부의 흔적이 남아 있었다.

가족을 부양하기 위해 교직을 가져야 할 필요는 없었지만 알레비는 프 랑스를 이끌 미래 지도자들의 사유를 갈고 닦는다는 의미에서 '현역으 로' 일한다고 평가받을 만한 지위를 찾아냈다. 알레비는 정치학자유학교 (Ecole libre des sciences politiques, 오늘날 파리정치대학 '시앙스포'의 전 신—옮긴이)의 교장이자 영국 전문가인 에밀 부트미와 접촉하며 그가 운 영하는 학교에서 자리를 잡을 수 있는지 가능성을 타진했다. 프랑스-프 로이센 전쟁 직후에 설립된 정치학자유학교는 프랑스 정부의 공직자로 일할 사람들에게 전문적인 훈련을 제공하는 것을 목적으로 삼았다. 그래 서 교과과정이 추상적 이론보다 현실 정책에 초점을 맞추고 있었다. 생각 과 행동의 일치를 중요시했던 알레비에게 이러한 주안점은 매력적이었다. 부트미도 마찬가지로 이 학교가 프랑스보다 안정된 정치제도를 가지고 있는 다른 나라들, 특히 영국의 전통과 사상에서 가장 좋은 것들을 어떻 게 배워야 하는지 학생들에게 가르치고 싶어 했다. 1789부터 1871년 사 이에 프랑스는 절대왕정, 입헌왕정, 제1공화정, 통령정부, 제1제정, 복고왕 정, 오를레앙왕정(7월왕정), 제2공화정, 황제 나폴레옹 3세(제2제정), 그리 고 이어 제3공화정 순으로 통치되었다. 몇몇 동시대인들은 이렇게 복잡 다단한 정치사와 독일에 비교되는 프랑스의 경제적·군사적 쇠퇴 사이의 연관성을 보았다. 정치학자유학교는 프랑스를 대내적으로 안정시키는 일 뿐 아니라 인접국의 손아귀에서 프랑스를 구하는 일까지 떠맡아야 했다. 정치경제학 교육과정을 개혁하고 있던 부트미는 1901년에 알레비를 만 나 영국 정치사상 분야 교수 자리를 제안했다. 부트미가 플라톤에 관해 박사 학위논문을 쓴 사람에게 이런 자리를 제공했다는 사실은 자못 놀라운 일로 보일 수도 있다. 하지만 알레비는 1896년에 이미 19세기 초 영국 사상에 관한 연구를 시작했으며, 알레비의 화려한 학문 실적과 빛나는 가문은 신설 학교에 더 많은 명성을 가져다줄 수 있었다. 알레비는 정치학자유학교가 연구하기에 적합한 곳이라고 생각했고, 그곳에 남기 위해 두 차례(1905년과 1907년)나 제안해 온 소르본대학의 교수직을 거절했다.

정치학자유학교의 교수진에 합류한 그해에 알레비는 플로랑스 누플라르와 결혼했고, 죽을 때까지 그녀와 함께했다. 그 무렵 역사가들이 종종 그러하듯이 알레비 역시 아내의 적극적인 협조로 자신의 연구에서 큰 덕을 보았다. 알레비 세대의 역사가들이 믿기 어려울 정도로 많은 책을 낼 수 있었던 것은 집안일에 충실할 뿐 아니라 남편의 작업을 도운 잘 교육받은 아내들 덕분인 경우가 많았다. 아내와 더불어 알레비는 센에와즈 도의 쉬시앙브리에 있는 시골 저택에서 될 수 있으면 많은 시간을 보냈다. 그는 직업상 필요할 때만 파리를 드나들었다.

정치학자유학교에서 알레비는 '19세기 영국 정치사상의 전개'와 '19세기 유럽의 사회주의' 두 강좌를 개설했다. 이 강좌 이름은 알레비의 역사 연구나 저술의 주제이기도 했다. 그는 자신의 첫 주요 역사책인 세 권짜리 《철학적 급진주의의 형성》(La Formation du radicalisme philosophique, 1901, 1904)에서 선보인 독특한 방법론을 이 주제들에 끌어왔다. 이 방법론은 이름을 날리던 샤를 세뇨보스, 샤를 랑글루아, 가브리엘 모노, 에르네스트 라비스 같은 당대의 실증주의 역사가와는 구별되었다(알레비와 세뇨보스는 1907년에 프랑스철학회 모임에서 역사학 방법론을 놓고 신랄한 논쟁을 벌였다. 그 후로 학회는 논쟁을 철학 문제로 엄격하게 제한하는 것이 최선이라고 생각했다). 자신의 연구 논문에 바탕을 둔 《철학적 급진주의의 형성》에서 알레비는 특히 제러미 벤담의 사상에 나타나는 영국의 공리주의를 연구했다. 세 권짜리 책에 걸쳐 벤담의 생애를 조금씩 다루었다. 첫째 권은 '벤담의 젊은 시절,' 둘째 권은 '1789~1815년 공리주의의 발전'을 다루었으며, 셋째 권 '철학적 급진주의'는 벤담을 노련한 사상가이자 논리 정연한 철학 학파의 수장으로 다루었다. 공리주의를 검토하면서 알레비는 자신이 공리주의의 본질적 모순이라고 본 것, 즉 공리주의의 정치 이론을 뒷받침하는 가설들과 공리주의의 경제 이론을 뒷받침하는 가설들 사이의 모순에 대해 언급했다. 정치에 대해 말하자면, 공리주의는 개인의 이익과 공동체의 공공선 사이에 자연스런 조화가 있을 수 없다고 주장했다. 통치의 목적은 공공선에 부합하는 행위는 포상하고 그렇지 않은 행위는 징벌함으로써 정말 부자연스럽게도 개인의 이익과 공동체의 공공선을 통합하는 데 있었다. 반면에 경제적 차원에서 공리주의자들은 개인의 이익과 공공선 사이에는 어떤 알력도 실제로는 차이도 없다고 주장했다. 부자가 되려고 열심히 일하는 사람들은 다른 사람들의 생활수준까지도 끌어올리게 된다는 것이다. 알레비가 볼 때, 이 명백한 모순은 그저 이론적 관심에 그치는 것이 아니었다. 그것은 정치적 개혁, 법률적 개선, 영국 산업경제의 폭발적 성장을 고취하면서 벤담이 한평생 영국 역사의 길잡이 역할을 할 터였다.

모순점을 포착하고 탐색하는 일에 바탕을 둔 알레비의 역사 연구 방법론은 상당 부분 플라톤에 관한 자신의 초기 연구에서 나온 것이다. 플라톤이 취한 방법의 핵심이 바로 이러한 변증법적 접근이었다. 플라톤은 어려운 문제들을 하나의 명백한 모순으로 환원시킴으로써 풀어내려 했으나 그렇다고 플라톤이 (그리고 알레비가) 그러한 모순을 극복하는 게 불가능하다고 믿은 것은 아니었다. 철저히 탐구되기만 한다면 단일한 근본 모순이 어떤 본질적인 진실을, 어떤 아주 중요한 가치를 드러냄으로써 긍정적인 결과를 낳을 수도 있는 것이다. 방법론적으로는 철학에 뿌리를 두었지만 알레비는 지칠 줄 모르는 고문서 연구자였다. 런던에서 알레비의 초벌 작업은 어느 모로 보나 당대 최고 실증주의 역사가들의 작업만큼이나 인상적이었다. 그리고 그는 벤담이 남긴 방대한 문헌 자료에 과거의 그 누구보다도 더 깊이 뛰어들었다.

《철학적 급진주의의 형성》은 벤담과 공리주의에 대해 복합적인 평가를 내리고 있다. 한편으로 이 책은 공리주의자들을 옹호하고 있다. 벤담을 그와 동시대 인물인 생시몽보다 과소평가했던 프랑스 지식인들과는 달리 알레비는 벤담을 더 높이 평가했다. 프랑스 학자들은 공리주의자들이 너무나도 몰역사적으로 사고하는 까닭에 사회들이 오랜 세월에 거쳐 여러 힘들이 뒤섞이면서 아주 서서히 형성된다는 사실을 깨닫지 못한다고 비판했다. 사회란 것은 아무 근거 없이 만들어지는 것도 하루아침에 형성되는 것도 아니라는 얘기이다. 더 나아가 프랑스 학자들은 공리주의자들이 인간 심리에 대한 이해가 부족하고 계급 분리에 따라 제기된 도전을 무시하거나 너무 쉽게 걷어차 버린다고 비판했다. 이러한 프랑스 학자들의 불평에 맞서 알레비는 공리주의 사상이 19세기 영국에 유익한 변화를 가져다주었다고 옹호했다. 그런가 하면 자유주의자 알레비는 벤담의 비판자가 될 수도 있었다. 공리주의자들은 공리주의가 내포한 근본적 모순에 대해 주의를 기울이지 않았을 뿐 아니라 결국에는 강력한 중앙집권 정부로서 다수의 국민을 위해 다수의 이익을 가져다주는 데 좋지 않을 수도 있는 개인의 자유라는 가치에 애착도 비교적 덜했다. 하지만 궁극적으로 알레비는 공리주의자들이 해보다는 득을 더 많이 가져다주었다고 평가했다. 알레비의 저술은 프랑스와 영국 양쪽에서 좋은 평가를 받았다. 알레비의 명성은 높아졌으며, 알레비는 1896년 이후 줄곧 염두에 두어 왔으며 1901년 초에 이미 예비 작업을 마친 대형 연구 프로젝트를 시작할 수 있었다.

1904년에 《철학적 급진주의의 형성》의 마지막 권을 출판한 이후 알레비는 1815년과 (곧 밝혀진 바대로) 1914년 사이의 영국사에 대한 여러 권의 저술 작업에 착수했다. 그 결과물은 보통 알레비의 걸작(특히 1권)이라고 일컫는 여섯 권짜리 《19세기 영국인의 역사》(Histoire du peuple anglais au XIXe siècle, 1912~1946)으로 출판되었다. 방대한 알레비의 책은 각 권에서 다루는 주제들이 아주 다양하기는 했지만(사실 거의 모든 주제를 망라했다), 한 세기에 걸친 영국 역사에 대해 백과사전식 서술을 넘어서는 것이었다. 어느 정도 이 책은 특정 질문에 답하고자 시도한다. 일찍 꽃피운 산업 발달과 함께 인기가 없던 영국의 왕실, 낡고 비효율적인 정부(그 취약함에 대해 대개는 과장되게 설명했다)를 보면서 특히 혁명의 기회가 무르익었다고 생각했을 수 있다. 그렇긴 하지만 혁명기에 영국은 개혁을 가장해 변화를 경험하는 대신에 정치적 안정을 유지하는 데 거의 유일하게 성공했다. 어떻게 영국은 성공했는가? 공리주의자들에 대한 그의 초기 작업에서 알레비는 내심 같은 질문을 했고, 여섯 권짜리 《영국인의 역사》는 그가 이미 공리주의자들에 대해 진전시켰던 생각을 기반으로 했다. 결과는 '알레비 테제'라고 알려져 있다. 이 테제는 1906년에 발표된 논문 〈영국 감리교의 탄생〉에 처음 등장했지만 여러 권의 영국사에서 가장 완벽하고 다각적인 형태로 개진되었다(알레비는 다른 두 학자가 감리교 연구를 진행하고 있다는 사실을 알고 난 뒤 1905년에 잠시 이 연구를 중단한 적이 있다).

알레비에 따르면, 영국의 자유주의는 한 가지 중요한 점에서 대륙의 자유주의와 달랐다. 영국의 자유주의는 종교와 관계를 끊지 않았고, 게다가 꽤 감리교적인 형식을 띠고 있는 복음주의 개신교의 흔적을 강하게 지니고 있었던 것이다. 언뜻 보기에 공리주의자들은 자신들의 저작에서 철저히 세속적인 모양새를 띠고 있었지만, 그들이 영국의 청교도적 비국교도들의 도덕적 기질과 비슷한 감수성(알레비의 표현으로 '도덕적 기질')을 지니고 있었다는 것이 알레비의 주장이다. 영국 공리주의자들이 지닌 사고방식은 오로지 희열만을 추구하는 쾌락주의자로 만들었을지도 모르지만, 아무튼 그들은 모든 인간 행위가 고통을 피하면서 쾌락을 체험하고 극대화하려는 욕망에서 나온다고 주장했다. 하지만 공리주의자들은 개인적 행동에서 모범적인 복음주의 신자만큼이나 검소하고 금욕적이었는데, 이러한 사실은 복음주의자들과 공리주의자들이 노예제에 반대할 뿐 아니라 감옥 개혁과 공장 입법에서 공동 기반을 발견하는 데 이바지했다. 영국 사회에 도덕적 책무를 불어넣고 영국 사회를 금욕적이고 절제된 위엄을 갖춘 모습으로 만들어 낸 복음주의의 영향으로 영국의 개인주의는 늘 온건한 개인주의로 남았고, 이러한 온건한 개인주의는 정치적 온건성을 낳았다.

알레비는 영국의 개신교가, 그리고 그 종교가 취한 특별한 형태가 영국의 역사와 대륙의 역사가 나란히 진행되지 않은 이유를 이해하는 데 아주 중요하다고 말한 최초의 저자는 아니었다. 18세기에 몽테스키외나 볼테르 같은 프랑스 사상가도 개신교를 영국을 이해하는 중요한 요소라고 보았다. 그리고 알레비의 선배들 가운데 한 사람인 역사가 이폴리트 텐은 영국이 프랑스혁명과 유사한 혁명을 겪지 않은 것은 18세기의 복음주의 종교가 부흥했기 때문이라고 설명한 적이 있었다. 그러나 텐과 알레비는 저마다 다른 방식으로 복음주의의 역할을 이해했다. 텐이 보기에 영국이 혁명을 피할 수 있었던 것은 감리교가 영국의 귀족과 노동 대중을 세속적 관심사에서 정신적 관심사로 돌려세웠기 때문이었다. 그러나 알레비가 보기에 영국이 혁명을 피할 수 있었던 이유를 설명해 주는 것은 바로 중간계급과 중간계급의 주요 사상가들에게 미친 복음주의 개신교의 영향력이었다.

알레비의 19세기 영국사는 설명 방식에서도 대단히 주목할 만하다. 역사가들은 자신의 연구 작업을 두 가지 방식 가운데 하나에 짜 맞추는 경향이 있다. 하나는, 분석적인 방식으로 여러 주제들을 연속적으로 다룬다. 이러한 접근은 일반적으로 개념적 명료성을 키워 주지만, 역사가 동적이기보다는 정적으로 보이게 만든다. 다른 하나는, 서술적인 방식으로 시간에 따른 변화를 잘 전달한다. 이러한 방식은 왜 일어났는지를 설명하는 것보다는 무엇이 일어났는지를 묘사하는 데 더 효과적이다. 논평자들은 알레비가 서술과 분석을 아주 매끈하게 혼합했다고 평가했다. 그중에 한 사람은 이렇게 말했다. "알레비의 서술은 동시적으로 묘사하는 사건들의 인과관계를 끊기지 않고 분석해 내는 특성이 있다. 그는 필요한 곳에 알맞은 배경에서 이야기를 짜 넣는다(책임감 있는 정치인이 돌연 급선무로 떠오른 생소한 주제에 자기 자신을 맞추어 나갈 수밖에 없는 것처럼 말이다)." 사건을 연대순으로 나열하고, 예기치 않은 상황이 전개될 때에는 맥락과 관련된 자료를 제시하며, 순차적으로 설명을 제시하는 이 탁월한 문체는 알레비가 연구하는 사람들이 보고 생각했던 것처럼 독자들이 느낄 수 있도록 아주 효과적으로 도와준다. 말하자면,

알레비의 책을 읽는 독자는 역사를 통해 산다는 것에 최대한 가까이 다가갈 수 있다. 미래에 대해 전혀 알지 못하면서 아직도 끝나지 않은 이야기를 만들어 내고 있는 사람들, 단 한 개의 장으로 요약될 정도로 수십 년의 시간 단위에서 만들어 내는 것이 아니라 달마다, 해마다, 그리고 선거 때마다 만들어 내고 있는 사람들의 마음속에 독자들이 들어가게 되는 것이다.

19세기 영국사에 대한 알레비의 책 1권은 제1차 세계대전이 발발하기 2년 전에 나왔다. 전쟁 기간과 그 직후에 집필한 2권과 3권은 1841년까지 서술한 것으로 1923년에 출판되었다. 하지만 이때 알레비는 빅토리아 시대에 관한 4권을 뒤로 미루기로 결심하고 우선 방대한 작업의 결론부로 생각한 5권과 6권의 집필에 들어갔다. 5권 《권좌에 오른 제국주의자들 1895~1905년》(Les impérialistes au pouvoir, 1895-1905)은 1926년에, 6권 《사회민주주의를 향해, 전쟁을 향해, 1905~1914년》(Vers la démocratie sociale et vers la guerre, 1905-1914)는 1932년에 출판된다. 사실 알레비는 1932년에 4권 집필을 다시 시작했지만 결국 완성을 보지 못했다. 이 부분은 편집 작업을 거쳐 사후에 유작으로 출판되었다. 1923년 알레비가 4권을 서술하기 전에 5권과 6권을 먼저 집필하기로 결심한 이유는 제1차 세계대전의 경험에서 나왔다. 전쟁의 기원, 전쟁의 함의, 당대의 역사 따위가 알레비의 우선 관심사가 되었던 것이다.

제1차 세계대전이 발발했을 때 마흔네 살이던 알레비는 최전방 복무를 전혀 경험하지 않았음에도 그의 직업 생활은 완전히 중단되었다. 정치학자유학교는 모든 수업을 중단했고, 전쟁이 끝날 무렵까지도 다시 문을 열지 못했다. 알레비는 처음에는 파리 외곽의 앵드르에루아르 도(로슈코르봉 마을)에서 의료 지원 인력으로 복무한 후, 나중에 사부아의 알베르빌 병원에 연락병으로 배속되었다. 처음부터 알레비는 제1차 세계대전을 현재진행형의 재앙이라고 생각했다. 그는 전쟁의 지속을 과대평가했던 몇몇 사람 가운데 하나였다. 그는 곧 전쟁 전의 생활을 완전히 벗어던졌다. 친구들과 접촉을 줄이고, 파리에서 발간되는 신문보다는 스위스 신문들을 통해 뉴스를 얻었다. 전쟁으로 엄청난 혼란을 겪었고 알레비는 직업 활동마저 완전히 중단할 정도였다. 그는 1914부터 1918년까지 어떤 역사 저술이나 연구도 하지 않았다. 알레비의 직업 활동에서 하나의 예외는 여전히 깊은 관심을 가지고 있던 《형이상학과 윤리학 평론》이었다. 그는 이 잡지가 야만과 만행에 맞서 문명과 문화를 지켜 줄 수 있을 것으로 기대했다.

파리로 돌아와 다시 정치학자유학교 강단에 선 알레비는 애당초의 헌신적인 노력을 되찾아 암담한 미래에 대한 새로운 문제의식을 가지고 연구와 저술 활동을 펼쳤다. 19세기 영국사 1권과 2권을 끝맺으면서 그는 제1차 세계대전의 경험이 19세기의 영국에 대해 과거와는 다소 다른 방식으로 생각하고 쓰게 만들었다는 점을 솔직히 인정했다. 전쟁이 끝나고 나자 그는 자신이 이전에는 좋게 평가하지 않았던 몇몇 19세기 영국의 정치인들에게 호의적이 되었고, 이전에 좋게 평가했던 몇몇 19세기 영국의 정치인들에게 적대적이 되었다는 것을 알았다.

전쟁 후에 알레비는 프랑스와 영국 사이를 오가는 비공식 사절이 되었다. 두 나라의 역사와 사람들에 관해 잘 알고 있었던 덕에 알레비는 영국에 대한 프랑스인의 관점과 프랑스에 대한 영국인의 관점을 설명하는 데 유리한 입장에 있었던 것이다. 이러한 과업은 사회적 역할은 능숙하게 마다하고 연구를 더 선호한 알레비에게는 저절로 주어진 것이 아니었다. 이를 위해 알레비는 영국에서 공식 대담과 강연을 했고, 여러 정치적 계보에 속한 영국의 사상가나 지도자들과 교류를 이어 나갔다. 프랑스에서 알레비는 학술지라기보다는 시사 교양지에 가까운 《파리 논평》 같은 잡지에 더욱 자주 글을 기고했다. 1926년 옥스퍼드대학에서 받은 명예박사 학위는 영국과 프랑스 사이의 매개자로서 알레비의 역할과 학문에 대한 영국 측의 존중을 보여 준다. 옥스퍼드대학은 1929년에 올해의 로즈 기념강연 연사로 알레비를 다시 초청했다(강연록은 1930년에 《1914~1919년의 세계 위기》로 출판되었다). 양국 국민들 사이에 존재하는 국민적 편견과 패배한 독일을 처리하는 문제를 두고 두 나라 정부가 서로 다른 전략을 가졌다는 점을 고려할 때, 프랑스에 대한 영국의 입장과 영국에 대한 프랑스의 입장을 설명하는 일은 여전히 험하고 생색나지 않는 임무였다. 1928년 프랑스 정부는 알레비에게 전쟁의 기원과 관련된 프랑스의 기록 문서들을 한데 모으는 프로젝트에 합류해 달라고 요청했다. 알레비는 프로젝트 자체에 대한 의욕보다는 국민적 의무감에서 일을 맡았다. 하지만 이러한 전후의 새로운 책무를 짊어지려는 알레비의 의향에는 한계가 있었다. 그는 새로 설립된 국제연맹 사무국에서 제안한 직책을 거절했다.

알레비는 제1차 세계대전의 기원에 관한 이론을 단 한 편에 포괄적으로 정리하는 글을 내놓은 적이 없었다. 그는 이 주제에 관해 적어도 아홉 편의 논문을 발표했으며, 《영국인의 역사》 마지막 두 권에서도 다루었다. 이들 저작은 알레비가 선호한 역사 글쓰기 방식을 다시 한 번 보여 준다. 사건들에 대한 서술로부터 논지와 논거가 서서히 드러나고 더 깊은 진실들을 드러내 줄 수 있는 상충된 요소들을 포착해 내는 방식이다. 전쟁의 기원에 관한 분석에서 알레비는 역사 발전의 우연성을 강조했다. 프랑스-프로이센 전쟁에서 프랑스가 패배한 후에 프랑스와 독일이 다시 전쟁을 벌이리라는 것은 필연적인 일은 아니었다. 복수하겠다는 열정이 프랑스에서 넘쳐흘렀다고 할지라도 그것은 드레퓌스 사건, 반교권주의, 수입세 도입 같은 국내 주요 관심사와 비교할 때 부차적인 문제였다. 게다가 프랑스와 영국의 동맹에 대해서도 미리 정해진 것은 아무것도 없었다. 제1차 세계대전에 이르는 몇 년 사이에 독일에서 영국에 대한 반대 여론이 없었다면 영국은 독일과 쉽게 동맹을 맺었을지도 모른다. 만약 제1차 세계대전의 원인으로 알레비가 한 가지만 꼬집어냈다면 그 원인은 바로 여론이었다. 여론이 상황이 달랐다면 결코 택하지 않았을 위치로 정치인들을 밀어붙였다는 것이다. 우연성과 여론을 강조하면서 알레비는 제1차 세계대전을 자본주의 발달의 산물인 제국주의 경쟁의 결과라고 보는 마르크스주의 관점을 의도적으로 멀리했다.

제1차 세계대전의 원인을 분석할 때에도 알레비는 유럽 사회주의 역사에 점점 더 관심을 기울였다. 자유와 안정의 문제가 알레비의 지적 생활에서 중심이었다는 점을 기억한다면 사회주의에 대한 관심을 충분히 이해할 수 있을 것이다. 감리교가 혁명을 억제했다고 보았던 것처럼 그는 사회주의가 혁명을 부채질한 것으로 보았다. 1913년 10월 친구에게 알레비는 이렇게 썼다. "나는 사회주의가 미래의 비밀을 품고 있다는 점을 분명하게 깨달았네. 하지만 나는 이 비밀을 풀어낼 수 없다네. 나는 사회주의가 우리를 스위스 공화국처럼 보편적 형태로 이끌지 아니면 유럽의 전제정치로 이끌지 밝힐 수 있는 채비가 전혀 되어 있지 않다네."

알레비는 영국 공리주의자들에 관해 연구하면서 사회주의의 역사에 잠깐 손을 댄 적이 있었다. 이때 그는 생시몽에 관한 논문 몇 편과 《토머스 호지스킨》(Thomas Hodgskin, 1903)을 썼다. 토머스 호지스킨은 요즘 잘 알려져 있지 않지만 카를 마르크스가 그의 저작을 인용했을 만큼 비중 있는 정치경제학자였다. 더 중요한 것은 생시몽의 저작들을 편집하는 일이었다. 알레비는 셀레스탱 부글레와 함께 1924년에 《생시몽의 교리》(La doctrine de Saint-Simon. Exposition: première année)를 출판했다. 사회주의에 관한 알레비의 저작 가운데 가장 영향력이 큰 것은 그가 사망한 지 10년이 지난 1948년에 남은 동료와 학생들이 정치학자유학교 강의록을 엮어 출판한 《유럽 사회주의 역사》(Histoire du socialisme européen)이다.

사회주의에 대한 알레비의 이해는 폭이 넓으면서도 뭔가 색달랐다. 한 논평자의 말처럼, 알레비에게 사회주의는 "경제와 시민들의 경제생활에서 단순하면서도 폭넓게 이루어지는 국가의 활동"이었다. 이러한 정의에 의거해서 마르크스에서 비스마르크에 이르기까지 얼핏 이상해 보이는 개인들도 사회주의라는 제목 아래 다루어졌다. 알레비는 마르크스를 유럽 사회주의 발달에 기여한 결정적인 인물로 보았다. 그러기에 그는 마르크스 이후 사회주의의 역사를 이론과 사상의 발달 측면에서가 아니라 정치조직 측면에 한정해서 다뤘다. 사회주의 사상이 마르크스가 죽은 뒤에는 눈에 띌 만한 발전을 이루지 못했다고 생각한 것이다. 알레비는 또한 자신이 적절하다고 생각하는 역사적 위상으로 마르크스를 되돌려 놓는 일에 주력했다. 알레비는 마르크스의 독창성이 지나치게 과장되어 있으며 마르크스보다 앞선 사회주의 사상가들이 마르크스의 그늘에 가려 부당하게도 무명으로 전락했다고 생각했다. 토머스 호지스킨, 생시몽, 시스몽디 같은 인물에 대한 관심은 이렇게 해서 나온 것이다. 알레비는 1933년에 《시스몽디》(Sismondi)를 썼다. 사회주의를 다루면서 알레비는 자신의 주제에 내재되어 있는 모순들이라고 여긴 부분에 다시 한번 초점을 맞추었다. 사회주의의 모순은 한편으로 인간해방을 위한 힘이 되려는 사회주의의 요구와, 다른 한편으로 경제적 평등을 향한 사회주의의 충동에 내재한 권위주의적 국가주의 사이의 모순이었다. 알레비는 후자가 아니라 전자에 공감했으며, 그가 보기에 사회주의의 민주주의적이며 자유 해방적인 성향을 가장 잘 대변한 초기 사회주의자들에 관해 글을 썼다. 제1차 세계대전 이후 알레비는 사회주의의 승리가 해방과 민주주의의 승리에 이를 것이라는 생각에 점점 더 회의를 품었다.

알레비의 만년에 유럽의 미래를 향한 자유주의자들의 예측은 더욱 더 가망이 없어 보였다. 현대 유럽의 상황에 대한 가장 중요한 진술은 죽음을 앞둔 1936년에 《프랑스철학회보》에 발표한 시론 〈독재 시대〉였다(알레비의 이 시론은 세상을 떠난 뒤 1938년에 같은 제목으로 출판되었다). '독재' (tyrannie)라는 낱말을 사용하면서 알레비는 멀리 고대 그리스에 귀를 기울였다. 알레비에 따르면 '독재 시대'는 1914년에 시작되었다. 제1차 세계대전은 사회주의의 해방적 요소와 중앙 집중적 요소 사이의 균형을 뒤집어 놓았다. 해방적 요소가 희생되고 중앙 집중적 요소가 득세한 것이다. 더구나 전쟁은 교전국들 저마다의 경제적·정신적 생활에 대한 국가 권력의 강화를 불러왔다. 그 점에서 알레비는 사회주의자들이 일반적으로 원치 않았던 제1차 세계대전이 19세기의 사회주의 운동과 정치 활동보다 더 사회주의를 꽃피우게 했다고 지적했다. 이탈리아와 독일의 파시스트 정부는 이데올로기적으로 사회주의의 확산을 막는 데 전념했으나 무소부지의 국가기구를 받아들이는 점에서는 소비에트 정부를 빼닮았다. 무솔리니가 권력을 장악한 후에도 장모가 살고 있던 이탈리아를 자주 갔던 알레비에게 파시즘과 공산주의는 똑같이 사회주의에서 유래했다. 파시스트들이 자신의 국가가 영원히 지속될 것이라고 본 반면 공산주의자들은 때가 무르익으면 국가가 소멸할 것이라고 보았다는 사실은 알레비에게 사소한 이론적 차이였을 뿐이다. 파시즘과 공산주의에 공통점을 많다는 그의 논거는 특히 사회주의자들 사이에 논쟁의 불씨를 남겼다(파시스트들은 적어도 겉으로는 이 점을 무시했다). 파시스트, 자유주의자, 공산주의자들이 전쟁(알레비는 이 전쟁을 보지 못하고 눈을 감았다)을 준비했을 때, 전쟁 중인 당사국들의 정체성을 흐려 놓는 이러한 논거는 아주 냉담한 대접을 받았다. 알레비는 다시 전쟁이 일어날 수 있다고 생각했다. 그는 그러한 전쟁이 의회민주주의가 그럭저럭 살아남은 나라들에서 의회민주주의의 붕괴를 불러올 것이며 유럽에서 '독재 원리'의 승리를 가져올 것이라고 내다보았다. 그의 예언이 절반만 적중했다는 사실(전쟁이 일어났으나 의회민주주의는 살아남았다)에 대해 그가 어떤 반응을 보였을지 자못 궁금할 따름이다.

말년에 알레비는 어쩌면 역사적으로 시대에 어울리지 않는 인물이 되었다. 부유한 저자 한 사람이 쓴 여러 권으로 된 방대한 민족사는 20세기보다는 19세기에 더 잘 어울리는 작품이다. 역사의 변화를 불러오는 사상의 자율적 힘에 대한 알레비의 강조는 마르크스주의 역사가들이든 새롭게 떠오르는 아날학파 역사가들이든 수많은 동시대인들로부터 그를 떼어 놓았다. 알레비는 자신의 저작에서 마르크스주의 역사가들은 완곡하게 비판했지만, 아날학파에 대해서는 잘 알지 못했던 것 같다. 1929년 로즈기념강연에서 알레비는 대놓고 이렇게 표현했다. "역사의 토대는 관념론적이지 유물론적인 게 아니다." 알레비가 아마도 이보다 더 현대적일 수도 자기의 시대와 나이에 더 잘 부합할 수도 없었으리라는 것은 충분히 참작할 수 있는 일이 아니겠는가. 플라톤과 소크라테스 연구로 학문을 시작했던 알레비는 시대의 가장 긴박한 과제가 무엇인지, 요컨대 독재에 맞서 어떻게 자유와 민주주의를 지켜야 하는지를 고민하는 현대 유럽의 역사가로 생을 마감했다.

문지영 옮김

참고 자료

편지

Alain, *Correspondance avec Elie et Florence Halévy* (Paris: Gallimard, 1958).
Correspondance (1891-1397), edited by Henriette Guy-Loë (Paris: Fallois, 1996).

저작 목록

Richter, Melvin, "A bibliography of signed works by Elie Halévy," *History and Theory*, 7 (1967): 47-71.

책

La Théorie platonicienne des sciences (Paris: Alcan, 1896).

De Concatenatione quae inter affectiones mentis propter similitudinem fieridicitur (Paris: Alcan, 1901).

La Formation du radicalisme philosophique, 3 vols. (Paris: Alcan, 1901, 1904): vol. 1, *La Jeunesse de Bentham* (1901); vol. 2, *L'Evolution de la doctrine utilitaire de 1789 à 1815* (1901); vol. 3, *Le Radicalisme philosophique* (1904).

Thomas Hodgskin (1787-1869) (Paris: Société nouvelle de librairie et d'édition, 1903).

L'Angleterre et son empire (Paris: Alcan, 1905).

Histoire du peuple anglais au XIXe siècle, 6 vols (Paris: Hachette, 1912-1946): vol. 1, *L'Angleterre en 1815* (1912; rev. edn., 1913; rev. again, 1924); vol. 2, *Du lendemain de Waterloo à la veille du Reform Bill (1815-1830)* (1923); vol. 3, *De la crise du Reform Bill à l'avènement de Sir Robert Peel (1830-1841)* (1923); vol. 4, *Le Milieu du siècle (1841-1852)*, edited by P. Vaucher (1946); vol. 5, *Epilogue, 1895-1914, I: Les Impérialistes au pouvoir (1895-1905)* (1926); vol. 6, *Epilogue, 1895-1914, II: Vers la démocratie sociale et vers la guerre (1905-1914)* (1932).

La Part de la France: lettre ouverte d'un soldat français aux soldats américains, anonymous (Paris: Attinger Frères, 1917).

The World Crisis of 1914-1918: An Interpretation (Oxford: Clarendon Press, 1930).

Sismondi (Paris: Alcan, 1933).

L'Ere des tyrannies: études sur le socialisme et la guerre (Paris: Gallimard, 1938).

Histoire du socialisme européen (Paris: Gallimard, 1948).

그 밖의 저작

La Doctrine de Saint-Simon. Exposition: première année, edited by Elie Halévy and Célestin Bouglé(Paris: Rivière, 1924).

"Conditions of life in Europe: reaction and readjustment to changed conditions in all the nations party to the Napoleonic Wars," in *Universal History of the World*, edited by J. A. Hammerton (London: Amalgamated Press, 1927), vol. 7, pp. 4279-95.

"Before 1835," in *A Century of Municipal Progress*, edited by H. J. Laski, W. I. Jennings, and W. A. Robson (London: G. Allen and Unwin, 1935), pp. 15-36.

"English public opinion and the French revolutions of the nineteenth century," in *Studies in Anglo-French History during the Eighteenth, Nineteenth, and Twentieth Centuries*, edited by A. Colville and H. Temperley (Cambridge: Cambridge University Press, 1935), pp. 51-80.

"L'Angleterre: grandeur, decadence et persistence du liberalisme en Angleterre," in *Inventaires: la crise sociale et les idéologies nationales* (Paris: Alcan, 1936), pp. 5-23.

논문

"Quelques remarques sur l'irréversibilité des phénomènes psychologiques," *Revue de métaphysique et de morale*, 4 1896): 756-77.

"La naissance du Méthodisme en Angleterre," *Revue de Paris*, 13 (1906): 519-59, 841-67.

"Les principes de la distribution des richesses," *Revue de métaphysique et de morale*, 14 (1906): 545-95.

"La doctrineéconomique de Saint-Simon," *La Revue du mois*, 4 (1907): 641-76; 6 (1907): 39-75.

"Le droit de dissolution en Angleterre," *Correspondance de l'Union pour la verité*, 20 (1912): 656-64.

"La politique de paix sociale en Angleterre: les 'Whitley Councils'," *Revue d'économie politique*, 33 (1919): 385-431.

"Le problème des elections anglaises," *Revue politique et parliamentaire*, 98 (1919): 227-46.

"Chartism," *Quarterly Review*, 468 (1921): 62-73.

"Les origines de la discorde anglo-allemande," *Revue de Paris*, 28 (1921): 563-83.

"Etat present de la question sociale en Angleterre," *Revue politique et parliamentaire*, 112 (1922): 5-29.

"Franco-German relations since 1870," *History*, 9 (1924): 18-29.

"Les origines de l'Entente (1902-1903)," *Revue de Paris*, 31 (1924): 293-318.

"Documents anglais sur les origines de la guerre," *Revue de Paris*, 34 (1927): 776-95.

"Documents diplomatiques françaises," *Revue de Paris*, 36 (1929): 45-63.

"L'Angleterre sur le seuil de la guerre (ao û t 1913-ao û t 1914)," *Revue de Paris*, 38 (1931): 14-44.

"La réforme de la marine anglaise et la politique navale britannique (1902-1907)," *Revue des sciences politiques*, 55 (1932): 5-36.

"Socialism and the problem of democratic parliamentarianism," *International Affairs*, 13 (1934): 490-507.

참고문헌

Brebner, J. Bartlett, "Elie Halévy (1870-1937)," in *Some Modern Historians of Britain*, edited by Herman Ausubel, J. Bartlett Brebner, and Erling M. Hunt (New York: Dryden Press, 1951), pp. 235-54.

Chase, Myrna, *Elie Halévy: An Intellectual Biography* (New York: Columbia University Press, 1980).

Gillispie, Charles, "The work of Elie Halévy: a critical appreciation," *Journal of Modern History*, 22 (1950): 232-49.

Smith, Catherine Haugh, "Elie Halévy (1870-1937)," in *Some Historians of Modern Europe*, edited by Bernadotte E. Schmitt (Chicago: University of Chicago Press, 1942), pp. 152-67.

Walsh, J. D., "Elie Halévy and the birth of Methodism," *Transactions of the Royal Historical Society*, 25 (1975): 1-20.

4

가스통 루프넬

1871~1946

Gaston Roupnel

가스통 루프넬

필립 월런

가스통 루프넬의 생애와 저작들은 20세기 초반에 출현한 근대 프랑스의 역사학에 자양분이 된 풍부한 문화적 조건과 학문적 환경을 해명해 준다. 또한 그의 이력은 혼란스런 이행기와 함께한 다양한 역사적 경향과 관점을 환기시켜 준다.

제1차 세계대전 이후의 경제 회복과 인구 회복, 1920년대의 농촌 불황과 인구 이탈, 1930년대의 '귀농' 현상, 그리고 제2차 세계대전 직후의 새로운 문화적 뿌리 찾기가 프랑스를 사로잡았을 바로 그때, 한 발은 19세기의 철학 전통에, 다른 한발은 1920~1930년대의 사회과학에 걸친 채 루프넬은 역사지리학을 탐구했다. 그 무렵 일반 대중과 학자들로부터 호응을 받았던 그의 연구는 철학과 역사, 소설, 언론, 지리학, 시사 문제까지 아우르고 있었지만, 주로 16세기 초부터 20세기 초까지 부르고뉴 지방의 디종 지역에 초점이 맞춰져 있었다. 루프넬은 발전하고 있던 농업 양식과 지역 엘리트들, 그리고 보통 사람들의 일상생활 사이에 얽혀 있던 생태적이고 구조적인 관계를 규명하기 위해 역사학과 민속학 지식, 감정이입을 활용했다. 이러한 관심 분야는 디종대학에서 맡고 있던 역사, 문학, 지방어에 대한 강의를 통해 서로 얽혀 있었다.

루프넬의 연구는 역사 연구에서 새로운 방향 설정에 기여한 다양한 학문 분야의 영향을 반영하고 있었다. 그는 지역적 통일성과 전체성에 대한 폴 비달 드라블라슈의 견해를 받아들였고, 사회과학과 인문학의 방법론적 종합을 호소한 앙리 베르의 권고를 수용했다. 앙리 베르그송의 생기론과 가스통 바슐라르의 현상학이 제시한 주관적 경험에 관한 철학적 통찰을 계승했다. 또 앙드레 알릭스와 쥘 시옹 같은 인문지리학자들이 처음으로 발전시킨 '장기지속'(longue durée) 개념의 적용을 옹호했으며, 프랑수아 시미앙과 에르네스트 라브루스가 발전시킨 '국면'(conjoncture)의 개념을 활용했다. 나아가 마르크 블로크와 뤼시앵 페브르의 아날학파와 연관된 사회경제적·인구학적 방법론을 예견했으며, 인문지리학자와 사회학자들이 탐구한 역사적 집단들의 심성에 대한 탐구를 진행하고, 특히 두 차례의 세계대전 사이 부르고뉴 지방의 지역주의를 위한 문화적·실천적 과제를 설정했다. 하지만 루프넬이 구조사, 사회사, 민중문화 연구, 지역 정치경제 분야를 개척하는 데 기여했다고 하지만, 다른 역사가들과 마찬가지로 지적·학문적 경력은 프랑스 역사학이 이후에 채택하게 될 변화들에 맞서는 것이었다.

가장 논란이 되었으며 프랑스 역사가로서 루프넬의 평판에 결정적으로 금이 가게 한 것은 단지 연역적이고 실증적인 연구 방법론을 잠식하는 상상적 해석을 수용하려는 그의 의지만이 아니라 각각의 접근에 적절히 다양한 학문 분야의 명백한 규범들을 받아들이는 것을 주저하는 태도였다. 1920~1930년대에 '거꾸로 역사 읽기'를 추구했던 여러 역사지리학자와 역사학자들처럼, 루프넬도 처음에는 프레더릭 W. 메이틀랜드와 프레더릭 시봄이 분산된 증거로부터 농업사를 재구성하기 위해 처음 개발해 낸 역추적 방법을 사용했다. 예를 들어 《도시와 농촌》(La ville et la campagne, 1922)에서 루프넬은 사료의 공백을 메우기 위해 17세기 중반과 18세기 초의 '타유세'(taille) 기록을 비교 대조하는 방법을 통해 17세기 말 디종과 그 인근 지역의 인구를 계산해 냈다. 마찬가지로 그는 이 방법론을 《프랑스 농촌사》(Histoire de la campagne française, 1932)에도 적용하여 농촌의 토지보유 방식 모델을 만들었다.

과거를 통해 현재를, 현재를 통해 과거를 이해하려는 루프넬의 노력은 종종 과거의 삶에서 동기와 경험을 더 잘 이해하기 위해 감정을 이입하는 방식으로 집단심성을 재구성하는 데 이르기도 했다. 이 방법은 17세기 디종의 인구 계산 작업에서처럼 실증적인 사료에 근거했을 때에는 통찰력 있는 해석을 생산해 냈지만, 그렇지 않을 경우에는 설득력을 얻는 데 실패했다. 후자의 경우, 그는 초기 근대와 근대 농민들의 집단심성에서 나타나는 '원시적 심성'의 작동에 관해 검증되지 않은 채 어느새 폐기된 인류학 이론에 기댔다. 루프넬은 이러한 귀납적 방법을 포기하기는커녕 상대성, 초기형태학, 원시적 심성, 사회과학과 자연과학 간의 잡다하고 부적절한 비유에 관한 당대의 이론들을 독특한 방식으로 종합한 일원론적 인식론에 기대어 고집스레 자신의 견해를 정당화하고자 했다. 프랑스 역사에 대한 루프넬의 초기 기여와 나중에 부르고뉴 지역주의 문화 건설에 참여한 일 사이에 막간극처럼 끼어든 이 방법론은 보통 사람들의 삶을 재구성하고 더 잘 이해하기 위해 다양한 학문을 이용하려 애쓰는 20세기 초 프랑스 농촌사 연구의 열정적인 개척자로서 면모를 보여 준다.

1871년 9월 23일, 프랑슈콩테 지방 두(Doubs) 도의 래시라는 마을에서 태어난 루이 가스통 펠리시앙 루프넬은 어린 시절에 부르고뉴로 이사했다. 아버지 오귀스트 루프넬은 독학으로 글을 깨쳤는데, 아버지의 독서열은 아들의 지적 성장에 좋은 환경이 되었다. 1882년 누이 마리 바틸드가 죽고 1884년에는 어머니 수잔이 세상을 떠나자 가스통은 중등교육을 위해 디종의 기숙학교로 보내졌다. 학업 성적은 평균 수준이었다. 고전학과 인문학은 형편없었고 역사와 프랑스어는 잘했지만, 가장 두각을 나타낸 분야는 과학이었다. 교사들은 루프넬의 스타일이 지나치게 문학적이고 현란하다고 생각했다. 그는 고학년이 돼서야 역사와 문학, 철학 과목에서 두각을 나타내기 시작했다. 루프넬은 1891년 디종대학에 입학했고 루이 스투프와 폴 가파렐 밑에서 역사와 지리학을 수학했다. 하지만 1892년부터 이듬해까지 의무 군복무로 학업이 중단되었다. 군복무를 마치고 학교로 돌아와 1896년 〈샤티옹쉬르셴의 봉건제〉라는 제목으로 지역 법제사에 관한 방대하고 격식에 맞춘 논문을 제출해서 학사학위를 받았다.

루이 스투펠의 추천으로 루프넬은 파리 소르본대학 문학부에서 에르네스트 라비스, 폴 기라르, 샤를 세뇨보스한테서 역사학을, 그리고 폴 비달 드 라블라슈한테서 지리학을 공부하며 석사과정에 입학했다. 그곳에서 루프넬은 재능 있고 독창적인 사상가로 평판을 얻었다. 두 번씩 수석을 차지하며 학기를 마쳤지만, 구술시험에서 두 차례 낙방하고 결국 1889년에야 석사과정을 마칠 수 있었다. 학위를 마치기 전부터 풍자로 이름을 날리던 루프넬은 파리 고등사범학교(Ecole normale supérieure)를 두고 "평범(normale)하지도 우수(supérieure)하지도 않다"고 조롱했다. 이러한 태도는 훗날 프랑스 역사학계나 대학과 편치 않은 관계를 맺게 되는 데 영향을 끼쳤다.

루프넬은 스물여덟 나이에 중등학교 교사 생활을 시작했다. 1899년 생테티엔고등학교, 1900년 에피날중학교, 1903년 두에고등학교, 1904

년 라플레슈군사학교, 1908년 그르노블고등학교에서 교사로 근무했다. 1910년에 그르노블대학 문학부에서 도피네 지방사를 강의했고 디종의 카르노고등학교에서 역사지리 교사로 근무했다. 학교 교장들은 루프넬의 강의가 흥미롭고 격식에 얽매이지 않는 대화 같으면서도 박식함과 치밀한 준비에 조직력까지 갖추었다고 평가했다. 이런 가운데 17세기 디종의 도시와 민중문화에 대해 가능한 연구 계획을 고민하면서 박사 학위논문을 준비해 나갔다.

1907년 그는 제브레샹베르탱 포도 재배농의 딸 수잔 폴린 비조와 결혼했다. 이듬해 부부는 루이라는 아들을 하나 낳았고 디종과 제브레샹베르탱 중간에 위치한 피생이라는 곳에 정착했다. 이곳에서 루프넬은 코트도르 지방 와인 재배농 마을의 일상생활에 대한 민속학 자료를 수집했고, 이를 자신의 연구에 포함시켰다. 1910년 그는 행실이 고약한 남편들과 마을의 주정꾼들, 바람난 여자들에 관해 지방 방언으로 쓴 흥미로운 이야기를 책으로 출판했다. 공쿠르상 2위에 입선한 《노노》(Nono)는 20세기 초, 특히 포도나무 뿌리진딧물이 유행한(1865~1890) 이후 프랑스 농촌이 견뎌 낸 이야기를 진지한 필치로 묘사했다. 《노노》는 지방문학 분야에서 루프넬의 명성을 확립시켜 주었다. 1913년에는 《늙은 가랭》(Le Vieux Garain)으로 다시 한 번 문학적 성공을 거두었다. 이 경고성 이야기는 마을의 일상생활에서 선과 악, 악의와 순진함, 자비와 착취라는 주제를 다루고 있다. 부르고뉴의 농민과 포도주 상인들에 관한 루프넬의 묘사에 담겨 있는 민속학적 특징은 비판적 관심을 불러일으켰다. 샤를 세뇨보스는 프랑스 농민의 심성을 탐험하고 분석한 루프넬의 능력을 조르주 기요맹에 견주기도 했다.

1915년 루프넬은 《그랑드 르뷔》에 〈소모전과 남북전쟁〉이라는 도발적인 제목으로 글을 발표했다. 그는 이 글에서 제1차 세계대전과 미국 남북전쟁을 비교하며 남부연합이 붕괴한 것처럼 3~4년 안에 주축국이 붕괴할 것이라고 주장했다. 독일 제국의회에서도 논의된 이 글은 루프넬에게 확실히 유명세를 안겨 주었지만, 한편으로 그가 예견한 참전 기간 탓에 여론의 사기를 떨어뜨릴 수도 있다는 점을 두려워 한 전시 검열관들과 불편한 관계를 만들었다. 이 유명세 덕에 루프넬은 전국적 판매망을 가진 신문이자 전국 또는 지역에 걸쳐 정치 단체들의 외곽에 위치한 저명한 중도좌파 포럼인 《툴루즈 통신》의 주간이 되었다. 1916년부터 1924년까지 재직하는 동안 루프넬은 널리 읽히던 지방지의 1면에 정기적으로 짤막한 촌평과 풍자 글, 인물 논평을 썼고 당시 외교 문제들에 관해 역사적 시각을 담은 논설을 기고했다. 또 1912년부터 1916년까지는 《르마탱》과 《렉셀시오르》에 수십 편의 짧은 글을 기고하기도 했다. 그중 다섯 편은 헨리 루이스 멩켄의 문학잡지 《스마트 세트》에 1920~1921년에 걸쳐 프랑스어로 게재되었다.

《툴루즈 통신》에서 일하면서 루프넬은 국민적인 정치 조직과 문학협회에 중요한 인맥을 만들었다. 여기에는 작가 폴 마르그리트, 언론인 피에르 밀, 편집자 자크 리비에르, 소설가 로맹 롤랑, 비유콜롱비에극단의 연출가 자크 코포, 앙투안극단의 F. 제미에, 활동가이자 소설가 마르셀 마르티네, 삽화가 가브리엘 블로와 조르주 그로, 회의 기획자 폴 데자르뎅, 소설가 에드몽 로스탕, 시인 마리 노엘, 소설가 조르주 뒤아멜, 비평가 다니엘 알레비, 교육예술부 장관으로서 훗날 총리가 된 에두아르 에리오 같은 이들이 포함되었다. 대학교수를 꿈꾸는 루프넬에게 더 없이 유리한 인맥이었음에 틀림없다. 동시에 루프넬은 자신의 인맥을 통해 제자들을 진출시키기도 했다. 그중 로베르 들라비네트는 프랑스 식민지학교의 감독관이 되었고, 피에르 드 생자콥은 마르크 블로크 아래에서 수학하고 2세대 아날학파 역사가로 성장했다.

1916년 보충역으로 징집된 루프넬은 디종의 바이앙 기지에 행정병으로 배치되었다. 전쟁이 끝나고 1919년에는 뤼시앵 페브르와 알베르 마티에즈의 후원으로 디종대학 근현대사 주임교수로 부임했다. 이곳에서 그는 '민중문학으로 바라본 17세기 디종 사회'라는 주제로 박사 학위논문과, 대중 소극을 공연하던 비전문 연극인 동호회 '디종보병협회'에 관한 보충과제 논문을 준비했다. 1922년 4월 26일에는 논문 지도교수인 샤를 세뇨보스의 조언으로 《17세기 디종 지역의 도시와 농촌 인구》를 완성하여 소르본대학에서 발표했다. 17세기 부르고뉴 사회의 구조와 제도에 집합적으로 영향을 끼친 '국면들'(사회경제적·인구학적·정치적·문화적 변동의 추세 또는 융합)을 창출한 경제적·사회적·인구학적 요소들을 확인하는 이 논문으로 루프넬은 전도유망한 학자로서 평판을 얻게 되었다. 당대의 역사가와 지리학자들한테 혁신적이라고 평가받은 이 논문은 사회와 문화에 집합적으로 충격을 주었지만 잘 드러나지도 않고 예외적이던 개별 금융거래를 추적하고 있다. 《도시와 농촌》은 또 82쪽에 달하는 참고문헌 목록을 담고 있는데, 여기에서 루프넬은 마을과 도시, 도 차원에서 찾아낸 당시의 신문과 편지, 일기 같은 고문서의 영인본에 일일이 주석을 달았다.

루프넬의 학위논문은 《17세기의 도시와 농촌: 디종 지방의 인구에 관한 연구》라는 책으로 출판되었다. 애초에 네 권으로 기획된 17세기 중반 디종과 그 주변 지역의 정치, 사회, 문화사를 종합한 '전체사'를 목표로 했지만 첫 권 이후 책은 나오지 못했다. "이 첫 권은 야심찬 기획의 첫걸음일 뿐이다. 디종 지역의 경제를 다룬 이 책에서 나는 이 지역의 농촌과 도시 구조 그리고 그 상호관계가 어떠했는지를 고찰했다." 이어지는 연구는 정치와 문학, 언어, 사생활에 초점을 맞출 계획이었다. 루프넬은 한 지방의 전체적 행태에 관한 연구만이 토착 세력과 자원의 '우세한 영향'을 입증할 수 있는 유일한 방법이라고 믿었다.

《도시와 농촌》은 17세기 프랑스 농촌사를 다룬 최초의 책이었다. 뤼시앵 페브르의 《펠리페 2세와 프랑슈콩테》(1912)와 비교해 볼 때, 《도시와 농촌》은 17세기 전반기의 토지보유 형태가 어떻게 중요한 경제 발전과 문화적 변화를 불러왔는지를 고찰한다. 또 30년전쟁의 파괴 이후 부르고뉴의 법복귀족이 디종 지방에서 벌인 영지 투자의 성격과 결과를 검토하고 있다. 루프넬은 친족 집단 성격의 '사회계급'이 황폐화된 디종의 농촌 지역이 제공한 경제적 기회를 이용해서 권력과 지위를 차지했다는 사실을 보여 준다. 디종의 신흥 법복귀족이 자신의 신분 상승을 이룩한 것은 관직 매입을 통해서라는 기존의 시각과 달리, 법복귀족의 득세는 주로 인접한 부르고뉴 농촌에서 영지에 노고와 재정을 투자한 결과였다고 주장하고 있다. 나아가 평범한 시민과 부랑자들 그리고 디종의 다양한 교구 단체의 사회경제적 활동도 분석했다.

《도시와 농촌》은 훗날 아날학파에 의해 특화된 사회사 방법론을 개척했다. 루프넬의 연구는 프랑스의 전통적 역사서술에서 영웅적 개인주의나 '표면적 동요,' 정치 연대기가 중심 무대를 차지하는 것을 거부하고 17세기 부르고뉴의 중요한 변화를 불러온 경제적·사회적·법적·인구학적 추세('국면')에 초점을 맞추고 있다. 뤼시앵 페브르는 《도시와 농촌》을 두고 "느닷없이 등장한 진정한 역사가의 작업"이라고 평가하면서, 이 책이 비록 "더한 갈증과 배고픔을 만들었지만" "사회사 분야에서 드물고 알찬 저작"이라고 말했다. 《아날》 창간호와 2호에서 마르크 블로크는 《도시와 농촌》를 '놀라운 저작'일 뿐 아니라 다른 역사가들이 배워야 할 '기본 텍스트'라고 평가했다. 앙리 오제 또한 앙리 세의 《18~19세기 유럽 농업사》를 제외하면 이 분야에서 이 책만큼 통찰력 있는 저작은 보지 못했다고 《역사학보》에 쓰고 있다. 이 저작의 강력한 통찰과 유려한 문체를 높이 평가하면서도, 오제는《도시와 농촌》이 연대기적으로 모호하고 19세기의 자료집에 의존하고 있으며, 주요 사실들을 빼먹었다고 비판했다. 1955년판《도시와 농촌》에 실린 서문에서 피에르 드 생자콥은 17세기 초 디종 마을공동체의 경제적 부흥에 법복귀족이 한 역할을 밝힌 루프넬의 연구의 중요성을 강조한다. "우리 농촌사에서 가장 풍부한 주제 가운데 하나를 이토록 심도 있게 파헤친 루프넬에게 감사하자." 아날학파 2세대로서 '전체사'에 관한 가장 야심차고 완벽한 사례의 하나로 남아 있는《보베와 보베 지방》을 저술한 피에르 구베르는 장원 보유 양식에 관한 루프넬의 연구가 완전히 발전되었다기보다는 이따금 직관적으로 서술되어 있다는 점을 지적하면서도, 루프넬의 이 책이 1960년에 자신이 지역의 비교연구를 시작하게 된 출발점이었다고 고백했다.

이러한 학문적 성취 덕분에 루프넬은 100편이 넘는 사설을 기고한 《툴루즈 통신》을 떠나 연구에 전념할 수 있게 된다. 이후《부르고뉴 연보》의 편집위원이 되어 루이 스투프, 조르주 샤보, 에르네스트 샹포, 앙리 드루오, 알베르 마티에즈, 앙리 피렌, 조르주 드루 같은 학자들과 교류했다. 1923년에는 디종의 과학예술문학아카데미 회원에 선임되고, 이윽고 이 아카데미의 운영위원 겸 출판위원이 되었다. 1924년 4월 거침없는 지역 발전론자로서 전국적 명성을 얻은 루프넬은 디종에서 열린 57회 학술협회에서 기조연설을 하게 된다. 존경받는 대중연설가로서 루프넬은 전국 대학의 연구 의제로 '객관적인' 연구의 미덕과 '학술협회'의 중요성을 제시했다. 이 연설은《툴루즈 통신》에 발표한 〈대학 개혁〉(1923)과 〈대학이 고사하는 이유〉(1923)에서 표명한 지역 대학에 대한 지지를 되풀이한 것이었다.

루프넬은 학자들보다는 대중을 위해 비교사적 관점에서 당대의 갖가지 현실 문제에 정기적으로 개입했다. 그는 모두가 가장 심오한 인간 행위들이라 할지라도 누구든 이해할 수 있어야 한다고 과감하게 주장했다. 예를 들어 〈예술과 인민〉(1922)에서 예술을 감상하는 능력은 타고난 것이지 계급적인 것이 아니라고 주장한다. '인민'이 미학과 지성의 세계에 접근하는 데 필요한 자질을 갖고 있다고 단순히 선언하는 데 그치지 않고 전문가가 독점하고 있던 인식론적·방법론적 실천을 다시 정의하면서 '인민'의 권리를 회복시킨다. 분과학문의 전문화가 심화되던 시기에 그는 〈대학과 지방〉(1923)에서 누구보다도 상아탑 안에 있는 학자들을 질책하면서 그들이 "지식의 모든 문이 같은 통로를 차지한다"는 점을 인정하지 않으려 한다고 비판했다. 1921년 〈요리사의 휴전〉에서는 "새로운 전문가들의 치명적인 침투"를 조롱하고, 1922년 〈여인숙의 부흥〉과 1925년 〈부르고뉴의 장엄미〉에서는 전통적인 지방 요리보다 수준이 낮고 소화시킬 수 없을 정도로 세련미를 내뿜는 당대의 '새로운 요리'를 공격한다. 최고의 재료와 요리법은 대개 집 가까운 데에서 발견된다고 주장하면서 〈집밥 예찬〉(1929)에서 "최신식 요리는 입맛을 잃은 자들의 요리에 불과하다"고 조롱한다. 〈마을의 지리학〉(1923)에서는 역사학과 지리학을 반엘리트주의 입장에서 비판한다. 매혹적인 문체에 문제를 제기하는 방식으로 그는 '테루아'(terroir, 토양이나 기후 조건—옮긴이) 같은 복잡한 개념을 실제로 적용하는 데 필요한 기술은 농촌 세계에 거주하는 사람들에게 자연적으로 습득된다고 주장한다. 루프넬이 두 차례의 세계대전 사이 농촌의 인구 감소와 경기 침체에 맞서 고군분투하는 평범한 사람들의 경험을 연구한 것은 바로 자신이 살아가는 당대의 어려운 상황을 조금이라도 덜어 주기 위해서였다. 이 점에서 그는 엄격하고 학술적이며 불편부당한 관심으로부터 벗어난 강단 학자의 면모를 보이고 있다.

1927년에 출간한 책 두 권도 역사에 관한 것이 아니었다. 도덕적 교훈을 담은 짧은 글 모음집 《살아남은 자들!》(Hé!, Vivant!)은 20세기로 넘어

오는 시기에 평범하지만 소박한 삶 속에서 영혼의 구원을 찾는 능력으로 보상받던 부르고뉴 보통 사람들의 심리적 초상화를 제시한다. 그런가 하면 《실로에》(Siloë)는 '보편 정신'의 특성과 인간 의식의 현상학에 관한 내밀하고 철학적인 특징을 그려 내고 있다. 《실로에》는 농촌사에 관한 루프넬의 나중 저작들에 크게 영향을 끼친 진화론을 오롯이 보여 준다. 《실로에》는 프리드리히 셸링의 초월적 이상주의 체계에 공감하면서 기독교 논객들과 싸우기 위해 고안된 범신론적 언어로 썼다. 당대의 물리학과 진화생물학을 끌어들여, 찰나의 순간에 주관적으로 인식되고 영원히 순환하는, 내재적이고 초월적인 '보편 정신'의 존재에 대해 현상학적 믿음에 뿌리를 둔 형이상학적 이론을 제시한다. 루프넬의 시간관은 1932년 가스통 바슐라르의 《순간의 미학》에서 계승되고 있다. 오늘날에는 거의 잊혀 읽히고 있지 않는 《실로에》는 인문학을 구분하는 인식론 문제에 접근하려는 루프넬의 열망을 잘 보여 준다. 비록 현대 역사가들은 대개 그의 일원론을 거부했지만, 이러한 노력 덕에 루프넬은 공로를 인정받아 1927년 1월 29일 1급 레지옹도뇌르 훈장을, 그해 12월 19일에는 프랑스문인협회가 수여하는 마리아스타상을 받았다. 이후 루프넬은 1929~1936년에 폴 데자르댕이 조직한 '지식인 수련회'와 《신프랑스평론》의 회원 자격으로 부르고뉴 퐁티니에 있는 오래된 시토수도원에 참석하기 시작했다. 그는 이곳에서 1929년 부르고뉴의 역사로 다시 돌아와 《프랑스 농촌사》 초고를 읽기 시작했다.

루프넬의 이력은 지방 역사가들이 어떻게 프랑스의 근대화와 관련된 전국적 논쟁과 지방의 업무에 기여했는지를 잘 보여 주고 있다. 그는 부르고뉴의 와인 사업 모든 면에 관여했다. 샹베르탱의 포도생산자조합 회장이자 포도원의 성공적인 경영자로서 루프넬은 필요할 경우 와인 산업의 이익을 지키기 위해 언론 활동으로 돌아갔다. 그는 '원산지 표시 관리'

개념 적용을 통해 와인 산업에서 좀 더 엄격한 상표 부착과 부당 거래 규제를 관철시키는 전국 캠페인을 벌이는 데 중요한 역할도 했다. 〈와인의 위기〉(1922), 〈와인과 상표〉(1930) 같은 직설적인 글은 와인 산업을 강화하기 위해 요청된 법적·재정적·행정적 조치들을 개관한다. 부르고뉴의 포도원이 어떻게 독특한 생태학적 관계의 전형이 되었는지를 알려면, 카미유 로디에의 역사책《부조의 포도밭》(1931)과 막스 카프의 시집《테루아의 노래: 부르고뉴의 시》(1932)에 루프넬이 쓴 서문을 보면 된다. 그는 부르고뉴 지방의 역사를 부르고뉴 사람들과 환경, 곧 지역의 독특한 포도밭과 민속, 포도주로 대표되는 환경 사이에 나타나는 내밀하고도 상호 주관적이며 포괄적인 관계의 발현으로 묘사한다. 이러한 루프넬의 글들은 20세기 부르고뉴의 문화적 지역주의 선언문으로 읽힌다.

루프넬은《프랑스 농촌사》(1932)에서 농촌 관행과 농민 문화의 관계를 좀 더 거시적인 시각에서 연구했다. 이 책은 인간의 행위와 지리적 환경 측면에서 프랑스 개방경지 지역의 장기지속적 역사를 보여 준다. 여기에는 시간과 공간, 기억, 인과관계 같은 사회사 분석의 중요한 범주들이 적용되고 있다.《실로에》가 보여 준 의미론적이고 형이상학적인 개념에 친숙한 독자들은《프랑스 농촌사》가 제시하는 실증적 연구와 직관적 방법론의 독특한 혼합이 주는 새로움을 가장 잘 느낄 수 있었다.

《프랑스 농촌사》는 마르크 블로크의《프랑스 농촌사의 기본 성격》(1931)이 나오고 채 1년이 되지 않아 출간되었다. 그리고 2년 뒤에는 로제 디옹의《프랑스 농촌 풍경의 형성에 대하여》(1934)가 출간되었다. 20세기 첫 30년 동안 프랑스 농촌의 인문지리학이 주로 농업과 가족 관행이 어떻게 형성되었으며 생활 방식을 어떻게 구조화했는지에 관심을 기울였다면, 루프넬과 블로크, 디옹의 연구는 사회현상에 대한 정태적인 분석을 특징으로 하던 분야에 역사적인 장기지속의 차원을 도입했다. 이들 저작은 저마다 사회적 전통과 프랑스 농촌의 지리형태론적 역사에 대한 일반 이론을 제안했다.

프랑스 농업 문명의 기원과 성격, 형태론에 관한 루프넬의 이론은 개방경지 제도에 집중된 한 가지 모델의 다양한 변형을 패러다임으로 삼는다. 신석기시대부터 오늘날까지, 루프넬의 연구는 프랑스 북부와 동부의 농촌 지역에 대한 분석에 기초를 두고 있다. 농업의 정착이 지닌 생태학적 측면에 관련되는 한, 루프넬은 거주 형태를 만드는 데 인간과 환경 사이의 일상적 관계에 초점을 맞춘 학제간 접근 방식을 특화시켰다. 이 방법은 농촌의 지형과 지리를 바탕으로 형성된 집단적 관행 체제를 통해 토지 구획이 어떻게 그려졌는지를 보여 주는 유력한 논의보다 더 설득력이 있었다. 토지 구획의 기원과 변화 논쟁에 대한 이러한 개입은 역사가들 사이에서 무척 드문 현장 전문가의 모습을 보여 주었다.

초월적이면서 내재적인 '자연'을 인류와 영혼 그리고 자연계 사이의 우주적 종합의 물리적 표현으로 묘사한 철학적·문학적 전통에 기반을 두고서, 《프랑스 농촌사》는 프랑스 농민들과 생태물리학적 환경 사이의 관계를 19세기 독일의 자연주의 철학과 유사한 방식으로 규정한다. 그러나 실증적 현장 연구와 연역적 추리 그리고 직관적 감정이입을 풍부한 상상력으로 결합하는 루프넬의 방법은 인지적·주관적 실천이 농촌 지리학에서 민족지학적 재구성과 지도 제작 관행에 얼마나 중요한 역할을 할 수 있는가를 제대로 보여 주고 있다 할지라도, 이 책의 기획은 부적절한 비유, 심리학적 추측, 검증되지 않은 일원론적 존재론 같은 요소 탓에 좌초되고 말았다. 실제로 루프넬의 폭넓은 학문적 역량과 여러 증거 체계들 사이의 끝없는 넘나들기를 높이 평가하면서, 피에르 쇼뉘는 1981년판 '발문'에서 루프넬의 《프랑스 농촌사》가 역사라기보다는 지리학이나 민족지 저작으로 더 유용하게 읽힌다고 주장했다. 루프넬의 연구 관행은 프랑스의 사회과학과 인문학이 끌어안고 있던 분과학문의 범주와 증거 기준에 잔잔한 파문을 일으켰다. 1932년 《순간의 통찰》에서 철학자 가스통 바슐라르도 루프넬의 노고를 높이 평가했다. 하지만 개인의 에고(ego)를 우연적인 시간적 찰나로 환원시키는 방식, 심리학 연구와 역사학 연구를 혼합해서 태고적 농민의 원시적 심성을 이른바 근대 프랑스 농민의 집단적 특징에 연결시키는 사변적인 내용 구성, 농촌의 존재를 프랑스 문명의 본질이자 보증인으로 자리매김하려는 노력에 이르기까지 루프넬 특유의 접근은 역사와 인접 과학에 대한 그의 진정한 공헌에 오히려 그늘을 드리우는 결과를 낳았다.

피에르 드 생자콥은 《로동 연구집》에서 블로크와 루프넬의 저작을 비교했다. 충분한 자료를 바탕으로 현대 프랑스 농촌 연구의 현황을 종합한 블로크와 달리 루프넬은 "이따금 부정확하고 불명료한 모습"을 보여주었다고 지적하면서 생자콥은 루프넬의 저서가 지닌 장점이 부분들의 집합이 아니라 전체에 있다고 주장했다. 《프랑스 농촌사》는 "복잡한 자료들을 종합하고 상호 배타적으로 보이는 다양한 요소에서 하나의 종합적인 견해를 창출하는 능력과 시적 내밀함, 사물의 영혼에 대한 섬세함, 탄탄한 추리, 객관적 분석 …… 그리고 제시하고 설명하여 기쁘게 해주려는 노력"에 의해 판단되어야 한다는 것이다. 피에르 쇼뉘는 루프넬의 서술 스타일과 자연환경에 대한 역사적 관심을 결합하는 능력을 부러워했다. 쇼뉘에 따르면, 루프넬은 "역사가이면서 시인, 아니 시인이기에 역사가"였다. 생자콥은 《도시와 농촌》 1955년판 서문에서 루프넬에 대한 평판을 이렇게 묘사했다.

이 책은 부르고뉴 역사에서 중요한 순간이자 장인의 숨결이 느껴지는 가스통 루프넬의 재능과 인간적 감각, 이 모든 것을 결합한 걸작이다. 심연의 구조와 흥망성쇠를 부단히 연결시키고, 귀중한 세부 사실들에 국한된 무겁지 않은 자료, 의미 있는 숫자들, 역사의 윤곽을 기술적으로 보여 주는 사례들, 철학자와 시인이 과학적 역사의 요구에 굴복하지 않고 저항하는 끊임없는 토론, 그리고 무엇보다도 쉴 틈을 주지 않는 사유와 문체의 리듬이 탁월하다. 이 책의 기이한 매력은 겨우 이렇게 설명될 수 있을 뿐이다. 《프랑스 농촌사》 1981년판 서문에 실린 루프넬의 시적 재능에 관한 르루아 라뒤리의 글도 참조할 만하다.)

루프넬의 연구조교이자 가장 촉망받는 제자 두 사람 가운데 하나였던 피에르 드 생자콥(또 다른 제자 로베르 들라비네트는 프랑스 '식민지학교'의 교장이 되었다)은 1932년 대학원 과정을 위해 리옹으로 떠났고, 이는 루프넬의 역사 연구 계획에 끝을 알리는 것이었다(1999년에 나는 17세기 고등법원 판사이던 샤를 드 브로스에 관한 미완성 원고를 루프넬의 후손이 제브레샹베르탱에 소유하고 있던 두 채의 집 다락방에서 다른 필사본, 사적인 편지들과 함께 발견했다. 이 원고는 부르고뉴대학 인문과학연구소에 보관된 채 먼지만 쌓여 가고 있다). 농촌에 관한 루프넬의 관심은 17세기에서 이제 20세기 부르고뉴의 와인, 식도락, 관광산업으로 옮겨 갔다. 1930년대 후반에 루프넬은 지방의 지식인이나 유지들과 함께 일하면서 당시 '응용 민속학'이라 불리던 것을 통해 경제적으로 활성화될 만한 부르고뉴의 문화적 정체성을 만들어 내는 일에 전념했다. 그는 지역 프로젝트, 특히 음식 문화와 관광에 관련된 업종을 경쟁력 있고 상징적인 근대화 기획으로 일으키기 위해 자신의 문학적 재능을 살렸다. 그는 민간 지도자들이나 문화 관계자들, 지방 학교들과 협력하여 지역 전통을 역사화하고 민중 축제를 부흥시키고 지방협회를 창설하고 부르고뉴의 역사와 문화가 지닌 모든 측면을 활성화시키는 잡지들을 펴냈다. 《프랑스 농촌사》에서 루프넬이 제시한 테마들은 비시 프랑스(Vichy France)가 적절하게 써먹었던 반면, 이후의 논평자들은 재빨리 그 값어치를 깎아내렸다. 이들은 1930년대 동안 루프넬의 연구가 이전 세기 농촌 노동자들의 삶을 조사하는 것에서 벗어나 현대 부르고뉴의 포도주 상인을 비롯한 도시 주변의 숙련노동자들에 대한 연구로 나아갔다는 사실을 간과했던 것이다.

루프넬은 1929년 신설된 디종민속협회의 회장으로 선출되었다. 지역사와 민속, 전통 유산을 발전시킨 그의 학문과 사회적 봉사에 대한 보상이었다. 예를 들어 제12회 디종음식축제에 대한 공식 안내문에 실린 '제러미 사건'이란 글에서 루프넬은 디종 음식축제의 문화적·역사적 뿌리를 강조하고 있다. 〈부르고뉴의 장엄미〉와 《부르고뉴: 특징과 관습》(1936)도 같은 맥락의 내용을 담고 있다. 〈농민과 부르주아: 프랑스 여성들은 어떻게 프랑스를 만들었을까〉(1933)는 루프넬이 노동 형태를 발전시키는 보수적 가치들과 전통 민속을 겹쳐 놓기 위해 농촌의 근대성 담론을 어떻게 이용했는지 보여 준다. 《신여성평론》에 실린 이 반페미니즘 글은 프랑스 포도주 상인 아내들의 사회적 기대를 가정과 가족의 유지로 제한하면서도, 근대 프랑스 경제에 대해 아내들이 교육, 가사, 정신, 경제, 재생산 측면에서 기여한 바를 예찬한다. 자기희생이라는 축복을 통해 '가정의 천사'로 우뚝 선 루프넬의 "포도주 상인의 아내"는 지역의 문화 정체성을 보증하는 사람이 되었다. 이 아내들은 프랑스 농촌의 생명력을 상징하는 존재로서 남성 농촌 노동자의 대안이 되었다. 루프넬은 이런 보수적 견해를 20세기 초 부르고뉴의 민속에 관한 책 《부르고뉴: 특징과 관습》에서 드러냈다.

《부르고뉴》는 시골풍의 포도 재배농들과 낭만적으로 그려진 아내들의 노동을 경제 근대화 계획에 연결시키기 위해 인문지리학과 묘사적 민속학의 표상 전략을 활용했다. 이 작업은 부르고뉴의 포도 재배나 양조법과 관련된 고답적이고도 변화하는 민속에 대한 루프넬의 선명한 지식을 보여 준다. 《부르고뉴》에서 묘사된 포도 재배농들은 발자크와 텐, 밀레 그리고 자신의 초기 저작인 《프랑스 농촌사》에서 묘사된 개방경지 농민들의 지친 이미지와 달리 고풍스럽기는 하지만 그래도 근대적인 풍취를 지닌 대안을 제공했다. 부르고뉴의 포도 재배농들은 프랑스 농촌의 정체성에 대해 확연하게 지방적 풍취를 지닌 대안이 될 수 있다는 게 루프넬의 주장이었다. 그들은 사교적인 숙련노동자로서 근대적인 마을에 거주하며 공화주의를 견지하고 프랑스 근대화에 기여할 만한 사람들이었다. 루프넬은 디종대학에서 한 공개 강연에서, 다른 저자들을 위해 쓴 서문에서, 그리고 전문적인 프로젝트를 통해서 이러한 이미지를 보완했다. 예를 들어 파리의 우아한 장샤르팡티에 갤러리에서 열린 '부르고뉴와 부르고뉴의 예술' 전시회 카탈로그의 서문에서 부르고뉴의 예술적·문학적 전통을 설명했다. 그리고 1937년 파리국제박람회가 열렸을 때 부르고뉴, 프랑슈콩테, 엔을 대표하는 지방위원회 회원 자격으로, 에드몽 라베의 12권짜리 《현대인의 삶에서 예술과 기술의 국제박람회: 종합보고서》(1938)에 와인과 맛있는 음식, 관광 항목을 집필했다.

만년에 루프넬은 가족사의 비극을 겪기 시작했다. 29살 된 아들 루이 루프넬은 1937년 10월 1일 심각한 신경쇠약증을 앓다가 집에서 자살했다. 이윽고 루프넬은 디종대학에서 은퇴했다. 지치고 연로한데다 외동아들보다 오래 살게 된 그는 제브레샹베르탱으로 돌아가 로마 가톨릭교와 일종의 화해를 모색했다. 폴레 드 뫼르소와 쉴리 학술상 같은 몇몇 역사위원회, 문학위원회에서만 역할을 맡으면서 루프넬은 남은 시간과 열정을 자신의 책 《늙은 가랭》에서 불경하고 추잡한 부분들을 제거하고, 《실로에》의 신비주의적이고 범심론적인 측면을 기독교 신학으로 대체하는 데 쏟아부었다. 이후 독일군이 디종을 점령한 기간에 루프넬은 역사 분석의 성격과 역사 성찰의 교훈에 관한 에세이집을 집필했다. 사회 이론과 역사 서술 그리고 역사학 방법론에 접근한 《역사와 운명》(Histoire et destin, 1943)에서는 전통적인 이야기체 역사('사건사')와 주류 역사학의 관행을 강도 높게 비판했다. 이 시론은 두 가지 중요한 주제를 하나로 묶어 발전시켰다. 루프넬은 역사적 사실이 그것 자체로는 중요성을 갖지 않으며, 역사적 사건의 중요성은 그것이 어떻게 인식되고 또 해석되느냐에 달려 있다고 주장했다. 역사 법칙의 사실성에 대한 철학적 신념을 견지한 채 루프넬은 1940년 프랑스의 붕괴 이후 '역사의 교훈'에 대해 자신이 예전에 가지고 있던 신념이 지나쳤다는 것을 통렬하게 깨닫게 되었다. 역사 지식의 문제에 대한 루프넬의 접근은 근대주의적인 상대주의 영역보다는 장기지속 사회경제사의 원호 아래 있었다. "역사적 지속성의 배후에 있는 진의"를 파악하려는 노력은 놀랍고도 논쟁적인 두 번째 테마로 향했다. 고집스럽게도 루프넬은 진보와 과학적 방법론에 바탕을 둔 전문적 이론보다는 영성 목적론에 입각한 의심스런 역사철학을 주장했다. 《역사와 운명》의 종말론은 《신 실로에》(La Nouvelle Siloë, 1945)에서 발전시킨 이상주의적이고 기독교적인 가정들을 예견케 했다.

　루프넬의 이 저작은 이미 스스로 거리를 두어 오던 사람들로부터 거의 인정받지 못했다. 역사가들은 이 저작을 거의 인용하지 않는다. 다니엘 알레비는 《역사와 운명》이 《실로에》의 논리적 귀결이라고 평가했다. 《역사와 운명》의 형이상학적이고 영적이며 시적인 차원은 세속적 인문학자들을 좀처럼 설득하지 못했고 역사가들을 당혹케 했다. 많은 역사가들이 새로운 구조주의 사회사에 대한 루프넬의 호소를 인정하고 지지했지만 《역사와 운명》에 대한 비판적 응답은 복합적이고 유보적이었다. 실제로 1943년 무렵 마르크 블로크와 뤼시앵 페브르의 아날 기획은 프랑스 역사학계에서 아직 지배적인 것은 아니었지만 확실히 진행되고 있었다.

뤼시앵 페브르와 페르낭 브로델은 시적 충만과 들쭉날쭉한 내용, 이따금 나타나는 격한 감정에도 불구하고 루프넬의 독창적이고 우상파괴적인 연구 계획을 지지했다. 1946년 5월 14일 루프넬이 자택에서 사망했을 때 서류 가방에서 발견된 마지막 작업은 인문주의 관점에서 쓴 〈주 예수 그리스도의 삶〉이라는 예수의 짧은 역사였다.

농촌적 테마와 비시 프랑스에 의한 전통 민속 쇠퇴, '흙으로 돌아가기' 정책, 전통 가톨릭교에 대한 후원 등이 겹쳐짐으로써, 제2차 세계대전 이전과 전쟁 기간 동안 루프넬의 이데올로기적 관여에 의문이 제기되었다. 레옹 도데는 루프넬이 제1차 세계대전 기간에 '적성국의' 첩보원이었다고 근거 없이 비난하기도 했지만(《악시옹프랑세즈》, 1917년 8월 27일자; 《르 수리르》 1918년 2월 7일자에서 철회되었다), 루프넬은 결코 '악시옹프랑세즈' 같은 반동 집단을 지지하지도 가담하지도 않았다. 루프넬은 1939년부터 1945년까지 대독 협력자 집단은 물론이고 어떠한 정치적 행위에 가담한 적도 없다. 어떤 이들을 자체적인 국내 정책을 꾀하기 위해 루프넬의 민속학, 지리학, 역사학을 이용한 체제로부터 거리를 두기 위해 루프넬이 더 많은 것을 했을 것이라고 생각하기도 한다. 1939년 이후 쉴리 학술상의 심사위원으로 참여한 것이 이를테면 '민족 혁명'에 대한 사실상의 지지로 해석될 수도 있다. 그러나 내 생각은 다르다. 루프넬은 고집스런 평화주의자였고 비시의 행정 집중화를 거부했으며 (종교전쟁이나 30년전쟁 같은) 트라우마에서 회복하는 프랑스의 역량을 변함없이 신뢰했다. 그리고 독일군의 점령과 그 협력 체제가 실패할 수밖에 없다고 생각했다(그는 1942년 대독 협력 잡지 《세계 평론》에 실린 〈역사와 숙명의 인간〉이라는 글에서 이 점을 분명히 밝혔다). 이러한 내용들은 루프넬이 두 차례의 세계대전 사이 기간에 보여 주었던 프랑스의 힘과 회복력, 정체성에 대한 예찬의 연장이기도 하다. 전시 프랑스의 위급한 상황에 비추어 볼 때 순진하고 지나치게 낙관적이라고는 하지만 그것이 반드시 유죄는 아니지 않은가.

오랫동안 친구이자 후원자였던 페르낭 브로델은 고인이 된 루프넬에게 보낸 편지에서 그를 옹호했다. 뤼시앵 페브르는 1947년 이 편지를 《아날》에 싣는 것이 적절하다고 생각했다. 페브르의 호의를 보여 주는 추가 증거들은 〈부르고뉴에서, 전쟁과 농민〉(2000에 출간), 〈역사와 숙명적 인간〉, 《역사와 인간》, 《농민과 휴머니즘》(1944)에 쓴 서문 등에 나타난다. 앙리 드루오와 페르낭 브로델 같은 동료들은 불안전하고 애매하며, 어느 정도 모순적이다. 최근의 연구는 루프넬의 이데올로기 성향이 해석과 논쟁의 대상으로 남아 있다는 점을 강조한다.

1943년 루프넬이 필리프 페탱을 비판하기 이전에 그가 페탱의 민족 혁명, 곧 비시정부와 모종의 관계를 맺고 있었다는 어떤 결정적인 증거도 없음에도, 비시정부와 친우익 세력은 루프넬에게 비판을 퍼부은 경우가 많다. 그럴듯하든 허위 정보든 이러한 비난은 루프넬의 명성을 둘러싼 논쟁을 줄곧 이어 가는 것 이상의 역할을 했다. 여기에는 성공적인 지성인의 경력, 루프넬 개인의 성격적 장점과 결함에 대한 의문들, 탁월하고 우상파괴적이지만 한결같지 않은 학문 연구, 1940년 프랑스가 무너졌을 때 이미 낡고 불충분하다고 판명된 프랑스식 쇼비니즘에 대한 고집스러운 집착 등 여러 증거 자료를 조화시키는 어려움을 반영하고 있다. 이러한 시도는 예를 들어 프랑스 근현대사에서 학자들이 자신의 전공 시대와 영역 이외의 것을 읽지 않을 때 그 어려움이 배가된다.

비교적 최근에 나온 두 권의 책이 루프넬의 생애와 공헌을 집중적으로 다루고 있다. 나는 《가스통 루프넬: 농민의 영혼과 인문과학》(2001)을 쓰면서 루프넬의 학제간 연구에 나타나는 시적 미학, 곧 '내재적 질서'를 추적한 바 있다. 한편 아니 블르통루제와 필리프 푸아리에의 편저 《인문과학의 시대: 가스통 루프넬과 30년대》(2006)는 이러저러한 분야에서 이루어진 루프넬의 지식 생산과 1930년대 정치 사이의 이데올로기적 관련성을 다루었다. 두 책 모두 이 시기에 루프넬의 관심사가 사실상 제3공화정 당시 주제들의 연장선에 있었다는 점을 보여 주며, 프랑스의 '어두운 시절'(1940~1945) 이전과 이후에 걸쳐 이런 주제들이 형성되도록 국내의 모순과 긴장에 관심을 집중시킨다.

시대를 개척한 역사가이자 지리학자로서 가스통 루프넬의 유산은 의심할 여지가 없으며, 앞선 세대 역사가들의 학문과 저작에서 자주 언급되기도 한다. 그러나 루프넬의 후기의 활동은 부르고뉴의 유산, 관광, 민속 사업 생산에 쏠려 있었다. 미슐레처럼 그리고 아마도 훗날의 브로델처럼, 루프넬은 엄격한 사료 제시보다는 매력적인 문체와 사상으로 더 평가를 받는 문제적인 역사가로 남았다. 안타깝게도 그의 학문적 명성이 다하고 있음을 보여 주는 사례가 있다. 디종의 부르고뉴대학에는 가스통 루프넬의 이름을 딴 원형 강의실이 있다. 하지만 이 대학은 1990년대 초에 '부르고뉴의 역사, 문학, 지방어' 교수직을 없애 버렸다(부분적으로는 더 이상 강좌 내용이 학과 편제와 맞지 않는다는 이유에서).

임승휘 옮김

참고 자료

육필 원고본

"Fonds Roupnel," Académie des sciences, arts et belles-lettres de Dijon, France.

"Fonds Roupnel," Maison des Sciences de l'homme, Université de Bourgogne,

Dijon, France.

책

Nono (Paris: Plon-Nourrit, 1910).

Le Vieux Garain (Paris: Fasquelle, 1913).

Bibliographie critique: La Ville et la campagne au XVIIe siècle: étude sur les populations du pays dijonnais (Paris: Editions Ernest Leroux, 1922).

La Ville et la campagne au XVIIe siècle: étude sur les populations du pays dijonnais (Paris: Editions Ernest Leroux, 1922). A second printing prefaced by Pierre de Saint Jacob was published in 1955 (Paris: SEVPEN).

Hé! Vivant! (Paris: Stock, 1927).

Siloë (Paris: Grasset, 1927).

Histoire de la campagne française (Paris: Grasset, 1932).

Art bourguignon et Bourgogne (Paris: Galerie Jean-Charpentier, 1936).

La Bourgogne: types et coutumes (Paris: Horizons, 1936).

Histoire et destin (Paris: Grasset, 1943).

La Nouvelle Siloë (Paris: Grasset, 1945).

선집

Vins, Vignes et Gastronomie bourguignonne selon Gaston Roupnel, edited by Philip Whalen (Clémency: Terre en Vues, 2007).

Dijon et la Bourgogne selon Gaston Roupnel, edited by Philip Whalen (Dijon: Les Editions CLEA, 2010).

루프넬이 서문을 쓴 책

Boulard, Fernand, *Paysannerie et humanisme* (Paris: SEDAP, 1944).

Cappe, Max, *Les Chants du terroir: poèmes bourguignons* (Dijon: Imprimerie Lèpagnez, 1932).

Charrier, Henri, *Les Voix éparses* (Dijon: Imprimerie Darantière, 1936).

"Préface à *l'Histoire de la campagne française*," in Philip Whalen, "La mise en lumière des travaux de Gaston Roupnel (1871-1946) en vue de la 'Préface' inédite de *l'Histoire de la campagne française*," *Ruralia*, 8 (2001): 89-101.

Rodier, Camille, *Le Clos de Vougeot* (Dijon: L. Venot, 1931).

논문

"Le régime féodal dans le bourg de Chatillon-sur-Seine," *Revue bourguignonne de l'enseignement supérieur*, 6 (1896): 167-94.

"Une guerre d'usure, la Guerre de Sécession," *Grande revue* (Oct., 1915): 432-65.

"Guerre de coalition," *Dépêche de Toulouse*, July 15, 1916.

"La censure et l'opinion," *Dépêche de Toulouse*, July 30, 1916.

"La question du grec et du latin," *Dépêche de Toulouse*, August 29, 1916.

"'1870,'" *Dépêche de Toulouse*, March 21, 1917.

"Les conditions nouvelles de la paix armée," *Dépêche de Toulouse*, May 19, 1917.

"Les principes de la pacification," *Dépêche de Toulouse*, September 1, 1917.

"L'exemple russe," *Dépêche de Toulouse*, November 4, 1917.

"La politique de Hertling," *Dépêche de Toulouse*, February 12, 1918.

"Fantôme d'Orient," *Dépêche de Toulouse*, March 23, 1918.

"La loi du travail," *Dépêche de Toulouse*, May 8, 1918.

"En société des nations," *Dépêche de Toulouse*, August 1, 1918.

"Réparation," *Dépêche de Toulouse*, January 21, 1919.

"Proportionnelle des idées," *Dépêche de Toulouse*, May 28, 1919.

"La trêve du cuisinier," *Dépêche de Toulouse*, December 29, 1921.

"La renaissance de l'auberge," *Dépêche de Toulouse*, July 20, 1922.

"La repopulation et la vie agricole," *Dépêche de Toulouse*, August 4, 1922.

"L'art et le peuple," *Dépêche de Toulouse*, August 31, 1922.

"La crise du vin," *Dépêche de Toulouse*, November 2, 1922.

"La réforme des universités," *Dépêche de Toulouse*, February 2, 1923.

"La géographie au village," *Dépêche de Toulouse*, August 28, 1923.

"De quoi meurent les universités," *Dépêche de Toulouse*, December 3, 1923.

"L'université et la région," *Mémoires de l'Académie des sciences, arts et belles-lettres de Dijon*, 1 (1923): 125-40.

"Discours prononcé à la Séance de Clôture du Congrès [des Sociétés savantes de France tenu le samedi 26 Avril 1924 à Dijon]," *Mémoires de l'Académie des sciences, arts et belles-lettres de Dijon*, 96 (1924): 23-33.

"La somptuosité de la Bourgogne," *L'Alsace française*, November 7, 1925.

"La terre et les vendanges," *Bien public*, October 22, 1929.

"Eloge de la cuisine familiale," *Bien public*, November 20, 1929.

"Le cru et la marque," *Le Progrès de la Côte-d'Or*, March 3, 1930.

"Discours à la séance de réception de H[enri] Pirenne comme docteur h. c. de l'Université de Dijon," *Bulletin de la Société des amis de l'Université de Dijon*, (1931-2): 13-23.

"Paysannes et bourgeoises de France: comment les françaises ont fait la France," *Nouvelle revue feminine*, 3 (1933): 126-31.

"M. Gaston Bachelard," *Le Miroir dijonnais et de Bourgogne*, 207 (1939): 178-86.

"Edouard Estaunié(1862-1942)," *Mémoires de l'Académie des sciences, arts et belles-lettres de Dijon*, 109 (1940-2): 283-92.

"Histoire et destinée," *Revue universelle* (Oct., 1942): 282-91.

"La vie de Notre Seigneur Jésus-Christ," *Pays de Bourgogne*, (1963): 47-53, 777-87.

"En Bourgogne: la guerre et le paysan," *Pays de Bourgogne* ([posthumous] 2000): 11-16.

편지

"Lettre à Fernand Braudel," *Annales: économies, sociétés, civilisations*, 2 (1947): 30-1.

"Lettre du 17 January 1946 de Gaston Roupnel à Pierre Teihard de Chardin," in *Pierre Teilhard de Chardin*, edited by Claude Cuénot (Paris: Club des Editeurs, 1958), pp. 459-60.

인터뷰

Boitouzet, Lucien, "Une heure avec Gaston Roupnel ......," *La Semaine* (January 14, 1945): 3.

Brousson, Jean-Jacques, "En Bourgogne chez Gaston Roupnel," *Nouvelles littéraires artistiques et scientifiques* (May 2, 1946): 1, 6.

"Le génie bourguignon existe-t-il encore? Les réponses ...... Gaston Roupnel," *Bien public* (August 13, 1924): 1.

Villemot, Henri, "Entretien avec Gaston Roupnel," *Bourgogne d'Or* (December 1934): 61-4.

참고문헌

Bachelard, Gaston, *L'Intuition de l'instant* (Paris: Stock, 1932).

Bernhardt, Magda, *Gaston Roupnel und Burgund* (Wurzburg: Bruchdruckerie R. Mayr, 1934).

Bleton-Ruget, Annie and Poirrier, Philippe (eds.), *Le Temps des sciences humaines:*

Gaston Roupnel et les années trente (Paris: Manuscrit-Université, 2006).

Bloch, Marc, *Les Caractères originaux de l'histoire rurale française* (Paris: Armand Colin, [1931] 1960).

Bloch, Marc, "Une région: la Bourgogne," *Annales d'histoire économique et sociale* 1 (1929): 300.

Bloch, Marc, "La vie rurale," *Annales d'histoire économique et sociale* 2 (1930): 115.

Braudel, Fernand, "Faillite de l'histoire, triomphe du destin," *Mélange d'histoire sociale*, 6 (1944): 71-7.

Chaunu, Pierre, "Postface," in Gaston Roupnel, *Histoire de la campagne française* (Paris: Plon, 1974), pp. 367-9.

Demangeron, Albert, "Une histoire de la campagne française," *Annales de géographie*, 42 (1933): 410-15.

Drouot, Henri, *Notes d'un Dijonais pendant l'Occupation allemande, 1940-1944* (Dijon: Editions Universitaires de Dijon, 1998).

Febvre, Lucien, "Les morts de l'histoire vivante-Gaston Roupnel," *Annales d'histoire économique et sociale*, 2 (1947): 480.

Febvre, Lucien, "Une physiologie de la campagne française," *Annales d'histoire économique et sociale*, 6 (1934): 76-9.

Goubert, Pierre, *Beauvais et le Beauvaisis de 1600 à 1730* (Paris: SEVPEN, 1960).

Halévy, Daniel, "Un historien de la campagne française: M. Gaston Roupnel," *Revue des deux mondes*, 103 (1933): 79-96.

Hauser, Henri, "Gaston Roupnel, *La Ville et la campagne au XVIIe siècle: étude sur les populations du pays dijonnais,*" *Revue historique*, 111 (1923): 253.

Le Roy Ladurie, Emmanuel, "Postface," in Gaston Roupnel, *Histoire de la campagne française* (Paris: Plon, 1974), pp. 349-60.

Lindenberg, Daniel, *Les Années souterraines (1937-1946)* (Paris: Editions de la Découverte, 1990).

Lot, Ferdinand, "*Histoire et destin*, à propos d'un livre récent," *Hommage offert à Ferdinand Lot pour son quatre-vingtième anniversaire* (Paris: Droz, 1946), pp. 7-16.

Mémoires de l'Académie des sciences, arts et belles-lettres de Dijon, special Roupnel issue, 120 (1973).

de Saint Jacob, Pierre, "Avant propos au livre de Gaston Roupnel, *La Ville et la campagne au XVIIe siècle: étude sur les populations du pays dijonnais* (Paris: Armand Colin, 1955), pp. viii-x.

de Saint Jacob, Pierre, "Les chroniques de Gaston Roupnel," *Mémoires de l'Académie des sciences, arts et belles-lettres de Dijon* (1947-53): 52-65.

de Saint Jacob, Pierre, "Deux études d'histoires rurale expliquant la géographie," *Etudes rhodonnaises*, 11 (1935): 98-105.

de Saint Jacob, Pierre, "Gaston Roupnel (1871-1946)," in *Annales de Bourgogne*, 18 (1946), 226-33.

Sée, Henri, "Gaston Roupnel, *La Ville et la campagne au XVIIe siècle*," Revue de synthèse (June, 1923): 83-96.

Slade, Madeleine, "The French country-side," *Times Literary Supplement* (April 6, 1933).

Weil, Simone, *L'Enracinement* (Paris: Gallimard, 1949).

Whalen, Philip, *Gaston Roupnel: âme paysanne et sciences humaines* (Dijon: Presses Universitaires de Dijon, 2001).

Whalen, Philip, "Historical oubliettes, Roupnel's reputation, and other historiographical considerations," *H-France Review*, 3 (October 2003): 532-46.

Whalen, Philip, "The life and works of Gaston Roupnel," unpublished PhD dissertation, University of California at Santa Cruz, 2000.

Whalen, Philip, "'A merciless source of happy memories': Gaston Roupnel and the folklore of Burgundian *Terroir*," *Journal of Folklore Research*, 44 (1) (2007): 21-40.

Whalen, Philip, "La mise en lumière des travaux de Gaston Roupnel (1871-1946) en vue de la 'Préface'inédite de *l'Histoire de la campagne française*," Ruralia, 8 (2001): 89-101.

5

프랑수아 시미앙

1873~1935

François Simiand

프랑수아 시미앙

필립 월런

프랑수아 시미앙은 일관되게 사회와 인간에 관한 20세기 초 프랑스의 학문들에서 이론적 지향점과 방법론적 관행을 개혁하는 데 몰두했다. 그의 학문적 성과는 20세기 프랑스 사회사와 경제사회학에 꾸준히 영향을 주었다. 자크 르벨이 지적한 것처럼, 그는 사회학 방법의 새로운 규칙들이 통합 사회과학의 토대를 제공할 수 있을 뿐 아니라 이런 사회과학 안에서 다양한 분과학문이 저마다 특정한 형태를 띨 수 있다고 믿었다. 시미앙은 역사학자와 경제학자, 지리학자들에게, 이론 없는 사실들이나 사실들 없는 이론이 아니라 경험론적인 탐구와 귀납적인 분석이 어우러진 학문적 성과를 이루어 내자고 요청했다.

경제학자로 훈련받았지만, 학문적 성향으로 볼 때 사회학자였고('사회학 프랑스학파'와 《올해의 사회학》 창립 멤버이기도 했다) '신중한' 사회주의 활동가이기도 했다. 시미앙은 마르크 블로크와 뤼시앵 페브르의 초기 '아날' 프로젝트에 영향을 끼치게 될 학제간 통합의 실험(대표적으로 앙리 베르의 《역사종합평론》)이 선보이던 유동적인 시기에 등장했다. 사회생활의 모든 측면을 객관적 실체로 연구한다는 에밀 뒤르켐의 어젠다에 자극받은 시미앙의 경제사 작업은 주어진 환경에서 나타나는 '집단 표상'에 관한 연구, '우발적'이거나 일회적인 사건들보다는 '국면'과 '장기지속'에 대한 강조, 개인의 행동에 대립되는 사회적 동력으로 인과관계에 대한 이해, 그리고 추론적인 설명 방식보다는 경험적인 설명 방식을 엄격하게 이용하는 것이 역사 연구에 얼마나 유용한지 분명하게 보여 주었다.

하지만 베르, 블로크, 페브르의 기대와는 달리, 시미앙은 방법론이나 학문 영역에 대한 관심을 뒤르켐과 공유했다. 뒤르켐은 프랑스 사회학을 다른 영역에서 내놓은 연구를 분석·비교·종합하고 이론화하기에 가장 적합한 최고의 중심 학문이라고 생각했다. 프랑스의 대학 시스템 안에서 사회학을 주요 학문 분과로 제도화하려는 뒤르켐의 노력은 (19세기 말에) 이미 역사학과 지리학 전문가들에게 반감을 사고 있었다. 새로이 등장하고 있던 여러 사회과학 속에서 사회학에 큰 역할을 부여하려 했던 사회학 중심의 통합 주장은, 역사학을 실질적으로 '인간에 관한 학문의 여왕'으로 등극시키려 했던, 새로 조직된 프랑스 역사학 전문가들에 대한 직접적인 도전이었다. 뒤르켐은 다른 곳에서도 그렇지만, 특히 《올해의 사회학》(1898~1899)에 실린 프리드리히 라첼의 《인류지리학》에 대한 서평을 통해 날카로운 비판을 내놓았다. 여기에서 뒤르켐은 라첼의 지리 중심적인 논리 전개를 공격하면서 사회적 행동과 변화에 대한 유기적이고 사회적인 결정 요소들에 대한 연구를 가장 잘 수행할 수 있는 학문이 무엇인가라고 도발적으로 물었다. 그리고 난 뒤에 그는 역사가들의 근거가 빈약하고 과학성이 부족한 방법론, 지나친 전문화, 역사 발전의 일반 법칙들을 개발하는 것에 대한 거부감, 그리고 현재적인 관점에서 유용한 학문적 성과에 대한 관심 부족 탓에 역사가들이 사회과학들에 대한 주도권을 행사해야 한다는 주장이 정당성을 잃고 있다고 주장했다. 시미앙 저작들의 공세적 어조에서도 엿보이는 이러한 학문 패권주의적 전제는 역사학을 비롯한 다른 학문들과 관계를 불편하게 만들었다.

프랑수아 조제프 샤를 시미앙은 1873년 4월 18일 이제르 도 지에르의 공립학교 교사 가문에서 태어났다. 그르노블고등학교에서 장학생으로 항상 '뛰어난' 성적을 거둔 후, 1890년에 파리의 앙리4세고등학교 엘리트 준비반을 다니며 앙리 베르그송을 비롯한 탁월한 선생들의 지도를 받았다. 그는 1892년에 2등으로 졸업했으며 프랑스어 작문과 역사 과목에서 1등상을 받았다. 이윽고 명문 고등사범학교에 입학하지만 곧 징집되어 1년 동안 군복무를 해야만 했다. 1893년에 학교로 돌아온 시미앙은 뤼시앵 레비브륄이 가르치는 반에서 오귀스트 콩트의 저작을 공부했다. 1894년에 문학사 학위를 받은 다음 1896년에 철학 교수자격시험을 수석으로 통과했다. 1896부터 1899년까지 그는 티에르재단의 지원을 받으며 철학박사 학위논문 준비를 했는데, 이 과정에서 뒤르켐과 레비브륄의 사회학 이론을 접하게 된다. 박사 학위논문을 준비하는 와중에도 그는 파리 5구의 민중대학에서 강의하는 유명 강사이기도 했다. 뒤이어 그는 법과대학으로 옮겼는데 그곳의 경제학 강의들을 통해서 사회학 문제에 좀 더 몰두하기 위해서였다.

20세기로 접어들 무렵 고등사범학교와 소르본대학의 학생들은 사회주의 정치 이론과 공민적 실천이라는 이상을 공유했고 이런 생각들은 시미앙에게도 영향을 끼쳤다. 그는 뤼시앵 에르, 장 조레스, 뤼시앵 레비브륄, 샤를 앙들레르의 사회정의를 위한 개혁안을 받아들였으며 뒤르켐학파가 제시하는 사회학이 사회적 변화를 추진하는 데 필요한 분석 도구를 제시한다고 믿었다. 생시몽주의 의미의 국가주도 정책, 인간의 이성에 대한 신칸트주의적인 믿음, 그리고 사회관계의 정밀한 자료에 대한 콩트적 관심으로 고취된 시미앙은 사회주의 학생 조직에 열정적으로 참여했다. 그는 당시의 조세제도, 노동 분업, 공공 교육 등에 대한 비판을 담은 일련의 글을《초등교육 일반 안내》라는 잡지에 발표했다. 1906년에는 드레퓌스 재판에서 사법 절차가 위반되었음을 고발하는 진정서에 서명하기도 했다. 시미앙은 또 사회주의 학생들의 국제회의를 조직하고 다양한 선언서를 기초하기도 했다. 노동운동과 사회 변화에 대한 관심은 직업적인 경력을 쌓으면서 동시에 학문적인 호기심을 채워 줄 수 있는 일자리로 그를 이끌었다. 그는 상무부 도서관(1901~1906)과 노동부 도서관(1906~1921)에서 사서로 일했다. 관행적인 학문 이력을 피하면서도 자신만의 연구 기반을 확립함으로써 시미앙은 자기 방식대로 지적·정치적·학문적으로 몰두할 수 있는 독립성과 자율성을 확보했다. 그런 자리에 있으면서 다양한 연구와 편집, 출판 계획을 세우고 추진할 수 있었다.

시미앙은《형이상학과 윤리학 평론》(1897~1898),《정치와 의회 평론》,《월간 평론》에 기고한 직설적인 서평을 통해 날카롭고 투쟁적인 논객으로서 명성을 얻었다. 이 "엄청난 서지학적인 작업(500편에 가까운 서평)"으로 그는 20세기 초에 "경제사회학자로서 학문적 명성을 확고히 했다." 1898년부터 1913년까지 12권으로 간행된《올해의 사회학》의 경제사회학 관련 부분을 위베르 부르쟁, 조르주 부르쟁, 폴 포코네, 셀레스탱 부글레, 모리스 알박스와 함께 공동 편집함으로써 시미앙의 이름은 더욱 유명해졌다.《대백과사전》의 여러 항목을 집필했고《정치경제학 평론》의 편집위원이었으며, '새로운 경제학 도서' 시리즈를 기획하기도 했다. 또 1898년부터 1910년까지 마르셀 모스와 함께 노동조합 조직과 활동에 관한 강좌를 열고, 1914년까지 파리의 고등연구원에서 경제 이론의 역사를 강의했으며, 1914년 1~2월에는 런던경제대학(LSE)에서 강연을 열기도 했다. 그는 이전에 에밀 르바쇠르가 담당하던 콜레주드프랑스의 사회경제행위연구 교수직을 얻기 위해 앙리 베르그송과 쥘 르나르의 지원을 받으며 애썼지만 실패했다. 사회주의적 성향 탓에 경제계가 지지하지 않았기 때문이라고 전해진다.

그런가 하면 시미앙은 기존 사회과학이나 인문과학의 방법론적 관행에 대한 비판을 독자 논평이나 서평 형태로 다양한 잡지들에 기고해 나갔다. 《형이상학과 윤리학 평론》(1896~1897)의 사회학 편집자로서 시미앙은 《사회학 국제평론》에 발표되는 사회유기체설의 근거가 되고 있던 형이상학적 전제들을 몰상식하고 시대에 뒤떨어져 더 이상 유지될 수 없는 것이라고 공격했다. 예를 들어 르네 보름스(그 무렵 《사회학 국제평론》 편집장)가 쓴 《유기체와 사회》에 대한 서평에서 고루한 맹아발전론을 통해 자연과학과 사회과학을 연결시킨 19세기 이론들에 지나치게 의존하고 있다고 비판했다. 시미앙은 또 《사회학과 윤리》(1896)에서 사회를 도덕적 실체로 다룬 마르셀 베르네스를 철학·심리학·사회학적으로 의심스럽다고 통렬히 비난했다. 심지어 에밀 뒤르켐이 《자살, 사회학적 연구》(1897)에서 사용한 자료에 대해서 일회적이고 유일한 사건들을 되풀이함으로써 균질적인 현상들과 혼용하고 있다고 문제를 제기했다.

비용과 생산성, 임금의 역사에 관한 시미앙의 연구는 새로운 사회학 방법론을 드러내 보였다. 그는 가격과 가격 산정의 역사를 재구축하기 위해 통계자료들(특히 광산업계의 상황을 관리하는 행정부가 발행한 광업 통계)을 사용했다. 《올해의 사회학》에 처음 실린 〈19세기 프랑스의 석탄 가격에 관한 논고〉는 시미앙의 학문 경력에서 중요한 연구 기획의 신호탄이 되었다. 그는 30년의 세월을 들여 사회학 개념과 분석 방법을 경제사에 적용시켰고, 이를 통해서 새로운 '실증적 방법'을 확립하고 경제사회학이라는 새로운 영역을 개척할 터였다. 그러고 난 뒤 전체 물가의 핵심 요소로서 석탄 산업 분야 임금의 역사를 연구했다. 그래서 〈석탄 광산 노동자들의 임금: 임금의 경제학적 이론에 대한 기여〉라는 학위논문으로 1904년에 법학박사 학위를 취득했다. 이 논문은 증보되어 1907년에 같은 제목의 책으로 출판되었다. 이런 저작에는 시미앙이 장차 해나갈 작업에서 가장 중요한 요소들 가운데 일부가 언급되고 있었다. 그는 현대 경제를 사회적이고 산업적인 요소에 영향을 받아 주기적으로 발달하는 것으로 묘사했으며, 이를 위해서는 진정한 통계분석이 필요했다.

통계분석과 역사적 경향, 집단 심리학의 방법론적 가치에 대한 자신감으로 대담해진 시미앙은 이런 요소들을 놓치고 있는 당시의 역사학 관행을 비판했다. 그는 "기존의 역사학과 새로운 사회과학 사이에 점점 더 늘어나는 근접성과 경쟁, 그리고 실제적인 갈등 관계"에 대해서 "현재 많은 역사가들이 보여 주고 있는 방법론에 우려"를 표명했다. 사실 시미앙이 당시의 사회과학과 인문과학에 대한 비판을 통해서 자신의 방법론을 발전시켰기 때문에, 자신의 저작에서 이 두 목소리는 어쩔 수 없이 연결될 수밖에 없었다. 피에르 라콩브는 이미 《과학으로 간주되는 역사학》(1894)에서 역사가들에게 사회학적인 전망을 채택하여 규범적인 현상, 인과관계에 대한 설명, 사회적 관계, 그리고 비교 방법론을 향해 열정을 쏟으라고 권고한 바 있다.

샤를 랑글루아와 함께 1898년에 《역사연구 서설》을 출판하여 일차사료에 대한 세심하고 비판적인 독해를 역사학 방법론의 핵심으로 삼아 역사학의 학문적인 자율성을 방어했던 샤를 세뇨보스는 《과학에 적용된 역사학 방법론》(1901)에서 라콩브의 제안을 결단코 반대하며 다른 인문학과 관련하여 역사학 방법론의 우월성을 다시금 주장했다. 시미앙은 1903년 근대사학회에서 '역사학 방법론과 사회과학'이라는 강연을 통해 당시의 역사학 방법론과 목표에 대해 전면적이고 도발적인 비판으로 세뇨보스의 주장에 맞섰다. 이 강연은 나중에 앙리 베르의 《역사종합평론》(1903)에 실리게 된다. 시미앙은 역사가들이, 상층부의 정치에 대한 '끝없는 집착'과 '거대한 사건들'의 단절 없는 기원에 대한 강박적인 연대기 추구, 그리고 역사를 '위인들'의 활동으로 보는 '고질적인 버릇'이라는 세 가지 잘못된 역사적 우상을 섬기고 있다고 공격했다. 이 서른 살의 선동가이자 '방법론 광신자'는, 프랑스 역사학의 거장으로 역사학계를 대표하고 있던 세뇨보스가 온갖 방법론적 결함과 부정확성, 모순을 보이고 있다고 비판했다. 기꺼이 '개별적인 것' 위에 '사회적인 것'을 세우려 했던 사회학자로서 생각하고 자신의 《사회경제학에서 심리적 관찰과 추론: 방법론에 대한 고찰》(Déduction et observation psychologiques en économie sociale, 1899)에서 제시한 주장에 근거하여, 시미앙은 역사가들이 주관적인 범주와 객관적인 범주를 엄밀하게 구분하지 못하고 있을 뿐 아니라 논리적인 설명 대신 (유용한 것이기는 하지만) 온갖 서술만 늘어놓는 잘못을 저지르고 있다고 지적했다. 시미앙의 주장에 따르면, 개인들의 삶에 초점을 맞춘 역사서술은 사회적 현상을 주관성과 자주 혼동하며, 따라서 독립적이고 외부적인 요소들을 개인의 성격을 구성하는 특성이라고 잘못 판단한다는 것이다. 그는 이런 실수가 매우 기이한 것이라고 생각했다. 일반적으로 사회심리적 현상을 '순수한 관념'으로 여겨 그 객관적 실체를 거부하는 전문가들이 이런 실수를 저지르기 때문이었다.

시미앙은 사회적 범주들이 그 자체로 아무리 관념적인 것이라고 하더라도, 사회적 현상들을 시간 속에서 규칙적으로 반복되는 것으로 서술하고 이론화할 수 있는 한 뛰어난 분석의 기준을 제공한 것이라고 여겼다. "과학에 의해 발견되고 표현된 현상들 속에서 나타나는 공존과 연속의 규칙성은 스스로를 우리에게 강제한다. 이는 우리가 만든 것이 아니고, 그들의 객관적인 가치는 그들 자체에 근거한다." 이런 추론 방식은 역사적 분석의 시간적 영역(곧 시간 속에서 일어나는 변화에 대한 연구)이 사회학적 기획의 핵심 요소임을 암묵적으로 인정한 것이었다. 반대로, 규칙적인 사건들보다 유일한 사건을 선호하는 역사가들의 기질이 그에 선행하는 인과관계는 불분명한 채 남아 있는, 독특하고 우연적인 사건들과 관련된 문서들을 숭배하는 방법론 속에 담겨 있다고 그는 지적했다. 이 기질이 잘못된 전망을 만들어 냈고 인과관계를 잘못 인도했으며, 목적론을 의심하게 한다는 것이었다. 19세기에 이루어진 가장 중요한 업적은 유명한 정치가와 왕들의 언행 덕분이라고 말한 세뇨보스의 주장은 불꽃과 화약통을 혼동한 사례라고 시미앙은 지적했다. 시미앙은 이러한 비판을 경제사가인 앙리 오제에게 적용해서, 자신의 책 《사회과학 교육에 대하여》(De l'enseignement des sciences sociales, 1900)에서 오제가 사회적 범주를 불분명하게 사용했으며 '절충적인' 방법론을 이용했다고 비판했다.

그 무렵 폴 비달 드라블라슈의 학문적 영향력 아래 프랑스 교육 시스템에서 무척 영향력이 큰 인문지리의 영역도 시미앙의 비판적 질문의 대상이 되었다. 《올해의 사회학》(1909)에 실린 알베르 드망종, 라울 블랑샤르, C. V. 알로, 앙트완 바세르, 쥘 시옹의 논문에 대한 서평에서 시미앙은 지리학자들이 범위를 좁혀 지방 연구에 초점을 맞추는 경향을 보이며(사실 그들은 특히 식민지에 대한 비교 연구에도 동시에 관심을 기울이고 있었다), 이론적 분석을 쉽게 할 수 있는 계량적인 정보를 제시하지 못하는 잘못을 저지르고 있다고 지적했다. 시미앙은 또 그런 연구 기획들은 사회학의 분과학문으로 사회적 변화의 구조적 결정 요소들에 초점을 맞추는 사회형태학 속에서 더 좋은 결과를 얻을 수 있다는 입장을 견지했다. 실제로 사회형태학 연구는 거주 조건의 동질성이 사회조직에 최적의 합리성을 제공한다는 믿음에서, 잘 정의된 한계들(지방·지역·전국적인 환경) 속에 나타나는 생활 방식에 초점을 맞춘 지리적 풍속 연구와 놀라울 정도로 비슷했다. 사회형태학자들은 지리학자들처럼 개인들보다는 사회집단을 연구했지만, 인간의 대응을 변화시키는 사회적 요소의 영향을 최소화하기 전에 환경적인 요소를 얼마나 강조할 것인가를 두고는 그들 내부에서 차이를 보이고 있었다.

시미앙은 여러 서평을 통해서 경제사에 나타나는 새로운 경향도 다루었다. 《올해의 사회학》(1902~1906)에 실린 비판적인 언급들은 에밀 르바쇠르의 《1789년 이전의 프랑스 산업과 노동계급의 역사》(1900), 《1789년부터 1870년까지 프랑스 산업과 노동계급의 역사》(1903), 샤를 지드의 《사회경제학: 20세기 초 사회 진보의 제도들》(1905), 그리고 폴 망투의 《18세기의 산업혁명》(1906)에 걸쳐 있었다. 이런 비판을 통해서 그는 경제 발전과 정치적 정책 결정에 미치는 사회현상의 역할을 더 잘 인식해야 할 필요가 있다는 점과 역사의 시대구분 도식을 개발하는 데 더 노력을 기울여야 한다는 점을 강조했다. 하지만 경제사가들이 여전히 전통적인 정치 서술의 틀을 따르고 그 설명 방식을 '위인들'의 행동에 의존하고 있었기 때문에 그는 실망감을 감추지 않았다.

시미앙은 스탠리 제번스, 앨프리드 마셜, 어빙 피셔, 빌프레도 파레토의 책에 대한 서평을 통해 신고전파 경제학 이론의 한계 역시 검토했고, 이윽고 이런 작업은 《경제학의 실증주의 방법》(La méthode positive en science économique, 1911)으로 묶여 출판되었다. 이들 신고전파 경제학자들은 이론적 지향점이 빈곤하고 사회적 실체에 관해 잘 모르고 있으며, 경험적인 연구 방식보다는 추론에 의존하는 정태적 모델의 한계를 보인다고 비판했다. 곧 출판하게 될 《통계와 경험》(Statistique et experience, 1922)을 예견하듯, 시미앙은 (안정적인 시나리오에 근거한) 정태적인 경제 모델이 어떻게 하향 주기들을 "병적인 현상"으로 간주했으며 왜 경제사의 변화하는 실체들을 설명하지 못하는지에 초점을 맞추었다.

시미앙은 애덤 스미스의 '호모 이코노미쿠스'라는 개인주의 가설과 수요·공급이라는 신고전파 모델 역시 환원적이며 과거의 경제 현실에 근거하고 있다고 비판했다.

경제사에 대한 시미앙의 초기 작업 가운데 가장 주목할 만한 것들은 〈19세기 프랑스의 석탄 가격에 대한 논고〉(1901), 《프랑스 광산 노동자들의 임금》(1904), 《석탄광산 노동자들의 임금: 임금의 경제학적 이론에 대한 기여》(1907)처럼 구체적인 통계분석에 바탕을 둔 연구였다. 이런 기획은 1925년에 출판된 〈25년 동안(1887~1912) 프랑스 석탄 가격의 형성과 변동〉으로 확장되었다. 시미앙은 《통계와 경험》과 《역사통계 연구》에서, 형성된 자료들이 규칙적으로 반복되는 진정한 현상을 반영하는 한 통계분석은 '경험적 방법'의 이용을 의미한다고 주장했다. 시미앙은 이미 《경제학의 실증주의 방법》에서 제기한 역사학자들과 경제학자들에 대한 도전을 더욱 발전시켜 나갔다. 역사학자들에게는 작업을 더 이론화시켜야 한다고 촉구했고, 경제학자들에게는 문서와 통계자료에 더욱 주의를 기울이면서 작업을 역사화하라고 요구했다.

경제사에 대한 학문적 관심은 사회 진보를 추진하기 위한 시미앙의 개인적인 실천을 뒷받침하기도 했다. 예를 들어 협동기술학교의 교장으로 일했던 경험은 〈경제 문제〉에서 사회주의 경제학에 대한 교육학적 논의를 펼칠 수 있는 기반을 마련해 주었다. 이 논문은 조르주 르나르, 에메 베르토, 조르주 프레빌, 아돌프 란드리, 폴 망투의 글을 모은 《사회주의 실현: 우리가 한 일, 우리가 할 수 있는 일》(1907)에 실렸다. 시미앙은 《사회주의 평론》, 《사회주의 노트북》, 그리고 《연합 평론》에 기고하는 일 말고도 샤를 페기와 함께 '조르주 벨레 선집' 시리즈를 만드는 등 갖가지 출판 기획에도 참여했다. 페기를 따라 사회당을 떠난 시미앙은 1898년부터 1910년까지 '사회주의 문고' 시리즈를 편집했다. 시미앙은 에밀 뒤르켐, 뤼시앵 에르, 샤를 세뇨보스와 함께 '3년 의무복무제'에 반대하는 청원서를 만들어 《뤼마니테》(1913년 월 13일, 16일)에 발표하기도 했다. 그는 1916년부터 1919년까지 앙리 부르쟁과 함께 《미래, 사회주의 평론》의 공동 편집인을 맡기도 했다. 하지만 그는 평화주의와 소련에 대한 지지 문제를 둘러싸고는 사회당 당원들과 견해를 달리했다.

1914년 8월 15일 프랑스 육군에 징집되어 파리에서 근무하던 시미앙은 그해 10월 20일 금속 세공인의 딸 루이즈 볼뤼슈네드르와 급하게 결혼했다. 시미앙의 리더십과 전문 지식은 프랑스 군수산업의 재조직과 근대화에 중요한 역할을 했다. 그는 국무부 차관보 알베르 토마의 포병군수품보급부 비서실장으로 임명되어 1915년 5월부터 1917년 9월까지 근무했다. 격무로 소진된 시미앙은 1915년 몇 달 동안 응급실에서 요양해야 할 정도였다. 수술을 받고도 완전히 회복되지도 않은 채 처음에는 1916년 알베르 토마가 장관이었다가 1917년에 루이 루쇠르가 그 뒤를 이은, 전시군수생산부의 비서실장으로 복귀해야만 했다. 이 임무로 시미앙은 1917년 10월 6일 레지옹도뇌르 기사 작위를 받았다.

1918년 제1차 세계대전이 종식된 이후로도 시미앙은 프랑스 정부의 관직에 몇 차례 임명되었다. 그는 잠시(1919년 2~4월) 파리평화협상 기간에 긴급한 문제를 처리하기 위해 설치된 최고경제평의회의 원재료위원회에 프랑스 대표로 참석했다. 이어서 알자스로렌의 새로 회복된 지역에서 노동·사회복지·입법국 국장이라는 중요한 임무를 맡아 스트라스부르로 갔다. 시미앙은 전제적인 독일식 체제에서 더 민주적인 프랑스의 노동 시스템과 조직, 법이 적용되는 체제로 자신이 어떻게 유연하게 전환시켰는지를 〈노동, 노동입법과 사회보장〉(1921)에 서술했다. 또 그는 1919년 4월부터 1920년 10월까지 스트라스부르의 법과대학에서 경제학과 노동법을 강의했다. 정부의 전시경제를 운영해 본 경험은 중앙 경제계획이 시의 적절해야 하고 합리적인 정책을 뒷받침하기 위해서 경험적인 정보를 이용해야 한다는 시미앙의 믿음을 입증했고, 제2차 세계대전이 일어나기 전까지 여러 장관들이 이런 믿음을 공유했다.

1920년대 말부터 1930년대 초까지 시미앙이 이룬 학문적 업적은 실로 엄청난 것이었다. 이 기간 동안 연구와 강의는 사회학 방법이 역사학과 경제학 연구에 모두 유용할 수 있다는 명제를 입증하는 것이었다. 시미앙의 작업은 역사적이고 사회적인 맥락에서 프랑스의 산업 부문에 대해 과거에 없었던 조사를 진행하면서 동시에 기존의 경제발전 이론들에 대한 우상파괴적인 재해석을 가하는 것이기도 했다. 시미앙은 가격, 생산, 임금의 변동과 불균형이 그 자체로 이윤을 추구하는 조직이나 사회집단에 의해 활성화된, 근저에 깔려 있는 경제 법칙과 원칙들을 어떻게 표시하고 있는지를 이해하고자 노력했다. 18세기부터 근대 유럽의 가격 변동 리듬과 그 원인들에 대한 (고등연구원에서 했던 강의에 바탕을 둔) 세 권의 강의노트가 《16세기부터 19세기까지 가격의 전반적인 변동에 관한 기존 연구와 새 연구들》(Recherches anciennes et nouvelles sur le mouvement général des prix du XVIe au XXe siècle)이라는 제목으로 1932년에 출판되었고, 세 권의 또 다른 강의노트는 《국립공예학교에서 한 정치경제학 강의》(Cours d'économie politique professé au Conservatoire national des arts et métier, 1929~1931)라는 책으로 묶여 나왔다. 시미앙은 이 저작에서 클레망 쥐글라르의 10년 경제주기와 니콜라이 디미트리에비치 콘트라티에프의 장기간(50~60년) 경제주기 이론에 근거하여 유럽과 세계 역사 속에서 경제주기의 형태를 서술했다.

이렇게 묶인 강의는 시미앙이 'A국면'과 'B국면'이라고 부른 엇갈린 장기간의 경제주기의 형태를 묘사하고 있다. 경제성장 기간을 의미하는 'A국면'은 물가 상승과 무역망 확대, 인구 성장, 국민총생산 증대, 긍정적인 사업 전망, 해외 팽창, 인플레이션을 특징으로 한다. 반면 경제가 침체하거나 수축하는 'B국면'은 가격 침체나 하락, 인구 유지나 감소, 국민총생산 쇠퇴, 부정적인 사업 전망, 경제 수축, 투자 감소로 특징지어진다. 시미앙이 묘사한 국면들은 기간이 각각 달라서, 16세기 '가격 혁명'과 '17세기의 전반적인 위기,' '산업혁명' 같은 역사적 시기와 일치한다. 시미앙은 이 A와 B국면이 개략적으로 설명하자면 그렇다는 것이지 변형태가 없는 것은 아니라는 점을 조심스럽게 지적한다. 그는 경제 국면들이란 게 보편적이지도 지속적이지도 단일하지도 않다는 점을 인정한다. 이 국면들은 다른 시기에 다른 지역에서 경험되며 그 안에 상쇄되는 더 작은 주기들을 포함하고 있다. 이 주기들이 경제 발전의 정상적인 구성 요소들임을 인식한 것이 아마도 시미앙의 여러 주장 가운데 가장 중요한 점일 것이다.

이어서 시미앙은 경제주기 이론을 더욱 발전시켜 나갔다. 《16세기부터 19세기까지 가격의 전반적인 변동에 관한 기존 연구와 새 연구들》과 《인플레이션과 통화 안정의 교차: 미국의 경제 발전》(Inflation et stabilisation alternée: le développement économique des Etats-Unis)은 둘 다 사회적이고 화폐적인 원인들이라는 관점에서 경제의 지속적인 변화를 연구한 것인데, 여기에서 더 중요한 지점은 직접적인 촉발점이 된 단기간의 위기보다는 그에 앞서 나타나는 이 원인들이었다. 이 두 책은 경제 발전의 주기 이론을 개괄하면서 기존의 설명 모델에 강력하게 도전했다. 《장기간의 경제변동과 세계 대공황》(Les Fluctuations économiques à longue durée et la crise mondiale, 1932)은 자신의 이론을 당시에 나타난 경제 위기에 적용한 것이었다. 이 책은 1929년의 시장 붕괴는 18세기부터 추적할 수 있는 경제주기라는 관점에서 이해될 수 있다고 주장했다. 시미앙에 따르면, 붕괴는 확장에서 수축으로 이어지는 10년 동안 세계경제의 전환을 보여 주는 것이었다. "우리가 지금 A국면에서 B국면으로 이행하는 시기에 살고 있음을 깨달아야 합니다."

이 저작들이 1929년 대공황의 원인을 설명하는 데 실패한 이론들에 대한 참신한 분석이었지만, 시미앙의 진짜 대표작은 《임금, 사회 변화, 화폐: 임금에 대한 실험적 이론》(Le Salaire, l'évolution sociale et la monnaie: essai de théorie expérimental du salaire, 1932)이라는 세 권짜리 책이다. 이 책은 20세기로 접어들 무렵부터 더욱 다듬은 자신의 생각과 연구, 이론을 종합하여, (임금 변동에 영향을 끼친) 화폐의 작동 방식과 케인스적인 요소들이 어떻게 기능하는지를 보여 주고 이 두 분야가 왜 근대경제학 연구에 포함되어야 하는지를 설명했다. 이 책은 또 방법론의 차이로 빚어진 이전의 적대적인 관계를 상당히 누그러뜨려서, 다른 학문들도 분석적이고 종합적인 이론 진술을 만들어 낼 수 있음을 인정했다. 또 그는 다른 학문의 접근 방식과 비교의 정당성을, 엄격한 과학적 방법을 적용한다는 조건으로 인정했다.

시미앙의 화폐 이론은 양적인 요소와 질적인 요소를 결합시켰다. 그는 집단적으로 갖고 있는 믿음의 양식과 경향에 대한 연구를 통해 경제 분석에 관한 케인스학파의 '현실적인' 접근 방식을 지지했다. 처음에는, 1912년 어빙 피셔의 《화폐의 구매력》에 대한 서평이나 1923~1924년의 〈최근의 화폐에 관한 저술들에 대한 몇 가지 고찰〉처럼, 《올해의 사회학》에 실린 서평들을 통해서 '사회화폐론'이라 불리는 화폐 이론을 개발하기 시작했다. 이 이론은 화폐를 사회적 관계의 산물이라고 본다. "어떤 행동이나 관계는, 해석이 아니라 인과론과 객관적 사실이 구성하는 특정한 결과를 낳는다……"(《임금, 사회 변화, 화폐》). 프랑스 사회학연구원에서 처음 발표하고 《사회학 연보》에 실린 〈화폐, 사회적 실체〉(1934)라는 논문에서 그는 화폐를 물질적인 생산물이자 교환 수단일 뿐 아니라 위계를 반영하는 사회적 상징이라고 해석했다. 사회적으로 이 위계의 구성은 ('이

성만큼이나 감정'의 산물이며) 근대 경제주기의 확장과 수축을 이해하는
데 필요했다.

W. W. 칼라일의 《근대 화폐의 지속적인 변화》에 대한 서평(《올해의 사
회학》 1901)과 지슬랭과 슈타이너의 《경제사회학》(1905)에 대한 독서, 마
르셀 모스의 《증여론》(1924)을 통한 화폐의 상징적인 측면에 대한 독서
에 근거해서, 시미앙은 상업적 전망에 대한 다양한 태도를 사회집단 간
의 차이 탓으로 돌렸다. 그의 주장에 따르면, 각 집단은 화폐에 대한 신뢰
의 정도에 따라 정치적 정책들에 대해 공감하거나 반대하는 차이를 보였
으며, 이는 소비 행동에서도 마찬가지여서 당시의 경제 수축이나 확장 국
면에 따라 더 많은 변화를 보였다. 따라서 거시경제 수준에서 (경제인으로
서 시장과 관련된 엄격한 경제 법칙을 따르기 보다는) 정해진 이자율에 따라
현재의 부채를 청산하려는 의지에 차이를 보이게 하는 사회적 인식과 행
동이 화폐 공급 가능성을 외생적으로 결정했다.

시미앙의 마지막으로 쓴 주요 저작 《인플레이션과 통화 안정의 교차:
미국의 경제 발전》은 가장 발전된 생각을 자신이 근대 교환경제의 전형
으로 간주한 사례에 적용시키고 있다. 1933년 콜레주드프랑스에서 연
강연에 바탕을 둔 이 책은 경제주기(A국면과 B국면)의 관점에서 18세기
부터 1930년대까지 미국의 역사와 귀금속에 바탕을 둔 국제 화폐 시스
템을 통해 국내 요소와 국제 요소의 관련성을 연구한 것이다. 미국이 "인
플레이션의 신호 속에서" 탄생했다고 주장하면서, 놀라운 성장 지향성과
급격한 시장 변동, 혁신적인 화폐 정책을 결합시킨 점에서 시미앙은 이 나
라를 근대 복합경제의 원형이자 모범적인 사례라고 보았다. 비록 프랭클
린 루스벨트의 뉴딜정책에는 분명한 의구심을 표현하고 있지만, 이런 서
술은 정부들이 세계경제 여러 국면 속에서 국내의 단기적인 경제주기를
촉진하거나 조정하기 위해서 언제, 어떻게 화폐 정책을 조정하고 환율과

예금준비율을 바꿈으로써 사회 진보를 추진해야 하는지 시미앙의 정치 사상에 대한 시사점을 준다. 하지만 결국《인플레이션과 통화 안정의 교차》는 자유방임과 통제경제 사이의 중간 지대를 추구한다. 1929년의 붕괴 이후에 가능한 모든 경기부양책을 시장이 허용한다는 점에 경제학자들이 동의하게 되었지만, 복잡한 교환 시스템에 바탕을 두고 있는 세계경제가 불균형을 일으킬 수밖에 없기 때문에 정부들은 통제할 수 없으며 조직하려 해야 한다고 주장할 때, 시미앙은 제1차 세계대전 때의 경험으로 물러난 것처럼 보인다.

사회주의 성향에도 불구하고, 경제사 영역에서 이런 꾸준한 업적에 힘입어 시미앙은 1920년에 소르본에 자리한 고등연구원의 연구 책임자로 임명되었다. 1923년에는 국립공예학교의 정치경제학 주임교수가 되어 1934년까지 이 직위를 유지했다. 1921년에 파리의 통계학회 회장이 되었고, 프랑스 사회학연구소 부소장으로, 나아가 소장으로 선출되어 1924년부터 1933년까지 근무했다. 감당해야 할 막중한 직업적 책임감 탓에 시미앙의 정치적 이해관계는 다소 순화되었다. 그는《여명》,《의지》,《프랑스 협동주의자》, (프랑수아 다베이앙이라는 필명으로)《백색 평론》같은 신문에 기사를 썼다. 시미앙은 뤼시앵 에르와 교류한 사회주의자들과 협력했으며, 1921년에는 샤를 지드의 〈협동주의 선언〉에 처음으로 서명한 사람 가운데 한 명이었다. 막중한 업무와 건강상의 문제에도 불구하고, 그는 기술적인 문제와 관련하여 노동조합들에 조언하고, 사회주의 연구그룹이나 사회주의학교 같은 자립적인 스터디 그룹을 지도했으며, 노동자 협동조합 조직의 장점에 관해 공개강연을 하고,《사회주의 노트북》(로베르 에르츠와 함께),《사회주의 평론》, 알베르 토마의《노동조합 평론》같은 잡지 편집에 도움을 주었다. 그는 1928년에는 소비자협동조합전국연맹의 협동학교를 설립하여 교장을 맡았다. 이 학교는 1930년에 프랑수아시미앙

협동학교로 이름을 바꾸었다.

공식적으로 더 이상 당원이 아니었으나 시미앙은 사회당에 자문을 아끼지 않고 조합 활동의 전략을 수립하는 등 여러 갈래의 노동운동을 끊임없이 지원했다. 예를 들어 1932년에 조르주 르나르를 대신해서 콜레주드프랑스의 노동사 주임교수가 되었을 때, 취임 강연에서 자신이 성취한 학문 작업을 개괄하면서 노동의 역사에 대해 남겨진 부분들을 거론했다. 이 부분은 1933년에 《노동의 역사》(Histoire du travail au Collège de France)로 출판되었다. 시미앙은 가에텡 피루와 함께 중요한 경제 이론가들의 숨어 있는 저작들을 모아 《중요한 경제학자 선집》(1933~1938)으로 출판하기도 했다. 그는 1935년까지 콜레주드프랑스에 머무르다 와즈 도 노동조직국장이라는 새로운 자리에 부임하기 전인 1935년 4월 13일 생라파엘에서 숨을 거두었다. 이듬해 4월 25일 콜레주드프랑스는 시미앙을 기념하는 학술대회를 열었다.

시미앙의 명성은 시대에 따라 달랐고 각 학문 분과와 연구 관심이 변화한 탓에 그의 핵심 사상은 흡수되거나 대체되었다. 사회학의 주류로 경력을 이어 나간 모리스 알박스나 대학원 학생이었던 젊은 동료들을 제외하면, 시미앙은 자신의 이름을 딴 '학파'를 남기지 않았다. 뒤르켐학파 학자들은 생존 시기에 권위 있는 자리에 올랐지만, 제2차 세계대전 이후 프랑스 사회학에 그들의 집단적인 유산은 거의 남아 있지 않았다. 하지만 시미앙의 방법론 연구 기획은 프랑스의 경제학과 인류학, 역사학 전통에 잘 전수되었다. 시미앙이 관심을 기울인 귀납적 추론, 계량경제학 분석, 장기주기 관점, 집단적 믿음, 경제주기 같은 개념은 에르네스트 라브루스의 《18세기 프랑스에서 가격과 소득 변동에 대한 소묘》(1933), 페르낭 브로델의 《펠리페 2세 시기의 지중해와 지중해 세계》(1949) 그리고 두 사람이 함께 편집한 《프랑스 사회경제사》(1970~1982) 같은 경제사 작업에 엄청난 영향을 주었다. 사실 시미앙이 자신의 계획에 몰두하려고 거부하기는 했지만, 마르크 블로크와 뤼시앵 페브르는 가격의 역사와 관련하여 아날학파의 연구를 지도해 달라고 부탁하기도 했다.

시미앙의 유산은 양면적으로 남아 있다. 저작이 영어로 거의 번역되지 않았음에도 시미앙의 작업에 대한 관심은 오늘날에도 뚜렷하게 남아 있다. 1960년에 페르낭 브로델은 1903년 시미앙이 쓴 〈역사학 방법론과 사회과학〉을 '새로운 역사학'을 위한 방법론 선언으로 삼아 《아날》에 다시 싣고, 젊은 역사가들이 "우리 잡지의 목표이자 이유로 남아 있는 역사학과 사회과학의 대화를 더 잘 이해하도록" 돕기 위한 편집자의 견해를 덧붙였다. 1987년에는 마드라 세드로니오가 시미앙의 글을 모아 편집한 선집이 《역사학 방법론과 사회과학》(Méthode historique et sciences sociales)이라는 제목으로 출판되었다. 1992년 5월 13일부터 15일까지 사흘에 걸쳐 파리에서 '프랑수아 시미앙 학술대회'가 열렸고, 20세기 초 프랑스 인문사회과학의 지적·방법론적 경향에 대한 토론 속에 프랑스에서 가장 뛰어난 경제학자, 사회학자, 역사학자 가운데 한 사람인 시미앙을 재조명했다. 그 결과 뤼시앵 질라르와 미셸 로지에가 24편의 논문을 모아 편집하여 《프랑수아 시미앙(1873~1933): 사회학자, 역사가, 경제학자》(1996)라는 이제는 없어서는 안 될 책이 탄생했다.

시미앙이 의심할 나위 없는 연구 방법으로 직접 관찰을 강조한 것에 대한 문제들은 아직 해결되지 않은 채 남아 있다. 뤼도비크 프로베르는, 가스통 바슐라르 시학의 비판적인 투사(投射)를 상기시키며 시미앙의 상상력 깊은 작업 방식을 강조하는데, 이 방식이 19세기 실증주의적인 요소들을 평형추로 지니고 있는 하나의 방법론적 스펙트럼의 극점을 드러내 준다고 평가한다. 경제적 행동의 원천으로서 호모 이코노미쿠스를 복권시키기 위해 통계표나 구체적인 정보가 지시하거나 설명해 주지 않는 사회심리나 집단적 믿음 체계의 영역으로 모험을 시도함으로써, 시미앙의 방법론은 더욱 복잡해졌다. 하지만 결국에는 시미앙이 더욱 엄격한 연구의 표준으로 인도하고자 애썼던 사람들은, 그가 기대했던 것처럼 중심 학문으로서 사회학의 영역에서는 아니었지만 저마다 자기 학문의 영역에서 그러한 일을 해냈다. 어쩌면 이것이 시미앙에게 바치는 최고의 찬사일 것이다.

김정인 옮김

참고 자료

책

Déduction et observation psychologiques en économie sociale: remarques de méthode (Paris: Armand Colin, 1899).

De l'enseignement des sciences sociales à l'école primaire en France (Paris: Alcan, 1900).

Le Salaire des ouvriers des mines en France (Paris: Société nouvelle de librairie et d'édition, 1904).

Le Salaire des ouvriers des mines de charbon: contribution à la théorie économique du salaire (Paris: Comély, 1907).

La Méthode positive en science économique (Paris: Félix Alcan, 1912).

L'Enseignement commercial et la formation des professeurs (Paris: 36 rue Vaneau, 1914).

Statistique et experience: remarques de méthode (Paris: M. Rivière, 1922).

Economie politique: cours professé au Conservatoire national des arts et métiers, 2 vols. (Paris: Domat-Montchrestien, 1928, 1930).

Cours d'économie politique professé au Conservatoire national des arts et métiers en 1928-1929, 1929-1930, 1930-1931, 3 vols. (Paris: Domat-Monchrestien, 1929-31).

Les Fluctuations économiques à longue période et la crise mondiale (Paris: Alcan, 1932).

Histoire du travail au Collège de France (Paris: Alcan, 1932).

Recherches anciennes et nouvelles sur le mouvement général des prix du XVIe au XIXe siècle (Paris: Domat-Monchrestien, 1932).

Le Salaire, l'évolution sociale et la monnaie: essai de théorie expérimental du salaire. Introduction etétude global, 3 vols. (Paris: Alcan, 1932).

De l'échange à l'économie complexe (Paris: Editions de la Pensée Ouvrière, 1934).

Inflation et stabilisation alternée: le développementéconomique des Etats-Unis, des origines coloniales au temps présent (Paris: Domat-Monchrestien, 1934).

Méthode historique et sciences sociales, edited by Marina Cédronio (Paris: Editions des Archives contemporaines, 1987).

Critique sociologique de l'économie, edited by Jean-Christophe Marcel and Philippe Steiner (Paris: Presses Universitaires de France, 2006).

논문

"L'année sociologique française 1896," *Revue de métaphysique et de morale*, 5 (1897): 489-519.

"Etudes critiques: l'année sociologique française 1897," *Revue de métaphysique et de morale* (1898): 606-9.

"Essai sur le prix du charbon en France au XIXième siècle," *L'Année sociologique*, 5 (1900-1): 1-81.

"Méthode historique et science sociale:étude critique d'après les ouvrages récents de M. Lacombe et de M. Seignobos," *Revue de synthèse historique*, (1903): 1-22, 129-57; reprinted in *Annales:économies, sociétés, civilisations*, 15 (1960): 83-119.

"Systèmeséconomiques," *L'Année sociologique*, 7 (1904): 569-97.

"La causalitéen histoire," *Bulletin de la Sociétéfrançaise de philosophie*, 5 (1906): 245-90.

"Le problèmeéconomique," in *Le Socialisme à l'oeuvre: ce qu'on a fait, ce qu'on peut faire*, edited by Georges Renard (Paris: E. Cornély, 1907).

"Le salaire des ouvriers des mines de charbon en France," *Journal de la Sociétéde statistique de Paris*, 1 (1908): 89-107.

"La théorieéconomique du salaire et l'économie politique traditionelle," *Revue du mois* (1909): 346-9.

"La méthode positive en scienceéconomique," *Revue de métaphysique et de morale* (1912): 889-904; reprinted in *Critique sociologique de l'économie*, edited by Jean-Christophe Marcel and Philippe Steiner (Paris: Presses universitaires de France, 2006).

"Travail, législation ouvrière et assurances sociales" in *Les Débuts de l'administration française en Alsace et en Lorraine*, edited by Georges Delahache (Paris: Hachette, 1921).

"Monnaie et faits monétaire: quelques remarques sur la récente littérature monétaire," *L'Année sociologique*, n.s. 1 (1923-4): 758-65.

"La formation et les fl uctuations des prix du charbon en France, pendant 25 ans (1887-1912)," *Revue d'histoireéconomique et sociale*, 13 (1925): 63-108.

"Le salaire, l'é volution et la monnaie," *Revue d'é conomie politique*, 14 (1931): 1169-89.

"Quelques remarques sur l'é volutionéconomique internationale et les grandes fl uctuations monétaires," in *Economic Essays in Honour of Gustav Cassel* (London: Allen and Unwin, 1933), pp. 581-90.

"Une enquête oubliée sur une grande crise méconnnue (la crise de 1884 à Paris)," in *Mélanges Edgar Milhaud* (Paris: Presses Universitaires de France, 1934), pp. 289-303.

"Les essaiséconomiques et monétaires de M. Charles Rist," *Revue d'é conomie politique*, 18 (1934): 172-88.

"La monnaie, réalitésociale," *Annales sociologiques, série D*, 1 (1934): 1-86.

"La psychologie sociale des crises et les fl uctuationséconomiques de courte durée," *Annales sociologiques, série D*, 2 (1937): 3-32.

서평

"Compte rendu de M. Bernès, *Sociologie et morale*," *Revue de métaphysique et de morale* (1897): 509-17.

"Compte rendu de M. Giddings, *Principes de sociologie*," *Revue de métaphysique et de morale* (1897): 505-9.

"Compte rendu de R. Worms, *Organisme et société*," *Revue de métaphysique et de morale* (1897): 491-9.

"Compte rendu de Charles Langlois et Charles Seignobos, *Introduction auxétudes historiques*," *Revue de métaphysique et de morale* (1898): 633-41.

"Compte rendu de Emile Durkheim, *Le Suicide,étude de sociologie*," in *Revue de métaphysique et de morale* (1898): 641-5.

"La revue *L'Année sociologique* de Emile Durkheim: 'Conclusions à l'année sociologique française 1897,'" *Revue de métaphysique et de morale* (1898): 652-3.

"Compte rendu de G. Schmoller, *Grundriss der Allgemeinen Volkswirtschaftlehre*," *L'Année sociologique*, 4 (1900): 487-96.

"Compte rendu de A. Bowley, *Elements of Statistics*," *L'Année sociologique*, 5 (1901): 472-4.

"Compte rendu de E. Levasseur, *Histoire des classes ouvrières et de l'industire en France avant 1789*," *L'Année sociologique*, 6 (1902): 456-9.

"Compte rendu de E. Levasseur, *Histoire des classes ouvrières et de l'industire en France de 1789 à 1870*," in *L'Année sociologique*, 8 (1904): 556-8.

"Compte rendu de Ch. Gide, *Economie sociale: les institutions du progrès social au début du XXème siècle*," *L'Année sociologique*, 9 (1905): 516-22.

"Compte rendu de P. Mantoux, *La Révolution industrielle au XVIIIème siècle*," *L'Année sociologique*, 10 (1906): 539-51.

"Compte rendu de A. Demangeon, *La Picardie et les régions voisines*; R. Blanchard, *La Flandre:étude géographique de la plaine fl amande en France, Belgique et Hollande*; C. V. Allaux, *La Basse Bretagne:étude géographique humaine*; A. Vacher, *Le Berry: contribution à l'é tude géographique d'une région française*; J. Sion, *Les Paysans de la Normandie orientale: pays de Caux, Bray, Vexin normand, Vallée de la Seine*," *L'Année sociologique*, 11 (1909): 723-32.

"Irving Fisher, *The Purchasing Power of Money*," *L'Année sociologique*, 12 (1909-12): 704-5.

참고문헌

Besnard, Philippe, *The Sociological Domain, the Durkheimians, and the Founding of French Sociology* (Cambridge: Cambridge University Press, 1983).

Bloch, Marc, "Le salaire et les fl uctuationséconomiques à longue pèriode," *Revue historique*, 173 (1932): 1-31.

Chaunu, Pierre, "Histoire sérielle, bilan et perspective," *Revue historique*, 494 (1970): 297-320.

Damalas, B. V., *L'Oeuvre scientifi que de François Simiand* (Paris: Presses Universitaires de France, 1943).

Day, John, "François Simiand and the Annales School of History," in *Money and Finance in the Age of Capitalism* (Oxford: Blackwell, 1999), pp. 139-50.

Dreyfus, M., "Simiand, Francois," *Dictionnaire biographique du mouvement ouvrier francais*, 41 (1992): 47-51.

Durkheim, Emile, "F. Ratzel, *Anthropogeographie*," *L'Année sociologique*, 3 (1898-99):

550-8.

Febvre, Lucien, "Correspondance avec François Simiand," *Vingtième siècle*, 3 (1989): 103-10.

Febvre, Lucien, "Histoire, économie et statistique," *Annales d'histoireéconomique et sociale* (1930): 581-90.

Febvre, Lucien, "Pour les historiens un livre de chevret: le cours d'économie politique se Simiand," *Annales d'histoireéconomique et sociale* (1933): 161-3.

Frobert, Ludovic, *Le Travail de François Simiand (1873-1935)* (Paris: Economica, 2000).

Gillard, Lucien and Rosier, Michel (eds.), *François Simiand (1873-1935): sociologie, histoire, économie* (Amsterdam: Editions des Archives contemporaines, 1996).

Halbwachs, Maurice, "François Simiand," *Journal de la Sociétéde statistique de Paris*, 3 (1935): 252-6.

Heilbron, Johan, "Economic sociology in France," *European Societies*, 3 (1) (2001): 41-76.

Keylor, William R., *Academy and Community: The Foundation of the French Historical Profession* (Cambridge, MA: Harvard University Press, 1975).

Lebaron, Frédéric, "Bases of sociological inquiry: from François Simiand and Maurice Halbwachs to Pierre Bourdieu," *International Journal of Contemporary Sociology*, 38 (1) (2001): 54-63.

Leroux, Robert, "Le problème de l'histoire chez François Simiand," in *Histoire et sociologie en France* (Paris: Presses Universitaires de France, 1998).

Marcel, Jean-Christophe, *Le Durkheimisme dans l'entre-deux-guerres* (Paris: Presses Universitaires de France, 2001).

Mauss, Marcel, "Francois Simiand," *Le Populaire*, April 19, 1935.

Morazé, Charles, "Les leçons d'unéchec: essai sur la méthode de Simiand," *Mélanges d'histoire sociale*, 1 (1941): 5-24.

Mucchielli, Laurent, "Aux origines de la nouvelle histoire: l'évolution intellectuelle et la formation du champ des sciences sociales," *Revue de synthèse*, 4 (1) (1995): 55-99.

Noiriel, Gérard, "L'éthique de la discussion'chez François Simiand," in *Penser avec, penser contre: itinéraire d'un historien* (Paris: Belin, 2003), pp. 47-61.

Revel, Jacques, "Microanalysis and the construction of the social," in *Histories, French Construction of the Past*, edited by Jacques Revel and Lynn Hunt (New York: The New Press, 1995), pp. 492-502.

Steiner, Philippe, *La Sociologieéconomique, 1890-1920: Emile Durkheim, Vilfredo Pareto, Joseph Schumpeter, François Simiand, Thorstein Veblen et Max Weber* (Paris: Presses Universitaires de France, 1995).

Whalen, Philip, "The milieu discourse in French history, geography, and sociology," in "The life and works of Gaston Roupnel," unpublished PhD thesis, University of California at Santa Cruz, 2000, pp. 132-202.

6

알베르 마티에즈

1874~1932

Albert Mathiez

알베르 마티에즈

제임스 프리구글리에티

　프랑스혁명은 1789년 5월 전국신분회 개회로 시작되어 1799년 11월 나폴레옹 보나파르트가 권력을 장악하기까지 약 10년 동안 지속되었다. 그 뒤 200년이 넘도록 역사가들은 혁명의 기원과 과정, 결과에 대해 연구하고 토론해 왔다. 그 가운데 가장 유명한 역사가로 알베르 마티에즈를 꼽을 수 있다. 여러 방면에 걸친 출판물과 명료한 스타일, 당파적 주장 덕분에 그는 프랑스혁명에 관한 탁월한 권위자로서 국제적인 명성을 얻었다.

　알베르 마티에즈가 1874년 프랑스 동부 프랑슈콩테 지방의 농민 집안에서 태어났을 때, 이 명석한 인물의 장래를 예견할 수는 없었다. 몇 대에 걸쳐 조상들은 척박한 땅을 경작하면서 근근이 생계를 꾸려 나갔다. 마티에즈는 그런 조상으로부터 다부진 근육질 신체, 금발머리, 푸른 눈동자뿐 아니라 열심히 일하는 능력과 강인한 독립심을 물려받았다. 처음에는 농촌에서, 다음에는 아버지 콩스탕이 여인숙을 운영하던 작은 도시에서 자란 젊은 마티에즈는 일찍이 공부에 뛰어난 재능을 발휘했다. 초등학교 시절 역사, 지리, 언어, 과학 분야 상을 휩쓸었고, 그런 재능 덕분에 파리 근교의 소(Sceaux)에서 고등학교까지 장학금을 받으며 공부했다. 1894년 마티에즈는 중등학교 교사를 양성하는 명문 고등사범학교에 입학했다.

3년 동안 집중적인 학습을 통해 마티에즈는 역사·지리 교사로서 재능을 키워 갔다. 역사 수업에서 그는 '과학적인' 방법의 원칙들을 열심히 배웠는데, 독일 학자들이 발전시킨 이 방법은 일차사료의 발굴과 조사, 균형 잡힌 해석을 강조했다. 1789년 10월 곡물 가격 상승에 분노한 군중이 왕가를 파리로 끌고 온 부녀자들의 베르사유 행진을 연구하기 위해서 그는 1896년부터 파리의 도서관과 기록보관소에서 조사를 시작했다. 마티에즈의 긴 논문은 프랑스에서 가장 중요한 역사 잡지인 《역사학보》 1898-9년호에 실렸다. 이런 성과는 그토록 젊은 연구자에게 프랑스혁명사가로서 경력을 시작하게 한 놀랄 만한 일이었다.

그 사이 1897년에 마티에즈는 그 어려운 교수자격시험에 합격해서 중등학교에서 가르칠 수 있게 되었다. 그 뒤로 15년을 여러 지방의 학교에서 역사와 지리를 가르치는 교사로 지냈다. 1899년부터 마티에즈는 학술 경력의 다음 단계인 박사 학위를 취득하기 위해 전력을 다했다. 당시에 파리대학에서 강의하고 있던 혁명사의 권위자 알퐁스 올라르의 지도 아래, 그는 두 편의 학위논문을 쓰는 데 집중했다. 그런 끝에 1904년 저명한 교수들로 구성된 심사위원단 앞에서 논문심사를 위한 구술고사를 치를 수 있었다. 753쪽에 달하는 그의 첫 논문은 공포정치 종식 뒤에 발전한 두 혁명 종교, 곧 '경신박애주의'(Theophilanthropy)와 '제10일 숭배'(Tenth Day Worship)를 탐구하는 것이었다. 마티에즈는 이 두 종교가 도덕적인 설교를 특징으로 하는 단순한 의례로 가톨릭과 미사를 대체하기 위해서 만들어졌다고 설명했다. 나폴레옹이 권력을 장악한 이후 이런 공화주의 의식은 곧 사라졌다. 1789년부터 1792년까지 혁명 종교의 기원을 다룬 짤막한 두 번째 논문은 한층 더 논란거리가 되었다. 이 논문은 종교에 대한 사회학적 분석을 시도하면서 에밀 뒤르켐이 개진한 이론을 적용했다. 마티에즈는 사회적인 힘이 신도들을 통제할 뿐 아니라 그들의 종교적 감정을 일깨우고 예배 방식까지 결정한다는 뒤르켐의 주장을 받아들였다. 또 상징의 중요성, 경쟁적 예배 형태의 파괴, 새로운 관행에 복종하기를 거부하는 개인들에 대한 처벌을 강조했다. 사회 현상으로서 혁명적 예배 의식은 기존 신앙의 희생 위에 새로운 정치 질서를 지지하는 이들에 의해 창조되었다. 심사위원들이 혁명 종교에 대한 사회학적 해석을 두고 다소 유보적인 태도를 보였지만, 마티에즈는 논문 성적 '최우수'로 박사 학위를 받았다.

마티에즈는 일련의 논문들을 작성함으로써 학자로서 명성을 높여 갔는데, 그 가운데 다수가 올라르가 발행하는 잡지 《프랑스혁명》에 실렸다. 대부분 종교 문제, 특히 프랑스 가톨릭의 분열을 다루었다. 1907년에 그 가운데 8편을 모아 《프랑스혁명의 종교사에 관한 논문들》(Contributions à l'histoire religieuse de la Révolution française)이라는 제목을 붙여 책으로 펴냈다.

겉보기에 마티에즈와 올라르의 관계는 아주 좋은 것처럼 보였다. 하지만 1908년에 이르러 두 사람은 서로 극적으로 갈라놓았을 뿐 아니라 프랑스혁명사가들을 분열시킬 논쟁에 말려들게 되었다. 지방 출신으로 고등사범학교에서 공부했고 공화주의 전통의 열렬한 지지자였던 두 사람은 공통점이 많은 것처럼 보였다. 올라르는 마티에즈의 스승으로서 제자의 출세를 도왔다. 마티에즈는 1905년 올라르의 상원 진출을 지원하기 위해서 그를 칭송하는 글을 쓰기도 했다. 올라르가 '과학적인' 프랑스혁명사를 만들어 냈다고 주장하면서 이 원로 역사가의 연구와 강의에 찬사를 보냈다. 그러나 올라르에 대한 마티에즈의 불만은 겉으로 드러나지 않았을 뿐이다. 1849년생인 올라르와 1874년생인 마티에즈 사이에 스물다섯 살이라는 나이 차이가 둘 사이의 불화에 한몫을 했다. 나이가 들수록 더 침착해지고 젊을수록 격하기 쉬운 법인데, 두 사람의 양립 불가능한 기질도 사이를 갈라놓았다. 하지만 가장 중요한 것은 혁명을 주도한 두 인물 당통과 로베스피에르에 대한 상반된 견해였다. 올라르는 오랫동안 당통의 영웅적 지도력과 신체적인 용기, 웅변적인 언사를 격찬해 왔다. 마티에즈는 점차 당통을 부패했으며 과대평가된 기회주의적 인물로 바라보게 되었던 반면, 로베스피에르를 진정한 민주주의자이자 비난할 데가 없는 완전무결한 인물이라고 생각했다. 마티에즈는 타락한 당통을 자신이 옹호해 온 올라르와 동일시하여, 올라르를 학계에서 권위과 영향력에 굶주린 이류 역사가로 여기게 되었다.

1907년 말에 마티에즈는 다른 연구자들 및 사회주의 정치가들과 함께 '로베스피에르학회'를 설립한다. 이 조직의 목적은 로베스피에르에 관한 자료를 출판하고 나아가 1794년 몰락 이후 덧씌워진 오명으로부터 그의 평판을 지키는 것이었다. 새로 출범한 학회는 영향력을 증진하기 위해서 격월간으로 《혁명 연보》라는 학회지를 발행했다. 1908년 초에 발간된 창간호에는 올라르를 불편하게 할 만한 내용이 전혀 포함되지 않았다. 그러나 2호에서 마티에즈는 올라르가 전해(1907)에 저술한 《프랑스혁명의 역사가, 텐》에 매우 비판적인 서평을 발표했다. 이 책에서 올라르는 보수적 역사가 이폴리트 텐의 당파성과 결함 있는 연구를 논박했다. 마티에즈는 서평에서 올라르의 연구를 분석하여 텐의 연구만큼이나 빈약하다고 판단했다. 분명 화가 났지만 냉정한 올라르는 똑같은 방식으로 대응하지 않았다. 그러나 올라르는 자신의 애제자가 1905년에 쓴 논문을 자신의 잡지에 게재함으로써 마티에즈에게 미끼를 던지며 복수를 대신했다. 올라르는 그 논문을 소개하면서 텐에 관한 자신의 저서에 대해서 거슬리는 서평을 발표했던 사람과 똑같은 이름을 가진 누군가가 작성한 것이라고 논평했다. 한편으로는 칭찬하고 다른 한편으로는 악담을 한 것이다.

올라르의 비평에 화가 났고 이전에도 비아냥거림에 난처해진 마티에즈는 스승이자 친구였던 올라르와 공개적으로 절교를 선언했다. 마티에즈는 화가 나서 3년 전에 자신이 표한 경의는 '명령에 따른' 것이었다고 선언했다. 마티에즈는 이제 역사가로서 올라르의 연구를 비판했을 뿐 아니라, 올라르가 로베스피에르 연구를 위해 새로이 조직된 학회를 파괴하려 했고 그 인물을 모욕했다고 주장했다. 하지만 올라르는 일일이 대응하지 않았다. 이런 경멸적인 침묵은 마티에즈를 자극해서 원로 역사가의 학문적 명성에 대한 공격을 다시 시작하게 만들었다. 이 일방적인 싸움은 1928년 올라르가 사망할 때까지 이어졌다. 이 싸움의 결과로 프랑스혁명을 연구하는 두 개의 역사학회와 두 개의 학회지가 나란히 공존하게 된다.

마티에즈는 자신의 방대한 저작들 덕분에 학문적 경력을 높여 갈 수 있었다. 몇 년 동안 중등학교 교사로 일한 뒤 1908년 낭시대학 교수로 승진했고, 3년 뒤에는 자신의 고향 프랑슈콩테 지방의 브장송대학에서 교수직을 얻었다. 마티에즈는 그 지방 문서고에서 광범위한 사료 조사를 진행하여 혁명기 프랑슈콩테 지방의 역사를 연구하는 작업에 착수했다.

1914년 갑작스럽게 전쟁이 발발함에 따라 마티에즈는 학술 활동을 일시 중단했다. 그는 젊은 동료들 여럿이 전선으로 나아가는 모습을 지켜보면서 학회지 발행도 멈출 수밖에 없었다. 몇 년 전에 사고로 왼쪽 눈을 잃어 병역을 면제받았음에도 마티에즈는 파리와 지방 신문들에 시의적절한 논평을 발표함으로써 국민적인 전쟁 노력에 이바지했다. 그는 칼럼을 연재하면서 침략자 독일의 야만성을 고발했고, 독일의 결정적인 패배를 간절히 염원했다. 프랑스는 인류와 문명을 보호하기 위해서 싸우고 있다고 선언하면서, 전쟁을 일으킨 책임을 프로이센의 군국주의와 전제주의에 돌렸다. 마티에즈는 조국을 위해서 프랑스혁명에 관한 방대한 지식을 활용했다. 나중에 한데 모아서 《혁명력 2년의 승리》(La victoire de l'an II, 1916)로 출간될 일련의 논문들에서, 그는 국왕 군대 떨거지들과 징집된 병사들, 의용병들이 어떻게 필승의 국민군으로 단련되었는지를 기술했다. 이 새로운 군대는 임시변통으로 만들어졌지만 효율적인 생산 방식 덕분에 무기와 식량, 장비를 보급 받았다. 그 결과는 세계를 놀라게 했고, 프랑스의 적인 왕당파에 대한 승리를 확보했다고 그는 주장했다. 마티에즈는 그 무렵 진행되고 있던 전쟁을 수행하는 과정에도 "끊임없이 공격하고 공격하라"는 혁명가 라자르 카르노의 조언을 되새겼다. 마티에즈는 1793~1794년에 통했던 전략이 다시 통할 것이라고 말했다. 그는 군사 문제 말고도 전쟁으로 나타난 사회·경제 문제들도 검토했다. 브장송에서 식량, 연료, 의복의 부족과 생계비 급등을 경험한 마티에즈는 프랑스혁명기에 발생한 유사한 상황들을 조사하게 되었다.

이 수많은 논문으로부터 가장 독창적인 작품 《공포정치기의 생활고와 사회운동》(La vie chère et le mouvement social sous la Terreur)이 1927년 마침내 출판되었다. 마티에즈의 연구는 기근과 물가 앙등이 민중 소요를 불러왔고, 제1공화국 정부는 민중 소요의 압력 때문에 마지못해 규제와 징발을 통해 가격을 통제하는 극단적인 조치를 취하게 되었다는 점을 보여 주었다. 그가 보기에, 공포정치는 중앙집권적인 독재가 되어 수송을 개선하고 재정을 안정시키면서 공업과 농업 생산을 촉진하는 데 성공했다. 그러나 국민공회는 생산과 가격에 대한 통제를 강화하기 위해서 대대적인 혐의자 체포와 구금, 범법자에 대한 처형에 의존했다. 마티에즈의 연구는 민중 계급의 태도와 급진파 지도자들의 선동을 검토함으로써 혁명에 대한 새로운 전망을 열었다.

마티에즈가 탐구한 혁명의 다른 측면 두 가지는 외교와 패배주의였다. 이에 대한 내용은 《당통과 평화》(Danton et la paix, 1918)로 발표되었다. 이 연구는 동맹을 맺은 열강들에 맞서 프랑스가 벌인 전쟁의 기원뿐 아니라 전쟁을 끝내기 위해 공안위원회가 벌인 비밀외교에 관해 탐구했다. 마티에즈는 불리한 조건으로라도 평화를 얻으려고 했던 이른바 패배주의자들을 이끌었던 쪽은 당통과 그의 동료들이었다고 주장했다. 당통은 올라르가 묘사한 것처럼 진지한 애국자가 아니라, '파렴치하게' 침략자와 타협하려고 했던 '부도덕한 음모가'였음이 입증되었다. 따라서 1794년 당통이 목숨을 내놓아야 했던 일은 매우 적절한 사건이다. 이와 대조적으로 로베스피에르는 당통의 음모를 폭로하고 좌절시켜 공화국을 구해 낸 진정한 애국자로 묘사되었다.

마티에즈와 올라르가 당통과 로베스피에르의 공적을 둘러싼 논쟁에서 언제나 의견이 갈렸다고 하지만, 1917년 3월 러시아 황제 니콜라스 2세가 민중혁명으로 타도되었을 때 두 역사가는 모두 기뻐했다. 〈러시아 만세〉라는 논문에서 마티에즈는 러시아인들이 혁명 프랑스의 본보기를 따랐다고 찬사를 보냈다. 그는 러시아의 새 정부가 민주적인 의회 체제를 탄생시켜 독일에 맞선 연합군을 강화시킬 것이라고 확신했다. 그러나 해가 감에 따라 임시정부가 전장에서 패퇴하고 국내에서 정치적 분열을 겪게 되자 마티에즈는 임시정부를 신뢰할 수 없게 되었다. 11월에 레닌의 볼셰비키가 임시정부를 타도했을 때, 그는 1793년 온건 지롱드파를 권좌에서 밀어내고 왕당파 침입자들을 패퇴시키기 위해서 계속 싸웠던 프랑스 산악파에 견주었다. 1918년 3월 레닌이 평화의 대가로 상당한 영토와 인구, 자원을 희생하면서 브레스트-리토프스크 강화조약에 서명했을 때, 마티에즈는 틀림없이 처절한 환멸을 느꼈을 것이다. 1918년 가을, 미국의 참전 덕에 거둔 연합군의 결정적인 승리만이 그를 절망으로부터 구해냈다.

전쟁이 끝남과 동시에 마티에즈는 디종대학 교수로 부임했다. 거기에서 그는 '로베스피에르의 역사가'로서 학생들을 자극했다. 많은 과제를 요구하는 교수였던 그는 학생들에게 "내가 너희들을 심하게 흔든다면, 그것은 곧 너희들을 위한 것"이라고 말했다. 강의에서도 계속 당통을 가차없이 공격했다. 그는 당통을 "어리석은 전설이 영웅으로 둔갑시킨 진짜 강도"라고 규정했다. 전쟁 중에 쓴 논문들을 모아 엮은 논문집 《공포정치가 로베스피에르》(Robespierre terroriste, 1920)에서, 마티에즈는 자신의 이 영웅을 1794년 프랑스를 승리로 이끈 공화국의 덕과 청렴의 본보기라고 찬사를 보냈다.

1920년대에 마티에즈는 암살당한 사회당 지도자 장 조레스에게 경의를 표하는 기획을 맡았다. 그는 조레스가 《사회주의 역사》의 일부로 1901년부터 1904년까지 네 권으로 출간했던 중요한 프랑스혁명사 연구를 다시 출간했다. 《프랑스혁명의 사회주의 역사》(Histoire socialiste de la Révolution française)라는 제목 아래 마티에즈가 편집한 책은 조레스가 빠뜨렸던 주석을 첨가하고 장과 절을 구분하여 여덟 권으로 나왔다. 마르크스주의적 혁명 해석을 구현한 이 연구는 부르주아지가 민중 계급의 적극적인 지지를 받아 군주정과 특권계급에게 승리했지만, 그들의 사회경제적 요구가 중간계급의 안전을 위협하게 되자 결국 민중 계급은 진압되고 말았다고 강조했다. 마티에즈는 자기식으로 이러한 혁명 해석을 채택하고 확대해 갔다. 《프랑스혁명》(La Révolution française)이라는 간단한 제목 아래 세 권으로 된 작은 판형의 책이 대중용으로 기획되었다. 1권(1922)은 혁명의 기원과 초반부를 다루었다. 2권(1924)은 1793년 급진 산악파의 승리로 끝을 맺게 될 온건 지롱드파와 급진 산악파 사이의 쟁투를 기술했다. 3권(1927)은 산악파가 민중 소요, 내전, 대외 전쟁이라는 삼중고를 이겨 내는 절정의 혁명력 2년을 자세히 설명했다. 마티에즈는 공포정치를 국민적 통합을 유지하고, 왕당파 군대를 격퇴하고, 정치·사회적 평등을 수립하기 위해서 꼭 필요했던 수단이라고 정당화했다. 마티에즈에게 1794년 7월의 로베스피에르 몰락은 공포정치뿐 아니라 민주 공화정의 종말이기도 했다. 최신 연구가 반영되었으며 명료하고 읽기 쉬운 문체로 서술된 《프랑스혁명》은 프랑스뿐 아니라 영어와 독일어로 번역되어 해외에서도 많이 읽혔다.

마티에즈의 저작에는 정치적 견해가 강하게 반영되었다. 제1차 세계대전 이후 프랑스 보수파의 승리에 분노했고, 러시아에서 볼셰비키의 승리에서 영감을 받은 그는 새로 설립된 프랑스공산당(PCF)에 호의를 보였다. 그는 볼셰비키와 자코뱅, 레닌과 로베스피에르 사이에 유사성을 발견했다. 1920년대 초에 그는 공산당 기관지에 소비에트연방을 칭찬하고 자신의 조국 프랑스의 보수적 정책들을 비난하는 수많은 논평을 기고했다. 그러나 그는 곧 프랑스공산당이 모스크바의 통제를 너무 많이 받고 있으며, 당의 지식인들을 통제하는 측면이 너무 많다고 생각하게 되었다. 1922년에 이르러 마티에즈는 공산당과 관계를 끊고 다시 독립 사회주의자가 되어 학문 연구에 집중했다. 그러나 볼셰비키에 대한 열렬한 지지는 파리대학 교수들을 적으로 만들었다. 1923년 올라르가 은퇴했을 때 파리대학 교수들은 마티에즈를 배제하고 물의를 일으키지 않는 필리프 사냐크를 올라르의 후임으로 선택했다.

이러한 심각한 좌절에도 불구하고, 마티에즈는 디종대학에서 강의를 계속하면서 로베스피에르학회를 이끌었고, 1924년부터 《프랑스혁명사연보》로 이름을 바꾼 학회지를 발행하면서 기록보관소에서 사료 조사도 계속했다. 이 학회지에 실린 논문들 가운데 여러 편이 두 권의 책, 즉 '부패할 수 없는 자'의 정치적 지도력을 찬양하는 《로베스피에르와 측근들》(Autour de Robespierre, 1925)과 당통과 그 동료들의 부정을 폭로하는 《당통과 측근들》(Autour de Danton)로 묶여 다시 출판되었다. 세 번째 연구인 《테르미도르 반동》(La Réaction termidorienne, 1929)은 세 권짜리 프랑스혁명사를 이어 갔다. 이전의 것보다 더 길고, 더 자세하고, 논거가 더 확실한 이 저작은 민중 민주주의의 반대자들이 승리하고 로베스피에르가 타도된 다음의 시기를 다루고 있다.

수많은 저작들 덕분에 마티에즈는 1926년 디종대학에서 파리대학으로 자리를 옮길 수 있었는데, 얼마간 이집트에 강의하러 가게 된 필리프 사냐크를 대신하는 자리였다. 어쨌든 프랑스의 수도에서 마티에즈는 더 많이 인정받게 되었고, 국립문서보관소에서 집중적으로 사료를 조사할 수 있는 기회를 누렸다. 1929년 사냐크가 해외에서 돌아왔을 때, 마티에즈는 고등연구원에 자리를 잡게 되어 파리에 남을 수 있었다. 그 즈음 1928년 10월 최고의 라이벌이던 올라르가 갑자기 세상을 떠남에 따라 마티에즈는 혁명에 관한 최고의 권위자가 되었다. 불행하게도 그는 그 자리를 잠깐 동안만 누릴 수 있었다.

마티에즈는 자신의 여러 책들이 외국어로 번역된 덕분에 이제 국제적인 명성을 얻게 되었다. 미국인을 포함해서 외국 학자들이 자료 조사차 파리를 방문하면 자신이 하고 있는 연구에 관해서 마티에즈에게 자문을 구하곤 했다. 1930년에 마티에즈는 《지롱드파와 산악파》(Girondins et Montagnards)를 출판했다. 국민공회의 두 주요 정파 사이의 투쟁을 연구한 논문들을 모아 놓은 이 책은 그 둘의 차이와 산악파가 승리한 이유를 분석했다. 마티에즈가 발표한 마지막 책은 대중 교양서로 저술된 《8월 10일》(Dix août, 1931)인데, 1792년 8월 국왕 루이 16세의 몰락에 대한 생생한 해설이 담겨 있다.

　대학의 교육자로서 학자로서 막중한 책임감이 강건했던 그의 건강까지 해치기 시작했다. 일을 줄이라는 동료들의 간청에도 불구하고 마티에즈는 그리 하지 않았다. 1932년 2월 25일 파리대학에서 강의하던 중에 마비 증세가 왔고 몇 시간 뒤 병원에서 사망하고 만다. 그의 갑작스런 죽음은 학생과 동료들에게 충격을 주었다. 추모 특집 학회지는 스승으로서, 학자로서, 동료로서 마티에즈를 기리는 프랑스와 외국 역사가들의 조사를 실었다. 그의 유해는 화장되어 페르라쉐즈 공동묘지에 안치되었다.

　프랑스혁명사에 대한 마티에즈의 기여는 이루 헤아릴 수가 없을 정도이다. 폭넓은 사료 조사에 기초한 인상적인 저작들은 당대의 지식을 큰 폭으로 확장시켰다. 그는 그 시대의 정치적·종교적 발전에 대해서뿐 아니라 사회경제적 측면, 특히 민중 계급의 소요에 대한 새로운 시각을 열었다. 마티에즈는 로베스피에르를 민주주의와 공화주의 이상의 옹호자, 웅변적 연설가, 민중의 수호자이자 부패할 수 없는 정치인으로 묘사했고 그를 복권시키기 위해서 과거 어떤 연구자보다 더 많은 노력을 했다. 로베스피에르를 위한 정열적인 노력은 완벽하게 객관적인 것이라고 할 수는 없겠지만, 기회주의적이고 부패한 라이벌 당통과 로베스피에르를 비교하면서 마티에즈는 자신의 스승 올라르의 명성도 깎아내렸다. 마티에즈는 격정적인 기질 탓에 너무 자주 동료들과 불화를 일으켰고 학생들을 위축시켰다. 그러나 그의 방대한 저작들, 만들어진 지 100년이 지나도 여전히 활약하고 있는 학회의 창립, 그리고 수준 높은 학술지 창간은 마티에즈의 변함없는 영향력을 입증해 준다.

박윤덕 옮김

참고 자료

책

Les Origines des cultes révolutionnaires (1789-1792) (Paris: Société nouvelle de la librairie et d'édition, 1904).

La Théophilanthropie et le culte décadaire, 1796-1802: essai sur l'histoire religieuse de la Révolution (Paris: F. Alcan, 1904).

Les Lois françaises de 1815 à nos jours (Paris: F. Alcan, 1906).

Contributions à l'histoire religieuse de la Révolution française (Paris: F. Alcan, 1907).

Le Club des Cordeliers pendant la crise de Varennes et le massacre du Champs-de-Mars (Paris: H. Champion, 1910); *Supplément* (Paris: H. Champion, (1913).

Un Procès de corruption sous la Terreur: l'affaire de la Compagnie des Indes (Paris: F. Alcan, 1910).

La Révolution et l'Eglise: études critiques et documentaires (Paris: A. Colin, 1910).

Les Conséquences religieuses de la journée du 10 août 1792: la déportation des prêtres et la sécularisation de l'état civil (Paris: E. Leroux, 1911).

Rome et le clergé français sous la Constituante. La Constitution civil du clergé. L'Affaire d'Avignon (Paris: A. Colin, (1911).

Les Grandes Journées de la Constituante, 1789-1791 (Paris: Hachette, 1913).

La Monarchie et la politique nationale (Paris: A. Colin, 1916).

La Victoire en l'an II: esquisses historiques sur la défense nationale (Paris: F. Alcan, 1916).

Etudes robespierristes, 2 vols. (Paris: A. Colin, 1917-18).

Danton et la paix (Paris: La Renaissance du livre, 1918).

La Révolution et les étrangers: cosmopolitisme et défense nationale (Paris: La Renaissance du livre, 1918).

Robespierre terroriste (Paris: La Renaissance du livre, 1920).

La Révolution française, 3 vols. (Paris: A. Colin, 1922-7); vol. 1: *La Chute du roi* (1922); vol. 2: *La Gironde et la Montagne* (1924); vol. 3: *La Terreur* (1927);《프랑스혁명사》상·하(김종철 옮김, 창작과비평사, 1982, 영어판으로 번역).

Autour de Robespierre (Paris: Payot, 1925).

Autour de Danton (Paris: Payot, 1926).

La Vie chère et le mouvement social sous la Terreur (Paris: Payot, 1927).

La Réaction thermidorienne (Paris: A. Colin, 1929).

Girondins et Montagnards (Paris: Firmin-Didot, 1930).

Le Dix août (Paris: Hachette, 1931).

Le Directoire, du 11 brumaire an IV au 18 fructidor an V (Paris: A. Colin, 1934).

Etudes sur Robespierre (1758-1794) (Paris: Editions sociales, 1958).

마티에즈가 편집한 책

Jean Jaurès, Histoire socialiste de la Révolution française, 8 vols., edited by Albert Mathiez (Paris: Editions de la libraire de l'*Humanité*, 1922-4).

참고문헌

Acomb, Frances, "Albert Mathiez (1874-1932)," in *Some Historians of Modern France*, edited by Bernadotte E. Schmitt (Chicago: University of Chicago Press, 1942), pp. 306-23.

Annales historiques de la Révolution française, 51 (May-June 1932), memorial issue.

Friguglietti, James, "Albert Mathiez: an historian at war," *French Historical Studies*, 7 (Fall 1972): 570-86.

Friguglietti, James, *Albert Mathiez, historien révolutionnaire (1874-1932)* (Paris: Sociétédes études robespierristes, 1974).

Friguglietti, James, "La querelle Mathiez-Aulard et les origines de la Sociétédes études robespierristes," *Annales historiques de la Révolution française*, 353 (July-September 2008): 63-94.

Godechot, Jacques, *Un jury pour la Révolution* (Paris: R. Laffont, 1974).

7

조르주 르페브르

1874~1959

Georges Lefebvre

조르주 르페브르

로런스 하버드 데이비스

프랑스혁명 연구의 개척자 조르주 르페브르는 20세기의 가장 영향력 있는 프랑스 역사가 가운데 한 사람이다. 하지만 그의 학문 경력은 논쟁을 불러일으켰고, 1959년 세상을 떠난 뒤 역사가들은 저명한 지식인으로서 르페브르의 역할과 학문이 지니는 의미를 놓고 씨름해 왔다. 르페브르는 사회주의 정치인이자 혁명사 연구자 장 조레스가 세운 역사서술의 전통, 즉 프랑스혁명의 사회적 해석 또는 '정통' 해석의 옹호자였다. 그 해석에 따르면, 프랑스혁명을 통해서 부르주아지가 낡은 봉건 질서의 계승자인 교회와 귀족을 쫓아내고 권좌에 올랐다. 그 무렵 부르주아지는 프랑스뿐 아니라 전 세계에서 자본주의 질서가 성장하는 데 이바지한 요인, 즉 사적 소유와 법 앞의 평등 원칙을 신성시했다. 르페브르의 학문은 대부분 사회적 해석의 틀을 반영하고 있지만 한 가지 중요한 점에서 사회적 해석과 다르다. 그는 프랑스 농민층 연구의 전문가이기도 했다. 그는 혁명이 어떻게 농촌 주민들의 삶에 충격을 주었고, 이 사회집단이 혁명적 사건들의 진행에 영향을 끼쳤는지를 이해하고자 했다.

르페브르의 연구 경력을 둘러싼 논쟁은 두 가지 원천에서 비롯되었다. 첫 번째는 마르크스주의의 영향을 강하게 받은 프랑스혁명의 사회적 해석을 옹호했다는 점이다. 두 번째는 상당한 정도로 20세기 프랑스와 유럽의 정치학에 의해 형성된 정치적 신의였다. 제2차 세계대전 전에 르페브르는 사회주의자와 공산주의자의 인민전선 동맹을 지지했던 독립 사회주의자였다. 전후에 그는 프랑스공산당의 '동반자'가 되었다. 나치의 프랑스 점령에 가장 의미 있게 저항한 쪽이 공산당이라고 생각했기 때문이다. 역사가들은 프랑스혁명 연구 분야에 대한 알베르 마티에즈의 공헌을 둘러싸고 다양한 관점을 취하고 있었다. 동조하는 역사가들은 정치적 성향에도 불구하고 르페브르의 작업은 여전히 의미가 있다고 썼다. 키스 베이커는 르페브르가 사회사와 문화사 사이에 중요한 연결 고리를 제공했다고 보았다. 베이커는 자신의 책 《프랑스혁명의 발명》(1990)에서, '대공포'(Grande Peur)에 관한 르페브르의 연구는 "기근과 소요 시기 동안 거지들에 대한 전통적이고 국지적인 공포가 1789년 여름에 프랑스 농촌에서 전개된 정치적 상황의 중요한 요소였다"는 점을 보여 준다는 점에서 무척 중요하다고 썼다. "그러나 이 공포는 맹목적인 본능의 표현이 아니라 그 자체의 문화적·사회적 논리를 가졌다."

그런가 하면 어떤 역사가들은 르페브르의 정치적 견해와 노골적으로 친혁명적 태도에 주목했다. 1960년대에 사회적 해석을 수정하는 작업에 착수한 프랑수아 퓌레는 《프랑스혁명에 대한 고찰》(1978)에서 이렇게 썼다. "20세기의 가장 위대한 프랑스혁명사 연구자는 좌파연합과 인민전선에 가담한 당원들의 신념에 지나지 않는 것을 가지고 일생을 바쳤던 이 거대한 사건에 대한 종합적인 견해의 기초를 닦았다." 많은 연구자들이 프랑스혁명의 사회적 해석의 진정성에 의문을 제기했을지라도, 이 분야에서 르페브르가 기여한 바에 관해서는 논쟁이 지금도 계속되고 있다. 또 역사가들은 18세기 프랑스 농민층에 관한 연구에서 그가 이룬 공적에 대해서도 계속 토론하고 있다.

조르주 르페브르는 1874년 프랑스 북부 도시 릴에서 태어났다. 회계사의 아들이었던 그는 1899년 릴대학에서 역사지리 교수 자격을 취득했다. 그 뒤로 셰르부르, 투르코엥, 릴, 생토메르의 여러 고등학교와 파리의 파스퇴르고등학교, 몽테뉴고등학교, 앙리4세고등학교에서 훌륭하게 교사 생활을 했다. 파리의 소르본대학에서 박사 학위를 받은 직후, 그는 1924년 클레르몽페랑대학에서 처음으로 대학 강사 자리를 얻었다. 고등학교에서 대학으로 가는 경력의 행로는 르페브르 세대에는 일반적이었고, 연구자들은 대학교수 지위에 오르기 전에 교육과 연구 기술을 연마할 수 있는 경력을 쌓아야 했다.

르페브르는 고등학교 교사 시절에 프랑스혁명을 연구하기 시작했다. 그는 1914년 《프랑스혁명기 베르그 지구 식량 공급의 역사에 관한 자료들》(Documents relatifs à l'histoire des subsistances dans le district de Bergues pendant la Révolution, 1788-an IV)에 서문을 썼다. 이 책은 혁명이 남긴 문서들을 모은 것으로 장 조레스가 시작한 연작의 일부였다. 서문에서 르페브르는 혁명기 플랑드르 해안 지대에서 곡물 거래의 중요성과 1788~1793년 경제 위기의 연관성을 논하고 있다.

르페브르는 1924년에 첫 번째 저서인 《프랑스혁명기 노르 도의 농민들》(Les Paysans du Nord pendant la Révolution française)을 출간했다. 박사 학위논문을 기초로 한 이 책은 르페브르의 학문에서 특징이 된 프랑스혁명의 사회적 해석을 반영하고 있다. 그는 역사가들이 오랫동안 경시해 온 사회집단인 농민층에 초점을 맞추었다. 르페브르는 농민들이 습관적으로 행했던 종교의식으로부터 그들의 음식에 이르기까지 농민들의 일상생활을 상세히 기록했다. 이 책은 프랑스혁명에 대한 농민들의 지지는 쉽게 범주화될 수 없다고 결론지었다. 농민들이 새삼 개인의 소유를 강조하고 특권계급의 마을 지배를 종식하는 데 지지를 보냈을지라도, 그들은 봉건 세계에 존재하던 여러 공동체적 권리를 유지하고자 했다.

1928년에 마르크 블로크와 뤼시앵 페브르가 르페브르를 스트라스부르대학 교수로 초빙했다. 그 무렵 블로크와 페브르는 전위적인 아날학파를 이끌고 있었다. 농민층에 대한 르페브르의 연구는 그들에게 강한 인상을 주었고, 두 사람은 르페브르에게 새로운 역사잡지 《아날: 경제사회사》의 창간에 합류해 달라고 요청했다. 역사 연구에서 학제적 접근을 시도한 아날학파와의 접촉은 르페브르의 학문에 중요한 영향을 끼쳤다. 그덕분에 그가 역사학, 사회학, 지리학, 심리학, 인류학, 경제학 등 다양한 분야의 학자들과 교류할 수 있었기 때문이다.

이후 르페브르의 작업에서 아날학파의 몇몇 특징이 두드러진다. 첫째, 아날학파 역사가들은 특정 시대의 '전체사'를 구성하기 위해서 서술 과정에 역사 이외의 다양한 분과학문들을 끌어들인다. 둘째로, 아날학파 역사가들은 과거로부터 인간의 '심성'(mentalité)을 식별해 내는 데 매료되었다. 르페브르도 농민들이 현실을 바라보는 방식을 이해함으로써 농민층의 심성을 보여 주고자 했는데, 그 방식은 상당한 정도로 농민들의 문화적·경제적 상황에 따라 좌우되었다. 셋째로, 아날학파 역사가들은 문제 중심의 방법론에 의거해서 과거를 설명하는 사건 중심의 역사서술을 신뢰하지 않았다. 이는 종종 정치적 사건과 그런 사건을 만든 엘리트 개인들이 아니라, '대중'을 형성하는 사회집단들에 초점을 맞춘다는 것을 의미했다. 르페브르가 완전히 받아들이지 않았던 아날학파식 접근법의 한 측면은 과거에 의해 제기된 문제들에 답하면서 서술에 의존하지 않는 점이었다.

르페브르의 저작에 나타나는 아날학파의 영향을 보여 주는 좋은 예는 1932년에 출간된 책 《1789년의 대공포》(La Grande Peur de 1789)이다. 이 책은 혁명적 심성에 관한 르페브르의 가장 중요한 연구가 되었고, 농민 연구에 중요한 기여를 했다. 그는 '1789년의 진정서'를 주요 사료로 활용해서 혁명 첫 해 농민층의 물질적·정신적 세계를 재창조했다. 그는 연구 대상이 되는 프랑스의 지방들에 속한, 서민에서 빈민에 이르는 보통 농민의 경제적 상황을 논의하면서 시작한다. 농민층 전체가 프랑스 전체 토지의 3분의 1을 소유했다는 르페브르의 추산에도 불구하고, 일반적으로 대다수 농민들은 가족을 부양할 만큼 토지를 소유하지 못했다. 르페브르는 1789년 프랑스 농민층의 경제적 취약성이 농민 의식의 일부였던 상존하는 공포에 기름을 부었다고 확신했다. 농민은 공포에 자극 받았는데, 공포는 경제적 상황뿐 아니라 그들을 지배하는 영주와 도시민에 대한 두려움, 특히 종종 농민의 토지에 손해를 끼치는 거지와 부랑자들에 대한 두려움에 의해서 야기되었다. 실업 상태의 농민들이 도시에서 일자리를 찾기 때문에 인구 증가는 도시로 확산될 수밖에 없는 공포를 불러왔고, 그 과정에 장터와 선술집에서 혼란을 일으켰다.

《1789년의 대공포》가 고전이 된 주된 이유는 르페브르가 혁명 초기 농민의 심성을 재구성해 냈기 때문이다. 그는 그 시절 주된 놀이였던 '난롯가에서 이야기 듣기' 전통을 통해서 농민층이 민중의 기억을 생생하게 간직하고 있음을 보여 주었다. 일단 혁명이 시작되자 외국 군대의 약탈과 고문, 살인에 관한 온갖 이야기가 농민들의 공포에 불을 지폈다. 농민들은 믿을 만한 정보와 거짓 정보의 차이를 구별하지 않거나 식별할 수 없는 경우가 많았고, 소문은 검증 없이 유포되는 일이 비일비재했다. 1789년 5월 전국신분회의 개회는 제3신분이 스스로 국민의회를 자처했을 때 작동하게 될 대공포의 정치적 발화점이었다. 농민들은 국왕이 혁명을 막기 위해 외국 군대를 보낼 거라고 생각했다. 대공포는 농촌에서 귀족 토지를 매입한 농민을 중심으로 귀족에 대한 폭력을 불러일으켰다.

《1789년의 대공포》에 대한 아날학파의 즉각적인 반응은 압도적으로 긍정적이었다. 1933년 5월 마르크 블로크는 《아날: 경제사회사》에 균형감 있고 빈틈없는 서평을 실었다. 그는 역사가들이 오래 동안 심리학자들에게 남겨 주기에 가장 좋은 흥미로운 사건이라고 생각했던 프랑스 역사의 한 순간을 조명했다고 르페브르를 칭찬했다. 더군다나 독자들이 "그 내밀한 구조와 여러 흐름의 관계망을 통해서 당시 프랑스 사회의 핵심을 꿰뚫어볼 수 있도록" 독창적인 글을 썼다고 치하했다.

1932년 알베르 마티에즈의 타개는 르페브르에게 경력 면에서 도약할 수 있는 기회를 제공했다. 마티에즈는 로베스피에르학회의 창립자이자 회장이었고, 프랑스혁명 연구를 위한 학술지 《프랑스혁명사 연보》의 편집인이었다. 사망 당시 마티에즈는 프랑스에서 혁명에 관한 최고 권위자였다. 르페브르와 마찬가지로, 마티에즈도 프랑스혁명의 사회적 해석을 지지했고 혁명적 전통을 열렬히 옹호했다. 르페브르가 마티에즈의 후계자가 됨으로써 이후 25년 동안 프랑스혁명 연구를 좌우할 수 있는 영향력 있는 지위를 확보했다. 1935년 르페브르는 자신의 경력에서 중요한 전환점이 될 소르본대학 역사 교수로 임명된다. 2년 후에는 프랑스혁명사 강좌주임에 임명되었고, 은퇴하는 1945년까지 그 존경받는 자리를 지켰다. 르페브르는 이제 혁명에 관한 최고의 권위자가 되었고, 변함없이 영향력 있는 저서와 논문, 서평을 발표했다.

르페브르가 파리로 가기로 결정한 것은 직업상의 고려뿐 아니라 1933년 1월 아돌프 히틀러가 독일 수상이 된 이후 스트라스부르의 정치적 상황이 악화되었기 때문이기도 하다. 독일과 인접한 도시 스트라스부르의 나치 동조자들은 즉각 목소리를 높였다. 많은 식당과 호텔 입구에 '개와 유대인 출입금지' 표지판이 등장했다. 블로크와 페브르도 곧 파리로 자리를 옮기게 된다. 그들은 동부 프랑스의 위험한 정치 상황으로부터 상대적으로 안전한 파리에서 다음 단계의 경력을 이어 갈 수 있었다.

르페브르는 프랑스 근대사의 결정적 전환기에 파리로 왔다. 1930년대는 프랑스의 정치적·사회적·문화적 안정성이 도전받던 정치투쟁의 시기였다. 독일 및 이탈리아와 프랑스 내부 '파시스트들'의 파괴 음모라고 간주되던 것으로부터 프랑스 공화정과 민주주의 전통을 수호하기 위해서 그는 인민전선 정부의 충실한 지지자가 되었다. 인민전선은 1936년 5월부터 1937년 6월까지 권력을 장악했던 사회주의자, 공산주의자, 급진 공화파의 연합이다. 공화정에 대한 지지는 르페브르와 그 세대의 프랑스 지식인들이 1890년대의 드레퓌스 사건을 거치면서 정치적으로 성숙하게 되었다는 사실로부터 나왔다. 르페브르는 부당하게 고발당한 드레퓌스 대위의 지지자로서, 자신이 프랑스의 혁명적 전통의 일부라고 믿었던 '진실'과 '정의'의 이상을 지키는 데 헌신했다. 따라서 이러한 가치들을 위협하는 파시즘을 무찔러야 한다고 생각했다.

친구 알프레드 루퍼에게 보낸 1934년 1월 21일자 편지에서, 르페브르는 공화정의 수호자로서 자신의 역할에 대해서 이렇게 썼다. "내가 관록 있는 공화주의자들에게 통합할 필요성을 납득시키는 데 기여할 수 있다면, 나는 목표를 달성하게 될 것이네." 1935년에 그는 프랑스 황제의 전기《나폴레옹》을 출간했다. 이 책을 썼을 때 아마도 그는 히틀러나 무솔리니를 떠올렸을 것이다. 그는 나폴레옹과 현대 유럽 독재자들 사이의 차이를 보여 주기 위해서 무진장 애를 썼다. 히틀러나 무솔리니와 달리 나폴레옹은 시민 불평등과 종교적 불관용과 같은 불의를 증오했다고 르페브르는 강조한다. 나폴레옹의 치세는 권위주의적 지배와 정치·사회 개혁의 조화를 통해서 혁명의 원칙들을 보존했다.

르페브르가 경력의 정점에 이르렀을 무렵, 인민전선 시기의 정치적 분열이 연구로부터 그의 관심을 점점 더 멀리 끌어내기 시작했다. 파시즘이 프랑스의 정치·사회적 안정에 가한 위협은 파리대학에서 벌어진 좌익과 우익 학생들 사이의 폭력에 반영되었다. 이 사건에 대응하여 르페브르는 1936년에 '데카르트 서클'의 설립을 도왔는데, 그는 이 조직이 다양한 관점을 가진 교수들이 다함께 이성적 토론에 참여할 수 있도록 유도하기를 바랐다. 르페브르는 데카르트의 사상에서 영감을 받았는데, 이 수학자가 대표하는 이성적 전통이 대학뿐 아니라 프랑스 전역에 걸쳐 '파시스트적' 요소로 간주되던 것에 의해 파괴될 위험에 처했다고 생각했다. 데카르트 서클이 존속했던 1936년부터 1939년까지 르페브르는 그 서클의 의장으로 활약했다. 초·중등교사뿐 아니라 대학교수들까지 참여한 이 단체에는 정치적 스펙트럼을 가로지르는 여러 견해를 대표했다. 또 국제관계에서부터 현안 학술 과제에 이르기까지, 교육 개혁에서 철학에 이르기까지 다양한 주제에 관한 학술회의를 후원했다.

1939년 9월 1일 유럽에서 제2차 세계대전이 터지고 만다. 전쟁 경험과 독일의 점령은 르페브르에게 상당한 영향을 끼쳤다. 1940년 6월 독일이 프랑스를 점령한 직후, 르페브르는 신변상·직업상으로 직접적인 위험에 처했다. 혁명의 기원에 관한 역사책 《89년》(Quatre-vingt-neuf, 1939)은 프랑스혁명 150주년을 축하하기 위해 출간되었는데, 새로운 점령 당국에게 반란적인 책으로 낙인찍혀 곧바로 폐기되었다. 르페브르는 전쟁 전에 학자로서 대중적 지식인으로서 누리던 명성을 잃고 말았다. 그의 영혼에 깊이 영향을 미친 개인적인 비극들이 그런 상황을 더욱 악화시켰다. 1941년에 두 번째 부인이 죽었고, 1943년에는 게슈타포가 레지스탕스 대원인 동생 테오도르를 처형했다. 1944년에는 스트라스부르 시절부터 동료였던 마르크 블로크도 레지스탕스 활동으로 처형되고 말았다.

1940년 가을, 독일 점령 당국은 첫 번째 금서 목록을 배포했다. 프랑스의 출판인들은 공공질서를 위협하는 것으로 간주된 서적과 자료들, 특히 유대인 작가들이 쓴 서적의 유통을 금지하라는 명령을 받았다. 저명한 교수였던 르페브르의 이름도 그 목록에 올랐다. 《89년》은 프랑스 민족주의에 대한 르페브르의 지지를 반영하고 있고, 프랑스 젊은이들에게 혁명의 원칙을 수호하고 프랑스의 적들에게 저항하라고 촉구했기에 금서가 되었다. 《89년》은 당시의 국제 상황에 관해 참조할 만한 준거였다. 게다가 르페브르가 의장으로 있던 로베스피에르학회는 강압에 못 이겨 활동을 포기했다.

이전 10년과 비교해서 전쟁 기간에는 지적인 생산도 멈췄다. 르페브르는 금지된 저자였기 때문에 혁명에 관한 저술을 계속할 기회가 거의 없었다. 그러나 1944년 해방 직전에 그는 프랑스 민족주의를 지지하는 글을 세 편 썼다. 〈그녀에 대해서〉, 〈원동력〉, 〈프랑스혁명과 혁명의 군대〉는 혁명 전통이라는 맥락 속에서 전쟁의 경험을 이해하고 해석하려는 르페브르의 시도였다. 그는 1789년의 원칙들이 위험에 처했던 혁명의 암흑기와 점령기를 비교했다. 이 글들은 또한 비시 체제에 저항한 사람들을 찬양하고 부역 죄를 저지른 자들에 대해 가혹한 처벌을 주장했다.

전쟁이 끝나고 르페브르는 프랑스공산당의 동반자가 되었다. 말하자면 공산당의 정식 당원이 된 것은 아니고 당의 정강 정책에 동조한 것이다. 그러나 그의 지지는 주로 프랑스공산당이 독일에 대한 저항의 주력을 제공했고, 소비에트연합이 나치즘을 패배시킨 공적의 상당 부분을 평가받을 만하다는 믿음에서 나왔다. 저명한 지식인으로서 그의 지위를 프랑스공산당에 빌려주었는데, 1946년에 공산당의 지식인 잡지 《라팡세》의 후원회에 참여하고 또한 그 잡지의 기고자가 되었다.

르페브르는 1945년 은퇴 뒤에도 프랑스혁명사에 대한 글을 계속 썼다. 1947년 《89년》이 영어로 번역되어 영어권 나라에서 이내 지침서가 되었고 대학원생과 연구자들에게 널리 읽혔다. 1951년에는 《프랑스혁명》을 완성했는데, 이 책은 영어로 번역되어 《프랑스혁명: 그 기원에서 1793년까지》(The French Revolution from its Origins to 1793, 1962)와 《프랑스혁명: 1793년부터 1799년까지》(The French Revolution from 1793 to 1799, 1964) 두 권으로 출간되었다. 프랑스혁명에 관한 빈틈없는 서술로 이루어진 이 책은 프랑스혁명의 사회적 해석에 상당히 기여했지만, 1950년대 시작되어 1960년대까지 계속된 르페브르의 연구에 대한 수정주의의 비판을 즉각 불러일으켰다. 르페브르는 1789년을 프랑스 사회가 출생과 특권에 입각한 위계적이고 집합적인(corporate) 사회의 기반 위에 있었던 혁명 이전 시기와 개인을 기초로 사회가 형성된 혁명 이후 시기를 가르는 의미심장한 단절로 보았기 때문에, 그가 프랑스혁명을 해석하기 위해서 사용한 마르크스주의적 방법론은 중요했다. 르페브르는 부르주아지 곧 중간계급을, 일단 그들의 지배가 확보되기만 하면 시민사회를 창출하고자 열망하는 일관된 계급으로 묘사했다. 게다가 이 계급은 개인들의 자유로운 조직을 방해하는 모든 장애물을 제거하는 것을 소명으로 삼고 있었다.

르페브르에 따르면, 혁명 전 프랑스에 존재했던 사회단체들은 사멸한 중세 질서를 반영하고 있다. 예를 들면, 가톨릭교회의 성직자는 부르주아지가 혁명 활동을 통해서 바꾸려고 했던 사회단체 가운데 하나였다. 성직자는 소유권과 부르주아지가 프랑스 사회의 평준화를 위해서 파괴하고자 했던 재정 수입을 향유했다. 1790년 성직자민사기본법은 성직자들을 국가의 피고용인으로 만들었다. 또 다른 사회단체인 귀족은 세습 작위와 특권, 영주권 때문에 혁명의 표적이 되었다. 부르주아지는 귀족과 평민의 차이를 없애고자 했는데, 르페브르는 이 점이 농민들을 크게 기쁘게 했다고 생각했다. 봉건적인 사회단체와 법적인 불평등을 제거하고 사적 소유를 가장 기본적인 법 관념에 포함시킨 새로운 자본주의 질서를 수립함으로써 19세기의 자유주의 정치 질서가 수립되었다.

르페브르는 그 시대의 혁명적 심성을 보여 주려고 애썼다. 공포정치 시기의 심성이라는 그의 개념은 혁명과 국민에 대한 위협, 즉 이성적으로 추론되고 사건에 의해서 입증된 위협을 통해 작동하게 되었다고 믿었던 복잡한 심리 현상으로부터 나왔다. 그러나 일단 이런 사고방식이 채택되자마자, 원래 그것을 작동하게 했던 위협과 크게 상관없이 엄청난 폭력과 '처벌 의지'도 불사하는 비이성적 성격을 띠게 되었다. 공포정치에 이르게 되는 폭력의 단계적 강화를 설명하는 르페브르의 출발점은 무엇보다 이야기체 서술에 있다. 예컨대 르페브르는 '공포'가 제3신분을 지배한 것은 귀족 반동에 대한 확신 때문이었다. '방어 행동'은 바리케이드가 설치되고 총기 수색이 바스티유 함락으로 이어지던 1789년 파리의 여러 사건에서 표출되었다, '처벌 의지'는 1792년의 학살을 유발했고, 1793년 위기가 다시 다가왔을 때 공포정치를 불러일으켰다는 식으로 설명한다. 르페브르의 최종 분석에 따르면, 오직 혁명의 완전한 승리와 함께 공포가 진정되었다.

《프랑스혁명》은 수미일관한 프랑스혁명사를 추구하는 연구자들에게 교과서가 되었다. 마르크스주의자가 아닌 미국의 역사가 크레인 브린턴은 1952년 《미국역사학보》에 발표된 서평에서 이 책에 찬사를 보냈다. 그는 르페브르가 "당파적이라기보다는 사회학적인 의미에서 온건 마르크스주의자"라는 점을 인정하지만, 르페브르의 균형 잡힌 접근을 높이 평가한다고 썼다. 브린턴은 사회·정치·사상 측면에서부터 개인의 역할에 이르기까지 혁명이라는 드라마에서 수많은 '변수'의 상호작용을 수용하는 르페브르의 폭넓은 안목을 높이 평가했다. 브린턴은 또 르페브르의 공포정치 묘사가 사건의 힘과 처벌 의지 사이에 미묘한 균형을 이루고 있다고 썼다. "요컨대, 이 책은 매우 중요한 저작으로서 천재적인 학자의 최고 업적이다. 혼란스런 우리 시대에도 여전히 역사서술에 절제와 열린 태도를 보이고 있다는 마음이 푸근해지는 증거"라고 그는 결론을 내렸다.

《프랑스혁명》이 《미국역사학보》에서 환대받았음에도 불구하고, 르페브르의 학문에 대한 부정적인 반응은 프랑스가 아니라 영국에서 나타났다. 런던대학의 프랑스사 교수인 앨프리드 코반은 1954년 5월 '프랑스혁명의 신화'라는 제목의 강연에서 르페브르에게 도전장을 내밀었다. 그 강연에서 코반은 프랑스혁명을 "모든 것을 포괄하는 단일 사건"으로 이해하려고 했던 프랑스혁명 해석들에 이의를 제기했다. 특히 《프랑스혁명의 도래, 1789》에서 그는 르페브르를 직접 겨냥해서 마르크스주의적 방법론을 사용한 점을 문제 삼았다. 이러한 학술적인 공격은 영국해협 건너편에서 왔기 때문에, 영어권 전체에서 프랑스혁명사 서술에 엄청난 결과를 불러올 터였다.

코반은 전쟁이 끝난 뒤에 발표된 르페브르의 연구, 특히 '부르주아혁명'으로서의 프랑스혁명이라는 개념을 분석하는 데 집중했다. 코반은 혁명이 프랑스에서 자본주의의 성공, 따라서 부르주아지의 성공을 위한 토대를 놓았다는 르페브르의 주장에 근거가 없다고 보았다. 르페브르는 프랑스혁명이 19세기 산업사회의 토대가 될, 그리고 부르주아 지배력의 수단이 될 새로운 자본주의적 현실로 변화하는 것을 가로막은 봉건적 장벽을 제거했다고 주장했다. 코반의 견해에 따르면, 이는 혁명 해석에 이론적 구속을 강요하는 프랑스혁명의 원인과 결과에 대한 목적론적 해석이다. 혁명은 군주정에 대한 특권계급의 반란으로 시작되었고, 국민의회는 귀족 작위를 매입하고 귀족적인 삶을 살았던 사람들로 구성되었기 때문에 기본적으로 부르주아적이고 반봉건적인 혁명이라는 관념은 잘못이라고 주장했다.

르페브르는 곧바로 코반의 공격에 답변했다. 1956년 르페브르는 《프랑스혁명사 연보》에 〈프랑스혁명의 신화〉라는 글을 실어 응수했다. 그의 답변에 따르면, 코반의 연구는 단편적이고 반혁명적이고 반공주의적인 보수파의 정치적 음모인 냉전의 실제 사례였다. 르페브르는 성급하게 코반의 주장을 피상적인 것이라고 무시했고, 봉건적 권리들은 1789년에도 귀족 토지에 대한 면세의 형태로 그리고 사냥권이나 낚시권 같은 귀족의 특권 속에 존재했다고 강조했다. 그는 이렇게 썼다. "중세의 모습을 한 '봉건제'는 더 이상 존재하지 않았다. 그러나 영주제의 일부였던 '의무들'은 살아남았다." 나아가 프랑스혁명이 자본주의 발전의 길을 닦은 것이 아니라는 코반의 견해에 이의를 제기했다. 코반은 부르주아지가 대부분 자본주의에 무관심했고, 르페브르가 그들에게 부여했던 경제적 역할을 수행할 수 없었을 것이라는 점을 증명하려고 몹시 애를 썼다. 르페브르는 여러 형태의 부르주아지를 구별하려는 코반의 노력은 긍정적으로 평가했다. 하지만 혁명으로 나아가는 길을 준비하는 과정에서 부르주아지가 승리하게 되는 토대였던 사회경제적 조건과 대립되는 것으로서 '관념'(ideas)의 역할을 지나치게 강조했다고 코반을 질책했다.

마지막 책 《오를레앙 지방 연구》(Etudes orléanaises)는 르페브르가 세상을 떠난 뒤 1962년과 1963년에 두 권으로 출간되었다. 이 책에서 르페브르는 마르크스주의 방법론에 의거해서 사회구조, 계량사, 인구사를 강조한다. 르페브르는 오를레앙의 사회구조에 대한 자신의 분석을 경제적 변화에 따른 사회계급의 변화에 대한 해석에 맞게 조정했다. 예를 들면, 부르주아지에 관한 논의는 소득 수준 분석을 통해 이 계급의 여러 범주를 구별하기 위해서 상당히 노력했음을 보여 준다. 또한 재산은 이 계급의 유일한 특징이라 볼 수 없으며, 부르주아적 태도와 생활 방식이 다른 계급과 대비하여 이 계급을 규정한다고 주장했다. 그가 인용한 사례 가운데 하나는 출신이나 재산에 대한 존중과 재산이 거의 없거나 전혀 없는 사람들에 대한 부르주아의 경멸이다.

르페브르가 자신의 연구를 뒷받침하기 위해 통계자료를 많이 모았음에도 불구하고, 《오를레앙 지방 연구》에 대한 반응은 엇갈렸다. 자크 고드쇼는 1965년 《프랑스혁명사 연보》에 실린 서평에서 르페브르가 제시한 탁월한 통계자료들이 오를레앙에 대한 피상적인 인구 분석으로 상쇄되었기 때문에 이 연구는 고르지 못하다고 지적했다. 르페브르가 주로 수입에 따라 노동자들을 분류했기 때문에, 몇몇 연구자들은 오를레앙 노동자들의 생활에 대한 전거 자료에 실망을 표시했다. 혁명 전 이 노동자들의 임금을 분석하면서, 르페브르는 사료 부족 때문에 연구를 제1공화국 시기, 특히 1793년으로 한정하지 않을 수 없었다. 그 무렵 임금은 이른바 '최고 임금'(Maximum)이라는 법에 따라 고정되어 있었다.

1959년 르페브르가 사망할 무렵, 코반 같은 수정주의자들은 프랑스혁명의 사회적 해석에 대한 도전에서 성공을 거두기 시작했다. 코반의 지적 계승자들, 특히 프랑수아 퓌레가 혁명사 연구를 주도하기 시작했다. 그들은 르페브르의 해석에 나타나는 결함들, 특히 혁명을 설명하기 위해 사용한 마르크스주의 방법론에 초점을 맞추었다. 퓌레를 비롯한 수정주의 역사가들은 프랑스혁명의 정치문화 연구를 위해 사회적 해석을 거부했고, 그 과정에서 1789년의 의미를 이해하는 새로운 길을 열었다. 그러나 자크 르벨 같은 역사가들은 대공포 시기 르페브르의 농민 연구는 오늘날의 학생들과 연구자들에게도 여전히 유효하고 의미가 크다고 주장한다.

박윤덕 옮김

참고 자료

책

Les Paysans du Nord pendant la Révolution française, 2 vols. (Lille: O. Marquant, 1924; rev. edn., Bari, Italy: Laterza, 1959).

La Révolution française, by Georges Lefebvre, Raymond Guyot, and Philippe Sagnac (Paris: Alcan, 1930; rev. edn., 1938).

La Grande Peur de 1789 (Paris: A. Colin, 1932; rev. edn., Paris: Société d'édition d'enseignement superieur, 1956; rev. again, Paris: A. Colin, 1970); 《1789년의 대공포》(최갑수 옮김, 까치, 2002)

Questions agraires au temps de la Terreur (Strasbourg: F. Lenig, 1932; rev. edn., La Roche-sur-Yon: H. Potier, 1954).

Napoléon (Paris: Alcan, 1935; rev. edn., Paris: Presses Universitaires de France, 1941; rev. again, 1953; rev. again, 1965; rev. again, 1969).

Les Thermidoriens (Paris: A. Colin, 1937; rev. edn., 1946; rev. again, 1951; rev. again, 1960).

Quatre-vingt-neuf (Paris: Maison du livre francais, 1939); 《프랑스혁명》(민석홍 옮김, 을유문화사, 2000)

Le Directoire (Paris: Colin, 1946; rev. edn., 1950; rev. again, 1958; rev. again, 1971).

De 1774 à nos jours, by Georges Lefebvre, Charles Pouthas, and Maurice Baumont, vol. 2 of Histoire de la France pour tous les Français (Paris: Hachette, 1950).

La Revolution française (Paris: Presses Universitaires de France, 1951; rev. edn., 1957; rev. again, 1963; rev. again, 1968).

Etudes sur la Révolution française (Paris: Presses Universitaires de France, 1954; rev. edn., 1963).

Etudes orléanaises, 2 vols. (Paris: Bibliothèque nationale, 1962, 1963).

Cherbourg à la fin de l'Ancien Régime et au début de la Révolution (Caen: Logis des Gouverneurs, 1965).

La Naissance de l'historiographie moderne (Paris: Flammarion, 1971).

그 밖의 저작

Introduction to *Documents relatifs à l'histoire des subsistances dans le district de Bergues pendant la Révolution (1788-an V)*, 2 vols. (Lille: Camille Robbe, 1914, 1921).

"D'elle," *Annales historiques de la Révolution française*, 41 (1969): 570-3; originally published in *L'Université libre*, no. 3 (September 23, 1944).

"Le mythe de la Révolution française," *Annales historiques de la Révolution française*, 28 (1956): 337-45.

"Le ressort," *Annales historiques de la Révolution française*, 41 (1969): 573-6.

"La Révolution française et son armée," *Annales historiques de la Révolution française*, 41 (1969): 576-82.

참고문헌

Baker, Keith Michael, *Inventing the French Revolution: Essays on French Political Culture in the Eighteenth Century* (Cambridge: Cambridge University Press, 1990).

Cobban, Alfred, *The Myth of the French Revolution* (London: Folcroft Library Editions, 1970).

Davis, Lawrence Harvard, "Georges Lefebvre: historian and public intellectual, 1928-1959," unpublished dissertation, University of Connecticut, 2001.

Friguglietti, James, *Bibliographie de Georges Lefebvre* (Paris: Société des études robespierristes, 1972).

Furet, François, *Interpreting the French Revolution*, translated by Elborg Forster (Cambridge: Cambridge University Press, 1981).

Godechot, Jacques, *Un jury pour la Révolution* (Paris: Editions sociales, 1974).

Soboul, Albert, "Georges Lefebvre, historien de la Révolution française (1874-1959)," in *Etudes sur la Révolution française*, by Georges Lefebvre (Paris: Presses Universitaires de France, 1963), pp. 1-22.

8

폴 아자르

1878~1944

Paul Hazard

폴 아자르

리어노어 로프트

멘토이자 교수, 작가, 편집자이면서 대학의 행정가, 문학가, 지성사가인 폴 아자르는 비교문학 분야의 창시자 가운데 한 사람이다. 그는 아카데미 프랑세즈에 선출된 최초의 비교문학 연구자이기도 했다. 교육자이자 학자로서 아자르는 남부 유럽과 잉글랜드, 라틴아메리카, 미국을 돌며 강의와 저술 출판에 매진했다. 또 잡지를 창간하고 운영했으며 지식인 세계 전반에 걸쳐 수많은 학생과 교사들에게 영감을 불러일으켰다. 근대 초의 유럽, 특히 프랑스를 형성한 이데올로기적 힘에 대한 그의 견해는 이후 이 분야에 관한 거의 모든 논의의 핵심적 토대가 되었다. 여러 학자들이 그의 견해를 발전시키고 확장시키거나 반론을 제기했지만, 어떤 경우에서도 아자르의 흔적은 강하게 남아 있다.

아자르는 1878년 플랑드르의 어두운 평야지대 노르 도의 작은 마을 노르펜에서 태어났다. 그의 아버지는 제3공화정 시기에 활동한 교사였다. 어린 시절부터 총명한 학생이었던 아자르는 먼저 아르망티에르중학교를 거쳐 릴고등학교에 들어갔고, 최종적으로 라카날고등학교를 졸업했다. 1900년 군복무를 마친 아자르는 파리 고등사범학교에 입학했다. 3년 후 시인이자 논객이었던 샤를 페기와 극작가 장 지로두가 차례로 다닌 이 유명한 학교에서 그는 문학 교수 자격을 취득했다.

북부 지방에서 자란 많은 이들처럼 아자르는 지중해 지역의 삶이 주는 즐거움과 그곳 사람들, 특히 이탈리아의 활기 넘치는 문화를 동경했다. 장학금을 받은 아자르는 두 가지 박사 학위논문 자료를 조사하기 위해 이탈리아로 가서 2년 동안 체류했다. 장학금 지원이 만료되면서 프랑스로 돌아온 그는 생캉탱고등학교와 렝스고등학교, 루이르그랑고등학교에서 라틴어와 그리스어, 프랑스어 교사로 근무했다. 동시에 자신의 박사 학위 주논문 《프랑스혁명과 이탈리아 문학》(La Révolution française et les lettres italiennes)을 완성했고, 1910년 리옹대학 문학부에서 발표했다. 이 논문은 프랑스혁명을 통해 이탈리아인들이 자국 문학에 대해 관심과 애정이 높아졌다는 주장을 담고 있다. 그는 프랑스의 영향으로 이탈리아가 스스로의 고유한 가치를 재발견하게 되었고, 그런 점에서 프랑스가 유럽에 끼친 영향은 지배라기보다는 해방이라는 차원에서 보아야 한다고 주장했다. 600쪽에 달하는 이 저작은 아마도 그가 남긴 업적 가운데 가장 높이 평가받는 작품일 텐데, 이 논문을 통해 아자르는 비교문학과 사상사 연구자로 명성을 얻게 된다.

아자르의 박사 학위 부논문은 《갱그네의 수기, 1807~1808》(Le Journal de Ginguené, 1807-1808)를 편찬하는 작업이었다. 이 작업은 우아한 문체로 쓴 학술적 비평 논문의 본보기로 평가된다. 아자르는 이 논문으로 아카데미프랑세즈에서 주는 상을 받았다. 이러한 학술적 성공을 토대로 그는 리옹대학 문학부에서 비교문학 담당 교수에 임용되었다. 그는 경력 초기부터(이 무렵 서른두 살이었다) 비교문학 분야에서 탁월한 재능을 발휘했다. 이러한 재능은 지중해 지역의 문학에 관한 심오한 지식과 결합하여 풍성한 결과를 낳았다.

1912년 아자르는 《프랑스어 연구》(Discours sur la langue française)로 아카데미프랑세즈가 수여하는 최우수 문학상을 수상했다. 이 책은 다음 저작인 이탈리아의 철학자 시인에 대한 비평 연구인 《지아코모 레오파르디》(Giacomo Leopardi)와 함께 1913년에 출간되었다. 1년 뒤에는 《대학 논총》에 두 차례에 걸쳐 〈비교문학의 최근 경향: 분류 시도〉를 게재했다. 이 논문에서 그는 비교문학 연구의 대상을 정의하고 이 넓은 분야의 다양한 영역을 분류하는 기준을 정립했다. 논문이 제기한 또 다른 문제는 다양한 문학 작품이 어떻게 (비록 왜곡된 형태일지라도) 한 나라의 특징을 다른 나라로 전달할 수 있는가에 관한 것이었다. 동시에 그것은 영향력을 끼친 나라만큼이나 영향을 받은 나라의 역할이 어떠한 중요성을 갖는지를 밝히는 시도이기도 했다.

1914년 저명한 중세사가인 조제프 베디에, 동료 비교문학 연구자 페르낭 발덴스페르제와 함께 아자르는 세 권짜리 《비교문학전집》(Bibliothèque de littérature comparée)을 출간했다. 1921년 아자르와 발덴스페르제는 1년에 세 차례 간행하는 《비교문학 평론》을 창간하고 운영했다. 두 사람은 인간의 정신이 이룩한 업적에 경의를 표하고자 했고, 이러한 작업을 통해 제1차 세계대전 기간에 유럽인이 목격한 잔인함과 고통이 어느 정도 완화되기를 바랐다.

아자르에게 해외 연구는 그저 프랑스가 우수하다는 증거를 제시하기 위한 것이 아니었다. 오히려 그는 나라 밖에서 연구하는 기간 동안 사람들을 관찰하며 그들의 다양한 견해를 귀담아들었다. 그는 거리에서 보고 듣고 배웠고 문화적 자부심에 빠져 편협한 자세에 빠지지 것을 경계해야 한다고 강조한다. 여러 민족의 다양한 목소리가 어우러지는 합창에서 어느 한 목소리가 다른 목소리를 압도할 권리는 없다는 얘기이다. 그럼에도 그의 접근에는 분명 국수주의적인 시각이 잠재되어 있었다. 관용적 태도와 문화적 호기심, 풍부한 감수성에도 불구하고, 아자르는 다른 것들보다 우월하며 존중받아 마땅한 하나의 목소리가 있다고 확신했다. 그것은 다름 아닌 프랑스의 목소리였다. 프랑스가 선포한 사상은 보편적인 가치를 추구했으며, 프랑스가 입 밖에 낸 단어들은 더 고귀하고 다른 민족의 단어들보다 더 분명하다는 것이었다. 아자르의 이러한 신념은 전 세계에 걸쳐 반드시 수호되어야 한다고 믿었던 프랑스 정신, 그리고 그것의 본질인 프랑스어를 지키고자 했던 대목에서 잘 드러난다. 그는 조국에 대한 봉사 없이 인간의 존재는 무가치하다고 생각했다. 프랑스어에 대한 헌신은 진정한 프랑스 애국주의의 본질이었다. 《프랑스어 연구》에서 그는 내용과 사례 두 측면에서 프랑스어에 대한 헌신적 자세를 밝히고 있다. "프랑스어가 지닌 근원적 가치, 프랑스어에 대한 지속적인 요구들, 그리고 프랑스어의 영역과 활력을 보여 주는 모든 위대한 업적들로부터 자양분을 얻고 있는 우리의 언어는 여전히 보편적인 특성을 띤다고 스스로 간주할 권리를 갖고 있다. 프랑스어의 드높은 위상을 잃지 않도록 하는 것, 그것이야말로 우리의 책임이다."

1914년 컬럼비아대학은 프랑스문학부 교환교수로 아자르를 초빙했다. 그러나 제1차 세계대전이 벌어지면서 이 미국 여행은 이루어지지 않았다. 전쟁이 끝나고 나서 그는 미국을 방문하기 시작했고 컬럼비아대학을 비롯한 미국의 여러 교육기관에서 강의를 맡았다. 1932년부터는 해마다 한 학기 동안 뉴욕의 컬럼비아대학에서 강의했다. 그런 가운데 북아메리카는 그에게 제2의 고향이 되었다. 다른 프랑스 학자들이 그랬던 것처럼 아자르 역시 미국 학생들의 활력과 열정에 매료되었고, 미국 지성계의 잠재력을 높이 평가했다. 그는 모범적이면서 창조적인 방식으로 미국 비교문학 학교의 설립을 지원했다. 그가 보기에 미국은 비교문학 연구에 더없이 좋은 장소였다. 미국이 지닌 인종적 복합성, 온갖 민족·인종 집단들이 사용하는 언어의 다양성 그리고 전통의 굴레에서 상대적으로 자유로운 미국의 대학 시스템 덕분이었다.

1919년 제1차 세계대전이 종식되면서 아자르는 소르본대학 문학부 교수에 임용되었다. 소르본대학이 아자르를 선택한 데에는 나름의 이유가 있었다. 전후 들어 대학교수가 좀 더 현대적이어야 하며 당대 문학에 정통해야 한다는 인식이 팽배해지면서 소르본은 비교문학 분야에서는 뒤처져 있는 기관으로 여겨졌던 것이다. 아자르는 당대 작가들의 작품을 즐겨 읽었으며, 대학과 현대문학, 나아가 학자와 일반 대중 사이의 유대를 형성하고 이를 유지할 수 있는 인물로 평가되었다. 그리하여 8년 동안 아자르의 프랑스 문학 강의가 시작되었다. 그는 추상적인 방법론에 기대지 않았다. 중요한 것은 의식과 좋은 작품을 보는 취향 그리고 재능이었다.

조제프 베디에는 아자르의 연구 역량과 문학 전공 학생들에 대한 영향력을 잘 이해하고 있었다. 이 때문에 그는 아자르에게 《프랑스 문학사》 집필을 함께 추진하자고 제의했다. 1923년과 1924년에 두 권으로 출간된 이 저작은 20세기 내내 학부생과 대학원생을 위한 믿음직한 동반자가 되었다. 《프랑스 문학사》 2권에서 아자르는 특별히 19세기 문학사의 도입부를 맡았다.

한편 이탈리아는 여전히 아자르를 매료시켰다. 1923년에 《활기찬 이탈리아》(L'Italie vivante)를 저술했는데, 여기에서 아자르는 놀랍도록 다채로운 이탈리아의 모습을 표현했다. 이 책은 이탈리아가 지닌 색채의 매력과 남부의 요리 그리고 와인에 관해 서술되어 있다. 유서 깊은 라틴 문화 가운데 아자르가 특히 경탄한 대목은 이탈리아 사람들의 강인하고 너그러운 성격이었다. 그는 이탈리아의 마을과 마을, 집단과 집단, 가문과 가문 사이에 수백 년에 걸쳐 벌어진 갈등과 비극을 잘 알고 있었지만, 한편으로 이러한 비극이 지닌 영웅적 미학을 끊임없이 강조했다. 그는 이탈리아에서 가장 강렬한 인간성의 발전을 발견할 수 있다고 믿었다. 책 제목이 암시하듯, 그는 이탈리아에서 여전히 살아 숨 쉬고 있는 과거의 흔적을 발견한다. 심지어 무솔리니의 경력에서조차 고대 지배자들의 면모를 발견할 수 있다고 믿었다. 그 무렵 비평가들은 아자르에게 관대한 편이어서 초기 파시즘의 위험을 인식하지 못한 아자르의 정치적 통찰력을 크게 문제 삼지 않았다. 오히려 이탈리아인들에 대한 아자르의 날카로운 심리적 분석과 이탈리아 시골 풍경의 묘사를 높이 평가하며, 이 책을 통해 독자들은 이탈리아를 새로이 경험할 수 있게 되었다고 칭찬했다. 한편 이들은 아자르가 이 새로운 전체주의에 내재한 위험 요소들을 곧 감지하게 되었다고 주장했다.

1920년대와 1930년대 초반, 아자르는 교육과 행정 분야에서 활동하면서 프랑스어와 문학을 전공하는 교사와 학생들에게 큰 영향력을 행사했다. 그는 1924년 10월 8일 프랑스학회의 창설을 지원했다. 1928년에는 기욤뷔데협회가 주관한 '프랑스 대학 총서'의 하나로 《프랑스어 텍스트》 출간이 시작되었다. 아자르는 이 총서를 총괄하는 감독·출판위원회의 위원을 맡고 있으면서도 한편으로 프랑스와 이탈리아, 에스파냐 문학 연구를 이어 갔다. 1926년 작가이자 학자인 마리잔 뒤리와 함께 프랑수아 르네 드 샤토브리앙의 《마지막 아벤세라주족의 모험》(Les Aventures du dernier Abencérage)을 편찬했다. 이듬해에는 시르콜로디로마 출판사에서 《100주년을 기념하며: 한 프랑스인이 다시 읽은 '약혼자'》(Pour un centenaire: Les "Promessi Sposi" relu par un français)를 출간했으며, 갈리마르 출판사의 '위인전' 총서로 《스탕달의 삶》(La vie de Stendhal)을 퍼냈다.

1929년에 아자르는 미국인 제자들과 함께 《'마농 레스코' 비평서》(Etudes critiques sur "Manon Lescaut")를 출간했다. 1931년에는 다시 남유럽으로 관심을 돌려 자기가 가장 좋아하는 작품 가운데 하나인 《돈키호테》에 관한 연구 《세르반테스의 '돈키호테': 분석과 연구》("Don Chichotte" de Cervantès, étude et analyse)를 출간했다. 1934년에는 이탈리아 문학 연구자 앙리 베다리다와 함께 《18세기 이탈리아에 끼친 프랑스의 영향》(L'Influence française en Italie au XVIIIe siècle)을 출간했다. 비슷한 시기에 그는 아동과 독서에 관한 일련의 논문을 내놓은 데 이어 《책, 어린이, 어른》(Les livres, les enfants et les hommes, 1932)을 출간했다. 아자르의 국제적 명성도 점차 높아졌다. 그는 토리노대학, 카메리노대학(이탈리아), 산티아고대학(칠레), 멕시코국립대학, 하버드대학, 소피아대학(불가리아)에서 명예학위를 받았다. 또 벨기에 왕립아카데미와 보스턴아카데미의 회원으로 추대되었고, 1932년부터 1935년까지 미국 프랑스어교사협회의 명예 부회장에 선임되었다. 하지만 프랑스에서 아자르의 명성은 미국보다는 상대적으로 덜했다.

아자르가 남긴 최고의 걸작 《유럽 의식의 위기 1680~1715》(La Crise de conscience européenne, 1680-1715)는 1935년에 출간되었다. 아자르는 이 책에서 프랑스의 영광이 절정에 달했던 시기에 고전주의의 미묘한 균형을 무너뜨리기 시작한 눈에 보이지 않는 틈새를 고찰했다. 35년에 걸쳐 지적 변화의 드라마틱한 과정을 추적하면서 그간의 잘못된 평가를 지적하면서 이 시기가 감추고 있는 위대함과 역동성을 강조하고자 했다. 아자르는 무엇보다도 사상을 평가하는 지점에서 탁월한 역량을 발휘했다. 그는 이 시기에 표출된 사상들에 영향을 끼친 다양한 법과 요소들을 열거하고 그 발전과 형성, 해체, 개혁의 방식을 고찰했다. 아자르는 인간의 삶을 이끌고 추진하는 것은 물질적 힘이 아니라 지적이고 도덕적인 힘이라고 확신했다. 이 시기에 나타난 이데올로기적 변화를 두고는 이렇게 말한다. "대다수의 프랑스인들은 보쉬에처럼 생각해 왔다. 그런데 갑자기 그들은 볼테르처럼 생각하기 시작했다." 이것은 하나의 혁명이었다. 그는 여기에서 고전적 정통 교리와 루이 14세의 종교 정치가 18세기의 비판적 이신론과 상대적으로 유연한 신앙으로 변화하는 과정을 살폈다. 이 과정은 언뜻 보아 파괴적인 것으로 여길 수 있지만 그 결과는 창조적인 새로운 문화였다. 게다가 이 새로운 문화는 이전의 문화보다 더 유연하고 생동감 있는 문화임이 입증되었다.

어떤 이는 아자르의 종교적 성향이 학문적 견해에 영향을 끼치지 않았을까 하고 의문을 던진다. 하지만 아자르와 함께 작업했던 이들은 그의 열려 있는 태도를 강조했다. 그들에 따르면, 아자르는 특정 종교를 믿지는 않았지만 이신론보다는 오히려 전통 신앙에 가까운 사람이었다. 실제로 신자가 아니었음에도 그는 모든 종파를 존중했다.

《유럽 의식의 위기》에서 아자르는 1789년에 절정에 다다른 거대한 사상적 변화가 실제로는 17세기 말에 이미 실현되었다는 테제를 제시했다. 서문에서 아자르는 이 시기에 합리적인 정신과 종교가 패권을 두고 경쟁하고 있었으며, 궁극적으로 인류의 영혼을 누가 장악할 것인지를 두고 벌어진 이 싸움에 유럽의 모든 지성이 촉각을 곤두세웠다고 주장한다. 인간성을 보호하지 못했던 낡은 구조는 파괴되어야 했고, 무너진 폐허 위에 새로운 구조를 재건하는 작업이 시작되었다. 아자르는, 1760년은 말할 나위도 없고 1789년에 이르러 그토록 혁명적으로 보였던 사상들이 1680년대에 이미 완전한 형태로 구현되었다고 설명한다. 위기는 르네상스 이후 유럽인의 정신 속에서 이미 시작되었고, 그 위기는 다시 혁명의 촉매제가 되었다는 얘기이다.

아자르는 유럽 사상사에서 이보다 더 중요한 변화는 없었다고 생각한다. 계몽사상가들은 신에 대한 의무나 군주에 대한 의무 같은 의무 개념에 기초한 문명을 비판했다. 그들은 이 문명을 권리의 개념에 바탕을 둔문명으로 대체하고자 했다. 그것은 양심의 권리, 검토와 비판의 권리, 이성의 권리 그리고 인간과 시민의 권리였다. 아자르는 이러한 변화를 세 단계로 구분하고 이를 추적한다. 첫 단계는 발명에 대한 욕구와 발견에 대한 열정, 비판적 분석에 대한 열망이 지배하던 르네상스 시기부터 시작한다. 뒤이은 고전주의 단계는 대략 17세기 중반에 시작한다. 이 시기에는대립적인 힘들의 균형이 요구되었다. 아자르는 1680년에 고전주의가 소멸하고 새로운 경향이 등장했다고 믿는다. 고전주의의 소멸은 급작스럽고 심각한 위기를 불러왔고, 그 결과로 다음 세기인 18세기 전체를 관통한 두 가지 경향, 곧 합리적이고 감성적인 경향이 등장했다. 아자르는 프랑스혁명을 이끈 사유 방식이 거의 모든 측면에서 루이 14세 치세가 끝나기 전에 이미 완성되었다고 믿는다. 사회계약, 권력분립, 군주에 대한백성의 저항권 같은 개념은 모두 18세기 중반에 이르면 유럽인의 의식속에서 공공연히 논의되고 명확히 확립된다는 얘기이다.

18세기에 대한 아자르의 견해는 다양한 형태의 과학이 끼친 중요한 영향과 더불어 과학의 발전에 따른 합리주의의 중요성을 강조한다. 여행 역시 이러한 지적 변화에 도움을 준다. 여행의 문호가 더 많은 사람들에게열리면서 상대적 가치 개념이 프랑스 고전주의 비평가들의 절대적 가치개념을 대체했다. 이들이 신봉하던 미학적 가치는 자신들이 잘 알고 있는프랑스의 풍경과 지평에 긴밀하게 연결되어 있었다. 계몽사상가들은 그야말로 전통적인 것의 숙적이 되었다. 아자르는 상상, 감정, 꿈, 욕망은 폐기되었다기보다는 잠시 유보되었다고 주장한다. 계몽사상이 시적 창조성을 결여하고 있다는 시각에 반대해서 아자르는 자신의 저서 《시와 회화에 관한 비판적 고찰》(Réflexions critiques sur la poésie et la peinture)에서 뒤보 신부가 남긴 중요한 업적을 논하며 그가 예술적 판단에서 학문적 접근을 강도 높게 비판하기보다 감성에 토대를 둔 미학적 가치를 강조했다고 주장한다. 아자르는 이러한 이중성을 인정한다. 보편적 합리주의는 아직 완전한 승리자가 아니었다. 일정 기간 동안 불안한 균형이 지속될 것이며, 과학과 감정 사이의 기묘한 대결 구도는 앞으로도 지속될 터였다.

《유럽 의식의 위기》는 여러 면에서 비판을 받았다. 35년이라는 시간은 매우 짧은 기간이었다. 그 짧은 기간에 어떻게 그토록 중요한 변화가 발생할 수 있었을까? 아자르는 자신이 묘사한 변화의 경제적·사회적·정치적 영향을 설명하지 않았고 인간의 열정이나 개인의 이해관계 같은 요인에 대해서도 무시했다. 게다가 그의 저작에는 프랑스적 국수주의가 깔려 있었다. 이 시기는 미래의 지적 발전에 토대를 닦은 수많은 프랑스 사상가들을 배출했다. 아자르는 그들이 제시한 사상들이 모두 프랑스에서 나온 것은 아닐지라도 인류 전체를 위해 그러한 사상의 가치를 명확히 한 것은 바로 프랑스의 세례였다고 생각한다. 이 같은 시각을 견지한 아자르에게 17세기 잉글랜드에서 발생한 중요한 격변은 순수하게 영국적인 현상일 뿐이다. 그러한 격변은 오직 영국 안에서만 지속적인 영향을 주었을 뿐이라는 것이다. 반면 프랑스혁명은 그것이 프랑스적이라는 이유 때문에 전 세계에 지속적이며 극적인 충격을 던져 주었다.

아자르의 저작에 대한 당대의 비판과 오늘날의 비판은 특히 방법론과 연구 대상에서 지성사 분야에 근본적으로 중요한 문제를 제기했다. 아자르에게 사상은 대개의 경우 자율적으로 존재하며 인간의 행위를 결정짓는 일차적 동인이다. 소수의 위대한 사상가들이 만들어 낸 사상은 사회 전체로 퍼져 나간다. 이런 사상의 존재와 수용 또는 거부는 물질적 이해관계의 단순한 반영으로 환원될 수 없다. 일부 비평가들은 아자르가 유럽 의식의 변화에 대해 사회학적 설명을 제시하지 않았다고 비판했다. 그러면서 글로 표현한 작가가 아닌 다른 사람들에게 사상의 공을 돌리는 게 과연 타당한지 묻는다. 하지만 궁극적으로 아자르의 저작은 여전히 깊이 있는 논의와 탐구에 갖가지 자료와 정보, 주제를 제공하고 있다. 1939년 문학사에 대한 공헌을 인정하여 아카데미프랑세즈는 폴 아자르를 회원으로 선출했다.

《유럽 의식의 위기》가 출간된 1935년,《비교문학 평론》의 공동 이사이자 공동 편집자 페르낭 발데스페르제가 프랑스를 떠나 미국으로 이주했다. 1년 후 잡지 이사진은 독일 문학과 랭보의 시 전문가인 장마리 카레를 아자르와 함께 공동 이사진에 임명했다. 새로운 이사진이 출간한 첫 권이 1936년 봄에 빛을 보았다. '비교문학 총서'는 이윽고 '비교문학과 외국문학 연구'로 이름을 바꾸었다. 얼마 후 폴 아자르는 주로 문학부 학생들을 위해 만들어진 새로운 총서 '학생용 입문서'의 창립자이자 이사가되었다. 이 총서는 비평 연구와 고전의 번각을 위한 두 가지 시리즈로 구성되었다.

아자르는《유럽 의식의 위기》에서 시작된 연구와 저술을 멈추지 않았지만 세상을 떠날 때까지 그 결과물을 출판하지는 않았다. 아자르가 사망하고 2년 뒤인 1946년《몽테스키외에서 레싱까지, 18세기 유럽의 사상》(La Pensée européenne au XVIIIe siècle de Montesquieu à Lessing)이 세 권으로 출판되었다. 서문에서 아자르는 이 저술의 핵심과 중요성을 설명한다. 비록 유럽 문명이 고대와 중세, 르네상스의 영향과 무게감을 느낀다고 하지만, 유럽인은 18세기의 직계 후손이다. 아자르의 목표는 어떠해야만 했는가, 또는 어떠할 수 있었는가가 아닌 실제 어떤 일이 발생했는가를 포착하는 것이다. 그는 18세기를 살아 있고 또 생각하는 존재로 묘사하면서 이 세기가 개혁에 만족하지 못했다고 설명한다. 그것은 십자가를 거꾸로 매달고 종교적 삶의 방식을 파괴하고자 했다. 18세기는 신과 인간의 소통이나 계시 같은 관념을 제거하고자 했다. 1권의 첫 장인 '기독교의 재판'에서 그는 이러한 투쟁을 고찰한다. 두 번째 장, '인간들의 도시'에서는 철학자로 불린 이 과감한 개척자들의 업적을 추적하고 이상 사회 건설을 위해 그들이 제시한 계획을 검토한다. 다음 장인 '분열'에서 아자르는 이들의 사상 속에 존재하는 모순들이 그들이 제시한 이상의 불완전함과 더불어 어떻게 분열을 야기했는가를 살펴본다.

계몽사상가들에 대해서는 영원한 문제들, 즉 무엇이 진실인가, 정의란 무엇인가, 삶이란 무엇인가 같은 문제에 해답을 찾기 위한 그들의 모험을 추적한다. 그는 18세기 지성사를 완성하기 위해서는 감성적 인간의 탄생과 성장을 고려하고 프랑스혁명을 향해 나아간 이 감성적 인간을 뒤쫓아야 할 필요가 있다고 설명한다. 이 논쟁의 시대 핵심에는 모든 영역에 적용된 비판에 대한 보편적 접근이 있었다. 아자르는 그 어떤 시기도 이 시기만큼 비평가가 이름을 떨친 적이 없었으며, 그들의 접근이 그토록 광범위하게 적용된 적도 없었다고 믿었다. 그들의 넘치는 비판에는 두 가지 동인이 있었다. 하나는 분노요, 다른 하나는 희망이었다. 여기에 18세기의 근본적인 이원성이 존재한다. 파괴의 힘은 분노로부터 나왔고 미래를 향한 힘은 희망으로부터 나왔다.

법과 정의의 문제를 논하면서 아자르는 독자들에게 자신이 사상의 힘을 어떻게 보고 있는지 역동적인 사례를 제시한다. 비록 그로티우스나 푸펜도르프, 몽테스키외의 저작으로부터 끌어낸 구체적인 어떤 것도 프랑스나 영국의 법에 개혁을 가져오지 못했음을 인정하지만, 그럼에도 그들이 지지한 사상의 숙성은 인간사의 표면 아래에서 변함없이 작동하고 있었다고 생각한다. 피상적인 검토는 사상이 아무것도 변화시키지 못했다고 주장할지 모르지만, 결국 그들은 좀 더 나은 형태의 정의에 대한 깊은 열망의 출현을 가져왔고 결국은 구체적인 결과물을 만들었다는 것이다. 예를 들어, 체사레 베카리아의 《범죄와 형벌》 출판 이후 고문은 곧바로 사라진 것이 아니라 이런저런 형법에서 서서히 사라졌다. 아자르는 베카리아의 저작 가운데 입법자와 사법 체계에 영향을 주지 않은 문장은 단 하나도 없다고 주장한다.

1930년대, 《유럽의 사상》 작업을 이어 가는 한편, 아자르는 컬럼비아 대학 프랑스문학부에서 방문교수로 강의를 계속하고 있었다. 분명 그는 서유럽에서 벌어질 갈등의 뚜렷한 징조에도 불구하고 북아메리카와 긴밀한 유대가 지속될 수 있으리라 희망했다. 그는 《일러스트레이션》(1936년 11월 21일)에 기고한 글 〈선거일 밤 뉴욕에서〉에서 자신의 희망을 이야기했다. 이 글은 루스벨트의 두 번째 대선 캠페인 기간 동안의 미국과 개표 결과를 기다리면서 타임스스퀘어에 모여든 뉴욕 시민들의 분위기를 묘사하고 있다. 그는 불간섭주의를 주장한 루스벨트의 정적 앨프 랜던의 견해와 루스벨트의 견해를 대비시킨다. 그는 미국인이 자신의 즐거움을 위해서든 문화적 취향을 위해서든 대서양을 건너서는 안 된다는 랜던의 주장이 부당하다고 본다. 랜던은 미국인이 런던이나 파리, 로마를 여행해서는 안 된다고 주장했는데, 사악한 유럽인들은 벌어들인 돈을 바로 무기를 구매하는 데 써 버릴 것이라는 이유 때문이었다. 한편 아자르는 민주당 대선 후보가 현실적인 유럽관을 지니고 있으며 인류에 헌신하려는 자세를 견지하고 있다고 믿었다. 진정으로 세계시민적인 인간이던 아자르에게 불간섭주의는 도저히 이해할 수 없는 발상이었다.

아자르는 프랑스와 미국의 관계가 지속되기를 희망했지만, 프랑스가 독일에 항복하자 뉴욕을 떠나 고향으로 돌아갈 결심을 했다. 대중 앞에 마지막으로 모습을 드러낸 것은 1940년 미국 프랑스어교사협회의 모임이었다. 이 자리에서 그가 한 연설은 훗날《프렌치 리뷰》1941년호에 실렸다. 여기에서 그는 이 험난한 위기의 시대에 프랑스어 교사의 역할을 정의하고자 시도하면서 청중에게 프랑스혁명의 의미를 묻는다. 프랑스가 위기에 처했을 때 프랑스인이 스스로에게 되뇌었던 혁명의 한 구절과 자신을 기억해 달라고 요청했다. "그녀는 나의 어머니, 나는 그녀를 지켜야만 하네."

휴전협정 이후 프랑스로 귀국하려던 아자르의 결심을 둘러싼 수수께끼는 간단치가 않다. 비록 동료들은 아자르의 상황 판단을 옹호했고 그럴 만한 까닭이 있었다고 생각했지만, 전반적으로 아자르가 정치적으로는 순진했다는 점이 분명해 보인다.《프렌치 리뷰》1956년 4월호에서 안젤린 로그라소는 아자르의 컬럼비아대학 동료였던 장알베르 베데 교수의 말을 인용한다. "우리의 간청은 아무 소용이 없었다. 그는 이미 마음을 굳히고 결심을 한 상태였다."

《로매닉 리뷰》의 편집위원들은 1944년 10월 아자르에 대한 추도문을 발표했다. 이 추도사에서 아자르가 1941년 1월 프랑스로 떠날 때 자신이 스스로에게 부여한 시련이 어떠한 것인지를 잘 알고 있었다고 설명한다. "오직 고귀하고 엄숙한 의무감만이 적에게 점령당한 조국의 모든 위험에 자신과 자신의 아내를 노출시키도록 할 수 있었다." 실제로 베데가 언급하듯이 친구들은 그가 이뤄 낼 수 있는 중요한 업적으로 고유한 문화를 대표하는 프랑스인으로서 북아메리카에 남아 있는 것이 최선일 것이라고 설명하면서 귀향을 반대하며 수차례 설득했다. 하지만 아자르는 가장 절박한 순간에 자신은 동포들과 함께 있어야 한다고 믿었다.

사망 소식 직후에 쓴 아자르에 관한 기고문에서 마리잔 뒤리는, 아자르가 귀국 후 프랑스에서 마주한 현실을 이야기하고 있다. 몇 달 동안 독일인들은 아자르에게 점령지인 프랑스 입국 허가서 발급을 거부했다. 그녀는 아자르가 미국에 머물면서 비시 프랑스가 의미하는 것이 무엇이고 무엇을 의미하게 될 것인지를 이해하지 못했다고 이야기한다. 독일인들은 아자르가 파리대학의 총장이 되는 것을 원치 않았다. 강제 휴식기 동안 그는 리옹대학에서 예전의 직책을 맡았고, 그해 겨울과 이듬해 봄 동안 학생들과 함께 있었다. 뒤리는 아자르를 보수주의자이자 전통주의자라고 날카롭게 묘사하긴 했지만, 그럼에도 자신의 거처에 프리메이슨과 유대인, 레지스탕스 초기 당원들, 지하 조직원들을 받아들였다고 쓰고 있다. 나중에 아자르는 콜레주드프랑스에서 강의를 허가받았다.

폴 아자르의 정치적 견해와, 프랑스로 돌아가기로 한 결정에 관해 무엇을 이야기할 수 있을까? 아마도 이 문제를 해결하는 유일한 방법은 그 무렵 그가 쓴 글을 살펴보는 것이리라. 생애 마지막 5년 동안, 아자르의 저작은 대부분 다양한 학문 분야에서 다룬 학술 문제들, 개인적 성찰, 그리고 자신의 직업적 업무와 관련된 짧은 글이었다. 1944년 12월 호《로매닉 리뷰》의 첫머리는 아자르의 글 〈프랑스의 혼이여, 영원하라〉로 장식되었다. 이 글은 죽기 직전에 쓰고 곧바로 비밀 잡지인《내일의 프랑스》에 실렸던 글을 재수록한 것이다. 이 글은 파리 해방 직후인 1944년 9월 4일《내일의 프랑스》편집자가 발행한《레지스탕스》에 다시 소개되었다. 이 기고문에서 아자르는 프랑스가 배신과 음모에 의해 내부로부터 위협받고 있다고 고발한다. 그는 독자들에게 프랑스는 노예들이 거주하는 땅만 남겨 놓은 채 지구상에서 사라질 수도 있으며, 프랑스와 함께 인류의 근본적인 가치들도 소멸될지 모른다고 말한다. 아자르는 프랑스와 근본적으로 연결된, 프랑스의 존재 이유로부터 분리될 수 없는 본질적인 감성과 신념을 구해 내야 한다고 설명한다. 프랑스 인민은 개인의 이해관계나 이기심, 사적인 욕망을 희생정신으로 대체시켜야 했다. 그들은 매일 아침 자신이 프랑스를 위해 무엇을 할 것이며, 또 매일 저녁 프랑스를 위해 무엇을 했는지를 자문해야 했다. 아자르는 독자들에게 다가가 가장 성스러운 장소인 조국을 지키기 위한 십자군에 참여하라고 호소한다. 돌이켜 보면, 이 기고문은 레지스탕스의 문건으로도 읽힐 수 있을 것이다. 어쩌면 그러한 의도로 작성되었는지도 모른다. 하지만 주장은 애매하고 소극적이며 구체적이지 않았다. 어쨌든 이 기고문을 썼을 때는 파리 해방이 임박했고 추축국의 패망이 기정사실로 받아들여지고 있던 시기였다. 아자르가 정치 활동가도 아니며 레지스탕스의 열성 대원이 아니었다는 점은 인정해야만 한다.

교수이자 학자였던 아자르는 존경받은 스승이기도 했다. 1945년 《르 디방》(Le Divan)에서 마리잔 뒤리는 지적 선구자로서 언제나 정신적 젊음을 유지한 채 학생들에게 열려 있던 아자르를 묘사하며 존경과 애정을 표현했다. 아자르는 결코 오만한 사람이 아니었다. 실망을 주기보다는 언제나 기대했던 것 이상을 보여 주었고, 학생들이 언제나 그에게 몰려들었다고 뒤리는 주장한다. 강의가 시작되는 순간부터 마지막까지 청중들은 즐거운 마음으로 강의를 경청했다. 1940년 2월 《강의·강연 논집》에 실린 〈아카데미프랑세즈의 폴 아자르 교수〉라는 기고문에서 가브리엘 카브리니는 아카데미프랑세즈를 빛낸 40명의 위인 가운데 한 사람으로 폴 아자르를 소개했는데, 무엇보다 첫 항목에서 학생들을 향한 깊은 헌신에 경의를 보냈다.

폴 아자르는 1944년 4월 12일 파리에서 노환으로 사망했다. 마지막 강의를 하고 마지막 연설을 한 지 수십 년이 지났다. 그럼에도 아자르가 살아온 흔적은 북아메리카의 여러 대학 캠퍼스에서 여전히 느껴지고 있고 그의 유산은 지금도 계속되고 있다.

임승휘 옮김

참고 자료

저작 목록

Saintville, Georges, *Bibliographie des oeuvres de Paul Hazard* (Paris: s.n., 1947).

책

Etude sur la latinité de Pétrarque d'après le livre 24 des "Epistolae familiares" (Rome: Imprimerie de la paix de Philippe Cuggiani, 1904).

Les Milieux littéraires en Italie de 1796 à 1799 (Rome: Imprimerie de la paix de Philippe Cuggiani, 1905).

Le Spectateur du Nord: étude sur les relations intellectuelles entre la France et l'Allemagne (1797-1802) (Paris: Armand Colin, 1906).

Le Journal de Ginguené, 1807-1808 (Paris: Hachette, 1910).

La Révolution française et les lettres italiennes: 1789-1815 (Paris: Hachette, 1910).

Discours sur la langue française (Paris: Hachette, 1913).

Giacomo Leopardi (Paris: Bloud, 1913).

Un examen de conscience de l'Allemagne: d'après les papiers de prisonniers de guerre allemands (Paris: Bloud et Gay, 1915).

La Ville envahie, as Paul de Saint-Maurice (Paris: Librairie académique Perrin, 1916).

Maman, Roman, as Paul Darmentière; comprises *Maman, Roman; Histoire d'un qui ne voit pas* (Paris: Calmann-Lévy, 1918).

L'Italie vivante (Paris: Librairie académique Plon, 1923).

Lamartine (Paris: Plon, 1926).

Pour un centenaire: Les "Promessi Sposi" relus par un français (Rome: Circolo di Roma, 1927).

La Vie de Stendhal (Paris: Gallimard, 1927).

Etudes critiques sur "Manon Lescaut," by Paul Hazard and his American Students (Chicago: University of Chicago Press, 1929).

Les Français en 1930 (Paris: Champion, 1930).

Avec Victor Hugo en exil (Paris: Sociétéd'é dition, 1931).

"Don Quichotte" de Cervantès: étude et analyse (Paris: Mellotté, 1931).

Les Livres, les enfants et les hommes (Paris: Flammarion, 1932); 《책, 어린이, 어른》(햇살과 나무꾼 옮김, 시공주니어, 2001)

Michelet, Quinet, Mickiewicz et la vie intérieure du Collège de France de 1838 à 1852 (Paris:

Presses Universitaires de France, 1932).

L'Influence française en Italie au XVIIIe siècle, by Paul Hazard and Henri Bédarida (Paris: Les Belles-Lettres, 1934).

Napoléon 1934, by Paul Hazard and Maria dell'Isola (Paris: R. Helleu, 1934).

La Crise de la conscience européenne (1680-1715), 2 vols. (Paris: Boivin, 1935); 《유럽 의식의 위기》(조한경 옮김, 민음사, 1990).

Un romantique de 1730: l'abbé Prévost (Paris: Boivin, 1936).

Ce que nous devons défendre (Nancy: Berger-Levrault, 1939).

Quatre études: Baudelaire. Romantiques. Sur un cycle poétique. L'homme de sentiment (Oxford: Oxford University Press, 1940).

L'Opéra fabuleux: poèmes, by Paul Hazard, Emmanuel Hooten, and René De Graeve (Abbeville: F. Paillart, 1946).

La Pensée européenne au XVIIIe siècle de Montesquieu à Lessing, 3 vols. (Paris: Boivin, 1946).

그 밖의 저작

Bibliothèque de littérature comparée, edited by Paul Hazard, Joseph Bédier, Fernand Baldensperger, and L. Cazamin, 3 vols. (Paris: Librairie Rieder, 1914).

Preface to *Catalogue du livre français: Littérature. Première partie: Littérature française (XIXe et XXe siècles)*, edited by Jean Vic (Paris: Offi ce pour la propagation du livre français, 1921).

"Les ciseaux de Stendhal," in *Mélanges offerts par ses amis et sesélèves à M. Gustave Lanson*, edited by Elie Carcassonne and Madeleine Jougland (Paris: Hachette, 1922), pp. 407-18.

Histoire de la littérature française illustrée, 2 vols., edited by Paul Hazard and Joseph Bédier (Paris: Larousse, 1923-4; rev. and enlarged edn. as *Littérature française*, 1948).

"Stendhal corrige la 'Chartreuse de Parme'," in *Mélanges de Bertaux: recueil de travaux dédié à la mémoire d'Emile Bertaux*, edited by Emile Bertaux, Jean Alazard, and Charles Diehl (Paris: E. de Boccard, 1924), pp. 147-55.

Les Aventures du dernier Abencérage, by François-Renéde Chateaubriand, edited by Paul Hazard and Marie-Jeanne Durry (Paris: Champion, 1926).

Les Fleurs du mal, by Charles Baudelaire, edited by Paul Hazard and Edouard Maynial (Paris: Editions Fernand Roches, 1929).

Introduction to *Le Prince*, by Machiavelli, translation by Colonna d'Istria (Paris:

Alcan, 1929).

Preface to *Atala; René; Le dernier des Abencérages; Voyage en Amérique*, by François-René de Chateaubriand (Paris: Firmin-Didot, 1929).

Preface to *Panorama de la littérature russe contemporaine*, edited by Vladimir Pozner (Paris: KRA, 1929).

Preface to *Bijoux antiques, bijoux modernes; richesses du passé, jeunesses du present* (Paris: Chez A. Bertrand, 1930).

Introduction to *Le Rouge et le noir*, by Stendhal, edited by Louis Landré(New York: Charles Scribner's Sons, 1931).

Preface to *Poèmes lettons*, translated by Elsa Steiste (Riga: Section de la Presse au Ministère des Affaires Etrangères de Lettonie, 1931).

Preface to *Stendhal raconté par ceux qui l'ont vu*, edited by Pierre Jourda (Paris: Stock, 1931).

Introduction to *Pour la science: discours prononcéà l'occasion du quatrième centenaire du Collège de France*, by Joseph Bédier (Paris: Les Belles-Lettres, 1932).

Petits poëmes en prose (Le Spleen de Paris), by Charles Baudelaire, edited by Paul Hazard and Henri Daniel-Rops (Paris: Société les Belles Lettres, 1934).

Textes choisis pour la culture générale et l'enseignement du français, edited by Paul Hazard and Lucien Texier (Paris: F. Aubier, 1934).

Preface to *Rossignol des neiges*, by Marie Colmont (Paris: Editions Bourrelier, 1935).

Contribution to *Harvard et la France: recueil d'é tudes pour la célébration du troisième centenaire de l'Université Harvard* (Paris: Editions de la "Revue d'histoire moderne," 1936), pp. 215-26.

Preface to *Textes choisis pour l'apprentissage de la langue et de la composition françaises, 1re année. Ecrivains français des XIXe et XXe siècles*, edited by Lucien Texier and Léonce Peyrègne, 2nd edn. (Paris: Aubier, 1936).

Textes choisis. 3e année. Histoire des idées et histoire littéraire par les écrivains français des XIXe et XXe siècles, edited by Paul Hazard and Lucien Texier (Paris: Aubier, 1936).

Preface to *Le Visage de l'enfance*, by Dr. Lesage and J. Huber, 2 vols. (Paris: Horizons de France, 1937).

Textes choisis pour la culture générale et l'enseignement du français. 2e année. Ecrivains français jusqu'à la fin du XVIIIe siècle, edited by Paul Hazard and Lucien Texier (Paris: Aubier, 1937).

Textes choisis pour la culture générale. 4e année. Les grands courants de la pensée contemporaine:

écrivains étrangers, edited by Paul Hazard and Lucien Texier (Paris: Aubier, 1938).

Preface to *Figures et aventures du XVIIIe siècle: voyages et découvertes de l'abbé Prévost*, by Claire-Eliane Engel (Paris: Editions "Je sers," 1939).

Trente-deux sonnets de Michel Ange, by Michelangelo Buonarroti, translated by Paul Hazard (Paris: Boivin, 1942).

Preface to *Programme, dédié aux prisonniers de guerre des grandes écoles françaises, pour la représentation exceptionnelle de La légende du chevalier*, drama in 3 acts, by A. de Peretti della Rocca, Comédie française, 29 septembre 1943, 5 pages (not numbered).

논문

"Étude sur la latinité de Pétrarque, d'après le livre 24 des 'Epistolae familiares'," *Ecole française de Rome: mélanges d'archéologie et d'histoire* (1904): 219-46.

"Les milieux littéraires en Italie, de 1796 à 1799," *Ecole française de Rome: mélanges d'archéologie et d'histoire* (1905): 243-72.

"Le spectateur de nord," *Revue d'histoire littéraire de la France* (Jan.-Mar. 1906): 26-50.

"Tendances romantiques dans la littérature de la Révolution," *Revue d'histoire littéraire de la France* (July-Sept. 1907): 555-8.

"La classe de français," *Revue pédagogique* (Oct. 15, 1908): 346-59.

"L'enseignement par l'image et la composition française," *Revue pédagogique* (May 15, 1908): 440-4.

"Histoire d'un qui ne voit pas," as Paul Darmentières, *Le Correspondant* (May 25, 1908): 530-60, 714-41.

"La nave," *Revue pédagogique* (April 15, 1908): 369-82.

"Un poète contemporain: M. Auguste Angellier," *Revue pédagogique* (May 15, 1909): 443-62.

"A Reggio et à Messine," *Revue pédagogique* (Aug. 14, 1909): 119-31.

"L'âme italienne, de la Révolution française au Risorgimento, à propos d'une récente publication," *Revue des deux mondes* (April 15, 1910): 869-900.

"Les enfances de Giacomo Leopardi," *Revue des deux mondes* (Sept. 1, 1911): 202-28.

"Le problème de l'éducation," *Revue pédagogique* (Feb. 15, 1912): 101-17.

"Discours sur la langue française," *Revue pédagogique* (Feb. 15, 1913): 105-24.

"Leopardi et la pensée européenne," *Revue pédagogique* (May 15, 1913): 451-72.

"L'école française jugée par un observateur anglais," *Revue pédagogique* (April 15, 1914): 301-20.

"La littérature enfantine en Italie," *Revue des deux mondes* (Feb. 15, 1914): 842-70.

"Les récents travaux en littérature comparée: essai de classification," *Revue universitaire* (Feb. 15, Mar. 15, 1914): 112-24, 212-22.

"Un nouvel acteur sicilien: Angelo Musco," *Revue des deux mondes* (July 15, 1917): 378-86.

"Le vrai Boccace," *Revue universitaire* (July 15, 1917): 117-30.

"Maman. [Dédié:] Aux mamans de France, 6 juin 1917," as Paul Darmentières, *Revue de Paris* (May 15, 1918): 368-401, 474-508, 824-47.

"Un romancier italien: M. Guido da Verona," *Revue des deux mondes* (July 1, 1918): 206-17.

"Comment Jean Wouters comprit la guerre," as Paul Darmentières, *Revue des deux mondes* (May 15, 1919): 361-77.

"Un historien du genie latin," *Études italiennes* (Oct. 1919): 196-214.

"La littérature comparée," *La Civilisation française* (Sept.-Oct., 1919): 346-52.

"L'âme française à la veille de la guerre, d'après une récente publication," *Revue internationale de l'enseignement* (July 15-Aug. 15, 1920): 264-9.

"La culture française en Italie," *La Minerve française* (Mar. 1920): 591-5.

"Dante et la pensée française," *La Minerve française* (Nov. 15, 1920): 699-716.

"La langue française et la guerre," *Revue des deux mondes* (April 1, June 1, Sept. 15, 1920): 580-99, 566-85, 307-27.

"Ossian chez les Français, ou du success en littérature," *Nouvelle revue d'Italie* (April 15, 1920): 326-39.

"L'invasion des littératures du Nord dans l'Italie du XVIIIe siècle," *Revue de littérature comparée* (Jan.-Mar. 1921): 30-67.

"Le livre de Mara," *Nouvelle revue d'Italie* (Feb. 25, 1921): 112-20.

"Ce que Molière représente pour la France," *Nouvelle revue d'Italie* (July-Sept. 1922): 91-113.

"Notes sur l'Italie nouvelle," *Revue des deux mondes* (Aug. 15, Oct. 1, Nov. 1, Dec. 1, 1922): 779-807, 605-43, 87-121, 576-606.

"L'auteur d'*Oderahi*, histoire américaine," *Revue de littérature comparée* (July-Sept. 1923): 407-18.

"Les lettres françaises sous la Révolution," *La Vie des peuples* (Nov. 1923): 478-96.

"Six professeurs français à l'Université Columbia," *Revue des deux mondes* (Oct. 1, 1923): 622-34.

"Comment Chateaubriand écrivit une nouvelle espagnole," *Revue de Paris* (Dec. 15, 1924): 906-28.

"'*Manon Lescaut*', roman janséniste," *Revue des deux mondes* (April 1, 1924): 616-39.

"Trois mois au Chili," *Revue des deux mondes* (Dec. 15, 1924): 841-67.

"Les enseignements d'un manuscript inédit de Chateaubriand," *Journal des savants* (Sept.-Oct. 1925): 203-23.

"Un brouillon de Lamartine: fragments de 'Jocelyn' et de 'La chute d'un ange'," *Revue d'histoire littéraire de la France* (Oct.-Dec., 1926): 619-27.

"Romantisme italien et romantisme européen," *Revue de littérature comparée* (April-June 1926): 224-45.

"Stendhal et l'Italie," *Revue des deux mondes* (Dec. 1, 1926, Dec. 15, 1926, Jan. 15, 1927): 673-92, 889-912, 406-29.

"Comment lisent les enfants," *Revue des deux mondes* (Dec. 15, 1927): 860-82.

"Dans la lumière de Rio (juillet-septembre 1926)," *Revue des deux mondes* (July 1, 1927): 92-119.

"De l'ancien au nouveau monde: les origines du romantisme au Brésil," *Revue de littérature comparée* (Jan.-Mar. 1927): 111-28.

"Chateaubriand et la littérature des Etats-Unis," *Revue de littérature comparée* (Jan.-Mar., 1928): 46-61.

"Pour le centenaire des romantiques français," *Revue générale* (Feb. 15, 1928): 129-44.

"Anglais, Français, Espagnols, d'après une publication récente," *Revue des deux mondes* (Nov. 1, 1929): 204-18.

"Croquis mexicains (août-novembre 1928)," *Revue des deux mondes* (Feb. 15, 1929): 837-62.

"Une source anglaise de l'abbé Prévost," *Modern Philology* (Feb., 1930): 339-44.

"Traductions populaires des romantiques français au Mexique," *Revue de littérature comparée* (Jan.-Mar., 1930): 148-59.

"Un collège de jeunes filles en Amérique: Bryn Mawr," *Revue des deux mondes* (Mar. 1, 1931): 110-25.

"Foscolo et Gray au Nouveau-Monde," *Revue de littérature comparée* (Jan.-Mar. 1931):

5-12.

"Pour le IVe centenaire du Collège de France," *Le Correspondant* (June 10, 1931): 662-74.

"Le quatrième centenaire du Collège de France," *Revue des deux mondes* (June 15, 1931): 838-42.

"Les relations intellectuelles entre l'Europe et l'Amérique latine," *Revue de littérature comparée* (Jan.-Mar., 1931): 152-62.

"Traductions de Lamartine et de Victor Hugo au Brésil," *Revue de littérature comparée* (Jan.-Mar., 1931): 117-26.

"A New York pendant les elections," *Revue des deux mondes* (Dec. 15, 1932): 837-852.

"Une nouvelle collection de textes français," *Revue des cours et conferences* (Jan. 15, 1932): 271-6.

"Les rationaux," *Revue de littérature comparée* (Oct.-Dec., 1932): 677-711.

"Rabelais à la Bibliothèque nationale," *Revue des deux mondes* (Feb. 15, 1933): 930-5.

"Farces et farceurs au temps de la Renaissance," *Revue des deux mondes* (Oct. 15, 1934): 936-46.

"Londres d'aujourd'hui," *Revue des deux mondes* (Jan. 1, 1934): 88-100.

"Le rayonnement d'Athènes en 1786," *Revue de littérature comparée* (Jan.-Mar., 1934): 132-41.

"Il y a cent ans," *Revue des deux mondes* (Oct. 15, 1935): 892-905.

"Le troisième centenaire de l'Académie française," *Revue de l'alliance française* (July, 1935): 127-33.

"A New York, la nuit de l'élection," *Illustration* (Nov. 21, 1936).

"Note sur la connaissance de Locke en France," *Revue de littérature comparée* (Oct.-Dec., 1937): 705-6.

"Les origines philosophiques de l'homme de sentiment," *The Romanic Review* (Dec., 1937): 318-41.

"Etats-Unis 1939," *France-Amérique: revue mensuelle du Comité France-Amérique* (April, 1939): 97-124.

"L'Europe? Un idéal toujours menacé," *Les Nouvelles littéraires* (Aug. 5, 1939).

"Gabriele d'Annunzio," *Revue de littérature comparée* (Jan.-Mar., 1939): 9-18.

"Le rayonnement intellectuel et les amities étrangères," *Revue de littérature comparée*

(July, 1939): 361-75.

"Quand un Flamand découvre l'Italie," *Les Nouvelles littéraires* (Jan. 20, 1940).

"Esquisses et portraits: Vauvenargues," *Revue des deux mondes* (May 1, 1941): 83-94.

"Le professeur de français," *The French Review* (Feb., 1941): 277-83.

"Voltaire et Spinoza," *Modern Philology* (Feb., 1941): 351-64.

"La couleur dans 'La Chartreuse de Parme'," *Le Divan* (April-June, 1942): 64-74.

"L'esprit au XVIIIe siècle," *Revue des deux mondes* (Nov. 1, 1943): 104-8.

"Pour que vive l'âme de la France," *France de demain* (May, 1944): 3-6.

"Variations sur la littérature enfantine," *Le Portique* (Jan., 1945): 39-49.

참고문헌

Baldensperger, Fernand, "Paul Hazard," *Pour la victoire*, 3 (19) (1944): 7.

Bidou, Henry, "André Maurois et Paul Hazard devant l'Académie," *L'Europe nouvelle*, 21 (1938): 708-9.

Cabrini, Gabrielle, "Le Professeur Paul Hazard de l'Académie française," *Revue des cours et conférences* (Feb. 15, 1940): 365-8.

Carré, Jean-Marie, "Paul Hazard," *Revue de littérature comparée* (Oct.-Nov., 1939): 5-12.

Champion, Edouard, "Hommage à Paul Hazard," *Revue de littérature comparée* (Oct.-Dec., 1946): 5-12.

Cochin, Henri, "L'Italie vivante," *Le Correspondant*, 291 (1923): 102-12.

Cohen, Gustave, "Un grand humaniste français: mon ami Paul Hazard," *Nouvelles littéraires, artistiques et scientifiques* (May 23, 1946): 1.

Durry, Marie-Jeanne, "Paul Hazard," *Le Divan* (Jan.-Mar., 1945): 7-16.

Editors, "Paul Hazard (1878-1944)," *The Romanic Review*, 35 (3) (1944): 185.

Giraud, V., "Les origines du XVIIIe siècle," *Revue des deux mondes*, 26 (1935): 890-912.

Houbert, Jacques, "Notes: La 'Chartreuse'Hazard retrouvée," *Stendhal Club*, 137 (1992): 73-6.

Landré, Louis, "Avec Paul Hazard dans Paris Libéré," *The French Review*, 18 (2) (1944): 86-88.

Lefevre, Frédéric, "Une heure avec M. Paul Hazard," *Nouvelles littéraires, artistiques et scientifiques* (Nov. 29, 1924): 1-2.

Lograsso, Angeline H., "Reminiscences of Paul Hazard," *The French Review*, 29 (5)

(1956): 401-4.

Martineau, Henri, "Les chroniques, petites notes stendhaliennes: Paul Hazard," *Le Divan* (July-Sept., 1944): 334-8.

Miel, Jan, "Ideas or epistemes: Hazard versus Foucault," *Yale French Studies*, 49 (1973): 231-45.

Moreau, Pierre, "Paul Hazard," *Le Victorieux XXe siècle* (1925): 215-30.

Peyre, Henri, "Paul Hazard (1878-1944)," *The French Review*, 17 (6) (1944): 309-19.

뤼시앵 페브르

1878~1956

Lucien Febvre

뤼시앵 페브르

뤼시앵 페브르는 책과 논문, 교육을 통해 16세기 유럽 연구에 크게 이바지한 역사가이다. 프랑스 역사학에서 그의 근본적인 역할은 새로운 접근 방법을 옹호하는 강경한 비평가이자 새로워진 역사학 내에서 협동 연구를 끊임없이 기획하는 조직자의 역할이었다. 특히 마르크 블로크와 함께 《아날: 경제사회사》를 창간하고 20여 년 동안 온갖 어려움을 극복하면서 이 잡지를 유지해 나간 노고는 20세기 말까지 프랑스 안팎에서 이루어진 역사서술에 중요한 영향을 끼쳤다.

뤼시앵 폴 빅토르 페브르는 1878년 7월 22일 낭시에서 태어났다. 아버지 폴 르네 페르디낭 페브르는 1865년에 파리의 명문 고등사범학교에 입학했다. 그는 원래 프랑슈콩테 출신이었지만 낭시에 있는 고등학교에서 교사로 봉직하다가 퇴직하고서야 프랑슈콩테의 브장송으로 돌아와 살았다. 어머니 에드몽딘 마리 엘리자 아르노는 브장송의 시계 제조업자 집안 출신이었다. 1678년에야 프랑스 왕국에 편입된 동부 프랑스 지방에 대한 강한 애착은 미래의 역사가에게 평생 소중한 것이었다.

페브르는 아버지가 재직하고 있던 낭시의 고등학교에서 1, 2등을 차지한 우수한 학생이었으며, 1895년 8월에 바칼로레아(대학입학 자격)를 취득했고, 1년 뒤에 낭시에서 교양학부 문학사 학위를 받았다. 1896년 10월, 그는 고등사범학교 입학시험 준비반에 들어가기 위해 파리에 있는 루이르그랑고등학교에 기숙학생으로 등록했다. 2년 뒤에 페브르는 명성 높은 '윌름 가(街)의 수도원'(로맹 롤랑의 표현)에 합격했으나, 낭시에 주둔한 보병 연대에서 병역을 마치기 위해 2년 동안 입학을 연기했다. 이렇게 해서 공식적으로는 1899년에 입학생이 되었다. 그곳에서 또는 그전에 루이르그랑에서 만난 친구들은 그의 사상과 연구 분야를 결정하는 데 영향을 주었다.

페브르가 3년을 공부한 고등사범학교는 여전히 독립기관이었다. 그곳이 기존의 자율적인 단과대학을 통합하여 재편된 파리대학에 속하게 된 것은 얼마 후의 일이었다. 1901년에 페브르는 역사학 고등연구학위(DES)를 취득하기 위해 논문 〈프랑슈콩테의 반종교개혁: 1567년부터 1575년까지 그 요소들과 역사〉를 제출했다. 1902년 9월 3일에는 역사와 지리 교사 자격을 취득했는데, 이렇게 두 분야를 아우르는 것은 그 시대의 전통이었다. 그는 다음 학년도에 동부 지방에 있는 바르르뒤크의 고등학교로 발령이 났다.

페브르가 파리에서 지낸 수련기 동안에 체득한 것은 두 가지 면에서 중요하다. 무엇보다 그는 드레퓌스 사건이라는 제3공화국의 중대 위기와 관련된 정치적 소용돌이 속으로 빠져 들어갔다. 고등사범학교의 교직원과 학생들은 열렬한 친드레퓌스파였다. 페브르는 드레퓌스를 지지했지만 행동으로 참여하지는 않았다. 다른 한편, 그는 1860년대 후반과 1870년대에 독일의 학문 연구 방법과 문헌학적 엄격성을 프랑스 대학에 도입한 사람들의 노력을 긍정했던 학문 세대의 특징인 혁신과 반항의 정신에 노출되었다. 때는 바야흐로 사회학에서는 에밀 뒤르켐이, 지리학에서는 폴 비달 드라블라슈가 떠오르던 시기였다. 폴 비달 드라블라슈는 페브르와 더욱 밀접한 관련성이 있는 인물이다. 고등사범학교 입학시험 과목의 폭이 넓었던 것은 학생들이 탄탄하고도 광범위한 교양을 지니고 있으며, 그 결과 다양한 전문 분야를 선택할 수 있었음을 의미한다.

페브르는 어떤 분야를 선택할지 한때 망설였던 것 같다. 1941년의 강의(1953년에 출판된 《역사를 위한 전투》에 수록됨)에서, 루이르그랑에서 받은 2년간의 역사 수업에 넌더리가 나서 1899년 윌름 가에서 공부할 때는 문학으로 바꾸었다고 말했다. 그는 그곳 교사들 가운데 한 사람이던 에밀 부르주아의 학문과 성격에 대한 불신을 평생 동안 누그러뜨리지 않았다. 그러나 1876년에 《역사학보》을 창간한 가브리엘 모노와 폴 비달 드라블라슈는 페브르를 역사와 지리학으로 되돌려 놓았다. 고대사를 강의하던 마르크 블로크의 아버지 귀스타브 블로크도 화해의 과정에서 한몫했던 것 같다. 예술사는 매력적인 분야였지만, 페브르는 1956년 열린 학술대회에서 "시력 문제 때문에 나는 그 전공을 선택할 수 없었다"고 회고했다. 자신이 색맹이었음을 완곡하게 고백한 것이다. 노력을 통해서, 그리고 기질적으로 페브르는 학제간 연구를 위한 준비를 단단히 다져 나갔다.

페브르는 바르르뒤크에서 파리 시절의 동료인 미래의 저명한 심리학자 앙리 발롱과 함께 근무했다. 하지만 근무 기간이 길지는 않았다. 이 중등교육기관에서 보낸 첫해에 그는 학교 외부 활동을 적어도 한 번은 했다. 1903년 2월 15일에 프랑스교육연맹 지부에서 에드가 키네에 관해 강연한 일이 지역 신문에 소개되었는데, 페브르는 거기서 반교권주의 입장을 분명히 보여 주었다.

그 무렵 대학교수가 되려던 사람들은 교사로서 의무를 다하고 남은 시간을 논문 작성에 할애하는 게 일반적이었다. 그러나 이들과 달리 페브르는 파리에 있는 티에르재단에서 연구장학금을 받은 몇 안 되는 연구자였다. 그래서 1903년 10월부터 3년 동안 자유롭게 연구하면서 학문적·지적인 울타리를 확대해 나갈 수 있었다. 1906~1907년에 추가로 확보한 휴가 기간에 그는 이런 이점을 충분히 활용하여 이제 정기적으로 책을 써 낼 역량을 갖춘 사람으로 성장했다.

바로 이렇게 오랫동안 강의를 면한 휴지기 동안 페브르는 1900년에 창간된 《역사종합평론》의 편집인인 앙리 베르를 만나 협력자가 되었다. 1911년 이전부터 두 사람 사이에 오고간 편지는 지금 남아 있지 않다. 그래서 추정할 수 있는 것은, 베르는 페브르가 프랑슈콩테 지방의 역사에 관심이 있음을 알았기 때문에 1903년부터 1913년까지 주도적인 역사가들이 집필할 프랑스의 여러 지방에 대한 서지적인 논문 총서 기획에 참여하라고 권했을 것이라는 정도이다. 〈프랑슈콩테〉는 1905년에 세 차례에 걸쳐 앙리 베르의 잡지에 당당히 게재되었고, 그해 《프랑슈콩테》(La Franche-Comté)로 출판되었다. 베르의 기획과 자신의 근본적인 성향이 맞아떨어진 72쪽 분량의 글에서, 페브르는 원래 부르고뉴 공령에 속해 있었기에 프랑스 왕국과 신성로마제국 사이의 싸움에 말려들어 간 이 지방에 대해 만족스러운 역사적인 설명이 지금까지 너무 부족하고 해야 할 연구가 얼마나 많이 남아 있는지를 자세히 설명했다. 이 글의 서지적인 요소는 폭이 넓었지만 완벽할 수는 없었다. 본질적인 것은 현존하는 연구서와 연구자들의 손길을 기다리고 있는 문헌 자료들을 토대로 대규모 연구 기획을 세울 필요가 있음을 인식하는 것이었다. 복잡한 정치 문제들뿐 아니라 지리·경제·사회·종교 문제에 대한 관심이 제대로 표명되었고, 지역의 미시적인 것을 근시안적으로 다루는 것이 아닌 다른 것, 즉 종합의 필요성이 분명이 제시되었다. 베르의 도움과 지원을 받아, 페브르는 반세기가 흐른 뒤에도 건재할 학문 탐구 목적을 세울 수 있었다. 지적 확신과 왕성한 호기심, 간결하고 인상적인 문체 구사 능력 등 훗날의 페브르를 상징하는 스타일이 이 첫 번째 연구에 그대로 나타났다.

1950년 11월 20일, 《종합평론》으로 변신한 잡지의 창간 50주년을 기념하여 베르에게 보낸 편지에서, 페브르는 "《역사종합평론》이 새로운 역사를 위한 트로이의 목마였다"고 회고했다. 이 표현은 단순하지만 정확했다. 20세기의 첫 4분기 동안 베르의 잡지와 '종합센터, 일련의 논문들, 특히 그가 주도한 '인류의 진화' 시리즈는 특별히 사회과학과 협력함으로써 역사 연구의 폭을 넓히려는 사람들을 위한 매체이자 만남의 장이 되었다. 이런 일에 페브르처럼 열정적이고 적극적인 사람이 참여하는 것은 당연했다. 1905년 이후 10년 동안 페브르는 《역사종합평론》에 여러 논문과 서평을 기고했는데, 일부는 자신의 전공 분야인 16세기 프랑슈콩테, 그리고 종교개혁과 반종교개혁 시기 사이에 그 지역에서 벌어진 종교적 상황에 관한 것들이었고, 일부는 언어 지리와 전반적인 지방 연구, 그리고 1789년 혁명의 경제적 결과에 대한 것들이었다. 그가 평생 동안 보여 준 논평의 성향, 때로는 가혹했지만 대개 혁신적인 작업을 권유한 그 성향은 이렇게 일찍이 앙리 베르를 도와 폭넓게 논평을 쓰면서 형성되었다.

1907년 10월에 페브르는 중등교육으로 복귀했는데, 이번에는 자신에게 필요한 고문서와 문헌에 접근하기 용이하고 적합한 곳인 브장송의 고등학교였다. 그 도시의 문과대학은 페브르에게 보조적인 지리학 강의를 부탁했다. 뿐만 아니라 그는 제한된 범위에서나마 정치에 참여하는 여유를 누렸다. 1907년 3월부터 1909년 5월까지 그는 사회당의 지역 주간지

《콩테 사회주의자》에 몇 편의 글을 기고했다. 지적인 계보에서 볼 때 피에르조제프 프루동(1809~1865, 브장송에서 태어난 사회주의자이자 무정부주의자—옮긴이)에게 강한 애착을 느낀 것은 분명하지만, 그렇다고 이러한 정치적인 선택으로 교육과 연구라는 본업에서 이탈했으리라고 생각하는 것은 잘못이다.

1911년 말에 페브르는 대학교수 임용에 필수 자격인 국가박사를 취득하기 위해 학위논문 두 편을 공개 발표했다. 박사 학위 주논문인 〈펠리페 2세와 프랑슈콩테: 1567년 위기의 기원과 결과에 대한 정치적·종교적·사회적 연구〉(1911년에 논문이 인쇄되고 1912년에 출판됨)는 비전문가들에게는 주목을 받지 못했다. 하지만 1997년에 조지 허퍼트가 날카롭게 지적했듯이, 이 논문은 "다른 어떤 책보다 아날의 역사를 존경하는 사람들이 중요시하는 특징을 구체적으로 보여 주는 유례없이 독창적인 작품"이었다. 이렇게 평가하는 이유를 자세히 살펴볼 필요가 있다.

지배자와 정치사에 우위를 부여한 제목은 전통적인 방식을 따랐음을 보여 준다. '스승' 가브리엘 모노와 친구 앙리 발롱에게 바치는 헌사는 감사의 말을 적는 당시의 엄격한 관습을 따른 것이다. 사실, 그것이 저자가 누구한테 영향을 받았고 영감을 받았는지를 솔직히 언급하는 자리였다면, 그가 19세기 말의 편협한 정통으로부터 얼마나 많이 벗어나 있었는지를 보여 주었을 것이다. 크리스티앙 피스테르는 1912년 《역사학보》에 기고한 호의적인 서평에서, 이야기체 역사를 신봉하는 사람들이 제기할 만한 반론들을 언급한 후, 좀 더 정확한 제목은 "16세기 프랑슈콩테에 대한 정치적·사회적·종교적 기술"일 거라고 덧붙였다. 페브르의 책이 그 지방의 지리에 관해 40쪽 분량의 장(章)으로 시작하는 것은 우연이 아니다. 비달 드라블라슈학파의 지방 연구 경향이 결정적인 영향을 주었다. 여기에는 페브르의 친구 쥘 시옹이 동부 노르망디 지방의 농민들에 관해 수행한 연구(페브르는 1909년《역사종합평론》에 이 연구에 대한 논평을 기고했다)도 포함된다. 귀족과 부르주아지의 경제적·사회적·문화적 역할을 분석하고 대비시킨 박사 학위논문의 긴 장(章)에 대한 피스테르의 비판 가운데 하나는 농민과 성직자의 상대적 부재와 관련된 것이다. 그러나 저자가 조금은 암시적으로 제시한 것이 역사적인 문제를 다루는 새로운 방식이라는 점은 분명하다. 서문에서는 미슐레를 언급함으로써 페브르가 물려받은 정신적인 유산이 노출되었다. 고문서와 필사본, 인쇄본에 이르기까지 대단히 긴 목록은 의도적이면서 적절한 것으로, 역사학에 대한 폭넓은 성찰 속에 녹아 있는 저자의 독서량을 보여 준다. 뒷부분에 배치한 인구적인 요인에 대한 필수적인 장(章) 없이도, 페브르의 프랑슈콩테는 1912년 이후 수십 년 동안 프랑스의 역사가들이 수행할 지방 연구의 모델이 되었다.

20세기에도 상당 기간 동안 이어진 관습에 따라, 페브르의 박사 학위 부논문은 문헌 해제의 성격을 띠고 있다. 〈돌(Dole) 고등법원 고문서보관소에서 수집한 프랑슈콩테의 종교개혁과 이단 재판에 대한 문헌과 해제〉(1911년에 논문이 인쇄되고 1912년에 출판됨)는 합스부르크 왕가의 지배를 받던 프랑슈콩테 지방에서 벌어진 종교 갈등과 통제라는 주제에 집중되어 있다. 흥미롭게도 전문적인 잡지에서는 오히려 이 논문이 주논문보다 더 널리 언급된 것으로 보인다. 이 논문은 페브르가 1907년부터 1911년까지《프랑스 프로테스탄티즘 역사학 회보》와《역사학보》에 기고한 논문들과 함께 16세기 종교사 전문가로서의 명성을 확고히 해주었다. 이 분야는 그 후 50년 동안 페브르의 저작물 속에 꾸준히 나타난다.

페브르의 프랑슈콩테에 대한 마지막 업적은 박사 학위논문이 발표된 직후에 나왔다.《프랑슈콩테의 역사》(Histoire de Franche-Comté, 1912)는 '프랑스의 옛 지방들' 시리즈의 하나로 나왔는데, 이 기획물의 저자들은 대중을 위해 평이하게 글을 썼다. 예상할 수 있듯이, 페브르는 지리적인 테마를 강조했으며 주민들의 인종적인 성격이 그 역사에 나타난다는 생각을 천명했다. 페브르는 바로 이러한 사람들과 그들이 남긴 유산의 근본적인 성격을 정치적 사건에 대한 기술보다 우선적으로 고려해야 한다고 주장한 것이다. 1922년의 개정판과 1932년의 재판본 덕분에 그 책은 제1차 세계대전의 참화를 면하고 살아남았다.

1911년 11월 22일 가브리엘, 모노, 크리스티앙 피스테르, 귀스타브 블로크 같은 심사위원들 앞에서 학위논문을 발표하고 '최우수' 판정을 받은 후, 페브르는 자신의 학문 경력에서 새로운 국면으로 나아간다. 1912년 3월, 그는 디종대학에 임용되어 부르고뉴 지방의 역사와 예술사 강의를 맡았고, 2년 뒤에는 이 대학교 인문대학에서 종신직을 보장받았다. 앙리 베르와 주고받은 편지에 분명히 나타나듯이, 페브르는 프랑스 교육제도에서 선거와 관련된 개인적이고 정치적인 제휴, 음모 같은 문제를 겪었다.

박사 학위논문 준비라는 부담에서 벗어난 페브르는 영역을 넓혀 가기 시작했다. 그는 다양한 청중들에게 자신의 연구 결과를 강의했으며, 발루아 가문의 부르고뉴 공작들에 대한 디종대학 취임 강의를 책으로 출판했다. 《역사종합평론》과 적극적인 협력을 다시 이어 갔을 뿐 아니라 그밖에 다른 역사 저널에도 기고하기 시작했다. 페브르는 1911년 10월에 자기가 특별히 관심을 가지고 있는 영역을 다루기 위해 15세기와 16세기의 예술을 검토하는 책들을 쓰겠다고 베르에게 제안한 바 있다. 그렇지만 베르는 그 무렵 자신이 막 기획하고 있던 '인류의 진화' 시리즈에 페브르를 끌어들이고 싶어 했다. 1914년 1월에 페브르는 지리학 관련 저술을 준비하고 있었고, 그것은 8년 후인 1920년대에 출판된다. 그 무렵 그는 이미 치아와 건강 문제(호흡기 감염, 부비강염, 거기에 우울증까지)로 고통을 겪고 있었는데, 이런 문제는 오히려 그의 후기 학문에 자극제가 되었다.

제1차 세계대전의 발발은 4년 반 동안 강의와 연구를 중단시켰다. 페브르는 1914년 8월 5일 총동원령에 따라 보병 연대 하사관으로 소집되었다. 그는 1915~1916년에 몇 달 동안 사고로 병원 신세를 진 것 말고는 계속 복무하여 1919년 2월 7일 기관총대대 대위로 전역했다. 그는 프랑스와 벨기에 무공훈장에 레지옹도뇌르 무공훈장까지 받았다. 전선에서 베르에게 쓴 편지는 1917년 11월 5일에 보낸 것이 유일하다. 그 편지는 전쟁 중에 지적인 작업을 한다는 게 어려울 수밖에 없음을 적고 있지만, 프랑스 부르주아지의 역사를 기술한다는 오랜 꿈을 상기시키는 한편 사회사의 중요성과 적절성이 높아지고 있음을 예견하고 있다.

페브르는 군복무를 마치고 디종으로 돌아갔고, 1919년 10월에 크리스티앙 피스테르의 도움으로 스트라스부르의 새로운 대학에 임용되었다. 스트라스부르는 반세기 동안 프로이센의 지배를 받은 후 다시 프랑스에 귀속된 도시이다. 그는 1933년 2월 파리에 있는 콜레주드프랑스의 근대문명사 교수로 선임될 때까지 그곳에서 근무하게 된다. 페브르가 첫 근무지 디종에서, 마르크 블로크를 비롯한 전도양양한 동료들이 많이 있던 스트라스부르로 옮겨온 것은 초기에는 기분 좋은 일이었다. 그러나 1923년 3월 말에 이미 그는 다른 곳으로 가야겠다고 베르에게 털어놓게 된다. 그의 경력에서 다음 10년은 소르본대학, 콜레주드프랑스, 그리고 빅토르 뒤리가 제2제정 말기에 프랑스의 학문 연구 방법에 독일식 틀을 부여하기 위해 설립한 고등연구원의 제4국(문헌학과 역사학)으로 가기 위한 노력으로 채워져 있다. 페브르가 베르와 주고받은 편지, 그리고 1928년부터 마르크 블로크와 주고받은 편지는 책으로 출판되었는데, 학술 기관의 선거와 임용 따위에 관한 소식과 가십으로 가득하다. 1927년 말에 베르에게 보낸 편지를 보면, 페브르 역시 여러 대학교수들처럼 파리에 살면서 지방 대학에 근무하는 방안을 생각하기도 했다. 그렇지만 그는 1933년에야 파리로 거처를 옮겨 가게 된다.

그러나 그곳에는 새로운 장애물과 책임져야 할 일들이 버티고 있었다. 페브르는 1921년 9월 2일 쉬잔 알리스 도농(1897~1985)과 결혼했다. 아내는 세브리엔, 즉 그 무렵 파리 외곽 세브르에 있던 여자고등사범학교 출신이었으며 역사교사 자격증을 가지고 있었다. 그녀는 스트라스부르에서 페브르의 동료 지리학자인 앙리 볼리그의 조교로 일한 바 있었기 때문에 자기보다 훨씬 나이 많은 남편의 지적·학문적 조력자가 되기에 적합했다. 가을에 이탈리아로 신혼여행을 다녀온 다음 부부는 대학 도서관 근처 마르크 블로크의 집에서 멀리 않은 아파트에 살림을 차렸다. 둘 사이에 앙리(1922년), 뤼실(1924년), 폴레트(1927년) 이렇게 세 아이가 태어났다. 제2차 세계대전까지, 심지어는 그 이후까지도 페브르의 삶은 교육, 질병, 휴가(주로 프랑슈콩테에서 보냈지만 때로는 샤토뎅에 있는 처가에서 보내기도 했다)에 이르기까지 가정생활의 리듬에 따라 결정되었다. 여름에 스트라스부르를 탈출하는 것, 나중에는 심지어 파리를 탈출하는 것이 대학교수와 연구자들의 일상 가운데 하나였다.

스트라스부르에 있었기 때문에 페브르는 역사가들의 국제적인 모임에 더 많이 참석할 수 있었다. 1920년대 내내 페브르는 스트라스부르대학이 당시 프랑스가 점령하고 있던 라인 지방의 마인츠에 세운 독일학연구소에 정기적으로 가서 강의를 했다. 1924년과 1929년에는 앙리 피렌의 초청을 받아 벨기에 헨트대학에서도 강의했는데, 두 번째 초청 때는 브뤼셀에서 엿새 동안 여섯 차례 강의를 했다. 프랑스 밖으로 진출한 것은 역사학의 개혁이라는 생각을 전파하는 기회가 되었다.

1920년대에 앙리 피렌과 맺은 유대는 결정적이었다. 비록 페브르와 블로크가 원했던 새로운 국제적인 규모의 경제사회사 저널을 만드는 데까지는 이르지 못했지만 말이다. 그들의 편지는 벨기에 사람인 피렌이 잘 보존하고 있었는데, 나중에 출판되어 나온 편지들은 1914~1918년의 전쟁 이후 지적인 협력을 어렵게 했던 문제들, 그리고 몰락한 제국과 부당하게 공모했다고 비난받은 독일의 대학들에 대한 의혹을 드문드문 잘 보여 준다. 아마도 최종적으로 증명된 것은 한 나라 안에서 개별적으로 노력하는 것이 좀 더 성공하기 쉽다는 것으로, 이 같은 교훈을 페브르와 블로크는 몇 년 후에 유념하게 된다. 벨기에 헨트 출신 선배 역사가와 소통한 일은 여러 면에서 생산적이었는데, 편지를 주고받는 과정에 존경심 표현을 넘어 연구 주제에 관해 솔직하게 의견을 교환할 때 특히 그러했다.

페브르에게 연구 계획은 종종 실현되지 않은 꿈이거나 적어도 먼 미래를 위한 약속으로 남았다. 스트라스부르에서 한 강의나 행정 업무와는 별도로, 그는 외부 대중 강연(예컨대, 1924년 뮐루즈에서 행한 일련의 강연은 이듬해 발간된 《강의와 학술발표 논집》에 실렸으며, 1960~1970년대에 영어와 프랑스어로 널리 읽혔다)을 맡았으며, 1925년부터 1929년까지는 고등사범학교 입학 희망자들을 대상으로 한 역사 과목 시험관을 맡았다. 그래서 고문서보관소에서 해야 할 연구가 그의 시간표에서 점차 사라질 수밖에 없었다. 피렌에게 보낸 1923년 9월 5일자 편지는 릴에서 해야 할 '진정한 고문서 작업'에 관해 말하고 있으나, 오스트리아의 마르그리트 시대 유럽에 관해 계획한 연구는 결실을 맺지 못했다.

지체되고 차질이 있었음에도 페브르가 스트라스부르에서 보낸 처음 10년이 비생산적이었던 것은 아니다. 그는 《역사종합평론》에 정기적으로 서평을 기고했으며 《역사학보》과 《역사와 문학 비평》, 《근대사학보》 같은 학술지에도 글을 실었다. 말하자면, 역사 연구물에 대한 평론가와 비판자로서의 역할 역시 마찬가지로 중요했던 것이다. 앙리 베르와 주고받은 편지가 보여 주듯이, 페브르는 여전히 베르의 막역한 동료였으며 '인류의 진보' 시리즈의 진행에 지대한 관심을 가지고 있었다. 1930년 1월 7일 피렌에게 보낸 편지에서, 페브르는 그 무렵 출판사에서 좋아하던 방식인 다수 저자의 공동 저술보다는 개별 저자에게 저술을 맡기는 베르의 방식을 선호한다고 분명히 밝히고 있다. 그 결과로 페브르가 예전에 맡았던 것이나 새로 맡은 것이나 모두 이러한 종류의 저술이었다. 강의 과목들은 그 무렵에 계획하고 있던 참신한 연구 과제를 보여 준다.

1922년, 오래전에 계획한 연구서 《땅과 인류의 진화: 역사학에 대한 지리학적 입문》(La Terre et l'évolution humaine: introduction géographique à l'histoire)이 마침내 출판되었다. 베르의 특별히 긴 서문과 저자 페브르의 헌사에 따르면, 책을 준비하는 데 10년이 걸렸으며 속표지에 기록되어 있듯이 리오넬 바타용의 도움을 받았다. 마지막 장은 페브르가 오랜 기간 공들여 준비한 이 책이 "교과서나 개설서가 아니라 비판적인 토론, 달리 말하면 진행 중인 결론"임을 분명히 알려준다. 거기에는 치밀하게 짜인 논지가 들어 있지만, 기본적으로는 자유로운 논의를 지향하고 지속적인 성찰과 연구로 초대하는 내용이었다. 마지막 단어가 '일하다'인 것은 우연이 아니다. 처음으로 출간한 이 전문 연구서는 비판적인 지적이 많이 들어 있는 탄탄한 저작이었고, 페브르가 평생토록 탐사해 나갈 광맥과도 같은 것이었다.

베르와 주고받은 서신은 《땅과 인류의 진화》가 10년이라는 숙성 기간 동안 지나온 궤적을 보여 준다. 지리결정론, 곧 환경이 인간의 행동을 제한하고 고정시킨다는 개념에 반대하는 논쟁 표적이 있다면 그것은 독일의 지리학자 프리드리히 라첼이었다. 그러나 지리학, 역사, 철학, 사회학, 인류학에 이르기까지 광범하게 걸쳐 있는 페브르의 독서와 논의에는 환원주의적 측면이 있음을 유의해야 한다. 그가 공개적으로 충성을 바친 인물은 폴 비달 드라블라슈였다. 비달 드라블라슈의 인문지리학과 페브르가 생각한 역사학 사이의 유비성은 강조해 둘 필요가 있다. 이 점에 관해서는 앞으로도 여러 측면에서 많은 연구가 이루어져야 할 것이다.

페브르가 1920년대에 수행한 또 다른 전문 연구는 원래 매우 상이한 출판사에서 제안한 것이었다. 1925년 7월 31일 베르에게 보낸 편지에는 재미있게 금방 끝마칠 간단한 작업이라고 소개되어 있으나, 사실은 '인류의 진화' 기획 시리즈에서 약속한 16세기 종교사에 관한 대작을 쓰기 위한 기초를 다지는 작업이었다. 그 씨앗은 바로 페브르의 강의였다. 1922년 12월에 그는 마인츠에서 16세기 독일에 대해 강의했는데, 이 강의가 자신을 "루터라는 바다" 속으로 뛰어들게 했다고 베르에게 말했다. 그러고는 "언제나 기껏해야 절반밖에 알지 못하는 것을 가르치는 직업!"이라고 덧붙였다. 작업을 하면서 부족한 부분을 보완한 끝에 《어떤 운명: 마르틴 루터》(Un Destin: Martin Luther)는 1928년에 출판되었다.

루터, 특히 이 종교개혁가의 초기 활동에 관한 것은 16세기를 다룬 글 가운데 페브르의 생전에 나온 것으로서는 영어권 독자들에게 알려진 최초의 책이다. 비록 가볍지 않고 몇 가지 중대한 논점을 담고 있지만, 이 책은 전문가를 위해 쓴 것이 아니었다. 1871년 이후에 독일이 건립했고 프랑스가 잘 관리한 스트라스부르대학의 도서관 자료들 덕분에 페브르는 시간이 갈수록 프랑스의 다른 어떤 도시보다 더 싫어하게 된 그 도시에 있는 중요한 출판물과 2차 문헌들에 대한 필수적인 연구를 수월하게 해나갈 수 있었다. 신학자나 호교론자 또는 비방자가 아니라 역사가로서 저자가 목표로 삼은 것은 "이해하고 …… 이해시키는 것"이었다. 그래서 그의 목표가 "대중화 작업이면서 동시에 성찰"일지라도, 될 수 있으면 간결하게 표현할 필요가 있었다. 초기의 문헌 가운데 일부는 재검토되었고, 비역사적이거나 시대착오적인 종파적 비평문들은 배제되었다. 요컨대, 페브르에게 루터 연구는 종교개혁 시대의 종교적 분위기를 온전하게 이해하기 위한 첫걸음이었던 셈이다.

거의 10년 동안 주저하고 시행착오를 겪은 후에, 쉰 살이 되어서야 페브르는 전국적이고 국제적인 지향을 가진 저널의 공동 편집인이 되었다. 그렇다고 해서 다른 활동이나 개인적인 연구를 끝낸 것은 아니었다. 1929년에 《역사학보》는 특히 프랑스에서 일어난 종교개혁의 기원과 원인에 관한 페브르의 가장 영향력 있는 논문 가운데 하나를 게재했다. 이것이 하나의 증거이지만 그래도 연구 업적 목록을 살펴보면 1928년까지는 245편인데 반해 그다음 10년 동안은 771편이나 나왔다. 그 대부분은 《아날》에 수록한 짧은 서평과 비평이다. 그 작업은 블로크와 함께한 것이지만, 혁신해야 할 필요가 있는 학문에서 서평의 교육적 기능에 대한 페브르의 의지는 확고했다.

학술 잡지치고는 이례적으로 편집 과정에 얽힌 내부 상황을 알려 주는 자료가 상당히 많다. 그 핵심이 되는 것은 1928년부터 1944년까지 마르크 블로크와 주고받은 편지인데, 빠진 부분이 없지 않고 그 가운데 일부는 설명이 어렵다. 비록 두 편집인은 스트라스부르에서 가까이 살았고 연구실도 가까웠지만, 긴 여름방학 동안에는 휴가 여행을 떠났기에 길고도 솔직한 편지가 소통 수단이 되었다. 이런 편지가 묶여 책으로 출판된 것은 1990년대인데, 관련 당사자들 대부분이 사망할 때까지 미루어진 것은 그리 놀라운 일이 아니다. 출판 대기 중인 자료에 대한 편집자들과 조력자들의 사적인 의견은 대체로 거칠다. 페브르는 어리석음에 대한 관용의 분계점이 낮았고, 어리석음이라는 지적인 속성의 범위는 상당히 넓었다. 때때로 그는 스트라스부르에서 파리로 따라 올라와 오래도록 봉사한 폴 뢰이오 같은 충실한 조력자들은 물론, 직접적인 대화 상대자들에게도 자상하지 않았다. 편지를 잘 살펴보면 기질상의 충돌이나 생각의 충돌 외에도, 때로는 간섭하려고 나서는 출판사와 벌이는 협상, 기금 확보의 어려움, 구독자를 모으는 노력, 《아날》의 방법에 호의적인 신뢰할 만하고 유능한 필진을 찾는 문제에 이르기까지 다양한 주제에 관한 내용이 나온다. '페브르-블로크 협력 체제'가 심각한 문제에 봉착하기 전인 첫 10년 동안에 대해 알려 주는 자료가 가장 풍부하다.

《아날》이 자리를 잡게 되면서 비로소 잡지 간행의 조기 중단이라는 문제를 극복할 수 있었다. 페브르 부부는 1930년 10월에 심각한 자동차 사고를 당했다. 그러나 마르세유 근처에서 요양하면서 스트라스부르에 있는 블로크에게 편지를 쓰는 것은 여전히 가능했다. 페브르와 블로크 두 사람은 파리에 있는 자리를 놓고 서로 경합을 벌였지만 그렇다고 협력에 금이 간 것 같지는 않다. 그렇지만 강한 개성과 뚜렷한 관점을 가진 두 사람이 어느 정도 다르지만 부분적으로는 보완적인 연구를 진행했으며, 수도 파리에 있는 같은 교육기관에 자리를 얻기를 원했다는 사실을 무시할 수는 없다.

스트라스부르의 정경과 특색을 담뿍 담은 페브르의 마지막 작품은 오랜 친구인 알베르 드망종과 함께 1931년 알자스 소시에테제네랄은행 설립 100주년을 기념하기 위해 쓴 책이다. 《라인 강: 역사와 경제 문제》(Le Rhin: problèmes d'histoire et d'économie)로 출판된 그 책은 1935년 파리에서 값싼 보급판으로 수정 출판되었다. 페브르가 역사 부분을, 지리학자인 드망종은 경제 부분을 맡았다. 두 자매 학문 사이의 대화와 "살아 있는 라인 강의 인문적인 역사"의 윤곽을 그리는 데 강조점이 놓였다. 알자스 지방은 제1차 세계대전 이후 프랑스에 귀속되었기 때문에 최근의 정치적인 문제들이 논의에서 빠질 수 없었지만, 수천 년은 아니더라도 수백 년에 걸친 맥락을 살펴보고 평상심을 유지하려는 진지한 노력이 담겨 있었다. 그 결과는 스위스에서 네덜란드로 흐르는 그 큰 강을 따라 펼쳐진 다양한 문명들을 떠올리는 것이었다. 1935년판에 첨부된 참고문헌들은 이 책이 프랑스어와 독일어 서적을 많이 소장하고 있는 여러 도서관을 이용했음을 입증해 준다.

페브르가 파리로 오고 3년 뒤인 1936년에 블로크가 소르본대학의 경제사 담당 교수로 선임되자, 페브르의 삶과 활동에서 몇몇 측면이 급격하게 변했다. 1948~1949학년도에 공식 퇴임할 때까지 콜레주드프랑스에서 업무라고는 최신 연구를 바탕으로 일주일에 두 차례 강의하는 것이 전부였다. 다른 모든 지방 대학이 그러하듯이, 수도 파리와 벌이는 경쟁 탓에 어려움을 겪고 있던 스트라스부르에서도 약간 명이나마 대학원생을 거느리고 있었지만, 이제는 젊은 세대의 역사가들에게 영향을 줄 수 있는 길에서 차단되었다. 어느 정도 《아날: 경제사회사》의 편집인이라는 명성과 사적인 우정, 예를 들면 그 무렵 떠오르고 있던 스타 페르낭 브로델과 1937년에 시작된 우정을 통해 이러한 결핍을 메울 수 있었다. 제2차 세계대전 이후가 되어서야 비로소 페브르는 근대사 학자들을 위한 연구 교육기관을 설립하게 된다.

파리의 중요한 교육기관에 자리 잡고 있었기 때문에, 페브르는 역사 연구의 다양한 분야와 관련된 국가 차원의 위원회나 공적인 임무를 위임받았다. 외국에서 오는 강의 요청도 더 잦아졌다. 1934년과 1940년에는 스위스에서, 1935년에는 체코슬로바키아와 오스트리아에서, 1937년에는 아르헨티나에서 초청받아 강의를 했다. 베르트란트 뮐러의 표현에 따르면, 페브르는 무엇보다도 '문화 경영자' 역할을 떠맡기 위해 자신의 새로운 지위를 활용했다. 어떤 맥락에서는 문화 인민위원 또는 문화 전도사로 불릴 수 있는 행보였다.

《아날》은 이 기획에서 더 없이 중요한 요소였다. 그뿐 아니라 베르의 '종합연구센터'가 있었는데, 페브르는 1930년대 초에 여기서 적극적으로 활동했다. 개편된 《종합평론》의 운영위원을 맡았으며, 일정한 주제를 다루는 '종합연구센터'의 연례적인 '주간행사'에도 정기적으로 참여했다.

1930년에 열린 1차 '주간'에서, 그는 '문명'이라는 단어의 의미에 대해 중요한 연구를 발표했는데, 이것은 나중에 출판되었다. 그렇지만 전반적으로 다른 일에 쫓기느라 《종합평론》에는 많은 글을 기고하지 못했다. '인류의 진화'를 위한 기획물도 여전히 미완성이었다. 1936년 10월 15일 이후 일련의 편지에서 드러나듯이, 그 무렵 베르와의 관계에 위기가 감돌았다. 베르의 대중잡지 《과학: 백과사전 연보》가 페브르가 깊숙이 관여하고 있는 《프랑스 백과사전》과 불공정한 경쟁 관계에 있다고 보았기 때문이다. 강력하게 비판했지만 젊은이다운 저돌적이고 솔직한 이야기가 그에 못지않은 진심어린 흠모와 존경심으로 완화된 덕에 타협이 이루어져 완전한 파국은 면했다. 그럼에도 경영상의 경쟁은 상급 기관의 중재 없이는 해결될 수 없는 문제를 일으켰다.

1932년 말, 페브르가 《프랑스 백과사전》 편찬 문제를 놓고 교육부 장관 아나톨 드 몬지와 처음 만났을 때, 그의 반응은 마르크 블로크에게 표현했던 바와 같이 흥겨운 회의주의자의 반응이었다. 그러나 페브르는 파리에서 자신의 지위와 잘 어울리는 그러한 기획에 완전히 사로잡혔다. 이 작업은 제2차 세계대전을 전후하여 출판된 시대적 상황과 지식의 대중화를 가능하게 하는 방식의 급격한 변화 탓에 다소 빛을 잃었다. 설계자, 조정자, 조직가로서 페브르가 떠맡은 역할은 자신의 관점이나 야심과 일치하는 것이었기에, 계획의 실행은 1930년대 말 그가 학문 권력의 정점에 있을 때 학문 세계를 자신의 방향으로 이끄는 좋은 길잡이가 되었다. 페브르가 《프랑스 백과사전》에 간간이 집필한 것은 분량이 많지는 않지만 그 중요성은 대단했다. 《프랑스 백과사전》은 페브르가 경영자로서 지은 건축물의 초석이었지만, 훗날 《아날》만큼 기억되지는 않았다.

페브르가 추가적으로 맡은 많은 일들은 물질적인 도움이 필요했지만 대공황기 10년 동안 지원이 충분하지 않았다. 1934년 10월 29일, 그는 베르에게 장문의 편지를 보내 '종합연구센터'에서 일할 비서가 필요하다고 호소했다. 바로 이 무렵(1934~1937년) 페브르는 젊은 오스트리아 역사가인 루치 바르가를 유급 연구보조원으로 고용하는데, 그녀는 《아날》에 정기적으로 협력한 최초의 여성이다. 이 잡지는 그 시대가 대개 그러하듯 가부장적 방식으로 편집되었던 것 같다. 바르가의 실험적 참여는 쉬잔 페브르의 요구로 1937년 봄에 갑자기 끝나고 만다. 남아 있는 자료들은 페브르와 연구보조원 바르가의 관계가 어떠했는지를 두고 추측만을 남기고 있다. 그녀가 떠난 이후 적어도 1945년까지 페브르는 다시 옛날 방식으로 돌아가는데, 그 때문에 저널의 발행이 지연되고 원고가 늦게 발송되는 등 갖가지 문제가 생겼다. 편지에는 이러한 내용이 끊이지 않는다.

남는 시간을 이용하여 저널을 낸다는 것은 그저 그런 학회나 단체의 의례적인 기관지일 경우에도 결코 쉬운 일이 아니다. 그런 일이 도전적이고 혁신적이거나 어떤 기획에 충실하고자 할 때에는 어려움과 피로감이 늘어난다. 1938년, 페브르와 블로크는 서로 다른 접근 방법을 취하고 있음을 깨닫게 되었다. 페브르는 도전적이고 참신한 아이디어를 지향한 반면, 블로크는 증거를 사용하는 방식에 대해 좀 더 전문적이고 신중했다. 그해 원래 출판사인 아르망콜랭과 결별하자, 두 편집자는 1939년 초부터 《아날: 사회사》로 이름이 바뀔 잡지의 소유권을 떠맡았다. 두 사람은 편집 정책을 둘러싸고 심하게 갈등했지만, 제2차 세계대전의 트라우마 시기에 오고간 편지에 나타난 갈등에 비하면 아무것도 아니었다.

전쟁이 일어났을 때 페브르는 예순한 살이었기에 마르크 블로크의 운명이 된 비극적인 군대 경험을 피할 수 있었다. 페브르는 블로크나 앙리 베르와는 달리 비시 정부의 인종법에 해당되지 않았기 때문에, '비점령 지역'으로 조심스럽게 옮긴 사무실에서 《아날》을 계속 출판할지 고려할 수 있었다. 이러한 출판은 블로크의 역할에 대해 공개적인 언급을 배제할 수밖에 없었고 그것이 장애 요인이었다. 결국 페브르는 오늘날의 독자들은 읽을 수 있지만 당시에는 노출되지 않은 사나운 논지로 블로크를 설득했다. 후대의 관점에서는 페브르가 어느 정도 당시 체제와 타협했다고 비난할 수 있지만, 학문적인 삶의 중심이었던 잡지에 대한 애착이 얼마나 강했는지를 이해하지 않으면 안 된다. 논쟁 이후에 항상 그러하듯이, 두 사람의 비교적 우애로운 관계는 1944년에 블로크가 체포되어 약식 처형될 때까지 이어졌다. 사실, 블로크는 '푸제르'라는 가명으로 임시적인 《사회사 논총》에 계속 기고했는데, 이 잡지에도 기존의 잡지에서처럼 페브르의 서명이 자주 보인다.

전쟁으로 인한 여러 가지 혼란과 난관에도 불구하고 페브르는 콜레주 드프랑스에서 강의를 계속했다. 그는 《프랑스 백과사전》이나 앙리 베르를 위해서는 일을 덜했지만, 첫 번째 파리 체류 시절보다는 더 많은 자유를 누렸다. 1943년에 그는 고등연구원 제5국(종교학)의 주임교수가 되어 종교개혁과 프로테스탄티즘의 역사를 강의했다. 전통적으로 프랑스에서 이 새로운 역할은 이미 수행하던 역할들을 대체하는 것이 아니라 추가하는 것이었다. 그런데 역설적이게도 4년 동안의 혼란스러운 시기는 수십년 동안 미루어 온 집필을 실천할 기회를 가져다주었다.

페브르의 박사 학위논문을 추진시킨 힘, 제1차 세계대전 이전부터 계속했던 서평, 루터 연구, 스트라스부르와 파리에서 진행한 강의에 이르기까지 이 모든 관심과 활동은 《16세기의 무신앙 문제: 라블레의 종교》(Le problème de l'incroyance au XVIe siècle: la religion de Rabelais,1942) 속으로 녹아들어 갔다. 이 책은 '인류의 진화' 시리즈를 위해 베르에게 했던 오래된 약속을 이행한 것이며, 이 전문 서적 형태의 백과사전을 구상했던 기획자(앙리 베르)의 긴 서문과 함께 출판되었다. 페브르는 베르가 베푼 자유를 충분히 활용했으며, 그 결과 연구는 기존의 전통적인 서술 방식과는 완전히 다른 것이 되었다. 1940년대 몇몇 비평가들의 적대감이나 그 이후 몇몇 독자들의 의심 따위는 그래서 이해할 만하다.《16세기의 무신앙 문제》는 페브르의 방법론이 지닌 강점과 위험한 전략을 다른 책보다 더 뚜렷하게 보여 준다.

이 기획이 처음 논의된 수십 년 동안, 책의 개요와 윤곽은 베르에게 정기적으로 전달되는 방식으로 계속 수정되었다. 그 최종 형태는 페브르에게 익숙한 서평을 큰 규모로 확대한 것이다. 먼저 신랄한 이의 제기를 내놓고 나서 시대와 문헌에 대한 해박한 지식에 바탕을 둔 단호한 제안을 펼쳐 나간다. 사람들은 시대착오를 극복하고 이해의 폭을 넓히라는 가르침을 받는다. 잘못을 고발하는 것으로는 충분하지 않다. 새로운 해석을 제시하기 위해 상상력을 펼쳐야 한다.

우선 라블레의 책을 편집한 아벨 르프랑이《팡타그뤼엘》의 저자 라블레가 무신론자였을 거라고 잘못 읽은 데서부터 시작한다.《16세기의 무신앙 문제》의 1부는 라블레가 비종교적일 수 있다는 개념을 파괴하고, 그 시대의 혼란스러운 기독교에 대한 레블레의 복잡한 관계를 상세하게 논의하고 있다. 또 라블레의 작품에 나오는 주요 텍스트를 분석하고 동시대인의 작품에 대한 광범위한 검토가 이루어진다. 이들의 라틴어 작품들은 후원자를 찾기 위한 아첨이자 비난 섞인 질투요, 심술이기 때문에 신뢰성이 떨어진다. 페브르는 이렇게 오해하기 십상인 논쟁적인 단편들을 비판하면서,《가르강튀아》와《팡타그뤼엘》같은 책에 깔려 있는 에라스뮈스적인 배경의 중요성을 강조한다. 더 넓은 시야를 통해 보려 할 때야 비로소 이해가 가능한 법이다. 2부 '16세기에서 무신앙의 한계'는 100쪽 남짓한 지면에서 시대의 본질적 타자성과 무신앙의 실제적인 불가능성을 다루고 있다. 구체적인 사례와 인용을 동원하여 매력적으로 펼친 논지는 수많은 논의와 반박을 불러일으켰다. 훌륭한 역사서술은 문제를 정확히 규정하고 합리적이면서 열려 있는 해답을 제시하는 것이라고 믿는바, 그런 의미에서 《16세기의 무신앙 문제》는 페브르 스스로의 기준을 만족시켰다. 생각을 자극하고 새로운 연구를 촉진한다는 목표는 페브르의 책 가운데 가장 평판 높은 이 책에서 확실히 실현되었다.

페브르가 '심성적 도구,' '집단 심리,' '심성' 등에 관심을 가진 것은 우연이 아니며, 여전히 더 깊은 연구를 요구한다. 이러한 주제는 페브르의 후기 저작에서 중심 주제가 되었는데, 이에 반해 마르크 블로크는 《기적을 행하는 왕》(1924) 이후 여기에서 멀어졌다. 만일 심리학에서 주요 안내자가 고등사범학교 동료인 앙리 발롱과 샤를 블롱델이며 페브르가 프로이트 이전 인물임을 기억한다면, 1900년 무렵에 그 주제가 어떻게 발전했는지를 면밀히 살펴보고 오래 전에 잊힌 몇몇 이론가들의 책을 읽을 필요가 있다.

뤼시앵 페브르는 1930년에 보나방튀르 데 페리에의 《심발룸 문디》(Cymbalum mundi)의 출판에 대해서 《16세기 논평》에 긴 논문을 발표한 바 있다. 그리고 1936~1937년에 콜레주드프랑스에서 이 책에 대해 강의한 후, 1942년 《인문주의와 르네상스의 도서관》에서 이 책으로 돌아왔다. 이례적으로 긴 이 논문은 당시에도 여전히 파리에 있던 외제니 드로 출판사에서 별도의 단행본으로도 출판되었다. 참고문헌이 분명히 보여 주듯이 이 작은 책은 《무신앙 문제》의 보론으로 기획된 것이다. 무신앙에 대한 자신의 논지가 단호했기 때문에, 페브르는 자신이 좋아하는 16세기의 그 유명한 이단적인 책을 다룰 필요가 있었다. 인물과 경력에 대한 명확한 증거가 부족함(프랑스 르네상스 작가들을 연구하는 사람들에게는 공통된 것이다)을 강조하는 것과는 별도로, 그는 1530년대의 복잡한 종교개혁적이고 정신적인 분위기 속에 《심발룸 문디》의 좌표를 찍으려 애썼다. 라블레 시대의 문학 작품이 지니고 있던 양의성과 다의성을 파악하기 위해서, 17세기와 18세기, 19세기의 기계적인 해석은 배제되었다. 심지어는 종교와 철학의 문제에서도, 이단적인 사람들은 동일한 위장술을 쓰기 때문에 마찬가지로 조심해서 읽어야 한다. 페브르는 무엇보다도, 데 페리에는 오리게네스가 《켈수스 반대하여》에서 비난하고 논박한 그 켈수스의 사상에 목말랐던 선구자임을 강조한다. 페브르의 평가에 따르면 《심발룸 문디》는 "자유사상가의 삶으로 들어가는 문"이다. 이것이 보나방튀르 데 페리에에 대한 최종 판결은 아니지만, 이후 수십 년 동안의 논의는 페브르가 세운 16세기의 논쟁과 정신적인 추구에 대한 기본 규칙을 어느 정도 고려하지 않으면 안 되었다.

르네상스 종교 연구 3부작 가운데 세 번째 책은 《헵타메롱에 대하여: 신성한 사랑과 세속적 사랑》(Autour de l'Heptaméron: amour sacré, amour profane, 1944, 헵타메롱은 '7일 이야기'라는 뜻—옮긴이)으로, 인문학 출판사인 갈리마르에서 출판되었다. 페브르는 1940~1941년 콜레주 드프랑스에서 '근대 세계의 도덕적 기원: 마르그리트 드 나바르와 《헵타메롱》의 기원'에 대해 강의했다. 다소 산문적인 강의 제목은, 아마도 페브르가 문학적이라기보다는 역사적인 연구에서 달성하고자 했던 바를 더잘 보여 준다. 그가 다룬 수수께끼 같은 위대한 작가들은 역사가의 증인으로 등장한다. 나바르 왕국의 왕비, 즉 프랑스 국왕 프랑수아 1세의 누이보다 더 신비스럽고 20세기의 단순한 범주에 집어넣기 더 힘든 인물은 아마도 없을 것이다. 1943년 6월에 앙리 오제에게 편지를 썼듯이, 페브르는 "이중적인 마르그리트의 문제를 제기"하면서, 한편으로는 보카치오의 《데카메론》풍으로 책을 쓴 사람과 다른 한편으로는 종교적인 산문시의 작가이며 신비주의자들과 종교개혁가들의 친구이자 후견인인 사람을 조화시키려 했다. 《헵타메롱》과 마르그리트의 다른 글들에 기대어, 그는

16세기 사람들이 지니고 있는 복잡성과 상이함의 미묘한 초상화를 독자들에게 제시했다. 이 기획과 관련된 편지는 드물지만, 블로크는 1941년 9월에 이 책에 갈채를 보냈다. 아마도 이 책의 힘과 설득력은 글 흐름이 비교적 빠르고, 마치 강연을 하듯이 마지막 순간에 가서 이야기에 직접성의 불길을 일으키는 방식으로 작성되었다는 점에 있을 것이다. 이유가 어디에 있든, 이 마지막 완성본은 페브르가 16세기 문화 연구에 기여한 빛나는 사례이다. 물론 비판이 없는 것은 아니지만 말이다.

1944년 11월, 《헵타메롱에 대하여》가 인쇄될 무렵에 파리는 해방되었다. 페브르는 이미 여러 위원회에 위촉되었는데 생애 마지막 10년 동안 직함은 더욱 많아졌다. 고등교육 개혁, 심지어는 제2차 세계대전 중의 프랑스사 같은 것들은 그의 관심을 사로잡은 사안이었다. 하지만 이런 것들은 시작에 불과했다. 때때로 베르와 주고받은 편지는 페브르와 주요 협력자인 브로델이 일주일 단위로 수행해야 할 일의 목록을 담고 있다. 강의와 회의, 인터뷰, 편집 일, 행정 업무 등에 치여 글을 쓰거나 '인류의 진화'를 집필한다는 오랜 약속을 이행할 시간을 내기가 더욱 어려워졌다. 새로운 제의를 거부하기 위해 깊이 생각할 필요도 없었다. 페브르는 여러 차례 진담 반 농담 반으로 휴식이 무덤 속에서나 가능할 것이라고 말한 적이 있다. 비록 페브르는 《아날》의 편집인으로서 '종합연구센터'의 일을 단독으로 떠맡으려 했다는 소문은 사실이 아니라고 일축했지만, 역사와 사회과학 분야에서 연구와 교육의 발전을 감독할 수 있는 선도적인 일에 더 많은 시간과 정열을 쏟은 것은 사실이다. 페브르의 새로운 탁월함을 가능케 해준 주요 기구들을 분명히 조명할 필요가 있다.

무엇보다 먼저 잡지가 있다. 1946년에 새로운 이름 《아날: 경제·사회·문명》이 채택되었다. 그 충실한 폴 뢰이오는 말할 것도 없이 페르낭 브로델과 샤를 모라제의 도움을 받으며, 페브르는 지적 노력의 대부분을 비판적인 독서와 서평에 할애했다. 1946년부터 1957년까지 12년 동안 편집인 페브르의 저술 목록은 700편 이상으로 늘어났는데, 상당 부분은 《아날》에 실린 단평들이었다. 일흔이 넘은 노학자는 프랑스는 물론이고 국제적인 역사학의 동향을 주시하며 칭찬이나 비판을 아끼지 않았고, 언제나 새로운 연구 방법을 북돋우기 위해 애썼다. 자료가 많이 쌓여 있었기 때문에 출판은 그가 세상을 떠난 뒤에도 진행되었다. 어쨌든 페르낭 브로델이 후계자가 된 《아날》이 '새로운 역사'를 위한 그 선도적인 역할을 포기할 우려는 전혀 없었다.

국가의 연구 교육 차원에서 이루어진 커다란 진전은 1948년에 고등연구원의 제6국(경제와 사회과학)을 연 것이다. 이 기관은 1975년에 개원한 오늘날 사회과학고등연구원의 전신이다. 페브르가 초대 원장이었고 브로델이 사무국장을 맡고 있다가 1956년부터 원장이 되었다. 기본적으로는 행정적인 역할이었지만, 설립자는 동료들을 선임하고 기관을 기존의 제4국이나 제5국과는 완전히 다른 기관으로 만들어 나갈 수 있었다. 페브르와 브로델의 존재감은 역사를 이 학교의 중심 과목으로 만드는 과정에서 사회학자들과 경제학자들이 품었을 의도를 저지하는 데 중요한 역할을 했다. 전통적인 프랑스 대학 구조에서는 다소 주변적이었던 사회과학이 이로써 두각을 나타내고 대학원생을 모집할 수 있는 기회가 마련되었다.

국가과학연구원의 운영위원으로서 그리고 1946년부터는 그 기관의 역사 분과 위원장으로서, 페브르는 특히 연구비 배정을 통해서 후견인 역할을 확대해 나갔다. 비록 지적인 과격함 탓에 20세기 초에는 페브르의 파리 입성이 지체되었지만, 그의 후기 경력은 전형적인 주류로서 자신이 열망할 수 있었던 것을 모두 성취했다. 1948년에 이르면 페브르는 명실상부한 학문 권력에 오르게 된다.

권력과 함께 명예도 찾아왔다. 그 가운데 시민으로서 영예는 대단치 않았던 것으로 보인다. 페브르는 1936년에 레지옹도뇌르 훈장을 받고 장교로 승진했으며, 뒤에 소령으로 진급한 바 있다. 그 밖의 명예나 평가는 마지막 시기에 찾아왔다. 페브르는 1949년에 윤리학·정치학아카데미의 회원으로 선임되었다. 브뤼셀대학은 페브르에게 명예박사 학위를 수여했다. 페브르는 75번째 생일을 맞이한 1953년, 80여 명이 글을 기고해 만든 두 권짜리 기념 논문집 《살아 있는 역사의 범위》를 헌정 받았다. 브뤼셀대학이 박사 학위를 수여한 데는 그럴 만한 이유가 있었다. 페브르는 1947년에 그곳에서 방문교수를 역임했다. 전반적으로 페브르는 전후에 영국, 스위스, 터키, 이탈리아, 브라질을 비롯한 나라 밖에서 강연 요청을 더 많이 받았다. 마침내 《아날》의 공동 창간인은 국제적인 인물이 된 것이다.

프랑스는 국경 바깥의 경기장으로 페브르를 내보냈다. 유네스코를 창립한 런던회의에 대표로 파견된 후, 그는 파리(1946년), 멕시코시티(1947년), 베이루트(1948년), 피렌체(1950년)에서 열린 유네스코 회의에 참석했다. 1951년에는 《세계사 논총》을 주도하는 임무도 부여받았다. 1953년에 앙리 베르에게 썼듯이, 만일 페브르가 이 과제를 거부했다면 그 역할은 프랑스인이 아니라 '앵글로색슨'에게 돌아갔을 것이다. "그런데 나는 그럴 권리가 없다. 나는 이런 식으로 내 나라를 배신할 권리를 갖고 있다고 생각하지 않는다." 이 고백 속에서 전후에 나타난 영어권과 프랑스어권 사이의 긴장을 엿볼 수 있다. 페브르의 자녀들은 미국이나 영국과 밀접한 관계를 맺게 되지만, 정작 본인은 프랑스가 문명 세계의 중심으로서 사명을 안고 있다고 생각했던 세대에 속한다. 이러한 믿음은 계속 새로운 기관의 책임을 맡게 했고, 베르에게 약속했던 원고를 완성하지 못한 데에 대한 이유 있는 변명을 늘어 주었다.

《아날》과 다양한 서문, 추도문 등을 제외하면, 그의 마지막 10년 동안에 출판된 저술에는 대단한 것이 없다. 마지막 단행본은 '자유의 고전들' 시리즈로 출판된 《미슐레, 1798~1874》(Michelet 1798-1874, 1946)인데, 부피도 작고 판매도 시원찮았다. 1942~1943년과 1943년~1944년에 콜레주드프랑스에서 강의한 미슐레 원고는 1946년에 보기에 여전히 신선했다. 뿐만 아니라, 페브르가 19세기의 위대한 역사가에게 바친 헌신은 발췌문으로 헌정사를 구성하는 것이 자연스러울 정도로 대단했다.

이제 남은 것은 세 권의 논집 또는 세 가지 기획이다. 첫 번째는 베르에게 약속한 것이었고 두 번째는 몇 년 동안 콜레주드프랑스에서 강의한 원고들이었다. 세 번째는 지난 반세기 동안 발표한 주요 논문이나 서평들을 모아 다시 출판하는 일이었다. 페브르와 그의 학문적 후계자들이 이 세 가지 기획을 수행한 방법은 서로 달랐다.

페브르는 《역사종합평론》과 《아날》에 기고한 논문들 가운데 선별하여 책을 만드는 것을 더 원했음에 틀림없다. 이 기획은 《역사를 위한 전투》 (Combats pour l'histoire)라는 적절한 제목을 달고 《아날》 잡지와 연관된 '경제·사회·문명' 시리즈로 살아생전에 출판되었다. 페브르는 강한 교의(教義)적 성격을 띠는 논문과 강연, 심지어는 추도문들의 영향력을 "연장하고 …… 확장하기 위해" 신중하게 책을 구성했다. 언어학, 심리학, 문학, 철학, 예술, 과학에 이르기까지 다양한 주제에 퍼져 있는 논점의 일관성과 관련성을 높이기 위해 편집자의 말이 짧은 서문 형식으로 추가되었다. 이 모든 학문들의 역사화는 자명하다 할 만한 것으로서 페브르의 기획에 중요했다. 여기서 몇몇 학자들은 더 넓은 맥락을 고려하고 시대착오적이지 않은 이해를 증진시키려는 계몽된 노력을 기울였다는 이유로 좋은 평가를 받았다. 몇몇 학자들은 근시안과 빈곤함 때문에 가혹한 비판을 받았다. 주인공과 악역에는 페브르의 동료와 후학도 포함되었는데, 이는 긍정적인 영향과 부정적인 영향이 다 있었음을 암시해 준다. 《역사를 위한 전투》(여러 가지 의미에서 이 문구는 페브르의 정치적인 유언이다)는 《아날》의 시작을 이해하려는 사람에게는 필수적인 책이다.

다른 두 권의 선집은 브로델이 서문을 붙여 사후에 출판되었다. 《16세기의 종교적 심장에서》(Au coeur religieux du XVIe siècle)는 미발표 원고 한 편(1949년에 브라질에서 에라스뮈스에 관해 강의한 것)을 포함하고 있으며, 1940년대에 발표한 책들과 관련된 한층 전문적인 연구들을 깔끔하게 다듬어 모아 놓은 것이다. 그렇지만 여기에는 일반 독자들을 겨냥한 종교사, 지성사, 과학사 관련 글도 들어 있다. 5년 후 1962년에 브로델은 3부작 가운데 마지막 책을 펴냈다. 바로 《완전한 역사를 위하여》(Pour une histoire à part entière)이다. 제목은 페브르가 아니라 브로델이 정한 것인데, 이 책은 1950년대와 1960년대 초 프랑스의 알제리전쟁을 둘러싼 논쟁과 관련이 있다는 점에서 흥미롭다. 또 역사 연구가 사회과학과 인문학 속으로 완전히 통합되어 들어가고 주도하기를 바라는 지은이의 소망을 반영하고 있다. 책은 네 부분으로 구성되었는데, 첫 번째 부분은 지리학자들과 역사가들에 대한 것이고, 나머지 세 부분은 1946년 이후 《아날》의 부제인 '경제, 사회, 문명'과 관련된 문제를 다룬 것이다. 이 책은 처음 두 책보다 분량도 두꺼울 뿐 아니라 시공간적으로도 더 광범위하다. 방법론 문제를 우선시했고 지리학적인 논의 외에도 기술의 발전, 물질문화, 민속, 느낌의 역사 같은 영역은 20세기 후반의 연구 방향을 예고한다. 3부작을 통해 나타났듯이, 페브르는 선생으로서 조언자로서 비판자로서 야심적이고 도전적인 유산을 남겼다.

페브르가 마지막 10년 동안 강의한 것들은 급하게 출판 절차에 들어가지 않았으며, 몇몇 원고는 제6국의 문서보관소에 수십 년 동안 방치되어 있었다. 제2차 세계대전을 겪으면서 그는 불후의 프랑스적인 가치와 전통, 그리고 유럽이 대변해야 하는 우월한 관념들에 대해 성찰했다. 그런가 하면 자신의 스승이자 영감의 원천인 미슐레에게로 돌아갔고, 한편으로는 몇몇 핵심 관념과 감성의 변모를 탐구하기 시작했다. 따라서 그의 강의는 자신이 그리 영웅적이지 않고 수동적인 역할을 맡았던 고통스러운 시대 상황에 대한 일종의 반응이었다. 1990년대에 페브르의 강의 노트를 바탕으로 세 권의 책이 출판되었다. 《미슐레와 르네상스》(Michelet et Renaissance)는 브로델 부인의 서문과 함께 1992년에, 《영광과 조국》(Honneur et patrie)은 상당히 긴 주석을 달고 1996년에, 마지막으로 《유럽: 문명의 발생》(L'Europe, genèse d'une civilisation) 역시 긴 주석을 달고 1999년에 출판되었다. 텍스트는 이야기체로 남아 있었기 때문에 반세기 후의 독자들이 읽을 수 있도록 살을 붙이는 작업이 필요했다. 영광, 조국, 유럽 같은 것은 긴 역사를 가진 논쟁적인 주제들로서, 콜레주드프랑스라는 제한된 청중들 앞에 신중하게 제시될 수 있었다. 미슐레에 관한 책은 스탕달 같은 또 다른 존경받는 인물들도 다루고 있다. 페브르는 자신의 지적 계보를 세우려는 생각을 하고 있었지만, 그래도 이것은 놀라운 일이다. 전반적으로 사후에 출판된 강의록들은 페브르의 제자들에게는 의미가 있지만 그의 영향이 어떠했는지를 고찰하는 데에는 그다지 중요하지 않다.

그러나 앙리 베르의 기대에 맞춰 준비 중이던 책을 두고는 똑같이 말할 수 없다. 1953년, 그러니까 베르가 죽기 1년 전에 페브르는 자신의 기획을 실행에 옮길 협력자들을 확보하기 시작했다. 로베르 망드루는 브로델의 반대 때문에 페브르와 나란히 어떠한 서명도 하지 못하게 된다. 망드루는 자신의 《근대 프랑스 입문: 역사심리학 시론 1500~1640》이 스승에게 진 빚을 책의 서문에서 분명히 밝혀 놓았다. 반면에, 페브르가 《아날》이 오래전부터 비판해 온 표적이 된 고문서학교 졸업생 가운데에서 받아들인 앙리장 마르탱은 《책의 탄생》(L'Apparition du livre, 1958)에서 공저자의 지위에 올랐다. 이렇게 지은이 이름을 배열한 것과 관련해서는 1953년과 1954년에 베르에게 보낸 편지에 간략한 설명이 나와 있다. 한층 더 상세한 배경은 프레데리크 바르비에가 1999년 개정판을 위해 준비한 '후기'에서 찾을 수 있으며, 특히 2004년에 앙리장 마르탱이 장마르크 샤틀랭, 크리스티앙 자코브와 나눈 대화를 그대로 옮긴 회고담《책의 탄생》에서 많은 궁금증을 해결할 수 있다. 페브르가 마련한 계획을 토대로 마르탱이 대부분을 집필했지만, 페브르가 얼마나 면밀하게 검토했는지는 분명해졌다.

책의 역사를 연구실과 맹목적인 골동품 수집 취미에서 끌어내어 경제사, 사회사, 문화사의 흐름 속에 넣는다는 최후의 목표는 페브르의 오랜 기획이었다. 이런 야심은 페브르가 오귀스탱 르노데한테서 그 과제를 넘겨받았다고 1930년 1월 7일에 앙리 피렌에게 말했을 때 이미 시작되었다. 그 생각은《역사종합평론》과 나중에는《아날》에 관련 전문 서적들에 대한 서평을 게재하면서 구체화되었다. 요컨대 출판사 도서목록의 빈틈을 채우는 것보다 훨씬 크게 기여를 할 토대가 마련되어 있었던 것이다. 단지 1956년 초에 겪은 심장마비와 몇 달 뒤의 죽음이 완성본에 더 많이 참여하지 못하게 했을 뿐이다. 그것은 베르가 기대했던 페브르의 마지막 책이었다.

생전에 페브르는 개인 차원에서나 학문에서나 사람들이 무심할 수 있는 역사가가 아니었다. 그 결과 다양한 의견들이 후속 세대들한테서 나왔다.《아날》의 초창기 협력자인 사회학자 모리스 알박스처럼 페브르와 상당히 가까운 사람들도, 뛰어난 재능은 인정하면서도 지나친 자부심과 과대망상증에 가까운 허영심, 프랑스 대학 시스템에서 주도적인 지위를 확보하기 위해 관계망을 구성하는 행태를 개탄했다. 알박스가 1944년에 쓴 일기장(그는 이듬해 유대인을 학살한 수용소가 있던 부헨발트에서 사망했다)을 보면 수십 년 후에 아날의 패권에 반기를 든 사람들이 토로한 불만을 예감할 수 있다. 뤼시앵 페브르야말로 20세기의 가장 위대한 프랑스 역사가라는 브로델의 변함없는 주장은 이 같은 배경에서 평가될 필요가 있다.

만일 어떤 사람이 페브르의 아주 개인적인 문체에 매료된다면(그렇지 않은 사람들도 있겠지만) 페브르는 가장 설득력 있는 변호사라 할 만하다. 그의 탄탄한 연구 업적은 프랑슈콩테에 관한 박사 학위논문, 16세기의 종교에 대한 연구서들뿐 아니라, 책의 역사라는 영향력 있는 운동을 시작한《책의 탄생》에 이르기까지 적지 않다. 어쩌면 이렇게 방대한 텍스트들보다는 특히《아날》에 실린 비판적인 논평들을 제시해야 할지 모른다. 페브르가 역사서술의 감시자가 되었는지 여부는 중요하지 않다. 그의 능력은 과거의 모호하고 복잡한 측면을 더 잘 이해하기 위한 시도와 지성, 상상력에서 찾아볼 수 있을 따름이다.

김응종 옮김

참고 자료

편지

The Birth of Annales History: The Letters of Lucien Febvre and Marc Bloch to Henri Pirenne (1921–1935), edited by Bryce Lyon and Mary Lyon (Brussels: Académie royale de Belgique, 1991).

Marc Bloch, Lucien Febvre et les Annales d' Histoire Economique et Sociale: Correspondance, edited by Bertrand Müller, 3 vols. (Paris: Fayard, 1994. 2003).

Lucien Febvre, De la Revue de synthèse aux Annales: Lettres a Henri Berr 1911–1954, edited by Gilles Candar and Jacqueline Pluet-Despatin (Paris: Fayard, 1997).

저작 목록

Bibliographie des travaux de Lucien Febvre, by Bertrand Müller (Paris: Armand Colin, 1990).

책

La Franche-Comté (Paris: Léopold Cerf, 1905).

Histoire de Franche-Comté (Paris: Boivin, 1912; rev. edn., Paris: Boivin, 1922).

Notes et documents sur la Réforme et L'Inquisition en Franche-Comté: extraits des archives du Parlement de Dole (Paris: Champion, 1912).

Philippe II et la Franche-Comt e: la crise de 1567, ses origines et ses conséquences, étude d'histoire politique, religieuse et sociale (Paris: Champion, 1912).

La Terre et l'évolution humaine: introduction géographique à l'histoire (Paris: La Renaissance du Livre, 1922).

Un Destin: Martin Luther (Paris: Rieder, 1928).

Le Rhin, by Lucien Febvre and A. Demangeon (Strasbourg: Imprimerie Strasbourgeoise, 1931; rev. and extended edn. as *Le Rhin: problèmes d'histoire et d'économie* (Paris: Armand Colin, 1935).

Origène et des Périers ou l'énigme du "Cymbalum Mundi" (Paris: Droz, 1942).

Le Problème de l'incroyance au XVIe siècle: la religion de Rabelais (Paris: Albin Michel, 1942); 《16세기의 무신앙문제-라블레의 종교》(김응종 옮김, 문학과지성사, 1996).

Autour de l'Heptaméron: amour sacré, amour profane (Paris: Gallimard, 1944).

Michelet, 1798-1874 (Geneva: Traits, 1946).

Combats pour l'histoire (Paris: Armand Colin, 1953).

Au cœur religieux du XVIe siècle (Paris: SEVPEN, 1957).

L'Apparition du livre, by Lucien Febvre and Henri-Jean Martin (Paris: Albin Michel, 1958);《책의 탄생》(강주헌, 배영란 옮김, 돌베개, 2014).

Pour une histoire à part entière (Paris: SEVPEN, 1962).

Michelet et la Renaissance (Paris: Flammarion, 1992).

"Honneur et patrie": une enquête sur le sentiment d'honneur et l'attachement à la patrie (Paris: Perrin, 1996).

L'Europe: genèse d'une civilisation (Paris: Perrin, 1999).

전시회 카탈로그

Lucien Febvre 1878. 1956: Bibliothèque nationale, 8-22 novembre, edited by Alfred Fierro (Paris: Fondation de la Maison des sciences de L'homme/Ecole des hautesétudes en sciences sociales, 1978).

참고문헌

Australian Journal of French Studies, 16 (5/6) (1979) "Lucien Febvre and the Annales."

Barbier, Frédéric, "Ecrire *L'Apparition du livre,*" in *L'Apparition du livre,* by Lucien Febvre and Henri-Jean Martin (Paris: Albin Michel, 1999), pp. 537-88.

Becker, Annette, *Maurice Halbwachs: un intellectuel en guerres mondiales 1914-1945* (Paris: Agnès Viénot Editions, 2003).

Crouzet, Denis, "Lucien Febvre," in *Les historiens,* edited by Véronique Sales (Paris: Armand Colin, 2003), pp. 58-84.

Fink, Carole, *Marc Bloch: A Life in History* (Cambridge: Cambridge University Press, 1989).

Huppert, George, "The Annales experiment," in *Companion to Historiography,* edited by Michael Bentley (London: Routledge, 1997), pp. 873-88.

Mann, Hans-Dieter, *Lucien Febvre: la pensée vivante d'un historien* (Paris: Armand Colin, 1971).

Martin, Henri-Jean, *Les Métamorphoses du livre: entretiens avec Jean-Marc Chatelain et Christian Jacob* (Paris: Albin Michel, 2004).

Müller, Bertrand, *Lucien Febvre: lecteur et critique* (Paris: Albin Michel, 2003).

Noiriel, Gérard, *Sur la "crise" de L'histoire* (Paris: Belin, 1996).

Varga, Lucie, *Les Autorités invisibles: une historienne autrichienne aux Annales dans les années trente,* edited by Peter Schöttler (Paris: Les Editions du Cerf, 1991).

에티엔 질송

1884~1978

Etienne Gilson

에티엔 질송

필립 데일리더

    1971년에 아르망 모레는 친구 에티엔 질송한테서 온 편지 한 통을 받았다. 그 편지에는 철학자 윌리엄 오컴의 실체적 형상이라는 개념을 이해하려고 애쓰는 과정에서 겪은 어려움을 토로한 서글픈 내용이 담겨 있었다. 만일 오컴을 만난다면 이 철학자에게 그 실체적 형상 개념에 대해 직접 물어볼 수 있으리라는 기대 속에서 위안을 찾은 듯하다. 20세기 프랑스의 가장 유명한 역사가 가운데 한 사람인 질송이 남긴 이 말은 여러 가지 면에서 놀랍기 그지없다.

    1971년 무렵 프랑스의 주요 역사학자들은 대체로 질송의 전문 분야인 철학사에 거의 관심을 갖지 않았다(물론 철학사가 그의 유일한 전공 분야였던 것은 아니다. 질송은 무엇보다 철학사가로 자부했지만 마땅히 철학자이기도 했다). 프랑스 역사학은 상류 문화보다는 민중문화를 연구했고, 상류 문화를 연구할 때도 주로 민중문화와 관련해서 접근했다. 게다가 질송이 이미 600년 전의 인물인 오컴과 만날 수 있기를 기대한다고 썼을 당시, 대다수 프랑스 역사가들은 오컴과의 그러한 있음직한 만남과 대화라는 방식을 불가능한 일로 여기고 있었다. 이 점에서 질송은 프랑스 역사가들 가운데 일종의 돌연변이인 셈이며, 바로 그 때문에 이목을 끄는 인물이기도 하다. 20세기 프랑스 역사가의 전형은 세속적이고 정치적으로 좌파이며, 인문학보다는 사회과학을 더 편하게 느끼는 그런 모습을 띠고 있었다. 그러나 에티엔 질송의 이러한 이력은, 저명한 역사가들 가운데 일부는 여전히 종교적 믿음을 버리지 않았고 전통적인 방식으로 전통적인 주제를 연구하는 역사학 전통을 이어 가고 있었음을 상기시켜 준다.

에티엔 앙리 질송은 1884년 파리 7구에서 가족이 운영하는 포목점의 위층 아파트에서 태어났다. 본가는 아마 프랑스혁명기 이래 몇 세대에 걸쳐 파리에 거주해 왔을 테지만, 외가의 뿌리는 부르고뉴에 있었다. 외할머니가 손자에게 심어 준 부르고뉴에 대한 애착은 너무도 생생해서, 훗날 질송은 부르고뉴에 별장까지 사 두려고 했다. 질송의 부모는 그다지 부유한 편은 아니었다. 아버지 폴 질송은 쾌활하지 않았고 나태한 데다 병약한 인간이었던 것 같다. 그런 아버지는 심각한 발작증을 앓다가 질송이 어렸을 때 세상을 떠났다. 그 뒤로 어머니 카롤린 줄리에트 래노는 상점 운영에 더해서 다섯 아들(유아기에 사망한 쌍둥이도 있었다)의 양육까지 혼자서 책임져야 했다.

신심 깊은 어머니 덕에 질송은 독실한 가톨릭 환경에서 성장했다. 부모는 아이가 여섯 살이 되자 가톨릭형제단 학교에 입학시켰다. 1895년에 질송은 노트르담데상 가톨릭계 학교에서 중등교육을 받기 시작했다. 이 학교는 공식적으로는 신학교였지만 성직자 교육과는 관계없이 교육하던 엘리트 교육기관이었다. 1902년 질송은 명문 공립 앙리4세고등학교로 전학했다. 질송은 고등학교 교사가 되기를 희망했고, 따라서 고등학교에서 학업을 이어 나가는 것이 자신의 꿈을 이루기 위한 최선의 방법이라고 생각했다. 질송은 이곳에서 1년 반 만에 중등교육 과정을 마치고 1903년 졸업했다. 이후 그는 병역 의무를 위해 군에 입대했다. 질송은 지루하면서도 바쁜 병영 생활을 보냈지만, 그 와중에도 데카르트의 《성찰》을 비롯한 철학 서적을 읽었다. 군복무를 마친 뒤에는 파리 소르본대학에 입학했다. 그는 가능한 단기간에 학사 학위를 취득하고 교수자격시험에 응시하고자 했고, 스스로 3년이라는 기간을 설정했다. 질송이 이렇게 서둘렀던 것은 개인 사정 때문이었는데, 집에서 소르본에서 공부할 수 있도록 장기간 지원해 줄 만큼 경제적 여유가 없었기 때문이다. 게다가 질송은 사촌인 테레즈 라비제와 결혼하기를 원했고, 그러려면 학위와 안정된 직업을 빨리 확보해야만 했다.

질송은 3년 안에 교수자격시험을 통과하겠다는 계획을 달성하고서 1908년에 마침내 테레즈와 결혼했다. 학업을 서두르기는 했지만 그렇다고 학교에서 얻은 것이 적은 것은 아니다. 앙리4세고등학교 시절에도 질송은 소르본대학에서 뤼시앵 레비브륄의 데이비드 흄 강의를 들었다. 소르본에 입학한 후 질송은 다시 한 번 레비브륄한테 데카르트에 관한 강의를 들으며 공부할 기회를 얻게 되었다. 레비브륄의 강의는 질송에게 무척 매력적이었고, 질송은 곧 그를 지도교수로 삼고 데카르트에 관해 박사학위논문을 쓰기로 결정했다. 질송이 철학사가가 되도록 이끈 인물 하나를 꼽는다면 바로 레비브륄이다. 그러나 질송은 소르본에서 다른 저명한 학자들도 만났고, 철학자 앙리 베르그송과 사회학자 에밀 뒤르켐의 수업도 들었다. 뒤르켐은 철학이라는 학문에 적대감을 숨기지 않고 형이상학적 탐구 방식을 비판했던 인물이었지만, 질송은 1904년부터 1907년까지 뒤르켐의 모든 강의를 수강했다. 뒤르켐은 자료 수집을 강조하면서 실증적인 방법을 통해 자연과학에서처럼 모델화될 수 있는 사회학 같은 학문 분야를 선호했다. 질송은 그 무렵 뒤르켐의 유물론을 공부했지만 그렇다고 가톨릭 신앙까지 흔들리지는 않았다. 소르본대학 시절에도 질송은 미사에 빠지지 않았다. 음악 애호가였던 탓에 그저 오르간 연주자의 실력을 보고 어느 교회에 갈지를 결정했지만 말이다. 프랑스에서, 특히 프랑스 교육제도 안에서 기독교의 지위를 둘러싸고 가톨릭교회와 제3공화국 사이에 벌어진 갈등(제3공화국은 1903년에 가톨릭 교단들을 나라 밖으로 추방했다)을 고려할 때, 가톨릭 신앙에 대한 질송의 애착은 결코 사소한 문제가 아니었다.

1907년 교수자격시험을 통과한 질송은 여러 고등학교에서 교사로서 경력을 쌓아 갔다. 그런 가운데 당시의 관행대로 주논문과 부논문, 두 편의 박사 학위논문을 함께 준비했다. 1년마다 근무지를 옮겨 다녀야 했고 가족도 늘어났지만(1912년과 1913년 차례로 두 딸 자클린과 세실이 태어났다) 질송은 논문을 완성하고 마침내 1913년 1월에 발표했다. 부논문은 데카르트가 이용한 스콜라철학의 용어들에 대한 색인을 담은 〈스콜라철학: 데카르트 색인〉이었다. 질송의 주논문 〈데카르트의 자유론과 신학〉은 그해 《데카르트의 자유 개념과 신학》(La liberté chez Descartes et la théologie)이라는 제목으로 출판되었다.

데카르트에 관한 첫 연구서에서 우리는 이미 사상사가로서 질송의 특징 몇 가지를 찾아볼 수 있다. 그는 철학적 사유를 특정한 역사적 맥락에 위치시키고, 철저하게 사료에 기반을 두었다(물론 논문 발표장에서 레비브륄은 질송이 적어도 한 대목에서 데카르트 자신이 말한 것을 넘어서서 자기 생각을 데카르트의 것인 양 주장하고 있다고 질타했다). 데카르트에 관한 논문 지도를 요청받은 레비브륄은 질송에게 데카르트와 중세 스콜라철학 사이에 존재하는 형식과 기술, 용어, 실체적 의미의 관련성을 연구해 보라고 제안했다. 질송은 훗날 레비브륄의 이러한 제안이 다소 엉뚱한 것으로 비쳤다고 회고했다. 왜냐하면 이 제안을 한 레비브륄이 유대인인데다 가장 유명한 스콜라 신학자이자 철학자인 토마스 아퀴나스의 저작에 관해 문외한이었기 때문이다. 그럼에도 이 제안은 질송에게 매력적으로 다가왔다.

데카르트가 어떤 인물인가? 그는 17세기에도 여전히 강한 영향력을 행사하던 아리스토텔레스의 가설로부터 물리학을 분리하고자 시도했다. 아리스토텔레스의 가설은 중세 스콜라 사상에 의해 계승되었다. 이 그리스 철학자는 자연을 목적론적인 방법으로 이해하면서, 그것이 이해 가능한 목표를 향해 작동하고 있다고 주장했다. 데카르트에 따르면 이러한 목적론적 자연관은 물리학 연구에 장애물이었다. 1609년부터 1612년까지 라플레슈의 예수회학교에서 수학한 데카르트는 개인적으로 스콜라 사상에 친숙했는데, 질송의 테제는 스콜라적인 아리스토텔레스의 사상으로부터 물리학을 해방시키고자 한 데카르트가 어떻게 스콜라적인 용어와 방법을 사용했는가, 곧 스콜라철학을 어떻게 반전시켰는가를 입증하는 것이었다. 질송은 놀랍도록 정교하게 라플레슈의 교육과정과 데카르트의 언어에 사용된 스콜라적 용어의 편재성을 재구성했다. 그는 데카르트가 스콜라철학의 용어와 개념을 사용하면서 이따금 그 의미를 변화시켰다고 지적하면서 자신의 논지를 강조했다. 또한 질송은 토마스 아퀴나스에 대한 데카르트의 비판을 자세히 검토했는데, 이 과정에서 아퀴나스를 좀 더 면밀하게 검토할 필요성을 느끼게 되었다. 바야흐로 토마스 아퀴나스는 질송의 학문 세계에서 중심으로 떠오르고 있었다.

논문 두 편을 쓰는 동안, 질송은 중세 사상사 전문가가 되려면 특정한 기술을 습득할 필요가 있다는 점을 알게 되었다. 박사논문 발표에 임박해서야 질송은 중세 사상가에게는 특히 어려운 문제인 중세 필사본 독법을 배워야 했다. 어려운 점은 필사본에 약자가 자주 사용됐는데, 중세의 필사가들이 사용한 약자에는 따로 정해진 규칙이 없었다. 질송은 또 논문이 성공해서 대학에 자리를 잡게 되면 토마스 아퀴나스에 관한 강좌를 개설하리라 결심했다.

1913년 여름, 질송은 릴대학에서 철학과 교육학을 담당하는 오늘날의 부교수에 해당하는 직위를 얻게 되었다. 이 자리에 오르면서 여러 경쟁자를 물리쳤는데, 그중에는 레비브륄의 또 다른 제자이자 훗날 프랑스의 위대한 사회학자가 된 모리스 알박스도 있었다. 질송에게 밀린 알박스는 1년을 더 고등학교 교사로 지내야 했다. 질송은 릴대학의 경험을 일종의 해방으로 느꼈다. 고등학교와는 달리 대학 강의와 아퀴나스 연구를 병행하고 연결시킬 수 있었다. 게다가 아퀴나스에 대한 자신의 강의가 대학 행정 당국의 반발을 사리라고 예상했지만, 대학 학장은 오히려 환영했다. 이는 질송이 오기 직전에 대학 당국이 저지른 큰 실수 때문이었다. 릴대학은 질송이 부임하기 전 프리메이슨 집회에 장소를 제공한 적이 있었다. 이후 지역 주민들이 릴대학과 프리메이슨의 관계를 의심하면서 대학에 대한 반발이 거세졌고, 때마침 질송과 아퀴나스 강좌는 대학을 둘러싼 지역 사회의 의혹을 해소하는 데 도움이 되었던 것이다. 질송의 아퀴나스 강좌는 성공적이었다. 프랑스 대학에서 이루어진 우수한 강의를 소개하기 위해 두 달마다 발행되던 《강좌와 강의 평론》의 편집자가 릴대학에 있던 질송의 강의를 찾아낸 것이다. 이전까지 이 저널은 콜레주드프랑스나 프랑스학사원 같은 위엄 있는 기관의 강좌만 주목했다. 그러나 제1차 세계대전이 발발하면서 질송의 강의록을 출판하려는 계획은 중단되고 말았다.

1914년 전쟁이 발발함에 따라 질송 가족은 부르고뉴로 거처를 옮겼다. 질송은 군에 징집되어 후방에서 보충병 교육과 훈련을 담당하게 되었다. 병영 생활에서도 짬이 날 때마다 13세기 프란체스코회 수도사 보나벤투라의 저작을 읽었다. 질송은 아퀴나스에 대한 강의로 명성을 얻었고 자신이 원한다면 어떤 주제에 관해서도 글을 쓸 수 있었지만, 1913년 초 겨울부터 보나벤투라로 연구의 초점을 맞추었다. 리모주에서 신병 교육 을 담당할 때도 보나벤투라를 읽기가 쉽지 않았지만, 1915년 6월 베르됭 전선으로 배속되고 하사에서 중위로 진급하면서부터 책 읽기는 더 어려 워졌다. 부관이 된 질송은 참호 건설과 철조망 설치를 감독하는 임무를 맡았다. 그러나 베르됭에서 맡은 임무는 상당히 위험한 것이었다. 1916년 2월 질송은 포탄이 폭발하여 무너진 참호에 깔린 채 독일군의 포로 신세 가 되었다. 그 뒤로는 전쟁이 끝날 때까지 제2제국의 포로로 지냈다.

초창기에 수용소의 상황은 개인적으로나 직업적으로나 그리 나쁘지만 은 않았다. 질송은 이따금 가족과 편지를 주고받았고 갇혀 있던 수용소 인근 책방에서 보나벤투라의 저작을 비롯한 갖가지 책을 받아 볼 수 있 었다. 질송은 글을 몇 편 쓰기도 했다. 독일군은 〈미학적 판단의 근거에 관하여〉라는 논문을 학술지에 게재하도록 파리로 발송하는 것을 허락했 고, 이 논문은 1917년에 발표되었다. 그렇지만 남편 없이 가족을 부양하 면서 어려움을 겪고 있을 아내, 다섯 아들이 전쟁으로 목숨을 잃을 지도 모른다는 걱정에 사로잡힌 어머니 생각에 질송의 마음은 무거웠다. 1918 년 전쟁이 막바지에 다다르고 독일 제국의 붕괴가 가까워 오면서 질송과 동료들은 끔찍한 궁핍과 고초를 겪기 시작했다.

마침내 전쟁이 끝나고 릴대학으로 돌아온 질송은 1919년 스트라스부 르대학으로 근무지를 옮겼고 거기서 1921년까지 머물렀다. 바로 같은 시 기 스트라스부르 대학에는 《아날》의 창간자이자 프랑스, 나아가 전 세계 에 역사학의 혁명을 불러올 두 역사가, 마르크 블로크와 뤼시앵 페브르 가 있었다. 질송보다 조금 어린 블로크는 질송의 세미나에 참여하면서 질 송이 연구하는 사료들에 관해 질문을 퍼붓곤 했다.

아날학파의 연구는 역사학의 경계를 확장하려는 시도였으며, 연구 방법에서 서사적인 성격보다는 분석적인 성격이 강했고, 경제학·사회학·인류학 같은 인접 학문의 방법론과 통찰을 활용함으로써 사회과학적 성격을 강하게 띠었다. 물론 질송은 블로크의 중세사와 페브르의 초기 근대사가 보여 준 역사의 영역을 확장하는 열망에 결코 동참하지는 않았다. 그러나 질송은 스트라스부르에서 진행되고 있던 중대한 변화를 모르지 않았고, 그 역시 다양한 학제 사이에 장벽을 허물고 학자들을 통합적인 중세 연구로 이끌기 위한 연구 기관 창설을 구상하기 시작했다.

스트라스부르에서 질송은 저술과 출판 활동을 재개했다. 제1차 세계대전으로 중단된 아퀴나스 강의록을 출간하는 작업을 다시 시작했고 그렇게 해서 완성한 결과가 1919년에 《아퀴나스 사상: 성 토마스 아퀴나스 입문》(Le Thomisme: introduction au systeme de Saint Thomas d' Aquin)이라는 책으로 출판되었다. 이 책은 질송의 저작 가운데 가장 많이 읽힌 책인데, 6쇄까지 나왔고 세 권짜리 영어 번역본도 출간되었다. 질송은 훗날 이 책의 초판 출간을 서두르다 보니 제대로 완성되기도 전에 인쇄가 시작되었다고 난처함을 고백했다. 《아퀴나스 사상》에서 질송은 '신학자' 아퀴나스를 더 강조하는 바람에 철학자 아퀴나스가 제대로 조명되지 못했다고 주장하는 학자들에 맞서 다른 논지를 폈다. 그는 철학자 아퀴나스가 신학자 아퀴나스로부터 분리되어 연구될 수 없다는 주장에도 반대했다. 질송은 아퀴나스 저작의 '철학적' 부분을 신학적인 부분과 구별하고 이를 도려내어 순수하게 철학 저작을 재구성할 수 있다고 생각했다. 대신 질송은 아퀴나스를 기독교 철학자, 즉 개인의 종교적 신념과 불가분의 관계를 맺는 철학의 소유자로 보아야 한다고 주장한다. 무엇보다도 질송은 아퀴나스의 사상이 아퀴나스 자신이 했던 방식대로 이해되어야 한다고 주장한다. 곧 아퀴나스의 사상은 자체의 고유한 역사적 맥락 속에 놓여야 한다는 것이다. 아마도 이러한 이유에서 질송은 이 스콜라 철학자가 신의 존재와 자연을 어떻게 인식했는지 고찰하는 것에서 시작하여 피조물의 세계를 거쳐 좀 더 철학적인 주제로 논의를 진전시켰다. 이러한 구조를 차용하는 과정에서 질송은 단지 아퀴나스가 《신학대전》에서 사용한 변증법의 구조를 빌려왔다.

거의 같은 시기에 질송은 토마스 아퀴나스의 사상을 넘어 중세철학 전체를 개괄한 입문서를 한 권 출간했다. 《중세의 철학: 교부철학에서 14세기까지》(Le Philosophie au moyen âge des origines patristiques à la fin du XIVe siècle)는 중세철학이라는 주제를 면밀하게 고찰한 책이다. 자신의 역사관을 설명하면서 신랄한 비평을 쓰는 것으로 유명한 뤼시앵 페브르조차도 이 책에 대해서는 우호적인 서평을 남겼다. 그러나 학문적으로 더 큰 평가를 받은 저작은 논문 8편을 모은 《중세철학 연구》 (Etudes de philosophie médiévale)였다. 이 책의 절반은 토마스 아퀴나스의 선배들을 다루고 있는 논문으로 구성되었다. 이 논문들은 모두 새로 쓴 것이었고, 아퀴나스 이후의 사상가들을 다룬 나머지는 기존에 학술지에 개제되었던 논문들이었다. 이중에는 〈기독교 합리주의의 의미〉 같은 논문도 있다. 여기에서 질송은 '합리주의' 같은 철학적 개념이 요하네스 스코투스 에리우게나 같은 중세 철학자에게 어디까지 적용될 수 있는지, 또 그의 저작에서 그러한 개념을 발견할 수 있는지를 고찰했다. 이 논문들은 텍스트의 명확한 의미에 집중하는 면밀한 분석에 매력 넘치는 스타일을 결합시킨 질송의 걸작 가운데 하나로 꼽히고 있다.

1921년 말, 질송은 블로크와 페브르처럼 스트라스부르를 떠나 파리 소르본대학으로 일터를 옮겼다. 비록 소르본대학으로 이직한 것은 교수 서열에서 일시적으로 후퇴하는 것을 의미했지만 말이다. 소르본에서 자리를 얻은 것 외에도, 질송은 곧 종교학 연구로 널리 알려진 고등연구원의 제5부에 둥지를 틀게 되었다. 이곳은 학부생 교육보다는 프랑스의 유수한 학자가 되고자 하는 이들을 위해 심화된 학문적 훈련을 제공하는데 초점이 맞춰져 있는 기관이었다. 지적 자극으로 충만한 이 새로운 환경 속에서 질송은 데카르트 연구를 계속했고, 《르네 데카르트, 방법서설: 텍스트와 해제》(René Descartes, Discours de la méthode: textes et commentaires)를 출간했다. 그러고 나서 보나벤투라에 관한 연구도 마무리하여 출판했다. 《성 보나벤투라의 철학》(La Philosophie de Saint Bonaventura)은 학계에 논쟁을 낳아 질송과 다른 중세철학 연구자들 사이에 첨예한 의견 대립을 불러일으켰다. 이 시기 질송의 저작에 비판이 제기된 것은 어느 정도 그가 가톨릭 대학이 아닌 소르본대학에 소속되어 있다는 사실 때문이었다. 주일 미사를 거르지도 않았고 1920년대 중반 이후부터는 매일 성체성사를 했음에도, 세속 교육기관에서 가르친다는 사실 때문에 질송은 가톨릭 신앙에 문외한 인물로 여기는 경우가 많았다. 비판한 이들은 질송이 가장 위대한 가톨릭 사상가를 제대로 이해하지 못했다고 생각한 것이다.

질송이 제시한 논지의 핵심을 비판한 모리스 드 불프 같은 학자는 프란체스코회의 보나벤투라와 도미니코회의 토마스 아퀴나스를 아리스토텔레스에게 큰 빚을 지고 있는 "종합적인 스콜라철학"의 두 가지 버전으로 간주했다. 성인이 된 중세 사상가들이 중요한 점에서 서로 대립하고 있다는 생각은 가톨릭 학자들에게 그리 달가운 것이 아니었다. 그들은 세속주의가 판치는 시기에 중요한 위인들 사이의 의견 불일치를 인정하고 싶지 않았고, 통일된 '중세의 지성'이라는 견해를 통해 위안을 얻으려고 했다. 하지만 질송은 보나벤투라와 아퀴나스가 다르다고 주장했다. 질송은 보나벤투라가 아리스토텔레스의 개념을 이용하고자 했지만, 동시에 그리스 철학자의 이교도 사상이 기독교를 타락시킬지도 모른다는 깊은 불신을 안고 있었다고 생각했다. 그는 또한 성 아우구스티누스가 보나벤투라의 저작에 상대적으로 강한 영향을 주었음을 지적했다. 질송은 보나벤투라와 아퀴나스 모두 종교적 신앙에서는 같은 정통주의에 속한 인물이라고 보았지만, 역사적으로 보나벤투라의 사상이 아퀴나스주의의 기원이라는 생각에는 반대했다. 보나벤투라에 대한 아우구스티누스의 영향을 기꺼이 인정했던 피에르 만도네 같은 학자도 보나벤투라가 당당히 철학자로 간주될 수 있다는 질송의 주장에는 난색을 표했다. 그러나 '기독교 철학'을 어떻게 정의할 것인가 하는 문제와 중세에 그것이 존재했음을 옹호하는 주장은 질송의 저작에서 점점 더 큰 중요성을 갖게 되었다.

1926년에 질송은 처음으로 북아메리카를 방문했다. 사실 이 방문은 전혀 계획에 없는 것이었다. 그 여행은 캐나다 몬트리올에서 열리는 학회에 대신 참석해 달라는 학장의 요청에 따른 것이었기 때문이다. 그러나 질송은 그 뒤로 40여 차례에 걸쳐 북아메리카 지역을 방문했고 점점 더 많은 에너지를 이 지역에 쏟아 부었다. 1926년 질송은 상대적으로 철학에 무관심한 프랑스 학생들에게 만족하지 못했다. 반면에 북아메리카 지역에서는 크게 환영받았고, 질송은 자신이 거기서 보람 있는 시간을 충분히 보낼 수 있으리라 기대했다. 질송이 북아메리카 학생들의 열광을 고맙게 생각한 것은 사실이다. 하지만 곧 북아메리카 지역 학생들이 지적으로 정교하지 못하고 프랑스 학생들에 비해 수준이 떨어진다는 점에 실망감을 감추지 않았다.

질송은 1926년 4월 몬트리올을 방문하고 난 뒤에 7월에는 미국을 방문했다. 이후 하버드대학은 질송을 교환교수로 보내 달라고 소르본대학에 요청했다. 질송의 첫 미국 방문지는 버지니아 주의 샬러츠빌이었다. 버지니아대학의 철학 교수 앨버트 발즈는 1926년 프랑스에서 질송을 만났고 곧바로 샬러츠빌을 방문해 달라고 부탁했다. 샬러츠빌에서 질송은 영어 회화를 익혀 가며 철학 강의를 시작했다. 1926년 9월부터 1927년 1월까지 질송은 하버드대학에서 강의했고, 1927~1928년의 가을 학기 그리고 이듬해 가을 학기에도 이곳에서 강의를 하게 되었다.

1920년대 후반에 질송은 역사 연구에 대한 지원을 목적으로 하는 기구 설립에 많은 시간과 열정을 쏟았다. 1926년 질송은 도미니코회 가브리엘 테리 신부와 함께 새로운 저널《중세 교리와 문학사 연구》를 창간했다. 이 저널의 이름은 아날학파의 등장이 질송의 생각에 얼마만큼 영향을 주었는지를 보여 준다. 그는 이 저널을 통해 중세철학 연구자와 문학 연구자들이 함께 어울리고, 좀 더 총체적인 학제간 연구를 고민하는 계기가 되기를 희망했다. 그러나 이 저널은 질송이 가지고 있던 강한 실증주의적 사유를 반영하고 있었다. 논조는 논쟁과 이론적인 논의의 여지를 남기기 않았으며, 냉정하고 과학적이며 객관적인 성향을 추구했다. 질송의 개인적인 변덕도 영향을 끼쳤다. 그는 활동적인 연구자나 학자들에게 서평은 시간낭비일 뿐이라고 주장했다. 이미 끝난 작업을 평가하는 데 공을 들이느니 차라리 새로운 지식을 생산하는 것이 더 중요하다는 얘기였다. 그래서 질송은 이 새로운 저널에 서평란을 따로 두지 않았다.

질송의 가장 중요한 업적 가운데 하나는 중세연구소의 설립이다. 그는 오래전부터 중세에 대한 학제간 연구의 중심이 될 수 있는 기관을 설립하고자 했다. 하지만 그 꿈이 실현될 수 있으리라고 비로소 생각하게 된 것은 토론토대학 부속 기관인 세인트마이클칼리지의 학장으로부터 연구소 설립을 제안 받았을 때였다. 당시 하버드대학에 머물고 있던 질송은 자신이 세우려는 새로운 연구소가 소르본대학이나 하버드대학과 제휴하기를 희망했지만, 세인트마이클칼리지의 담당자들과 나눈 대화가 만족스럽게 진전되면서 결국 토론토에 연구소를 설립하는 데 동의하게 되었다. 1929년에 연구소를 열어 질송은 소장에 취임했고 1929년부터 1959년까지 대부분의 가을 학기를 연구소에서 보내게 되었다. 봄 학기는 프랑스에서 강의를 이어 갔다. 그러나 토론토에 있는 중세연구소에 많은 시간을 할애하게 되면서 그는 개인적으로 성공의 대가를 치러야 했다. 아내와 가족은 캐나다에 장기간 체류하는 질송과 떨어져 지내는 일이 많았다. 아내가 자주 아팠던 데다 캐나다보다 프랑스에 머무는 것을 더 좋아했기 때문이다. 질송은 중세연구소가 학위 수여 기관이라기보다는 연구 중심지가 되기를 희망했지만, 연구소에 소속된 사람들의 생각은 달랐다. 그들은 질송을 설득해서 교황청이 인가하는 학위 수여 권한을 획득하고자 했다. 1934년 질송과 동료들은 이를 위해 적극적으로 노력했고, 질송과 교분을 맺고 있던 저명한 철학자 자크 마리탱은 이 문제를 해결하기 위해 교황 피우스 11세를 만나게 되었다. 1939년 그들의 노력은 마침내 결실을 맺게 되었고 중세 연구소는 이후 교황청중세사연구소로 개칭되었다. 그러나 이름이 바뀐 뒤에도 연구소는 질송이 처음 제시했던 비전을 오늘날까지 계승되고 있다. 중세사연구소는 학제간 연구를 장려하기 위해 오늘날까지 분과학문의 구분을 두지 않고 있다.

1920년대 말에 이르러 질송은 당대의 정치 현안에 적극적으로 개입하기 시작했고, 동료 학자들을 넘어 더 넓은 청중과 만남을 희망했다. 때마침 새로 창간된 가톨릭 저널 《지적인 삶》이 질송과 같은 거물 학자들의 글을 개제하는 데 관심을 보이자, 질송은 1929년부터 모두 17편의 글을 기고했다. 이 중에는 〈성 아우구스티누스와 성 토마스 아퀴나스의 기독교적 철학 사상〉 같은 논문도 포함되었다. 질송은 또한 《지적인 삶》보다는 논조나 내용 면에서 더 대중적인 《세트》에도 글을 기고하기 시작했다. 잡지 편집자로부터 기본 방향을 세워 달라는 부탁을 받은 질송은 《세트》가 프랑스의 가톨릭 신자들을 결집하고 제3공화국의 교육세속화 정책을 포기하는 데 기여해야 한다는 목표를 설정했다. 질송은 《세트》에 일곱 편의 글을 기고했다. 이 글들은 1934년《가톨릭 질서를 위하여》(Pour un ordre catholique)라는 책으로 출간되었다.

잦은 북아메리카 여행에도 불구하고 질송은 연구를 게을리 하지 않았다. 1920년대에 그는 아우구스티누스에 관한 연구와 세미나를 진행했고, 1929년《성 아우구스티누스 연구 입문》(Introduction à l'étude de Saint Augustin)을 출간했다. 처음부터 그는 이 책을《아퀴나스 사상》과 마찬가지로 엄청난 영향력을 지닌 복잡한 사상가를 이해하기 위한 연구의 출발로 여겼고, 14년 후 이 책의 내용을 대폭 수정하여 개정판을 내놓았다.

프랑스와 북아메리카에서 질송은 지칠 줄 모르는 대중 강연자로 활약했다. 강의가 연구와 저술에 방해가 된다고 느낄 때도 있었지만, 질송의 대표 저작들은 상당수 이러한 대중 강연에서 비롯되었다.《중세철학의 정신》(L'Esprit de la philosophie médiévale, 1932)이 그 대표적인 책이다. 자연신학을 다룬 이 책은 질송이 1931~1932년에 기퍼드 강좌의 일환으로 애버딘대학에서 강의한 내용을 엮은 것이다. 어떤 중세 사상사 전문가는 이 책을 질송의 저작 가운데 가장 멋진 업적이라고 평가했다. 이 책에서 질송은 한동안 자신이 전념해 온 논지를 전면에 제시한다. 이성에 의해 추론되지만 동시에 신의 계시에 의지하는 이른바 '기독교적 철학'의 존재 가능성, 그리고 그러한 '기독교 철학'이 다양한 형태로 중세에 존재했다는 주장이었다.

강사로서 교사로서 거둔 성공에도 불구하고, 질송은 대서양 양쪽에서 펼친 활동으로 육체적으로 지쳐 있었다. 그는 저술을 위해 더 많은 시간을 확보하고 싶었다. 1930년 그는 콜레주드프랑스 교수직에 도전해서 중세철학사 담당 교수가 되고 싶다는 의사를 밝혔다. 콜레주드프랑스의 교수직은 누구에게나 선망의 대상이고 쉽게 얻을 수 있는 것도 아니었다. 이 기관의 교수는 강의 부담이 한 해에 30회뿐이고, 나머지 시간은 모두 개인 연구에 쓸 수 있었다. 콜레주드프랑스는 후보자 질송에게 지금까지 업적을 정리한 서류와 향후 연구 계획서를 제출하라고 요구했다. 제출한 서류들은 질송이 역사가로서 자신을 어떻게 이해하고 있었는지 잘 보여준다. 질송은 자신의 업적이 갖고 있는 프랑스적 특징을 강조했다. 이를테면 자신이 제안한 자리가 확보되면 콜레주드프랑스가 프랑스의 자랑스럽고 오랜 철학사 연구 전통을 계승·발전시킬 수 있을 것이라고 주장했다. 이 자리를 통해 질송은 그동안 간과되어 온 프랑스의 중세철학이라는 프랑스사의 한 부분에 대해 연구를 지속할 수 있게 될 것이라고 밝혔다. 그는 자신의 연구를 통해 보나벤투라 같은 철학자들이 어째서 토마스 아퀴나스와 단순히 대립하는 것으로 평가되어서는 안 되는지가 밝혀졌다고 주장한다. 아퀴나스와 분명 다른 철학이기는 하지만, 보나벤투라 역시 기독교적이며 대단히 흥미롭고 독자적인 철학 체계의 창시자였다는 것이다. 자신의 연구가 이러한 점을 입증함으로써 중세 사상사에 대한 역사가들의 이해를 심화하는 데 이미 크게 기여했다고 주장했다. 질송은 또한 콜레주드프랑스의 회원 자격이 자신이 진행하고 있는 연구의 지속적인 수행을 가능하게 하고 자신의 오랜 관심 주제, 예를 들어 중세철학과 문학의 관계나 철학사와 과학사의 관계(데카르트 연구에서 이 점을 지적한 바 있다)와 같은 주제들에 대해 깊이 연구하는 데 우호적 환경이 될 것이라고 주장했다. 나아가 질송은 기독교·유대교·이슬람교에서 중세철학의 문제 같은 주제에 관해 학문적 관심과 연구 의지를 표명했다.

1932년에 그런 노력은 결실을 맺어 질송은 콜레주드프랑스 회원으로 선출되었다. 그는 소르본대학에 사직서를 제출하고(의무 사항) 고등연구원에도 사직서를 제출했다(이곳은 질송이 원한다면 자리를 계속 유지할 수도 있었다). 1933년 말 마르크 블로크는 질송에게 편지를 보내 콜레주드프랑스의 신규 회원 자리에 자신이 나설 것임을 알리고 후원을 요청했다. 부탁을 받은 질송은 블로크를 후보로 추천했지만, 이런저런 불운으로 블로크는 콜레주드프랑스 회원 자격 취득에 실패했다(인사위원회의 심의 기간 중에 콜레주드프랑스 회원 한 명이 사망하는 사건도 영향을 끼쳤다). 1932년부터 1950년대까지 질송은 파리의 콜레주드프랑스와 토론토의 교황청 산하 중세연구소에서 연구와 저술을 위한 제도적 지원을 받을 수 있게 되었다.

콜레주드프랑스에서 질송은 중세철학 연구와 직접 관련된 강의를 할 수 있었다. 1930년대에 행한 강의는 '시토학파와 성 베르나르 드 클레르보의 영향,' '성 안셀무스의 교리,' '둔스 스코투스의 형이상학,' '중세 지식론' 그리고 '성 아우구스티누스와 신플라톤주의' 같은 것들이었다. 토론토에서도 질송은 같은 제목의 세미나를 개설했다. 세미나에 참석한 학생들은 1930년대 역사학 세미나에서 선호하던 정밀한 텍스트 해석 훈련에 덧붙여 중세 텍스트의 편찬과 적절한 독해 방식, 다양한 강독 방향을 일러 주는 비판 도구 만들기에 이르기까지 실질적인 기술을 배워야 했다. 사료 편찬 작업을 강조하는 풍토는 곧 토론토 중세연구소의 상징이 되었다. 질송은 또 교수진 구성이라는 힘든 업무까지 맡았다. 그는 젊은 학자를 중심으로 선발하고 이들을 중세 전문가로 훈련시키기 위해 유럽으로 연수를 보냈다.

1930년대 중반 질송이 콜레주드프랑스에서 한 강의 가운데 하나는 피에르 아벨라르와 엘로이즈에 관한 것이었다. 12세기의 철학자 아벨라르는 스콜라철학의 방법론을 발전시키는 데 기여한 인물이었고, 그의 방법론은 이후 중세 신학과 철학에 핵심을 이루었다. 학생 가운데 하나였던 엘로이즈와 맺은 낭만적인 관계는 아벨라르의 지적 오만함과 논쟁을 일삼는 성격과 맞물려 정신적으로 육체적으로 비극으로 끝이 났다(아벨라르는 자신의 책 가운데 하나에 대해 이단이라고 고백해야 했고, 엘로이즈의 삼촌 풀베르의 명령으로 거세당했다). 질송은 엘로이즈와 아벨라르가 주고받은 서신들을 교재로 강좌를 개설했고, 1938년에는 이 강의록을 《엘로이즈와 아벨라르》(Eloise et Abélard)라는 책으로 출판했다. 두 사람의 스토리 자체가 지닌 낭만적인 성격 탓에 이 책은 질송이 남긴 가장 대중적인 책 가운데 하나가 되었고, 여러 나라 언어로 번역되었다. 질송은 18세기에 쓰인 알렉산더 포프의 시 〈아벨라르에게 엘로이즈가〉가 불러일으킨 이 커플에 얽힌 온갖 신화들을 일소하고자 했다. 마치 철학의 텍스트를 다루듯 그는 두 사람의 편지를 중세의 법적·문화적 맥락에 위치시켰다. 그러나 질송 자신도 이 두 사람의 이야기에 정서적으로 매료되었음을 인정한다. 그는 엘로이즈가 비열한 아벨라르에게 배신당했다고 주장하는 여성들에 맞서 아벨라르를 옹호했다(거세당한 아벨라르는 엘로이즈에게 수녀원에 들어갈 것을 요구했고, 결국 엘로이즈는 수녀가 되었다). 질송은 아벨라르에 대한 여성들의 비난을 엘로이즈가 결코 인정하지 않았을 것이라고 주장한다. 그녀는 끝까지 아벨라르를 지키려고 했다는 것이다. 아벨라르와 엘로이즈의 낭만적 사랑이 질송을 얼마나 매료시켰는지는 그 책 서문에 분명히 드러난다. 일부 학자들은 두 사람의 편지, 특히 엘로이즈가 쓴 편지의 신빙성에 대해 의문을 제기해 왔다. 질송은 서문에서 이 문제를 함께 논의했던 어느 베네딕투스회 수도사의 입장을 소개한다. 수도사에 따르면 두 사람의 스토리와 그 내용을 담고 있는 편지들은 진실일 수밖에 없었다. 왜냐하면 그것은 너무도 아름다운 이야기이기 때문이었다. 질송은 수도사의 논거가 결코 증거가 될 수 없음을 인정했지만, 그럼에도 자신은 수도사의 이러한 심정에 공감할 수밖에 없다고 토로한다.

1939년 9월, 제2차 세계대전이 발발했다. 토론토의 중세연구소 소장이 된 이후 질송은 매년 가을 토론토를 방문했고, 거기서 몇 달을 체류했다. 1939년에도 마찬가지였다. 세 명의 자식들과 병약한 아내는 프랑스에 남아 있었다. 1939년의 토론토 여행은 여느 해와 달리 너무 길어졌고, 그는 독일의 프랑스 침공 한 달 전인 1940년 4월이 돼서야 유럽으로 돌아왔다. 캐나다에 체류하던 중 질송은 〈전쟁에 대한 프랑스의 관점〉을 발표하고 독일의 세계 지배 야욕을 확신하며 제3제국에 맞서 미국이 서둘러 참전해야 한다고 호소했다. 1940년 6월 제3공화국이 몰락한 뒤로 전쟁이 끝날 때까지 질송은 대부분의 시간을 파리에서 보냈다. 그는 비시 정부와 거리를 두고 지냈다. 비시 정부 역시 질송이 기거한 파리의 집과 부르고뉴의 베르망통에 있는 시골집을 독일군 장교와 병사들의 숙소로 사용하게 한 것을 제외하고는 큰 간섭 없이 내버려 두었다. 비시 정부와 프랑스 가톨릭교회의 밀접한 관계는 질송에게 큰 고민거리였다. 한편, 질송의 딸 세실과 아들 베르나르는 자기 집에 독일군이 머물고 있는 것에 강하게 반발했다. 세실은 독일인들을 공격했고, 이제 막 청소년이 된 베르나르는 프랑스 레지스탕스의 연락책을 자청했다. 독일군에 대한 자식들의 공개적인 비판과 적대감은 질송을 불안에 빠뜨렸다.

제1차 세계대전 때와 마찬가지로, 전쟁은 질송을 교육과 행정 업무에서 해방시켰고 저술에 더 많은 시간을 가져다주었다. 게다가 이번에는 독일군 포로수용소에서 갇힌 것도 아니었고 파리에서 자신의 장서들을 이용할 수 있었다. 19421년 질송은 《아퀴나스 사상》의 네 번째 개정판을 내놓았다. 앞선 작업들에 대한 내용의 수정과 보완이었는데, 2년 뒤에 다시 다섯 번째 개정판을 출간했다. 앞선 개정판의 오류를 수정한 이 판본이 가장 우수한 것으로 평가된다. 또한 질송은 성 보나벤투라에 대한 자신의 초기 연구를 다시 검토해 《보나벤투라의 철학》의 개정판을 내놓았다. 이듬해에는 《중세의 철학: 교부 시대부터 14세기까지》의 개정판을 출간했는데, 이 책은 대중적인 인기에서 아벨라르와 엘로이즈 연구에 필적했다. 1945년과 1947년, 1948년에 연이어 인쇄를 거듭했다.

전쟁이 끝나면서 질송은 더 큰 열정을 갖고 프랑스 지식인으로서 책임감을 느끼게 되었다. 비시 정부가 몰락하면서 프랑스는 정체성의 혼란에 직면했다. 질송은 1945년 《르몽드》에 〈훈육인가 교육인가〉 같은 글을 기고하여 국가가 주도하는 공교육의 세속화에 대한 자신의 견해를 밝히고 지난날 자신이 참여했던 투쟁을 다시 시작했다. 질송의 교육철학을 표현한 가장 영향력 있는 진술은 자신이 애독하던 《지적인 삶》에 게재한 〈국민교육을 위하여〉에서 발견된다. 높은 지명도 덕분에 질송은 알베르 카뮈 같은 작가들과도 서신을 교환하게 되었다. 또한 그는 설립을 앞둔 유엔의 헌장을 작성하기 위해 1945년에 열린 샌프란시스코회의에 프랑스 대표로 임명되었다. 능숙한 언어 실력은 빛을 발했다. 그는 제1차 세계대전 기간에 수용소 동료한테서 러시아어를 배웠고, 1945년 즈음에는 프랑스어와 영어를 동시에 구사할 수 있었다. 실제로 질송은 유엔 헌장의 프랑스어 판본을 준비하는 데 중요한 역할을 했다. 또한 1945년 10월과 11월 런던회의에도 참석해서 유엔 산하 교육과학문화기구, 유네스코 창립에 관여했다. 1947년 중도파 기독교민주당인 인민공화운동(MRP)은 질송에게 프랑스의 상원에 해당하는 공화국참사회에 2년 임기의 의원직을 제안했다. 이 제안을 수락한 질송은 1949년까지 프랑스 상원의원으로 일했다. 공적 영역에서 역할이 커지면서 그는 자신이 추구했던 목표를 이룰 수 있게 되었다. 1946년 그는 아카데미프랑세즈의 회원으로 선출되었다. 이는 결코 쉬운 일이 아니어서 선출에 필요한 18표를 얻기 위해 세 차례나 투표가 이어졌다.

제2차 세계대전이 끝나고 나서 10년 동안 질송은 건강한 상태에서 학문 세계를 절정을 보여 주었다. 오랫동안 아우구스티누스, 아퀴나스, 보나벤투라 연구에 몰두해 온 그는 또 한 명의 대표적인 중세 사상가 둔스 스코투스에게 관심을 돌렸다. 1308년 사망한 이 프란체스코회 수도사에 대한 연구는 1952년《요하네스 둔스 스코투스: 그의 기본 입장에 대한 입문》(Jean Duns Scot: introduction à ses positions fondamentales)으로 출간되었다. 이론의 여지가 없는 것은 아니지만 이 저작은 질송이 저지른 최대 실수가 되었다. 책이 출판되기 직전에 둔스 스코투스의 저작들에 대한 현대어 판본이 처음으로 출판되어 나왔다. 책을 다시 쓰기에는 시간이 충분하지 않았다. 이 현대어판을 살펴본 질송은 판본 대조가 이루어지지 않은 필사본에 바탕을 두고 스코투스를 해석한 자신의 작업이 완전히 다시 검토될 필요가 있음을 깨달았다. 이 일은 질송을 움츠리게 만들기에 충분했다. 다른 주요 저작들에 대해서는 언제나 개정판을 내놓았던 질송이었지만, 이 책에 대해서는 결코 개정판을 펴내지 못했다. 이 책은 주요 저작 가운데 유일하게 영어로 번역되지 못한 책이 되고 말았다. 이보다 성공적이고 더 나은 평가를 받은 저작은《존재와 본질》(L'Etre et l'essence)이다. 파르메니데스와 플라톤, 플로티누스 같은 그리스 철학자들의 형이상학 사상을 검토하고 있다. 이 책은 이 그리스 철학자들의 형이상학이 시제 드 브라방이나 토마스 아퀴나스 같은 중세 사상가들에 의해 계승되었고, 하이데거나 사르트르를 비롯한 현대 사상가들에게도 영향을 끼쳤음을 분석하고 있다. 그렇기는 하지만《존재와 본질》은 철학사 저술이라기보다는 철학 저술에 가까웠다.

영어권 독자들에게 가장 잘 알려진 질송의 저작은 아마도 1955년 출간된《중세 기독교 철학의 역사》(History of Christian Philosophy in the Middle Ages)일 것이다. 여러 면에서 이 책은 질송의 명성을 만들어 낸 다른 책들과는 성격이 조금 다르다. 질송은 토론토에 머무는 동안 영어로 원고를 작성했다. 게다가 이 책은 랜덤하우스라는 상업 출판사에서 나왔고, 출판사는 광고 역량을 발휘하여《타임》이나《뉴스위크》와 인터뷰를 잡아 가며 책을 홍보했다(물론 이들 언론은 중세철학보다는 당대의 사건들에 관해 더 많은 질문을 던졌다). 질송은 상업적인 출판사와 작업하는 게 힘들었을 테지만, 질송을 대하면서 출판사가 느낀 어려움만큼은 아니었다. 질송의 저작을 출판했던 프랑스의 브랭 출판사의 경우, 책이 인쇄 직전 단계에 이르러서까지 원고를 아예 다시 쓰려했던 질송의 고집을 용인하곤 했지만, 랜덤하우스는 이런 점을 두고 격하게 대립했을 뿐 아니라 질송이 내용을 수정한 것에 크게 반발했다. 개별 사상가들에 관한 오랜 연구와 집필 경험은 사도 시대 이후부터 르네상스 시기까지 '기독교 철학자'(이 책에서 질송은 될 수 있으면 넓은 의미에서 이 용어를 사용했다)들에 대한 포괄적인 입문서를 쓰는 데에도 도움이 되었다. 이 책이 보여 준 연구의 방대함은 여전히 압도적이다. 그는 토마스 아퀴나스처럼 누구나 한 번쯤 들어봤을 사상가들뿐 아니라, 아마 많은 중세사가들이 들어보지 못했을 사상가들까지 다루고 있다. 예를 들자면, 3장 '12세기의 플라톤주의'에서 질송은 네 명의 사상가 질베르 드 라 포레, 티에리 드 샤르트르, 클라랑보 다라스, 그리고 솔즈베리의 존을 잇따라 고찰한다. 알베르투스 마누스와 같은 주요 인물들은 하나의 독립된 장으로 소개하고 있다. 그러고는 다시 '알베르투스와 세속적 교육,' '네 명의 동시대인,' '인간,' '신'이라는 네 가지 소주제로 접근한다. 전체적인 윤곽을 보여 주는 이러한 분명한 구조 덕에 이 책은 13세기 스콜라학의 문헌과 매우 유사한 형태를 갖게 되었다.

《중세 기독교 철학의 역사》의 가장 두드러진 특징은 담겨 있는 내용의 밀도와 포괄성이겠지만, 사실 이 책은 단순한 역사적 사실을 다룬 개설서가 아니다. 일찍이 《중세의 이성과 계시》(1938)에서 그랬듯이, 질송은 중세의 철학이 걸어온 궤적을 묘사하고 있다. 《기독교 철학의 역사》는 지난 수십 년에 걸쳐 그가 발전시키고 정제해 온 핵심적 서사를 중심으로 구성되었다.

19세기 중엽 이후, 주요 가톨릭 학자들은 가톨릭교회가 스콜라철학, 특히 아퀴나스의 스콜라철학을 부활시켜야 한다고 주장해 왔다. 이제 인류의 기원에 대한 대안적 설명과 우주의 작동 원리에 대한 다른 관점을 제공하고 있는 합리주의와 과학의 도전에 직면하여, 일부 가톨릭 학자들(특히 이탈리아와 프랑스, 독일)은 토마스 아퀴나스를 중심으로 결집했다. 합리적인 철학 탐구 방식과 정확한 접근으로 아퀴나스는 근대성과 신앙의 조화를 꿈꾸는 가톨릭교도들에게 거의 유일한 안내자로 간주되었다. 교황 레오 13세는 정례 서한 〈영원한 아버지〉(Aeterni Patris, 1879)를 통해 아퀴나스를 향한 이러한 기대감을 공식적으로 승인했다. 이 서한은 가톨릭교도들을 향해 철학 연구의 부흥을 호소하고 아퀴나스를 그 안내자로 지정했다. 아퀴나스에 대한 숭배가 얼마나 대단했던지, 질송이 1929년 《성 아우구스티누스 연구 입문》을 출간했을 때 아퀴나스가 아닌 다른 주제에 대해 책을 썼다는 이유로 비판을 받을 정도였다. 물론 그는 이미 아퀴나스에 대한 책을 출간한 바 있고, 아퀴나스 자신이 아우구스티누스를 자주 인용했으며 그의 통찰력에 의거하고 있다고 반박했다.

분명 19세기 말과 20세기의 아퀴나스주의자들 사이에는 수많은 논쟁이 일어났다. 질송은 아퀴나스가 중세의 맥락 속에서 읽혀야 한다고 주장하면서, 아퀴나스를 시대착오적으로 해석하여 현대적인 인물로 만들려는 시도에 의혹의 눈길을 보냈다. 게다가 질송은 중세 철학자들이 저마다 고유한 의미에서 고려되어야 하고 아퀴나스주의의 척도로 측정되어서는 안 된다고 주장했다. 물론 아퀴나스주의자였던 질송은 중세 지성사가 아퀴나스 시대에 이르러 절정에 다다랐다고 생각했다. 아퀴나스는 신의 계시와 신학적 연구를 통해 획득된 지식이 합리적 탐구와 철학적 질문을 통해 획득된 지식에 대립하지 않는다고 주장하면서 진리의 통일성을 확신하던 인물이었다. 질송에 따르면, 아퀴나스는 신학과 철학이 어떠한 방식으로 서로를 보완하며 철학이 계시에 의한 지식을 입증하는지에 대해 독특한 관념을 갖고 있었다. 그런 점에서 아퀴나스는 기독교 철학자의 본보기를 구현한 인물이었고, 13세기 후반은 스콜라철학의 '황금시대'라고 불러도 무방했다.

1277년 파리의 주교 에티엔 탕피에는 아퀴나스 같은 스콜라 철학자들이 크게 의지하고 있던 아리스토텔레스의 저작에서 직간접적으로 유래한, 기독교 교리가 진리라고 주장한 믿음과 배치되는 것으로 보이는 219개 테제에 대해 단죄해야 한다고 제기했다. 질송에 따르면, 이 단죄는 중세 사상사, 나아가 서양 사상사의 커다란 분기점이었다. 이 단죄는 철학적 질문과, 신학과 철학을 상호 강화하려는 시도에 끔찍한 결과를 불러왔다. 14세기에 이르러 윌리엄 오컴 같은 학자들은 철학과 신학의 연결을 끊어 버렸다. 아퀴나스 같은 학자들은 자연신학의 활력을 믿어 의심치 않았다. 자연신학 안에서 자연에 대한 탐구는 신에 대한 정보를 요구하고 신의 존재를 주장할 수 있었지만, 오컴은 신과 피조물의 세계 사이에 존재하는 연결선을 끊어 버렸다. 이 세상은 신이 창조할 수 있는 무수히 가능한 세상들 가운데 하나일 뿐이었다. 결국 이 세상에 대한 철학적 탐구는 신에 관해 많은 것을 알려 주지 못한다. 신은 우리의 세계와는 완전히 다른 세상을 창조할 수도 있었기 때문이다. 오컴에게 자연신학은 막다른 길이었다. 질송은 여러 면에서 실증주의적이고 과학적인 역사가였지만, 그럼에도 어쩔 수 없이 1277년 단죄의 결과로 나타난 철학과 신학 사이의 불화를 유감스럽고 비극적인 사건이라고 보았다.

중세철학에 대한 질송의 시각은 명료함과 힘을 갖고 있었다. 오늘날에도 중세 사상사 연구자들은 이 점을 무시할 수 없다. 특히 질송의 통찰 가운데 어떤 것은 마샤 콜리시가 《스콜라철학 재론》(2000)에서 잘 묘사했듯이 여전히 강력한 울림을 갖고 있다. 아퀴나스를 신학자인 동시에 철학자로 봐야 하며 그의 신학 연구와 철학 연구의 상관관계를 인정해야 한다는 질송의 주장은 최근의 연구 경향에 반영되고 있으며, 토마스 아퀴나스가 아닌 중세 사상가들에게도 관심을 기울여야 한다는 질송의 주장 역시 최근 연구 경향에 또렷한 흔적을 남겼다. 그러나 중세 사상이 토마스 아퀴나스의 삶과 저술에서 절정에 달했다는 견해를 두고는 대부분의 중세 연구자들이 난색을 표했다. 또한 질송이 그토록 강조했던 1277년의 단죄 역시 그가 생각했던 것만큼 중요한 의미를 띠는 것 같지는 않다. 차라리 이후의 연구는 단죄의 중요성을 축소해 왔다. 비록 파리대학이 그 무렵 유럽에서 가장 명성 높은 신학대학이었지만, 1277년의 사건은 유럽적이기보다는 파리에 국한된 사건이었고 비슷한 다른 많은 단죄들 가운데 하나일 뿐이었다.

학문적인 성공에도 불구하고 전후 시기는 여러 가지 의미에서 질송에게는 불행한 시기였다. 그는 중도파 정당인 인민공화운동에 가입했고, 프랑스 공화국을 수용했으며 샤를 모라스 같은 프랑스 왕당파를 거부했다. 이러한 질송의 행태는 프랑스 우파 진영에서 격렬한 논쟁을 불러일으켰다. 질송의 경력에서 가장 고통스런 정치 에피소드는 이른바 '질송 사건'이었다. 질송은 캐나다와 미국을 매우 잘 알고 있었고 샬러츠빌이나 케임브리지, 시카고 같은 도시를 참으로 좋아했다. 또 마르크스주의나 무신론과 결합된 정치 이데올로기에 자신의 신앙을 조화시키려는 가톨릭 교도들의 주장에도 거의 공감하지 않았다. 냉전 시기에 질송은 프랑스의 엄격한 중립을 주장했다지만, 서유럽에서 질송은 미국 편이라고 의심받아야 했다. 1950년 11월과 12월, 질송은 몇 차례 강연을 위해 인디애나주 노트르담대학에 체류했다. 12월 15일, 《정치학 리뷰》의 편집인이었던 노트르담대학 교수 발데마르 구리언은 《커먼윌》에 공개서한을 실었다. 그는 정통한 익명의 소식통을 언급하면서 노트르담대학 방문 기간 동안 질송이 냉전에 대한 자신의 중립적인 입장을 밝히고 청중을 포섭하려 했다는 얘기를 전해 들었다고 주장했다. 질송이 중립적 입장을 선언하고 패배주의를 선동하고 공산주의를 찬양했다는 것이다. 구리언은 질송이 프랑스로 돌아갈 의사가 전혀 없고, 만일 소비에트 군이 프랑스를 공격하더라도 미국이 프랑스를 돕지 않는다면 프랑스는 공산주의 세력에 맞서 결사항전하지는 않을 것이라고 말했다고 전했다.

1951년 1월과 2월 프랑스 언론은 구리언의 고발을 기사화했고, 곧 극우파, 심지어 샤를 드골 지지자들까지 질송을 패배주의자, 겁쟁이, 나아가서는 배신자라고 맹렬히 비난하기까지 했다. 한때 질송의 충실한 지지자였던 사람들까지도 이제는 공개적으로 질송을 아카데미프랑세즈에서 제명하라고 요구하기 시작했다. 질송은 1951년 2월《르피가로 리테레르》와《르몽드》에 공개서한을 기고했다. 질송은 자신을 가장 강력하게 비난한 사람들이 동료 가톨릭 신자들이었음을 지적하면서 반격을 시작했다. 그들의 비난은 공산주의에 대한 성전의 수행을 최우선 과제로 삼는 것을 거부하는 동료 신자가 나타나자 분노의 화살을 잘못된 방향으로 돌리는 것에 지나지 않는다고 주장했다. 실로 질송의 반박은 정확했지만, 이런 주장으로 사람들의 적대감을 약화시킬 수는 없었다. '질송 사건'은 1951년 중반 언론의 관심이 사라지면서 조금씩 수그러들었다. 하지만 이 사건으로 시달렸던 질송은 그 뒤로 정치 참여와 공적인 역할을 줄였다.

이러한 정치적 좌절에 질송의 개인적 상실이 더해졌다. 아내 테레즈는 1949년 백혈병으로 사망했고, 때로는 2년이 넘도록 연락도 없이 집을 나가곤 하던 아들 베르나르와 관계가 비틀어졌다. 질송의 딸들은 아버지와 비교적 원만한 관계를 유지하며 아버지를 자주 찾았지만, 마흔이 되도록 결혼을 하지 않고 질송에게 걱정을 안겨 주었다. 이제 환갑이 훌쩍 넘은 질송은 직업적인 활동을 축소하기 시작했다. 1951년 그는 좋지 않은 상황에서 콜레주드프랑스에서 물러났다. 질송 사건 와중에 처리된 퇴임 절차는 골치 아픈 문제였다. 결국 질송은 콜레주드프랑스가 은퇴한 학자에게 제공하는 명예를 일시적으로 거부당했다. 평생 헤아릴 수 없을 만큼 많은 강연을 해온 질송이지만, 1957년 이후로는 대중 강연을 해달라는 요청마저 거절하기 시작했다. 심지어 자신을 존경하던 가까운 친구나 학자의 초대도 거절했다. 1968년 겨울에 캘리포니아대학(버클리)에서 했던 토마스 아퀴나스에 대한 공개강의, 1972년 여든여섯 나이로 토론토에서 한 마지막 북아메리카 지역 강의가 전부였다.

질송은 공적 활동을 접으면서 중세철학사 또는 일반적인 철학사와는 조금 다른 주제에 관한 저술을 시작했다. 1957년 영어로 초판이 나온 《회화와 실재》(Painting and Reality, 프랑스어판은 1958년 출간) 같은 책에서 질송은 제1차 세계대전에서 전쟁포로로 잡혀 있는 동안 공부한 미학과 예술철학으로 관심을 돌렸다. 이 분야에 대한 관심은 1960년대에 이어져 질송은 《미술 입문》(Introduction aux arts du beau)을 출간했다. 질송은 언어철학에도 관심을 가졌고 《언어학과 철학: 언어의 철학적 상수에 관하여》(Linguistique et philosophie: essai sur les constants philosophiques du language, 1969)를 출간했다. 1967년에 출간된 《소피의 시련》(Les Tribulations de Sophie)은 질송의 회고록이다. 그는 자신의 불안감을 숨기지 않았고, 2차 바티칸공의회 이후 가톨릭교회에 닥친 변화를 비통해했다. 공의회의 결정으로 수많은 전통, 특히 제례적 전통이 단절된 것이 특히 질송을 아프게 했다. 그러나 질송은 다시 아퀴나스로 돌아가 아퀴나스 서거 900주기인 1965년, 그리고 자신이 태어난 지 90년이 되는 1974년에 잇따라 《아퀴나스 사상》 개정판에 새로운 서문을 써서 출간했다. 또 《성 토마스 아퀴나스, 1274~1974: 기념논총》에는 풍부한 내용을 담은 〈물질의 정의〉를 발표했다.

어느 학자에 따르면 1960년대에 이르러 질송은 급속히 시대에 뒤처지기 시작했다. 더 이상 라틴어로 미사를 봉헌하지 않는 세상에서 아퀴나스에 대한 질송의 숭배는 적절치 않다는 얘기이다. 역사가, 적어도 중세 철학사를 전공하지 않은 역사가들 역시 질송이 선택한 주제가 적절치 못했고, 일대기적 접근과 저자의 의도를 재구성하는 것을 강조한 방법론이 포스트모던식 읽기로부터 벗어나 있다고 생각했다. 포스트모더니즘은 저자가 말하거나 행동하고자 의도한 것으로부터 독립적으로 텍스트가 작동한다고 보는 만큼, 텍스트가 만들어진 세상과 그 텍스트를 창조한 저자를 순수하게 반영하는 사료로 보지 않았다. 분명 질송은 자신이 연구한 인물들이 시간에 따라 변화했음을 모르지 않았다. 아우구스티누스는 이교주의에서 마니교, 신플라톤주의 그리고 기독교에 이르는 참으로 놀라운 지적 발전을 거듭했다. 그러나 질송이 아우구스티누스나 베르나르 드 클레르보 같은 인물을 연구했을 때, 그는 일종의 불변하는 핵심, 각 사상가들의 체계를 안착시키기 위한 사상과 원리를 찾고자 했다. 예를 들어 아우구스티누스 연구에서 질송은 연대기 방식보다 주제별로 책을 구성했고, 그 책은 '이해를 통한 신의 탐구,' '의지를 통한 신의 탐구,' '아우구스티누스 저작에 나타난 신에 대한 명상'으로 구성되었다. 그리하여 이른바 '아우구스티누스주의'라는 결론에 도달했다. 질송은 진리를 탐구하는 한 인간의 진보를 단순한 지능의 발전으로 축소시키려는 자들을 비판하면서, 아우구스티누스주의가 함축한 중심 개념들을 규명하겠다고 설명한다. 오늘날 대부분의 역사가들은 질송이 거부했던 방법으로 아우구스티누스에 접근하고 있다. 즉 한 인간의 사상은 꾸준히 변화하며, 그의 최종적인 사상은 진리에 도달함으로써가 아니라 임의적이고 우연적인 그의 긴 생애에 의해 정의된다는 식이다.

질송과 같은 시대를 살던 마르크 블로크를 비롯한 몇몇 인물들의 영예가 질송을 가리고 있기는 하지만, 그렇다고 평생에 걸쳐 이룩한 질송의 명성과 영향이 사라지는 것은 아니다. 그는 《기독교 철학의 역사》에서 거의 잊힌 중세 사상가들에게 애정을 갖고 관심을 기울였다. 그러나 질송이 그러한 사상가들을 연구할 필요가 있다고 느낀 것은 그 어떤 사후 명성을 얻기 위해서가 아니었다. 역사가는 이런 사상가들이 살아 있던 바로 그 순간의 모습에 다가가야 했다. 질송이 강조했듯이, 무릇 역사가는 영원한 생명을 얻기 전에 개인들이 실제로 어떤 모습을 갖고 있었는지를 추구해야 할 것이다.

임승휘 옮김

참고 자료

저작 목록
McGrath, Margaret, *Etienne Gilson: A Bibliography* (Toronto: Pontifi cal Institute of Mediaeval Studies, 1982).

편지
Lettres de M. Etienne Gilson adressées au P. Henri de Lubac et commentées par celui-ci (Paris: Editions du Cerf, 1986).

책
La Liberté chez Descartes et la théologie (Paris: Félix Alcan, 1913).

Le Thomisme: introduction au système de Saint Thomas d'Aquin (Paris: Vrin, 1919; rev. and expanded edn., 1922; rev. and expanded again, 1927; rev. and expanded as *Le Thomisme: introduction à la philosophie de Saint Thomas d'Aquin*, 1942; rev. again, 1944; rev. again, 1965).

Etudes de philosophie médiévale (Strasbourg: Commission des publications de la Faculté des lettres, 1921); 《중세철학입문》(강영재 옮김, 서광사, 1989)

La Philosophie au moyen âge des origines patristiques à la fin du XIVe siècle, 2 vols. (Paris: Payot, 1922; rev. and expanded edn., 1944).

La Philosophie de Saint Bonaventure (Paris: Vrin, 1924; rev. edn., 1943).

Saint Thomas d'Aquin (Paris: Gabalda, 1925).

Introduction a l'étude de Saint Augustin (Paris: Vrin, 1929; rev. and expanded edn., 1943); 《아우구스티누스 사상의 이해》(김기태 옮김, 성균관대출판부, 2010)

Etudes sur le rôle de la pensée médiévale dans la formation du système cartésien (Paris: Vrin, 1930).

L'Esprit de la philosophie médiévale, 2 vols. (Paris: Vrin, 1932; rev. edn., 1944).

Pour un ordre catholique (Paris: Desclée de Brouwer, 1934).

La Théologie mystique de Saint Bernard (Paris: Vrin, 1934).

Héloïse et Abélard (Paris: Vrin, 1938; rev. edn., 1948; rev. again, 1964).

Reason and Revelation in the Middle Ages (New York: Charles Scribner's Sons, 1938).

Dante et la philosophie (Paris: Vrin, 1939).

L'Etre et l'essence (Paris: Vrin, 1948; rev. and expanded edn., 1962).

Notre démocratie (Paris: Société d'éditions républicaines populaires, 1948).

Jean Duns Scot: introduction à ses positions fondamentales (Paris: Vrin, 1952).

Les Métamorphoses de la cité de Dieu (Louvain: Publications Universitaires de Louvain, 1952).

History of Christian Philosophy in the Middle Ages (New York: Random House, 1955); 《중세철학사》(김기찬 옮김, 현대지성사, 1997)

Painting and Reality (New York: Pantheon, 1957).

Introduction à la philosophie chrétienne (Paris: Vrin, 1960).

Le Philosophe et la théologie (Paris: Fayard, 1960).

Introduction aux arts du beau (Paris: Vrin, 1963).

La Société de masse et sa culture (Paris: Vrin, 1967).

Les Tribulations de Sophie (Paris: Vrin, 1967).

선집

A Gilson Reader: Selected Writings, edited by Anton Pegis (Garden City, NY: Image, 1957).

그 밖의 저작

René Descartes, Discours de la méthode: texte et commentaire, edited by Etienne Gilson (Paris: Vrin, 1925).

A History of Philosophy, edited by Etienne Gilson, 4 vols. (vol. 1 never published; New York: Random House, 1962. 6).

"Foreword" and "Quasi defi nitio substantiae," by Etienne Gilson in *St. Thomas Aquinas, 1274-1974: Commemorative Essays*, edited by Armand A. Maurer (Toronto: Pontifical Institute of Mediaeval Studies, 1974), pp. 9-10, 111-29.

논문

"Doctrine cartésienne de la liberté et la théologie," *Bulletin de la Société française de la philosophie*, 14 (1914): 207-58.

"L'Innéisme cartésian et la théologie," *Revue de métaphysique et de morale*, 22 (1914): 456-99.

"Météores cartésiens et météores scolastiques," *Revue neo-scolastique de Louvain*, 22 (1920): 358. 84, and 23 (1921): 73-84.

"Pourquoi Saint Thomas a critiqué Saint Augustin," *Archives d'histoire doctrinale et littéraire du moyen âge*, 1 (1926): 5-127.

"Les sources gréco-arabes de L'augustinisme avicennisant," *Archives d'histoire doctrinale et littéraire du moyen âge*, 4 (1929): 5-149.

"Le problème de la philosophie chrétienne," *La Vie intellectuelle*, 12 (1931): 214-42.

"Sens et nature de l'argument de Saint Anselme," *Archives d'histoire doctrinale et littéraire du moyen âge*, 9 (1934): 5-51.

"Les seize premiers 'Theoremata' et la pensée de Duns Scot," *Archives d'histoire doctrinale et littéraire du moyen âge*, 11 (1937. 8): 5-86.

"Franz Brentano's interpretation of medieval philosophy," *Mediaeval Studies*, 1 (1939): 1-10.

"The French view of the war," *America*, 62 (1940): 452-6.

"Pour une education nationale," *La Vie intellectuelle* (February 1945): 18-36.

"Doctrinal history and its interpretation," *Speculum*, 24 (1949): 483-92.

"L'existence de Dieu selon Duns Scot," *Mediaeval Studies*, 11 (1949): 23-61.

"Autour de Pomponazzi: problématique de l'immortalité de l'âme en Italie au début du XVIe siècle," *Archives d'histoire doctrinale et littéraire du moyen âge*, 28 (1961): 163-279.

"Sur la problématique thomiste de la vision béatifique," *Archives d'histoire doctrinale et littéraire du moyen âge*, 31 (1964): 67-88.

"Avicenne en occident au moyen âge," *Archives d'histoire doctrinale et littéraire du moyen âge*, 44 (1969): 89-121.

평전

Shook, Laurence K., *Etienne Gilson* (Toronto: Pontifical Institute of Mediaeval Studies, 1984).

Shook, Laurence K., "Etienne Henry Gilson, 1884. 1978," *Mediaeval Studies*, 41 (1979), vii-xv.

참고문헌

Académie française (www.academie-francaise.fr/immortels/index.html; accessed April 8, 2009).

Biographisch–Bibliographisches Kirchenlexikon (www.bautz.de/bbkl/g/gilson_e_h.shtml; accessed April 8, 2009).

Colish, Marcia L., *Remapping Scholasticism* (Toronto: Pontifi cal Institute of Mediaeval Studies, 2000).

Ghisalberti, Alessandro, "Etienne Gilson," in *Rewriting the Middle Ages in the Twentieth Century*, edited by Jaume Aurell and Francisco Coras (Turnhout: Brepols, 2005), pp. 107-16.

Murphy, Francesca Aran, *Art and Intellect in the Philosophy of Etienne Gilson* (Columbia, MO: University of Missouri Press, 2004).

Redpath, Peter (ed.), A *Thomistic Tapestry: Essays in Memory of Etienne Gilson* (Amsterdam: Rodopi, 2002).

Schmitz, Kenneth L., *What Has Clio to Do with Athena? Etienne Gilson: Historian and Philosopher* (Toronto: Pontifi cal Institute of Mediaeval Studies, 1987).

마르크 블로크

1886~1944

Marc Bloch

마르크 블로크

프랑신 미쇼

    역사가요 실천가인 마르크 레오폴 뱅자맹 블로크는 '아날'(Annales)로 알려진 프랑스 학파의 선구자였다. 고어, 현대어 할 것 없이 여러 언어에 능통한 블로크는 박식함으로 그 세대 사람들에게 깊은 인상을 주었다. 사회적 관점에서 역사의 문제를 제기하는 데 중점을 두는 방법론만큼이나, 섬세하고 명료하고 정확한 산문은 역사라는 학문에 지울 수 없는 흔적을 남겼다. 그는 지리적·연대기적·학문적 경계선을 허물고 총체적 시각에서 인간의 역사에 접근할 수 있을, 그런 경계 없는 학문 세계를 꿈꾸었다.

    1886년 7월 6일에 태어난 마르크는 당시 리옹대학 문학부에서 강의하던 뛰어난 고대 로마사가인 귀스타브 블로크와 알자스 토박이 집안으로 리옹 출신인 사라 엡스타인의 둘째 아들로 자라났다. 20세기로 넘어올 무렵 파리 지식인들과 어울려 특권적인 환경에서 자랐지만, 마르크 블

291

로크의 학문적 운명은 결국 가족의 뿌리에 단단히 묶여 있었다. 아버지 귀스타브는 부친이 이스라엘 학교 교장으로 봉직하던 스트라스부르에서 자랐다. 리옹대학에서 펼친 성공적인 강의에 힘입어 마르크가 채 두 돌이 되기 전에, 귀스타브 블로크는 모교인 프랑스 수도에서 고등사범학교 교수가 되었다. 이 명문 대학기관은 1904년에 파리대학으로 통합되었고, 그해 귀스타브는 소르본에서 고대사 교수직을 제의받았다. 1919년에 은퇴하고 4년 뒤, 귀스타브 블로크는 파리 동남쪽 마를로트에 있는 시골집에서 심장병으로 사망했다. 그보다 1년 전에는 뛰어난 의학박사였던 장남 루이가 암에 굴복하고 말았다. 1924년에 출판된 《기적을 행하는 왕》 (Les Rois thaumaturges) 머리말에서, 마르크 블로크는 아버지와 형의 지적 울타리와 영향에 진정으로 빚지고 있다는 속내를 토로했다. 이 책은 마르크 블로크의 특기인 (의학까지 포함한) 학제적 사료 및 접근, 방법론들이 독특하게 한데 어우러져 조르주 뒤비가 '역사인류학의 초석'이라 일컬은 중세인의 심성에 대한 선구적 연구이다. "오래전부터 형과 더불어 체득한 긴밀한 지적 공유의 경험이 없었다면 나는 이 연구를 착상도 못했을 것이다. …… 나를 역사가로 만든 최고의 교육은 아버지에게서 비롯된 것이다."

귀스타브 블로크가 마르크의 인생에, 특히 역사에 대한 접근 방법과 관련하여 중요한 역할을 했다는 점은 의심할 여지가 없다. 귀스타브는, 모름지기 역사는 탐구를 위한 질문에 맞추어 연구되어야 한다고 생각한 퓌스텔 드 쿨랑주를 충실하게 따르는 학자였다. 귀스타브는 과거의 거의 완벽하게 재구성하기 위해 다양한 사료를 비교해 연구해야 한다며 해박한 지식과 학문적 수련, 상상력을 결합시켰다. 제3공화국의 열렬한 애국적 가치관을 신봉한 세속적 유대인이기도 했던 귀스타브는 더 나은 대학과 시민사회를 만들어 가는 데 헌신했다. 그는 간첩 혐의로 무고를 당한

(1894~1906) 유대인 장교 알프레드 드레퓌스의 복권을 위해 활동한 정치조직인 인권동맹 회원이었고, 나중에 제1차 세계대전 때는 시민동맹에 가입했다.

드레퓌스 사건은 청년 마르크 블로크에게, 사실 정보에 대한 객관적 추구가 오보와 왜곡, '허위 정보'를 낳을 수도 있다는 뼈저린 깨우침을 주었다. 제1차 세계대전 동안 언론 검열로 기록된 정보의 유효성이 침해되었을 때, 블로크는 이 진기한 역사적 기회를 이용하여 병사들 사이에서 구두 의사소통이 허위로 왜곡되는 과정을 분석했다. 그 결과로 나온 것이 〈전시의 허위 정보에 대한 한 역사가의 성찰〉(1921)이라는 논문이다. 그는 역사가들이 그저 현재를 통해 과거를 이해할 수 있을 뿐이라고 확신했다.《기적을 행하는 왕》에서 블로크는 또 하나의 허위 정보를 체계적으로 해체시키는데, 곧 중세와 근대 초 프랑스와 영국 두 나라 사람들이 품고 있던 자기네 왕의 치유 능력에 대한 오래된 믿음이었다. 여기서 그는 프랑스의 실증주의(사건사, 정치, 개인, 연대기를 강조하는 '과학적' 사실의 수집 접근법으로 19세기 말 역사학이 대학의 학문으로 탄생한 이래 역사학에 깊은 영향을 끼쳤다)와 거리를 두었으며, 소르본에 있던 스승들인 샤를 세뇨보스와 샤를 빅토르 랑글루아 같은 실증주의자들의 가르침에서 멀어졌다.

이제 블로크는 에밀 뒤르켐의 사회학 방법론과 그가 주도하는 잡지《올해의 사회학》에 실린 고무적인 기고문들 쪽에 관심이 기울었다. 몽플리에의 한 고등학교에서 처음으로 교편을 잡고 있던 1914년에 이미 블로크는 모든 역사 사료를 다룰 때는 문서 증거의 일정치 않은 신빙성에 대해 비판적 감식안을 가지고 접근해야 함을 학생들에게 철저히 인식시켜야겠다고 마음먹었다. 특히 그는 규범적인 텍스트와 서술적인 텍스트를 구별하는 것이 중요하다고 강조했다. 하지만 그는 또한 비록 역사가 과학과 달리 연구자들의 주관적 해석에 맡겨진 학문이라고 해도 역사가들은 적합한 접근법과 방법론을 이용해야 하며, 특히 경제사에서 일반 법칙의 유효성을 무시해서는 안 된다고 생각했다. 실제로 물질세계와 맺는 관계 속에서 인간을 탐구하는 것이 블로크의 주안점 가운데 하나가 되었다. 그러한 탐구 과정에서 그는 지리 결정론의 신조들을 몰아내기 위해, 인간과 환경 사이의 상호작용을 파악하려는 학제적 접근법을 전적으로 옹호한 프랑스의 혁신적인 인문지리학자 폴 비달 드라블라슈를 본받았다. 일찍이 대학원 시절에 블로크는 사회과학(사회학, 인류학, 지리학, 언어학, 심리학)의 방법론을 이용하여, 인간의 심리와 불가분하게 관련되어 있다고 생각한 경제 현상의 기초를 고찰하기 시작했다.

블로크는 학창 시절부터 줄곧 아버지의 발자취를 따라갔다. 파리의 명문 중등학교 가운데 하나인 루이르그랑고등학교의 교장은 블로크가 "현명한 판단력과 분별력, 참으로 놀라운 지적 호기심을 겸비한 최고의 학생"임을 알아보았다. 1903년 우수한 성적으로 문학·철학 영역에서 바칼로레아(대학입학 자격)를 취득한 후 블로크는 생클루에 있는 명문 고등사범학교(훗날 소르본에 통합됨)에 합격하고 장학금을 받았다. 여기에서 그는 4년 동안 페르디낭 로, 지도교수였던 경제사가 크리스티앙 프피스테르 같은 일류 학자들 아래에서 중세사를 공부했다. 이렇듯 대학에서 일찍이 두각을 나타낸 것은 가정과 학교에서 받은 특별한 교육 덕분이었다. 그의 아버지는 고등사범학교 교수진의 일원이었을 뿐 아니라 선생님이기도 했다. 1908년 블로크는 가장 우수한 성적을 낸 지원자들에게 최고의 고교 및 대학 교수직을 마련해 주는 중앙 집중식 교원 선발 과정인 교수자격시험에서 차석을 차지했다. 이윽고 몽플리에의 한 고등학교에 배정되었으나 1912년에야 부임했다. 그사이 몇 해 동안 그는 경쟁이 대단히 치열한 두 가지 장학금을 잇따라 수혜했다.

1908~1909년에는 외무부의 지원을 받아 베를린대학과 라이프치히대학에서 연구하면서 독일 역사학 전통의 정수를 속속들이 체득하고, 독일의 민족지학과 비교 법학, 경제학에 정통하게 되었다. 특히 그는 '중세의 일대 혁명'으로 도시의 시장경제가 농민의 자유에 촉매로 작용했다는 학설을 제시한 라이프치히대학 교수 카를 뷔흐너의 체계적인 연구 방법을 예의주시했다. 하지만 일정한 이론적 수식 어구들을 사용하여 사회집단들의 변화하는 동역학을 묘사하는 방식을 경계한 블로크는 이 선생의 매우 포괄적인 계급 모델과 거리를 두려고 했다. 그 모델이 중세의 현실에 그토록 엄격하게 적용될 수는 없었기 때문이다. 역사적 설명으로부터 끌어낸 이론적 구성물에 대한 직관적인 거부감 탓에 그는 비록 마르크스의 사회 분석에 감탄해 마지않았음에도 마르크스주의를 끌어안지는 않았다.

독일 유학 중에 블로크는 새로운 역사 '사상가들,' 그중에도 '전체사'라는 개념을 도입한 카를 람프레히트(1856~1915)를 만날 수 있었던 절호의 기회를 진심으로 기뻐했다. 람프레히트는 비교사의 확고한 옹호자였던 벨기에의 탁월한 중세사가로 장차 블로크의 조언자이자 친구가 될 앙리 피렌에게 결정적인 영향을 준 학자이기도 했다. 만년에 스트라스부르대학에 재직하는 동안 블로크는 외국인 학자들, 특히 독일 역사가들을 공동 연구에 참여시키기 위하여 그들과 다리를 놓는 일에 힘쓰곤 했다. 실은 그 또한 독일의 역사주의와 프랑스 역사학의 전통에서 나온 성과를 종합하고자 애썼다.

파리로 돌아온 직후에 블로크는 티에르재단에 영입되어(1909~1912) 12~13세기 파리 주변 지역 일드프랑스에서 농노제의 소멸에 관하여 박사 학위논문을 준비했다. 처음에 나온 일련의 성과물이 1913년《일드프랑스: 파리 주변의 고장들》(L'Isle-de-France: les pays autour de Paris)로 출판되었다. 프랑스, 독일, 영국에 관한 꼼꼼한 비교 분석은 파리 주변 농촌 경제의 변화와 농노제의 성격 및 형태에 대한 영향을 시간과 공간 속에서 탐구했다. 중세사에 관한 블로크의 첫 번째 주요 업적인 《일드프랑스》는 박사 학위논문 〈왕과 농노: 카페조 역사의 한 장〉(Rois et Serfs: un chapitre d'histoire capétienne)의 기초가 되었다. 법률, 정치, 재정 문서에 대한 엄밀한 텍스트 분석을 통해서 블로크는 카페조의 마지막 왕들, 곧 루이 10세와 그의 동생 필리프 5세(14세기 초)가 왕령지의 모든 농노들을 해방시켰다고 주장하는 전통적 역사서술을 뒤집기 위해 사회적·경제적·심리적 관점에서 주제에 접근했다. 블로크는 대개 봉건적 전쟁의 자금을 대기 위한 재정적 방편으로 이루어진 해방령이 전례가 없지 않음을 밝혀냈다. 게다가 이 같은 법적 조처는 두 행정 구역(베르망두아와 상리스)에 한정되었으며, 그나마 너무 제한적으로 적용되었다. 그런데 갑자기 터진 제1차 세계대전으로 연구를 중단해야 했고, 블로크의 학위논문 공개 발표와 출판은 1920년에 가서야 이루어진다.

1912년 몽플레에의 고등학교에 이어서 1913년에 아미앵의 고등학교 교사로 부임했지만 이러한 교육 경력은 전쟁으로 한순간에 중단되고 말았다. 1905~1906년 퐁텐블로에서 병역을 마친 블로크는 아미앵에서 하사관 계급장을 달고 272연대에 배속되어 예비군으로 복무했고, 1914년 가을에 아르곤 전선에 참전했다가 나중에는 정보장교로 활동했다. 명예로운 레지옹도뇌르 기사 작위와 무공훈장을 받고, 마침내 1918년에는 대위로 승진했다. 1915년 장티푸스에 걸렸을 때, 그는 역사적 사건을 상세히 전하기 힘든 인간 기억의 한계를 아주 잘 알고 있었기에 재빨리 자신의 전쟁 경험을 《전쟁의 회고》(Souvenirs de guerre)라는 책에 담았다. 스물아홉 살에 쓴 이 회고록에서 그는 장교와 병사들의 개인적·집단적 심리를 성찰하고, 병사들의 영웅적 용기를 칭찬한다. 블로크는 회고록에서 이렇게 주장했다.

너무 많은 사람이 최전선에 투입되어 있었다. …… 1914년 그뤼리 숲 전투는 전략상 중요한 전투는 아니었지만 가장 피비린내 나는 전투 가운데 하나였다. 우리가 속한 2군단을 지휘하는 장군은 쓸데없이 많은 학살 희생자를 냈다. …… 트럭으로 더 남쪽 베르됭과의 병참선을 급히 확보해야만 했다. 그런데 그때 우리는 오래전부터 미리 공격을 예상했어야 했고 또 예상할 수도 있었다. 조프르(Joffre, 1914년 마른 전투를 지휘한 장군—옮긴이)와 그의 참모부가 저지른 최악의 실수 가운데 하나였다!

마르크 블로크가 라 그뤼리 전투에서 겪은 참호 생활은 손에 마비 증상이 올 정도로 심한 류마티즘 관절염을 남겼으며, 이런 질환은 평생 동안 그를 성가시게 했다.

1919년 제대한 이후 신설된 스트라스부르대학의 전임강사가 되었고, 여기서 블로크는 예전 고등사범학교 시절의 스승인 프피스테르와 함께 중세사 분야를 이끌었다. 2년 뒤 학위논문 〈왕과 농노〉를 발표하고 나서 교수가 되었고, 1927년에는 정식으로 중세사 강좌 교수직을 얻었다. 더 명망 높은 소르본대학의 사회경제사 교수직에 선발된 것은 1936년에 가서의 일이었다. 그럼에도 마르크 블로크가 중세사의 국제적인 중진 학자로 떠오른 것은 지척에 더없이 잘 갖춰진 도서관(국립도서관과 대학도서관)을 끼고 학문의 중심지로서 성장하고 있던 스트라스부르에서였다. 서른세 살에 그는 새로운 중세사연구소 소장을 맡았다. 이렇듯 이른 시기에 성공할 수 있었던 것은 어느 정도 주위에 뜻이 맞는 상당수 동료 학자들의 자극 덕분이었다.

세계대전 직후 스트라스부르는 저마다 자기 분야에서 독일의 동료 학자들을 뛰어넘으려는 결의가 넘치던 당대 최고의 인문학자와 사회과학자 인재 몇몇을 초빙하는 데 성공했다. 이들은 장차 블로크의 역사학 연구에 오래도록 영향을 미치게 된다. 이를테면 교회사가이자 법제사가인 가브리엘 르브라, 사회학자 모리스 알박스, 언어학자 에르네스트 외프네르, 심리학자이자 의사인 샤를 블롱델, 지리학자 앙리 볼리그, 고대사가 앙드레 피가뇰, 중세사가 샤를에드몽 페랭, 프랑스혁명 전문가 조르주 르페브르 같은 이들이다. 대학 문학부는 구성원들에게 전국적·국제적 협동 연구를 권장하고, 국제역사학대회 같은 국제 학술회의 참석에 참여하는 데 여행 경비를 지원했다. 1898년에 처음 시작된 이 학술회의는 1920년대에는 브뤼셀(1923)과 오슬로(1928, 블로크는 이 대회에서 논문을 발표했다)에서 열렸고, 1930년대에는 바르샤바(1933)와 취리히(1938)에서 개최되었다. 마르크 블로크가 죽을 때까지 멋진 협력 관계를 이루어 낼 연상의 동료인 뤼시앵 페브르를 만나게 된 것 또한 스트라스부르대학에서였다.

마르크 블로크가 알자스로렌에서 학자 경력의 가장 왕성한 시기를 보내는 동안, 인생의 반려자 시몬 비달은 이 같은 성취에 결정적인 역할을 했다. 성공한 토목기사의 딸로 교육을 많이 받은 그녀는 마르크가 스트라스부르대학에서 교수직에 임명된 해에 아내가 되었다. 둘 사이에 태어난 장남 에티엔에 따르면, 시몬은 마르크의 연구를 끈기 있게 도운 조력자였을 뿐 아니라 가장 냉정한 비평가이기도 했다. 1920년부터 1930년까지 부부는 아이 여섯을 낳았다. 탄생과 죽음, 딸린 식구가 늘어 가면서 부양 책임도 점점 더 무거워졌지만, 그럼에도 전후에 불타오른 블로크의 학문적 열정을 조금도 가로막지 못했다. 블로크는 자녀 양육에 진심으로 관심을 기울였지만, 에티엔은 아버지가 연구에 너무 몰입한 나머지 서먹서먹하고 냉담한 사람이었다고 묘사했다. 딱딱하고 고압적인(냉소적인 기색과 함께) 태도는 가정 안에만 국한되지 않았다. 여러 모로 자제력이 강하고 엄격하고 헌신적이며 까다로운 블로크는 존경을 받기는 했지만 한 편으로는 사무실에 있는 시간에조차 그에게 범접하려 하지 않는 신입생들에게 다소 불편함을 느끼게 했다. 제자 앙리 브룬슈비그는 "차가운 완벽함의 소유자인 마르크 블로크의 모든 면이 초심자를 주눅 들게 했다"고 고백했다. 만년에 이르러, 자신들이 초년에 수업 받던 시절을 회상하면서, (이제는 저명한 역사가가 된) 로베르 부트뤼슈와 피에르 구베르 같은 마르크 블로크의 제자들은 한 목소리로 스승의 견실함과 냉철함, 명료함, 특히 인간적인 가르침을 칭송했다.

비판적 사유의 대가인 마르크 블로크는 곧 프랑스와 외국의 학계에서 그 분야의 중진 가운데 한 사람으로 인정받았다. 두 차례의 세계대전 사이에 그는 나라 안팎에서 시험이나 연구비 수혜자를 선발하는 심사위원으로 자주 초빙되었다. 1920년대 초에는 전국 교수자격시험 심사위원을 지냈고, 마흔한 살이던 1927년에는 인문·사회과학 분야의 최우수 연구자들을 지원하는 미국의 연구재단 로라스펠먼록펠러기념사업회의 프랑스 지부에 선정된 두 번째 최연소 학자이자 (파리가 아닌) '지방'에서 온 유일한 역사가였다.

젊은 지성들을 상대로 새로운 역사 방법론을 가르치는 일은 블로크가 역사 연구 기법에 관한 논문을 쓰려고 작정을 했을 때 이미 예정된 일이었다. 이미 1930년에 그는 역사 방법론에 관한 글들을 《작업실 안의 역사가》(Historiens à l'atelier)라는 제목으로 묶어 갈리마르 출판사에서 출판할 계획이었다. 이 특별한 계획이 성사되지 않았지만 그런 구상은 사라지지 않았다. 1944년 때 이른 죽음으로 역사 방법론에 관한 블로크의 원고는 완성을 보지 못했지만, 죽은 뒤 그의 저택이 약탈당했음에도 불구하고 말년에 저술 활동을 했던 푸제르에서 그 미완성 초고가 발견되었다. 1949년 친구이자 동료였던 뤼시앵 페브르가 《역사를 위한 변명 또는 역사가라는 직업》(Apologie pour l'histoire ou métier d'historien)이라는 블로크가 직접 붙인 뜻깊은 제목으로 미완성 원고의 사후 출판을 추진했다. 이 책은 저자가 스스로의 힘으로 마무리하기가 너무 벅차다고 생각한 신념의 작품이자 필연적인 작품이었다. 죽기 한 해 전에 블로크는 뤼시앵 페브르에게 이렇게 털어놓았다. "《역사가라는 직업》을 쓰는 작업이 지지부진하지만, 줄곧 이 일을 즐기며 시간을 보냅니다. 그 일을 마치는 순간이 오지 않았으면 좋겠습니다." 제2차 세계대전 와중이던 1942년 나치에게 몰수당한 파리의 아파트에 자신의 연구 논문들과 (1천 종이 넘는) 방대한 서재를 뒤로 하고 전선으로 떠났기에 이 책을 쓴 블로크는 푸제르로 피난해 있던 시절 기억에 의존하여 작업을 했다. 이용할 수 있는 자료라고는 수중에 있던 책 몇 권과 노트뿐이었다.

다음 세대의 성공한 역사가 가운데는 조르주 뒤비처럼《역사가의 직업》에 대해 실망을 감추지 못한 이들도 있었다. 뒤비에게 그 책은 잘못된 인과관계 문제와 서사적 사료에 스며든 이데올로기 담론의 역사적 가치에 대한 언급과 함께 "낡은 전통과 인습에 틀어박힌 채" 형식은 물론 내용마저도 진부해 보였다. 한편 자크 르고프나 마시모 마스트로그레고리 같은 이들은 블로크의 작업 방식이 출판하기까지 고심하여 퇴고하기를 거듭하는 것이었기에《역사가라는 직업》은 있는 그대로, 즉 진행 중인 작품으로 봐야 한다고 지적했다. 하지만 그런 결점(일부는 뤼시앵 페브르의 편집에 말미암은)에도 불구하고 그 작품은 엄청난 인기를 끌었고, 세계 여러 나라 언어로 번역된 책들이 재판을 거듭했다. 오늘날 대부분의 학자들은 실제 역사 연구에 관한 경험적 성찰을 담은《역사가라는 직업》이 역사학의 성격과 목적을 정의하는 방식뿐 아니라 단절보다는 차이들(분석적 관찰자가 인간 과거의 원초적 경험의 본질을 이해하도록 해주는 지적 초점)을 더 주목함으로써 미래의 역사가들에게 역사에 접근하는 방식을 깨우치는 데 도움을 준다는 점을 인정한다. 무엇보다도 그것은 역사가의 직업을 그 사회적 기능이라는 관점에서, 다시 말해 실제 역사 연구가 집단기억을 구성하고 성형하고 비판적으로 성찰하는 데 이바지한다는 관점에서 소개한다.

블로크의 연구에 대한 찬사는 그가 학계에 발을 내디딜 때부터 이미 국가나 학문의 경계들을 넘나들었다. 논문과 서평, 논평에 이르는 수백 종의 출판물들[전체 목록은 《역사논총》(Mélanges historiques, 1963) 참조] 가운데 두 가지 씨앗 같은 연구가 스트라스부르 시절(1919~1936)에 발표되었으니, 《기적을 행하는 왕》(1924)과 《프랑스 농촌사의 기본 성격》(Les Caractères originaux de l'histoire rurale française, 1931)이 바로 그것이다. 두 연구 모두 20세기와 21세기 초 역사학에 대한 마르크 블로크의 근원적 기여를 또렷하게 보여 준다. 《기적을 행하는 왕》은 시간과 공간에 대한 블로크의 독창적인 취급 방식을 아주 잘 보여 준다. 이 책에서 그는 국왕의 의례에 관한 연구를 전통적인 시대구분법에서 멀리 벗어나 아주 장기적인 시간대로 확장하고, 또한 비교 분석의 범위를 국가의 경계 너머로 확장하고 있다. 그는 옛 설화에 새로운 빛을 투사하고 감춰진 심성적 태도를 포착하고자 비문서 자료들을 일련의 증거로 짜 넣음으로써 알려지지 않은 탐사로를 개척했다. 이전의 어떤 중세사가보다도 마르크 블로크는 역사 연구를 제도사의 전통적인 틀 안에 가두기보다는 역사 연구에서 인간 심리의 중요성을 더 강조했다.

아버지와 마찬가지로 열렬한 공화파요 애국적 유대인이었던 마르크 블로크는 역설적이게도 학자로 발을 들여놓을 때부터 프랑스 왕정과 그 의례의 역사에 깊은 관심을 보였다. 논란의 여지가 있긴 하지만, 국가의 합법적 근거를 창출하는 것은 민족이지 그 반대가 아니라는 신념(독일 정치학자들에 대한 질책)에 입각해서, 그는 장기간에 걸친 다양한 종족 집단

(리구리아인, 켈트인, 로마인, 부르군트인, 프랑크인, 노르만인, 유대인에 이르기까지)의 혼합에 기원을 둔 프랑스 민족은 군주정에 대한 충성심이 발달함에 따라 10세기에 서서히 등장했다고 주장했다. 아닌 게 아니라 더 나중에 《프랑스 농촌사의 기본 성격》에서 블로크는 '기원의 우상'이라고 멋지게 이름붙인 것에 대해 분명히 밝혔다.

우리는 더 멀리, 우리의 향토를 이뤄 낸 선사시대의 이름 없는 주민들에게까지 거슬러 올라갈 필요가 있다. 하지만 인종이나 민족을 논하지는 말자. 민족지학적 단일성이라는 개념보다 더 모호한 것은 없으니 말이다.

국왕들이 봉건 세력 및 교회 세력과 벌인 경쟁에서 합법성과 우월성을 확립하기 위해 이용한 가장 강력한 수단 가운데 하나는 민중의 신비 신앙에 호소하는 것이었다. 그렇게 해서 도유(塗油)받은 국왕에게는 결핵성 림프선염인 연주창(scrofula)을 치유하는 신성한 능력이 있다는 신화를 만들어 내게 된다. 자신의 연구 목적에 따라서, 블로크는 '국왕의 안수'가 정치권력을 강화하는 수단으로 수용된 프랑스와 영국 궁정의 종교 의례에 관한 비교 연구를 시도했다. 각각 중국과 헬레니즘 세계의 의식 및 신화에 관한 유력한 연구를 출판한 바 있는 티에르재단의 두 동료 학자 마르셀 그라네와 루이 제르네한테서 영감을 받았다고 해도, 정치인류학의 시각을 유럽 중세사에 적용한 블로크의 시도는 완전히 새로운 것이었다. 이러한 주제를 통해 그는 실제 역사 연구에서 추구한 주요한 목표들 가운데 두 가지를 이룰 수 있었는데, 그것은 어떤 현상을 총체적으로 그리고 장기지속(변화에 대한 연구의 대상이 될 수 있는 상당한 시간 길이)에 걸쳐 연구한다는 것이었다. 왜냐하면 국왕의 치유 능력에 대한 믿음은 프랑스의 경우 10세기부터 19세기(1825년 샤를 10세의 대관식)까지, 그리고 영국의 경우는 11세기부터 18세기까지 존속했기 때문이다.

《기적을 행하는 왕》은 몇몇 동료와 친구들(뤼시앵 페브르, 앙리 피렌, 앙리 세, 에르네스트 외프네르)을 비롯하여 한정된 범위의 전문가들에게 배포된지라 광범위한 독자들이 읽어 볼 수는 없었다. 그러나 학계의 반응은 대체로 호의적이었다. 대부분은 앙리 피렌이나 뤼시앵 페브르처럼 그 연구의 중심적 역할에 대해 열렬한 찬사를 보냈다. 보수적인 학자들까지 이 보기 드문 저작에 찬사를 보냈다. 예컨대 가톨릭 전통주의자요 군주제를 지지하는 역사가로서 블로크에 대해 반유대주의 감정을 감출 수 없었던 J. 드 크로이는 보수적인 잡지 《역사문제 평론》에서 블로크의 비길 데 없는 박식함을 마지못해 인정했다. 소르본대학의 종교사 강의교수 샤를 기녜베르는 얼핏 보기에 범위가 너무 좁은 주제가 아닌가 생각했지만, 이 학제적 연구의 중요성을 충분히 납득하고는 재평가하게 되었다. 그러한 중요성은 그 주제가 열어 놓은 더 넓은 시야 때문이기도 했고, 또한 국왕의 기적 능력에 대한 중세의 믿음과 대관식의 의의에 관련된 얽히고설킨 문제들을 블로크가 대단히 명료하게 기술했기 때문이기도 했다. 유서 깊은 고문서학교 도서관의 학자 P.-F. 푸르니에는 블로크가 연구 과정에서 엄청난 양과 종류의 사료를 발굴해 낸 점을 높이 평가했다. 푸르니에는 무엇보다도 정교한 방법론과 독창적인 접근 방식에서 나온 빈틈없는 분석을 눈여겨보았다. 앙리 세는 블로크가 정치사상 분야를 민중 심성에 열어젖힘으로써 미지의 영역에 처음으로 뛰어들었다는 데 방점을 찍었다. "확실히, 저술가들의 '사회철학'에 만족해서는 안 되겠지만, 당신도 잘 알다시피 민중의 감정을 꿰뚫어본다는 건 쉬운 일이 아닙니다. 이런 의미에서 당신은 정치사상사가들에게 나아갈 길을 보여 주었습니다."

외국의 역사가들 또한 《기적을 행하는 왕》에 주목했다. 특히 영국의 중세사가인 E. E. 제이콥은 비교사적 접근법과 함께 프랑스와 영국 왕권의 성격과 본질에 관련된 당대의 표상들을 처음으로 조명한 블로크의 역량을 높이 평가했다. 하지만 모든 학자들이 《기적을 행하는 왕》에 그렇게 열렬한 반응을 보인 것은 아니었다. 스트라스부르대학의 동료인 사회학자 모리스 알박스는 더 넓은 사회적 맥락에 놓고 봤어야 할 한 현상의 시공간적 기원에 너무 집착하지 않았는가 하고 의문을 던지면서 이 책의 연대기적 서술을 못마땅해 했다. 몇몇 다른 독자들은 좀 오래된 이 주제의 '효용성'에 대해 납득할 수 없다는 태도를 보였다. 이를테면 법제사가인 에르네스트 페로와 중세사가 프랑수아루이 강쇼프, 그리고 특히 왕권 숭배에 이르게 된 중세의 정신 상태에 대한 블로크의 통찰력에 의문을 표한 로베르 포티에를 들 수 있다. 포티에는 그 연구를 사회학자들에게 맡겨 두는 편이 더 나았을 것이라는 의견을 덧붙였다. 부정적인 비판자들은 참고문헌에서 빠진 두드러진 사례들을 지적했다. 이를테면 블로크가 주술과 왕권, 원시적 심성의 역사에 관하여 제임스 프레이저 경과 뤼시앵 레비브륄 같은 인류학자들의 연구를 언급한 반면, 유명한 두 학자, 즉 뒤르켐의 추종자인 마르셀 모스의 주술 및 종교 의례에 대한 이론과 아르놀드 방주네프의 통과의례와 관한 연구를 어떤 이유에선지 참고하지 않았다는 것이다. 그럼에도 이 같은 유보적 태도들은 1924년 《기적을 행하는 왕》이 출간되었을 당시 그 주제와 블로크의 취급 방식이 대단히 독창적이었다는 것을 증언한다.

7년 뒤에 블로크는 또 하나의 권위 있는 연구서를 출판했다. 이 책은 파리와 오슬로에서 동시에 출간되었는데, 오슬로는 1929년에 블로크가 문명비교연구소에서 그 책의 밑그림이 된 개요를 발표한 곳이었다. 《프랑스 농촌사의 기본 성격》이라는 제목의 이 책은 실제 다양한 방식으로 나타난 프랑스 농지 제도를 이해하는 열쇠로서 농민 예속의 형태들을 개관했다. 어떤 면에서 《기본 성격》은 블로크가 앙리 베르가 기획한 '인류의 진화' 총서를 위해 제출하고자 했지만 실행하지 못한 두 권의 경제사(프랑스 농지 제도와 장원 및 도시 경제)에 관한 집필 계획의 대체물이었다. 《왕과 농노》의 후속편으로서 《기본 성격》은 농노제를 프랑스 농지 제도의 구조 속에 통합시켰다. 이 책이 중세 프랑스 농촌사의 사회경제적 변화에 관해 20여 년 동안 축적된 블로크의 방대한 연구 성과라는 사실을 고려하면, 그것이 학문 공동체로부터 《기적을 행하는 왕》보다 훨씬 더 착잡한 반응을 얻었다는 사실은 좀 역설적이다. 그의 연구에 대한 오해는 어느 정도 프랑스 역사학 전통에서 토지제도 및 개혁에 대한 관심이 부족했고, 그래서 블로크가 독일과 영국의 역사 문헌에 상당히 의존해야 했다는 사실에서 비롯되었다. 블로크가 자연현상의 영향을 무시하고 인간의 정주 역사에서 지리 결정론을 거부했음에도, 로제 디옹 같은 지리학자들의 반응이 훨씬 더 긍정적이었던 점은 의미심장하다. 그가 보기에, 거주 형태의 발달에 영향을 주는 것은 사회계급 및 가족 구조였지 자연환경이 아니었다. "농민(paysan)을 하나의 단일한 집단으로 논의하는 것은 잘못일 것이다. 실상 농민 사회는 확연히 다른 사회계급들을 포함하고 있기 때문이다." 지리 조건에 대한 이렇듯 단호한 사회사적 접근 방식은 그 분야 전문가들의 비판을 불러일으켰다. 하지만 알베르 드망종이 기꺼이 인정했듯이, 지리학자들은 《기본 성격》으로부터 많은 이득을 끌어낼 수 있었다. 그 책의 강점은 농촌사가 프랑스에서 이루어진 지역적·국지적 관찰들과 함께 영국 및 독일 학계에서 길어 낼 수 있는 풍부한 개념들의 합성에 있었기 때문이다.

책의 첫머리에서 블로크는 자신의 역사 연구에 대한 기본적인 방법론의 조건을 밝히고 있다. 그것은 곧 "다른 여러 나라의 농촌사에 대한 문헌을 철저히 확보하는 것인데, 왜냐하면 이 문헌들이 허용하는 비교 연구와 그것들에서 길어 낼 수 있을 연구에 대한 시사들이 없었다면 사실 지금의 이 연구는 불가능했을 것"이기 때문이다. 농촌사에 관하여 좀 더 확고한 전통을 가진 영국 학계(프레더릭 시봄, 프레더릭 W. 메이틀랜드, 폴 비노그라도프, 리처드 H. 토니)와 독일 학계(게오르크 한센, 게오르크 F. 크나프, 로베르트 그라트만, 아우구스트 마이첸)는, 농업 기술과 장원제를 모두 포괄하면서 또한 틀에 박힌 편협한 시대 및 전통적인 지방 연구(종종 장원 기록에 너무 국한된)에서 탈피하여 블로크가 프랑스의 경험을 유럽의 맥락에서 종합적이고 심층적으로 설명하는 데 길잡이가 되었다. 그는 지방 차원의 접근이 비교 분석과 관련될 때에만 학문적 가치를 띨 수 있을 뿐이라고 역설했다. 왜냐하면 역사가의 주된 목표는 차이에 관한 연구를 통해 인간의 과거 경험에서 나타나는 독특성을 되찾아 내는 것이기 때문이다. 출신 배경과 개성, 관심 면에서 철저히 부르주아적이었음에도, 블로크는 책상에 앉아서 일하는 역사가에게 호감을 갖고 있지 않았다. 그는 '내 고장 사람들'(hommes du terroir)의 생생한 경험에 늘 마음이 끌렸다. 사실 그는 제1차 세계대전 동안 그런 사람들과 곁에서 친하게 지낼 기회가 있었으며, 이후 1930년에 크뢰즈 도(리무쟁 지방의 중앙 지역)의 푸제르에 새로 장만한 농가에서 살 때 시골 농부들과 긴 시간을 함께한 경험이 그들의 삶과 관심사에 대한 이해를 깊게 해주었다.

블로크는 "과거를 해석하기 위해서 먼저 똑바로 바라봐야 하는 것은 현재, 또는 적어도 현재와 아주 가까운 과거이다"라고 확신했다. 그래서 직업 역사가의 기술들(해박한 지식과 투시, 개념화)을 그 자체의 구체적인 현실(쟁기질에서부터 농민 심성에 이르기까지)의 맥락에서 자신의 주제를 관찰하는 능력과 결합시키고자 했고, 그렇게 해서 인간의 작용에 대한 고려가 전통적으로 결여되었던 한 가지 주제에 활기를 불어넣을 수 있기를 바랐다. 이 점에서 그는 프랑스에 개방경지 제도가 있었다는 것을 부인하는 퓌스텔 드 쿨랑주의 유산과 결별했다. 블로크에 따르면 "(그가) 아마도 프랑스 북부와 동부 전역에 영국식 개방경지의 기억을 하릴없이 떠올리게 하는 규칙적인 형태의 경지들을 눈여겨 본 적이 없었기" 때문일 것이다. 블로크는 중세사가들이 농촌사를 법제사와 제도사의 틀 안에 가두던 오랜 전통과 결별하기로 작정했다.

따라서 마르크 블로크의 의도는 영국과 독일에서 일어난 것과 대조되는 것으로서 18세기 프랑스에서 지체되고 불완전한 '농업혁명'이 일어나기까지 있었던 모습 그대로 프랑스 농촌의 풍경에 관한 최초의 광범위한 연구(기술사를 포함하여)를 수행하는 것이었다. 이웃 나라들의 제도에 대한 프랑스 농지 제도의 특이성 뒤에 있는 역사적 요인들을 이해하기 위해, 그는 자신이 이미 잘 알고 있는 여러 학문 분야(법학, 사회학, 지리학, 지도 제작법, 고고학, 언어학, 지형학, 농촌 경제)에서 나온 여러 자료와 방법론, 접근 방식을 탐구했다. 1928년 넉넉한 정부의 연구비 지원으로 많은 지방 문서고를 탐방하면서 그는 혁명 이전 및 19세기에 나온 일련의 지적도들을 찾아냈다. 그가 보기에, 이 자료는 '역행적 방법'(regressive method)을 적용하기에 적합했던 만큼, 먼 과거의 토지소유 형태를 해독해 내는 열쇠가 되었다. 또한 블로크는 항공사진이 토지 정착과 봉건제 연구에 얼마나 중요한지를 유독 일찍이 알아차렸다.

하지만 그가 주안점을 두고 연구한 시기는 토지개간 운동(농노제 쇠퇴의 한 요인이 된)이 전개된 11~12세기부터 프랑스혁명에 이르는 중세와 근대 초기였다. 비록 프랑스 농촌 풍경의 몇몇 특징들, 특히 대토지와 소토지 보유 사이의 대조와 같은 특징들이 19세기와 20세기 초까지 면면히 이어졌음에도 불구하고, 블로크는 과거에 관한 학문 이상으로 "역사학은 무엇보다도 먼저 변화에 관한 학문"이라고 역설했다. 장차 장원제의 다양성 그리고 일단의 역사적 조건 아래서 그것의 변형을 통해 형성된 프랑스의 유별나게 복잡한 성격에 초점을 맞추는 것은 피할 수 없는 일이 되었다. 인종 이론을 뒷받침하는 마이첸의 지리 결정론을 논박하면서, 블로크는 기후적·기술적·경제적·사회적·법적·정신적인 다수의 조건들이 프랑스의 영역 안에서 세 가지 서로 다른 경지 체제의 발달을 가져왔다고 생각했다. 차별적인 지리 환경, 언어, 법 문화로 말미암아 이 세 가지 체제가 서로 구별되었다. 먼저 북부는 개방경지의 비옥한 토양과 무거운 쟁기, 그리고 3년 윤작제가 공동체적 노동과 재산권법의 발전을 북돋우었고, 남부는 건조한 땅과 가벼운 쟁기의 사용, 2년 윤작제로 생산수단의 공동 이용이 필요 없었으며, 끝으로 중앙 고원 및 삼림 지대는 더 척박하지만 '울타리를 친 토지'(bocages)가 개인 소유권의 발달을 촉진했다. 저자는 또한 기술과 사회조직 사이의 심층적인 상호관계를 강조했는데, 일례로 북부 알프스 지방과 루아르 강 이북 지역의 무겁고 습한 토양('진흙이 많은 대초원')에 도입된 바퀴 달린 무거운 쟁기의 사용은 농민 공동체의 공동 노력과 수단이 없었다면 시행될 수 없었으리라는 것이다.

프랑스 문서고에 대한 치밀한 지식, 주제와 관련된 오랜 경험, 그리고 해당 분야의 유럽 학계 현황을 통달한 끝에 나온 블로크의 이 권위 있는 개설은 그런 종류의 포괄적인 역사로서는 최초의 저술이었다. 많은 해설용 지도를 곁들인 그 책은 그럼에도 저자 자신의 말로는 "대체로 하나의 잠정적인 종합"이었다. F. M. 포위크와 리처드 H. 토니에서부터 알폰스 도프슈, 카를 브링크만, 지노 루차토에 이르기까지 대다수의 외국 역사가들은 블로크의 업적을 프랑스 농촌사에 대한 새롭고 필수적인 연구라고 열렬히 환호했다. 그러나 프랑스 국내의 중세사가들은 몇 가지 한계(농촌 공업과 인구에 대한 경시), 불충분한 점들(남부 지방에 대한 선택적인 지식), 과장된 기술(단작 재배와 생태적 고려의 부재에 대한 강조), 그가 비록 조심스럽게 그랬지만 고의로 무시했을지도 모를 불충분한 인과관계(공동체적 행위의 원인과 범위 그리고 경제적 개인주의 발달의 영향)을 지적했다.

대체로 폭넓은 개관을 제시한 《기본 성격》은 그 분야에 대한 마르크 블로크의 가장 큰 기여라는 게 대부분 학자들의 중론이다. 피에르 투베르에 따르면, 그 연구는 "다른 어떤 것으로 대체되지 않은 종합"이었다. 비록 제2차 세계대전 이전에 《아날》에 쓴 여러 논문을 통해 《기본 성격》을 바로잡고 새롭게 보완하고자 했음에도 불구하고, 말년에 블로크는 이 책이 그 분야에 관한 자신의 모든 저술 가운데 대표작이라고 스스럼없이 인정했다.

1929년 스트라스부르에서 뤼시앵 페브르와 함께 창간한 《아날》은 학술 정기간행물 역사상 가장 도전적이고 도발적인 잡지 가운데 하나로 남아 있다. 역사학의 새로운 학파를 추진하기 위한 발판으로 기획된 그 잡지는 전 세계 지식인들의 관심을 자극했다. 무엇보다도 중요한 목적은 역사학에 중심 역할을 부여하면서 사회과학들을 갈라놓았던 전통적인 경계선을 허무는 것이었다. 파리의 기성 지식 체제로부터 충분히 먼 거리에 자리 잡은 스트라스부르대학 문학부는 학제적 접근 방식을 열정적으로 옹호하던 재능 있는 학자들의 공동체를 품고 있었다. 인문과학 및 사회과학에 속한 다양한 학문 분야의 전문 지식을 한데 모음으로써 이미 그들은 공통의 관심사가 된 여러 쟁점을 놓고 비공식적 토론 마당을 열고 있었다. 그들이 정기적으로 진행해 온 세미나는 '토요 집담회'라는 이름으로 널리 알려져 있다. 이 비공식 포럼이 《아날》 창간의 추진력이 된 것이다.

잡지의 초대 편집진 구성은 다양한 '인문과학' 분야(역사학, 사회학, 지리학, 경제학, 정치학, 기록학)에 가교를 놓고 스트라스부르 출신(모리스 알박스, 앙드레 피가뇰)과 파리 출신(알베르 드망종, 샤를 리스트, 앙드레 시그프리드, 조르주 에스피나스, 앙리 오제)의 뛰어난 프랑스 학자들을 한데 묶으려는 의도를 담고 있었다. 유일하게 내국인이 아닌 '외부인'으로 편집진에 참여한 사람은 벨기에의 중세사가 앙리 피렌이었다. 19세기 말 유럽 학계에 등장한 사회과학들과 공생적 교류를 추구한 운동으로서 '새로운 역사학'의 진흥을 위한 매개체가 되고자 했던 《아날》은 본디 20세기 전환기의 혁신적 잡지들에서 영감을 받았다. 에밀 뒤르켐이 창간한 학제적 잡지 《사회학 연보》, 1900년 철학자 앙리 베르가 모든 인문 지식의 통합을 목적으로 내걸고 창간한 《역사종합평론》, 폴 비달 드라블라슈의 《지리학 연보》, 그리고 국경을 초월하여 역사에 대한 광범위하고 학제적인 전망을 내걸고 1903년에 창간된 오스트리아-독일의 국제적인 경제사학지 《계간 사회경제사학지》 등이 그것이다. 《아날》의 창간이 오스트리아, 독일, 스위스의 학자들로만 짜여진 《계간 사회경제사학지》 편집진에게서 감지된 반프랑스 정서에 대한 대응으로 어느 정도 구상되었다는 설도 있었다. 제1차 세계대전 이전에도 이 잡지의 편집진은 프랑스인 기고자들과 프랑스에 관한 주제를 배제하는 경향이 눈에 띄었고, 그러한 경향은 1918년 이후 더 두드러졌을 따름이다. 하지만 전간기의 경제 상황에서 제한된 대학 독자층을 확보하려는 단순한 경쟁이 《계간 사회경제사학지》에 대한 블로크와 페브르의 방어적 태도에 한몫을 한 것으로 보인다. 이 같은 《아날》의 모험 뒤에 있는 일차적 동기가 무엇이었는지는 좀 더 생각해 볼 여지가 있지만, 제도적이고 개인적인 영향의 복잡한 관계망이 새로운 역사학파를 세우려는 국제적 야심을 가진 프랑스 학술지의 창간을 낳았다는 쪽이 오늘날 널리 받아들여지는 견해이다.

여러 세대에 걸친 추종자들은 블로크의 등대가 "작은 지적 혁명"의 개념이었다고 주장했지만, 최근 들어 역사가들은 《아날》 공동 창립자들의 본래 의도가 기존의 역사학을 혁명화하기보다는 "비판적 담론의 전문화"를 추진할 하나의 수단을 만들어 내는 것이 아니었을까 생각한다. 그럼에도 그들은 제1차 세계대전 이후 대부분의 유럽 대학들에서 여전히 지배적인 전통적 형태의 역사, 전기는 물론 정치와 법률에 관한 주제들을 선호하는 그런 형태의 역사와 완전히 결별하기를 원했다. 이런 의미에서 블로크와 페브르는 그들 스스로 일컬은바 "역사를 위한 전투"에 뛰어든 것이었다.

그러나 《아날》을 창립하는 일은 길고 힘겨운 과업이 되었다. 1920년부터 1926년까지 그 두 창립자는 새로운 방법론을 확산시키고자 국내 학파들을 초월하여 중진 학자들의 참여를 끌어내고 상호 학술 교류를 촉진하게 될 세계적인 기획으로 국제적인 비교 사회경제사 잡지를 창간하기 위해 노력했다. 학문적 업적에서 흠잡을 데가 없는 편집진을 물색하던 블로크와 페브르는 1921년 가장 먼저 앙리 피렌에게 도움을 청했다. 피렌은 "역사의 새로운 비전"에 관하여 젊은 동료 학자들과 의기투합했을 뿐 아니라 국제 학계에서 비길 데 없는 권위를 인정받고 있었고, 그래서 중요한 국제적 재정 후원자들과 매우 귀중한 인연을 맺고 있었다. 1925년 블로크와 페브르가 자선단체인 로라스펠먼록펠러기념사업회의 재정적 후원을 얻고자 미국역사학회와 교섭할 수 있었던 것도 피렌이 주선해 준 덕분이다. 애초에 그 구상은 미국 내에서 '새로운 역사학' 운동을 지지하던 미국 학자들에게 공감을 불러일으켰지만 실제로는 이렇다 할 결실을 맺지 못했다. 양쪽 모두에게 국가적 이해관계가 더 우선시된 탓도 물론 있었지만, 국제적인 성격의 잡지를 표방했음에도 블로크와 페브르가 편집진에 어떠한 독일인 학자도 받아들이길 마다하는 명백히 모순된 태도를 보였기 때문이기도 했다.

프랑스 중심의 대안적인 국제 잡지를 창간하는 데는 실패했지만, 마르크 블로크는 의기소침한 뤼시앵 페브르에게 함께 꾸는 꿈을 다른 방향으로 이뤄 보자고 설득했다. 그들은 국외의 주제와 학자들에게 개방된 새로운 국내 잡지를 창간하여 역사에 대한 그들의 비전을 부흥하고 학계에 널리 확산시키기로 뜻을 모았다. 마침내 1929년에 《아날》이 탄생했다. 이 잡지는 몇 차례 이름을 바꾸어 가면서 그 명맥을 이어 가며 인문학과 사회과학에 몸담은 학자들로부터 국제적인 명성을 얻게 될 터였다. 《아날: 경제사회사》(1929~1938), 《아날: 사회사》(1939), 《사회사 논총》(1942), 《아날: 사회사》(1944), 《아날: 경제·사회·문명》(1946~1994), 마지막으로 1994년 이후 《아날: 역사·사회과학》이라는 이름으로 바뀌었다. 초창기부터 제2차 세계대전 때까지 《아날》은 경제사를 대단히 강조하면서 동시에 현대사 연구에 줄곧 상당한 관심을 보였다는 점에서 차별성을 나타냈다. 이 같은 지적 관심은 아무리 먼 역사라 해도 역사와 현재의 관심사 사이에 긴밀한 관련이 있다는 공동 창립자들의 신념을 반영한 것이었다. 권위 있는 학술지의 전통적인 틀 안에서 《아날》은 학술 논문과 길고 짧은 서평들을 통해 일차사료 분석에 근거한 토대 연구의 보급과 비판을 위한 광장으로 구실했다. 확실히 이 잡지는 지식인 독자층에게 현행의 논쟁, 연구 동향, 학자와 교양 있는 독자들에게 유용한 정보(문서고, 도서관, 박물관, 전시회, 연구소 및 연구 기관, 학술대회), 그리고 '문제 지향적 역사'(histoire-problème)와 같은 인식론적 개념 제시 등 학술적 관심사들의 가장 완전한 일람을 제공하고자 시도한 점에서 혁신적인 면이 있었다. 무엇보다도 그것은 처음부터 그 잡지에 왕성하게 기고를 한 두 공동 지도자를 위한 마당이었으니, 그들은 이 잡지를 자신들의 새로운 학파를 옹호하는 '전투의 무기'로 생각했다. 하지만 그들이 '주변부로부터 싸움'을 벌이고 있었다는 주장은 좀 과장된 표현이다. 왜냐하면 그 시절에 이미 그들은 프랑스 기성 학계의 중심인물이 되어 있었기 때문이다.

1930년대로 접어들 무렵 마르크 블로크는 이렇게 《아날》에 많은 열정과 관심을 쏟는 한편으로 파리에서 교수직을 구하는 일에도 상당한 시간을 들였다. 1928년부터 줄곧 그는 가장 권위 있는 국립기관 가운데 하나인 콜레주드프랑스의 교수가 되려고 부단히 애썼다. 그곳으로 가면 스트라스부르대학에 있는 것보다 더 자유롭게 강의할 수 있고 더 많은 시간을 연구에 투자할 수 있을 것이기 때문이었다. 하지만 이 특별한 자리에 도전하기로 작정한 사람이 블로크만은 아니었다. 페브르 또한 1928년 경쟁에서 후보로 나섰다가 고배를 마신 적이 있었고 1932년에 다시 도전했다. 이러한 경쟁은 예상대로 《아날》을 이끄는 두 기수 사이의 관계를 긴장시키고 우정에 그림자를 드리웠지만, 그럼에도 이 때문에 그들의 지적인 합의에 금이 간 것 같지는 않다. 어쩌면 그런 일이 세인의 눈에 거의 띄지 않아서 그렇게 보였을지도 모를 일이다. 여하튼 두 사람 모두 지적 자원과 권력이 집중되어 있고 또 자녀들이 더 나은 교육을 받을 수 있는 수도로 자리를 옮기기 위해 노력했다.

파리의 매력은 《아날》의 탄생이 두 공동 창립자의 학문적 야심을 위한 절호의 기회를 열어 주었기에 뿌리치기 어려운 것이 되었다. 페브르의 경륜, 더 확고한 파리 인맥과 신중한 행보에 힘입어 결국 페브르가 1933년 콜레주드프랑스의 근대사 강좌 교수직을 얻게 되었다. 이렇게 새로운 자리에 부임하고 나서 페브르는 1933년 말에 또 다른 선발 기회가 생겼을 때 그보다 연하의 동료를 전폭적으로 지원할 수 있었고 실제로 그렇게 했다. 페브르뿐 아니라 예전 스트라스부르대학의 교수진에 있었던 중세철학 연구자로 콜레주의 일원이기도 했던 에티엔 질송 또한 블로크를 위해 로비를 했지만, 그런 협력도 소용이 없었다. 1935년에 블로크의 희망은 결국 물거품이 말았다.

이렇듯 콜레주드프랑스의 교수직을 얻고자 하는 블로크의 희망이 번번이 좌절된 데에는 여러 요인이 작용했다. 부동의 권위를 인정받은 학자였을지는 모르지만 마르크 블로크에게는 적도 있었다. 자신의 가치와 그에 따른 응분의 특권에 대한 지나친 자의식과 아울러 때론 거만하게 보일 수도 있었던 비타협적인 지식인의 태도 탓에 그는 대학교수 사회, 특히 두 차례의 세계대전 사이 기간에 긴밀하게 조직된 프랑스 학계에서 인기가 없었다. 임용에 또 하나의 걸림돌이 된 것은 그의 전공 분야를 전통적으로 규정하는, 하지만 역사에 대한 그의 신념과는 상충하는 시대적 경계를 스스로 완강히 거부했다는 점이었다. 그는 중세사가가 아니라 유럽사가로 여겨지기를 원했다. 친구와 동료들의 충고에도 아랑곳하지 않고 자신의 철학적 입장을 고집하며, "내가 콜레주드프랑스에 지원하는 것은 사회구조사 연구자로서이다"라고 말했다. 자신의 전문 분야가 어떻게 규정되어야 하는가에 대한 확고한 전망은 콜레주드프랑스가 오랫동안 애호한 시대별 전공 구분과 정면으로 충돌했다. 끝으로 마르크 블로크의 유대인 혈통 또한 그가 탐낸 콜레주드프랑스의 교수직을 얻는 데 걸림돌이 되었음에 틀림없다. 이 기관 역시 전간기 프랑스에서 점점 더 고조된 반유대주의 정서에서 완전히 자유롭지는 못했다.

1935년의 지원 결과에 당황하고 충격을 받은 블로크는 소르본대학의 좀 더 유망한 교수직으로 관심을 돌렸다. 마침내 1936년에 그는 작고한 앙리 오제의 후임으로 교수직을 얻게 되었다. 비록 스트라스부르에서의 가르치는 책무에서 벗어나 수도에서 학문 연구에 매진할 수 있게 되긴 했지만, 블로크가 소르본으로 떠나게 되자 스트라스부르대학 측은 알자스의 대학기관에 17년의 세월을 바친 훌륭한 교수이자 국제적으로 이름난 연구자 한 사람을 잃게 된 것을 몹시 섭섭해 했다. 블로크가 그 학부의 높은 명성에 얼마나 크게 기여했는지를 누구보다 잘 아는 문학부 학장은 작별 연설에서 블로크 같은 훌륭한 사람을 떠나보내기 싫은 심정을 격하게 토로했다. 소르본에서 블로크는 프랑스의 유일한 경제사 강좌 교수직을 차지했다.

소르본대학의 교수직은 경제사의 주제들에 대한 블로크의 학구열을 더욱 북돋웠다. 오래전부터 그는 유럽 경제사에 관한 방대한 저술을 펴내겠다는 꿈을 키우고 있었다. 끊임없이 이어진 논문과 서평 그리고 나중에 발표된 더 폭넓은 범위의 저술들은 이 분야에 대한 그의 기초 연구를 입증한다. 경제 발전의 세세한 양상들에 대한 관심은 화폐의 사용과 유통에서부터 기술사에 이르기까지 여러 방면에 걸쳐 있었다. 예컨대, 1954년 그의 사후에 출판된 《유럽 화폐사에 대한 시론》(Esquisse d'une histoire monétaire de l'Europe)은 블로크가 구상한 포괄적인 저술 계획의 일부분이었을 뿐이다. 소르본대학에 재임할 때인 1938년에 그는 동료 교수인 사회학자 모리스 알박스와 함께 경제사·사회사연구소를 공동으로 설립하고 지도했다. 이 새로운 연구소의 목적은 사상사 및 사회구조사와 관련하여 역사에서의 경제적 요인들에 대한 연구를 활성화시키는 것이었다. 제2차 세계대전이 터졌을 때, 블로크는 봉건제의 등장으로 이어진 경제적·물질적 조건들을 중세 사회에 대한 구조 분석에 통합시킨 하나의 연구를 출판했다.

《봉건사회》(La Société féodale)는 1939~1940년에 두 권으로 출판되었다. 마르크 블로크가 생전에 마지막으로 출판한 책이었다. 아마도 그의 전체 업적 가운데서도 불후의 업적이 될 이 책은 나라 안팎에서 중세사가, 역사가와 비역사가 할 것 없이 커다란 영향을 끼쳤다. 비록 마르크 블로크는 일찍이 친구 앙리 베르의 총서를 위해 중세 경제사에 대한 종합적인 연구서를 쓰고 싶다는 희망을 피력했지만, 1933년에는 그 대신 원래 페르디낭 로가 쓰기로 한 카롤링 제국의 해체와 봉건제의 등장에 관한 책을 집필하다고 제안했다. 로가 정해진 마감 기한을 지키지 못할까 염려하여 집필진에서 물러나자, 베르는 비록 이 소르본대학 교수가 과거에 몇 차례나 자신이 기획한 총서의 책들을 위해 과도하게 많은 일을 떠맡았음에도 불구하고 1년 안에 그가 맡은 책을 써 내리라고 믿었다. 알

굳게도 경제사와 구조사의 교차로에 있는 권위 있는 연구서《봉건사회》
는 완성하는 데 5년 남짓 걸렸다. 애당초 그 작품은 베르가 학자와 교양
독자층을 겨냥하여 기획한 '인류의 진화' 총서의 하나로 예정되었다. 이
렇듯 폭넓은 독자층을 고려한 편집 방침은 블로크가 으레 자신의 저술
에서 제시했던 전통적인 학술 수단을 제약했고, 이는 몇몇 평자들에게
하나의 한계로 보이기 마련이었다.

그럼에도 불구하고, 인상적인 언어학 기술과 박학다식, 보조적인 사회
과학에서 차용한 도구들을 다루는 능수능란한 솜씨, 다년간 비교 분석
으로 다져진 노련함을 겸비한 블로크는 과감하게 유럽을 자신의 작업장
으로 껴안았다. "무엇보다도 나는 유럽의 틀 안에서 비교사 방법론을 통
해 터득할 수 있는 다양한 경험들을 이용하려고 애썼다." 1권은 장원제
의 형성을 낳은 인신적 종속을 바탕으로 한 봉건적 유대 관계의 창출에
초점을 맞추며, 2권은 계급 구조를 통해 봉건 체제를 규정하는 정부 형
태들의 진화 단계들을 추적한다. 블로크의 가장 독창적인 기여는 인류학
적 시각에서 서유럽 봉건제의 탄생을 설명한 것이다. 그는 주종(主從) 제
도와 은대지의 결합 같은 법적 제도에 초점을 맞추는 대신, 사적이고 상
호적인 의존관계, 즉 혈연과 친족, 보호-피보호(clientele) 관계에 의해 묶
인 사람들 사이의 주종적 유대에서 봉건제 발전의 중추 동력을 찾았다.
그는 법적 제도는 "한 사회구조의 해체"로부터 나왔으며, 진정한 재판으
로부터 사적 재판으로, 마침내 영주 재판으로 발전해 나갔다고 주장했
다. "나의 연구에 무언가 가치 있는 독창성이 있다면, 그것은 구조 분석
과 비교 연구 기법을 활용한 것이라고 생각한다." 블로크가 보기에 봉건
제의 탄생은 라틴 기독교 세계로 밀려온 마지막 물결, 즉 노르만, 마자르,
사라센의 침입과 결합한 급속한 변형 과정의 결과였다. 봉건제는 두 시대
를 연속으로 거쳤다. 첫 번째 시대는 혼란에 휩싸인 10세기 초에 시작했

고, 두 번째 시대는 시장경제의 성장으로 봉건적 결속들을 점차 침식됨에 따라 11세기 중엽부터 13세기 중엽까지 이어졌다.

《봉건사회》는 처음부터 역사학자와 사회과학자들 사이에서 공히 무척 다양한 반응을 낳았고, 이는 오늘날에도 마찬가지다. 출판되었을 당시, 그리고 전쟁으로 학술 서평 게재가 지체되는 동안 그 책은 호평을 받았다. 무엇보다도 봉건제의 목적과 역할, 특히 카롤링 제국의 영토적 범위 안에서 봉건제나 사회구조들의 복잡하고 난해한 관계에 대한 설명과 분석이 상당한 설득력이 있어 보였다. 프랑수아루이 강쇼프가 《벨기에 역사학보》에서 논평한 바에 따르면, 칭찬받아야 할 블로크의 미덕은 '봉건시대 사람'의 심성적 태도를 재구성하는 역량이다. 이 벨기에의 중세사가는 비록 봉건제도에 대한 블로크의 논의를 전부 지지하지는 않았지만 그럼에도 그의 연구 방향과 시각은 높이 평가했다. 그것은 도덕, 가계 및 가족관계, 결혼 같은 새로운 연구 주제를 부각시켜 주었다. 그런가 하면 블로크의 연구는 혹독한 비판을 받기도 했다. 그 연구의 가장 두드러진 한계로 지적된 것은 유럽형 봉건제의 '독창성'에 대해 오히려 의문을 일으킬 만큼 봉건제에 대한 정의가 혼란스러운 점, 일부 지역에 논의가 편중되어 지리적인 불균형이 있다는 점, 사법제도에 대한 논의가 불충분하다는 점, 영향력 있는 두 사회집단, 즉 성직자와 상인계급에 관한 논의가 거의 없다는 점, '중세 문명'을 지나치게 도식화했다는 점 등이었다.

뤼시앵 페브르는 《봉건사회》 1권에 대한 엄격한 읽기를 제안했다. 의미심장하게도, 그의 반응은 역사에 대한 개념적 접근 면에서 《아날》의 공동 창립자 사이에 근본적인 차이가 있음을 드러냈다. 페브르의 주된 비판은 중세에 대한 블로크의 인간적 요소를 배제한 시각, 중세인의 인간성에 대한 감수성의 결핍에 관한 것이었다. 게다가 자신의 동료가 구조주의에 너무 편향된 나머지 농민의 경험을 합리화하고 추상화하는 경향에 대해 유감스럽게 생각했다. 강쇼프의 유보적 태도에 공감한 법제사가인 폴 우를리악은 봉토가 봉건제를 규정하는 중심 요소라는 생각이 확고했고, 그래서 《봉건사회》가 봉건제의 제도적·법률적 성격을 철저히 무시한 것에 대해 노골적으로 비판했다. 《주르날 데 사방》에 실은 47쪽짜리 서평에서 페르디낭 로는 첫 번째 봉건 시대가 10세기와 함께 시작되었다는 블로크의 주장을 반박했다. 로는 저자의 과감한 시대구분이 다소 인위적이며, 특히 그가 시점으로 잡은 때는 "이른바 봉건성(féodalité)이 이미 상당히 진전된 시기인 까닭에 마땅치 않은 출발점"이라고 꼬집었다. 또한 그는 서유럽에서 봉건사회의 출현에 대한 블로크의 모호한 인과론에 의문을 던졌다. 그것은 무정부 상태의 결과인가, 아니면 카롤링 제국의 질서에서 산물인가? 최근의 경제사 연구는 봉건제가 11세기 이전에 상당 기간 존재한 경제적 활력으로부터 나왔다는 로의 직감을 확증하는 경향이 있다. 외국에서, 특히 영미권 중세사가들 사이에서 《봉건사회》는 자임하던 전체사의 요구에 미치지 못하는 것으로 보였다. 1940년 《미국역사학보》에서 윌리엄 모리스는 블로크의 연구가 방대한 지식의 총화임에도 불구하고 대륙의 경험, 특히 프랑스에서 나타난 봉건제의 형태에 너무 편중되어 있다고 주장했다. 그가 보기에, 블로크는 잉글랜드의 경험이 지닌 독창성, 그리고 《둠스데이 북》(Domesday Book)과 이것이 노르만 정복 전후의 토지 보유에 관해 드러내 주는 바와 같이 영국의 역사 기술에 근거가 되는 일단의 증거를 좀 더 면밀히 들여다봤어야 했다. 끝으로 그는 스칸디나비아와 프리슬란트 또는 스코틀랜드 같은 여러 지역에는 '봉건성'이 침투하지 못했음을 인정했어야 했다.

프랑스에서 처음 출판된 지 23년이 지나서, 하지만 영어판이 나온 지는 2년 만인 1963년에 《봉건사회》를 비평한 중세사가 브라이스 라이언은 '새로운 역사학'의 세례를 흠뻑 받은 신세대 학자들의 눈으로 바라보왔다. 라이언은 먼저 블로크의 연구가 퍽 의미심장하게도 중세사가가 아닌 사람들, 특히 비역사학자들, 다시 말해 그가 자신의 방법론을 끌어낸 사회과학(경제학, 사회학, 인류학, 심리학, 언어학) 분야에서 극찬을 받았다고 지적했다. 라이언은 자신의 시대에 이르기까지 《봉건사회》가 비교사의 귀감이 되었다는 사실에 이의를 제기했다. 그는 블로크의 탁월한 저술인 《프랑스 농촌사의 기본 성격》과 확연히 다르게, 《봉건사회》는 루아르 강에서 라인 강 사이에 놓인 카롤링조의 본령을 제외하고 프랑스 영토 전역에서 나타난 봉건제의 다양한 양상에 대해 거의 주목하지 않았다는 의견을 밝혔다. 바꿔 말하면, 이 미국인 평자의 바람은 블로크가 그 이전의 연구에서 독특하고 능란하게 이용했던 광범위한 비교사 방법론, 그에게 국제적 명성을 안겨다 준 예의 그 방법론을 이 연구에서도 계속 이어 갔으면 하는 것이었다. 그러나 중세사가들은 블로크가 내놓은 이 마지막 저서의 가치를 놓고 의견이 엇갈렸다. 1961년 《봉건사회》의 영어판에 붙인 머리말에서 영국의 중세사가인 M. M. 포스턴은 "봉건제에 관한 국제적인 교과서"라고 환호했다. 하지만 포스턴은 《봉건사회》가 "한 연작의 일부일 뿐"이라고, 다시 말해 《기본 성격》이 그랬듯이 "중세 문화와 사회 전반"에 관해 앞으로 이루어져야 할 더 광범위한 연구의 단지 한 부분일 뿐임을 인정했다. 1986년 폴란드의 중세사가인 브로니슬라프 게레메크는 마르크 블로크 탄생 100주년 기념 학술대회에서 발표한 논문에서 《봉건사회》의 저자는 여전히 미완으로 남게 될 '총체적 기획'(전체사 기획)을 추구하는 것의 위험을 아주 잘 알고 있었다는 사실을 강조했다. 게레메크에게는 그 연구 자체가 그러한 추구를 정당화했다. 그것은 인간 행동과 사회심리에 근거하여 이해할 수 있을 하나의 전체적이고 통합적인 사회에 대한 대가다운 설명이라는 것이다.

《봉건사회》 두 권이 모두 출판되었을 때 이미 마르크 블로크는 파리에서의 연구 생활을 영영 뒤로 하고 있었다. 1941년에는 전시의 정치적 임시방편으로 뤼시앵 페브르의 요청에 따라 《아날》의 표지에서 마르크 블로크라는 이름마저 일시적으로 사라졌다. 1939년 9월 1일 독일이 폴란드를 침공하기 1주일 전에, 블로크는 56세의 나이에 두 번째로 병역에 동원되었다. 떠나기에 앞서 미리 그는 가족이 수도를 떠나 그들의 시골집에서 몇 킬로미터 거리인 크뢰즈 도 게레의 피난처로 거처를 옮기도록 손을 썼다. 알자스에 잠시 머무는 동안 민간인을 피난시키는 일에 참여한 뒤 그는 운 좋게 연줄이 닿아서 피카르디에 있는 프랑스 북부 군사령부에 배속되었다. 여기서 그는 프랑스 육군의 기계화 부대를 위한 연료 공급을 감독하는 직책을 맡았다. 바야흐로 동절기로 접어들었고, 한 동안 전투 없는 전쟁이 지속되다가 마침내 1940년 5월 10일 본격적인 교전이 시작되었다. 벨기에 국왕 레오폴 3세가 항복하고 며칠 뒤(5월 29일), 블로크는 수십만의 프랑스와 영국 병사들 틈에 끼어 됭케르크에서 안전한 영국 해안으로 철수했지만, 이내 다시 프랑스로 건너왔고 그로부터 얼마 지나지 않아서 독일군이 수도를 침공했다.

6월 22일 휴전이 체결되자 블로크는 민간인으로 돌아가 크뢰즈에서 지냈다. 그곳 게레에서 그는 서둘러 《이상한 패배》(L'Etrange défaite) 집필을 시작했다. 1918년에 쓴 《전쟁의 회고》에서 그랬듯이, 그는 자신이 체험한 눈을 통해서 조국이 막 겪은 굴욕적인 패배에 대해 정치적이고 군사적인 설명을 접어 두기로 작정했다. 1946년 사후에 출판된 《이상한 패배》는 프랑스의 초기 괴멸에 대한 가장 명료한 증언 가운데 하나로 알려져 있다. 이 책의 밑바닥에 깔린 주제는 《전쟁의 회고》에 담긴 비난들을 떠올리게 한다. 주범은 "지휘부의 무능"이었으며, 특히 독일인들과 달리 제1차 세계대전 이후의 신기술과 변화하는 정치 현실에 적응하지 못한 그들의 무능이었다. "우리의 전쟁터에서 서로 부딪친 두 상대는 제각기 인류사의 서로 다른 시대에 속해 있었다. …… 하지만 이번에 원시인 역할을 맡은 것은 바로 우리였다." 흥분 상태에서 쓰인 까닭에, 그리고 저자의 내성적인 태도를 고려하면 이 책은 제2차 세계대전의 원인에 대한 고전적인 역사학적 분석이라고 볼 수는 없다. 차라리 그것은 고위 군사 지휘부에서부터 블로크 자신이 속해 있는 지적 엘리트를 포함하여 중간 계급들에 이르기까지 인간적 결점에 대한 고발이다. 이를테면 그는 자신과 같은 직업적 사상가들이 프랑스인들에게 공화국의 가치를 수호할 공민적 의무를 가르치고 상기시켜야 할 그들의 교육적 책무를 회피했다고 비난했다.

전쟁 초기에 마르크 블로크가 자신의 양심을 이렇듯 냉혹하게 심문한 것이 그가 프랑스 레지스탕스에 적극 가담하게 된 동기가 되었는지는 알 수 없는 노릇이다. 왜냐하면 그는 역사적 상황의 심중함 앞에서 행동하지 않을 수 없었던 열렬한 애국자였기 때문이다. 게다가 그는 유대인 집안의 가장이기도 했다. 비시 프랑스의 상황에서 마르크 블로크가 무엇보다도 먼저 책임져야 할 것은 아내와 자녀, 연로한 어머니의 안전이었다. 먼저 그는 뉴욕의 사회연구뉴스쿨(New School for Social Research)에서 교수직을 제안 받은 터라 미국에 피난처를 마련할 생각이었다. 하지만 알고 보니, 1941년 4월에 제정된 18~40세 성인 남자의 출국을 금지하는 법률 때문에 성년이 된 아들들이 함께 떠날 수 있을지 확실치가 않았다. 1940년 10월 초 비시 정부는 유대인에 관한 법령, 즉 프랑스 유대인들의 시민권을 박탈하는 일련의 인종법을 공포했다. 고위층의 연줄을 이용하여 블로크는 그 법률의 완전한 효력을 용케 피할 수 있었는데, 이는 과학, 예술, 군사 분야에서 국가에 남다른 공헌을 한 제한된 수의 '유공자' 유대인에게 예외를 허용한 제8조에 따른 것이었다. 이렇게 해서 그는 스트라스부르대학 문학부가 이전해 온 클레르몽페랑에서 1940~1941학년도에 다시 교단에 설 수 있었다. 하지만 이듬해에 다시 몽플레에로 옮겨 가기를 원했고 뜻대로 옮겨 갔는데, 건강이 점점 악화되어 가던 아내에게 그곳의 지중해 기후가 더 낫지 않을까 생각했기 때문이었다. 아내는 두 해 뒤, 그러니까 블로크가 사망하고 불과 며칠 뒤에 숨을 거두게 된다. 그러나 독일이 1942년 11월에 자유지역을 점령하자 그는 가족과 함께 푸제르로 물러날 수밖에 없었다. 그리고 이것으로 그의 교단 생활도 막을 내리게 되었다.

1941년 3월에 쓴 영적인 유언에서 블로크는 자신이 "진리를 사랑한"(dilexit veritatem) 사람으로, "선량한 프랑스인으로," 다시 말해 행동의 불길 속에서 죽기를 원한 사람으로 기억되기를 바랐다. 그가 레지스탕스에 가담하기로 결심한 동기는 확실히 애국심 때문이었겠지만, 그는 또한 그 운동을, 만일 그가 전쟁에서 살아남기만 한다면 전후 프랑스 사회의 재건에 직접적으로 이바지할 하나의 기회로 보았다. 사실 그는 교육개혁의 지도자가 되기를 꿈꾸었고, 레지스탕스 잡지인 《정치 잡록》에 발표된 수많은 제안을 요약해 놓기도 했다. 그렇긴 해도, 으레 블로크는 1942년 말이나 1943년 초에 '나르본'(Narbonne)이라는 이름으로 레지스탕스에 적극 가담할 때까지 정당 정치와 이데올로기에 거리를 두고 있었다. 그때까지 그는 아내와 나이 어린 자녀 넷을 푸제르에 정착시키고, 성년이 된 아들들은 에스파냐 국경에 무사히 당도하게끔 손을 썼다. 그리고 나서 자신의 출생지이자 그 지역의 프레스센터인 리옹으로 갔다. 블로크는 이곳에서 자신의 지적 역량과 편집 경험이 가장 쓸모 있게 쓰일 수 있으리라 생각했다. '블랑샤르 씨'(Mr. Blanchard)라는 필명으로 블로크는 잡지 《자유 의용군》과 그 지방의 해방을 위한 다양한 활동에 이바지했다. 하지만 나치가 리옹을 점령한 것 또한 바로 그때였다. 클라우스 바르비 휘하의 게슈타포가 1944년 3월 8일 블로크를 체포하여 몽뤼크에 감금했고, 여기서 그는 석 달 동안이나 고문을 당했다. 연합군이 노르망디에 상륙하고 열흘 뒤인 1944년 6월 16일 아침, 마르크 블로크는 29명의 다른 레지스탕스 대원들과 함께 리옹 외곽의 한 풀밭에서 처형당했다.

레지스탕스 참여도 역사 연구의 불씨를 꺼트리지 않으려는 마르크 블로크의 노력을 가로막지 못했다. 자신의 노트도 개인 서재도 없는 상황에서도 그는 줄곧 상당수의 길고 짧은 서평을 《아날》에 실었다. 그러나 그가 공동으로 창간한 그 잡지는 같은 해에 《사회사 논총》으로 이름을 바꿨는데, 이는 나치의 학술지 검열을 피하기 위해 뤼시앵 페브르가 생각해 낸 방책이었다. 그리고 블로크가 투고한 글은 이제 '푸제르'(Fougères)라는 가명으로 발표되었다. 블로크가 《역사가의 직업》을 쓴 때가 바로 이곳에서 피신 생활을 하던 중이었거니와, 시의 적절하게 역사가의 직업에 대한 인식론적·철학적 성찰을 담은 이 책은 결국 현대의 가장 영속적인 역사학적 묘비명 가운데 하나가 되었다. 말년에 이른 블로크는 여기서 그 자신의 경험을 되돌아보았다. 오늘날 이 책은 프랑스에서 '새로운 역사학' 운동을 일으킨 창시자 가운데 한 사람, 사회 속에서 역사가의 역할과 차후로 그들이 따라야 할 방법론을 다시 정의한 선구적인 최종변론으로 여겨지고 있다.

블로크가 학자의 길을 걸은 동안 내내 옹호해 온 '새로운 역사학'은 '살아 있는 역사'(histoire vivante)와 '문제 지향적 역사'라는 서로 긴밀히 관련된 개념들, 즉 역사가를 현재의 쟁점들과 과거 사이의 끊임없는 대화 속에 끌어들이기 마련인 그런 개념적 의식에 근거를 두고 있다. 그가 보기에, 현재와 과거 어느 하나라도 다른 하나가 없이는 이해될 수 없는 것이었다. 블로크가 보기에, 제2차 세계대전 당시의 프랑스 장군들은 바로 제1차 세계대전의 원인과 결과를 성찰할 능력이 없었기 때문에 국민의 기대를 저버린 것이다. 거꾸로 그는 그 외형을 변형시키는 변화의 흔적들

너머로 현재는 과거를 명료하게 알려준다고 믿었다. 이를테면 근대 프랑스의 농촌 풍경을 이해하는 것은 그것이 중세 때 어떠한 형태였을지 밝혀 내는 열쇠가 된다.

역사학자로 첫 발을 내디딜 때부터 블로크는 정치사와 제도사를 포기하고 인간 집단들의 작용을 강조했다. 사회경제사는 그가 늘 염두에 둔 한 가지 주요한 목적을 가지고 과거를 탐구하는 렌즈가 되었거니와, 그 한 가지 목적이란 전통적 방법론으로 할 수 있는 것보다 더 광범위하고 더 심층적인 방식으로 역사적 재구성을 완성하는 것이었다. 그에 따라 시간과 공간의 범위는 국사에서 유럽사로, 중세에서 초기 근대로 확장되었다. 경제, 사회-인류학, 제도 또는 정치-종교 등 그 이름표를 무어라 붙이든 간에 그가 몰두한 주제들은 한결같이 다면적인 분석을 보여 준다. 하지만 또한 역사에서 독특한 것, 특수한 것의 중요성을 믿었기에, 블로크는 이론적 모델에 의지하기를 꺼려했고, 이런 태도 때문에 그는 분명한 개념적 정의 내리기를 의도적으로 회피한다는 비판을 샀다.

그러나 마르크 블로크가 보기에는, 세 가지 보완적 조건들이 총체적 역사의 성공을 좌우할 터였다. 첫 번째 조건은 역사가가 수행하는 연구의 엄밀성이었다. 이 점에서 방대한 양의 자료를 수집하는 그의 습성은 실증주의 운동이 그에게 강한 영향을 끼쳤음을 드러낸다. 비록 자신은 그 운동에 물드는 것을 완강히 거부했음에도 말이다. 그러나 블로크에게, 사실 수집의 과정은 적절한 방법론적 장치가 없다면 소용이 없는 것이었다. 이로부터 그가 말한 '새로운 역사학'의 두 번째 조건이 나오는데, 그것은 곧 사회과학에서 차용한 방법론들을 철저히 익히는 것이다. 과거의 관행들과 결별하고 다른 분야들로 파고든 그의 독창적 행보 덕에 그는 여러 사회과학자들을 알게 되었을 뿐 아니라 중심적인 분과학문으로서 역사학에 대한 전례 없는 관심을 이끌어 냈다. 끝으로, 남다른 언어 능력

덕에 블로크는 유럽 여러 나라의 역사학을 익히 알게 되었고, 이것이 총체적 역사를 위한 세 번째 조건, 즉 비교사에 대한 실질적인 통달의 기초가 되었다. 이유인즉 오로지 비교를 통해서만이 역사가는 지난 인간 경험에서 새롭고 색다른 것을 부각할 수 있을 것이기 때문이다.

블로크가 세상을 떠난 이후 페르낭 브로델, 조르주 뒤비, 자크 르고프, 브로니슬라프 게레메크 등 나라 안팎의 수많은 중견 역사가들이 그에게 빚지고 있음을 고백했다. 그의 연구가 지닌 한계들, 특히 포스트모던 국면에서 들춰진 그런 한계들(합리주의와 진보에 대한 신념 그리고 '보편성'의 결여가 비판의 대상이 되었다)을 부인하지 않으면서도, 역사가들은 오늘날 그의 폭넓은 역사적 전망에 찬사를 보낸다. 마르크 블로크는 동료들과 사회과학자들 사이에서 학제적 연구의 선구자로, 역사학 방법론의 대가로 인정받았다. 한 사람의 중세사가로서, 역사가로서, 《아날》의 공동 창립자로서 자신의 분야에 대한 블로크의 기여는 20세기의 지적 발전에 가장 영속적인 유산들 가운데 하나를 남겼음에 틀림없다.

성백용 옮김

참고 자료

책

L'Ile-de-France: les pays autour de Paris (Paris: 1913).

Rois et serfs: un chapitre d'histoire capétienne (Paris: Champion, 1920).

Les Rois thaumaturges: étude sur le caractère surnaturel attribué à la puissance royale particulièrement en France et en Angleterre (Strasbourg: Publications de la Faculté des lettres de Strasbourg, 1924); 《기적을 행하는 왕》(박용진 옮김, 한길사, 2015).

Les Caractères originaux de l'histoire rurale française (Oslo and Paris: Les Belles Lettres, 1931).

La Société féodale, vol. 1: La Formation des liens de dépendance (Paris: Albin Michel, 1939); vol. 2: *Les Classes et le gouvernement des hommes* (Paris: Albin Michel, 1940); 《봉건사회》(한정숙 옮김, 한길사, 1986).

L'Etrange défaite (Paris: Société des Editions "Le Franc-tireur," 1946); 《이상한 패배》(김용자 옮김, 까치, 2002).

Apologie pour l'histoire ou métier d'historien (Paris: Armand Colin, 1949); critical edition by Étienne Bloch (Paris: Armand Colin, 1993); 《역사를 위한 변명》(고봉만 옮김 1979, 한길사)

Esquisse d'une histoire monétaire de l'Europe (Paris: Armand Colin, 1954).

La France sous les derniers capétiens, 1223-1328 (Paris: Armand Colin, 1964).

Souvenirs de guerre (1914-1915) (Paris: A. Colin, 1969).

그 밖의 저작

"The rise of dependent cultivation and seignorial institutions" in *The Cambridge Economic History of Europe*, vol. 1, ch. 6 (Cambridge: Cambridge University Press, 1941).

Mélanges historiques, 2 vols. (Paris: SEVPEN, 1963).

Marc Bloch-Lucien Febvre: Correspondance, 3 vols., edited by Bertrand Müller (Paris: Fayard, 1994-2003).

Histoire et historiens, edited by Étienne Bloch (Paris: Armand Colin, 1995).

Écrits de guerre, 1914-1918, edited by Étienne Bloch (Paris: Armand Colin, 1997).

참고문헌

Bloch, Étienne, with Cruz-Ramirez, Alfredo, *Marc Bloch (1886-1944): une biographie impossible* (Limoges: Culture et Patrimoine en Limousin, 1997).

Burquière, André, *L'Ecole des Annales: une histoire intellectuelle* (Paris: Odile Jacob, 2006).

Dumoulin, Olivier, *Marc Bloch* (Paris: Presses de la Fondation nationale des sciences politiques, 2000).

Fink, Carole, *Marc Bloch: A Life in History* (Cambridge: Cambridge University Press, 1989).

Friedman, Susan W., *Marc Bloch, Sociology and Geography: Encountering Changing Disciplines*

(Cambridge: Cambridge University Press, 1996).

Geremek, Bronislaw, "Marc Bloch, historien et résistant," *Annales: économies, sociétés et civilisations*, 41 (1986): 1091-105.

Harvey, John L., "An American *Annales?* The AHA and the *Revue internationale d'histoire économique* of Lucien Febvre and Marc Bloch," *Journal of Modern History*, 76 (2004): 578-621.

Mastrogregori, Massimo, "Le manuscrit interrompu: métier d'historien de Marc Bloch," *Annales: économies, sociétés et civilisations*, 44 (1989): 147-59.

Raulff, Ulrich, *Ein Historiker im 20. Jahrhundert: Marc Bloch* (Frankfurt: S. Fischer, 1995).

12

베르나르 파이

1893~1978

Bernard Faÿ

베르나르 파이

존 하비

　독자들은 마르크 블로크나 미셸 푸코 같은 뛰어난 지식인들에게 헌정된 개설서에 미국 전문가인 베르나르 파이가 포함된 사실을 의아하게 생각할 수도 있다. 그러나 파이는 계몽주의 유산의 두 가지 모순된 양상과 중요하게 얽혀 있기 때문에 현대 역사학에서 주목할 만한 인물이다.

　첫 번째 가닥은 대서양 건너편 역사학에서 나타나는 그의 걸출함이다. 파이는 1932년부터 연합군에 의해 파리가 해방된 1944년에 체포될 때까지 콜레주드프랑스에서 미국사 교수직을 계속 유지한 최초의 유럽 학자였다. 제1차 세계대전부터 1940년대까지 그는 분명 미국에서, 특히 역사와 문학과 순수예술에서의 모더니즘 운동 분야에서 프랑스 인문학을 이끌던 국제 사절이었다. 그러나 이러한 세계시민적인 면모는 동시에 그가 역사서술에서 가톨릭의 권위주의적 우파의 주요 일원이었다는 사실과 대조를 이룬다. 그의 이데올로기적 여정은 궁극적으로 그를 비시 정

331

권이 보여 준 탄압의 가장 가혹한 앞잡이들 가운데 한 명으로 만들었다. 파이는 그의 보수주의와 국제주의가 서로 떠받치고 있다는 점에서 오늘날 특히 조명 받고 있는 인물이다. 미국에서의 경력은 여성 작가 거트루드 스타인과의 긴밀한 관계나 전간기 그의 모더니스트 서클이 드러냈던 역사학이나 예술에 대한 프랑스와 특히 미국의 논쟁에서 나타난 '모던'(modern) 개념의 전유에 의해 두드러졌다. 그는 국제적 교류를 토대로 그리고 현대 문화 연구에서의 실증주의 비판을 토대로 자신의 학문적 성취를 이룩함으로써, 프랑스 민주주의 사상의 지적 토대를 안으로부터 와해시키고자 했다.

짤막한 전기문은 대개 베르나르 마리 루이 엠마뉘엘 파이의 인습 파괴적인 삶을 부각한다. 1893년 4월 3일 파리 상류층 가톨릭교 집안에서 태어난 파이는 제1차 세계대전이 발발할 무렵 역사와 문학 교수자격시험을 통과했다. 베르됭에서 적십자 활동을 할 때 미국 관리들과 만난 경험이 미국에 대한 관심을 북돋웠다. 전후의 장학금 덕분에 하버드대학에 가게 되었고, 1920년 그곳에서 역사와 문학 석사 자격으로 대학 생활을 시작했다. 파리로 돌아온 그는 소르본대학에서 18세기 중반부터 나폴레옹 1세 치하까지 대서양을 가로질러 프랑스와 미국의 일반 국민들에게 나타난 '혁명 정신'을 연구한 국가박사 학위논문을 완성했다. 대학교수 경력은 클레르몽페랑대학에서 현대문학 교수로 시작했고, 5년도 채 되지 않아 서른여덟에 콜레주드프랑스에서 미국문명사 담당 교수직에 올랐다. 이 기간에 파이는 미국 역사나 당대 사건들과 관련된 논문 열두 편 넘게 썼다. 그는 미국을 가장 자주 드나든 프랑스 학자였다. 그리고 그는 거트루드 스타인이나 그녀의 동료 앨리스 토클래스와 함께 어울리던, 프랑스 내 미국인 모더니스트 문학 그룹과 특히 가깝게 지낸 것으로 보인다.

일단 파리에서 안정된 자리를 확보한 후 파이는 교환교수 활동과 미국 관련 저술을 한껏 늘려 나갔으나, 보수주의는 점점 반동적인 관점으로 변질되었다. 《뉴욕타임스》의 고정 칼럼니스트가 되고 예일대학에서 발행하는 새 잡지 《프랑스-아메리카 리뷰》의 파리 지부장을 맡았던 1936년 무렵에, 그는 친파시스트 주간지 《나는 어디에나 있다》(Je suis partout)의 미국 관련 주요 시사평론가로 활약했다. 1940년 전쟁 패배에 이어 페탱 원수는 프리메이슨 지부 및 다른 '비밀결사들'의 처벌에 필요한 기록 문서를 모으는 캠페인의 일환으로 파이를 국립도서관의 책임자로 임명했다. 파이의 집요함은 6만 명의 프리메이슨 단원을 체포하고, 1천 명이 넘는 죄수들을 독일로 강제 이송하면서 정점에 이르렀다. 독일의 강제수용소에서 몇 백 명이 감금 상태에서 죽었다. 전후의 재판으로 그는 중노동과 함께 종신형을 선고받았다. 징역은 생각보다는 매우 짧았고, 앨리스 토클래스의 노력으로 1951년 형무소 병원에서 믿기 어려운 '탈옥'에 성공했다. 스위스 서부에 은신처를 마련한 파이는 로잔의 교구학교에서 역사가로서 연구를 다시 시작했고, 이윽고 프라이부르크대학에서 강사 생활을 했다. 1958년 법무부 장관이었던 프랑수아 미테랑은 파이를 사면하여 프랑스로 귀환을 허용했다. 프랑스에서 그는 자신의 회고록, 프랑스 왕들의 전기, 그리고 인민주권론에 대한 신랄한 비판서들을 쓰면서 남은 15년 여생을 보냈다.

19세기에 알렉시 드 토크빌, 에두아르 라불레 같은 자유주의자들은 미국의 정치적 실험에 관해 책을 썼다. 그러나 정치학자유학교에서 제공된 비교법학이나 정치경제학 예비강좌들을 제외하고 미국에 관한 어떠한 연구도 진전이 없었다. 아메리카에 대한 역사 연구는 프랑스어권 식민제국의 역사로 한정되었다. 그러나 1900년 이후 미국의 세계적 영향력이 커지면서 프랑스 당국은 국민 문화를 장려하는 차원에서 대서양 건너편을 향한 지식 사절단을 지원하기 시작했다. 이들의 노력은 종종 중심적인 유럽 학문의 널리 알려진 평판에 대한 해외의 공감을 감퇴시키게 될 터였다. 교환교수 자리는 제1차 세계대전 전에 활기를 띠었는데, 언어학자, 행정학자, 과학자, 사회 이론가들은 미국 제도의 성취에 잔뜩 감탄해 파리로 돌아왔다. 이 학자들은 제3공화정을 이끌던 엘리트들의 지적 중추를 형성하고 있는 실증주의 학문을 높이 평가하면서 자신들의 역할을 신뢰할 수 있는 전문가로 자부했다.

대서양을 넘나드는 국제주의가 줄곧 확대되던 시기에도 파리에서 미국 역사 및 문명에 관한 연구는 미미했다. 교육자들은 경쟁적인 연구 공동체 내에 새로운 교수직이나 도서관의 설립하는 일보다 프랑스의 이상을 대외적으로 홍보하는 데 더 열중했다. 정부의 지원을 받는 전문 분야인 미국학의 출현은 제1차 세계대전 이후 달라진 프랑스의 국내 사정에서 미국이 차지하게 될 영향력에 더 많은 관심을 촉구하는 것이었다. 미국의 물질적·정치적 지원에 대한 요구는 공화주의와 계몽주의 유산을 보편화하려고 애썼던 프랑스 공직자들의 독일 혐오증을 더 깊게 한 반면에 학문적 국제주의를 더욱 확대했다. 파리에서 대학에 자리 잡은 자유주의 성향의 역사가들은 이제 자신들의 민주주의 양식의 증좌로 다름 아닌 미국의 역사와 문화를 강조했다. 1917년 프랑스 학생들과 현지에 직장을 잡은 미국인들을 위한 미국 문화와 정부에 관한 임시 강좌가 1917년에 소르본대학에서 개설되었다. 전쟁 말기에 이 프로그램은 미국 학생들이 '미국 문학과 문명 수료증'을 취득하도록 지원하는 강좌로 확대 개편되었다. 비정규 강좌로 유지되던 이 프로그램은 1927년에 한 미국 선박업계 거부의 후원을 받아 정규 강좌로 전환되었다. 석좌교수 샤를 세스트르는 파이의 논문을 포함해 국가박사논문 열두 건을 지도했다. 하지만 그는 그 분야의 발전에 거의 영향을 끼치지 않았다.

이러한 요소들은 프랑스의 학문적·지적 우파에게 미국학의 매력을 촉진했다는 점에서 파이의 초기 성공에 중요한 작용을 했다. 이러한 경향은 부분적으로 전쟁 이전의 민족주의 조류로부터 자라났으며, 프랑스의 민족주의적 이해라는 기획을 추진하기 위해 역사가이자 정치인인 가브리엘 아노토가 설립한 '프랑스-아메리카위원회'에서 잘 나타났다. 이 조직의 간사였던 가브리엘 루아자래는 페탱 원수의 연설을 편집 발행하고 비시 정권의 외교를 돕는 데 이 기관을 이용했다. 기관지 《프랑스-아메리카》를 편집·발행했던 피르맹 로즈는 페탱의 문화 프로그램을 수용한 폭넓은 모라스주의 그룹의 멤버가 되었다. 미국과 정기적인 유대관계를 가진 몇몇 저명한 프랑스 학자도 강도의 차이는 있으나 이러한 태도를 공유했다. 이러한 모호한 태도를 가장 잘 보여 주는 인물이 바로 콜레주드프랑스에서 지성사를 강의한 저명한 학자 폴 아자르였다. 제2차 세계대전 이전 가톨릭계 보수주의 서클에서 활동했던 그는 1941년에 컬럼비아대학의 방문교수직을 그만두고 파리대학 학장직을 맡았다. 독일 당국이 학장직을 폐지했음에도 불구하고 그는 1944년 사망할 때 까지 주요 가톨릭계 대독 협력자들과 교류했다. 이러한 방식으로 프랑스 보수주의자들은 민주주의가 유럽 문명에서 개인주의 정체성과 고전주의 학문의 안정된 기반을 앗아갈 것이라는 우려를 내비치면서도 다른 한편으로 국제주의를 공화국의 대외적 이해관계와 완전히 양립하는 것으로 간주했다.

대서양 너머와의 교류 역사에서 파이의 위치는 개방적 국제주의에의 참여와 대중민주주의에 대한 비판의 느슨한 조합을 보여 주었다. 미국인 동료 전문가들로부터 인정받고 있다는 사실로 자신의 보수주의 성향을 완충한 파이는 미국 역사를 파리 고등교육의 최전선에 가져다 놓았다. 그는 국제정세 문제에서 흔히 들리는 포퓰리스트적 발언에 대한 균형추로 행세하면서 미국인들에게서 호감을 얻었다. 동시에 그는 프랑스의 장기적 국익에 봉사하기 위해 미국과 차이를 줄이고자 애썼다. 그는 근대사학회 같은 파리의 영향력 있는 학회들 앞에서 미국사 관련 주제에 관한 자신의 박식과 역량을 한껏 과시하면서 좌파 학계에서도 인정을 받을 수 있었다. 그는 《신문학》에서 《르피가로》와 가톨릭계 잡지 《통신원》에 이르기까지 주류 간행물에 정기적으로 기고했다. 대서양 양쪽의 청중 앞에서 그는 미국 사회나 미국의 국제 정책에 대한 '아마추어' 촌뜨기들의 논쟁에서 박식한 이해력으로 두각을 나타냈다. 그는 강력한 동반자인 미국으로부터 프랑스가 고립될 수 있음을 경고했다. 미국으로부터의 긍정적 반응은 그가 공식 학계에서 높이 평가받는 이른바 '전문가들의 권위'를 대표한다는 점을 강조함으로써 평판을 더 높여 주었다. 경제적 또는 전략적 위기들은 국제 협력을 통해서만 대처할 수 있다고 역설함으로써 그는 국내에서 제기되는 잠재적인 정치적 의혹을 줄일 수 있었다. 게다가 파이가 유럽식 사회주의 모델에 대한 미국인들의 적대감을 칭송함으로써 미국의 반공주의 정서에 다가갔다는 점은 명백하다. 그는 또한 사회 엘리트들의 세련된 업적과 고전 예술에 나타난 가톨릭의 성취를 통해서 프랑스 공공윤리의 특징과 장점을 선양함으로써 여태껏 문화 사절단이 해온 일을 그대로 해냈다.

미국학과 해외에서 국익 옹호를 통해 자신의 이념적 원칙을 표방함으로써 파이는 1920년대에 제3공화국의 민주주의 유산을 옹호하는 자들로부터 공격을 성공적으로 무마할 수 있었다. 그가 전간기에 쓴 적잖은 논문들은 프랑스 논평자들이 국내에서든 국외에서든 참조할 만한 미국의 선거정치, 관세의 특징, 이민 그리고 은행정책 따위에 대해 '현실주의적인' 평가를 내리고 있다. 국가의 특권은 명시적으로 언급되지 않았지만, 그는 특히 미국의 중서부 정치와 대학 인사들의 계명된 여론에 영향을 미치는 미국의 친독일적 이해관계에 맞대응하는 범국민적 선전 공세를 열렬히 지지했다. 더 민족주의적인 상대국들과 마찬가지로 지난날의 전쟁 동맹국들과 전략적 제휴를 맺는 데에 대한 파이의 희망은 영국의 국익과 영어권 개신교 문화에 대한 불신 때문에 퇴색했다. 바로 1940년에 그는 미국에서 불간섭주의 감정이 강화되는 것에 대해 이상주의자들에게 경고했으며, 구체적인 물질적 약속을 결여한 채 사회 평등주의로 기우는 윌슨 대통령의 정책을 대서양 동반자 관계가 막아 낼 필요가 있다고 강조했다.

빡빡한 여행과 강의 일정에도 불구하고 박사 학위논문을 출판한 후 파이는 1926~1933년에 비교문학 개설서, 미국현대문화 연구서, 조지 워싱턴, 프랭클린 루스벨트, 벤저민 프랭클린 그리고 프랭클린 가문에 관한 네 가지 전기를 출판했다. 18세기 프랑스와 미국의 '혁명 정신' 성쇠에 대한 학위논문은 대서양 양쪽에서 즉각적인 명성을 가져다주었다. 비록 민주주의 통치 방식을 공개적으로 비판하는 일은 신중하게 삼가고 있기는 하지만 이 책은 근대적 신념 체계의 선동적인 이상을 계몽주의 시대의 몇 안 되는 '학문 단체들'의 선전 역할 탓으로 돌린 보수주의 역사가 오귀스탱 코생의 개념을 발전시켰다. 암암리에 나타나는 주장은 다음과 같다. 우선 필라델피아 홀과 버지니아 식민지에서 울려 퍼진 혁명의 이상이라는 것은 구체제 시기 '라틴-가톨릭' 문명의 범세계주의적 전망의 연장선에 있었을 따름이다. 다음에 미국사 초창기의 민주주의 사상은 일단 대서양을 건너 온 후 프랑스의 내부적 쇠퇴를 재촉했을 따름이다(벤저민 프랭클린에 대한 후속작에서도 엇비슷한 내용을 볼 수 있다). 파이는 프랭클린을 국제 프리메이슨의 방대한 조직망을 통해 사상을 전파한, 정치적으로 자신만만한 중간계급에 근거를 둔 새로운 '정치종교'의 근대적 체현으로 묘사했다. 이 펜실베이니아의 박식가는 혁명 이전 프랑스 귀족 지배의 정당성과 가톨릭교회의 제도들을 서서히 침식시켰던 '프리메이슨 문화'의 표상이 되었다. 그리고 파이는 프랑스 귀족이 영국 정치 생활의 내향적 담론에 거의 영향을 받지 않았던 반면, 미국의 혁명적 이상주의자들의 명성은 곧 라파예트 후작과 미라보 백작 같은 프랑스 젊은 귀족들 사이에서 헌정주의라는 새로운 '교회'를 설립했다는 결론을 내렸다. 자매 혁명의 '영적 결합'은 1789년 이후 의기양양한 시절에 꽃을 피웠다. 그러나 민주주의적 이상론과 '이신론적 도덕 체계'는 신생 아메리카 국가와 1790년대 격동기 프랑스 사이의 국민적 부조화를 일소하기에는 불충분한 것으로 입증되었다.

　나라 안팎의 사건들에서 흔들리는 대중이 불러일으키는 적대감을 줄여 줄 수 있는 '문명'의 담지자로 문화 엘리트들을 정당화하기 위해, 파이는 역사 연구를 이용했다. 프랑스 사회규범의 중요한 길잡이 구실을 하던 교회, 군주정, 가족에 대한 신념을 잃지 않았던 아르튀르 고비노 백작이 바로 파이의 국내 역할 모델이었다. 그에게 고비노는 소비자 경제와 다윈에 영향을 받은 사회적 진보에 대한 신학적 권위와 개인적 차이를 받아들였던 참으로 '고지식한 사람'이었다. 미국으로 눈을 돌려 그는 조지 워싱턴의 삶에서 귀족적인 품성을 지닌 완전한 영웅의 면모를 발견했다. 이것은 그에게 프랑스와 미국의 친선을 역사적 관점에서 옹호하는 주요 수단이기도 했다. 초대 미국 대통령에 관한 대중적 전기에서 파이는 미국의 성공이 한 명의 문화 엘리트 덕인데, '공화주의 귀족'의 전형이자 프랑스-미국 화합의 상징인 조지 워싱턴이 바로 그 사람이라고 주장했다. 워싱턴의 위대함은 그의 개인 성격이나 혁명적 자유에 대한 남다른 헌신보다는 오히려 식민지 사회의 기본적인 위계질서를 보존했던 대의제 정부에서 그가 이룩한 위업이었다. 정당에 대한 불신, 총사령관으로서 그가 누렸던 '군사독재' 그리고 지주계급의 '봉건적' 가치들에 대한 그의 헌신, 이 모든 것이 '보수적이고 창의적인' 그의 '열정들'을 내보여 주었다. 따라서 파이의 펜 아래에서 미국혁명은 영국 의회의 억압적인 중앙집권화 경향에 반대하는 식민지 토지 귀족층의 독립을 위한 보수주의적 방어물이 되었다. 미국의 연방주의에 의해 보호받고 있는 안정된 타운 구조는 "모든 문제들을…… 수치 문제로 환원하는" 보통선거의 '산술 논리'를 제어할 것이었다. 워싱턴이 그리도 높이 평가했던 조합국가 이론은 따라서 프랑스의 혁명 전통이나 오늘날의 '볼셰비즘과 사회주의의 공세'에 대한 하나의 대안으로 간주되었다. 워싱턴의 유산은 '민주주의 세계의 한복판에 귀족주의의 형태'를 만들어 내는 '감각을 단련시키는' 대학들을 통해 여전히 지속되었다.

그의 반동적 이데올로기를 고려해 볼 때 어떻게 파이는 미국 학계의 역사가 및 출판업자들의 지원망을 이용했을까? 일반적으로 파이의 미국인 동료들은 대서양 양쪽 지식인들의 공통 관심사를 존중하고 경제적 라이벌인 독일에 대한 경계심을 부추기는 그의 전간기 저작들 대부분을 환영했다. 1930년대까지 미국의 학자들은 완전히 독창적이지는 않지만 그래도 보수주의에 대한 절제된 진술서라 할 연구들에서 그의 도발적인 생각들을 찾아내기란 그리 쉬운 일이 아니라고 생각했을 것이다. 거트루드 스타인 같은 명사들은 문학계 모더니스트들 중에서 외국인 총아였던 파이의 명성을 한껏 치켜 올렸다. 식민지 시대의 사회적 위계를 현대 문화의 불확실성에 대한 회고적 대안으로 보았던 미국 학자들 사이에서 반응은 무척 긍정적이었다. 그러나 파이는 미국을 대중소비주의의 위협으로만 한정시켰던 파리의 단호한 관찰자들과 견해가 달랐다. 미국에 대한 그의 견해는 복합적이었으며, 어느 단일한 문화적 또는 지적 중심이라는 주장을 일축했다. 미국에서 관습은 지역마다 달랐고 교육은 현지의 실정에 따랐으며, 미국 시민들이 '각양각색'이었던 바로 그만큼 유럽식 경향이나 어떤 강력한 세속 국가를 불신하는 풍조가, 즉 개인주의, 공동체, 종교 따위에 대한 신뢰가 남아 있었다.

또 파이는 전통적 가톨릭교의 보편성을 부정하는 것처럼 보였던 인종적·생물학적 이론들에 대해 비교적 침묵을 지킴으로써 이익을 얻었다. (1940년까지) 이러한 무관심은 그가 거트루드 스타인 같은 미국 유대인들과 긴밀한 유대를 나눈 것과, 1930년대에 자신이 발전시킨 극우 단체들에서 반유대주의가 상존했을 때에도 국가사회주의에 대해서 냉정한 입장을 유지한 것을 설명해 준다. 그의 전간기 저작들이 반유대주의를 표방한 것에 대해 말하자면, 그것은 단지 정부 고문으로 활약한다거나 아니면 공산주의에 물들었다거나, 이를테면 은행 돈을 독차지한 판에 박힌 미국의 '이스라엘 사람'에 대해서일 뿐이었다. 파이의 엘리트주의 사고방식은 나치 인종주의로부터 도망쳐 잠재적 동맹자로 미국으로 망명한 다음 미국의 '빨갱이 공포'의 잠재적 희생자들이었던 유대인들에게 동정의 요소로 작용할 수도 있었다.

이러한 신중한 학문 전략 덕분에 콜레주드프랑스 교수직 취임이라는 성취를 일궈 낸 그는 20세기에 그곳에 입성한 가장 젊은 역사가였다. 1930년 3월 앙드레 타르디외의 제2차 내각 아래에서 공교육부는 콜레주드프랑스에 '미국의 사회·도덕·정치의 역사'를 위한 새로운 교수직 설치를 명했다. 그것은 "오늘날 세계의 경제 발전에서 막대한 영향력"과 "프랑스의 외교 방침과 재정 상황"에 대한 미국의 영향력을 인정하는 것이었다. 타르디외는 파이와 몇몇 보수주의 원리, 특히 유럽의 의회 체제를 중앙집권적인 대통령제 권력 구도로 대체하려는 기대를 공유했다. 가장 높이 평가받는 인문학 연구의 중심지에 미국학을 침투시키려는 의도에 대한 저항이 학계의 일부 영향력 있는 인사들에게서 나왔지만, 그러한 반응이 파이의 지위를 손상시킬 정도는 아니었다. 비록 예산 감축으로 2년 동안 봉급을 받지 못했지만, 아무튼 그는 1930년 11월에 별 어려움 없이 콜레주드프랑스의 교수직을 차지했다.

미국사의 정평 있는 권위자로서 파이는 1932년 프랑스에서 당시 미국의 사회경제적 위기뿐 아니라 미국 식민지 및 혁명의 역사에서 "정치 그룹, 비밀결사 단체, 언론과 성직자의 역할"에 관한 거의 유일한 강좌들을 담당했다. 그의 관심이 현대 미국 정치학으로 향했을 때 파이는 이번에는 프랭클린 루스벨트 대통령의 지위를 통해 프랑스의 회복을 위한 미국 모델을 제기했다. 그는 유연한 의회, 패배한 야당, 대중 여론의 올가미로부터 분리된 사법부에 대해 효율적이면서 거의 '신보나파르트주의적' 행정부 우위의 사례로 루스벨트 행정부를 칭송했다. 루스벨트는 자유방임적 개인주의의 붕괴와 의회제 형태 정부의 '황혼기'가 초래한 심리적 위기에 단호하게 대처한 인기 있는 '독재자'였다. 이 현대적 귀족은 대중 매체의 멍청한 농담을 압도했으며, 후보자를 그저 "말하는 기계"(오귀스탱 코생이 말한 유명한 용어)로 전락시키는 "주절거리기 놀이"에 근거한 여론전의 "장광설 정치"에서 승리했다. 프랑스의 이해관계는 특히 1939년에 이르는 위기의 몇 해 동안에 안정과 희망에 관한 "우리의 큰 자산"이라 할 루스벨트 자신에게서 특별한 호의를 얻어 내는 데 있었다. 이러한 가능성을 고려해 파이는 미국의 고립주의가 갖는 반프랑스적 측면을, 영국이나 독일이 미국을 상대로 벌이는 책략을 무마하기 위해 선전 노력을 재가동하자고 촉구했다.

1930년대의 첫 10년은 파이가 국제 프리메이슨단과 인민주권의 '위협'에 관한 역사에 점점 더 큰 관심을 가졌음을 보여 주었다. 앞에서 지적했듯이 그의 초기 전기문들은 미국 민주주의의 출현에서 프리메이슨단의 상대적 중요성을 강조했다. 1935년 파이는 프랑스혁명의 기원과 국제 프리메이슨단의 관계에 관한 중요한 책(프랑스어와 영어로 출판된 일곱 번째 책)을 출판했다. 프리메이슨 지부들은 "앵글로색슨식" 정치 사조의 비옥한 묘판 구실을 하기는 했지만 그들의 사상이 도버해협을 건너 전파되면서 가톨릭-부르봉 프랑스에 치명적인 전염병이 되었다. 파이는 유럽 대륙의 프리메이슨 조직들이 건강한 유기체를 보존하는 어떤 "고도의 정신력"을 결여한 매력적인 "사상 단체" 역할을 했다고 단언했다. 프리메이슨은 새로운 사회적 신념의 '귀족적인 자살'에 이른 '순진한 공리주의'로 귀족들을 유혹한 주요 부르주아 제도가 되었다. 다시금 코생의 이론에 영향을 받은 파이는 프리메이슨 지부들이 무신론적 개인주의와 세속적 민주주의라는 유해한 "반(反)종교"를 드러냈다고 결론지었다. 이러한 무신론적 개인주의와 세속적 민주주의는 독일의 부활과 국내 정치의 분열을 목도한 최근 수십 년 동안 프랑스 공공생활의 '초시간적(timeless)' 성격을 약화시켜 왔다. 이러한 비인격적인 "절차 우위"의 메커니즘이 프랑스적 특성, 즉 프랑스의 '영혼'(파이는 이 '영혼'이라는 것은 가치 판단이나 심미적 상상력에 뿌리를 두고 있다고 여겼다)으로부터 이탈해 버렸다는 것이다. 1940년 무렵 파이는 '수치와 계산'의 제단을 넘어서 "생각하고 행동하고 존재하는" 본능적인 능력을 프랑스인들에게서 빼앗아 간 고갈된 '합리적 지성'의 종말을 축하했다.

　미국사와 현대 정치 외에 파이의 미국 바로보기의 세 번째 주요 요소는 프랑스 공화국 자체의 실증주의 문화에 맞선 항거로서 모더니즘 문학과 시각예술에 대한 관심이었다. 파이는 예술적 실험, 특히 시문학, 미국 소설,《신프랑스평론》(Nouvelle revue française) 같은 프랑스 간행물을 후원했다. 그는 여기에서 드러나는 자기성찰과 개인의 본능적 기질에 대한 강조가 세계대전과 점증하는 상업화로 찌든 사회의 문화적 부활을 위한 거대한 잠재력을 예감케 한다고 느꼈다. 일상의 물질주의적 압력에서 벗어난 취향을 누릴 만큼 부를 지닌 상층 부르주아 엘리트는 국경선을 넘어서는 창의적 천재성을 발휘할 것이었다. 이들은 근대국가의 책무로부터 자유로울 수 있었으며, 그저 온순하고 말 잘 듣는 모범생에 지나지 않을 국가의 심부름꾼이라는 지위에서 벗어날 수 있었다. 인문학에서의 '과학적' 글쓰기라는 지루하기 짝이 없는 공리주의 제국은 그 창의성을 이미 잃은 채 "정신은 사로잡지 못하고 육체를 유혹하는" 공식적인 국민적 "대중 산문"으로 기능했다. 파이는 추상적 정치 이데올로기보다는 산문의 정신적 활력에 대한 평가로 이러한 비판들에 동참했다. 그런 까닭에 빅토르 위고와 다다이즘은 높이 평가한 반면, 인간 주체를 윤리적 (가톨릭적) 개인으로보다는 사회적 존재로 이해한 아나톨 프랑스 같은 작가들은 낮게 평가했다. 그는 특히 거트루드 스타인이나 셔우드 앤더슨처럼 인습에 도전했던 미국인들과 친했고, 에세이, 번역, 파리의 사회 연결망을 통해 프랑스 대중 앞에 그들의 저작들을 계속 내놓기 위한 노력을 게을리 하지 않았다.

따라서 파이는 다른 우파 지식인들과 함께 역사와 문학의 목적이 전간기에 프랑스의 활력이 고갈되면서 생명력을 잃은 고급 민족문화를 되살려 내는 것이라고 주장했다. 하지만 그의 캠페인은 '새로운 역사학'(New History) 운동 같이 혁신적이라고 간주된 미국의 지적 풍조를 전유했다는 점에서 유달랐다. 미국적 경험의 젊음 바로 그 자체는 미국의 공식 역사가 대중의 의미 있는 참여를 위한 최선의 토대를 약속한다는 것을 의미했다. 그도 그럴 것이 미국의 과거는 현재에 대한 적절한 토론으로 쉽사리 탈바꿈할 수 있을 정도로 충분히 최근이기 때문이었다. 파이는 학문을 유물론적 경험론의 협소한 기록 정도로 떠받드는 행위를 비판하기 위해서 프레더릭 잭슨 터너 같은 학자들의 학제간 실험에서 많은 것을 빌려왔다. 특히 1920년대 미국에서 벌어진 역사 연구의 객관성을 둘러싼 논쟁에 영향을 받은 파이는, 학문이란 작가의 상상력, 요컨대 인문학적 사유에서의 불가시적인 것에 대한 감수성에 의해, 구현되는 예술 형식이라고 믿었다. 이 '살아 있는 역사'(living history)가 당대의 대중에게 현재에서 바라 본 중요한 주제들을 요구했다. 그런데 프랑스 역사가들은 무미건조한 헌법 기록, 가격의 역사 또는 인구학에서의 계량화 따위에 초점을 맞춘, 국가나 사회에 대한 '과학적 역사'에 몰두하고 있었다.

이러한 시각을 지닌 파이는 소르본대학에서 프랑스 계몽주의 시대 문학으로 유명한 역사가 다니엘 모르네와 함께 《낭만주의 평론》에서 신랄한 논쟁을 벌였다. 모르네는 영어권 국가의 대학들에서도 유행하는 이른바 '과학적' 문학사의 주요 옹호자로 여겨졌다. 모르네는 소르본대학에서 발표된 최근 학위논문을 놓고 미국의 한 비평가와 짤막한 논쟁을 벌인 적이 있었다. 여기서 그는 신뢰할 만한 결과를 산출하기 위해서는 비교문학 연구에 경험론적 자료를 활용해야 할 필요를 강조했다. 논쟁에 끼어든 파이는 모르네와 그의 학생들이 자신들이 모으고 간추린 실증적 데이터에 근거해서 제3공화국의 계몽주의적 기원을 정당화하기 위해 이른바 과학적 방법을 이용한, '사실들'의 단순한 수집가에 지나지 않는다고 말했다. 이들은 사회의 비합리적인 요소들을 희생시키고, 개인의 미학적 취향뿐 아니라 가치에 대한 공감이라는 형태로 남아 있는 '문학적 직관'을 소홀히 취급했다는 것이다. 넓은 의미로 말하자면, 파이는 '과학적' 방법론이라는 것을 세속적 이성의 계몽주의적 유산과 근대 유럽 문화에서 사회정치적 평준화의 힘 정도로 한정하고 있다고 볼 수 있다. 이 자유주의적 이상은 세계대전, 경제 불황, 국내 정파 정치의 급진화로 표출되는 20세기의 요구를 만족시키지 못하는 것으로 드러났다. 본능적이고 여전히 인습적인 초월적 에너지에서 해방된 에너지만이 프랑스를 쇄신할 이상을 확립할 수 있었다는 것이다.

이 모든 해석에서 파이는 비교적 긍정적인 시선으로 미국의 당대와 역사를 그려 내려고 시도했다. 그러나 정치적 위기들이 프랑스의 국민 생활을 압도하기 시작하면서 그의 보수주의는 더욱 급진적으로 변했다. 그는

《나는 어디에나 있다》의 정기 기고가가 되었고, 그의 기사들은 《세기 평론》, 《쿠리에 루아얄》, 《세계 평론》에 실렸다. 그는 반프리메이슨적인 '오귀스탱 코생 서클'의 정회원이 되었고, '불의 십자단'(Croix de Feu)의 라로크 대령이 이끄는 '모임'에 참석했다. 1935년 그는 프리메이슨, 유대인 그리고 인민전선으로 요약되는 민주주의 개혁에 반대하는 캠페인을 벌이던 아벨 보나르, 막심 베이강 장군 같은 유명인사들이 포함된 비공개 문학 결사체 '생각하고 행동하기'(Penser pour agir)의 조직에도 힘을 보탰다. 에스파냐내전 중에는 '서구연대'라는 단체의 회장 자격으로 '서양 기독교 정신'을 지키는 프랑코 장군을 지지했다. 독일과 전쟁이 발발하자 파이는 프랑스의 혁명적 시민 전통에 대한 가톨릭 우파 지식인의 공세를 조율하는 주요 조직자가 되었다. 그는 1939년 공화국의 프랑스혁명 150주년에 답해 파리 가톨릭연구소의 보드리야르 추기경이 발의한 역사시리즈 '프랑스혁명의 영혼'에 참여했다. 파이가 저술한 1권 《인간, 역사의 척도》(L'Homme: mesure de l'histoire)는 조르주 르페브르 같은 주요 민주주의자들이 제기한 '새로운' 사회경제사를 비판했다. 귀납적 학문에 대한 비판으로 다시 돌아가서 파이는 학문이 앙시앵레짐의 가장 영광스러운 형태 속에 가장 잘 나타난 바로 그러한 개인의 치적을 생생하게 인식하려면 "핏기 없는" 자료를 버려야 한다고 단언했다.

대서양 건너편의 문제에 대해 파이는 유럽의 입헌주의가 "프랑스 문명에 적합지 않은…… 낡은 장치"였고, 현대의 온갖 위기에 부응할 수없는 정당들만 양산했다는 사실을 미국 대중에게 충분히 설명했다고 확신했다. 미국 문화에 대한 좀 더 거친 비판은 유럽이 평화를 누린 마지막 몇 달 동안 더 뚜렷하게 나타났다. 파이는 미국에 관한 마지막 책 《미국 문명》(Civilization américaine)에서 미국 문화를 자본주의적 탐욕과 상업적 물질주의의 발현으로 비판했다. 이상하게도 프랑스의 준파시스트 인물들과 맺은 깊은 유대는 파이가 미국의 학문 기관들과 맺고 있는 관계에 그다지 큰 실제적인 영향을 미치지 않았다. 프리메이슨에 관한 그의 책이 출판되면서 이제 일부의 찬사 논평은 '미국 봉건제'와 같은 피상적인 평론에 점점 눈살을 찌푸리던 여느 다른 논평자들 속으로 스며들어 사라졌다. 그러나 대개 파이는 전쟁이 일어날 때까지 여론을 선도하는 중심부에서 계속 활동했다. 그의 서평은 미국의 주요 학술지에 실렸다. 저명한 가톨릭 평론지는 프리메이슨에 대한 파이의 해석을 지지했고, 《뉴욕타임스》에 실린 장문의 에세이들은 잠재적인 독일의 위협을 봉쇄할 수 있을 프랑스어권과 영어권 사람들 사이의 새로운 화합을 계속 요구했다. 1939년 말에 파이는 그가 19세기 유럽 자유주의의 메마른 전통을 일깨워 주는 잊힌 인물로 《뉴욕타임스》에 묘사했던 라파예트의 전기를 출판하기 위해 또 다른 출판 계약을 체결했다.

미국 학자들의 파이에 대한 신뢰는 파이가 1936년부터 양국의 역사가들이 편집했던 첫 잡지 《프랑스-아메리카 리뷰》의 공동 간사를 맡은 데서 엿볼 수 있다. 예일대학과 파리의 국제 편집진에 토대를 둔 이 잡지는 프랑스 전반에 관한 연구를 장려하던 미국의 범세계주의적 프랑스 우호론자들에 의해 창간되었다. 파이는 존경받는 '지식인 사절'로 활동하려는 전략의 연장선상에서 파리의 간사를 기꺼이 맡았다. 그는 장문의 기사들을 기고하고 매호마다 '정치시평'을 썼다. 특히 흥미를 끄는 점은 파이가 전간기에 소르본대학에서 프랑스혁명사 강좌 주임을 맡았던 필리프 사냐크 같은 고전적 자유민주주의 정신을 가진 영향력 있는 학자들의 도움을 크게 받았다는 사실이다. 특히 나치 독일의 위협이 점점 커지자 지지는 겉보기에는 메우기 힘든 이데올로기적 분열을 넘어섰던 것이다. 그러나 뮌헨 위기 이전까지 《프랑스-아메리카 리뷰》의 독자층은 미국 전문가 및 프랑스의 핵심 고위 관료층을 넘어서지 못했다.

제2차 세계대전은 파이의 경력에 근본적 변화를 가져왔다. 그는 권위적 통치와 프리메이슨의 음모에 대한 생각을 마침내 실행하는 데 《해빙》(Le Débâcle)과 페탱의 '민족혁명'을 이용했다. 파이의 역사학을 줄곧 안내했던 '낯선 세력에 의한 전복'에 대한 우려는 이제 '민족혁명'의 반대자들에 대한 박해로 향했다. 그가 콜레주드프랑스에서 자유주의자 동료들을 공격하는 데 자신의 영향력을 이용하던 그 순간에 국립도서관의 관장으로 임명된 그는 유대인과 사회주의자들의 추방하는 작업에 도서관 직원들을 '동원'했다. 국가 기록문서에 쉽게 접근할 수 있었던 그는 '비밀결사들'에 관한 국가 기록물을 우연히 찾아냈고, 공직에서 프리메이슨단원을 추방시키는 데 그 자료를 이용했다. 파이는 프리메이슨단을 '도덕적 실추'의 국가적 원인으로 지목하는 일련의 강연, 간행물, 전시회들을 기획하는 핵심 관리자가 되었다. 도서관과 박물관이 포함된 비시 정보부의 비밀결사 담당 국장으로 임명된 파이는 점령 지역에서 반프리메이슨 캠페인을 벌이기 위한 증거수집 작업의 일환으로 프리메이슨 문서들을 체계적으로 정리했다. 로터리클럽은 프리메이슨단을 전복시키기 위한 조직으로 특히 공격 목표가 되었다. 이러한 공작들은 그가 협찬을 아끼지 않았던 영화 〈숨겨진 세력〉, 〈프리메이슨 해체〉 따위를 통해 일반 대중에게 합리화되었다.

독일 당국이나 다른 파시스트 국가들과의 기록물 교환은 파이의 이데올로기적이고 개인적인 도발 행위의 연장선이기도 했다. 인민혁명의 광기에 희생된 옛 군주들의 은덕에 관한 연구나 고등학교 수준의 공식 역사 교과서를 만들기 위한 비시 정권과의 협력 등 여러 작업들도 있었지만, 그는 우선 《라제르브》(La Gerbe) 같은 극우파 간행물에 열심히 글을 썼다. 비시 검열국인 단행본심의회의 의장으로 임명된 파이는 프리메이슨의 모반과 볼셰비키의 음모와 국제 유대인들을 하나로 묶을 수 있는 반유대주의 선전 활동 또는 전시회에 열심히 참여했다. 반유대주의에 대한 애초의 모호한 태도는 그렇다고 치더라도 파이는 〈유대인과 프랑스〉라는 수치스러운 전시회에 참여했다. 그는 아마도 독일 측이 아벨 보나르를 선호한 까닭에 교육부 장관 자리까지는 오르지 못했다. 하지만 다를랑 제독이 지휘하는 유대인업무 비시 총국을 이끌 적임자로, 요컨대 "신뢰를 얻을 충분한 가치가 있는" 인물로 독일 당국의 지지를 얻어 낼 정도로 그의 평판은 독일 당국의 만족시키기에 충분했다.

자신의 대독 협력 이데올로기를 무마하려는 어떤 시도도 없이 파이는 1940년 이후에도 여전히 예전에 미국 전문 역사가로 활동할 당시와 마찬가지로 애매한 위치에 머물렀다. 그는 가톨릭 우파 학계의 지도자로서 활동을 계속했으며 미국에 대한 비판을 신중하게 피해 갔다. 전쟁 전에 펴낸 《미국 문명》이라는 시론과는 별도로 그는 미국의 소비자경제와 국제사회에서의 정치적 목표에 명백히 반대했던 비시 정권의 국가개발계획에 대한 언급을 피했다. 파이는 전위적 모더니스트들과 긴밀한 교제를 이어 갔고, 거트루드 스타인이 비시 점령 지구에 머물 당시 그와 그의 '퇴폐적인' 모더니즘 작품들을 독일 당국으로부터 보호했다. 이러한 얼핏 일관성 없는 듯 보이는 활동들은 아마도 그가 마르셀 데아 같은 경쟁자들에 맞서 격앙된 캠페인을 벌였던 주된 동기였을 것이다(그는 프리메이슨과의 관련을 들먹이며 마르셀 데아를 공격했다).

전쟁이 끝난 후 파이의 이전 경력이 밝혀짐으로써 미국 역사가들은 그에 대한 평판을 수정하지 않을 수 없었다. 그들은 전쟁 전에 파이와 맺은 연결을 재빨리 끊어 냈다. 콜레주드프랑스에서 미국사 교수직은 뤼시앵 페브르의 노력 덕분에 유지될 수 있었다. 페브르는 미국 연구가 앞으로는 "과학적으로 근거가 있는" 역사관(파이에게는 매우 역설적인 관점)에 입각해서만 이루어져야 한다고 주장함으로써 그의 제자 마르셀 지로가 파이의 뒤를 이을 수 있도록 했다. 제4공화국에 들어와 미국학 분야에 젊은 전문가 세대가 등장하면서 미국 연구는 서서히 회복되었다. 파이가 1950년대 말 다시 활발한 저술 활동을 펼쳤지만, 프랑스어권 유럽에서 가장 열렬한 보수주의자들을 제외하고는 그의 책을 찾는 사람들이 거의 없었다. 일련의 회고록은 한때 거트루드 스타인이나 앙드레 지드 같은 문화계 명사들과 맺은 관계에 대한 선택적 향수를 과시하듯 드러냈다. 그는 미국사를 낮게 평가하고 그 대신에 영원한 가톨릭 프랑스의 전형적인 이미지를 제공했던 루이 16세 같은 국민적 인물을 치켜세웠다. 1960년대 후반에 발표된 현대 문화에 관한 그의 마지막 논평은 상당히 시대에 뒤처진 메마른 껍질처럼 보였다. 여론에 관한 논문은 현대판 세속주의의 산물로서 '괴물의 탄생'을 추적했다. 그의 이전 영웅 프랭클린 루스벨트는 이제 히틀러나 스탈린과 마찬가지로 지구적 팽창 야욕을 내뿜는 십자군 이데올로기(파시즘, 공산주의, 민주적 자유주의)를 통해 유럽의 파멸을 초래한 미치광이 정도로 격하되었다.

파이의 보수주의가 미국의 후원자들로부터뿐 아니라 그 자신이 타도하려 싸웠던 제3공화정의 제도들로부터도 지지를 받았다는 바로 그 점에서 우리는 파이를 대단히 흥미로운 인물이라고 결론지을 수 있다. 상대적으로 주변적인 분야에 관해 글을 쓰면서 주로 외국 논평을 통해 자신의 모더니티 비판을 개진했지만, 안정된 자리를 확보한 다음부터는 역사와 시사 문제에서 급진적인 입장을 표명했다. '고급문화'의 대행자로서 그의 성공은 미국에서 얻은 긍정적 반응에 의거했는데, 그가 누린 이러한 긍정적 평가는 현대 대중사회를 두려워한 미국 동료들 사이에서 나타난 일반적인 공감대 덕이었다. 근본적으로 파이는 비시와 대독 협력의 기원이 제3공화국의 한복판에 놓여 있다는 널리 알려진 견해를 스스로 입증한 셈이다. 이러한 사항이 미국 연구의 틀 안에서는 어떻게 나타났는

가 하는 문제는 별도로 하더라도, 파이의 사례는 프랑스 지성사의 이 신
랄한 양상이 적어도 1950년대까지 대서양 너머의 지적 가교를 건설하는
데에 얼마나 뚜렷이 나타났는가를 잘 보여 준다. 국제주의는 정치적으로
는 퇴영적일 수 있었으나 그와 동시에 사회 진보에 대한 가담 여부와는
별도로 학문 분야의 혁신을 수용할 수 있었다. 이러한 역설은 파이에게
만 해당되는 것이 아니었다. 하지만 그의 경력은 현대 민주정치 안에서의
역사적 실천에 대한 연구가 초국가적 맥락에서, 달리 말하자면 우리 연
구 분야의 계보학에 내재한 거북한 요소들에 대해 의문을 제기하는 맥
락에서 고찰되어야 한다는 점을 상기시킨다.

문지영 옮김

참고 자료

육필 원고본

Acte de décès, no. 2.349, Dec. 31, 1978, Bernard Marie Louis Emmanuel Faÿ, le
    Maire, Tours.
Archives nationales, F17 13368, Bibliothèque nationale-Vichy.
Bernard Faÿ, "On my activities from September 1939 to 1944" (5 pages, 1945),
    Rare Books and Special Collections, Firestone Library, Princeton University.
Papers of André Tardieu, 324/AP/131, Archives nationales, Paris.
Papers of the Chair in American Civilization, Carton B-II, "Américanisme,"
    Archives de Collège de France, Paris.
Papers of the Cour de justice du département de la Seine, Z6, dossiers 289 and
    290, Archives nationales, Paris.
Papers of the *Franco-American Review*, Sterling Library, Yale University Archives.

Papers of Gertrude Stein, Boxes 106 and 136, Beinecke Library, Yale University.

Papers of John L. Brown, Part II, Box 2 and 3, Correspondence, Archives and Special Collections, Georgetown University.

Papers of Virgil Thomson, Series 29, Folder 29/39/13, Irving S. Gilmore Music Library, Yale University.

Papers of Waldo G. Leland, Library of Congress, Washington, DC.

책

Bibliographie critique des ouvrages français relatifs aux Etats-Unis (1770-1800) (Paris: Librairie Edouard Champion, 1925).

L'Esprit révolutionnaire en France et aux Etats-Unis a la fi n du XVIIIe siècle (Paris: Librairie Edouard Champion, 1925).

Panorama de la littérature contemporaine (Paris: Editions du Sagittaire, 1925); reprinted as *Littérature française contemporaine* (Paris: Kra, 1929).

Faites vos jeux (Paris: B. Grasset, 1927).

Notes on the American Press and the End of the Eighteenth Century (New York: The Grolier Club, 1927).

The American Experiment (New York: Harcourt, Brace, 1929).

Benjamin Franklin: bourgeois d'Amérique (Paris: 1929).

George Washington, gentilhomme (Paris: G. Grasset, 1931).

Roosevelt et son Amérique (Paris: Editions Plon, 1933).

The Two Franklins: Fathers of American Democracy (Boston: Little, Brown, 1933).

La Franc-maçonnerie et la révolution intellectuelle du XVIIIe siècle (Paris: Editions de Cluny, 1935; reprinted 1942; new edn. 1961, reprinted 1985).

Les Forces de l'Espagne: voyage à Salamanque (Paris: SGIE, 1937).

George Washington Exposition (Paris: Bibliothèque nationale, 1937).

Civilization américaine (Paris: Editions du Sagittaire, 1939).

L'Homme: mesure de l'histoire (Paris: Labergerie, 1939); part of the series "L'Ame de la Révolution," edited by Cardinal Alfred-Henri Baudrillart, Louis Madelin, Octave Aubry, et al.

Histoire de France: des origines à nos jours, pt. 1: *Des origines à 1610*, by Bernard Faÿ, Blanche Maurel, and Jean Equy (Paris: J. de Gigord, 1942).

L'Agonie de l'empereur: récit historique (Paris: Sorlot, 1943).

Histoire de France: des origines a nos jours, pt. 2: *De 1610 à nos jours*, by Bernard Faÿ, Blanche

Maurel, and Jean Equy (Paris: J. de Gigord, 1943).

Notre chemin: "Les plus beaux mots humains sur la vie humaine" (Paris: Editions Balzac, 1943).

De la prison de ce monde: journal, prères et pensées 1944-1952 (Bulle, Switzerland: Editions du Sapin vert, 1952; reissued in 1974 by Plon).

Louis XVI ou la fin d'un monde (Paris: Amiot-Dumont, 1955).

La Grande Révolution (Paris: Le Livre contemporain, 1959).

L'Ecole de l'imprécation ou Les Prophètes catholiques du dernier siècle (1850-1950) (Lyon: Editions Emmanuel Vitte, 1961).

L'Aventure coloniale (Paris: Librairie académique Perrin, 1962).

Naissance d'un monster: l'opinion publique (Paris: Perrin, 1965).

Les Précieux (Paris: Librairie académique Perrin, 1966).

La Guerre des trois fous: Hitler, Staline, Roosevelt (Paris: Librairie académique Perrin, 1969).

L'Eglise de Judas? (Paris: Plon, 1970).

Beaumarchais ou les fredaines de Figaro (Paris: Librairie académique Perrin, 1971).

Jean-Jacques Rousseau ou le rêve de la vie (Paris: Librairie académique Perrin, 1974).

Rivarol et la Révolution (Paris: Librairie académique Perrin, 1978).

파이가 편집한 책

Gertrude Stein, *Autobiographie d'Alice Toklas and Américains d'Amérique: histoire d'une famille américaine*, translated with a preface by Bernard Faÿ (Paris: Gallimard, 1933, 1934).

Le Général Lafayette: catalogue de L'exposition, edited with a preface by Bernard Faÿ (Paris: Aux amateurs de livres, 1934), pp. v-xi.

Documents maçonniques, edited by Bernard Faÿ and Jean Marques-Rivière (Oct. 1941. June 1944).

Poëmes de Edgar Allen Poe, translated with a preface by Bernard Faÿ (Paris: Mercure de France, 1942).

논문

Over twenty essays for *Je suis partout* from 1935 to 1939.

Essayist for *Les Nouvelles littéraires* from 1921 to 1924.

Several dozen essays as a columnist on America for *Le Figaro* from 1927 to 1934.

Essays for *The New York Times* from 1932 to 1938.

"D'une doctrine sociale a Harvard," *Le Correspondant*, 278 (1920): 128. 40.

"De L'esprit classique et des Etats-Unis," *Le Correspondant*, 281 (1920): 3. 25.

"On the intellectual situation in France, September, 1920," *The Historical Outlook*, 11 (1920): 331. 3.

"Notre situation et notre rô le aux Etats-Unis," *Le Correspondant*, 283 (1921): 621. 34.

"L'opinion américaine et la France," *Le Correspondant*, 287 (1922): 577. 600.

"Les Etats-Unis et leurs jugements sur l'Europe," *Le Correspondant*, 294 (1924): 422. 48.

"Tendencies and groups in France," *Saturday Review of Literature*, 1 (1925): 496.

"Anatole France et la posterité," *La Nouvelle revue française*, 201 (August 21, 1926).

"L'empire américain et sa démocratie en 1926, pts. I, II, and III," *Le Correspondant*, 303 (1926): 161. 84, 351. 74, 664. 76.

"French literature and the peasant," *The Living Age*, 331 (1926): 413. 16.

"French Catholic literature," *The Commonweal*, 5 (Jan. 12, 1927): 264. 6.

"Catholic America," *The Living Age*, 335 (Sept., 1928): 53. 6.

"Doutes et réflexions sur l'étude de la littérature," *The Romanic Review*, 19 (1928): 99. 114.

"Franklin et Mirabeau: collaborateurs," *Revue de littérature comparée*, 8 (1928): 5. 28.

"La situation morale du Christianisme aux Etats-Unis I: le Protestantisme," *Le Correspondant*, 311 (1928): 481. 508.

"Vue cavalière de la littérature américaine contemporaine," *La Revue hebdomadaire*, 37 (May, 1928): 145. 71, 285. 302.

"The course of French-American friendship," *The Yale Review*, 18 (1929): 437. 55.

"A lucky man," *Saturday Review of Literature*, 6 (Oct. 19, 1929): 285. 6.

"Apologie pour l'autre monde," *Le Correspondant*, 319 (1930): 923. 8.

"Le Comte Arthur Gobineau et la Grèce," *Mélanges d'histoire littéraire générale et comparée offerts à Fernand Baldensperger*, vol. 1 (Paris: Librarie Honoré Champion, 1930), pp. 291-302.

"Revolution as an art," and "The French nation," *Saturday Review of Literature*, 6 (March 22 and June 14, 1930): 850, 1121, 1125.

"La situation des études historiques aux Etats-Unis," *Bulletin de la société d'histoire moderne*, 6th series, 18/19 (1930): 38. 43.

"Les débuts de Franklin en France," and "Le triomphe de Franklin en France," *Revue de Paris*, 38 (February 1 and 15, 1931): 577. 605, 872. 96.

"The French mind and the American," *Harper's Monthly Magazine*, 163 (1931): 706. 13.

"Le problème du haut enseignement littéraire," *Le Correspondant*, 324 (1931): 429. 41.

"La gloire du Comte Arthur de Gobineau," *Le Correspondant*, 329 (Nov. 10, 1932): 400. 9.

"An invitation to American historians," *Harper's Monthly Magazine*, 166 (1932): 20. 31.

"Learned societies in Europe and America in the eighteenth century," *American Historical Review*, 37 (1932): 255. 66.

"Psychologie du peuple amérique," *Revue des deux mondes*, 102 (1932): 113. 26.

"A rose is a rose" and "A Scotchman' s view of our democracy," *Saturday Review of Literature*, 10 (Sept. 2 and Oct. 7, 1933): 77. 9, 170.

"Les légendes du Comte de Gobineau," *La Nouvelle revue française*, 245 (1934): 169. 78.

"Portrait de Sherwood Anderson, Américain," *Revue de Paris*, 41 (Oct. 15, 1934): 887. 9.

"Deux ans d'expérience Roosevelt," *Revue des deux mondes*, 105 (1935): 35. 56.

"French freaks for English readers," *Saturday Review of Literature*, 13 (December 7, 1935): 12. 13.

"La campagne électorale aux Etats-Unis," *Revue des deux mondes*, 106 (Dec. 1, 1936): 608. 35.

"Early party machinery in the United States," *Pennsylvania Magazine of History and Biography*, 60 (1936): 375. 90.

"French news from France," *The Commonweal*, 23 (Jan. 10, 1936): 285. 7.

"Les origins et L'esprit de la Franc-Maçonnerie," *Revue universelle*, 46 (1936): 167. 82.

"The rise and fall of Symbolism," *Saturday Review of Literature*, 13 (Jan. 11, 1936): 3. 4, 14. 15.

"The next peace," *The Commonweal*, 28 (June 10, 1938): 181. 2.

"L'amérique a voté: les élections de 1938," *Revue des deux mondes*, 109 (Jan. 15,

1939): 364. 92.

"Un siècle et demi de République démocratique aux Etats-Unis," *Revue universelle,* 78 (1939): 257. 67.

"Etats-Unis devant la guerre," *Revue des deux mondes,* 110 (Jan. 1, 1940): 54. 65.

"Guerre et paix en amérique," *Revue des deux mondes,* 110 (May 1, 1940): 35. 54.

"Liquidation du dix-huitième siècle," *Occident: revue internationale d'hispanisme,* 1 (1940): 25. 32.

Preface to W. Gueydan de Roussel, *A l'aube du racisme: l'homme, spectateur de L'homme* (Paris, E. de Boccard, 1940), pp. 9-11.

"What's the matter with Europe?," *The New York Times Magazine* (March 17, 1940): 6-7, 15.

"Caractère de L'esprit français," *Nouvelle revue française,* 330 (1941): 153-69.

"La Bibliothèque nationale," in *La France de l'esprit,* edited by Henri Massis (Paris: Sequana, 1943), pp. 92-3.

"La Sirenne Russe et la jeune Amérique," *Ecrits de Paris* (March, 1960).

참고문헌

Burns, Edward and Dydo, Ulla E. (eds.), *The Letters of Gertrude Stein and Thornton Wilder* (New Haven, CT: Yale University Press, 1996), pp. 410-14.

Charle, Christophe and Telkes, Eva (eds.), "Bernard Faÿ," in *Les Professeurs du Collège de France: dictionnaire biographique (1901-1939)* (Paris: Editions du CNRS, 1988), pp. 68-70.

Clément, Alain, "Bernard Faÿ est mort," *Le Monde* (Jan. 4, 1979): 30.

Compagnon, Antoine, *Le Cas Bernard Faÿ: du Collège de France à l'indignité nationale* (Paris: Gallimard, 2009).

Gordon, Bertram M., *Collaboration in France during the Second World War* (Ithaca, NY: Cornell University Press, 1980).

Halls, William, *The Youth of Vichy France* (Oxford: Oxford University Press, 1981).

Imbs, Bravig, *Confessions of Another Young Man* (New York: Henkle-Yewdale House, 1936).

Malcolm, Janet, *Two Lives: Gertrude and Alice* (New Haven, CT: Yale University Press, 2007), pp. 96-101.

Poulain, Martine, *Livres pillés, lectures surveillées: les bibliothèques françaises sous l'Occupation* (Paris: Gallimard, 2008).

Rossignol, Dominique, *Vichy et les Francs-Maçons: la liquidation des sociétés secrètes 1940–1944* (Paris: J.-C. Lattès, 1981).

Sabah, Lucien, *Une police politique de Vichy: le Service des sociétés secrètes* (Paris: Klincksieck, 1996).

Unattributed, "A French student on Harvard," *Harvard Alumni Bulletin*, 22 (1920): 193. 4.

Vergez-Chaignon, Bénédicte, *Vichy en prison: les épurés à Fresnes après la Libération* (Paris: Gallimard, 2006).

Will, Barbara, "Gertrude Stein, Bernard Faÿ, and the ruthless flowers of friendship," *Modernism/Modernity*, 15 (2008): 647. 63.

13

에르네스트 라브루스

1895~1988

Ernest Labrousse

에르네스트 라브루스

마크 포터

　20세기 중반 프랑스에서 역사학이 분과학문으로, 전문 직업으로 자리 잡기까지 에르네스트 라브루스의 영향은 아무리 강조해도 지나치지 않다. 1933년과 1944년에 출간된 두 주요 저작 《18세기 프랑스에서 가격과 소득 변동에 대한 소묘》(Esquisse du mouvement des prix et des revenus en France au XVIIIe siècle)와 《앙시앵레짐 말과 혁명 초 프랑스의 경제 위기》(La Crise de l'économie française à la fin de l'ancien régime et au début de la Révolution)는 프랑스에서 1970년대까지도 본보기가 되었고, 역사가라는 직업의 핵심적 요건 가운데 많은 부분을 정했다.

　사실 페르낭 브로델은 1958년에 발표한 논문 〈역사와 사회과학들〉에서, 라브루스의 《프랑스의 경제 위기》를 "지난 25년 동안 프랑스에서 발표된 가장 위대한 역사 연구"라고 언급한 바 있다. 그러나 라브루스의 영향력은 책들이 다른 역사가들에게 준 지적 충격에서만 나온 것이 아니었다. 소르본에서 차지하는 존재감, 박사 학위논문 지도, 1970년대 프랑스에서 역사가가 갖추어야 할 직업적 자질의 본보기라 할 수 있는 집단 연구를 조직하고 지도하는 능력도 탁월했다. 라브루스가 늘 역사학계 안에서 핵심부와 가장자리에 양다리를 걸친 다소 애매한 위치를 차지하고 있었다는 점을 고려하면 그의 영향력은 더욱 더 두드러진다.

카미유에르네스트 라브루스는 1895년 남서부 푸아투샤랑트 지방의 바르브지유라는 마을에서 태어났다. 그의 친가는 몇 세대에 걸쳐 이 마을에서 작은 가게를 운영해 왔는데, 증조부와 조부 모두 제철공이었다. 공화파의 정치투쟁사가 그 세대를 하나로 묶었다. 라브루스의 할아버지는 1848년 혁명 때 공화국을 지지했고, 아버지는 정치적 성향은 좀 더 온건했지만 남서부가 공화정 지지자와 반대자로 양분되었을 때 제3공화국을 지지했다. 이러한 집안의 전통을 이어받은 라브루스는 열다섯 나이에 몇몇 친구들과 자칭 자코뱅 정치클럽을 만들고 신문을 발행했는데, 창간호이자 마지막 호는 혁명력에 따라 공화국 117년 프레리알(prairial, 목월) 27일자로 인쇄되었다. 라브루스는 교육과정을 밟으면서 지역 정치 조직에서 더 많은 시도를 했다.

처음에 라브루스는 정치 신문과 법조계에서 경력을 쌓고자 했다. 그는 법학과에서 공부를 시작했고, 법무에 종사하면서 당시에는 법이나 역사라기보다는 정치경제학의 문제로 여겨지던 주제로 알베르 아프탈리옹의 지도 아래 법학박사 학위논문을 썼다. 1932년에 파리대학 법학부에서 통과된 이 논문은 이듬해 《가격과 소득 변동에 대한 소묘》라는 제목으로 출판되었다. 그의 첫 번째 주요 저작이었다. 이처럼 실제로는 역사가였지만, 라브루스는 법학과 경제학 연구로 학문 경력을 시작했다. 이러한 배경과 좌익 정치 활동에 헌신한 일은 라브루스의 경력뿐 아니라 한 세대 이상 동안 프랑스에서 역사학 분야 전체의 모습을 결정했다.

라브루스가 발을 들여놓게 될 1930년대 역사학계는 '전통주의자'와 혁신적인 젊은 세대 사이에 분열이 두드러졌다. 새로운 세대의 역사가들에게 경제사는 특히 학문적 혁신을 향한 바람직한 길로 비쳤다. 역사가들은 처음에 법학자 라브루스에게 주목하지 않았지만, 그의 연구는 결국 역사학 내에서 감지된 지적 진공 상태를 채우면서 멀리 나아갔다.

라브루스의 두 주저는 함께 고찰해 보면 광대한 주제들을 공유하고 있다. 두 책은 18세기 말 프랑스에서 나타난 혁명적 위기의 사회적 기원에 대해 말하고 있다. 사회적·경제적·정치적 발전 사이의 연관성을 강조하고, 경제의 흐름과 계급 관계의 상호작용을 규명하고자 한 것이다. 라브루스에게 역사는 엘리트를 찬양하거나 큰 사건을 다시 언급하는 것이 아니라, 정치사회적 문제의 기원과 발전을 이해하기 위한 사회과학적 도구였다.

《가격과 소득 변동에 대한 소묘》는 애초에 프랑스 사회안전망의 기원을 고찰하고자 했다가 중도 포기한 박사 학위논문의 서론에서 발전된 것이다. 당초의 계획이 실현되지 못했지만, 라브루스는 서론을 하나의 독립된 연구로 크게 확장해 박사 학위논문을 완성했다. 1980년에 한 인터뷰에서 스스로 설명했듯이, 중도 포기한 논문을 박사 학위논문으로 다시 가공함으로써 라브루스는 "역사가가 되었다. 아니 오히려 다시 역사가가 되었다."

그 책의 겸손한 제목은 라브루스가 달성하고자 했던 핵심을 포착하고 있다. 그는 18세기의 가격, 소득, 임금에 관한 몇몇 통계자료를 수집했다. 사실 18세기는 이런 작업을 하기에 매우 적합하다. 17세기에는 프랑스 군주정이 채무자로서 자신의 필요를 충당하기 위해 은으로 환산된 화폐 가치를 자주 바꾸었지만, 1726년 이후에는 화폐 가치가 변하지 않았다. 그러한 재정상의 맥락 속에서 역사가들은 상대 가격의 변화 또는 일정 품목이 상품으로 구성된 가격 지수에 대하여 한 상품의 가격 변화에 초점을 맞출 수 있고, 그리하여 한 세기에 걸쳐서 그 상품의 상대적 결핍과 풍요에 대해서 결론을 내릴 수 있었다. 또한 라브루스가 설명했듯이, 수송 비용 면에서도 한 세기 동안 거의 변화가 없었다. 1763~1764년에 거래 자유화를 위한 시도가 있었지만, 그런 조치가 가져온 효과는 제한적이었고 대개 곡물 유통에 국한되었다. 이와 같이 수송 비용의 불변성은 효과를 나타냈다. 수송 비용은 육로 수송에서 특히 높았고, 열악한 도로와 국내 관세가 어느 정도 먼 거리에서 운송된 재화의 최종 가격을 상당히 상승시켰다. 지역 간 가격 격차를 완화시킬 수 있는 거래는 제한되었지만 지역에 따라 상당한 가격 격차가 있었다. 라브루스의 연구 계획에서 중요한 것은 18세기 내내 이러한 변수를 바꿀 만한 변화가 거의 일어나지 않았다는 사실이다.

라브루스는 곡물, 채소, 포도주, 육류, 모직, 아마, 철, 가축 사료에 이르기까지 수많은 상품의 가격을 수집했다. 실로 상품의 '바구니'는 라브루스가 소비를 위한 농업 생산, 공업용 농업 생산, 그리고 [최종 또는 그에 준하는] 공산품이라는 하위 범주로 상품을 구분할 수 있을 정도로 충분히 넓었다. 이 연구에는 노동 가격도 등장하고 18세기의 토지 수입 지표도 포함되어 있다.

적어도 혁명이 발발할 때까지, 18세기의 통화 안정과 정책의 일관성은 이러한 종류의 연구에 도움이 되었지만, 남아 있는 사료와 문서들은 그렇지 않았다. 1777년과 1779년에 재무총감부는 지방의 부지사들이 보내온 수치로부터 두 가지 밀 가격 지표를 수집한 후, 무게와 되의 불일치를 감안해서 그 수치를 수정했다. 이것이 왕국 전체를 포괄하는 현존하는 유일한 구체제 시기의 가격 지표였는데, 라브루스는 '시장 시세표'(mercuriales) 또는 시장 도시의 상인들이 수집한 지방의 가격 기록들에서 그 밖의 다른 수치들을 수집했다. 자료를 수집하면서 라브루스가 보여 준 주의력은 남달랐고 그 세심함은 책에 그대로 반영되었다. 라브루스의 책에 실은 서문에서 앙리 세는 라브루스가 경제학자와 역사학자의 능력을 다 가졌다고 칭찬하며 이렇게 덧붙였다. "그러나 경제학보다는 훨씬 더 역사학적인 저작을 만들었다." 특히 앙리 세가 제시한 첫 번째 증거는 라브루스가 사료 검토에서 보여 준 주의력이다. 사실, 1권의 앞부분 117쪽은 밀 가격에 관한 사료를 분석하는 데 할당되었다. 그러고 나서 상품 '바구니'를 마저 채우는 '저급' 곡물들과 이런저런 산업용 제품과 소비재로 시선을 돌렸을 때, 라브루스는 그 강점과 약점, 잠재적 함정을 가늠해 보면서 사료 조사 및 분석과 함께 각각에 대한 개별 조사를 시작했다.

이 연구에서 라브루스가 찾아낸 것은 두 가지 큰 범주의 결론으로 이어진다. 첫째는 이 연구 전체를 관통하는 주장인데, 18세기의 가격 변동은 사회경제적으로 서로 다른 여러 집단에 서로 매우 다른 방식으로 영향을 끼쳤다는 것이다. 18세기에 물가 상승의 위계질서가 드러났다. "식료품 가격의 장기적 또는 주기적 [상승] 운동이 공업용 제품과 수공업 제품의 가격 상승을 능가했다고 하지만, 모든 것을 뛰어넘은 것은 바로 지대의 상승이었다"고 라브루스는 주장한다. 모든 상품 가격이 한 세기 동안 평균 53.7퍼센트 상승했지만, 지대는 80퍼센트 이상 증가했다. 소비재 가격 대비 지대의 실질 가치는 18~20퍼센트 상승했다. 임대차 계약, 지역, 소유권 등 서로 다른 범주들 사이의 차이를 염두에 두면서, 라브루스는 "지대가 상승함으로써 가장 많은 이익을 얻은 쪽은 귀족이든 성직자이든 봉건 지주였다"고 결론 내렸다.

임금은 기본 식료품의 가격 상승을 따라갈 수가 없었다. 명목임금은 증가했지만 실질 가치는 라브루스의 소비재 가격 지표에 대비해 볼 때 25퍼센트나 감소했다. 노동자와 시장에 의지할 수밖에 없는 농민들이 구매했을 법한 식료품, 예를 들면 밀의 대용품인 호밀은 가격 면에서 상당히 급격한 변동을 겪었다. 이 시기에 경제적 팽창과 물가 상승이 봉건 지주에게 이익을 가져다주었던 반면, 노동자와 경작자들에게는 빈곤을 확산시켰다. 특히 자기 경작지만으로는 1년 내내 온전하게 생계를 유지하지 못하는 분익소작농과 소토지 임차농은 임금노동을 통해 수입을 보충해야 했기에 더 가난해졌다.

라브루스는 부유한 지주와 점점 불리해지는 노동자나 소농들 사이에 점점 커지는 격차를 지적하고, 나아가 18세기의 가격과 소득 변동이 제도와 사건에 미친 영향을 논평하면서 책을 마무리했다. 특히 그는 중농주의 경제사상의 발전에 대한 시론적 견해를 제시했다. 중농주의자들이 가격의 '자연' 상태에 도달하려는 장기적인 가격 동향에 초점을 맞추었지만, 18세기의 실제 시장 상황은 가격이 장기적인 상승 흐름 속에서 때때로 급격한 주기적 변동을 겪는 그런 것이었다. 더구나 라브루스는 몇몇 지혜로운 재정 정책, 특히 실질임금이 장기적으로 하락하는 이 시기에 군주정이 점점 더 '소비세'에 의존하는 경향에 대해 논평했다. 라브루스는 1789년 여름에 혁명의 발발과 시기적으로 일치하는 가격, 임금, 소득의 주기 변동과 장기 추세 사이의 연관성에 대해 간단하게 몇 마디로 끝을 맺었다.

곡물 시장을 불안하게 하는 소요? 그것은 지대가 증가하는 동안 보잘것없는 수입으로 고통받던 임금노동자의 적대감 때문이다. 세관, 세무서, 소금세 창고에 대한 공격? 그것은 임금노동자들의 쥐꼬리만 한 임금과 점점 늘어 가는 소비세 사이의 모순이 표출된 것이다. 농촌 장원에 대한 무자비한 파괴? 다시 한 번 그것은 해마다 증가해서 ……절정에 다다른 봉건적 소유권과 당시의 전반적인 상황 아래서 누구보다도 고통을 받던 소농과 노동자들에 의해서 표출된 모순 때문이다.

　　그러나 두 번째 책 《프랑스의 경제 위기》에서 분명하게 드러나듯이, 18세기의 발전에 대한 라브루스의 전망은 단순한 경제결정론의 시각이 아니다. 이 책에서 라브루스는 각 계급들이 저마다 특유의 경제 상황이 악화되는 처지에 대응하는 일종의 집단 심리에 초점을 맞추면서 경제 위기와 정치 위기의 상관관계를 파고들었다.

　　첫 번째 책과 마찬가지로 이 두 번째 책에서도 라브루스는 경제의 주기와 추이, 변동에 관심을 두었다. 프랑스혁명 발발 직전 2~3년 동안의 포도 생산 부문에 관심을 집중함으로써 라브루스는 위기의 본질과 동력을 상세히 설명할 수 있었다. 라브루스에 따르면, 포도 재배와 포도주 생산은 왕국 전역에 퍼져 있어서 역사가들이 이 부문을 프랑스 전체의 농업경제를 대표하는 일종의 '지표'로 활용할 수 있다. 18세기 내내 소비재의 전반적인 가격 상승과 함께 오래 동안 포도주 가격이 상승한 이후, 과잉생산과 소비 부족으로 말미암아 1778~1780년에 포도주 가격이 최고점에 비해 51퍼센트나 떨어졌을 정도로 폭락했다. 포도주 부문은 18세기 말에 수공업 부문을 괴롭혔던 것과 똑같은 수요 탄력성 때문에 어려움을 겪었다. 빵에 대한 수요는 비탄력적이기 때문에 가격이 상승함에 따라 소비자들의 가처분 소득이 줄어들었고, 그에 따라 포도주 같은 '비본질적인' 품목의 수요도 감소했다. 포도주 가격은 일반적으로 1787년까지 낮은 수준이었고, 그 뒤로 약간 상승했지만 1760~1770년대 수준에는 미치지 못했다. 그동안 포도 생산자, 특히 자기 소유 포도원을 직접 경작한 이들의 수입은 생산 비용이 상승함에 따라 크게 감소했다. 포도원을 소유하지 못해 토지를 임대하여 경작한 포도 재배농들은 수입이 덜 감소했지만, 이익 감소의 최대 피해자인 직접 경영자들보다 그 수가 적었다.

라브루스가 보기에, 포도 재배농들은 자기 직종에 숙련되어 있고, 생산 품질을 보호하는 데 적합한 생산 기술을 사용하는 것에 관심이 많았다. 이런 점에서 도시 수공업자 계층과 비슷한 그들은 농업 부문의 사회 경제적 집단이었다. 포도 재배농들은 재정 정책의 변화에도 민감했는데, 특히 자신들이 생산하는 제품의 수요에 부정적인 영향을 끼치는 소비세에 대한 의존도가 늘어났기 때문이다. 가격 추이가 포도 재배농들의 수익성을 감퇴시켰고 국왕의 재정 정책이 다시 그들의 상황을 악화시켰다. 그러나 포도 재배농들은 군주정을 자신들의 불행이 상호작용하는 여러 원인 가운데 하나로 보기보다는 대부분의 불만을 국왕 탓으로 돌리는 경향이 있었다. 더 나아가 포도 재배농들은 (자신들이 살고 있는) 농촌과 (생산한 제품을 파는) 크고 작은 도시들을 연결하는 사회적 공간을 차지하면서 점점 더 국왕의 정책에 불만을 갖게 되었고, 군주정에 도전하려는 의지와 능력을 겸비한 "이성적이고 독립적인 엘리트"가 되었다.

1788~1789년은 흉작과 경제 위기의 시기였고, 1789년 늦은 봄과 여름에 혁명적 사건들이 펼쳐졌을 때 정확하게 빵 가격이 절정에 달했다는 라브루스의 견해에는 확실히 새로운 것이 없다. 라브루스는 프랑스 민중이 상대적으로 더 잘 살게 되었을 때 프랑스혁명이 일어났다는 쥘 미슐레와 장 조레스의 주장에 대한 확실한 반박 자료를 제시한 것처럼 보인다. 1944년에 이르면, 혁명 직전의 경제 위기를 잘 파악할 수 있을 정도로 구체제 프랑스의 경제사 연구가 충분히 진행되었다. 그러나 라브루스의 연구는 역사학계의 합의를 확인하는 통계를 넘어서는 것이었다. 그의 연구는 정치, 경제, 사회 모든 수준에서 위기에 대한 훨씬 더 많은 지식을 제공했고, 그 덕분에 프랑스 사회의 구석구석을 들여다볼 수 있었다.

라브루스는 법학과 정치경제학으로 학문적 경력을 시작했기에, 역사학계에서 그의 영향은 곧바로 나타나지 않았다. 라브루스의 두 책이 출간된 시점 사이에, 조르주 르페브르가 1937년 《아날: 경제사회사》와 《프랑스혁명사 연보》에 발표한 두 편의 서평에서 그를 전문 역사가들에게 '소개'했다. 《프랑스혁명사 연보》에서 르페브르는 이렇게 썼다. "라브루스는 관심을 두고 있는 연구 대상의 관점에서 보면 경제학자와 사회학자로 분류되지만, 그는 역사가이기도 하다. 이런 점은 그의 첫 번째 연구를 읽고 나면 곧 분명해진다." 그러나 누구나 이 견해에 동의한 것은 아니다. 앙리 오제는 물가에 관한 사료로서 '일반 가정의 기록'과 사기업의 회계 장부가 훨씬 더 정확하다고 주장하면서, 라브루스가 정부 문서에 의존한 것에 문제를 제기했다. 오제가 1936년 발표한 《프랑스 물가사에 관한 연구와 자료 1500~1800》(Recherches et documents sur l'histoire des prix en France de 1500~1800)에서 구체제 경제사에 대한 라브루스의 글을 묵살하자 논쟁은 사료를 넘어 기본 구성에 대해서까지 확대되었다. 오제는 이 책에서 "인간은 평균에 의존해 살지 않고, 장기 변동에 기대어 살지도 않으며, 그때 그 만큼에 그 가격으로 구입한 실제 빵으로 살아간다"고 썼다.

피터 버크가 주장했듯이, 라브루스는 주류 역사학계의 핵심과 변방 사이의 애매한 위치에 있었다. 역사학과에서 교육받지 않았다는 사실, 그리고 르페브르가 역사학계에 라브루스의 연구를 소개했을 때 일어났던 논쟁 이상으로 내부자와 국외자 사이의 이러한 긴장이 역사가로 인정받은 이후에도 계속 라브루스의 경력에 흔적을 남겼다. 아날학파가 1940년대 말과 1950년대에 시작된 역사 기획의 중심을 규정했기 때문에 라브루스는 이 움직임의 끄트머리에 한 발 걸쳤다. 학술지 이름인 동시에 학파인 '아날'(Annales)은 1947년 뤼시앵 페브르가 역사와 사회과학을 융합하기 위한 터전으로 설립한 고등연구원 제6부에 확고한 기반을 마련했다. 그동안 라브루스는 소르본대학 소속으로, 이전에 마르크 블로크가 맡았던 사회경제사 강좌주임을 맡고 있었다. 마르크스주의 역사가라는 자기 규정이 그의 복잡한 지적·정치적 배경을 상당 부분 가리는 경향이 있기 때문에 라브루스 자신이 그 정체성을 거북하게 생각했지만, 그 정체성 때문에 라브루스는 아날의 전현직 지도자들과 사이가 좋지 않았다. 마지막으로, 프랑스혁명에 대한 라브루스의 지속적인 관심은 역사에서 '사건'을 폐기하려는 아날학파와 뚜렷이 대비되었다. 사실 라브루스를 역사학계에 소개한 조르주 르페브르가 프랑스혁명 연구에 평생을 바친 마르크스주의 역사가였다는 점이 중요하다. 그러나 국외자의 지위를 보여 주는 이러한 표식들에도 불구하고, 오늘날 우리가 아날학파와 결부시키는 것 가운데 많은 부분이 라브루스 책임이다.

피터 버크가 상기시켜 주었듯이, 아날학파를 단순히 근대 초의 세계에서 사실상 변하지 않는 일상생활의 구조를 포착하기 위해 장기적인 계열의 통계자료를 많이 사용하는 것으로만 특징짓는 것은 옳지 않다. 그보다도 한층 더 복잡하고 광대하게 정의되었고 페브르와 블로크를 시작으로 역사와 모든 사회과학의 상호작용을 촉진하고자 했으며, 19세기의 역사서술을 지배했던 정치 이야기와 대비되는 '문제 지향적' 역사를 끌어안았던 역사가들의 움직임이었다. 계량적 방법은 아날학파의 필수 조건이 아닐뿐더러 결코 그랬던 적도 없다. 그러나 아날학파를 정의할 때 주의해야 할 점에 대한 피터 버크의 처방에도 불구하고, 오늘날 역사가들 사이에 계량적 방법을 아날학파와 동일시하는 경향을 부인할 수는 없다. 이러한 동일시는 대체로 라브루스의 경력과 연구에서 비롯된 것이다.

아날학파에 대한 라브루스의 기여는 그 학파의 중심 주제인 '움직이지 않는 역사'(histoire immobile)를 포착하기 위해서 장기적 계열의 통계자료를 사용한 데 국한되지 않았다. 아날학파에게 가장 많이 영향을 끼친 것은 라브루스가 연구했던 분석 틀과 통계자료에서 도출된 결론이었다.

라브루스의 관심은 결코 '계량'에 국한되지 않았다. 그보다 특히 여러 주기들 사이의 상호작용에 관한 이해로 옮겨 갔다. 콘드라티에프나 쥐글라르 같은 경제학자의 이론을 차용한 라브루스는 18세기 내내 이어진 물가 상승 같은 장기적 경향들과 사회집단에 따라 그 영향이 다르게 작용했다는 사실을 밝혀냈다. 이러한 장기적 경향 속에서 대략 10년 단위의 단기적 주기가 작동했다. 각각의 주기들 사이의 상호작용 덕분에 라브루스는 아날학파 역사가들의 연구에서 너무도 중요해진 개념, 즉 '경기변동' (conjoncture)에 대해 논평할 수 있었다. 번역하기 쉽지 않은 용어인 '경기변동'은 하나의 뚜렷한 결과가 산출되는 그런 방식으로 서로 다른 여러 경향에 조응하는 것을 의미한다. '경기변동'을 밝혀내기 위해서 역사가들은 가격, 인구, 수입, 임금 같은 문제에서 다양한 경향들을 비교해야 하고, 그 경향들로부터 지속성과 변화의 역동적 모델을 도출해 내야 한다. 《프랑스의 경제 위기》에서 라브루스가 찾아낸 것은 바로 그러한 '경기변동'의 고전적 사례였다. 여기에서 장기지속 경향과 구조, 또는 18세기의 물가 상승이 포도주 가격 하락이라는 별개의 단기 주기와 상호작용해서 혁명 전 포도주 생산 분야에서 위기를 불러왔고, 이 위기가 1789년 봄과 여름에 곡물 가격의 초단기적 폭등과 상호작용했다. 1789년 정치적 열병의 상당 부분은 이러한 '경기변동'으로부터 파생되었다.

라브루스는 또한 역사학계의 주류인 아날학파와 프랑수아 시미앙의 연구와 사고방식을 도입했다. 주요 저서 두 편을 집필하는 데 "누구한테서 가장 큰 지적 영향을 받았는가"라는 물음에 답하면서, 라브루스는 마르크스 다음으로 시미앙을, 그다음으로 논문 지도교수인 알베르 아프탈리옹을 꼽았다. 엠마뉘엘 르루아 라뒤리의 표현에 따르면, "물가에 관한 대가"였던 시미앙은 역사적으로 가장 중요한 지표인 물가의 움직임을 장기적으로 전망했다. 그는 'A국면'과 'B국면' 사이를 오가는 30년 이상의 장기적 주기를 파악해 냈다. A국면은 물가 상승이 이익과 생산을 증대시키는 상승 운동이다. 성장과 팽창의 이 시기는 수축과 침체의 시기인 B국면으로 이어진다. B국면에는 가격이 하락하고, 그와 함께 이익이 줄어들고 생산이 크게 감소한다. 라브루스는 의식적으로 18세기를 A국면의 물가 상승기, 그렇지만 몇 차례의 뚜렷한 수축을 포함한 성장기로 규정했다.

A국면과 B국면이 번갈아 나타난다는 시미앙식 표현은 1950~1960년대 아날학파의 주요 저작들에서 일반화되었다. 《랑그도크의 농민들》(1966)에서 르루아 라뒤리는 중세로부터 18세기까지 남부 프랑스의 경제를 바로 이런 틀에 짜 맞추었다. 마찬가지로 피에르 구베르도 라브루스에게 헌정한 책 《보베와 보베 지방》(1960)에서 17세기를 침체기(B국면)에 이은 회복기(A국면)로 이해했다.

시미앙의 영향을 받은 라브루스 범주들의 수용, 제2차 세계대전 이후 아날학파를 지배했던 계량적 역사에 대한 관심 등 라브루스가 역사학계에 준 충격은 두 저서가 가진 힘뿐 아니라 소르본대학에서 그가 차지한 위상에서 비롯되었다. 소르본에서 그는 기억에 남을 수많은 학자들을 길러냈다. 라브루스는 자신의 도움으로 시작한 여러 학자들과 어느 정도 거리를 두었고, 그들은 자신의 노력으로 영향력 있는 학자가 되었다. 라브루스의 지도 아래 박사 학위논문을 썼던 학생들의 명단을 일부만 보아도 피에르 구베르, 피에르 쇼뉘, 장 부비에, 루이 데미니, 피에르 빌라르(라브루스의 뒤를 이어 소르본대학 경제사회사 강좌를 맡았다), 아들린 도마르, 클로드 비야르, 아니 크리겔, 피에르 드 생자콥, 베르트랑 질 등이 있다. 1961년 파리대학 문학부에 제출된 근현대사 박사논문의 41퍼센트가 사회경제사 분야인 것으로 추정된다. 라브루스가 사회경제사 강좌주임이었다는 사실이 이 시기에 이러한 학문적 경향과 밀접한 관련이 있다고 생각해 볼 수 있다. 그에게 지도받은 학생들 말고도 라브루스는 르루아 라뒤리의 《랑그도크의 농민들》이나 프로방스 지방의 종교 신앙에 대한 계량적 연구인 미셸 보벨의 《바로크적 경건성과 비기독교화》(1973) 같은 연구 성과를 산출하는 데 직접적이지는 않지만 분명히 관여했다. 르루아 라뒤리와 보벨은 모두 각각의 서문에서 라브루스의 영향을 인정했다.

역사가로서 라브루스의 긴 이력 후반부에는 1933년부터 1944년까지 그의 두 저서가 지니고 있던 그런 영향력을 느낄 수 있는 박사 학위논문들이 더 이상 출판되지 않았다. 그 대신 1950년대에 시작해서 1960~1970년대를 거치면서 라브루스는 대개 사회사적 성격을 가진, 그 시대에 매우 광대하고 중요한 역사 문제들에 대한 집단 연구 사업을 조직하는 데 노력을 쏟았다. 그리하여 라브루스는 1945년에 19세기의 경기 순환을 연구하는 경제사 팀을 지휘하게 되었다. 이 사업은 1956년에 《19세기 중반 프랑스 경제의 위기와 침체의 측면들, 1846~1851》(Aspects de la crise et de la dépression de l'économie françasie au milieu du XIXe siècle, 1846-1851)을 펴내는 성과를 낳았는데, 라브루스가 첫머리에 총괄적인 논평을 썼다.

게다가 라브루스는 1950년대 말부터 18~19세기의 서유럽 부르주아지를 연구하는 팀과 프랑스의 사회구조를 정의하고 묘사하고 설명하고자 하는 연구 팀을 총괄하게 되었다. 이 공동 연구는 페르낭 브로델과 공동 편집해서 1970년부터 1982년까지 네 권으로 출간한 《프랑스 사회경제사》(Histoire économique et sociale de la France)로 결실을 맺었다. 각 장 또는 주요 부분을 각기 다른 필자들이 집필했지만, 여러 부분들이 놀랄 만큼 통일성을 띤 채 주제에 따라 한데 묶여 있다. 이 공동 저작은 그 때까지 프랑스 경제사의 결정판이었던 앙리 세의 《프랑스 경제사》(1939)를 대체할 것이라고 라브루스 스스로 말했다. 주제의 통일성은 라브루스가 직접 구성한 책의 차례에서 뚜렷하게 드러난다. 경제의 흐름과 주기는 경제활동, 경기변동, 장기지속 경향을 틀 지우는 구조의 범주 안에서 해석되었고, 성장기인 A국면이나 침체기인 B국면으로 제시되었다. 라브루스는 2권에 18세기에 관한 긴 글을 써서 자신의 목소리를 직접 담았다. B국면인 17세기의 수축기에 관해서 구베르가 쓴 짧은 장에 이어서 라브루스는 18세기를 경제성장, 물가 상승, 점증하는 계급 격차가 나타난 시기에 관한 자신의 연구와 이전 저작들을 종합하고 결실을 맺는 방식으로 서술했다.

《프랑스 사회경제사》의 출판을 통해 명확하게 드러나듯이 일부 공통 주제들이 그의 경력 전체를 관통했지만, 만년의 라브루스와 초기의 라브루스는 결코 똑같은 학자가 아니었다. 그는 일찍부터 에너지의 대부분을 경제사나 물가 변동의 사회적 영향에 대한 고려와 함께 18세기의 가격에 관한 계량적 역사에 바쳤다. 후반부에 그의 관심을 끌었던 문제들은 한층 더 사회사적 영역 안에 있었고, 18~19세기의 프랑스에 관한 것이었다. 그리하여 라브루스는 1947년에 '부르주아'라는 용어의 의미에 관한 테오도어 젤딘의 《프랑스 1848~1945》에 대해 장문의 서평을 쓸 수 있었다. 젤딘은 19세기의 부르주아지를 스타일과 생활수준에 따라 정의했다. 도시 안에 정착·거주하며 확실한 생계수단을 가지고 있는 부르주아지는 군인이나 노동자들과 떨어져 살았다. 그러나 앞에서 말한 서평에서 라브루스는 계급의 범주와 계급을 서로 구별하는 특징들에 대해 논평했다. 그는 계급을 규정하는 특징들로 "재산과 기능, 가족"을 강조하고, 이 각각의 지표들이 사회경제적 통계자료를 통해 계측될 수 있다고 조심스럽게 말했다. "통계적으로, 핵심적인 이 세 기준이 산업화 이전 시대나 산업 시대의 프랑스에서 사회계층 분류를 좌우했다." 라브루스는 자신의 초기 작업과 견해로부터, 특히 계량사에 관한 한 방향을 많이 바꾸지 않았다. 그가 일단 정치사회적 발전과 연관된 경제사의 문제들을 자신의 중심 과제로 잡았지만, 그는 경력 후반기에 자신의 경제사 방법 및 모델들과 함께 다루었던 역사사회학의 문제들 쪽으로 더 많이 옮겨 갔다. 그의 관심과 방법이 확장된 것은 틀림없지만 라브루스가 경제사, 특히 계량 경제사에 등을 돌렸다고 생각하는 것은 잘못이다.

어떻든 21세기의 벽두에 경제사가 라브루스한테서 등을 돌리지 않았던가? 오늘날 경제사에서 미시경제학과 합리적 선택 모델이 강조되면서 라브루스가 연구했던 가격, 임금, 수입에 대한 거시경제학적 접근은 여지가 거의 없어졌다. 존 V. C. 나이는 2000년 《프랑스사 연구》에 발표된 프랑스 경제사의 상태에 관한 논문에서 라브루스와 브로델이 선호하던 계량적이고 거시경제학적인 접근은 죽은 것이나 다름없다고 선언했다. "경제사에 대한 거시적 시각, 즉 매우 추상적인 지표들을 사용해서 총공급 및 총수요와 상호작용하는 산출이라는 측면에서 서술되는 이야기는 최근의 저작에 거의 등장하지 않는다……."

그러나 라브루스와 그의 거시경제학적 접근을 무시하는 것은, 프랑스혁명의 기원, 경제적 추이와 사회적 동향의 상호작용, 계급의 형성, 그리고 여러 사회집단들에 대한 경제적 추이의 장기지속적 영향에 대해서 라브루스가 역점을 두어 다루었으며 미시경제학과 합리적 선택 모델이 준비가 부족한 탓에 혼자 힘으로 달려들 수 없는 광범위하고 중요한 문제들을 소홀히 하는 위험을 무릅쓰는 것이다. 사실, 라브루스는 《프랑스 사회경제사》 2권의 서문에서 분명히 밝혔듯이, 그런 큰 문제에 대한 계량적이고 거시경제학적인 접근법의 장점을 정확하게 파악하고 있었다.

이처럼 경제는 그 시대의 사회에서 공존하는 신분과 계급들을 규정하는 생산과 교환, 분배, 소비의 요소들과 직접적으로 연관된 사회사를 가지고 있다. 이 책의 강조점은 그렇게 연관된 역사, 경제사의 이면에 두게 될 것이다. …… 그것은 단단한 땅 위에 자리 잡고 현재의 학문적 양식에 기초한 특별한 사회사이다.

라브루스는 평생에 걸쳐서 역사에 대한 이러한 전망에 변함없이 충실했다.

박윤덕 옮김

참고 자료

책

Esquisse du mouvement des prix et des revenus en France au XVIIIe siècle (Paris: Librairie Dalloz,1933).

La Crise de l'économie française à la fin de l'ancien régime et au début de la Révolution (Paris: Presses Universitaires de France, 1944).

Le Prix du froment en France, 1726-1913, by Ernest Labrousse, Ruggiero Romano, and F.-G. Dreyfus (Paris: SEVPEN, 1970).

그 밖의 저작

"La société du XVIIIe siècle devant la Révolution," in *Histoire générale des civilisations*, 7 vols., edited by Maurice Crouzet (Paris: Presses Universitaires de France, 1953), vol. 5, pp. 345-529.

Aspects de la crise et de la dépression de l'économie française au milieu du XIXe siècle, 1846-1851, edited by Ernest Labrousse (La Roche-sur-Yon, France: Imprimerie Centrale de l'Ouest, 1956).

Histoire économique et sociale de la France, 4 vols., edited by Fernand Braudel and Ernest Labrousse (Paris: Presses Universitaires de France, 1970-82).

논문

"1848-1830-1789-Comment naissent les révolutions?" *Actes du Congrès historique du centenaire de la Révolution de 1848* (1948): 1-31.

"Observations on a new history of modern France," *New Left Review*, 86 (1974): 88-101.

인터뷰

Charle, Christophe, "Entretiens avec Ernest Labrousse," *Actes de la recherche en sciences sociales*, 32-3 (1980): 111-25.

참고문헌

Burke, Peter, *The French Historical Revolution: The Annales School, 1929-89* (Stanford: Stanford University Press, 1990).

Goubert, Pierre, "Quarante années d'histoire en France," *Bulletin de la classe des lettres et des sciences morales et politiques, Académie royale des sciences, des lettres, et des beaux-arts de Belgique*, 65 (1979): 229-37.

Le Roy Ladurie, Emmanuel, "The quantitative revolution and French historians: record of a generation (1932-1968)," in Emmanuel Le Roy Ladurie, *The Territory of the Historian*, translated by Ben Reynolds and Siân Reynolds (Chicago: University of Chicago Press, 1973), pp. 17-31.

Renouvin, Pierre, "Ernest Labrousse," in *Historians of Modern Europe*, edited by Hans A. Schmitt (Baton Rouge: Louisiana State University Press, 1971), pp. 235-54.

Tannenbaum, Edward R., "French scholarship in modern European history: new developments since 1945," *Journal of Modern European History*, 29 (1957): 246-52.

Woloch, Isser, "French economic and social history," *Journal of Interdisciplinary History*, 4 (1974): 435-57.

14

페르낭 브로델

1902~1985

Fernand Braudel

페르낭 브로델

에릭 더스텔러

　20세기 역사학을 조망할 때, 대부분의 학자들은 어떤 역사가 집단도 프랑스의 저명한 역사 잡지 《아날》에서 활동한 역사가들보다 역사학에 더 큰 영향을 끼치지 못했음을 인정한다. 학제간 대화를 통해 역사에 대한 폭넓은 접근, 과거에 대한 자료와 질문의 확대, 이야기식, 정치적, 전기적 역사의 거부, 모든 것을 망라하는 전체사의 추구를 비롯한 수많은 혁신이 역사가가 무엇을 어떻게 연구할 것인지, 다시 말하면 역사가의 직무가 무엇인지를 근본적으로 바꾸었다.

　이러한 역사 혁명의 핵심에는 《아날》의 창립자 세 사람 뤼시앵 페브르, 마르크 블로크, 페르낭 브로델이 있다. 처음 두 사람이 초창기의 상승을 주도했다면, 페르낭 브로델은 정점에 올려놓았고 그 혁명을 완수했다. 이런 점에서 브로델은 보기에 따라 지적인 스승인 페브르와 블로크를 뛰어넘었다. 브로델의 압도적인 영향력을 통해서 아날 스타일의 역사학이 세계 역사학계를 정복했고 식민지화했음을 부정할 수 없다. 아마도 지난 세기의 어느 역사가도 페르낭 브로델만큼 역사학에 근본적이고 지속적인 영향을 주지는 못했을 것이다.

브로델은 1902년 프랑스 북부 뫼즈 지방의 인구 200명도 안 되는 작은 농촌 마을 뤼메빌에서 태어났다. 그의 아버지는 파리의 중학교 교사였다. 그러나 어린 브로델은 건강이 좋지 않았기 때문에 시골 할머니 집에서 소년 시절을 보냈다. 훗날 그는 할머니 에밀리 브로델-코르노를 "내 청소년기의 열정"이라고 표현했다. 브로델이 가족에 관해서는 별로 이야기하지 않았는데, 아마도 아버지는 가부장적이고 엄격했고 어머니는 다소 냉담했던 것 같다. 브로델의 공식 교육은 1909년에 파리 외곽에 있는 메리엘로 이사하여 부모와 함께 살면서부터 시작되었다. 나중에 회고하기를, 선생님은 "지적이고, 사려 깊고, 권위적이며, 미사를 드리듯이 프랑스사를 강의하신 분"이었다. 브로델은 파리의 볼테르고등학교 학생으로 전쟁 시기(1913~1920)를 보냈다. 그리스어와 라틴어를 배웠고, "역사를 숭배했으며," "너무나 많은 시를" 썼으며, 전반적으로 탄탄한 교육을 받았다.

브로델은 의사가 되고 싶었으나 아버지의 반대로 포기하고, 1920년 소르본대학에 들어갔다. 역사에 관심을 가지고 있던 브로델의 평가에 따르면, 대학 시절은 무미건조했다. "나는 어려움도 별다른 즐거움도 없이 졸업했다. 나는 인생을 낭비하고 있으며, 너무 편안하고 한가롭게 살았다는 생각이 들었다. 역사가로서의 소명은 뒤늦게 찾아왔다." 이 젊은이에게 강한 인상을 남긴 역사가 앙리 오제는 정치사를 피하고 사회경제사를 택한 사람이었다.

브로델은 소르본대학을 졸업하고 알제리로 가 교사 자리를 얻었고, 이 프랑스 식민지의 중등학교에서 9년 동안 가르친 후 1932년에 파리로 돌아왔다. 1935년에는 브라질 상파울루에 신설된 대학에 초빙되어 2년 동안 문명사 강좌를 담당하다가 1937년 말 고등연구원 제4국에 임용되어 귀국했다. 훗날 그는 "나는 브라질에서 지적으로 크게 성장했다"고 기술했다. 프랑스 학문 세계 바깥에서 지낸 경험은 브로델이 지적으로 성장하고 역사관을 형성하는 데 결정적이었다.

프랑스의 교육제도에서 박사 학위는 대학에서 강의하는 데 필수 과정이었다. 브로델은 알제리 체류의 영향을 받아 박사 학위논문 주제로 '16세기의 펠리페 2세, 에스파냐, 그리고 지중해'를 선택했으며 소르본대학에서 정식으로 인정받았다. 1927년부터 그는 모든 자유 시간, 특히 여름방학 기간을 연구에 쏟아 부었다. 펠리페 2세에 대한 관심은 그를 에스파냐 시망카스의 문서보관소로 이끌었고, 거기서 여러 차례 보람 있는 여름방학을 보냈다. 관심이 국경선을 넘어 확대되어 감에 따라, 에스파냐로만 연구를 한정하지 않고 두브로브니크뿐 아니라 이탈리아의 여러 고문서보관소에서도 작업을 했다. 특히 두브로브니크에서는 해운, 보험, 교역 등 박사 학위논문에 커다란 영향을 준 문제를 밝혀 주는 귀중한 자료들을 발견했다.

이러한 연구 단계에서 브로델은 예기치 않게 하나의 도구를 발견했는데, 그것은 10년이 넘는 기간 동안 수집한 수많은 자료를 정리하고 분석하는 데 도움을 주었다. 그는 알제에서 구입한 중고 영화 카메라를 가지고 문서보관소에서 찾아낸 수많은 자료를 찍어 댔다(수천 건에 달하기도 했다). 근대 마이크로필름 기술의 선구적인 형태라고 할 수 있는 이 기법은 새로운 방식으로 데이터베이스를 구축할 수 있게 해주었다. 휴가 기간을 이렇게 자료 수집에 할애한 후, 브로델과 아내 폴(폴은 브로델이 알제에 있을 때 학생이었다)은 학기 중에 이 고문서 필름의 제판(製版) 작업을 꼼꼼하게 진행했다. 한 사람은 필름 자료를 읽고 한 사람은 주석을 다는 식이었다. 그들은 이렇게 협력하여 수많은 데이터를 제판할 수 있었다.

북아프리카와 브라질에서 보낸 시간은 브로델의 걸작이 탄생하고 성장하는 데 특히 도움이 되었다. 지중해 세계를 "반대쪽 해안에서 거꾸로" 바라보는 것은 브로델이 그 지역을 인식하는 방식이 되었고, 브라질 체류는 시야를 확대했고 과거를 될 수 있으면 폭넓은 시야로 바라보려는 열망을 북돋웠다. 그 무렵 역사가들 사이에서 일반적이던 국가라는 좁은 앵글로 역사를 바라보지 않고, 브로델은 훨씬 넓은 지평을 가진 연구를 기획했다. 브로델이 축적한 엄청난 자료는 프랑스 바깥에서 지낸 체험과 결합하여 애당초 내키지 않았던 펠리페 2세라는 주제를 버리고 지중해 그 자체라는 더 넓은 주제를 선택하게 했다. 이렇게 결정한 데에는 조언자이자 결국은 가까운 친구로서 후원자가 된 뤼시앵 페브르가 원래 연구 주제에 관해 논평한 것이 어느 정도 영향을 주었다. "펠리페 2세와 지중해는 훌륭한 주제이다. 그런데 어째서 지중해와 펠리페 2세라고 하지 않는가? 이 역시 훌륭하지만 다른 주제가 아닌가? 왜냐하면 펠리페와 지중해라는 두 중심 사이에서 게임은 대등하지 않기 때문이다."

연구 초기에 브로델은 첫 번째 주요 논문인 〈에스파냐인 사람들과 북아프리카, 1492년~1577년〉을 《아프리카 잡지》(1928)에 발표했다. 이 논문은 심층 분석을 하지 않고 정치와 위인들만 강조한 기존 연구를 비판한 중요한 성과였다. 브로델은 에스파냐의 북아프리카 요새에 주둔한 병사들의 일상적인 체험을 살펴보고, 아프리카 역사와 유럽 역사에 밀접한 관계가 있다고 주장했다.

근대 초 지중해 세계에 관한 브로델의 대작은 20세기 역사학의 위대한 이야기(신화라고 말하는 사람도 있을 것이다) 가운데 하나가 되었다. 몇 년 동안 연구를 진행한 뒤 1939년 여름 그는 드디어 페브르의 여름 별장에 들어앉아 집필을 시작했다. 브로델 스스로도 인정하듯이, 친구와 동료들은 "지나치게 야심적인 작품"을 과연 끝마칠 수 있을 것인지 반신반의하고 있을 때였다. 그런데 곧바로 큰 사건들이 침범해 들어왔다. 유럽이 또 다른 세계대전으로 돌진해 감에 따라, 제대 군인이었던 브로델은 또다시 군복무에 소집되었던 것이다. 전쟁 발발과 독일군의 프랑스 침입 사이의 이른바 '이상한 전쟁' 기간에, 브로델은 동부 전선의 마지노 요새에서 포병 중위로 복무했다. 1940년 봄에 벌어진 짧지만 격렬했던 전투 이후, 브로델은 다른 수많은 프랑스 병사들과 마찬가지로 전쟁포로가 되어 독일로 후송되었다. 훗날 브로델은 이 일이 불법적인 감금이라고 계속 주장했다. 프랑스와 독일이 적대 관계를 끝내기로 공식 휴전하고서도 일주일이 지나 석방 약속을 받고 항복했기 때문이라는 것이다. 합법적이건 불법적이건, 그는 독일군 포로수용소에서 남은 전쟁 기간을 보냈다.

이 불행한 시간 동안 브로델은 박사 학위논문으로 돌아갔다. 그는 전쟁이 발발하기 전에 작업을 시작했고, 수용소에서 상당한 분량을 쓰고 수정했다. 부인 폴 브로델의 설명에 따르면, 이 불가능해 보이는 일을 하기 위해 브로델은 전쟁이 일어나기 직전에 과거 15년 동안 수집한 자료들을 꼼꼼히 읽었으며 그 뒤에는 '기본적으로는 기억에 의해' 책을 썼다. 이것은 불가능한 일이 아니었다. 왜냐하면 "그의 기억력은 자동적이라고 할 만큼 비상했으며, 스스로 말했듯이 코끼리의 기억"이었기 때문이다. 그리고 그의 기억은 처음에 수용되었던 마인츠 시의 대학 도서관 자료를 통해 보완되었다. 동료 포로들에게 역사 강의를 한 덕분에 이러한 특권을 누릴 수 있었다. 이런 호사는 1942년 봄에 끝나고 만다. '로렌 사람의 반항 기질'과 갈리아적인, 곧 반비시적인 태도를 이유로 다른 프랑스 장교들이 브로델을 고발하여 뤼베크에 있는 더 엄격한 수용소로 이송되었기 때문이다. 이렇게 해서 특권은 줄어들고 말았지만, 뒷날 브로델은 이 시기의 '좋은 기억들'에 대해서만 이야기했다. 특히 수용소의 분위기는 글을 쓰는 데 도움을 주었고, 글쓰기는 정신을 맑게 해주었으며, '주제에 대해 숙고할' 시간을 주었다고 회고했다.

이 불가해한 위업에 의문을 제기하는 사람도 있지만, 분명한 것은 브로델이 박사 학위논문의 대부분을 독일에서 작성했다는 점이다. 그는 연구한 초안들을 작은 공책 여러 권에 기록하여 스위스 대사관을 통해 뤼시앵 페브르에게 보냈고, 페브르는 붉은색 펜으로 논평을 써서 다시 보내 주었다. 1941년에 페브르는 "매우 좋다, 탁월하다, 독창적이다, 강하다, 생기 넘친다"라고 썼다. 또 상당히 내용이 달라진 1942년의 초안에 대해, 페브르는 "놀랍고 기쁘다"라고 썼다. 1944년의 최종안에 대한 페브르의 평가는 최상급이다. "당신은 그저 훌륭한 역사가 정도가 아니다. 당신은 참으로 위대한 역사가이다. 해박하고, 명석하고, 시야가 넓은."

페브르가 1944년에 읽은 초안은 브로델이 1945년에 석방되고 나서 크게 수정되었다. 2년 동안 브로델은 아내와 함께 전쟁 중에 파리 집 지하실의 철제 함에 보관했던 수많은 연구 자료를 토대로 초안을 수정했다. 1947년 학위논문 발표 이후, 그 필사본은 추가적인 편집 작업을 거쳐 최종적으로 1949년에 출판되었다. 따라서 아테나 여신이 제우스의 머리에서 나왔듯이《지중해》가 브로델의 머리에서 나왔다고 말하는 것은 포로수용소에서 풀려난 후 3년이 넘도록 필사본에 정성을 들인 꼼꼼한 브로델의 작업을 간과하는 것이다. 그럼에도 이렇게 말한다고 해서 그 가혹한 상황에서 이룩한 진정으로 놀라운 지적인 위업이 손상되는 것은 아니다.

연구 결과는 1949년에《펠리페 2세 시대의 지중해와 지중해 세계》(La Méditerranée et le monde méditerranéen à l'époque de Philippe II)로 출판되었다. 이것은 지중해 지역에 산재해 있는 문서보관소에서 무려 20여 년 동안 수행한 연구를 바탕으로 집필된 60만 자가 넘는 엄청난 분량의 작품이었다. 비판하는 이가 없지는 않았지만,《지중해》는 곧바로 20

세기 역사학의 가장 혁신적이고 중요한 작품 가운데 하나로 평가되었다.

이 책의 주인공은 다름 아닌 지중해다. 이 책은 '환경과 관계를 맺고 있는 인간'에 관한 역사이다. 브로델은 세 층위로 나누어 분석했는데, 각 층은 근대 초 지중해를 서로 다른 수준에서 접근하며 다음 층의 토대가 된다. 브로델이 말하듯이 "내 책은 움직이지 않는 시간에서부터 빠르게 지나가는 시간까지 여러 가지 서로 다른 시간 스케일 위에 구성되어 있다. 나에게…… 이러한 것들은 모든 역사적 풍경을 제한하고 형태를 부여하는 선이다." 이 책은 지리와 기후라는 거의 불변적인 힘, 그의 표현에 따르면 '장기지속, 즉 구조(structure)'부터 시작된다. 뒤이어 나오는 것은 '중기지속, 즉 국면(conjoncture)'인데, 아주 서서히 변하는 사회경제적 구조와 힘을 다룬다. 마지막은 '단기지속, 즉 사건(événement)'인데, 그것은 펠리페 2세 시대 정치와 외교의 역사이다. 이 책은 지질학과 지리학에서 사회경제적 구조를 거쳐 최종적으로는 정치적인 서사로, 논리적이고 방법론적으로 나아간다.

이 책은 지리학과 기후에 관한 연구를 토대로 세워졌다. 브로델은 사회적 구조와 정치적 사건들 아래에 있는 이 수준을 "움직임을 거의 감지할 수 없는 역사…… 온갖 변화가 느린 역사, 지속적으로 반복되는 역사, 늘 순환하는 역사"라고 묘사한다. 이 역사는 지리적 역사이다. 섬과 산, 사막, 육로와 해로, 기후에 관한 이야기이다. 브로델은 사회과학자나 자연과학자들이 오랫동안 연구해 온 이러한 면모들도 역사적 설명에서 제외하거나 무시할 수 없다고 주장한다. 실로 이러한 것들이 역사적 설명의 토대가 된다.

책의 2부는 제목이 '집단의 운명과 전반적 경향'이다. 이것은 1부에서 다룬 지리적 심층 토대의 "완고한 물리적 매트릭스"에 의해 형성되고 통제되는 지중해 세계의 사회집단과 구조에 대한 다소 덜 정적인 역사에 초점을 맞춘다. 이 가운데 다소 느슨하게 연결되어 있는 세부 항목들에서, 브로델은 매력적인 다양한 주제를 다루고 있다. 여기에 포함되는 것으로는 인구적 성격; 지중해 세계의 변화와 지중해 지역 사람들의 이동; 교통, 여행, 통신; 임금, 가격, 귀금속의 유통, 밀과 향신료 교역 같은 경제현상; 숲의 파괴와 관련된 환경의 변화; 산적과 빈민 같은 사회구조와 현상들; 지중해 문명의 성격과 확산; 마지막으로 전쟁 방식이 나온다. 《지중해》의 가장 중요한 기여 가운데 하나는 지중해를 인위적인 분할로 조각내는 것이 아니라 하나의 전체로 바라보라고 강조한 점이다. 이러한 맥락에서, 그는 에스파냐가 지배하던 서부와 오스만제국이 지배하던 동부에서 진행된 사회적 변화 양상은 여러 측면에서 서로가 서로를 비추는 거울이었다고 주장한다. 두 지역의 귀족들은 부와 권력을 확고히 다졌고, 도시는 농촌의 희생 위에 성장했으며, 부는 소수의 수중에 집중되었고, 이에 대한 대응으로 산적과 해적질이 늘어났다는 얘기이다. 에스파냐와 오스만제국의 각축장이 된 지중해 세계의 심층부에는 이러한 정치적인 사건들을 넘어선 사회적이고 지리적인 단일성이 존재했다.

이 책에서 가장 전통적인 것은 마지막 3부로, 아날 역사가들이 '사건사'라고 부르는 것이다. 여기서는 16세기 후반 지중해 세계의 '사건, 정치, 사람들'을 다룬다. 3부는 여러 면에서 브로델이 애초에 세워 둔 연구 기획이며 소르본대학의 조언자들(페브르를 제외한)이 기대했던 것이다. 광범위한 문서보관소 작업을 토대로, 이 부분은 정치, 외교, 생애에 대해 매우 전통적인 서사를 제공한다. 그것은 1550년에서부터 펠리페 2세가 사망하는 1598년까지 에스파냐와 오스만제국의 경쟁 관계를 기술한 '북과 트럼펫'의 역사이다.

《지중해》의 마지막 3부는 일견 친숙한 구도를 취하고는 있지만, 그렇다고 표준적인 정치사는 아니다. 브로델은 이야기체 서술을 따르면서도 지

중해 세계의 정치 무대에서 활동한 사람들은 사건들을 통제하는 능력이
제한되어 있었음을 거듭 강조한다. 그들의 행동은 책의 처음 두 부에서
자세히 기술된 더욱 심층적이고 변하지 않는 지리적 구조와 사회적 구조
에 의해 대부분 결정되었다는 얘기이다. 책의 가장 유명한 이미지 가운
데 하나는 전쟁, 결정, 영웅들을 단지 "역사의 조류가 강력하게 밀어 올
리는 표면의 출렁거림, 거품"으로 묘사한 대목이다. 그렇지만 이러한 이미
지는 정치사가 중요하지 않다고 말하는 게 아니다. 브로델이 보여 주려
했던 것은, 근대 초 지중해 세계의 인물과 사건들을 형성하고 통제한 그
역시 실제적이고 궁극적으로는 더 중요한 구조의 힘을 도외시하고 이러
한 힘들이 강조되어 왔다는 점이다.

또한 브로델은 16세기 말에 일어난 사건들을 더 넓은 맥락, 심지어는
지구적인 맥락 속에 위치시킴으로써 그 시대 역사학의 전통인 국가주의
적 경계(그는 "벽으로 둘러싸인 정원"이라고 말했다)를 허물고 있다. 이 글로
벌한 시각은 1966년에 나온 2판(영어판을 위해 원본을 많이 수정하고 재구
성하고 업데이트했다)에서 더욱 강조되었다.

《지중해》는 1949년에 초판이 출판된 후 찬사와 비판을 동시에 받았
지만, 아무도 그 책이 중요성을 부정하지 않았다. 반응은 학자들에 따라
달랐는데, 흥미롭게도 국가나 문화적 배경에 따라서도 달랐다. 프랑스에
서, 《지중해》는 대체로 호의적으로 수용되었으며, 참신하고도 중요한 책
으로 평가되었다. 학위논문을 발표한 후, 1947년 브로델은 소르본대학의
역사 교수 자리를 희망했다. 경쟁자는 당시 대학을 지배하고 있던 전통
주의자들과 가까운 보수적 역사가였다. 이때의 좌절은 브로델을 두고두
고 괴롭혔으며, 야날 학자들을 이단적이고 비주류적인 혁명가로 보는 신
화의 일부가 되었다. 실제 사정은 물론 훨씬 복잡하다. 그의 박사 학위논
문 심사위원들은 '연구의 폭'과 역사적 깊이, 해석의 정교함을 칭찬하는

데 이견이 없었다. 심사위원들은 그 논문의 '참신함과 웅장함'을 높이 평가했고, '역사학의 이정표'가 될 것이라고 확신했다. 많은 역사가들은 이학위논문이 여태껏 읽은 것 가운데 최고라고 생각했다. 페브르는 1950년에 프랑스의 가장 중요한 역사 저널인 《역사학보》에 감격적인 서평을 발표했다. 그리하여 비록 자신이 아웃사이더라고 토로했지만, 브로델은 1948년에 박사 학위논문과 책의 후광으로 고등학문연구원 제6국의 사무국장이 되었고, 1949년에는 콜레주드프랑스 교수가 되었다. 또 그해 프랑스 고등학교 교사 자격시험을 감독하는 국가위원회 위원장이라는 힘있는 자리에 임명되었다. 브로델은 줄곧 스스로를 프랑스의 역사학 기관과 대학에서 아웃사이더였다고 말했지만, 실제로는 기관과 추종자들이라는 이중 제국을 건설한 유능한 실력자였다.

브로델의 책이 영어권 세계에서는 처음에 그렇게 좋은 반응을 얻지 못했다. 미국에서 브로델에 대한 최초의 부정적인 평가는 1951년에 하버드대학의 버나드 베일린한테서 나왔다. 베일린은 《지중해》가 짜임새가 없다고 비판했다. 왜냐하면 책의 3부는 따로따로 분리되어 연결되어 있지 않다고 보았기 때문이다. 베일린은 또 "브로델은 역사적인 문제와 과거에 대한 시적인 대답을 혼동했다"고 썼다. 그 책은 영국의 역사가들로부터도 비판을 받는데, 이들은 브로델이 정치를 경시한 것에 동의하지 않았다. J. H. 플럼은 《뉴욕타임스》에 기고한 《지중해》의 영어판에 대한 장문의 비평에서, 브로델의 성취를 찬양하면서도 그와 아날 역사가들은 역사가 의미를 띠려면 위대한 사람과 사건들의 영향에 초점을 맞추어야 한다는 사실을 간과하고 있다고 비판했다. "브로델한테는 실례되는 얘기이지만, 사건이 없는 역사는 역사가 아니다." 물론 이러한 비판은 《지중해》의 한 섹션 전부를 정치사에 할애한 브로델에 대한 오해이다. 브로델과 동료 아날학파 연구자들이 실제로 강조한 것은 정치사가 역사의 테이블에서 더 이상 특권적 지위를 차지하지 않는다고 말한 것이다. 이러한 생각은 오늘날에는 그다지 과격하게 보이지 않지만, 그 책이 처음 등장했을 무렵 영국에서는 물론 프랑스에서도 브로델의 정치 파괴는 혁명적이었고 충격적이었다.

《지중해》에 대한 또 다른 비판은 브로델의 구조주의적이고 결정주의적인 시각에 대한 것이었다. 비판자들은 브로델의 시각, 즉 개별 행위자들의 행동을 제한하고 심지어는 '인간 벌레'의 수준으로 축소시키는 시각이 '인간 없는 역사'를 만들어 냈다고 우려했다. 이러한 비판이 브로델의 근본적인 관점에 대한 절대적인 오해에서 비롯되지 않는 것은 분명하다. 스스로 다음과 같이 썼기 때문이다. "나는 개인들에 대해 생각할 때마다 언제나 개인을 그 자신이 어떻게 할 수 없는 운명에 갇힌 존재로 보는 경향이 있다." 또 다른 일반적인 비판은, 장기지속과 역사의 부동성을 강조함으로써 어떤 의미에서 시간과 역사는 정적으로 되고 그리하여 비역사적으로 된다는 점을 경고한 것이다. 학자들은 또한 브로델이 전체사를 건설하려 시도했으면서도, 아날 역사가들의 심성사 선호와는 달리, 지중해 지역 사람들의 태도, 관념, 공포, 믿음 같은 것을 고려하지 않았다고 비판했다. 특히 종교는 브로델의 책에 거의 등장하지 않는데, 이것은 그 시대의 종교적인 열정과 경쟁이라는 맥락에서 볼 때 대단히 놀라운 일이다.

시간이 지나면서, 브로델의 비판하는 이들은 여전하고 심지어는 늘어났지만, 《지중해》는 여러 가지 결점에도 불구하고 진정한 역사의 고전이라는 합의가 도출되었다. 이러한 변화는 1966년에 2판이 출판된 이후 확고해졌다. 이 같은 평가의 증거는 그 수정판이 에스파냐어, 포르투갈어, 이탈리아어, 독일어, 폴란드어, 러시아어, 터키어, 그리스어, 세르비아-크로아티아어, 네덜란드어, 헝가리어, 중국어, 한국어, 일본어 등으로 번역되었다는 사실이다(한국어판은 아직 출판되지 않았다). 《지중해》의 영어판 초판이 상당히 뒤늦은 1972년에 나왔을 때, 그 책은 폭넓은 주목을 받았다. 실제로 《근대사 저널》은 한 호 전부를 이 작품에 할애했다. 《지중해》는 "웅대한 기념비"이고 "유례가 없고" 심지어는 20세기의 "가장 뛰어난 역사서"라는 칭송을 받았다.

《지중해》 초판이 출판된 후 10년 동안 프랑스 안팎에서 브로델의 명성이 높아졌고, 브로델은 연구와 저술을 이어 갔다. 무한한 에너지와 아이디어를 가진 사람으로서, 그의 위상은 프랑스의 중요한 역사 기관들에서 맡은 주도적인 역할 덕분에 크게 높아졌다. 브로델의 영향력은 1950년대에 두 기관을 장악함으로써 제도적으로 확고해졌다. 고등연구원 제6국(이 기관은 1975년에 사회과학고등연구원이 된다)이 그 하나로, 브로델은 1956년부터 1972년까지 파리에 있는 이 연구센터를 이끌었다. 또 하나는 1956년부터 1968년까지 《아날》의 편집 책임을 맡은 일이다. 마찬가지로 중요한 것은 브로델이 1963년부터 학제적 연구 기관인 '인간과학원'과 관계를 맺었다는 점이다. 브로델은 이 기관이 프랑스는 물론이고 미국의 인도주의적 재단으로부터 기금을 얻는 데 기여했다. 이러한 기관들을 기반으로 브로델은 자신의 역사관을 심고 확산시킬 수 있었으며, 다른 사회과학에 대한 역사학의 위상을 강화시킬 수 있었다.

고등연구원 시절에 브로델은 젊은 프랑스 역사가들에게 커다란 영향을 끼쳤는데, 이들은 뒷날 아날학파 3세대를 이루게 된다. 그야말로 이 시기는 '브로델의 시대'로 불리게 된다. 조르주 뒤비, 피에르 구베르, 자크 르고프, 엠마뉘엘 르루아 라뒤리 같은 역사가들도 영향력 있는 세계적인 역사가로 우뚝 섰다. 이들 모두 역사가로 발돋움할 무렵 브로델의 격려와 영향을 받았다. 브로델의 학제간 대화와 이화수분(異花受粉)의 필요성에 대한 확신은 미셸 푸코와 롤랑 바르트 같은 철학자, 자크 라캉 같은 심리학자, 피에르 부르디외 같은 사회학자, 그리고 클로드 레비스트로스 같은 인류학자 등 저명한 비역사가들을 제6국에 끌어들였다. 브로델은 또 자신의 역사관과 아날의 방법론을 적극적으로 전파했다. 그는 전 세계 곳곳을 여행했고 프랑스 바깥의 학자들과 공동 프로젝트를 수행했으며, 외국의 젊은 학자들이 파리에 와서 프랑스의 역사 방법을 익히도록 제도적인 영향력을 행사했다. 마르크 페로가 말했듯이, 브로델은 "마치 군주처럼 이런 기관들을 운영했으며" 그 영향력과 권력은 1968년까지 거의 변함이 없었다. 그렇지만, 아무도 대가에 버금가는 스케일이나 방식으로 역사를 쓸 수 없었거나 쓰는 데 관심이 없었다. 실제로 브로델은 말년에 《아날》과 절연했고, 많은 역사가들이 선택한 방향에 대해 실망했다. 브로델이 르루아 라뒤리의 대작인 《몽타유》의 출판에 대해 "우리는 역사를 식당으로 데리고 갔는데, 자네는 그것을 침실로 데리고 갔네"라고 말한 것은 유명하다.

브로델은 《지중해》 출판 이후 10년 동안 전문가로서 책임 있는 활동을 펼쳤지만, 글을 쓰고 출판하는 데도 여전히 열심이었다. 1951년, 그는 루지에로 로마노와 함께 《리보르노 항에 들어온 선박과 상품(1547~1611년)》이라는 작은 책을 출판했다. 이 책은 "순수한 지역사는 없다"는 브로델식 관점에 충실한 책으로, 이탈리아 도시 리보르노에서 이루어진 교역을 넓은 정치적·경제적·지리적 맥락 속에서 고찰한 것이다. 이 무렵 브로델은 또한 자신의 역사관과 방법론을 밝히고 사회과학 가운데 역사학이 우선적이고 중심적인 자리를 차지한다는 점을 열정적으로 변호한 중요 논문들을 출판했다. 그중에 1958년에 발표한 논문 〈역사학과 사회과학: 장기지속〉은 인류학이 사회과학에서 가장 중요한 지위를 차지한다는 레비스트로스의 강력한 도전에 대응하여 자신의 '장기지속' 개념을 구체적으로 설명한 것이다. 그는 또한 《아날》의 '새로운 역사'에 대해 썼고, 설립자인 블로크와 페브르의 영향을 소개했다. 이 중요한 논문들은 1969년에 《역사학 논고》(Ecrits sur l'histoire)로 묶여 출판되었다.

《지중해》의 성취는 비교적 늦은 나이에 이루어졌지만(마흔일곱 살에 이 책을 출판했다) 20세기 위대한 역사가들의 전당에 입성하는 데에는 아무런 문제가 없었다. 그러나 브로델의 인생 제2막은 학문적으로나 전문가 활동으로나 더욱 왕성했다.

1963년, 브로델은 쉬잔 바이유와 로베르 필리프와 함께 중고등학생을 위한 교재 《오늘날의 세계, 역사와 문명》(Le monde actuel, histoire et civilisations)을 출판했다. 이 책은 직접적으로는 중등 교사들을 위한 교본을 만들려는 관심에서 나온 것이고, 1950년대 프랑스 고등교육국장인 가스통 베르제가 제창한 공립학교 역사교육 개혁의 일환으로 시도된 것이다. 브로델의 영향력, 더 일반적으로는 아날학파의 영향력 아래, 고등학교 커리큘럼은 엄격히 국가적이고 서사적인 체제에서 벗어나 더 광범위하고 더 학제적이며 글로벌한 역사에 중점을 두는 쪽으로 개편되었다. 이러한 개편의 일환으로, 고등학교의 최종 학년은 전 세계의 여러 문명을 학습하는 데 할애되었다. 특별히 이러한 새로운 커리큘럼을 보완하기 위해 《오늘날의 세계, 역사와 문명》은 아프리카, 동아시아, 동남아시아, 이슬람 세계, 소련, 서구라는 상이한 여섯 지역을 다루었다. 브로델은 역사 커리큘럼에서 국가와 서구 문명 모델의 장악력을 깨려 했고 사건과 개인들이 지배하는 전통적인 서사를 거부했는데, 이런 생각은 지나치게 과격한 것으로 인식되어 프랑스 교사들로부터 외면받기도 했다.

《문명의 역사》에 나타난 지구적 규모의 역사에 대한 관심은 이어지는 대형 프로젝트로 세 권짜리 시리즈 《문명과 자본주의》(Civilization and Capitalism)에서 가장 완벽하게 표현되었다. 그것은 《지중해》의 출판 직후 뤼시앵 페브르가 후배에게 자기가 구상한 전근대 세계에 관한 기획 시리즈 가운데 경제 관련 연구서를 맡도록 권하면서 시작되었다. 이 기획은 페브르의 사망할 무렵 맹아 상태로 있다가, 최종적으로 완성되는 데에는 브로델의 여생 4반세기가 소요되었다. 브로델은 처음에는 책을 여러 권으로 구상하지 않았다. 1967년에 그는 《물질문명과 자본주의, 15세기~18세기》를 출판했는데, 이것은 미완으로 끝난 페브르의 기획을 수행한 연구의 결과물이었다. 그러나 이 책을 준비하면서, 브로델은 이것을 글로벌한 맥락에서 근대 초 세계경제를 연구한다는 훨씬 더 야심적인 기획의 제1부로 생각하게 되었다. 그다음 10년 동안 브로델은 이 연구를 확대했고, 그것은 1979년에 출판된 두 번째 대작 《물질문명, 경제, 자본주의, 15세기~18세기》의 제1권이 되었다.

여러 측면에서 《문명과 자본주의》는 《지중해》(특히 2부)의 역사철학과 중심 주제, 문제 등을 산업혁명 이전 세기의 전 세계로 확대한 것이다. 브로델의 접근 방법은 다시 한 번 3분 체계였다. 그는 근대 초 경제를 '3층집'으로 묘사했다. 1층은 스스로 물질문명이라고 부른 것, "경제활동의 비공식적인 나머지 절반, 자급자족과 매우 좁은 범위에서 상품과 서비스의 교환이 이루어지는 세계"이다. 이곳에서는 "먼 옛날부터 전해 내려온 반복적인 행동, 경험적인 과정, 오래된 방법과 해결책" 등이 나타난다. 이것은 "비탄력성과 불활성이 변화를 억누르는" '장기지속'의 수준이다. 그집의 중간층에는 농촌 시장, 정기시(定期市), 은행 등 다소 넓은 경제가 위치하는데, 지역의 물질문명 요소들이 직접적인 교역을 통해 넓은 지리적 공간과 연결될 때 부각된다. 그 구조의 마지막 층위는 자본주의이다. 이 새로운 형태의 고수준 경제활동은 브로델이 지은 3층집의 물질적 구조와 시장경제에서 성장해 나온 장거리 교역에 바탕을 두고 있다. 이러한 변화의 소리는 중세 말 이탈리아에서 흘러나왔지만, 근대 초 암스테르담과 런던 같은 중심지에서 실제적인 경제력이 되었다. 이곳에서 이루어진 결정과 행동은 글로벌한 영향력을 갖게 된 것이다. 브로델은 바로 이러한 경제활동의 세 층위 사이에 이루어진 상호작용이 근대 초의 성격을 결정했고 근대 세계경제를 활성화시켰다고 주장한다.

1권인 《일상생활의 구조》에서, 브로델의 물질문명에 대한 연구는 인구, 농업, 식량 생산, 식품, 옷, 패션, 기술의 발전과 확산, 도시화 등 광범위한 주제를 망라하고 있다. 그는 생산과 분배, 소비가 전 세계 여러 지역에서 어떻게 달랐는지, 또 이러한 것들이 어떻게 근대 초 사회의 일상 경험을 형성했는지를 기술한다. 《상업의 바퀴》라고 제목 붙여진 2권에서, 브로델은 정기시와 시장, 교역로, 상인들의 교역 네트워크, 수송 등에 관심을 기울인다. 그는 특히 자본주의, 그리고 자본주의가 전반적인 사회적·정치적 구조 및 문명과 맺은 관계에 관심을 두었다. 마지막 권인 《세계의 전망》은 근대 초의 경제사, 특히 자본주의의 성장을 그것의 "유일하게 유효한 스케일, 즉 전 세계적 규모"에서 연대기적인 방식으로 다룬다. 이 목적을 달성하기 위해, 그는 아메리카, 아프리카, 터키, 아시아뿐 아니라 베네치아, 암스테르담, 유럽의 도시 경제와 지역 경제에 초점을 맞추었다. 그는 작은 규모의 경제 단위들과 거대한 세계경제 사이의 상호작용과 관계, 세계경제들 사이의 상호관계 등을 보여 주는 데, 시종일관 유럽이 어떻게 해서 지배적인 세계경제의 권력이 되었는지에 시선을 고정시키고 있다. 이 세 권의 책은 브로델이 지향한 전체사의 가장 완전한 형태이다. 그것은 국가적·문화적·지리적 경계뿐 아니라 학문적 경계에 의해서도 방해받지 않는 역사이다. 그는 "세계의 나머지 부분이 마치 존재하지 않았다는 듯이" 경시하는 산업 시대 이전 유럽의 발전에 관한 연구를 노골적으로 비판한다. 《문명과 자본주의》의 중심 주제 가운데 하나는 산업화 이전 시대의 변화는 지구적 맥락이 아니고서는 이해할 수 없다는 것이다.

《문명과 자본주의》에 대한 비판적 반응은 다양하게 나타났으며, 《지중해》와 그 저자가 도달한 지위에 따라 수위가 결정되었다. 논평자들은 브로델의 폭넓은 노력과 박식함, 절묘한 표현, 상세한 서술을 두고 다시 한 번 '경외감'을 표시했다. 전에는 하나의 골동품 수집 정도로 종종 폄하되었던 (특히 넓은 스케일의 경제활동에 대한 역사에 비해) 일상생활의 역사를 종합하려고 시도한 것은 브로델의 중요한 공헌으로 인정되었다. 특히 주목할 만한 점은 그렇게 넓은 지리적 공간에서 그렇게 중요한 문제를 다루는 그의 넓은 시각과 대담함이었다. 이 책은 출판되자마자 장기적이고 진정으로 글로벌한 세계의 역사를 쓰려는 활기차고 대담한 시도라고 평가되었으며, 이제까지 시도된 가장 강력한 글로벌한 역사 가운데 하나라고 인정되었다.

물론 비판이 없었던 것은 아니다. 비판은 이론적인 구조의 빈약함, 특히 자본주의를 논의하는 과정에 용어와 개념 사용의 부정확함 등에 대한 것이었다. 많은 논평자들은 이 책의 유럽중심주의를 비판했는데, 그것은 브로델의 글로벌한 역사에 대한 열망에도 불구하고 최종적으로는 비유럽인들에 대한 지식이 부족했고 유럽의 자료에 일방적으로 의존하여 서술했기 때문이다. 또 다른 비판자들은 브로델의 해박한 지식에는 강한 인상을 받았으면서도, 그 책의 규모와 어마어마하게 많은 세부 사실들이 수미일관된 논지를 해치고, 뒤얽힌 이론적 구조와 산업사회 이전 시기의 발전을 추동한 힘들에 대한 불분명한 묘사를 감추었다고 주장했다. 한 논평자가 말하듯이, "선별적으로 연구하기 보다는 모든 것을 모두 수집하기로 함으로써, 브로델은 분석보다는 예시, 비판적 해석보다는 보여 주기에 의존하지 않을 수 없었다." 여러 사람들이 보기에, 그 책은 《지중해》보다는 '덜 독창적이지만, 백과사전적인' 책이었다.

이런 비판에도 불구하고 《문명과 자본주의》는 브로델의 명성을 확고히 했고, 다소 놀랍게도 1970대 후반의 그를 세계적인 인물로 만들었다. 그 책은 학자들 사이에서뿐 아니라 대중 매체에서도 폭넓게 논의되었다.

실로 그 책은 프랑스 역사가가 쓴 두꺼운 세 권짜리 책으로서는 거의 믿기지 않을 정도로 잘 팔렸으며, 미국에서 '이 달의 책 클럽'에 선정되기도 했다.

생의 마지막 10년 동안, 브로델은 당대 최고의 역사가로서 널리 인정되었다. 그는 신문과 텔레비전에 자주 출연했고 정치 지도자들의 주목을 받았으며, 수많은 국제적인 상을 수상했다. 그는 예일대학, 시카고대학을 비롯한 전 세계의 수많은 기관에서 명예학위를 받았다. 1976년에 뉴욕주립대학은 '경제, 역사적 체제, 문명 연구를 위한 페르낭브로델센터'를 설립했다. 1985년 그가 사망하기 한 달 전, 샤토발롱에서 열린 사흘간의 학술대회에는 세계 여러 나라에서 역사가, 경제학자, 기자들이 참석하여 브로델의 학문과 영향에 대해 토의했다. 누가 봐도 늦었다고 하겠지만, 브로델에게 최고의 영예는 1984년에 명예로운 아카데미프랑세즈 회원으로 선출된 일이다.

브로델은 1985년 11월 28일 세상을 떠났다. 그러나 그는 사후에 생전보다 더 생산적인 인물이 되었다. 부인이자 협력자인 폴 브로델은 남편의 유작을 정리하는 데 헌신했다. 이로써 브로델의 덜 유명하거나 간행되지 않았던 글들이 대거 출판되었다. 역사학 관련 논문을 모은 《역사학 논고 II》(1990)는 같은 제목으로 1969년에 출판된 책을 보완한 것이다. 그 밖에도 브로델이 쓴 길고 짧은 글들을 엮은 책이 여러 권 출판되었다. 또 다른 유작인 《지중해의 기억: 선사시대와 고대》(Les mémoires de la Méditerranée: préhistoire et antiquité, 1998)는 지중해에 대한 도해판 시리즈의 일환으로 1969년에 완성되었다. 하지만 이 시리즈는 기획자인 스위스 출판업자 알베르 스키라의 사망으로 취소되었다. 이것은 고전기의 지중해 세계를 구석기 시대부터 시작하는 '장기지속'의 관점에서 논의하고, 고전기의 지중해 세계를 서아시아, 독일, 러시아, 사하라사막 등을 아우르는 글로벌한 관점에서 바라보려는 것으로, 브로델의 과거에 대한 광각적 접근을 증언해 준다.

사후에 출판된 또 다른 책은 브로델이 《문명과 자본주의》를 작업하고 있을 때 집필된 것이다. 1974년, 브로델은 에이나우디 출판사의 《이탈리아사》 2권 결론으로 장문의 글을 썼다. '이탈리아 밖의 이탈리아'라는 제목의 이 글은 1989년 프랑스에서 《이탈리아의 모델》(Le Modèle italien)이라는 제목을 달고 화려한 도해판으로 출판되었다. 이 책은 중요한 시기인 1450년부터 1650년까지 이탈리아 역사를 검토하는데, 르네상스에 대한 전통적인 연구의 좁고 순전히 이탈리아적인 시각을 넓은 지중해의 맥락으로 확대한다. 또한 이 글의 플롯은 흥미를 자아낸다. 왜냐하면 여기에서 브로델은 고급문화(예술, 건축, 문학)에 대한 광범위한 논의만을 진행하고 있기 때문이다. 물론 이 논의는 근대 초 이탈리아의 경제적 쇠퇴에 관한 구조적 연구라는 맥락 안에서 이루어지지만 말이다.

브로델의 유작 가운데 가장 중요한 책은 생애 말년을 사로잡았던 주제인 '프랑스의 역사'에서 나왔다. 애초에 계획된 네 권 가운데 두 권은 브로델이 사망할 무렵에 거의 완성되었으며, 1986년에 《프랑스의 정체성: 공간과 역사》(L'identité de la France, espace et histoire)와 《프랑스의 정체성: 사람과 사물》(L'identité de la France, les hommes et les choses)로 출판되었다. 언뜻 보아 이 책들의 주제는, 브로델이 평생 폭넓고 글로벌한 맥락의 역사를 옹호해 왔다는 점에서 놀라운 변화로 보일 수 있다. 하지만 자세히 분석해 보면, 《프랑스의 정체성》은 브로델의 역사학 패러다임과 정확히 일치한다. 지리적인 초점이 좁아지기는 했지만, 이 책은 한 국가의 전체사를 구축하고 그것을 역사지리와 장기지속의 맥락뿐 아니라 유럽적이고 글로벌한 맥락 속에 위치시키려는 시도를 반영하고 있다. 심지어는 프랑스라는 좁은 세계 안에서도, 브로델은 우리가 "멀리서 온 거대한 힘들에 의해…… 짓눌렸다"고 확언한다. 브로델의 지문은 책의 3분 구조, 시간관, 보편주의, 프랑스의 문명과 문화가 발전하는 데 구조적인 요인들이 가한 충격을 강조하는 대목에서 분명히 나타난다. 그는 지리와 토양, 환경, 언어, 교통에 관한 연구에서 시작하여 인구, 농촌과 도시의 중심지들, 최종적으로 상업에 대한 연구로 넘어간다. 《프랑스의 정체성》은 미완으로 끝났기에, 브로델이 나머지 두 권을 어떻게 구상했을지 짐작하기는 어렵다. 그러나 그것의 마지막 섹션들에 대한 미간행 단편 원고들은 그가 프랑스의 특징적인 문화적 상부구조는 프랑스의 물리적·사회경제적 구조들의 산물임을 보여 줌으로써 자신의 이전 작품에서 심성과 문화를 충분히 다루는 데 실패했다는 비판에 대응하려 했음을 알려 준다.

브로델의 다른 작품들과 마찬가지로, 《프랑스의 아이덴티티》의 비평가들은 세세한 사실에 대한 장악력, 뛰어난 통찰력, 그리고 텍스트를 풍부하게 해주는 여담들을 강조했다. 《문명과 자본주의》의 경우에서처럼, 비판의 초점은 바로 그 세세한 사실들에 맞추어졌는데, 그 점이 책을 풍부하고 깊이 있게 해주기도 하지만 한편으로는 논지의 일관성을 해치고 산만하게 만든다는 얘기였다. 또 다른 비평가들은 브로델이 "본질주의적인 프랑스 읽기"에 빠져 다양한 역사적 양상과 성취에 대한 관심을 불러일으키지 못했다고 비판했다.

브로델이 1985년에 타계했을 때, 프랑스의 언론은 고인을 "역사학의 제왕," "최고의 역사가," "역사를 재창조한 역사가"라고 일컬었다. 《아날》의 편집진은 이 잡지의 오랜 편집인을 기리는 추도사를 발표했다. 전 세계의 학자들과 역사 저널들은 그가 20세기 역사학을 위해 중요한 일을 했음을 찬양했다. 그 후 브로델의 삶과 역사학에 끼친 영향을 평가하는 전기적이고 역사학적인 글들이 대거 출판되었다. 브로델은 사망 이후에도 학자들의 관심을 모았고 수많은 학술대회와 논문, 책의 주제가 되었다. 시간이 지나면서, 그가 20세기의 가장 혁신적이고 가장 중요한 역사가 가운데 한 사람임이 확고해졌다. "1985년에 죽었을 때, 브로델은 의심할 여지없이 세계에서 가장 영향력 있는 역사가였다"라는 윌리엄 H. 맥닐의 평가에 이의를 제기할 사람은 거의 없을 것이다.

김응종 옮김

참고 자료

책

La Méditerranée et le monde méditerranéen à l'époque de Philippe II, 2 vols. (Paris: Colin, 1949; rev. and expanded edn., 1966).

Navires et marchandises à l'entrée du port de Livourne (1547-1611), by Fernand Braudel and Ruggiero Romano (Paris: Colin, 1951).

Le Monde actuel, histoire et civilisations, by Fernand Braudel, S. Baille, and R. Philippe (Paris: Eugène Balin, 1963).

Civilisation matérielle et capitalisme, XVe–XVIIIe siècle (Paris: Librairie Armand Colin, 1967).

Ecrits sur l'histoire (Paris: Flammarion, 1969).

Afterthoughts on Material Civilization and Capitalism, translated by Patricia M. Ranum (Baltimore, MD: Johns Hopkins University Press, 1977).

Civilisation matérielle, économie et capitalisme: XVe–XVIIIe siècle, 3 vols. (Paris: Librairie Armand Colin, 1979); vol. 1, *Les Structures du quotidien: le possible et l'impossible*; vol. 2, *Jeux de l'échange*; vol. 3, *Les Temps du monde*.

L'Identité de la France, 2 vols. (Paris: Arthaud-Flammarion, 1986): vol. 1, *Espace et histoire*; vol. 2, *Les Hommes et les choses*.

Le Modèle italien (Paris: Editions Arthaud, 1989).

Ecrits sur l'histoire, II (Paris: Arthaud, 1990).

Les Ecrits de Fernand Braudel, 3 vols. (Paris: Fallois, 1996-2001).

Les Mémoires de la Méditerranée: préhistoire et antiquité (Paris: Editions de Fallois, 1998).

논문

"Les Espagnols et l'Afrique du Nord, 1492-1577," *Revue africaine*, 69 (1928): 184-233, 351-410.

"Présence de Lucien Febvre," in *Hommage à Lucien Febvre: eventail de l'histoire vivante* (Paris: Colin, 1953), pp. 1-16.

"Lucien Febvre et l'histoire," *Cahiers internationaux de sociologie*, 22 (1957): 15-20.

"Histoire et sciences sociales: la longue durée," *Annales: économies, sociétés, civilisations*, 17 (1958): 723-53.

"La démographie et les dimensions des sciences de l'homme," *Annales: économies, sociétés, civilisations*, 19 (1960): 493-532.

"Histoire et sociologie," in *Traité de sociologie*, edited by Georges Gurvitch, vol. 1 (Paris: Presses Universitaires de France, 1960), pp. 33-98.

"Prices in Europe from 1450 to 1750," by Fernand Braudel and Frank Spooner in *The Cambridge Economic History of Europe*, vol. 4 (Cambridge: Cambridge University Press, 1967), pp. 378-486.

"Personal testimony," *Journal of Modern History*, 44 (1972): 448-67.

참고문헌

Aymard, Maurice, "La storia inquieta di Fernand Braudel," *Passato e presente*, 12 (1986): 127-38.

Braudel, Paule, "Les origines intellectuelles de Fernand Braudel: un té moignage," *Annales: économies, sociétés, civilisations*, 47 (1992): 237-44.

Burke, Peter, "Fernand Braudel," in *The Historian at Work*, edited by John Cannon (Boston: George Allen and Unwin, 1980), pp. 188-201.

Burke, Peter, *The French Historical Revolution: The Annales School, 1929-89* (Stanford: Stanford University Press, 1990).

Daix, Pierre, *Braudel* (Paris: Flammarion, 1995).

Dosse, François, *New History in France: The Triumph of the Annales* (Urbana: University of Illinois Press, 1994).

Gemelli, Giuliana, *Fernand Braudel e l'Europa universale* (Venice: Marsilio, 1990).

Hunt, Lynn, "French history in the last twenty years: the rise and fall of the *Annales* paradigm," *Journal of Contemporary History*, 21 (1986): 209-24.

Kinser, Samuel, "Capitalism enshrined: Braudel's triptych of modern economic history," *Journal of Modern History*, 53 (1981): 673-82.

McNeill, William H., "Fernand Braudel, historian," *Journal of Modern History*, 73 (2001): 133-46.

Marino, John, "The exile and his kingdom: the reception of Braudel's *Mediterranean*," *Journal of Modern History* 76 (2004): 622-52.

Revel, Jacques, *Fernand Braudel et l'histoire* (Paris: Hachette, 1999).

Trevor-Roper, H. R., "Fernand Braudel, the Annales, and the Mediterranean," *Journal of Modern History*, 44 (1972): 468-79.

Wallerstein, Immanuel, "Braudel on capitalism, or everything upside down," *Journal of Modern History*, 63 (1991): 354-61.

15

피에르 드 생자콥

1905~1960

Pierre de Saint Jacob

피에르 드 생자콥

제임스 콜린스

피에르 드 생자콥은 20세기 프랑스 역사가들의 전당에서 특별한 위치를 차지한다. 매우 특이한 이력을 갖고 있던 그는 디종대학 초기 근대사 교수가 되자마자 요절하고 말았다. 생자콥의 명성은 단 한 권의 유작인 《앙시앵레짐 말기 부르고뉴 북부의 농민들》(Les paysans de la Bourgogne du nord au dernièr siècle de l'Ancien Régime)에서 비롯된다. 이 책은 에르네스트 라브루스의 지도 아래 1959년 발표된 박사 학위 논문을 바탕으로 만들어졌다. 첫 멘토인 가스통 루프넬과 첫 번째 논문 지도교수 마르크 블로크가 전쟁 중에 사망하고 나서 지적 고아가 되어 버린 생자콥은 라브루스에게 '입양'된 셈이다.

생자콥의 여러 논문, 특히 부르고뉴 지방의 마을에 관한 네 편의 놀라운 연작 논문에서 우리는 성실한 중세사가의 면모를 발견한다. 1941년부터 1953년까지 《부르고뉴 연보》에 실린 〈부르고뉴의 옛 농촌 공동체에 관한 연구〉(Etudes sur l'ancienne communauté rurale en Bourgogne)
는 '마을: 법제적 거주 조건'(1941), '망스의 구조'(1943), '마을의 외곽'
(1946), '공유지들'(1953)로 구성되어 있다. 이 논문들은 블로크와 루프넬
의 영향을 보여 준다. 생자콥은 일생 동안 지방에서 교육에 전념하며 파
리에서 진행되는 세미나에는 거의 모습을 드러내지 않았다. 그 무렵은 르
네 배렐, 피에르 구베르, 장 자카르, 엠마뉘엘 르루아 라뒤리 같은 아날
학파의 새 세대들이 라브루스와 브로델 밑에서 훈련받던 시절이었다. 생
자콥의 편지는 그가 뤼시앵 페브르와 친밀한 관계를 맺고 있었다는 것
을 보여 준다. 페브르는 생자콥에게 편지를 자주 보내면서 논문을 마무
리하는 데 집중하라고 권고했다. 생자콥의 논문과 저서는 역사가보다는
소설가로 더 유명한 루프넬의 영향을 보여 준다. 우리는 1961년 《농촌 연
구》 제1호에 실린 유작 논문에 대한 짧은 소개 글에서 생자콥을 이해할
수 있다. 이 잡지의 편집인이었던 조르주 뒤비와 다니엘 포셰는 생자콥에
대해 이렇게 언급했다. "사람과 사물에 대한 친밀함, 그는 그것들을 역사
가의 시각뿐 아니라 농민의 시각에서 고려했다."

　루프넬과 블로크, 라브루스라는 아주 다른 세 스승 밑에서 지적으로
성장한 생자콥은 자신이 연구하는 대상에 대해 무척 다양한 접근 방법
을 적용했다. 생자콥이 학위논문을 출간한 것은 배렐, 구베르와 더불어
아날학파의 첫 번째 거대한 파도가 몰아칠 때였지만, 그는 아날학파 이
전 세대에 속했다. 가장 분명한 방법론의 차이가 눈에 띄는데 이는 프랑
스사의 발전에서 결정적인 순간으로 우리를 인도한다. 생자콥은 동료들
과는 달리 첨단 통계 방법을 전혀 사용하지 않는다. 광범위한 통계자료를
포함하고 있지만, 1950년 이전 세대의 것인 그의 방법은 결론을 위해 정
교한 수학 공식을 제시하는 배렐 같은 학자들과 대조적이다(배렐은 이 점
에서 동료들과 분명히 차별화된다는 점을 기억하자. 그는 대단히 정교한 수학 공

식을 사용했다). 흥미롭게도 배렐과 르루아 라뒤리가 브로델의 지도를 받은 반면, 구베르와 생자콥은 통계 작업의 개척자였던 라브루스의 지도를 받았다. 그리고 배렐과 르루아 라뒤리가 자신들이 연구하는 지역에 대해 장기지속의 시각을 견지함으로써 브로델을 추종했다면, 이와 대조적으로 구베르와 생자콥은 약 100년의 기간에 초점을 맞추었다.

비록 방대한 고문서보관소의 사료를 이용했다는 점에서는 달랐지만 생자콥은 접근 방식에서 루프넬의 논증적인 방법을 반영했다. 17세기 중반 디종의 농촌 지역에 관한 루프넬의 유명한 학위논문은 19세기에 출판된 두 가족에 관한 조사 결과에 크게 의존하고 있었지만, 생자콥의 연구는 언제나 광범위한 고문서 사료에 바탕을 두고 있었다. 레진 로뱅, 장 바르, 프랑수아즈 포르투네 등 부르고뉴 농촌 지역을 연구한 디종의 훌륭한 학자들은 농민들에게 생명을 불어넣으려는 의지를 꾸준히 보인 점에서 뚜렷하게 구별된다. 이들의 연구는 생자콥이 닦아 놓은 길을 따랐다.

피에르 드 생자콥은 프랑스 동부 사온에루아르 도의 마을 메르방에서 성장했다. 집안은 목공에서부터 제화공, 제단사에 이르기까지 농촌 생활의 여러 면에서 오랜 경험을 갖고 있었다. 그의 이름에 붙는 '드'(de)는 종종 오해되는 것처럼 귀족의 이름에 붙는 전치사라기보다는 작품명과 동일한 이름의 작은 마을과 가족의 관계에서 유래했다. 마을 제단사의 아들 생자콥은 처음에는 마을 학교에서 교사의 길을 걸었다. 지역 초등학교를 마친 후 루앙의 상급학교 진학했고, 열다섯 나이에 마콩의 고등사범학교로 진학했다. 그는 그곳에서 "특히 문학적 재능으로 두각을 나타냈는데 감각적이고 섬세한 정신으로 훌륭한 표현력을 보여 주었다." (1934년 교장의 평가서). 바칼로레아(대학입학 자격)가 없었기에 그는 영어와 라틴어를 따로 교육받아야 했는데, 대부분 독학으로 이런 언어를 깨쳤다. 이후 그는 대학입학 자격을 취득하고 1930년 디종대학에 진학하여 1931년에 학사 학위를 받았다. 이 기간에 그는 지역의 중등학교에서 학생들을 가르쳤다. 1933년부터 세 차례나 연이어 교수자격시험에서 낙방하고 1935년에 투르농에 있는 고등학교에서 문학과 역사를 가르치는 교사가 되었다. 베줄로 이사한 생자콥은 다시 한 번 교수자격시험을 준비했고 1938년에 드디어 합격하여 이듬해 디종의 카르노고등학교로 전임하였다. 그는 이곳에서 1956년까지 머물렀다. 이러한 경력은 대단히 예외적이다. 유수한 프랑스 역사학자들 가운데 초등학교 선생으로 살았던 인물은 그리 많지 않다. 그리고 쉰 나이에 대학교수가 된 인물은 더더욱 드물다. 생자콥은 세상을 떠나기 하루 전에야 디종대학으로부터 교수 임명을 통보받았다.

생자콥은 1930년대 디종에서 가스통 루프넬 아래에서 역사를 공부했다. 이 기간 동안 그는 프랑스 농촌사 개론을 집필했고, 얼마 후에는 《역사와 운명》(Histoire et destin, 1943)을 출간했다. 1945년 2월 12일 루프넬은 생자콥을 위해 소르본대학에 훌륭한 추천서를 써 주었다. "단언컨대, 나는 이 학생만큼 만족스러운 학생을 본 적이 없습니다. 생자콥 군만큼 전도유망한 사람은 없을 것입니다. 나는 그가 역사가가 되기를 간절히 바랍니다." 여기서 루프넬이 말하는 '역사가'란 일반적 역사가가 아닌 국가박사 학위를 준비했던 대단히 높은 수준의 역사가를 의미한다.

생자콥의 농촌적 뿌리는 부르고뉴의 포도 재배농을 비롯한 농민들의 인간성에 대해 깊은 애정을 갖고 있던 루프넬과 관계를 돈독히 해주었다. 루프넬에게 바치는 찬사에서 생자콥은 이 점을 특별히 강조했다. "학생들은 루프넬 선생이 자주 사용한 표현을 알고 있었다. '모든 것에서 그것이 지닌 의미를 부활시켜 생명을 불어넣고 일깨우고 또 발견하라.'" 농민에 대한 생자콥의 연구는 한 번도 이 충고에서 벗어나지 않았다. 동년배 가운데에서도 생자콥은 특히 농민을 강조하던 인물이었다. 르루아 라 뒤리가 장기지속의 냉혹한 힘을 강조하는 동안, 역사학의 지배적 경향을 모르지 않았음에도 생자콥은 갑남을녀의 행위를 응시했다. 그가 묘사한 부르고뉴의 농민들은 마을 회의에 함께 모여 행동했다. 구베르나 르루아 라뒤리의 논문과 달리 생자콥의 박사논문은 마을 회의나 망스 같은 마을 제도 이상의 것을 담으려 했다.

르루아 라뒤리와 배렐은 18세기 속으로 깊이 들어갔지만, 생자콥은 다른 동료들과 달리 18세기 후반에 관한 자료를 더 많이 갖고 있었다. 그는 1780년대까지 거슬러 올라간다. 논문 가운데 일부는 당시 '근대주의자'에게 대담한 행보로 여겨지던 혁명기에 관한 연구였다. 그는 인구학적 연구보다는 징세 장부나 타유세, 직접세는 물론 '등기 문서'와 '100분의 1세' 따위에 관한 짧지만 우수한 논문을 《아날》 초창기 호(1946)에 게재했다. 52년 후 18세기 투렌 지방 농촌에 관한 탁월한 논문을 쓴 브리지트 마야르는 세 논문의 제목만을 인용하면서 자신의 방법론을 설명했는데, 그중 하나가 생자콥의 논문이었다. 미국 역사가들은 여전히 그냥 보아 넘겨 온 자료를 분석하는 작업에 생자콥의 방법론을 이용하고 있다.

단 한 권의 연구서를 출판한 저자치고 생자콥은 프랑스 농촌사 서술, 게다가 아날학파의 광범위한 영향 덕에 다른 나라의 농촌사에 여전히 놀라운 영향력을 행사하고 있다. 물론 처음부터 그랬던 것은 아니다. 아니 블르통루제가 보여 주었듯이, 그의 박사 논문이 즉각적인 반응을 불러일으키지는 않았다. 학술지 《아날》도 《근현대사》도 이 논문에 대해 별다른 서평을 내놓지 않았다. 이는 브로델의 제자들과 라브루스의 제자들 사이에 나타난 분열을 엿볼 수 있는 지점이다. 브로델은 직접 구베르의 박사학위논문에 대한 서평을 써서 혹평했다. 처음에 생자콥의 책은 몇몇 전문가들을 제외하면 역사학계에 거의 영향을 끼치지 못했다. 이 책에 대한 긍정적인 서평이 나온 것은 1961년 로베르 슈네르와 장 비달랑에 의해서였다. 이러한 사실은 박사과정이 개설되어 있는 유수한 미국의 대학 도서관이 어째서 이 책의 (원본이 아닌) 복사본을 구입할 수밖에 없었는지를 설명해 준다.

하지만 주요 역사가들은 모두 생자콥의 책을 읽었다. 이 점은 역사가들의 집단적 종합 작업인 《프랑스 농촌사》(Histoire de la France rurale, 1975)에서 또렷하게 드러난다. 이 책에서 근대 초기를 다룬 부분은 장 자카르와 르루아 라뒤리가 집필했다. 마을 공동체와 공유지, 세금 그리고 물질생활의 거의 모든 측면을 논의하면서 자카르는 지속적으로 부르고뉴의 사례를 활용했다. 사실 부르고뉴는 (자신이 연구한) 일드프랑스를 제외하면 자카르가 유일하게 고찰하고 있는 지방이었다. 생자콥의 논문을 잠깐만 검토해 보면 거의 모든 사례가 이 논문에서 나온 것임을 확인할 수 있다(일부 사례는 프랑슈콩테에 관한 뤼시앵 페브르의 논문에서 빌려왔다). 18세기 부분에서도 르루아 라뒤리는 생자콥과 아벨 푸아트리노의 오베르뉴 지방 연구에 크게 의존하고 있다. 영미권 학계와 프랑스 학계 양쪽에서 생자콥은 18세기 말 프랑스의 이른바 '봉건적 반동' 논쟁에 다시 불을 댕겼다. 여전히 상당수의 농노를 보유한 프랑스 일부 지역 가운데 한 곳을 조사하면서도 생자콥은 봉건적 반동과 중농학파가 사주한 자본주의적 충동을 신중하게 구별하려 했다. 귀족 가문에 대한 최근의 연구들은 생자콥의 견해 가운데 일부를 입증했다. 50년 전에 생자콥이 주장했던 것처럼 '봉건적' 수입은 비중이 증가했지만, 제분소 수입을 '봉건적'이라고 규정하는 것은 변화의 자본주의적 측면을 무시하는 것이었다.

영미권 학계에서 생자콥의 영향은 지대하다. 1960~1970년대에 로버트 포스터, 1980년대에 힐튼 루트와 리아나 바르디, 1990년대에 맥 홀트, 토머스 브레넌, 제임스 콜린스 그리고 2000년대에 로버트 슈워츠와 제러미 헤이호 같은 이가 생자콥의 영향을 받은 대표적 역사가들이다. 유수한 미국 대학 도서관의 장서 목록은 우리의 이해를 도와준다. 박사 과정이 개설되어 있는 상위 16개 대학과 그 도서관은 초기 아날학파의 학위논문 가운데 가장 많이 보유한 세 편을 보여 준다. 16곳이 구베르의 논문을 소장하고 있고, 15곳에서 르루아 라뒤리와 생자콥의 논문을 찾아볼 수 있다(15곳의 대학 명단은 다음과 같다. 하버드, 예일, 컬럼비아, 프린스턴, 브라운, 펜실베니아, 코넬, 존스홉킨스, 미시간, 시카고, 버클리, 스탠퍼드, 노스캐롤라이나, UCLA, 일리노이. 위스콘신대학이 유일하게 생자콥의 논문을 소장하지 않고 있지만 1995년도 영인본을 소장하고 있다. 16군데 도서관 가운데 12곳은 논문의 자료집 사본을 소장하고 있다). 이는 캉(Caen)에 대한 장클로드 페로의 논문이 나오기 전까지는 그 어떤 아날학파의 주요 논문도 달성하지 못한 수치이다. 당연히 북아메리카의 수많은 근대 초 프랑스사 전공자들이 부르고뉴에 관해 서술했고, 이런 경향은 지금도 여전하다. 디종에 관한 자료가 예외적으로 풍부했던 게 한 가지 이유이지만, 또 다른 이유는 바로 생자콥의 연구 덕분이다. 그는 그 어떤 부르고뉴 전문가들보다 뛰어났다. 이는 논문뿐 아니라 그 가치를 평가할 수 없는 사료집《부르고뉴의 마을 공동체 관련 사료》(Documents relatifs à la communauté villageoise en Bourgogne)을 통해 입증되었다. 최근까지 생자콥의 저작들과 이브마리 베르세의《크로캉의 역사》(1974)에 부록으로 실린 자료들이 북아메리카의 연구자들에게는 농촌의 삶에 관한 일차사료에 접근할 수 있게 해주는 거의 유일한 통로였다. 영어판《농민반란의 역사》는 자료를 포함하고 있지 않았고, 프랑스 농촌의 삶에 관한 세미나 자료를 위해 일차사료를 찾는 이들은 생자콥과 베르세의 저작에 의지하곤 했다.

생자콥은 정치적·지적 스펙트럼을 가로질러 역사가들에게 영향을 주었다. 소타반(Saulx-Tavanes)의 가족에 관한 책에서 로버트 포스터는 생자콥 덕에 가족 문제 연구에 활용할 수 있는 풍부한 자료에 처음 관심을 갖게 되었다고 이야기한다. 프랑스혁명사 연구자 도널드 서덜랜드와 리아나 바르디는 생자콥의 견해에 동의하지는 않았지만, 그를 농민들의 중요성을 강조한 보기 드문 선배 역사가로 여겼다. 토머스 브레넌은 18세기 포도주 교역에 관한 자신의 연구에 쓰인 두 가지 중요한 사료를 알게 된 것이 생자콥 덕이라고 고백한다. 홀트나 콜린스 같은 16세기와 17세기 전문가는 생자콥을 통해 가정생활에 대한 조사의 놀라운 사례들을 배워 부르고뉴 연구를 수행할 수 있었다.

생자콥은 이 놀라운 자료들에 관해 이렇게 적고 있다.

그 가치는 농촌의 사료들에 대한 광범위한 목록에 있었다. 의심스런 부분이 있는 것 같지는 않았다. 조사관은 알기 위해 왔고, 자기가 본 것을 성실하게 기록했다. 증언한 사람들의 이야기는 덜 믿음직스러웠지만, 대개 그는 거짓을 쉽게 판별해 낼 수 있었다. 확실히 이 세심한 보고서는 17세기 부르고뉴 농촌사에 관한 가장 놀랍고도 포괄적인 자료이다. 삶의 뿌리로부터 나온 그의 조사는 역사가가 할 수 있기를 꿈꾸는 바로 그런 자료가 아닌가?《부르고뉴 북부의 농민들》, pp. 3-4).

여기에서 우리는 생자콥의 특별한 감정을 느끼게 된다. 구베르나 르루아 라뒤리가 임대차 계약서나 토지대장 같은 계량적인 사료를 분석의 근거로 삼았던 반면, 생자콥은 과거의 농민들에게 생명을 불어넣어 주는 비계량적 서술 사료를 추구했다. 그러나 앙투안 폴랭이나 장마르크 모리소가 지적했듯이, 루프넬의 서사적 방법론에 길들여진 생자콥은 곡물 수확량을 비롯하여 가구 조사를 통해 나온 방대한 통계자료들의 이점을 활용하지 않았다. 그는 수많은 인물을 인용하지만, 그 어디에도 신중한 수학적 분석을 찾아볼 수 없다. 혁명 전야에 샬롱쉬르손의 인구에 관한 연구에서도 그는 징세 장부 같은 사료에 대해 통시적으로 분석하기를 주저한다. 1780년대 샬롱쉬르손의 직업 분포에 대해 많은 것이 이야기되지만, 1700년대 또는 1750년대의 상황과 그것이 어떻게 다른지에 대해서는 전혀 언급이 없다(샬롱은 1690년대 이후부터 방대한 양의 징세 장부를 보유하고 있다. 엄밀히 말해서 생자콥이 그러한 연구를 하기 위해서는 대학원생들로 구성된 팀이 필요했을 것이다. 만일 그가 디종대학에서 충분한 기간 동안 교수로 근무했다면 아마도 그러한 프로젝트를 조직했을지도 모른다. 같은 규모의 부르고뉴 도시들에서 그랬던 것처럼, 샬롱의 직업 분포는 18세기에 극심한 변화를 경험했다).

한 인간으로서 생자콥은 어떠했을까? 디종대학의 제자 가운데 한 사람인 피에르 레베크는, 까다롭기는 했지만 공정한 교수이자 학생들과 동료들로부터 존중받던 인물로 기억한다. 생자콥의 정치적 신념은 분명했다. 제3공화정의 후예이자 가장 열정적인 전사들이었던 학교 교사 가운데 하나였던 생자콥은 세속주의와 이성과 관용, 사회 평등주의를 지지했다. 분명 마르크스주의 역사가들에게 영향을 받았고 그렇게 분류되기도 하지만, 그는 프랑스공산당을 멀리했다. 레베크는 생자콥이 프랑스공산당의 스탈린주의를 혐오했다고 말한다. 저명한 부르고뉴 중세사가인 장 리샤르는 언젠가 생자콥을 "부조리한 모든 것에 대해 분개하던" 인물이라고 평가했다. 피에르 구베르는 종종 상당히 부드러운 방식으로 "자신의 확고한 입장"을 변호하곤 했지만, 동시에 마상창술 시합에 나선 사나운 기사와도 같은 인물이었다고 회고했다.

생자콥은 모순적인 인물이었다. 농민사가였던 그는 18세기 예술품을 수집했고 부인 페르낭드 타뷔소와 함께 모차르트 협주곡을 즐겨 연주했다. 부인은 피아노를, 생자콥은 바이올린을 켜면서 말이다. 레베크는 생자콥이 그 어떤 역사가보다 루이 14세 시대 프랑스가 갖고 있던 부조리를 잘 알고 있었지만, 그럼에도 1700년대를 '지성이 넘치는 세기'로 언급하곤 했다고 회고한다. 생자콥이 부르고뉴 농촌에서 '계몽주의' 개혁의 영향을 추적하려던 애초의 박사논문 계획 배후에는 이러한 생각이 깔려 있었다. 생자콥의 저작이 프랑스 농촌사 연구에 여전히 강한 울림을 전하는 이유는 자신의 가설이 틀렸다는 것을 발견하자 주저 없이 그것을 폐기했다는 데에 있다.

모든 역사 연구에 중요한 교훈이 될 생자콥의 이러한 태도에 덧붙여, 두 가지만 더 이야기하고자 한다. 먼저 그의 연구는 권력이 언제나 협상의 대상이었다는 점을 보여 주었다. 협상이란 용어는 크건 작건 강한 자들에게 유리하기 마련이지만, 그럼에도 지배자는 피지배자와 협상을 해야 했다. 두 번째, 그는 농민들이 상황이 허용하는 범위 안에서 자신의 삶을 통제했음을 보여 준다. 농민들은 분명 역사의 냉혹한 힘에 좌지우지되는 어중이떠중이 군중이 아니었다. 그들은 개인적·집단적 행동을 통해 자신들의 삶과 인류의 역사를 직조해 냈다. 이러한 측면에서 경제사는 동시대인들을 그토록 매료시켰던 비인격적 힘들로부터 벗어나 생자콥이 추구한 방향으로 상당히 변화했다고 볼 수 있다.

*피에르 드 생자콥에 대한 정보를 모을 수 있도록 도와준 이브 드 생자콥과 피에르 레베크에게 감사의 뜻을 전하고 싶다. 내가 2009년 봄 연구교수로 이 글을 쓸 수 있도록 지원해 준 레버헐름재단에도 감사한다.

임승휘 옮김

참고 자료

책

Les Paysans de la Bourgogne du nord au dernier siècle de l'Ancien Régime (Paris: Les Belles Lettres, 1960; reissued, with a superb introduction by Jean-Marc Moriceau, by the Association d'histoire des sociétés rurales, 1995).

Documents relatifs à la communauté villageoise en Bourgogne du milieu du XVIIe siècle à la Révolution (Paris: Les Belles Lettres, 1962).

Campagnes en mouvement en France du XVIe au XIXe siècle: actes du Colloque international d'histoire rurale, Autour de Pierre de Saint Jacob, edited by A. Follain (Dijon: Editions Universitaires de Dijon, 2008). See the essay about Saint Jacob, jointly authored by A. Follain and by Yves de Saint Jacob. On the reception of Saint Jacob's work, see especially the essay by Annie Bleton-Rouget. For examples of Saint Jacob's infl uence on anglophone scholars, see the essays by T. Brennan, J. Collins, J. Hayhoe, and R. Schwartz.

Des terroirs et des hommes: études sur le monde rural et le pays bourguignon (essays of Pierre de Saint Jacob) (Dijon: Editions Universitaires de Dijon, 2008), which contains Saint Jacob's most important articles, a full bibliography, Pierre Lévêque's invaluable "Postface: Pierre de Saint Jacob (1906-1960)."

참고문헌

Baehrel, René, *Une croissance: la Basse-Provence rurale de la fin du seizième siècle à 1789: essai d'économie historique statistique* (Paris: SEVPEN, 1961; reissued 1988).

Bart, Jean, *La Liberté ou la terre: la mainmorte en Bourgogne au siècle des Lumières* (Dijon: CNRS, 1984).

Brennan, Thomas, *Burgundy to Champagne: The Wine Trade in Early Modern France* (Baltimore, MD: The Johns Hopkins University Press, 1997).

Cuvillier, Jacques, *Famille et patrimoine de la haute noblesse française au XVIIIe siècle: le cas des Phélypeaux, Gouffier, Choiseul* (Paris: Harmattan, 2005).

Forster, Robert, *The House of Saulx-Tavanes: Versailles and Burgundy, 1700-1830* (Baltimore, MD: The Johns Hopkins University Press, 1971).

Fortunet, Françoise, *Charité ingénieuse et pauvre misère: les baux à cheptel simple en Auxois au XVIIIe et XIXe siècles* (Dijon: Editions Universitaires de Dijon, 1985).

Hayhoe, Jeremy, *Enlightened Feudalism: Seigneurial Justice and Village Society in Eighteenth-*

century Northern Burgundy (Rochester: University of Rochester Press, 2008).

Jacquart, Jean, *La Crise rurale en Ile-de-France, 1550-1670* (Paris: A. Colin, 1974).

Maillard, Brigitte, *Les Campagnes de Touraine au XVIIIe siècle: structures agraires et économie rurale* (Rennes: Presses Universitaires de Rennes, 1998).

Neveux, H., Jacquart, J., and Le Roy Ladurie, E., *Histoire de la France rurale*, vol. 2: *L'Age classique des paysans, 1340-1789* (Paris: Seuil, 1975).

Robin, Régine, *La Société française en 1789: Semur-en-Auxois* (Paris: Plon, 1970).

Root, Hilton, *Peasants and King in Burgundy* (Berkeley, CA: University of California Press, 1987).

Roupnel, Gaston, Letter of February 12, 1945, personal papers of P. de Saint Jacob, communicated to me by Philip Whalen.

Vardi, Liana, *The Land and the Loom: Peasants and Profit in Northern France, 1680-1800* (Durham, NC: Duke University Press, 1993).

16

자크 고드쇼

1907~1989

Jacques Godechot

자크 고드쇼

에밋 케네디

여러 세대에 걸쳐 역사가들은 1789년 프랑스혁명을 당대의 혁명보다는 더 나중의 혁명, 즉 1830년과 1848년, 1917년 혁명과 관련하여 '대혁명'이라고 일컬어 왔다. 그러나 일련의 18세기 혁명들(그중 어떤 것은 상대적으로 덜 중요하다)의 맥락 속에서 파악해도 1789년 혁명은 여전히 '대혁명'이고 20세기 공산주의 혁명의 '모(母)혁명'일 수 있을까? 자크 고드쇼는 이 혁명들을 연구하는 데 생애의 많은 시간을 바쳤는데, 나중에 이 혁명들이 서로 연결되어 1789년을 중심으로 하는 더 큰 '서양' (Occidental) 혁명 또는 '대서양'(Atlantic) 혁명을 이루고 있다고 보았다. 이 혁명들의 역사에 대한 기여는 그가 사망한 1789년, 곧 혁명 200주년이 되던 해에 또렷하게 드러났다. 그때 미국과 프랑스의 주요 역사가들이 《프랑스사 연구》, 《프랑스혁명사 연보》, 《남프랑스 연보》 같은 학술지에서 고드쇼에게 최고의 헌사를 바쳤다. 학자들은 그의 놀랄 만한 성과(책 30

권, 300편에 가까운 논문, 2,000편의 서평, 약 20편의 사료, 10여 편의 서문)를 높이 평가했다. 고드쇼의 저작들은 스스로 '대서양 테제'라고 불렀던 것뿐 아니라 프랑스혁명기의 반혁명과 첩보 조직, 근대 프랑스의 언론 같은 제도사, 그리고 프랑스 군대의 역사까지 다루었다. 나아가 고드쇼는 프랑스 남부 지역의 역사(특히 툴루즈)에 대한 관심과 지식도 확대시켰다. 명료하고 간결한 필체로 글을 쓴 작가이자 매력적인 토론자였고 연구를 위한 정보나 만남, 조언을 필요로 하는 사람이라면 누구에게나 도움을 아끼지 않는 뛰어난 후원자이자 동료였다. 격동의 1960년대에 툴루즈대학 인문대학의 유능하고 창의적인 학장이었던 고드쇼는 수많은 기억과 유산을 남기고 피레네산맥의 생라리에 있는 여름 별장에서 숨을 거두었다.

자크 레옹 고드쇼는 로렌 지방의 뤼네빌에서 부동산 사업가의 아들로 태어났다. 어머니는 약제사의 딸이었다. 가족은 유대계 혈통이었지만 어머니는 가톨릭으로 개종했다. 어느 날 어머니가 어린 자크를 유모차에 태워 공원에 데려갔을 때, 두 사람은 프랑스혁명 전야에 유명한 책자《유대인의 육체적·도덕적·정치적 재생에 관한 시론》을 써 유대인 해방을 촉구했던 앙리 그레구아르 신부의 동상과 마주쳤다. "그레구아르 신부란다. 우리는 이분께 많은 빚을 졌단다." 이렇게 말하던 어머니는 오래지 않아 1913년에 사망했지만 소년은 이 가르침을 기억했다. 나중에 프랑스혁명에 관심을 갖게 된 것은 혁명이 유대인을 해방시켰다는 사실 때문이었다고 고드쇼는 고백했다.

1914년 독일이 침공하자 고드쇼 가족은 1918년까지 전선(戰線) 남쪽으로 이주했다. 가족은 몽플레에(삼촌 마르셀 고드쇼가 몽플레에대학 과학부 학장이 될 터였다)로 갔다가 1915년에 로렌으로 돌아왔다. 미래의 역사가는 이렇게 유년기에 전쟁을 경험했고, 나중에 거의 10년을 바쳐 프랑스혁명기 의회가 군대에 파견한 위임관들의 활동을 재구성하고 1937년에 그 주제로 박사 학위논문을 제출했다. 그에 앞서 고드쇼는 낭시의 앙리푸앵카레고등학교에서 공부했다. 그는 1933년부터 1935년까지 스트라스부르의 클레베르고등학교에서 학생들을 가르쳤는데, 그때 아날학파의 창시자인 마르크 블로크와 뤼시앵 페브르를 찾아갔다. 두 역사가는 그 무렵 스트라스부르대학에서 가르치고 있었다. 하지만 면담 결과는 좋지 않았다. 청년 고드쇼는 낭시대학으로 돌아왔고 '프랑스혁명기 낭시 감시위원회'에 관한 논문을 썼다. 이 논문은 나중에 유명한 혁명사가 알퐁스 올라르가 편집장으로 있던 《프랑스혁명》에 실렸다. 1928년 고드쇼는 국가가 주관하는 교수자격시험을 통과했다. 1989년 올리비에 베투르네와 나눈 '마지막 인터뷰'에서 고드쇼는 자신의 초기 경력을 명쾌하고 흥미롭게 설명했다. 알퐁스 올라르가 1928년에 사망하자 그때 알베르 마티에즈가 고드쇼에게 도움을 청했다. 그래서 고드쇼는 마티에즈가 막 창간한 《프랑스혁명사 연보》의 간사를 맡았다. 곧 고드쇼는 티에르재단 연구원으로 있으면서 마티에즈의 지도 아래 야심찬 논문을 준비하기 시작했다. 고드쇼는 조르주 르페브르와도 접촉했는데 스트라스부르에 나치즘이 확산되자 르페브르는 그곳을 떠났다. 르페브르는 결국 마티에즈의 뒤를 이어 소르본대학의 교수가 되었고 《프랑스혁명사 연보》를 책임지고 고드쇼의 논문 지도를 넘겨받았다. 1935년에 고드쇼는 브레스트의 해군사관학교 교수로 임명되었다.

고드쇼는 마티에즈와 르페브르를 좇아 역사에서 사회경제적 인과성이 가장 중요하다고 보았지만 그의 저작은 주로 정치적 서사로 이루어져 있다. '마지막 인터뷰'에서 설명했듯이 그는 결코 정당에 가입하지 않았는데 그것은 역사가로서 독립성과 객관성을 지키기 위해서였다. 그가 실제로 열의를 보인 유일한 정당은 드골의 '자유프랑스운동'이었다. 고드쇼는 1929~1930년 군에 복무했고 1939년 9월 제2차 세계대전이 발발하자 다시 입대하여 파리에서 '참모본부'의 일원으로 근무했다. 마르크 블로크와 마찬가지로 고드쇼는 프랑스 최고사령부에 매우 비판적이었고, 1940년 프랑스의 군사적 붕괴를 두고 자신은 1793~1794년 공포정치를 모방하는 것을 지지한다고까지 말했다. 1940년 6월 전선을 포기한 장교들이 만일 자신의 주둔지로 돌아가지 못했다면 처형당해야 했다는 것이다. 그는 1940년 8월 툴루즈에서 제대했고 나치의 인종법 때문에 브레스트 해군사관학교의 교수직을 잃었다. 고드쇼의 가족은 그때 베르사유에 있는 아내 아를레트의 집에 머물고 있었다. 고드쇼는 아를레트를 처음 만난 지 24시간 만에 청혼해 1933년에 결혼했다. 유대인의 노란별을 달지 않으려 한 고드쇼는 전쟁 내내 나치의 추적을 받았고 독일의 점령으로 개인적 공포를 경험했다고 주장했다. 1942년 6월 고드쇼 가족은 르크뢰조 (Le Creusot, 프랑스 중동부 탄광 지대의 중심 도시이자 철강 공업도시—옮긴이)의 광부들 틈에 섞여 발각되지 않고 분계선을 넘어 그르노블로 건너갔다. 프랑스가 나치로부터 해방된 뒤 고드쇼는 대위로 군에 복귀했고 툴루즈대학 근대사 교수로 지원하여 임용되었다. 그곳에서 그는 대독 협력자의 자리를 대신했다.

툴루즈의 교수직은 35년 동안 이어졌다. 고드쇼는 특히 1971년부터 1980년까지 역사학과장을 맡으면서 이후 교수가 된 여러 조교들을 훈련시켰다. 고드쇼는 1961년부터 1971년까지 인문대학 학장으로서 1960년대 후반과 1970년대 초 툴루즈대학의 미라이 캠퍼스 건설의 중심인물이었다. 이러한 직책들을 통해 그는 탁월한 조직 능력을 인정받았다(보통 편지를 받으면 그날로 바로 답장을 썼다). 학자이자 행정가로서 고드쇼는 또한 '로베스피에르학회'와 '1848년혁명사학회' 같은 여러 역사학회의 회장으로 선출되었다.

자크 고드쇼의 양대 학술 저작으로 《총재정부 시기 군대 위임관들》

(Les Commissaires aux armées sous le Directoire, 1937)과 《위대한 국민》(La Grande nation, 1956)을 꼽는다. 첫 번째 저작은 1,000페이지가 넘는 것으로 1938년 르페브르를 위원장으로 하는 심사위원단 앞에서 이 논문을 발표하고 '문학박사' 학위를 받았다. 전쟁은 그 무렵 혁명사가들이 선호하는 주제는 아니었다. 마티에즈는 종교에 대해 세속적인 측면에서 관심을 가졌고, 르페브르는 농민을 전공했으며, 고드쇼의 후배인 알베르 소불은 도시 상퀼로트(소상인과 수공업자) 문제에 집중했다. 군대보다는 사회 계급이 새롭게 개척되고 있던 분야였다. 그러나 이후 앙드레 코르비지에와 장폴 베르토 같은 역사가들한테 뚜렷이 나타난 것처럼 군사사에 대한 새로운 '사회적' 시각은 타당한 것으로 보일 수 있었다.

고드쇼는 무엇보다 민-군 관계에 관심을 가졌다. 민간인들은 군수물자를 어떻게 보급했는가, 그리고 군대의 독립성을 어떤 방식으로 견제했는가? 군대는 원정과 전술, 조약에 대해 국가의 다섯 총재가 내리는 명령에 주의를 기울였는가 아니면 거부했는가? 장군들은 1798년 프랑스를 둘러싼 여섯 자매 공화국의 창설과 개혁, 과세, 징발에 관한 명령에 따랐는가? 장군들의 권력은 그들이 전장에서 거둘 것으로 기대되는 성공에 의해 보장되었는데, 총재정부는 어떻게 그 장군들을 지속적으로 통제할 수 있었는가? 이러한 것은 군사력과 국가권력 사이의 상관성을 묻는 전형적인 물음이다. 또한 목적론적인 질문이기도 하다. 그도 그럴 것이 그 문제가 어떻게 귀결되는지, 즉 그 귀결이 이탈리아 공화국들의 보유, 그리고 나폴레옹 보나파르트의 쿠데타 '브뤼메르 18일'이라는 사실을 우리는 잘 알고 있기 때문이다. 이 논문은 수천 건의 사료를 토대로 한 정보의 보물 창고이다. 그 사료들은 상세하고 주의 깊게 주석이 달렸고 연대순으로 군대별로 정리되었다(가로, 살리세티, 라피나 등 위임관들한테서 무기와 물품을 보급 받은 주베르 장군, 모로 장군, 보나파르트 장군의 군대들. 장군들은 전투에서 승리하고자 애썼고, 위임관들은 약탈, 납치, 불복종을 최소화하고자 애썼다). 이 논문은 국가박사 학위에 걸맞은 훌륭한 연구였고 20년쯤 뒤에 나올 《위대한 국민》의 탁월한 기초 자료가 되었다. 문체의 명료함과 논리성, 간결함에서 이 논문은 앞으로 나올 고드쇼의 모든 저작을 예고하고 있다.

사실 고드쇼는 제2차 세계대전이 일어나지 않았더라면, 그리고 브레스트 해군사관학교에 있는 동안 새로운 관심사를 갖게 되지 않았더라면 1940년에 《위대한 국민》을 쓸 수 있었을 것이다. 새로운 관심사란 대서양 세계 문제였다. 고드쇼는 페르낭 브로델의 기념비적 저서 《펠리페 2세 시대의 지중해와 지중해 세계》가 나오기 2년 전에 《대서양의 역사》(Histoire de l'Atlantique, 1947)를 출간했다. 고드쇼의 책은 바이킹이 처음으로 북아메리카를 발견한 때부터 영미 연합군이 노르망디에 상륙할 때까지를 다룬 매우 짧은 정치사이자 사건사 지향의 역사이다. 이 책은 간결하고 함축적이며 흥미진진한 이야기체 서술의 탁월한 사례이다. 그리고 바로 그런 서술은 고드쇼가 역사가로서 남은 기간 내내 따라야 할 방향이 되었다. 반면 브로델은 사건과 개인 대신 계열별 순차 자료와 지리학적 서술에 초점을 맞추었다.

1951년 고드쇼는 필수 참고 문헌인 《대혁명과 제국 시기 프랑스의 제도》(Les Institutions de la France sous la Révolution et l'Empire)라는 제목의 방대한 제도사 책을 완성했다. 1968년에 증보된 이 책은 사법과 교육 같은 주제, 인권선언과 클럽, 입법부, 군대 같은 제도적 기구를 포괄하고 있다. 특히 흥미로운 것은 나폴레옹에 대한 고드쇼의 비판적 평가인데, 나폴레옹의 법전, 그의 치세의 체포, 구금, 간접세, 계속된 전쟁은 "그가 계속 밀고 나간다고 자처했던 혁명으로부터 그를 점점 더 멀어지게 했다." 나폴레옹의 행정 기구는 오래 가기는 했지만 부르주아지가 승리한 '계급투쟁의 산물'이었다. 이 결론에서 고드쇼는 조르주 르페브르나 《프랑스혁명사 연보》에 관여하는 역사가들과 견해가 완전히 일치했다. 나폴레옹에 관한 이후의 책들도 고드쇼 특유의 명료하고 유익한 정보를 담은 연구서들이다.

1954년《북부 프랑스 평론》에 발표된 "대혁명 전야 대서양 문제"에 관한 예비 연구는 동양과의 모든 교역에 대한 마르세유의 '특권적' 독점이나 더 일반적으로는 여러 항구들 사이의 경쟁 같은 해상 관련 주제에 대한 프랑스혁명기 진정서들의 언급을 검토했다. "그러나 진정서의 자유주의는 대서양에 관심이 없었다"고 고드쇼는 썼다. 그 대서양 너머 프린스턴대학에 고드쇼보다 두 살 아래로, 《12명의 통치자》(1941) 같은 여러 주목할 만한 프랑스사 책으로 알려진 로버트 로스웰 파머 교수가 있었다. 파머는 '18~20세기 대서양 문제'에 관한 논문을 준비하고 있었고, 1955년 9월 로마에서 열리기로 되어 있던 제10회 국제역사학대회에서 논문을 발표할 프랑스인 공동 연구자를 찾고 있었다. 고드쇼는 조르주 르페브르를 통해 파머와 연락했고 풀브라이트 여행 장학금과 프린스턴 슈레브 연구 장학금을 받았다. 고드쇼 부부는 툴루즈에서 학교에 다니던 십대 아들 셋을 남겨 두고 딸 에블린을 데리고 르아브르에서 여객선 '미합중국호'에 승선했다. 프린스턴대학에서 고드쇼 부부는 예상치 못한 물건과 관습에 직면해 놀라움에 빠졌다. 부엌용품, 벽돌집, 슈퍼마켓, 냉동고, 마지막으로 놀라운 추수감사절처럼 많은 것들이 프랑스에 여전히 거의 알려지지 않은 것이었다. 고드쇼는 파머의 세미나에 참석했고 《위대한 국민》을 완성했으며 1955년 3월 코넬대학에서 열린 프랑스사연구회에서 연설했다. 두 역사가는 또 제10회 국제역사학대회에서 발표할 논문을 마무리했다. 고드쇼와 파머는 국제역사학대회 이후에도 몇 년에 한 번씩 만났고 1960년에는 파머가 가족과 함께 고드쇼 부인의 시골집 부

스케도르를 방문하기도 했다. 그들이 마지막으로 만난 것은 1968년 고 드쇼가 툴루즈에서 조직한 콜로키움에서였는데, 그때 발표된 논문들은 《서양에서 봉건제의 폐지》(1971)라는 제목으로 출간되었다.

고드쇼는 대서양 경제사를 포괄하는 논문의 앞부분을, 파머는 대서양 정치사, 특히 미국혁명, 대서양 양안에서 법인체들(사법기구, 자문기구, 선출 기구)과 군주의 충돌을 다룬 뒷부분을 쓴 것으로 보인다. 발표문에서 완 전한 '대서양 테제'를 밝히기보다는 먼저 테제의 경제적·정치적 전제조 건을 제시했다. 발표문에서 인상적인 부분은 여행객들이 상이한 시기에 대서양을 횡단하는 데 얼마나 오래 걸렸는지를 비교하고 근대 증기 엔진 과 전신이 어떻게 대서양 항구들을 연결시켰으며 그에 따라 '대서양 문 명'을 창조했는지를 고찰한 점이다. 또 대서양이 동유럽에 결여되어 있던 중간계급을 창출하는 데 도움이 되었다는 저자들의 주장도 중요하다. 로 마 대회에서 발표한 글은 단순히 경제사 논문에 그치는 것이 아니었다. 왜냐하면 경제사가 혁명의 형태로 정치사를 만들어 냈다고 암시하기 때 문이다.

막 제시된 대서양 테제에 대한 반응은 적대적이었다. '아날학파'에게, 그리고 알베르 소불처럼 《프랑스혁명사 연보》와 관련된 역사가들에게 그 러한 주장은 대서양 동맹, 심지어 NATO나 CIA를 위한 역사적 변명처럼 보였다. 고드쇼는 나중에 《혁명의 배심원》에서 이러한 혐의의 부당함을 강조할 터였다. 그는 개인적으로 NATO 조약에 반대했기에 미국 여행을 위한 비자를 받는 데 어려움을 겪었다. 그럼에도 고드쇼와 파머는 대서 양 양안의 역사가들에게 그들의 혁명이 전적으로 고유한 것은 아니며 더 넓은 운동에 속해 있었다는 점을 설득하려 했을 때 힘겨운 전투에 맞닥 뜨려야 했다. 50년이 흐른 뒤 캐나다 맥길대학의 한 프랑스인 대서양 역 사가는 자크 고드쇼가 "대서양 연구의 선구자 가운데 한 사람"이라고 평가했다.

이듬해 1956년 고드쇼의 《위대한 국민》이 출간되었다. 이야기체 서술이 아니라 주제별로 조직된 이 책은 대혁명기 프랑스의 팽창 단계와 수단을 검토하고 있다. 분명히 고드쇼와 파머 사이에는 차이점이 있었는데, 파머의 두 권짜리 책 《민주주의 혁명의 시대》(1959, 1964)는 고드쇼의 《위대한 국민》과 몇 가지 동일한 영역을 다루고 있다. 파머는 오스트리아, 폴란드, 심지어 러시아를 포함해 프랑스 밖의 혁명운동과 혁명의 토착적 성격을 강조하는 반면, 고드쇼는 프랑스의 군사적 개입 없이는 프랑스 바깥 유럽의 어떤 혁명도 성공하지 못했다는 점을 강조한다. 사실 책의 제목 '위대한 국민'도 고드쇼의 이러한 논리에서 나온 것인데, 조르주 르페브르는 1957년 《프랑스혁명사 연보》에서 《위대한 국민》이 군사적 측면을 강조한 점을 꼬집었다. 18세기 혁명사가 단지 '자유'의 역사만이 아니라 자유와 '징발'의 역사라는 것을 인정했다는 점에서 고드쇼는 아마 파머보다 좀 덜 이상주의적이었을 것이다. 왜냐하면 프랑스혁명군은 일상적으로 농가를 약탈하고 시 정부의 금고를 탈취하고 박물관을 뒤졌기 때문이다. 그럼에도 불구하고 두 사람은 1796년부터 1798년까지 이웃 국가들에 대한 혁명 프랑스의 침입이 부정적인 결과보다는 좋은 결과를 더 많이 가져왔다고 본다. 밀라노, 볼로냐, 제노바, 심지어 로마에 이르기까지 모든 도시에서 1789년 이래 프랑스의 정치적 변화를 열렬히 주시하고 있던 애국파(giacobini)는 프랑스군을 '해방자'로 반겼고 양원제 의회, 권리선언, 정치보도 신문, 공화파 학교를 설립하고, 교회 재산을 몰수하고, 유대인을 해방시키는 등 프랑스를 모방했다. 고드쇼는 1789년의 사람들이 징발과 약탈에도 불구하고 유럽의 혁명 세대가 그들에게 부여한 해방의 '사명'을 완수해야 했다고 믿는다.

《위대한 국민》은 또 프랑스혁명과 미국혁명은 더 넓은 대서양 혁명과 많은 공통점이 있고 그 혁명의 일부라는 고드쇼와 파머의 주장을 더 발전시킨다. 비어트리스 히슬럽은 1957년《미국역사학보》에 실은 서평에서 이 책을 "서양 혁명으로서 프랑스혁명의 역사에 대한 귀중한 공헌"이라고 평가했다. 그러나《프랑스혁명사 연보》에 참여하는 역사가들은 대 서양 혁명에 관한 주장에 놀라움을 표했다. 파머는 1990년《프랑스사 연구》에서 과거를 회상하면서 그 이유를 이렇게 설명했다. "마르크스주의뿐 아니라 프랑스의 국민적 자아상이 공격받았다. 사람들은 우리가 프랑스혁명을 모호하고 일반적인 국제적 소요로 희석시킴으로써 그 중요성과 독특성을 격하시킨다고 생각했다." 고드쇼는 반대에도 불구하고 '서양 혁명'의 개념을 포기하지 않았다. 1963년에 그는 '파머-고드쇼 테제'를 설명하는《혁명들, 1770~1799》(Les Révolutions 1790-1799)이라는 제목의 대학 교재를 출간했다. 이 책은 4판까지 인쇄되었고, 영어, 에스파냐어, 이탈리아어로 번역되었다.

'서양 혁명'의 주요 '자매 공화국'은 이탈리아의 공화국들이었다. 고드쇼는 1871년까지의 이탈리아 역사를 추적하는 데 연구 활동의 많은 부분을 할애했다.《이탈리아 근대사 1770~1870: 리소르지멘토》(Histoire de l'Italie moderne 1770-1870: le Rosorgimento, 1971)에서 그는 리소르지멘토, 즉 이탈리아 통일 운동을 프랑스혁명까지 거슬러 추적한 역사가들(주로 마르크스주의 역사가들) 편에 섰다. 총재정부나 나폴레옹 모두 프랑스 국경에 통일된 공화국이나 다른 어떤 종류의 통일국가가 출현하는 것도 원하지 않았지만 많은 이탈리아 민족주의자들은 그것을 원했다. 나폴레옹이 1796년에 세운 치살피나공화국은 사람들이 보기에 그러한 통일을 향한 첫걸음이었다. 나폴레옹은 그런 민족주의자들에 동조했고, 심지어 치살피나공화국을 오스트리아와 협상하여 라인 강 좌안을 얻는 데 사용할 협상 카드로 쓰라는 총재정부의 명령을 어기기까지 했다. 나폴레옹은 치살피나공화국을 존속시키면서 대신 '베네치아'를 협상 카드로 사용했다. 나폴레옹은 이집트 원정 동안 제2차 대프랑스동맹에 이탈리아를 거의 다 잃어버린 후 통령정부 시기에 지배권을 다시 확보하여 통일 이탈리아왕국을 창설했다. 고드쇼의 이탈리아사는 빈회의를 거쳐 엄밀한 의미의 리소르지멘토까지 기술하고, 마치니와 가리발디, 그리고 수많은 '청년이탈리아' 지지자들의 공화제 운동이 1790년대와 매우 중요한 관련성을 지니고 있음을 보여 준다. 프랑스 자코뱅과 마찬가지로 대부분의 이탈리아 민주주의자들은 반교권적이고 세속적이었으며 1848년 이후 교회와 결정적인 결별로 나아갔다. 따라서 이탈리아 민족주의자들은 이탈리아 통일에 대한 두 가지 중요한 장애물에 직면했는데, 그것은 롬바르디아와 베네치아에 대한 오스트리아의 지배권, 그리고 중부 이탈리아의 교회였다. 이 두 장애물이 제기하는 문제의 해결책은 경제적이거나 사회적이라기보다는 주로 정치적이고 종교적인 것이었다. 교황은 통일 전 세 차례나 로마에서 쫓겨났고 1929년에야 결국 이탈리아 군주정을 받아들였다. 고드쇼의 《이탈리아 근대사》는 자신의 여러 종합적 저서들의 특징을 보여 준다. 이 책은 거의 오로지 인쇄된 2차 사료에만 의지하여 잘 알려진 주제들을 전면에 내세우고, 사건들을 매우 명료하게 서술하고, 오랜 이야기를 사실에 근거하여 새롭게 설명한다. 덧붙여 고드쇼가 이탈리아사에 관한 학술 논문 여러 편을 프랑스와 이탈리아 학술지 모두에 발표했다는 사실 역시 주목해야 한다.

프랑스 역사가들은 방대한 규모의 논문, 즉 국가박사 학위논문을 제출하고 경력의 나머지 기간 동안 일반 독자를 위해 그 논문의 내용을 대중적으로 보급하는 경향이 있다. 고드쇼의 책 가운데 일부는 분명히 이런 패턴에 들어맞는다. 그러나 그는 또한 새로운 연구 영역으로 기꺼이 들어섰다. 《반혁명: 이념과 행동, 1789~1804》(La Contrerévolution: doctrine et action 1789-1804, 1962)는 동료들한테서 크게 환영받았다. 그들이 별로 탐구하지 않았던 영역으로 진출한 고드쇼는 프랑스혁명에 대한 저항을 다룬 이 책을 두 부분, 즉 사상을 검토하는 첫 부분과 행동을 검토하는 두 번째 부분으로 나누었다. 그는 반혁명 활동의 영향은 즉각적이었지만 반혁명 이념의 영향은 혁명 이후에야 감지된다고 보았다. 반혁명 활동은 프랑스혁명에 대항하는 방데 지방의 봉기, 다양한 군사적 음모, 그리고 당트레그 백작과 관련된 스파이 조직처럼 영국과 연계된 스파이 조직들을 포함했다. 고드쇼는 1986년에 자신의 마지막 책 가운데 하나를 당트레그 백작에 할애했다. 고드쇼는 균형감각을 통해, 그리고 정치적으로 어디에도 속하지 않는다는 점에서 매우 민감한 주제에 관한 이 책을 쓰는 데 적합한 인물이었다. 반면 프랑스혁명의 전통에 동질감을 느끼는 많은 프랑스 역사가들은 이 주제를 탐구하기를 꺼렸다. 방데에 대한 고드쇼의 설명은 농민보다는 사제와 귀족이 반란을 선동했다는 것으로, 그것은 방데가 혁명, 특히 혁명의 종교 정책과 징집에 저항하는, 광범위하게 공유된 민의의 표출(주민투표, referendum)이었다는 주장을 거부한다는 것(공화파 역사가들의 일반적인 입장인)을 의미한다.

어떤 이들은 《바스티유 함락, 1789년 7월 14일》(La Prise de la Bastille, 14 julllet 1789, 1965)이 고드쇼가 쓴 책 가운데 으뜸이라고 본다. 이 책은 원사료에 근거하여 바스티유 함락을 꼼꼼하게 재구성하고 역사 기록에 자취를 남긴 모든 참여자들의 신원을 확인하고 있다. 고드쇼는 바스티유를 함락시킨 군중을 조르주 루데가 묘사했던 것처럼 파리 수공업 고용인들이나 이폴리트 텐이 주장했던 것처럼 무책임한 실업자 부랑자들로 이루어진 이들이 아니라 '국민적'인 사람들, 즉 적어도 절반은 프랑스 전역에서 최근에 올라온 지방 이주자들이었다고 기술했다(이런 인구 구성은 18세기 파리의 특징이었다). 게다가 파리의 반란은 1789년 농민봉기를 통해 등장했고 '대공포'가 프랑스 전역에 확산되고 있었으므로 7월 14일 이후 성채에 대한 공격을 자극했다. 고드쇼는 바스티유 공격이 오를레앙 공작이 꾸민 프리메이슨의 음모였다거나 혁명을 진압하려는 특권층의 궁정 음모에 대한 대응이었다는 주장을 단호히 거부하고 이 상징적 사건을 프랑스 국민의 작품으로 돌려놓았다.

고드쇼의 《1848년 혁명들》(Les Révolutions de 1848, 1971)은 서양 혁명의 첫 단계에 관한 자신의 저작을 논리적으로 연장한 것이다. 다시 그는, 그 혁명이 중부 유럽 전역에서 일어났다는 것은 인정하지만 여전히 외국의 혁명들은 파리에 의해 점화되었다는 점을 강조하는 수많은 프랑스 역사가들의 근시안적 지평을 확장한다. "그렇지 않다"고 고드쇼는 썼다. 그는 파리의 2월 혁명이 빈, 베를린, 프랑크푸르트, 프라하, 부다페스트에 중요한 영향을 미쳤지만 1848년 혁명은 이탈리아와 스위스에서 시작되었다고 강조한다. 혁명정부들이 채택한 개혁들 가운데 많은 수가 그 정부들 자체만큼이나 일시적인 것이었지만 고드쇼는 그 개혁의 장기적인 결과를 확인한다. 예를 들어 동유럽에서 농노제가 폐지되었다. 프랑스 제국에서도 노예제가 폐지되었다. 프랑스에서 보통선거가 확립되었다. 그리고 이런 변화들은 모두 결국 다른 곳에서 본보기가 될 터였다. 두 대국 러시아와 미국에서 동시에 일어난 농노제 폐지와 노예제 폐지는 1848년 혁명에 대한 후기(後記)였다. 이 모든 개혁의 누적 효과에 따라 고드쇼는 다음과 같이 결론지었다. "1848년 혁명은 사실상 1770년 아메리카에서 시작되었던 서양 혁명의 속편이자 완성이다. 그것은 혁명의 주기를 마무리했다."

혁명은, 그것이 전복한 체제에 대한 심판이다. 역사가들은 혁명의 판사이고 배심원인 셈이다. 1974년에 출간된 《혁명의 배심원》(Un jury pour la Révolution)에서 고드쇼는 역사가로서의 삶과 경력이 세 세대에 걸쳐 있는 14명의 '배심원'에 대해 판결을 내린다. 거기에는 하인리히 폰 지벨, 쥘 미슐레, 이폴리트 텐, 알퐁스 올라르, 장 조레스, 알베르 마티에즈, 조르주 르페브르가 포함된다. 고드쇼는 혁명사 서술의 발전을 돌아보면서 초당파성을 강조하는 역사가에 대한 공언이라 할 결론에 도달했다. 그것은 과학적이거나 전적으로 객관적인 역사란 없다는 것이다. 모든 역사는 역사가의 시대, 환경, 그리고 개인적 배경의 산물이다. "모든 역사는 현대사이다"라는 금언을 피할 수 없고 계열사나 계량사를 통해 역사적 객관성을 획득하려는 시도는 결국 역사의 중요한 부분인 인간과 사건을 빠뜨리게 된다. 하지만 진보는 이루어졌다. 이제 대부분의 역사가는 역사를 기술하면서 회고록 이외의 자료를 참고한다. 문서고가 개방되었고 그 내용은 점점 더 엄격하고 과학적인 검토의 대상이 되었다. "그러나 우리는 언제나 첫 번째 읽는 책의 포로"라고 고드쇼는 주장한다. 왜냐하면 그 첫 책이 이후에 읽는 모든 것을 채색하기 때문이다.

고드쇼는 프랑수아 퓌레가 마르크스주의적 '혁명의 교리문답'이라 부른 것, 즉《프랑스혁명사 연보》의 지배적인 해석적 정설에 대한 퓌레의 비판을 의심쩍은 눈으로 바라보았다. 고드쇼는 퓌레가 '국가박사 학위'를 얻지 못했으며 따라서 훈련받은 혁명사가가 아니라고 반박했다. 1973년에 사실상 자신의 세대 이후로는 전문적인 혁명 전공자 세대가 존재하지 않는다고 고드쇼는 내게 말했다. 어떤 의미에서는 고드쇼가 옳았다. 퓌레의 저작들은 문서와 기록보관소를 지나쳐 메타 역사로 들어갔다. 메타 역사는 이제 '혁명에 대해 생각하기'(Penser la Révolution, 퓌레의 책 제목—옮긴이), 즉 새로운 방식으로 혁명을 '인식하는 것'의 문제였다. 그러한 접근 방식은 분명히 프랑스혁명이 역사에서 차지하는 중심적 지위를 부인하지는 않았지만, 만일 역사가들이 혁명에 대한 혁명 자신의 평결에 굴하지 않으려면 새로운 개념적 사고방식을 채택해야 한다고 공언했다. 고드쇼는 말년에도 변함없이 프랑스혁명에 관해 연구하고 글을 썼다. 마지막 책은《프랑스 남부 툴루즈 지역의 프랑스혁명》(La Révolution française dans le Midi toulousain, 1986)과《프랑스혁명: 연대기와 해설, 1787~1799》(La Révolution française: chronologie commentée 1789-1799, 1988)였다. 그러나 프랑스혁명 200주년에 이르러 고드쇼는 이전 세대 역사가들에 대한 퓌레의 비판이 대세라는 점을 이해했다. 내가 1989년 7월 1일 툴루즈 앙토냉 메르시에 가에 있는 집에서 고드쇼를 만났을 때 그는 백혈병이 악화되어 고통받고 있었다. 하지만 어느 때보다 더 정신이 맑았다. 그는 나를 보며 말했다 "프랑수아 퓌레가 생존하는 가장 위대한 혁명사가라고들 하는군요." 200주년 당시 퓌레의 명성은 그가 냉정하게 인정했던 또 다른 사실이었다.

고드쇼는 믿을 수 있고, 명쾌하고, 간결하고, 통찰력 있는 18세기와 19세기 초반 정치사가로 기억될 것이다. 또 프랑스사의 지평을 확장하고 프랑스 예외주의에 문제를 제기함으로써 프랑스사가의 전문 분야를 국제적으로 확산시킨 몇 안 되는 프랑스 역사가 가운데 한 사람으로 평가될 것이다. 고드쇼의 대서양의 역사들(여러 역사가 있으므로)은 프랑스혁명을 하나의 패턴의 부분으로 보았고, 학생들에게 근시안적이고 협소한 시각을 갖지 말고 상상력을 키우고, 독서량을 늘리고, 해외여행을 많이 하라고 충고했다. 그는 남아메리카(서양사에서 여전히 정당한 자리를 얻지 못한 대륙)를 '서양 혁명' 안에 포함시키기를 원했으므로 NATO까지는 아니라 해도 유럽연합 그리고 그 이상의 이상적인 역사가가 될 수 있었다. 그는 사상을 중요하게 생각하지 않았고 실제로 프랑스 안팎의 혁명적 탈기독교화의 중요성을 이해하지 못했지만 그 주제를 다룰 때면 언제나 공정함과 정확성을 잃지 않았다.

고드쇼는 툴루즈에서 행정에 유능한 인문대학 학장으로, 1968년 툴루즈대학 미라이 캠퍼스 건설을 책임진 주요 행정가로서, 그리고 1968년 대학 내에서 학생들이 미국 국기를 불태우는 것을 막은 미국의 벗으로 기억될 것이다. 미국인들과 영국인들은 1944년 프랑스의 해방을 도왔고, 고드쇼는 여러 가지 방법으로 그 빚을 갚았다. 그는 수많은 미국인 박사 과정 학생들에게 강사직을 맡겨 학위논문을 완성할 수 있도록 해주었다. 프랑스와 전 세계에서 그는 또한 프랑스혁명과 서양 혁명에 관한 풍성한 저작을 남긴 역사가이자 애국적 역사가로 기억될 수 있을 것이다.

양희영 옮김

참고 자료

책

La Propagande royaliste aux armées sous le Directoire (Paris: Melottée, 1933).

Les Commissaires aux armées sous le Directoire: contribution à l'étude des rapports entre les pouvoirs civils et militaires (Paris: Fustier, 1937).

Histoire de l'Atlantique, 2 vols. (Paris: Bordas, 1947).

Les Institutions de la France sous la Révolution et l'Empire (Paris: Presses Universitaires de France, 1951; rev. edn., 1968).

Histoire de Malte (Paris: Presses Universitaires de France, 1952; rev. edn., 1970).

La Grande nation: l'expansion révolutionnaire de la France dans le monde de 1789 à 1799 (Paris: Aubier, 1956; rev. edn., 1983).

Babeuf [et] Buonarroti: pour le deuxième centenaire de leur naissance, by Jacques Godechot et al. (Nancy: Thomas, 1961).

La Contre-révolution: doctrine et action, 1789-1804 (Paris: Presses Universitaires de France, 1961); 《반혁명》(양희영 옮김, 아카넷, 2012).

Les Révolutions, 1770-1799 (Paris: Presses Universitaires de France, 1963; rev. and enlarged edn., 1965; rev. again, 1970; rev. again, 1986).

Démographie et subsistances en Languedoc (du XVIII au début du XIX siècle), by Jacques Godechot and Suzanne Moncassin (Paris: Bibliothèque nationale, 1965).

La Prise de la Bastille, 14 juillet 1789 (Paris: Gallimard, 1965).

L'Europe et l'Amérique à l'époque napoléonienne, 1800-1815 (Paris: Presses Universitaires de France 1967).

L'Epoca delle rivoluzioni (Turin: Unione tipografi co-editrice torinese, 1969).

Histoire générale de la presse française, by Jacques Godechot et al., 5 vols. (Paris: Presses Universitaires de France, 1969-76).

Napoléon (Paris: A. Michel, 1969).

Histoire de l'Italie moderne, 1770-1870: le risorgimento (Paris: Hachette, 1971).

Les Révolutions de 1848 (Paris: A. Michel, 1971).

Histoire de Toulouse, by Jacques Godechot et al. (Toulouse: Privat, 1974).

Un jury pour la Révolution (Paris: R. Laffont, 1974).

La Vie quotidienne sous le Directoire (Paris: Hachette, 1977).

Regards sur l'époque révolutionnaire (Toulouse: Privat, 1980).

Le Comte d'Antraigues (Paris: Fayard, 1986).

La Révolution française dans le Midi toulousain (Toulouse: Privat, 1986).

La Révolution française: chronologie commentée, 1787-1799 (Paris: Librairie Académique Perrin, 1988).

Fragments des mémoires de C. A. Alexandre sur sa mission aux armées du Nord et de Sambre-et-Meuse (Paris: Fustier, 1937).

La Révolution de 1848 à Toulouse et dans la Haute Garonne (Toulouse: Préfecture de la Haute Garonne, 1949).

La Pensée révolutionnaire en France et en Europe, 1780-1799 (Paris: A. Colin, 1969).

Les Constitutions de la France depuis 1789 (Paris: Garnier-Flammarion, 1970).

L'Abolition de la féodalité dans le monde occidental: Toulouse, 12-16 novembre 1968, 2 vols. (Paris: Editions du Centre national de la recherche scientifi que, 1971).

Madame de Staël, Considérations sur la Révolution française (Paris: Tallandier, 1983).

참고문헌

Bétourné, Olivier, "Le dernier entretien du doyen Godechot," *Bulletin de la Commission d'histoire de la Révolution française* (1992-3): 77-98.

Bonnassie, Pierre, Estèbe, Jean, Fournier, Georges, et al., "Nécrologie: Jacques

Godechot (1907-1989)," *Annales du Midi*, 101 (1989): 489-95.

Forster, Robert, Palmer, R. R., Friguglietti, James, et al., "American historians remember Jacques Godechot," *French Historical Studies*, 16 (1990): 879-92.

Godechot, Thierry, Godechot, Eveline, and Godechot, Didier, Unpublished family memoirs (Paris, Versailles).

Risoluti, Livia, "Jacques Godechot, un profi lo bio-bibliographico," unpublished dissertation, University of Rome La Sapienza," 2001.

Roux, Jean Pierre, "Un grand historien de la Révolution," *Le Monde*, September 7, 1989.

Vovelle, Michel, Petitfrère, Claude, Fournier, Georges, et al., "In memoriam: Jacques Godechot," *Annales historiques de la Révolution française*, 61 (275) (1989); 62 (279) (1990).

17

롤랑 무니에

1907~1993

Roland Mousnier

롤랑 무니에

샤론 케터링

롤랑 무니에는 가장 독창적이고 글을 많이 쓴, 영향력 있는 20세기 말 프랑스 역사가 가운데 한 사람이다. 파리에서 태어난 그는 장송드사이고 등학교를 졸업하고 고등연구원에서 수학했으며, 1931년 소르본대학에서 프랑스 근대사 박사과정을 마쳤다. 1932년부터 1937년까지 프랑스 북부 루앙의 코르네이고등학교에서 교사로 근무하며 1934년 잔 라카쉐르와 결혼했고, 제도사와 정치사를 전공한 저명한 역사가 조르주 파제의 지도 아래 박사 학위논문을 준비하기 시작했다. 1939년 파제가 죽은 뒤에 논문을 완성한 무니에는 1945년에 심사를 통과했고 논문은 책으로 출판되었다. 1937년부터 1940년까지는 모교인 파리의 장송드사이고 등학교에서, 1940년부터 1947년까지는 루이르그랑고등학교에서 가르쳤다. 정치적으로 보수적이고 독실한 로마가톨릭 신자인 그는 신념에 따라 제2차 세계대전 중에 레지스탕스에 가담했다. 그는 루앙에서 게슈타포에게 체포되었지만 독일로 강제 이송되는 것은 가까스로 피했다. 전후에 그는 1947년 스트라스부르대학 문학부 교수가 되어 1955년까지 재직했고, 1955년부터 1977년까지 소르본대학 문학부 교수로 근무했다. 아카데미프랑세즈 회원이었고 은퇴 뒤에도 왕성한 연구와 저술 활동을 통해 1993년 2월 사망하기 몇 달 전에 마지막 저서를 출판했다.

무니에의 선구적인 박사 학위논문《앙리 4세와 루이 13세 치세의 관직 매매제》(La Vénalité des offices sous Henri IV et Louis XIII, 1945)의 웅대함과 독창성은 그를 17세기 프랑스의 제도와 정치에 관한 최고 역사가 반열에 올려놓았다. 그의 저서는 파리와 지방 문서고에서 진행한 광범위한 사료 조사에 바탕을 두었고, 풍부한 증거 때문에 결론은 널리 받아들여졌다. 무니에는 매관직을 보유한 귀족들, 매관직을 보유한 행정·법복귀족과 더 오랜 전통을 지닌 군사·대검귀족 사이의 긴장과 쟁투, 새로이 대두하고 있던 국왕 관료제, 그리고 17세기 초 프랑스 전역에서 일어난 민중 폭동에서 귀족들이 수행한 역할에 초점을 맞추었다. 무니에는 그 시절에만 해도 크게 관심을 받지 못한 정치, 엘리트, 제도를 연구했다.

아날학파 역사가들은 20세기 후반에 절정의 인기를 누렸다. 아날학파는 전통적인 역사가들의 이야기식 역사서술 방법과 정치, 위인, 전쟁을 중심으로 하는 이른바 '위로부터의 역사 쓰기'를 비판했다. 아날학파는 장기적인 사회경제적 인과관계, 사회구조, 농촌의 농민과 도시 임금노동자, 여성, 아동, 노인, 심지어 거지, 매춘부, 전과자에 이르기까지 빈사 상태의 주변적 사회집단을 포함한 광범위한 계층의 생활 경험에 관심을 가졌다. 아날학파는 자신들이 '아래로부터의 역사 쓰기'를 한다고 말하면서, 무니에와 그의 저작들을 전통적인 것이라고 무시했다. 1964년에 출간된《앙리 4세의 암살, 1610년 5월 14일》(L'Assassinat d'Henri IV, 14 Mai 1610)이 바로 그런 예이다. 이 책은 정치적·사회적 긴장과 종교, 경제, 재정, 외교 문제를 살펴봄으로써 국왕 시해자를 만들어 낸 그 사회의 성격을 검토했다. 아날학파의 역사가들이 고려할 가치도 없다고 묵살했을지라도, 읽기 쉽게 이야기 형식으로 서술된 이 책은 무니에가 쓴 것 가운데 가장 인기 있는 책이 되었다.

사실, 무니에의 저작은 아날학파가 주장하는 것처럼 그렇게 전통적이지 않았다. 무니에는 아날학파 역사가들이 하지 않은 것, 즉 정치, 엘리트, 교회와 새로운 관료제 같은 행정 제도들, 재정·외교·군대의 역사, 그리고 암살, 폭동, 전쟁 같은 단기적 사건들을 연구함으로써 대안적인 역사 방법을 제시했지만, 아날학파 역사가들과 동일한 관심을 많이 공유하고 있었다. 그럼에도 무니에의 연구는 아날학파의 연구처럼 광범위한 사료 조사와 장·단기의 문제들에 대한 분석적 고찰을 토대로 했다. 무니에도 비교사, 컴퓨터 분석, 사회학, 인류학, 계보학, 지리학 같은 분과학문에서 빌려온 학제적 사고와 방법에 관심을 두고 있었다. 그는 미국에서 사회학과 인류학을 공부하면서 1년을 보냈다. 무니에는 사회사가일 뿐 아니라 제도사가이자 정치사가였고, 근대 프랑스 사회의 구조적 특성과 사회적 인과관계에 아주 관심이 많았다. 그는 박사 학위논문에서 근대 프랑스 사회가 신분에 따른 수직적 사회계층화를 특징으로 하는, 이른바 '신분 사회'였다는 견해를 제시했다. 무니에는 나중에 《1450년부터 현대까지의 사회적 위계질서》(Les Hiérarchies sociales de 1450 à nos jours, 1969) 같은 책에서 이 개념을 발전시켰다. 이 책에서 그는 시대를 넘나들며 프랑스, 러시아, 중국, 티베트, 나치 독일에 이르기까지 다양한 사회를 고찰하면서 베르나르 바버의 기능적 사회계층화 이론을 활용했다. 그러나 무니에는 자신이 연구한 사회들과 이용한 사회 이론들을 지나치게 단순화했다는 비판을 많이 받았다.

무니에는 동료들이 채택하고 널리 이용하던 교수법인 역사 관련 세미나와 학술회의의 교육적 중요성을 확신한 훌륭한 선생이었다. 장차 가장 뛰어난 프랑스 근대사가가 될 사람들이 무니에의 제자였다. 미셸 앙투안, 엘리 바르나비, 이브마리 베르세, 피에르 블레, 장마리 콩스탕, 앙드레 코르비지에, 이브 뒤랑, 마들린 푸아실, 장클로드 뒤베, 모리스 그레세, 피에르 그리옹, 장 갈레, 아를레트 주아나, 장피에르 라바튀, 조르주 리베, 르네 필로제, 미리암 야드니 같은 이들이다. 제자들은 관심이 너무 다양해서 하나의 학파로 불리기는 어려웠지만, 무니에는 강의와 저술을 통해서 한 세대에 걸친 프랑스 역사가들에게 영향을 주었다. 그는 역사상의 문제들에 대한 공동 연구를 촉진하기 위해서 1958년에 근대유럽문명사연구소를, 1970년에는 근대서양문명연구원을 설립해서 역사 문제에 대한 집단 연구로 나아갔다. 또 자신이 후원한 수많은 세미나와 학술회의 자료집을 출판했다.

　1958년 무니에는 17세기 프랑스의 민중 폭동을 설명할 때 계급과 계급투쟁 개념을 사용하는 소비에트의 마르크스주의 역사가 보리스 포르슈네프를 비판하기 시작했다. 마르크스주의적 역사 해석을 환원주의라고 거부하면서 무니에는 마르크스주의 분석의 교조적이고 이데올로기적인 도식화와 자신의 사료 조사 및 결론을 대비시켰다. 공격은 〈프롱드 난 이전 프랑스에서 일어난 민중봉기에 관한 연구〉(1958)라는 논문과 함께 시작되었는데, 이 논문은 1970년 출간된 논문집 《펜, 낫, 망치》(La Plume, la faucille et le marteau)에 다시 수록되었다. 그는 1960~1970년대를 풍미하게 될, 근대 초 프랑스 사회의 구조적 특징들에 관한 논쟁을 촉발했다. 그 논쟁 덕분에 무니에의 연구가 영국과 미국의 역사가들에게 알려졌고, 이를 계기로 저서 여러 권이 영어로 번역되었다. 무니에 편을 든 부분도 있고 의견을 달리하는 측면도 있었지만, 윌리엄 벡, 리처드 보니, 제임스 콜린스, 로버트 하딩, 마이클 헤이든, 샤론 케터링, 러셀 메이저, 로이드

무트, 데이비드 파커, 오레스트 래넘 같은 수많은 영미권 학자들이 그의 저작에 영향을 받았다. 이렇게 무니에의 영향은 프랑스 국경 너머 훨씬 멀리까지 미쳤다.

무니에는 포르슈네프를 비판하면서, 당대인들이 그렇게 믿었기 때문에 대부분의 역사가들도 근대 초 프랑스 사회가 세 '신분'(estate)으로 나뉘어 있었다고 생각한다고 지적했다. 세 신분 안에 어떤 하위 분류가 존재했는가라는 질문이 사람들을 난처하게 한다. 무니에는 세 신분이 다시 각각의 사회·정치적 기능에 결부된 존경, 명예, 위엄에 따라 수직적으로 서열화된 '직분'(orders)이라는 집단들의 위계로 나뉘어 있었다고 생각했다. 개인은 출생하자마자 또는 자신이 획득한 관직이나 작위, 영지, 국왕의 은사, 학위에 따라, 그리고 자신이 수행하는 직업에 따라 한 직분의 구성원이 되었다. 오직 재산이나 재화의 생산에서 개인이 수행하는 역할에 따라 '지위'(rank)가 결정되는 것은 아니었다.

마르크스주의자로서 포르슈네프는 근대 초기 사회를 다르게 보았다. 그는 개인들이 봉건적 특권계급, 부르주아지, 프롤레타리아의 구성원으로서 재산과 경제 활동에 따라 분류되었다고 믿었다. 17세기 초에 일어난 민중 폭동은 전통적 지배계급인 성직자와 귀족, 군주정에 의해 지배되는 봉건국가의 권력에 맞서 농민과 도시 노동자들, 즉 대중이 표출한 반봉건적인 조세 저항이다. 부르주아지는 귀족 작위가 수여되는 관직과 영지를 매입함으로써 체제에 투자했고, 이런 식으로 지배 엘리트와 한패가 되어 봉건적 절대주의 국가를 수호하는 데 가담함으로써 혁명을 주도해야 할 자신의 역사적 임무를 배반했다. 프랑스는 구체제를 파괴할 부르주아 주도의 혁명을 보기 위해 18세기 말까지 기다려야만 했다.

무니에는 17세기 초 민중 폭동이 농민과 도시 빈민들의 항세 폭동이었다는 데 동의했지만, 이런 폭동이 군주정의 공세로 권력을 빼앗긴 반항적 귀족들에 의해 주도되었다고 생각했다. 부르봉 왕조는 새로이 등장하는 관료제를 이용해서 이 통제하기 어려운 귀족들을 위협하고 억압했다. 귀족 작위가 수여되는 관직 매매 덕분에 군주정은 새로운 행정 엘리트인 법복귀족을 창출할 수 있었고, 그들을 이용해서 전통적 봉건 지배층인 대검귀족의 권력에 도전했다. 무니에는 사회가 계급투쟁에 뛰어든 수평적이며 물적 토대를 갖는 광범위한 계급들로 이루어져 있다는 마르크스주의 견해를 거부하고, 사회가 수직적으로 통합되고 개인적인 유대로 연결되고 문화적으로 결정된 직분들로 이루어졌다고 설명했다. 두 해석 모두 비판을 받았다. 역사적 현실은 마르크스주의 모델이나 무니에의 모델보다 한층 더 무질서하고 복잡한데, 두 모델은 모두 너무 도식적이고 단순하고 이론적이라고 비평가들은 불평했다. 무니에는 경제적 토대를 가벼이 여김으로써 근대 초기 사회를 이상화했고, 당대의 기록들을 곧이곧대로 받아들였다고 비판받았다. 또 포르슈네프는 마르크스주의 이데올로기에 너무 집착했다고 비판받았다. 무니에는《농민의 분노: 17세기(프랑스, 러시아, 중국) 폭동과 농민》(Fureurs paysannes: les paysans dans les révoltes du XVIIe siècle [France, Russia, China], 1968)에서 자신의 모델을 시공간을 가로질러 다른 사회들에도 적용하려고 시도했으나 성공하지 못했다. 하지만 그의 모델은 근대 초 프랑스에는 잘 들어맞았다. 무니에는 이 책의 오류와 지나친 단순화 때문에, 그리고 사회학 이론을 잘못 이해하고 잘못 적용했기 때문에 많은 비판을 받았다.

마르크스주의 모델이 시공간을 가로질러 훨씬 더 성공적으로 적용될 수 있었지만, 초기 근대국가의 발전 같은 17세기 프랑스의 독특한 성격을 설명하지는 못했다. 대두하는 국왕 관료제는 사회변혁을 위한 중요한 동력이었고, '무니에-포르슈네프 논쟁' 이후 계급 분석을 활용하는 역사가들은 이런 이유에서 국가를 분석에 포함시켰다. 두 모델 모두 근대 초기 사회의 한 부분만을 묘사했기에 비판을 받았다. 무니에는 사회적 정체성을 결정하는 데 있어서 재산과 경제활동의 역할을 무시했고, 포르슈네프는 존경이나 명예, 위엄 같은 문화적 요소를 무시했기 때문이다. 어느 정도 중복되는 두 사람의 유형학은 동일한 집단의 사람들을 바라보는 상호 배타적인 방식이라기보다는 오히려 상호 보완적인 방식이었다. 근대 초 프랑스는 신분 사회이자 계급사회였고, 프랑스인들은 재산과 경제활동의 성격, 문화적으로 결정된 범주나 계층 둘 다에 의해서 등급이 매겨졌다. 이 두 유형학에서 사회적 위계질서는 대체로 같은 것으로, 꼭대기에 부유한 지역 엘리트가 있고 밑바닥에 무산 빈민 대중이 자리 잡고 있었다. 사실 대부분의 역사가들은 마르크스주의든 무니에든 두 모델을 다 거부했다. 근대 초 프랑스가 신분 사회였는지 계급사회였는지를 둘러싼 논쟁은 1980년대까지 이어지지만, 그 당시 계급사회론은 조용히 사라져 갔고 1980년대 말 마르크스주의 정부들이 붕괴됨에 따라 그 속도가 더 빨라졌다.

두 권으로 출간된 무니에 마지막 대작 《절대왕정 시기 프랑스의 제도들 1598~1789》(Les Institutions de la France sous la monarchies absolue, 1598-1789, 1974년과 1980년에 출간)은 근대 초 프랑스에서 어느 정도 겹치는 네 층위에 관해 기술했다. ① 가계 또는 확대된 가족, ② 충성 또는 후견-피보호자 관계, ③ 직분 또는 신분, ④ 조합 또는 지역 공동체가 그것이다. 개인은 동시에 네 층위 모두의 구성원이었고 여러 다른 집단과 하위 집단에 동시에 속할 수 있었는데, 때로는 양립 불가능한 경우도 있었다. 무니에는 이미 박사 학위논문에서 상·하위자 모두를 근대 초 프랑스의 위계 사회에 묶어 두었던 후견-피보호자 관계의 중요성에 주목하고 강조했다. 무니에는 이를 '충성'(fidélités) 관계라고 부르고, 죽을 때까지 절대적 헌신과 충성을 바치는 것이 이 관계를 규정하는 특징이라고 주장했다.

《절대왕정 시기 프랑스의 제도들》에서 그는 다시 한 번 후견-피보호자 관계를 정의했는데, 이 정의가 1980~1990년대에 미국, 프랑스, 영국의 역사가들에 사이에서 비판과 논쟁을 불러일으키고 더 많은 연구를 촉발했다. 이 책은 프랑스의 제도와 사회집단에 관한 간결한 묘사 덕분에 유용한 참고 도서가 되었지만, 무니에는 결코 이 다층적 사회와 집단들이 어떻게 상호작용했는지 또는 그들 사이의 분쟁이 어떻게 조정되었는지를 적절하게 설명하지 못했다. 마찬가지로 그들을 연결하는 사적인 유대와 연계의 복잡성을 탐구하거나 정의하지 못했고, 수직적 통합을 유지하기 위해서 어떻게 그들이 함께 기능했는지도 설명하지 못했다.

무니에가 역사 연구에 오랫동안 기여한 바는 근대 초 프랑스 사회와 정부의 성격에 관해 전후 세대의 연구자들의 가정을 재검토하게 한 것이다. 다작의 역사가였던 그는 30권의 저서와 그 두 배가 넘는 논문을 발표했다. 무니에는 매우 독창적이고 거리낌 없었으며 논쟁을 즐겼는데, 그가 불러일으킨 비판은 자신의 주장을 스스로 재검토하도록 고무했을 뿐이다. 그는 비판에 대해서 학자들의 논쟁에서도 자주 등장하는 인신공격으로 대응한 적이 없다. 대신 그는 문서고로 가서 새로운 증거를 찾았고, 자신의 주장을 가다듬어 학술적 대화라는 훌륭한 전통 속에서 주장을 다시 제시했다. 높은 학식과 지적 엄격함, 자신의 주장을 뒷받침할 견실한 사료 조사에 대한 집착은 무니에의 또 다른 공헌이다. 그는 아날학파와 마르크스주의자들에게 도전하면서 용기와 확신을 보여 주었다.

오늘날은 이러한 역사적 접근법이 노골적으로 도전받고 있다. 무니에의 주장 가운데 일부, 특히 사회계층과 신분 사회에 관한 주장들은 폐기되지는 않았지만 낡은 것이 되어 버렸다. 하지만 그의 주장들이 여전히 진행 중인 연구와 조사를 촉발했다는 점에서 분명히 또 다른 공헌이다.

동의하지 않았을지라도 다른 학자들의 사유를 자극함으로써 무니에는 과거를 향한 문을 여러 개 열었던 것이다.

박윤덕 옮김

참고 자료

책

La Venalité des offices sous Henri IV et Louis XIII (Rouen: Editions Maugard, 1945; rev. and enlarged edn., Paris: Presses Universitaires de France, 1971).

Le XVIIIe siècle: l'époque des lumières (1715-1815), by Roland Mousnier and Ernest Labrousse (Paris: Presses Universitaires de France, 1953; rev. edn., 1959; rev. again, 1963; rev. again, 1967).

Les XVIe et XVIIe siècles: la grande mutation intellectuelle de l'humanité, l'avènement de la science moderne, et l'expansion de l'Europe (Paris: Presses Universitaires de France, 1954).

Progrès scientifique et technique au XVIIIe siècle (Paris: Plon, 1958).

L'Assassinat d'Henri IV, 14 Mai 1610 (Paris: Gallimard, 1964).

Fureurs paysannes: les paysans dans les révoltes du XVIIe siècle (France, Russie, Chine) (Paris: Calmann-Lévy, 1967).

Les Hiérarchies sociales de 1450 à nos jours (Paris: Presses Universitaires de France, 1969).

Le Conseil du roi: de Louis XII à la Révolution (Paris: Presses Universitaires de France, 1970).

La Plume, la faucille et le marteau: institutions et société en France, du Moyen Age à la Révolution (Paris: Presses Universitaires de France, 1970).

Les Institutions de la France sous la monarchie absolue, 1598-1789, 2 vols. (Paris: Presses Universitaires de France, 1974, 1980).

Recherches sur la stratification sociale à Paris aux XVIIe et XVIIIe siècles: l'échantillon de 1634, 1635, 1636, 2 vols. (Paris: A. Pedone, 1976).

Paris, capitale au temps de Richelieu et de Mazarin (Paris: A. Pedone, 1978).

L'Homme rouge, ou, la vie du cardinal Richelieu, 1582-1642 (Paris: R. Laffont, 1992).

무니에가 편집한 책

Lettres et mémoires adressés au chancelier Séguier (1633-1649), edited by Roland Mousnier (Paris: Presses Universitaires de France, 1964).

Problèmes de stratification sociale: deux cahiers de la noblesse, 1649-1651, edited by Roland Mousnier, Jean-Pierre Labatut, and Yves Durand (Paris: Presses Universitaires de France, 1965).

L'Age d'or du mécénat (1598-1661): actes du colloque international CNRS-Le mécénat en Europe, et particulièrement en France avant Colbert, edited by Roland Mousnier and Jean Mesnard (Paris: Editions du Centre national de la recherche scientifi que, 1985).

Richelieu et la culture: actes du colloque international en Sorbonne, edited by Roland Mousnier (Paris: Editions du Centre national de la recherche scientifi que, 1987).

논문

"Recherches sur les soulèvements populaires en France avant la Fronde," *Revue d'histoire moderne et contemporaine*, 5 (1958): 81-113.

"Le concept de classe sociale et l'histoire," *Revue d'histoire économique et sociale*, 48 (1970): 449-59.

"Les concepts d'*ordres*, d'*états*, de *fidélité et de monarchie absolue* en France de la fin du XVe siècle à la fin du XVIIIe siècle," *Revue historique*, 502 (1972): 289-312.

"Le problème des fidélités aux XVIe, XVIIe, et XVIIIe siècles," *Revue historique*, 505 (1975): 540-2.

"Les fidélités et les clientèles en France au XVIe, XVIIe, et XVIIIe siècles," *Histoire sociale*, 15 (1982): 35-46.

참고문헌

Arriaza, Armand, "Mousnier and Barber: the theoretical underpinning of the 'society of orders' in early modern Europe," *Past and Present*, 88 (1980): 39-57.

Burke, Peter, *The French Historical Revolution: The Annales School, 1929-1989* (Stanford: Stanford University Press, 1990).

Bush, M. L., *Social Classes and Social Orders in Europe since 1500* (London: Longman,

1992).

Coveney, P. J., *France in Crisis, 1620-1675* (London: Macmillan, 1977).

Durand, Yves (ed.), *Hommage à Roland Mousnier: clientèles et fidélités en Europe à l'époque moderne* (Paris: Presses Universitaires de France, 1981).

Gately, M. O., Moote, A. L., and Wills, J. E., "Seventeenth-century peasant 'furies': some problems of comparative history," *Past and Present*, 51 (1971): 63-80.

Hayden, J. Michael, "Models, Mousnier and *qualité*: the social structure of early modern France," *French History*, 10 (1996): 375-98.

Hunt, Lynn, "French history in the last twenty years: the rise and fall of the *'Annales'* paradigm," *Journal of Contemporary History*, 21 (1986): 209-24.

Kettering, Sharon, "Patronage in early modern France," *French Historical Studies*, 17 (1992): 839-62.

Porchnev, Boris, *Les Soulèvements populaires en France de 1623 à 1648* (Paris: SEVPEN, 1963).

Salmon, J. H. M., "Venality of office and popular sedition in seventeenth-century France," *Past and Present*, 37 (1967): 21-43.

18

자크 드로

1909~1998

Jacques Droz

자크 드로

조지프 텐들러

프랑스 고등교육의 중심에서 자크 드로의 괄목할 만한 존재감은 그를 아는 동료와 제자들의 증언 속에 오롯이 담겨 있다. 왕성한 전문직 활동에 견주어 그가 남긴 자취는 많지 않다. 교사로서 독일사, 정치 이론, 외교사, 반파시즘 같은 다양한 분야에 관심을 둔 역사가로서 그는 20세기 프랑스에서 살고 활동한 중요한 역사가였다. 그의 '저작'은 일정한 학문적 관행을 준수하는 역사 연구 태도와는 사뭇 달랐다. 다른 학자들의 저작을 다룰 때 논지가 분명했고 어떤 주제에 관해 독자들에게 명료하고 이해하기 쉬운 개요를 제공했다. 또 '사건들의 미궁'이 이미 지나가 버린 특정한 시기에 어떻게 펼쳐져 있었는지를 보여 주기 위해 수집하고 연구한 수많은 자료를 능수능란하게 종합했다. 이런 점은 현재 국제무대에서 아날학파와 어느 정도 관련을 맺고 있는 탁월한 동료들의 작업과는 구별되었다. 여러 방법론적 혁신을 꾀했으며 이전에 손댈 수 없었던 영역의 연구에 착수하며 프랑스와 독일 사이의 교육 협력을 촉진하는 데에서 드로의 활동은 두드러졌다. 노동운동과 독일사 분야에서 두각을 나타낸 비교 연구는 드로를 '맹아기의' 비교사학자로 만들었다. 반파시즘에 관한 후기의 작업은 국제적 관심을 받으며 독창성을 확인시켜 주었다. 말년에 프랑스와 독일의 관계 증진을 위해 몰두한 가장 지속적인 작업은 제1차 세계대전의 기원에 관한 독일 측의 논쟁을 프랑스 대중에게 소개하는 일로 마무리되었다. 자유를 애호하는 사회민주주의와 인본주의적 학문의 이상을 결합하기 위해 대놓고 드러내지는 않으면서도 강력한 드로의 헌신이 이 모든 것의 바탕에 깔려 있었다.

자크 드로는 1909년 3월 3일 파리에서 태어났다. 프랑스 행정관청의 첫 총파업이 예고된 불안정한 분위기 속에서 그는 엘리트 교육을 받으며 성장기를 보냈다. 하지만 그 시절에 관한 상세한 자료는 많지 않다. 그는 여전히 프랑스에서 가장 오래된 라탱 지구 중심부의 루이르그랑고등학교에서 대학입학 자격시험을 공부했다. 그는 알랭이라는 필명으로 알려진 에밀오귀스트 샤르티에한테 배웠으며 1932년에 2등으로 역사·지리 교수 자격증을 취득했다. 철학자이자 저널리스트이기도 했던 알랭은 드로 세대의 또 다른 유명한 인물들, 예컨대 저명한 정치학자 레몽 아롱, 철학자 조르주 캉길렘, 시몬 베유 같은 이들을 가르쳤다. 1920년대에 이념 투쟁이 점차 고조되고 인민전선이 등장하는 1930년대 분위기 속에서 알랭의 철학은 "모든 권력에 맞선 자유의 요구"라는 정치 행동을 촉발하는 자극제 구실을 했다. 우리가 만일 나폴레옹식 문제 제기를 받아들여서 한 인간을 이해하는 최선의 방식이 바로 그가 살고 있는 세계를 이해하는 것이라는 점을 인정한다면, 1930년의 세계는 실로 흥미로운 통찰력을 보여 줄 것이다. 독일에서 헤르만 뮐러의 사회민주당 정부는 정치적 분열로 붕괴되었다. 무솔리니 정권 때문에 전당대회조차 열지 못한 이탈리아 사회당은 파리에서 망명 생활을 해야 했다. 미국 대형 은행들의 해외투자는 그해 1사분기에 중단되었다. 또 영국은 군함 건조 중단 여부를 두고 골머리를 썩이고 있었다. 미래는 그 어느 때보다 불확실했다.

여기에 드로가 자신의 초기 저작에서 인용한 대가들인 에드몽 베르메이(1878~1964), 피에르 르누뱅(1893~1974), 조르주 르페브르(1874~1959)의 유산이 더해졌다. 세 사람 모두 파리 안팎의 학계에서 이름 높은 학자였다. 특히 베르메이와의 관계는 드로가 단순히 역사가로서뿐 아니라 게르만 연구자로 자리 잡는 것을 도왔다. 1994년 미셸 에스파뉴와 미카엘 베르너가 출판한《프랑스의 게르만 연구사, 1900~1990》의 주제이기도 한 바로 이 분야는 역사가들이 독점하지 못했던 분야였다. 그것은 독일어로 된 모든 형태의 문화적·정치적·경제적 저작물에 관한 연구에 해당되었고, 암암리에 학문 분야의 범주로 평가받지 못하던 호칭이었다. 가장 관심을 끄는 특징 가운데 하나는 이러한 연구를 통해 연구자들이 독일에 대해 드러낸 이미지들이 프랑스에 대해서도 매한가지로 나타난다는 사실이다. 제1차 세계대전의 충격 이후 프랑스에서 특히 활기를 띠던 분야에서 베르메이는 장에두아르 스팡레(1873~1951)와 함께 주제 면에서 선배들의 개념적 영향을 받아들였던 젊은 세대 학자들에 속했다. 이들은 풍부한 문화유산을 가진 독일이 어떻게 1918년에 인류사에 새긴 가장 폭력적 행위를 저질렀는지 조사하고자 했다. 베르메이의 관심은 특히 1918년 이후 사회주의 사상의 확산에 맞서 보수적인 정책을 추진했으나 극우 민족주의 진영의 테러로 희생된 발터 라테나우를 비롯한 독일의 보수주의 정치가들로 향했다.

드로가 초기에 남달리 영향을 받은 두 역사가는 당대의 공적 생활에 참여하는 것이 바로 역사가의 소임이라는 점을 어김없이 보여 준다. 당대의 석학 피에르 르누뱅은 전시정부 형태에 관한 전공 논문으로 국제관계사 관련 연구를 시작했고, 1931년에 소르본대학 교수로 부임했다. 드로가 오스트리아 역사나 외교사 같은 특정 연구에서 장차 언제나 견지하게 될 범유럽적인 전망을 심어 준 이가 바로 르누뱅이었다. 그런가 하면 조르주 르페브르는 샤를 프티뒤타이(1868~1947)가 윌리엄 스터브의《영국 헌정사》(전3권, 1873~1878)를 번역하는 작업을 도움으로써 자신의 박사 학위논문을 출판하는 데 충분한 돈을 장만했다. 혁명기에 살았던 동시대인들이나 선배 학자들의 공화주의적 열정과는 무관한 거의 모든 계열의 역사가들로부터 영향을 받은 르페브르는 역사서술의 모든 가능한 방식에 의존했으며, 특히 1927년 스트라스부르대학에 임용되면서 마르크 블로크와 긴밀한 관계를 유지했다. 이 모든 것의 바탕에는 역사학 저작이야말로 공민적 사명의 한 형태라는 뚜렷한 의식이 깔려 있었다. 당시 프랑스 역사서술을 줄곧 달구곤 했던 프랑스대혁명을 두고 논쟁을 벌이느니 혁명사에 관한 역사학 저작을 쓰는 일이 이러한 공민적 사명을 다하는 더 나은 길이라는 의식이라는 것이다.

그 무렵 공적인 소임에 무심하지 않았던 드로의 첫 저작은 교수자격시험에 합격한 그해에 출판되었다. 오늘날의 석사 학위논문에 해당하는, 소르본대학 문학부의 고등연구과정(DES) 학위논문은 〈1864~1866년 오스트리아-프로이센전쟁 시기 독일 라인 지방의 여론〉이라는 원제목 그대로 1932년《라인 아카이브》에 게재되었다. 프리드리히 슈타이나흐는 '편집자 논평'에서, 이 논문의 중요성과 독창성을 높이 사서 싣게 되었다는 점을 분명히 밝히고 있다. 독일과 프랑스 사료를 이용한 중요하고 포괄적인 연구에 비추어 볼 때 드로는 이전의 프랑스 학자들과 달리 라인 지방이 1864~1866년에 결정적으로 친프랑스 지역이 되지는 않았지만 상황은 "더욱 복잡했다"고 주장했다. 비스마르크를 추종했던 '구자유당'(Alte Liberale)보다는 신생 정당들에 더 잘 체현되어 있기는 했지만, 아무튼 이 시기에는 자유주의 정치가 지배적이었다. 전반적으로 자유주의자들이 통일된 독일을 내다보았다는 점에서, 드로가 하인리히 폰 지벨에 관해 한 장을 할애한 것은 역사가들이 보기에 그리 놀라운 일은 아니었다. 지벨은 대학생들에게 독일 통일에 관한 생각을 불어넣고자 본대학에서 개최한 자신의 역사 세미나를 아무 거리낌 없이 이용했던 것이다. 그러나 자유주의 가톨릭교도들이 독일 통일의 이상을 지지하게 됨에 따라 종교가 개입했다. 그도 그럴 것이 프로이센의 지배(프로이센의 지배가 바람직하지 않다는 것이 당시의 일반적인 생각이었다고 드로는 주장한다) 아래서 단기적으로 삶의 후퇴를 겪게 되더라도 통일의 이상이 (가톨릭 오스트리아를 포함하는) 독일의 통일이라는 장기적이고 종교에 바탕을 둔 정치적인 목적을 유지해 주었기 때문이다. 짤막한 서문에 이어 드로는 독자들을 그 시대 속으로 깊숙이 이끌고 들어갔다.

교육과 연구 생활이 자리를 잡게 됨에 따라, 드로는 1933년 독일도 프랑스도 아니었던 덕에 게르만 연구자들의 관심을 불러일으킨 알자스 지방의 한복판에 있는 콜마르고등학교에서 교직을 시작했다. 2년 후 그는 두 가지 박사 학위논문을 준비하기 위해 쾰른으로 장기간 연구 출장을 떠났다. 1930년대 쾰른에서 그는 베르메이가 점점 더 소리 높여 주장한 바, 즉 독일이 유럽 평화를 위협하는 정권 아래에서 무언가 준비하고 있는 광경을 직접 볼 수 있었다. 르누뱅의 지도를 받은 박사 학위 주논문 《1815~1848년 라인 지방의 자유주의》(Le Libéralisme rhénan 1815-1848)와 부논문 《프랑스 쪽 라인 지방의 정치도덕 사상》(La pensée politique et morale des Cisrhénans)은 1940년에야 완성되었다. 그 무렵 드로는 군대에 동원되었고 1939년에 독일군에 생포되었으나 가까스로 탈출할 수 있었다. 그렇게 그는 1940년 파리 북서부 교외 뇌이쉬르센에 있는 파스퇴르고등학교에서, 그리고 1942년 파리 중심부의 샵탈고등학교에서 교직 생활을 이어 갔다. 1944년 콜마르 근처의 알자스로 되돌아온 그는 스트라스부르의 퓌스텔드쿨랑주고등학교에서 계속 가르쳤다. 1945년에 해방되면서 스트라스부르의 정치학연구소에 임명된 그는 마침내 자신의 학위논문을 심사위원들 앞에서 발표할 기회를 얻을 수 있었다.

박사 학위 주논문은 일반적인 독일 정치사상의 수준에서 독일 자유주의 사상이 차지하는 위치를 이해하기 위해 프랑스에서 처음으로 시도된 연구였다. 독일 라인 지방에서 담당한 자유주의의 역할로 자신의 연구를 제한하면서 드로는 1932년에 출판한 논문에 기대어 같은 접근법을 구사했다. 그는 지식인, 학자, 정치가, 종교집단에 이르기까지 다양한 부류로부터 정치 이론이 확산된 데에 대해 답변을 내놓았다. 이들 다양한 부류가 당시의 사회적·법적·경제적 배경 아래 대중에서 엘리트까지 사회의 모든 수준의 행동을 인도함으로써 사건의 추이를 결정지었던 것이다. 1848년에 만일 상황이 달랐다면 라인 지방의 자유주의자들이 독일과 혁명 이후의 프랑스를 서로 화해시킬 수 있었을 것이라고 그는 주장했다. 프랑크푸르트 국민의회가 바친 왕관을 프리드리히 빌헬름 1세가 거부했던 1848년 무렵, 라인 지방의 자유주의자들은 배신감을 느낀 나머지 철저히 정치에 무관심해졌지만, 그래도 가톨릭 오스트리아를 통합함으로써 독일 통일을 이룰 수 있다는 희망은 잃지 않았다. 박사 학위 부논문에서는 정치사상과 관련된 도덕 이론의 견지에서 같은 의견을 피력했다. 그는 프랑스 쪽 라인 지방에서 뚜렷한 도덕적 자율성을 찾아냈는데, 여기서 칸트의 영향을 받은 지식인과 정치인들은 프랑스혁명을 소신껏 판단했다. 그들은 시민들이 개인적 자유를 위해 싸우는 공적 의무를 다해야 할 책임을 져야 하며 국가가 도덕률을 준수해야 한다고 주장했다. 그들은 합리적인 개인주의자라 할 만한 사람들로, 이런 종류의 영국식 이론들에 대해서는 거의 언급조차 하지 않았으며 오히려 영국식 이론들에 대한 독일의 회의론을 공유했다.

1946년 디종대학의 전임강사로, 1948년 클레르몽페랑대학의 교수로 임용되면서 드로는 초기의 대학 경력을 마쳤다. 고등학교 교사에서 대학 교수로 바뀌는 시기에 《독일사》(1945), 《오스트리아사》(1946), 《프랑스 정치학설사》(1948) 세 권의 개설서를 내놓았다. 이때부터 대학생 독자들은 그의 역사 저술에서 중요한 고려 사항이 되었다. '크세주' 시리즈로 나온 개설서의 세 번째 책에서 드로는 교육 경력을 통해 스스로 터득한 문제점들, 그리고 사회주의에 대한 최신 저서에서 거론한 문제점들을 대학생 독자들에게 분명하게 밝혔다.

> 우리가 '국가'(state)와 '개인'(individual)이라는 용어를 '공동체'(community)와 '사람'(person)으로 대체할 줄을 안다면, 시민이 자신의 자유를 보장하는 유일한 길이 바로 공적인 사안에 적극적으로 참여하는 데 있다는 사실을 이해하게 된다면, 이러한 방식으로 책임의식이 회복된다면, 그러면 아마도 정치학이 제기해 온 갖가지 문제가 해결될 것이다. 오직 이러한 틀 속에서만 국가가 강자의 압제에 맞서 약자를 보호하고 금융과두제와 경제 집단의 강력한 영향력을 분쇄한다는 본연의 역할을 회복할 수 있을 것이다. 국민의 일반적이고 항구적인 이익을 고안하고 지켜 주는 일은 국가의 몫이지만, 그것을 집행하는 일은 역량에 따라 임명된 기관들의 몫, 즉 인간 존재가 최고조의 성취를 달성할 수 있게 해주는 가족이나 직업 단체의 몫으로 남겨 두어야 한다.

1930년대 자신이 겪은 체험을 염두에 둔 참여 역사가는 역사를 가르치는 일뿐 아니라 난세의 역사를 통해 학생들을 지도하는 일에도 신경을 썼다. 이 특별한 교재는 1956, 1963, 1969, 1975, 1983년에 줄곧 재판되면서 유사한 출판물들의 대명사가 되었다. 1952년에 또 다른 역작 《1648~1919년의 외교사》(Histoire diplomatique de 1648 à 1919)가 나왔다. 이 책은 당시 프랑스 역사가의 노작들과는 달리 특별한 위상을 차지했다. 요컨대 이 책은 '사건들의 미궁'을 통해 학생들을 지도하고자 했던 이른바 '사건 중심의 역사'(histoire événementielle)였던 것이다. 그 점에서 이 책은 에밀 부르주아(1857~1934)의 외교사와 닮아 있지만 학생들을 위해 서술된 이래 지금까지 줄곧 광범위한 독자층을 확보하고 있다. 이 책은 르누뱅이 그랬던 것처럼 외교사를 더 깊은 원인들로 연결시키지는 않았다. 비록 경제, 사회운동, 종교 공동체 따위에서 나오는 국내적인 배후 압력 아래서이기는 했지만 아무튼 정치 행위자들이 항상 결정적인 역할을 했다는 주장으로 미루어 볼 때, 드로가 이러한 원인들을 무엇보다도 여론 동향에서 찾고자 했다고 말할 수 있다. 이 국내적인 요소들에 대한 강조는 프랑스에서는 물론이고 여느 다른 나라에서도 당시의 일반적인 이해와 어긋나는 것이었다.

1953년 《근대사 저널》에 실린 서평에서 린 케이스는 이 국내적인 취급에서 산업혁명과 국가 체제의 역할이 사라져 버렸다고 평했다. 하지만 드로는 '클리오' 시리즈의 하나로 출판된 자신의 책 《현대》(L'Epoque contemporaine, 1953)에서 동일한 접근법을 계속 이어 갔으며, 학생들에게 일차사료에 대한 접근을 강조했다. 이 책은 빌헬름 몸젠 같은 국제적 명성을 지닌 역사가의 호평을 얻어 냈다. 몸젠은 1956년에 쓴 서평에서 문서고 자료에 대한 이해력으로 볼 때 최고의 작품이라고 평가했다. 《역사학보》에 쓴 서평에서 루이 지라르는 클리오 시리즈로 나온 여느 책들처럼 너무 압축되어 있기는 하지만 교수와 학생 모두에게 아주 탁월한 책이라고 말했다. 20세기 후반기 역사에 대한 드로의 교육은 거의 이런 개설서에서 나왔다고 할 수 있다.

1963년 소르본대학에 임용될 때까지 클레르몽페랑대학에서 보낸 시기는 전문 직업인으로서의 부단한 형성기였다. 교수로 시작해서 1957년 이후 인문대학 학장을 맡은 드로는 '학장 드로'(Doyen Droz)라는 별명도 얻었다. 학장으로서 역량을 발휘해서 지방대학을 역사가 피에르 빌라르(1906~2003), 알베르 소불(1914~1982), 르네 레몽(1918~2007), 철학자 미셸 푸코(1926~1984), 미셸 세르(1930~) 등 막강한 젊은 지식인들을 받아들인 활력 충전소로 바꾸어 놓았다. 또 1948년에는 '유럽사연구소'의 창립을 도왔는데, 이 연구소는 1950년에 독일 마인츠에 문을 열었다. 동시에 그는 평생 습관처럼 대학 도서관을 이용하기 위해 특히 빈에 자주 출장을 다녔는데, 이때 피에르 에소베리 같은 제자들을 동반했으며 이들과 빈의 건축과 문화에 대한 지식을 공유했다.

이 시기는 끊임없는 지적 형성기이기도 했다. 논문 2편과 처음 출판된 책 서문 한 편에서 드로는 역사관에 대한 논의를 확대했다. 1954년에 발표한 첫 번째 논문 〈근대사에 관한 프랑스 연구의 주요 쟁점들〉은 《역사 세계》에 발표되었다. 여기서 드로는 1952년 《학문과 교육의 역사》에 썼던 짧은 개요를 보완해서 샤를 세뇨보스(1854~1942)의 저작에 대한 뤼시앵 페브르의 핵심적인 비판을 다루었다. 그는 '우연'이 지나간 사건들의 경로에 커다란 영향력을 행사한다는 세뇨보스의 주장에 대한 페브르의 적의에 찬 비판에 초점을 맞추었으며, 홀로 작업하는 개별 역사가들이 쓴 역사를 무시하는 풍조를 지적했다. 그러나 드로는 경제적·사회적 설명이 우연의 역할을 실제로 무력화시킨 사건들에 대한 통찰력을 제공할 수 있다는 페브르의 논지를 받아들이지 않았다. 그는 세뇨보스가 이미 사회와 경제를 염두에 두고 있었다고 주장했으며, 궁극적으로 지배 엘리트들이 중대한 결정을 한다는 점과 이러한 것들은 경제 도식이나 어떤 다른 도식으로는 설명될 수 없다는 점에 대해 세뇨보스와 견해를 같이 했다. 이러한 논거는 경제적 경쟁이 1914년 전쟁 전야에 국가들 간의 불신을 가져왔다는, 1951년에 르누뱅이 내놓은 주장에 대한 명시적인 답변이기도 했다. 여기서 드로는 전쟁터에서 사람들을 죽음으로 내모는 결정을 내린 것은 바로 남성이든 여성이든 인간들이었으며 사건을 좌우한 것도 바로 인간들이었다는 이유를 들어 강력하게 이의를 제기했다.

아날학파의 역사 방법론에 대해 신중한 태도를 보였던 드로는 1955년 로마에서 열린 국제역사학대회에서 유럽과 북아메리카에서의 민족사 서술 동향을 검토하면서 아날학파를 비판한 게하르트 리터(1888~1967)와 주요 관심사를 공유했다. 드로는 역사학 분야의 다른 혁신가들에게도 관심을 가졌다. 세뇨보스의 제자인 앙드레 시그프리드가 개척한 선거사회학(Wahlsoziologie)과 선거지리학이 최근 역사가들이 발전시킨 가장 유용한 도구라고 생각했다. 1968년을 되돌아볼 때 이러한 만남들을 염두에 둔다면, 적어도 1968년 이후부터 드로가 프랑스에서 아날학파의 반대자들을 단독으로 이끌었다는 클라우스 슐레의 지적은 사실 그리 놀랍지 않을 것이다.

드로는 프랑스–독일의 역사학이 관심을 가졌던 주제를 더욱 명료하게 발전시켰다. 마인츠 현대사연구소(드로는 연구소 설립 발기인 가운데 한 명이었다)에서 발표한 강의록에서 드로는, 1950년대에 게르하르트 리터가 그랬던 것처럼 두 나라 역사가 단체들이 서로 협력해야 한다고 강조했다. 두 나라 모두가 받아들일 수 있는 역사를 생산하고 1930년대에 시작된 역사 교과서 문제에 관해 대화를 유지해야 한다고 역설했다. 당대 독일사 전문가 앙리 브룬슈비그(1904~1989)처럼, 드로는 두 나라 사이의 차이에도 불구하고 독일이 프랑스 역사가들에게 광범한 청중이 된다는 사실을 깨달았다. 독일이 세계대전들을 일으키게 되는 과정에서 루터교가 떠맡은 역할, 프로이센의 책임, 독일 사상 일반에서 범게르만 이념이 차지하는 몫 따위가 우선 관심 주제로 떠올랐다. 드로의 〈프랑스-독일 역사 개념의 수정을 향하여〉(1956)에는 1950년대 두 나라 역사가들의 상호작용이라는 주요 사안들에 관해 여태껏 잘 알려지지 않은 진술을 담고 있다. 드로는 독일사학사에서 더 이상 이방인이 아니었다. 하인츠오토 지부르크의 저작 《19세기 역사학에서 독일과 프랑스》(1954)에 쓴 서문에서 드로는 두 차례 세계대전 이후 프랑스와 독일의 새로운 상호 이해를 일구기에 힘썼던 지부르크의 노고를 차하했다(드로가 프랑스에서 독일을 연구한 것과 같은 방식으로 지부르크는 독일에서 프랑스를 효과적으로 연구했다). 그는 독일 역사가 레오폴트 폰 랑케의 《16~17세기 프랑스사》(1852~1861)를 들추면서 프랑스에 대한 독일적 개념이 애초에 어떻게 형성되었는지를 추적했다. 하지만 그는 랑케가 프랑스인들은 언급하지 않으면서 프랑스사를 쓰려고 했다고 조롱한 이탈리아의 철학자이자 역사가 베네데토 크로체(1866~1952)의 언급에도 무관심하지 않았다.

이 시기에 단행본 세 권이 나왔다. 세 편 모두 독창성을 지니고 있는 것은 아니었지만 이 저작들은 독일사와 중부유럽사에 대한 드로의 관심과 기여를 굳혀 주었다. 《독일과 프랑스혁명》(L'Allemagne et la Révolution française, 1949)은 프랑스 쪽 라인 지방에 관한 박사 학위 부논문에서 프랑스혁명에 관련된 부분을 증보한 것으로, 여기서 그는 프랑스혁명에 대한 독일인들의 궁극적인 거부가 독일 국민 대중이 정치에서 적극적인 역할을 하지 못하게 만든 지성과 정치의 분리 현상과 나란히 진행되었다는 사실을 보여 주고자 했다. 독일의 으뜸가는 역사 학술지 《역사학보》(Historische Zeitschrift)는 이 책에 대해 우호적인 서평들을 싣고 1932년에 드로가 발표한 논문에 대해서도 찬사를 아끼지 않았다. 반면 앙리 브룬슈비그는 이 책이 탄탄하지만 그리 독창적이지는 않다고 생각했다. 더 비판적인 평가는 유진 앤더슨한테서 나왔다. 《미국역사학보》에서 앤더슨은 독일사에 대한 만연된 혼란을 깔끔하게 정리해줄 수 있는 "건실하고 통찰력 있는" 책이라고 평가하면서도, 사회 엘리트들이 만들어 낸 사상의 확산을 추적하는 것으로 논지에 접근하는 드로의 결정론적 사고에 회의감을 표명했다. 사회 엘리트들의 역사는 브룬슈비그나 이후의 다른 서평자들이 볼 때 철지난 이념사(Ideengeschichte)에 지나지 않았기 때문이다. 이것은 또 다른 미국 역사가 엔노 크레이가 드로의 책 《중부유럽: '미텔오이로파' 개념의 역사적 전개》(L'Europe Centrale: évolution historique de l'idée de 'Mitteleuropa')에 대해 내놓은 비판이기도 했다. 드로는 《독일과 프랑스혁명》에서와 마찬가지로 《중부유럽》에서도 근대 초기 정치외교사의 대가인 막스 브로바흐(1899~1975)한테서 받은 영감과 조언에 감사를 표시했다. 엔노 크레이는 드로의 책이 미국 역사가 헨리 코드 마이어가 쓴 《독일의 사유와 행동에서의 중부유럽, 1815-1945년》과 그리 다르지 않으며 굳이 언급할 만한 대목이 별로 없다고 생각했다. "독창성에서 부족한 것을 현명함으로 메우고" 있을 뿐인데, 이제는 낡은 게 되어 버린 이념사의 방법론을 사용한 탓이라고 그는 평가했다. 미국의 폴 슈뢰더와 《영국역사학보》의 버너 모스는 드로가 사실상 보편 제국의 종말을 애통해 했던 것은 아닐까 하면서 심지어 그가 초기 합스부르크 왕가를 지나치게 복권시켰다고 넌지시 비판하기도 했다.

이 시기에 나온 또 다른 저서 《1848년 독일혁명들, 에른스트 토늘라의 수사본과 주석》(Les Révolutions allemandes de 1848, d'après un manuscrit et des notes de Ernst Tonnelat, 1957)은 좀 더 광범위한 비판적 평판을 얻었으며 그것 자체로 프랑스 역사학에 대한 중대한 기여가

되었다. 토늘라의 유저(遺著) 관리인들의 청탁으로 드로는 게르만 연구가 에른스트 토늘라(1877~1948)의 죽음으로 중단된 저술 작업을 계속 이어 책을 완성함으로써 이 주제에 관한 프랑스 문헌의 공백을 메울 수 있었다. 한 걸음 더 나아가 자신의 교육적·역사학적 관심사를 더욱 확대하면서 드로는 처음으로, 1848년이라는 주제는 제대로 이해되고 교육되려면 프랑스-독일의 비교사 연구가 필요하다고 주장했다. 이러한 비교 연구에는 장차 1848년에 혁명이 발발한 다른 나라들도 포함될 터였다. 국가 차원의 정치적 사건들에 대한 비교사라는 개념이 지금은 매우 익숙하지만 당시만 해도 초창기에 지나지 않았다.

빌헬름 몸젠은 이 책이 독일인들의 민주주의적 이상을 지나치게 과장하고 있다고 생각했으며, 독일 역사가들이 사회경제사를 무시했다는 드로의 초기 주장은 약간 지나치다고 평가했다. 그럼에도 그는 문서고 자료에 의거한 드로의 연구가 지니는 독창성에 주목했다. 한편 앙리 브룬슈비그는 이 책이 지금까지 드로가 내놓은 책들 가운데 최고의 작품이라고 평가했다. 영국 버밍엄대학의 존 호굿은 1960년 《미국역사학보》에 쓴 서평에서, 드로가 카를 비트케 같은 몇몇 주요 학자들의 연구를 등한시하고 있는 만큼 루이스 네이미어의 《1848년: 지식인 혁명》(1946)을 참조한다면 더 유익한 결실을 얻을 것이라고 말했다. 종교가 여러 혁명에서 어떤 역할을 했는지 구명하고, 혁명에 가담한 노동자 집단들의 성분을 분석하고, 혁명에서 마르크스 개인이 한 역할을 검토하고, 당시에 계급투쟁이 상당한 진전을 이룩했다는 점을 보여 주는 등 드로의 책은 당시 상황을 거의 완벽하게 검토하고 있다는 것이 호굿의 전반적인 평가였다.

1963년 파리의 소르본대학으로 돌아왔을 때 드로의 연구 프로젝트는 지속성을 유지했으나 그의 역할과 행동반경은 어느 정도 달라졌다. 그는 독일사 전공 현대사 교수로 저명한 모리스 보몽(1892~1981)의 뒤를 이었으며, 이전보다 더 탁월한 공적 역할을 떠맡았다. 독일 문명에 관해 '라디오프랑스'가 제작한 시리즈물, 1961년과 1963년 프랑스 문화의 독일적 차원에 대한 라디오프랑스의 프로그램, 1964년과 1965년 서구 문명에 관해 라디오 방송 프랑스퀼튀르가 제작한 시리즈물, 그리고 1967년 유럽 민족주의 교의에 관한 특별 프로그램 등에서 드로의 목소리를 들을 수 있었다. 그는 역사·지리교사협회의 후원 아래 프랑스-독일 공동 교과서 협의에 계속 참여했으며, 독일에서 잘 통하는 문화 대사로 활동했다. 1960년대에 그는 《역사학보》에 한때 마르크 블로크가 맡았던 독일의 최근 출판물에 대한 '회람'을 쓰는 일을 담당했다. '노동운동' 전문가인 장 메트롱(1910~1987)이 창간하고 명목상 파리1대학의 책임 아래 발간된 학술지 《사회운동》에 글을 기고하기 시작한 지도 어느새 10년이 넘었다. 경계를 정하기 힘든 주제에 관심을 둔 이 잡지는 폭넓은 의미에서 노동자계급의 역사를 다루는 영어권 학술지와 비슷했다. 무엇보다도 드로는 1967년에서 1976년까지 교수자격시험의 심사위원장으로 활동했으며, 그런 까닭에 대학의 역사교육을 학문적으로나 제도적으로나 책임지는 위치에 있었다.

소르본대학에서 보낸 시기는 클레르몽페랑대학 시절과는 많이 달리 1969~1970년에 드로의 경력에 심각한 단절을 가져다주었다. 1968년 파리 거리로 뛰쳐나온 학생들의 요구에 응해 교육부 장관 에드가 포르가 1969년 11월에 제정한 '학습기본법'에 따라 1969년 1월 13일 파리 근교 뱅센에 실험 대학이 설립되었다. 고등교육에 관여하는 자는 누구나 교육과정 전반을 관리하는 업무에 참여할 수 있었으며 학제간 통합교육은 필수였다. 잠시 총장직을 맡은 드로는 인신공격과 때로 폭력이 난무하는 무질서한 분위기로 적잖은 상처를 받았다. 드로가 몇몇 옛 동료들을 따라 소르본대학으로 재빨리 복귀했다는 사실은 오늘날 파리8대학으로 자리 잡은 이 대학 기구가 지닌 문제점들이 거의 해결 불가능에 가까웠다는 점을 말해 준다. 드로는 1979년 은퇴하기 전까지 다시는 소르본대학을 떠나지 않았다.

이 시기 드로의 연구는 걸잡아 세 가지 범주로 나뉘는데, 학생들에게 한 강의에서 고스란히 활용되기도 했다. 독일사, 사회주의 등 정치 이론과 운동의 역사, 제1차 세계대전의 기원에 대한 논쟁을 포함하는 국제관계사가 바로 그것이다. 그는 1871~1939년의 독일 민족주의에 대한 강좌(1963년), 1863~1918년의 독일 사회주의에 대한 강좌(1964년), 1864~1920년의 국제노동자운동에 대한 강좌(1964년), 1871~1914년 프랑스와 독일의 지적 교류에 대한 강좌(1966년), 바이마르공화국의 정당들에 대한 강좌(1967년), 민족사회주의에 대한 강좌(1968년), 1914~1939년 사회주의와 생디칼리슴에 대한 강좌(1972년) 그리고 외교사에 대한 강좌 등을 맡았다.

이 시기에 드로의 독일사 연구는 정점에 있었다. 《독일 낭만주의와 국가: 나폴레옹 1세 치하 독일의 저항과 협력》(Le Romantisme allemande et l'Etat: résistance et collaboration dans l'Allemagne napoléonienne, 1966)은 어떻게 보수적인 정치 이론이 특정 정당에 독점되지 않으면서 독일 정치에 스며들게 되었는지 다루면서 시대구분에 대한 보다 일반적인 논거를 제시했다. 대강의 구상은 1961년에 《역사학보》에 발표한 논문 〈일루미나티(Illuminati) 음모의 신화와 독일에서 정치적 낭만주의의 기원〉에 이미 나타나 있다. 책 한 권 분량의 이 방대한 논문에서 그는 프랑스혁명기 독일의 지적 생활이 이성의 시대에서 낭만주의 시대에 이르는 흐름으로 장악되지 않았으며 오히려 1750년 이후 합리주의가 비교 애호, 자연에 대한 감각, 합리성 자체에 대한 자기 성찰적 비판 따위와 다양하게 뒤섞이기 시작했다고 주장했다. 이 주장은 그가 학술지 《중부유럽사》

(1969)에 실은 클라우스 엡슈타인의 책《독일 보수주의의 기원》에 대한 서평에서 명료하게 개요를 설명했던 문제이기도 하다. 여기서 우리는 정치 이론의 역사에 대한 드로의 고전적인 언급을 볼 수 있다.

보수주의 사상은 고위 관료, 장교단, 고위 성직자들 사이에서, 직종조합 우두머리들 사이에서, 제후들과 그 측근들의 후한 씀씀이 덕에 먹고사는 사람들 사이에서, 그리고 큰 국가들보다 작은 공국들에서 발전했다. 그것은 우선 전통적인 종교적 가치를 존중할 것을 호소했다. 계몽주의 단체들은 권위에 대한 모욕을 확산시키고 사회계층들 사이에 알력을 조장한다는 비난을 받았다. 이리하여 '일루미나티'(Illuminati)에 맞설 수 있는 다른 비밀결사들, 예컨대 장미십자단 같은 것이 조직되었으며 전통적 신앙의 옹호라는 임무를 짊어졌다. 이리하여 공통의 위협에 맞서 여러 종교 세력 사이의 화해와 연합이 추진되었으며, 신비적이고 감성적인 가치들에 대한 호소가 유행했다. 따라서 1770년부터 독일 전역에 레싱(Lessing)의 사상에 맞서, 가톨릭 지역에서 요제프 2세의 개혁정책에 맞서, 종교적 관용의 시행에 맞서 공격을 퍼붓는 단체들이 조직되었다. 이 단체들은 조금씩 자신들의 공격을 종교적인 측면에서 사회적인 측면(봉건제와 길드 체제의 옹호)으로, 정치적인 측면(제국의 제도와 교권 국가들의 옹호)으로, 더 나아가 인종적 측면(유대인 해방에 반대하는 주장)으로 옮겨 갔다.

사상들은 폭넓게 정의된 정치 영역에서 등장한 후 거기서부터 외부로 확산되었다.

이러한 내용과 이전에 독일에 관해 쓴 글들을 하나로 묶어서 드로는 1979년에 세 권짜리 개설서《독일의 역사》를 펴냈다. 둘째 권은 자크 바리에티가, 셋째 권은 피에르 귀양이 썼다. 이 책은 사건들이 펼쳐지는 과정 자체를 보여 주는 시도였지, 1940년에 에드몽 베르메이가 《독일: 설명 시론》에서 보여 주었던 것처럼 독일의 특수한 사고방식, 곧 망탈리테를 규정하고 설명하려는 시도가 아니었다. 중요 부분은 드로가 직접 쓴 까닭에 세 권 모두 짜임새를 갖추었다는 호평이 독일, 프랑스, 영국, 미국에서 나왔다. 한스 헤르츠펠트는 독일사의 경제적 측면이 충분히 검토되지는 못했다며 다소 아쉬워했다. 하지만 그는 독일 특유의 망탈리테가 없었다는 논지가 독일이 (1914년과 1918년 사이에 그랬던 것처럼) 항상 국제 분쟁을 일으키려 했던 것은 아니라는 사실을 의미한다는 점에 상당한 공감을 표명했다. 그것은 당시 독일에서 '독일 특유의 길'(Sonderweg) 주창자들이 내세우기 시작한 논지와는 다른 논지였던 것이다.

독일사에 대한 드로의 관점은 당시 독일사에 대해 썼던 일련의 서문과 논문들에서도 찾아볼 수 있다. 독일 역사가 마르틴 괴링(1903~1968)에게 헌정하는 책의 서문에서 드로는 세뇨보스의 뒤를 따라 경제적 도식을 피하고자 했던 역사가들과의 공감을 재확인했다. 드로는 또한 조제프 비이그의 《히틀러 제국의 경제와 강제수용소》(1973)와 장 랄룸의 《다르퀴에 드 펠르푸아의 반유대주의 프랑스》(1979)에 대해 논평하는 서문을 썼다. 여기서 그는 각 책마다 담겨 있는, 1930~1940년대 독일의 지배에 대한 두려움 기저에 깔려 있는 정서를 뚜렷하게 부각시켰다. 급진 정치사상의 면모에도 관심을 둔 드로는 1975년 《사회운동》에 헤르만 베버의 《독일 공산주의의 변모》(1969)에 대한 서평을 쓰기도 했다. 이 서평은 플레히트하임의 《독일 공산당》(1972)을 보완해 주는 새 책에 대해 프랑스 독자들의 관심을 불러일으키기에 충분했다.

정치사상 분야 일반에 대해서 말하자면, 이 시기는 드로가 사회주의에 관한 대작을 출판한 시기일 뿐 아니라 사회민주주의 사상에 대해 상당한 분량의 글들을 내놓은 시기였다. 학생 독자들을 겨냥해 쓴 국제노동자협회의 역사에 관한 책 《사회민주주의, 1864~1960년》(1966), 논문 〈프랑스 사회주의에 대한 독일 사회민주주의의 영향력, 1871~1914년〉(1973), 비평 논문 〈독일 사회민주주의 역사학의 한 세기〉(《사회운동》 1976), 알랭 베르구니우와 베르나르 마냉이 쓴 《사회민주주의 또는 타협》(1979)의 서문 등이 이때 나왔다. 이러한 글들을 통해서 볼 때, 드로가 19세기 중반~20세기 초 독일의 사회민주주의 사상과 프랑스의 정치사상 사이의 접촉점이 바로 프랑스사회당이라고 보았다는 점은 명백해진다. 1970년대 초에 프랑스에서든 외국에서든 사회주의나 사회주의 정당은 중대한 관심사 가운데 하나였다. 이때 드로는 G. D. H. 콜이 편집한 일곱 권짜리 《사회주의 사상》의 한계를 넘어서서 가능한 주제에 대해 가장 포괄적인 비평을 제공할 수 있는 학자들의 협조를 이끌어 냈다. 《사회주의 사상》은 필독서이기는 했지만 영국과 프랑스의 사례만을 다루고 있었다. 반면에 드로가 편집한 네 권의 책은 플라톤, 토머스 모어, 토마소 캄파넬라 등 사회주의 사상의 고대적 기원으로부터 책이 출판된 시기까지 넓은 범위를 망라했다. 마지막 권의 '최종 마무리'에서 드로는 1968~1969년 유럽과 미국에서 미몽에서 깨어난 이들이 일으킨 국제적 항거 이후 사회주의의 미래에 대한 비관론이 나타난 바로 그 시기에 이 책을 출판한다고 썼다. 그는 런던 콜로키움의 결과물로 1968년에 출판된 《국가와 함께 또는 국가 없이?》와 마찬가지로, 이 책 역시 비교 방법론을 채택했으며 현상을 비교하고 엄격한 '언어의 위생'을 유지해야 하는 어려움(예컨대 프랑스어 'classe ouvrière'와 영어 'working class'는 서로 의미가 달라 번역하기 힘들다)을 극복하기 위해서 인류학이나 언어학 개념들에서 지적 자양분을 빌려왔다고 말하곤 했다.

외교사에 관한 출판물을 계속 펴내면서도 드로는 제1차 세계대전의 발발에서 독일의 역할에 대한 논쟁을 프랑스의 학생과 교수, 일반 대중의 관심사로 이끈 가장 저명한 프랑스 역사가 중 한 사람이었다. 프리츠 피셔가 쓴 《세계 제패의 야욕: 독일제국의 전쟁 목적》의 프랑스어판에 실린 드로의 서문은 전쟁 목적을 단지 독일의 '대의명분' 정도로가 아니라 드레퓌스사건 같은 내용으로 파악함으로써 프랑스 독자들에게 논쟁의 맥락을 더욱 여실하게 전달해 주었다. 피셔는 독일이 세계 강국으로 등장할 수 있는 절호의 기회로 전쟁을 적극적으로 추진했다고 주장했다. 드로는 서문에서 피셔의 주장으로 야기된 답변들은 때로 학자다운 정중함이나 객관성으로부터 멀리 떨어져 있다며 아쉬움을 표현했다. 그럼에도 불구하고 《제1차 세계대전의 기원》(Les Causes de la première guerre mondiale, 1973)에서 드로는 독일에서 나온 논의를 조심스럽게 평가했을 뿐 아니라 자기 자신의 결론도 밝혔다. 역사 연구가 독일사의 연속성이라는 것을 보여 줄 수는 있지만, 제3제국이 과거의 사건들로부터 필연적으로 만들어진 것은 아닌 까닭에 제3제국의 잘못된 현실 모두를 역사 연구가 설명해 줄 수는 없다는 어쩌면 단순해 보이는 견해였다.

1997년 아내 자클린이 죽음을 맞이할 무렵 드로는 시력을 잃고 말았다. 그전까지만 해도 그는 정치 이론사, 계급, 독일사의 새로운 영역을 계속 열어 갔다. 그는 1981년 콘라드 엥겔베르트 오엘스너에 관해 클라우스 다이네트가 쓴 책의 서문에서 프랑스혁명이 독일에 미친 충격을 논하면서 자신의 존재감을 부각시켰다. 1985년에 나온 드로의 저서 《유럽 반파시즘의 역사》는 주로 프랑스에서이기는 하지만 대단한 호평을 받았으며, 이 책과 관련된 자료들은 현재 라데쿠베르트 출판사 자료실의 기탁서고에 보관되어 있다. 1990년에 출판된 《국제노동운동 인명사전》의 프랑스 편을 편집하는 막중한 일을 병행하면서도 드로는 자신의 아내와 당시 독일 역사가들 중 떠오르던 별 위르겐 코카와 함께, 1800년 무렵에 근대적 정의를 획득한 이후의 독일 중간계급에 대한 체계적 연구에 착수했다. 연구 성과를 담은 일련의 논문들은 1986년에 《사회운동》에 실렸다. 그는 1983년에 영어 학술지 《근대사 저널》에 〈프로이센을 찾아서〉라는 논문을 싣기도 했다. 이 논문에서 그는 자신의 오랜 주장, 즉 독일 사회가 20세기 중반에 이르기까지 '귀족,' '상층 부르주아계급,' 그리고 '공직자 계급' 등에 의해 지배된 만큼, 독일에는 항구적이면서도 변화무쌍한 일종의 프로이센-독일의 정체성이 흐르고 있다는 주장을 다시 한 번 강조했다.

드로의 자식 넷 가운데 베르나르 드로는 교육자와 역사가로서 아버지의 뒤를 이었다. 베르나르 드로는 《해외: 역사잡지》의 편집장이자 최근에 나온 《20세기 탈식민지화의 역사》(2006)의 지은이이다.

문지영 옮김

참고 자료

육필 원고본

La Découverte MSS, papers of Editions la Découverte, Institut mémoires de l' édition contemporaine, St. Germain-de-la-Blanche-Herbe.

Rivière MSS, papers of Editions Marcel Rivière (1912-1986), Internationaal Instituut vor Sociale Geschiedenis, Amsterdam.

Seuil MSS, papers of Editions de Seuil, Institut mémoires de l'édition contemporaine, St. Germain-de-la-Blanche-Herbe.

책

L'Opinion publique dans la Province rhénane au cours du conflit austro-prussien 1864-1866 (Bonn:

Rheinische Archiv, 1932).

Le Libéralisme rhénan 1815-1848 (Paris: F. Sorlot, 1940).

La Pensée politique et morale des Cisrhénans (Paris: F. Sorlot, 1940).

Histoire de l'Allemagne (Paris: PUF, 1945).

Histoire de l'Autriche (Paris: PUF, 1946).

Histoire des doctrines politiques en France (Paris: PUF, 1948).

L'Allemagne et la Révolution française (Paris: PUF, 1949).

Histoire diplomatique de 1648 à 1919 (Paris: Dalloz, 1952).

L'Epoque contemporaine, vol. I: Restaurations et révolutions 1895-1975, with Louis Grenet and Jean Vidalenc (Paris: PUF, 1953).

Les Révolutions allemandes de 1848, d'après un manuscrit et des notes de E. Tonnelat (Paris: PUF, 1957).

L'Europe Centrale: évolution historique de l'idée de "Mitteleuropa" (Paris: Payot, 1960).

Le Romantisme allemand et l'Etat: résistance et collaboration dans l'Allemagne napoléonienne (Paris: Payot, 1966).

Le Socialisme démocratique, 1864-1960 (Paris: Armand Colin, 1966).

Europe between the Revolutions 1815-1848, translated by Robert Baldick (London: Collins, 1967).

Histoire des doctrines politiques en Allemagne (Paris: PUF, 1968).

De la Restauration à la Révolution (Paris: Armand Colin, 1970).

Histoire de l'Allemagne, 3 vols., edited by Jacques Droz (Paris: Hatier, 1970): vol. 1, *La Formation de L'Unité allemande 1789-1871*; vol. 2, with Pierre Guillen, *L'Empire allemand 1871-1918*; vol. 3, with Jacques Bariéty, *République de Weimar et Régime hitlérien 1918-1945*.

Histoire générale du socialisme, 4 vols. (Paris: PUF, 1972. 9): vol. 1, *Des origines à 1875* (1972); vol. 2, *De 1875 à 1918* (1974); vol. 3, *De 1918 à 1945* (1977); vol. 4, *1945 à nos jours* (1978).

Les Causes de la première guerre mondiale: essai d'historiographie (Paris: Seuil, 1973).

Histoire de l'antifascisme en Europe (Paris: La Découverte: Paris, 1985).

Dictionnaire biographique du mouvement ouvrier international (Paris: Les Editions ouvrières, 1990).

논문

"Gegenw a rtige Strömungen in der neueren französischen *Geschichtschreibung*,"

Geschichte in Wissenschaft und Unterricht, 3 (1952): 177-81.

"Hauptprobleme der französischen Forschungen zur neueren Geschichte," *Die Welt als Geschichte*, 14 (1954): 109-18.

"Les historiens français devant L'histoire allemande," *Europa: Erbe und Aufgabe* (Wiesbaden: Franz Steiner, 1956), pp. 249-57, original: "Zur Revision des deutsch-französischen Geschichtsbildes," *Deutschland-Frankreich Ludwigsburger Beitr a ge zum Problem der deutsch-französischen Beziehungen*, 2 (1954): 89-101.

"Les tendances actuelles de L'historiographie allemande," *Revue historique*, 215 (1956): 1-23.

"Bulletin historique: histoire de l'Allemagne de 1789 à 1914," *Revue historique*, 226 (1961): 171-200.

"La légende du complot illuministe et les origines du romantisme politique en Allemagne," *Revue historique*, 226 (1961): 313-38.

Review: "*1863-1963: Hindert [sic] Jahre deutsche Sozialdemokratie. Bilder und Dokumente* by Georg Echert," Le Mouvement social, 46 (Jan.. Mar., 1964): 138-9.

"Bulletin historique: histoire de l'Allemagne du milieu du XVIIIe siècle à la première guerre mondiale," *Revue historique*, 235 (1966): 427-54.

"Avec ou sans l'Etat? Le mouvement ouvrier français et anglais au tournant du siècle: colloque tenu à Londres à Pâques 1966," *Le Mouvement social*, 65 (Oct.. Dec., 1968): 163-6.

"Bulletin historique: histoire de l'Allemagne (1789-1914)," *Revue historique*, 242 (1969): 141-72.

Review: "*The Genesis of German Conservatism* by Klaus Epstein," *Central European History*, 2 (2) (1969): 177-80.

"Der Nationalismus der Linken und der Nationalismus der Rechten in Frankreich (1871-1914)," *Historische Zeitschrift*, 210 (1970): 1-13.

"Einfluβ der deutschen Sozialdemokratie auf den französischen Sozialismus (1871-1914)," *Rheinische-Westf a lische Akademie der Wissenschaften*, 188 (1973): 1-28.

Review: "*Die Wandlung des deutschen Kommunismus: Die Stalinisierung der KPD in der Weimarer Republik* by Hermann Weber," *Le Mouvement social*, 92 (Jul..- Sept., 1975): 128-30.

"Historiographie d' un siècle de social-démocratie allemande," *Le Mouvement social*, 95 (Apr.. Jun., 1976): 3-23.

Review: "Lassale by Schlomo Na' aman," *Le Mouvement social*, 96 (Jul.. Sept.,

1976): 125-8.

"In search of Prussia," *Journal of Modern History*, 55 (1) (1983): 71-7.

"La bourgeoisie allemande en débat," *Le Mouvement social*, 136 (Jul.. Sept., 1986): 3-4.

"La bourgeoisie dans l'histoire moderne et contemporaine de l'Allemagne: recherches et débats récents," with ürgen Kocka and Jacqueline Droz, *Le Mouvement social*, 136 (Jul..- Sept., 1986): 5-27.

"Libéralisme et bourgeoisie dans le 'Vormärz' (1830-1848)," *Le Mouvement social*, 136 (Jul.. Sept. 1986): 29-52.

"Postface," *Le Mouvement social*, 136 (Jul.. Sept., 1986): 125-35.

그 밖의 저작

Preface to *Deutschland und Frankreich in der Geschichtsschreibung des Neunzehnten Jahrhunderts*, by Heinz-Otto Sieburg (Wiesbaden: Franz Steiner, 1954).

Preface to *Gedenkschrift Martin Göhring: Studien zur europäischen Geschichte*, edited by Ernst Schulin (Wiesbaden: Franz Steiner, 1968).

Preface to *Les Buts de guerre de l'Allemagne impériale 1914-1918*, by Fritz Fischer, translated by Geneviève Migeon et Henri Thiès (Paris: éditions de Trévise, 1970).

Preface to *Les Camps de concentration dans l'économie du Reich hitlérien*, by Joseph Billig (Paris: PUF, 1973).

Preface to *La France antisémite de Darquier de Pellepoix*, by Jean Laloum (Paris: Syros, 1979).

Preface to *La Social-démocratie, ou Le compromis*, by Alain Bergounioux and Bernard Manin (Paris, PUF, 1979).

Preface to *Konrad Engelbert Oelsner und die Französische Revolution: Geschichtserfahrung und Geschichtsdeutung eines deutschen Girondisten*, by Klaus Deinet (Munich: R. Oldenburg, 1981).

소르본대학 강의록

Le Nationalisme allemand de 1871 à 1939 (Paris: Centre de documentation universitaire, 1963).

L'Internationale ouvrière de 1864 à 1920 (Paris: Centre de documentation universitaire, 1964).

Le Socialisme allemande de 1863 à 1918 (Paris: Centre de documentation universitaire, 1964).

Les Relations franco-allemandes intellectuelles de 1871 à 1914 (Paris: Centre de documentation universitaire, 1966).

Les Forces politiques dans la République de Weimar de 1919 à 1933 (Paris: Centre de documentation universitaire, 1967).

Le National-socialisme (Paris: Centre de documentation universitaire, 1968).

Socialisme et syndicalisme: de 1914 à 1939 (Paris: Centre de documentation universitaire, 1972).

참고문헌

Allain, Jean-Claude and Tison, Hubert, "Jacques Droz (1908-1998)," *Historiens et géographes*, 370 (2000): 10.

Ayçoberry, Pierre, "Jacques Droz," *Bulletin de l'Association des historiens contemporanéistes de l'enseignement supérieure*, (2000): 121-6.

Ayçoberry, Pierre, "Matériaux pour une biographie intellectuelle de Jacques Droz," *Historiens et géographes*, 370 (2000): 11-12.

Bariéty, Jacques, "Nekrolog: Jacques Droz: 1909-1998," *Historische Zeitschrift*, 267 (1998): 826-9.

Catinchi, Philippe-Jean, "Un universitaire de grande tradition: spécialiste de l'Allemagne," *Le Monde* (March 8-9, 1998): 19.

Espagne, Michel and Werner, Michael (eds.), *Histoire des études germaniques en France 1900-1970* (Paris: CNRS, 1994).

Möller, Horst, "Nekrologe: Jacques Droz (1909-1998)," *Francia: Forschungen zur westeuropaischen Geschichte*, 28 (3) (2001): 195-8.

Peyrot, Jean, "Un des artisans du rapprochement franco-allemand," *Historiens et géographes*, 370 (2000): 10-11.

Prost, Antoine, "Droz, Jacques (Paris, 1909-Paris, 1998)," in *Dictionnaire biographique des historiens français et francophones: de Grégoire de Tours à Georges Duby*, edited by Christian Amalvi (Paris: Boutique de L'histoire, 2004), pp. 84-5.

Prost, Antoine, "Jacques Droz," *Le Mouvement social*, 184 (Jul.. Sept. 1998): 113-16.

Renouvin, Pierre, "La politique des emprunts étrangers aux Etats-Unis de 1914 à 1917," *Annales: économies, sociétés, civilisations*, 6 (3) (1951): 203-307.

Ritter, Gerhard, "Deutsche Geschichtswissenschaft im 20. Jahrhundert,"

Geschichte in Wissenschaft und Unterricht, 1 (1950): 81-96.

Ritter, Gerhard, "Vereinbarung der deutschen und französischen Historiker," *Die Welt als Geschichte*, 12 (1) (1952): 145-8.

Schüle, Klaus, "Die Tendenzen der neueren französischen Historiographie und ihre Bedeutung," *Geschichte in Wissenschaft und Unterricht*, 19 (1968): 229-33.

19

자크 베르크

1910~1995

Jacques Berque

자크 베르크

제임스 휘든

　20세기 프랑스에서 자크 베르크는 아랍의 사회와 언어, 문화에 관해 가장 뛰어난 전문가였다. 그의 역사 저술에는 고전기와 중세기의 아랍 세계에 관한 저작들뿐 아니라 근대 이후 식민화와 탈식민화 문제에 관한 영향력 있는 저작들도 포함되어 있다. 그의 역사 저술들은 영어를 포함해 여러 언어로 번역되었으며, 유럽과 미국의 역사학은 물론 중동과 마그레브의 역사학에도 커다란 영향을 끼쳤다.

　20세기 전반기 프랑스 역사학의 풍조는 프랑스의 식민화 사업을 필연적인 '문명화의 사명'으로 정당화하거나, 아니면 식민화가 마그레브의 토착민들에게 끼친 파괴적인 영향력을 고발하는 것이었다. 이러한 학문 풍조 속에서 아랍은 덜 발달된 족속으로 간주되거나 아니면 승승장구하는 프랑스의 무기력한 희생자로 여겨질 뿐이었다. 하지만 자크 베르크는 프랑스나 세계 곳곳에서 아랍의 문화유산에 대한 여론이 크게 분열되어 있던 바로 그 무렵에, 아랍 문화의 강점과 풍요로움을 강조했다. 더구나 베르크는 아랍인들의 토양, 사회, 문화 등에 관한 이해를 통해 아랍의 유산에 스스로 빠져들었다. 그 결과로 아랍과 무슬림 사회에 대한 호의적인 관찰자라는 평판을 얻게 되었다. 여러 저작에서 베르크는 이슬람이야말로 중동과 마그레브의 역사와 문화를 이해하는 데 핵심 요소라고 주장했다. 베르크는 특히 이슬람 문화가 근대성을 거부함으로써가 아니라 스스로 변화하고 쇄신함으로써 어떻게 식민지 시기의 근대적 변화에 대처해 나갔는지를 보여 주었다.

자크 베르크는 1910년 6월 4일 당시 프랑스 식민지였던 알제리의 몰리에르에서 태어났다. 1989년에 출판한 자서전 《두 연안의 회고록》(Mémoires des deux rives)에서 그는 당시 알제리에 있는 이른바 프랑스 지구가 사실상 아랍어, 프랑스어, 에스파냐어 등이 두루 통용되는 다국적 공동체였다는 바로 그 사실만으로도 식민지 알제리는 명목상으로만 프랑스령일 뿐이었다고 회상했다.

베르크의 아버지 오귀스탱 베르크는 '정착 식민자'(colon) 2세대에 속했는데, 당시 프랑스 제국령 군대에서 고급 장교로 근무했다. 어머니 플로랑틴 베르크는 에스파냐 혈통으로 19세기 후반에 알제리의 농촌 지역에 정착해서 농장을 경영해 온 이른바 '백인 서민층'(petit blancs)에 속했다. 아버지 오귀스탱 베르크는 비록 '혼성 지구'(다수 알제리인과 소수 프랑스인으로 구성된 식민 구역)의 감독관이기는 했지만, 결코 전형적인 정착 식민자라고 볼 수 없었다. 주로 프랑스, 에스파냐, 이탈리아 또는 몰타 출신인 이들 정착 식민자는 알제리에 사는 대다수 무슬림 토착민들에게 거의 어떤 관심도 존중심도 없었다. 하지만 오귀스탱 베르크는 이슬람 법률에 전문 지식을 가지고 있을 뿐 아니라 아랍어 실력도 상당한 수준이었다는 점에서 드문 예외에 속했다.

베르크는 자신이 자란 프렌다 타운에 있던 '혼성 지구'의 사령부에서 아버지가 저명한 무슬림 법률고문들과 사법 문제를 논의하던 어린 시절의 기억을 고스란히 간직하고 있었다. 베르크는 자라면서 알제리 아이들과 잘 어울렸으며 아랍어 사투리와 현지 문화에도 친숙해졌다. 게다가 아버지는 아들 교육을 직접 감독했으며 아들이 현지 쿠란 학교에서 공식적으로 고전 아랍어로 교육받도록 배려했다. 그래서 베르크는 어린 시절부터 이슬람의 가르침을 담뿍 받을 수 있었다. 베르크는 식민지 알제리에서 이중의 생활을 한 셈이다. 알제리 사회에 동화되기는 했지만, 한편으로는 '정착 식민자'이자 알제리 식민 사회 내부의 엘리트 프랑스인 계급에 속했다. 아랍어를 익히고 나서 그는 오랑과 알제에 있는 중등학교에서 인문학 고전 교육을 받았다. 프렌다와 달리 알제에서는 식민 사회의 편견과 불평등이 훨씬 심했다고 회고록에 적고 있다. 이를테면, 주민의 대다수가 알제리인이었지만 알제대학에서 베르크의 동급생 중에는 알제리인을 거의 찾아보기 힘들었다.

베르크는 회상록에서, 스무 살 나이에 프랑스로 간다는 것은 지중해 남쪽 해안의 따사로운 햇살과 식민지 사회의 다양한 풍물들을 뒤로하고 상대적으로 우울하고 딱딱한 파리로 향한다는 뜻이라고 썼다. 전국 차원에서 이미 학자로서 소양을 충분히 인정받고 있는 그였지만 소르본대학에서는 그리 만족스러운 생활을 하지 못했다. 1년 반이 지나 그는 돌연 연구를 포기하고 알제리로 돌아왔다. 이러한 결단은 프랑스인으로서 받은 학문적 훈육보다도 아랍과 무슬림 문화에 더 친숙감을 느끼게 된 베르크의 남다른 품성을 잘 드러내 준다. 아버지가 비록 아들의 결단에 반대하기는 했지만, 베르크는 식민 행정 부처에서 경력을 쌓기로 결정함으로써 사실상 아버지의 전례를 따르고 있었다. 오귀스탱 베르크는 알제리의 어느 외딴 군사 요충지로 아들을 발령 냈는데, 여기서 베르크는 막사에서 생활을 하며 말을 타고 호드나 고원을 넘기도 했다. 마그레브 부족 문화를 직접 관찰한 후에 그는 첫 발표 논문 〈시디아이사 유목민 계약의 면모〉을 위한 자료를 수집하기 시작했다. 이 논문은 4년 뒤 권위 있는 학술지 《아프리카 평론》에 실렸다. 이 논문에서 제시한 입론, "언제나 가족이다. …… 여기서 고립된 개인은 단지 일탈일 뿐이며 단편적인 존재에 지나지 않는다"라는 명제는 마그레브 사회를 분석하는 근본 원칙으로 확립되었다.

1934년에 베르크는 프랑스 보호령 모로코의 행정청에 내지인 담당 관리로 들어갔으며, 여기서 모로코 법률 체제의 운영을 살펴볼 기회를 얻었다. 그는 관습법을 연구하기 시작했는데, 이 연구를 바탕으로 1936년에 《베니메슈킨 유목민 규약: 북아프리카의 계약에 관한 연구》(Les Pactes pastoraux Beni-Meskine: contribution à l'étude des contrats nord-africains)를 출판했다. 1937년 베르크는 모로코 북부의 페스 시 행정관으로 임명되었으며 이때부터 도시 사회로 관심을 돌렸다. 페스의 콰라빈 모스크에 관한 사회학적 연구와 나란히, 베르크는 1939년에 〈페스에서 2년 동안의 수공업 활동〉이라는 논문을 발표했다. 이 논문에서 베르크는 북아프리카 사회에 대한 자신의 두 번째 원칙을 확립했다. 요컨대 사회 공동체의 질서에 관한 것으로 "일상생활은 하나의 전체로서의 모양새를 취한다. 페스에서 삶은 거래, 가정, 노동 따위가 함께 섞인 순환 곡선의 형태이다"라는 명제로 요약된다. 법률 문서 분석과 더불어 인류학적 관찰을 도모함으로써, 베르크는 아랍의 사회와 문화에 대한 깊은 공감을 자신의 학문적 훈육 규정에 맞추어 표현하게 해주는 방법론을 확립해 나갔다.

1939년에 베르크는 프랑스 군대에 지원했으나, 프랑스가 곧 패배한 이후 모로코의 행정청으로 돌아왔다. 그는 1940년부터 1943년까지 농촌 지역에서 업무를 맡았으며, 뒤이어 라바트에서 교육감독관이 되었다. 베르크는 교육감독관 자격으로 젊은 모로코 학생들과 꾸준히 교류했는데, 이들 대다수는 1956년에 모로코가 독립한 뒤 모로코의 정치적 기반을 세우는 과정에 일익을 담당하게 될 터였다. 하지만 식민 행정부와 베르크의 관계는 1943년부터 1953년 사이에 급속도로 악화되었다. 1944년에 베르크는 모로코 보호령의 농지개혁을 위한 주요 계획안을 제출했다. 하지만 농민의 토지 보유를 보호하고 법적 지위를 개선하도록 입안된 계획안은 프랑스 식민주의자들의 격렬한 반대에 부닥쳤고, 이들은 결국 이면 공작을 통해 개혁을 좌절시켰다. 농촌의 사회와 경제에 관한 저술 탓이기도 했지만 특히 식민 행정부와 마찰을 빚음으로써 베르크는 멀리 오아틀라스(Haut-Atlas) 지역, 즉 세크사와 부족이 살고 있는 임인타누트 지방으로 발령을 받았다. 오아틀라스 지역에서 식민 행정관으로서 남은 경력을 보내면서 베르크는 점점 외톨이 처지가 되었으며 모로코의 민족 독립운동에 대한 프랑스 보호령의 압제 정책을 비판하고 나섰다. 1953년 8월에 보호령은 모로코 민족주의자들을 배후에서 지원하던 술탄 무함마드 5세를 나라 밖으로 추방했다. 이에 대한 항의로 베르크는 식민 행정관직을 사임했다. 하지만 프랑스 제국의 통치에 대한 환멸이 모로코의 민족독립에 대한 정치적 지지로 바뀐 것은 한참 후의 일이었다. 모로코를 떠난 베르크는 이집트로 가 유네스코에서 일자리를 구했다. 농지개혁 전문가인 그는 이집트 촌락 시르알라얀에 살면서 농촌 생활을 관찰했다. 1952년에 가말 압델 나세르가 군사쿠데타를 일으켜 정권을 장악한 이집트는 혁명적 변화의 와중에 있었다. 나세르는 이집트에서 대규모 개혁을 꾀했으며 서구와 소련의 영향력에서 벗어난 신흥 독립국가들 사이에 '제3세계' 동맹을 추진했다. 아프리카와 아시아에 대한 서구의 정책에 크게 실망한 베르크는 곧 나세르가 이끄는 운동에 영향을 받았다. 그는 스스로 "나는 제3세계주의자가 되었다"라고 말했다.

오아틀라스에 머물 당시 베르크는 인류학적·사회학적인 연구 방법론을 완성했다. 그 결실이 첫 번째 주요 저작 《오아틀라스 지역의 사회구조》(Structures sociales du Haut-Atlas, 1955)이다. 이 책은 학문적 인정과 박사 학위, 그리고 1956년에 콜레주드프랑스의 현대 이슬람 사회사 담당 교수로 선임되는 영예를 가져다주었다. 이 책에서 베르크가 보여 준 모로코 농촌 사회에 대한 분석은 식민지를 다룬 다른 사회학이나 역사학 저서들과 비교해 볼만하다. 예컨대 로베르 몽타뉴의 《베르베르인과 북부 모로코 통치》(Les berberes et le Makhzen au sud du Maroc)는 모로코의 부족 정치에 관한 실용적인 안내서로 잘 알려져 있다. 하지만 베르크는 몽타뉴뿐 아니라 북아프리카의 사회와 역사에 관한 다른 저명한 프랑스 전문가들의 방법론과 결론에 대해 아주 비판적이었다. 1956년에 출판한 논문 〈마그레브 사회학 125년〉에서 베르크는 몽타뉴가 마그레브 역사에서 부족 세력을 지나치게 강조하는 것은 결국 문명에 대한 마그레브의 어떤 유의미한 공헌도 인정하고 있지 않다는 사실을 보여 줄 따름이라고 주장했다. 마찬가지로 베르크는 에밀펠릭스 고티에의 논문 〈마그레브의 어두운 세월〉에 관해 언급하면서 고티에가 이슬람 시대 이전의 베르베르 농경문화가 몰락한 것을 아랍과 이슬람의 침략자들 탓으로 돌리고 있다는 사실을 지적했다. 고티에는 아랍인들의 유목 부족사회와 이슬람 시대 이전 베르베르인들의 정주 촌락사회를 대비해 놓았다. 그런데 이 두 가지 중에서 어느 경우든 마그레브는 프랑스로 대변되는 서구와 비교해서 뒤처지는 것으로 파악된다(고티에는 프랑스가 근대에 접어들어 생산적인 농경 사회를 재확립했다고 주장한다).

식민지 상황에서 역사를 쓴다는 것은 아주 논쟁적인 일이었다. 식민사학자들은 식민화의 결과로 북아프리카 사회에 발생한 변화들, 즉 프랑스의 식민지 경영이 과연 어느 정도 북아프리카 주민들에게 혜택을 주거나 피해를 끼쳤는가 하는 문제에 관심을 가졌다. 프랑스의 지배에 대해 민족주의적 저항이 분출하는 시기에, 식민화가 북아프리카에 끼친 영향을 연구한다는 것은 20세기 프랑스에서 아주 민감한 정치적 현안이었다. 베르크의 저작은 '식민지 부족 정책'에 비판적일 뿐 아니라 프랑스의 정책을 정당화하고 퍼트리고자 기획된 듯 보이는 동시대 저작들의 방법론에 비판적인 학파에 속했다. 이런 점에서 베르크는 식민화가 알제리 사회에 근본적인 변화를 가져왔다는 사실을 보여 준 아버지의 뒤를 이은 셈이다. 예컨대 오귀스탱 베르크는 자신의 저작에서 현금 경제와 더불어 토지의 개혁과 징발이 부족장들의 지위와 부족 사회조직을 와해시켰다고 주장했다. 마찬가지 분석에 입각해서, 자크 베르크는 〈마그레브 사회학 125년〉에서 '부족'이 생각했던 것보다 훨씬 더 복잡한 역사 현상인 까닭에 결코 프랑스 식민 지배의 확고한 토대가 되지 못했다는 점을 보여 주었다. 그는 부족이란 조상이나 가족의 우대에 바탕을 둔 어떤 항구적인 역사적 정체성을 지니고 있지 않으며 개인이나 가족은 특정한 역사적 상황 아래에서만 부족적 유대를 만들어 낸다고 주장했다. 요컨대 부족은 마그레브 역사의 중요한 특징 가운데 하나였지만 결코 항구적인 요소는 아니었다. 부족의 기원은 아랍인에게든 베르베르인에게든 선조들에까지 거슬러 올라갈 수 있다. 하지만 이러한 계보학적 연결은 결핍된 항구성의 의식을 부족에게 심어 주기 위해 고안된 허구에 지나지 않는다. 프랑스의 식민 정책(때로는 분리통치 정책)이 부족은 서로 끊임없는 적대 상태에 놓여 있다는 관념에 토대를 두고 있는 반면에, 베르크는 부족들 사이의 전쟁이란 실제로는 갈등을 조정하는 수단일 뿐이었다고 주장한다. 부족 간의 갈등은 목축이나 관개 같은 실제적인 문제들 탓에 발생했을 따름이라는 것이다. 따라서 오랜 계보학적 전통보다는 환경과 같은 외부적인 요인에 따라 부족의 구조가 결정되었다. 부족은 역사적 상황에 대한 응답이었던 까닭에, 부족 자체는 항구적인 사회구조일 수 없었으며 식민지 점령을 포함한 새로운 역사적 상황에 따라 달라졌다.

베르크는 1957년에 출판한 《20세기 이집트 촌락의 사회사》에서도 비슷한 지적을 했다. 이집트에서 유네스코에 근무할 때 베르크는 촌락 마을 시르알라얀에서 살았는데, 여기서 그는 촌락의 생활과 관습을 직접 관찰할 수 있었다. 그가 쓴 책은 가족과 대단위 사회질서의 중요성을 잘 보여 주고 있다. 오랜 세월 두 집안이 분파적이거나 자치적인 성격을 지닌 촌락 구역들을 통제함으로써 촌락을 지배했다. 사회적 위계는 촌락의 경관과 건축 구조에도 그대로 드러났다. 예컨대 지배 집단의 대저택들은 촌락의 중앙대로를 굽어보는 지점에 자리 잡고 있었다. 이러한 사회적 위계가 어떻게 의례 행위에 반영되어 나타나는지를 관찰함으로써, 베르크는 촌락 구역들의 종교적 정체성이 상층계급 집안과 하층계급 집안 사이의 유대를 강화시켜 주었다는 사실을 입증했다. 베르크는 이렇게 인류학적 관찰과 역사학적 해석을 결합시킴으로써 근대적 변화의 과정을 보여 주었다. 그가 말했듯이, 이집트의 촌락 마을은 더 이상 옛날 모습이 아니었다. 비록 지배 집안들 사이의 다툼이 근대 시기까지 지속되기는 했지만, 촌락 생활의 변화는 전국 차원에서 나타나는 변화로 되풀이되었다. 건축 면에서 촌락은 종교적이거나 사회적인 상징 구조를 그대로 유지했지만, 촌락의 변두리는 근대의 사회경제적 변화에 쉽사리 적응한 신흥 지구로 확대 편입되었다. 마찬가지로 자원에 대한 과잉인구의 압력과 근대식 교육의 침투는 의례와 관습을 바꾸어 놓았다. 가족, 사회질서, 종교 의례 등에 관한 베르크의 분석은 이러한 구조들이 근대 국민국가의 형성에 따라 변화되었음을 잘 보여 준다.

배르크의 인류학적 방법과 해석은 다른 학자들에게 놀라운 영향력을 발휘했다. 예컨대 그의 책《알유시, 17세기 모로코 문화의 문제들》(Al-Yousî, problèmes de la culture marocaine au XVIIe siècle, 1958)은 인류학자 클리퍼드 기어츠의 괄목할 만한 저작《이슬람 들여다보기》(1968)의 중요한 이론적 토대가 되었다. 하지만 프랑스에서 아랍과 이슬람 연구의 가장 영향력 있는 사회사 학자로서 베르크는 1950년대 말에 자신의 역사 연구 영역을 확대했다. 1959년에 출판한《아랍인들》(Les Arabes)에서 베르크는 인류학적 시각으로 관찰한 특정 아랍 공동체들과 아랍 및 이슬람 역사의 더 폭넓은 조류들을 서로 대비시켰다.《아랍인들》은 이집트 촌락 마을 시르알라얀의 사회 구성과 건축 구조를 아라비아의 옛 도시 메디나와 비교함으로써 아랍 도시 문화의 지속적인 패턴을 밝혀냈다. 아라비아반도에서 이슬람 도시가 생겨났을 당시부터 이슬람 도시들의 중심은 바로 성전과 성지였는데, 바로 이것들이 도시나 도시 구역의 정체성을 만들어 냈다.

마찬가지로 베르크가 페스에서 이미 살펴보았듯이 도시 생활은 수공업자, 상인, 율법학자 등 중요한 직업 집단에 의해 형성되었다. 따라서 베르크가 쓴 아랍인의 역사는 북아프리카와 이집트 사회에 대한 그의 초기 저술들에서 선보인 주제들을 되풀이했다. 부족 집단 문제로 되돌아가서 베르크는 예멘의 부족 구조와 모로코의 부족 구조를 비교했으며, 부족의 사회 세력과 도시의 사회 세력 모두를 포괄하는 역동적인 과정 속에서 부족 문제를 다루었다. 베르크는 아랍의 역사가 사막과 스텝 지역의 초원 부족 집단에 대해 도시들에서 벌어지는 교역과 생산이 상쇄하는 힘에 따라 형성되었다고 주장했다. 아랍인의 대정복 사업 이후에 지중해 세계의 고전적인 도시 문명들은 바그다드에 있는 아랍 칼리파에 의해 한 단계 더 나은 새로운 수준으로 도약했다. 그럼에도 베르크는 중세 북아프리카의 위대한 역사가 이븐 할둔의 논지를 따라서, 부족 세력들은 중세의 위대한 이슬람 도시 문명들이 붕괴한 데 어느 정도 책임이 있다고 주장했다.

《아랍인들》은 "아랍이란 존재 양식이다"라는 구절로 시작한다. 이 문장은 베르크를 아랍인의 심성 구조를 연구하는 역사가로 만들었다. 베르크가 보기에, 사막의 귀족 베두인과 장엄한 이슬람 도시는 아랍인 심성 구조를 상징했다. 하지만 베르크는 부족 세력과 도시 세력은 근대에 접어들어 형태가 바뀌었으며, 아랍 문화는 승승장구하는 유럽 산업사회의 압도적인 힘에 맞서서 부족적·종족적 정체성이 뒷걸음쳤다고 주장했다. 요컨대 아랍인들은 식민지 점령의 형태를 취한 근대 산업사회에 맞서 아랍 민족주의에서 도피처를 찾았다는 얘기이다. 따라서 '근대성'은 아랍 사회 내부에서 근대 유럽의 문화를 거부하는 비타협적 민족주의자들과 근대화 노선에 따라 사회를 개선하고자 하는 개량주의자들 사이에 알력을 일으켰다. 《아랍인들》은 아랍의 역사와 아랍의 근대적 변화에 관한 총체적인 해설서라고 할 수 있을 것이다.

이른바 '베르크주의'(Berquisme)의 핵심은 문화적 상징과 역사적 변화 사이의 상호작용이다. 이 점은 그의 가장 중요한 저작 《전간기의 마그레브》(Le Maghreb entre duex guerres)에서 잘 드러난다. 이 책은 프랑스 제국이 북아프리카에서 고통스럽게 퇴각을 준비하던 해인 1962년에 출판되었다. 바로 이 역사적인 전환기에 베르크는 식민주의 역사가들이 당면한 가장 중요한 질문 몇 가지를 던지고 있다. 프랑스 식민화의 성격은 어떠했는가? 프랑스와 북아프리나의 마그레브 공동체들은 서로 화해할 수도 있었는가? 과연 언제 이러한 기회를 잃어버렸는가? 베르크의 평가는 식민주의자들의 인식뿐 아니라 토착 알제리인이나 모로코인, 튀니지인들의 인식도 함께 고려했다. 베르크는 도입부에서 제1차 세계대전 이후의 상황을 평가하는 내용에 지면을 할애하고, 마그레브인들의 시각과 프랑스 식민주의자들의 시각을 병치시켰으며 전간기의 분위기를 마치 인상파 화풍처럼 묘사했다. 나아가서 베르크는 마그레브의 식민 경제의 현황을 묘사하고, 식민지에서 상업적 농업이 확대되는 반면 마그레브 농촌 사회가 와해되는 사례들을 보여 주었다. 토지와 부가 거대 사업체에 집중되는 과정은 1930년 무렵에 거의 완료되었는데, 베르크는 이로 인해 마그레브 사회의 구조가 근본적으로 바뀌었다고 주장했다. 이러한 논지는 어느 정도 마르크스주의의 분석을 따른 것인데, 근대의 경제적 변화가 마그레브의 유목 농경 사회를 프롤레타리아 형태의 산업 노동자계급으로 탈바꿈시켰다는 게 요점이었다. 사회구조에서 나타난 변화는 정치와 문화에 큰 영향을 끼쳤다. 마그레브인의 주요 정치적 결사체 구실을 하는 것은 이제 더 이상 부족이 아니라 정당이었다. 따라서 베르크는 식민지 체제가 토지와 자원을 독차지함으로써 물질적인 측면에서는 성공을 거둔 반면에 정신적인 측면에서는 패배했다고 주장할 수 있었다.

요컨대 마그레브 문화가 근대 도시사회의 도전에 대한 반응인데도 프랑스는 식민지의 과거 구조에만 집착하고 있다는 게 베르크의 핵심 주장이었다. 부족이 근대적 정당에게 자리를 내주었듯이, 이슬람교는 도덕적 안식처에서 더욱 호전적이고 단호한 정치적 문화적 힘으로 탈바꿈했다. 베르크는 이것을 "안식처 이슬람교에서 혁명의 이슬람교로!"라고 언급했다. 프랑스대혁명기의 자코뱅파처럼, 20세기 초반의 이슬람 개혁가들은 토지뿐 아니라 이어져 내려오던 종교적·사회적 정체성마저 빼앗긴 하층 계급들에게 호소력을 발휘하는 정치 이데올로기를 발전시켰다.

베르크는 한편으로 정치 발전에 대한 상반된 시각들을 검토하고, 다른 한편으로 부족이나 촌락들뿐 아니라 페스, 튀니스, 알제 같은 도시에 대해 사회학적 분석을 시도했다. 《전간기의 마그레브》는 베르크의 학문적 역량이 집대성된 작품인 동시에 당대의 주요 역사적 물음들에 대한 답변이기도 했다. 말하자면, 베르크는 프랑스가 마그레브에서 식민 체제에 의해 창출된 정치적·사회적 현실들에 대처하는 데 실패했다고 주장했다. 부족은 정치적으로든 사회적으로든 더 이상 가장 중요한 제도가 아니었는데도 식민 당국은 부족 정책을 고집했다. 프랑스 정착민들이 이미 오래 전부터 농촌 지역을 거대 사업체에 넘겨 버렸는데도, 식민 당국은 프랑스 정착민을 계속 농촌 지역으로 이주시키는 정책을 썼다. 정치협상 과정에서 프랑스 당국은 마그레브 민족주의자들이 제공한 기회를 활용하는 데 실패했다. 결과적으로 마그레브 전역의 도시들이 정치적 저항과 폭동으로 용솟음쳤다. 이러한 저항은 부분적으로 정치 개혁을 외치는 민족주의 세력이 추동한 것이었지만, 마찬가지로 식민 체제가 만들어낸 경제적·사회적 위기의 결과이기도 했다. 베르크는 역사적 도전에 대처하는 데 무능한 정부와 '가두'(rue)의 심상찮은 분위기를 대조적으로 묘사했으며, 프랑스대혁명 당시의 언어를 빌려 상황을 서술했다. 1934년은 결정적인 고비였다. 알제리의 정치 개혁을 위한 프랑스의 제안은 완전히 실패로 끝났으며, 경기 회복도 알제리, 모로코, 튀니지에서 끓어오르는 민중의 저항을 잠재울 수 없었다.

《전간기의 마그레브》는 당시 마그레브의 세세한 일상과 분위기를 잘 드러냈을 뿐 아니라 가장 중요한 역사적 물음들에 대해 견실한 답변을 제공한 듯하다. 책은 상당히 높은 평판을 얻었다. 뒤이어 내놓은 《세계의 침탈》(Dépossession du monde)은 앞 책에서 이미 다룬 주제를 지구적인 차원에서 탐색한 것이다. 여기서 베르크는 서양과 이슬람의 상호관계, 그리고 산업 세계와 비산업 세계의 상호관계를 다루었다. 유럽의 산업사회들은 이 세상을 문명의 개념으로 재단할 뿐 아니라, 권력과 이윤을 찾아 지구의 대다수를 통제한다. 유럽의 산업과 문명은 전 세계로 팽창하면서 다른 문화권과 다른 민족들한테서 그들의 자원인 토지를 빼앗았다.

하지만 유럽은 '선진' 문명이고 다른 문명들은 '후진적'이라는 유럽의 주장은 또한 유럽의 팽창으로 인해 다른 문화권들이 그들의 정체성마저 빼앗겼다는 것을 의미했다. 베르크는 이러한 과정과 결과를 이미 마그레브 연구에서 보여 준 바 있지만, 이 책에서는 한 걸음 더 나아가 세계 어디에서든 마찬가지 결과가 나타나고 있다고 주장했다. 산업 문명에 침탈당한 비산업 문명들은 어느 정도는 서구 문명의 관점을 채택함으로써, 하지만 또한 자신의 문화적 뿌리를 재발견하는 과정을 통해서 자신의 정체성을 다시 확립하지 않을 수 없었다. 그런데 중동과 북아프리카에서 이슬람의 부활과 같은 인종적·종교적 뿌리의 부활은 마찬가지로 서구 산업 문명이 자신의 정체성을 다시 확립하도록 이끌었다는 것이 베르크의 주장이다.

이러한 논지는 1970년에 발표한 《두 번째 오리엔트》(L'Orient second)에서 더욱 다듬어졌다. 이 책에서도 베르크는 역사적·문화적 정체성의 중요성, 예컨대 정체성의 원천으로서 이슬람교의 지속적인 생명력을 강조하고 있다. 하지만 이것은 무슬림이 어떤 식으로든 과거로 되돌아가기 위해 근대 세계를 거부한다는 것을 뜻하지 않는다. 오히려 베르크는 《전간기의 마그레브》에서 묘사한 혁명적 이슬람교와 같이, 문화적 정체성은 산업사회가 창출한 맥락 속에서 재구성된다고 주장했다. 베르크에 따르자면, 산업사회는 어떤 안정되고 항구적인 조건이 아니라 자체의 구조 안에 내재한 모순들이 불러온 급속한 변화를 겪고 있었다. 베르크가 보기에 이러한 모순들은 식민지 사회나 제3세계 사회에서 가장 명백하게 나타난다. 그도 그럴 것이 이곳에서는 산업 발전이 산업화 이전 사회의 유대로부터 퇴출된 다수의 낙오자들을 만들어 내기 때문이다. 베르크에 따르면, 산업사회는 이 빼앗긴 자들에게 대안적 정체성을 제공하는 데 실패했으며, 따라서 식민 권력에 맞서 민족주의의 깃발을 든 혁명이 여기저기서 일어났다. 이렇게 베르크는 식민지인과 제3세계 민중의 처지가 산업 발전이 개인들에게 가져다준 소외의 보편적 조건을 대변한다고 믿었다. 궁극적으로 그는 산업사회가 세계를 계몽한다는 그 원대한 '문명화 사명'을 수행하는 데 실패했다고 비판했다.《전간기의 마그레브》에서 프랑스가 마그레브에서 자유, 평등, 우애의 이념을 대변하는 데 실패했다고 주장했던 것과 마찬가지로, 베르크는《세계의 침탈》과《두 번째 오리엔트》에서 유럽 산업사회가 주로 이윤과 권력을 찾아 자신의 원칙을 저버렸다고 주장했다. 곧 혁명적 투쟁을 통한 세계의 탈식민화는 서구 문명과 비서구 문명이 인류의 자유와 평등이라는 관점에서 그들 문명의 진정한 의미를 되찾게 될 새로운 시대를 향한 첫걸음이었다.

《세계의 침탈》과《두 번째 오리엔트》사이에 베르크는 야심작 가운데 하나인《이집트: 제국주의와 혁명》(Egypt: impérialisme et révolution)을 출판했다. 이 책은 1789년 프랑스의 원정으로부터 1882년 영국의 점령을 거쳐 1952년 이집트혁명에 이르는 이집트 역사를 다루고 있다. 베르크는 독자들에게 과연 어느 지점에서 그리고 어떤 상황 아래에서 식민 통치로부터 해방이 찾아왔는가를 물었다. 이 질문에 답하기 위해서 베르크는《세계의 침탈》에서 시도한 방법론을 적용했으며 역사 문제에 친숙한 사회학적 접근을 구사했다. 베르크는 '세계주의적 부르주아지'(교역과 공업에 종사하는 유럽인들), 민족주의적 부르주아지(이집트 사업가들), 펠라(fellahin, 농민 집단), 노동조합뿐 아니라 민족주의 장병들이나 율법학자들 같은 다양한 사회집단의 심성 구조를 탐색했다. 베르크의 분석에 따르면, '세계주의적 부르주아지'는 금융과 과학기술에 의존하는 19세기식 제국주의를 대변했으며, 진보 또는 문명이라는 이념을 지향하고 있었다. 이집트 출신 '민족주의적 부르주아지'는 진보와 발전이라는 유럽의 이념을 열정적으로 받아들였으며, 이집트의 문화적 정체성을 이슬람 또는 아랍적인 것이 아니라 본질적으로 유럽 또는 지중해적인 것으로 재해석하고자 했다. 유럽 문화를 수용한 이집트의 상층계급들이 새로운 또는 근대 이집트라는 이념을 내세운 반면, 국민 다수는 이러한 이념을 받아들이려 하지 않았다. 따라서 금융을 장악하고 서구의 패턴을 좇는 새로운 이집트는 모든 측면에서 근대 유럽과 맞서는 이집트 농민층과 대립하게 되었다. 단지 율법학자들만이 유럽인과 접촉을 피하고 유럽적 근대성의 외향적 표현들을 멀리함으로써 본디 모습을 보전할 수 있었다. 베르크가 볼 때, 이들 율법학자의 노력은 근대성의 형태를 포함해서 온갖 형태의 '박해'(zulm)에 맞선 안식처 구실을 한 알아자르의 거대한 모스크와 이슬람 대학을 통해 상징적으로 표현되었다. 마찬가지로 베르크는 근대의 사회경제적 충격으로 뿌리가 뽑힌 채 이슬람 전통에서도 유럽 근대성에서도 자기 자리를 찾지 못하는 많은 이집트인들의 모습을 그려 냈다. 사회집단들 사이의 역학은 카이로의 풍경에도 드러난다. 도시의 동쪽에는 알아자르 모스크의 첨탑들이 옛 메디나의 영광을 재현하고 있는 반면에, 도시의 서쪽에는 나일 강의 둔덕을 따라 근대화된 풍경 속에서 유럽인과 유럽화된 이집트인들이 살고 있다. 그리고 동쪽 지역과 서쪽 지역의 변두리에는 이주 농민과 노동자, 부랑자들이 살고 있다.

책의 전반부에서는 19세기 말에 많은 경작지가 대규모 상업적 설탕 농장이나 면화 농장으로 전환된 까닭에 농민들이 '프롤레타리아화'를 겪었다는 것을 보여 준다. 더 중요한 것은 농민과 도시의 하층계급들이 이집트 상층계급들의 유럽화된 문화로부터 소외되었다는 사실이다. 베르크는 이러한 추세가 1919년 영국의 점령에 맞선 봉기 이후 이집트에 민족주의 정부가 들어섰음에도 더욱 강화되었다고 주장한다. 1930년대 무렵에 노동자계급은 이집트의 정치에서, 특히 카이로나 알렉산드리아, 수에즈, 말라알쿠브라 같은 도시에서 중요한 요소였다. 베르크의 분석에서 노동자계급이란 거의 농민이라는 점에서, 그의 주장은 엄정하게 마르크스주의에 바탕을 두고 있지는 않았다. 더구나 베르크는 문화적 변화의 중요성을 강조했다. 그는 1952년 혁명이 계급적 불평등의 결과라기보다는 (비록 계급적 불평등이 혁명의 요인 가운데 하나이기는 했지만) 상층계급과 하층계급의 문화적 차이에 따른 결과라고 주장했다. 《전간기의 마그레브》를 연상시키는 분석 틀에서 베르크는 1936년을 역사적으로 아주 의미가 큰 순간이라고 파악했다. 그해에 국민대표당(Wafd)의 민족주의적 부르주아지는 영국과 조약 체결을 교섭했는데, 이런 움직임은 베르크가 볼 때 이집트의 상층계급들이 유럽 제국주의와 동맹을 맺었다는 신호였다. 조약은 이집트 노동자계급의 반감을 격화시켰고 도시의 지식층들을 곤경에 빠트렸다. 결과적으로 젊은이들과, 지식인, 도시 대중으로 구성된 엄청난 세력이 1932년부터 1952년에 이르는 기간 동안 연이은 이집트 정부들을 포위 공격했다.

《이집트: 제국주의와 혁명》에서 베르크는 자신이 이집트의 부르주아지뿐 아니라 이들의 패권적 지위에 맞선 집단들, 곧 지식층과 노동자계급에 관해 언급할 수 있는 것은 이집트 사회구조의 변화가 범세계적인 발전의 전형적인 추세를 따르고 있기 때문이라고 말한다. 하지만 한걸음 더 나아가서 베르크는 지식층은 상층계급과 제국주의에 대한 반대를 이슬람의 언어로 표현함으로써 이집트 사회에 집단 정체성 감각을 복원해 줄 수 있었다고 주장한다. 몇몇 알려진 비평가들은 베르크가 1930~1940년대에 이집트에서 가장 대중적인 정치조직으로 발전한 무슬림형제단의 중요성을 과소평가했다고 비판했다. 하지만 이슬람의 쇄신은 종교의 사회적·정치적 역할을 강조했으며 따라서 혁명적 변혁을 추구하는 사회 세력들을 하나로 묶어 주었다는 게 베르크의 주장이다. 무슬림형제단은 베르크가 줄곧 설명한 것처럼, 이슬람의 쇄신이라는 좀 더 폭넓은 과정의 한 표현이었던 것이다. 베르크에 따르면, 이슬람교는 《세계의 침탈》에서 이미 보여 준 논지, 즉 산업사회 변화의 첫 단계에서 발생하는 사회문화적 변화의 모습을 고스란히 드러내 주었다.

비평가들은 베르크가 제국주의의 대항마로서 이슬람에 거의 낭만적인 애착을 느끼고 있으며 이슬람과 아랍 유산의 부활에 대한 신화적인 믿음을 가지고 있다고 결론지었다. 달리 말하자면, 베르크의 제3세계주의가 역사적 사건에 대한 인식을 왜곡시키고 학자로서의 자질을 훼손했다는 얘기였다. 비평가들은 또 베르크가 서구 제국주의를 고발하는 학문 조류와 친교를 맺고 있으며, 마르크스주의 또는 공산주의식 역사 분석이나 정치학을 받아들였다고 비판했다. 마찬가지로, 이슬람의 부활과 발전에 대한 베르크의 호의적인 평가도 사실은 프란츠 파농 같은 유명한 제3세계 이론가들과 교류하는 과정에서 나왔다는 게 그들의 주장이다. 파농은 1954년부터 1962년 사이에 일어난 알제리 독립전쟁 당시에 정치적 폭력을 옹호한 인물로 서방 세계에 널리 알려져 있다. 그러기에 비평가들은 베르크의 저작들이 폭력적인 정치 행동을 억압받고 있는 전 세계 식민지 인민들의 해방을 위해 필요한 단계로 묘사했다고 지적하는 것이다.

《팔레스타인인과 아랍-이스라엘 위기》(1974)에 실린 논문에서 알 수 있듯이, 베르크는 아랍과 이슬람의 정치와 문화에 호의적인 관찰자로서 당대의 정치 토론에 참여하면서 이러한 비판에 순조롭게 답했다. 베르크의 저작들은 그가 시종일관 유럽 제국주의를 해당 지역의 정치적 소요의 근본적인 원인으로 파악했다는 사실을 잘 보여 준다. 베르크는 1974년에 《오늘날의 아랍 언어》(Langages arabes du présent)을 출판했는데, 이 책은 근대 아랍의 신문, 소설, 시가 등에 대한 분석을 포함하여 근대 아랍의 문화적 정체성의 발전에 관한 연구였다. 베르크는 이 책에 막 독립을 이룩한 아랍 사회들의 이모저모뿐 아니라, 프란츠 파농과 이집트혁명 지도자 나세르, 모로코 민족주의 지도자 알랄 알파시와 벤 바르카 같은 저명한 아랍 민족주의자들과 만난 일화를 공개했다. 이렇게 베르크의 대다수 저작들은 저명인사들뿐 아니라 보통 사람들에 대한 초상을 담뿍 담고 있다. 이런 점에서 1975년에 출판한 《유목민과 방랑자》(Nomads et Vagabonds)는 모로코 사회의 초상화라고 할 만하다.

베르크는 1982년에 콜레주드프랑스에서 은퇴하기까지 《마그레브의 내면》(L'Intérieur du maghreb)과 《17세기 마그레브의 울라마, 근본주의자, 봉기자》(Ulémas, fondateurs, insurgés du Maghreb, XVIIe siècle)라는 두 권의 책을 더 내놓았다. 《마그레브의 내면》(1978)은 15세기부터 19세기까지 마그레브의 역사에 대한 야심찬 평가였다. 베르크는 초창기 왕조 중심의 역사에서와는 달리 이 시기 마그레브의 역사에서는 이슬람교가 결정적인 역할을 했다고 주장한다. 베르크는 15세기부터 이슬람 성자들이 마그레브 연안을 침략해 들어오는 포르투갈과 에스파냐의 십자군에 맞서 초보적인 방어를 조직했다는 사실을 보여 주었다. '마라부' 곧 이슬람의 성자들은 기독교도에 맞서 '성전'(jihad)을 선언한 책임자였다. 이처럼 종교사와 정치사의 상호 관련을 강조하는 대목은 이전의 역사서술과는 확연히 구분되는 점이다. 사실 그때까지 식민지 시대 프랑스 역사가들은 부족을 마그레브 사회에서 국가 조직이 성립하지 못한 유일한 요인으로 간주하거나, 아니면 마라부의 역할을 실질적인 정부를 갖지 못한 사회에 영적인 안식처를 마련해 주는 일 정도로 해석했던 것이다.

식민지 시대 이전의 마그레브 역사에 대한 개설서라 할 수 있는 《마그레브의 내면》은 마그레브를 연구하는 식민사가 또는 후기 식민사가들이 제기한 중요한 질문으로 눈을 돌린다. 마그레브 사회들이 상대적으로 약체였으며 따라서 19세기에 유럽의 식민화에 쉽사리 굴복하게 된 원인은 과연 어디에 있는가? 베르크가 묘사한 사회들은 오스만제국의 해적단이 알제와 튀니스, 트리폴리 같은 항구도시를 비롯한 마그레브 해안을 정치적으로 통제하는 반면, 이슬람 성자 마라부가 내지를 통제하는 그러한 형태의 사회들이었다. 마라부는 성지 숭배와 이슬람교에 대한 신비주의적 해석을 중시했으며, 정치적으로는 도시와 농촌 사이에 중계자 역할을 했다. 베르크는 마라부, 샤리프(sharifs, 예언자 무함마드의 후손으로 자처하는 자들), 밀교적인 (수피즘) 형제단을 도시에 군림하는 정치적·사회적 위계 구조와 대비시켰다. 도시의 울라마(무슬림 율법학자)는 오스만의 정치적 지배를 합리화해 주었으며 이슬람에 대한 엄격한 경전 위주의 해석을 고수했다. 하지만 이들의 정치적 역할은 상징적인 차원에 머물러 있었다. 그 결과 19세기에 프랑스가 점령한 이후 울라마는 식민지 행정관으로 쉽사리 동화되어 갔다. 반면에 마라부는 농촌 지역을 기반으로 프랑스 점령군에 맞서 대중적 저항을 이끌었다. 식민지 침략 직전에 울라마가 보여준 경직된 대응은 왜 마그레브 지역이 서구 제국주의에 취약했는가라는 질문에 대한 답변을 제공해 준다. 이러한 해석은 이제는 익숙해진 베르크의 논지, 즉 20세기 이슬람교의 필연적 부활이라는 테제와 부합하는 것이기도 하다. 요컨대 여기서 보여 준 베르크의 해석은 기왕에 내놓은 이론, 즉 이슬람이란 정치적 와해의 시기에 정체성을 유지하기 위한 필수적인 안식처라는 의미에서뿐 아니라 민족해방투쟁 시기에 정치적 부활을 가져올 원천이라는 의미에서 종교의 문화적 정체성에 토대였다는 이론과 잘 들어맞는다. 하지만 이런 이론은 확정적이라기보다는 암시적인 차원에 머물러 있으며, 베르크는 역사적 증거를 자신의 이론 틀에 짜 맞추어 넣었다는 비판을 받기도 했다.

베르크의 마지막 주요 저작 《두 연안의 회고록》은 1989년에 출판되었다. 이 책은 탁월한 경륜에 관한 탁월한 평가라는 평판을 얻었다. 실로 이 책은 역사에 대한 베르크의 가장 중요한 기여이기도 하다. 회고록에는 프랑스의 식민 영토에 대한 직접적인 관찰뿐 아니라 20세기 후반의 저명한 아랍 학자들이나 정치인들의 활동에 관한 직접적인 언급이 담겨 있다. 회고록은 베르크가 나세르나 파농을 비롯한 제3세계의 대의를 선양한 저명한 활동가나 이론가들과 교제했다는 사실을 보여 준다. 아마도 이런 이유 때문에 회고록은 다소 적대적인 평가를 얻기도 했다. 오랫동안 중동 지역을 연구한 저명한 역사가 엘리 케두리는 미국 잡지《코멘터리》에 베르크의 책에 대한 서평을 실었다. 케두리는 정치적 입장 때문에 학자로서 베르크의 자질이 훼손되었다고 주장했다. 케두리는 이 비망록이 베르크가 아랍과 이슬람 문화에 젊은이로서 비합리적이고 감정적인 애착을 느끼고 있었다는 증거라고 평가했다. 베르크가 역사 지식의 전수보다는 부활한 아랍과 이슬람 문화에 대한 자신의 견해를 퍼트리는 데 더 몰두했다는 것이다. 비록 케두리의 평가가 전체 여론을 보여 주는 것은 아니지만, 베르크의 이론적 선입견이 사료 해석에 영향을 주었다고 몇몇 논평자들이 평가했던 것 또한 사실이다. 이런 점에서 볼 때, 베르크의 회고록이 자신이 한때 인류 진보의 첫걸음이라고 극찬했던 혁명운동의 눈에 띄는 실패에 관해서도 언급하고 있다는 사실은 주목할 만하다. 1967년 아랍-이스라엘전쟁 당시 아랍 민족주의자들의 태도를 언급하면서, 베르크는 시대에 뒤떨어진 아랍 민족주의가 팔레스타인인들의 대의를 훼손했다고 평가했다.

  물론 베르크의 학문적 평판은 그가 살아 있는 동안에도 격렬한 논쟁의 대상이었다. 케두리가 베르크를 정치적 입장 때문에 학문적 자질이 훼손된 학자로 평가한 반면, 에드워드 사이드는 오히려 베르크가 정치적으로 초연한 학문적 자세를 취했다는 점에서 독보적이라고 주장했다. 사이드의 관점은《오리엔탈리즘》(1978)에 잘 나타나 있는데, 이 책은 무슬림과 아랍 세계에 대한 대중적 인식뿐 아니라 서구 학자들의 평가에 나

타난 오류와 편견을 통렬하게 고발하는 책이다. 베르크는 사이드가 호의
적으로 평가한, 아랍 세계에 대한 몇 안 되는 당대 전문가들 가운데 한
사람이다. 사이드와 케두리의 상반된 견해는 제국주의와 민족주의, 이슬
람과 서구 따위의 문제를 둘러싼 오늘날의 논쟁에서 베르크의 작품이 차
지하고 있는 중심적인 위치를 잘 보여 준다. 영어권 문헌들에서 벌어지는
여러 논쟁에서도 베르크가 중심을 차지한다는 사실은 곧 그의 학문적
위상을 입증하는 증거이기도 하다.

이용재 옮김

참고 자료

책

Les Pactes pastoraux Beni-Meskine: contribution à l'étude des contrats nord-africains (Algiers: Imprimerie la Typo-litho et J. Carbonel, 1936).

Etudes d'histoire rurale maghrébine (Tangiers: Editions Internationales, 1938).

Les Nawâzil al-Muzâra'a du Mi'yâr d'al-Wazzani (Rabat: Moncho, 1940).

Recueil de la loi musulmane de Zaïd ben Ali, by Jacques Berque and G. H. Bousquet (Algiers: La Maison des Livres, 1941).

Essai sur la méthode juridique maghrébine (Rabat: M. Leforestier, 1944).

Al-Ma'dânî, Tadmînaç-Cunnâ': de la responsabilité civile de l'artisan (Algiers: Carbonel, 1949).

Structures sociales du Haut-Atlas (Paris: Bibliothèque de sociologie contemporaine, Presses Universitaires de France, 1955).

Histoire sociale d'un village égyptien au XXe siècle (The Hague: Mouton, 1957).

Al-Yousî: problèmes de la culture marocaine au XVIIe siècle (Paris: Mouton, 1958).

Les Arabes (Paris: Delpire, 1959).

Les Arabes d'hier à demain (Paris: Seuil, 1960).

Le Maghreb entre deux guerres (Paris: Seuil, 1962).

Réforme agraire au Maghreb: colloque sur les conditions d'une véritable réforme agraire au Maroc, by Jacques Berque, J. Dresch, and R. Dumont (Paris: Maspero, 1963).

Dépossession du monde (Paris: Editions du Seuil, 1964).

Normes et valeurs dans l'Islam contemporain, by Jacques Berque and J. P. Charnay (Paris: Payot, 1966).

L'Ambivalence dans la culture arabe, by Jacques Berque and J. P. Charnay (Paris: Anthropos, 1967).

L'Egypte: impérialisme et révolution (Paris: Gallimard, 1967).

Endurance de la pensée: pour saluer Jean Beaufret (Paris: Plon, 1968).

Perspectives de la sociologie contemporaine: hommage à Georges Gurvitch (Paris: Presses Universitaires de France, 1968).

L'Orient second (Paris: Gallimard, 1970).

Langages arabes du présent (Paris: Gallimard, 1974).

Les Palestiniens et la crise israélo-arabe, by Jacques Berque, J. Coutland, J. L. Duclos, et al. (Paris: Editions Sociales, 1974).

Nous partons au Maroc, by Jacques Berque and J. Couleau (Paris: Presses Universitaires de France, 1977).

De l'Euphrate à l'Atlas, 2 vols. (Paris: Sindbad, 1978).

L'Intérieur du Maghreb, XVe-XIXe siècles (Paris: Gallimard, 1978).

L'Islam au défi (Paris: Gallimard, 1980).

Andalousie (Paris: Sindbad, 1982).

Bibliographie de la culture arabe contemporaine (Paris: Sindbad, 1982).

Ulémas, fondateurs, insurgés du Maghreb, XVIIe siècle (Paris: Sindbad, 1982).

Recherche en coopération avec le Tiers-Monde (Paris: La Documentation Française, 1983).

L'Islam au temps du monde (Paris: Sindbad, 1984).

L'Immigration à l'école de la République (Paris: Documentation Française, Centre national de documentation pédagogique, 1985).

Le Coran: essai de traduction de l'arabe annotéet suivi d'uneétude exégétique (Paris: Sindbad, 1989).

Mémoires des deux rives (Paris: Editions du Seuil, 1989).

편집한 책

Opera minora, 3 vols., edited by Jacques Berque; presentation and notes by Alain Mahé, Gianni Albergoni, and François Pouillon (Paris: Editions Bouchène, 2001): vol. 1: *Anthropologie juridique du Maghreb*; vol. 2: *Histoire et anthropologie du Maghreb*; vol. 3: *Sciences sociales et décolonisation*.

논문

"Aspect du contrat pastoral à Sidi-Aïssa," *Revue africaine*, 368 (1936) in *Opera minora*, vol. I, pp. 1-13.

"Deux ans d'action artisanale à Fès," *Questions nord-africaines*, 15 (1939) in *Opera minora*, vol. III, pp. 7-24.

"Cent-vingt-cinq ans de sociologie maghrébine," *Annales: économies, sociétés, civilisations*, 11 (1956): 296-324.

"Mise en valeur et milieu naturel," in *De l'impérialisme à la décolonisation*, by Jacques Berque, G. Ardent, K. Axelos, et al. (Paris: Editions de Minuit, 1965), pp. 163-74.

"Crisis and role of decolonization," in *Reflections on the Middle Eastern Crisis*, edited by Herbert Mason (Paris: Mouton, 1970), pp. 205-13.

"Entrée dans le bureau arabe," in *Nomades et vagabonds*, by Jacques Berque et al. (Paris: Union Générale d'Editions, 1975), pp. 113-39.

"Islam and innovation," in *Islam, Philosophy, and Science* (Paris: UNESCO Press, 1981), pp. 69-98.

참고문헌

Brett, Michael, "Jacques Berque and the history of the Maghreb," *The Maghreb Review*, 4 (1979): 140-8.

Demeerseman, André, "Berquisme ou approche du réel," in *Rivages et Déserts: Hommage à Jacques Berque* (Paris: Sindbad, 1988), pp. 249-57.

Eickelman, Dale, "Jacques Berque (1910-1995)," *Middle East Studies Association Bulletin*, 29 (1995): 149-51.

Gellner, Ernest, "Obituary of Jacques Berque," *Guardian*, July 11, 1995 (available at http://members.tripod.com/GellnerPage/Berque.html).

Hourani, Albert, "In search of the New Andalusia: Jacques Berque and the Arabs," in *Islam in European Thought* (New York: Cambridge University Press,

1991), pp. 129-35.

Johnson, Douglas, "Algeria: some problems of modern history," *Journal of African History*, 5 (1964): 221-42.

Kedourie, Elie, "Politics and the Academy," *Commentary*, 94 (1992): 50-5.

Saïd, Edward, *Orientalism* (New York: Routledge, 1978).

루이 슈발리에

1911~2001

Louis Chevalier

루이 슈발리에

배리 랫클리프

방데 연안의 애귀옹쉬르메르에서 태어난 루이 슈발리에는 파리에서 아흔 살에 세상을 떠났다. 꽤 오랜 삶을 살았던 만큼 슈발리에는 학문적으로도 반세기가 넘는 오랜 경력을 자랑한다. 1932년 엘리트 교육기관인 파리 고등사범학교에 입학한 그는 4년 후 학자의 길을 걷기 위해 통과해야 할 관문인 교수자격시험에 응시했다. 시험에 합격한 슈발리에는 렝스의 고등학교에서 교육자로서 첫걸음을 내디뎠다. 1938년 군에 입대한 그는 툴롱의 해군 기지에서 복무했는데, 그곳에서 나치의 정치적 선전에 관한 기사를 써 본 적이 있다는 그럴듯한 이유로 프랑스 연안에서 독일과 이탈리아 첩자들의 활동을 감시하는 임무를 맡게 되었다. 훗날 슈발리에는 자신이 레지스탕스를 위해 방데 해안의 독일 기지 지도를 작성했다고 주장했지만, 점령기 동안 자신의 행적에 대해서는 침묵했다. 그러나 우리가 아는 바에 따르면 그는 비시 정부를 위해 연구 작업을 했고 1941년에는 고등사범학교 강사가 되면서 대학 강의를 시작했다. 20세기 역사에 관한 첫 강의는 또 다른 유명한 엘리트 교육기관인 정치학자유대학에서 시작되었다. 1946년에 정치학연구소로 이름을 바꾸었고 오늘날 시앙스포(Science-Po, 파리정치대학)로 알려진 바로 그 기관이다.

전쟁 탓에 슈발리에는 1950년이 되어서야 박사 학위논문을 마무리할 수 있었다. 그는 소르본대학의 근대사 교수 샤를 푸타의 지도 아래 19세기 파리에 관한 주논문과 부논문을 완성하여 발표했다. 큰 호평에 힘입어 그해 부논문을 책으로 출간했다. 2년 뒤 마흔한 살의 슈발리에는 무척 성공적인 경력을 쌓아 가고 있었다. 그는 1946년 시앙스포의 교수가 된데다 콜레주드프랑스에서 파리의 역사를 담당하는 교수에도 선임되었다. 콜레주드프랑스는 강의 부담이 적은데다 대단히 명예로운 직책이었기에 선발 과정이 유난히 엄격하기로 알려진 곳이다. 그는 은퇴할 때까지 콜레주드프랑스 교수로 재직하며 인상적인 출판 경력을 이어 나갔다. 그는 일생 동안 열네 권의 책을 저술했는데, 유작을 포함하여 몇 권을 제외하면 대개 파리의 역사에 관련된 것들이다. 이러한 공로를 인정받아 1958년 그는 프랑스의 가장 권위 있는 훈장인 슈발리에급 레지옹도뇌르를 수여받았다. 1967년에는 오피시에급으로, 그리고 다시 1977년에는 코망되르급으로 승격되었다. 그의 저작 전체에 대해 윤리학·정치학아카데미는 1987년에 그랑프리를 수여하기도 했다.

역사가로서 슈발리에의 공적을 어떻게 평가할 수 있을까? 이 문제는 생각만큼 쉽지 않은 일이다. 전문 역사학자들은 이러저러한 방식으로 과거에 대한 우리의 이해 폭을 넓히는 데 기여하지만 그 방식은 저마다 다르기 때문이다. 특히 그중에 일부는 평가하기가 유난히 까다롭기도 하다. 예를 들어 교육 영역에서 역사가의 공헌은 종종 기억과 신화의 형태로 그 흔적을 남긴다. 슈발리에는 그 어떤 학파를 형성한 것도 아니고 박사과정 학생을 지도하지도 않았다. 그가 속했던 기관의 성격상 박사과정 학생을 지도하는 일이 불가능했기 때문이다. 그러나 그는 강의 노트들을 남겼고(미출간 원고들은 현재 파리시립도서관에 보관되어 있다), 이따금 강의를 통해 자신의 책을 미리 선보이기도 했다. 청중은 슈발리에의 강의에 열광했고 강의실은 언제나 꽉 들어찼다. 《세상만사 영고성쇠》(Splendeur et misères du fait divers, 2003)에 실려 있는 그의 회고담을 한번 들어보자. 초창기에 강의를 마치고 나오면서 슈발리에는 우연히 학생 둘이서 서로 주고받는 대화를 듣게 되었다. 그들은 서로 "슈발리에, 저 양반은 시앙스포보다는 코메디프랑세즈로 가는 게 맞아." "글쎄, 코메디프랑세즈보다야 오페라가 더 어울리지 않을까?" 학자로서 슈발리에가 전문 연구기관에서 한 역할에 관해서는 잘 알려져 있지 않다. 하지만 그는 젊은 시절 비시 정부가 새운 연구 집단에서 중요한 역할을 했다. 그리고 1945년부터 1952년까지 새로 설립된 연구소에서 민중 문제에 관한 폭넓은 연구를 수행했고, 1962년에는 프랑스 역사인구학 전문 연구기구를 창설하는 데 주도적인 역할을 했다.

하지만 역시 가장 분명한 흔적을 남긴 것은 저작들이다. 어떤 역사가도 자신이 쓴 글이 어떻게 읽힐지를 완전히 통제하지는 못한다. 독자들도 어떤 기준으로 책을 읽어야 하는지 완전히 일치된 견해를 갖고 있지 못하다. 여기에는 그 책에서 다루어진 주제들이 얼마나 중요한가의 문제가 포함될 텐데, 슈발리에가 가장 먼저 관심을 가진 역사의 주제는 이주, 파리 그리고 일상생활이었다. 과거가 얼마나 성공적으로 재창조되며 논증이 얼마나 설득력이 있는지도 중요한 기준이 될 수 있다. 슈발리에는 정력적으로 자신의 열정과 재능을 글로 표현했다. 사료와 방법론에서 슈발리에는 계열적인 사료들을 조사하고 문학적인 증언을 이용했으며, 정보제공자들에게 의지하면서 최근의 과거를 이해하기 위해 자신이 직접 목격한 바를 활용했다. 그러나 우리가 그의 공헌을 어떻게 평가할 것인지는 무엇보다도 그의 업적을 세월이 흘러도 변하지 않을 가치를 지닌 것으로 간주할 것인가 아닌가에 달려 있을 것이다. 명민하며 극도로 개인주의적이었던 슈발리에도 불가피하게 자신이 속한 시대의 인물이었다.

슈발리에의 경력을 살펴보면, 지적인 성숙기는 유럽에서 긴장이 고조된 1930년대, 제2차 세계대전의 패전과 그로 인한 트라우마가 지배하던 독일의 점령과 비시 정부 시기, 그리고 프랑스의 해방기와 일치한다. 그러나 다행스럽게도 역사가로 성숙하기 시작한 것은 제2차 세계대전이 끝난 직후부터였다. 이 시기 프랑스는 제도적인 재생과 변화를 경험하고 있었다. 역사학의 문화 역시 그러한 변화들 가운데 하나였다. 전통적인 정치사의 실증적 접근 방식이 도전받게 되면서 혁신을 분명히 자각하고 있던 새로운 역사학이 등장했고, 이는 다양한 분야에서 새로운 학문적 야심을 일깨웠다. 이런 흐름은 사회과학에 좀 더 가까워졌고 더욱 새로운 연구 주제들을 채택했다. 비록 이러한 도전 이후에 나타났던 것보다는 덜 획일적이었지만, 역사학 방법론의 변화는 피에르 노라가 지적했듯이 프랑스의 "가장 주요한 지적 수출품"이었다. 1960년대 이래 슈발리에는 이른바 사회사와 거리를 두고 그 방법론을 비판하긴 했지만, 초창기의 연구와 과거를 보는 다른 방법에 대한 강조는 이러한 발전과 밀접하게 연관되어 있었다.

좀 더 개인적인 차원에서 슈발리에는 지적 영향과 학문적 경력을 몇몇 인물에게 빚지고 있다. 마찬가지로 초기의 친구들과 그가 일생동안 교류했던 비공식적 인맥에도 빚을 지고 있다. 샤르티에가 자신에게 끼친 영향의 중요성을 인정하면서 여러 차례 언급한 인물은 에밀 샤르티에이다. 알랭이라는 이름으로 더 잘 알려진 에밀 샤르티에는 슈발리에가 고등사범학교 입학시험을 준비했던 앙리4세고등학교의 철학 교사였다. 그의 교수법과 "생각하는 것은 아니라고 말하기 위함"이라는 건전한 회의주의는 앙리4세고등학교에서 여러 세대 학생들에게 큰 영향을 주었고, 이들 가운데 다수는 훗날 유명한 인물이 되었다. 샤르티에는 논문 지도교수인 샤를앙리 푸타스에게도 경의를 표했고, 훗날 1973년 출간된 푸타스의 기념논총에 글을 기고하기도 했다. 하지만 흥미롭게도 푸타스에 진 지적인 빚에 대해서는 한 번도 공개적으로 언급하지 않았다. 정치지리학자이자 슈발리에의 논문 심사위원이기도 했던 앙드레 시그프리드의 경우는 사뭇 다르다. 시그프리드는 시골과 도시, 심지어 지방 소도시들의 장기적인 정체성에 대한 슈발리에의 견해에 영향을 주었고, 1941년 대학에서 교수직을 얻을 수 있도록 지원했다. 또 훗날에는 자신이 몸담고 있던 콜레주 드프랑스로 슈발리에가 올 수 있도록 지원을 아끼지 않았다. 슈발리에는 또한 폴 비달 드라블라슈가 세운 프랑스 지리학회에 빚을 지고 있음을 인정했다. 고등사범학교 시절 이 학회에서 활발히 활동했던 로제 디옹 역시 슈발리에의 동료이자 친구가 되었다.

또한 개인적인 교우 관계도 그의 지적 사유와 경력에 도움을 주었다. 저명한 사회학자이자 사회심리학자인 장 스토첼은 슈발리에와 고등사범학교 동기로서 두 사람은 곧 친구가 되었다(나중에 대통령이 된 조르주 퐁피두는 이들의 1년 선배였다). 특히 스토첼은 인구적 요소가 사회의 근간을 이룬다는 믿음을 공유했고, 자신의 동료가 공공 여론을 측정하는 선구적인 연구를 수행하는 데 큰 영향을 주었다. 슈발리에는 1947년에 문학 비평가인 일흔다섯 살의 다니엘 알레비를 만났다. 두 사람은 파리를 산책하며 탐험하는 일을 좋아한다는 것 말고도 많은 공통점이 있음을 알게 되었다. 알레비의 자서전 격인《파리지앵들》(Les Parisiens, 1937)은 같은 제목의 슈발리에 책《파리지앵들》(1967)에 영향을 주었다. 슈발리에가 동료 역사가인 필리프 아리에스를 만난 것은 시테 섬에 있는 아파트에서였다. 이곳에서 슈발리에는 자신과 뜻을 같이 하던 동료들과 정기적인 회합을 갖고 있었다. 이 무렵 아리에스는 슈발리에와 마찬가지로 "전쟁이나 국가보다 더 강력한 동인"을 인구사에서 발견했다고 확신하기 시작했다. 학계와 거리를 두던 아리에스는 훗날 슈발리에와 시그프리드, 그리고 알레비의 자택에서 회합하던 이들과 나눈 대화를 두고 이렇게 이야기했다. "내가 실질적으로 지적 훈련을 받은 곳은 바로 거기였다." 정치적 동물이기도 했던 슈발리에는 이곳에서 다른 이들과 함께 보수적 관점을 공유했다. 슈발리에는 비록 학창 시절인 1934년 6월 2일 파리에서 벌어진 과격한 우파 시위에 참여한 적은 있지만 활동가는 아니었다. 그는 자신의 책 이곳저곳에서 실존주의와 마르크스주의에 대한 자신의 보수주의적 견해를 밝힌 바 있다. 시기적으로 적절한 때는 아니었지만, 그는 특히 1968년 라탱 거리를 휩쓸던 학생들에 대해서도 통렬한 비판을 가했다. 물론 이러한 발언은 자신의 작업에서 무언가 숨기던 가면을 벗기는 것은 아니었지만, 그의 경력에서 슈발리에가 취한 선택과 제안을 어느 정도 이해하는데 도움을 준다.

역사가로서 슈발리에의 이력은 크게 두 시기로 구분할 수 있다. 첫 책이 발간된 1944~1945년으로부터 1960년대 초반까지의 시기, 그리고 그 이후 시기이다. 이 두 시기가 매우 다르긴 하지만 그렇다고 그 차이를 과장하거나 두 시기 사이의 당연히 존재하는 연속적인 측면을 간과해서는 안 된다. 첫 번째 시기에 슈발리에는 지금껏 간과되어 온 인구학적 요소들이 사회사를 이해하는 데 중요한 열쇠라는 점과 인구 변화를 연구하는 역사가들이 현재의 문제들을 해결하는 데 실질적으로 기여할 수 있으리라는 점을 확신하게 되었다. 그가 박사 학위논문을 완성하고 1950년에 파리에 관한 첫 저작을 발표하기까지 주로 시사 문제에 관한 연구 목록은 슈발리에의 어떤 다른 면모를 암시하는 것처럼 보이지만, 결국 독일의 패망과 해방 전후 시기 프랑스가 직면했던 현재적 문제를 직시하고 있다는 점에서 역사적 내용을 띤다. 직간접적으로 그의 모든 연구는 인구학적 문제를 다루고 있었다.

인구학적 요소에 대한 그의 관심에서 우리는 두 가지 사실을 명심할 필요가 있다. 먼저, 인구 문제에 관한 슈발리에의 첫 번째 연구가 발표된 것은 비시 체제 말기였지만 그가 이 분야에 대해 관심을 갖기 시작한 것은 1930년대였다. 그다음으로, 인구학적 힘이 함축하는 폭넓은 의미를 발견하게 되면서 슈발리에와 동료들이 느꼈던 흥분을 떠올릴 필요가 있다. 예를 들어 필리프 아리에스는 그 충격을 '벼락'이라고 묘사한다. 아리에스와 슈발리에는 인구학적 요인을 과거(그리고 현재)가 감추고 있는 핵심이라고 보았다. 1929년 이래 아날학파의 창시자들은 동료 역사가들에게 단기지속과 정치적인 것의 표면 아래로 들어가야 한다고 호소했다. 그리고 많은 연구자들이 '역사의 의미'를 찾고 있었다. 사회의 근본적 동인이 마르크스주의자들이 주장하듯 어떤 경제적인 힘이라기보다는 인구학적 요소에 있다는 주장은 정치적인 호소력마저 담고 있었다. 슈발리에가 당시 유행하던 지리학자들의 인구 추이를 강조하는 지역 연구 경향에 영향을 받은 것이나, 사회학자인 뒤르켐과 그 후계자인 모리스 알박스한테서 영향을 받은 것은 분명 이러한 경우에 속한다. 모리스 알박스에게 인구학적 동인은 "모든 사회적 삶의 생물학적 하부구조"였다. 슈발리에는 이러한 사유를 자신의 것으로 받아들였고, 이를 토대로 1958년에 자신의 가장 유명한 저작을 출간한다.

1951년 인구학 교재로 출판된 《인구학 개론》(Démographie générale)에서 슈발리에는 인구 문제가 집단적 공포의 결과로서 제기되고 또 해결되었음을, 또 그러한 공포는 너무 많거나 너무 적은 인구에서 비롯되었음을 지적했다. 이 무렵 프랑스는 유난히 오래 지속되는 저출산 문제와 그에 따른 인구 노령화라는 문제를 안고 있었다. 게다가 많은 사람들이 1940년 프랑스의 충격적인 패배 원인으로 이러한 인구 현상을 꼽았다. 신생 학문인 인구학이 1930~1940년대에 프랑스에서 발달한 것도 바로 그런 이유에서였는데, 그 결과 인구 문제를 조사하기 위한 두 개의 정부 출연 연구소가 설립되었다. 1941년 11월 비시 정부는 카렐재단을 설립했다. 그런데 종전과 함께 비시 체제가 몰락하면서 이 재단도 해체되고, 전후의 새 정부는 대신 '인구문제연구소'(INED)를 설립했다. 두 기구 사이에는 분명한 연속성이 존재했다. 인구문제연구소의 알프레드 소비 소장은 카렐재단에서 일하던 젊은 연구자들을 다수 채용했다. 소비는 인구 문제를 광범위한 사회현상의 상호작용이라는 맥락 속에서 연구해야 한다고 주장했다. 그리하여 그는 통계학자, 장 스토첼 같은 사회학자, 슈발리에의 가까운 친구이기도 했던 장 수테 같은 생물학자들을 끌어들였다. 그리고 역사학자 한 명을 여기에 포함시켰는데, 바로 루이 슈발리에였다. 1942년 여름 슈발리에는 카렐재단에 개별 지역의 경제와 정체성에 부합하는 행정구역 재편의 가능성에 관한 연구 계획서를 제출한 적이 있다. 물론 이 계획안이 받아들여지지는 않았지만, 슈발리에는 이미 인구 문제에 관한 연구를 수행하고 있었다. 그는 1952년까지 인구문제연구소에 비정규직 연구자로 고용되었다.

슈발리에의 첫 번째 저술은 정부 주도 연구에서 비롯되었다. 이 연구는 비시 정부의 이데올로기에 부합하면서, 당시 최우선적으로 논의되던 정책의 결과를 예측하고 전후의 국가 재건 방법을 모색한다는 목적을 갖고 있었다. 1943년 1월부터 그는 산업의 분산화가 가져올 결과에 관한 연구를 수행했다. 이 정책은 대도시의 무분별한 성장이 사회적 문제, 무질서, 저출산 문제를 불러올 것이라는 많은 이들의 걱정 어린 예측에 대한 처방이라고 생각되었다. 사람들은 산업 분산화 정책이 작은 공장들을 지방에 이전함으로써 프랑스 농촌을 발전시키고 노동력의 원활한 공급을 보장할 것이며, 농촌의 상대적으로 높은 출산율에 부정적인 영향을 끼치지도 않을 것이라고들 말했다. 슈발리에는 우아즈 도가 수도 파리에 가까이 있음에도 불구하고 농촌의 노동력이 어째서 그토록 오랫동안 수도로의 이주 유혹에 저항해 왔는지를 연구하기로 했다. 그는 또한 렝스 같은 중소 도시의 산업들과 파리의 화학 공장에서 근무하는 노동자들을 조사했다. 슈발리에는 1944년과 1945년에 정부가 발표한 아홉 권짜리 《산업 중심지의 혼잡 완화에 관한 연구 보고서》에 포함된 4개 항목을 통해 자신의 연구 결과를 발표했다. 이 프로젝트에 참가한 다른 이들과 마찬가지로 슈발리에는 신중한 결론을 도출했다. 도시와 농촌에서 출산율에 관한 자료는 충분히 상세하지는 못해서 그다지 신빙성이 없었고, 그래서 산업 분산화가 가져올 가능한 결과를 분명하게 예측할 수 없었다. 출산율의 증가를 가져오고 도움이 될 것이라는 예측은 근거가 부족한 믿음에 불과했다.

슈발리에의 첫 책 《농민들: 농촌 경제와 농촌사 연구》(Les Paysans: étude d'histoire et d'économie rurales)는 프랑스의 출산율과 농촌 사회의 보호와 발전에 대한 이러한 관심을 반영하고 있다. 이 책은 1944년에 집필되었지만 1947년에 가서야 출판되고, 세상의 관심을 거의 끌지 못했고 잊혀 버렸다. 이미 분명하게 베이비붐 현상이 나타나고 있었던데다, 30년이나 지속된 빠른 경제성장 시대에 이 책이 제시한 테제는 시의적절하지 못했던 것이다. 그럼에도 그가 제시한 논지는 흥미롭고 농촌사회의 과거와 현재에 대한 슈발리에와 그의 동시대인들의 생각을 보여 준다. 슈발리에에 따르면, 프랑스는 단 한 번도 상업적인 정책에 견줄 만큼 지속적인 농업 정책을 시행해 본 적이 없었다. 게다가 농민과 농촌 사회에 관한 연구도 거의 전무한 실정이었다. 슈발리에는 도시에 비해 상대적으로 높은 농촌의 출산율이 말해 주는 중요성과 농민들이 수호하는 가치들, 나아가 그들의 경제와 문화를 보존하고 발전시켜야 한다고 주장했다. 비록 농촌 프랑스에 대한 비시 정부의 주장이 지나치다는 점을 경고하고 이를 멀리해야 한다고 주장하긴 했지만, 슈발리에의 입장이 지닌 이데올로기적 지향성은 명백했다.

그의 두 번째 저서 《북아프리카의 인구지리학적 문제》(Le Problème démographique nord-africain, 1947)는 큰 관심을 받았고, 방법론과 결과물도 더 독창적이었다. 이 연구는 인구문제연구소가 재정을 지원한 현장조사 결과를 바탕으로 이루어졌는데, 슈발리에는 1946년에 북아프리카에 있는 프랑스 식민지 세 곳을 연구했다. 슈발리에의 생각은 당시 많은 이들이 공유하고 있던 견해를 반영했다. 즉 인구도 부족한데다 출산율도 낮은 프랑스는 전후 복구를 위해서 외부에서 노동력을 수입할 수밖에 없다는 얘기였다. 전간기에는 어떤 조직적인 이민 정책도 존재하지 않았다. 입국 시 더 효율적인 보건 정책과 노동력 수요 때문만이 아니라 사회 통합을 위해서도 이주민들에 대한 선택 기준을 확립하는 일이 더욱 절실하게 필요했다. 이 책의 독창성은 북아프리카 현지에서 자료를 조사했다는 점, 그곳 인구 증가의 특징과 원인, 가능한 결과를 분석한 점이다.

슈발리에는 훗날 이른바 발전도상국의 급속한 인구 증가의 원인을 밝혀낸 최초의 연구자들 가운데 한 사람으로 평가되었다. 그는 무엇보다도 이러한 인구 증가가 가능한 것은 높은 출산율은 그대로인데 반해 효율적인 예방의학 덕에 사망률이 현저히 낮아졌기 때문이라고 결론지었다. 더불어 그는 북아프리카의 지역 경제가 이러한 인구 증가를 흡수할 가능성이 거의 없다는 점을 밝혀냈다. 결국 이민은 불가피할 뿐 아니라 완벽하게 통제할 수도 없는 현상이 될 터였다. 게다가 지중해를 통한 프랑스 이민은 필요한 일이기도 했다. 많은 학자들은 북아프리카 이민자들의 동화가능성에 관한 질문에 대해 부정적인 견해를 피력하면서 북아프리카를 바람직한 이민자 순위에서 최하위에 두었다. 슈발리에 역시 그들이 가난하고 문화적으로 너무 다른 사회로부터 왔으며, 그러한 배경은 다른 집단보다 북아프리카인들의 동화를 이미 어렵게 만들고 있고 이러한 상황은 앞으로도 계속될 것이라는 결론에 도달했다. 그러나 그는 북아프리카인들이 프랑스에 영구 정착하기 위해 온 것이 아니며, 그들 가운데 다수는 단기간 체류하고 있음을 알게 되었다.

슈발리에가 이러한 연구를 마무리하면서 구체적인 정책을 제안한 것은 아니지만, 선임자들이 그랬던 것처럼 입국 심사에서 더 엄격한 위생 검사가 이루어져야 한다고 제안했다. 우리는 파리에 거주하는 수많은 북아프리카 이민자들에 대해 훗날 그가 어떻게 생각했는지를 알고 있다. 비록 직접 입에 담은 것은 아니지만 그의 속마음을 짐작해 볼 수 있을 것이다. 이민자에 대한 통제는 그 의도에 있어서건 현실적으로건 너무도 차별적이었다. 결국 1947년 9월에 이르러 알제리인들은 완전한 프랑스 시민권을 부여받았고, 그에 따라 프랑스로 자유롭게 이주할 권리를 획득하게되었다. 슈발리에는 인구 분야의 전문가로 평판을 얻기 시작했고, 1950년 마다가스카르 식민지에 파견된 조사팀의 일원으로 선발되었다. 3년전 유혈 폭동의 현장이었던 마다가스카르 식민지는 여전히 인구밀도가낮았지만 북아프리카는 같은 이유로 인구가 급격하게 성장하고 있었다.슈발리에는 1952년에 《마다가스카르: 인구와 자원》을 보고서로 제출하면서 마다가스카르에 사회간접자본을 투자하고 토착민에 대한 근대화와유럽식 농업을 이식할 필요가 있다는 결론을 제시했다. 슈발리에의 가장중요한 공헌은 인구 문제에 관한 정확한 자료가 부족한 상황을 극복하면서 인구성장률을 측정해 낸 점이다. 그는 개발 정책을 세우지 않는다면이러한 인구성장률이 마다가스카르의 생활수준을 크게 위협할 수 있다고 주장했다.

이 보고서가 제출될 무렵, 슈발리에는 자신의 역사학 박사 학위논문을 거의 마무리 짓고 있었다. 1950년에 발표한 주논문과 보조논문은 큰 호응을 불러일으켰다. 특히 이주 문제를 다룬 보조 논문은 파리 시를 향한 이주의 물결이 수도와 그곳에 거주하는 이주민에게 미친 영향을 고찰하고 있다. 파리 이주민의 규모와 구성은 19세기 동안 크게 변화했다. 그의 연구는 여러 면에서 중요했다. 우선, 이민자들이 파리 인구에서 차지하는 압도적 비중(약 3분의 2)에도 불구하고, 도시 안에서 그들의 삶과 그들이 도시에 미치는 영향을 적절히 검토한 적은 없었다. 둘째, 그는 인구 통계나 선거인 명부, 개인파산 목록, 경제 센서스 자료, 그리고 그다지 성공적인 것은 아니지만 시의 징세 관련 기록 같은 연속적인 자료를 이용했다. 여태껏 단 한 번도 이런 방식으로 이런 사료를 검토하거나 조사한 적이 없었다. 셋째, 그가 던진 질문과 채택한 방법은 도시 이주자의 실상뿐 아니라, 파리의 역사에서 진행된 더 큰 과정들에 대한 진실을 밝혀주었다. 마지막으로, 어쩌면 가장 중요한 것은 슈발리에 스스로 자신이 연구한 문제의 복잡성을 인식하고 있었다는 점일 것이다. 어떠한 연구도 결코 처음 의도된 대로 이루어지지 않는 법이다. 그는 자신이 조사한 새로운 자료들로 입증할 수 있었던 것의 한계를 솔직하게 인정했으며, 앞으로의 연구를 위해 가능한 다양한 길들을 제시했다.

이렇게 솔직한 모습은 긴 박사 학위 주논문에서도 여실히 드러난다. 〈1848~1870년 파리 지역의 사회경제적 토대〉는 제2공화정과 제2제정 시기 성인 남성의 완전한 참정권이 실시되었을 당시 경제적 변화와 이민이 센 도 바깥 일드프랑스 지역 선거 패턴에 끼친 영향에 관한 연구였다. 그러나 이 논문이 실제로는 1848년부터 1852년까지 기간만을 분석했고 조만간 나머지 연구를 완성하여 출판할 것이라고 얘기했지만, 그의 바람은 끝내 이루어지지 않았다. 책으로 출판된 박사 학위 부논문《19세기 파리 인구의 형성》(La formation de la population parisienne au XIXe siècle)도 주논문과 마찬가지로 이민자 전체가 아닌 민중 계급만 분석하는 데 그쳤다. 그는 자신이 진행한 연구들의 목표가 질문에 답을 찾는 것만이 아니라 인구학적 현상의 중요성과 통계학적 자료가 지닌 가치를 입증하는 데 있다는 점을 시인했다.《19세기 파리 인구의 형성》에서 그는 독자들이 이 책에서 통계적인 데이터 분석만을 발견하고는 실망할지도 모른다고 예고하면서도 그러한 접근이 의도적이었다고 못 박는다. "우리는 중요한 고문서보관소들을 조사하지 않고서는 폐허를 감상할 권리가 없다는 확신을 갖고 있다. 이 연구는 다른 작업을 통해 크나큰 쾌락을 구한 데 대한 속죄로 선택된 형벌인 셈이다." 그 뒤로 오래도록 그는 이 같은 접근 방식에서 크게 벗어나지 못했다.

슈발리에가 콜레주드프랑스에 부임하고 나서 집필한 첫 번째 장편 저서는 1958년에 출간된《19세기 전반기 파리의 노동계급과 위험한 계급》(Classes laborieuses et classes dangerous à Paris pendant la première moitié du XIXe siècle,《노동계급》으로 줄임)이다. 어쨌거나 이 책은 슈발리에의 저서 가운데 가장 널리 알려져 있으며 가장 많이 인용되는 책으로 남아 있다. 당시 수도 파리에서 민중 계급에 대한 두려움을 보여 주는 효과적인 인용문들로 풍부하게 채워져 있는 이 책에서 슈발리에는 흡입력 있는 문체로 사회적 비정상성과 범죄 증가율의 증거에 관해 논의를 펼쳐 보였다. 이 책은 대단한 호평을 받았고, 특히 책에서 다룬 주제는 도시를 연구하는 연구자와 독자들을 끊임없이로 매료시켰다. 이 책은 현재와 과거의 인구학적 동인에 대한 선구적 연구의 결정판이었을 뿐 아니라 역사가로서 슈발리에의 경력에 전환점을 이루는 것이기도 했다. 이 책이 출판된 후 그는 새로운 유형의 역사를 옹호하는 일과 인구학적 동인에 관한 연구를 모두 중단했다.

《노동계급》을 출간하기 전 10년 동안 슈발리에는 인구학과 역사학의 결합을 추구해 왔다. 그러면서 자신이 강변하던 것을 실천에 옮겨 파리 정치대학에서 20세기 역사를 가르치는 동시에 인구학 강좌를 개설했다. 그는 프랑스에서 인구학을 가르친 최초의 학자였고 인구학 교재도 출간했다. 다른 학자들도 인구학을 대학 교육 커리큘럼에 도입하기는 했지만, 슈발리에는 다른 학자들 이상으로 인구 문제를 더 넓고 장기적인 맥락에 위치시키면서 쉽게 측정될 수 없었던 계량적 요소의 중요성을 강조했다. 콜레주드프랑스에서 그는 인구학 전공 교수직을 만들어 알프레드 소비를 데려오려고 애쓴 끝에 결국 소비는 1959년 콜레주드프랑스 교수에 임용되었다. 특히 슈발리에는 인구학을 중시하는 좀 더 과학적인 역사의 우수성을 강조했다. "역사는 오랫동안 그저 정치사이거나 행정사였다. 또 점점 더 경제사와 사회사로 편향되었다. 여기에 인구학이 추가될 때 역사는 과거의 '왜' 그리고 '어떻게'의 문제를 궁극적으로 이해하게 될 것이다." 나아가 〈현대 파리 연구에서 역사의 역할〉(1957)에서 이 새로운 역사가 과거의 파리보다 현재의 파리를 이해하는 데 더 큰 도움을 줄 거라고 주장했다.

한편으로 현재의 자료는 과거로부터 물려받은 불충분한 사료들보다 더 풍부한데다 고문서보관소의 자료에서 발견되지 않는, 그래서 역사가가 자칫 놓칠 수도 있는 문제들을 제기하고 있었다. 다른 한편으로는 인구 변화 이면의 요소들이 복잡한데다 변화 그 자체가 일정하지 않고 때로는 완만하기 때문에, 이러한 인구 변화의 과정을 추적하는 역사가는 현재의 문제를 이해하는 데 도움을 줄 수 있었다. 1956년부터 1958년까지 슈발리에는 실제로 파리 경찰청의 자문역을 맡아 인구학 방법론을 효과적으로 반영하고 당국이 새로운 필요와 정책을 결정하는 데 도움을 주었다. 새로운 유형의 데이터, 특히 파리 시민들이 어떻게 느끼고 또 무엇을 원하는지에 관한 자료를 만들어야 한다고도 제안했다. 《노동계급》이 학술 연구인 동시에 하나의 선언문으로 여겨진 것은 당연한 일이다. 이 책은 인구학적 요소가 인간의 행위와 심성에 미치는 영향을 이해하는 것이 어떤 식으로 사회사에 대한 급진적인 해석을 가능하게 하는지 보여 주려는 의도를 숨기지 않았다.

슈발리에가 제시한 테제는, 19세기 초반에 파리가 '생물학적 하부구조'의 변화로 인해 일종의 병리학적 상태에 빠져 버렸다는 것이다. 먼저 그는 이중적 충격을 던져 준 전례 없는 규모와 구성의 이민으로 파리가 희생되었다고 주장한다. 도시 인구는 곱절로 늘어났고 인구 유입이 주로 남성, 게다가 대다수 이민자들이 젊은 미혼 인구로 구성되었기에 수도의 인구 구조는 빠르게 왜곡될 수밖에 없었다. 또한 수도의 주거 환경과 서비스는 새로운 상황에 효과적으로 대처할 만한 능력을 결여하고 있음이 명백해졌고, 노동시장 역시 큰 부담을 안게 되었다. 슈발리에는 이민의 유입이 노동 수요의 변동과는 거의 관계가 없다고 생각했다. 또 도시가 더 이상 인간의 가공물이 아니라 인간의 통제를 벗어난 하나의 자연적 현상으로 바뀌었다고 주장한다. 그 결과는 도시의 기능 장애와 광범위한 사회적 퇴화를 가져왔다. 이러한 퇴락 현상의 가장 명백한 지표는 극빈층의 높은 사망률과 범죄, 자살, 불법, 영아 유기, 계약결혼의 증가였다. 그는 이런 지표들이 사회질서를 위협하는 '위험한 계급'의 존재를 입증하고 있다고 주장했다.

하지만 슈발리에가 제시한 이러한 암울한 테제는 사실 다소 갑작스럽다. 왜냐하면 그가 제시한 이전 연구 어디에서도 이와 비슷한 암시가 전혀 없었기 때문이다. 《농민들》과 《인구학 개론》에서 그는 도시로의 이민이 경험한 가장 중요한 변화는 19세기 전반이 아니라 19세기 말에 나타났다고 주장했었다.《19세기 파리 인구의 형성》에서도 그는 이민자들이 성공적으로 파리의 공간과 경제에 편입되었다고 주장했다. 19세기 전반의 파리에 대한 새로운 시각을 슈발리에가 처음으로 공개한 것은 1954년이다. 그해 1월 뉴욕에서 발표한 글에서 자신의 새로운 테제와 논지의 윤곽을 제시했다. 중요한 것은 위기의 시점이었다. 4년 뒤에 출간한 저작은 이 위기의 시점을 1830~1870년으로 확장시켰다. 그는 1800년대의 마지막 20년 동안 불균형하고 과도한 수도로의 이민 현상이 나타났고 그 때문에 유사한 위기가 초래되었다고 주장했다. (《도시 공동체와 국민의 사회적 변모》, 1955)

이 테제는 어디에서 나온 것일까? 그 발단은 19세기 전반에 나온 통계자료와 문학적인 관찰담에 대한 독해였다. 한편으로는 또한 슈발리에가 살았던 20세기의 세계가 낳은 결과이기도 했다. 개발 과정에서 빠르게 성장했지만, 새로운 변화 양상에 효과적으로 대비할 수 없었던 도시는 난국에 부닥칠 수밖에 없었다. 1950년대 중반부터 슈발리에는 도시의 무정부주의적 성장에 대해 논의를 발전시켜 나갔다. 파리로의 이주 현상이 가속화되면서 도시의 편의시설과 낡은 주택 보유량은 엄청난 압박을 받게 되었다. 슈발리에는 국내 이주와 국제 이민을 둘러싼 당시의 여러 견해들, 그리고 북아프리카에 관한 과거의 연구 결과를 토대로 자신이 주장하는 논지의 핵심적인 개념, 곧 이민 물결은 파리의 유인 요소에 따른 결과라기보다는 상당 부분 자율성을 띤 움직임이라는 개념을 도출해 냈다.

슈발리에는 두 가지 서로 연관된 증거를 자신의 논지에 활용했다. 먼저 그는 19세기 전반에 구성된 계열 통계를 이용했는데, 슈발리에는 이 시기를 통계의 '황금시대'라고 불렀다. 그는 이 통계자료를 통해 자칫 그 존재 자체를 의심받았을 뻔한, 그러나 이제야 비로소 제대로 조사되고 있는 하나의 현상을 입증해 준다고 믿었다. 평범한 시기에 나타난 차별적인 사망률, 또 전염병이 유행한 특별한 시기의 사망률이 보여 주듯이, 도시는 극빈층 주민에게 불평등한 삶의 공간이었다(그해 출판된 《콜레라: 19세기 첫 번째 전염병》에 쓴 글에서도 같은 주장을 되풀이했다). '위험한 계급'의 존재는 또한 예외적으로 높은 비율의 범죄와 사회 일탈행위 속에서도 나타났다.

그가 좀 더 중요한 것이라고 생각했던 기록, 그리고 대단히 독창적인 방법으로 사용했던 또 다른 자료는 사실주의 소설이 제공한 문학적 증언이었다. 이러한 성격의 자료에 대한 신뢰는 두 가지 측면에서 설명될 수 있다. 우선 19세기 초의 언론은 당시의 통계조사를 널리 홍보했고, 그것은 다시 소설가들의 작품에 자양분을 공급했다. 이러한 양상은 (슈발리에가 언제가 수도 파리에 관한 한 최고의 관찰자라고 믿었던) 발자크, 위고, 으젠 쉬의 작품에 신뢰도를 높여 주었다. 두 번째, 이러한 문학적 증언은 다른 형태의 자료에서는 나타나지 않는 일인칭 화자의 입장에서 도시 주민의 직접적인 관찰에 바탕을 두고 있었다. 슈발리에는 이민을 바라보는 시각에 대한 몇몇 연구에서 친구인 장 스토첼이 그토록 도입하고자 했던 여론조사의 가치를 확신했다. 그는 문학적 증언이야말로 과거 여론조사가 없었던 시대의 공백을 메우는 좋은 방법이라고 생각했다.

반세기가 지난 오늘날에 와서 보면 파리에 대한 슈발리에의 논지는 분명 심각한 오류를 드러낸다. 그런 오류를 보여 주는 것은 너무도 쉬운 일이 되어 버렸다. 그는 예외적인 국내 이주 현상을 가정했지만, 우리가 이미 잘 알고 있는 것처럼 그것은 예외적인 현상이 아니었다. 다양한 유형의 수많은 이주민들이 프랑스혁명 이전부터 그리고 19세기에 파리에 정착했다. 이민 운동에 관한 연구들은 이주민들이 수도가 갖고 있던 인구 유인 요소에 언제나 민감하게 반응했음을 보여 준다. 도시 이주민에 대한 사유의 패러다임에도 변화가 찾아왔다. 과거에 슈발리에나 다른 학자들이 생각했던 것과는 달리, 오늘날 연구자들은 이 시기 또는 앞선 시기의 이민자들이 완벽하지는 않더라도 꽤 성공적으로 대응 전략을 세우고 사회 지원망을 발견할 수 있었다고 생각한다. 무엇보다도 슈발리에는 '타자'의 엘리트적 표상을 실재와 혼동했다. 오늘날 우리는 그러한 표상을 곧이곧대로 받아들여서는 안 된다는 걸 잘 알고 있다. 슈발리에가 파리의 현실을 매우 충실하게 반영하고 있다고 믿었던 텍스트들에는 어느 정도 변화와 하층계급의 봉기에 대한 두려움이 반영되어 있었다. 이런 텍스트들은 엘리트적 가치나 행위와는 다른, 나아가 그것들에 대립하는 가치와 행위를 '타자화'함으로써 엘리트의 정체성을 강화하는 역할을 했다. 그러한 두려움은 19세기의 파리에만 국한되는 특별한 현상이 결코 아니었다. 예를 들어 '부랑아'들이 표상하는 위협은 프랑스뿐 아니라 다른 나라에서도 쉽게 발견되는 보편적인 걱정거리였다.

슈발리에가 논지를 위해 제시한 통계자료 또한 문제를 안고 있다. 너무도 명백해서 입증할 필요조차 없는 것으로 간주되던 범죄 증가를 보여준 증거는 대표적인 예이다. 1820년대에 정부가 도 단위로 발간하기 시작한 형사소추 자료는 여태껏 제대로 분석된 적이 없다는 점에서, 이 자료에 대한 슈발리에의 태도는 그 자체로 문젯거리라고 할 수 있다. 오늘날 우리는 당시 범죄 통계에 조작이 있었음을 알고 있다. 이 자료는 사실 실제 법 위반 사건에 대한 기록이라기보다는, 권력을 쥔 자가 기소하고자 했고 기소할 수 있었던 범죄만을 반영하는 자료일 뿐이기 때문이다. 하지만 슈발리에의 주장을 쉽게 비판할 수 있다고 해서 그의 접근 방식이나 그가 남긴 독창적인 학문적 성과까지 무시할 수는 없다. 그는 대도시로 오는 이민이 지닌 역동성과 그 구성, 그리고 새로운 이주자들이 경험해야 했던 도시의 삶 같은 중요한 문제들을 제기했다. 무엇보다도 그는 새로운 방식으로 문학 텍스트를 이용했고, 적어도 파리 엘리트 집단의 표상 세계를 밝혀내는 데는 성공했다.

《노동계급》을 출간한 이후 슈발리에는 새로운 사회사와 도시사의 옹호자이자 개척자에서 역사와 관련해 '현대론자들'(moderns)과 싸우는 노골적인 '전통주의자'(ancient)로 변신했다(1966년 출간된 〈도시사에 대한 복고적 견해〉에서 이런 용어들을 사용했다). 훗날 《세상만사 영고성쇠》에서 지나온 자신의 모습을 되돌아보며 그는 이렇게 고백한다.

처음에 내가 중요하게 생각했던 것은 역사학과 인구학의 새로운 연관성이었다. 그것은 콜레주드프랑스 취임 첫 강연의 주제이기도 했다. 인구학과의 탯줄은 여전히 이어져 있다. 그다음으로 중요했던 주제는 도시의 발전상이었다. 도시 중의 도시인 파리 최후의 날들, 곧 '파리의 죽음'은 내가 사랑하던 도시의 소멸을 의미했고, 잃어버린 도시의 영광을 회상하는 것이었다.

슈발리에는 《노동계급》 이후 5년 동안 어떤 글도 발표하지 않았기 때문에 그의 저술들을 통해 이러한 변화의 시기를 대략적이나마 짐작해 볼수 있을 뿐이다. 슈발리에가 초창기의 관심사를 포기한 것은 대략 1960년대 초라고 추정된다. 그는 창간 초기부터 인구문제연구소의 학술지 《인구》에 꾸준히 글을 기고해 왔는데, 1964년 이후부터는 더 이상 글이 보이지 않는다. 같은 해 그는 〈인간 희극: 역사의 자료?〉를 발표하면서 무엇보다 도시의 에로티시즘과 성적 충동(이 문제가 대단히 중요하다고 확신했다)은 당시 도시사가 활용하던 접근 방식으로는 포착될 수 없다고 주장했다. "통계학자나 사회학자가 될 필요는 없다. 통계학자나 사회학자가 아닌 것이 차라리 더 낫다. 신문을 읽고 관찰하는 것으로 충분하다." 그는

1962년에 역사인구학 전문 기구의 창설을 지원했지만 1965년에 그의 이름은 이 기구의 이사 명단에서 사라졌다. 그리고 다음 저서인 《파리지앵》이 출간된 1967년, 인구학적 요소들은 논지의 중심에서 자취를 감추었다. 그 뒤로도 마찬가지였다. 그는 통계자료 이용을 자제했고 이러한 태도는 나중에 나온 모든 저작에서도 마찬가지였다.

슈발리에가 겪은 심경의 변화는 역설적이다. 왜냐하면 당시 이른바 사회과학적 역사는 계량적인 유사 학문 분야와 돈독한 관계를 유지했고, 이는 적어도 20년 동안 과거를 이해하는 지배적인 연구 방식이었기 때문이다. 특히 경제사, 도시사, 인구사로 알려지게 된 역사 연구에서 이러한 특징은 뚜렷하게 나타났다. 《노동계급》이 출간된 바로 그해, 피에르 구베르는 17세기 보베와 보베 지방에 관한 논문을 발표했고, 지난날 인구문제연구소의 동료였던 루이 앙리는 근대 초 노르망디 한 마을의 인구에 관한 연구를 발표했다. 교구 기록 전체 또는 일부분에 대한 조사를 바탕으로 이루어진 이 연구들은 교구 기록에 대한 세심한 분석과 루이 앙리의 가족 재구성 방법을 통해 프랑스뿐 아니라 다른 지역에서도 과거의 인구학적 행태를 조사하는 광범위한 연구의 시작을 알렸다. 그 연구 결과들은 근대 초 유럽의 인구학에 대한 이해를 혁명적으로 변화시켰고, 하위 분과학문으로서 역사인구학을 위상을 정립시켰다. 슈발리에가 이전의 연구에서 이러한 형태의 사료들을 이용하지 않고 그 잠재적 중요성을 간과했다는 점이 그의 잘못이라고 치부되어서는 안 된다. 1800년 이전 시기의 파리 교구 기록은 거의 남아 있지 않았다. 상대적으로 덜 유동적인 소규모 공동체를 분석하는 데 역사인구학 연구자들이 사용했던 방법은 높은 유동성을 특징으로 하는 19세기의 도시에는 적절하지 않았다. 게다가 슈발리에가 통계를 사용한 방식은 훗날 사회구조를 분석하기 위해 역사가들이 사용했던 그런 방식이 아니었다. 대체로 이미 총량화된 자료만을 이용했다. 심지어 그는 《19세기 파리 인구의 형성》을 쓰면서 조사했던 파리에서 발생한 1만 건의 파산 기록처럼) 계량화할 수 있는 연속적인 원사료를 조사할 때조차, 이러한 조사를 통해 예상되는 성과는 들이는 노력에 비해 보잘것없다고 주장한 바 있다.

그렇다면 슈발리에의 방법론이 실패했다는 것을 의미하는 것일 수 있다. 실제로 그의 방법론은 그가 파리 경찰청 자문위원직을 상실했던 바로 그 순간에 실패를 맛보았다. 이는 그의 입장 변화와 훗날 그가 '새로운' 선구자들을 왜 그토록 비판했는지를 설명해 준다. 그러나 우리는 슈발리에가 이미 10년 전부터 도시사 연구가 애착을 보이던 계량화와 사회학적 방법에 대해 비판적인 입장을 꾸준히 견지해 왔음을 떠올릴 필요가 있다. 실제로 도시에서 삶의 조건을 사회적 일탈의 원인으로 간주하는 생태학 테제(시카고학파 사회학자들의 지배적인 견해)가《노동계급》에서 부차적으로라도 제시된 바 있지만, 슈발리에 당시에 널리 유행한 시카고학파 도시사회학의 견해를 지지한 적은 없었다. 그가 시카고학파에 대해 부정적 입장을 취한 것은 단지 이 방법론이 거둔 성과에 친숙하지 않았기 때문이 아니다.

슈발리에는 1955년에 시카고대학을 방문한 바 있고, 이듬해 발표한 논문 〈통계와 파리의 사회적 묘사〉에서는 시카고를 '도시사회학의 수도'라고 일컫기도 했다. 게다가 1958년에 펴낸 사회학 교재에서는 이 학파가 이룬 주요한 업적에 한 장을 할애하기도 했다. 다만 슈발리에는 시카고 같은 미국의 주요 도시를 위해 개발된 계량적 방법론과 사회공간 이론들이 유럽의 대도시에도 적용될 수 있다고는 생각하지 않았고, 일찍이 그러한 접근 시도들을 비판해 왔다. 예를 들어 그는 복잡한 어휘를 사용하는 것에 대해 난색을 표하면서 '문제적'과 같은 낱말을 명사 형태로 사용하는 것에 반대했다. 그는 다른 접근 방식을 의도적으로 배제시키는 것도 달가워하지 않았다. 왜냐하면 도시의 삶은 관습과 신앙, 일상생활의 교환, 다양한 삶의 양상에 이르기까지 계량적 방법으로는 결코 포착할 수 없는 중요한 측면이 너무도 많았기 때문이다. 1957년 '윤리학·정치학 아카데미'에 발표한 글이 보여 주듯이, 무엇보다 그는 대도시의 역사가 언제나 같은 경로를 따른다고 생각하지 않았다. 그는 "각각의 사례에서 나타나는 유사성은 종종 도시와 인민의 역사를 제대로 알지 못한 탓에 잘못 해석된 차별성이다"라고 주장한다. 역사가 짧은 미국의 도시들은 규모가 큰 대도시이고 게토화된 구역을 발전시켰지만, 대서양 너머에서 도시들은 긴 시간의 역사 속에서 수많은 굴절을 경험했다. 게다가 유럽의 도시에서는 미국식 게토가 형성되지도 않았다. 그렇기에 유럽의 도시들은 미국에서 개발된 이론들과는 다른 이론을 통해 이해되어야 했다.

시간이 흐르면서 슈발리에의 비판은 점점 더 신랄해졌다. 예를 들어, 1974년에 그는 숫자를 통한 '문화의 침투'라고 주장했던 것을 '야만인들의 도래'라고 바꿔 부르기 시작했다. 심지어 이미 우세한 지위를 차지하고 있던 역사인구학을 비판하고 나섰다. 그는 역사인구학이 지난날 자신이 옹호했던 인구사의 일환으로서 폭넓은 문화적 접근 방식을 포기했다고 주장했다. 《노동계급》의 1978년판 서문에서 슈발리에는 교구 기록에 관한 노동 집약적 연구들을 신랄하게 조롱한다. 그는 이러한 연구들이 "구체제 기간 동안 거위 떼가 보여 준 생식력이 닭 한 마리의 생식력과는 차이가 있을지 몰라도 오리 떼의 생식력과는 크게 다르지 않으며, 모든 이웃의 닭장에서도 상황은 마찬가지"라는 점을 보여 주었다고 주장했다. 공정하게 바라보자면, 사실 슈발리에가 이러한 비판의 칼날을 치켜든 시기는 역사인구학 연구에서 일종의 수확 체감의 법칙이 실현되고 있을 때였으며, 비록 다채롭지는 않아도 다른 사람들 역시 역사인구학에 유사한 비판을 가하기 시작했을 시기였다는 점이다.

새로운 방법론에 대한 슈발리에의 비판적 입장은 새로운 것도 아니었고, 시간이 흐르면서 더욱 견고해졌다. 그의 비판은 좀 더 전통적인 학자들이 사회과학적 역사에 대해 가졌던 비판적 입장과 비슷한 것이었지만, 슈발리에에게는 이런저런 다른 이유가 있었다. 그중 하나는 우리가 곧 살펴보게 되겠지만 그 무렵 파리 시가 겪고 있던 급격한 변화였고, 두 번째 이유는 《노동계급》에 대한 동료 학자들의 비판적 시선이었다. 그는 이 책을 통해 자신이 확신했던 역사학의 가치를 입증했다고 믿었으며 동시에 자신의 신념을 선언했다고 생각했기에, 동료들의 부정적인 비평은 당연히 커다란 실망으로 다가왔다. 친구인 알레비와 아리에스는 분명 그의 노력을 칭찬했지만, 그들은 대학에 속한 전문학자도 아니었고 주요 언론을 통해 서평을 게재한 것도 아니었다. 사실 그 책에 대한 서평은 그저 시큰둥했고, 저작을 분석하고 칭찬하기보다는 별다른 평가 없이 단순히 책 내용을 설명하는 데 그쳤다.

특히 아날학파의 대표적 인물이자 콜레주드프랑스 교수인 페르낭 브로델은 매우 비판적인 서평을 발표했다. 브로델의 비판에는 분명히 다른 의미가 숨어 있었다. 그는 일종의 학문 제국을 건설하는 중이었고 역사학을 사회과학의 핵심 학문을 만들고자 했다. 브로델은 슈발리에를 비롯하여 인구문제연구소의 알프레드 소비 교수를 중심으로 포진하고 있던 인구학자들을 잠재적 경쟁자로 바라보았다. 애초에 브로델은 슈발리에의 테제에 관해서는 특별한 평가를 하지 않겠다고 선포했지만, 언제나 이 약속을 지킨 것은 아니었다. 그는 이러저러한 방식으로 슈발리에를 비판했고 그중 일부는 그다지 타당한 것도 아니었다. 브로델은 〈인구학과 인문과학의 차원〉(1960)에서 슈발리에의 책을 평가하면서, 문체에 대해, '생리학적 하부구조'에 관한 과도한 언급과 그가 제시한 논지의 복잡성에 대해 불평을 늘어놓았다. 브로델의 서평은 다음과 같은 선언으로 끝난다.

"나는 그 어떤 것이든 일원론적 설명을 혐오스럽게 생각한다. 특히 요즘처럼 엄청난 연구가 쏟아져 나오는 때에, 그러한 일원론적인 해석은 무익할 뿐이다." 이러한 논평이 슈발리에에게 큰 충격을 안겨 준 것은 당연했다. 그는 20년 뒤에 《노동계급》 1978년판 서문에서 당시의 비평에 대해 느낀 바를 소회했다. "위대한 역사가들(브로델)은 논지를 뒷받침하기 위해 이용한 통계가 아니라 바로 나 개인에 대해 유죄를 선고했다. 사실 그들은 많은 것을 비난했고 권위를 앞세워 온갖 공격을 퍼부었다." 슈발리에는 그 뒤로 두 번 다시 인구 문제에 관심을 갖지 않게 되었다.

1960년대 이후로 슈발리에의 연구는 네 가지 새로운 방향으로 전환했다. 먼저 1967년과 1974년 내놓은 연구에서 그는 정체성의 문제, 즉 파리 시민이 된다는 것 또는 프랑스인이 된다는 것이 의미하는 것이 무엇인지를 고찰했다. 둘째, 1977년에는 최근의 파리 도시계획사를 분석하며 비판의 강도를 높였다. 셋째로 이러한 변화가 일어나기 전 파리의 생생한 현실을 재구성하려고 시도했다. 그는 이러한 변화가 파리 시가 갖고 있는 잠재적 원동력을 돌이킬 수 없을 정도로 파괴했다고 주장했다. 그는 이러한 시각에서 1980년과 1982년, 1985년에 잇따라 세 편의 연구를 발표했다. 넷째, 도시에서 농촌으로 관심을 돌려 제1차 세계대전 시기부터 제2차 세계대전이 끝날 때까지의 기간 동안 방데 지방의 한 마을, 다름 아닌 자신이 태어난 고향 마을의 일상생활사를 재구성했다. 7년 후에는 1950~1960년대 안달루시아 지방의 한 마을에 거주하던 가난한 농촌 노동자들의 고달픈 삶을 재구성해 냈다.

이러한 연구들이 보여 준 절충주의와 참신함, 접근 방식, 그리고 그것이 보여 준 변화된 모습을 과장할 필요는 없다. 그는 보통 사람들을 이해하고자 꾸준히 노력했고 일상생활에서 나타나는 특정한 주제에 깊은 매력을 느끼고 있었다. 예를 들어, 성적 욕구는 《노동계급》에서 중심적인 주제였다. 그는 이 문제의 중요성이 간과되어 왔으며 여전히 '어둠의 장막'(발자크), 나아가 역사의 장막에 가려져 있다고 믿었다. 그는 1973년과 1975년 두 차례에 걸쳐 콜레주드프랑스에서 성적 욕구라는 주제로 강의했고, 성의 역사에 관한 집필을 계획했다(하지만 이 책은 출판되지 않았다). 슈발리에는 일상생활을 연구하면서 욕망과 성, 쾌락의 장소들에 관해 꾸준히 비중 있게 다루었다.

이러한 연구 대상과 주제에 슈발리에는 당연히 자신이 좋아하던 방법론을 적용했다. 그의 문체도 마찬가지여서 작가적 풍모는 더욱 확고해졌다. 1950~1960년대의 파리 시민들에 관한 연구인《파리지앵》에서 그는 파리지앵들의 태도와 행위가 이전 시대와 별반 다를 바가 없다고 주장하면서 "인물을 인용하는 데 사회학자들이 내세우는 세세한 규범에 호소하거나 통계 수치를 걱정하는 게" 무슨 소용이 있는가 하고 물으면서 수사적 질문을 던지곤 했다. 고문서보관서에 소장된 문서는 모든 것을 기록하기에는 터무니없이 적었고, 결국 그는 계량적 방법론을 채택했다. 그런데 그중 많은 것들은 사실 그가 1960년 이전에 이미 사용했던 방법론이었다. 결국 그가 의지한 것은 개인적 관찰이었다. 먼저 파리의 거리와 이런저런 장소를 걸으면서 대화와 관찰의 순간을 기록하고, 발자크가 '의미심장한 디테일들'이라고 불렀던 것을 발견하고자 애썼다.

늘 있어 왔던 것. 하지만 우연이면서도 놀라운 방식으로 자신의 끊임없는 존재를 보여 주는 그런 것. 그리하여 기록될 만한 가치가 있는 것. 자연보다 더 사실적이면서도 일상 속에서 느닷없이 나타나는 특별한 것. 습관적인 것들 사이에서 불쑥 모습을 드러내는 예외. 평범함 속의 특이함, 일상적인 것들 사이의 특별함, 그래서 낡게만 보였던 것들 사이에서 마침내 모습을 드러내는 새로운 그 무언가.

이러한 시도는 슈발리에가 "쉽게 가늠할 수도 없고 그저 애매하기만한 생각들"이라고 했던 것을 통해서는 형상화되기 쉽지 않을 것이다. 오히려 그것은 파리의 거리를 방황했던 발자크나 《파리의 풍경》(1788)에서 '자신의 두 다리로' 파리의 생활을 해부했다고 주장하는 루이 세바스티앙 메르시에를 통해 의식적으로 형상화될 수 있을 것이다. 슈발리에는 수업을 듣는 시앙스포의 학생들을 조교로 삼아 자신이 연구하고 있던 구역의 카페에서 수업을 하곤 했다. 학생들은 오베르빌리에 시청에서 노동자들과 모임을 했고, 심지어 일부 학생들은 중앙시장에서 야간작업을 하며 상인들의 경험을 기록하기도 했다. 슈발리에는 신문의 단신 기사를 샅샅이 조사하고, 그 속에서 다시 한 번 '의미심장한 사실들'을 찾고자 했다. 두 차례에 걸쳐 몽마르트르 구역을 연구한 슈발리에는 범죄와 매춘 문제를 조사할 때에도 법률 문서의 열람과 도시 범죄 분석 방법론을 될 수 있으면 멀리했다. 그는 "범죄의 역사를 위해서라면 잘 선택한 짧은 기사 하나가 모든 범죄사회학보다 훨씬 더 가치 높다"고 주장한다. 나아가 그는 현재의 역사를 위해 직접적인 정보 제공자들에게 기댔다. 물론 이 정보 제공자들은 처음 알게 되어 만남을 거듭하면서 친구가 된 그런 보통 사람들이었다.

마지막으로, 특히 현존하는 사람들의 기억을 넘어서는 시기를 연구하는 경우에는 "도시 환경 속에서 특히 포착하기 어렵지만, 그럼에도 매우 중요한" 집단의식을 규명하기 위해 문학적 증언들에 기댔다. 물론 이런 방법론이 안고 있는 문제점은 이러한 자료가 지닌 사료적 가치를 어떻게 통제할 것인가이다. 신문의 단신, 관찰이나 누군가의 증언이 진짜로 대표성을 띠는가? 또는 그러한 목적으로 역사가에 의해 선택된 것인지를 어떻게 판단할 것인가? 슈발리에는 때때로 손님이 없는 카페 구석 테이블에 자리를 잡고서 글을 쓰곤 했다. 그러던 어느 날 글쓰기에 열중하고 있던 그에게 어떤 사람이 다가와서는 소설을 쓰고 있는 중이냐고 물어 왔다. 그는 이 일화를 회상하면서 심드렁하게 기록했다. "독자들은 어쩌면 이러한 인상이 완전히 틀린 것은 아니라고 생각할지도 모르겠다."

슈발리에는 분명 시그프리드와 아리에스 두 사람의 영향을 받았다. 시그프리드는 사람들과 국가가 항구적인 정체성을 지니고 있다고 줄곧 강조해 왔고, 아리에스는 1943년 출간된 첫 책을 통해 프랑스의 지방 공동체는 보이는 것과는 달리 강한 유대감과 정체성을 갖고 있다고 주장하면서 프랑스가 고유한 특징을 가진 여러 지방들의 모자이크로 구성되었다고 강조했다. 1967년 슈발리에는 파리 시민들 역시 바로 그러한 정체성을 갖고 있으며, 그 무렵 대도시에 대한 일반 이론들의 수렁에 빠진 계량사회학과 비교사회학은 결코 그런 정체성을 밝혀낼 수 없다고 확신하기 시작했다. 그는 이러한 도시의 특징이 장기지속성이라는 것을 입증하고자 했다. 수많은 도시 이민자들의 다양한 출신과 그들이 만들어 낸 사회적 균열이 이러한 정체성 공유를 방해한 것일까? 슈발리에는 그렇지 않다고 주장한다. 그는 덧붙인다. 파리는 단 한 번도 부르주아 구역이나 민중 구역, 인종에 따른 거주 구역, 또는 미국 대도시에서 발견되는 게토 같은 것을 형성한 적이 없었다. 최근에 북아프리카인들이 압도적으로 우세한 파리 18구의 구트도르 구역이 생겨나기는 했지만, 주민들이 이 구역으로 추방되었기 때문이 아니라 그들 스스로 동료 이민자들과 함께 지내려고 선택했기 때문에 형성되었다. 전통적 도시 경계, 높은 인구밀도, 이웃 관계를 파괴하고 교류를 방해하는 고속도로의 부재 등은 도시 주민 간의 긴밀한 상호작용을 가능케 했다. 새로운 주민들조차 도시로의 통합을 그다지 어렵다고 생각하지 않았는데, 이는 그들이 자기 뜻에 따라 수도에서 살기를 선택했고 무엇을 기대해야 할지 알고 있었으며, 젊고 잘 적응했기 때문이었다.

수많은 이주민의 존재는 실제로 파리지앵의 몇몇 특징들을 설명해 준다. 파리지앵의 문화는 언제나 청년 지향적이었고, 신체적 겉모습을 꾸미는 데 민감했다. 관능과 쾌락의 추구는 오랫동안 이주민들의 행동에서 나타나는 변함없는 특징이었다. 대도시에 거주하면서도 새로운 이주자들이 지닌 고도의 정신적 능력으로부터 끊임없이 자양분을 흡수했던 파리지앵들은 영혼과 위트, 자원과 문제 해결 능력의 수준과 특성에서 다른 대도시의 주민들과는 확연히 구분될 수 있었다.《파리지앵들》을 집필하기 위한 연구에서 탄력을 받은 슈발리에는 같은 계통의 책인《프랑스인의 시대착오적 역사》(Histoire anachronique des Francais, 1974)를 출판했다. 그는 1968년 5월 파리에서 일어난 학생운동이 프랑스의 문화 전통을 부정하는 행위였다고 판단하면서 집필을 서둘렀다. 그는 서문에서 길이 남을 명문으로 학생운동에 대한 자신의 생각을 제시했다. 그러나 거기에는 다른 목적이 있었다. 그는 다양한 사회의 특수성을 무시하면서 이론적 교리를 기계적으로 적용하는 도식적 마르크스주의자들의 분석이 지닌 한계와 도시들 간의 차이점을 통계와 이론으로 환원하려는 미국식 계량사회학의 한계를 보여 주고자 했다. 이를 위해 슈발리에는 비계량적 서술 사료들을 이용하는 그다지 인기 없는 주제에 매달렸는데, 그는 이러한 자료를 이용하여 지방에 거주하던 고대 로마인들인 남긴 문헌에서부터 수백 년 동안 프랑스 안팎에서 쓰인 다양한 기록물 속에서 증거를 찾고, 이를 통해 프랑스 국민이 지닌 고유한 항구적 정체성을 제시하고자 했다. 그는 프랑스인이 언제나 희극적 감각과 유별난 경쟁심 그리고 욕망과 열정을 이해하고 관용하려는 경향을 지니고 있었다고 결론지었다.

　그는 1963년 초부터《파리의 죽음》(L'Assassinat de Paris) 집필 작업을 시작했지만, 근대 이후 파리의 도시계획사에 관한 이 논쟁적 저서는 1977년에 이르러서야 세상에 나오게 되었다. 이 책은 훗날 스스로 고백했듯이 "심각하고 암울한 분위기" 속에서 완성된 문제작이었다. 도시계획에 대한 그의 비판은 서유럽 전역에서 걷잡을 수 없이 성장하던 대도시와 자동차 문화의 충격, 그리고 설계사와 모더니스트 건축가, 개발주의자들이 도시 중심에서 벌인 행위의 파괴적 결과에 대한 반발심을 반영한다고 볼 수 있다. 이는 또한 슈발리에 스스로 책에서 인정하고 있듯이 자신에 대한 책망이기도 했다. 그는 도시계획과 관련된 최초의 결정들이 내려졌을 때, 시청에서 책임 있는 지위에 있었음에도 사태의 심각성을 이해하지 못한 자기 자신에게 실망감을 감추지 않았다. 1964년 당시에 슈발리에는 지난 10년 동안 도시가 빠른 속도로 변화했다는 점을 인정하면서도 그러한 변화의 결과가 다른 시기와 마찬가지로 그렇게 심각한 것은 아니라고 생각했던 것이다. "콜레라로 죽는 것보다는 빨간 신호등 앞에서 흥분하는 쪽이 더 낫다"는 게 그의 생각이었다. 하지만 1985년에 이르러 그는 성장과 재개발 "이 두 가지가 파리의 역사가 경험한 가장 심각한 단절"이었다고 결론짓기에 이른다. 너무도 실망한 나머지 급진적인 도시계획이 자신이 그토록 사랑하던 도시를 되돌릴 수 없을 정도로 파괴해 버렸다고 생각했다. 이러한 파괴는 우선 외관의 문제였다. 도시는 미국적 여성미의 기준을 좇아가며 사뭇 지루한 얼굴을 갖게 되었다. 도시는 "깨끗한 피부에 불필요한 털을 제모하고, 고른 치아와 큰 눈에 주름이 생길까 봐 두려워 웃지도 못하고 키스도 못하는" 그런 도시가 되어 버렸다. 비슷한 이유에서 그는 지평선 너머 솟아오른 새로운 마천루의 등장을 경멸했다. 그런 건물들은 마치 어디선가 갑자기 나타나 도시를 공포로 몰아넣고 파괴하는 일본 영화의 괴수와 닮았다. 특히 그는 그러한 상징적인 건물로 몽파르나스 타워를 경멸했다.

하지만 도시의 외관 말고도 다른 이유가 있었다. 그는 파리 민중의 거주지가 재개발 과정에서 파괴되고 가난한 사람들이 변두리로 이주하게 되면서 파리 시가 스스로의 정체성을 잃고 있다고 믿었다. 50만 명의 인원이 직간접적으로 생계를 꾸려 나가고 있던 파리 중앙시장을 폐쇄하기로 결정한 처사에 대해 어떤 도시계획도 이보다 더 해로운 결과를 가져올 수는 없을 것이라고 주장했다. 그는 이 결정이 도시의 심장부에 대못을 박는 행위라고 규탄했다. "레알 지구가 사라지면서 파리도 사라졌다." 당시 많은 사람들은 1950년 말부터 1960년대에 걸쳐 슈발리에가 제시한 도시계획에 대한 냉혹한 논조의 분석과 결론이 너무 지나치다고 여겼지만, 슈발리에는 결코 자신의 태도를 누그러뜨리지 않았다. 이러한 입장은 이후의 연구에도 큰 영향을 끼쳤다. 그는 다양한 구역에서 존재했던 중요한 구술 기억들을 수집하고, 중앙시장이 완전히 사라지기 이전 파리 지앵의 정체성을 재구성하기 위한 작업에 착수했다.

1980년대 초 그는 머지않아 사라질 기억의 일부, 특히 곧 사라질 위험에 처해 있다고 판단한 파리의 밤 문화를 기록하기 위해 세 권의 책을 출판했다. 《쾌락과 범죄의 몽마르트르》(Montmartre du plaisir et du crime, 1980), 《파리의 밤 이야기》(Histoires de la nuit parisienne: 1940-1960, 1982), 《수뷔르의 폐허: 1939년부터 1980년대까지 몽마르트르의 역사》(Les ruines de Subure: Montmartre de 1939 aux années 80, 1985)가 그것이다. 이 가운데 뒤의 두 책은 의도적으로 또 의미심장하게 '화려한 도시 최후의 날들: 1945년부터 1970년대까지'라고 이름붙인 대규모 연구의 한 부분을 구성하고 있다. 이 모두가 1960년대 초반부터 끈질기게 연구해 온 노력의 결과였다. 그는 이 연구의 중요한 소명이 몽마르트 구역에 집단적 존재감을 부여하는 것이라고 믿었다. 그러나 몽마르트에 관한 그의 책들은 이 구역의 역사를 다룬 것이 아니었다. 몽마르트의 역사를 쓰기 위해 진행한 조사 가운데 사료 조사라고 할 만한 작업은 에밀 졸라가 소설을 쓰기 위해 준비했던 예비 노트의 일부와 신문에 나온 단신을 열람한 것이 고작이었다. 이 책에서 슈발리에는 밤 문화의 메카로서 몽마르트의 등장과 그 전성기였던 1880년대, 그리고 좀 더 최근에 진행된 몰락 과정을 묘사했다. 쾌락에 초점을 맞추고 북적이는 사람들, 불빛, 카바레, 매춘과 범죄, 지하 세계를 그리기 위해 그는 익숙한 분석 도구를 이용했다.

슈발리에는 십대 무렵부터 시작해서 이제는 습관이 되어 버린 동네 길거리 산책에 나섰다. 어린 시절 슈발리에는 사촌들과 함께 지내야 했던 휴일이면 이웃 건물 경비원의 아들인 지노와 함께 거리를 쏘다녔다. 지노는 훗날 포주가 되었고 1939년 가을 경쟁하던 업주를 살해한 혐의로 단두대에서 처형되었다. 슈발리에는 30번 버스를 타고 돌아다니며 승객들이 나누는 대화를 듣고 관찰하는 것을 즐겼다. 이 '기막힌 버스'는 거리의 차들과 보도의 군중들에게 방해를 받으면서 언제나 거북이걸음으로 운행했다. 게다가 그는 거리 청소부, 극장의 좌석안내원, 간호사, 방데 지방 출신의 미용사, 전직 무용수, 술집 사장들에 이르기까지 믿을 만한 정보망을 갖고 있었다. 1970년대 들어 슈발리에가 알고 있던 몽마르트르는 빠르게 쇠퇴했다. 쾌락을 찾는 방식은 다양해졌고, 도시 중심의 주민들이 감소하고 그 구성도 변화했다. 그래서 몽마르트르를 찾던 단골들은 이제 '심심한 교외의' 집으로 돌아가 "가족생활과 이웃 관계에서 즐거움을 찾고, 유일한 탈출구라고 해야 텔레비전을 보는 게 고작인" 그런 삶을 살도록 요구받았다. 슈발리에가 보기에 이런 상황은 가히 형벌이었다. 두 번째 책에서 쓴 결론은 감동적이다. 이미 많은 것이 자취를 감추고 지워져 버렸다. 슈발리에가 오래도록 좋아했던 카바레 여가수 다미아는 1979년에 세상을 떠났고, 어린 시절 즐겨 먹던 로슈슈아르 과자를 팔던 빵집도 1984년에 문을 닫았다. 나이든 슈발리에 홀로 서글프게 골목을 거닐며 몽마르트의 마지막 잔해를 뒤지고, 조문객도 별로 없는 오랜 친구와 지인들의 장례식에 참석한다. 의미심장하게도 인근의 모스크에는 신자들로 넘쳐난다.

밤 문화에 관한 세 번째 연구, 《파리의 밤 이야기: 1940~1960》는 1982년 출간되었다. 사실 이 책의 대부분은 이미 20여 년 전에 써 놓았다. 여기에서 슈발리에는 예의 그 도발적인 모습을 다시 한 번 보여 주면서, 이 책이 무엇보다도 제2차 세계대전 종전 직후에 발생한 이야기들을 원사료로 삼고 있기에 책 제목에서 '역사'보다는 '이야기'라는 용어를 채택했다고 주장했다. 이야기들은 "역사가 결코 도달할 수 없는 역사적 풍부함을 갖고 있다. 역사는 그 일상적 방법과 분석을 통해서 결코 그 이야기들에 생명을 불어넣을 수 없다." 그는 밤이야말로 도시를 연구하기에 가장 훌륭한 시간이라고 덧붙인다. 해가 떨어지고 나서야 파리는 비로소 본연의 편안한 모습을 보여 주기 때문이다. 그는 장난스럽게 이렇게 말한다. "만일 파리의 사회학이 조악하고 현실과 괴리되어 있다면, 그것은 낮에 연구했기 때문이다. 낮은 겉으로 보이는 세계이지만, 밤은 현실의 세계이다." 그가 묘사하는 밤의 삶(카페, 매춘굴, 범죄)은 스트라스부르생드니와 포르트생마르탱 구역의 모습이지만, 실제 본문의 절반 이상은 중앙시장 지구에 할애되어 있다.

1950년대 초 그는 영업을 막 시작한 초저녁의 모차르트 카페 구석에서 시앙스포 학생들을 위해 세미나를 열었다. 이 연구에서 채택된 방법은 그가 농담처럼 '거리의 사회학'이라고 부른 자신과 학생들의 관찰, 신문의 단신들에 바탕을 둔 학문적 연구였다. 그러나 무엇보다도 이 서로 다른 세 구역의 밤 문화가 지닌 특징을 보여 주기 위해 증인들이 기억해 낸 이야기를 활용했다. 이 이야기들은 일관된 서사라기보다는 잠깐 보았거나 어디선가 들었던 이야기, 그래서 종종 불완전하고 애매하며 심지어 모순적이기도 한 풍문들이었다. 이러한 이야기들은 언론이나 역사에서 자신을 표현할 방법을 찾지 못했다. 예를 들어 슈발리에는 사랑에 빠진 레알 지구의 한 젊은 푸줏간 청년의 일화를 들려준다. 이 청년은 연적을 살해하고는 시신을 어딘가에 매장했는데, 누구도 이 범죄를 밝혀내지 못했고 시체도 발견되지 않았다. 그는 짓궂게도 이렇게 덧붙인다. 만일 언젠가 유해가 발견된다면, "역사가들은 그제서야 레알 지구에 관해 떠들면서 관심을 끌 만한 전문 학술지에 논문을 게재할 것이다."

보통 사람들에 대한 애정과 이야기 재능을 가장 잘 드러낸 책은 1983년과 1990년에 차례로 발간된 두 저작이다. 이 두 책에서 슈발리에는 전혀 다른 두 마을의 일상생활을 묘사하면서 주민의 삶과 인간관계를 파헤친다. 먼저 《갯벌》(Relais de mer)은 슈발리에 본인이 태어난 애기옹쉬르메르의 고향 마을에 사는 소토지 보유농과 뱃사람들의 삶을 풍부하고 따뜻한 시선으로 써 내려간 회고록이다. 이 책은 제1차 세계대전 직전부터 제2차 세계대전이 끝나는 시점까지를 다루고 있는데, 샤르티에 자신이 이 마을에 살았던 기간과 일치한다. 그 결과 개인적 관찰과 수집이 가장 중요한 사료였지만, 이 연구는 결코 자전적인 저작은 아니다. "내가 누구인지는 결코 중요하지 않다." 마을 주민들 가운데 한 사람인 미미 다공도(어린 시절 슈발리에의 연인이었지만 1939년 갑자기 사망했다)와의 관계는 예외적이지만, 슈발리에는 참가자라기보다는 관찰자로서 입장을 유지했다. 개인적 기억을 언급할 때에도 그는 세부적인 것에서부터 시작해서 개인적 삶의 궤적과 일화들을 이야기해 주는 다른 사람들, 대개 익명의 마을 정보원들의 기억을 거기에 덧붙였다. 1930년대의 방데 지방에 관한 연구를 실제로 수행했음에도 불구하고, 그는 고문서보관소의 자료(어떠한 자료도 없다고 주장하면서)와 통계는 전혀 사용하지 않았다. 그 결과 책을 읽는 독자는 그곳의 주민이 몇 명인지, 경제와 사회구조 또는 정치적인 특징이 어떠한지에 대해서는 아무런 정보도 얻을 수 없다. 대신에 슈발리에가 부활시키지 않았더라면 그 어디에도 기록되지 않은 채 사라져 버렸을 애기옹쉬르메르의 일상생활과 신앙, 주민들의 복잡한 관계, 열정, 그가 "애정에 찬 지방 문명"이라고 부른 것들에 대한 정보를 접하게 된다.

《후아니토: 진흙과 피의 안달루시아》(Juanito: Amdalusie de boue et de sang, 1990)는 살아생전에 출간된 슈발리에의 마지막 책이다. 책 제목이 암시하듯 내용과 방법론에서 이전의 다른 저작과 별반 다르지 않은 책이다. 이 책은 국민적 특징에 대한 관심에서 출발했지만, 특히 1967년 슈발리에가 에스파냐의 역사에 관해 시앙스포에서 한 강의에서 시작되었다. 투우에 관해 강의하던 중 학생 하나가 에밀리오 루케(후아니토)라는 안달루시아 출신의 젊은이를 데려왔다. 초보자 투우 경기인 노빌라다에서 부상을 당한 후아니토는 몇 년 후 고향 친구들과 함께 파리로 이주했다. 슈발리에는 후아니토를 격려하면서 20대까지 살아온 이야기를 기억나는 대로 모두 공책에 기록하도록 했는데, 여기에 덧붙여 슈발리에는 직접 친구들과 친척을 비롯한 증인들을 인터뷰하고 심지어 코르도바 외곽 30킬로미터에 있는 후아니토의 고향과 안달루시아의 수도까지 답사했다. 그리고 이곳에서 슈발리에는 유년시절, 사람들의 열정과 야망, 사회적 관계를 재구성하는 자신의 재능을 발휘할 수 있는 또 한 번의 기회를 발견했다. 1950~1960년대, 프랑코 정권의 지배 아래에 있던 에스파냐, 가난하고 문맹이 대부분인 날품팔이 농사꾼들이 살아가던 한 마을. 이런 마을의 젊은 청년이 물질적 가난으로부터 벗어날 수 있는 유일한 길은 이민을 가거나 투우사로 성공하는 것뿐이었다. 후아니토가 꿈꾼 길은 투우사의 길이었지만, 투우의 세계는 변덕스러웠다. 그곳은 기획자가 통제하는 세상이었고, 거기에 발을 내딛은 사람들의 야망은 때때로 소뿔이나 관중들의 야유에 의해 끝나 버리기 일쑤였다. 후아니토의 경력은 소뿔에 받혀 끝이 났다. 한 젊은이의 야망과 실패를 묘사하면서 슈발리에는 투우의 문화적 의미와 치명적 관능미를 밝혀내고자 했다.

옛 제자가 2003년에 유작으로 출판한 《세상만사 영고성쇠》는 슈발리에가 은퇴하기 전 콜레주드프랑스에서 한 마지막 강의로부터 시작한다. 그 무렵 자신의 강의록을 책으로 출판하려고 계획하긴 했지만 성사되지는 못했다. 강의의 주제는 신문의 단신들이었는데, 슈발리에는 이것들을 가리켜 '역사의 벼룩시장'이라고 불렀다. 이 주제는 과거를 이해하기 위해 그가 오랫동안 사용해 오던 도구 가운데 하나였다. 당시 그는 이런 단신들에 관한 연구가 전무하다고 말했지만, 최근 25년 동안 이 주제는 학자들에게 상당한 관심을 받아 왔다. 《세상만사 영고성쇠》가 출간되었을 때 슈발리에의 짧은 분석은 이미 구식이 되어 버려 있었지만, 책 여기저기에 나타나는 슈발리에의 스타일과 개인적 회상은 여전히 그 가치를 유지하고 있다.

역사가로서 슈발리에의 저작은 그가 제기한 문제들의 폭넓은 스펙트럼 때문에 "생각할 거리가 많다." 말년에 이르러 그는 통렬하게도 《노동계급》이 자신의 다른 업적을 그늘지게 했다고 한탄했다. 이는 올바른 지적이기도 하다. "그 책은 내가 그 이후에 쓴 모든 것에 그늘을 드리웠다. 내가 쓴 책은 오래도록 오직 이 한 권만 기억될 것이다. 유감스러운 일이지만, 나는 그 책이 결국 나를 매장하게 될 것이라고 생각하게 되었다." 하지만 그는 여러 저작을 통해 제시한 분석과 연구 결과 이상의 것을 우리에게 남겨 주었고, 그런 점에서 그의 업적은 기억될 만한 가치가 있다.

뤼시앵 페브르가 말했듯이 슈발리에는 인간의 살 냄새를 맡고 일상의 삶과 열정, 사회관계를 추적하고 묘사하는 일을 역사가의 일차적 사명이라고 믿었던 역사가 가운데 하나였다. 그는 언제나 전통적인 역사학의 시야 바깥에 있었고, 그래서 오랫동안 그 중요성이 간과되던 인간의 구체적인 경험을 연구하는 데 매료되었다. 그리하여 인구학적 동인과 이주의 경험, 또 그러한 것들이 프랑스의 수도에 어떠한 영향을 끼쳤는지를 이해하고자 했다. 그는 파리의 공적인 영역, 또는 사적 영역과 공적 영역의 경계에서 관능적인 것을 포함하여 잡다한 구경거리를 파헤쳤다. 그는 또 방데 지방에서, 그리고 안달루시아 지방의 평범한 마을에서, 인간의 삶과 경험을 이해하려 했다. 그는 이러한 문제를 연구하는 방식을 고안해 냈다. 그는 '역사의 의미,' 과거와 현재가 감추고 있는 저 심층의 동인을 이해하고자 했고, 다양한 유형의 역사를 출현시키는 데 기여했다. 이러한 동인이 무엇이고, 또 그것을 어떻게 포착할 것인지에 대해서 그는 그 시대 다른 학자들과 다른 생각을 갖고 있었다. 이러한 사실은 프랑스에서 분과학문의 형성 과정이 우리가 생각하는 것보다 훨씬 더 다채로웠음을 알려준다. 일상생활의 많은 부분이 고문서보관소의 사료에 기록되어 있지 않다고 주장한 점에서는 그는 분명 옳았다. 그는 가까운 과거를 서술할 때 이러한 사료의 침묵을 직접 관찰과 증언을 통해 보완하고자 했다. 더 오래된 과거의 시간을 위해서는 문학의 가치를 끊임없이 강조했다. 말년에도 그는 여전히 이렇게 주장했다. "역사가가 갖고 있는 모든 능력과 재주에도 불구하고, 우리가 문학의 도움 없이 우리가 살지 않았던 시간을 재구성할 수 있다고 믿지 않는다. 문학은 문서 사료에 나타나지 않는 것들, 인간의 감정과 열정, 곧 인간의 삶을 보여 준다."

슈발리에의 방향 전환, 그리고 사회과학적 역사에 대한 그의 비판(그는 사회과학적 역사의 허세를 즐겨 조롱했다)은 진보라는 풍차를 향해 창을 들고 돌진하는 심술궂은 돈키호테와 흡사했다. 하지만 '포스트모던'이 '모던'에 맹공을 퍼붓고 있는 오늘날, 슈발리에는 선견지명을 보인 인물로 평가된다. 무엇보다도 문학이 증언하는 가치에 대한 슈발리에의 확신은 전혀 예기치 않은 곳에서 지원군을 발견한 듯하다(예컨대 피에르 라사브,《사회과학들과 문학》, 2002를 보라). 그는 과거를 재창조하는 과정에 자신들의 불편부당성과 정확성을 독자들에게 설득하기 위해 객관성이라는 비인격적 가면 뒤에 자신의 존재를 숨기려는 역사가나 그들의 글을 경멸했다.

슈발리에는 자신의 작가적 목소리를 텍스트 전면에 당당히 내세운다. 그는 중립성의 가면 뒤에 몸을 숨기기를 거부하고 연구와 집필 과정에 자신이 어떻게 개입했는지를 여지없이 보여 준다. 심지어 학계의 유력 인사들을 비난하고 조롱하고 빈정대기를 서슴지 않는다. 최근에 이르러 역사학계는 작가적 목소리를 실험하고 이를 전면에 내세운 일련의 역사가들이 발견된다.《시대착오적 역사》의 서문에서 슈발리에는 이렇게 말한다. "요즘은 경쾌한 필체로 글을 쓰는 역사가가 거의 없다. 그들은 무서울 정도로 심각하거나 아니면 스스로 그렇다고 믿는다. 이러한 믿음은 도저히 참을 수가 없다." 어쨌든 슈발리에의 저작은 읽기에 좋을 뿐 아니라 많은 생각할 거리를 제공한다. 그의 저작은 역사가에게 그저 과거만이 아니라 분과학문으로서 역사학의 본분이 무엇인지를 고민하게 한다.

임승휘 옮김

참고 자료

육필 원고본

Papiers Louis Chevalier (MSS 1926-2179), Bibliothèque administrative de la Ville de Paris; Louis Chevalier Papers (MS 1122, 1-20), Yale University Archives. 슈발리에 관련 문서를 참조할 수 있게 허락해 준 에밀리오 뤼네크에게 감사한다.

책

Les Paysans:étude d'histoire et d'économie rurales (Paris: Denoël, 1947).

Le Problème démographique nord-africain (Paris: Presses Universitaires de France, 1947).

Histoire du XXe siècle (Paris: Les Cours de droit, Université de Paris, Institut d' études politiques, various editions, 1948-71).

La Formation de la population parisienne au XIXe siècle (Paris: Presses Universitaires de France, 1950).

Démographie générale (Paris: Dalloz, 1951).

Leçon inaugurale: faite le 28 avril 1952, Collège de France, Chaire d'histoire et de structures sociales de Paris et de la région parisienne (Paris: Collège de France, 1952).

Madagascar: populations et ressources (Paris: Presses Universitaires de France, 1952).

Classes laborieuses et classes dangereuses à Paris pendant la première moitié du XIXe siècle (Paris: Plon, 1958; enlarged edn., Paris: Livre de poche, 1978).

Les Parisiens (Paris: Hachette, 1967; enlarged edn., 1985).

Histoire anachronique des Français (Paris: Plon, 1974).

L'Assassinat de Paris (Paris: Calmann-Lévy, 1977).

Montmartre du plaisir et du crime (Paris: R-Laffont, 1980).

Histoires de la nuit parisienne: 1940-1960 (Paris: Fayard, 1982).

Les Relais de mer (Paris: Fayard, 1983).

Les Ruines de Subure: Montmartre de 1939 aux années 80 (Paris: R. Laffont, 1985).

Juanito: Andalousie de boue et de sang (Paris: Stock, 1990).

Splendeurs et misères du fait divers (Paris: Perrin, 2003).

논문

"Localisation industrielle et peuplement," *Population*, 2 (1946): 21-34.

"Pour une histoire de la population," *Population*, 3 (1946): 538-41.

"L'émigration française au XIXe siècle," *Etudes d'histoire moderne et contemporaine*, 1 (1947): 127-71.

"Bilan d'une immigration," *Population*, 5 (1950): 129-40.

"La statistique et la description sociale de Paris," *Population*, 4 (1956): 761-2.

"Du rôle de l'histoire dans l'étude contemporaine de Paris," *Revue des travaux de l'Académie des sciences morales et politiques*, 110 (1957): 1-8.

"Le quartier du Marais," *Conjoncture économique dans le département de la Seine*, 3 (1959): 5-21.

"'La Comédie humaine': document d'histoire?" *Revue historique*, 232 (1) (1964):

27-48.

"Préambule démographique aux projets d'aménagement de Paris," *Population*, 2 (1964): 335-48.

"A reactionary view of urban history," *Times Literary Review*, September 8 (1966): 796-7.

그 밖의 저작

"La main-d'oeuvre industrielle dans la région parisienne: les industries chimiques;" "Le groupe d'étude pour l'aménagement de Reims et de sa région;" "Aspects généraux de l'évolution de la main-d'oeuvre industrielle de l'Oise depuis le début du XIXe siècle;" "Schéma d'études régionales," *Rapports et travaux sur la décongestion des centres industriels* (Paris: Délégation générale a l'èquipement national, etc., 1944 and 1945), 10 vols.

"Principaux aspects du problème de l'immigration," in *Documents sur l'immigration*, by Louis Chevalier, Robert Gessain, G. de Longevialle, and Jean Sutter (Paris: Presses Universitaires de France, Cahiers de L'INED, no. 2, 1947), pp. 11-23.

"Anthropologie et démographie: époque contemporaine, rapport de M. Louis Chevalier," *Comitéinternational des sciences historiques, IXe Congrés des sciences historiques* (Paris: Armand Colin, 1950), I, pp. 98-109.

Preface by Louis Chevalier to *L'Emigration bretonne, où vont les Bretonsémigrants, leurs conditions de vie*, by Abbé Élie Gautier (Paris: Bulletin de l'entr'aide bretonne de la région parisienne, 1953).

"Urban communities and the social evolution of nations," in *The Metropolis in Modern Life*, edited by Robert Moore Fisher (New York: Columbia University Press, 1955), pp. 18-40.

Le Choléra: la premiéreépidémie du XIXe siècle,étude collective, edited by Louis Chevalier (La Roche-sur-Yon: Sociétéd' histoire de la Révolution de 1848, 1958).

"Le problème de la sociologie des villes," in *Traitéde sociologie*, edited by Georges Gurvitch (Paris: Presses Universitaires de France, 1958), pp. 293-314.

"L'évolution du peuplement parisien," in *Paris 1960* (Paris: Imprimerie municipale, 1961).

Preface by Louis Chevalier to *Du ghetto à l'occident: deux générations yiddiches en France*, by Charlotte Roland (Paris: Editions de Minuit, 1962).

Preface by Louis Chevalier to *Tableau politique de la France de l'Ouest sous la Troisième*

République, by André Siegfried (Monaco: A. Sauret, 1972).

"La littérature et l'existence collective à Paris," in *La France au XIXe siècle:études historiques. Mélanges offerts à Charles Hippolyte Pouthas* (Paris: Publications de la Sorbonne, 1973).

"The history of quality in European cities," in *The Quality of Life in European Cities*, edited by Robert C. Fried and Paul M. Hohenberg (Pittsburgh: University of Pittsburgh, 1974).

Preface by Louis Chevalier to *Victor Hugo: Notre-Dame de Paris, 1482* (Paris: Gallimard, 1974).

Preface by Louis Chevalier to *Honoré de Balzac: Les paysans* (Paris: Gallimard, 1975)

Introduction by Louis Chevalier to *La Goutte d'Or: faubourg de Paris*, by Marc Breitman and Maurice Culot (Paris: Archives d'architecture moderne, 1988).

"Sous la dictée de Paris," in *La Bibliothèque imaginaire du Collège de France* (Paris: Le Monde Editions, 1990).

Preface by Louis Chevalier to *Des Halles au Balajo*, by Robert Lageat with the collaboration of Claude Dubois (Paris: Les Editions de Paris, 1993).

참고문헌

Annuaire du Collège de France (Paris: Imprimerie nationale, 1953-80). Archives du Collège de France: dossier Louis Chevalier.

Braudel, Fernand, "La démographie et les dimensions des sciences de l'homme," *Annales: économies, sociétés, civilisations*, 15 (3) (1960): 493-523.

Cohen, Evelyne, "Le Parisien construit par Louis Chevalier," *Paris et Ile-de-France: mémoires*, 55 (2004): 97-107.

Dubois, Claude, "C'est loin, Montmartre? Entretien avec Louis Chevalier," *Le Monde*, September 22-23 (1985): xi-xii.

Lassave, Pierre, *Sciences sociales et littérature* (Paris: Presses Universitaires de France, 2002).

Ratcliffe, Barrie M. and Piette, Christine, *Vivre la ville: les classes populaires à Paris (Iére moitié du XIXe siècle)* (Paris: La Boutique de l'histoire, 2007), pp. 53-86.

Rosental, Paul-Andréand Couzon, Isabelle, "Le Paris dangereux de Louis Chevalier: un projet d'histoire utile. *Classes laborieuses et classes dangereuses* (1958)," in *La Ville des sciences sociales*, edited by Bernard Lepetit and Christian Topalov (Paris: Belin, 2001), pp. 191-226.

21

알베르 소불

1914~1982

Albert Soboul

알베르 소불

피터 맥피

역사가로서 알베르 소불의 명성은 1770년부터 1815년에 걸친 시기 프랑스사에 관한 깊이 있는 지식을 굉장히 설득력 있고 분명하게 제시하는 능력에서 비롯되었다. 소불의 저작은 놀랄 만큼 많다. 1982년에 세상을 떠날 때까지 모두 300편이 넘는 저서와 논문을 남겼다. 파리 상퀼로트에 관해 연구한 박사 학위논문은 프랑스 민중의 혁명 참여에 대한 역사서술에서 하나의 이정표로 평가된다. 그 뒤로 프랑스혁명사를 개관하면서 극심한 긴장을 겪고 있던 사회에서 계급적 이해관계의 복잡한 상호작용에 대하여 상세하고 흥미롭지만 논란을 일으키는 마르크스주의적인 분석과 서술을 제시했다. 특히 1962년에 발표된 《프랑스혁명사 개요》는 프랑스혁명에 대한 마르크스주의 해석의 완결판이다. 독특한 사회계급 구조의 작용을 통해 조절되는 장기적이고 근본적인 사회경제적 동력에 의해 심오한 변화를 불러일으킨 혁명이라는 해석이다.

소불은 세상을 떠나기 직전에 몇몇 인터뷰를 통해서 자기 인생의 전반부를 생생하게 회상했는데, 그 내용은 2004년에 클로드 마조리크에 의해 《소불: 한 시대의 역사가 알베르 소불 1914~1982》(Soboul: un historien en son temps. Albert Soboul 1914-1982)로 출간되었다. 소불의 아버지는 땅 없는 농민이자 섬유 노동자였는데, 나중에 알제리에서 척박한 토지 60헥타르를 받았다. 아버지는 제1차 세계대전이 막 시작될 무렵인 1914년 11월 29일, 아들이 태어난 지 일곱 달 만에 세상을 떠났다. 알베르와 누이 지젤은 프랑스 남부 아르데쉬 도의 크루아제트뒤제라는 작은 마을에서 자랐고, 나중에 어머니와 함께 알제리로 되돌아갔다. 1922년에 어머니마저 세상을 떠나 고아가 된 두 아이는 '국가 보호대상자' 즉 국가가 돌보는 전쟁고아로 인정되어 님에서 이모 마리와 함께 살게 되었다.

님의 여자사범학교 선생인 이모는 1926년에 그 학교의 교장이 되었다. 1924년부터 1931년까지 소불은 님의 알퐁스도데고등학교에 다녔다. 프랑스혁명사에 관한 책을 펴낸 바 있는 그 학교의 역사·철학 교사 장 모리니콩비는 젊은 소불에게 역사 연구와 코르네유, 라신, 미슐레의 저작에 대한 열정을 불어넣었다. 소불은 무엇보다도 프랑스와 프랑스혁명기 파리 상퀼로트 운동의 역사가가 될 운명이었지만, 이모 집에서 수많은 책과 논문, 학술대회 발표문을 썼을 정도로 남부의 작은 도시 님과 소불의 유대는 늘 강했다. 소불이 나중에 인정했듯이, 마리 이모는 그녀가 그랬던 것처럼 '세속 공화국'의 가치, 즉 세속적 이성에 대한 헌신, 검소한 생활 방식, '민중'에 대한 헌신을 체화시킴으로써 교육 차원에서 소불에게 결정적인 영향을 끼쳤다. 제2차 세계대전이 끝나고 이모는 가르 도 해방위원회의 위원이 되었고 1959년까지 님의 시의원으로 일했다.

몽플리에서 대학준비반 1년을 마친 후, 소불은 1932년 10월에 파리의 루이르그랑고등학교로 갔다. 거기에서 그는 프랑스공산당(PCF)의 전위조직인 학생연맹(Union fédérale des étudiants)을 통해서 라탱 가의 좌파 학생들과 금방 어울리게 되었지만, 1939년 6월에 가서야 공식적으로 공산당에 입당했다. 1938년에 교수자격시험을 통과한 뒤 역사가가 되기로 결심했고, 마르크스주의 역사가 장 브뤼아의 조언과 혁명 150주년이라는 1939년의 상황에서 루이 앙투안 레옹 드 생쥐스트의 사상을 자신의 첫 번째 연구 주제로 선택했다. 이 연구를 '피에르 데로클'이라는 필명으로 발표했다. 소불은 이 시기에 프랑스혁명사를 전공하는 동료로서 평생 친구가 될 장르네 쉬라토를 처음으로 만났고, 자크 뒤클로, 모리스 토레즈, 가브리엘 페리 같은 공산당 지도자들도 만났다.

1940년의 총동원과 '보르도 후퇴' 뒤에 소불은 마침내 몽플리에에서 교사로 임용되었는데, 그곳에서 학창 시절 친구들과 함께 정치 활동에 투신했다. 1942년의 혁명 기념일에 소불은 몽플리에에서 반비시 정권 시위를 주동했고, 이 때문에 체포되어 교사직에서 해임되었다. 나중에 동부 프랑스의 베르코에서 지하 단체와 함께한 활동에 관해 언급했지만, 그가 레지스탕스에 얼마나 깊이 가담했는지는 정확하게 알려지지 않았다. 1943년에 소불은 동부의 빌라드랑에서 임시직으로 일하고 있었다. 전후에 소불은 새로 구성된 가르 도 행정부의 서기관직을 제의 받았지만, 자신의 선택인지 아니면 파리의 승인을 받지 못했기 때문인지 역사가의 길을 선택하게 된다. 1948년에 소불은 조르주 르페브르의 지도 아래 박사 학위논문 〈혁명력 2년의 파리 상퀼로트〉(Les Sans-culottes parisiens en l'an II)를 집필하기 시작했다. 소불은 파리의 고등학교와 나중에는 국립과학연구원(Centre national de la recherches scientifique)에서 강의하면서 연구를 진행했다.

처음부터 소불의 저작은 유연하지만 강력한 마르크스주의적인 서술

속에 굉장한 박인방증(博引旁證, erudition), 세심한 사료 작업 취향, 자료 해석 능력을 특징으로 했다. 같은 세대에 속하는 최고의 역사가들과 마찬가지로, 그의 저작은 이데올로기와 사회구조의 연관성을 면밀하게 분석하는 능력을 보여 주었다. 이러한 재능은 소불이 박사 학위논문 작업을 시작하면서 완성했던 몽플리에 인근의 농촌에 관한 논문, 즉 1958년에 발표한 《앙시앵레짐 말 몽플리에 인근의 농촌: 토지대장에 따른 소유와 경작》(Les Campagnes montpelliéraines à la fin de l'ancien régime: propriété et culture d'après les compoix)에서 뚜렷하게 드러났다.

이후의 논문에서도 소불은 프랑스혁명의 결과로 나타난 농촌 사회와 소유관계의 변화에 관해 주도면밀한 해석을 보여 주었다. 그는 농촌 공동체 안팎에서 생존의 위협으로 야기된 긴장 관계가 농촌의 사회적 생산 관계와 특정 지역의 생산 형태 변화 사이의 함수였음을 보여 주었다. 이러한 위협들 가운데 일부는 오래 된 것이었다. 예를 들면, 비교적 최근에 프랑스 왕국에 편입된 지방들에서 특히 심했지만, 어디에서나 조세와 징병에 대한 국가의 끊임없는 요구는 가능하면 모면하고 회피해야 할, 아니면 경감해야 할, 심지어는 거부해야 할 부담으로 남아 있었다. 소불은 혁명기에 해결되지 않은 핵심적인 문제 가운데 하나인 삼림, 공유지, 이삭줍기와 관련한 구래의 공동체적 권리들과 혁명기의 '농촌법'(Code Rural)과 차후의 입법에서 승인된 사적 소유권 사이의 대립이 어떻게 1840년대에도 여전히 문제가 되었는지를 보여 주었다[이 문제는 〈18~19세기의 프랑스 농촌 공동체〉(The French rural community in the eighteenth and nineteenth centuries), 《Past & Present》 10(1956), 78~95쪽에 영문으로 잘 요약되어 있다]. 이러한 긴장 관계는 1848년 2월 제2공화국이 선포된 이후 농촌에서 집단적인 항의가 폭발하게 된 배경이 되었다.

소불의 박사 학위논문은 《혁명력 2년의 파리 상퀼로트: 파리 구들의 정치사회사, 1793년 6월 2일~혁명력 2년 테르미도르 9일》(Les Sans-culottes parisiens en l'an II: histoire politique et sociale des sections de Paris, 2 juin 1793-9 Thermidor An II, 1958)이라는 제목으로 출판되었다. 이 책은 출판되자마자 프랑스혁명을 이해하는 데 가장 크게 이바지한 저작 가운데 하나로 받아들여졌고, 소불의 명성도 덩달아 높아졌다. 그는 파리에서 조지 루데, 리처드 코브와 긴밀하게 협력했고, '운동'으로 진입하는 혁명의 와중에 있는 도시의 혼돈스런 세계를 그려 냈다는 코브의 비평에 자극받았다. 나중에 리처드 앤드루스와 데이비드 안드레스는 소불이 규정한 상퀼로트 가운데 많은 이들은 사실 편의상 이 정치적 용어를 채택했던 부르주아였다고 주장했다.

소불은 브로델과 아날학파의 저작에는 끌리지 않았다. 그들에게는 결정적으로 세밀한 문헌 조사에 근거한 특정 시공간에 대한 분석이 없다고 생각했기 때문이다. 소불의 정치 분석 능력은 압도적인 경우가 많았지만, '소불식' 역사의 핵심은 사회사와 정치사의 병행이었다. 미셸 보벨은 조르주 르페브르를 처음 만났을 때, 그 무렵 이미 원로였던 르페브르가 "소불의 것과 같은 논문을 쓰지 마라. 소불이 프랑스혁명에 관한 최후의 정치사 논문을 썼다"고 말했다고 회상한 바 있다. 소불과의 긴밀한 유대 관계에도 불구하고, 르페브르는 소불이 정치 분석에 치중하고 '민중운동'에 몰입했기 때문에 한층 더 색조가 풍부한 사회사에 이르지 못했다는 점을 확실하게 느끼게 되었다.

소불이 이름을 알린 것은 민중운동사와 프랑스혁명사 개설서 덕분이었지만, 그는 바뵈프, 보나파르트, 탈리앙 부인 같은 다양한 인물들을 생생하게 묘사한 전기에도 관심을 두었다. 그렇다고 그의 인물 묘사가 정신분석학자인 아내 이렌의 연구에 영향을 받은 것은 아니다. 또 계량적인 연구에 특별히 흥미를 가졌던 것도 아니다. 미셸 보벨과 각별한 교분에도 불구하고 소불은 심성사를 크게 신뢰하지 않았다. 그가 보기에 심성사가 과학적으로 분석하기에는 너무 애매모호했기 때문이다. 그렇지만 그의 프랑스혁명사 개설은 18세기의 문학과 철학에 대한 해박한 지식으로 돋보였다.

소불은 1960년부터 클레르몽페랑대학에 재직하다가, 1967년 마르셀 랭하르의 후임으로 소르본대학 교수가 되었다. 그는 1972년부터 1982년까지 그 유명한 토요일 오후의 세미나를 진행했는데, 박사과정 학생은 물론 해외의 전문가, 심지어 장폴 사르트르까지도 이 세미나에 와서 발표를 했다. 이따금 감정적으로 폭발할 가능성이 있었음에도 정치적으로 학문적으로 그와 사이가 좋지 않았던 사람들조차 소불의 아량과 관용에 넋을 빼앗겼다.

이 시기에도 소불은 확고한 신념을 가지고 흡입력 있고 응집력 있는, 그러나 비판당하고 있던 혁명관을 거듭 표명했다. 자신의 주저인《프랑스혁명사 개요》(Précis d'histoire de la Révolution française, 1962)에서 주장했듯이, 장단기적 결과로 볼 때 프랑스혁명은 너무도 혁명적이었다. "고전적 부르주아혁명으로서 프랑스혁명이 봉건제와 영주제를 단호하게 폐지했기 때문에, 프랑스혁명은 프랑스 역사에서 자본주의 사회와 자유주의적 대의제로 나아가는 출발점이 되었다." 더구나 상퀼로트와 바뵈프주의자들은 산업 팽창으로 말미암아 더 커질 사회주의 노동계급이 자신들의 차례가 되어 세상을 개조할 수 있을 때를 예견하면서 프랑스혁명을 부르주아의 한계 너머까지 밀고 나가려고 두 번이나 시도했다. 바로 이러한 주장이 정치적 신랄함의 핵심이 되었다.

소불과 그의 프랑스혁명관의 평판을 떨어뜨리기 위해서 마르크스주의자, 레닌주의자, 또는 자코뱅이라는 세 가지 딱지가 붙었다. 첫째, 그가 경제구조, 계급 대립, 정치 행위 사이에 설정한 인과관계 때문에, 그리고 봉건제에서 자본주의로 이행을 촉진했다는 점에 프랑스혁명의 의의가 있다고 해석했다는 점에서 그를 마르크스주의자로 보는 것은 타당하다. 그가 명명한 '자코뱅 독재'와 바뵈프의 권력 장악 계획에 찬동한 것처럼 보인다고 해서 소불을 레닌주의자로 규정하는 것은 옳지 않다. 소불은 혁명적 위기의 시기에 민중의 권익을 위해서 일시적이지만 엄격한 통제가 필요하다고 인정했으나, 그러한 통제를 정당화하는 논리를 이데올로기 전통에 호소하기보다는 특수한 상황에서 찾았다. 마지막으로, 1793~1794년의 자코뱅 체제가 급진적인 사회입법의 승인을 통해서 프랑스혁명을 엄청난 곤경에서 구해 냈다고 찬양했기 때문에, 소불은 프랑스혁명의 자코뱅식 해석을 세웠다고 비판받았다. 소불은 공포정치가 반혁명 위협에 대한 불가피한 대응이었다고 해석했고, 따라서 반대자들에 대한 구금과 처형은 유감스럽지만 납득할 수 있는 것이라고 보았다.

그러한 견해는 많은 비판을 불러왔다. 1950년대 중반부터 마르크스주의의 정치적 권위가 붕괴되면서 '수정주의' 역사가들이 프랑스혁명의 기원과 성격, 의미에 대해서 오랫동안 인정되어 오던 마르크스주의적 확신을 논박할 수 있게 되었다. 앨프리드 코반, G. V. 테일러, 프랑수아 퓌레, 드니 리셰 같은 역사가들이 프랑스혁명을 장기적이고 뿌리 깊은 사회적 위기에 대한 정치적 해결책으로 설명하는 방식에 이의를 제기했다. 오히려 프랑스혁명은 단기적인 재정적·정치적 관리가 잘못된 결과였다고 주장하면서, 혁명기의 점증하는 폭력을 반혁명에 대한 과도한 대응이라고 보았다. 가장 중요한 것은 그들이 프랑스혁명은 자본주의 경제를 꽃피우는 데 길을 닦은 부르주아와 농민의 승리였다는 소불의 마르크스주의적 결론을 논박했다는 사실이다. 자크 고드쇼와 로버트 로스웰 파머는 프랑스혁명이 미국혁명 이후 수십 년 동안 유럽을 휩쓸었던 '대서양 혁명'(Atlantic Revolution)의 가장 장엄한 국면이기는 하지만, 그 일부일 뿐이었다는 대안적 해석을 제시했다. 이에 답해서, 소불은 수정주의 또는 '최소강령적' 전망은 혁명적 변혁의 가능성에 대한 정치적 반감에서 비롯된 것이고, "위험한 선례로서 프랑스혁명의 역사적 실재와 특수한 사회적·국민적 성격을 부정하려는 헛된 시도"로서 고려할 가치도 없다고 일축했다. 소불은 '대서양 혁명'이 서양 동맹의 틀 안에서 프랑스사를 해석하기 위해 고안된 냉전적 역사서술이라고 보았다.

소불의 가장 중요한 업적은 세 권, 1,500쪽에 달하는 《문명과 프랑스 혁명》(La Civilisation et la Révolution française, 1970~1983)이다. 세상을 떠나기 며칠 전에야 두 번째 권이 인쇄되는 것을 보았고, 3권은 사후에 출판되었다. 이 책은 연대기적으로나 내용 면에서 보나 고전이 된 1962년작의 확장판이었다. 소불에 따르면, 프랑스혁명은 1795년에 '자리'를 잡았지만, 1815년까지 계속되었다. 소유권의 신성불가침을 강조한 1804년의 민법전은 사실상 토지 특권계급, 부르주아지와 '신흥 부자들'의 결합을 토대로 한 새로운 부르주아 사회의 법이었다. 코반, 테일러, 퓌레를 겨냥해서 프랑스혁명사 연구를 전반적으로 정리했지만, 소불의 해석 도식은 근본적으로 변한 게 없었다.

프랑스혁명이 어느 정도 앞서 일어난 잉글랜드, 아메리카, 네덜란드의 혁명들로부터 '감염'과 '선전'에 의해서 일어났다는 점을 인정하면서, 소불은 고드쇼와 파머의 견해에 조금 다가갔다. 이전에 소불이 고드쇼, 파머, 그리고 대서양 혁명 또는 서양 혁명 테제를 지지하는 다른 사람들과 의견을 같이하지 않은 이유는, 프랑스혁명을 국제적 맥락 속에 자리매김하는 것은 프랑스혁명의 중요성과 그 특수한 성격을 삭감하고 훼손하는 것이기 때문에 용납할 수 없다는 것이었다. 여전히 프랑스혁명의 특수성을 강조하지만, 소불은 이제 프랑스혁명을 세계사와 마르크스주의적 서술의 큰 틀 안에 자리매김했다. 소불은 이제 이전의 저서들에서보다 혁명적 군중의 폭력을 훨씬 더 많이 시인하고 설명하고자 했다. 그러나 기묘하게도 그는 방데에서 벌어진 내전과 반혁명 군중에 관해서는 거의 언급하지 않았다.

소불 자신도 '마르크스주의 프랑스혁명사가'라는 딱지에는 저항했다. 왜냐하면 마르크스의 저작에서 프랑스혁명에 관한 언급이 별로 없었고, 비평가들이 사용했을 때 그 말은 '결정론적' 또는 '교조적'이라는 의미나 다름없었기 때문이다. 퓌레의 표현을 빌리자면, 비판자들은 "일종의 레닌주의-인민주의 경전"(Leninist-populist vulgate)을 썼다고, 또는 공산당 독재를 정당화하기 위해서 공포정치를 변호했다고 그를 비난했다. 1982년 《르몽드》에 실린 소불의 부고에서 모리스 아귈롱은 소불의 저작이 결국 공산당 독재를 정당화한다는 이유로 그를 공격했던 사람들의 반공주의적 동기를 비난한 바 있다. "소불은 이익이나 처벌에 상관없이 옳다고 믿은 것을 썼다." 소불은 '프롤레타리아' 같은 차후의 사회적 범주를 가지고 프랑스혁명을 잘못 해석했다고 비판한 다니엘 게랭 같은 사람들을 그냥 두고 볼 수 없었다. 소불은 실제 직업과 사회구조의 세부 사항을 너무나 잘 알고 있었고, 역사적 특수성에 너무 집착했기 때문에 그러한 시대착오를 받아들일 수 없었던 것이다.

1982년 윌리엄 도일이 《프랑스혁명의 기원》(The Origins of the French Revolution)을 출판하자, 소불은 "나는 결코 마르크스주의를 교조로 생각하지 않았고, 오히려 여러 가지 가운데 하나의 접근법으로 생각했다"는 진술로 대응했다. 그는 1939년 전에 마르크스주의와 공산당으로 '개종'했지만, 마르크스 원전 읽기로 되돌아간 것은 잉여가치에 관한 저작 가운데 일부가 프랑스어로 번역된 1970년대 말이었다. 소불이 마르크스 원전으로 되돌아가는 데 영향을 준 또 다른 요인은, 농촌사 분야에서 특히 의미가 큰 러시아 역사가 아나톨리 아도의 프랑스혁명 연구가 프랑스에 알려진 일이었다.

소불은 도시와 농촌 관계가 프랑스혁명의 기원과 발전, 의미에 매우 중요하다는 점을 이해하고 있었다. 소불은 서로 다른 집단이지만 그럼에도 비슷하게 구체제에 가장 혁명적인 공격을 수행했던 농민과 상퀼로트를 함께 고찰했다. 그들은 결정적으로 경제적 변화에 역행하는 요구를 했을 뿐 아니라 내부 분열 탓에 좌절할 수밖에 없는 사회집단이었다. 말년 들어와 소불의 생각에서 가장 중요한 발전은 아나톨리 아도의 생각을 공포정치와 자코뱅 독재 시기에 적용한 것이다. 1971년에 아도는 1789년 여름의 '대공포'(농촌 폭동)로부터 1793년 영주 부과조의 완전 폐지까지 농민의 혁명 참여에 대해서 그때까지 저술된 것 가운데 가장 일관되고 상세한 연구를 완성했다. 1973년에 소불이 칭찬하며 쓴 상세한 서평에서 분명하게 드러나듯이, 아도의 연구는 오랫동안 당연시되었던 프랑스혁명의 결과에 관한 몇 가지 확신에도 도전했다[이 서평은 《프랑스혁명의 농민 문제: 1789~1848: 역사 연구》(Problèmes paysans de la Révolution: 1789-1848: études d'histoire, 1976) 제5장에 다시 실렸다]. 아도는 봉건제를 완전히 폐지한다는 1789년 8월 선언의 결과들을 법제화하기를 망설였던 혁명의회와 늘 긴장 관계에 있던 농민혁명에 대한 일관되고 역동적인 이야기를 완성했다. 그는 농민들이 1790~1791년에 한목소리로 봉건제의 완전 폐지와 공유지에 대한 공동체의 통제권 회복을 주장했던 농민운동을 개관하고, 1792~1793년에 가난한 농촌 주민들이 머릿수에 따라 공유지를 분배하고 가격을 통제하고 소작제를 개혁하라고 요구했을 때 나타난 농민들의 분열을 서술했다.

아도의 연구가 지닌 중요성은 특히 조르주 르페브르의 고전적 테제를 재검토했다는 사실에 있다. 《프랑스혁명기의 농민》(The Peasantry in the French Revolution, 1988)에서 피터 존스가 설득력 있게 다시 정리했듯이 르페브르의 주장은, 본질적으로 농민혁명은 독자적인 리듬을 가졌고 자유주의적인 부르주아혁명의 농촌 형태로 볼 수 없다는 것이다. 농민의 행동 때문에 영주와 단체의 특권이 폐지되었지만, 그 과정에서 전자본주의적 토지 구조가 공고해졌다. 1792~1793년에 농민들의 대대적인 압력 속에 혁명의회들이 취한 결정, 즉 귀족에게 주어진 봉건제 폐지에 대한 보상(봉건적 부과조 되사기)의 철폐와 망명자 재산의 소규모 분할 매각은 소농들이 토지에 머물도록 장려했다. 소불의 마르크스주의 사회사를 추종하든 앨프리드 코반의 수정주의를 지지하든, 몇 세대의 역사가들에게 영국과 비교되는 19세기 프랑스의 경제적 후진성에 대한 설명은 바로 이 진술에 담겨 있었다.

19세기에 농업 자본주의로 한층 더 급속하게 이행되는 것을 가로막은 진짜 장애물은 제한된 단기 임대차 방식에 따라 작은 단위로 임대되는 '퇴행적' (신)영주 대토지가 살아남은 것이라고 아도는 주장했다. 농업 자본주의로의 한층 더 급속한 이행은 1792~1793년에 공동 소유지와 대토지의 분할을 위한 운동에 참여했던 소농과 농업 노동자들, 즉 '평등분배론자들'(les partageux)의 완벽한 승리로 이룩될 터였다. 빈농들의 동기가 개인주의적인 것은 아니었지만, 만약에 성공했다면 그 운동의 결과는 시장 지향적 생산과 계급 양극화를 촉진했을 것이다. 따라서 아도는 잉글랜드 중심의 경제사가 그랬던 것처럼, 소규모 농업의 확대가 농촌에서 자본주의에 제동을 건다고 가정하기보다 소농 생산이 오히려 새로운 시장 기회에 생산적으로 대응할 수 있었을 것이라고 평가했다.

1973년에 소불을 깜짝 놀라게 했던 것은 자본주의 이행과 농민혁명의 상관관계를 이처럼 다시 고찰했다는 점이었다. 1930년대에 르페브르가 그 개념을 정립한 이래 농민혁명에 대한 가장 의미 있는 개념 재정립이었다. 역대 혁명의회들의 정치경제학이 자본주의적인 대규모 농업을 촉진했던 방식들에 관한 예는 북부 프랑스에 특히 많이 있었지만, 아도의 테제를 뒷받침하는 근거는 19세기 농민 공동체와 지방에 대한 연구들로부터 나왔다. 이런 연구들은 중소 규모 농민들이 특화된 농업의 주창자였음을 밝히고 있다.

소불이 보기에, 프랑스혁명에서 농민혁명이 차지하는 위상에 대한 자신의 견해가 수정되어야 한다는 점은 분명해졌다.《문명과 프랑스혁명》3권에서 그는 자코뱅주의가 "프랑스혁명 기간에 그야말로 혁명적인 길을 통해서 봉건제에서 자본주의로 이행을 허용했는데, 그 선봉에 중소 규모의 직접 생산자이자, 특권, 독점, 그리고 곧 산업적 기업가로 등장하게 될 상업자본 또는 고리대에 매우 적대적인 사회계층인 농민과 수공업자들이 있었다"고 결론지었다.

프랑스혁명 200주년이 다가오고 새로운 형태의 문화사가 미국에서 떠오르고 있는 상황에서 소불에 대한 일부의 비판이 몹시 가혹해졌다. 프랑스혁명 200주년을 맞아 프랑수아 퓌레는 '마르크스-레닌주의'를 겨냥해서 "시대착오적으로 프랑스혁명을 소비에트의 경험과 동일시하는 것"은 "교조적이고 빈약한 해석 체계"라고 비판했다(프랑수아 퓌레와 모나 오주프가 편찬한《프랑스혁명 비평사전》, 1989를 보라). 소불이 자신의 정통 해석을 고수함에 따라 점점 더 스탈린주의적 교조주의라고 비난받았지만, 사실 자신의 개념 틀에서 논의되고 수정되어야 할 점들을 검토할 준비가 되어 있었다. 자신에 대한 풍자가 암시하는 것보다 새로운 접근법에 훨씬 더 열려 있었다. 고대 성인들의 형상을 본떠 상퀼로트의 영웅적 형상이 만들어지는 방식에 심성사를 적용한 것이 그런 예이다. 소불의 연구는 무척 세심한 역사 방법론을 특징으로 하며, 비판하는 이들이 인정했던 것보다 훨씬 더 유연한 마르크스주의의 영향을 받았다. 소불을 가르쳤던 이전 세대 역사가들과 비교해 볼 때, 18세기 사회에 대한 그의 이해는 사실상 '수정주의적'이었다.

동료들과의 관계에서, 일원적인 마르크스주의 해석에 대한 소불의 신념이 역사가로서 새로운 지식에 매료되고 상이한 전망을 가져다주는 다른 나라 역사가들의 새로운 연구를 격려하는 그의 성향을 능가하지 못했다. 학술대회에서 이따금 맹렬한 공격을 퍼붓기도 하지만, 그는 인간적인 아량으로도 잘 알려져 있다. 그러나 소불이 '수정주의' 학파와 벌일 특별 토론에 참여하기를 거부한 일은, 비판자들이 '정통' 자코뱅-마르크스주의 학파를 경화된 교조주의로 규정할 수 있게 한 '전략적 실수'였다. 미셸 보벨의 표현에 따르면, 소불의 말년은 행복하지 않았다.

그 세대의 여러 역사가들처럼, 소불은 제3공화국의 교육 시스템이 가져다준 기회를 누렸고 제2차 세계대전과 레지스탕스 경험에 의해 훈련되었다. 그도 다른 많은 이들처럼 프랑스공산당의 열성 당원이 됨으로써 공화주의적 애국주의를 배양할 수 있었다. 국제공산주의 운동에 가담하는 것과 일국 차원의 공화주의적 민주주의 전통의 가치에 충성하는 것 사이에서 느꼈던 모순은 없었다. 죽을 때까지 프랑스공산당에 충성을 바친 것을 두고 단순하게 조르주 마르셰를 비롯한 인물들의 친소비에트 노선에 가담한 것으로 해석해서는 안 된다. 왜냐하면 소불은 스스로를 1956년과 1968년에 그랬던 것처럼 스탈린주의를 둘러싼 솔직한 토론에 참가할 준비가 된 '무당파' 공산주의자로 생각했기 때문이다. 그는 당 지도부와 의견을 달리한 일이 많았지만, 체념을 자신의 근본적인 충성에 대한 배신으로 간주했다. 그럼에도 불구하고 마지막 정치 참여가 된 1980년 대통령 선거에서, 그는 공개적이고도 열정적으로 프랑스공산당 후보를 지지했다.

1988년 님 시는 레지스탕스 순교자들의 이름을 딴 광장 인근에 있는 또 다른 광장에 알베르 소불의 이름을 붙임으로써 경의를 표했다. 소불의 모교인 알퐁스도데고등학교 벽에는 기념 명판이 부착되었다. 그가 살았던 크루아제트뒤제의 작은 집 담벼락에도 명판이 부착되었다. 1943년에 그가 일했던 빌라드랑 마을도 소불의 이름을 딴 거리를 만들었다. 소불은 죽기 전에 여기저기 여행을 했는데, 잠깐 동안 멀리 오스트레일리아와 뉴질랜드까지 다녀왔고 특히 동유럽도 여행했다. 조지 루데(영국), 아르만도 사이타(이탈리아), 마카토 다카하시(일본) 카레 퇴네손(노르웨이)에서 아나톨리 아도(러시아), 빅토르 달린(우크라이나), 발터 마르코프(독일)에 이르기까지 국제적으로 권위 있는 프랑스혁명사 연구자들과 친분을 유지했다. 그런데 언젠가 달린이 백과사전에 싣기 위해 소불에게 자기소개를 부탁하자 그는 이렇게 썼다.

"나는 오직 (1963년에 돌아가신) 마리 이모와 조르주 르페브르 두 분 선생님만을 인정한다. 두 분은 나의 비판정신을 단련시켰고 민중의 자유와 사랑에 관해 가르쳤다. 나는 그분들께 모든 걸 빚 졌는데, 두 분이 나에게 남긴 본보기에 다가갈 수 없어 안타까울 뿐이다."

박윤덕 옮김

참고 자료

책

Saint-Just: ses idées politiques et sociales, as Pierre Derocles (Paris: Editions Sociales Internationales, 1939).

L'Armée nationale sous la Révolution (1789-1794) (Paris: Editions France d'Abord, 1945).

Les Papiers des sections de Paris (1790-An IV): répertoire sommaire (Paris: M. Lavergne, 1950).

La Révolution française, 1789-1799 (Paris: Editions Sociales, 1951); 《프랑스혁명사》(주명

철 옮김, 탐구당, 1989).

Les Campagnes montpelliéraines à la fin de l'ancien régime: propriété et culture d'après les compoix (Paris, 1958).

Les Sans-culottes parisiens en l'an II: histoire politique et sociale des sections de Paris, 2 juin 1793-9 Thermidor An II (La Roche-sur-Yon: H. Potier, 1958); 《상퀼로트》(이세희 옮김, 일월 서각, 1990).

Précis d'histoire de la Révolution française (Paris: Editions Sociales, 1962).

La Révolution française (Paris: Gallimard, 1965).

La France à la veille de la Révolution (Paris: Sociétéd'Edition d'Enseignement Supérieur, 1966).

Paysans, sans-culottes et jacobins (Paris: Clavreuil, 1966).

La Première République, 1792-1804 (Paris: Calmann-Levy, 1968).

La Civilisation et la Révolution francaise, 3 vols. (Paris: Arthaud, 1970-83); vol. 1: *La France à la veille de la Révolution*; vol. 2: *La Révolution française*; vol. 3: *La France napoléonienne*.

La France à la veille de la Révolution (Paris: SEDES, 1974).

Problèmes paysans de la Révolution: 1789-1848:études d'histoire (Paris: F. Maspero, 1976).

Comprendre la Révolution: problèmes politiques de la Révolution française (1789-1797) (Paris: F. Maspero, 1981).

Répertoire du personnel sectionnaire parisien en l'an II (Paris: Publications de la Sorbonne, 1985).

Portraits de révolutionnaires (Paris: Messidor/Editions Sociales, 1986).

편집한 책

Robespierre, Maximilien, 1758-1794: oeuvres de Maximilien Robespierre, edited by Albert Soboul, Marc Bouloiseau, and Georges Lefebvre (Paris: Presses Universitaires de France, 1957).

Le Grand Sanhédrin de Napoléon, edited by Albert Soboul and Bernhard Blumen-kranz (Toulouse: Privat, 1979).

Girondins et montagnards: actes du colloque, Sorbonne, 14 décembre 1975, edited by Albert Soboul (Paris: Société des études robespierristes, 1980).

참고문헌

Agulhon, Maurice, "l'historien des sans-culottes," *Annales historiques de la Révolution française*, 249 (1982): 327.

Andress, David, *The French Revolution and the People* (London: Hambledon, 2004).

Andrews, Richard, "Social structures, political elites and ideology in revolutionary Paris, 1792–1794: a critical evaluation of Albert Soboul's *Les Sans-culottes parisiens en l'an II*," *Journal of Social History*, 19 (1985): 72–112.

Cobb, Richard, *People and Places* (Oxford: Oxford University Press, 1985).

Cobb, Richard, *The Police and the People: French Popular Protest 1789–1820* (Oxford: Clarendon Press, 1970).

Daline, Victor, "Hommage à Albert Soboul: un ami fi dèle," *Annales historiques de la Révolution française*, 251 (1983): 359–63.

Dupuy, Pascal and Shafer, David, "Albert Soboul, son oeuvre et sa personnalitévues par les historiens anglais et américains," *Bulletin d'histoire de la Révolution française, années 1992–1993* (Paris, 1994), pp. 39–48.

Furet, François and Ozouf, Mona (eds.), *A Critical Dictionary of the French Revolution*, translated by Arthur Goldhammer (Cambridge, MA: Harvard Univeristy Press, 1989).

Jones, Peter, *The Peasantry in the French Revolution* (Cambridge: Cambridge University Press, 1988).

Mazauric, Claude, *Soboul: un historien en son temps. Albert Soboul (1914–1982)* (Nérac: Editions d'Albret, 2004).

Parker, Harold T. (ed.), *Consortium on Revolutionary Europe, 1750–1850: Selected Papers, 1984* (Athens, GA: Consortium on Revolutionary Europe, 1986).

22

필리프 아리에스

1914~1984

Philippe Ariès

필리프 아리에스

패트릭 허튼

    필리프 아리에스는 20세기 프랑스의 가장 독보적인 역사가들 중 한 명이다. 그는 역사인구학에 관한 초기 작업을 기반으로 1960~1980년대 역사가들에게 관심의 초점이었던 '신문화사'(new cultural history)의 선구적 학자가 되었다. '심성사'(histoire des mentalités)라고 불리던 이 분야는 고급문화에 대한 철학적·문학적 관심사보다 일반 민중의 일상생활에 대한 태도를 다루었다. 처음에 아리에스는 15~18세기 부모와 자식의 관계 변화에 관한 연구인 《앙시앵레짐 시기의 아동과 가족생활》(L'Enfant et la vie familiale sous l'Ancien Régime, 1960)로 널리 학계의 관심을 끌었다. 문화사와 20세기 말의 문화를 이해하는 데에서 그의 가장 큰 기여는 가족이라는 주제를 근대 들어 공적 생활과 사적 생활의 구별이 나타났음을 추적한 광범위한 역사서술에 배치시켰다는 점이다. 옛 프랑스의 전통, 프랑스 인구 패턴의 지역적 차이, 프랑스 역사서술의 발전, 결혼과 성에 대한 사람들의 태도 변화, 죽음과 사별에 대한 태도의 변화, 더 일반적으로는 공적 생활과 사적 생활의 관계 변화 같은 주제에 이르기까지 그는 여러 권의 책과 수많은 시론을 발표한 왕성한 작가였다. 가톨릭 교도, 전통주의자, 왕정주의자로서 그는 전통적 가치들을 계속 간직했고, 그의 학문은 현대에도 지속되는 전통적 가치들이 갖는 의미를 보여 주고자 애썼다. 그는 20세기 말 프랑스의 탁월한 역사가들 가운데 자신의 보수적 정치 신념 때문에 거의 독립적인 위치에 있다.

필리프 아리에스는 역사학 연구를 넘어 그와 관련된 여러 지적 활동에 참여했다. 그는 한 주요 출판사의 출판 고문이었고, 현대의 정치적·문화적 관심사를 주제로 다루었던 우파 신문과 잡지의 저널리스트였다. 단한 번도 학회에 몸담은 적이 없었던 그는 생애 말년까지 독립 역사가로서 자신의 신념을 좇았다. 그는 제2차 세계대전 중에 비시 정권이 지원하던 국립고급간부학교(Ecole Nationale des Cadres Supérieures)에서 아주 짧은 기간 가르쳤고, 생애 말기에 사회과학고등연구원(EHESS) 강사를 지냈다. 역사에 애정이 많았지만 그는 열대 과일 및 농산물 무역에 관한 전문 기록관리원으로서 경력을 이어 가면서 부업으로 학문 연구를 이어 갔다.

아리에스는 제1차 세계대전 전야에 루아르 계곡의 블루아에서 태어났으나 생애 대부분을 파리에서 살았다. 프랑스령 서인도제도에 뿌리를 둔 선조와 프랑스 남서부에 광범위한 친척 관계를 가진 그는 부유한 부르주아 가정 출신이었다. 그의 가족은 프랑스 왕정주의 유산에 정서적 애착을 느꼈다. 프랑스 왕들뿐 아니라 프랑스혁명 전에 지배적이던 전통문화를 숭배했다는 의미이다. 지적으로 성숙해지고 삶과 일에서 폭넓고 다양한 세계를 접했음에도 아리에스는 자신이 늘 이 가족 유산의 전통에 뿌리내리고 있음을 알고 있었다. 그런 전통에 대한 비판적 시각에 맞닥뜨렸을 때조차 역사가로서 그의 관심은 전통적 풍습이었다.

어릴 때 아리에스는 교구 학교에서 교육받았고, 이후 파리 16구의 집에서 가까운 장송드사이고등학교를 다녔다. 지적으로 조숙한 청소년이었던 그는 엔지니어나 기술직을 이어받게 하려던 아버지의 계획에 반항했다. 전기 엔지니어였던 아버지는 노르망디의 지방 도시 레장들리의 한 전기회사에서 1년 동안 회계원 실습을 하도록 아들을 보냈다. 그러나 이윽고 아들의 소망에 응한 아버지는 아들이 역사에 대한 열정을 마음껏 펼칠 수 있게 허락했다. 그르노블대학에 입학해 1년을 다니던 아리에스는 파리 소르본대학으로 옮겨 역사와 지리 학사 학위를 취득했다. 1936년에는 '16세기 파리최고재판소 사법단'에 관한 논문으로 석사 학위를 취득했다. 그는 1930년대 말 파리 센 강 좌안의 지적 환경에서 성장하면서 지적·정치적 신념을 공유하던 친구들에 둘러싸여 있었고, 자신이 존경하던 교수들한테 배웠으며, 왕당파 단체인 악시옹프랑세즈(Action Française) 소속 우파 학생의 정치 운동에 적극적이었다. 그는 악시옹프랑세즈의 학생신문 《프랑스 대학생》(L'Etudiant français)에 평소 관심을 가지고 있던 주제로 글을 썼다. 프랑스혁명의 자코뱅적 기원에 비춘 공화주의 정치 비판, 마르크스 철학의 결점에 대한 분석, 히틀러의 공격에 비추어 본 중부 유럽의 국가 관계에 대한 논평, 프랑스 고등교육의 역사 수업에 대한 비판, 스승이자 왕정주의자인 샤를 모라스의 지적 리더십에 대한 찬양에 이르기까지 다양했다.

아리에스는 대학에서 강의 경력을 쌓고자 했지만 뜻을 이루지 못했다. 1939년 교수자격시험에 불합격한 그는 독일과의 전쟁으로 재시험을 보지 못했다. 그는 전투도 치러 보지 못한 상태에서 1년 남짓 장교 후보자 교육을 받았다. 1940년 6월 휴전조약과 함께 제대하고 파리로 돌아와 국립도서관에서 교수자격시험 준비를 하면서 1년을 보냈다. 그가 훗날 언급했던 이 학문적 피난처는 지적으로 성장하는 과정에서 매우 중요했다. 국립도서관에서 그는 1930년대의 학생으로서 감동받았던 우파 지식인 집단이 도외시한 마르크 블로크와 뤼시앵 페브르 같은 아날학파 역사가들과 뒤르켐학파의 사회학을 통해 사회사라는 새로운 학문을 발견했다.

아리에스는 1941년 두 번째 교수자격시험에서도 불합격했다. 한 친한 친구의 말처럼, 아마도 제시된 질문에 적절한 답변을 하지 못했기 때문이었을 것이다. 일정한 직업이 없던 그는 비시 정권이 지원하던 파리 북쪽의 라샤펠앙셀르발에 있던 국립고급간부학교에서 교관으로 일했다. 청소년 캠프 지도자와 교사를 양성하는 이 학교를 통해 비시 교육 당국은 프랑스의 청소년과 청년들에게 신체적·정신적·시민적 갱생을 고취시키기를 기대했다. 마찬가지로 이 경험도 지적으로 성장하는 데 매우 중요한 계기가 되었다. 비시 정권의 국가원수였던 필리프 페탱의 전통적인 프랑스 사회로 복귀하려는 계획에 동조하던 아리에스는 1943년《프랑스 농촌의 사회 전통》(Les traditions sociales dans les pays de France)을 저술했다. 이 시론은 중앙집권적 공화국에 대한 연방주의적 대안의 근거로 옛 프랑스 민중 전통의 지역적 차이를 다루고 있다.

처음에 라샤펠에서 열심히 교관 생활을 하던 아리에스는 점차 유럽의 개조를 위해 독일과 연대를 주장하고 국가사회주의를 공개적으로 지지하던 대독 협력 지도자들에게 환멸을 느끼기 시작했다. 비시 정권의 교육 대변자들과 마찬가지로 이 학교 교장들은 프랑스의 굴욕적인 군사 패배가 프랑스 청소년들의 정신적·육체적 퇴보를 가져올 수 있다고 주장했고, 그 해결책으로 대가족제 확립 정책을 제시했다. 교관이었던 아리에스는 이런 생각을 진전시키기를 바랐다. 그러나 대부분 파리 교외의 노동자 계급 출신이었던 젊은 학생들과의 대화는 공식적인 시각에 의문을 품게 만들었다. 그들은 이성교제에서 나타날 수 있는 문제들(사회 통념에 어긋나는 관계에 빠지는 일, 본의 아니게 애인을 임신시키는 일, 고통스럽고 위험한 불법 낙태 시술을 하는 일)에 대해 걱정스럽게 말했다. 학생들의 개인적인 우려에 관해 얘기를 듣고서 아리에스는 그들이 성행위에 대한 기본적 사실과 책임감에 무지함을 알았다. 마찬가지로 자신의 최대 관심사나 익히 알고 있던 지식과는 반대로 학생들이 자신의 조상에 관해 무지하다는 사실을 알았다. 그는 청소년과 젊은 성인들의 이성교제에서 실존적 영역(원하든 원치 않던 아이가 생겼던 연애)이 열렬한 비시 정권 지지자들이 허용하는 것보다 훨씬 더 복잡한 비밀의 베일에 가려 있다고 생각했다. 그런 논의는 젊은이들의 모험과 사고의 감춰진 역사(가족 만드는 과정에 그들의 구혼과 임신, 출산 방식)의 비밀을 푸는 방법에 관해 생각하게 만들었다. 이런 그의 호기심이 향후 미지의 문화사 연구의 출발점이 되었다.

1942년 여름 혼란해진 국립고급간부학교를 떠나면서 아리에스는 운좋게도 프랑스 해외 제국의 열대 과일과 농산물 무역을 위한 열대과일감귤연구소 전문 기록관리원으로 취직했다. 사실 열대 과일과 농산물 무역이 전쟁 중에 중단되었기 때문에 일이 별로 힘들지 않다는 점을 알게 된 그는 자유 시간을 라샤펠의 학생들이 알려준 합법적·불법적 사랑의 문제에 접근하는 체계적 방식으로서 역사인구학 연구를 시작하는 데 이용했다. 처음에 임시방편으로 생각한 직장이었지만 전후에도 계속 거기서 일했다. 열대과일감귤연구소는 점차 성장하여 다른 나라의 유사 기관이나 국제연합 기구들과 연계하면서 점차 농업 생산물의 국제무역 감독을 위한 준공공 기관으로 변모했다. 아리에스는 이 연구소에서 37년 동안 일하면서 열대 과일과 농업에 관한 포괄적인 정보 목록을 작성해 '자료 은행'(data bank)을 발전시키는 혁신가가 되었다. 흥미로운 사실은 그역시 아버지의 직업과 마찬가지로 기술직으로 끝났다는 점이다. 그는 사적으로는 옛 프랑스의 전통을 연구하는 학자였고, 공적 생활에서는 열대 과일과 농산물 무역을 추적하는 데 유용한 통계자료를 확장하고 통합하는 새로운 전자 기술을 운영하는 선구자였다는 점에서 양면적이었다. 그는 이런 일을 위해 전 세계를 돌아다녔고, 이 분야의 몇몇 전문가 협회에서 중요한 집행부 지위에 있었다.

전쟁 말기와 그 직후에 아리에스는 비시 정권에서 근대 프랑스의 인구 감소 논쟁을 불러일으켰던 인구 문제에 관해 조용히 연구했다. 대가족을 증대시키려던 비시 정권 지도자들의 계획은 출생률 증가가 프랑스 국민의 건강과 질을 개선할 것이라는 제4공화국의 사회정책으로 채택되면서 존속되었다. 그러나 정권 교체기에 이루어진 연구에서 아리에스는 근대를 넘어 프랑스의 가족 규모 감소는 심리학적 요소 못지않게 생물학적 요소에 빚지고 있다는 좀 더 현실적인 신맬서스주의 결론에 도달했다. 그는 17세기부터 처음에는 명문가 출신, 종국에는 미천한 신분의 부부들이 원치 않는 아이에 대한 부담을 줄이는 수단으로 산아제한이라는 의도적인 결정을 내렸다고 주장했다. 이런 시각에서 출생률 감소는 배우자들이 가족계획으로 자신들의 미래를 통제할 것이라고 추정하는 부부관계를 마음속으로 동의했다는 점을 통해 근대로 연장된 태도에 감춰진 문화혁명을 나타냈다. 성행위에서 비밀 계약인 이 감춰진 혁명은 출산 관리를 위한 기술적 통제뿐 아니라 부부관계에서 개인적 성취의 탐구에 기여했다는 점에서 분명히 근대적 의식이라는 더 큰 문화혁명을 시사했다. 결혼생활의 '행복 추구'를 위해 점증하던 이 책무는 애정이 넘치는 가족의 출현을 위한 길을 준비했다. 시간이 흐르면서 이해하기 힘든 불가항력적 운명의 표현으로서 생식이라는 숙명론적 감수를 넘어 한 배우자에 대한 다른 배우자의, 그리고 아이에 대한 부모의 사랑을 소중하게 생각하게 되었다.

필리프 아리에스의 역사인구학 연구는 비시 정권의 우생학자 알렉시 카렐이 설립한 국립인구문제연구소(Institut National d'Etudes Démographiques) 연구원들의 관심을 끌었다. 이 연구소는 전후에 알프레드 소비와 새로운 인구통계학 전문가 팀에 의해 재건되었다. 여기서 아리에스는 새롭게 부상하던 연구 분야와 관련된 첫 전문가 협회를 설립했다. 그는 국립인구문제연구소의 학술지 《인구》에 논문 세 편을 발표했고, 1948년에 연구 성과를 엮어 《18세기 이후 프랑스 인구와 삶을 바라보는 태도의 역사》(Histoire des populations françaises et de leurs attitudes devant la vie depuis le XVIIIe siècle)로 출판했다. 이 책에서 그는 오랫동안 프랑스 사회에서 이루어진 '삶과 죽음의 기술'을 조사하기 위한 장기적 연구 의제를 명확히 했다. 특히 이 책의 결론은 1960년 무렵 역사가들 사이에 흔히 사용되던 개념인 '망탈리테'의 문화사에 대한 폭넓은 관심사를 드러냈다.

전쟁이 끝난 직후에 아리에스는 프랑스의 역사학에 관한 시론을 썼고, 이것들을 모아 1954년에 《역사의 시간》(Le Temps de l'histoire)이라는 제목으로 출판했다. 과거에 대한 관심에서 자신의 유년기 행로를 묘사한 자전적 시론을 쓰면서 그는 중세의 지방과 지역, 종교 연대기를 발전시켜 온 역사적 전통을 복원했고, 결국 프랑스사의 통합적 서술을 17세기 절대주의 시대로 수정해 맞추었다. 그다음에 프랑스의 역사학이 프랑스혁명부터 근대로 나아갔다는 점을 이데올로기적·학문적 변화로 설명했다. 자신이 살아가던 20세기 중반에 그는 프랑스 국경 안에서, 그리고 그것을 넘어 역사를 형성하는 세계적 힘의 범위를 보여 준 제2차 세계대전의 역사적 중요성을 많이 거론했다. 현대의 학문에 관해 그는 마르크스주의 역사학에 적대적인 입장을 되풀이하면서도 역사서술에서 아날학파가 이룬 새로운 사회사의 혁신적 방법론에 주목했다. 당시 일부 저명한 학자들이 역사학 경향들에 대한 아리에스의 대담한 스케치와 역사적 시간의 개념 변화에 대한 성찰에 감탄했음에도 불구하고 《역사의 시간》은 비평가들에게 큰 주목을 받지 못했다. 이 책이 시선을 끄는 이유는 그가 소개했던 주제, 생애 말기의 저작들을 역사로 기록한 스타일과 더불어 자전적 언급에서 나름 매력을 찾을 수 있다. 최근에 이 책의 장점은 재발견되었고, 1986년 아리에스의 친구이자 후배 동료인 로제 샤르티에가 약간 수정한 사후 편집본이 재판되었다. 프랑스 역사학의 다양한 전통에 대한 역사적·이념적 맥락을 분류한 아리에스의 《역사의 시간》은 역사서술 방식에 대한 20세기 말의 이론적 관심을 보여 주었다.

전쟁 전부터 악시옹프랑세즈 출신의 오랜 친구들로부터 독려를 받은 아리에스는 전후에 정치 저널리즘으로 다시 돌아왔다. 그는 우파 신문 《파롤프랑세즈》(1945~1946)과 《라나시옹프랑세즈》(1955~1956)의 편집을 도왔다. 이런 신문에 그는 당대의 관심사인 사회적·문화적 주제, 예를 들어 현대 가족, 전후 풍요로운 사회의 물질문화, 기업과 정부의 대규모 조직화 추세를 다룬 기사를 썼다. 1960년대 초 그는 알제리의 독립을 승인한 드골 대통령의 결정을 둘러싼 격론에 마지못해 끌려 들어갔다. 아리에스는 알제리의 양도에 대해 운명론적이었고, 자신이 쓰는 신문기사에서 드골의 결정 자체보다 반정부주의자들에 대한 프랑스 군대의 잔인한 보복을 비판함으로써 중립적 위치를 지키려 애썼다. 하지만 그런 입장은 아무도 만족시키지 못했다. 어쨌든 그는 정부의 검열에 걸려들었고, 악시옹프랑세즈 시절의 오랜 친구들과 그 문제로 크게 갈등을 겪었다. 알제리 위기는 비시 정권을 지지했던 시기로 거슬러 올라가는 그들의 끝나지 않은 투쟁을 둘러싼 힘든 기억을 되살렸던 것 같다. 이 불행한 사건으로 친구들과 사이가 틀어지면서 아리에스는 1966년에 활발하게 활동하던 정치 저널리즘에서 물러나기로 결심했다.

그동안 죽 진지한 역사학 분야에 깊숙이 관여해 왔던 아리에스는 1960년대 중반에 학문적으로 인정을 받았다. 생식력의 변화 양식에 대한 인구학적 발견은 그를 부모-자식 관계에 대한 특별한 관심과 아울러 가족생활에 관한 광범위한 문화사 연구로 이끌었다. 1950년대에 이어진 이 연구는 1960년에 출판되어 아리에스를 가장 유명하게 만든 《앙시앵 레짐 시기 아동과 가족생활》의 기반이 되었다. 이 책은 프랑스뿐 아니라 1960년대 미국의 역사가나 사회학자, 심리학자, 일반 의사들한테서 더 큰 관심을 불러일으켰다. 이 책의 등장은 현대 가족의 정체성 위기에 대해 많이 알려진 대중의 우려와 겹쳤다. 20세기에 점점 커져 가던 정체성 위기는 아이들에게 지나치게 관대해지고 아이들에 대한 통제를 넘어 사회문화적 힘의 영향력이 취약해진 데 대한 사회적 비판처럼 보였다. 대중은 청소년들의 방종 문제를 크게 우려했다. 아리에스는 약 500년에 걸친 가족의 변화를 추적함으로써 그러한 우려를 역사적 관점에서 평가했다. 그는 가족이라는 것이 시대에 따라 변화해 온 하나의 역동적인 제도라는 것, 그리고 그것의 장기적 변화가 지역 정치학에서 성(姓)이 갖는 위세를 과시하면서 느슨하게 연결된 혈족 집단으로부터 벗어나 공공 생활과 분리된 사적 영역의 작고 더 친밀한 단위를 향해 나아갔음을 보여 주었다. 최근에 만들어진 이 가족은 배우자의 다른 배우자에 대한 애정과 부모의 자식에 대한 애정을 깊게 해주었다. 새로 발견된 가족의 아이들에 대한 배려에서 가족은 인류의 운명을 구체화하는 능력에 점점 확신을 갖게 되면서 근대적 제도가 되었다.

아리에스 책이 등장함으로써 출산의 자유를 위해 투쟁하던 페미니스트들의 요구에 따른 가족계획과 낙태의 권리를 둘러싼 공개적 논의와 겹쳤다는 점은 중요하지 않다. 17세기로 거슬러 올라가는 피임법 사용에 대한 아리에스의 논의에도 불구하고 프랑스에서 피임 기구의 판매는 '뇌

비르트 법'(loi Neuwirth)에 따라 1967년까지 허용되지 않았다. 낙태는 1974년 '베유 법'(loi Veil)에 따라 합법화되었다.

전문가건 아니건 간에 일부 독자는 《앙시앵레짐 시기의 아동과 가족 생활》의 근거가 성생활과 배우자 관계에 대한 태도 변화에 관심을 가졌던 아리에스의 초기 인구학 연구에 있다는 점을 알게 되었다. 그들은 아동기에 대한 인식이 비교적 최근의 발명이라는 아리에스의 논제에 깜짝 놀랐다. 아리에스에 따르면, 전통사회의 확장된 친족 관계에서 아이들은 가족생활의 주변부에 존재했고 그들을 양육하는 일은 무시되곤 했다. 중세에는 아동기가 인생의 특별한 시기라는 생각과 그 필요성에 대한 의식이 거의 없었다. 그런 까닭에 아이들은 가족생활에서 특별한 존재감이 없었다. 근대 초의 여러 세기에 걸쳐 아주 서서히 아동의 인격 발달은 훈육의 관심 대상이 되었고, 그때 비로소 아이는 가족의 주요 관심사가 되었다.

부모-자식 관계의 유대가 기본적인가 아닌가라는 문제에 대한 비판은 시대에 따라 변해 왔다. 아리에스에 따르면, 아이들에 대한 부모의 애정 어린 유대는 인류의 등장만큼이나 오래되었다. 하지만 현재 삶의 속도에서 아이에 대한 부모의 영원한 사랑과 역사적으로 최근에 생겨난 아이들의 미래 행복에 대한 헌신을 명확히 구별했다. '돌봄'(care) 개념은 성장 과정으로서의 삶에 대한 근대적 의식과 밀접하게 관련되어 있다. 인격 발달 개념에는 근대성과 미래를 향한 계몽된 통제라는 인류의 염원을 동일시했던 태도의 성좌에 꼭 들어맞는 자기통제가 함축되었다. 이런 생각은 같은 시기 일생에 걸쳐 발달하는 심리유전학 모델을 제시한 에릭 에릭슨의 관점에 가깝다. 에릭슨의 자아심리학에 아리에스가 보완한 것은 새로운 발달 단계가 시간이 지남에 따라 점점 더 복잡한 개체 발생 모델에 추가되었듯이 이 개념이 여러 세기에 걸쳐 정교해졌다는 역사적 맥락을 설명한 것이었다. 아동기가 근대 초의 발견이었다면, '청년기'(youth)는 18세기 말에, '청소년기'(adolescence)는 19세기 말에, 그리고 '중년기'(middle age)는 20세기 중반에 발견되었다. 때때로 전통적 친족 네트워크가 사라지는 가족에 대한 감상주의자일 뿐이라고 인식되던 아리에스는 사실 애정의 핵심 단위로 이해되던 새로 생겨난 근대 가족의 이동 경로를 추적한 역사가였다.

독자들에게 환영을 받은 《앙시앵레짐 시기의 아동과 가족생활》은 오랫동안 변화를 거듭했다. 이 책은 유복한 가정들에 초점 맞추기, 장기적인 동향에 대한 광범위한 가설, 그리고 가장 최근에는 가족관계의 새로운 개념을 용인한 근대 초의 감춰진 의식 혁명을 추정했다는 이유로 비판받았다. 그런 비판들에도 불구하고 21세기로 넘어오는 시기에 이 책은 여전히 급격히 성장하고 있는 가족과 아동기에 관한 연구의 출발점이다. 놀랍게도 아리에스의 책이 등장하기 전에는 역사적 관심이 거의 없었던 이 주제에 관한 연구가 이제 문화사의 대들보가 되었다.

1960년대에 아리에스는 연구 의제를 초창기 역사인구학 연구에서 근대 사망률의 감소에 뒤따르는 문화적 태도로 옮겨 갔다. 미국 학자 오레스트 래넘은 1973년 존스홉킨스대학에 아리에스를 초청해 죽음에 관한 강연을 맡겼다. 이 강의가 《죽음에 대한 서양인들의 태도》(Western Attitudes Toward Death, 1974)의 기반이 되었다. 1976년 워싱턴디시 우드로윌슨센터의 연구비 지원 덕분에 그는 자신의 논제를 《죽음 앞의 인간》(L'Homme devant la mort, 1977)에서 자세히 설명할 수 있었다. 생애주기 단계별 태도에 관한 초기 작업에서처럼 아리에스는 각 단계별 태도가 죽음에 대한 태도에서도 상응한다는 점을 확인했다. 더 중요한 점은 중세의 사회적 의례에서, 슬프지만 체념으로 받아들였던 죽음에 대한 태도가 근대에 이르러 더욱더 감정적 불안이라는 짐을 지우게 되었고, 세상을 떠난 사랑하는 사람들을 애도하기 위해 더 강렬하고 오래 지속되는 의례와 더욱 정성을 들인 묘의 조각상 도입이 19세기에 나타났다는 것이다. 그는 20세기에는 애도의 어려움이 있다고 보았다. '금지된 죽음'에 대한 태도 변화에서 가장 최근의 단계를 분류했던 아리에스는 현대 애도의 어려움은 세속적 만족에 대한 기대 상승이나 위로 전통과 가족 유대의 약화 때문에 죽음이라는 현실을 부정하는 것이라고 주장했다.

이 주제에 관한 아리에스의 분석은 1970년대 아리에스에게 우호적인 적수였던 미셸 보벨과 꾸준한 대화를 통해 명료해졌다. 프랑스혁명의 좌파 정치 전통을 연구하던 보벨도 새로운 심성사와 특별하게는 죽음과 애도라는 주제에 좀 더 끌렸다. 그들의 논쟁은 죽음의 의미 또는 죽음에 대한 철학적 접근을 통해 인간의 운명을 설명하려는 시도의 전제조건으로서 삶의 유한성이라는 대주제로 발전되었다. 장기적으로 이어진 애도 관습이 갖는 의미를 두고 입장은 서로 달랐지만 두 사람은 현재 삶의 여정으로서 죽음에 대한 기대 감소, 내세의 초월성에 대한 기대라는 중세적 믿음이 오랜 시간을 거치며 약화되었다는 결론에는 동의했다.

1970년대 중반 아리에스는 저명한 지식인 반열에 올랐다. 그는 최근의 문화사 연구를 논하기 위해 라디오와 텔레비전에 자주 토론자로 출연했고, 자연히 학계를 넘어 대중에게 더 많이 알려지게 되었다. 북아메리카와 유럽에서 널리 강연도 했다. 그때까지 동년배 프랑스 학자들이 그의 연구를 무시하는 경우가 많았지만, 사회과학고등연구원에 관여했던 젊은 세대의 역사가들은 문화사의 참신한 해석에 매력을 느꼈다. 아리에스는 1978년 사회과학고등연구원의 강사로 임명되었고, 아날학파 역사학과 유사한 정체성을 얻으며 전 세계 방문학자들과 함께하는 상호교류 포럼에서 역할을 하면서 유명해졌다. 이런 분위기에서 아리에스는 처음으로 공동연구 프로젝트에 참여했다. 그는 역사학에 관한 시론들을 역사학 방법론에 관한 교과서와 선집에 기고했다. 1982년까지 강사를 지냈던 아리에스는 성생활에 대한 태도의 역사를 다룬 세미나를 열었고, 폴 벤과 미셸 푸코의 논문이 포함된 선집을 편집 발행했다. 그는 도시의 일상생활사에 관심을 공유하던 사회사가 아를레트 파르주와 긴밀히 공동 연구를 진행했다. 때때로 아리에스는 19세기 가족의 애정을 간직했던 궁전에서 아이의 '폐위'나 동거와 결혼의 경계가 흐려지는 것에 특별한 관심을 가지고 현대 가족에 관한 논문들을 썼다.

아리에스는 사생활의 역사에 관한 야심찬 연구 프로젝트를 착수하기 위해 유럽과 미국의 동료 네트워크를 널리 활용했다. 서베를린 고등연구소(Wissenschaftskolleg)의 초청을 받은 그는 1983년 봄 학기 동안 6월에 총괄하기로 예정된 신문화사 관련 프랑스-독일 공동 세미나를 준비하기 위해 그곳에 머물렀다. 하지만 당시 35세였던 아내 프리메로즈가 위독해진데다 자신도 병에 걸렸다. 세미나를 진행하기 위해 독일로 다시 돌아오긴 했지만 그곳에 오래 머무르지는 못했다. 아리에스는 죽기 전에 고향 땅으로 돌아가길 원했던 아내의 고향 툴루즈로 이사했다. 부부는 말년에 육체적·정신적으로 고통을 겪었고 아내는 1983년 여름에 끝내 사망했다. 아리에스도 6개월 후인 1984년 2월 아내의 뒤를 따랐다.

미완성으로 남아 있던 아리에스의 《사생활의 역사》(Histoire de la vie privée) 다섯 권에 대한 편집 작업은 동료 뒤비, 샤르티에, 벤이 맡았고, 마침내 1985년 초 프랑스와 미국에서 초판이 발행되었다. 샤르티에도 아리에스의 《역사의 시간》 개정판(1986)과 아리에스의 삶을 담은 시론집 《기억 에세이》(Essais de mémoire)를 편집했다. 자넌 베르데스르루는 1997년에 《라나시옹프랑세즈》와 《일상의 현재》에 실렸던 신문기사들을 모아 교정판을 준비했다.

프랑스 역사학에서 아리에스가 남긴 유산은 20세기 말 나라 안팎에서 문화사 연구를 활성화시킨 다양한 저작들이다. 자유주의나 사회주의 신념을 지닌 역사가들이 지배하던 지식인 세계에서 그는 지성을 갖춘 보수로서 대조를 이루었다. 20세기 중반 프랑스 사회사는 사회계층과 계급투쟁 문제에 관심이 많았다. 아리에스의 저작을 읽다 보면 1930년대 우파에서 쟁점이 되던 문제들(민중문화, 전통, 지방분권주의, 특히 가족)을 1960~1980년대에 문화사로 이끄는 데에 핵심 역할을 했음을 알 수 있다. 그 점에서 아리에스는 그가 칭송했던 왕정주의 전통과 역사적 관점에서의 전통에 대한 생각과 태도, 말하자면 망탈리테를 설명하면서 장년기에 그가 쓰고 가르치던 범세계주의 지적 공동체 사이에서 매개자로 활약했다. 그는 굵직한 필치로 왕정주의 전통에 새로운 역사적 관점을 제시했다. 거기에는 비시 정권의 변질된 정치와의 연관에도 불구하고 그가 옛 프랑스의 민중문화에 실재했다고 믿었던 것이 담겨 있었다.

아리에스는 20세기 말 프랑스의 독보적인 역사가로서뿐 아니라 선도적인 지식인으로서 관심을 끈다. 생활 방식과 지적 성취라는 측면에서 그는 20세기의 대학교수보다 19세기의 문필가 모델에 더 가깝다. 어떤 점에서 그는 고상하고 고풍스런 수필가이자 아마추어 역사가인 다니엘 알레비에 필적했다. 아리에스는 비시 정권 때 알레비를 알게 된 애래 수십 년 동안 친구이자 스승으로 삼았다. 그 점에서 아리에스의 자전적 저작은 특히 1980년 《일요일의 역사가》(Un historien du dimanche)를 출판했던 미셸 비노크와의 긴 인터뷰를 고려해 볼 때 그의 자아인식을 깊이 이해할 수 있게 해준다. 가족, 젊은 시절의 친구들, 더 넓게는 고풍스런 유산에 무척 충실했음에도 불구하고 변화하는 현실에 열심히 맞췄고, 그것에 역사적 관점을 담으려고 애썼다. 과거와 현재의 상호작용에 대한 인식이 그를 역사 연구의 미개척 분야로 이끈 직관적 통찰력의 밑바탕이었다. 그는 현재적 관점에서 역사에 접근하는 것을 좋아했고, 역사적으로 현재를 이해하기 위해서는 현재와의 차이에 주의하면서 과거로 거슬러 올라가야 한다고 주장했다. 그런 역사적 시간 개념을 가지고 미래에 대한 기대에 암암리에 특권을 부여하면서 그런 성취의 전조가 된 사건과 추세를 밝히려고 과거를 바라봤던 좌파 역사학의 근본적 가설들에 도전했다.

당대의 비판적 관점을 나타내는 데 전념했던 지식인 아리에스는 19세기 영국의 정치철학자 존 스튜어트 밀과 비교할 수 있다. 두 사람의 특징은 지칠 줄 모르는 끊임없는 지적 활동에 있다. 두 사람 모두 전문 직업인으로서 여가시간에만 지적 탐구에 전념했다. 대부분 정치권의 변두리에 머물렀던 두 사람은 당대의 정치 문제들에 관해 진지한 논평 기사를 썼다. 둘 다 자신이 살았던 시대에 지식을 습득했으나 맥락을 매우 중시하는 역사학의 한계를 인정했다.

아리에스의 죽음을 두고 대학시절부터 친구였던 역사가 라울 지라르데는, 아리에스가 수많은 장애물에도 불구하고 그가 염원했던 지적 위상을 키웠기 때문에 평생 자신의 역사관을 성실하게 추구할 수 있었다고 평했다.

문지영 옮김

참고 자료

육필 원고본

Archives Ariès, Archives de l'Ecole des hautes études en sciences sociales, Paris.

책

Les Traditions sociales dans les pays de France (Paris: Editions de la Nouvelle France, 1943).

Histoire des populations françaises et de leurs attitudes devant la vie depuis le XVIIIe siècle (Paris: Editions du Self, 1948; rev. edn., Paris: Seuil, 1979).

Le Temps de l'histoire (Monaco: Editions du Rocher, 1954); re-edited by Roger Chartier (Paris: Seuil, 1986).

L'Enfant et la vie familiale sous l'Ancien Régime (Paris: Plon, 1960; rev. edn., Paris: Seuil, 1973); 《아동의 탄생》(문지영 옮김, 새물결, 2003).

Western Attitudes toward Death, translated by Patricia Ranum (Baltimore, MD: The Johns Hopkins University Press, 1974); revised and enlarged as *Essais sur l'histoire de la mort en Occident du Moyen Age à nos jours* (Paris: Seuil, 1975); 《죽음의 역사》(이종민 옮김, 동문선, 1998).

L'Homme devant la mort (Paris: Seuil, 1977); 《죽음 앞에 선 인간》(유선자 옮김, 동문선, 2006).

Les Jeux à la Renaissance, edited by Philippe Ariès and Jean-Claude Margolin (Paris: J. Vrin, 1982).

Sexualités occidentales, edited by Philippe Ariès and André Béjin (Paris: Seuil, 1982)

Images de l'homme devant la mort (Paris: Seuil, 1983).

Histoire de la vie privée, edited by Philippe Ariès and Georges Duby, 5 vols. (Paris: Seuil, 1985-9); 《사생활의 역사》(주명철·전수연 옮김, 새물결, 2006).

Essais de mémoire, edited by Roger Chartier (Paris: Seuil, 1993).

Le Présent quotidien, 1955-1966, edited by Jeannine Verdès-Leroux (Paris: Seuil, 1997).

인터뷰

Anon., "Confessions d'un anarchiste de droite," *Contrepoint*, 16 (1974): 87-99; reprinted in *La Droite aujourd'hui*, edited by Jean-Pierre Apparu (Paris: Albin Michel, 1979), pp. 107-14.

Ariès, Philippe, *Un historien du dimanche*, edited by Michel Winock (Paris: Seuil, 1980).

Burguière, André, "La singulière histoire de Philippe Ariès," *Le Nouvel Observateur*, February 20, 1978.

참고문헌

Chartier, Roger, "L'amitiéde l'histoire," preface to *Le Temps de l'histoire* by Philippe Ariès (Paris: Seuil, 1986), pp. 9-30.

Gros, Guillaume, *Philippe Ariès, un traditionaliste non-conformiste* (Villeneuve d'Ascq: Presses Universitaires du Septentrion, 2008).

Hutton, Patrick H., *Philippe Ariès and the Politics of French Cultural History* (Amherst: University of Massachusetts Press, 2004).

Somalvico, Bruno, "Bibliographie de Philippe Ariès," in *Essais de mémoire* by Philippe Ariès, edited by Roger Chartier (Paris: Seuil, 1993), pp. 363-72.

Verdès-Leroux, Jeannine, "La 'fidélité inventive' de Philippe Ariès," preface to *Le Présent quotidien* by Philippe Ariès, edited by Jeannine Verdès-Leroux (Paris: Seuil, 1997), pp. 7-38.

피에르 구베르

1915~2012

Pierre Goubert

피에르 구베르

제임스 콜린스

자전적 성격의 책《한 역사가의 여정》(Un parcours d'historien, 1995)을 통해 피에르 구베르는 역사에 대한 해묵은 애정을 감동적으로 묘사하고 있다.

독자들은 이 책에서 살아 있는 인물들도 만나겠지만, 대개의 경우 내가 다시 신화적 인물인 클리오와 마주했던 아주 멀고 다양한 장소들 그리고 다양한 면모들을 발견하게 될 것이다. 그 이름의 아름다움과 그녀의 아홉 자매들이 가진 매력 외에도, 클리오라는 단어는 너무도 널리 알려진 '역사가'라는 용어 이상으로 사상, 믿음, 인간, 책, 때로는 참혹하고, 때로는 처참하며, 또 때로는 강렬한 결과들을 포함하고 그 의미를 확장시킨다는 장점을 가지고 있다. 나는 지금 20세기의 역사와 역사가들에게 내가 알고 있는 것들을 바쳐야 한다. 물론 내가 이 모든 것을 다 알지는 못한다. 사회적 규범과 망각의 무게는 아주 무겁다. 나는 클리오의 보호와 기도를 소망하며 클리오의 돛 아래 나의 지식을 바칠 것이다.

이 책은 보베(Beauvais)에 관한 묵직한 연구서나 구체제에 관한 종합적인 대작들에 비교한다면 여러 가지 면에서 많이 다르지만, 그럼에도 구베르에 관한 다양한 정보를 담고 있다. 마지막 장에서 그는 한동안 떠들썩했던 이러저러한 여행들을 언급하면서 여행 중에 만났던 인물들에 대해 시시콜콜한 이야기를 들려준다. 미국의 저명한 16세기 프랑스 전공자인 내털리 제먼 데이비스와 함께 토론토의 전통시장에서 돌아다니며 사투리 섞인 그녀의 수다에 즐거웠던 기억, 아프리카나 일본의 역사적 전통을 알게 되면서 느낀 놀라움 등을 이야기한다. 반면 구베르는 자신이 어떻게 역사가가 되었는지 대해서는 거의 이야기하지 않는다. 독자들은 오노레 드 발자크의 《외제니 그랑데》의 무대이기도 한 소뮈르의 그랑드 가 출신 한 소년이 이제 저명한 학자가 되어 귀빈으로 전 세계를 여행하게 된 것에 스스로 놀라워하는 모습을 보게 될 것이다. 별 볼일 없는 노동자 집안에서 태어난 한 소년이 엘리트 문화의 보루인 프린스턴 같은 유명 대학에서 특권층의 자식들을 가르치다니. 구베르는 외갓집이 자기 고향에서 15킬로미터 가량 떨어진 소뮈르로 아주 조심스레, 약 300년에 걸쳐 옮겨 왔다는 이야기를 들려주며 학생들에게 큰 웃음을 안겼다.

이러한 소소한 이야기들은 역사에 접근하는 구베르 특징을 잘 보여 준다. 그는 자신의 외가가 보여 준 '고정성'을 통해 농민의 삶을 이해하게 되었다. 이보다 앞서 자신의 친가에 관한 이야기도 잊지 않았다. 노르망디에 뿌리를 둔 구베르의 친가는 루아르 지방의 포도밭을 거쳐 아마도 혁명기에 소뮈르로 이주해 정착한 것으로 알려져 있다. 훗날 학교 동창인 예수회 신부 폴 구베르는 그들 둘이 사촌 지간일 것이라고 이야기했는데, 이에 대해 피에르는 '구베르'라는 성이 아주 흔한 성이라면서 그렇지 않을 것이라고 반박했다. 론 강 유역에서 수백 킬로미터 떨어진 와인 생산지 지공다스 출신의 순진한 신부는 이렇게 말했다. "우리 가족은 반혁명파였고 나머지 친척들은 혁명파였어요. 그래서 혁명기에 앙주에서 이주해 왔지요. 사랑스런 이야기이긴 한데 도대체 왜 그랬을까요?" 진짜 왜 그랬을까? 구베르는 《앙시앵레짐: 프랑스의 사회, 1600~1750》(The Ancien Régime: French Society, 1600-1750, 1969년)의 첫 문장에서 밝힌 대로, 구체제 하의 프랑스가 "견고하고 유동성이 없는 사회"였음을 입증하려 했다.

같은 세대에 속한 다른 훌륭한 프랑스 역사가들처럼, 구베르는 시골에서 태어나고 자란 평범한 집안 출신의 인물이었다. 그의 부모는 초등학교를 다녔지만, 실제로는 어머니 안마리 룰로만이 영광스러운 '졸업장'을 받았을 뿐이고, 아버지는 1880년부터 1884년까지(5~9살 때) 만성절부터 부활절에 이르는 기간 동안 학교를 기웃거렸을 따름이다. 그럼에도 아버지는 자신이 언제나 반에서 1등을 도맡아 했다고 자랑했다. 구베르의 말을 덧붙이자면, "실제로 아버지는 읽고 쓰기를 아주 잘했다." 구베르의 아버지는 클로드 레비스트로스가 말한, 동서고금을 막론하고 인간의 조건 가운데 지극히 일반적인 삶의 방식인 잡역부의 삶을 구현한 사람이었던 것 같다. 프랑스어로 '브리콜레 사 비'(bricoler sa vie)란 한 가지 직업으로는 가족을 부양할 수 없어서 이러저러한 직업들을 통해 삶을 꾸려가는 것을 의미한다. 구베르의 아버지는 겨울에는 농산품 공장에서, 날이 따뜻한 계절에는 들판에서, 거기에 덧붙여 가족을 먹여 살리는 데 많은 것을 제공하던 작은 텃밭에서 일했다. 구베르는 어머니의 노력과 능력을 크게 존경했지만, 그럼에도 당대의 지배적인 문화는 이 최고의 역사가에게까지 큰 영향을 미쳤다. 구베르는 다른 초기 아날학파의 역사가들이 그러했듯이 경제 행위자로서 여성의 역할을 거의 신뢰하지 않았다.

근대 초기의 농민들 역시 삶을 꾸려가려면 거의 예외 없이 잡역부가 되어야 했고, 이들에게 구베르가 친근함을 느꼈다는 것은 별로 놀라운 일이 아닐 것이다. 그는 1982년 출간된 《17세기 프랑스 농민》 '서문'에서 자신의 연구가 담고 있는 농민적 색채를 분명히 밝힌다. "대맥과 소맥을 구별하는 법도 모르는" 채 갑자기 농민의 삶을 연구해 보겠다고 나선 민속학자와 사회학자들에게 자신의 책은 거의 도움이 안 될 것이라고 말이다. 18세기 오베르뉴 지방에 대한 아벨 푸아트리노의 저서를 논평하면서 그는 농민의 실제 삶의 모습을 이루 말할 수 없을 정도로 강조한다. 푸아트리노를 침이 마르게 칭찬하면서 구베르는 최고의 찬사를 보낸다. "피에르 드 생자콥이 사망한 이후, 이 클레르망투아(오베르뉴 지방의 클레르몽 인근 지역—옮긴이)의 두 사람만큼 들판과 포도밭, 목초지에 살던 인간을 이해한 이는 거의 없었다."

구베르는 어린 시절, 수확하는 노동 자체보다는 수확한 콩을 먹는 일을 더 즐거워했다고 거리낌 없이 인정한다. 그는 집밖 텃밭 일부터 시작해서 여름이면 아버지를 도와 와인을 생산하던 친척들과 함께 일했다. 비록 가끔 게으름을 부리긴 했지만 그는 농촌의 삶에 관해 매우 잘 알고 있었다. 무엇보다도 그는 농촌의 삶이 갖는 불안한 조건을 이해하고 있었다. 근대 초기의 농민들을 늪에 빠져 물이 턱 끝까지 차 오른 사람에 비유한 것은 구베르의 유명한 은유이다. 농민의 삶은 폭풍우에 바람이 일고 파도가 높아지면 그야말로 모든 것이 휩쓸려 가버리는 그런 삶이었다.

구베르는 이른바 '기억의 장소'(단순한 지리적 위치를 넘어서는 글자 그대로 기억의 자리를 뜻한다)의 영향을 받은 삶의 궤적을 그린다. 할아버지가 살던 마을, 소뮈르의 그랑드 가, 제1차 세계대전, 앙제 고등사범학교의 홀륭한 선생님, 생클루에서 마르크 블로크와 함께 했던 수업들. 마흔의 나이에 징집된 그의 아버지는 전선에서 자전거 연락병으로 복무하다가 살아남았다. 구베르는 자신의 가문(모두 24명이 참호에서 싸웠다)에서 오직 한 명만 전사했음을 세심하게 기록했다. 그에게는 당연히 놀라운 사실이었다. 또래의 많은 소년들과는 달리 구베르는 상파뉴와 피카르디 전투 동안 벌어진 대학살에서 아버지도 삼촌도 잃지 않았다.

그의 마지막 저작 《마자랭》에서 우리는 프랑스사와 제3공화국의 유산에 깊이 영향을 받은 구베르의 모습을 발견하게 된다. 그는 1648년과 1659년의 조약을 통해 알자스와 세르다뉴 같은 곳을 프랑스에 '다시 귀속시킨' 마자랭을 묘사하면서 '재결합한'(réunis)이라는 흥미로운 형용사를 사용한다. '재결합하다'(réunir)라는 동사는 '처음으로 통합하다'라는 두 번째 의미를 갖고 있다. 에밀 리트레는 1870년대에 출간된 《프랑스어 사전》에서 하나의 용례로 루이 15세 치세에 프랑스 왕국에 최초로 통합된 로렌 지방의 예를 들었다. 당시 사전에 따르면 17세기에는 단어의 모호함이 존재하지 않았다. 1694년 아카데미프랑세즈의 사전은 이렇게 정의하고 있다. "분리되고 분할된 것을 다시 통합시키다." 그리고 그 용례로 "큰 봉토를 왕국에 재통합하다"라는 구절을 싣고 있다. 어떤 의미에서 후자의 의미는 프랑스 왕정이 1648년과 1659년, 1678년에 장악한 비프랑스 지역에 대한 17세기 왕정의 그럴듯한 요구를 숨기는 일종의 언어적 꼼수이다. 구베르가 에르네스트 라비스 같은 공화주의 역사학자들이 오래도록 즐겨 사용하던 용어를 사용하는 (언어적) 함정에 빠진 것을 보면, 여러 면에서 공화주의라는 문화적 전통이 상대적으로 거리가 있는 사람들에게조차 영향을 끼칠 정도로 강했던 것처럼 보인다.

생동감과 에너지로 가득한 그랜드 가의 작은 상점들은 숨 가쁘게 움직이던 세상이었다. 바로 이곳에서 구베르는 지방 도시의 삶을 배웠다. 마찬가지로 소뮈르 인근의 포도 재배 마을들의 경험은 구베르에게 농촌의 삶에 대한 애착을 갖게 해주었다. 그는 소도시와 인근 농촌 지역 사이의 공생 관계를 독특한 방식으로 고찰하면서 바로 그러한 도시였던 보베와 그 주변 마을들에 관한 연구를 진행했다. 그는 도시와 시골을 동시에 연구한 매우 드문 역사가였다. 우리는 1990년대 향수에 젖어 그랑드 가를 바라보던 구베르 부정적인 목소리를 듣게 된다. "20세기 끝 무렵, 많은 것이 사라졌다. 이제 남아 있는 것은 별로 없다. 프로모터는 창자를 끄집어내서, 투박하게 수선해 놓고는 거기에 금을 입혔다. 그렇게 그들은 자기들 방식대로 과거의 그랑드 가를 '품위 있게' 만들었다. 이를 위해 그곳에 살던 모든 사람이 쫓겨났다." 구베르는 바로 이런 '사람들,' 곧 소상인이나 수공업자들의 역사를 위해 자신의 삶을 바쳤다.

어째서 그랬을까? 그것은 구베르에게 유소년 시절의 전부였기 때문이다. 마르크 블로크와의 만남은 일상생활사가로서의 길을 걷게 된 계기가 되었다. 그는 같은 세대 역사가들 가운데 블로크와 함께 강의를 들은 유일한 인물이다. 생클루에서 지내면서 그는 자신이 읽었던 것에 대해 이렇게 적고 있다.

《아날: 경제사회사》(Annales d'histoire économique et sociale)에 실린 몇몇 논문은 공간으로 펼쳐진 살아 있는 역사를 보여 주었다. 탐구 주제도 그렇거니와, 그것들은 정말 살아 숨 쉬는 농민의 모습을 보여 주는 것만 같았다. 블로크와 《아날》, 둘 모두 특별한 존재이다. 한 방 세게 얻어맞고 정신이 든 것처럼 나는 역사가가 되려는 야망을 갖게 되었다. 그리고 그 역사는 더 이상 위대한 군주들, 뛰어난 장군들, 대신들, 천재들의 역사가 아니다. 이 갑작스럽고 분명한 소명이 실현되기까지 시간이 걸리긴 했지만, 그 소명이 부화한 곳은 바로 거기였다.

훗날(1972), 말 그대로 자신의 스승 장 뫼브레를 추도하면서 구베르는 이런 헌정사를 바쳤다. "숨 막히던 1930년대의 분위기 속에서 자신의 길을 찾던 이들에게 블로크와 페브르가 만든 잡지가 어떤 의미로 다가왔는지는 아무리 말해도 부족하다. 정말이지 찬란하고 가슴 벅찬 일이었다. 그들의 잡지는 도도하고 견고하고 또 화려했다."

구베르는 어느 시기에 관심을 가졌던가? 모든 것은 초등 교육과 유년 시절의 독서에서 비롯되었다. 많은 17세기 전문가들처럼 구베르 역시 알렉상드르 뒤마가 쓴 《삼총사》를 비롯한 이런저런 책을 통해 리슐리외와 루이 14세 시대의 프랑스와 조우했다(구베르는 마자랭 전기 서문에서 자신이 어린 시절 달타냥과 그의 친구들에게 매료되었다는 사실을 언급한다). 중학교에서 구베르는 파스칼의 《팡세》를 읽으며 전율했고 그를 놀라운 신천지로 이끌었다. 반대로 계몽사상 시대는 그렇지 못했다. "나는 18세기에 별 흥미를 느끼지 못했다. 볼테르의 《캉디드》는 짜증났고, 루소의 《고독한 산책자》는 지루했다. 나를 즐겁게 한 것은 몽테스키외의 놀라운 언어였을 뿐이다." 피에르 구베르를 역사가로 만든 것은 가난한 사회적 배경, 17세기에 대한 편애, 아래로부터의 역사를 쓰려는 열망의 결합이었다.

구베르를 역사가로 훈련시킨 인물은 1950년대의 가장 위대한 두 역사가로 꼽히는 논문 지도교수 에르네스트 라브루스와 3년 동안 세미나를 들었던 장 뫼브레이다. 그는 이 두 스승이 자신의 저작에 끼친 영향에 대해 자랑스럽게 이야기한다. 구베르의 위대한 저작 《보베와 보베 지방: 1600~1730》(Beauvais et le Beauvaisis de 1600 à 1730)은 르루아 라뒤리의 《랑그도크의 농민들》과 더불어 1960년대 《아날》을 대표하는 2대 테제로 평가된다. 역사가 피에르 쇼뉘는 《노르망디 연보》(Annales de Normandie)에서 《보베와 보베 지방》에 대해 이렇게 이야기한다. "17세기 프랑스사에 관한 한 이제껏 나온 책들 가운데 가장 중요한 저작이다. 가장 위대한 프랑스사 저작 목록의 하나로 영원히 남게 될 것이다."

하지만 1963년 페르낭 브로델이 《아날》에 게재한 서평은 비판적이었다. 시각의 협소함을 지적하면서 브로델은 구베르가 더 넓은 프랑스의 맥락, 나아가 유럽의 맥락을 간과하고 있다고 비판했다(사실 이는 부당한 지적이다. 구베르를 훈련시킨 뫼브레는 학생들에게 좀 더 폭넓은 유럽의 맥락을 염두에 두라고 강조한 바 있다). 또 독창적인 지방사를 위해 구베르가 선택한 마을들이 규모 면에서 지나치게 크다고 지적했다. 한걸음 더 나아가 구베르가 문명의 문제를 다루지 않았으며, 국면 그리고 더 심원한 구조의 측면을 조화시키지 못했다고 비판했다. "그의 집은 완성되지 않은 집과 같다. 거기에는 위층도 없고 지붕도 없다."

르루아 라뒤리처럼 구베르는 이 책을 두 권으로 나누어 1권에는 텍스트를, 2권에는 도표들을 담아 출판했다. 우리는 그들의 작업에서 [그리고 프로방스 지방에 대한 르네 배렐의 연구와 함께(1961)] 근대 초기 프랑스사 서술에 큰 영향을 끼친 구베르의 지도교수 라브루스의 통계 기술을 발견할 수 있다. 심지어 배렐은 책의 부제를 '역사적, 통계 경제 연구'라고 붙였다. 구베르는 통계 정보에 대한 접근을 행운으로 여겼다. "(보베의 고문서보관소에서) 예기치 않은 발견을 통해 나는 전통적 관념과 기존의 부당한 해석에 의문을 갖게 되었다. 시골 사제들의 빈곤 문제도 그랬고, 이곳에서 적용되지 않고 아예 무시되었던 콜베르의 불가사의한(mirifique) 법령 또한 의문의 대상이었다"(일반적으로 아이러니하다는 의미로 사용된 '불가사의한'이란 단어는 1894년에 출판된 쥘 베른의 판타지 소설 《안티퍼 선장의 불가사의한 모험》의 제목을 통해 널리 쓰이기 시작했다. 구베르도 이 점을 잘 알고 있었다). 구베르는 수많은 젊은 역사가들에게 훌륭한 귀감이었다. 그는 제2차 세계대전 때 파괴되어(이는 부분적으로 사실이다) 복구 중에 있던 고문서보관소에 자료가 많지 않다는 이야기를 들었지만, 그는 뚝심 있게 사료를 조사했다. 이러한 노력은 다른 보물들과 더불어 교회 단체와 주교구 기록의 발굴로 보상을 받았다.

그는 자신이 발견한 민사소송 기록, 조세 대장, 병원 문서 같은 사료에서 일상적인 삶의 흔적을 발견했다. 장례식의 소리 없는 통곡은 수백만의 프랑스인이 기아로 사망하고 굶주림과 질병으로 허약해진 1693~1694년의 배고픈 겨울에 대한 외침이었다. 그러나 이와 동시에 구베르는 17세기 프랑스 사회가 가지고 있던 탄력성을 보여 준다. 1693년과 1694년에 결혼한 사람은 거의 없었고, 이 모진 시절에 아이를 갖는 부부도 거의 없었다. 그러나 1695년 이후 보베의 커플들은 예식장으로 몰려들었다. 곧아이들이 태어났고, 1694년 죽음의 신이 휩쓸고 간 폐허를 채우기 시작했다. 구베르의 《보베와 보베 지방》은 1680년을 기점으로 앞뒤 50년 동안 형편없는 대접을 받아온 한 지역을 근거로 근대 초 프랑스 사회에 대해 지나치게 부정적인 견해를 제시하고 있다는 비판을 받곤 했다. 하지만그가 제시한 증거는 프랑스 사회의 회복력을 근사한 방식으로 보여 준다. 그러나 우리는 일드프랑스 북부, 즉 파리 동쪽의 루아시앙프랑스 인근 지역에서 부유한 농부들이 경제적으로 크게 성공했다는 이야기를 듣지 못한다.

인구학자 루이 앙리의 방법론을 이용했던 한 세대 학자들의 신중한 작업을 통해 우리는 1693~1694년과 1709년에 벌어진 재난의 정도를 가늠하게 되었고, 그러한 재난이 프랑스 인구에 끼친 장기적 영향이 우리가 생각하는 것만큼 그리 크지 않았다는 점을 이해할 수 있게 되었다. 끈질기게 교구별 통계를 재구성함으로써 그들은 마침내 프랑스 인구를 비롯한 가장 기초적인 통계들, 연령 구성, 출생률, 사망률 같은 다른 인구 지표에 보이는 근본적인 문제에 대해 정확한 측정치를 갖게 되었다. 이 위대한 인구사 연구의 맨 앞자리에 있었던 구베르는 루이 앙리가 발전시켰던 것과 유사한 방법론을 찾게 되었다. 그는 인구학적 연구를 끝내면서 그 핵심 내용을 《아날》(1952, 1954)에 게재했다. 루이 앙리의 책은 1956년에 출간되었다.

'인문지리학'을 따르는 후예였던 인구사가 구베르는 사회경제사가 구베르에게 학문적 토대를 마련해 주었다. 구베르는 장차 보베 사람들의 삶을 결정하게 될 껍질 콩 재배농, 시장 판매용 채원 경영자들에 관해 이야기한다(브로델은 사적인 자리에서 늘 구베르를 껍질콩 재배농이라고 불렀다). 지리적으로 '큰 시장'에 가까웠던 그들은 생산물을 판매할 시장을 쉽게 발견했다. 이로써 그들은 더 먼 거리에 살고 있던 농민이 할 수 없는 방식으로 농업을 전문화시켜 나갈 수 있었다. 이들은 부자가 되지는 못했지만, 포도 재배 지역 외부에 거주하던 보통의 농민들에게 허락된 독립성과 자급자족을 획득할 수 있었다.

보다 폭넓은 대중을 위해 출간한 축약판 《17세기의 10만 촌부들. 1600년부터 1730년까지 보베와 보베 지방》(Cent mille provinciaux au XVIIe siècle. Beauvais et Beauvaisis de 1600 à 1730, 1968)에서 구베르는 자신의 핵심 요지를 좀 더 확장시켰다. 17세기의 경제 국면을 다룬 장의 첫머리에서 그는 이렇게 쓰고 있다.

본질적인 것, 실제로 거의 고정된 것, 심원한 구조에 관해 묘사하고 나서, 이 책의 원본이 된 내 논문의 2장은 다양한 인물들을 소개하면서 1600년부터 1730년까지 감지된 거대한 경제적·사회적·인구적 변동을 다루었다. 그것은 이론의 문제가 아닌 역사의 문제였다. 이 거대한 변화에 대한 연구를 가능하게 해준 것은 그것을 입증하도록 허락한 사료의 질이 아니라 사료의 양이었다.

구베르는 농촌의 삶을 어떻게 이해했을까? 그는 다시 한 번 '고정된' 것이라는 핵심 키워드를 제시한다. 농민의 처지에서는 탈출할 수도 없고 행여 연못에 잔물결이라도 일까 두려워 모험을 할 수도 없는 저 심연의 구조 말이다.

우리는 또한 '이론'의 파괴도 발견하게 된다. 구베르는 거시적인 이론의 틀을 좋아하지 않았다. 《앙시앵레짐과 프랑스인들》(Les Français et l'ancien régime, 1984)에서 그가 롤랑 무니에와 보리스 포르슈네프 사이의 논쟁을 두고 '두 스콜라주의'라고 조롱한 일은 잘 알려져 있다. 무니에와 그의 학파는 '신분 사회' 개념을 주장했고, 러시아 역사가 보리스 포르슈네프는 17세기 초 프랑스의 민중 반란에 관한 유명한 책에서 '계급사회' 개념을 제시했다. 이 둘 사이의 이론적 대립은 근대 초기의 역사서술을 오랫동안 괴롭혀 왔다. 구베르는 그러한 이론들이 모든 자유 가운데 가장 위대한 자유인 정신의 자유를 방해하고 있다고 생각했다. 구베르의 원칙은 단순했다. 오베르뉴 지방에 관한 아벨 푸아트리노의 책에 대한 서평에서 그는 이렇게 말한다. "그는 자신의 불안으로부터 출발했다. 왜냐하면 역사가의 첫 번째 의무는 회의하는 것이기 때문이다."

이후의 작업을 통해 구베르의 명성은 널리 알려지게 되었다. 그는 보베 농민들의 세계를 더 많은 대중에게 설명하고자 했다. 그는 기념비적인 저작 《프랑스 사회경제사》(Histoire économique et sociale de la France)에서 1660~1790년 시기를 책임지게 되었다. 출간(1970)을 서두르게 된 탓에 구베르는 위르푸아 지방에 관한 장 자카르의 연구처럼 당시 논의되고 있던 새로운 테제들로부터 제한적인 자료만을 활용할 수 있었다. 결국 구베르와 르루아 라뒤리, 부르고뉴 지방을 다룬 피에르 드 생자콥(1961), 남부 오베르뉴 지방을 다룬 아벨 푸아트리노(1965) 네 사람의 논문이 사료의 토대를 이루었다. 이 네 편의 연구로부터 얻은 사례들은 다행스럽게도 상당히 다양한 프랑스 지역에 대한 대표성을 띠고 있었고, 그 결과 이 책은 근대 초 프랑스 농촌의 사회경제사의 권위 있는 책이 되었다. 작고한 생자콥, 몽타유와 로망스 지방으로 방향을 전환한 르루아 라뒤리와 더불어 구베르는 근대 초 프랑스 농촌사의 권위자가 되었다. 구베르는 다음 세대에까지 영향력을 행사했고 1975년에 장 자카르와 함께 《프랑스 농촌사》(Histoire de la France rurale)를 공동 집필했고, 오늘날 농촌 문제에 관한 최고 전문가인 장마르크 모리소의 논문을 함께 지도했다. 1968년 《아날》에 푸아트리노의 책에 대한 서평을 게재하면서 구베르는 다음과 같은 사실을 인정했다. "구체제 '프랑스들'에 관한 지식은 서서히 확대되었다. 말장난인 것 같지만, 프랑스에 관한 지식은 지방적일 수밖에 없었다. …… 지나간 프랑스의 진정한 문제, 그것은 바로 지방이라는 추상적 개념이다. 우리가 구체제 프랑스 왕국을 40여 개의 조각으로 잘라 내야 한다는 것을 의미하는 것이 아니다. 만일 그랬다면 우리는 40명의 젊은이들에게 논문 주제를 하나씩 나누어 주었을 것이다."

구베르는 연구의 테두리를 넓혀 가면서 두 편의 중요한 종합적인 연구서 《루이 14세와 2천만 명의 프랑스인》(Louis XIV et vingt million de français, 1966)과 《앙시앵레짐》(L'Ancien régime, 1969)를 출간했다. 앞책은 역사에 관심을 갖고 있던 프랑스인들에게 폭탄과 같은 충격을 안겨주었다. 1996년 2월, 구베르의 《한 역사가의 여정》에 대한 서평(그 무렵 새로이 창간된 주간지 《렉스프레스》에 실렸다)에서 쉬눈 파리드는 구베르를 "무엇보다 《루이 14세와 2천만 명의 프랑스인》으로 인해 유명해진" 인물이라고 소개한다 (특별히 다른 의미가 없는 한, 파리드의 이 진술은 전문 역사가와 일반 대중, 심지어 높은 교양 독자층 사이의 큰 간극을 보여 준다). 영광스런 루이 14세의 세기는 완전히 새로운 시각에서 고찰되었다. 새로운 시각이란 바로 태양왕의 지배 아래에서 살던 2천만 프랑스인의 눈이었다. 이 책은 세 차례나 개정판을 나놓았고 영어로 번역되었으며, 미국 대학의 교과과정에 주교재로 채택되었다. 《앙시앵레짐》역시 1971년에 영어로 번역되었고, 근대 초 프랑스 사회사의 '바이블'이 되었다. 영어판 부제목인 '1600~1750년의 프랑스 사회'는 구베르의 섬세한 면모를 보여 준다. 구베르는 시대구분의 중요성을 강조하면서, 사회경제적 구성체로서 구체제는 1789년이 아니라 1750년에 종식되었다고 주장한다. 출판 이후 거의 40년이 지나고 책은 매력적인 재판으로 다시 태어났지만, 그의 주장은 마땅히 그러해야 할 울림을 얻지 못했다. 다니엘 로슈와 공동 작업을 통해 《앙시앵레짐과 프랑스인들》(1984)이 출간되었다. 1권은 1869년 초판의 증보판이었고, 2권은 전적으로 로슈의 저작이었다.

여기서 우리는 한 편의 저작을 통해 1970년대에 일어난 아날학파의 변화를 보게 된다. 구베르가 맡은 부분은 토대의 구조, 특히 장원이나 농민 보유지와 같은 농촌의 구조, 그리고 인구와 사회경제사 등 아날학파가 전통적으로 중시한 부분을 다루지만, 로슈가 다룬 문제는 다음 세대의 작업을 보여 준다. 문화, 특히 '민중문화'를 강조했고 정치사의 귀환을 표방했다. 사회사가로서 구베르는 이러한 새로운 역사, 특히 '언어로의 전환'이 내포하는 몇몇 요소에 대해 회의적이었다. 자신의 마지막 주저인 《마자랭》의 서문에서 구베르는 이렇게 적고 있다. "역사학을 지배하는 양식이 변화하고 있다. 언어가 작업을 대체하고 있다." '작업'이란 낱말은 고문서보관소에서 하는 사료조사, 자신이 일생 동안 연구하며 구체제와 구체제의 제도들에 관해 지식을 축적하기 위해 들였던 노고를 의미한다. 구베르가 보기에 로슈 같은 인물이 중요한 문화사가가 될 수 있었던 것은 그가 이미 그러한 '작업'을 거쳤기 때문이었다. 파리의 역사가인 로슈는 대도시들의 세계로 독자들을 안내하며 다가올 프랑스 사회의 전조를 보여 준다. 한 세대가 지나 이 작업은 바로 그러한 유형의 고전이 되었고, 근대 초 프랑스의 기본적 특징을 배우려는 연구자들을 위한 출발점을 제공했다.

애초부터 '대신들'과 군주들의 역사를 거부해 왔던 구베르의 마지막 저서가 바로 17세기의 가장 중요한 대신들 가운데 하나인 마자랭의 전기라는 점은 아이러니하다. 사실 구베르는 사회의 상부구조를 결코 무시하지 않았다. 그의 첫 저서는 구체제 아래 보베의 두 상인 가문에 관한 연구였다. 그러나 추기경이나 그 비슷한 부류의 인간에게 지배받거나 억눌렸던 자들에 평생을 바친 역사가에게 마자랭 전기의 집필은 허공으로 도약하는 일이었다. 이 책은 주세페 마자리니의 출생지인 로마로부터 시작되지만, 곧 분량이 긴 두 번째 장 '왕국의 초상화'로 넘어간다. 여기에서 그는 1643년 평범한 프랑스 민중의 세계로 우리를 안내한다. 마자랭과 같은 인물의 전기들 가운데 과연 얼마나 많은 책이 밀과 호밀의 가격표(1640~1650년대 파리의 가격)를 담고 있을까? 구베르에게 프롱드의 난은 한 세계의 종말이었다. 마자랭의 승리는 그의 영민함과 자금력, 스위스 군대의 충성심에서 비롯된다. 구베르는 현금이 바닥난 왕국에서 8천7백만 리브르라는 현금과 6백만 리브르의 국왕 증서를 유산으로 남긴 마자랭에 대해 비교적 친절한 편이다. 그러나 17세기 유럽에서 개인 재산으로는 최고액인 마자랭의 거대한 부를 언급하면서 구베르는 이렇게 이야기한다. "역사가는 도덕군자도 판관도 아니며, 그러해서도 안 된다." 그러면서도 마자랭에 대한 악의적 비난들 가운데 일부는 확실한 근거를 갖고 있음을 인정한다. 그의 능청스런 눈짓이 느껴지는 순간이다.

능청맞은 인간 구베르로 돌아가 보자. 브로델조차 인정한다. "피에르 구베르는 삶의 감각을 지녔다. 그는 작가로서 마땅한 재능과 건강한 휴머니즘, 관찰력과 그것을 표현하는 재주로 우리를 매료시킨다." 《역사가의 삶》에는 1987년 버지니아대학에서 열린 프랑스사학회 정기 학술대회에 참가해 연설할 기회를 얻게 된 에피소드가 나온다. 그 자리에 참석했던 사람으로서 내가 기억하는 구베르의 모습은 이렇다. 그가 대회 참석자들에게 자신을 알린 곳은 총회 연설장이 아니었다. 그는 학회 첫 발표에 나선 젊은 16세기 전문가 맥 홀트의 발표를 듣고 청중석에서 일어섰다. 우리는 회의장 뒤에서 등장한 약간은 곰 같은 인물의 발언을 듣기 위해 고개를 돌렸다. "내 이름은 피에르 구베르입니다." 그는 10분 남짓 300년에 걸친 프랑스 역사와 프랑스 군주정의 발전 과정에서 농민들에 대한 과세가 어떠한 역할을 했는지를 설명하며 우리를 즐겁게 했다. 모든 참석자들이 그의 재치 있는 표현을 기억하고 있다. 그의 저술도 마찬가지였다. 콜베르의 칙령들에 붙인 익살스런 의미의 '불가사의한'(mirifique)이란 형용사나, 소뮈르의 도시 재개발에 대해 '땜빵'(rastifolé)이라는 명사를 사용하면서 그는 문학적 재치를 뽐냈다. 우리는 구베르가 젊은 시절 문학 연구자가 되기를 꿈꿨지만, 고전어 때문에 역사학에 눌러 앉았다는 사실은 잘 모르는 편이다. 문학이 우리에게 구베르를 양보해 준 셈이다. 이 모든 게 폴 베를렌 덕분이다. "베를렌, 잊지 못할 베를렌. 고명하고 말도 많은 그의 시 덕에 나는 고등학교 선생이 되려는 소명에서 벗어날 수 있었다." 근대 초 프랑스사를 연구하는 역사가들, 그리고 '아래로부터' 이 세계를 바라보려 애쓰는 모든 역사가들은 영원토록 베를렌에게 큰 빚을 지고 있는 셈이다.

이 원고를 집필할 수 있도록 해준 2009년 봄 레버헐름재단의 연구교수 지원에 사의를 표한다.

임승휘 옮김

참고 자료

책

Familles marchandes sous l'ancien régime: les Danse et les Motte, de Beauvais (Paris: EHESS, 1959).

Beauvais et le Beauvaisis du 1600 à 1730: contribution à l'histoire sociale de la France du XVIIe siècle (Paris: SEVPEN, 1960; multiple editions); short edition published as *Cent mille provinciaux au XVIIe siècle* (Paris: Flammarion, 1968).

L'Avènement du Roi-Soleil (Paris: Julliard, 1961).

1789: les Français ont la parole, by Pierrre Goubert and Michel Denis (Paris: Julliard, 1965).

Louis XIV et vingt millions de Français (Paris: Fayard, 1966, 1982, 1992).

L'Ancien régime, 2 vols.: vol. 1: *La Société*; vol. 2: *Les Pouvoirs* (Paris: Armand Colin, 1969, 1971); revised and republished as *Les Français et l'ancien régime*, 2 vols., co-authored with D. Roche (Paris: Armand Colin, 1984).

La Vie quotidienne des campagnes françaises au XVIIe siècle (Paris: Hachette, 1982).

Initiation à l'histoire de France (Paris: Fayard-Taillandier, 1984).

Mazarin (Paris: Fayard, 1990).

Un parcours d'historien (Paris: Fayard, 1995).

전집

Clio parmi les hommes: recueil d'articles (Paris: Mouton, 1976).

Le Siècle de Louis XIV: recueil d'articles (Paris: Éditions de Fallois, 1996).

논문

"En Beauvaisis: problèmes démographiques du XVIIe siècle," *Annales: économies, sociétés, civilisations*, 7 (4) (1952): 453-68.

"Une richesse historique en cours d'exploitation: les registres paroissiaux," *Annales: économies, sociétés, civilisations*, 9 (1) (1954): 83-93.

"In memoriam: Jean Meuvret (1901-1971)," *Annales: économies, sociétés, civilisations*, 27 (1) (1972): 281-4.

참고문헌

Abad, Reynaud, *Le Grand Marché: l'approvisionnement alimentaire de Paris sous l'ancien régime*

(Paris: Fayard, 2002).

Baehrel, René, *Une croissance: la Basse-Provence rurale de la fin du seizième siècle à 1789: essai d'économie historique statistique* (Paris: SEVPEN, 1961; reissued 1988).

Braudel, Fernand, "Beauvais et le Beauvaisis au XVIIe siècle," *Annales: économies, sociétés, civilisations*, 18 (4) (1963): 767-78.

Chaunu, Pierre, "Beauvais et le Beauvaisis au XVIIe siècle," *Annales de Normandie*, 10 (1960): 337-65.

Deyon, Pierre, *Amiens, capitale provinciale:étude sur la sociétéurbaine au XVIIe siècle* (Paris: Mouton, 1967).

Farid, Chenoune, "Pierre Goubert: maître et élève," *L'Express*, February 29, 1996 (available online at www.lexpress.fr/informations/goubert-maitre-et-eleve_612750.html).

Harding, Robert, "Pierre Goubert's *Beauvais et le Beauvaisis*: an historian parmi les hommes," *History and Theory*, 22 (2) (1983): 178-98.

Henry, Louis, *Manuel de dépouillement et d'exploitation de l'é tat civil ancien* (Paris: INED, 1956).

Jacquart, Jean, *La Crise rurale en Ile-de-France, 1550-1670* (Paris: A. Colin, 1974).

Labrousse, Ernest (ed.), *Histoire économique et sociale de la France*, vol. 2: *1660-1789* (Paris: Presses Universitaires de France, 1970).

Le Roy Ladurie, Emmanuel, *Les Paysans de Languedoc* (Paris: EHESS, 1966; later reissues).

Meuvret, Jean, *Le Problème des subsistances à l'époque de Louis XIV*, 2 vols. (Paris: EHESS, 1988).

Moriceau, Jean-Marc, *Les Fermiers de l'Ile-de-France: l'ascension d'un patronat agricole, XVe-XVIIIe siècle* (Paris: Fayard, 1994).

Moriceau, Jean-Marc, *Terres mouvantes: les campagnes françaises du féodalisme à la mondialisation, 1150-1850* (Paris: Fayard, 2002).

Neveux, Hugues, Jacquart, Jean, and Le Roy Ladurie, Emmanuel, *Histoire de la France rurale, vol. 2: L'Age classique des paysans, 1340-1789* (Paris: Seuil, 1975).

Poitrineau, Abel, *La Vie rurale en Basse-Auvergne au XVIIIe siècle, 1726-1789*, 2 vols. (Paris: Presses Universitaires de France, 1965).

Saint Jacob, Pierre de, *Les Paysans de la Bourgogne du nord au dernier siècle de l'ancien régime* (Paris: Les Belles Lettres, 1960; reissued 1995).

24

르네 레몽

1918~2007

René Rémond

르네 레몽

새뮤얼 캘먼

　1999년에 출간된 책 《정치는 이해 가능한 것인가?》에서 르네 레몽은 프랑스 역사가로서 자신의 경력을 이렇게 요약했다. "나의 교육 활동, 책, 미디어 인터뷰는 정치생활의 수수께끼를 풀 수 있다는 신념, 그리고 그 수수께끼를 모두가 이해할 수 있는 것으로 만들겠다는 야심에 따른 것이었다." 60여 년 동안 그는 현대 프랑스의 정치사와 종교사 연구를 통해 이 목표를 추구했으며 뛰어난 학식과 일반 대중을 가르치고자 하는 욕망 사이에서 균형을 이루었다. 여러 권위 있는 기관들 중에서도 아카데미 프랑세즈의 회원이자 국립정치학재단(FNSP) 이사장으로서 레몽은 일생을 통해 전문 지식으로 국제적인 인정을 받았다.

　레몽은 1918년 9월 30일 프랑스 동부 국경에서 가까운 작은 도시 롱르소니에서 태어났다. 그의 부모는 제1차 세계대전 말기 독일의 공습을 피해 그곳에 피신해 있었다. 레몽의 친가는 프랑슈콩테 지방의 농촌

부르주아지에 속했고 아들 교육에 관심이 많았던 레몽의 아버지는 큰 프랑스 회사에서 산업 제도사(製圖士)로 일했다. 기질상 더 예술적이었던 레몽의 어머니는 훈장을 받은 장교의 딸로 국립음악학교에서 피아노를 공부했다. 그녀는 또한 독실한 가톨릭 신도였지만 '악시옹프랑세즈'로 대표되는 격렬한 반공화주의에 대해서는 냉담했다. 어린 레몽은 어머니를 따라 도미니코회의 정기간행물인 《7》(Sept)의 열렬한 독자가 되었고, 열네 살에는 보수주의에 단호히 반대하는 '기독교학생단'(JEC) 회원이 되었다. 그는 곧 JEC 지도부가 되었고, 결국 1946~1947년에는 JEC 사무총장이 되었다. JEC의 열렬한 공화주의와 깊은 신앙은 레몽의 삶과 활동에 영향을 끼쳤다.

이 미래의 역사가는 집안에서 처음으로 고등교육의 수혜자가 되어 파리의 유명한 카르노고등학교에 입학했고, 이어 명망 있는 고등사범학교(ENS)에 들어갔다. 그러나 그 세대의 여러 다른 사람들처럼 레몽의 진로는 1939년 제2차 세계대전의 발발로 중단되었다. 그는 전투를 경험하지는 않았지만 1941년 10월까지 예비대에서 복무했고, 이 경험은 그에게 깊은 인상을 남겼다. "나는 6월 14일 독일군이 파리에 입성했다는 소식을 들었을 때 우리가 느낀 감정을 기억하고 있다. 나는 우리의 무력함에 화가 났다." 그러나 레몽은 점령을 조용히 견디고만 있지 않았다. 그는 1942년 11월 마침내 고등사범학교에 입학한 후 학교 기숙사 내 레지스탕스 조직에 급우들과 함께 가담했다. "우리 '방'에는 다섯 명이 있었다." 그는 나중에 이렇게 회고했다. "그것은 외국의 지배와 적군의 국토 점령에 대한 거부이자 사악한 이데올로기에 맞선 투쟁이었다." 레몽은 신념에 찬 공화주의자이자 실천적인 가톨릭 신자로서 야만적인 나치즘에 저항했고, 레지스탕스 투사들을 위한 전령으로 활동하면서 파리와 인근 지역 나치 군대의 활동을 정탐했다.

1944년 해방 후 레몽은 역사와 지리 '교수자격자'(agregé)로 고등사범학교를 졸업했고, 파리 '정치학연구소'(Institut d'études politiques)에서 가르치기 시작했다. 그는 이어 피에르 르누뱅을 지도교수로 소르본대학 대학원에 진학했다. 그 무렵 마르크스주의 이론과 아날학파가 대두함으로써 프랑스의 역사서술은 사회경제사 연구로 방향을 전환했으나 르누뱅은 이를 거부하고 정치사, 특히 국제관계 연구에 고집스럽게 매달렸다. 그러나 그의 이론적 모델은 위인들과 중요한 사건들만을 거의 배타적으로 강조한 과거의 외교사학자들과는 전혀 달랐다. 르누뱅은 지리와 인구 변동에서 국민 기억에 이르는 다양한 요소들을 고려하는 '깊은 변동'(movements profonds)이라는 개념으로 맞섰다. 이 혁신적 방법론은 레몽에게 깊은 영향을 끼쳤다. 그에 따라 레몽은 이후 평생에 걸쳐 역사 교육과 연구의 학제적 성격을 강조했고 사회학과 정치학, 심지어 심리학까지 찬양했다.

레몽의 박사 학위논문은 분명히 르누뱅의 접근법을 예시한 것이었다. 1962년에 지도교수의 열정적인 서문과 함께 두 권으로 출간된 《프랑스 여론 속의 미국, 1815~1852》은 미국의 실제 역사와 삶이 아니라 미국 역사에 대한 프랑스인들의 인식을 다루고 있다. 그가 결론에서 썼듯이 "미국의 경험은 프랑스의 여론을 거의 왜곡 없이 우리에게 보여 주는 거울과 같다." 레몽은 1959년 간략한 미국사를 출간한 후 정치와 경제, 종교, 문화적 요소를 포함하는 학제간 프리즘을 통해 프랑스와 미국의 관계를 이해하고자 했다.

제1권은 여행, 상업적 모험, 그리고 젊은 나라 미국에 대한 다양한 프랑스의 글을 분석하면서 19세기 전반 두 나라를 결합시킨 끈을 검토한다. 제2권은 이러한 현상들을 역사적 요인과 결부시키면서 왕정복고 시기 미국에 대한 초기의 열정을 개괄했다. 왕정복고 시기에 지식인과 정치가들은 워싱턴, 제퍼슨, 프랭클린처럼 민주적이지만 예의를 차리는 인물들을 찬양했다. 이러한 인식은 1832년 이후 외교적 위기와 무뚝뚝한 잭슨주의의 결과로 사라졌다가 프랑스 1848년 혁명의 특징인 자유에 대한 열렬한 지지 속에서 잠시 다시 나타났다. 많은 프랑스인들은 미국이 여러 가지 면에서 자유와 상식의 목가적 파라다이스, 또는 역동성과 젊은 에너지의 화신인 신흥 외교·경제 대국을 상징한다는 생각에 물들어 있었는데, 양쪽 다 유럽의 물질적 노쇠함에 오염되지 않았다는 비현실적 신화에 빠져 있었다고 레몽은 결론지었다. 그러한 시각은 너무도 순진한 것이었을 뿐 아니라 프랑스 사회와 문화의 특징인 특권적 엘리트주의와 충돌할 수밖에 없었다. 레몽이 보기에 이러한 갑작스러운 인식은 미국에 대한 일련의 가정과 판단을 낳았고 그 가정과 판단은 20세기까지 프랑스인의 사고 속에 확고하게 남아 있었다.

저명한 외교사가 J. B. 뒤로젤이 '탁월한 논문'이라고 칭찬했던 《프랑스 여론 속의 미국》은 이미 1956년 '국립정치학연구원'의 연구국장이 된 저자에게 상당한 찬사를 안겨 주었다. 그런데 이 논문이 출판될 무렵에 이르러 레몽은 이미 자신의 분야에서 명성을 얻고 있었다. 프랑스에서는 흔히 그렇듯이 박사 학위논문을 완성하기 훨씬 전에 레몽은 글을 출판하기 시작했다. 첫 번째 저작은 1848년 혁명 100주년 국가위원회가 의뢰한 1948년의 팸플릿이었다. 〈라므네와 민주주의〉(Lammenais et la démocratie)라는 제목의 이 팸플릿은 1830년대 이래 교황권 지상주의 철학자들이 공화주의로 개종하는 과정을 간략하게 검토했다. 〈한 가톨릭 신자의 말〉(Paroles d'un croyant)이라는 글에서 종전의 극우 왕당파(라므네를 가리킴―옮긴이)는 기독교 윤리를 지지하고 사회주의를 경멸하면서 민주주의와 지적 진실에 대한 탄원을 가톨릭의 가르침과 결합시켰다. 레몽은 젊은 보수주의자 라므네와 이후 정치적 자유주의로 개종한 라므네 사이에 근본적 단절이 존재한다고 보는 전통인 인물상을 거부하고 대신 그 신학자가 새로 발견한 믿음은 변함없는 관심사를 반영한다고 주장했다.

신참 역사가에 불과했던 탓에 이 팸플릿이 크게 주목받지는 못했지만, 레몽의 다음 글은 역사가로서 최고의 지위에 올려놓았다. 광범위한 토론과 격한 논쟁을 불러일으킨 그 글은 국민 의식 속에 잠재해 있던 '프랑스 우파의 역사'라는 문제를 되살렸다. 광범위한 주민들이 제2차 세계대전 시기에 나치 협력에 연루되었음을 시사하는 권위주의적 비시 체제의 그늘 속에서 쓰인 이 글은 매우 위험한 문제를 제기했다. 레몽은 1952년 기독교민주주의 신문 《인간의 대지》(Terre humaine)에 발표한 논문 〈프랑스 파시즘은 존재하는가?〉에서 이 문제에 처음 접근했다. 이 글에서 그는 프랑스가 전간기나 비시 정권 시기에 파시즘에 굴복했다는 생각을 거부했다. 왕당파 '악시옹프랑세즈'에서 포퓰리즘적인 '불의 십자단(CDF)-프랑스사회당(PSF)'에 이르는 프랑스의 가장 영향력 있는 우파 동맹은 성향에 급진적이라기보다 보수적이었다. 반면 프랑스의 사회경제적 안정은 이탈리아와 독일에서 무솔리니와 히틀러가 권력을 잡을 수 있게 해준 위기를 효과적으로 예방했다. 비시 체제조차 그저 반동적 관심사, 즉 도덕 질서의 재확립과 엘리트의 정당성을 대표했을 뿐이다.

레몽은 1954년에 〈1815년에서 오늘날까지 프랑스의 우파〉에서 이러한 주장을 상세히 서술하면서 현대 프랑스 우파의 포괄적인 역사를 제시했다. 그는 현대의 정치적 스펙트럼이 프랑스혁명의 직접적인 여파로 탄생했음을 인정했지만 공동의 이념적 원리를 토대로 한 단일한 우파가 존재한다는 생각을 일축했다. 대신 레몽은 19세기에 과격왕당파(Ultra), 오를레앙파, 보나파르트파라고 불리는 서로 배타적인 세 변형이 등장했다고 주장한다. 반혁명 세력의 역할을 계승한 과격왕당파는 나폴레옹 이후

왕정복고 시기에 권좌에 올라 '자코뱅적' 자유주의를 거부하고 구체제의 재건을 도모했다. 1830년 '7월 왕정'이 수립되자 이 세력은 오를레앙주의에 자리를 내주고 정통왕당파 야당의 역할로 밀려났다. 오를레앙주의는 경제적 자유주의를 받아들이고 그것을 제한된 의회제 정부, '최고 행정관'의 역할을 하는 보수적인 군주와 결합시킨 온건한 이념이었다. 과격왕당파는 오직 특권층 엘리트의 요구에 영합했던 반면 오를레앙파 지지자 중에는 부르주아지도 있었다. 그러나 이번에는 1848년 혁명으로 오를레앙파가 권력을 잃었고 그 결과 세 번째 유형의 우파인 보나파르트주의가 등장했다. 보나파르트주의는 민족주의, 포퓰리즘, 도덕질서라는 슬로건 아래 우파와 좌파를 결합시키고자 했다.

이 역사적 모델은 우파에 관한 선구적인 연구들, 특히 앙드레 시그프리드와 프랑수아 고겔의 연구를 발전시킨 것으로 거의 논란을 일으키지 않았다. 그러나 레몽은 자신의 주장을 더 진전시켜 제2제정의 붕괴와 제3공화정의 수립, 그리고 그에 수반된 왕정주의의 퇴색 이후 우파의 세 유형은 모두 변형되었다고 주장했다. 과격왕당파는 교황권 지상주의적 우파를 대표하는 '합류파'(ralliés)로 변모했다. 교황권 지상주의 우파의 독실한 가톨릭 신앙은 그들이 교황의 뜻에 따라 공화주의로 개종하도록 촉진했다. 마찬가지로 오를레앙파는 급진당의 확고한 동맹 세력인 좌파적 온건파가 되었다. 오를레앙파와 급진당은 공히 경제적·사회적 자유주의를 지지했다. 아마도 가장 극적인 변화는 보나파르트파 진영에서 벌어졌을 것이다. 그들은 포퓰리즘과 반의회주의에 엄격한 권위를 강조하고 지도자 숭배를 결합시켜 민족주의자가 되었다. 이 새로운 민족주의는 19세기 말 불랑제 사건과 드레퓌스 사건으로 시작하여 전간기 의회 바깥 동맹들의 출현에서 정점에 이르렀다. 이 동맹들은 정당을 거부하고 카리스마적인 독재(Caesarism)와 성인을 위한 '보이스카우트 게임'을 지지했다. 결국 프랑스에는 대중에 기반을 둔 파시즘은 자취를 감추게 되었다. 무솔리니와 히틀러는 프랑스 우파 가운데 단지 미미한 집단들에게만 매력이 있었을 뿐이라는 점이 입증되었다. 그리고 비시는 프랑스적 파시즘이라기보다는 '과거의 시대착오적 복귀'라는 주장을 레몽은 다시 제시한다.

따라서 레몽은 현대 프랑스 우파의 역사는 연속성과 이질성이라는 특징을 띤다고 주장한다. 이 책의 개정판들(1963, 1968, 1982, 2005년)에서 레몽은 중심 전제를 확장하여 세 범주의 현대 버전을 포함시켰다. 예를 들어 보나파르트주의는 전후의 '프랑스인민연합'에서 1980년대의 '공화국연합'에 이르는 드골주의로 변형되었다. 그러나 가장 논란이 많은 요소는 여전히 진정한 대중 파시즘의 존재에 대한 레몽의 부인이다. 그는 변함없이 파시즘이라는 용어는 여전히 무솔리니 체제와 그 독특한 이념을 지칭해야 한다고 주장했다.

평단의 반응은 무척 다양하게 나타났다. 뒤로젤은 《근현대사 리뷰》에 쓴 1954년판에 대한 서평에서 "구성이 견고하고 사고가 확고한 이 멋진 책"을 높이 평가했다. 이와 유사하게, 1979년 《영국역사학보》에 쓴 글에서 D. R. 왓슨은 〈프랑스의 우파〉를 "1950년대 초 그가 글을 쓰고 있을 때, 심지어 학문적 담론 안에까지 존재하고 있던 매우 비학문적인 해석들에 대한 필요불가결한 교정제"라고 일컬었다. 또한 피에르 밀자, 필리프 뷔랭 같은 전문가를 비롯하여 극우파를 연구하는 상당수의 프랑스 역사가들은 레몽의 논지와 프랑스 파시즘에 대한 평가를 받아들였다. 그러나 프랑스 밖의 역사가들은 레몽의 논지와 방법에 이의를 제기했다. 19세기 우파에 대한 레몽의 범주화는 누구나 받아들였지만, 전간기 극우파 동맹들은 진정한 프랑스 파시즘에 위험하리만큼 가까운 새로운 유형이라고 주장한다. 윌리엄 어바인은 레몽의 책이 "프랑스에서 나온 프랑스 우파에 관한 유일한 최고의 종합"이라고 찬사를 보냈지만 동시에 레몽이 극우파의 힘과 새로운 조직, 특히 100만 회원을 거느린 불의 십자단과 프랑스사회당을 무시했다고 혹평했다. 가장 격렬한 비판은 지브 스턴헬한테서 나왔다. 《혁명적 우파, 1885~1914》(1978)와 《우파도 좌파도 아닌: 프랑스의 파시즘 이데올로기》(1983)는 프랑스에 파시즘이 지속적으로 존재했다고 상정했을 뿐 아니라 파시즘은 프랑스에서 가장 먼저 출현했다고 주장했다. 1994년 《르몽드》와의 인터뷰에서 스턴헬은 레몽을 '전통적인 프랑스 역사서술'의 가장 잘 알려진 대표자라고 지칭했다. '전통적인 프랑스 역사서술'이란 이 맥락에서는 순수하게 이데올로기적인 이유로 대중에 기반을 둔 프랑스 극우파가 존재했다는 생각을 격렬하게 거부하는 보수적 파벌을 의미했다. 레몽은 그러한 비난을 일관되게 반박하면서 보나파르트주의에 대한 자신의 주장을 옹호하고 스턴헬의 증거를 논박했다.

논란에도 불구하고 《프랑스의 우파》는 변함없이 열렬한 독자층을 확보했다. 그러나 이 책과 이 책의 비판자들은 레몽의 이후 활동에 그늘을 드리웠고 그런 점에서 해가 되었다. 왜냐하면 레몽은 1960년대에 책을 출간하려는 노력을 배가했고 아마도 그때가 그의 가장 생산적인 시기였기 때문이다. 프랑스 정치에 대한 레몽의 관심은 계속되었고, 그는 1964년과 1969년에 그 주제에 관한 영향력 있는 교재인 《1789년 이래 프랑스의 정치 생활》의 첫 두 권을 출간했고, 1967년에는 프랑스의 첫 사회주의자 총리 레옹 블룸의 생애에 관한 콜로키움의 논문집을 공동 편집했다. 이후에 그는 에두아르 에리오와 에두아르 달라디에를 비롯한 여러 프랑스 지도자들에 대해 토론하는 학술회의에서도 비슷한 활동을 이끌었다.

레몽의 1960년대 글 가운데 가장 주목할 만한 것은 종교사와 관련된 것이었다. 이전의 글에서는 잠깐 등장했을 뿐이던 종교사가 1960년대가 되면 중심 주제가 되었다. 이 시기와 이후에 나온 글 가운데 많은 수는 현대 프랑스에서 종교와 정치의 관계, 특히 현대화한 공화파 가톨릭교도들과 더 보수적인 그 동료들 사이의 투쟁을 검토했다. 한편으로 이 새로운 관심은 지적 호기심, 특히 학제적 접근에 대한 레몽의 끈질긴 옹호를 반영하고 있다. 그러나 자신의 과거 활동과 당시의 성향이 역사적 호기심에 틀림없이 영향을 주었을 것이다. 독실한 가톨릭교도인 레몽은 1965년 이래 '프랑스가톨릭지식인센터'(Centre catholique des intellectuels français) 의장으로 활동했다. 이 기구는 기독교와 사회학에서 정신분석학에 이르는 다양한 학문적 접근을 화해시킴으로써 믿음과 지식 사이의 간극을 메우는 데 몰두했다. 그러나 그는 여전히 열성적인 공화주의자였고, 바로 그해 정보부 산하 '프랑스 라디오 텔레비전 사무국'의 관련 기구인 '텔레비전프로그램위원회'의 직책을 맡았고 나중에는 그 기구의 이사가 되었다. 이러한 활동은 1970년대까지 이어져 1972년부터 1978년까지 '라디오프랑스'와 '안테나 2 채널'(현재의 프랑스 2 채널—옮긴이)의 이사로, 1975년부터 1979년까지 사법관고등위원회(Comité supérieur de la magistrature) 위원으로 활동했다.

따라서 이후의 글들은 가톨릭교회와 제5공화정에 대한 레몽 자신의 개인적 헌신을 반영하고 있다. 1960년 출간된 《가톨릭 신자들, 공산주의 그리고 위기, 1929~1939》에서 레몽은 1930년대 가톨릭 좌파와 우파 사이에 벌어진 사실상의 내전에 관하여 그때까지 알려지지 않은 자료들을 수집하여 제시했다. 첨부된 글에서 그는 한편으로는 확고한 '합류파,' 즉 제3공화정과 사회 가톨릭의 열렬한 지지자들, 그리고 다른 한편으로는 세속 정부에 적극적으로 이의를 제기했던 혁명적 전통에 대한 강경한 반대파 사이의 전투를 함축적으로 서술한다. 그가 모은 자료들은 노동에서 외교 분야에 이르는 폭넓은 쟁점들을 포괄하는 것으로서 기독교민주주의 조직들과 그들의 우파 동료들 사이에 벌어진 지적 논쟁을 생생하게 보여 준다. 그 책은 또한 좌파 기독학생단의 지도적 성원이었던 저자의 참여를 반영하고 있다. 1976년의 인터뷰에서 회고했듯이, "나는 수많은 설교가 전달하는 어휘, 감정, 사상과 단절되었다고(차라리 대립한다고) 느꼈다."

19세기 프랑스의 유사한 지적 논쟁을 다루고 있는 레몽의 다음 책에도 비슷한 주제들이 나타난다.《랭스와 부르주에서 열린 두 성직자 회의, 1896~1900》(1964)라는 이 책은 르미르 신부가 조직한 두 차례의 전국적 회의를 검토하는데, 이 두 회의는 교회와 국가 사이의 '합류'(ralliement)와 관계에 관한 격렬한 토론을 낳았다. 1930년대의 투쟁과 마찬가지로 이 두 차례의 회의에서는 종교적·정치적 민주화에 반대하는 보수 성직자들과 가톨릭의 현대화를 지지하는 성직자들이 대립했다. 레몽은 자유주의 세력이 일시적인 좌절을 겪었지만 르미르의 회의들은 교회와 제3공화국 사이의 지속적인 접근에 출발점이 되었다고 강력하게 주장했다.

이 책은 1964년에 나왔는데, 그해에 레몽은 낭테르에 새로 설립된 대학에서 첫 교수진의 일원이 되었다. 전후 고등교육에 대한 증가하는 요구를 수용하기 위해 설립된 이 대학은 쇠락하는 공장들과 우중충한 주택을 특징으로 하는, 파리 서쪽 16킬로미터 언저리 가난한 공업 지역에 자리 잡고 있었다. 대개 특권층 출신이던 신입생들은 노동계급의 곤경을 처음 목격하면서 정치적으로 급진화되었다. 신입생들은 낯선 환경에 더해 강의실과 기숙사의 과밀 상태에 직면했고 이런 실상은 그들의 분노를 부채질했다. 따라서 신임 역사 교수(레몽)는 1968년 5월 학생들이 주도한 봉기에서 정점에 이를, 대학 내 극좌파의 폭발적 성장을 직접 목격했다. 나중에 한 인터뷰에서 5월의 '사건들'을 회고하면서 레몽은 동료들과 함께 '화산 폭발'과도 같은 격렬한 항의에 직면하여 놀라움에 사로잡혔다고 고백했다. 그는 뒤이은 폭동에 동의하지 않았지만 역사가로서 매우 귀한 경험이 되었다고 인정했다. "1968년 5월 위기, 그리고 더욱이 뒤이은 회복기는 내게 조직 사회의 기능에 대해 성찰할 수 있는 특별한 기회가 되었다."

뒤이은 전국적 파업의 물결이 쇠퇴하고 대통령 샤를 드골이 의회 체제를 회복하면서 위기는 외견상 6월에 끝이 났다. 그러나 낭테르에서는 폭동의 여파로 긴장이 이어졌고, 학생들의 투쟁성은 정상으로 복귀하는 데 장애가 되었다. 그에 따라 레몽은 초당파적으로 교육과정과 규제의 문제를 해결하기 위해 학생 4명과 교수 4명으로 구성된 학과 '교육위원회'를 조직했다. 대학 행정 직원들은 대학 내에서 앞으로 벌어질 폭력을 염려했고 학생들 사이에서 레몽의 평판에 깊은 인상을 받았다. 그들은 그만큼 더 레몽의 지도력에 의지했다. 레몽은 1970년 인문대학 학장이 되었고, 이듬해부터 4년 동안 총장으로 재직했다. 레몽의 지도 아래 낭테르는 존경받는 학술 기관으로 변모했고, 프랑스 박사 학위논문의 중심 산지이자 비(非) 파리대학으로서 중요한 성공 사례가 되었다.

낭테르에서 맡은 직책으로 스케줄이 과중했음에도 불구하고, 어쨌든 레몽은 세 권짜리 《현대사 입문》(1974)과 가장 영향력 있는 자신의 저작 가운데 하나인 《1815년부터 오늘날까지 프랑스의 반교권주의》를 집필할 시간을 확보해 냈다. 1976년에 처음 출간된 두 번째 책에서 레몽은 정치와 종교의 교차점에 대한 고찰을 이어 갔다. 이 책에서 그는 왕정복고기에서 제5공화정에 이르는 프랑스 역사에서 반교권주의가 지배적이었다고 주장했다. 그는 반교권주의를 "우리 정치사의 본질적 요소, 심지어는 아마도 우리 정치 체제의 근본 요소"라고 지칭하면서 반교권주의를 진지한 사회문제로부터 관심을 돌리기 위한 부르주아의 단순한 속임수라고 보았던 전통적인 마르크스주의적 정의를 거부한다. 대신 그는 반교권주의의 확산을 혁명 후 프랑스의 대중적 심성(mentalités), 즉 사고방식에 대한 지배권을 두고 이루어진 투쟁 속에서 바라보고자 한다. 양심의 자유, 교회와 국가의 분리, 시민사회의 우위 같은 투쟁 구호들은 교권적 정파가 정치적으로 유리하다고 감지되거나 실제로 정치적 이점을 얻을 때면 언제나 가장 강력하게 등장했다. 레몽은 '국가 안의 국가'인 교회에 대한 두려움에서부터 프랑스 젊은이들에게 미치는 교황의 영향력에 대한 염려에 이르기까지, 교권주의의 다양한 조류를 묘사하면서 반교권주의 이념이 완전한 철학적 체계를 이룬다는 생각을 거부하고 오히려 그 이념은 사회주의에서 보나파르트주의에 이르는 다양한 이데올로기와 결합할 때 유용성을 갖는다고 주장한다.

다시 한 번 평자들은 레몽의 유려한 문장과 엄격한 학문적 자세를 칭송했다. 장프랑수아 시스는《르몽드》에 쓴 서평에서 이 책을 "역사 연구의 모범"이라고 격찬하고, 특히 그 주제를 다룬 앞선 역사적 연구에서 자주 누락되었던 현대의 교권주의에 주목했다고 칭찬했다. 아마도 그토록 열광적인 서평에 고무된 듯, 레몽은 다음 7년 동안 정치학 책인《규율과 동의》(1979)에서 프랑스 우파에 관한 자신의 고전적 저서의 개정판에 이르기까지 자그마치 여섯 권의 책을 출간했다. 가장 유명한 책인《1958: 드골의 귀환》은 1983년에 출판되었다. 이 책은 위기로 점철된 제4공화정이 붕괴하고 알제리 전쟁이 프랑스 영토 안에서 내전을 불러올 조짐을 보이던 1958년 샤를 드골의 의기양양한 프랑스 정계 복귀를 검토한다.

레몽이 보기에 '드골의 해'는 안정의 시대가 다시 시작되었음을 알렸다. 그러나 장군의 권좌 복귀는 단순히 몇몇 역사가들이 주장했던 것처럼 냉전과 알제리 난국으로 드러난 제도적 문제에서 비롯된 것은 아니었다. 더 나아가 레몽은 드골주의를 대기업을 위한 전선으로 보는 마르크스주의적 관념과 5월 13일을 우파 쿠데타로 보는 음모론적 시각을 반박한다. 대신에 그해의 사건들을 그날그날의 책략과 상황의 산물이었던 것이라고 제시한다. 실제로 드골이 대통령 자리에 올라 성공적으로 제5공화정을 수립할 수 있을지는 확실하지 않았다. 그것은 미묘한 정당 간 협상과 대중의 심판을 기다리는 긴장된 순간들의 산물이었다. 드골의 정부가 성공했다면 그 공은 과거의 정치적·군사적·외교적 실수에 대한 세밀한 지식과 그것을 교정할 수 있는 능력 덕분이었다.

레몽에 따르면, 그럼에도 드골이 성공적으로 프랑스를 안정시킨 것은 놀라운 일이었다. 1958년에는 적합한 후보들이 없어 어떤 정당도 정부를 구성할 수 없었는데 그러한 상황은 경제투쟁과 증대하는 알제리 위기 탓에 악화되었다. 그가 보기에 "알제리는 체제 위기의 치명적인 뇌관이었다. …… 1947년 이래 프랑스는 이때만큼 내전 가능성에 다가가 본 적이 없었다." 그러나 드골은 알제의 프랑스 반군과 협상할 수 있었을 뿐 아니라 좌파와 우파 모두에게 호소함으로써 새로운 헌법과 제5공화정의 수립을 재가하는 국민투표에서 완승을 거두었다. 결국 레몽은 1958년의 격동적인 사건들을 1870년이나 1940년의 군사적 패배의 여파와 다르지 않은, 현대 프랑스사에서 되풀이되는 유형에 속하는 것으로 본다. 그가 보기에 진정으로 놀라운 측면은 새로운 체제의 안정성인 것으로 드러났다. "1958년 위기가 물려준 제도들은 오늘날, 가장 단호한 반대자였던 이들을 포함하여 거의 모든 프랑스인의 지지를 받아 왔다."

다소 놀랍게도 레몽은 《1958: 드골의 귀환》 출간 이후 '기록물고등위원회' 의장이자 국립정치학재단의 이사장으로 직무를 수행하면서 22권의 책과 총서를 집필하거나 발간에 참여했다. 그는 또한 1979년 '현대사연구소'를 공동 설립했고, 1990년까지 연구소장을 지냈으며 1973년부터 25년 동안 《역사학보》(Revue historique) 편집인을 지냈다. 게다가 레몽은 프랑스 정부의 요청에 따라 여러 위원회를 주재하기도 했다. 그중에 하나는 전쟁범죄자이자 친독일 유격대원인 폴 투비에가 재판을 피해 은 신해 있던 시기 프랑스 가톨릭교회와 맺었던 관계를 조사하는 위원회였 다. 또 다른 하나는 최근에 발견된, 1940년 10월 독일 점령 하에서 이 루어진 악명 높은 유대인 인구조사라고 알려진 문서를 검토하는 위원회 였다.

레몽의 역사 저술 가운데 가장 눈에 띄는 대목은 종교사에 대한 탐구 를 계속한 점이었다. 1992년에는 자크 르고프와 함께 기념비적인 네 권 짜리 저서 《프랑스 종교사》를 공동 편집하고 '미완의 장(1958~1990)'이 라는 제목의 결론 부분을 집필했다. 그러고 나서 1998년 레몽은 종교사 에 관한 자신의 앞선 연구를 종합한 《19세기와 20세기 유럽의 종교와 사 회》를 출간했다. 유럽의 교회와 시민사회의 상호 관계를 검토한 이 책은 국가에 대해 종교가 누렸던 예전의 특권적 지위를 파괴한 프랑스혁명에 서 교회 출석이 크게 감소하고 신앙에 기반을 둔 기구들과 국가 사이의 오랜 갈등이 거의 사라진 현대에 이르기까지 세속화의 역사를 추적한다. 레몽에 따르면 이 최종 단계는 1천여 년에 걸친 교회와 국가의 관계에서 정점을 상징한다. 이 시점에서 "이번에는 국민이 종교, 곧 세속 종교가 되 었다. 사람들은 그것에 목숨을 바치고 그것을 위해 죽고 그것에 삶 전체 를 헌신하고 그것의 자유와 위대함을 위해 싸운다." 세속화가 승리하면 서 교회와 국가 사이의 모든 끈은 끊어지고 모든 종교가 동등한 지위를 부여받았으며, 반면 세속 정부는 완전한 행동의 자유를 누린다. 현대의 다원적 민주주의 안에서 모든 시민에게 종교의 자유가 보장되고 믿음은 개인의 문제가 되며 교회는 더 이상 집단행동을 지배하지 않는다.

이처럼 성공적인 이력에 비추어 1998년 르네 레몽이 프랑스 지식인에 게 마련된 최고의 영예를 안은 것은 적절해 보인다. 그는 얼마 전 작고한 역사가 프랑수아 퓌레를 이어 아카데미프랑세즈 회원에 선출되었다. 레 몽이 2007년 4월 14일 사망하기 직전까지 끊임없이 글을 쓰고 역사학 공동체에 봉사했다는 사실은 직업적 헌신성과 한계를 모르는 듯한 지적 호기심을 증명한다. 가톨릭과 프랑스 공화국의 가치에 대한 옹호는 그의 생애와 학문 활동을 통해 전혀 약해지지 않았고 종교사와 특히 정치학 연구를 일관되게 옹호했다. "정치는 언제나 놀라운 것이다. 상황은 결코 우리가 예견하는 대로는 진행되지 않는다."

양희영 옮김

참고 자료

책

Lammenais et la démocratie (Paris: Presses Universitaires de France, 1948).

La Droite en France: de 1815 à nos jours (Paris: Aubier-Montaigne, 1954; rev. edn., 1963; rev. again, 1968; rev. again, 1982; rev. again 2005).

Histoire des Etats-Unis (Paris: Presses Universitaires de France, 1959).

Les Catholiques, le communisme, et les crises, 1929-1939 (Paris: Armand Colin, 1960); revised as *Les Catholiques dans la France des années trente* (Paris: Éditions Cana, 1979) and *Les Crises du catholicisme dans la France des années trente* (Paris: Éditions Cana, 1996).

Les Etats-Unis devant l'opinion française (1815-1852), 2 vols. (Paris: Armand Colin, 1962).

Les Deux Congrèsécclésiastiques de Reims et de Bourges, 1896-1900 (Paris: Sirey, 1964).

La Vie politique en France depuis 1789, 2 vols. (Paris: Armand Colin, 1964, 1969): vol. 1: *1789-1848*; vol. 2: *1848-1879*.

Introduction à l'histoire de notre temps, 3 vols. (Paris: Seuil, 1974).

L'Anticléricalisme en France de 1815 à nos jours (Paris: Fayard, 1976).

La Règle et le consentement: gouverner une société (Paris: Fayard, 1979).

1958: le retour de De Gaulle (Paris: Éditions Complexe, 1983; rev. edn., 1998).

Notre siècle (1918-1988) (Paris: Fayard, 1988).

Paul Touvier et l'eglise, by René Rémond, Jean-Pierre Azéma, François Bédarida, et al. (Paris: Fayard, 1992).

Le Fichier juif, by René Rémond, Jean-Pierre Azéma, André Kaspi, et al. (Paris: Plon, 1996).

Religion et société en Europe aux XIXe et XXe siècle: essai sur la sécularisation (Paris: Seuil, 1998).

Regard sur le siècle (Paris: Presses de Sciences Po, 2000).

La République souveraine: la vie politique en France, 1879-1939 (Paris: Fayard, 2002).

편집한 책

Forces religieuses et attitudes politiques dans la France depuis 1945 (Paris: Armand Colin, 1965).

Léon Blum, chef de gouvernement (Paris: Armand Colin, 1967).

Le Gouvernement de Vichy et la révolution nationale (Paris: Armand Colin, 1972).

Édouard Daladier, chef de gouvernement (Paris: Presses de la Fondation nationale des sciences politiques, 1977).

La France et les Français en 1938-1939, edited by René Rémond and Janine Bourdin (Paris: Presses de la Fondation nationale des sciences politiques, 1978).

Quarante ans de cabinets ministériels (Paris: Presses de la Fondation nationale des sciences politiques, 1982).

Cent ans d'histoire de "La Croix" (Paris: Éditions du Centurion, 1988).

Histoire de la France religieuse, edited by René Rémond and Jacques Le Goff, 4 vols. (Paris: Seuil, 1988-92).

Pour une histoire politique (Paris: Seuil, 1988).

인터뷰

Vive notre histoire: Aimé Savard interroge René Rémond (Paris: Editions du Centurion, 1976).

Entretien avec René Rémond (Paris: Beauchesne, 1992).

Une mémoire française (Paris: Desclée de Brouwer, 2002).

논문

"Y a-t-il un fascisme français?," *Terre humaine*, 7-8 (July-August 1952): 37-47.

"Evolution de la notion de la laïcité entre 1919 et 1939," *Cahiers de l'histoire*, 4 (1) (1959): 71-87.

"Les intellectuels et la politique," *Revue française de science politique*, 9 (4) (1959): 860-80.

"La morale de Franklin et l'opinion française sous la monarchie censitaire," *Revue d'histoire moderne et contemporaine*, 7 (3) (1960): 193-214.

"France: work in progress," *Journal of Contemporary History*, 2 (1) (1967): 35-48.

"Il fascismo italiano visto dalla cultura cattolica francese," *Storea contemporanea*, 2 (4) (1971): 685-96.

"Le Catholicisme français pendant la Seconde Guerre Mondiale," *Revue d'histoire de l'église de France*, 64 (173) (1978): 203-14.

"Droite-gauche: division réelle ou construction de l'esprit?" *Bulletin de la société d'histoire moderne*, 83 (22) (1984): 7-15.

"Le renouveau de l'histoire politique," *Bulletin de la Classe des lettres et des sciences morales et politiques*, 74 (1988): 249-56.

"Pensée sociale de l'église et mouvements catholiques," *Revue du Nord*, 73 (290-1) (1991): 469-76.

"La complexité de Vichy," *Le Monde* (Paris), October 5, 1994.

25

조르주 뒤비

1919~1996

Georges Duby

조르주 뒤비

레아 쇼프코브

조르주 뒤비는 아마도 20세기 후반 프랑스의 가장 영향력 있는 중세 사가일 것이다. 그는 유럽과 미국에서 역사의 새로운 탐구 방향을 열어 주었다. 유럽에서 그는 지방사 연구를 소생시켰거니와, 마코네라는 프랑스 중동부의 한 지방에 관한 연구는 지역의 조건에 깊이 뿌리박은 학문적 노력이 역사적 구조의 결정에서 지역적 편차가 중요함을 실증적으로 보여 주면서도 또한 가장 중요한 역사적 쟁점들을 건드릴 수 있음을 보여 주었다. 학문 인생을 통해서 그는 어떤 의미에서 자신의 출신지라고도 할 수 있을 이 프랑스 지방에서 나온 사료들과 스스로 여기에서 끌어낸 의미로 줄곧 되돌아갔다. 그 결과로 그는 농촌 경제에 대한 가장 중요한 학문적 권위자 가운데 한 사람이 되었는데, 이 또한 부분적으로 마코네 지방에 관한 연구를 통해서 도달하게 된 이 주제에 대한 이해에 바탕을 둔 것이었다.

뒤비의 학문적 기여는 경제사와 농촌사 분야에 그치지 않는다. 구조주의 인류학자들의 영향을 받은 그는 중세 귀족계급의 형성과 귀족 사회에서 여성의 지위, 사회와 예술의 관계를 탐구했다. 그는 《농촌 연구》(Etudes rurales)라는 잡지의 창간 편집인이었으며, 또한 필리프 아리에스와 함께 펴낸 《사생활의 역사》(L'Histoire de la vie privée)를 비롯한 여러 유명한 학술 총서의 편집자이기도 했다. 생전에 그가 얻은 학문적 명성은 스폴레토에서 이탈리아 중세사연구센터(Centro italiano studi sull' ato Medioevo)가 후원한 연구 주간 같은 유럽 전역에서 초빙된 학자들의 수많은 학술 대회에 참여한 일이라든가, 옥스퍼드대학의 테일러연구원(Taylor Institute)에서 주관한 1982~1983년 '사하로프 강좌'처럼 자신의 이름으로 진행한 여러 강연들로 가늠할 수 있다. 그의 명성이 하도 대단하여, 다른 학자들로부터 그들의 저술에 서문을 써 달라는 부탁이 수도 없이 쇄도했다. 뒤비는 일반 대중을 겨냥한 역사 개설서도 많이 썼는데, 그중 몇몇은 대학에서 교과서로 쓰이게 되었고 대부분은 다른 유럽 언어로 번역되었다.

여느 곳에서와 마찬가지로 프랑스에서 생전에 누린 명성은 학술 저작과 일반 대중을 위한 작품들에 힘입은 것이지만, 그는 자신의 조국에서 대중적인 지식인으로도 널리 알려져 있었다. 신문에 논설을 썼고 대중역사 잡지나 신문, 전자 매체들을 위해 수많은 인터뷰에 응했다. 예술 전시회를 위한 텍스트들도 집필해 냈다. 1972년에는 텔레비전 방송에 나가 활동하기 시작했고, 무엇보다도 자신의 저술 《성당들의 시대》(Le Temps des cathédrales)를 개작한 텔레비전 프로그램에 출연했다. 심지어 1986년에는 텔레비전 프로그램 제작·편성협회(독일-프랑스의 문화사업 컨소시엄, 지금은 존재하지 않음)의 명예 회장에 임명되기도 했다. 그의 지명도가 얼마나 높았던지, 《인문과학》(Sciences humaines)에 실린 뒤비의 추모 기사에서 다니엘 베르몽은 뒤비의 죽음과 함께 "마치 중세가 상중(喪中)에 있는 듯하다"고 표현할 정도였다.

뒤비는 파리에서 외동아들로 태어났다. 그의 부모는 제 손으로 일하는 사람들과 그 훌륭한 솜씨에 대해 뒤비가 평생 동안 그 진가를 인정했던 장인 계급 출신이었다. 어머니는 프랑스 동부 출신이었고 아버지는 남부 출신이었다. 그는 훗날 연구하게 될 지방의 부르캉브레스에 있는 친할아버지 집에서 몇 해 여름을 보냈다. 열세 살이었을 때, 아버지는 거기를 떠나 그의 아들을 마콩에 있는 중등학교에 집어넣었다. 이 학교의 젊으면서도 노련하고 열정적인 교사들은 이미 뒤비의 몸속에 있던 학구적인 성향을 북돋워 주었다. 건장한 학생이었지만, 그가 우등을 차지한 분야는 훗날 학문과 대중 저술에서 예술사가 하게 될 역할을 이끌어 내고 앞당겨 주었다.

뒤비의 꿈은 본디 중등학교 교사가 되는 것이어서 역사학과 지리학, 고전 문학, 이렇게 세 분야에서 자격증을 따고자 했다. 1937년에 입학한 리옹대학 시절에 뒤비는 인생에 큰 영향을 끼치게 될 두 인물을 만나게 된다. 지리학자 앙드레 알릭스와 역사학자인 장 데뇨였다. 두 사람 모두, 1929년 마르크 블로크와 뤼시앵 페브르가 창간한 《아날: 경제사회사》(나중에 《아날: 경제, 사회, 문명》으로 개칭함)라는 잡지를 중심으로 활동한 역사학자와 사회과학자들의 집단인 아날학파에 참여하고 있었다. 아날학파 학자들은 '장기지속'적인 변화의 폭넓은 과정에 의해 움직이는 역사와 '심성' 또는 사고방식들(페브르에 의해 대중화된 용어)에 관심을 두었으며, 정치나 유명한 인물에 초점을 맞추거나 사건에 따라 움직이는 역사에는 관심이 없었다. 그들은 학문들 사이의 경계가 사라진 '전체사'를 쓰고자 했다. 앙드레 알릭스는 지리학을 땅과 자원에 관한 연구에서 경제와 사회에 관한 문제 쪽으로 전환시키고자 했던 지적 운동에 참여하고 있었다.

장 데뇨는 마르크 블로크와 함께 스트라스부르대학에 몸담은 바 있었으며, 리옹대학으로 이직하여 이 새로운 관점의 역사학을 학생들에게 소개했다. 뒤비는 바로 이 새로운 역사학에 폭 빠져들었다. 1991년에 펴낸 자서전 《역사는 계속된다》(L'Histoire continue)에서 언급하듯이, 그는 이 선생들을 통해서 "또 다른 개념의 역사학"을 접하게 되었다. "보통 사람의 역사, 사회 속의 인간이 군주나 제후, 장군, 주교나 재정가 같은 예외적인 인물들에 관한 피상적인 전형보다도 훨씬 더 현실적이고 흥미로웠으며, 무엇보다도 더 유용했다."

제2차 세계대전이 발발한 1939년에 뭇 장정들이 소집되었지만, 뒤비 같은 대학생들은 1940년 6월 9일에 가서야 징집되었다. 6월 22일 휴전조약이 체결된 후, 뒤비는 20세의 청년을 위한 준군사 병역대인 '청년작업장'(chantier de jeunesse)에 징집되었다. 이 작업장은 비시 정부가 군사 대비 태세를 강화하기 위해 설립한 것으로 복무 기간이 6개월이었으므로, 뒤비는 그 이듬해 리옹으로 돌아올 수 있었다.

대학으로 돌아온 뒤비는 이미 정교사 자격을 위한 과정을 이수했으므로, 교사직과 더 많은 보수를 보장해 주는 교수자격시험을 준비하기 시작했다. 이 고시에 합격한다는 것은 박사 학위를 향한 첫 걸음이 될 수도 있었으므로 대학 교단에 설 자격을 얻는 길이기도 했다. 뒤비는 1942년에 이 시험에 응시했고, 8명에게 영예가 돌아가는 시험에서 아깝게도 9위를 기록했다. 그런데 수석 시험관인 샤를에드몽 페랭이 뒤비에게 깊은 인상을 받아 9위까지 합격할 수 있도록 선처했다. 이제 '교수 자격자'가 되었으므로 뒤비는 교직을 보장받았고, 리옹으로 돌아와서 만난 아내 앙드레와 결혼할 수 있었다(부부는 슬하에 세 자녀를 두었다). 이후 2년 동안 뒤비는 중등학교에서 교편을 잡았지만 그리 만족스러운 시간은 아니었다.

1944년 해방이 찾아오자 뒤비는 대학으로 돌아갔다. 전시에 레지스탕스 활동 경력에서 흠잡을 데가 없었던 알릭스는 그 대학의 총장이 되어 있었다. 뒤비가 이 대학에서 박사 학위를 취득하기로 작정하자 알릭스는 데뇨의 조교 자리를 새로 마련해 주었고, 그래서 뒤비는 중등학교 교사 직을 그만두고 학위논문에 집중할 수 있었다. 데뇨는 소르본대학에 있던 페랭에게 뒤비의 학위논문을 지도해 달라고 정중하게 부탁했는데, 이는 리옹에서 취득한 학위가 뒤비에게 열어 줄 수 없는 문들을 파리에서 취득한 학위가 열어 줄 수도 있었기 때문이다. 1950년 6년에 걸친 리옹에서 조교 임기가 끝나자, 그는 루이 알펜이라는 또 다른 유력한 중세사가의 주선으로 브장송에서 일자리를 얻었다. 그런데 1951년 가을, 이번에는 그의 지도교수인 페랭의 주선으로 엑스대학(오늘날의 프로방스-엑스-마르세유1대학)의 조교로 임명되었는데, 여기에는 학위논문을 마치면 그때 막 신설된 중세사 교수로 승진될 것이라는 기대가 깔려 있었다. 1952년 뒤비는 무려 1,600쪽에 이르게 된 논문을 완성했고, 이 논문은 그 이듬해 출판되었으며 1953년에는 예상했던 대로 교수로 승진했다. 이렇게 해서 엑스라는 도시는 뒤비에게 평생 동안 고향이나 다름없는 곳으로 남게 된다.

뒤비의 논문 지도교수인 페랭은 고문서학교(Ecole des chartes)에서 고되게 훈련을 받은 학자였다. 그래서였는지 페랭은 뒤비에게 한 문서집, 즉 마콩에서 멀지 않은 클뤼니 수도원의 문서를 연구해 보는 게 어떻겠느냐고 제안했다. 이렇게 제안한 것은 어쩌면 뒤비가 그 지방 출신이었기 때문이기도 하고, 그 문서집이 사료로서 비길 데 없이 풍부하기 때문이기도 했을 것이다. 뒤비가 읽은 문서 대장(臺帳)은 논문의 주춧돌이 되었고, 그 논문은 그의 첫 번째 저서인 《11~12세기 마코네 지방의 사회》(La Société aux XIe et XIIe siècles dans la région mâconnaise, 1953)로 출판되었다. 클뤼니의 문서 외에도 뒤비는 여러 간행된 문서집과 자신이 강독 교재로 썼던 미간행 수기 문서들을 이용했다.

뒤비의 연구가 보여 준 독창성의 일부는 그런 문서들을 생산해 낸 종교기관보다는 세속 사회를 연구하기 위하여 그런 기록을 이용한 방식에 있었다. 이를 통해서 그는 귀족 가문들과 이들이 보유한 토지 재산을 재구성하고, 농민의 자유와 예속에 관한 증거를 고찰하며, 그 지방의 토지 이용 및 경작 방식을 논의하고, 10세기 말부터 마콩 백작령이 왕령지로 편입된 13세기 중엽에 이르기까지 권력 구조의 변화를 탐구했다. 하지만 마코네 지방의 시대 상황에 관한 상당한 정보를 알려 주는 것에서 더 나아가, 뒤비는 더욱 폭넓은 논의를 펼치고 있다. 그에 따르면, 10세기 말경 카롤링조가 정치권력을 상당 부분 잃고 그리하여 카페조에 의해 밀려나기 시작했을 때, 왕국의 공공 관리로서 백작령을 다스린 마콩 백작들 역시 권위를 잃게 되었다는 것이다. 이 시점에서 권력은 그 지방의 성주들(castellans)에게 넘어갔는데, 이들은 공권력을 가로채고 사유화하여 사실상 독립적인 세력이 되었다. 이 과정에서 이득을 본 자들이 또 있었으니, 본래 귀족 혈통은 아니지만 성주들에게 군사적 봉사를 통해 신분이 상승하여 11세기를 지나면서 점점 더 귀족으로 여겨지게 된 새로운 전사 계급, 즉 기사들이었다. 그러나 12세기 초에 이 과정은 역전되기 시작했다. 성주들은 재산 분할과 과도한 소비로 궁핍해졌고, 되살아난 화폐경제 속에서 점점 더 경쟁력을 잃게 되었다. 이렇게 약화됨으로써 처음에는 백작의 권력이 다시 떠오르게 되었고, 그다음에는 카페조 국왕들이 마코네의 귀족 집단을 중앙집권화하기 시작한 권력 아래 복종시킬 수 있게 되었다. 이렇게 해서 서기 1000년으로 넘어가는 시기는 프랑스 역사의 중대한 전환점, '봉건 혁명' 또는 '봉건적 전환'이 일어난 시점이 되었다.

뒤비의 책은 유럽과 미국 양쪽 학자들에게 환영을 받았다. 그것은 이용 가능한 사료들을 창의적으로 철저하게 활용한 것 때문이기도 했고, 뒤비의 필력에 힘입은 것이기도 했다. 애초부터 그는 소설가의 필치가 다분한 명료하면서도 흡인력이 있는 문체를 선택했고, 덕분에 토지와 권력을 소유한 개인과 가문들이 지면에서 되살아나게 되었다. '봉건제'의 발전에 관한 뒤비의 이론은 처음에는 공감을 얻지 못했지만 결국에는 널리 수용되었다. 때로는 프랑스 학자들에 의해서 그리고 영국과 미국의 학자들에 의해서 이런저런 이유로 점점 더 많은 비판을 받기는 했지만, 유럽 대륙의 학자들에게 여전히 정설로 통한다. 어떤 학자들은 클뤼니의 문서와 그 지방에서 나온 다른 문서들이 마콩 백작의 권력 약화나 공권력의 완전한 실종을 실제로 보여 주는지, 아니면 뒤비가 서기 1000년 무렵의 문서들에서 찾아낸 어휘상의 변화가 그저 필사 관행상의 변화에 말미암은 것은 아닌지, 다시 말해 제도들의 변화보다 필사자들의 기록하는 방식에 변화가 더 컸던 것은 아닌지 질문을 던져 왔다. 또 어떤 학자들은 중앙 권력이 마코네에서 무너졌음을 인정하면서도 이 같은 사태가 이 지방에만 나타나는 특유한 현상이었으며, 유럽의 다른 지역은 말할 것도 없고 프랑스의 다른 지방들에까지 반드시 해당되는 것은 아니라는 주장을 펼쳐 왔다.

뒤비의 주요 저작 가운데 마코네에 관한 저술은 아직 영어로 번역되지 않았다(이 책은 오직 이탈리어로만 번역되었다). 그럼에도 불구하고, 장래에 그의 연구에서 나타난 연구 방식과 관심사들이 이 저술에서 이미 뚜렷하게 드러나 있었다. 첫째, 그의 학문 인생을 통하여 뒤비는 기성의 이론 틀을 사료들에 가져다 대기보다는 일차사료 또는 사료들을 탐구하고 거기에 근거하여 논거나 이론을 제시하는 방식을 더 선호했다. 다른 종류의 주제들, 이를테면 사회 전체를 세 부분(싸우는 자들, 일하는 자들, 기도하는 자들)으로 나뉘어 있는 것으로 바라보는 중세의 이데올로기에 관해 저술할 때에도, 그의 탐구는 몇 가지 특정한 사료에서 시작되었다. 둘째로, 뒤비는 거의 언제나 권력 관계에 관심을 두었다. 마코네에 관한 책에서 그가 무엇보다도 관심을 기울인 문제는 농민과 귀족, 성주와 백작, 기사(milites)와 그들의 상·하급자, 귀족과 왕의 관계와 이들의 상대적인 지위였다. 초기 연구에서 뒤비는 경제적 관계를 결코 자명하거나 자기충족적인 주제로 본 것은 아니지만 앞서 말한 관계들의 경제적·정치적 차원을 강조했다. 뒤비의 관심은 중세 귀족계급의 이데올로기와 귀족 가문의 성격에 관한 연구로 가지를 뻗어나갔다. 가족이란 결혼으로 형성되고 결혼은 적어도 어느 정도는 경제적 문제들에 뿌리를 두고 있는 만큼, 그는 결혼을 정의하고 규제하는 문제를 놓고 귀족계급과 성직자 계급 사이에 벌어진 투쟁에 관심을 두게 되었다. 재산을 흔히 남자들이 관리했음에도 불구하고, 결혼이라는 주제를 다루면서 그는 귀족 여성들을 응시하게 되었다. 이러한 관심사들은 유기적으로 연관되고 서로 겹쳐졌으며, 또 그것들이 뒤비의 학문 인생의 궤도를 어느 정도 결정지을 터였다.

학위논문을 완성하기 전에 뒤비는 1952년 《아날》에 게재된 클뤼니 수도원의 예산에 관한 논문(나중에 《중세의 인간과 구조들》(Hommes et structures du Moyen Age), 1973에 수록됨)을 비롯하여 몇 편의 길지 않은 논문들을 발표했다. 1953년, 그의 책이 출판된 해에 뒤비는 또한 같은 지방의 시토회 수도원인 라페르테쉬르그롱 수도원의 미간행 문서 대장을 편찬했다. 이미 그는 숙련 장인의 프로젝트들, 즉 학생들이나 마코네에 관한 자신의 책이 출판된 후 나타나기 시작한 일반 독자층을 겨냥한 역사 개설서 집필을 제안 받기 시작한 터였다. 또한 그는 '문명사 총서'의 중세사 부분을 간행하는 공동 프로젝트에 참여하고 있었다. 이 책은 아시아, 북아프리카, 유럽의 중세에 관련된 자료들을 한데 엮은 것으로 1955년에 출간되었다.

이 일반 프로젝트들 다음에 이어진 행보는 뒤비가 아날학파의 지적 테두리에 연관되어 있음을 반영하고 있다. 뒤비는 1944년에 뤼시앵 페브르를 만난 적이 있다(한편 전쟁 중에 나치에 살해당한 마르크 블로크는 한 번도 만난 적이 없다). 1954년에 그는 뤼시앵 페브르에게 헌정하는 책에 부르고뉴의 농노제에 관한 논문을 기고했다(이 논문 역시 나중에 《중세의 인간과 구조들》에 수록됨). 뒤비는 1955년에는 엑스에서 왕위(kingship), 결혼과 죽음에 관한 세미나를 맡아 가르치기 시작했다. 이 세미나를 통해서 뒤비는 단순히 물질적인 현실보다 심성적인 현실들에 더 관심을 집중하게 되었거니와, 이는 곧 아날학파가 내세운 강령의 중요한 일부였던 것이다. 아날학파의 영향은 뒤비가 엑스에서 지중해사회연구소를 설립한 것에서도 뚜렷이 나타났다. 지중해 지역은 여러 아날학파 학자들에게도 역시 관심의 대상이었기 때문이다. 뒤비가 아르망콜랭 출판사로부터 기존의 프랑스사에 대한 개정판 작업을 요청받고 함께 작업할 동료가 있으면 하겠다고 수락하고는 페브르에게 말을 꺼냈고, 페브르는 자신의 애제자 로베르 망드루를 추천해 주었다. 1958년에 출판된 《프랑스 문명사》(Histoire de la civilisation française)에서 이 두 학자는 프랑스 역사의 기술 속에 민족지학과 심성사를 결합시켰다. 또 그해 뒤비는 중세적 심성으로서의 봉건제에 관한 논문을 《아날》에 실었다(《중세의 인간과 구조들》에 수록됨). 이제 심성사 분야의 전문 학자로 정평이 난 그는 샤를 사마랑의 편집으로 1961년에 출간된 《역사와 그 방법들》(L'Histoire et ses méthodes)에서 이 분야에 관해 한 장을 집필해 달라고 요청받았다. 뒤비 스스로 자서전에서 언급했듯이, 이 같은 요청은 비록 사마랑이 페브르나 《아날》과 관련된 형식의 역사를 몹시 싫어했음에도 불구하고 '새로운 역사학'이 수용되지 않을 수 없음을 인정한 것이었다. 하지만 그것은 또한 학자로서의 뒤비가 새로운 학풍과 접근 방식에 동조하면서도 더 보수적인 역사가들처럼 사료의 면밀한 분석에 철저히 토대를 둔 중도적인 인물임을 인정한 것이기도 했다.

일류 역사가이자 농촌사 전문가로 확고히 자리를 굳힌 뒤비는 1961년 《농촌 연구》라는 새로운 잡지의 창간자 가운데 한 명(이자크 시바, 다니엘 포세와 함께)으로 이름을 올렸다. 그 이듬해에는 비잔티움 연구자인 폴 르메를의 요청으로 또 다른 임무를 맡게 되었다. 르메를은 종합적 텍스트, 사료와 전기를 포함하는 대학 교재용 총서를 편찬하는 일을 총괄하고 있었다. 그는 뒤비에게 중세 농촌사에 관한 책 한 권을 맡아 달라고 요청했다. 뒤비는 이 일에 관해 자기 뜻대로 할 수 있는 권한을 허락받고서 애초에 기대한 것을 훨씬 능가하는 작품 하나를 내놓았다. 《중세 서양의 농촌 경제와 농촌 생활》(L'Economie rurale et la vie des campagnes dans l'Occident médiéval)은 다양한 부류의 학문적 요구를 충족시켜 주었다. 그것은 소홀히 해온 주제인 장기간에 걸친 농촌 경제에 대하여 종합적 해석을 폭넓게 제시했고, 광범위한 최신 참고 서지를 담아내며 새로운 연구 방향을 제안했다.

이 책에서 뒤비는 카롤링조 시대와 중세 말기를 좀 더 폭넓게 다루면서 유럽 사회의 발전에 관한 자신의 견해를 더 진전시켰다. 뒤비의 해석에서, 카롤링조 시대에 농촌 사회의 상대적인 정체기에 뒤이어 1000년 무렵 가파른 팽창기가 이어졌으니, 바로 이 시기에 군사 엘리트의 가혹한 농민 착취와 자원 통제를 수반한 새로운 경제가 발달했다. 뒤비는 마코네 지방에 관한 책에서 제시한 이론들 가운데 일부를 다시 거론하는데, 즉 카롤링조 시대 이후로 공권력이 쇠퇴하고 성주들이 크든 작든 독립적인 권력자가 되었다. 이 사람들은 자신의 경제적 이익을 좇는 과정에서, 개인적 종속 관계 및 토지 소유권으로부터 나온 타인들에 대한 통제권과 아울러 공권력이 한데 뒤섞인 그런 권력을 행사하게 되었다. 종속

관계에 바탕을 둔 영주권과 토지에 바탕을 둔 영주권의 상대적인 비중은 상황에 따라 달랐다. '완전 사유지'(allodial property, 소유자가 국왕 군대 복무와 같은 공적 의무들에만 구속을 받는 토지)는 점차 줄어들었고, 마침내 거의 모든 토지가 군인들에게 하사된 봉토(fiefs)나 농민들의 예속 보유지 (tenures)로 보유되었다. 그 결과는 중세 성기(盛期) 봉건 경제의 창출이 었다. 13세기에 이르러 이런 경제는 침체 국면에 들어갔고, 14세기의 인구 재앙에 의해 해체되고 재편될 터였다.

책 전체에 걸쳐 뒤비는 토지와 재물, 더 나중에는 화폐의 주인들이 바뀌어가는 과정에 주의를 기울이는 만큼이나 이러한 경제적 변화에 인간들이 뒤얽히는 과정(농민과 귀족들의 경험)에 주의를 기울인다. 본문에 딸린, 거의 200쪽에 이르는 번역 사료들과 수많은 표는 저마다 뒤비가 논의하는 경제 발전의 양상을 설명해 주며, 또한 독자에게 본문의 각 구절에 해당하는 사료를 일러 주는 각주들은 뒤비의 일반적 의견들이 관련 사료에 근거하고 있음을 보여 준다.

《농촌 경제》는 몇몇 최고의 중세 경제사가들이 기고한 서평에서 대단한 찬사를 받았다. 대개는 약간의 결점들, 이를테면 카롤링조 시대의 빈곤 상을 과대평가하는 경향이라든가 그 책의 지리적 한계(비록 영국과 프랑스 지역의 사료보다는 다른 지역들의 사료가 훨씬 더 희박하기 때문이기는 하지만,원래 다루고자 한 그 밖의 지역들보다 이 두 지역에 대해서 훨씬 더 풍부하게 기술하고 있다)와 같은 결점을 지적했지만, 그럼에도 그 책은 걸작으로 환호를 받았다. 프랑스어판에 붙인 머리말에서 뒤비는 "이 책이 그것을 이용한 사람들에 의해서 머지않아 대체된다면, 본래의 목적을 달성하는 것이 될 터이다"라고 적었지만, 이 책은 농촌 유럽의 경제사에 대한 체계적인 입문서로서 아직 대체되지 않은 채 40여 년이 지난 지금도 여전히 인쇄되고 있다.

1960년대 초에 와서, 엑스에서 가족과 결혼이라는 주제로 진행된 뒤비의 세미나에서 탐구된 견해들이 지면으로 발표되기 시작했다. 이 분야에서 관한 대표적인 학문적 성과는 대부분 그의 생애 말년에 이뤄졌다고 해도, 이 시기에 그의 연구가 이와 같은 새로운 방향에서 새로운 종류의 사료들을 근거로 이뤄지고 있음을 알리는 다수의 논문을 발표했다. 학자들 사이에 특히 파급이 컸던 것은 뒤비가 1964년에 《아날》에 발표한 〈12세기 프랑스 북서부 귀족 사회에서의 '청년들'〉(Au XIIe siècle: les 'jeunes' dans la société aristocratique dans la France du nord-ouest, 나중에 《중세의 인간과 구조들》에 수록됨)이라는 논문 덕분이었다. 여기서 뒤비는 중세에 '청년'이라는 용어가 어떤 연령을 가리킨 것이 아니라 어떤 사회적 지위, 즉 한편으로는 생물학적 성년과 다른 한편으로는 결혼 및 출산 사이의 시기를 가리켰다고 주장한다. 한 청년으로서 아무개는 사회의 구성원으로서 완전한 자격을 갖춘 사람이 아니었다. 남자들은 흔히 아주 늦게 결혼했고 아예 결혼하지 않는 사람도 많았기 때문에, 엘리트 계층에 속한 대다수의 '청년들'이 전체 문화의 형태를 이루어 냈다. 청년들은 마상경기장에 떼를 지어 모여 자신들의 재주를 과시했고, 결혼을 할 수 있게 해줄 재원을 가져다줄지도 모르는 모험을 좇았으며, 아버지가 얼른 사라져 주지 않아 불만인 상속자들이 획책한 반란에 가담했고, 결혼하여 자리를 잡은 동료들과의 경쟁에서 승자로 묘사되는 궁정 문학에 단골로 등장했다.

뒤비는 '젊음'에 관한 논문을 쓰려고 12세기 프랑스 북부에서 지어진 계보 기록들에 접근했다. 사실 뒤비는 계보들 자체에 관하여 몇 편의 논문을 쓴 바 있다(이 논문들은 대부분 《중세의 인간과 구조들》과 《기사 사회》에 수록되었다). 뒤비는 계보를 생물학적인 의미의 가족을 표시한다기보다는 개념상의 가족, 이런 계보의 작자들이 친족집단의 일원이라고 생각한 사람들을 표시하는 것으로 바라보았다. 이 계보들에서는 남자들이 여자들보다 훨씬 더 자주 등장하는데, 뒤비는 이러한 불균형이 나타나는 이유를 귀족층의 가족 개념이 가산을 나눠 물려주는 사람들만을 포함시키는 경향이 있었다는 사실에서 찾았다. 다시 말해서 상속이 점점 더 남계로 제한됨에 따라, 여자들이 점점 덜 중요하게 취급되었다는 것이다.

1960년대 중엽에 뒤비는 중세의 예술과 사회에 관한 첫 번째 저술을 내놓음으로써 자신의 학문 인생에 또 하나의 차원을 덧붙였다. 뒤비는 예술을 사랑했고 여러 예술가들과 교우했으며, 자신도 한평생 화가로 살았다. 바로 이러한 자질 때문에 아마도 알베르 스키라는 그에게 접근하여 1965~1966년에 세 권의 책으로 출판된 텍스트를 쓰도록 권유할 마음이 일었을 것이다. 그 세 권의 책은 《성당들의 유럽》(L'Europe des cathédrales, 1140-1280), 《새로운 인문주의의 기초들》(Fondements d'un nouvel humanisme, 1280-1440), 그리고 《서유럽 기독교 세계의 청년기》(Adolescence de la chrétienté occidentale, 980-1140)이다. 4절판에 풍부한 삽화를 곁들인 이 책들 중에서 첫 두 권은 여러 유럽 언어로 동시에 출판되었다.

이 책들이 주로 학자들을 겨냥한 저술은 아니었음에도 뒤비는 그 세 권의 책을 통해서 일관된 논지를 펼쳤으니 그것은 곧, 중세 예술은 지적 세계와 작품을 창작하는 예술가 사이의 상호작용으로 이해될 수 있다는 것이었다. 예컨대, 로마네스크 예술과 고딕 예술에는 각각 수도원주의의 이상과 대학들의 지적 세계가 반영되어 있다는 것이다. 대학 문화가 13세기 말경에 정체하면서 예술 역시 혁신적인 면이 떨어졌고, 결국 14~15세기에 가서 먼저 대학들에서 태동한 새로운 사상들에 의해, 그 다음에는 세속의 후원자들에 의해 활력을 되찾게 되었다. 중세 말에 예술은 기사도적 가치들의 표현에서 멀어지기 시작했으며, 후원자들의 이데올로기로부터 자유롭게 되자 비로소 예술가들 자신의 수중에 머물게 되었다.

뒤비가 말하는 예술과 사상 사이의 관계는 전적으로 독창적인 것이 아니고, 다른 예술사가들의 연구에 기대고 있었다. 예컨대, 에밀 말은 중세 건축을 일종의 극장으로 묘사했는가 하면, 어윈 파노프스키는 스콜라 신학의 내용 및 방법론과 고딕 건축 양식 사이의 연관성을 주장했다. 그럼에도 뒤비는 독자들을 예술 자체의 세계로 이끈 폭넓은 종합을 제시했다. 이 책들은 유럽 대륙의 학자들에게는 호평을 받았으나, 대개 대중 서적으로 간주했던 영국과 미국의 학자들에게는 그리 환영을 받지 못했다.

그 직후에 뒤비는 또 다른 사료집인 《서기 1000년》(L'An Mil)을 출간했다. 이 책은 그 제목이 연상시키는 것 이상이기도 했고 이하이기도 했다. 머리말에서부터 뒤비는 중세 사람들이 서기 1000년이 다가옴에 따라 공포에 휩싸였다는 통념을 그 자체의 역사적 맥락에 서둘러 가져다 놓는다. 이러한 관념은 르네상스 시대에 떠올랐으며, 인문주의자와 계몽 사상가들이 중세를 무지몽매함으로 보았던 것에 대한 르네상스 및 계몽 시대의 태도를 반영하고 있었다. 뒤비는 그 시기에 활동한 몇몇 저자들(그중에 가장 중요한 인물로 아데마르 드 샤반, 라울 글라베르, 리셰르 드 랭스, 엘고 드 플뢰리를 꼽을 수 있다)에서 발췌한 글들을 옮겼는데, 이들 저자는 이 시기 중세적 심성의 여덟 가지 측면을 제각기 나타냈고, 그 가운데 하나만이 천년왕국주의(millenarianism) 자체를 나타냈다. 그보다도 뒤비는 '천년'(millennium)에 대한 사고를 급속한 경제적 변화와 그에 따른 사회적·정치적 변동(다시 말해 그가 이전의 저서들에서 이미 기술했던 변화들)이라는 시대적 맥락 속에 위치시킨다. 여기서 주목할 만한 것은 그가 이러한 변화들을 심성과 병치시키고 있다는 점이다. 심성은 이미 그의 탐구 영역이 되어 있었지만, 아직까지 그것은 물질적 현상과 이 정도로 긴밀하게 통합되지는 못했다.

1960년대가 끝날 무렵 뒤비는 대단히 중요한 역사가가 되어 있었고, 그래서 1970년에 콜레주드프랑스의 중세 사회사 강좌 교수로 선출되었 다(그는 1992년 퇴임 때까지 이 직위에 있었다). 콜레주드프랑스는 학위를 수여하지 않고, 학자들이 일반 대중을 상대로 자신이 연구하고 있는 분 야에 관해 자유롭게 강좌를 이끌어 가는 학문 기관이다. 이 기관의 의도 는 연구 업적의 생산과 동시에 그것을 널리 퍼뜨리는 것이었으니, 이 같 은 변증법적 과정은 뒤비의 취향에도 썩 잘 맞았다. 뒤비의 강좌는 다른 무엇보다도 그가 점점 더 강한 흥미를 느끼던 젠더와 성 문제에 초점을 맞추었다. 강의 일정이 매년 일정 기간으로 제한되어 있어서, 뒤비는 주 로 엑스에서 지내며 글을 쓸 수 있었다. 그는 또한 자유로이 여행을 다니 며, 많은 기관에서 강연을 하기도 했다. 콜레주의 교수직이 연구에 특효 의 거름 역할을 했다는 점은 의문의 여지가 없다.

1970년 콜레주드프랑스에서의 취임 연설(《중세의 인간과 구조들》에 수 록되고 《기사 사회》에 번역되어 수록됨)은 그동안 연구해 온 방향과 또 그것 이 앞으로 나아갈 방향을 모두 제시했다. 그때까지 그는 경제 및 경제적 관계에 대한 역사가로서 발언했으나, 이제 그는 경제사를 사회사의 일부 로서 연구하고 또 사회사는 전체사의 단지 하나의 구성 요소로 다루는 역사가였다. 이 연설에서 뒤비는 "물질문명의 역사와 집단적 태도의 역사 가 한데로 수렴하게 될" 그런 사회사를 위한 새로운 터전을 마련하고자 했다. 텍스트와 사상들은 비록 중요하다고 해도 그것들만으로는 충분치 않을 것이었다. 왜냐하면 텍스트와 사상들만을 가지고 작업하는 역사가 는 역사의 가장 중요한 측면, 즉 사회 속의 인간들에 대한 탐구로부터 멀 어지기 십상이기 때문이다. 마찬가지로 역사가가 생산양식과 경제적 관 계에만 초점을 맞추어서는 안 될 것이니, 이유인즉 역사의 진정한 주제는 하나의 전체로서의 사회를 형성하는 다른 모든 힘들과 이것들 사이의 상호작용이기 때문이다.

이와 같은 선언은 뒤비의 다음 두 작품에서 실제로 표현되었다. 먼저 부빈 전투(1214년 7월 27일)를 다룬 첫 번째 작품은 1973년에 출판되었다. 이 책은 '프랑스를 만든 30일'이라는 총서의 일환으로 의뢰받은 작품이었다. 이 총서의 전제들을 슬며시 침해하면서, 뒤비는 13세기에조차도 중세의 작자들은 그 전투를 특별히 중요하게 여기지 않았다는 것을 명백하게 입증했다. 그 전투는 19세기에야 예의 '30일' 가운데 하나가 되었던 것이다. 오히려, 그 전에 따로 발표된 일련의 논문들에서 뒤비는 그 전투를 13세기 초의 '심성'과 현실이 반영되어 있는 하나의 거울과 같은 것으로 접근했다. 그 책의 일부는 '공식' 어용 역사가이자 목격자이기도 한 기욤 르 브르통의 라틴어 기록의 중세 프랑스어 번역을 다시 옮겨 놓았다. 다른 일부에서 뒤비는 그 전투에 대한 동시대의 견해들이 민족주의, 사회의 개념, 그리고 프랑스 국왕 숭배의 이데올로기에 관해 말한 것을 탐구한다. 뒤비는 또한 그 사건 자체와 다양한 시각에서 바라본 그것의 역사적 맥락, 군대의 구성, 그 군대들에게 가능했던 전술, 마상시합 같은 여러 문제들을 탐구한다.

이 같은 주제들의 상호작용은 중세 경제에 관한 뒤비의 마지막 주요 저술로 1974년에 출판된 《전사와 농민: 7~12세기 유럽 경제의 첫 도약》 (Guerriers et paysans, VIIe-XIII siècle: premier essor de l'économie européenne)에서도 나타난다. 이 책은 프랑스재단(Fondation de France)이 수여하는 폴 발레리 상을 수상했고, 찰스 윌슨이 편집한 '세계 경제사' 총서에 곧바로 선정되어 《유럽 경제의 초기 성장: 7세기부터 12세기까지의 전사와 농민》(1974)이라는 제목으로 번역되었다. 이 저작에서 뒤비는 자신의 기존 견해들을 다소 수정했다. 순전한 생존 경제 시기를 7~8세기로 올려 잡게 된 것이다. 이 초기 경제에서 상품은 '필수적인 선심(善心)'을 강조하는 게르만 전사의 심성에 의해 계속 유통되었으며, 그러한 심성은 모든 사회계층 사이에서 장차 수세기 동안 유럽 사회에 줄곧 영향을 끼친 하나의 관념을 낳게 되었다. 이 경제는 카롤링조의 군사적 팽창을 통하여 8세기 말경에 성장했고, 결국 인구의 압박과 9세기에 카롤링조의 정복 활동이 종식됨에 따른 일시적인 한계에 봉착했다. 이 시기에 유력자들은 초기 장원제를 창설함으로써 가능한 한 많은 재산을 축적하려고 꾀했으나, 완전히 무자비한 방식의 경제적 착취를 밀고 나가는 것은 카롤링조의 왕권에 의해 방해를 받았다. 9~10세기에 이민족들의 침입과 더불어 유력자들은 그러한 통제에서 벗어날 수 있었다. 그 결과는 사회관계들의 '봉건적' 형태로의 재편이었고, 두 번째, 하지만 이번에는 지속적인 유럽 경제의 도약이었다. 사회가 싸우는 자, 일하는 자, 기도하는 자, 이렇게 세 부류로 나뉘어 있다는 것과 같은 새로운 사상이 새로운 사회 질서를 해석하려는 시도로서 등장했다(1970년대 초에 진행된 뒤비의 세미나는 이 주제를 탐구했다). 12세기에 이르러 군사적 엘리트는 신흥 도시의 주민들에 의해 경제적 지배세력의 지위에서 점차 밀려나게 되었다. 이들은 '필수적인 선심'이나 소비 욕구를 좇는 것이 아니라 이윤을 내려는 요구를 좇는 사람들이었다. 이 저서에서 뒤비는 경제적 추세를 심성 및 이데올로기들과 단단히 연결 지었거니와, 이는 그가 새로운 문제들과 관심사로 눈길을 돌렸음을 나타내는 것이었다.

같은 해 뒤비는 금석문·문학아카데미(Académie des inscriptions et belles-lettres)의 회원으로 선출되었다. 고문서학교 및 로마 에콜프랑세즈 같은 연구 기관들과 긴밀히 연결되어 있던 이 기관은 권위 있는 상들을 시상한다. 신임 회원은 기존 회원들의 지명과 선거를 통하여 선발되며, 회원 선출은 평생의 탁월한 업적에 대한 보상의 의미를 담고 있다. 따라서 뒤비가 이 기관의 회원으로 선출된 것은 프랑스에서 그의 학문적 중요성과 의의를 한층 더 인정한 것이었다. 이 시기에 그의 여러 책들이 다시 인쇄되었고, 1960년대에 스키라에 의해 출판된 예술에 관한 초기의 저서들이 본문을 약간 손질하고 도판의 수를 줄인 채로《성당들의 시대: 980~1420년의 예술과 사회》(Le Temps des cathédrales: l'art et la société, 980-1420)라는 제목을 달고 한 권으로 묶여 다시 출판되었다.

1975~1976년에 네 권으로 나온 《프랑스 농촌사》(Histoire de la France rurale)를 편집하여 출판하기는 했지만, 뒤비는 경제사나 농촌사에서 떠나 다른 방향으로 나아가고 있었다. 그가 발표한 논문에서 이 같은 방향 전환의 징표들이 나타났다. 1975년 《디알렉티크》에 게재한 〈역사, 사회, 상상 세계〉(Histoire, société, imaginaire)에서 뒤비는 '상상 세계'의 관념을 논하는데, 사회들이 창출해 내는 구조적·관념적 이미지들을 언급할 경우 그는 '심성'이라는 말보다 이 용어를 선호하게 되었다. 이 시기에 뒤비는 또한 역사 이론에 관한 많은 논문들을 발표했고, 마침내 1980년에는 철학자 기 라르드로와 책 한 권 분량이 되는 역사에 관한 녹취 대담을 진행하여 《대화》(Dialogue)라는 제목으로 출판되었다. 그 와중에도 뒤비는 《부빈의 일요일》(Dimanche de Bouvines)과 《전사와 농민》에서 앞에서 살펴본 바 있는 중세 사회의 3원적 관념에 대한 탐구를 이어 갔고, 마침내 1978년에 《세 위계 또는 봉건제의 상상 세계》(Les Trois Ordres ou l'imaginaire du féodalisme)라는 책에서 이 주제를 자세하게 다루었다.

사회가 하나는 귀족, 하나는 평민, 또 하나는 성직자, 이렇게 세 가지 부분으로 이루어졌다는 관념은 구체제 시대 삼부회의 구성 속에 길이 보존된 것이지만, 뒤비는 그것이 프랑스 사회에서 어떻게 이와 같은 역할을 하게 되었는가 하는 문제에 관심을 두었다. 여기서도 역시 뒤비는 텍스트에서 출발했는데, 이번의 텍스트는 11세기의 주교인 아달베롱 드 랑이 지은 시 한 편과, 거의 같은 시기에 살았던 제라르 드 캉브레의 전기였다. 여기서 사회가 일하는 자들, 전사, 성직자로 나뉘어 있다는 관념이 처음으로 표명된 것이다. 그 이전 시대에 사회에 대한 중세의 개념은 대개 사회를 두 가지 범주, 곧 속인과 성직자로 나누었다. 중세 초기의 저자들이 3분할을 제시했을 경우, 그것은 성직자를 수도사와 세속 사제로 나누어서 나온 것이었다. 한편 뒤비에 따르면, 아달베롱과 제라르의 전기 작가는 서기 1000년 무렵에 등장한 새로운 사회 질서를 정당화하고 그 안에서 교회(특히 주교들)의 지위를 정당화하기 위하여 새로운 분할 방식을 이용했다. 이 도식은 잠시 출현했다가 한 세기 넘도록 사라졌고 12세기에 다시 출현했는데, 이때는 사회 안에서 자신들의 특권적 지위를 정당화하고자 한 귀족들에 의해서 채택이 되었다. 일단 귀족들의 수중에 들어간 뒤에, 이 모델은 프랑스 국가의 이데올로기적 용도에 맞추어 또 다시 개조되었다.

뒤비의 논의는 프랑스 학계에서 다른 의견 없이 받아들여졌다. 영국과 미국의 학자들 사이에서 그의 논의 칭찬과 비판을 동시에 끌어냈는데, 칭찬은 그것의 폭넓은 시야와 대가다운 발상에 대한 것이었고, 비판은 3원적 관념을 제시한 텍스트들을 오독했다는 것, 대표성을 띠지 못하는 텍스트들을 그 시대의 널리 퍼진 관념의 본보기로 이용했다는 것, 3원성 관념의 되풀이된 표현들 사이의 연관성에 대한 논거가 설득력이 없다는 것, 사회에 관한 경쟁하는 이데올로기적 모델들을 다루지 않았다는 것에 대한 지적이었다. 생생한 역사적 상상력을, 어떤 학자들은 뒤비의 저서에서 나타나는 가장 훌륭하고 흥미진진한 면으로 생각한 반면에, 다른 학자들은 하나의 위험한 단점, 그의 논의가 때때로 비약하는 원인으로 보았다. 그럼에도 뒤비가 이 책을 내놓은 이후로, 학자들은 이 같은 3분적

구조와 그에 대한 뒤비의 연구를 언급하지 않고서 성기(盛期) 중세 사회를 기술하는 일은 불가능하다고 생각하게 되었다. 이 책은 가족 및 젠더의 문제와 무관하게 거시적인 이데올로기적 과정들에 관심을 둔 마지막 저서였다.

가족에 대한 뒤비의 관심은 마코네 지방에 관한 연구를 진행하면서 가문들의 재산 관리와 이전을 연구하기 위해 가문들을 재구성해야만 했을 때부터 죽 이어졌다. 그는 1960년대 초에 서사적인 사료를 이용하여 귀족 가문의 계보에 관한 저술을 발표하기 시작했다. 게다가, 친족은 엑스에 있을 때나 콜레주드프랑스에서나 그가 담당한 몇몇 초기 세미나의 주제이기도 했다. 예컨대, 1974년 콜레주드프랑스에서 그가 담당한 세미나는 《중세 서유럽에서의 가족과 친족》(Famille et parenté dans l'Occident médiéval, 1977)이라는 논문집으로 나온 학술회의와 동시에 진행되었다. 또한 1977년 존스홉킨스대학에서 진행된 '제임스 S. 숄러 강좌'에서 뒤비는 계보 기록 및 가족사라는 주제로 다시 돌아갔고, 이는 1978년 《중세의 결혼: 12세기 프랑스의 두 가지 모델》(Medieval Marriage: Two Models from Twelfth-century France)이라는 책으로 출판되었다. 이 강좌에서 뒤비는 상대적인 근친 사이의 결혼, 까다롭지 않은 이혼, 부모가 배우자 선택을 통제하는 일까지 수반하는 '귀족 모델'의 결혼에 내포된 현상들을 탐구했다. 11세기에 나타난 경제적 변화의 압력 아래서 그것은 특정한 일부 자식에게만 결혼을 허용하고, 여자와 손아래 아들들을 상속에서 제외시키는 의미하기도 했다. 뒤비는 이 모델에 교회가 설파한바, 애정으로 결합될 결혼 당사자들의 동의를 요구하는 '교회 모델'의 결혼을 대비시켰다. 이러한 결혼은 파기할 수 없는 것이며, 상대적인 근친 사이의 결혼이 금지되었다. 이 두 가지 모델은 귀족층이 경제 면에서 더 이상 지배적이지는 않았지만 여전히 중요했던 시기인 12세기에 서로 충돌하게 되었다. 뒤비는 교회법의 형식적 요건들이 12세기 동안에 어떻게 관철되었는가 하는 문제보다 실제의 관행에서 나타난 대로의 모델들 사이의 경쟁에 더 관심을 두었으며, 아울러 그러한 경쟁이 두 모델들에서 어떻게 타협과 변화를 이끌어 냈는지 하는 문제에도 관심을 기울였다. 세 번째 강좌에서 뒤비는 하나의 계보 기록, 즉《긴 백작들과 아르드르 영주들의 역사》(The History of the Counts of Guines and Lords of Ardres)를 이용하여 이 같은 과정을 탐구했다.

《중세의 결혼》을 출판한 직후에 뒤비는 같은 주제를 한층 더 풍부하게 다룬 책으로 1981년에 《기사, 여성과 사제: 봉건적 프랑스에서의 결혼》(Le Chevailier, la femme et le prêtre: le mariage dans la France féodale)을 출판했다. 이 책은《중세의 결혼》과 기본적으로 같은 논지를 따르지만, 강연록을 펴낸 책과 달리 학술적인 접근이 더 충실한 만큼 논점이 더욱 뚜렷이 부각된다. 뒤비는 긴 백작들의 역사(예컨대, 기베르 드 노장의 자서전, 성인전, 앙부아즈 영주들의 역사)보다 더 많은 텍스트들을 이용하며, 그가 강좌들에서 언급한 텍스트와 사례들(예컨대, 샤르트르 주교 이브의 저술과 프랑스왕 필리프 1세의 결혼)을 더 깊이 파고든다. 하지만 기본적인 논점은《중세의 결혼》에서와 달라진 것이 없다.

결혼에 관한 이 두 저서는 출판 당시 전반적으로 학계의 찬사를 받았으며, 특히 귀족 가문 및 제후·왕가의 결혼에 대한 뒤비의 기술과 개별 사례들에 대한 그의 생생한 논의가 찬사를 받았다. 학자들(주로 영국과 미국의 학자들)은 '교회' 모델에 대한 뒤비의 기술에 대해서는 좀 더 비판적이었다. 그들은 뒤비가 교회법을 광범위하게 또는 적절하게 논의하지 못했으며, 또한 '교회'를 여러 경쟁적인 집단과 의제를 지닌, 따라서 결혼에 관한 다양한 사상을 지닌 복합적인 제도로서보다는 단일한 단위로 다루었다고 주장했다. 심지어 최근에 몇몇 학자들은 귀족층의 결혼에 관하여 논거로 이용된 텍스트들에 대한 뒤비의 독법에 이의를 제기하며, 이 텍스트들의 내용에 대한 뒤비의 설명에서 명백한 오류들을 지적했다. 초기의 연구에서 토지 양도에 관한 정보를 포함하는 법적 텍스트와 증서들을 다루었던 뒤비는 서술적 텍스트들을 사건에 대한 명료한 설명으로 취급하는 경향이 있었고, 그것들을 논의할 때 비판적인 사료 분석 절차를 따르지 않았다. 그런 탓에 그는 한 서술적 텍스트가 생산된 상황, 그것을 생산한 사람, 그것이 생산된 목적 또는 그 텍스트의 독자에 대해 거의 논의하지 않았다. 바꿔 말해서, 어떠한 텍스트가 누구의 관점에서 어떠한 목적으로 기록된 것인가 하는 문제에 대해 그가 늘 분명한 것은 아니었다. (뒤비의 연구가 으레 어떤 이론 틀에서 출발하기보다는 특정한 사료에서 출발했다는 점에서 이 같은 결함은 아이러니하다). 게다가 귀족 여성들이 본질적으로 무기력하고 중세 문화에 의해 침묵을 강요당한 존재였다는 뒤비의 주장은 그러한 견해가 유지될 수 없는 온갖 반대 근거를 제시한 많은 학자들의 반론을 불러일으켰다.

중세의 귀족, 청년, 결혼에 관련하여 뒤비가 연구한 문제들 가운데 많은 것들이 다음에 펴낸 책 《최고의 기사 기욤 르 마레샬》(Guillaume le Maréchal ou le meilleur chevalier du monde)에서 거론되었다. 뒤비의 여느 학술적 저술과 마찬가지로 이 책 또한 특정한 사료를 기초로 했는데, 여기서의 사료는 12세기에 활약한 한 기사의 생애를 13세기에 앵글로-노르만어로 기록한 전기이다. 이 기사는 마상시합에서 무용을 떨침으로써 잉글랜드 왕실에 몸을 담고, 한 상속녀와 결혼하고, 마침내 어려서 잉글랜드 왕으로 즉위한 헨리 3세의 섭정에까지 오른 마셜이었다. 마셜은 뒤비가 그의 모든 저술에서 각별히 선호한 한 전형, 즉 성공한 모험가 청년을 대표했다. 이 전기적 서사시는 믿을 만한 사실적 역사가 아니었고, 뒤비 또한 그것을 그렇게 취급하지 않았다. 뒤비는 그것을 한 특정한 시대의 문화적 구성물로서 탐구한다. 뒤비는 일반 청중을 염두에 두고 이 책을 썼다. 그의 자서전 《역사는 계속된다》에서 뒤비는 프랑스 출판계가 (수익성이 별로 없는) 대학가의 청중 외에 역사를 위한 대중적 청중의 존재를 발견했듯이 프랑스 학자들은 이 대중적 청중을 염두에 두고서, 그래서 학계의 청중이 기대하는 각주와 참고문헌을 빼 버리거나 최소한으로 줄인 채로 글을 쓰기 시작했다고 설명했다.

이 당시 뒤비는 영향력이 매우 큰 역사가였기 때문에, 《기욤 르 마레샬》은 학자들 사이에서든 일반 독자들 사이에서든 널리 읽혔다. 이 책에 대한 초기의 반향에서 대중적인 문체는 그리 화제가 되지 않았으며, 책은 호평을 받았다. 하지만 영어 번역본이 출판되었을 때의 반응은 그리 열렬하지가 않았으며, 처음에는 이 책을 환영했던 독자들이 이제는 유보적인 태도를 보이는 경우도 간혹 있었다. 처음에는 신선하다는 평을 받았던 것이 이제는 그 시에 대한 순진한 논의라고 여겨지게 되었다. 마셜의 아들의 의뢰로 쓴 그 시는 그 시대에 다른 가문들을 위해 지어진 수많은 '가족 로망스'의 하나일 뿐이었거니와, 뒤비는 그 시를 이러한 맥락에 놓고 보지도 않았고, 마셜이 살았던 역사적·정치적 상황이라는 맥락에 놓고 보지도 않았다. 그럼에도 불구하고, 그 책은 그 시 자체에 대해서는 물론이고 윌리엄 마셜이라는 인물에 대한 새로운 관심을 불러일으켰다.

다양한 주제들에 관한 논문을 꾸준히 발표하면서도, 뒤비는 1980년대 중반부터 일련의 대규모 공동 저술의 편집자 가운데 한 사람으로서 영향력이 더 컸다. 그 가운데 첫 번째 저술은 저명한 역사가 필리프 아리에스와 함께 감수한 《사생활의 역사》였다. 이 책은 1985년과 1987년 사이에 다섯 권으로 출판되었다. 이 역시 일반 독자들을 대상으로 기획되었고(집필진은 모두 탁월한 학자들로 짜여 있지만), 그래서 각주를 거의 달지 않았다.

뒤비는 '봉건 유럽에서 르네상스 시대까지'(한국어판은 '중세에서 르네상스까지'—옮긴이)라는 별도의 제목이 붙은 《사생활의 역사》 제2권을 직접 편집하고 일부 집필을 담당했다. 그런 까닭에 이 제2권은 여섯 명의 학자들이 공동 작품이기는 하지만, 뒤비의 관심사들을 상당 부분 보여 준다. 그것은 뒤비가 자신의 모든 연구에서 지론인 중세의 시대적 변화 구도를 따른 것으로, 즉 1000년 무렵 봉건적 전환에 의해 일어난 중세 세계의 변형과 14세기 초의 인구 변동과 더불어 시작된 두 번째 변형을 가리킨다. 뒤비에 따르면, 새로운 밀레니엄으로 넘어갈 무렵 사생활에 관한 사료가 너무 부족하여 나중에 나타난 것으로부터 추정하지 않고서는 그에 관해 이야기하기가 어려웠다. 1000년 무렵에 봉건적 전환에 의해 권력이 사유화됨에 따라, 그 이전 시대에 뚜렷했던 공공생활과 사생활의 구별 또한 흐릿하게 되어, 정부는 하나의 가정처럼 보이게 되었고, 부요한 가정들은 정부를 닮게 되었다. 이후 국가와 공공 기능들이 다시 확립되면서, 사생활과 공공생활이 더욱 뚜렷이 구별되었다. 14세기 초에 문서화(그리고 특히 생활의 예술적 표현들)의 폭이 점점 더 넓어지고 사회가 점점 더 세속화되어감에 따라, 내밀성 및 사생활의 관념들이 더욱 더 충실하게 발달했다. 이 시기를 통하여 개인주의의 성장은 궁극적인 사적 공간, 내면적 자아의 창출을 촉진했다. 이 같은 논지를 담은 일련의 논문들이 여기에 실렸는데, 이를테면 중세 성기 프랑스 귀족사회 및 르네상스 직전 토스카나 지방의 가족들에 관한(즉 봉건적 국면의 변화와 중세 말기 국면의 변화를 각각 대표하는) 두 가지 '사례 연구,' 한 편의 문학적 연구, 사적 공간의 역사에 관한 두 편의 논문, 그리고 개인주의에 관한 두 편의 논문이 그것이다.

이 논문들은 제각기 사생활의 다양한 측면들을 다루고는 있지만, 그에 관한 체계적인 논의라고 하기는 어렵다(뒤비 역시 그렇다고 주장하지는 않는다). 서론에서 뒤비는 심지어 19세기에 고안된 '사생활'이라는 관념이 중세에 적용될 수 있는가 하는 문제를 제기하고는, 그 용어가 중세에는 그런 식으로 사용되지 않았음을 염두에 두고서 쓴다면 그렇게 적용될 수 있다고 결론을 내린다. 사실, 뒤비 자신이 (프랑스 귀족의 가정과 이의 일종인 수도원 가정, 그리고 고독에 관하여) 집필한 부분을 포함하여 제2권의 상당 부분이 중세의 '사' 생활이 현대의 시각으로 보면 현저한 정도로 공동체적이었음을 강조하고 있다. '사적인' 세계는 고독의 영역이 아니라 권력이 국가 관리 대신 가정의 우두머리에 의해 행사되는 장소였다. 이 책에서 탐구한 여러 영역들, 즉 성채, 가정과 궁정, 안뜰, 심지어 텍스트조차도 중세 말까지 사람들이 자기 자신을 타인들에게 나타내 보이는 장소였다.

거의 모든 학자들이 많은 훌륭한 도판이 들어간 그 책의 양식을 칭찬했다. 하지만 내용에 관해서는, 뒤비의 후기 저술 가운데 많은 것들의 경우처럼 비평가들의 의견이 엇갈렸다. 상상력을 폭넓게 펼친 점과 많은 상이한 문제들을 책 속에 함께 짜 넣은 점을 칭찬하는 사람들이 있는가 하면, 각주가 없다거나 학문적 엄밀성이 부족하다는 점을 애석해 하는 사람들도 있었다. 좀 더 냉정한 사람들은 그 책이 여러 개념들(사생활, 내밀성, 고독)이 다르게 나타날 수 있을 양상들을 충분히 탐구하지 않은 채 암암리에 그것들이 똑같은 것인 양 얼버무렸다고 주장했다. 끝으로, 이들은 중세 성기의 경우 프랑스 북부가 유럽을 대표하는 반면, 유럽의 다른 지역들은 주로 르네상스의 여명기에만 논의된다고 비판했다.

《사생활의 역사》의 마지막 권이 프랑스에서 출판된 그해에 뒤비는 프랑스에서 최고의 영예로 통하는 아카데미프랑세즈 '회원'으로서 26번째 석좌에 선출되는 영예를 받았다. 뒤비가 회원에 선출됨에 따라 그의 여러 저서들이 다시 출간되었다. 두 번째 논문집인 《남성의 중세: 사랑에 관하여, 그 밖의 시론들(Mâle Moyen Age: de l'amour et autres essais)이 출간되었다. 그는 다른 학자들의 저서에 붙일 서문을 자주 청탁받았고, 실제로 많은 서문을을 써 주었다. 생전의 마지막 10년 동안 그는 대중매체에서 매우 활발히 활동했다. 로마에서 발행되는 신문 《라레푸블리카》(La Repubblica)와 프랑스 신문을 위해 논설을 쓰기도 했고, 말년의 대부분 동안 해마다 많은 인터뷰에 응했다. 그는 기사, 여성, 천년의 공포 등 다양한 주제들에 대해 다채로운 대중 서적을 펴내고자 했다. 그는 또한 말년의 두 번째 중요한 편집 기획에 착수했는데, 그 기획이란 미셸 페로와 함께 감수한 《서양 여성사》(Storia delle donne in Occidente)였다. 이 기획에서 뒤비는 중세편의 편집을 맡지 않고 그 일을 대신 크리스티아너 클라피쉬주버에게 맡겼다. 이번에도 이 책들은 대륙에서는 좋은 반응을 얻은 반면에, 영국과 미국의 학자들은 개개의 논문이 매우 유익하다고 생각하는 사람들과 전체적으로 일관되지 않은 면이 있다고 생각하는 사람들 사이에서 평가가 엇갈렸다. 개별 집필자들은 대개 대륙 유럽의 학자들이었고, 그래서 책들은 세계의 다른 지역들에서 젠더사 분야에서 이루어지고 있던 연구 성과에 크게 의존하지 않았다.

이 시점에 이르러 뒤비의 경력이 서서히 종막에 이르고 있었다는 것은 분명했다. 1991년에 뒤비는 이전에 쓴 자전적 에세이 〈역사가의 즐거움〉(Le plaisir de l'historien)과 같은 취지에서 쓴 자서전 《역사는 계속된다》를 발표했다. 상당히 특정한 전기적 세부사항과 몇 가지 날카로운 의견들을 제시한 이전의 논문과 달리, 뒤비는 이 책을 그의 지적 여정의 결산표로 꾸몄다. 그것은 더 고급한 학위를 목표로 하게 된 자신의 결단에서 시작하여, 처음 5장에서는 학위논문을 출판하기까지의 과정을 더할 나위 없이 세련되게 설명해 나가며, 그 뒤로 뒤비의 경력에 관련된 주요한 주제들(자신이 만난 학자들, 심성과 예술에 관한 그의 저술, 그의 여행이 학문에 끼친 영향)이 죽 이어진다. 이 모든 주제들이 열정적으로, 매혹적으로, 명료하게, 그리고 경쟁자들에 대한 원한을 내비친다거나 사무친 원한을 푼다거나 하는 일 없이 이야기된다. 책의 마지막 장에는 '연구계획들'이라는 제목이 붙었지만, 전반적인 논조는 고별사처럼 자신의 지나온 삶을 요약하는 것이다. 뒤비는 그해 은퇴했다.

사실, 뒤비에게는 단 하나의 독창적인 연구 계획이 더 남아 있었으니, 그것은 곧 세 권으로 나온 《12세기의 여인들》(Dames du XIIe siècle)이었다. 첫째 권인 《엘로이즈, 알리에노르, 이죄와 몇몇 여인들》(Héloise, Aliénor, Iseut et quelques autres)은 12세기의 여인들을 일련의 초상화처럼 묘사하는데, (알리에노르처럼) 응당 등장할 만한 인물도 있고, (쥐에트 드 위처럼) 별로 알려져 있지 않은 인물들도 있다. 제2권 《망자들에 대한 기억》(Souvenirs des aïeules)은 가족 기억의 담지자로서, 특히 그들이 친정 가문이 남편 가문에 가져다준 광채와 관련하여 여자들의 역할을 다룬다. 프랑스어로 《이브와 사제들》(Eve et les prêtres)이라는 제목이 붙은 마지막 권은 영어 번역본의 《이브와 교회》(Eve and the Chruch)라는 제목보다 책의 내용을 더 잘 표현하는 것 같은데, 왜냐하면 여기서는 성직자 신분의 사람들이 여자들의 두려운 힘을 억제하고 통제하며 남성의 지배를 강요하고자 꾀한 방식들을 논의하고 있기 때문이다. 각주나 색인을 달지 않은 이 얇은 책들은 대체로 빈약한 것으로 보였지만, 영어 번역본이 출판되기 전에 사망한 저자에 대한 비판은 침묵을 지켰다. 1996년 뒤비가 숨을 거두고 나서, 대개 편집 책임을 맡은 몇 가지 마지막 기획들의 출판과 그의 저술 재발간이 뒤를 이었다.

조르주 뒤비의 수많은 저서 가운데 거의 모든 책들이 지금도 여전히 인쇄되고 있으며 학자들에 의해서, 그리고 생동하는 문장을 통해서 새 세대의 독자들에게 즐거움을 선사하면서 교실 교육을 위해서 모두 널리 활용되고 있다. 학자들에게, 단지 그것을 반박하기 위해서라도 뒤비의 연구를 언급하지 않고서 중세 성기의 정치적·사회적 발전, 중세의 귀족, 젠더 문제, 중세의 이데올로기들에 대하여 글을 쓰는 것은 사실상 불가능하다. 그의 유산은 유럽 대륙의 학자들 사이에서 아직도 비교적 확고한 것으로 남아 있다. 이들은 그의 견해에 이의를 제기하면서도 깍듯이 경의를 표하기를 잊지 않으며, 그의 연구에서 나타나는 오류들을 관심의 폭이 아주 넓은 학자에게 피할 수 없는 일로 여긴다. 영국과 미국의 학자들에게, 뒤비의 연구는 더 강력한 비판의 대상이 되었고, 많은 문제들에서 여전히 도전을 받고 있다. 이를테면, 실제로 '봉건적 전환'이 일어난 것인지(뒤비의 초기 연구와 같은 주제를 상당 부분 다뤄온 프랑스 학자 도미니크 바르텔레미에 의해서도 제기된 문제), 또는 귀족 여성들이 그들이 속한 사회에 의해 침묵을 강요당하고 권한을 박탈당했는지 하는 문제가 그런 예이다. 이 학자들은 뒤비의 오류들을 뒤비가 제시한 거대한 테제들의 가치를 손상시키는 특유한 오독의 결과로 여긴다.

성백용 옮김

참고 자료

책

Recueil des pancartes de l'abbaye de la Ferté-sur-Grosne (Gap: Ophrys, 1953), pp. 1113-79.

La Société au XIe et XIIe siècles dans la région mâconnaise (Paris: Armand Colin, 1953; rev. edn., Paris: SEVPEN, 1971).

Le Moyen age: l'expansion de l'Orient et la naissance de la civilisation occidentale, by Georges Duby, Edouard Perroy, Jeannine Auboyer, et al. (Paris: Presses Universitaires

Histoire de la civilisation française, by Georges Duby and Robert Mandrou, 2 vols. (Paris: Armand Colin, 1958); 《프랑스 문명사》 1·2(김현일 옮김, 까치, 1995).

L'Economie rurale et la vie des campagnes dans l'Occident médiéval: France, Angleterre, Empire, IXe-XVe siècles. Essai de synthèse et perspectives de recherches, 2 vols. (Paris: Aubier, 1962).

L'Europe des cathédrales (1140-1280) (Geneva: Skira, 1966).

Fondements d'un nouvel humanisme (1280-1440) (Geneva: Skira, 1966).

Adolescence de la chrétienté occidentale (980-1140) (Geneva: Skira, 1967).

L'An mil (Paris: Julliard, 1967).

Le Dimanche de Bouvines (Paris: Gallimard, 1973); 《부빈의 일요일》(최생열 옮김, 동문선, 2002).

Guerriers et paysans, VIIe-XIIe siècles: premier essor de l'économie européenne (Paris: Gallimard, 1973); 《전사와 농민》(최생렬 옮김, 동문선, 1999).

Les Procès de Jeanne d'Arc, by Georges Duby and Andrée Duby (Paris: Gallimard, 1973).

Saint Bernard: l'art cistercien (Paris: Arts et Métiers Graphiques, 1976).

Medieval Marriage: Two Models from Twelfth-century France, translated by Elborg Forster (Baltimore, MD: The Johns Hopkins University Press, 1978).

Les Trois Ordres ou l'imaginaire du féodalisme (Paris: Gallimard, 1978); 《세 위계: 봉건제의 상상 세계》(성백용 옮김, 문학과지성사, 1997).

L'Europe au moyen âge: art roman, art gothique (Paris: Arts et Métiers Graphiques, 1979).

Dialogues, by Georges Duby and Guy Lardreau (Paris: Flammarion, 1980).

Le Chevalier, la femme et le prêtre: le mariage dans la France féodale (Paris: Hachette, 1981); 《중세의 결혼: 기사, 여성, 성직자》, 최애리, 새물결, 1999)

De l'amour au XIIe siècle: séance publique annuelle des cinq Académies, lundi 26 octobre 1981 (Paris: Firmin-Didot, 1981).

Que sait-on de l'amour en France au XIIe siècle? (Oxford: Clarendon Press, 1983).

Guillaume le Maréchal ou le meilleur chevalier du monde (Paris: Fayard, 1984); 《위대한 기사, 윌리엄 마셜》(정숙현 옮김, 한길사, 2005).

Le Moyen Age: de Hugues Capet à Jeanne d'Arc, 987-1460 (Paris: Hachette, 1987).

Discours de réception de Georges Duby à l'Académie française et réponse d'Alain Peyrefitte: suivis des allocutions prononcées à l'occasion de la remise de l'épée (Paris: Gallimard, 1988).

L'Art cistercien (Paris: Flammarion, 1989).

L'Europe au moyen âge: art roman, art gothique (Paris: Flammarion, 1990).

L'Histoire continue (Paris: O. Jacob, 1991); 《역사는 계속된다》(백인호 옮김, 동문선, 2005).

Saint Louis à Chypre (Nicosia: Fondation Anastasios G. Leventis, 1991).

La Chevalerie (Paris: Perrin, 1993).

Dames du XIIe siècle, 3 vols. (Paris: Gallimard, 1995-6); 《12세기의 여인들》1·2·3(최애리·유치정·권은희 옮김, 새물결, 2005).

L'Art et société au moyen âge (Paris: Editions du Seuil, 1997).

저작집

Hommes et structures du Moyen Age (Paris: Mouton, 1973).

Le Temps des cathédrales: l'art et la société, 980-1420 (Paris: Gallimard, 1976) (contains slightly revised and retranslated texts of *L'Europe des cathédrales, Fondements d'un nouvel humanisme, and Adolescence de la chrétientéoccidentale*).

Mâle Moyen Age: de l'amour et autres essais (Paris: Flammarion, 1988).

An 1000, an 2000: sur les traces de nos peurs (Paris: Textual, 1995).

L'Art et la société: moyen âge, XXe siècle, edited by Guy Lobrichon (Paris: Gallimard, 2002) (contains *Saint Bernard: l'art cistercien; Saint Bernard et les arts; Le Temps des cathédrales*; and articles and prefaces related to art).

편집한 책

Atlas historique: Provence, Comtat Venaissin, Principauté d'Organe, Comté de Nice, Principauté de Monaco, edited by Georges Duby, Edouard Baratier, and Ernest Hildesheimer (Paris: A. Colin, 1969).

Histoire de la France, edited by Georges Duby, 3 vols. (Paris: Larousse, 1970-1).

Histoire de la France rurale, 4 vols., edited by Georges Duby and Armand Wallon (Paris: Editions du Seuil, 1975-6).

Famille et parenté dans l'Occident médiéval. Actes du Colloque de Paris, 6-8 juin 1974, edited by Georges Duby and Jacques Le Goff (Rome: Ecole française de Rome, 1977).

Atlas historique Larousse (Paris: Larousse, 1978).

Histoire de la France urbaine, edited by Georges Duby, 5 vols. (Paris: Editions du Seuil, 1980-5).

L'Eurasie: XIe-XIIIe siècles, edited by Georges Duby and Robert Mantran (Paris: Presses Universitaires du France, 1982).

Histoire de la vie privée, edited by Georges Duby and Philippe Ariès, 5 vols. (Paris: Editions du Seuil, 1985-7); 《사생활의 역사》(주명철·전수연 옮김, 새물결, 2006).

Civilisation latine: des temps anciens aux temps modernes (Paris: O. Orban, 1986).

Histoire d'un art, la sculpture. Le grand art du Moyen Ages, du Ve au XVe siècle, edited by Georges Duby, Xavier Barral i Altet, and Sophie Guillot de Suduiraut (Geneva: Skira, 1989).

Storia delle donne in Occidente, 5 vols., edited by Georges Duby and Michelle Perrot (Rome: Laterza, 1990); translated into French as *Histoire des femmes en occident* (Paris: Plon, 1991-2).

Images de femmes, edited by Georges Duby and Michelle Perrot (Paris: Plon, 1992).

Femmes et histoire: Colloque, La Sorbonne, 13-14 novembre 1992, edited by Georges Duby and Michelle Perrot (Paris: Plon, 1993).

Marie: le culte de la Vierge dans la société médiévale, edited by Georges Duby, Dominique Iogna-Prat, Eric Palazzo, and Daniel Russo (Paris: Beauchesne, 1996).

논문

"Dangers d'une réussite," in *Saint Bernard, homme d'Eglise* (Paris: Desclée de Brouwer, 1953), pp. 67-75.

"La révolution agricole médiévale," *Revue de géographie de Lyon*, 29 (1954): 361-8.

"Le Port de Marseille et la civilisation provençale au Moyen Age. Leçon inaugurale de rentrée de l'Université d'Aix-Marseille," *Revue de la Chambre de commerce de Marseille*, 42 (1955): 127-31.

"La structure d'une grande seigneurie fl amande à la fin du XIIIe siécle: a propos d'un inventaire récent," *Bibliothèque de l'Ecole des chartes*, 114 (1956): 181-6.

"Sur les voies ouvertes part Marc Bloch: esclavage et servage au moyen âge," *Annales: é conomies, sociétés, civilisations*, 12 (1957): 123-6.

"Notes sur les corvées dans les Alpes du Sud en 1338," in *Etudes d'histoire du droit privé offertes à Pierre Pétot* (Paris: Librairie Dalloz-Sirey, 1959), pp. 141-6.

"Les campagnes anglaises du Moyen Age d'aprés les comptes seigneuriaux, les enquêtes et la photographie aérienne," *Annales: économies, sociétés, civilisations*, 15 (1960): 549-50.

"Société et civilisation dans le pays niçois à la fin du Moyen Age," *Annales du Centre universitaire méditerranéen*, 13 (1960): 49-61.

"L'histoire des mentalités," in *L'Histoire et ses méthodes*, edited by Charles Samarin (Paris: Gallimard, 1961), pp. 937-66.

"Une sythése: le vignoble français," *Annales:économies, sociétés, civilisations*, 16 (1961): 122-6.

"Les campagnes françaises à la fin du XIIe siécle: esquisse d'historie économique," *Bollettino dell'Istituto italiano per il medio evo*, 74 (1962): 161-73.

"Lavore e terra nei secoli IX-X," *Economia e storia*, 9 (1962): 356-83.

"Sur l'histoire agraire de l'Italie," *Annales: économies, sociétés, civilisations*, 18 (1963): 352-62.

"Les recherches en histoire médiévale," *Revue historique*, 232 (1964): 427-30.

"Recherches historiques sur les campagnes médiévales," *Etudes rurales*, 13-14 (1964): 71-8.

"Le gouvernement royal aux premiers temps capétiens," *Le moyen âge*, 72 (1966): 531-44.

"Les pauvres des campagnes dans l'Occident médiévale jusqu'au XIIIe siécle," *Revue d'histoire de l'église de France*, 52 (1966): 25-32.

"La vie rurale en Europe au XVe siécle (France, Allemagne, Angleterre, Italie, Péninsule Ibérique)," *Historiens et géographes*, 2 (1966): 251-4.

"The agrarian life of the Middle Ages," *Economic History Review*, 21 (1968): 1159-65.

"The diffusion of cultural patterns in feudal society," *Past and Present*, 39 (1968): 1-8.

"The French countryside at the end of the XIIIth century," in *Essays in French Economic History*, edited by Rondo E. Cameron (Homewood, IL: R. D. Irwin for the American Economic Society, 1970), 33-41.

"Le monachisme et l'économie rurale," in Università Catholica del Sacro Cuore, *Il Monachesimo e la riforma ecclesiastica (1049-1122)* (Milan: Vita e pensiero, 1971), pp. 336-50, 381-95.

"The great estate in France at the end of the Middle Ages," in *The Recovery of France in the Fifteenth Century*, edited by P[eter] S[hervey] Lewis (New York: Harper and Row, 1972), pp. 312-23.

"L'image du prince en France au XIe siécle," *Cahiers d'histoire*, 17 (1972): 211-16.

"Medieval agriculture, 900-1500," in *The Fontana Economic History of Europe*, edited by Carlo Cipolla, 2 vols. (London: Collins, 1972), vol. 1, pp. 175-220.

"Les structures médiévales," in *La France et les français*, edited by François Michel

(Paris: Gallimard, 1972), pp. 7-30.

"Guerre et sociétédans l'Europe féodale. Ordonnancement de la paix. La guerre et l'argent. La morale des guerriers," in *Concetto, storia, miti e immagini nell'Medioevo. Atti del XIVe Congresso Internazionale d'Alta Cultura*, edited by Vittore Branca (Florence: Sansoni, 1973), pp. 449-82.

"Aux origines d'un systéme de classifi cation sociale," in *Méthodologie de l'histoire et des sciences humaines. Mèlanges en l'honneur de Fernand Braudel*, 2 vols. (Toulouse: Privat, 1973), vol. 2, pp. 183-8.

"L'urbanisation dans l'histoire," *Etudes rurales*, 49-50 (1973): 10-13.

"Histoire sociale et idéologies des sociétés," in *Faire de l'histoire*, edited by Georges Duby, Jacques Le Goff, and Pierre Nora, 3 vols. (Paris: Gallimard, 1974), vol. 3, pp. 147-68.

"Pour une histoire anthropologique: la notion de réciprocité. Débat," *Annales: économies, sociétés, civilisations*, 29 (1974): 1366-7.

"Histoire, société, imaginaire," *Dialectiques*, 10-11 (1975): 111-23.

"La diffusion du titre chevaleresque sur le versant méditerranéen de la chrétientélatine," in *La Noblesse au Moyen Age, XIe-XVe siècles. Essais à la mémoire de Robert Boutruche* (Paris: Presses Universitaires de France, 1976), pp. 39-70.

"Présentation de l'enquête sur 'Famille et sexualité au Moyen Age,'" in *Famille et parenté dans l'Occident médiéval. Actes du Colloque de Paris, 6-8 juin 1974*, edited by Georges Duby and Jacques Le Goff (Rome: Ecole française de Rome, 1977), pp. 9-11.

"L'héritage," in *La Méditerranée: les hommes et l'héritage*, edited by Fernand Braudel (Paris: Arts et Métiers Graphiques, 1978), pp. 189-237.

"France rurale, France urbaine: une confrontation," in *Histoire de la France urbaine*, edited by Georges Duby (Paris: Editions du Seuil, 1980), vol. 1, pp. 9-35.

"Memories with no historian," *Yale French Studies*, 59 (1980): 7-16.

"Les femmes et la révolution feodale," *La pensée*, 238 (1984), 5-15.

"Avertissement," "Pouvoir privé, pouvoir public," "Convivialité," "Situation de la solitude XIe-XVe siécle," in *Histoire de la vie privée, vol. 2: De l'Europe féodale à la Renaissance*, edited by Georges Duby (Paris: Editions du Seuil, 1985), pp. 19-44, 49-95, 503-26.

"Uber einige Grundtendenzen der modernen französischen Geschichts-wissenschaft," *Historische Zeitschrift*, 241 (1985): 543-54.

"Le lignage. Xe-XIIIe siécles," in *Les lieux de mémoire*, edited by Pierre Nora (Paris: Gallimard, 1986), vol. 1, pt. 2, pp. 31-56.

"Le plaisir de l'historien," *Essais d'é go-histoire*, edited by Pierre Nora (Paris: Gallimard, 1987), pp. 109-38.

"Les sermons faits aux femmes aux XIIe et XIIIe siécles," in *La Femme au moyen âge* (Paris: La Documentation Française, 1992), pp. 11-20.

"Mémoire paysanne," in *Societ à, istituzioni, spiritualit à: studi in onore di Cinzio Violante*, 2 vols. (Spoleto: Centro italiano di studi sull'alto Medioevo, 1994), vol. 1, pp. 271-5.

"La position de la femme dans l'Europe médiévale," *Historia*, 595 (1996): 24-8.

참고문헌

Bermond, Daniel, "Georges Duby: historien esthéte du Moyen Age," *Sciences humaines*, 27 (March, 1997), reprinted by the French Minister of Foreign Affairs (Ministére des Affaires étrangéres) in *Label France* (available at www. diplomatie.gouv.fr/fr/france_829/label-france_5343/les-themes_5497/sciences-humaines_13695/histoire-science-politique-relations-internationales_14467/georges-duby-historienesthete-du-moyen-age-no-27-1997_38009.html; accessed November 9, 2009).

Cheyette, Frederic L., "Georges Duby's Mâconnais after fi fty years: reading it then and now," *Journal of Medieval History*, 28 (2002): 291-317.

Duby, Georges, *L'Ecriture de l'histoire*, edited by Chaldie Duhamel-Amado and Guy Lobrichon (Brussels: DeBoeck-Wesmael, 1996), see pp. 467-87 for Duby's bibliography to 1993.

Evergates, Theodore, "The feudal imaginary of Georges Duby," *Journal of Medieval and Early Modern Studies*, 27 (3) (1997): 641-60.

Medioevo e oltre: Georges Duby e la storiografi a del nostro tempo, edited by Daniela Romagnoli (Bologna: CLUEB, 1999), see pp. 215-43 for Duby's bibliography to 1997.

Toubert, Pierre, "Hommage à Georges Duby" (available at www.college-de-france.fr/media/ins_dis/UPL53272_homDUBY.pdf; accessed August 3, 2004); see also the biographical outline (at www.college-de-france.fr/default/EN/all/ins_dis/georges_duby.htm; accessed November 9, 2009); and the biographical account on the website of the Académie française (available at www.academie-francaise.fr/Immortels/base/academiciens/fi che. asp?param=674; accessed November 9, 2009).

26

피에르 쇼뉘

1923~2009

Pierre Chaunu

피에르 쇼뉘

데이비드 스튜어트

  피에르 쇼뉘는 20세기 보수적 역사가들 가운데 영향력 가장 크고 뛰
어난 역사가였다. 라틴아메리카에 관한 기념비적 대작뿐 아니라, 종교사
및 인구사 연구와 정치 사회 관련 방송 해설가로서 엄청난 활동을 통해
교육, 낙태, 이민 그리고 프랑스혁명의 유산을 둘러싼 전국 규모의 토론
에 매우 활발하게 참여했다.

  피에르 쇼뉘는 1923년 8월17일 베르됭 전쟁터의 경계에 있는 로렌 지
방 벨빌의 작은 마을에서 철도 노동자의 아들로 태어났다. 그의 어린 시
절 기억들은 죽음의 다양한 표상들을 중심으로 구성되어 있었다. 스스
로 밝혔듯이 죽음의 기억들이 그의 자아를 형성했다. 어머니는 쇼뉘가
어렸을 때 세상을 떠나 이모와 이모부 밑에서 성장했지만, 이들마저 얼마
안 가 모두 세상을 떠나고 말았다. 더욱이 쇼뉘가 열다섯 살까지 살았던
로렌 지방은 10여 년 전에 그 지방을 완전히 황폐화시킨 제1차 세계대전

으로 수많은 죽음의 기억으로 뒤덮인 지역이었다. 쇼뉘가 고등학교에 입학할 때는 어린 시절 죽음의 경험을 통해 관심을 갖게 된 의학과 역사 공부 가운데 하나를 선택해야만 했다.

프랑스가 독일 점령 아래에 있던 시절 소르본대학에서 공부하면서, 쇼뉘는 당시 가장 뛰어난 역사가 페르낭 브로델의 후견 아래에 들어갔다. 비록 브로델이 쇼뉘에게 엄청난 영향을 끼쳤지만, 젊은 쇼뉘는 또한 위대한 역사가 에르네스트 라브루스의 영향도 받았다. 석사 학위(DES, 1886년부터 1992년까지 유지된 고등교육 학위—옮긴이)를 취득한 쇼뉘는 1947년에 뫼즈 도로 돌아가서 2년 동안 바르르뒤크라는 마을의 고등학교에서 가르쳤다. 교사 생활 2년 동안에 쇼뉘는 역사학자가 되기로 결심했지만, 어느 시대를 연구할지는 결정하지 못했다. 바르르뒤크에 있는 동안에 슈뉘는 첫 번째 저서인 《유젠 수와 제2공화국》(1948)을 출간했다. 19세기 작가에 대한 쇼뉘의 연구는 주제나 방법론 모두 전통적이었다. 하지만 두 번째 저작 《라틴아메리카의 역사》(1949)는 전통적 주제와 방법을 거부하고 당시에 거의 연구되지 않았던 라틴아메리카 역사라는 중대하면서도 새로운 방향을 제시했다.

한편 이 무렵 뤼시앵 페브르와 페르낭 브로델의 지도와 권고로 소르본대학 내 아날학파 역사가 집단에게 연구 공간을 제공하기 위하여, 고등연구원(Ecole pratique des hautes études, 1975년에 사회과학고등연구원으로 개편됨)의 제6부가 창설되었다. 아날학파는 인간 사회에 폭넓은 질문을 제기하고 장구한 시간에 걸쳐 변화와 지속을 검토했으며, 역사적 질문들에 답하기 위하여 지리학과 경제학, 통계학을 이용하여 학제간 연구를 추구했다. 쇼뉘와 그의 부인 위게트 카텔라 쇼뉘는 브로델을 돕기 위하여 파리로 돌아왔다. 파리로 돌아온 직후 1948년에 쇼뉘 부부는 에스파냐로 이사하여 1951년까지 마드리드와 세비야에서 연구 활동을 이어 갔다. 그 뒤 프랑스로 돌아온 쇼뉘는 5년 동안 파리의 미슐레드방브 고등학교에서 교편을 잡았고, 이 기간 동안 에스파냐에서 수집한 데이터를 분석하고 기념비적인 연구서를 집필했다.

쇼뉘 부부의 연구 결과인 《세비야와 대서양(1504~1650)》은 1955년부터 1960년까지 열두 권으로 출간되었다. 광대한 공간과 장기지속의 시간, 수량적 데이터를 강조하는 아날학파의 특징을 반영하고 어마어마한 양에 달하는 쇼뉘의 연구서는 150여 년에 걸쳐 에스파냐 식민지에서 에스파냐로 유입되는 모든 금괴에 대한 기록을 보여 주었다. 이베리아, 대서양과 카리브 해의 섬들, 그리고 에스파냐 식민지인 아메리카 대륙의 지리에 관해 한 권을 할애했고, 두 권에 걸쳐 통계분석을 했으며, 여덟 권에 걸쳐 표 데이터를 제공했다. 쇼뉘의 중심 주제는 해운 무역이 결코 인위적인 발명품이 아니라 자연적 발명품이며, 카디스와 세비야를 제외한 어떤 도시도 신세계와 그렇게 많은 양의 무역을 할 수 없었으며, 포르투갈인들은 에스파냐의 해운 무역에서 생각하는 것보다 훨씬 더 중요한 역할을 수행했다는 것이다. 매우 독창적인 연구로 높이 평가된 이 연구서는 쇼뉘의 박사 학위논문으로 제출되었고 1960년에 학위를 취득했다. 이후 수십 년에 걸쳐서, 에스파냐와 아메리카의 학자들은 데이터를 1650년 이후까지 확장했으며, 유럽으로 유입되는 에스파냐의 금괴 밀수 양을 측정하고, 대서양 경제에서 특정한 상품의 역할을 검토하는 수많은 연구서들을 출간했다. 이러한 연구들을 통해 쇼뉘의 중심 주제가 받아들여졌으며 열두 권에 달하는 연구서는 근대 초 에스파냐 역사 연구의 고전으로 남게 되었다.

1956년에 쇼뉘는 프랑스 국립과학연구원(CNRS)의 연구원이 되어 1959년까지 근무했다. 1959년부터 1971년까지는 캉대학에서 가르쳤다. 이 기간 동안에 쇼뉘는 수많은 저술을 남겼는데 단독 저서 열 권을 출간했고 또 다른 다섯 권의 책에 글을 실었다. 이 저작들 대부분은 필리핀 식민지, 유럽의 식민지 팽창과 근대 초 에스파냐에 관한 저작이 포함된 에스파냐 식민 제국의 양상에 초점을 맞추었다. 이 저작들은 쇼뉘를 근대 초 에스파냐의 식민주의에 관한 한 대표적인 역사가이자 아날학파의 핵심 역사가 가운데 한 사람으로 확실하게 자리매김해 주었다.

1966년에 출간한 《고전시대 유럽의 문명》에서는 라틴아메리카의 역사가들을 넘어서 관심을 폭넓게 확대했다. 이 저작은 또 쇼뉘의 연구 관심을 새로 전환하는 계기가 되었다. 아메리카에 관한 주제를 연구할 때 보여 준 경제와 지리적 질문에 더하여, 연구에 인구를 중요한 요소로 추가시켰다. 《고전시대 유럽의 문명》은 경제와 지리, 인구의 종합을 이룩한 주요 저작으로 평가된다. 이 책은 아날학파에서 출간된 최초의 종합적 개론서이기도 하다.

쇼뉘는 1954년에 개신교로 개종했고 1968년 5월에 일어난 사건들은 그를 정치적 보수파의 전사로 만들었다. 쇼뉘는 역사가의 역할에 덧붙여, 라디오 방송과 프랑스 권위지 《르피가로》에 매주 기사를 기고하는 공적인 시사평론가로서 활동하기 시작했다. 연구 관심사와 관련해 자연스러운 결과로, 쇼뉘는 1966년에 캉대학에 계량사연구소를 창설했다. 작가와 학자로서 경력이 빛을 발하면서, 쇼뉘는 1970년에 파리4대학(소르본대학)의 근대사 교수로 선임되어 은퇴하기까지 재직했다.

점차 성숙해지면서 점차 쇼뉘는 하나의 역사학파 안에 소속되기를 거부했다. 전통 역사에 떠오르고 있던 사회과학 방법들을 접목하면서, 그는 엄격한 경험적 연구에 가설적 모델들을 연결시켰다. 이러한 노력은 제자들을 위해 역사 방법론을 담은 1974년의 저작 《역사, 사회과학》에 반영되었다. 이 저술에서 쇼뉘는 최근 역사학의 발전을 자신의 관점에서 큰 그림으로 설명했다. 첫째, 경제사는 수량화로 인해 방법론 문제를 제기했고 시간보다 공간에 대해 연구하고 있다. 둘째로, 역사인구학은 시간의 흐름에 따라 인간의 행동과 행위를 측정하는 방법을 제공했다. 셋째로, 쇼뉘는 새로운 역사학의 출현을 촉구했다. 경제사와 인구사가 수량화와 만나 집단의 사상과 행위들이 시간의 흐름에 따라 왜 그리고 어떻게 변화했는지를 검토함으로써, 역사가들을 심성사에 도달하도록 이끌었다고 쇼뉘는 주장했다. 쇼뉘는 역사학의 방법과 실행에 관한 여러 질문을 제기한 일곱 편의 저서를 출판함으로써 역사 이론에 대한 관심을 꾸준히 이어 갔다.

서유럽에서 출산 저하를 알아차린 최초의 역사학자들 가운데 한 사람인 쇼뉘는 출산율 저하가 서구 문명에 가져올 문제들을 지적했다. 프랑스에서 낙태 합법화는 쇼뉘로 하여금 역사와 인구학뿐 아니라 현대사를 공부하도록 부추겼다. 쇼뉘는 자신의 연구 결과를 가지고 프랑스와 유럽에서 정치 토론에 활발하게 참여했다. 《삶의 거부》(Le Refus de la vie, 1975)와 《백색 페스트》(1976)에서 쇼뉘는 문명이 시간의 흐름을 따라 지속되려면 전파되어야하며, 이를 위해서는 문명 '전파자'(emitter)와 수용자(receptor)가 필요하다고 주장했다. 하지만 지속적으로 하락하는 출산율은 문화 전파의 순환을 방해하며 결국 문명의 붕괴로 이어질 우려가 있었다.

인구학 연구는 쇼뉘를 죽음과 임종에 관한 연구로 이끌었다. 파리 사람들이 남긴 엄청난 양의 유언장을 바탕으로 한 《파리에서의 죽음》(La mort à Paris, 1978)은 죽음의 문화사에 대한 광범위한 성찰을 보여 준다. 이 연구서는 문화 전파에 대한 관심과 역사에 대한 쇼뉘의 사상이 어떻게 실행으로 옮겨질 수 있는지를 잘 보여 주었다. 이 연구로부터 쇼뉘는 탐구 영역을 사회가 어떻게 '성스러움'(le sacré)을 인지하고 전파하는지로 확대했고, 그 결과로 《기억과 성스러움》(La mémoire et le sacré, 1978)을 출간했다.

캉대학과 소르본대학의 경력을 통해, 쇼뉘는 대학교육의 질적 강화를 소리 높여 옹호했다. 이러한 관심의 결과로, 쇼뉘는 대학 집단의 고위 고문단과 국립대학교위원회를 비롯한 프랑스 대학교육의 질적 강화를 위한 국가위원회들에서 활동했다. 1983년에는 윤리학·정치학아카데미(Académie des sciences morales et politiques)의 역사·지리학 회원으로 선출되었다.

1980년대 이후 쇼뉘의 저작 대부분은 역사적으로 사학사적으로 종교에 집중하고 있다. 《역사와 신앙》(Histoire et foi, 1980)은 역사와 종교의 관계를 탐구했는데, 쇼뉘는 역사와 종교의 관계가 좋고 또한 필요하다고 주장했다. 다시 말해 기독교가 현대 역사학을 가능하게 했다고 주장했다. 더욱이 서양 세계에서 완전한 인간으로서 여성의 지위는 명확하고 직접적으로 성경의 도덕적 윤리적 범주에서 유래한 것이다. 비서양 문화에서 여성은 우선적으로 자녀를 생산하는 존재로 인식되었고, 이러한 인식이 바뀐 것은 오직 기독교의 문화적 영향력 때문이었다. 《역사와 데카당스》(Histoire et décadence, 1981)는 역사의 진보 과정에 관한 연구로, 문화적 데카당스 사상은 근대적인 것이며 진보 사상과 연결되어 있다고 주장했다.

《교회, 문화와 사회: 종교개혁과 반동 종교개혁에 관한 에세이, 1517~1620》(Eglise, culture et société: essais sur Réforme et Contre-Réforme, 1517-1620, 1981)와 《종교개혁의 시대》(Le temps des Réformes, 1984)는 모두 종교개혁을 역사적 현상으로 검토하는 책이다. 쇼뉘는 한 시대로서 종교개혁이 단일한 운동이 아니라 네 가지 상호 연관된 운동들로 이해해야 한다고 주장했다. 여기서 네 가지 운동은 13세기부터 16세기까지 가톨릭교회 안에서 시작된 개혁운동들, 루터, 칼뱅, 그리고 츠빙글리의 권위 있는 종교개혁, 재세례파의 좀 더 급진적인 반응들, 그리고 트렌토공의회에서 절정에 이르는 가톨릭의 대응을 말한다.

프랑스가 1989년에 프랑스혁명 200주년을 준비하고 있을 때에, 쇼뉘는 혁명에 관한 글을 쓰기 시작했다. 쇼뉘는 수많은 기사와 소논문을 집필했는데, 그 대부분은 일간지 《르피가로》에 기고했다. 1989년에는 《위대한 실추》(Le Grand Déclassement)를 출간했는데, 매우 논쟁적인 이 책은 곧 쇼뉘를 수많은 직업 역사가들로부터 반혁명적이며 반근대적인 역사가라는 평판을 얻었다. 쇼뉘는 혁명이 20세기에 느끼는 방식으로 국가를 후퇴시킴으로써, 프랑스의 인구와 경제, 정치에 매우 깊은 부정적 영향을 끼쳤다고 주장했다. 게다가 혁명에 의해 도입된 정치 양식들은 현대까지 이르는 프랑스의 정치제도와 담론을 형성하는 선례들을 확립했다. 더욱 논쟁적인 것은, 혁명 이데올로기는 18세기의 음모들, 특히 프리메이슨에서 유래했으며 1793년의 공포정치는 일탈이 아니라 오히려 혁명 사상들의 자연스러운 정점이었다고 주장한 것이다. 결론적으로 쇼뉘는 방데 지방에서 프랑스 정부의 활동을 '학살'이라고 규정했고, 이 표현은 혁명사가들 사이에 엄청난 논쟁을 불러일으켰다.

백인호 옮김

참고 자료

책

Eugène Sue et la seconde République (Paris: Presses Universitaires de France, 1948).

Histoire de l'Amérique latine (Paris: Presses Universitaires de France, 1949).

Séville et l'Atlantique (1504-1650), 12 vols., by Pierre Chaunu, Huguette Chaunu, and

Guy Arbellot (Paris: Colin, 1955. 60).

Dynamique conjoncturelle et histoire sérielle: point de vue d'historien (Brussels: Fédération des industries belges, 1960).

Une histoire hispano-américaniste pilote (Paris: Presses Universitaires de France, 1960).

Les Philippines et le Pacifi que des Ibériques, XVIe, XVIIe, XVIIIe siècles, by Pierre Chaunu, Jacques Bertin, and Serge Bonin (Paris: SEVPEN, 1960).

Veracruz en la segunda mitad del siglo XVI y primera del XVII (Mexico City: n.p., 1960).

Manille et Macao: face a la conjoncture des XVI et XVIIe siècles (Paris: Colin, 1962).

L'Amérique et les Amériques (Paris: Colin, 1964).

Las Grandes líneas de la producci o n hist o rica en America Latina, 1950–1962 (Caracas: Universidad Central de Venenzuela, 1964).

La Civilisation de l'Europe classique (Paris: Arthaud, 1966).

Conquête et exploitation des nouveaux mondes (XVIe siècle) (Paris: Presses Universitaires de France, 1969).

L'Expansion européenne du XIIIe au XVe siècle (Paris: Presses Universitaires de France, 1969).

La Civilisation de l'Europe des lumiéres (Paris: Arthaud, 1971).

L'Espagne de Charles Quint (Paris: Société d'édition d'enseignement supérieur, 1973).

Histoire, science sociale: la durée, l'espace et l'homme a l'époque moderne (Paris: SEDES, 1974).

L'Europe en péril: histoire et démographie (Paris: Centre d'études politiques et civiques, 1975).

De l'histoire a la prospective: la méditation du futur, c'est la connaissance du present (Paris: Laffont, 1975).

La Mémoire de l'éternité (Paris: Laffont, 1975).

Le Refus de la vie: analyse historique du présent (Paris: Calmann-Lévy, 1975).

Le Temps des Réformes: histoire religieuse et système de civilization. La Crise de la chrétient e: l'éclatement, 1250–1550 (Paris: Fayard, 1975).

Les Amériques, 16e, 17e, 18e siècles (Paris: Colin, 1976).

La Peste blanche: commentéviter le suicide de l'Occident, by Pierre Chaunu and Georges Suffert (Paris: Gallimard, 1976).

Lettre auxéglises, by Pierre Chaunu and François Bluche (Paris: Fayard, 1977).

L'Ouverture du monde: XIVe. XVIe siècles, by Pierre Chaunu and Bartolome Bennassar (Paris: Colin, 1977).

Séville et l'Amérique aux XVIe et XVIIe siècles, by Pierre Chaunu and Huguette Chaunu (Paris:

Flammarion, 1977).

Histoire quantitative, histoire sérielle (Paris: A. Colin, 1978).

La Mémoire et le sacré (Paris: Calmann-Lévy, 1978).

La Mort a Paris: XVIe, XVIIe et XVIIIe siècles (Paris: Fayard, 1978).

La Violence de Dieu (Paris: R. Laffont, 1978).

Le Défi démographique (Paris: Club de L'Horloge, 1979).

Un futur sans avenir: histoire et population, by Pierre Chaunu and Jean Legrand (Paris: Calmann-Lévy, 1979).

Le Sursis: l'ardeur et la modération (Paris: R. Laffont, 1979).

Fin du monde, ou, fin d'un monde, by Pierre Chaunu and Eric Laurent (Paris: Tallandier, 1980).

Histoire et foi: deux mille ans de plaidoyer pour la foi (Paris: Éditions France-Empire, 1980).

Histoire et imagination: la transition (Paris: Presses Universitaires de France, 1980).

Eglise, culture et société: essais sur Réforme et Contre-Réforme, 1517-1620 (Paris: Société d'édition d'enseignement supérieur, 1981).

Histoire et décadence (Paris: Perrin, 1981).

Ce que je crois (Paris: B. Grasset, 1982).

La France: histoire de la sensibilité des Français a la France (Paris: Laffont, 1982).

Le Chemin des mages: entretiens avec Gérard Kuntz (Lausanne: Presses Bibliques Universitaires, 1983).

Notice sur la vie et les travaux de Maurice Baumont, 1892-1981 (Paris: Palais de l'institut, 1983).

L'Historien dans tous ses états (Paris: Perrin, 1984).

Pour l'histoire (Paris: Perrin, 1984).

L'Historien en cet instant (Paris: Hachette, 1985).

Rétrohistoire: racines et jalons, portraits et galerie (Paris: Economica, 1985).

Une autre voie, by Pierre Chaunu and Eric Roussel (Paris: Stock, 1986).

L'Aventure de la Réforme: le monde de Jean Calvin (Paris: Herm e, 1986).

Au cœur religieux de l'histoire (Paris: Librairie Académique Perrin, 1986).

Du big bang a l'enfant: dialogues avec Charles Chauvin (Paris: Desclée de Brouwer, 1987).

La Liberté (Paris: Fayard, 1987).

L'Apologie par l'histoire (Paris: Téqui, 1988).

L'Obscure Mémoire de la France: de la première pierre a l'an mille (Paris: Librairie Académique

Perrin, 1988).

Le Grand Déclassement: á propos d'une commémoration (Paris: Robert Laffont, 1989).

Dieu: apologie, by Pierre Chaunu and Charles Chauvin (Paris: Desclée de Brouwer, 1990).

Reflets et miroir de l'histoire (Paris: Economica, 1990).

Trois millions d'années, quatre-vingts milliards de destines (Paris: R. Laffont, 1990).

Colère contre colère (Paris: Seghers, 1991).

Brève histoire de Dieu: leçoe ur du problème (Paris: R. Laffont, 1992).

Discours (Paris: Palais de l'Institut, 1993).

L'Axe du temps (Paris: Julliard, 1994).

L'Instant Eclat e: entretiens by Pierre Chaunu and François Dosse (Paris: Aubier, 1994).

Le Temps des Réformes: histoire religieuse et système de civilization. La Réforme protestante (Brussels: Editions Complexe, 1994).

L'Héritage: au risque de la haine (Paris: Aubier, 1995).

Baptême de Clovis, baptême de la France: de la religion d'Etat a la laïcitéd'Etat, by Pierre Chaunu and Eric Mension-Rigau (Paris: Balland, 1996).

Le Basculement religieux de Paris au XVIIIe siècle: essai d'histoire politique et religieuse, by Pierre Chaunu, Madeleine Foisil, and Françoise de Noirfontaine (Paris: Fayard, 1998).

Danse avec l'histoire, by Pierre Chaunu and Eric Mension-Rigau (Paris: Editions de Fallois, 1998).

Charles Quint by Pierre Chaunu and Michéle Escamilla (Paris: Fayard, 2000).

La Femme et Dieu: réflexions d'un chrétien sur la transmission de la vie by Pierre Chaunu and Jacques Reynard (Paris: Fayard, 2001).

Essai de prospective démographique, by Pierre Chaunu, Huguette Chaunu, and J. P. Reynard (Paris: Fayard, 2003).

참고문헌

Bardet, Jean-Pierre and Foisil, Madeleine (eds.), *La Vie, la mort, la foi, le temps: mélanges offerts a Pierre Chaunu* (Paris: Presses Universitaires de France, 1993).

Chaunu, Pierre, "Le fi ls de la morte," in *Essais d'ego-histoire*, edited by Pierre Nora (Paris: Gallimard, 1987), pp. 61-107.

Mitjaville, Bernard and Brown, Sheryl J., "An interview with Pierre Chaunu," *The World and I*, 9 (1987): 663. 71.

Winock, Michel, "Pierre Chaunu, un réactionnaire progressiste? Entrentien avec Michel Winock," *Histoire*, 44 (1982): 85. 90.

장 들뤼모

1923~

Jean Delumeau

장 들뤼모

❧

토머스 우스터

장 들뤼모는 근대 초기 프랑스와 이탈리아의 종교 심성사가로 널리 알려진 인물이다. 수많은 저작을 남긴 들뤼모는 르네상스 시대부터 프랑스 혁명기에 이르기까지 일반 기독교 신자들이 갖고 있던 두려움과 희망에 관한 많은 저작을 집필했는데, 특히 기독교의 역사에 관한 기존의 연구 경향을 변화시키는 데 중요한 역할을 했다. 들뤼모에 의해 종교사는 성직자 계층이 주도하고 규정해 온 엘리트 중심의 역사서술에서 대중의 경험과 체험을 중시하는 역사서술로 중심이 옮겨지게 되었다. 들뤼모는 역사가이면서 동시에 세속화된 세상에서 가톨릭교회의 혁신과 변화에 헌신했던 가톨릭 평신도이기도 했다. 많은 저작을 통해 그는 오늘날 유럽의 기독교인들과 과거 기독교인들 사이의 종교적 경험을 비교하고 대조하는 작업을 수행했다.

낭트에서 태어난 들뤼모는 프랑스 서부의 가톨릭계 학교에서 초등교육을 받았다. 공립학교에서 중등교육을 마친 들뢰모는 대학에 진학했고, 파리와 로마에서 수학한 후 부르주와 렌에서 첫 교편을 잡았다. 제2차 세계대전이 일어날 무렵 그는 파리 고등사범학교에서 공부하고 있었다. 1947년 역사학 교수자격시험을 통과한 들뢰모는 부르주의 한 고등학교에서 교편을 잡았다. 1948년부터 1950년까지는 로마 에콜프랑세즈에서 로마에 관한 연구를 수행했고, 1950년에 프랑스로 귀국하면서부터 1954년까지 그는 렌의 한 고등학교에 다시 교편을 잡게 되었다. 이후 그는 국립과학연구원(CNRS)의 연구원으로 연구를 계속했다. 이곳에서 그는 16세기 말 로마의 사회경제사에 관한 논문을 완성하여 1955년 파리대학에서 문학박사 학위를 받았다.

1955년부터 1970년까지 들뢰모는 렌대학과 렌2대학의 교수로 근무했다. 1962년에는 국립과학연구원에서 주는 우수학술상(2등상)을 수상하기도 했다. 1963년부터 1978년까지는 파리 사회과학고등연구원(EHESS)에서 연구 지도를 담당했다. 같은 기간에 렌에서 그는 로마의 사회경제사에 관한 논문을 책으로 출간했다(그 첫 권은 1957년에 2권은 1959년에 출간되었다). 서문에서 들뢰모는 지적 스승들, 특히 논문 지도교수인 가스통 젤레르와 알베르 그르니에, 페르낭 브로델에게 감사의 말을 남겼다. 수천 페이지에 달하는 이 논문에서 들뢰모는 곡물 가격, 교황청의 재정, 우편 제도, 인구 이동, 여행과 순례, 도로와 운송 수단, 식수, 공공·민간 건설 계획, 병원과 빈민, 건강, 딸을 위한 지참금, 세금, 은행가들, 인플레이션 같은 주제를 세세하게 검토했다. 1962년에 그는 두 번째 논문, 15세기부터 19세기까지 로마의 명반 사용에 대한 논문을 발표했다. 금속 단련에 사용되는 황산염이나 의학에서 지혈제로 쓰인 명반은 톨파에서 채굴되어 이탈리아 전역으로 유통되었고, 다시 치비타베키아 항구를 통해 유럽 여러 지역으로 수출되었다. 들뢰모는 명반 산업이 15세기 이래 어떻게 발전했으며, 교황청이 명반 교역의 독점 체제를 확립하고 유지한 방법과 그 흥망성쇠를 고찰했다.

렌 시절에 들뤼모는 렌과 브르타뉴 지방사에 큰 관심을 갖게 되었고, 1969년에 《브르타뉴의 역사》(Histoire de la Bretagne)를 펴냈고, 1979년에는 렌 교구의 역사에 관한 저작을 편찬했다. 이 저작에 실린 글들은 초창기부터 현재까지 교구의 제도사뿐 아니라 성직자들의 종교와 민중 신앙 사이의 간극 같은 문제들을 고찰했다.

1962년부터 1965년 사이에 개최된 바티칸 공의회는 가톨릭 신앙과 종교적 관행의 여러 부분에 걸쳐 다수의 중요한 결정을 반포했다. 공의회는 종교적 자유와 관용의 원칙을 엄중하게 천명했고, 다른 종파의 기독교도들과 유대인들에 대한 경멸과 모욕을 금지했다. 공의회의 논조는 긍정적이었으며 많은 부분에서 낙관적이었다. 이단이나 신학적 오류를 비난하거나 저주하지도 않았다. 주교들이 주교제의 중요성을 강조했지만, 동시에 평신도의 역할을 강조했다. 사제나 수도사가 아니더라도, 세례를 받은 자라면 누구나 기독교적 삶에서 능동적으로 중심적인 역할을 수행해야 했다.

프로테스탄트 종교개혁을 다룬 들뤼모의 《종교개혁의 탄생과 확립》(Naissance et affirmation de la Réforme, 1965)은 개신교에 대한 공의회의 화해적 입장을 반영한 책이다. 평신도였던 장 들뤼모는 제2차 바티칸 공의회의 개혁에 열광했다. 이 책은 들뤼모의 수많은 저작 가운데 무엇이 그의 우선적인 관심사였는지를 보여 주는 작품이기도 하다. 그때까지 연구는 주로 경제사에 관한 것이었지만, 《종교개혁의 탄생과 확립》이후 종교사는 그의 연구와 저술에서 점점 더 중요한 부분을 차지하게 되었다. 이 책은 향후 약 40년 동안 들뤼모가 전념하게 될 연구 주제를 예견하고 있었다. 그는 이듬해 브르타뉴의 주요 항구인 생말로의 경제활동을 통계자료에 입각해 분석한 책《생말로 항구의 동향 1681~1720》(Le Mouvement du port de Saint-Malo, 1681-1720)을 출간했는데, 이 책은 경제사 분야에 관한 들뤼모의 마지막 저작이 되었다. 1974년 들뤼모는 근대 초 이탈리아사 개설서인《이탈리아: 보티첼리부터 보나파르트까지》(L'Italie de Botticelli à Bonaparte)를 출간했다. 이 책에서 그는 밀 가격의 추이 같은 문제를 여전히 중요하게 다루고 있지만, 주된 관심은 문화사와 심성사 그리고 바로크 기독교로 이동했음을 보여 주었다.

1965년의《종교개혁의 탄생과 확립》에서 들뤼모는 먼저 진지하면서도 탁월한 방식으로 루터와 칼뱅, 츠빙글리 같은 주요 개혁가들의 삶과 업적을 정리하고, 프로테스탄트와 로마가톨릭 간의 갈등, 또 프로테스탄트의 여러 교파들 사이의 갈등을 서술했다. 그리고 책 마지막 장에서 들뤼모는 종교개혁 과정에 대한 역사적 논쟁을 검토하면서 자신의 입장을 밝힌다. 그는 프로테스탄트 종교개혁과 가톨릭 종교개혁에 대한 마르크스주의 해석 또는 그 밖의 경제적 해석에 대해 비판적 견해를 숨기지 않는다. 동시에 근대 초 종교개혁가들 사이에 차이보다는 유사성을 오히려 더 강조했다.

2년 뒤 들뤼모는《르네상스 문명》(La Civilisation de la Renaissance)을 출간했다. 이 책은 그에게 아카데미프랑세즈가 수여하는 고베르 대상(1968)을 안겨 주었다. 200점이 넘는 풍부한 화보 자료를 담고 있는 이 책은 흑사병이 유행한 시기부터 고딕 건축과 고전주의 건축, 유럽인의 아시아와 아프리카 탐험과 다빈치의 전투용 탱크 디자인, 민중의 경건과 죄의식, 16세기 로마의 인플레이션, 리옹의 은행업과 금융 기법, 토머스 모어의 유토피아 같은 르네상스인들의 꿈, 코페르니쿠스의 천문학, 마법에 대한 공포에 이르기까지 실로 놀라울 만큼 다양한 주제를 섭렵하고 있다.《르네상스 문명》은 그러한 주제들에 대한 세세한 전체상을 제공하는 동시에 1960년대 중반까지 들뤼모가 연구한 중심 주제들, 그것의 폭과 향후 그가 천착할 주제들을 예고해 주었다.

《루터 시대부터 볼테르 시대까지의 가톨릭교》(Le Catholicisme entre Luther and Voltaire)에서 들뤼모는 근대 초 가톨릭교의 역사를 개관하고 있다. 이 책을 통해 그는 일반 신자들의 종교적 경험을 분석하면서 향후 연구 주제를 제시한다. 1971년 출간된 이 책을 통해 들뤼모는 이전보다 더 폭넓은 독자층을 확보하게 되었고 국제적인 명성도 누리게 되었다. 이 책에서 들뤼모는 간결한 방식으로 자신의 연구와 저술의 중심 주제를 제시했다.

이 책의 전반부는 역사학계의 기존 연구 성과를 바탕으로 트렌토 공의회와 그 수용, 가톨릭 종교개혁 시기에 등장한 새로운 교단과 성인, 신성함에 대한 갈망, 그리고 아메리카와 아시아 진출을 통해 일약 전 세계로 확산된 가톨릭교의 발전과 정체에 관해 서술하고 있다. 전반부의 핵심적 내용은 교회 개혁을 향한 주교와 성직자들의 노력, 곧 위로부터 아래로 펼친 개혁 시도이다.

'역사가들의 논쟁과 연구 경향'이라는 제목을 달고 있는 이 책의 2부는 종교개혁에 대한 평신도들의 대응과 이들이 주도한 시도들을 분석한다. 이는 종교사 연구자로서 들뤼모의 주된 관심 분야였다. 얀센주의를 다룬 장에서 들뤼모는 얀센주의 신학과 교회론만 언급하는 것이 아니라, 교회와 국가의 권위에 대한 저항의 심성으로서 얀센주의를 고찰한다. 다른 장에서는 종교적 심성의 개념과 그 역사를 심화시키고, 어떻게 역사가들이 심성의 역사에 접근하게 되었는가를 논의하는 데 긴 지면을 할애한다. 가브리엘 르 브라의 종교사회학 연구를 인용하면서, 들뤼모는 과거의 '집단 심리'를 파악하는 것이 어떻게 가능한지를 탐구한다. 주교의 교구 방문 기록, 신도회와 그 활동에 대한 기록, 성찬식에 관한 교구 기록 그리고 교회 유지비 자료들을 통해 들뤼모는 지난 역사를 통해 일반 기독교인들의 심성 세계와 심리 상태를 파악하고자 했다.

들뤼모는 이른바 중세 기독교 세계의 '전설'에 도전장을 내밀며 도시뿐이 아니라 농촌의 기독교화 시도의 절정기는 루터에서 볼테르에 이르는 시기라고 주장한다. 가톨릭 사제들은 정규 세미나를 통해 교육을 받았으며 평신도와의 분리도 분명해지고 그들의 소명에 어울리도록 노력했으며 성직자의 지위를 차별화하려고 노력했고, 독신 규율을 엄격히 지켜야만 했다. 무지하고 부도덕한 자들로 간주되던 농민들에게 교리와 도덕을 가르치려는 사제들의 다양한 노력에서 들뤼모는 가톨릭 사제와 프로테스탄트 목사들 사이의 차별성보다 유사성을 더 많이 발견하게 된다. 양쪽 모두 자신들이 이교적이라고 여긴 것들을 박멸하고자 했고, 이를 위해 학교를 세우고 교리 교육서를 출간했다. 들뤼모는 향후의 연구를 통해 과연 이러한 노력이 얼마나 성공적이었는지에 관한 문제들을 제기한다. 18세기 유럽의 보통 사람들은 과연 얼마나 기독교화되었던가? 그들이 배운 기독교는 어떠한 것이었던가? 사람들은 그들이 배운 교리를 실천하는 것에 대해 어느 정도의 거부감을 갖고 있었으며 또 어떻게 저항했던가? 1789년 프랑스혁명 직전까지 프랑스와 유럽은 어느 정도까지 탈기독교화되었던가?

1970년대에 들뤼모는 초기 연구에서 주목했던 경제사적 관점에서 벗어나 이후 종교 문제, 특히 근대 초 일반적 평신도들의 종교적 심성에 관심을 집중했다. 이 기간 그는 렌에서 파리로 무대를 옮겨 프랑스 학술 연구의 중심지로 진출했다. 1970년부터 1975년까지 그는 파리1대학(판테온 소르본)의 교수로 재직했다. 이 시기에 그가 배출한 많은 학생들이 르네상스와 근대 초기의 '집단 행위'를 연구했다. 1976년 들뤼모는 자신이 지도한 15편의 석사 학위논문을 묶어《코카뉴 지방에서의 죽음: 르네상스시기부터 고전시대까지 집단 행위》(La Mort des pays de Cocagne: comportements collectifs de la Renaissance a l'âge classique)를 출간했다.

1974년 들뤼모는 콜레주드프랑스의 교수가 되었다. 1975년 2월 13일 들뤼모는 근대 초 서유럽의 종교 심성사 교수로서 강의를 시작했다. '규범과 경험'이라는 제목의 강좌는 실제 경험으로서 기독교의 역사를 위해 길을 닦은 에밀 뒤르켐과 가브리엘 르브라 같은 학자들에게 경의를 표하면서, 신학자와 교리의 시각에서가 아니라 아래로부터의 역사를 추구했다. 들뤼모는 죽음을 마주하는 태도에 관한 필리프 아리에스, 프랑수아 르브룅, 미셸 보벨 같은 역사가들의 연구를 높이 평가했다. 페르낭 브로델을 자신의 멘토로 언급하면서 들뤼모는 종교적 심성과 태도의 변화는 장기지속의 시간 속에서 발생한다고 설명한다. 들뤼모가 주목한 장기지속의 시간은 서유럽의 엘리트들이 민중의 신앙과 관행을 변화사키고자 노력했던 16~18세기였다.

콜레주드프랑스의 첫 강의에서 들뤼모는 연구 계획을 제시한 바 있다. 비기독교화가 프랑스혁명기에 시작되었다는 주장에 대해, 그러한 주장이 혁명 이전의 기독교화에 대한 연구 공백을 고려했을 때 난감한 문제라고 설명한다. 들뤼모는 13세기 탁발승단의 설립과 1500년 이후 가톨릭과 프로테스탄트의 개혁 요구 이면에 종교적 문화 이식을 위한 '엄청난 시도'가 있었음을 주장한다. 엘리트들은 그들이 이교나 미신, 우상숭배라고 간주한 것들에 맞서 전쟁을 벌였다. 도시 엘리트들의 심성에서 보자면 농촌의 문맹 대중의 종교적 무지는 시급히 해결해야 할 문제였다. 이러한 상황은 가혹한 설교와 교육 프로그램의 시급함을 부각시켰다. 이 점에서 마르틴 루터와 뱅상 드 폴, 장 칼뱅, 카를로 보로메오는 모두 같은 생각을 갖고 있었다. '무지한' 대중과의 대화는 천벌에 대한 두려움을 일깨우는 것이었다. 원죄의 실재성과 지옥의 공포가 지속적으로 환기되면서, 또한 평범한 기독교도로서의 삶을 일상적으로 면밀히 되돌아볼 필요성이 강조되면서 그러한 공포는 널리 확산되었다. 프로테스탄트건 가톨릭이건 종교개혁가들은 기독교인들의 일상생활을 이상적인 수준으로 끌어올리고자 했지만, 이상과 현실 사이의 큰 간극은 쉽게 좁혀지지 않았다. 어느 정도 일치된 모습이 특정한 장소에서 나타나긴 했으나, 대다수 사람들의 지배적인 반응은 진정한 경건이 아니라 무관심 내지 적대감이었다. 그런 점에서 비기독교화는 무엇보다도 두려움의 종교에 대한 거부, 즉 특정 기독교 모델에 대한 거부였다. 그렇다면 어떠한 다른 모델이 이러한 종교를 대체했을까?

1975년부터 은퇴하던 해인 1994년까지 콜레주드프랑스에서 한 강의와 세미나에서, 그리고 지난 35년 동안 수많은 저작들을 통해 들뤼모는 첫 강의에서 제기했던 문제들에 해답을 얻기 위해 노력을 게을리하지 않았다. 특히 그는 어떻게 공포의 종교가 확산되었으며, 또한 공포의 종교와 병행하여 종교적 안정감이 어떻게 발전했는지를 긴 호흡으로 탐구했다. 적어도 가톨릭 지역에서 지옥 불에 대한 공포는 특정한 의례와 관행 그리고 매개 역할을 하는 성인들에 대한 신뢰와 공존하는 경우가 많았다. 들뤼모의 연구는 시기적으로 근대 초기에 집중되었지만, 그는 자신의 관심을 현재의 시기로 확장했고 미래에 대한 예견을 제시하기도 했다. 1977년에 출간된 책의 제목 《기독교는 사라질 것인가?》가 말해 주듯이 그가 품었던 가장 근본적인 의문 가운데 하나는 기독교의 운명이었다. 이 책으로 1977년 가톨릭 작가상을 수상했는데, 여기에서 그는 기독교의 가능한 미래를 예견한다. 그가 생각한 미래의 기독교인은 국가와 결합한 집합적 다수이기보다는 세속 사회에 속한 소수의 존재였다. 그는 희망이 공포를 대체하고, 가톨릭과 그리스정교, 프로테스탄티즘의 구분이 사라지고 하나로 통합될 기독교의 미래를 내다보았다.

1978년에 《14~18세기 서유럽의 공포: 포위된 도시》(La Peur en Occident XIVe-XVIIIe siècles: une cité assiégée)의 출판과 함께 들뤼모는 14세기부터 18세기까지 서유럽 문화를 물들인 다양한 공포와 그 확산이라는 주제로 관심을 돌린다. 서문에서 들뤼모는 열 살 나이에 어느 젊은 약사의 죽음을 보면서 알게 된 죽음에 대한 두려움을 언급한다. 그는 죽음에 대해 자신이 느꼈던 공포가 프랑수아드살의 학교에서 받은 교육에 의해 조장되었다고 설명한다. 열두 살에 학교에서 임종에 직면한 자신의 모습을 상상하도록 교육받았다는 것이다. 이러한 자전적 서술은 근대 초기의 문화와 10세기의 문화 사이에 존재하는 간극이 우리가 상상하는 것만큼 크지 않을 수도 있다는 점을 암시한다.

《서유럽의 공포》의 1부에서 들뤼모는 엘리트와 민중 사이의 간극을 가로질러 많은 사람들 사이에 퍼져 있던 공포에 초점을 맞춘다. 들뤼모는 "흑사병 시기의 집단행동 유형"을 제시하고 흑사병이 두려움에 떨면서 전염의 원인으로 지목된 자들을 찾아내어 죽음의 공포를 달래는 데 특별히 중요한 역할을 했다고 설명한다. 더불어 기근에 대한 공포 같은 것들은 부유한 사람들보다는 민중들 사이에서 더 강력했지만, 흑사병은 모든 사람들에게 '불안감'을 증폭시켰다고 지적한다.

《서유럽의 공포》 2부는 엘리트 계층 사이에 퍼져 있던 공포에 초점을 맞춘다. 들뤼모는 중세 말과 종교개혁기에 이르러 절정에 다다른 종말론적 공포를 발견한다. 그에 따르면 이 시기에 인간에 대한 신의 분노, 그로 인해 임박한 종말에 대한 공포가 만연했다. 신성모독과 이단에 대한 공포는 종교개혁 시대에 널리 유포되었는데, 사탄과 악마, 사탄의 하수인들이라고 상상된 존재들이 바로 그러한 두려움의 대상으로 부상했다. 여기에 무슬림과 유대인, 심지어 기독교로 개종한 무슬림과 유대인들 역시 두려움의 대상에 포함되었다. 그러나 이들보다 더 무서운 존재는 마법사, 그리고 특히 마녀들이었다. 들뤼모는 어떻게 마녀가 출산을 방해하는 마법을 부리는지에 대해 민중의 상상 세계를 탐험한다. 1500년 무렵 점점 더 엄격한 처벌을 강제했던 마녀에 대한 사법 절차는 이들이 사탄과 결합되어 있다고 확신했는데, 들뤼모는 16세기에 벌어진 거대한 마녀사냥이 민중적 공포보다는 법률가나 성직자들 같은 엘리트들 사이에서 유포된 두려움에서 촉발되었다고 주장한다.

1981년에 출간된 《역사의 길: 기독교와 기독교화》(Un chemin d'histoire: Chrétienté et christianisation)에서 들뤼모는 엘리트의 종교와 민중의 종교 사이의 상호관계를 주목한다. 그는 공식적인 가톨릭교에 대한 '오랜 저항'은 생각보다 훨씬 더 광범위했다고 주장하면서, 역사가들이 이 주제에 더 많은 연구 노력을 기울여야 한다고 주장하면서, 프로테스탄트교회와 가톨릭교회의 엘리트들이 추진한 기독교화는 우리가 생각하는 것만큼 성공적이지 않았을지도 모른다는 견해를 제시한다.

루터 탄생 500주년을 기념하는 1983년에 들뤼모는 《루터의 사례》(Le Cas Luther)를 출간했다. 그는 "믿음으로 의로워진다"는 루터의 중심 교리가 부정적인 결과를 낳기도 했지만, 이와 동시에 일부 경건한 기독교인들은 이 교리를 통해 영원한 구원에 대한 확신을 얻을 수 있었다고 주장한다. 이 교리는 구원을 걱정하는 사람들의 근심을 이끌어 내었고, 자신의 믿음과 구원에 대해 끊임없이 의문을 제기했다. 성서의 중요성을 강조한 것 그리고 기독교인의 자유를 진작시킨 노력과 아내와 자식에 대한 애정에 관하여 들뤼모는 루터를 높이 평가했지만, 반대로 1520년대 중반 이후 나타난 루터의 '난폭한' 논조에 대해서는 비판적인 입장을 취했다. 에라스뮈스에 대한 비판과 현세의 자유를 추구한 농민들에 대한 비난, 그리고 유대인에 대한 고발 등, 들뤼모는 지독히 매력 없는 루터의 모습을 발견한다. 루터를 재평가하고 그의 일생을 재구성한 들뤼모는 기독교인의 화합을 호소하면서 가톨릭 신자들에게 계서제의 권위를 다시 생각해 봐야 한다고 촉구한다. 동시에 프로테스탄트교도에게도 그는 오로지 믿음으로 의로워진다는 교리의 의미를 다시 생각할 것을, 또한 인간을 죽음으로 벌하며 원죄에 따른 지옥을 준비하고 단지 소수의 선택받은 자만을 구원하는 무시무시한 신의 교리를 포기할 것을 호소한다.

대작 《죄와 공포: 13~18세기 서유럽의 죄의식화》(Le péché et la peur: la culpabilisation en Occident XIIIe-XVIIIe siècles)는 원죄의 역사, 특히 서유럽 기독교 세계가 13세기부터 18세기까지 원죄에 대해 어떻게 생각해 왔는가의 문제를 중심 주제로 제시한다. 이 책은 《루터의 사례》와 함께 1983년에 출간되었고, 영어판은 1990년에 출간되었다. 《죄와 공포》에서 들뤼모는 설교문, 교리문답, 고해 매뉴얼, 신학 저서 등 다양한 자료들과 함께 그림 같은 예술 작품도 자료로 이용했다(초판의 표지에는 하느님과 천사들에 의해 낙원에서 쫓겨나는 아담과 이브를 묘사한 조바니 디 파올로의 작품을 썼다). 《죄와 공포》에서 들뤼모는 죄 많은 인간에 분노한 전지전능한 신에 대한 두려움과 원죄를 끊임없이 강조한다는 점에서 가톨릭과 프로테스탄트가 유사하다는 점을 발견한다.

《죄와 공포》에서 들뤼모는 다가올 죽음을 준비하는 것이야말로 훌륭한 삶의 방식이라고 칭송받았던 르네상스 시대의 모습을 보여 준다. 세상에 대한 '비관주의'는 수도사와 신비주의자뿐 아니라 다른 일반 기독교도들의 종교적 심성에 나타나는 특징이었다. 흑사병과 전쟁, 죽음과 폭력, 참화와 시련은 신의 징벌로 해석되었다. 설교가들은 임박한 죽음만이 아니라 세상의 종말과 최후의 심판의 가능성을 들먹이며 참회와 개혁을 요구했다. 인류는 나약하고 사악할 뿐 아니라 덧없는 존재로 여겨졌다. 16세기 말 평신도이자 작가인 미셸 드 몽테뉴는 르네상스적 사유를 구현한 탁월한 사상가로 역사가들에게 평가되지만, 그러한 몽테뉴조차도 인류는 비참한 존재이며 고통과 슬픔을 안고 살아가며 탐욕과 시기와 교활함에 지배받는다고 확신했다는 것이다.

르네상스와 종교개혁의 시기를 넘어 수백 년 동안 계승되어 온 아우구스티누스의 원죄설은 죄의식과 공포의 심성과 신학의 핵심을 이루고 있었다. 인류는 부모로부터 죄로 얼룩진 집단적인 본성을 물려받았고, 이러한 원죄의 계승은 최초의 부모인 아담과 이브로 거슬러 올라가는 것으로 여겨졌다. 세습된 죄의 본성과 원죄에 물든 성향을 물려받은 개인들은 자신의 말과 생각으로 행한 죄를 여기에 덧붙이고 있을 뿐이라는 것이다. 그 결과 전 인류는 그 죄지음으로 인해 영원한 지옥 불에 던져져 마땅한 존재였다.

최소한 기독교는 원죄에 대한 이론적인 처방을 제공했고, 구원을 향한 길을 열어 주었다. 그러나 들뤼모는 구원의 메시지를 전달하는 데 일종의 오류가 있었던 것이 아닌지 자문한다. 가톨릭교회가 제시한 원죄에 대한 처방은 속죄 예식이었다. 실제로 13세기경에 이르러 연례 고해성사가 의무화되었다. 고해성사 매뉴얼과 고해를 준비하면서 참회자가 읽었던 수많은 참회 문학 작품들을 면밀히 검토하면서 들뤼모는 신자들에게 진정으로 위로가 되는 내용을 거의 발견하지 못했다고 밝힌다. 작가들은 스콜라 신학이 제시하는 장황한 설명 속에 수없이 등장하는 다양한 죄들을 구분하고 그 특징을 밝히며, '중죄'와 '가벼운 죄'의 차이에 대한 강박관념을 불어넣었다. 이들은 고해자들에게 신성모독적인 고해, 즉 불완전하고 진실하지 않은 고해가 안고 있는 중대한 위험을 경고했다. 동시에 그들에게 사후의 처벌, 지옥에서 영원한 고통, 연옥에서 겪을 일시적 고통을 상기시켰다.

《죄와 공포》에서 들뤼모는 자신의 관심 대부분을 가톨릭교회의 종교

문화에 할애했지만, 다른 한편으로 구원의 가능성에 대한 가톨릭과 프로테스탄트의 입장을 비교한다. 그는 양쪽 모두 임박한 죽음을 끊임없이 경고하고 있었음을 발견한다. 예정설과 은총을 통한 구원을 두고 프로테스탄트 교회가 분노한 하느님에 대한 공포를 강조한 것이 과연 신자들에게 위안을 가져다주었는지 의문을 제기하면서, 들뢰모는 (지옥행이 예정된 이들이 느꼈을) 영벌의 공포가 결코 사소한 문제가 아니었음을 지적한다. 예정설은 일부 프로테스탄트들에게는 위안이 되어 주었지만, 다른 이들에게는 두려움의 원천이 되었다는 것이다.

1985년 출간된 《내가 믿는 것》(Ce que je crois)의 주제는 들뢰모 자신의 개인적 종교관이었다. 이 책은 파리의 베르나르그라세 출판사에서 같은 제목으로 출간된 시리즈의 한 권이다. 이 시리즈에 참여한 프랑스의 저명한 지식인들 중에는 피에르 쇼뉘 같은 역사가, 프랑수아 모리아크와 앙드레 모루아 같은 문인들이 있었다. 세 명의 손녀 이사벨, 플로랑스, 뮈리엘에게 헌정한 이 책의 서문에서, 들뢰모는 죽음의 의미와 낙원의 의미를 묻는 손녀들과 나눈 대화를 소개하고 있다. 그는 이 책을 통해 손녀들이 던진 근본적인 질문에 대해 광범위한 대답을 제시하고자 했다.

《내가 믿는 것》에서 들뢰모는 공포가 아닌 희망과 신뢰를 강조한다. 들뢰모는 아내 자니에 대해서, 그리고 자연의 아름다움에 관하여 따듯한 목소리로 이야기한다. 그는 장미색 돌을 갖고 노는 손녀들을 보살피기 위해 잠시 연구와 글쓰기를 중단하면서 느꼈던 행복과 기쁨을 이야기한다. 그는 자신이 자연의 아름다움 속에서 '신의 흔적'을 발견했다고, 그리고 조화로운 전원의 풍경 속에서 축복 가득한 미래를 위한 기도와 명상에 젖어들 수 있었다고 설명한다. 그는 이것이 바로 신의 조화라고 확신했다. 그는 이러한 모습이 "그리스 섬들보다, 태양빛에 빛나는 눈 덮인 산 정상보다, 늦가을의 단풍보다, 가장 감동스런 교향악보다, 그 어떤 매력적인 젊은 여인보다 아름답다"고 말한다. 갈릴레오와 데카르트, 뉴턴처럼 확신에 찬 기독교인들에 의해 근대과학의 토대가 만들어졌음을 지적하면서, 들뤼모는 과학과 기독교 사이에 근본적인 모순이 존재한다는 주장을 부인한다. 들뤼모에게 '신은 예술가'이다. 그는 과학이 우주에 대해 더 많이 설명해 낼수록 우리는 신의 예술적 창조를 더 많이 이해할 수 있게 된다고 믿었다.

성경 속에서도 들뤼모는 신을 발견했다. 그는 원죄와 악에 대한 언급을 포함한 여러 성경 구절들에 대해 자신만의 해석을 제시한다. 그는 악의 힘이 제아무리 거대하다고 해도 성서의 신은 인류에게 최종적인 승리를 약속했다고 믿는다. 신은 인류에 맞서 존재하는 것이 아니라 인류를 위해 존재하며, 궁극적으로 사랑은 증오를 이길 것이며 원죄와 죽음은 신의 승리와 함께 사라질 것이라고 생각했다. 테제 공동체의 로제(Roger) 형제의 업적을 예로 들면서, 들뤼모는 인간들 사이의 화해와 용서가 기독교도의 고유한 임무이며 그리스도가 교회에 부여한 권위는 용서를 위한 것임을 강조한다.

2차 바티칸 공의회를 거부하고 좀 더 권위적이고 염세적인 계서제 교회의 복구를 갈망한 반동적인 프랑스 가톨릭 분파에 대해서도, 들뤼모는 억압받는 인민의 해방을 우선적으로 추구하는 현재의 가톨릭교회에 대한 지지 입장을 분명히 한다. 들뤼모는 신의 백성들이 교회의 몸을 이룬다는 2차 바티칸 공의회의 입장을 지지한다. 그는 평신도가 피임이나 인공수정 같은 문제에 대해 자신의 목소리를 내야 한다고 제안한다.《내가 믿는 것》에서 들뤼모는 2차 바티칸 공의회에 대해 믿음의 위기와 세속화를 초래했다고 비난하는 이들에게 이렇게 대답한다. 역사가이자 가톨릭 신자로서 들뤼모는 2세기 전 비기독교화의 양상을 지적하면서 2차 바티칸 공의회가 신앙의 위기에 대한 건전한 응답이었지 그 원인은 아니었다고 주장한다.

들뤼모는 1987년 신앙, 공포, 위안의 감정을 주제로 한 논문집을 두 권 편찬했다. 들뤼모는 이브 르캉과 공동 편찬한 《시대의 불행들: 프랑스의 재난과 불행의 역사》에서 15세기부터 20세기 전반까지 긴 시간을 아우르는 24편의 논문을 묶어 냈다. 이 논문집은 기근, 역병, 콜레라, 전쟁, 민중의 폭력, 홍수, 화재, 유아 사망률 같은 주제를 다루고 있다. 프랑스 사회는 이런 온갖 재난들을 어떻게 극복했을까? 사람들은 얼마나 신을 두려워했고 신에게 어떠한 도움을 구했던가? 또한 루이 14세 시대 이후 과연 사람들은 국왕과 국가에 점점 더 많은 도움을 기대할 수 있었던가? 《첫 영성체: 4세기의 역사》에서 들뤼모는 가톨릭 종교개혁 시대부터 20세기까지 아동의 첫 영성체에 관한 논문집이었다. 이 책에서 그는 첫 영성체가 일종의 성장 의례인 동시에 가족, 신, 교회 그리고 삶을 확인시켜 주는 성사라는 위안의 경험으로 기능했다고 주장한다.

1988년 들뤼모는 프랑스학사원을 구성하는 여러 아카데미 가운데 하나인 금석문·문학아카데미의 종신회원으로 작고한 조르주 뒤메질 후임으로 선출되었다. 1989년에 출판된 《위안과 보호: 과거 서유럽에서 안식의 감정》(Rassurer et protéger: le sentiment de sécurité dans l'Occident d'autrefois)에서 들뤼모는 르네상스와 근대 초기 사람들이 어떤 방식으로 위안을 찾았는지 탐구한다. 성직자나 엘리트 평신자들의 경험보다는 평범한 기독교 신자들이 현세의 고통과 내세에서 겪을 영벌 가능성 앞에서 어떻게 안식을 찾았는지에 초점을 맞추면서, 그는 인간을 보호한다고 여겨졌던 관행들을 자세히 서술한다. 성수 또 성촉(聖燭)의 축복은 종종 악으로부터 인간을 보호하는 데 특별히 효과가 있다고 여겨졌다. 이러한 축복은 사람만이 아니라 동물이나 농작물, 가옥에도 유효했다. 스카풀라를 착용하는 것도 신중한 방법으로 여겨졌고, 교회의 타종은 폭풍과 악마를 쫓아내는 효험을 지녔다고 생각되었다. 들뤼모는 이러한 미신에 가까운 행동에 사제들은 마지못해 나섰지만, 민중들은 성직자의 초자연적 힘의 은총을 간절히 원했다고 설명한다.

종교 행렬에 관한 두 장에서 들뤼모는 긴 지면을 할애하는데, 이 행렬이 수많은 사람들에게 안식의 시간과 공간을 창출해 주었다고 주장한다. 종교 행렬은 성직자보다는 평신도들의 주도 아래 더 자주 행해졌다. 이 행렬은 다양한 불행에 맞서 신과 성인들의 조력을 얻어 낼 수 있는 공적이며 집단적인 노력이었다. 흑사병이 도는 와중에 벌어진 종교 행렬은 신이 분노를 거두기를 소망하는 참회적인 성격의 종교 행사였다. 종교 행렬은 조상(彫像)과 성유물을 앞세우는 경우가 많았는데, 치유와 희망의 보호 공간을 표시하기 위해 고안된 정확한 동선에 따라 운반되었다. 특히 성체 축일에는 성체를 중심으로 행렬이 이어졌다. 사람들은 그리스도의 몸이라고 믿었던 봉헌된 성체에 희망을 걸었다. 예수의 몸, 죽음으로부터 일어나 영생을 얻었다고 여겨진 그의 몸은 현세에서 질병을 고치고 기독과 함께 천상의 삶을 향해 나아가는 신앙심 깊은 기독교도의 여정을 돌보는 데 탁월한 효험이 있다고 여겨졌다는 것이다.

들뤼모는 성인 숭배 관행이야말로 가톨릭교도가 안식을 찾는 방법의 핵심이라고 보았다. 성인들은 현세의 사람들이 물적·영적으로 필요한 것을 신에게 대신 부탁해 줄 수 있는 동정심 많은 천상의 변호인으로 상상되었다. 흑사병 시대의 로코나 세바스티앙처럼, 많은 성인들이 특정 유형의 질병에 대한 전문가로 간주되었다. 들뤼모는 사람들이 성 요셉 같은 성인들에게 '좋은' 또는 '행복한' 죽음을 위해 기도했다고 설명한다. 좋은 죽음이란 자신의 죄를 고해하고 종부성사를 받고 최후의 성찬식을 준비할 수 있는 충분한 시간을 누리는 그러한 죽음이었다. 성모 마리아는 모든 성인들 가운데 가장 유명한 성인이었고 거의 모든 목적을 위해 불려졌다. 문자 사료보다 시각 자료에 시선을 돌린 들뤼모는 자신의 이름을 부르며 기도하는 이들을 보호하려는 듯 넓은 망토를 둘러쓰고 있는, 중세 말에 그려진 마리아의 초상화를 강조한다. 들뤼모에 따르면, 그러한 이미지는 14~15세기 이탈리아에서 큰 인기를 누렸고, 이런 이미지들은 자신에게 매달린 사람들을 종종 화살로 표현된 신의 분노로부터 망토로 보호하는 모습을 보여 주었다. 분노의 화살은 원죄에 대한 신의 처벌로서 느껴졌던 흑사병과 다른 재난들을 의미했다.

종교개혁의 역사는 대개 면죄부를 단지 재정적 남용이나 1517년 루터의 95개조 반박문과의 관계 속에서만 살폈다. 《위안과 보호》에서 들뤼모는 종교개혁 이후의 가톨릭교도들이 연옥에서 고통받고 있을 것으로 생각된 사랑하는 이들, 그리고 자기 자신을 위해 어떻게 면벌부 획득을 계속해 갔는지 보여 준다. 들뤼모는 가톨릭 세계에서 1650~1750년 사이의 시기를 연옥의 '황금시대'라고 부른다. 같은 시기에 프로테스탄트들은 설교와 종교개혁의 교리보다는 찬송과 찬양에서 위안과 희망을 찾았다고 들뤼모는 주장한다. 신의 자비와 은총에 관해 노래하고 노래를 들으면서, 프로테스탄트들은 공포와 불안을 해결하는 대안을 발견했다는 것이다.

들뤼모에 따르면 18세기에 이르러 계몽사상가들과 일반인들 모두 공포와 불안감에서 벗어났다. 건강한 삶과 인구 성장은 이러한 점을 반영하고 있었다. 현세에서 긍정적인 삶의 경험은 신과 저세상에 대한 관념의 변화에 영향을 주었다. 지옥에 대한 공포는 잦아들었고 자비심 많은 온화한 신의 이미지가 분노에 찬 이미지를 대체하고 있었다는 것이다.

1990년대에 이르러 들뤼모의 명성은 국제적으로 널리 알려지기 시작했다. 일부 비평가들은 그가 서유럽의 종교적 심성사에서 공포와 죄의식을 지나치게 강조하고 있다고 비판하기는 했지만, 대부분의 평자들은 공포와 죄의식의 측면, 안식과 위안의 문제를 균형 잡힌 시각으로 살펴보고 있다고 평가했다. 피터 버크는 사학사를 다룬 책 《프랑스사의 혁명》(1990)에서 들뤼모의 저작을 뤼시앵 페브르와 엠마뉘엘 르루아 라뒤리의 저작에 필적하는 것으로 평가하며, 집단적 심리사를 강조하는 프랑스의 전통 속에 위치시켰다. 로버트 바이얼리는 《가톨릭 역사학보》(1991년 1월)에 게재한 서평에서 들뤼모를 가톨릭 종교사를 다룬 "매력적이며 통찰력 있는" 역사가로 높이 평가한다. 그러나 J. K. 포위스의 평가는 사뭇 다르다. 그는 《근대사 연구》(1992년 6월)에 실린 서평에서 들뤼모에 대해 비판적인 입장을 보이는데, 그는 정치사에 대한 들뤼모의 무관심을 문제점으로 제기한다. 그러나 포위스 같은 비판적인 입장의 평자조차도 공포와 안식에 대한 들뤼모의 테제에 대해서는 "그가 조사한 자료의 방대함과 주장의 명료함에 대해서는 관심을 기울일 수밖에 없다"고 결론짓는다. 알랭 카방투는 1996년 《들뤼모 기념 논총》의 서문에서 이 기념 논총이 들뤼모가 종교사에 남긴 영향을 보여 주고, 또 이를 기리는 88편의 논문들로 구성되었다고 설명했다. 몇 편을 제외하면 대부분의 논문은 프랑스 학자들이 썼다.

참회자는 고해성사를 통해 어떻게 신을 체험했을까? 참회자가 만난 신은 자비심에 가득한 용서의 신인가, 아니면 엄격하기만 한 형벌의 신인가? 이 문제는 《고백과 용서: 고해성사의 어려움. 3~18세기》(L'Aveu et le pardon: les difficultés de la confession XIIIe-XVIIIe siècle)의 중심 주제이다. 이 책은 1215년 4차 라테라노 공의회가 연례 고해성사를 의무화한 시점부터 인간의 자유와 개인의 양심을 준수하는 고해자들을 양성하기 위해 노력했던 알폰수스 리구오리(Alphonsus Liguori, 1696~1787)의 시기까지 고해성사의 역사를 추적한다. 사제와 고해자 사이의 만남이 지닌 비밀스런 성격으로 인해 고해서 안에 실제 무슨 일이 벌어졌는가를 보여 주는 기록은 거의 존재하지 않기에 들뤼모는 주로 사제들이 고해신부로서 활동하기 위해 받은 교육 내용에 초점을 맞추었다.

《고백과 용서》에서 들뤼모는 그 교육 내용이 매우 다양했으며 그리하여 고해자에게 전달된 신의 이미지 또한 매우 다면적이었음을 보여 준다. 엄격한 고해성사는 죄의 완전한 고해를 보장하기 위해 시간적 여유를 두고 진행되었고, 고해신부로 하여금 고해자에게 질문하도록 했다. 그러한 질문은 고해자가 죄를 고백하는 데 도움이 될 수도 있었지만, 동시에 매우 끔찍한 경험일 수도 있었다. 진정한 참회는 통회, 즉 신에 대한 사랑으로 자신의 죄를 통감하는 것뿐이라고 주장하는 신학자들이 있었지만, 다른 한편에서는 불충분한 회오(悔惡), 즉 처벌에 대한 두려움에 때문에 자신의 죄를 고백하는 것으로 충분하다고 주장하던 이들도 있었다. 그리하여 어떤 고해신부는 참회자의 동기를 세심하게 조사하는 데 반해, 다른 고해신부들은 그들이 고해를 하러 왔다는 단순한 사실을 회개의 충분한 증거로 간주하기도 했다. 전부는 아니지만, 일부 고해 지침서 저자들은 죄에 대한 고행과 통회의 확실한 증거가 있을 때까지 사죄(赦罪)을 미뤄야 할 필요성을 자주 강조한다. 고해신부는 고해자를 다룰 때 재판관이자 아버지이자 영적 치료자로 행동해야 한다고 교육받았다. 어떤 고해신부들은 올바른 판단을 강조한 반면, 다른 이들은 연민어린 치유를 강조했다.

들뤼모는《고백과 용서》에서 개연설(probabilism, 蓋然說)의 역사에 여러 장을 할애한다. 개연론자는 어떤 행위의 도덕성 여부에 의문이 제기될 때 그러한 행위에 대해 인간의 원죄를 묻는 것이 불가하다는 점을 인정했다. 이 이론을 통해 고해신부들은 고해자를 죄로부터 사해 줄 뿐 아니라 영적 지도자의 역할도 수행할 수 있었다. 이들은 때때로 고해자들에게 그들이 죄라고 생각한 것이 언제나 죄가 되는 것은 아니라는 것을 보여 줄 수 있었다. 도미니쿠스회 수도사들이 15세기에 이러한 개연론을 발전시켰지만, 17세기에 이르러 개연론의 주된 옹호자가 된 쪽은 예수회였다. 개연론에 바탕을 두고 죄에 관대한 태도를 보였던 예수회는 파스칼을 비롯한 얀센주의자들에게 비판의 대상이 되었다. 들뤼모는 어떻게 리구오리가 개연론을 회복시켰는지, 그리고 이를 통해 고해신부들이 어떻게 고해자들을 낙담시키기보다는 위로했는지를 보여 준다.

1990년에 이르러 들뤼모는 처음으로 서양의 종교적 심성사에 관한 연구에서 젠더 문제를 제기하기 시작했다. 《고백과 용서》에서 그는 고해신부들을 위한 지침서가 아버지의 개념에 대한 태도의 변화를 검토하는 데 중요한 자료가 될 수 있다고 주장한다. 그는 다정하며 사랑으로 가득한 아버지의 모델이 점점 더 중요해졌다는 증거로서 근대 초에 발전한 성 요셉 숭배가 지닌 의미의 중요성을 강조한다. 1990년 다니엘 로슈와 함께 들뤼모는 《아버지의 역사》(Histoire des pères et de la paternité) 시리즈를 편찬했다. 2년 후 들뤼모는 여성에 관한 또 한 편의 편저를 출간했다. 《내 어머니의 종교: 여성과 신앙의 전수》는 한 세대에서 다음 세대로 기독교 신앙이 전달되는 과정에서 여성의 역할을 고찰한 역사서이다.

1990년대 들뤼모는 대부분의 시간을 서유럽 사람들이 상상한 낙원의 역사 연구에 바쳤고, 이를 세 권짜리 연작으로 출간했다. 첫 권인 《낙원의 역사: 열락의 정원》은 1992년 출간되었다. 이 책은 아담과 이브의 원죄를 통해 인간이 상실하게 된 지상 낙원에 대한 향수에 초점이 맞춰졌다. 들뤼모가 관심을 둔 문제는 아담과 이브의 원죄가 어떻게 상상되고 설명되었는가가 아니라 어떻게 실낙원이 종교적 심성에서 중심적인 위치를 차지하게 되었는가 하는 문제였다. 특히 이 책은 15세기부터 17세기 말까지 생산된 낙원의 아담과 이브의 모습을 보여 주는 예술 작품들을 보여 주었다.

먼저 들뤼모는 낙원과 그 유사한 개념, 예들 들어 황금시대나 엘리제 정원 같은 개념에서 그리스와 유대, 기독교의 전통을 개관한다. 들뤼모는 무한한 행복을 향한 인간의 꿈과 욕망을 재구성하고 설명하려고 애썼다. 그러한 꿈은 종종 아름다운 정원이나 기름진 땅, 젖과 꿀이 넘쳐흐르고 온갖 과일이 자라며 꽃들이 평원을 뒤덮고, 가시 없는 장미가 자라는 그런 이상향을 향하고 있었다. 창세기의 해석자들 가운데 일부는 더 이상 인간의 손길이 닿지 않는 곳이긴 하지만, 실낙원이 이 지상 어딘가에 여전히 존재한다고 믿었다. 또 어떤 이들은 아담과 이브의 타락 이후 남아 있는 유일한 낙원은 지상이 아닌 천상에 존재한다고 생각했다.

중세부터 근대 초기까지 얼마나 많은 기독교인들이 여전히 어딘가에 존재하고 있을 지상낙원에 매료되었던가? 이는 들뤼모의 낙원 3부작의 첫 권을 관통하고 있는 문제였다. 그는 수백 년 동안 기독교인들이 팔레스타인과 아르메니아, 메소포타미아 또는 아프리카나 아시아 어느 곳에 존재할지 모를 지상낙원을 상상해 왔음을 보여 준다. 크리스토퍼 콜럼버스의 항해와 1500년 이후 아메리카에 대한 유럽인의 인식이 확대되면서, 낙원이 존재할 만한 지역의 범위도 넓어졌다. 낙원은 종종 강이 흐르는 지역으로 상상되었다. 티그리스 강과 유프라테스 강 인근에서 낙원을 찾으려는 노력은 아마존 강을 비롯한 다른 수로를 가진 브라질 같은 가능성 있는 지역과 경쟁해야 했다.

들뤼모는 아메리고 베스푸치를 비롯한 유럽 여행가들을 인용하면서 신세계에 대한 탐험가들의 묘사가 황금시대에 관한 오비디우스의 저술을 반영하고 있음을 보여 주었다. (유럽에는 알려지지 않은) 파인애플 같은 과일의 발견은 대서양 너머에 존재하는 낙원에 대한 유럽인의 상상을 자극했다. 적어도 '원주민'을 관찰한 이들은 그들이 순수한 상태에서 100살이 넘도록 살고 있다고 기록했다. 17세기 북아메리카에 도착한 잉글랜드의 청교도들은 '뉴잉글랜드'를 새로운 에덴동산이라고 묘사하면서 메추리는 날지 못할 정도로 살이 쪘고, 칠면조는 양만큼이나 크다고 기록했다. 들뤼모는 근대 초기 작가인 16세기 프랑스 인문주의자인 기욤 포스텔이 북극에 지상낙원을 위치시킨 것을 지적하기도 한다.

들뤼모에 따르면 낙원에 대한 유럽인의 상상에서 중요한 변화가 나타난 시기는 계몽사상 시대였다. 성서의 역사와 연대기에 대한 회의적인 시각은 아담과 이브가 타락하기 전까지 살았던 낙원에 대한 향수, 그리고 황금시대와 그 흔적에 대한 탐구를 위협했다. 18세기 중엽 전통적인 원죄론에 대한 비판이 일어나면서, 최초의 부모에 의해 저질러진 사소한 잘못 때문에 전 인류에 저주를 내린 신의 정의와 합리성 역시 의혹의 대상이 되었다. 쇠퇴가 아닌 진보의 역사 개념이 득세하면서, 많은 사람들이 지상낙원을 과거 속의 현실이라기보다는 미래의 가능성으로 여기기 시작했다.

1994년 2월 9일 들뤼모는 콜레주드프랑스에서 마지막 강의를 했다. 이 강의에서 그는 20년 동안 콜레주드프랑스에서 자신이 해온 작업의 주요 주제들을 정리했다. 공포에 대한 연구에 집중된 비판에 응답하면서 들뤼모는 자신의 책들을 나눠서 볼 것이 아니라 공포의 역사와 위안의 역사를 함께 다룬 논리적이며 균형 잡힌 전체의 부분으로 봐 달라고 요청했다. 그러면서 그는 《고백과 용서》 같은 저작이 바로 이러한 공포와 위안이 어떻게 서로 관련을 맺고 있는지를 보여 준 작품이라고 말했다. 공포와 위안은 모두 가톨릭 성사의 핵심인 고해성사와 관련된 것들이었다. 고해성사의 역사가 제기하는 문제에 관해서 들뤼모는 고해자들에게 거의 동정심을 보여 주지 않았던 고해신부와 신학자들에 대한 자신의 판단을 덧붙였다. 블레즈 파스칼을 비롯한 엄격주의자들은 자신들이 죄악으로 쉽게 판단해 버린 행위들이 숨기고 있는 '유예적 정황'을 고려하지 못했다. 실제 삶의 구체적 상황을 조금도 감지하지 못했다는 얘기이다. 그러나 들뤼모는 또한 많은 고해자들이 고해에서 안식을 찾지 못했으며, 속죄 의식을 통한 용서에서도 기쁨과 자유를 경험하지 못했다고 단언한다. 안심과 위안이 인간의 삶에서 중요한 부분을 구성하고 있다는 점을 발견한 들뤼모는 프로이트의 견해를 교정해야 한다고 요구한다. 인간에게 가장 필요한 것은 리비도가 아니라 바로 위안이라는 것이다. 인간의 경험과 역사에서 위안의 감정이 차지하는 중요한 위치를 강조하면서 들뤼모는 중세 말부터 20세기 말까지 인간이 위안을 찾을 수 있었던 장소들을 개괄하면서 콜레주드프랑스의 마지막 강연을 마쳤다.

낙원의 역사 3부작의 두 번째 권은 《지복의 1000년: 낙원의 역사》(Mille ans de bonheur: une histoire du Paradis)였다. 1995년에 출간된 이 책에서 들뤼모는 잃어버린 낙원에 대한 향수의 역사가 아니라 천년지복 시대에 대한 기대와 희망의 역사를 살펴본다. 천년왕국을 예견한 성경의 텍스트들, 특히 계시록 20장 1~15절을 검토하는 것을 시작으로 천년왕국이 어떻게 과소평가되었으며, 그리하여 새로운 형태로 재현될 수밖에 없었는지를 보여 준다. 공식 교회는 지상에서 실현될 천년왕국에 대한 기대를 평가절하하는 경향이 있었지만, 그것에 대한 기대는 다양한 목소리를 통해 주기적으로 생명력을 부여받았고 이러저러한 형태로 형상화되었다는 것이다.

12세기의 요아킴 다 피오레 수사의 영향력을 강조하면서 들뤼모는 어떻게 요아킴의 삼위일체 신학이 육신의 시대를 지나 정신의 시대로 넘어가는 것을 기대하게 했는지 보여 준다. 13세기에 일부 프란체스코회 수도사들은 청빈과 겸손에 대한 이상, 그리고 부유한 성직자가 아니라 영적인 수도사 형제들에 의해 주도된 교회 개혁에 대한 희망을 요아킴의 종말론에 결합시켰다. 또한 1260년경 열성적인 평신도들로 구성된 자신을 채찍질하는 고행자 집단은 강력한 세력을 과시하며 예수의 수난을 모방하면서 천년왕국을 기다렸다. 중세 말에 이르러서도 이러한 관행은 지속되었고, 때때로 천년왕국을 선도할 '천상의' 교황이나 군주가 나타나리라는 기대와 결합되었다.

종교개혁 기간에 들뤼모는 토마스 뮌처와 1524~1525년의 독일 농민반란, 그리고 1530년대 중반 뮌스터 시를 재세례파의 고장으로 만든 노력을 강조한다. 이러한 폭력적 천년왕국운동의 사례들은 무력적인 방법을 통해서라도 왕국의 도래를 앞당기고자 했던 지상낙원에 대한 참을 수 없는 기대감을 보여 준다. 뮌스터에서 얀 마티스는 '정의로운 자'가 검을 들도록 독려하고 불순한 자들을 일소하여 지상에서 그리스도의 새로운 지배를 선포하고, 성인 세례와 일부다처제, 공동 재산제를 실시하고 반대자들을 처형했다. 그러나 뮌스터는 1535년 여름 가톨릭 주교가 지휘한 가톨릭-루터파 연합군에 의해 탈환되었다. 들뤼모는 가톨릭과 루터파, 칼뱅파가 메논교도들처럼 평화적인 집단도 포함하여 재세례파에 대한 엄격한 박해를 정당화하기 위해 뮌스터 사건을 오래 동안 이용했음을 지적한다.

뮌스터 시가 보여 준 극단주의와 폭력 사태는 근대 초 천년왕국 운동의 불가피한 전형이 아니었다. 잉글랜드 내전 또한 천년왕국설에 적어도 부분적으로 영감을 받은 폭력적 사례라고 평가하지만, 그는 상대적으로 평화로운 기독교도 집단과 개인들의 천년왕국을 희망한 많은 사례들 역시 인용한다. 그중 하나는 17세기 뉴잉글랜드로 이주한 청교도들의 경우이다. 이곳에서 이 칼뱅교도들은 새로운 에덴동산을 발견했다고 믿었다. 또 다른 사례는 포르투갈의 안토니오 비에이라 사례이다. 브라질에서 태어난 비에이라는 포르투갈에서도 많은 시간을 보냈고, 그곳에서 국왕의 메시아적 역할을 호소하는 설교를 함으로써 관심을 끌었다. 로마의 교황과 리스본의 국왕을 통해 그리스도는 다시 태어난 세상을 영광스럽게 지배할 것이며, 죄는 사라지고 이교도들은 기독교로 개종하리라는 것이었다. 들뤼모는 포르투갈의 식민지 경쟁자인 에스파냐 역시 비슷한 목소리를 갖고 있었다고 지적한다. 비에이라와 같은 시대를 살던 사람들 중에는 페루 태생 에스파냐의 프란체스코회 신부 곤살로 테노리오는 에스파냐 왕조가 기독교 세계의 모든 군주들 사이에 평화를 확립하고, 성지를 수복하고 무염수태의 교리를 재천명함으로써 전 세계에 복음을 전파하게 될 것이라고 기대했다. 그러면서 테노리오는 교황청을 페루로 옮겨야 한다고까지 생각했다.

18세기에 유행한 진보에 대한 기대감에서 20세기 말 새로운 시대에 대한 믿음에 이르기까지 들뤼모는 천년왕국의 세속화를 발견한다. 예를 들어, 그는 이 세상이 노동자들의 천국으로 변화할 것이라는 사회주의 신념이 어떻게 천년왕국에 대한 기독교적 담론을 대체했는지를 보여 준다. 그러나 천년왕국의 도래를 주장하던 사람들은 이따금 잔혹한 폭군으로 변했다. 히틀러와 그의 '천년' 제국은 가장 눈에 띄는 본보기이다. 그러나 인간의 진보에 대한 믿음은 광채를 상당 부분 잃었고, 진보에 대한 믿음은 '해체'에 자리를 양보하게 되었다. 인간의 경험과 역사가 지니고 있는 의미의 중요성을 부정하는 자들에게 들뤼모는 인류에게 특별한 존엄성이 있으며 삶의 의미는 초월적인 근원에서 나온다고 대답한다.

종교적 믿음은 기독교 신자인 역사가들의 작업에 어느 정도 영향을 미칠까? 또 반대로 종교사에 대한 그들의 지식은 신앙인으로서의 관점에 어떠한 영향을 미칠까? 들뤼모는 1996년에 내놓은 편저 《역사가와 신앙》에서 바로 이 문제를 탐구한다. 이 책은 피에르 쇼뉘, 마르크 리에나르, 르네 레몽, 니콜 르메트르 같은 역사가의 글을 담고 있다. 들뤼모는 자전적 성격의 글을 통해 자신의 지적·종교적 삶과 선택을 설명했다. 그는 자신이 기독교인들 사이의 화해, 기독교와 현대 세계의 화해를 얼마나 열망했는지를 강조한다. 세속화의 역사에 대한 자신의 다양한 저작을 언급하면서 들뤼모는 하나의 역설을 들춰낸다. 복음은 우리가 가장 보잘것없는 이웃을 위해 한 일이 그리스도를 위해 한 일이라고 강조하지만 서구 사회가 빈민을 돌보기 시작한 것은 기독교가 지배한 중세가 아니라 최근의 일이라는 것이다.

1990년대 말에 들뤼모는 공동 연구에 많은 시간을 투자했다. 1998년에 들뤼모는 움베르토 에코, 스티븐 제이 굴드, 장클로드 카리에르와 더불어 《시간의 종말에 대한 대담》을 출판했다. 1999년에 영어로 출간된 이 책에서 저자들은 인간의 역사에서 종말 문제의 역사, 그리고 새 천년의 시작에 즈음하여 이 문제를 어떻게 생각하는지에 대한 자신들의 견해를 제시했다. 1998년은 또한 앙리 4세가 프랑스의 신교도들에게 제한된 관용을 허락한 낭트칙령 반포 400주년이 되는 해였다. 이를 기념하기 위해 많은 학술대회와 심포지엄이 개최되었는데, 그중 하나는 1998년 12월 16~17일에 파리에서 열렸다. 들뤼모는 이 모임의 발표문을 편집하여 2000년에 《타자의 수용: 낭트칙령에서 현재까지》을 출간했다.

21세기로 넘어오던 시기에 들뤼모는 자신의 업적으로 더 큰 인정을 받게 되었다. 2000년 들뤼모는 레지옹도뇌르의 코망되르급 훈장을 수여받았다. 일찍이 그는 오피시에급 훈장과 교육공로훈장, 문학예술훈장을 받은 바 있었다. 1980~1990년대에 그는 포르투갈의 포르투, 캐나다의 셔브루크, 벨기에의 리에주, 에스파냐의 데우스토대학 등 외국 대학에서 명예박사 학위를 받았다. 그런가 하면 1999년에 사랑하는 아내 자니가 세상을 떠났다. 세 명의 자식들은 부모가 걸어온 길을 따랐다. 장남은 중세사가가 되었고, 딸과 막내아들은 어머니를 따라 물리학자가 되었다. 들뤼모는 2000년에 출간된 낙원 3부작의 마지막 권, 《낙원의 유산?》을 아내

자니에게 헌정했다.

들뤼모는 이 책에서 영원한 열락에 대한 희망의 역사를 탐구하면서, 신비주의 텍스트와 의례용 찬송가, 그리고 부활절, 예수 승천, 성모 승천, 만성절 같은 가톨릭교회 달력의 다양한 축일 같은 주제를 자료로 활용했다. 사람들은 낙원을 기쁨이 넘치는 장소로 묘사해 왔다. 들뤼모는 시각적인 표현이 천상의 모습을 상상하는 데 얼마나 중요한 역할을 했는지를 보여 준다. 다른 어떤 저작들보다도 들뤼모는 이 책에서 낙원이나 천국에 대한 상상의 표현들, 낙원을 묘사한 그림이나 다른 형태의 표상과 같은 시각 자료에 의존한다. 총천연색의 표지는 15세기 초 플랑드르 지방의 기독과 천상의 성인들을 묘사한 제단 장식 그림을 펼쳐 보여 준다. 들뤼모는 낙원의 이미지가 어떻게 교회를 구성했는지, 천상과 지상을 연결하는 수많은 천사들과 간절히 기도하는 이를 비춰 주는 하늘의 빛이 어떻게 교회를 장식했는지를 보여 준다.

들뤼모는 낙원이 하늘에 있는 영원한 장소임에도 불구하고 사람들은 그곳을 지상의 정원처럼 상상했다는 점을 보여 준다. 그는 근대 초에 코페르니쿠스의 이론과 우주의 광활함에 대한 지식의 발달이 천국과 지옥 그리고 현세에 대한 중세의 공간적 상상을 크게 뒤흔들어 놓았다고 지적한다. 그러나 동시에 이 시기는 바로크 예술이 낙원의 기쁨을 예찬한 시기이기도 했다. 바로크 예술은 천상의 음악을 연주하고 낙원에 받아들여진 구원받은 수많은 영혼과 지상과 천국을 잇는 구름길을 묘사했다. 종교재판소가 갈릴레오에게 태양중심설을 수정하라고 요구했을 때, 종교적으로는 일종의 영적 태양중심설이 발전했다. 그것은 신을 태양과 같은 존재로, 은총은 햇빛과 같은 것으로 상상했다. 우주의 불확실성으로 혼돈에 빠진 이 시기는 또한 낙원에 도달하는 문제에서 특정한 낙관론을 등장시켰다. 들뤼모는 신학자들이 점점 더 냉정하고 추상적인 방식으로 낙원을 묘사하게 되었다고 설명한다. 그들은 시각적 묘사를 옆으로 제쳐 놓으면서, 구원받은 자는 불가사의한 신비를 이해하게 될 것이라고 신자들을 안심시켰다.

영원한 낙원에 대한 희망의 역사를 다룬 이 책에서 들뤼모는 오늘날 그러한 희망으로부터 남겨진 것이 무엇인지를 묻는 것으로 결론을 대신한다. 그는 천국에 대한 시각적 표상이 의미를 잃은 반면, 기독교인들은 그리스도의 부활을 통해 언젠가는 사랑했던 고인들과 함께 영원히 행복을 누리며 살 수 있게 되기를 계속 희망하고 있다고 말한다.

들뤼모는 천국의 시각적 표상에 관한 역사 연구를 이어갔고, 2001년 사빈 멜키오르보네와 함께 《낙원》(Le Paradis, 2001)을 출간했다. 이 책은 낙원을 주제로 한 그림과 모자이크, 태피스트리의 고화질 사진을 싣고 있는데, 작품마다 한두 단락으로 설명을 달고 있다. 이 책은 기독교 상상의 2천 년을 개괄할 뿐 아니라 다른 종교가 낙원을 상상한 방식의 몇몇 사례도 보여 준다. 천사에 둘러싸여 천국으로 향하는 무함마드에 관한 16세기 이슬람교도들의 상상적 이미지, 극락에서 내려오는 부처를 보여 주는 18세기의 탱화, 아담과 이브를 요사한 19세기 유대의 태피스트리들이 그것이다.

2003년 들뤼모는 《여명의 기다리며: 내일의 기독교》(Guetter l'aurore: un christianisme pour demain)를 출간했다. 1985년의 《내가 믿는 신앙》(Ce que je crois)의 개정판인 이 책은 그 어떤 시대보다 더 세속화된 현대 세계에서 기독교 신앙의 상태에 대해 들뤼모가 어떻게 생각하는지를 보여 준다. 들뤼모는 기독교 신앙과 희망, 변화를 일으키는 사랑의 힘과 그것의 여전한 의미에 대해 자신의 확고한 신념을 밝힌다. 앙리 마들랭은 학술지 《연구》(Etudes, 2004년 1월)에 실린 서평을 통해 세속 사회에서 기독교의 신뢰도를 높이는 데 들뤼모가 크게 기여했다고 평가한다. 그에 따르면, 들뤼모는 현대의 종교지도자들에게 낡은 권위주의를 완전히 떨쳐내고 여러 신앙과 열린 마음으로 대화해야 한다고 호소했으며, 현대 과학과 기술이라는 새로운 환경 속에서 스스로를 문화 이식할 수 있는 보편적 기독교를 포용하는 새로운 도전을 받아들이라고 강조했다.

역사가 들뤼모에게 기독교의 역사는 한마디로 무엇이었는가? 그는 이 역사가 사도들과 이방인 세계에 대한 개방성으로부터 시작된 변형과 적응의 역사였다고 주장한다. 2008년 들뤼모는 《캄파넬라의 신비》(Le mystère Campanella)를 출판하면서 다시 근대 초기로 되돌아간다. 여기에서 그는 철학자이자 이단으로 투옥되었고, 갈릴레오의 지지자이자 우르바누스 8세의 점성술사이기도 했던 토마소 캄파넬라(1568~1639)의 복잡한 삶을 탐구했다.

과거만이 아니라 자신이 속한 시대의 세상이 지닌 복잡한 면모에 대한 개방적 태도는 역사가 들뤼모의 학문적 토대였다. 그는 가톨릭교회를 20세기 말, 그리고 21세기가 시작된 오늘날의 세계에 적응시키려고 부단히 애썼다. 또한 근대 초 가톨릭교의 역사, 종교와 인간 세상 간에 전개된 갈등과 적응의 역사에 대해 다양한 저작을 왕성하게 저술한 작가였다. 이를 통해 들뤼모는 공포와 위안의 역사에 초점을 두면서 과거의 평범한 기독교인이 체험했던 종교를 우리의 역사 지식에서 필수적인 부분으로 만들어 주었다.

임승휘 옮김

참고 자료

책

Vie économique et sociale de Rome dans la seconde moitié du XVIe siècle, 2 vols. (Paris: Boccard, 1957, 1959).

L'Alun de Rome XVe-XIXe siècle (Paris: SEVPEN, 1962).

Naissance et affirmation de la Réforme, Nouvelle Clio, no. 30 (Paris: Presses Universitaires de France, 1965).

Le Mouvement du port de Saint-Malo, 1681-1720 (Paris: Klincksieck, 1966).

La Civilisation de la Renaissance (Paris: Arthaud, 1967).

Le Catholicisme entre Luther et Voltaire, Nouvelle Clio, no. 30bis (Paris: Presses Universitaires de France, 1971).

L'Italie de Botticelli a Bonaparte (Paris: Armand Colin, 1974).

Leçon inaugurale au Collège de France (Paris: Collège de France, 1975).

Le Christianisme va-t-il mourir? (Paris: Hachette, 1977).

La Peur en Occident XIVe-XVIIIe siècles: une cité assiégée (Paris: Fayard, 1978).

Un chemin d'histoire: Chrétienté et christianisation (Paris: Fayard, 1981).

Le Cas Luther (Paris: Desclèe de Brouwer, 1983).

Le Péché et la peur: la culpabilisation en Occident XIIIe-XVIIIe siècles (Paris: Fayard, 1983).

Ce que je crois (Paris: Grasset, 1985).

Rassurer et protéger: le sentiment de sécurité dans l'Occident d'autrefois (Paris: Fayard, 1989).

L'Aveu et le pardon: les difficultés de la confession XIIIe-XVIIIe siècle (Paris: Fayard, 1990).

Une histoire du paradis: le jardin des délices (Paris: Fayard, 1992).

Leçon terminale (Paris: Collège de France, 1994).

Mille ans de bonheur: une histoire du paradis (Paris: Fayard, 1995).

Entretiens sur la fin des temps, by Umberto Eco, Stephen Jay Gould, Jean-Claude Carrière, and Jean Delumeau (Paris: Fayard, 1998).

Que reste-t-il du paradis? (Paris: Fayard, 2000).

Le Paradis, by Jean Delumeau and Sabine Melchior-Bonnet (Paris: Fayard and Editions de la Martinière, 2001).

Guetter l'aurore: un christianisme pour demain (Paris: Grasset, 2003).

Le Mystère Campanella (Paris: Fayard, 2008).

편집한 책

Histoire de la Bretagne, edited by Jean Delumeau (Toulouse: Privat, 1969).

La Mort des pays de Cocagne: comportements collectifs de la Renaissance a l'a ge classique, edited by Jean Delumeau (Paris: Sorbonne, 1976).

Le Diocèse de Rennes (Histoire des diocèses de France, no. 10), edited by Jean Delumeau (Paris: Beauchesne, 1979).

Les Malheurs des temps: histoire des fléaux et des calamités en France, edited by Jean Delumeau and Yves Lequin (Paris: Larousse, 1987).

La Première Communion: quatre siècles d' histoire, edited by Jean Delumeau (Paris: Desclée de Brouwer, 1987).

Histoire des pères et de la paternite, edited by Jean Delumeau and Daniel Roche (Paris: Larousse, 1990).

La Religion de ma mère: les femmes et la transmission de la foi, edited by Jean Delumeau (Paris: Editions du Cerf, 1992).

L'Historien et la foi, edited by Jean Delumeau (Paris: Fayard, 1996).

L'Acceptation de l'autre: de l'édit de Nantes a nos jours, edited by Jean Delumeau (Paris: Fayard, 2000).

참고문헌

Bireley, Robert, "Two works by Jean Delumeau," *Catholic Historical Review*, 77 (1991): 78. 88.

Burke, Peter, *The French Historical Revolution: The Annales School 1929-89* (Stanford: Stanford University Press, 1990).

Homo Religiosus autour de Jean Delumeau (Paris: Fayard, 1996).

Powis, J. K., "Repression and autonomy: Christians and Christianity in the historical work of Jean Delumeau," *Journal of Modern History*, 64 (1992): 366. 74.

28

자크 르고프

1924~2014

Jacques Le Goff

자크 르고프

조엘 롤로코스터

학자와 지식인을 대중매체 스타의 수준에까지 끌어올리는 것은 프랑스 문화의 특징 가운데 하나이다. 세계적으로 이름난 중세사가 자크 르고프가 그런 대표적인 예이다. 난해하게 보일 수 있는 주제를 재치 있는 솜씨로 대중화함으로써 그는 동료 학자들에게 뿐만 아니라 책을 읽고 텔레비전, 라디오를 보고 들을 수 있거나 컴퓨터를 사용하는 사람이라면 누구에게든 친숙한 인물이 되었다. 동료 학자들에게 그는 아날학파, 즉 《아날: 경제·사회·문명》이라는 잡지에서 이름을 따온 프랑스 역사가 집단의 지도자 가운데 한 사람이다. 뤼시앵 페브르와 마르크 블로크가 1929년에 창간한 《아날》은 역사를 사회과학의 방법론 틀 안에 짜 넣음으로써 역사학을 혁신시켰다. 전체사를 강조하는 참신한 접근법(예를 들면, 역사 연구에 기후, 지리, 심성, 문화적·경제적 조건에 대한 연구를 포함시키는 것)을 동료 역사가들과 함께 채택하여 줄곧 그 길로 나아감으로써, 르고프는 사회과학적 방법을 역사 담론에 적용하려는 관심의 부산물인 역사인류학의 창시자 가운데 한 사람이 되었다. 연구 책임자로서, 나중에는 파리 사회과학고등연구원 원장이라는 학계의 지위 덕분에 그는 뤼시앵 페브르, 페르낭 브로델 같은 권위 있는 근대 초기 전문가들의 후계자로 인정받게 되었다.

프랑스의 대중문화에서 르고프는 텔레비전의 문학 프로그램이나 라디오 방송국 '프랑스 퀼튀르'(France Culture)에서 매주 방송하는 '역사와 함께 하는 월요일'(Les lundis de l'histoire)에서 만나는 인물이다. 대중들에게 르고프는, 중세는 역사가들이 그어 놓은 전통적인 경계를 훨씬 뛰어넘어 산업혁명 때까지 펼쳐진다고 거침없이 말하는 역사가로 알려져 있다. 또한 그는 대중문화 속에 깊이 새겨진 진부하고 상투적인 중세의 이미지를 벗겨 내고, 유럽의 도시 생활처럼 근대 세계로 죽 이어진 중세의 산물들을 드러내 보여 줌으로써 근대적 심성과 중세적 심성을 갈라놓는 거리를 좁혔다. 그러면서도 르고프는 중세 사람들의 삶을 현재의 삶과 갈라놓는 커다란 간격을 상기시켜 주기도 했다. 그는 시간이나 공간처럼 익숙한 현대의 개념이 중세에는 그렇게 익숙하게 작용하지 않았다는 사실을 쉽게 풀어서 설명했다. 예컨대, 상인들의 시간, 성직자들의 시간, 농민들의 시간이 제각각 달랐으며, 근대의 시간관념과도 달랐다. 르고프의 성공은 '움직이지 않는 역사'(immobile history, 흔히 큰 사건들에 가려지고 서서히 움직이는 장기간의 경향들)와 같은 중요한 개념을 대중적이고 통속적인 역사 인식에 끌어들이는 등, 첨단 현대 역사 연구의 난해한 주제들을 청중들에게 평이한 언어로 가르쳤다는 데 있었다. 요컨대, 르고프는 풍부한 학술 서적 집필에서 수많은 텔레비전이나 라디오 방송 출연에 이르기까지 다양한 소통 수단을 이용하여, 각계각층의 프랑스인들(그리고 비프랑스인들)에게 친숙한 목소리로 다가감으로써 보기 드문 대중적 인기를 얻었다.

르고프의 뚜렷한 특징 가운데 하나라면 자신이 연구하는 역사에 대한 열정과 열려 있는 참여 태도이다. 그는 프랑스인들이 '참여 역사가' (historien engagé)라고 부를 만한 사람이다. 자신이 연구하는 주체를 분석하고 표를 작성하고 해부하는 냉정한 과학자를 자처하기보다, 르고프는 인간의 주관성을 피하려고 굳이 멀찌감치 물러서지 않는 역사가의 모습을 보인다. 그에게 역사는 인간적인 것인 동시에 마음을 가지고 있는 것이다. 그의 전공 분야인 중세와는 거리가 멀지만 프랑스 지식인들의 삶과 사상이라는 문제와 결코 멀리 떨어져 있지 않은 주제인 프랑스혁명을 예로 들어보자. 프랑스혁명을 비방하는 사람들이 그것을 프랑스 역사에서 처참하고 유감스러운 순간으로 묘사했을 때 르고프는 프랑스혁명을 옹호하는 편에 섰는데, 그의 간단한 대답은 더 일반적으로 역사에 대한 사고방식을 반영하고 있었다. 대혁명은 순전히 정치 행위의 영역에 속하는 것이 아니라 인류의 영역에 속한다는 것이었다. 뒤 세대에게 과격하게 여겨지는 행위들은 그 시대의 고유한 역사적 맥락에 놓고 보아야 하며, 대혁명의 부정적인 측면들을 되뇔 것이 아니라 오히려 역사가들(그리고 모든 사람들)은 프랑스혁명의 자랑스러운 유산, 이를테면 시민의 권리와 인류의 권리를 선언한 점을 잊지 말아야 한다. 전적으로 그랬다고는 할 수 없지만 프랑스혁명은 더 나중에 유럽의 민주화를 위한 기초가 되었다. 또한 어느 누구도 '자유, 평등, 우애'라는 프랑스 공화국의 건국 정신을 프랑스의 기억에서 지우려 해서는 안 될 것이다.

역사에 대한 열린 참여 자세는, 르고프가 공공연하게 찬사를 보낸 19세기의 프랑스 역사가 쥘 미슐레까지 거슬러 올라가는 역사서술의 전통 속에 그를 몸담게 했다. 르고프는 《또 다른 중세를 위하여》(Pour un autre moyen âge, 1977)의 머리말에서, 미슐레를 "상상력과 소생의 능력을 가진 사람…… 유령이나 환영을 되살려 내는 것이 아니라 문서 속에 들어온 실제의 존재들을, 마치 대성당에 돌처럼 굳어 있는 진정한 사상들과 마찬가지로 되살려 내는 문서고의 사람"으로 표현했다. 미슐레처럼 르고프도 자신이 연구하는 주체들이 이성만큼이나 열정에 의해 움직이는 것으로 보며, 또한 미슐레와 마찬가지로 역사의 과학적 측면(문서고의 사료에 의거하는 것)을 과거를 '소생시키는 일'에 이용하고자 한다. 그 일이 역사가로서는 지적인 활동인 것만큼이나 감정적인 활동이다. 사실 르고프는 때때로 역사를 다시 살려 내야 할 것(재구성되어야 할 것은 말할 것도 없고)이라기보다는 다시 상상되어야 할 필요가 있는 대상으로 말하곤 했으며, 이렇게 해서 역사 연구에 활기를 불어넣는 주관성과 추측의 역할을 인정했다.

자크 르고프는 1924년 1월 1일 툴롱에서 태어났다. 르고프의 아버지는 마흔여섯이라는 꽤 늦은 나이에 자식을 보았다. 아버지의 나이와 어머니의 산후 우환 탓에 그는 형제가 없이 자랐다. 르고프 역시 중년이 되어서야 아버지가 되었다. 그가 태어난 툴롱은 지중해 연안의 큰 항구도시로 군사(특히 해군) 요충지였고, 프랑스가 식민지로 해상 원정을 나가는 디딤판이었다. 이 도시의 역사는 세바스티앵 보방과 결부되어 있다. 루이 14세의 군사 공학자였던 그는 이 도시의 방어 시설(성벽과 무기고)을 설계하고, 또한 일반 죄수와 정치범들이 끔찍한 조건에서 갤리선 노 젓기로 형기를 채우도록 하는 악명 높은 도형(徒刑) 제도를 고안한 인물이었다. 툴롱은 또한 프랑스혁명과 나폴레옹의 모험적인 활약에서도 중요한 역할을 했다. 르고프는 역사와 인간의 삶에서 지리 및 지형의 역할을 중시했던 만큼, 그가 남부 출신이라는 점과 출신지의 문화적 정체성이 배인 프로방스 사람이라는 사실을 염두에 둘 필요가 있다.

르고프는 자신의 생일에 대한 이야기를 즐겨 하곤 했다. 왜냐하면 생일이 그가 평생 동안 열정을 쏟은 시간과 연대기의 역사적 정체성을 일찍이 성찰하도록 이끈 계기가 되었기 때문이다. 젊은 시절에, 그의 어머니는 남편이 주민 행정기관에 아들의 출생신고를 하면서 실제 생일을 정직하게 신고한 일을 두고두고 입에 올리곤 했다. 제1차 세계대전 직후에는 어떤 청년의 출생일이 하루만 차이가 나도 의무 병역에 따라 입대가 1년 빨라질 수도 있었던 것이다. 자기 아들이 1월 1일에 태어났다고 곧이곧대로 신고하지 않으면 장차 아들의 병역이 1년이나 유예될 수 있었음에도, 남편이 행정기관에 거짓말로 사실을 부인하기를 마다했다는 사실을 어머니는 자크 르고프에게 즐겨 말하곤 했다. 사소한 사건 같지만 이 일은 르고프를 자기 아버지(르고프에게는 고결한 영웅, 도덕적이고 정직한 사람의 표본이다)의 사고방식과 시간 자체에 대한 성찰로 이끌었다. 이를 계기로 르고프는 시간을 개념화하는 데서의 '상상력'의 역할에 대하여, 또 어느 한 시기가 가장 사랑하는 사람의 행위와 기억을 통하여 훗날 다시 상상될 수 있는 방식에 대하여 생각해 보게 되었다. 학교 교육을 받으면서 르고프는 그의 출생일과 시간의 측정 방법이 변화하는 방식에 대하여 더욱더 많은 것들을 알게 되었고, 이를 발판으로 연대기와 역법의 본성에 대하여 한층 더 깊은 사색에 빠져들었다. 예컨대 르고프는 여러 문명들에서, 심지어 중세 프랑스에서도 1월 1일이 반드시 그해의 첫날은 아니었다는 것을 알고 놀랐다. 그는 또한 시간을 계산하는 데서 나타나는 변화에는 이데올로기적인 요소가 담겨 있다는 점을 이해하게 되었다. 프랑스혁명의 지도자들은 역법을 바꾸고 세속화했다. 르고프는 비의 달(pluviose, 1~2월), 바람의 달(ventose, 2~3월), 씨앗의 달(germinal, 3~4월)처럼 혁명 지도자들이 붙인 달 이름의 언어적 아름다움을 좋아하긴 했지만, 그들이 새로운 역법을 고안한 것이 과연 지혜로운 일이었는지에 대해서는 의문을 표했다.

르고프의 아버지는 1871년부터 1940년까지 존속한 프랑스 제3공화국이 당대 최고의 정치적·도덕적 이상을 대변한다고 믿은 공화주의자였다. 제3공화국은 이상적인 진보 사회의 발달을 북돋웠고, 그 공명정대함과 경건한 정의관은 프랑스가 제1차 세계대전에서 살아남고 나아가 승리할 수 있게 해주었다. 물론 제3공화국은 아버지가 생각하는 것만큼 그렇게 훌륭하지 않았다. 그 이상이란 주로 아버지와, 그처럼 제1차 세계대전에 참전하고 그 어려운 시기를 살아 낸 다른 사람들의 마음속에 존재했다. 그런데, 현실과 상상의 혼합물인 이러한 아버지의 기억이 그 아들에게 전달되었다. 아버지와의 만남, 아버지의 기억들과의 만남이 그에게 역사의식을 불어넣은 첫 번째 계기였기 때문에, 그렇게 전달된 유산이 르고프에게는 무척 중요했다. 그 유산이 대단히 중요한 이유는 그것을 통해서 르고프가 이중의 역사적 현실, 즉 전통적인 역사가들이 '확고한 사실'(hard facts)이라고 부르는 역사적 현실과, 상상된 것이지만 그럼에도 그것을 경험하는 주체들에게는 실제적인 역사적 현실의 존재를 인식하게 되었다.

르고프가 역사의식을 발달시키는 데 어머니가 중요한 역할을 했다는 점 또한 간과해서는 안 된다. 불가지론자인 아버지와 달리 어머니는 가톨릭 신자였다. 가톨릭 신자로 교육 받는 것을 아버지에게 허락받은 르고프는 곧 교리문답과 신학에 싫증을 느꼈고, 비록 나중에 성서가 역사가들에게 중세를 연구하는 효과적인 도구로 어떻게 이용될 수 있는지(특히 중세의 사람들이 그것을 어떻게 수용하고, 표현하고, 이해했는지) 깨닫게 되었지만, 교리보다는 종교적 의례, 관행, 표상, 이미지에 대한 관심과 취향을 먼저 키웠다. 르고프 자신은 어머니의 가톨릭 신앙을 공포와 고통, 희생의 신앙(민중문화에서 중세적 관행들과 관련된 그런 종류의 매저키즘적인 헌신의 신앙)으로 묘사한다. 이 역시 어머니의 시대를 반영하는 것이었다. 르고프의 어머니가 신봉한 특정 형태의 가톨릭 신앙은 가톨릭교의 힘, 특히 신자들로 하여금 개인의 금욕주의를 따르고 세상과 단절할 것을 권하는 '그리스도의 모방'(imitatio Christi)이나 '세상에 대한 경멸'(contemptus mundi) 같은 중세적 관행 및 개념들(르고프가 때로 공감하지 않은 것들)에 대해 숙고하도록 이끌었다. 아버지(종교가 없는 브르타뉴 사람)와 어머니(독실한 프로방스 사람) 사이의 문화적·종교적 괴리는 또한 역사상 여성의 지위(그 세대의 남성 역사가들에게는 그다지 관심을 받지 못한 연구 주제)에 대한 조숙한 관심을 일깨웠다.

르고프는 툴롱에서 어린 시절을 보냈다. 이 어린 시절에 그의 사회화 경험은 대부분 도시의 길거리에서 이루어졌고, 이런 경험을 통해서 그는 지리적 환경이 다양한 형태의 사회성을 창출하고 형성하는 데 중요한 역할을 할 수 있다는 점을 깨닫게 되었다. 또한 르고프는 1930년대에 라디오와 자동차, 전화, 냉장고에 이르기까지 일상생활을 급격히 바꾼 갖가지 혁신이 도입되는 것을 목격했다. 이 같은 경험을 통해서 르고프는 물질적 사물의 역사적 중요성(심지어 역사상의 한층 더 '극적인' 사건이나 순간들에 비교한다고 해도)을 인식하지 않을 수 없었다. 역사에 관심이 있었음에도, 르고프는 학창 시절에 수학에 대한 취미를 키웠다. 그는 자신의 역사 분석 기술이 수학 선생님들과 이들을 통해 계발된 기술들에서 비롯되었다고 말한다. 그가 중세사에 대한 관심과 애정을 키우게 된 것은 고등학교 시절, 뒷날 제2차 세계대전과 프랑스 레지스탕스를 연구하는 역사학자가 된 선생님 앙리 미셸의 가르침 덕분이었다. 미셸한테 그는 역사학과 방법론에 대해서 배우기 시작했다. 이를테면 역사 연구는 일차사료에 대한 분석이 뒤따른다는 것, 역사가는 일어난 일을 단순히 이야기하기보다는 사건들을 설명할 의무가 있다는 것을 알게 되었다. 미셸한테서 배운 것에 더하여, 월터 스코트의 작품, 특히 《아이반호》를 읽으면서 중세에 대한 호기심은 더욱 더 뜨거워졌다. 작품의 줄거리, 특히 이야기의 뼈대를 이루는 앵글로색슨족과 노르만족 사이의 종족적 대립에 관한 묘사는 그를 매료시켰다. 그렇지만 르고프가 그저 스코트의 잘 짜인 서사에만 마음이 끌린 것은 아니었다. 그는 또한 역사 분석에 대한 감각을 일깨워 준, 사건들에 대한 스코트의 설명에 마음이 사로잡혔다. 젊은 시절에 르고프는 설화와 전설 역시 읽기를 즐겼고, 이는 '상상세계'와 역사에서의 이의 중요성을 강조하는 성향을 은밀히 드러내는 한 가지 징후였다.

1939년 제2차 세계대전이 일어났을 때 르고프는 고등학교 3학년 학생이었다. 곧 아버지의 병환으로 가족은 프랑스 남서부의 세트로 이사를 가서 1940년 6월까지 거기에 머물렀다. 바칼로레아 등록을 위해 몽플리에에 있을 때, 르고프는 등록한 바로 그날 휴전을 촉구하는 페탱의 성명을 들었고 며칠 뒤에는 레지스탕스를 호소하는 드골 장군의 성명을 들었다. 1940년 여름에 그의 가족은 세트를 떠나 툴롱에 정착했고, 거기서 2년을 살았다. 바칼로레아에 합격한 뒤에 그는 마르세유의 카뉴 초급반 및 카뉴(khâgne, 고등사범학교와 같은 고등교육기관을 위한 준비 학교)에 들어갔다. 알프스 산중에 잠시 머물던 중 르고프는 레지스탕스 대원들을 우연히 만나게 되었는데, 그 후 1943년에 그가 '사이비 레지스탕스'라고 부른 활동, 말하자면 무기를 숨긴다거나 영국군이 낙하산으로 떨어뜨려 주는 의약품을 수거하는 활동에 참여했다. 알프스 산중에 숨은 레지스탕스를 만난 경험으로부터 르고프는 궁핍한 상황에서도 생산물을 암시장에서 더 많은 돈을 받고 팔러 따로 떼어 두는 농부들의 행태를 가리켜 그가 '농민의 이기심'이라고 부르는 것을 상기하게 되었다. 르고프는 또한 반유대주의를 피부로 체험한 것과 그가 프랑스 역사의 오점이라고 종종 낙인찍은 페탱을 경멸하게 된 것을 회상한다. 제2차 세계대전에 따른 격동에도 아랑곳없이 르고프는 하던 공부를 이어 갔고 프랑스어, 라틴어,

그리스어에서 합격증을 받았다. 얼마 동안 그는 문학사 자격을 주는 철학 과목의 합격증을 얻고자 노력했다. 만일 그 학사 자격을 땄더라면, 그는 문학 교수자격시험에 이르는 과정을 밟을 수 있었을 것이고, 그러면 고등학교나 그보다 상급의 교육기관에서 가르치는 일을 할 수 있었을 것이다. 하지만 소르본대학에서 잠시 철학에 발을 들여놓은 경험이 그의 마음을 바꾸어 놓았다. 그는 자신이 좋아하는 역사로 되돌아갔고, 루이 르그랑고등학교와 고등사범학교에 진학하여, 이번에는 역사학 전공으로 교수자격시험 준비를 했다. 파리에 온 이 지방 청년은 프랑스 수도의 볼거리들을 발견했다. 이 대학 초년 시절에 그는 앞으로 평생토록 되풀이하게 될 일상(낮에는 영화와 연극, 음악회, 밤에는 작업)과 평생토록 즐기게 될 브리지 카드 게임에 빠져들게 되었다.

제2차 세계대전이 끝난 뒤 르고프는 레지스탕스 활동가들이 정치 무대에서 좌절하는 것을 직접 목격했으며, 특히 프랑스 전후 세대의 청년층에서 공산당의 세력이 확장되는 것을 지켜보았다. 하지만 르고프는 우연한 계기로 공산주의를 동년배들이 바라보는 것과는 다른 방식으로 보게 되었다. 오스트리아 여행 도중 공사관의 문화 담당 주재원과 우연히 만나게 된다. 그때 프랑스 정부가 체코슬로바키아와 새로운 문화 교류를 트고, 유학하여 그 나라의 역사를 연구하려는 학생들에게 재정 지원을 하는 사업을 추진하고 있다는 사실을 알게 되었다. 르고프는 이 제안에 응했고 1947~1948년에는 프라하에 머물며 공부했다. 1948년 2월 체코의 공산주의 쿠데타를 직접 목격하고서 그는 공산주의에 대한 불신을 품은 채로, 그리고 정말이지 현대 정치에 대해 냉담하게 된 채로 체코슬로바키아에서 프랑스로 돌아왔다. 또한 그는 체코슬로바키아 역사가 자신의 취향에 맞지 않다고 판단했다.

르고프는 학위 과정의 이수 부담이 크지 않아 자신의 지적 관심사들을 자유로이 탐구할 여유가 있었던 고등사범학교에서 보낸 4년을 좋았던 시절로 기억한다. 이 학교를 다니는 것의 논리적인 결과는 고등 교육기관 교수직의 기회를 열어 줄 경쟁시험인 교수자격시험의 통과였다(이 교수자격시험의 고득점자들만이 교수직에 임용될 수 있었다). 공교롭게도 르고프의 졸업 동기생들이 교수자격시험에 응시한 해에 이 시험제도에 파격적인 변화가 일어났으며, 특히 시험을 감독하고 수험생의 성적을 매기는 심사위원을 포함하여 시험 운영진에 변화가 있었다. 르고프가 응시한 해에 심사위원단은 새로운 역사상을 주창한 아날학파에 속한 역사가들 일색이었다. 더구나 아날 역사학의 핵심적 인물인 페르낭 브로델이 위원장이었다. 이 역사가들과 더불어, 르고프는 전통적인 중세사가들이 별로 눈길을 주지 않은 새로운 지평들을 탐사하면서 교수자격시험를 준비하는 학년을 보냈다. 교수들은 비잔티움과 몽골 제국 같은 주제까지 넣어 교과과정을 확장했고, 르고프는 이미 알려진 정보를 단순히 학습하고 숙달하는 대신 역사를 연구해야겠다는 욕망이 커 가는 것을 느꼈다.

교수자격시험를 통과한 직후 르고프는 1950년 가을 아미앵의 고등학교에서 교편을 잡았다. 잠시 동안 아날학파와 교류가 끊겼고, 점차 중등교육에 대한 싫증을 느끼게 되었다. 그는 1951~1952년에 옥스퍼드대학에 체류할 수 있는 연구비를 받게 되었고, 이곳에서 중세에 나타난 새로운 유형의 노동자, 즉 지식인 노동자의 출현을 연구하고자 했다. 하지만 그는 옥스퍼드에서 고립감을 느꼈고, 자신이 협동 작업이나 공동 작업, 지적인 교류를 좋아한다는 것을 깨닫게 되었다. 실제로 공동 작업의 이점을 이해하고 중시한다는 점이야말로 그의 교육과 저술 활동을 특징짓게 될 터였다. 그는 옥스퍼드에서 연구를 마치고 1953년에는 로마 에콜프랑세즈(Ecole française)에 체재했는데, 이곳에 머물면서 문서고 조사에 대한 사랑에 빠져들었다. 이어서 1954년에는 유명한 국립과학연구원

(CNRS)의 연구원으로 있으면서, 릴대학에 있는 미셸 몰라(르고프가 여전히 그의 지적 개방성과 대범함에 대해 감탄해 마지않는)의 조교 자리를 지망했고, 1955년에 그 자리에 들어갔다. 대학 강단에서 가르치는 직책에 복귀한 덕분에 르고프는 연구 활동은 하지 않고 가르치기만 하는 것만큼이나 가르치지는 않고 연구만 하는 것이 자신에게 못마땅한 일이라는 것을 알게 되었다. 릴대학에서 르고프는 가장 절친한 동료이자 친구가 된 근현대사 전공자 마르셀 질레를 만났다.

릴에 있는 동안 르고프는 상당 시간을 강의에 할애하면서 동시에 저술 작업을 시작했다. 위탁을 받은 책 두 권을 썼는데, 둘 다 꽤 상업성이 있는 책으로 여러 번 재출간되었다. 첫 번째 책은 1956년 '크세주'(Que sais-je?, 나는 무엇을 알고 있나?) 총서에 포함되어 출판되었다. 이 총서는 학술적인 주제들을 간결하고 쉽게 최신 논의들을 반영하여 개관한다는 취지로, 해당 분야의 일류 학자들이 고등학생과 대학생들을 대상으로 쓴 책들이며, 따라서 대중적인 요소와 학문적인 요소들이 뒤섞여 있다. 르고프가 쓴 책은 《중세의 상인과 은행가》(Marchands et banquiers du moyen âge)였는데, 이 책은 많은 역사가들의 저술을 통합하여 대중적으로 쓴 책이었고, 특히 아직 널리 알려지지 않고 있던 《아날》에 발표된 논문들에서 많은 내용을 끌어냈다. 네 개의 장에 걸쳐 르고프는 이동하고 정주하는 상인들의 직업적·사회적·정치적 활동과 그들의 도덕적·종교적 태도나 문화적 기여들을 간략하게 설명했다. 그는 지리와 지지(地誌), 상인들이 직면한 물질적 환경, 그리고 경제적 효율성을 향상시킨 사업 관행상의 변화들과 상인들의 사업 활동에 대한 정치적 반응들을 논의하며, 그러면서도 중세 시대 자본주의의 성장에 관한 논쟁을 붙들고 줄곧 씨름한다.

르고프의 두 번째 책은 첫 번째 책보다 자신의 지적 관심사들을 더욱 뚜렷이 반영하고 있다. 그것은 곧 쇠유 출판사에서 기획한 새로운 총서로 1957년에 출판된 《중세의 지식인들》(Les Intellectuels au moyen âge)로 중세 도시의 지식인층에 대한 르고프 자신의 독창적인 연구에 근거를 둔 저술이다. 이 책에서 르고프는 중세 서유럽의 도시화와 성당 부속학교 및 대학의 출현 사이의 관계를 밝히고, 지적 작업이 12~13세기의 새로운 사회에서 어떻게 인식되고 이해되었는지를 탐구했다. 이 책은 새로운 사회적 직업 유형으로서 지식인의 등장과 승리를 추적한다. 지식인이라는 사회적 유형(근대 시기와는 흔히 관련이 되지만 중세와는 거의 관련지어 논의되지 않은)이 12~13세기에 존재했다는 르고프의 견해는 독창적인 것이었다. 마찬가지로, 르고프는 세속화나 합리화 같은 개념들을 여전히 '고딕적'이며 후진적이라고 낙인이 찍힌 하나의 역사 시대에 적용한다. 하지만 르고프는 또한 중세 지식인과 근대 지식인의 차이점들을 강조한다. 중세 스콜라 학풍은 독창성이나 조사 연구, 새로운 지식의 생산보다는 포괄성과 백과사전적 지식의 수집을 더 강조했다. 중세의 지식인들은 특이하고 종종 적대적인 환경에서 활동을 했으니, 즉 그들은 여러 형태의 상거래를 얕보는 사회에서 말의 장사꾼이었고, 지식인들은 학문과 지식을 팔 수 있는 재산의 형태로서보다는 어느 누구도 이익을 끌어내서는 안 되는 하느님의 선물로 간주하는 기독교적 유럽에서 오랫동안 발버둥 쳐야 했다. 르고프의 방법론은 혁신적이었다. 그는 12~13세기 사상 연구에서 곧잘 등장하는 거물 사상가들 외에 학교에서 시행된 교과과정, 최초의 학생-반란자이자 세속적이고 심지어 외설적인 시가(詩歌)의 저자들인 골리앗 시인들(Goliards, 12~13세기의 풍자 음유시인들—옮긴이)을 살펴본다. 르고프는 제도보다는 인간들에 초점을 맞춘다. 한층 더 두드러지게, 그의 책은 관행과 심성의 변화가 어떻게 사회구조 및 학교 구성원 집단의 변화와 연관되는지를 증명한다. 이리하여, 중세 사상에 대한 르고프의 분석에는 사회학적 성분이 짙게 배어 있으며, 사상사에 관한 후기 연구에서도 이와 같은 특징이 드러날 것이다.

1950년대 말은 르고프에게 격동의 시기였다. 한때 그는 좌파 정치에 관여했으나 정치에 온전히 투신할 수는 없었다. 그 대신 그는 자신이 정치적 참여를 원하기도 하고 동시에 그것으로부터 뒷걸음질 치기도 한다는 것을 깨달았다. 잠시 동안 그는 노동조합 활동과 생디칼리슴 정치에 휘말리기도 했지만, 그의 좌파적 정치 성향은 스탈린의 정치와 부다페스트에 대한 소비에트의 간섭으로 말미암아 프랑스 등지에서 일어난 정치적 소요 사태를 계기로 완화되었다.

직업상으로도 1950년대 말은 힘든 시기였다. 특히 1958년은 르고프의 경력에서 결정적인 시점이었다. 르고프에 따르면, 그가 처음 펴낸 두 권의 책은 명성을 가져다주지 못한 그리 대수롭지 않은 책이었다. 미셸 몰라가 소르본대학에 부임했을 때, 르고프의 국가박사 학위논문은 아직 충분히 진전된 상태가 아니었기 때문에 몰라가 떠난 자리에 앉을 자격이 없었다. 국가박사 학위논문을 위하여 르고프는 원래 12~13세기 대학 및 도시 학교들에서 이루어진 지적 작업에 관한 연구를 계획했다. 나중에 그는 연구 주제의 폭을 더 넓혀서 중세의 노동에 대한 관념과 태도를 주제로 삼았지만, 자신이 이 주제로 논문을 완성할 수 있을지 회의가 들었고 이러한 연구에 매달리기에는 충분히 마음의 준비가 되어 있지 않다고 느꼈다. 르고프는 진로를 바꾸는 문제를 궁리하게 되었다. 가르치는 일은 더 이상 하지 않게 될 국립과학연구원의 연구원이 될 수도 있었고, 아니면 중등학교에서 다시 교편을 잡을 수도 있을 것이었다. 그런데 세 번째의 선택 가능한 진로가 나타났다. 실은 르고프의 친구가 권유하여 사회과학고등연구원(EHESS) 제6부의 원장이었던 페르낭 브로델이 《중세의 지식인들》을 읽고서 르고프를 위해 그 기관에 한 자리를 마련해 주었던 것이다. 그리하여 르고프는 1959년 가을 고등연구원 제6부에 들어갔다.

르고프가 새로 채용된 사회과학고등연구원은 일종의 연구 대학이다. 사회과학 분야의 대학원 과정 학생들에게 연구 방법을 지도하고 교수진의 연구 성과를 널리 전수하는 데 중점을 둔다. 연구 지도교수와 조교 및 부교수들(maîtres de conférences)은 박사 학위 지망생들로만 구성된 학생들이 참석하는 세미나에서 자신의 연구를 놓고 토론한다. 이 학교의 목적은 주로 새로운 세대의 연구자들에게 역사 이론과 실습을 동시에 교육하는 것이다. 르고프는 사회과학고등연구원에서 역사학자들 사이에 협력을 북돋우고 연구와 교육이 균형을 이루는 분위기를 느끼며 재직하는 동안 왕성한 활동을 펼쳤다. 조교수급으로 들어간 르고프는 1962년에 연구 지도교수로 빠르게 승진했다. 그는 1972년부터 1977년까지 뤼시앵 페브르와 페르낭 브로델 같은 고명한 역사가들의 발자취를 따라 이 기관의 원장으로 봉직했으며, 1992년 은퇴할 때까지 그곳에 몸을 담았다. 그의 학생들은 텍스트 주석과 사료 분석 수업에 이어 샌드위치와 낭트산 포도주(이 포도주의 좋은 점들을 칭찬했던 12세기의 철학자를 기려서 '아벨라르 포도주'라 이름붙인)를 나누었던 그의 세미나 수업을 즐거운 기억으로 회상한다.

일찍이 브로델은 사회과학고등연구원 원장으로 있을 때 그 문하의 학자들을 국제화의 방향으로 이끌었고, 그래서 르고프를 이탈리아, 독일, 폴란드 같은 여러 나라의 학술회의에 파견했다. 르고프에게 특히 유익했던 것은 폴란드에서의 경험이었는데, 이를 계기로 그는 브로니슬라프 게레메크를 비롯한 몇몇 폴란드 학자들과 깊은 우정을 나누게 되었기 때문이다. 특히 게레메크는 탁월한 중세사가로, 연대노조 운동에 참여하여 마침내 유럽의회 상원의원과 폴란드 외무부 장관에까지 오른 인물이다. 르고프는 1962년 폴란드 여성과 결혼했다.

사회과학고등연구원은 세미나 교육과 역사 연구의 결합을 옹호했으며, 르고프는 이러한 요청에 기꺼이 응했다. 예컨대,《샤리바리》(Le Charivari, 1981),《예화》(L'Exemplum, 1982) 등 르고프가 엮어 낸 몇몇 책들은 사회과학고등연구원에서의 협동 작업에서 싹터 나온 것이었다. 1962년 르고프가 처음으로 연구 지도교수가 되었을 때, 그의 세미나는 11~14세기의 종교 사상과 사회집단의 역사에 초점을 맞추었다. 그 이듬해 그는 초점을 바꾸어 세미나 제목을 '중세 서유럽의 역사와 사회학'으로 바꾸고 12년 동안 이 제목을 유지했다. 그의 세미나 수업은 집단 공포(예컨대 질병과 역병에 대한 공포)와 같은 주제들을 다루었고, 1965년부터 1972년까지는 고급문화와 민중문화 사이의 관계에 초점을 맞추었다. 1969년에는 설교자들이 자신들의 강론에서 이용하는 교육적이며 도덕적인 짧은 이야기들인 '예화'(exempla)에 대한 연구를 시작했다. 1973~1974년에 세미나 주제는 중세 서유럽의 문화인류학으로 다시 돌아갔고, 1974~1975년에는 중세 서유럽의 역사인류학으로 재정의되었다. 1975년에 르고프는 세미나에 '중세 서유럽 역사인류학 그룹'(GAHOM, Groupe d'anthroplogie historique de l'occident médiéval)이라는 연구집단을 참여시키고, 중세의 노동, 봉건사회에서의 몸짓, 국왕 이데올로기(특히 카페조 국왕들 및 루이 9세에 관하여), 그리고 끝으로 중세에서의 웃음 등 다양한 주제들을 다루는 또 하나의 세미나를 꾸렸다. 퇴임 이후에도 한동안 르고프는 자신의 세미나들을 계속 진행시켜, 그가 펴낸《중세 서유럽 전문 사전》(Dictionnaire raisonné de l'occident médiéval, 1999)에서 논의된 몇몇 주제들에 대해 참여자들이 토론할 수 있는 장을 마련했다.

사회과학고등연구원에 몸담은 초창기에 르고프는 자신의 국가박사 학위논문을 완성하기가 어렵겠다는 점을 절감했다. 이 일은 고사하고,

1960년에 아르토 출판사로부터 주요 문명들에 관한 총서 가운데 한 권을 집필하도록 의뢰받은 이후, 그는 세계사적이고 포괄적이며 백과사전식으로 중세를 다루는 글을 쓰는 데 노력을 쏟고 있었다. 이 책을 쓰면서, 르고프는 틈틈이 또 다른 중세사 개설서 《중세》(Le Moyen Age)라는 책을 집필하여 1962년에 펴냈다. 1060년부터 1330년에 이르는 시기를 다룬 이 책은 '역사 보기'(Voir l'histoire)라는 제목의 총서에 포함되었다. 총서의 제목에 걸맞게 《중세》는 도판을 풍부하게 곁들였고, 중세사에 대한 르고프의 폭넓은 시각을 드러내기에 충분하게 도판들이 텍스트와 긴밀하게 맞물려 있다. 서론에서 르고프는 중세를 편협하게 '암흑' 시대 또는 '고딕' 시대라 규정하고 이 시대가 찬란한 고대를 빛나는 그들 자신의 시대와 떼어 놓았다고 생각한 르네상스 시대의 학자들을 반박하고, 황금 전설과 검은 전설을 동시에 지닌, 멀고도 다르지만, 그럼에도 불구하고 근대 사회의 원조가 되었던 장기의 중세라는 그 자신의 이론(장차 널리 인기를 끌게 될 이론)을 제시했다. 르고프는 여기서 중세를 비교적 전통적이고 서사적인 방식으로 묘사한다. 그의 논의는 기술혁신 및 상업의 발달과 더불어 11세기에 나타난 초기의 번영에 대한 논의에서부터 귀족, 농민, 도시 주민들 사이의 사회적 관계, 유럽 국가들과 교회의 중앙집권화, 도시 학교와 대학들에서의 지적 부흥에 대한 고찰에 이르기까지 시대순으로 나아가며, 육체적이며 또한 지적인 한계들에 의해 야기된 14세기의 위기에 대한 논의로 끝을 맺는다.

1964년이 되어 아르토 출판사는 나중에 《중세 문명, 400~1500년 (Medieval Civilisation, 400-1500)》(1988)으로 번역된 《서양 중세 문명》 (La Civilisation de l'occident médiéval)을 펴냈다. 《중세》에서와 마찬가지로 이 책에서도 도판들은 단순한 볼거리가 아니라 증거 자료로 독자들에게 제시되었고, 그만큼 그림과 텍스트가 서로 뒷받침을 하면서 결합되어 있다. 게다가 《서양 중세 문명》은 간략한 참고서지 말고는 거의 출처를 제시하지 않은 채로 다른 역사학자들의 연구에 바탕을 둔 또 하나의 종합 저술이다. 하지만 《서양 중세 문명》은 여러 면에서 혁신적인 책이다. 여기서 르고프는 자신의 서술과 분석을 따로 떼어 놓고 있거니와, 즉 처음의 4장에서는 전통적인 서술 방식을 좇아 역사의 전개를 연대순으로 기술하고, 다음 6장에서는 10~13세기 중세 문명의 다양한, 종종 예기치 않은 측면들을 논의한다. 프랑스어판 서문에서 르고프는 중세라는 과거로 여행을 하고 싶은지 대뜸 물음을 던져 독자들을 놀라게 하고는, 중세 사람들은 여행하기를 좋아하지 않았다고 그의 청중에게 상기시킨다. 그들이 주로 원했던 것은 이 세상에서 헤어나 천국을 얻는 것이었다는 것이다. 처음부터, 그는 죽음을 이상화하고 지옥을 두려워한 한 과거 시대로부터 근대 사회를 갈라놓은 그 거리를 그의 청중들 눈앞에 들이댐으로써 그들의 주의를 붙잡는다. 분석을 펼치면서 르고프는 세속 권력과 종교 권력, 또는 도시와 수도원 사이의 대립 같은 전통적인 주제들을 소홀히 취급하지는 않지만, 1960년대 초 역사학의 종합 저술들에서 흔히 볼 수 없었던 문제들, 이를테면 중세의 공간과 시간 구조들, 물질적 조건과 일상생활, 사회에 대한 중세의 관념(여기서 그는 싸우는 계급, 기도하는 계급, 노동하는 계급으로 사회의 3분할을 논의한다), 다양한 계급의 심성, 감성과 태도, 식생활, 질병, 기후, 지형과 지리, 여성 노동의 착취, 심지어 이방인과 장애인들에 대한 사회적 배제와 같은 문제들을 논의하는 데 많은 지면을 쓰고 있다. 기존에 다루어지지 않았던 이런 새로운 주제들과 씨름하면서 르고프는 사회과학과 심지어 자연과학, 예컨대 고고학이나 기후학, 연륜연대학(dendrochronology) 같은 학문의 도구와 방법들에 의존했다. 논의 전반에 걸쳐 르고프는 중세에 대한 균형 잡힌 특유의 태도를 유지한다. 즉 그는 중세의 낯익은 요소들과 낯선 요소들에 똑같이 조명을 비추고, 지나치게 어둡게 그리거나 지나치게 미화하는 태도를 피한다. 《서양 중세 문명》을 쓸 당시 르고프는 심성과 감성의 역사를 밀고 나간 최초의 역사가들 가운데 한 사람이었다. 그 자신의 말로 표현하자면, 그에게 제각기 특유하게 영향을 준 모리스 롱바르, 페르낭 브로델, 마르크 블로크와 같은 역사가들의 발자취를 좇고 있었던 것이다. 그는 시간과 공간이 역사 속에서 기능하는 방식에 대해 다시 생각하게 된 것을 롱바르와 브로델 덕분으로 돌렸고, 블로크에게서는 감성 및 심성의 역사를 창시한 학자의 면모를 발견했다. 르고프의 텍스트는 그 무렵 부상하고 있던 새로운 방법론들, 즉 프랑스 인류학의 조류와 마르셀 모스, 클로드 레비스트로스 같은 인류학자들, 그리고 조르주 뒤메질 같은 비교사학자들에게서 비롯된 새로운 방법론들을 역사에 도입했다.

1968년에 르고프는 문화를 전문으로 다루는 프랑스의 라디오 방송국 프랑스 퀼튀르에서 역사에 할애된 쇼 프로그램 '역사와 함께 하는 월요일'의 진행자로 활약하며 미디어에 대한 자신의 재능을 발휘했다. 원래이 라디오 프로그램은 언론인 피에르 시프리오가 1966년에 기획·연출한 것인데, 부서를 옮기면서 르고프에게 맡아 달라고 부탁한 것이다. 전반적인 구상은 아날학파의 지적 혁명을 대중화하고, 모든 시대의 역사 관련 주제들과 상아탑 밖에서는 널리 읽히지 않는 책들에 대하여 논의하는 것이었다. 나중에는 다양한 시기와 지역을 전공하는 여러 역사가들과 함께 프로그램 진행해 나갔지만, 몇 해 동안 르고프는 한 시간 반 동안의 라디오 쇼를 단독으로 끌어 나갔다. 최근까지도 줄곧 르고프는 매월 이 프로그램에 출연하여 중세와 고대에 관한 책들에 대해 논의해 왔다.

1960년에 말에 이르러 르고프는 역사학과 관련하여 프랑스에서 가장 권위 있는 두 기관을 이끄는 자리에 오름으로써 프랑스(어떤 의미에서는 세계) 역사학계의 맨 앞자리에 서게 되었다. 1969년에 페르낭 브로델은

《아날》편집인 자리에서 물러나면서 엠마뉘엘 르루아 라뒤리, 마르크 페로와 더불어 르고프를 자신의 후임으로 지명했다. 르고프와 그 동료들은 《아날》을 사회과학자들에게 개방하는 개혁을 단행하고, 1969년 역사와 생물학이라는 주제의 기획을 시작으로 '특집호'에 관한 새로운 구상을 실행에 옮겼다. 《아날》을 다른 인문과학들에 개방한 것은 역사인류학의 발전을 위한 길을 닦았다. 르고프는 역사인류학이라는 분야를 총체적인 존재로서 인간들의 '역사화'(historicization)라고 생각했다. 다시 말해서 역사인류학자들은 과거 인간들의 행위와 생각을 기술하고, 그들의 물질적·생물학적·정서적·정신적 생활을 밝히고자 한다는 것이다. 전통적인 역사가들과 마찬가지로 역사인류학자들도 그들의 주제에 관한 일차적 정보의 원천으로서 기록된 텍스트를 이용하지만, 그들은 동시대 사람들을 연구하는 인류학자들에게 오래전부터 익숙한, 그리고 역사학자들이 거의 다루지 않아온 주제들을 분석하고자 한다. 예컨대, 특정한 몸짓의 기능과 시대적 변천 또는 몸의 역사가 그런 주제들이다. 후자의 주제에 관한 르고프의 관심은 프랑스와 영국 왕들의 치유 능력에 관한 마르크 블로크의 고전적 논문, 즉 《기적을 행하는 왕》(Les Rois thaumaturges)이라는 제목으로 1924년에 출판된 논문에 자극을 받은 것이다. 르고프는 인류학자들을 두둔했고, 중세 성인들의 삶(성인전), 여행 문학, 예화와 민속에 대한 자신의 분석에 그들의 방법을 적용하기 시작했다. 게다가 1972년 페르낭 브로델이 고등연구원 제6부의 원장에서 물러났을 때, 동료들은 르고프를 이 자리에 선출했고, 그리하여 이미 상당했던 그의 영향력과 권력이 한층 더 커지게 되었다. 그는 프랑스 교육부로부터 이 학교의 재정적 독립과 자율권을 인정받는 새로운 지위를 추구하고 성취함으로써 제6부를 개혁했고, 파리의 인문과학연구소(Maison des sciences de l'homme, 사회과학자들의 모임을 위하여 1965년에 브로델이 설립한 연구소) 근처에 새 건물로 이전함으로써 학교의 공간 문제를 해결했다.

1970년대에 르고프와 《아날》의 공동 편집자인 피에르 노라는 서로 협력하여 일련의 연구 프로그램을 성공적으로 추진했다. 1970년에 알제리 오랑고등학교의 역사 교수였던 노라는 프랑스의 유수한 출판사인 갈리마르의 편집진으로 함께 일하자고 부탁했다. 두 사람은 '역사 문고'(La Bibliothèque des histoires)라는 유명한 역사 총서를 함께 만들었다. 르고프는 사회과학고등연구원 원장으로 취임할 때까지 역사 총서 편집진에 참여했고, 그 이후로도 노라와 함께 계속 일을 했다. 이런 협력은 1974년에 세 권으로 나온 《역사 만들기》(Faire de l'histoire)의 출판으로 결실을 맺었다. 르고프와 노라가 엮어 낸 이 논문집은 당대 최고 역사가들의 저술과 연구뿐 아니라 프랑스 역사가들이 곧잘 선봉에 섰던 최근의 역사학 발전을 독자들에게 소개하고 있다.

1977년 노라는 르고프가 1960년부터 1976년까지 발표한 여러 논문을 단행본으로 펴내자고 제안했다. 《또 다른 중세를 위하여》라는 제목 아래 18편의 논문을 수록한 이 유력한 논총은 르고프가 시도한 접근 방식의 참신함과 다양한 관심사를 또렷이 드러낸다. 이 책은 19세기의 역사가로 그 무렵 중세사가들 사이에 거의 인기가 없던 쥘 미슐레에 대한 재평가로 시작한다. 미슐레는 프랑스 역사 전반에 관하여 글을 썼고, 그 중 중세에 관한 부분들은 빅토르 위고의 《파리의 노트르담》을 생각나게 하는 방식으로 그 시대를 담담하게 묘사한다. 여기서 중세는 어두컴컴하고 침울한 모습으로 나타난다. 하지만 르고프는 사료에 대한 미슐레의 해박함과 정통함이 흔히들 생각하는 것 이상이었으며, 미슐레가 중세 안의 다양한 '하위 시기들'(subperiods)을 구분했다고 말하면서 그를 변호하고 있다. 미슐레에 대한 르고프의 재평가는 또한 그 역사가의 인류애를 강조하고, 낮은 사회계급에 속했기에 역사가들의 자료인 기록 문서에 상대적으로 조금밖에 흔적을 남기지 않은 사람들의 목소리를 드러내려는 그의 의지를 부각시킨다. 다른 논문들은 중세 상인들의 사고방식과 이들에 대한 성직자의 적대적 태도와 같은, 르고프가 다년간 관심을 기울인 문제들을 다루고 있다. 여기서 다시 한 번, 성직자 및 도의와 윤리 그리고 상인들 사이의 복잡한 관계에 대한 고찰을 통하여, 르고프는 특유한 방식으로 사상사와 사회사를 결합시키고 있다. 중세의 성직자들은 어떠한 물질도 직접 생산하지 않으면서 그저 상품의 운반으로 이익을 보는 상인들에게 그들이 고리대금업자와 다를 바 없는 방식으로 시간을 팔고 있다고 비난했다. 무릇 시간은 하느님에게 속한 것이고, 따라서 사고파는 대상이 되어서는 안 되었다. 상인계급의 정당성과 도덕성에 대한 이 같은 비난은 중세 시대에 경제성장을 저지하거나 파괴할 수도 있었기 때문에, 르고프는 그러한 논쟁이 경제사에서 하나의 중대한 계기가 된다고 생각한다. 또 다른 논문들에서 르고프는 시간에 대한 상이한 관념들(성직자의 시간, 상인들의 시간, 자연의 시간)과 시간을 세는 상이한 방식들, 육체노동과 지적 노동에 대한 가치관, 매춘부, 야바위꾼, 곡예사 같은 직업들의 주변화, 민중문화와 성직자 문화의 관계, 중세의 꿈들과 꿈을 꾸는 사람들 등 다양한 주제들을 논의한다.

르고프는《또 다른 중세를 위하여》의 마지막 부분을 역사인류학에 할애하고, 그 분야와 그것의 새로운 방법론을 옹호한다. 우리를 난처하게 하는, 중세 인류에 대한 정보 부족은 인류학자들이 전통적으로 '원시' 사회들에 적용한 연구 방법들을 원용함으로써 보완될 수 있다. 물론 그 방법들은 중세의 사료에 맞도록 응용되어야 할 것이다. 문맹 사회들과 이들의 상징적 행위 및 몸짓의 이용에 관한 연구에 의존하면서, 르고프는 한 사람이 다른 사람의 봉신이 되는, 문서 기록이 비교적 풍부한 탁신(託身) 의례를 분석한 한 논문에서 그러한 연구의 일부를 중세에 관한 연구에 맞게 응용한다. 르고프 이전에, 중세사에서의 의례 연구는 대개 교회의 전례(liturgy)에 국한되었고, 이 경우 역사학자들은 그것이 사회에 대해 갖는 의미를 파악하는 것보다는 의례의 육체적 행위를 재구성하는 데 더 관심을 기울였다. 탁신 의례에 관한 르고프의 고전적이고 선구적인 논의, 아울러 인적 유대와 합의의 강화에 대한 강조는 의례가 차후 수십 년에 걸쳐 점점 중세사가들의 관심을 주제가 되는 데 이바지했다.

1981년 르고프는 원래 중세의 실제와 가상 여행에 초점을 맞춘 10년 동안의 연구 결과를 펴냈다. 《연옥의 탄생》(Naissance du purgatoire)은 어떤 역사를 가지고 있으리라고, 또는 적어도 시대적 변천을 밝힐 수 있을 어떤 역사를 가지고 있으리라고는 흔히 생각조차 해보지 않은 역사적 진화 과정을 평가하는 만큼 이 역사가의 독창성을 다시 한 번 유감없이 보여 주었다. 그의 출발점은 계시문학에 등장하는 저승세계의 여행 경험들, 즉 '저승'의 다양한 공간을 다녀왔다는 여행자들의 이야기에 대한 상세한 묘사이다. 이런 사료를 분석하면서 르고프는 12세기 무렵에 '푸르가토리움'(purgatorium)이라는 단어가 형용사에서 실체를 가리키는 명사로, 죄인들의 죄를 씻는 정화하는(purgatory) 불에서 연옥(Purgatory)이라는 공간을 가리키는 말로 변했다는 것을 알아냈다. 형용사가 명사로 변한 시점은 새로운 저승 지리의 탄생을 뜻하는 것이었다. 즉 예로부터 천당과 지옥으로 나뉘었던 저승에 연옥이라는 공간이 추가된 것이다. 연옥은 또한 죽음과 최후의 심판 사이에 새로운 '시간'(이 주제 역시 시간과 공간에 대한 르고프의 관심을 보여 주는 것이다)을 추가했다. 르고프는 고대에서 시작하여 단테가 살았던 14세기 초에 이르기까지 이 새로운 지리의 형성 과정을 추적했다. 이 제3의 공간의 출현은 죄와 속죄, 그리고 삶과 죽음의 관계에 새로운 차원을 추가했다. 영원한 고통이 이제 연옥에서의 정화를 통하여 모면할 수가 있게 되었다. 그리고 기도문 암송과 미사를 통해 살아 있는 자들은 그들이 정화하는 불 속에 고통 받는 시간을 단축시킴으로써 망자들을 도울 수 있었다. 연옥의 탄생은 또한 죄의 개념을 새롭게 규정하고 그 경중에 따른 구분법을 발달시켰으니, 이유인즉 어떤 죄들은 가벼운 죄로 정화될 수 있었고, 어떤 죄들은 치명적인 죄로 정화될 수 없었기 때문이다. 연옥의 관념은 구원에 대한 기독교적 개념에 대하여, 그리고 기독교인들이 선택받은 자와 저주받은 자를 구별하는 방식에 대하여 다시 생각하게끔 만들었다. 또한 르고프는 일부 이단 종파들이 연옥의 존재를 받아들이지 않고 부정하게 된 상황을 살펴보며, 아울러 연옥의 관념이 사회에 미친 파급효과를 살펴본다. 사실 그것은 대개 구원의 가망성이 희박하다고 여겨진 중세의 상인들에게 구원에 대한 더 큰 희망을 가져다주었던 것이다.

《연옥의 탄생》의 출판을 준비할 당시 르고프는 동시에 자신에게 명성을 더해 준 몇 가지 다른 연구 계획을 떠맡고 있었다. 이탈리아의 출판사 에나우디는 그에게 역사학에 관한 일단의 논문 집필을 청탁했다. 이에 응하여 르고프는 1977년과 1981년 사이에 《에나우디 백과사전》 (Encyclopedia Enaudi)의 여러 권에 수록된 10편의 논문을 이탈리아어로 썼고, 이 가운데 네 편은 1988년 《역사와 기억》(Histoire et mémoire) 이라는 제목으로 1988년 프랑스어로 번역 출판되어 더 넓은 독자층과 만나게 되었다. 여기서 르고프는 역사와 기억의 관계 및 차이들을 검토하며, 또한 개인과 제도들이 의식적으로 또는 잠재의식적으로 과거를 조작할 수 있는 방식들을 살펴본다. 1990년대에 역사학계의 진지한 연구 대상이 되었던 기억의 문제를 논하는 것에 그치지 않고, 르고프는 역사인류학에 대한 옹호론을 새로이 펼친다. 그에게 역사인류학은 물질적인 것이든, 정신적인 것이든, 또는 정치적인 것이든 가장 깊숙한 수준의 역사 현실에 도달할 수 있는 유일한 학문인 것이다. 더 나아가 르고프는 원시사회와 산업사회들에서 시간의 개념화에 관한 자신의 생각을 개진하며, 과거와 현재, 고대와 현대 사이의 거리를 좁히는 의례의 역할을 고찰한다. 방법론적 문제들에 관한 르고프의 관심은 또한 1978년에 출판된 《새로운 역사》(La Nouvelle histoire)의 편집으로 뚜렷이 나타났다. 이 책은 새 세대의 역사가들에게 이론적인 성서가 되었으며, 같은 세대의 역사가들에게는 역사 연구에 혁명을 몰고 올 컴퓨터 같은 신기술의 잠재력을 일깨워 주었다.

연옥에 관한 연구와 더불어, 자크 르고프는 프랑스인들이 '상상 세계'(imaginaire)라고 부르는 것에 대한 관심을 다시 한 번 보여 주었다. 1985년에 르고프는 《중세의 상상 세계》(L'Imaginaire médiéval)를 출판하여, 시간, 고급문화와 하위문화의 관계, 꿈과 꿈꾸기의 역사 등 《또 다른 중세를 위하여》에서 이미 다룬 바 있는 다양한 주제들을 이어 갔다. 실상, 르고프의 저술에서 가장 두드러진 면모는 이러한 논문집들이 가장 중요한 업적 가운데 하나라는 점이다. 논문집은 독자들에게 그의 독창성과 광범위한 관심의 폭을 알려 주기도 하거니와, 논문이라는 형식은 르고프에게도 매력이 있었는데, 왜냐하면 논문을 통해서 그는 자신이 애용하는 몇몇 사료들로 수시로 돌아갈 수 있었고 또한 다양한 주제들에 대한 자신의 분석을 정련할 수 있었기 때문이다. 르고프는 이 논문집 서두에서 먼저 중세를 장기지속(longue durée) 안에서 개념화하려는, 다시 말해서 일어난 대로의 변화들을 장기적인(즉, 수세기에 걸친 과정의) 관점에서 고려하려는 욕구를 거듭 밝힌다. 그 세대의 여느 역사가들과 마찬가지로, 역사와 장기지속에 대한 르고프의 관심은 어느 정도 제2차 세계대전 기간의 경험에 뿌리를 두고 있었다. 프랑스 역사가들로 하여금 전쟁처럼 역사를 형성하는 개인들의 개성이나 사건들에 너무 관심을 기울이도록 하기보다는, 제2차 세계대전은 르고프와 동료들을 (일부 논평자들에 따르면, 역설적으로) 전쟁이나 개인들의 의미를 변화의 촉매 내지 동인으로 최소화하도록 이끌었다. 르고프는 장기간에 걸쳐 펼쳐진 더 깊고 더 느린 변화들에 관심을 두었으며, 그 스스로 그리고 그와 같은 역사학자들에게 흔히 인류학자들이 정신적인 것이든 물질적인 것이든 도저한 구조들이라고 부르는 것을 고찰하도록 했다. '경이,' '문학과 상상세계' 같은 주제들에 따라 다섯 부분으로 나누어진 이 책의 논문들은 르고프가 자신의 이전 저술에서 다룬 것과 같은 주제를 일부 논의하지만, 또 한편으로는 상상세계의 하위 범주들(표상, 상징, 이데올로기)을 구별하면서 심성사에 대한 그의 접근 방식을 계속 가다듬는다. 또한 르고프는 특히 〈연옥에서의 몸짓들〉과 같은 논문에서 지속적이고도 다양한 관심사들을 놀라운 방식으로 곧잘 결합해 내며, 중세 시대의 몸과 그것의 개념화와 같은 새로운 주제들을 다루고, 그리하여 미국의 페미니스트 역사학에서 최근 부상한 바 있는 분야로 눈을 돌렸다.

인류학의 방법들이 중세사에 어떻게 활용될 수 있는지를 확실히 보여 준 것 말고도, 《중세의 상상 세계》는 역사학자들이 문학, 즉 그들의 관심 분야가 인문학으로부터 사회과학 쪽으로 옮겨감에 따라 점점 더 소홀히 취급된 문학이라는 사료를 어떻게 다룰 수 있을지를 보여 주었다. 르고프가 물질적 측면의 역사와 심성사를 통합하여 가장 두드러진 성과를 낸 것은 아마도 꿈에 관한 논문에서이다. 이 논문에서 르고프는 예전에는 소수의 전문가 계층에게 한정되었던 꿈꾸기가 모든 계층에게 평범하고 자연적인 기능으로 받아들여지게 되었다는 점에서 꿈꾸기의 '해방' 또는 민주화가 일어났다는 것을 보여 줌으로써, 중세 동안의 꿈꾸기와 사회계층의 문제를 관련짓는다. 이 논문집은 학제적 역사의 본보기가 되었으며, 이 책의 신속한 영어 번역은 아날학파의 영향력이 이미 상당히 커진 미국에서 르고프의 성과를 높여 주었다.

프랑스를 비롯한 전 세계 곳곳에서 이렇게 르고프의 명성이 높아 감에 따라, 그는 그의 폭넓은 관심을 보여 주는 여러 연구 계획을 떠맡게 되었다. 예컨대, 1983년 파리 시의 대중교통 체계를 운영하는 기관인 파리교통공단(RATP)은 도시사에 관해 르고프의 도움을 받고자 했다. 파리시 당국은 르고프에게 시내 교통 및 도시와 교외 지구 간 교통 문제를 연구하고 개선하기 위한 일련의 세미나에 참여하도록 요청했다. 르고프와 여러 사회과학자들은 요청에 응하여 수도의 도심과 주변의 연결망에 대해서 그리고 현대 파리에서 공간과 시간의 이용에 대해서 토의했다. 마찬가지로, 정부 기관 또한 프랑스 교육과정 개혁 문제를 놓고 이 역사가의 도움을 요청했다. 프랑스 정부와 특히 교육제도는 고도로 중앙집중화되어 있으며, 그래서 새 정부마다 제각기 교육제도와 교육과정을 개편하려고 시도했다. 르고프는 주기적으로 되풀이되는 이런 사업에 관여하게 된다.

　　1986년에 르고프는 《돈주머니와 생명: 중세의 경제와 종교》(La Bourse et la vie: économie et religion au moyen âge)에서 종교와 상인계급의 갈등을 다시 살펴보았다. 이 책은 1986년 《너의 돈이냐, 너의 생명이냐: 중세의 경제와 종교》(Your Money or Your Life: Economy and Religion ain the Middle Ages)라는 머리에 쏙 들어오는 제목으로 영어 번역되었다. 이 쉽고 재미있는 책의 초점은 아마도 13세기의 도덕 사상에서 가장 큰 문제였던 고리대금업자와 고리대금이다. 여기서 르고프는 중세 기독교 교회의 주요 문제를 밝히는데, 그것은 곧 지배적인 종교가 자본주의와 돈 또는 부를 질시하는 세상에서 자본주의와 상인계급을 어떻게 정당화할 것인가 하는 문제이다. 그가 이미 추적한 연옥의 등장을 끌어들임으로써, 르고프는 13세기 말에 이르러 죄와 속죄에 대한 새로운 윤리와 새로운 개념화가 고리대금업자들로 하여금 자신들을 죄악에서 구할 수 있는 길을 열어 주었다는 주장을 펼 수 있게 되었다. 중세의 호혜주의 경제 이론에서 고리대금은 산출한 것이 아무것도 없는 경제활동에서 이자를 받는 것(다시 말해 처음에 빌려준 것보다 더 많은 것을 돌려받는 것) 의미했다. 르고프는 성직자들이 풍부한 유동자본을 지닌 화폐화된 교환경제와 맞붙어 싸우고자 했을 때 그들이 마주친 곤경을 보여 준다. 애초에 신학자와 설교자들은 고리대금업자를 그냥 죄인이요 범죄자로 매도했다. 지식인들이 지식을 파는 것과 마찬가지로 고리대금업자들은 시간을 팔았지만, 그 둘 다 본디 하느님에게 속한 것이고, 따라서 어떠한 사람도 그것들을 팔 권리는 없었다. 이 두 가지 경우에 그러한 행위에는 오명이 씌워졌고, 기독교인들은 고리대금업을 유대인 및 유대교와 연결시켰다. 죄악에서 자신을 구하기 위하여 고리대금업자는 그의 돈주머니와 영혼 가운데 하나를 선택해야만 했다. 르고프는 지옥에 대한 사회적 공포가 중세 유럽의 경제 발전을 상당한 정도로 지체시켰다고 생각한다. 그러나 자본주의 경제가 위력을 발휘하고 많은 기독교 신자들과 기독교 기관들이 이자 대부에 대한 유혹에 굴복함에 따라, 고리대금업자들은 연옥이라는 개념의 등장과 수용에 힘입어 영적인 궁지에서 빠져나가는 길이 있음을 알게 되었다. 적당한 정도의 이자로 돈을 빌려준 고리대금업자들은 지옥이 아니라 연옥에 가기에 적당하게 죄를 지은 것이며, 그리하여 13세기 이후 고리대금업자는 자신의 돈주머니 그리고 생명(영생)을 선택할 수 있게 된 것이다.

1987년에 르고프는 중세에 존재한 바대로의 다양한 직업과 인간 '유형들'에 대하여 여러 사람이 쓴 논문집을 엮어 냈다. 《중세인》(L'Uomo medievale / L'Homme médiéval)이라는 제목으로 이탈리아어와 프랑스어로 각각 출판된 이 책은 1990년 《중세의 직업들》(Medieval Callings)이라는 무성(無性) 명사 제목 아래 영어로 번역되어 출판되었다. 《중세의 직업들》에서 각 저자들은 하나의 '인간 유형,' 이를테면 수도사, 전사, 농민, 도시 주민, 지식인, 예술가, 상인, 여성, 성인(聖人), 추방된 사람들을 다룬다. 비평자들은 장기지속과 비인격적인 경향들을 강조하는 아날학파가 '사람들이 없는' 역사를 만들어 낸다고 주장해 왔지만, 이 논문집은 오로지 사람들에 관한 것이었고, 독자들에게 과거의 사람들이 오늘날의 사람들과 같은 사람들이었음을 상기시킨다. 이미 예삿일 되었듯이, 르고프의 이 최근작도 대단히 성공적이었고 영어판 번역도 꽤 빠르게 이루어졌다.

르고프는 은퇴를 전후한 시기에도 줄곧 왕성한 활동을 펼쳤다. 1990년대에 르고프 업적에서 가장 두드러진 것은 대단한 생산력이 아니라 그가 전기라는 장르를 끌어안았다는 점이었다. 르고프의 가장 잘 알려진 전기 작품은 두말할 것도 없이 1996년에 출판된 《성왕 루이》(Saint Louis)이다. 이 책은 분량이 1,000페이지에 달하고 완성하는 데 10년이 걸린 대작이다. 원숙한 나이에 이른 르고프가 왕이자 성인이었던 한 위대한 인간에 대한 연구로 자신의 이력에 관을 씌운 것이다.

대체로 전기라는 장르는 아날학파가 맞서 일어난 전통적인 정치사 및 전쟁사와 가깝다고 생각되었다. 예전에 르고프는 《다이달루스》(Daedalus)라는 잡지에 자신의 가장 유명한 논문들 가운데 하나를 영어로 실은 바 있다(이 논문은 《중세의 상상 세계》라는 논문집에 개정·번역되어 프랑스어로 처음 소개되었다). 〈정치가 여전히 역사의 중추인가?〉라는 이 글에서 르고프는 사실과 정치에만 관심을 기울여 온 전통 역사학에 이의를 제기하고, 전통적인 서사적 정치사를 한물간 낡은 것으로 생각하는 아날학파의 견해를 설명했다. 하지만 르고프는 정치사 자체를 거부한 것이 아니라 다만 과거에 써 온 바대로의 정치사를 거부한 것이다. 사회과학은 역사가들로 하여금 역사학과 인류학의 만남을 통해 생성되는 일단의 새로운 질문들을 가지고 전통적인 주제들에 다시 눈길을 돌리도록 해줄 것이었다. 르고프는 정치라는 분야를 요구하고, 역사가들에게 권력, 권위, 정치적 상징체계 같은 문제들을 다루도록, 다시 말해서 정치를 일 단의 제도로서 그리고 개인적 개성들의 변덕스러운 의지의 표현으로서 가 아니라 사회적·문화적 현상으로서 다룰 것을 요청했다. 르고프의《성 왕 루이》는 25년 전에 밑그림을 그려 놓은 이러한 방침을 실행에 옮긴 작품이다.

당연하게 르고프는 맨 처음에 왜 자신이 전기를 쓰게 되었고 그것도 루이 9세라는 왕을 연구 대상으로 삼게 되었는지를 설명한다. 성왕 루이 로 결정하기 전에 르고프는 아시시의 프란체스코나 호엔슈타우펜 가의 프리드리히 2세에 대해 써 볼까 하고 궁리했다. 그런데 이 두 인물 모두 이미 광범위한 전기적 연구의 대상이 되었던지라, 르고프는 대신 성인- 왕을 택했다. 하지만 르고프의 전기는 전통적인 전기로 흐르지 않을 것 이었다. 르고프는 '전기의 환상'에 대한 피에르 부르디외의 경고에 주의를 기울였다. 그 환상이란 저자가 그 일생의 결말을 알고 있기 때문에, 예정 과 운명의 시각으로 주인공의 삶을 바라보며, 주인공 자신의 모호성과 모 순들을 매만지거나 아예 무시하려 듦으로써 그 주인공을 충분히 이해할 수 있으며, 유명하게 될 운명을 지닌 독특한 개성으로 그리는 것을 말한 다. 자신이 살펴본 많은 사료들(장 드 주앵빌이라는 속인이 쓴, 이 유명한 주 인공에 관한 중세 전기의 첫 사례를 포함하여)로부터, 르고프는 두 가지 성 왕 루이를 구별하는데, 하나는 실제로 존재했던 실존 인물이고, 다른 하 나는 중세 전기 작가들의 상상 속에 존재하는 인물이다. 르고프는 이 두 가지 성왕 루이 모두에 대해 탐구하고자 한다. 그런데다가 그 왕의 오랜 치세(그는 대략 44년을 통치했다)는 역사가에게 많은 당대의 텍스트들을 통한 '기억의 생산'을 파헤치고 이상화된 초상들 이면의 그 개인에게 될 수 있는 대로 가까이 다가갈 수 있는 기회를 제공한다. 그는 어떤 전기 작가라도 그러려고 하듯이 그 왕의 개성과 삶의 사건들을 재구성하려고 한다. 그러나 전기의 제2부에서 성왕 루이가 실제로 존재했는가 하는 질문(전기 작가로서는 자신의 과업을 부정하는 것이기에 예사롭지 않은 질문)을 던짐으로써 독자를 깜짝 놀라게 한다. 국왕 루이를 묘사하는 사료들은 숱하게 많으나, 흔히 정형화된 방식으로 묘사하며, 그래서 르고프는 당대에 나타난 성왕 루이의 이미지를 탐구하는 데, 이를테면 누가, 무슨 목적으로 그런 이미지를 만들어 냈고, 또 그것이 어떻게 만들어졌는가 하는 문제를 탐구하는 데 많은 노력을 쏟는다. 르고프는, 어떤 성왕 루이는 그의 모후와 주변에 의해 이상적인 기독교 군주가 되도록 얼마간 계획된 인물임을 보여 준다. 카페조는 그 자체가 신성한 왕조가 되기 위하여 성인을 필요로 했던 것이다.

《성왕 루이》에서 르고프는 그가 《역사를 위한 인생》(Une vie pour l'histoire)에서 '총체적 전기'(global biography)라고 부르는 것, 즉 성왕 루이 주변의 환경이 그 전기의 주인공을 어떻게 만들어 냈는지를 보여 주며 그 주인공에 대해서 만큼이나 그 주변 환경을 깊숙이 파고드는 '총체적 전기'를 시도한다. 실제로 르고프는 그 주인공에 대한 3중의 비전을 제시하는바, 이는 곧 ① 주인공의 삶의 연대기와 주요 사건들, ② 성왕 루이에 관한 '기억'의 생산에 대한 논의로 한걸음 더 나아가는 사료 비판, ③ 국왕의 생애에 걸쳐 실제로 작용한 가치체계에 대한 논의를 중심으로 하는 3중의 전기적 접근을 반영한 것이다. 이러한 방법론에 기대어 르고프는 그가 총체적 또는 전체적 전기라고 부르는 것에 최대한 가까이 다가갈 수 있었다. 실제의 성왕 루이와 상상된 성왕 루이를 논의한 다음, 르고프는 그의 오래된 집요한 관심사인 중세의 시간과 공간에 대한 관념으로 되돌아가, 이번에는 국왕 루이의 삶과 관련된 범위 안에서 그 문제를 다룬다. 르고프는 또한 국왕 루이 주변의 여러 다른 요소들, 이를테면 그 시대의 지적·예술적 분위기, 그의 가족, 13세기 프랑스의 제도적 발전 양상(특히 봉건사회 내에서의 군주정의 진화)과 같은 문제들을 살펴본다. 국왕 루이를 최종적으로 평가하는 자리에서 르고프는 성왕 루이의 진정한 역사적 성격을 드러내는 핵심 요소로 다음과 같은 점을 지목한다. 즉 그는 신성한 치유 능력을 지닌 그리고 또한 고통을 겪는 국왕이었고 성인이었다는 것이다. 고통에 대한 이 같은 강조는 국왕들이 고통 받는 그리스도에 비유되고, 개선하는 지배자로 구실하기보다는 고통 받는 그리스도를 본받도록 기대되었던 중세의 가치 체계 속으로 현대의 독자들을 끌어들인다. 그의 첫 번째 십자군 원정에서 포로로 잡힌 사건과 두 번째 십자군 원정에서 숨진 사건을 비롯하여 그가 겪은 여러 패배들은 하나의 영적인 승리를 이루어냈다. 이런 의미에서 성왕 루이는 지극히 중세적인 국왕이었던 것이다.

《성왕 루이》가 르고프의 대표작으로 꼽힐 수 있다고 해도, 이것이 1990년대에 내놓은 유일한 작품은 아니었다(심지어 유일한 전기물도 아니었다). 1999년에 르고프는 아시시의 프란체스코에 관하여 이미 발표한 네 편의 전기적 논문들을 묶어서 《아시시의 성 프란체스코》(Saint François d'Assise)라고 간결하게 제목을 붙인 논문집을 펴냈다. 이 논문들 가운데 가장 이른 논문은 1967년에 발표되었는데, 이는 《성왕 루이》의 출판이 이루어지기 오래 전부터 르고프가 전기 장르를 실험하는 데 관심이 있었음을 입증한다. 도시사와 종교사에 대한 르고프의 관심에 비추어볼 때, 아시시의 성 프란체스코는 그가 다루기에 알맞은 주제였다. 르고프에게 아시시의 프란체스코는 한 시대의 축소판처럼 강렬한 대비를 띠는 인물이다. 그는 유럽 곳곳의 길 위에서 인생을 보냈지만, 끊임없이 고독을 추구했다. 그는 사회의 가장자리, 기성 기독교세계의 주변에서 살고 일했지만, 한 번도 이단으로 낙인찍힌 적이 없었고, 그러기는커녕 존숭 받는 성인이 되었다. 무엇보다도 그는 새로운 형태의 신앙과 신앙생활을 개척하고, 도시에서 설교하며, 사도적 삶에 대한 이해를 토대로, 자본주의적 시장경제의 여명이 비치던 성장일로의 새로운 도시 세계에 적합한 영성을 발전시킨 매우 중요한 인물이었다. 르고프가 그의 독자들에게 곧잘 상기시키는 바대로, 13세기는 유대인, 나병자, 이단과 같은 집단들의 주변화가 두드러진 시기였으며, 이러한 주변화는 경제 변동과 종교적 가치관 사이의 충돌에 (부분적으로) 뿌리를 두고 있었다. 아시시의 프란체스코와 그가 설립한 수도회는 육체노동에 대한 재평가 및 기도를 통해 표현되는 전례적 경건 사이에서 균형을 찾으려고 노력했다. 다시 말해서, 그들은 활동적인 삶과 관상적인 삶 사이의 새로운 균형을 추구했던 것이다.

다시 한 번, 프란체스코에 대한 관심에 이끌려서 르고프는 그가 총체적이라고 부르는 전기 형식의 저술을 시도하게 되었다. 르고프는 그 성인이 처한 시대적 맥락을 살피는 논문으로 첫 장을 열고, 여기서 프란체스코를 사회의 쇄신과 낡은 봉건적 구조들의 중압이 병존하는 경계 시대라는 상황 속에 놓는다. 쇄신에 대한 그의 욕망과 그가 벗어날 수 없는 전통의 존재가 프란체스코라는 인간과 그 성인을 늘 분열된 상태에 놓이게 하면서 그의 삶의 틀을 결정지었다. 이 책에 수록된 두 번째 논문은 연대순으로 구성되어 있고, 마찬가지로 성인을 그의 지리적·사회적·문화적·역사적 맥락 속에 놓고 보면서도, 성왕 루이를 다룰 때 그랬던 것처럼 르고프는 또한 아시시의 프란체스코에 대한 당대의 초상화들을 면밀히 들여다봄으로써 그의 전기 작가들이 특별한 목적의 비망록에 들어맞는 그 사람의 어떤 이미지(역사가라면 반드시 피해야 할 이미지)를 어떻게 구성해냈는가를 보여 주고자 했다. 실제의 그 사람에 다가가기 위해서 역사가는 르고프가 '프란체스코적 유형'이라고 부른 것을 헤치고 나아갈 필요가 있지만, 르고프는 실제의 아시시의 프란체스코를 찾기란 어렵다는 사실을 시인한다. 뒤에 실린 두 논문은 프란체스코 수도회에 대한 프란체스코의 영향력을 보여 주고, 그의 열망과 그가 창설한 수도회의 변화 사이에 나타난 모순을 조명함으로써, 성 프란체스코 '소생시키기'를 시도한다. 르고프는, 13세기는 중세 유럽에 수많은 '근대적' 요소들을 도입한 것으로 여겨지므로, 아시시의 프란체스코는 그가 이런 요소들을 받아들인 정도로 중세의 '근대인'으로 간주될 수 있다고 결론을 맺는다. 그러나 또한 르고프는, 다른 면에서 아시시의 프란체스코는 책(지식)과 대학 또는 돈에 대해 거리를 두었기에, 전통적 가치로의 복귀를 추구한 13세기의 반동으로 간주될 수도 있다고 주장한다. 2004년에, 국왕 루이와 아시시의 프란체스코에 대한 르고프의 연구서는 《중세의 영웅들: 성인과 왕》 (Héros du moyen âge: le saint et le roi)이라는 제목으로 합본하여 재출판되었다.

최근에 르고프가 추진한 공동 작업은 그의 가장 성공한 제자 가운데 한 사람인 장클로드 슈미트와 함께 시작한 기획으로, 1999년에 출판된 《중세 서유럽 전문 사전》을 편집한 것이다. 머리말에서 르고프는 20세기 동안 중세사는 역사가들이 과학적 엄밀성을 역사적 상상력과 결합시키고 시대착오에 빠지지 않으면서 현재에 의거하여 과거에 대한 질문들을 제기함에 따라, 방법론적 쇄신의 특권적인 분야였다는 진술로 그의 평생의 성과를 멋지게 요약한다. 그 사전 자체는 특정 주제들, 특히 중세 사회와 문화에 관련된 주제들에 대한 연구 현황을 독자들에게 알려준다. 필자들은 예컨대 장인, 전염병학, 종말론, 자유와 예속, 자연, 바다, 이성, 시간, 노동 등에 대한 가설과 논쟁에 대해 논의한다.

르고프가 최근 유일하게 이뤄낸 독창적인 저술은 성왕 루이의 축성식에 관한 수서본을 《성왕 루이 시대의 국왕의 축성: 프랑스 국립도서관 라턴어 수서본 1246》(Le Sacre royal de l'époque de Saint-Louis d'après le manuscrit latin 1246 de la BNF, 2001)라는 제목으로 편찬한 것이다. 그럼에도 불구하고, 그의 명성은 거의 줄어들지 않았다. 1999년에 그의 가장 중요한 논문들이 《또 다른 중세》(Un autre moyen âge)라는 단행본으로 다시 출판되었다. 그리고 그의 라디오 논평 가운데 몇 가지가 2001년 《어제와 오늘의 다섯 인물: 붓다, 아벨라르, 성 프란체스코, 미슐레, 블로크》(Cinq personages d'hier et d'aujourd'hui: Bouddha, Abélard, Saint François, Michelet, Bloch)라는 제목으로 출판되었고, 그가 여러 언론인들의 요청에 응하여 많은 다양한 주제들에 대하여 벌인 대담 또한 책으로 출판되었다.

중도좌파인 르고프의 정치 성향은 대체로 온건한 편이고, 그의 정치적 참여는 비교적 부각되지 않았지만, 유럽인들이 하나의 유럽연합에 대한 구상을 진지하게 고려하기 시작했을 때, 르고프는 통일된 유럽의 형성에 대한(또한 덧붙여야 할 것으로, 인권의 대의에 대한) 열렬한 지지자가 되었·다. 르고프는 (그가 잘 알고 또 한 동안 머물렀던) 동유럽을 포함하여 유럽 전체와의 깊은 교감을 가지고 있었다. 프랑스 역사가로서는 보기 드물 정도로 르고프의 연구는 국가 경계를 초월하며, 아주 최근에 쓴 몇몇 논문과 책들은 유럽 통합에 대한 그의 관심을 반영하고 있다. 이를테면, 《옛 유럽과 우리의 유럽》(La Vieille Europe et la notre, 1994), 《청소년들에게 들려주는 유럽 이야기》(Europe racontée aux jeunes, 1996), 《유럽은 중세에 탄생했는가?》(L'Europe est-elle née au moyen âge?) 같은 책에서 중세에 단 하나의 유럽이라는 개념이 부추겨졌음을 강조한다. 또한 1988년 이래로 그는 5개국어로 동시에 출간된 '유럽 만들기'(Faire l'Europe)라는 총서에 들어갈 몇몇 책들의 출판을 감수했다. 1991년에 이 총서의 첫 세 권이 출판되었다. 제2차 세계대전의 종전 이후 그는 프랑스와 독일의 우호관계 회복을 강력히 옹호했으며, 유럽 통합의 회의론자들에게 그것을 서프랑크와 동프랑크를 아우른 옛 카롤링 체제로의 복귀와 같은 것으로 표현했다. 그에게 프랑스와 독일의 친선은 유럽 연합의 기초이며, 그는 각국의 통화 및 화폐 체계를 일치시킴으로써 유럽 국가들 사이의 관계를 재정의한 마스트리히트 협약에 대한 승인을 열렬히 지지했다. 르고프는 국가 경계의 소멸로 촉진될 사상의 자유로운 순환에 유럽의 미래가 달려있음을 확신했다.

르고프의 친구이자 동료인 자크 르벨과 장클로드 슈미트가 《대식가 역사가: 자크 르고프에 대하여》(L'Ogre historien: autour de Jacques Le Goff)라는 제목으로 1998년에 출판된 책에서, 여러 기고자들은 역사학 분야에 대한 르고프의 기여를 강조하면서 특히 역사인류학적 방법론의 의의와 역사적 상상력에 대한 그의 논의에 방점을 찍는다. 이 책의 제목은 먹는 것과 공부하는 것에 대한 그 사람의 애호에 눈짓을 보낸 것이다. 르고프는 음식과 말의 대 소비자이다(역시 그는 가장 많은 저작을 내놓은 프랑스의 역사가 가운데 한 사람이다). 르고프의 가장 큰 기여는 그의 저술 덕분에 그렇듯 많은 사람들이 역사에 대한 그의 식욕을 함께 나누게 되었다는 것일지도 모른다.

성백용 옮김

책

Marchands et banquiers du moyen âge (Paris: Presses Universitaires de France, 1956; rev. edn., 1993).

Les Intellectuels au moyen âge (Paris: Seuil, 1957; rev. edn., Paris: Collection Point Histoire, 1985); 《중세의 지식인들》(최애리 옮김, 동문선, 1999).

Le Moyen âge (Paris: Bordas, 1962; revised as *Le Moyen âge*: 1060-1330, 1971).

La Civilisation de l'occident médiéval (Paris: Arthaud, 1964; rev. edn., 1984); 《서양 중세 문명》(유희수 옮김, 한길사, 2008).

Pour un autre moyen âge: temps, travail, et culture en occident (Paris: Gallimard, 1977; rev. edn., 1991).

La Naissance du purgatoire (Paris: Gallimard, 1981; rev. edn., 1991); 《연옥의 탄생》(최애리 옮김, 문학과지성사, 1995).

L'Apogée de la chrétienté: vers 1180-vers 1330 (Paris: Bordas, 1982; revised as *Le XIIIe siècle: l'apogée de la chrétienté, vers 1180-vers 1330*, 1994).

L'Imaginaire médiéval: essais (Paris: Gallimard, 1985; rev. edn., 1991).

La Bourse et la vie: économie et religion au moyen âge (Paris: Hachette, 1986; rev. edn., 1997); 《돈과 구원: 고리 대금업자에서 은행가로》(김정희 옮김, 이학사, 1998).

Histoire et mémoire (Paris: Gallimard, 1988).

La Vieille Europe et la notre (Paris: Seuil, 1994).

L'Europe racontée aux jeunes (Paris: Seuil, 1996); 《청소년들이 쉽게 읽는 유럽역사 이야기》 (주명철 옮김, 새물결, 2006)

Saint Louis (Paris: Gallimard, 1996).

Saint François d'Assise (Paris: Le Grand livre du mois, 1999).

Un autre moyen âge (Paris: Gallimard, 1999): comprises *Pour un autre moyen âge; L'Occident médiéval et le temps; l'Imaginaire medieval; La Naissance du purgatoire; Les Limbes; La Bourse et la vie; Rire au moyen âge; Le Rire dans les règles monastiques du haut moyen âge.*

Cinq personages d'hier et d'aujourd'hui: Bouddha, Abélard, Saint François, Michelet, Bloch (Paris: La Fabriqueédition, 2001).

Le Sacre royal à l'époque de Saint-Louis d'après le manuscrit latin 1246 de la BNF (Paris: Gallimard, 2001).

L'Europe est-elle née au moyen âge? (Paris: Le Seuil, 2003).

Une histoire du corps au moyen âge, by Jacques Le Goff and Nicolas Truong (Paris:

Editions Liana Levi, 2003).

Héros du moyen âge: le saint et le roi (Paris: Gallimard, 2004).

편집한 책

Hérésies et société dans l'Europe pré-industrielle, XIe-XVIIIe siècle: communications et débats du colloque de Royaumont, edited by Jacques Le Goff (Paris: Mouton, 1968).

Faire de l'histoire, 3 vols., edited by Jacques Le Goff and Pierre Nora (Paris: Gallimard, 1974; rev. edn., 1986).

La Nouvelle histoire, edited by Jacques Le Goff, Roger Chartier, and Jacques Revel (Paris: Retz CEPL, 1978; abridged edn., Brussels: Complexe, 1988).

Intellectuels français, intellectuels hongrois: XIIe-XXe siècle: actes du colloque franco-hongrois d'histoire sociale à Matrafured, edited by Jacques Le Goff (Paris: Editions du CNRS, 1980).

La Ville en France au moyen âge: des carolingiens à la renaissance, edited by Jacques Le Goff, André Chedeville, and Jacques Rossiaud (Paris: Seuil, 1980; rev. edn., 1998).

Le Charivari, edited by Jacques Le Goff and Jean-Claude Schmitt (Paris: Editions de l'EHESS, 1981).

L'Exemplum, edited by Jacques Le Goff, Claude Brémond, and Jean-Claude Schmitt (Turnhout: Brepols, 1982).

Objet et méthodes de l'histoire de la culture: colloque franco-hongrois de Tihany, 10-14 octobre 1977, organisé par l'École des hautes études en sciences sociales et l'Académie des sciences de Hongrie, edited by Jacques Le Goff and Belà Kopeczi (Paris: Editions du CNRS, 1982).

Crise de l'urbain, futur de la ville: colloque de Royaumont, 1984 RATP-Université-recherche, edited by Jacques Le Goff (Paris: Economica, 1985).

L'Uomo medievale, edited by Jacques Le Goff (Roma: Editori Laterza, 1987).

L'Histoire de la France religieuse, vol. 1: *Des origines au XIVe siècle*, edited by Jacques Le Goff and René Rémond (Paris: Seuil, 1988).

Histoire de la France, vol. 2: l'Etat et les pouvoirs, edited by Jacques Le Goff (Paris: Le Seuil, 1989).

L'Homme médiéval, edited by Jacques Le Goff, Franco Cardini, Enrico Castelnuovo, et al. (Paris: Seuil, 1989; rev. edn., 1994).

Dictionnaire raisonné de l'occident médiéval, edited by Jacques Le Goff (Paris: Fayard, 1999).

인터뷰

Une vie pour l'histoire: entretiens avec Marc Heurgon (Paris: La découverte, 1996).

Pour l'amour des villes: entretiens avec Jean Lebrun (Paris: Textuel, 1997).

Le Dieu du moyen âge: entretiens avec Jean-Luc Pouthier (Paris: Bayard, 2003).

참고문헌

Cantor, Norman F., *Inventing the Middle Ages: The Lives, Works, and Ideas of the Great Medievalists of the Twentieth Century* (New York: William Morrow, 1991).

Nora, Pierre (ed.), *Essais d'é go-histoire: Maurice Agulhon, Pierre Chaunu, Georges Duby, Raoul Girardet, Jacques Le Goff, Michelle Perrot, René Rémond* (Paris: Gallimard, 1987).

Revel, Jacques and Schmitt, Jean-Claude, *l'Ogre historien: autour de Jacques Le Goff* (Paris: Gallimard, 1998).

Rubin, Miri (ed.), *The Work of Jacques Le Goff and the Challenges of Medieval History* (Woodbridge: Boydell Press, 1997).

29

마르크 페로

1924~

Marc Ferro

마르크 페로

⊱⊰⊱⊰

케빈 캘러헌

    2001년에 저널리스트 마르틴 르말레는 《프랑스사》(Histoire de France)를 쓴 마르크 페로와 인터뷰했다. 그해 3월에 출판된 1,086페이지의 《프랑스사》는 단 한 명의 역사가가 프랑스 전체 역사를 서술한, 유례없는 20세기 종합적 평가의 표본이었다. 민족 서사의 역사를 서술한 앨런 브링클리와 하겐 슐츠 같은 미국, 독일, 영국의 역사가들과 달리 프랑스 역사가들은 이데올로기나 방법론의 이유 때문에 민족 서사 서술을 주저했다. 30년이 넘도록 프랑스역사학회의 중심에 있었던 페로는 그 누구도 시도하지 않았을 뿐 아니라 불가능하다고 생각하던 프랑스 역사학의 관습에 도전했다. "아날학파의 전통에서 《프랑스사》가 차지하는 위치는 무엇인가요?" 르말레의 질문에 페로는 이렇게 대답했다. "이 책의 두 번째 부분만 프랑스 역사에 관해 아날학파의 개념과 부합한다고 생각합니다. 오직 사회과학에 바탕을 둔 연구(서술)는 그것의 원동력 가운데 하나인 우리 사회의 과거와 현재를 배제하는 것 같았습니다." 자신의 삶과 학문에 적용된 답변은 페로의 독특한 경력을 이해하는 데 중요한 열쇠가 된다. 인습을 거부하는 성향, 과거에 대한 열정, 현재에서 바라보는 과거의 의미. 어떻게 역사는 페로의 열정이 되었을까? 그리고 무엇이 인습을 거부하는 학문을 만들어 냈을까?

1924년 12월 24일 파리 8구에서 자크와 넬리 페로 사이에서 태어난 페로는 제3공화국, 대공황, 프랑스의 군사 패배, 준내전, 점령, 제2차 세계대전과 해방에 이르기까지 가장 혼란스런 시기였던 1920~1930년대에 성년이 되었다. 페로는 파리의 중간계급 출신으로 패션 업계에서 성공한 어머니 아래에서 성장했다. 아버지는 페로가 다섯 살이던 1930년에 세상을 떠났고, 유대인 혈통의 어머니도 제2차 세계대전 중에 독일 수용소에서 사망했다. 아주 어릴 때부터 교사가 되고 싶었던 페로는 역사와 스토리텔링에 관심을 보였다. 열 살 때 그는 첫 '학술적' 저술이랄 수 있는 10쪽짜리 프랑스 역사를 썼다. 1940년 독일군이 프랑스 북부를 점령하자, 페로는 파리를 떠나 안전한 곳으로 숨으라던 친구의 조언에 따라 1941년 그르노블로 이사했다. 18세에 생계를 위해 아르장통의 사립 고등학교에서 가르쳤던 그는 1942~1945년 그르노블대학에서 공부하면서 교사 자격증과 학사 학위를 취득했다.

페로는 페탱 원수가 이끌던 비시 정권에서 소극적인 방관자가 아니었다. 어쩌면 페로가 45년 후인 1987년에 프랑스 국민과 페탱의 관계를 다룬 《페탱》(Pétain)을 쓰게 된 것은 우연이 아니다. 그르노블에서 공부하면서 페로는 소설가 베르코르의 레지스탕스 운동에 합류해 1944년 여름 '지하투사'(maquisard)로 활동했다. 그해 6월 그는 제6알프스대대 지원병이 되었고, 6~9월 프랑스 일부가 해방되는 전투를 도왔다. 해방은 1944년 9월 프랑스의 두 번째 대도시 리옹에 군사를 투입하면서 완결되었다. 전쟁 직후 대학을 마친 페로는 고등학교 역사 교사가 되었다.

1948년에 페로 인생의 제1막(1920~1930년대 세계문화의 중심지에서 성장하여 20세기 최대의 참화를 겪었으며, 어릴 적 포부를 성취한)이 끝나고 다음 막을 예고했다. 그해 페로는 이본과 결혼했다. 부부는 프랑스 식민지인 알제리의 오랑으로 이주했고, 그곳의 고등학교에서 교사 생활을 했다. 페로는 1948년부터 아랍-알제리 정치 운동과는 달리 알제리의 이슬람교도를 위한 문화적 자율성에서 완전한 독립에 이르기까지 다양한 요구로 식민 제국이 붕괴될 정도로 소요가 들끓던 1960년까지 오랑에서만 12년을 살았다. 그는 자신을 단순히 역사 교사로서가 아니라 적극적인 참여자이자 역사 연구자로서 보기 시작했다. 프랑스인과 아랍인, 기독교도, 유대교도와 이슬람교도의 화해와 이해로 이끌려고 노력하던 사람을 의미하는 '자유주의자'로서 페로는 정치적으로 매우 적극적이었다. 그와 같은 견해를 가진 사람들의 노력은 성공하지 못했다. 점점 악화되던 알제리 분쟁은 1954년부터 1962년까지 최고조에 달하면서 혈전을 치르고 알제리의 독립으로 끝이 났다.

'알제리의 막간극'은 전문 역사가로서 장차 페로의 발전을 위해 대단히 중요한 일이었다. 첫째, 페로는 프랑스 식민지 역사의 격변기를 직접 목격하고 참여했을 뿐 아니라 역사적 관점에서 사건을 인식하고 이해했다. 페로는 1950년대 식민주의의 역사에 큰 관심을 두었지만 1980~1990년대까지 이 주제에 대해 널리 연구하고 서술하지는 않았다. 특히 페로는 알제리의 맥락에서 본 이슬람과 공산주의라는 주제에 대해 식견이 있었다. 1960년 페로는 미국인으로 제3인터내셔널(1919~1943) 멤버였던 루스 피셔의 파리 강연에 참석했다. 피셔는 이슬람과 공산주의에 관해 상세히 말하는 페로의 능력에 감동받았고, 러시아 타타르족과 볼셰비키의 관계에 관해 더 연구해 보라고 권유했다. 그래서 페로는 직업을 바꾸기로 결정했고 연구자와 학자가 되었다. 페로가 알제리에서 겪은 경험이 권위 높은 역사 학술지 《아날》의 편집장 자리를 차지하는 데 중요한 역할을 했다. 아날학파 '2세대'의 탁월한 역사가 페르낭 브로델은 새로운 피를 수혈해서 학술지를 활성화하고자 했고, 그 무렵 프랑스의 중대 관심사를 고려해 결국 알제리 문제에 해박한 페로를 편집장으로 지명했다.

1960년에 연구원 경력을 시작하면서 페로는 인생의 제2막을 시작했다. 10년 동안 페로는 프랑스 역사학회에서 영향력 있는 위치에 있었다. 우선 그는 1960년부터 1964년까지 국립과학연구센터에서 일했다. 1961년에는 《러시아·소비에트 세계 연구》(Cahiers du monde russe et soviétique)의 간사를 맡았고, 곧이어 편집장이 되었다(1997년까지 편집장을 맡았다). 1962년 사회과학고등연구원에서 러시아사 연구로 박사 학위논문을 쓰기 시작한 페로는 1967년에 1917년 러시아 2월혁명으로 박사 학위논문을 마무리했다. 페로는 7년(1963~1970) 동안 《아날》편집장을 지냈고, 1970년에 자크 르고프, 엠마뉘엘 르루아 라뒤리와 함께 《아날》의 공동대표가 되었다. 1964년 페로는 (아날학파의 공동 설립자인) 뤼시앵 페브르가 1947년에 설립한 이래 명성이 높았던 고등연구원 제6분과의 후신인 사회과학고등연구원의 연구지도교수가 되었다. 또 1970년에는 에콜폴리테크니크 교수로 임용된 이후 25년이 넘도록 러시아사와 영화, 제2차 세계대전을 강의했다.

10년 동안 평범한 고등학교 교사에서 프랑스에서 가장 뛰어난 역사가들 가운데 한 사람이 되기까지 페로는 연구 경력에서 커다란 변화를 경험했다. 그의 연구는 기존의 인습적인 역사학 주제들에서 벗어나 혁신적 접근법과 개척 정신을 발휘했다. 그는 아날학파의 중심에 있었지만 끊임없이 연구 범위를 확장하면서 역사 연구의 주변부에서 내부를 들여다보는 외부인의 전형으로 여겨졌다. 예를 들어 그가 러시아사를 연구할 때 프랑스의 다른 러시아사 연구자들은 주로 공산주의자나 러시아 망명자, 이민자였다. 마찬가지로 1917년 2월 혁명에 관한 연구는 여러 점에서 '아날 패러다임'에 도전했다. 첫째, 그는 (주로 문화적·경제적·계량적 분석의) 비정치사를 강조하는 아날학파의 전통과 장기지속의 역사와는 대조적으로 특정 시기의 사회정치적 문제를 파고들었다. 둘째, 중세와 근대 초에 초점을 맞춘 동료들과 달리 그는 근대의 주제를 고찰했다. 셋째, 페로는 아날학파에서는 아주 드물었던 비프랑스 주제를 다뤘다. 페로에게 아버지와도 같았던 브로델은 다른 동료 연구자들보다 앞서 정치사, 영화, 자서전이라는 새로운 영역을 짊어진 그의 용기에 감탄했다. 그러나 문제 지향의 분석적 역사에 초점을 맞추거나 문제를 설명하는 새로운 접근법과 방법론을 고안해 낸 능력으로 볼 때 페로는 아날학파의 전통에 맞아떨어지는 역사가였다.

페로의 학문은 다양하고 폭이 무척 넓다. 그는 30권이 넘는 책을 단독 혹은 공동으로 저술했고 학술지를 여럿을 발행했다. 그는 30개국이 넘는 나라 학회에 참가하면서 꾸준히 논문을 발표했다. 주요 저작은 영어, 러시아어, 에스파냐어, 독일어, 이탈리아어, 그리스어, 포르투갈어, 불가리아어, 한국어, 덴마크어, 스웨덴어, 터키어, 일본어를 비롯하여 다수 언어로 번역되었다. 더욱이 페로는 방문교수로 4개 대륙에 걸쳐 오스틴, 시카고, 캘거리, 모스크바, 모잠비크, 상파울로, 트리니다드토바고의 대학에서 가르쳤다. 페로는 과거에 대한 열정과 현재와 과거의 연관성을 확인하는 데 전념하면서 청중과 다양하고 폭넓은 만남을 이어 갔다.

페로의 방대한 학문 세계는 러시아-소비에트 사회사, 프랑스사와 20세기, 영화와 미디어의 역사, 역사서술과 역사교육 문제, 글로벌 히스토리라는 다섯 가지 광범위한 주제로 분류할 수 있다. 여기서는 페로가 연구에서 다루어 온 연대순으로 이 주제들에 관해 논하고자 한다. 이미 연구에 대한 새로운 전망을 열게 된 페로는 다른 분야에서도 여전히 활동적이었다. 예를 들어 러시아와 소비에트 역사에 관한 저작들은 1960년대 말부터 1990년대까지 러시아 황제 니콜라스 2세와 페레스트로이카 등 다양한 주제를 연속적으로 다루었다.

학자로서 페로는 러시아와 소비에트 역사에서 명성이 무척 높다. 그는 사회과학고등연구원의 피에르 르누뱅, 로제 포르탈, 알렉상드르 베닉상 같은 유명한 역사가들과 함께 작업했다. 페로가 박사 학위논문을 마치기도 전에 하버드대학의 역사가 리처드 파이프스는 러시아에 관한 페로의 연구에 관심을 표명했다. 페로의 박사 학위논문〈1917년 혁명: 러시아 제정의 몰락과 10월혁명의 기원〉(La Révolution de 1917: la chute du tsarisme et les origines d'Octobre)은 1967년에 완성되었고, 그해 같은 제목의 단행본으로 출판되었다. 9년 후인 1976년에 페로는 1917년 러시아혁명에 관한 두 번째 성과물인《1917년 혁명: 10월, 한 사회의 탄생》(La Révolution de 1917: Octobre, naissance d'une société)을 출판했다. 이 두 권의 책은 러시아혁명사에서 획기적인 연구로 평가되었다. 페로는 이전에 서구 학자들이 접할 수 없었던 소비에트 기록보관소의 사료들을 이용할 수 있었다. 그 무렵은 1917년 혁명을 둘러싼 두 가지 해석(소비에트·마르크스주의 해석과 서구의 자유주의 해석)이 학계를 지배하고 있었다. 지배적인 정통 역사학에 도전장을 내민 페로는 1917년 혁명에 대해 참신하고 혁신적인 해석을 내놓았다. 소비에트·마르크스주의 관점은 잘 훈련된 볼셰비키당과 그 무소부재, 지도자 레닌의 혁명적 역할을 강조했다. 반대로 (리처드 파이프스가 속해 있는) 자유주의 관점은 레닌이 볼셰비키들과 작당해 1917년 10월 불법 쿠데타를 일으킬 때까지 1917년 사건을 혼란스럽고 예측할 수 없는 것으로 그렸다. 그런데 서로 대조적으로 보이는 이 두 지배적 관점은 공통적으로 정치 지도자들과 그 조직을 강조하고 있다. 페로는 어떻게 1917년 사건을 설명했을까? 당시 무엇이 그의 설명을 비인습적인 것으로 만들었는가?

인습을 거부하는 역사학 방법론(사회사 방법론)을 이용해 페로는 1917년 2월과 10월 혁명이 대중(농민과 노동자, 병사, 민족 집단)이 일으킨 민중 봉기라고 결론을 내렸다. 페로는 정치 지도자와 정치조직에만 초점을 맞추기보다 무수히 많은 이해관계, 여론, 러시아인과 비러시아인의 분열 의식뿐 아니라, 공장위원회와 병사·노동자협의회 같은 새로운 혁명 조직의 출현을 보여 주는 '아래로부터'의 1917년 혁명을 고찰했다. 페로는 러시아혁명의 특수한 양상들(케렌스키의 역할, 임시정부, 볼셰비키 리더십의 내분, 스탈린주의의 기원 등)에 대해 여러 가지 미묘하면서도 새로운 통찰력을 보여 준다. 또 페로는 볼셰비키당을 비롯한 당보다 일반 대중이 즉각적 개혁을 위해 더 급진적이고 조급했다고 설명했다. 페로는 능숙한 방식으로 소비에트·마르크스주의 정통 해석을 완전히 뒤집었다. 잘 훈련되고 확실한 볼셰비키당이 혁명을 이끈 것이 아니라 매우 급진적인 노동자와 병사들이 무질서하고 분열을 일으키는 볼셰비키당 지도자들을 이끌었다. 또 이 같은 시각의 변화는 1917년 10월을 음모나 권모술수로 보는 자유주의 견해를 떨쳐 버렸다. 볼셰비키들이 혁명 대중이 이미 이행하고 있던 정책 조치들을 전략적으로 채택할 만큼 충분히 유연했다고 한다면 10월 봉기는 합법적이었다. 이 같은 그의 해석은 소비에트 연구에 크게 영향을 끼쳤다. 페로의 두 저서는 단편적 서술 방식, 노동자들의 계급의식 수준, 러시아 부르주아계급의 비타협적 태도 수준 등 몇몇 점들에서 비판을 받았다. 하지만 그의 주된 논거는 (알렉산더 라비노비치와 실라 피츠패트릭 같은 학자들의 기여와 함께) 그 자체로 새로운 인습이 되었던 광범위한 수정주의 역사학의 한 부분으로 자리 잡았다.

페로의 관심사는 러시아혁명 연구로 출발해 더 넓게는 20세기 유럽과 영화로까지 확대되었다. 그는 영화를 1917년 2월 혁명에서 민중의 행위를 평가하는 자료로 활용했다. 더욱이 1960년대 초 피에르 르누앵은 페로에게 1964년에 완성된 전쟁 기록영화 〈제1차 세계대전〉(La Grande Guerre)의 조언자 역할을 부탁했다. 결과적으로 페로는 제1차 세계대전에 대한 생각을 글로 옮기고 역사적 관점에서 영화를 연구하기로 결심했다. 결과는 놀라웠다. 1969년에 페로는《제1차 세계대전》(La Grande Guerre)을 출판했고, 이 책은 곧 제1차 세계대전에 관해 방대하고 가장 권위 있는 역사책 가운데 하나로 평가받게 되었다. 주류 역사가들이 영화를 진지한 역사 자료로 생각하지 않았던 시절에 시작된 그의 영화 연구(역사 기록물, 텔레비전 프로그램, 책, 논문과 공동 작업을 낳았다)는 대단히 획기적이었다.

가장 인상에 남는 페로의 저서를 꼽으라면 아마도《제1차 세계대전》일 것이다. 이 책은 제1차 세계대전에 관한 매우 혁신적이고 간결하고 능숙한 종합으로, 비평가들로부터 천재성이 돋보이는 작품이자 역작으로 높이 평가되었다. 페로는 그의 '아래로부터의 역사'라는 전문가적 견해와 더 전통적인 '위로부터의 역사'라는 접근법을 잘 조화시키면서 전쟁의 복잡성과 범위 모두를 망라했다. 그렇게 페로는 군사행동과 국왕, 지휘관들의 행동을 설명하면서 유럽 사회의 전쟁 경험과 사회적 긴장(세대간, 병사와 민간인, 병사와 장교, 공장 노동자와 농민의 갈등)에 관해 밝히고 있다. 이 책의 강점은 여러 가지다. 특히 우리의 관심을 끄는 대목은 페로가 어떻게 1914년 이전 유럽의 시대정신을 포착했느냐이다. 페로에 따르면 유럽은 전쟁에 대한 생각들(민중문화의 '상상' 전쟁과 군사 전략가들, 국왕과 외교관들의 '불가피한' 전쟁, 사회주의 정당들의 '전쟁과의 전쟁,' 환멸을 느낀 지식인들과 소외된 노동자들의 '애국' 전쟁)에 사로잡혀 있었다. 페로의 말대로 "일어나기도 전에 전쟁은 사람들의 정신을 지배했다."

또 인상적인 것은 페로가 어떻게 가늠하기 힘든 전쟁 책임의 문제를 능숙하게 다뤘느냐는 점이다. 예를 들어 페로는 기존의 관점에 주로 답이 있다고 역설한다. 예를 들어 1914년의 사건들에 대해 독일이 극한 정책이라는 무모한 외교정책을 추진했고, 영국은 "영국의 화해 정책(영국이 중립으로 남을 것이라고 독일을 확신시켰다)이 전쟁을 낳은 것 못지않게 독일의 '계산된 위험'을 낳았기" 때문에 비난을 함께 나눠 가져야 한다고 분석했다. 하지만 만약 전쟁 기원에 대한 연구가 1914년 이전으로 거슬러 올라간다면 러시아는 결국 오스트리아-헝가리를 파괴시킨 범슬라브주의를 옹호했기에 비난받을 만하다. 프랑스, 러시아, 영국 역시 독일이 강대국이 되는 것에 반대했다. 이 같이 페로는 "만약 관점이 달라지면 결론도 달라지기" 때문에 전쟁 책임 문제에 관해서는 하나의 답이 없다고 말했다.

또 페로의 책은 전통 역사학이 주목했던 제국주의 경쟁, 유럽의 공고한 동맹 체제, 전쟁 발발에 대한 독일의 책임 정도뿐 아니라 어떻게 사회적·문화적 세력들도 진지하게 다루고 있는가라는 점에서 독특하다. 페로의 접근법은 1980~1990년대에 널리 보급된 제1차 세계대전에 대한 사회적·문화적 역사학의 선구라 할 수 있다. 《제1차 세계대전》의 중요하고도 혁신적인 또 다른 특징으로는 유럽 좌파에 대한 페로의 광범위한 논법, (서부전선뿐 아니라) 유럽을 가로지르는 군사행동에 대한 묘사, 유럽의 '내전'에 대한 날카로운 통찰력, 공산주의와 파시즘의 기원, 전후의 정상상태에 대한 환상을 들 수 있다. 페로는 "전쟁을 끝내기 위한 전쟁(제1차 세계대전 때 연합군의 슬로건)은 멋진 신세계로 끝났다"고 적절하게 썼다.

영화의 역사를 과감하게 연구하면서 페로는 당시 백지상태의 연구 영역인 '멋진 신세계'로 들어갔다. 처음에 페로는 두 차례의 세계대전, 블라디미르 레닌, 러시아혁명 같은 20세기 주제들에 관한 1960~1970년대의 역사 다큐멘터리를 활용하면서 시작했다. 특히 1975~1977년에 제작된 역사 주제들(나치즘, 쿠바, 식민지인들의 봉기, 마르크스주의 등)에 대한 15분짜리 혁신적인 13개 단편 시리즈 〈역사의 이미지〉(Images de l'histoire)가 크게 주목받았다. 이 프로젝트로 우수성을 인정받아 파리 시에서 주는 상(Prix de la Ville de Paris)을 수상했다. 1970년대 말 페로는 1980년 프랑스 공영방송인 'FR3'에서 방영한 8부작 시리즈 〈의학의 역사〉(Une histoire de la médecine) 제작에 장폴 아롱과 공동으로 참여했다. 이 프로젝트는 아날학파의 정신을 바탕으로 제작되었고, 역사의 비인습적 주제를 조명했다. 이런 다양한 프로젝트를 수행하는 동안에도 페로는 연구에 매진하고 있었다. 먼저 스탈린 시대를 통해 1920년대 소비에트 영화를 분석하고, 이어 미국이나 프랑스 같은 다른 나라의 영화 관련 문헌을 조사하는 것으로 연구를 확장했다.

페로는 영화가 독특하고 중요한 역사 자료라는 점에 강한 흥미를 느꼈다. 영화는 역사적 순간(예를 들어 사람들은 어떻게 생겼는지)의 외적 양상만을 보여 줄 뿐 아니라 이데올로기 경향, 사회적 태도와 신념도 보여 준다. 특정 영화의 수용에 대한 역사는 기존 사회의 관심사와 이데올로기를 반영하고 있다. 또 페로는 영화가 역사의식과 역사적 사건에 관한 지식을 구체화했다고 주장한다. 예를 들어 세르게이 아이젠슈타인의 영화 〈전함 포템킨〉과 〈10월〉의 장면들은 러시아 수병들이 1905년 혁명 때 오데사 계단에서 황제 군대에 실제로 포격 당했고, (단순히 볼셰비키 공모자들이 아닌) 대규모 볼셰비키 군중이 권력을 장악했던 밤인 1917년 10월 7일 겨울궁전에 난입했다는 그릇된 인상을 심어 주었다.

영화는 소련과 나치 독일에서 선전 활동과 합법화의 수단으로 이용되었다. 하지만 페로가 《영화와 역사》(Cinéma et histoire)에서 논증하듯이 영화는 권위를 뒤엎고 불안을 조성하는 쟁점들을 표면화할 수 있었다.

예를 들어 페로는 겉보기에 1926년 소련 영화 〈악법〉(Dura Lex)이 어떻게 범법자들에 대한 처벌을 보여 주는지를 설명하고 있다. 영화의 배경은 캐나다 국경이었지만 볼셰비키 국가가 공정한 법체계의 기초를 세웠다는 점을 암시했다. 그러나 〈악법〉의 재판관들은 닫힌 문 뒤에서 재판을 집행하는 변질되고 비인간적인 인물의 배역을 맡았다. 페로는 결과적으로 소련의 공평성이 가진 위선을 폭로하면서 "이른바 법에 대한 존중은 그저 폭력보다 더 나쁜 패러디이다"라고 지적했다. 페로의 영화 연구는 영화의 기술과 이데올로기적 메시지의 해체를 위해서뿐 아니라 영화를 해석하고 분류하는 데 이용할 수 있는 새로운 이론적 통찰력과 분석 방법을 제공했다는 점에서 값진 일이다.

페로는 역사적 관점을 통해 영화를 바라보는 데서 역사적 표상, 역사적 담론의 성격과 역사교육 방면으로 연구 범위를 넓혔다. 이 분야에서 가장 높은 평가를 받은 저서는 1981년에 출판된 《아이들에게 어떻게 역사를 이야기할 것인가》(Comment on raconte l'histoire aux enfants)이다. 이 획기적인 연구의 목적은 대단히 다양한 역사의식을 조사하고 이해하기 위해서 어떻게 전 세계 아이들에게 역사를 가르쳐야 하는지 전망을 제시한 것이었다. 페로의 목적은 모든 사회의 명확하고 미묘한 차이가 있는 역사 이야기를 제공하는 것이 아니라 "각 사회의 집단의식을 구별해 주는 지배적 요소"를 확인하려는 것이었다. 또 페로는 기존 사회의 '공식적' 역사를 다른 형식으로 말하는 것을 피했고, 대신에 교과서나 만화, 역사소설 같은 자료를 이용함으로써 대중적 역사를 포착하려고 노력했다. 책의 방대함은 방법론만큼이나 야심적이었다. 페로는 인도, 폴란드, 아르메니아, 중국, 페르시아, 트리니다드, 남아프리카공화국 등 여러 지역과 나라의 신화, 단절, 말살, 금기에 관한 역사 이야기를 다루었다.

《아이들에게 어떻게 역사를 이야기할 것인가》는 역사에 대한 열정과 현재 역사의 의미를 설명하려는 페로의 소망에서 시작되었다. 많은 비평가들이 현대 세계를 이해하기 위해 적절한 이 책의 가치를 강조했다. 페로는 결론 부분에서 역사서술과 역사교육에 대한 자신의 철학을 함께 적었다. 무엇보다 페로는 '보편사'(universal history)는 신화라고 주장한다. 세계사 서술에 '객관적인' 기준은 없다. 오히려 (서구 문명에 대한 인습적 묘사 같은) 보편사는 권력과 사회의 우월의식에 이바지하는 신기루로서만 존재했다. 페로는 공식적·제도적 유형, 기억, 그리고 경험적 유형의 세 가지 주된 유형을 취했던 역사서술과 담론의 유형학을 발전시켰다. 첫째, 학자 집단은 자기 잇속만 차리는 이야기를 만들어 내기 위해 자료와 권력 체계를 이용한다. 제도, 정책, 종교, 정당에 의해 유지되었기에 이 유형이 지배적이었다. 둘째, 개인 또는 집단의 기억은 역사의 두 번째 축이다. 마지막으로 경험적 유형은 역사가들이 조사하는 현상에 대해 특정 접근법을 고안하고 그다음에 방법론적 강약을 나타내는 접근법을 검토할 때 성립한다. 역사교육 면에서 페로는 연대순의 과거에 대한 인식, 과거에 대한 서로 다른 해석, 자국의 과거뿐 아니라 다른 나라들의 과거, 역사의 기본 문제와 주제, 살아남았던 과거로부터 더 이상 보이지 않는 과거 요소들을 어떻게 구별할 것인가, 어떻게 역사적 문제를 공식화하고 역사 방법론을 적용할 것인지 학생들에게 가르쳐야 한다고 강조한다.

1980년대와 1990년대 초 페로의 연구 활동은 프랑스, 나아가 유럽 대중과 역사의 중요성을 공유하는 데 헌신했다. 1986~1993년 페로는 소비에트세계·중동부유럽연구소(Institut du monde soviétique et l'Europe centrale et orientale) 소장으로 근무했고 1992년에는 사회과학고등연구원 연구협회 회장이 되었다. 그가 수행했던 가장 중요한 프로젝트는 두 가지 전기 《페탱》(1980)과 《니콜라스 2세》(1990)의 저술과 〈병렬적 역사〉(Histoire parallèle)로 불린 획기적인 텔레비전 역사 시리즈의 제작이었다. 페로의 첫 전기였던 《페탱》은 프랑스 역사가들이 금기시하던 주제와 시대를 중심으로 다루었다는 점에서 중요하다. 사실 처음으로 페탱과 비시 정권에 관련된 민감한 문제를 연구할 용기를 냈던 사람은 외국인 역사가 미국인(로버트 팩스턴)이었다. 《페탱》은 페로가 프랑스 대중을 위해 인습에 얽매이지 않고 집필했던 또 다른 야심작이다. 《페탱》은 한 개인의 일생 전반을 서술한 전통적 전기가 아닌, 특히 비시 정권에서 페탱 원수의 역할에 주로 초점을 맞추고 있다. 페탱은 제3공화국을 방해했는가?, 페탱은 히틀러에 협력했는가? 페탱과 비시 정권의 요소들은 파시스트적이었는가? 페로는 이런 곤란하고 논쟁적인 질문에 대답을 시도한다. 이 책의 탁월함을 인정받아 1987년에 그는 클리오상(Prix Clio)을 수상했다. 프랑스에서 이 책은 1993과 1994년에 재출판되었고, 장 마르뵈프 감독에 의해 같은 제목의 영화로 각색되어 1995년에 개봉되는 등 큰 인기를 누렸다. 페로가 쓴 전기 《니콜라스 2세》는 니콜라스 황제의 정치생활, 지배자로서의 우유부단함, 후계자들을 위해 전제정치를 유지하려는 확고한 헌신에 초점을 맞추고 있다. 《페탱》처럼 혁신적 전기는 아니었지만, 1918년 로마노프 일가의 처형에 관한 상세한 조사를 다룬 이 책의 마지막 장은 참으로 독특하다.

〈병렬적 역사〉는 역사의 의미에 대한 열정을 광범위한 시청자들과 공유한 페로의 가장 독창적이고 성공적인 프로젝트이다. 거의 1시간짜리 텔레비전 프로그램인 〈병렬적 역사〉는 10년 이상-유럽의 프랑스어-독일어권 나라들에서 청취하는 텔레비전 채널인 '아르테'(ARTE)에서 방영되었다. 이 작품의 탁월함을 인정받아 1994년에 그는 유럽이니셔티브상(Prix de l'Initiative Européene)을 수상했다. 이 프로그램의 발상은 단순하고 기발하다. 가까운 과거의 사건과 중요한 날들(주로 1939~1949년 시기)에 관한 단편의 진짜 역사뉴스 영화와 기록보관소의 자료를 시청자들에게 보여 주고, 그다음에 시청자들은 페로와 초대된 전문가가 프로그램 주제를 비판적으로 분석하는 동안에 경청하게 한다. 뉴스 영화와 기록보관소 자료는 문제의 사건에 대해 서로 다른 관점을 설명하기 위해 다른 나라들의 관점에서 선택되었다. 이런 식으로 그들은 시청자들을 서로 다른 관점과 마주하게 하고 어떻게 이미지가 시청자들에게 과거에 대해 정보를 제공하고 오해하게 만드는지를 알려준다. 특정 시기나 주제에 초점을 맞추면서 역사는 그것의 즉시성을 획득한다. 페로는 1989년부터 2001까지 12년 동안 헨리 키신저, 게르하르트 슈뢰더, 미하일 고르바초프 같은 저명한 출연자들과 함께 630개의 각각 다른 병렬적 역사의 일화를 다루었다.

1990년대에 페로의 가장 야심찬 학문적 업적은 아마도 《식민지화의 역사: 13~20세기 정복에서 독립까지》(Histoire des colonisations: des conquêtes aux indépendances, XIII-XXe siècle, 1994)일 것이다. 글로벌 히스토리에 대한 페로의 관심은 '알제리 막간극'과 아날학파의 글로벌 히스토리 전통 두 부분으로 되어 있다. 이 책은 페로가 식민주의라는 프리즘을 통해 16세기 이후의 세계사를 서술했다는 점에서 대담한 시도이다. 이 책은 개념상 강렬하고 도발적이다. 근대 식민주의에 대한 최초의 종합적 연구로서 페로는 "유럽 중심주의 관점의 역사를 재현하려는 것'이 아니라, 세계적 관점에서 책을 서술하고자 했다. 페로는 식민주의가 유럽의 현상만은 아니라고 논증하면서 아랍, 터키, 일본, 중국의 식민지 역사를 짧게 다루었다. 이 책의 또 다른 개념적 참신함은 먼저 식민지화의 역사, 그다음에 독립투쟁의 역사를 수반하는 식민주의의 상투적인 서술을 무시한 것이다. 오히려 이 책은 연대를 정확히 다루지 않으면서 여러 사회의 새로운 인종(유럽인과 비유럽인의 혼합) 같은 주요 주제들에 따라 장을 구성했다. 마지막으로 페로는 유럽의 해외 제국주의와 유럽 대류(예를 들어 나치 독일의 팽창주의 정책) 사이의 연관성에 관해 갖가지 질문을 계속 던지면서 독자들의 욕망을 자극했다.

다른 저작들과 달리 이 책에 대한 반응은 극과 극이었다. 본질적으로 그런 프로젝트는 대담하지만 위험 요소도 있다. 그의 야심은 찬사를 받았고 이 책은 모험적인 연구와 견고한 종합이라는 평가를 받았다. 페로의 이전 연구와 일치하는 이 책의 강점은 식민주의에 대한 사회문화적 중요성을 다루었다는 점이다. 페로는 교육과 의학 분야, 피정복자의 이미지, 식민지 사회의 인종 혼합(또는 그것의 결여)에 대한 식민주의의 영향을 대단한 통찰력으로 탐구하고 있다. 또 페로의 결론은 지구화의 결과로서 증가하고 있는 세계의 표준화와 통합의 확대에 관해서도 흥미로운 관점을 제공한다. 이 책의 맹점으로는 (정반대의 주장을 했음에도 불구하고) 유럽 중심주의 접근법, 프랑스 식민지(특히 알제리)에 대한 지나친 강조, 역사적으로 부정확하고 파편화된 서술방식이 꼽혔다. 지아우딘 사르다르는 1997년 3월 17일치 《뉴스테이츠먼》에 쓴 서평에서, 유럽의 변종을 비유럽적 식민지 형태와 동일시함으로써 유럽의 인종주의와 식민주의를 호도했다고 비판했다.

페로의 《프랑스사》에 대해서는 그런 엇갈린 평가가 없었다. 프랑스 과거에 대한 권위 있는 연구는 페로의 인상적인 학문 경력에 딱 맞는 최고의 업적이다. 《프랑스사》의 성공 이유는 여러 가지를 들 수 있다. 첫째, 페로는 용감하게 프랑스사에 대한 종합적 평가를 하면서 금기를 깼다. 프랑스에서 가장 재주가 많은 역사가 가운데 한 사람인 페로는 뭔가 도전하는 데 적합한 자격을 갖추고 있었다. 또 페로는 연구에 결코 특정 학파나 역사 해석(명목상 연대기 전통에 연관되어 있다 해도)을 고집한 적이 없었다. 결과적으로 인습을 거부하는 그의 성격은 하나의 자산이다. 방법론적으로 《프랑스사》는 장기지속적이고 문제 지향적 연구의 연대기 전통과 사회사, 정치사를 강조하면서 흥미진진한 이야기를 풀어 내는 페로의 재능과 결합되었다. 이 다른 접근법은 이 책의 두 주요 부분인 '민족 이야기'와 '프랑스 사회 고유의 특징'에 각각 반영되어 있다. 페로는 날카로운 통찰력으로 프랑스사 결정판을 서술해야 한다고 공언하지 않았다. 오히려 프랑스의 기원(클로비스 VS. 베르생제토릭스), 잔다르크(가톨릭 또는 공화국의 영웅?), 프랑스혁명 등 역사적 논쟁의 요점을 자신만의 이야기로 엮어 내고 있다. 그는 흥미진진한 방식으로 프랑스 국가 정체성 안에 '프랑스-프랑스인의 전쟁'(프랑스혁명 이후의 프랑스 역사에서 두드러진 종교와 세속주의, 교회와 국가, 우파와 좌파 사이의 갈등이 포함된다)의 실체를 조명하고 있다. 마찬가지로 그는 프랑스의 과거에 대한 수많은 신화와 전설을 조명하고, 종종 불확실한 역사 기록의 '민중적' 개념을 병렬시키고 있다. 이런 식으로 독자는 샤를마뉴(카롤루스 마그누스)가 기독교 시대 사람들의 첫 대량 강제 이송에 책임이 있었고, 나치 독일이 압력을 가하기 전에 비시 정권이 반유대주의 정책을 시행했다고 배운다. 마지막에 페로는 광범위한 유럽적 맥락에 프랑스 역사를 위치시키고, 프랑스 예외주의의 정도(그리고 특징)를 탐구하는 비교 접근법을 채택하고 있다. 프랑스 예외주의에 대한 페로의 논고는 프랑스와 '다른 나라,' 통일과 중앙집권화 문제, 프랑스의 경제 발전, '프랑스-프랑스인의 전쟁,' 사회 참여 지식인의 역할 같은 중요한 주제를 짚고 있다.

인생과 학문의 황혼기에 다다른 페로는 이제 거의 은퇴 상태에 있다. 그는 1996년에 에콜폴리테크니크에서 퇴임한 뒤로 여름에는 프랑스 남부의 옛 시가지에서 주로 보내며 현재는 파리 교외에 거주하고 있다. 그는 50년 넘도록 함께한 아내 이본, 자녀 둘과 함께 살면서 가장 좋아하는 취미인 요리와 테니스로 시간을 보내고 있다. 당연히 페로는 다른 사람들과 다양한 방식으로 역사의 중요성을 공유하려는 자신의 소망에 여전히 충실하다. 가장 최근 저작은 도발적이면서도 시사적이다. 《역사의 금기》(Les Tabous de l'histoire)는 사회가 제지하고 회피해 온 과거에 대한 질문과 주제를 다룬 탐색 에세이이다. 《이슬람의 충격》(Le Choc de l'Islam)은 프랑스를 비롯한 세계 곳곳에 널리 널리 퍼져 있는 이슬람에 대한 잘못된 유럽 중심주의 시각을 수정하기 위해 쓰기로 마음먹은 시기적절한 연구이다. 이 책에서 페로는 과거 200년 사이에 근대성에 맞선 이슬람 세계의 다섯 가지 주요 동향과 반응을 적고 있다.

인터넷을 매개로 페로는 레지스탕스 운동, 스탈린, 정치와 거짓말 같은 역사 주제를 가지고 정기적으로 온라인 토론(www.histoire.fr/jaune/html/chat.htm)에 참여하고 있다. 또 《르몽드》나 《르피가로》 같은 주요 신문에 유럽의 통일과 정체성 같은 시사 문제에 대해 인터뷰하거나 기사를 기고함으로써 사회 문제를 둘러싼 토론에 변함없이 적극적으로 참여하고 있다. 또 그는 유럽의회가 주관하는 중요한 토론회나 '유럽에서 프랑스-독일 협력을 위한 베를린-브란덴부르크연구소'(Berlin-Brandenburg Institute for French-German Cooperation in Europe) 같은 기관에 전문가로서 견해와 도움을 주면서 과거 알제리에서 '자유인'으로 상호 이해와 화해를 위한 활동을 했듯이 현재 인류의 사절로 활동 중이다. 페로의 공적과 탁월함은 명예로운 지위로 학계와 대중에게 응당한 인정을 받았다. 예를 들면, 1999년 모스크바대학에서 명예문학박사 학위를 받았고, 2004년에 보르도대학은 그에게 영화학 명예박사 학위를 수여했다. 페로의 삶과 학문은 그의 역사철학을 다룬 52분짜리 다큐멘터리 〈마르크 페로, 또는 역사에 대한 열정〉에 명료하게 정리되어 있다.

문지영 옮김

참고 자료

책

La Révolution de 1917: la chute du tsarisme et les origines d'Octobre (Paris: Aubier, Editions Montaigne, 1967).

La Grande Guerre (Paris: Editions Gallimard, 1969).

La Révolution de 1917: Octobre, naissance d'une société (Paris: Aubiers-Montaigne, 1976); 《1917년 10월혁명: 러시아혁명의 사회사》(황인령 옮김, 거름, 1983).

Cinéma et histoire (Paris: Editions Denoël, 1977); 《역사와 영화》(주경철 옮김, 까치, 1999).

Comment on raconte l'histoire aux enfants (Paris: Payot, 1981; rev. and enlarged edn., 1992); 《새로운 세계사》(박광순 옮김, 범우사, 1994).

Pétain (Paris: Fayard, 1987).

Nicolas II (Paris: Payot, 1990).

Histoire des colonisations: des conquêtes aux indépendances, XIII-XXe siècle (Paris: Editions du Seuil, 1994).

Histoire de France (Paris: Odile Jacob, 2001).

Le Choc de l'Islam (XVIIIe-XXIe siècle) (Paris: Odile Jacob, 2002; enlarged edn., 2003).

Les Tabous de l'histoire (Paris: Nil Edition, 2002).

인터뷰

Lemalet, Martine, "Histoires traversées de l'état-nation," *Manuscrit* (June 2001; www.manuscrit.com/Edito/invites/Pages/JuinHisto_MFerro.asp; accessed May 14, 2004; link no longer operational).

참고문헌

Acton, Edward, *Rethinking the Russian Revolution* (New York: Edward Arnold, 1990).

Burke, Peter, *The French Historical Revolution: The Annales School, 1929-1989* (Stanford: Stanford University Press, 1990).

Carrard, Philippe, *Poetics of the New History: French Historical Discourse from Braudel to Chartier* (Baltimore, MD: The Johns Hopkins University Press, 1995).

30

미셸 드 세르토

1925~1986

Michel de Certeau

미셸 드 세르토

빌렘 프라이호프

    모름지기 패러다임에는 약점이 있는 법이다. 패러다임 바깥에 있는 사람들, 특히 단 하나의 패러다임으로 포착할 수 없는 사람들은 간과되는 경향이 있다는 얘기이다. 그런 범주에서 벗어나는 탁월한 인물 가운데 한 사람이 바로 다재다능한 미셸 드 세르토이다. 역사철학자이자 문화사가, 정신분석학자, 해석학자, 기호학자, 민족학자, 종교학자인 이 독립심 강한 예수회 신부는 현대사회의 문화적 동력, 지적 실천으로서의 역사서술, 신앙 행위, 근대 초의 신비주의에 이르기까지 언뜻 보아 무척 다양한 주제에 관해 새로운 시대를 여는 글을 썼다. 세르토의 때 이른 죽음 이후 20여 년이 지났지만, 새로운 세대를 포함한 대서양 양쪽의 독자들은 생존해 있을 때만큼이나 여전히 그의 저작에 매혹되고 있다. 사르트르나 알튀세르 같은 특정 이데올로기를 내세운 앞 세대의 위대한 사상가들에 대한 관심이 쇠퇴하는 것과는 대조적으로 세르토에 대한 매료는 사그라들지 않고 있다. 그 점은 자크 데리다나 그와는 지적으로 대척점에 있지만 세르토가 존경해 마지않았던 미셸 푸코 같은 인물 역시 마찬가지다. 세르토에 관한 논문은 점점 더 많이 나오고 있고, 그의 저작에 관한 토론이나 분석을 담은 새로운 책이나 선집, 번역서, 편람, 전기가 해마다 출간되고 있다. 이미 대단하던 세르토의 명성은 조국인 프랑스보다 영어와 독일어권 나라들, 지중해 세계에서 더 빨리 높아지고 있다. 하지만 프랑스에서도 그가 세상을 떠나고 10년 동안 광범위한 논문과 개인 증언들이 출간된 바 있다. 국제적으로는 이해하기 쉽고 호의적인 제러미 에이헌의 연구 《미셸 드 세르토: 해석과 이견》(1995)을 통해 분위기가 마련되었는데, 에이헌은 프랑스 문화 정책을 위한 세르토의 노력을 담은 책 《문화 이론과 정책 사이》(2004)도 편집했다. 수많은 인터뷰를 바탕으로 쓴 프랑수아 도스의 종합서 《미셸 드 세르토: 상처 입은 구도자》(le marcheur blessé, 2002)는 특히 세르토를 둘러싸고 있던 환경과 네트워크, 영향력에 관한 매우 유용한 정보를 담고 있는데, 인명 색인만 1,300항목이 넘을 정도이다.

그러나 《발언》(1968), 《루됭의 신들림》(1970), 《행동의 기술》(1980) 같은 몇몇 기본적인 책을 제외하면 세르토의 저작은 더 광범위한 대중에게 다가가지 못했다. 이 자체는 놀라운 일이 아니다. 옳든 그르든 세르토는 다소 이해하기 '어려운' 저자로 여겨진다. 그의 글쓰기 스타일은 무척이나 개인적이다. 또한 그가 활동을 시작하던 1960년대에 프랑스어가 문화적 세계 언어로서 누리던 지위는 점차 약화되어 왔다. 세르토의 여러 저작에 보이는 특징인 높은 추상성은 프랑스어권 바깥의 독자들에게 상당한 안내를 요구한다. 그의 방대한 저작 가운데 일부가 현재 10여 가지 언어로 번역되었지만 그 추상성은 번역을 어렵게 만든다. 세르토에 대한 수많은 연구가 같은 어려움을 겪고 있고, 이 어려움은 다시 그런 저작을 이해하고 전파하는 것을 방해한다. 매우 분석적인 동시에 '언어로의 전환'(linguistic turn, 과학과 학문, 현실에 관해 우리 인식의 언어적 차원을 강조한 흐름), 문화인류학, 정신분석학의 영향을 깊이 담고 있는 역사학적 실천은 고전 형식의 역사서술과 정면으로 배치되며 독자에게 문화 연구에 대한 확실한 지적 몰입을 요구한다. 게다가 때때로 저작으로부터 세르토 개인을 분리하는 것이 어려운 경우도 있는데, 특히 역사서술과 신앙, 신비주의에 관한 이론을 다룰 때 그렇다. 이런 시각에서 볼 때 세르토는 아마도 20세기 프랑스의 가장 독창적인 역사가일 것이다. 그는 전 세계에 걸쳐 문화적 동력에 관한 지도적 이론가이자 무척 다양한 문화 영역에서 역사학적 실천에 관한 지도적 이론가 가운데 한 사람으로 여겨진다. 세르토를 사적으로 알았거나 오늘날 그의 저작에 몰두하고 있는 사람들에게 세르토는 사후에도 여전히 독자와 사적인 유대를 창조할 수 있는, 영감을 주는 멘토이다. 가장 두드러진 것은 역사가의 금언으로 학문적 논쟁을 종결하려 하지 않으며 오히려 일상적 실천의 형태로 논쟁을 열어 놓았다는 점이다.

1925년 5월 17일 사부아 지방 샹베리의 상류층 지주 집안에서 태어난 미셸장엠마뉘엘 드 라 바르주 드 세르토(세르토는 성姓의 마지막 부분만 썼다)는 엔지니어의 아들로서 네 자녀 중 맏이였다. 언제나 그 특유의 금욕적 방식이긴 했지만, 만일 스스로 그런 가정환경 속에서 처음부터 자신의 생존 공간을 만들어 낼 수 있는 균열과 틈을 찾아내지 않았더라면 엄격하고 전통주의적인 분위기는 그의 지성을 질식시켰을 것이다. 이런 습관은 삶뿐 아니라 학문적 관심에도 지워지지 않을 흔적을 남겼다. 여기서 특히 떠오르는 것은 그가 쓴《행동의 기술》의 주제인 말과 실천 사이의 긴장, 자아 성립의 핵심인 타자성 같은 주제, 예기치 않은 사건의 돌발이 불러오는 창조적 충동, 문화와 사회 내의 의미 부여에서 주변적 실천이 갖는 결정적 중요성, 아래로부터의 문화가 실제로 만들어질 때 발현되는 창조적 잠재력, 소통에서 설득력 있게 제공되는 것을 개인적으로 전유할(따라서 또한 변형할) 필요성, 그리고 마지막으로 '교회' 현상에서 정점에 이르는 실천의 의례화로서 경험된 신앙 같은 것이다.

1944년부터 1950년까지 세르토는 그르노블, 파리, 리옹에서 고전과 철학을 공부했다. 수많은 인연 가운데서도 위대한 신학자들과 만년의 앙리 드 뤼바크 추기경과의 만남을 통해 예수회의 특수한 성격을 찬양하게 되었다. 그는 특히 근대성에 대한 예수회의 개방성뿐 아니라 행동과 사색의 결합, 행동성과 영성의 결합을 높이 평가했다. 결국 세르토는 1950년 예수회에 들어가 1953년에 서원(誓願)을 했고, 1956년 7월 31일에는 사제 서품을 받았다. 처음에는 성 아우구스티누스의 글이 끼친 영향에 대해 박사 학위논문을 쓰고자 했으나, 예수회의 새로운 연구 프로그램에 따라 예수회 제1세대의 주요 종교적 저술로 방향을 바꾸어야 했다. 따라서 세르토는 종교사 학자 장 오르시발의 지도 아래 1960년 소르본대학에서 종교학 박사 학위를 받았다. 논문 주제는 예수회 창설자 이그나티우스 로욜라의 첫 동료 가운데 하나이며 로욜라의 영성을 가장 적극적으로 전파한 인물인 피에르 파브르(페르투스 파베르, 1506~1546)의 신앙 일기였다. 파브르는 세르토와 같은 사부아 출신이었다.

세르토가 때때로 예수회의 지적 변두리로 이동한 것이 얼마나 의도적인 것이었든, 그리고 예수회 사람인 그가 독특한 지방색과 조합주의 운영 방식을 지닌 프랑스의 공적 대학 시스템 안에서 항구적 자리를 얻는 것은 어려운 일이었지만, 그는 언제나 자신의 수도회에 충성했다. 예수회 네트워크, 특히 남북아메리카 내부의 네트워크는 사실 어느 정도 국제적 관심과 활동의 원인이 되었다. 그는 처음에 예수회의 다양한 학교와 자치적인 파리가톨릭대학에서 가르쳤다. 그는 또한《그리스도》(Christus),《연구》(Etudes) 같은 예수회 신문에 적극적으로 글을 쓰고 나중에는 편집자가 되었는데, 이런 신문은 폭넓은 지적 대중들 사이에 가톨릭 신앙을 부흥시키고 신앙과 사회의 관계를 설명했다. 게다가 그는 두 학술 잡지《고행자와 신비가 리뷰》와《종교학 연구》에서 일했는데, 신앙 행위와 종교적 실천을 역사적으로 분석한 가장 중요한 논문들을 여기에 발표했다. 1960년대의 수많은 가톨릭 지식인들과 마찬가지로 세르토는 한때 지질학자이자 고생물학자인 같은 예수회 회원 피에르 트레야르 드 샤르댕의 유심론적 인류학에 매료되었다. 샤르댕은 원대한 진화론적 관점에서 신앙과 학문을 조화시키고자 했다. 세르토는 샤르댕의 편지와 글을 책으로 펴내 그의 저작 연구를 자극했다.

　사회 참여 지식인이자 문화 비평가로서 세르토의 돌파구는 '1968년 5월' 후에 찾아왔다. 학생들의 저항을 북돋우는 비판적 분석을 담은 책《발언》(La Prise de parole)이 그해 10월에 나왔다. 세르토는 그해 봄에 일어난 사건을 1789년의 '바스티유 함락'에 견주면서 공식 제도 속에서 대표되지 못한다고 느끼는 사람들이 스스로 발언하고 자신의 세계를 만들어 낸 순간이라고 해석했다. 이 책으로 그는 정치적·문화적 논쟁의 맨 앞자리에 서게 되었고 문화와 기독교, 역사성에 대한 새로운 시각을 대변하는 인물이 되었다. 그는 곧 일련의 논문을 통해 그러한 견해를 상세히 서술했고, 그 논문들은 얼마 후《이방인 또는 차이 속의 결합》(1969),《역사의 부재》(1973),《여럿인 문화》(1974), 그리고《역사의 기술(記述)》, (1975) 같은 논문집으로 발간되었다. 이 논문집 덕분에 문화비평가로서 명성이 확고해진 세르토는 '새로운 역사'의 가장 중요한 이론가이자 고전적 단계의 '아날학파' 계승자가 되었다. 그는 아날학파 역사가들이 1974년에 출간한 3부로 계획된 책에 주제와 관련된 권두 논문〈역사 작업〉(L'opération historique)을 집필했다.

1968년《발언》출간 직후 세르토는 실험적 신설 대학인 파리 제8대학 (뱅센대학)의 정신분석학 및 역사 교수로 임명되었다. 이윽고 1971년에는 파리 제7대학(쥐시외대학)의 문화(및 역사) 인류학 학과장에 임명되었다. 그는 1978~1984년에 캘리포니아대학(샌디에이고)에서 프랑스 및 비교문학 교수로 재직했고 1984년에야 아날학파와 그 계승자들의 메카인 파리 사회과학고등연구원(EHESS) '연구 책임교수'라는 권위 있는 직책을 맡게 되었다. 세르토는 자신의 역사학적 실천의 상징인 지적 자유에 충실했으므로 모든 학파에 그랬듯이 아날학파로부터 적당한 지적 거리를 두었다. 세르토는 1986년 1월 9일, 그 전해 7월에 발견된 췌장암으로 세상을 떠남으로써 '16~18세기 종교 의례의 역사인류학'이라는 제목의 연구 계획은 불행히도 완성되지 못했다. 사회과학고등연구원 원장 마르크 오제는 이렇게 그를 추모했다. "그는 두려움도, 피로도, 오만함도 모르는 지식인이었다."

국제적으로는 주로 문화 이론가로 알려져 있었지만, 세르토는 언제나 자신을 '영성의 역사가'로 불렀다. 그것은 역사학에서 독창적인 위상일 뿐 아니라 자신의 방법론에서 핵심이었다. 그의 박식함은 출간·미출간 문서들에 대한 지칠 줄 모르는 연구에 의해 뒷받침되었다. 그는 자신의 작업을 '문서들 속으로 들어가는 여행'이라고 생각했는데, 그 문서들은 특히 신비주의 문서들이었다. 그는 이 문서들을 기존 언어, 곧 기존 질서와 되풀이되는 단절로서 분석했는데, 공식 문화 속에 여전히 숨어 있다고 여겨지는 것들이 바로 이 문서들을 통해 조명되었다. 세르토에게 영성과 신앙은 정말로 꼭 맞는 분야였고,《16~17세기 신비의 우화》(La Fable mystique, XVIe-XVIIe siècle, 1982)에서처럼 영성과 신앙으로부터 끊임없이 이론적 영감을 끌어냈다. 종교의 역사적 발전과 프랑스 교회에 대한 새로운 종교적 성찰, 새로운 접근법 도출이라는 측면에서 세르토의 역할은 아무리 높이 평가해도 지나치지 않다. 세르토에 관한 프랑스 문헌들에서 일반적으로 가장 큰 관심의 대상이 되는 것 역시 그의 삶에서 이러한 측면이다.

세르토가 파브르에 관한 박사 학위논문을 마무리한 다음 유명한 신비주의자 산 후안 데 라 크루스(1542~1591, 에스파냐의 신비주의자, 저술가, 신학자—옮긴이)의 추종자였던 예수회 신부이자 종교 작가 장조제프 쉬랭(1600~1665)의 종교 및 공적 활동으로 방향을 전환한 것은 예수회의 연구 프로그램 덕이었다. 세르토에게 평생의 동반자가 될 쉬랭은 당대에 세간의 이목을 집중시킨 인물이었다. 쉬랭은 1634년 악령을 쫓기 위해 루됭으로 파견되었다. 잔 데장주 수녀와 관련된 이 유명한 사건을 토대로 올더스 헉슬리는 소설을 썼고, 예르치 카발레로비츠(폴란드의 영화감독—옮긴이)와 켄 러셀은 영화를, 크시슈토프 펜더레츠키(폴란드의 작곡가, 지휘자—옮긴이)는 오페라를 만들었다. 세르토는 《루됭의 신들림》에서 이 사건을 완전히 새롭게 분석했는데, 이 책은 주로 짧은 시론을 써 오던 이 작가의 몇 안 되는 장편 논문 가운데 하나이다. 이 책은 아마도 프랑스에서 발간된 것으로서는 처음으로 정신분석 해석을 충실하게 적용한 역사서일 것이다. 쉬랭의 삶과 활동은 사실 세르토가 정신분석에 몰두하도록 만든 자극제였다. 뤼됭 사건 이후 쉬랭은 그 자신이 악마에게 사로잡혔다고 확신하게 되었다. 수십 년 동안 그는 정신분열에 가까운 정신적 암흑 속에서 살았다. 장 칼뱅이나 히스베르투스 푸치우스(1589~1676, 네덜란드 신학자—옮긴이) 같은 위대한 신학자들이 이야기했던 개신교 교훈 문학 속의 프란체스코 스피라의 경우와 유사하게, 쉬랭은 자신이 영원히 저주받았다고 믿었고 결국 기적이라 할 수 있는 치료를 통해 이 생각에서 벗어나 천국의 메시지 속으로 침잠할 수 있게 되었다. 그러나 쉬랭은 자신의 경험을 충분히 표현할 준비가 되어 있지 않다고 느꼈고 그가 쓴《영적 교리문답》(1654)은 금서 목록에 올랐다.

변함없이 쉬랭에게 사로잡혀 있던 세르토에게, 쉬랭은 행동의 틀을 제 공했던 예수회에 충실했지만 믿음과 세계를 다루는 과정에서 언제나 자 신의 길을 추구했고 체제와 단절하지 않으면서 그 주변부를 탐사한 종교 적 방랑자이자 영적 구도자였다. 쉬랭에 대한 매료는 세르토가 사회과학 과 기호학에서 정신분석에 이르기까지 자신의 관심 영역을 넓히고 심화 하도록 이끌었다. 세르토는 1964년 자크 라캉이 주도하여 유명한 파리 프로이트학교가 개원했을 때부터 1980년 문을 닫을 때까지 그곳에서 활동했다. 쉬랭에게 세르토가 변함없는 매료된 것을 이해하기란 어렵지 않다. 그것은 또 다른 자아를 거울 속에 계속 비춰보는 것이라 할 수 있 다. 두 사람은 똑같이 사적인 접촉에서 드러나는 카리스마, 연구에 대한 열정, 영성과 신비의 토대를 진술하는 탁월한 능력을 지니고 있었고, 두 사람 다 제도 교회의 주변부에서 취약한 지위에 있으면서 그 교회의 공 식적 권위를 존중하면서도 종교적 믿음에 대한 극히 개인적인 견해를 보 존했다. 그들은 또한 다른 어떤 것을 향해 가고 있는 중이라는 느낌, 관심 은 있지만 단지 주변에서만 관여하는 행인처럼 다양한 건물의 모든 불빛 을 지나쳐 가고 있다는 느낌을 공유했다.

여러 형태의 신비주의와 신앙에 필요한 문화적·철학적 조건에 관한 연구는 분명히 세르토에게 끊임없는 영감을 주었다. 여생 동안 그는 이 두 주제의 토대와 역사에 관한 글을 썼다. 첫 책인《루됭의 신들림》과 함 께《신비의 우화》는 세르토의 글쓰기서에 정점을 이룬다. 계획된 책으로 는 두 번째인《신비의 우화》는 생전에 완성되지 못했지만, 2005년 뤼스 지아르가 논문 열네 편을 편집하여 재출간한《타자의 장소: 종교와 신비 의 역사》는 하나의 논리적 속편이었다.《신비의 우화》는 '방랑자 라바디'

에 대한 분석으로 끝나는데, 이 분석은 세르토의 사고 체계와 작업 방식에 관한 중요한 통찰을 보여 준다. 이 글에서 주인공은 반항적이고 유심론적이고 결국 천년왕국주의자가 된 프랑스 신비주의자 장 드 라바디(1610~1674)이다. 처음에는 예수회 수사였다가 그곳을 떠난 후 아미앵의 수사 신부, 다양한 지역의 종교 집단을 위한 고해신부가 된 이 성직자를 움직인 것은 "순수한 영혼들의 조용한 공동체"를 세우려는 열망이었다. 이후 유랑하는 얀센주의자로서 잠시 파스칼과 포르루아얄(얀센주의의 중심지가 된 수도원—옮긴이)의 친구가 되었던 그는 1650년 칼뱅주의로 개종했고 몽토방의 칼뱅파 아카데미 교수가 되었다. 처음에는 오랑주(아직 나사우 가문의 영지였던)로 피신했다가 나중에는 제네바로 갔는데, 그곳에서 그는 7년 동안 자신의 독립적인 정신 탓에 몹시 어려운 시간을 보냈다. 그는 네덜란드 공화국의 미델부르크에서 잠시 프랑스어 칼뱅주의 설교자로 일했고 마침내 암스테르담에 '성자들의 공동체'를 세웠는데, 이 공동체는 곧 함부르크 근처 알토나로 옮겨 가야 했다. 장 드 라바디한테서 영감을 받은, 재능이 뛰어난 남녀들로 이루어진 이 집단(그중에는 유명한 박학자 아나 마리아 판 스휘르만과 팔츠의 엘리자베스 공주도 있었다)은 성령과 사랑이 성서와 지배를 대신할 가장 초기 형태의 기독교 공동체로 돌아가고자 했다.

감정이 이입되어 쓴 이 글에서 언어의 한계에 대한 세르토의 부단한 투쟁은 강력하고도 억제된 감정을 드러낸다. 그러나 우리는 또한 이 글에서 세르토 자신의 모든 개성과 열정, 관심을 발견할 수 있다. 그것은 예컨대 텍스트와 삶에 대한 해석적 접근, 한편으로는 강한 책무감과 다른 한편으로는 누구든 그를 구속하는 것에 대한 거부를 동력으로 하는 이 특별한 방랑자(장 드 라바디—옮긴이)의 다소 불규칙하고 모험적이고 영감 가득한 일생에 대한, 시적 언어로 표현된 매료, 주체 스스로 선택하는 지적 자율성과 세련된 언어의 매력에 대한 주목, 자유로운 정신과 신앙공동체를 위한 공간을 창조하는 고정된 장소 사이의 대비, 개인을 압도하여 그를 사회제도 속 장소로부터 끄집어내고 자신의 몸을 자유롭게 하는 '대사건'(événement, 파열적 사건), 육체가 파괴될 때 성장하는 정신적 경험 안에 편재하는 육체성, 그리고 마지막으로 개인의 개종 같은 것이다. 개인의 개종은 개종자가 자신의 제도 내부 위치를 바꿈으로써 자신이 그리로 돌아가고 있는 유일무이한 진리를 전제로 하지만, 실제로 개종자는 종교가 제시하는 전통적 의미에 도전하고 그에게 차이를 가로지르게 만드는 윤리적 결정을 하고 있는 것이다.

20세기 후반의 프랑스 지식인 가운데 저작을 통해 세르토 만큼 광범위한 학문 분야에 영향을 끼친 인물은 거의 없다. 세르토의 추종자들은 같은 파리 학계의 더 유명한 아이콘인 롤랑 바르트, 미셸 푸코나 피에르 부르디외를 따르는 이들보다 적지만 세르토의 벗과 독자들은 그와 더 개인적인 유대를 맺고 그들 사이에서도 더 긴밀한 관계를 누렸던 것으로 보인다. 이러한 상호 관계에 대한 매우 흥미로운 조망을 프랑수아 도스의 650쪽 짜리 책《미셸 드 세르토: 상처받은 구도자》에서 발견할 수 있다. 풍부한 자료를 바탕으로 마무리한 이 연구는 2001년 12월 파리 정치학 연구소에 제출된 교수자격 논문인데, 촘촘하게 짜인 세르토의 삶과 활동, 관계와 네트워크, 역할과 영향을 보여 준다. 그러므로 도스가 붙인 제목이 세르토의 학문적 활동이 아니라 세르토 자신을 지칭하고 있음은 우연의 일치가 아니다. 그 둘은 세르토의 사후에도 긴밀하게 얽혀 있다. 왜냐하면 젊은 독자들이 세르토의 저작을 발견하면 분명 세르토가 영감을 얻은 원천을 찾아내고자 하는 충동을 억누를 수 없기 때문이다.

세르토의 삶은 처음부터 자신의 네트워크와 스스로 충성한 제도들 예컨대 예수회, 학문 세계, 공공 문화에 의해 육성되고 이끌렸다고 결론지을 수 있다. 이런 네트워크 없이는 그의 저작을 이해하기 어렵다. 또한 그것은 어째서 세르토가 여러 가지 방식으로 수용되는지 설명해 준다. 동료와 친구, 독자, 학자들로 이루어진 관계망은 저마다 다른 점을 강조하기 때문이다. 각 관계망은 그 내부의 논의라는 측면에서 의식적으로든 무의식적으로든 세르토를 특별한 방식으로 규정한다. 일차적으로 과학철학자이자 문화사가인 '유럽의' 푸코가 주로 정치적 메시지를 띤 문화 이론가로 여겨지는 '미국의' 푸코와 병존하거나 어떤 경유에는 대립하는 것과 마찬가지로, 역사철학자이자 신앙과 신비주의의 역사가인 '유럽의' 세르토가 대안적 문화 담론의 이론가인 '미국의' 세르토와 병존한다. 미국에서 세르토는 처음에 주로 두 권짜리 논문집《일상의 발명》(1980)의 '1부 행동의 기술'을 번역한《일상생활의 실천》(1984)에서 나타나는 일상문화와 그 작용과 의미에 관한 영감 넘치는 민족학을 통해, 그리고 1997년에 번역 출간된《발언, 그리고 다른 정치적 글들》,《복수의 문화》에서 그런 논의의 연장인 문화에 관한 에세이들을 통해 알려졌다.

1984년《일상생활의 실천》이 미국에서 출간되어 이 책은 학계에 대단한 충격을 주었다. 무려 3만 부가 팔려 나가고 세르토는 문화 연구의 권위자로 숭배 대상이 되는 지위까지 올랐다. 도시 공간 창조의 토대를 도시 거주자의 행위와 지출 과정으로 보는, 이론적이고 시적인 〈도시에서 걷기〉(Walking in the city) 같은 글의 몇몇 구절은 이제 국제적으로 도시 연구의 고전적 텍스트로 인정받고 있다. 미국에서 세르토의 저작 수용은 문화정치학의 영향을 받아 그를 무엇보다 민중문화 이론가로, 또는 푸코의 경우처럼 권력구조에 대한 일상의 저항 이론가로 보는 경향이 있다. 따라서 세르토의 저작은 이제 '서발턴' 또는 '포스트 식민주의' 연구로 알려진 경향을 대표한다고 볼 수 있다. 그러나 유럽에서 나온 저작에서 세르토는 다른 문제들에 초점을 맞추었다. 그는 1968년 5월 이후 유럽에서 유행하게 된 것 같은 대항문화의 '형식들'을 찾으려 하지 않았다. 대신에 정치적이고 엘리트적인 순응성을 보이고 저변의 흐름에 무감각한 지배적인 문화 분석의 '접근법'과는 다른 접근법을 시험해 보고자 했지만, 실제의 대항문화들을 즉각 선택하지는 않았다. 세르토는 자신의 새로운 접근법에 따라 일상생활을 정당한 역사적·사회적 연구 대상으로서 발견하고 재평가할 수 있는 토대를 마련했다. 이것은 지중해의 '미시사'(미세한 상향식 관점에서 넓게 퍼질 수 있는 문화사로서 카를로 긴즈부르그가 대표적 이론가이다)와 주로 독일의 '일상사'(일상생활을 역사적 동력의 원천이자 출발점으로 보는)의 등장과 동시에 일어났다. 그러나 세르토의 이론은 독일인들의 일상사보다 더 풍요롭고, 카를로 긴즈부르그와 그의 동료인 이탈리아 마르크스주의자 안토니오 그람시의 계승자들만큼 이론에 뚜렷하게 정치적인 책무를 부여하지 않는다. 세르토에게는 일상생활의 의식적인 차원이 아니라 무의식적인 차원이 가장 중요하다.

우리가 대체로 당연하게 생각하는 우리의 삶과 노동의 반복적 일상(걷고 어슬렁거리기, 먹고 소비하기, 옷 입고 외출하기, 인사하기, 만지기, 놀기, 기억하기, 말하고 수다 떨기)은 세르토가 보기에 개인들이 어떻게 문화를 형성하는지를 보여 주는 단서들이다. 그 일상은 그들이 개인이나 집단과 관련된 생활공간을 차지하고 거기에 그들 자신의 의미를 부여하기 위해 사용하는 '전술'의 증거가 된다. 이런 일(차지하고 의미를 부여하는 일—옮긴이)은 국가, 공동체, 업계, 또는 얼마든지 많은 다른 중간 집단들과 같은 제도들에 의해 위로부터나 밖으로부터 하나의 전략적 '개념'으로서 그들에게 제공되는 환경 속에서 일어난다. 사람들은 이런 제도를 자신들의 행동을 위한 조건이자 틀로서 받아들인다. 하지만 그러고 나면 (세르토가 '무의식의 상징주의'라고 부르는 것에서) 사람들은 그들 자신의 경로를 따르며, 때때로 공식적인 '유토피아' 계획에 따라 제시되는 것과는 정반대의 길로 간다. 자신의 문화를 실현하기 위해 그들은 다른 사람들의 영토에서 '밀렵한다.' 따라서 그들의 사회적 실천은 정부나 지도적 지식인, 사회 엘리트의 공식적인 '전략적' 담론에 대해 복잡하고 자기 의지적인 관계 속에 존재한다. 그 담론은 특정한 역할을 하지만, 조종하는 행위자이기보다는 하나의 제안이 된다. 세르토가 보기에 물리적 형태이자 사회구조로서 '도시'는 이를테면 시설이 밀집된 공간과 여러 형태의 조직, 편의시설, 의미 양식 같은 이용 가능한 무척 다양한 수단을 가지고 있다. 도시 거주자들(그곳에 정착한 사람들, 새로 온 사람들, 방문한 사람들)은 모두 그들 나름의 방식으로 이런 수단을 이용한다. 이 점은 사람이 오래도록 살아온 '실제의' 도시가 어째서 계획된 '유토피아적' 도시와 그토록 다르게 보이는지를 설명해 준다. 다만 실제 차이는 여기서 가정하는 것만큼 크지 않을 수도 있다. 도시 안에 있는 모든 사람은 자신의 도시 문화를 기반으로 하며 전체 도시의 경험된 정체성을 함께 결정하여 구체적으로는 파리를 '파남'(Paname, 파리의 별칭, 20세기 초 '파나마 스캔들'에 빗대어 환상과 환멸의 도시를 의미한다—옮긴이)으로, 뉴욕을 '고담'(Gotham)이나 '빅애플'(Big Apple)로 만든다.

또 다른 경우를 살펴보자. 개인이 어떤 책을 읽고 수용하는 방식은 저자나 출판사가 상상하는 것과 좀처럼 부합하지 않는다. 전체로서 모든 독자 또는 사용자는 때때로 생산자의 의도와는 동떨어진 의미를 책에 부여한다. 여기서 우리는 위대한 작가의 저작이 초래하는 온갖 형태의 수용, 그리고 때로는 모순되는 해석들에 대해 생각해 볼 수 있다. 그런 논쟁에서는 원칙적으로 누구도 완전히 옳거나 완전히 틀리다고 할 수 없다. 왜냐하면 지금은 유명해진 세르토의 말에 따르면 "읽는다는 것은 밀렵하는 것"이기 때문이다. 독자는 그 또는 그녀의 현실을 창조하며 그 현실은 다른 사람들이 그 또는 그녀에게 부과한 것만큼이나 타당하다.

세르토가 심지어 젊은 세대에게까지 발휘하는 매력은 아마도 담론과 실천 사이의 긴장, 사유와 현실 사이의 긴장으로 설명할 수 있을 것이다. 그 긴장은 최근까지도 그토록 환호를 받았던 이데올로기적 사유의 취약성을 생생하게 입증하는, 세르토의 저작에 실마리가 되는 주제이다. 세르토의 사고는 미셸 푸코와 가깝지만 그는 내심 푸코처럼 철학자가 아니라 역사가이기 때문에 다른 식으로 작업한다. 그가 보기에 과학의 발달에 대한 푸코의 계보학적 색채를 띤 개념은 인간 경험의 이질성이라는 시각에서 지나치게 체계화되어 있고 우리가 실제로 이용하는 의미 양식 속에 충분히 뿌리를 내리고 있지 않다. 세르토는 구조주의자가 아니었지만 담론과 실천 사이의 구체적인 네트워크를 부단히 찾고자 애썼다. 그는 문화 관련 정치인도 아니었고 전체론자(생명 현상의 전체성을 강조하고 전체는 단순히 부분의 총합으로는 볼 수 없다고 보는 사람—옮긴이)도 아니었지만, 스스로 목소리를 내지 않거나 낼 수 없는 사람들을 포함한 사회 전체의 문화적 응집력에 대해 염려했다. 바로 그런 이유로 그는 특정 지점에서 자신의 지식과 능력을 공공 단체들이 사용하도록 할 준비가 되어 있었다(에이헌의 《문화 이론과 정책 사이》를 보라). 그는 역시 역사주의자도 아니었지만 끊임없이 역사가의 모습을 보이고자 성심을 다했다. 역사가란 현재와 과거의 실제에 대한 자신의 과정 지향적 시각을 공간적 전략과 개인적 또는 지방적 전유 전략에 관한 용어로 번역하는 사람이었다.

사회학자 에릭 메그레가 〈미셸 드 세르토의 세 가지 유산〉에서 지적했듯이 세르토는 실제로 세 가지 지적 유산을 남겼다. 첫째는 '타자성'(altérité)이라는 개념이다. 다시 말해 그것은 타자와 타자성을 역사서술, 곧 과거의 생산(fabricage)을 위한 토대로 인식하는 것이다. 이는 여러 나라에서 지배적인 정체성에 대한 본질주의적 관념뿐 아니라 '세계사'(global history)에 대한 보편주의적 주장과도 상충하는 접근이다. 프랑스의 '새로운 역사학'(Nouvelle Histoire, 아날학파 3세대를 가리킨다—옮긴이)이 1974년에 발표한 선언서에, 그 무렵 이미 유명한 세르토의 1970년 논문에서 빌려온 구절인 '역사 만들기'라는 제목을 붙인 것은 단순한 충동에 따른 것이 아니었다. 이 논문에서 세르토는 지배적인 경험주의에 반대하는 동시에 역사서술은 역사철학 없이는 불가능하다고 주장하고 있다. 그는 '역사 작업'에 관한 핵심적인 구절로 직접 선언서의 첫머리를 연다. 거기서 그는 역사서술의 특징을 주관적이지만 사회적으로 존재하는 담론적 실천이라고 보고, 이 실천 안에서 역사가는 정상성에서 벗어난 것들(특수한 것, 예외적인 것, 타자, 다른 것 또는 저항하는 것)을 분석함으로써 자신의 위치를 창조함으로써 역사적 대상과 관련한 자신의 가능성을 창조한다고 본다. 타자를 찾는 일은 세르토의 저작 전체에서 계속되며 그 과정에서 그는 '이종성'(heterology, 타자에 대한 학문 또는 담론)이라는 용어를 만들어 냈다. 18세기의 최초의 인류학자이자 예수회원이었던 조제프 라피토에 관해 1980년에 쓴 또 다른 중요한 논문에서, 세르토는 장차 새롭게 떠오르게 될 분야인 인류학의 토대가 될 라피토의 부르주아적이고 합리주의적인 학문 모델의 거짓된 객관성을 분석했다. 규범을 수립하는 과정에서 기존 분과학문들이 수행하는 역할과 정상성에 대한 그런 비판은 세르토의 저작 전체에 스며들어 있다. 이것의 한 가지 결과는 역사가라는 그의 위치와 그가 구축하는 역사적 대상들이 돌이킬 수 없이 주변적인 것으로 널리 여겨진다는 것인데, 그것은 세르토 자신에게 있어 그가 학문적 기획의 핵심을 건드렸다는 증거이다.

에릭 메그레에 따르면, 세르토의 두 번째 유산은 신앙 행위의 역사적 성격이다. 믿는다는 것은 한 사람이 세속 질서나 사회구조 밖에서 행하는 어떤 것이 아니다. 그것은 차라리 특수한 상황에 뿌리를 둔 일련의 실천들(행동, 선언, 신념)이 형식을 갖게 된 결과이다. 세르토는 이것을 '실천의 형식'(formalité des pratiques)이라고 부른다. 이 주제에 관해 쓴 중요한 논문이 〈차이의 사회적 실천: 믿기〉였는데, 이 제목은 이미 신앙 행위에 대한 그의 접근법이 '역사 작업'의 접근법과 얼마나 가까운지를 보여준다.

세 번째 유산은 넓은 의미의 문화적 토대로서 일상생활의 전유(금지, '밀렵'에 속하는) 형태들에 있다. 우리의 문화적 실천은 '행동의 기술,' 즉 다시, 불완전하고 주변적인 '받아들이기'(감수하기)에 속한다. 자신의 스승 가운데 한 사람인 알퐁스 뒤프롱과 마찬가지로, 세르토는 매력적인 개념과 시사적인 말을 만들어 내는 데 능수능란했으며 그 개념과 말은 그의 개인적 관계에 대해 매우 명료하게 말해 주는 학문 활동의 요지들이다. 그리고 이 점이 그의 지속적인 영향력에 기여했다.

세르토는 영감을 주는 역사가이자 문화학자일 뿐 아니라 무엇보다 관심 분야가 대단히 폭넓은 지식인이다. 엄격하고 까다로운 사유 방식은 기존 학파이든 대항운동이든, 집단, 동향, 이데올로기에 의한 어떤 형태의 통합(incorporation)에 대해서도 극단적인 경계심을 갖고 대응하여 반사적으로 비판적 거리를 두게 하는, 자율성에 대한 그의 남다른 감각으로부터 성장했다. 그러나 평생에 걸쳐 이어진 주제는 모든 관계에 가능한 한 가장 큰 깊이를 부여할 수 있는 방법을 모색하는 사회적 관심과 개인적 참여였다. 지식인의 비밀은 그 또는 그녀의 글과 공적인 모습만으로는 충분하지 않다는 것이다. 그들의 네트워크와 사적인 접촉을 통해 영감을 주는 것은 그들의 개성이다. 따라서 지식인들은 사후에 살아생전의 매력과는 다른 매력을 발휘하며 그들이 갖고 있는 영향력의 성격은 변화한다. 그들은 더 이상 현재의 사건에 반응할 수 없고 사적인 접촉은 소멸하고 네트워크는 작용하지 않게 된다. 그러나 그들의 존재에서 비롯된 영감에 대한 향수는 여전히 존재한다. 이것은 미셸 드 세르토에게도 마찬가지다. 세르토와 그의 사상에 대한 책, 논문, 또는 미디어 프로그램은 모두 그들의 발전에 중대한 영향을 미쳤다고 해석되는 그와의 만남이나 개인적 관계에 대한 강력하고 흔히 감정적인 증언을 수반한다. 세르토의 네트워크에 관한 프랑수아 도스의 연구서에는 이 문제가 거의 모든 페이지에 또렷하게 드러난다.

세르토의 접근법을 돋보이게 하는 것은 일상의 사건과 실천을 통해 실험적으로 세계의 근원적 역사성의 핵심에 도달하기 위해 분과학문들(학문으로서 사회학, 심리학, 문화 연구, 커뮤니케이션 과학에 이르기까지)의 잘 다져진 길과 확고한 경계를 남겨 놓고자 노력했다는 점이다. 세르토에게 본질이란 존재하지 않는다. 모든 것은 '논변적인 것들'(the discursive)을 포함하면서 역사, 행위자가 되어 간다. 그의 저작은 파열적인 사건들과 사람들이 그 사건들을 다루는 수많은 다양한 방식들, 곧 관련된 사회적·문화적 실천들과 그것들이 의미를 부여받는 방식들로 가득하다. 우리가 아는 현실은 이러한 실천들과 우리의 담론적 생산이 맺는 관계의 결과이다. 그러나 세르토는 그런 실천의 파편화되고 개별화된 성격을 지적한다는 점에서 다른 문화 철학자들과 다르다. 논리적으로 일관된 역사적 내러티브와 인정받는 문화적 담론은, 정치가와 지식인들이 옹호하는 역사관이든 학문 세계의 전문적 담론이든 그가 보기에는 제한적 가치만을 갖는다. 세르토에 따르면, 우리 사회 안에서 분명한 발언권과 대표를 갖지 못하는 사람들은 그 사회가 공식적인 제도와 형식적 네트워크로 조직되어 있다고 해도 비공식적 통로를 통해 자신들의 목소리를 낸다.

어떤 이들은 이것을 일종의 대안적 역사서술이라고 부르지만 세르토에게는 이것이 바로 역사가 다루어야 하는 부분이다. 문화비평가가 직면하는 문제는 사회적 실천과 문화적 담론이 가장 높은 곳에서 가장 낮은 곳까지 모든 차원에서 어떻게 관련되고 서로를 형성하는지를 이해하는 것이다. 그리고 나서 그 또는 그녀의 임무는 모든 사람에게 의미 있는 하나의 사회로서 전체의 '결합'을 명료하게 설명하는 것이다. 여기서 세르토의 핵심 메시지는 세계에 대한 희망과 믿음의 메시지이다. 아래에서 위쪽으로 볼 때도 세계는 인식하고 형성할 수 있으며 따라서 살만한 세계로서 의미를 획득할 수 있다는 것이다. 이 메시지는 세르토의 저작에 보이는 또 다른 초점, 곧 신앙 행위나 교회 공동체, 신비주의와 긴밀히 연관되어 있다. 문화에 관한 세르토의 글들이 성공을 거둔 이유는 실제 현실에 대한 분명한 강조를 통해 문화적 실천의 증대되는 개별화를 설명하는 글쓰기 방식에만 있는 것이 아니다. 세계를 만들어 갈 수 있고 이해할 수 있다는 낙관주의 역시 중요하며 이 낙관주의는 어떤 지점에서, 사회의 발전에 비관적이지는 않더라도 환상을 갖지 않는 푸코의 태도와 극명한 대조를 이룬다.

왜 세르토에 관한 연구는 모두 그의 개인적 발전을 그토록 강조할까? 그의 인생 여정은 다양한 개성을 드러내 주고, 어째서 인문학과 문화 연구에서 진정한 학문은 냉담한 학문적 분위기가 아니라 학문적 습관과 사회 참여에 열려 있는 공생 속에서, 그리고 이것을 가장 적절히 표현해 줄 언어에 대한 지칠 줄 모르는 탐구 속에서 가능한지를 설명해 준다. 따라서 개인의 삶에서 좌표들은 그 또는 그녀의 저작이 다루는 구체적 주제와 접근법을 형성하는 데 도움을 준다. 미셸 드 세르토는 변두리 지방의 엘리트층 출신이었고 전통적 환경에서 자라난 신자였으며, 예수회원이되 제도로서 예수회에 대한 충성의 한계를 부단히 탐구한(그저 방해자가 되기 위해서가 아니라 자기실현에 대한 근본적 필요에서) 성직자였다. 세르토에게 기독교 신앙은 인류에 대한 믿음이 특수하게 역사적으로 형상화된 것으로서 그 인류에 대한 믿음은 절대적 냉소를 통해 자신의 인간성을 잃기를 원하지 않는 사람이라면 누구나 소중히 여겨야 하는 것이었다. 그 신앙은 역사적 실천으로서, 그것이 등장한 시공간과 형식을 끊임없이 갱신하기 위한 미래 지향적 전략과 전술(그것을 기독교 안에 끼워 넣는 방식을 포함하여)에 따라 결정된다. 게다가 그것은 물질적·담론적 실천으로서 신비주의에서 그 궁극적 표현을 발견한다. 세르토에게 신앙은 한편으로는 신자로서, 다른 한편으로는 몇몇 사람들이 그를 특징지었던 것처럼, 신비가로서 두 전선에서 직면하는 일종의 '실존적 명령'이었다. 그는 신을 부정하는 이들의 합리주의(세르토에게 그것은 목적 없는 허무한 투쟁이었다)로부터뿐 아니라 감정의 기독교, 제도화한 교회의 성례 요구, 교회의 율법주의적이고 정치화된 도덕적 행동으로부터도 멀리 떨어져 있었다. 세르토가 보기에 제도로서의 교회는 행동과 담론적 유토피아를 위한 실천적 틀일뿐 아니라 새로운 형태의 충성으로 끊임없이 새로운 모습을 보여야 하는 공동체이다. 말하면 자신의 신앙 세계를 만드는 구체적 신자들의 공동체이다.

세르토는 역사 역시 본질적으로 하나의 실천이며 주체에 의한 전용 행위 속에서 실현되는 '행동의 기술'이라는 신념에서 일상의 경험으로부터 자신의 삶을 살았고 학문을 형성했다. 따라서 문화에 대한 그의 정의는 '행위 주체'에 토대를 둔 능동적인 것이었고, 그는 신비적 표현에서 독서 습관이나 가장 평범한 종류의 일상 행동에 이르기까지 어떤 형태의 것이든 이용 가능한 문화적 실천을 자신의 연구 대상으로 선택했다. 그런 의미에서 세르토는 그 스스로 '역사 밀렵꾼'인 셈이다. 실천, 가장 넓은 의미의 실천적 정신이란 본질적으로, 기능하는 것과 그렇지 않은 것, 인식할 수 있고, 믿을 수 있거나 상상할 수 있는 것과 그렇지 않은 것, 그리고 만족을 주는 것과 그렇지 않은 것을 각각 구분하는 능력이다. 그렇게 '구별'(différences, 세르토의 용어로 'écarts,' 간격, 거리)해야 할 필요는, 타자를 알고 타자의 정체성 또는 자아를 정의하기 위해 학자에게 타자의 위치에 설 것을 요구한다. 이것은 학자에게 일시적으로 그 또는 그녀 자신의 정체성과 단절할 것을 요구한다. 타자에 대한 인식을 가능하게 하는 것은 정체성이 '골절되는' 이 고통스러운 경험이다. 세르토의 삶에서 또 다른 핵심어인 실존적 '상처'는 바로 이곳에 자리 잡고 있다.

이 장은 본디 네덜란드어로 집필된 것을 미라 헤스핀크 숄츠가 페르탈 폰트재단의 지원을 받아 영어로 번역했다.

양희영 옮김

참고 자료

저작 목록

"Bibliographie complète de Michel de Certeau," in Luce Giard, et al., *Le Voyage mystique: Michel de Certeau* (Paris: Recherches de Science Religieuse / Ed. du Cerf, 1988), pp. 191-243 (listing 422 books and articles by Certeau).

Füssel, Marian, "Michel de Certeau: Eine Bibliographie" (available at www. certeau.de/biblio.htm; an extensive listing of journal articles on Certeau and his work).

책

Bienheureux Pierre Favre: Mémorial, translated and edited by Michel de Certeau (Paris: Desclèe de Brouwer, 1960).

Jean-Joseph Surin: Guide spirituel pour la perfection, edited by Michel de Certeau (Paris: Desclèe de Brouwer, 1963).

Pierre Teilhard de Chardin: Lettres à Léontine Zanta, edited by Michel de Certeau, with an introduction by Robert Garric and Henri de Lubac (Paris: Desclèe de Brouwer, 1965).

Jean-Joseph Surin: Correspondance, edited by Michel de Certeau, with a preface by

Julien Green (Paris: Desclèe de Brouwer, 1966).

La Solitude: une vérité oubliée de la communication, with François Roustang, et al. (Paris: Desclèe de Brouwer, 1967).

La Prise de parole: pour une nouvelle culture (Paris: Desclèe de Brouwer, 1968); new edn. edited by Luce Giard, *La Prise de parole, et autres écrits politiques* (Paris: Le Seuil, 1994).

L'Etranger ou l'union dans la différence (Paris: Desclèe de Brouwer, 1969; new edn. Paris: Le Seuil, 1991, 2005).

La Possession de Loudun (Paris: Julliard, 1970, 1980, 1990; rev. edn. Paris: Gallimard, 2005); 《루됭의 마귀들림》(이충민 옮김, 문학동네, 2013).

L'Absent de l'histoire ([Paris]: Mâme, 1973).

Le Christianisme éclaté, with Jean-Marie Domenach (Paris: Le Seuil, 1974; Spanish trans., 1976).

La Culture au pluriel (Paris: UGE, 1974; 2nd edn. Paris: Christian Bourgois, 1980; rev. edn. by Luce Giard: Paris: Le Seuil, 1993).

L'Ecriture de l'histoire (Paris: Gallimard, 1975, 1978, 1984; new edn. 2002).

Politica e mistica: questione di storia religiosa, translated by Adriana Loaldi (Milan: Jaca Books, 1975).

Une politique de la langue. La Révolution française et les patois: l'enquête de Grégoire, with Dominique Julia and Jacques Revel (Paris: Gallimard, 1975; rev. edn. 2002).

L'Invention du quotidien, vol. 1: Arts de faire; vol. 2: Habiter, cuisiner, with Luce Giard and Pierre Mayol (2 vols., Paris: UGE, 1980; new edn. Paris: Gallimard 1990. 4).

La Fable mystique, XVIe-XVIIe siècle (= vol. 1; vol. 2 remains unpublished; Paris: Gallimard, 1982, 1987).

L'Ordinaire de la communication, with Luce Giard et al. (Paris: Dalloz, 1983).

Heterologies: Discourse on the Other, translated by Brian Massumi, with a foreword by Wlad Godzich (Minneapolis, MN: University of Minnesota Press, 1986).

La Faiblesse de croire, edited by Luce Giard (Paris: Le Seuil, 1987; new edn. 2003).

Histoire et psychanalyse entre science et fiction (Paris: Gallimard, 1987; rev. edn. by Luce Giard, 2002; Spanish trans., 2003).

Jean-Joseph Surin, SJ: Triomphe de l'amour divin sur les puissances de l'enfer [......] 1653-1660, including "Les aventures de Jean-Joseph Surin" by Michel de Certeau (Grenoble: Jèrôme Millon, 1990; text from 1963).

Soeur Jeanne des Anges: Autobiographie, including "Jeanne des Anges" by Michel de

Certeau (Grenoble: Jérôme Million, 1990; text from 1966).

The Certeau Reader, edited by Graham Ward (Oxford: Blackwell, 2000).

Le Lieu de l'autre: histoire religieuse et mystique, edited by Luce Giard (Paris: Gallimard/ Le Seuil, 2005).

논문

"Mystique," in *Encyclopaedia Universalis*, vol. XI (Paris: Encyclopaedia Universalis, 1971), pp. 521-6.

"L'opération historique," in *Faire de l'histoire*, vol. I: *Nouveaux problèmes*, edited by Jacques Le Goff and Pierre Nora (Paris: Gallimard, 1974), pp. 3-41.

"La longue marche indienne," postscript in *Le Réveil indien en Amérique latine*, edited by Yves Materne (Paris: Ed. du Cerf, 1977), pp. 121-35.

"Histoire et psychanalyse," in *La Nouvelle histoire*, edited by Jacques Le Goff, Roger Chartier, and Jacques Revel (Paris: Retz, 1978), pp. 477-87.

"Writing versus time: history and anthropology in the works of Lafi tau," in *Rethinking History: Time, Myth, and Writing*, edited by M. R. Logan and J. F. Logan (Yale French Studies, 59; New Haven, CT: Yale University Press, 1980), pp. 37-64.

"Une pratique sociale de la différence: croire," in *Faire croire: modalités de la diffusion et de la réception des messages religieux du XIIe au XVe siècle* (Rome: Ecole Française de Rome, 1981), pp. 363-83.

"Travel narratives of the French to Brazil: sixteenth to eighteenth centuries," *Representations*, 33 (1) (1991): 221. 6.

참고문헌

Ahearne, Jeremy, *Between Cultural Theory and Policy: The Cultural Policy Thinking of Pierre Bourdieu, Michel de Certeau and Régis Debray* (University of Warwick: Centre for Cultural Policy Studies, Research Papers, No. 7, 2004).

Ahearne, Jeremy, *Michel de Certeau: Interpretation and its Other* (Cambridge: Polity Press, 1995).

Ahearne, Jeremy, Luce Giard, et al., "Feux persistants: entretien sur Michel de Certeau," *Esprit*, 20 (3) (1996): 131. 54.

Bavidge, Jenny, *Theorists of the City: Walter Benjamin, Henri Lefebvre and Michel de Certeau* (New York: Routledge, 2009).

Bogner, Daniel, *Gebrochene Gegenwart: Mystik und Politik bei Michel de Certeau* (Mainz: Grünewald, 2002).

Buchanan, Ian, *Michel de Certeau: Cultural Theorist* (London: Sage, 2000).

Buchanan, Ian, "Writing the wrongs of history: de Certeau and postcolonialism," *Span*, 33 (1992): 39. 46.

Büttgen, Philippe and Jouhaud, Christian (eds.), *Lire Michel de Certeau: la formalité des pratiques / Michel de Certeau lesen: die Förmlichkeit der Praktiken* (Frankfurt am Main: Klostermann, 2008).

Chartier, Roger, *Escribir las pr a cticas: Foucault, de Certeau, Marin* (Buenos Aires: Manantial, 1996).

Davis, Natalie Zemon, "The quest of Michel de Certeau," *The New York Review of Books*, 55 (8) (May 15, 2008).

Delacroix, Christian, François Dosse, Patrick Garcia, et al. (eds.), *Michel de Certeau: chemins d'histoire* (Paris: Ed. Complexe, 1992).

Dosse, François, *Michel de Certeau: le marcheur blessé* (Paris: Ed. La Découverte, 2002; Spanish trans., 2003).

Dosse, François, *Paul Ricoeur et Michel de Certeau. l'histoire: entre le dire et le faire* (Paris: L'Herne, 2006).

Frijhoff, Willem, "Foucault reformed by Certeau: historical strategies of discipline and everyday tactics of appropriation," in *Cultural History after Foucault*, edited by John Neubauer (New York: Aldine De Gruyter, 1999), pp. 83-99.

Frow, John, "Michel de Certeau and the practice of representation," *Cultural Studies*, 5 (1) (1991): 52. 60.

Füssel, Marian (ed.), *Michel de Certeau: Geschichte. Kultur. Religion* (Konstanz: UVK, 2007).

Geffré, Claude (ed.), *Michel de Certeau, ou la différence chrétienne* (Paris: Ed. du Cerf, 1991).

Geldof, Koenraad and Laermans, Rudi (eds.), *Sluipwegen van het denken: Over Michel de Certeau* (Nijmegen: SUN, 1996).

Giard, Luce, "Epilogue: Michel de Certeau' s heterology and the New World," *Representations*, 33 (1) (1991): 212. 21.

Giard, Luce (ed.), *Michel de Certeau* (Paris: Centre Georges Pompidou, 1987; with four unpublished texts).

Giard, Luce, "Michel de Certeau's biography," (available at www.jesuites.com/ histoire/certeau.htm).

Giard, Luce, et al. (ed.), *Le Voyage mystique: Michel de Certeau* (Paris: Recherches de Science Religieuse / Ed. du Cerf, 1988).

Giard, Luce, Hervé Martin, and Jacques Revel (eds.), *Histoire, mystique et politique: Michel de Certeau* (Grenoble: Jérôme Million, 1991).

Greenblatt, Stephen (ed.), *New World Encounters* (Berkeley, CA: University of California Press, 1993; volume dedicated to the memory of Certeau).

Highmore, Ben, *Michel de Certeau: Analysing Culture* (London: Continuum, 2006).

Julia, Dominique and Rabant, Claude, "Michel de Certeau 1925. 1986," in *Encyclopaedia Universalis* (Paris, 1987), pp. 536-8 (available at www.universalis. fr/encyclopedie/UN87003/CERTEAU_M_de.htm).

Maigret, Eric, "Les trois héritages de Michel de Certeau: un projet éclaté d' analyse de la modernité," *Annales: économies, sociétés, civilisations*, 55 (3) (2000): 511. 49.

Seigel, Jerrold, "Mysticism and epistemology: the historical and cultural theory of Michel de Certeau," *History and Theory*, 43 (3) (2004): 400. 9.

Valentin, Joachim (ed.), *Eigene Wege: Michel de Certeau und die Sprache der Subjektiven. Geschichte. Kultur. Religion* (available at www.certeau.de/berlin.htm).

Wikipedia, "Michel de Certeau" and "The Practice of Everyday Life" (available at en. wikipedia.org/wiki/Michel_de_Certeau and en.wikipedia.org/wiki/ The_Practice_of_Everyday_Life).

미셸 드 세르토를 다룬 잡지 특집호

"Michel de Certeau," edited by Tom Conley and Richard Terdiman, *Diacritics*, 22 (2) (1992).

"Michel de Certeau, historien," *Le Débat*, 49 (1988).

"Michel de Certeau: histoire/psychanalyse-mises à l'épreuve," *EspacesTemps*, 80/81 (1992).

Michel de Certeau: In the Plural, edited by Ian Buchanan, *South Atlantic Quarterly*, 100 (2) (2001) (separate publication: Durham, NC: Duke University Press, 2002).

"Michel de Certeau, S.J.," *New Blackfriars*, 77: 909 (November 1996).

31

미셸 푸코

1926~1984

Michel Foucault

미셸 푸코

제임스 윈더스

    미셸 푸코는 20세기 후반기에 전 세계에 걸쳐 광범위한 연구 분야와 영역에서 널리 영향력을 행사한 아주 혁신적인 프랑스 철학자였다. 그는 특히 사회사와 문화사 분야에 많은 영향을 끼쳤다. 애초에 역사가로 시작하지는 않았지만, 그는 철학적인 문제들을 탐색하는 가운데 점점 더 역사학적인 연구와 성찰로 빠져들었으며 이를 통해 지적인 명성을 얻었을 뿐만 아니라 마침내 1970년에는 프랑스에서 가장 유명한 학술 기관이라 할 수 있는 콜레주드프랑스에서 '사유 체계의 역사' 강좌를 맡기에 이르렀다. 그가 역사학적인 성찰로 접어들던 시기부터 때 아닌 죽음을 맞이한 1984년까지 그가 내놓은 저작, 특히 형벌 제도나 섹슈얼리티 문제를 다룬 저작들은 역사가들에게 줄곧 깊은 영향을 주었다.

    푸코는 물론 기존 인습을 거스르는 사상가이기는 했지만, 제2차 세계대전 이후 성년이 된 프랑스 지식인 세대를 대표하는 인물이기도 하다.

799

이 세대는 마르크스주의에서 실존주의와 현상학을 거쳐 역사적 사유와는 전혀 다른 구조주의로 나아갔으며, 그다음에는 푸코의 영향력을 받아 후기구조주의의 기미를 띤 새로운 유형의 역사적 사유로 나아갔다. 푸코의 지적 편력은 프랑스 사상 발전사의 이 각 단계들을 두루 거쳤으며, 정치적 행동은 20세기 후반 프랑스 역사의 결정적인 사건들에 대한 직접적인 체험에서 나왔다. 그에게 영향을 준 가장 중요한 사건들은 바로 프랑스에서 일어난 1968년 5월의 대격변과 뒤이어 1970~1980년대에 빈발한 죄수, 동성애자, 이주민들의 권익 투쟁이었다.

작가로서 참여 지식인으로서 푸코는 '권력'의 문제를 집중적으로 탐색했는데, 여기서 그가 말한 권력이란 군주(또는 국가) 대 백성이라는 식의 인습적인 개념 틀 안에서 이해된 권력이 아니라 사회제도나 직업들의 다양한 작용과 특유의 언어(푸코의 용어를 빌리자면 '담론')를 통해 생산되고 다듬어지며 회자되는 것으로 이해되는 권력을 뜻한다. 기성의 고정관념이나 여타의 근대적 권위체들이 바로 이러한 제도와 담론을 통해서 우리의 지식과 이해, 탐구 방식을 규정하고 또 통제한다는 것이 푸코의 생각이다. 한걸음씩 더 푸코는 서구 문명의 전개 과정에서 개별적 인간 주체에 대한 뚜렷한 강조가 점차적으로 나타나는 것에 관심을 집중했다. 이른바 '주체'(subject)는 인간과학의 탐구 대상이자 모든 윤리학의 중심이 되었다. 마침내 푸코는 권력이 바로 주체의 다양한 '테크놀로지'(우리가 자신을 주체로 간주하는 모든 방식들, 우리가 우리의 행동을 규제하는 모든 방식들의 총합)를 통해서 순환한다고 주장하기에 이른다.

푸코가 일찍부터 심리학이나 정신병에 남다른 열의를 가지게 된 것은 이러한 사회생활의 다양한 층위에서 작용하는 권력에 대한 개략적인 이해를 향한 첫 단계였다고 할 수 있을 것이다. 어린 시절의 불행한 생활은 그의 관심을 이러한 문제들로 이끌었다. 미셸 푸코는 1926년 10월 15일

프랑스의 푸아티에에서 태어났다. 그는 유복한 가정에서 세 자녀 중 둘째였는데, 아버지는 잘나가는 의사 선생님이었다. 명석하고 예민한 푸코는 다가오는 제2차 세계대전의 폭풍우에 잔뜩 겁을 집어먹은 채 어린 시절을 보냈는데, 별로 행복하지 못한 어린 시절은 그가 자신의 동성애 성향과 그로 인해 수반되는 사회적 위험을 조금씩 깨닫게 된 것과 어느 정도 관련이 있다. 독일 점령기의 생활은 그가 청년기에 신경쇠약증을 앓게 된한 요인이었다. 두뇌는 뛰어났지만 학교생활에서 몇 차례 실패를 겪기도했다. 그는 명문 앙리4세고등학교에 입학하기 위해 푸아티에에서 파리로 이사했지만, 고등사범학교(ENS) 입학시험에서 첫해에는 낙방했다.

몽테뉴 생트주느비에브 지구의 언덕배기 윌름 가에 자리 잡고 있는 고등사범학교는 경사면 아래쪽으로 팡테옹과 소르본을 내려다보고 있었다. 고등사범학교는 프랑스 특유의 교육제도인 그랑제콜 가운데 하나로 미래의 교사를 양성하는 기관이자 국가의 엘리트를 배출하는 등용문이기도 했다.

푸코가 1946년에 학생으로 발을 들여놓은 고등사범학교는 그 무렵 요란한 격동기를 맞고 있었다. 조국 해방을 기념하고 항독 레지스탕스 활동을 기리던 때였으며 실존주의가 상승세를 타고 장폴 사르트르, 시몬 보부아르, 모리스 메를로퐁티, 알베르 카뮈 같은 거물급 지성인들이 활약하던 시절이었다. 대다수 학생들은 장 이폴리트의 수업을 통해 헤겔 철학의 영향력을 담뿍 받았다. 이폴리트는 앙리4세고등학교(푸코는 여기서 처음 그를 만났다)에서 교사 생활을 거친 후 고등사범학교에서 교수로 근무했다. 그리고 푸코의 지적 여정을 이해하는 데 마찬가지로 중요한 점은 당시 고등사범학교 학생 세대에 상당한 영향력을 행사하던 마르크스주의 철학자 루이 알튀세르한테서 많은 도움과 후원을 받았다는 사실이다. 장차 마르크스주의와 어긋나는 길을 걷게 될 사람으로서는 놀라운 점이다.

학업을 마친 후 푸코는 프랑스의 고등학교에서 교편을 잡기 위한 관문인 교수자격시험을 무난히 통과했는데, 이번에도 고등사범학교 입학시험 때와 마찬가지로 재수 끝에 합격했다. 이때(1951년)와 그의 저술이 처음으로 학계의 관심을 끌기 시작한 1961년 사이에 푸코는 릴대학에서 교편을 잡았으며, 스웨덴과 폴란드에서도 잠시 가르쳤다. 우선 그는 주로 심리학 주제를 연구했으며 1952년에는 심리분석 치료사로 연수를 받기도 했다. 심리학에 대한 열정은 첫 저서 《정신병과 심리학》(1954)으로 결실을 맺었다. 바로 이 시기에 푸코는 독일 실존주의 심리요법 치료사 루트비히 빈스방거의 작업에 상당한 관심을 보였으며 빈스방거의 저작을 프랑스어로 번역하는 데에도 참여했다. 빈스방거의 사상은 푸코를 포함해 당시 프랑스 지식인 세대에 깊은 영향을 끼친 마르틴 하이데거의 사상(푸코의 경우 특히 니체에 대한 하이데거의 영향력 있는 해석)과 밀접하게 연결되어 있었다.

빈스방거와 정신병 연구를 접할 때 푸코는 자신의 연구 주제가 과학들의 역사와 관련된 주제라고 여겼는데, 여기서 과학들이란 심리학, 사회학, 인류학, 역사학, 언어학, 문학 등 프랑스에서 흔히 '인간과학'이라고 부르는 것을 의미했다. 푸코의 사유는 과학사학자 조르주 캉길렘의 영향을 짙게 간직하고 있었는데, 캉길렘의 저작은 '정상적인 것'과 그 반대인 '병리적인 것' 사이를 구분하기 위한 과학적 충동을 유달리 강조했다(특히 생명과학이 경우).

캉길렘을 따라서 푸코는 근대의 학문 분과들과 그에 수반된 제도를 검토했다. 그의 의도는 이 학문 분과들과 제도들이 일련의 선택과 배제의 과정을 되풀이하는 모습을 묘사하는 것, 요컨대 그것들이 어떤 특정한 언술과 절차는 용인하고 어떤 다른 언술과 절차는 울타리 밖으로 배제하는 방식을 폭로하는 것이었다. 이렇게 애초에 푸코가 서있던 위치는 근대의 제도와 지식의 범주가 강요한 제한에 의문을 제기하는 인간 자유의 철학자의 위치였다.

이러한 지식의 영역과 제도들에 대해 푸코가 취한 초기의 역사적 접근법은 이른바 불연속의 접근법, 달리 말하자면 지식이 역사의 특정 시기에 조직화된 방식과 이후의 어떤 다른 시기에 조직화된 방식 사이의 결렬 지점을 찾는 것이었다. 이러한 전략의 지적 추동력은 캉길렘의 작업을 매끄럽게 다듬은 과학철학자 가스통 바슐라르에게서 빌려온 것이었다. 바슐라르는 과학적 인식의 뚜렷이 다른 두 가지 역사적 단계를 구분하는 결정적인 지점을 언급하기 위해 '인식론적 단절'(coupure épistémologique)이라는 표현을 썼다.

1950년대에 푸코는 안정된 학문적 위치를 확보하는 데까지 이르지는 못했다. 그는 릴대학에서 교편을 잡았지만 릴과 파리 사이를 줄곧 오가면서 이 북부 도시의 학문 공동체에 편입되기를 거부했다. 그리 만족스럽지 않은 생활 끝에 그는 스웨덴 웁살라대학이 제공한 자리를 흔쾌히 받아들였다. 대학에서 1958년까지 가르치며 겨울의 차가운 냉기를 견디면서까지 성적으로 자유분방한 이 나라의 분위기를 기꺼이 누렸다. 1958년 10월에 그는 폴란드로 향했으며, 프랑스문화원 원장으로서 바르샤바대학에서 프랑스 문화와 언어를 가르쳤다. 푸코는 폴란드 생활을 즐겼으며 폴란드인들에 대한 애정은 나중에 1980년대 폴란드 자유노조운동에 대한 강력한 지지로 표현되었다. 1958~1959년에 바르샤바에 머문 후 그는 서독의 항구도시 함부르크로 가서 프랑스문화원 원장을 맡았다. 1960년 프랑스로 돌아온 푸코는 중부 도시 클레르몽페랑대학에서 향후 6년 동안 교수로 근무했다. 프랑스로 돌아온 것은 당시 대학 연구 생활을 막 시작하고 있던 평생의 동반자 다니엘 드페르에 대한 깊은 헌신의 표현이기도 했다.

1961년에 푸코는 폴란드에 머물 때부터 쓰기 시작한 저작《광기의 역사》를 출판했다. 이 책은 그의 국가박사 학위논문이었는데, 이것은 프랑스 대학에서 교수직을 얻고자 하는 사람은 누구나 거쳐야 하는 두 번째 박사 학위였다. 박사 학위 심사위원단 가운데 한 명이었던 조르주 캉길렘은 심리분석과 정신병리학에 대한 푸코의 견해가 자신의 회의적인 견해를 보완해주었다고 평가했다. 이 책은 심리학 주제에 관한 푸코의 지속적인 관심을 보여 주는 동시에 역사 문제에 대한 새로운 관심을 보여 준다. 더 나아가《광기의 역사》는 푸코가 역사적 불연속성이라는 테마를 수용하고 있다는 점을 보여 준다. 이 책은 역사의 특정 시기에 발생한 온갖 표현과 언술을 규율하는 서로 해소될 수 없는 두 가지 심성 구조를 내비치는 여러 묘사들을 중첩시키면서 논의를 시작한다. 이러한 심성 구조를 이르는 푸코의 용어가 바로 '에피스테메'(épistèmes)이다.

이 책은 제바스티안 브란트가 남긴 중세 말 문헌이나 히에로니무스 보슈의 플랑드르 회화에 담겨 있는 이른바 '바보들의 배'(ship of fools)라는 놀라운 이미지로부터 논의를 시작한다. 푸코는 17세기 이전에 유럽인들은 '미친' 사람들이 자신과 어울려 함께 사는 상황을 널리 받아들였다고 주장한다. 이런 사람들을 가득 실은 바보 배들이 항구에 들락거린 것은 훗날 '비정상인'이라고 간주될 사람들을 당시 사회가 다루는 수단이었다는 것이다. 다음에 푸코는 자신이 1689년의 '대감금'(grand renfermement)이라고 부른 사건 이후의 시기로 넘어가서, 필라델피아 퀘이커 교단의 새뮤얼 터크나 프랑스의 필리프 피넬 같은 인물이 제안한 초창기의 정신병 기관들과 관련 개선 조치들을 묘사한다. 사회적 범주로서 공간의 역할에 주목한 푸코는 버려진 나병환자 보호소가 최초의 정신병원으로 사용된 것은 매우 의미심장하다고 말한다.

수용소의 기원에 대한 푸코의 연구는 근대 사회 기구들의 권력 장치를 폭로하려는 연구 의도를 잘 보여 주는 사례이다. 여기서 푸코는 이러한 사회 기구들과 그 직업적 감시관들이 어떤 의미에서는 그들이 지배하려는 대상과 그들의 직업적 지위의 토대를 생산하기 위해 존재하는 것으로 파악한다. 정신병 기관들에 관해 푸코는 '광기'를 자연적으로 발생하는 현상으로가 아니라 비정상이라고 판단된 인간들을 분류하고 감시하며 통제하는 일을 맡은 전문가들의 담론(푸코는 이 용어를 점점 자주 사용한다)에 의해 만들어진 것으로 본다. 이러한 해석은 푸코를 1960년대에 '정신치료 반대' 운동을 이끌던 사람들과 밀접하게 결부시키는 듯하다. 비록 훗날 푸코가 이 진영과 일정한 거리를 두고자 했지만 그때는 그랬다. 푸코의 책은 비정상이라고 판단된 사람들을 정신병 기관들에 가두는 관행을 비난할 뿐 아니라 그런 관행의 필요성을 내세우는 근대 사회를 낯설게 만든다. 이러한 '낯설게 하기'(defamiliarizing)는 그러한 관행이 존재하지 않았던 근대 이전의 어떤 시기를 드러내기 위해 푸코가 취한 전략의 결과이다.

《광기의 역사》는 1961년 5월에 출판된 후 여러 차례 아주 호의적인 평가를 얻었다. 모리스 블랑쇼나 롤랑 바르트, 영향력 있는 역사학자 페르낭 브로델 같은 저명한 지식인들이 호의적인 서평을 실었다. 가스통 바슐라르는 푸코와 애정 어린 편지를 주고받았으며, 그해 말에 푸코를 자신의 집으로 초대하기도 했다. 하지만 바슐라르는 1961년 10월에 세상을 떠나고 만다. 정평 있는 거물급 작가들의 이러한 환대는 푸코를 하룻밤 사이에 주요 인물로 만들어 주었지만, 역사가들이 그의 작품을 인용하고 그의 영향력을 입증하기 시작하려면 아직도 10여 년을 더 기다려야 했다. 그 뒤로 몇 년 동안 푸코는 문학적인 주제에 관심을 돌렸다. 이 주제는 《광기의 역사》에서 극단적인 정신 상태를 드러낸 몇몇 작가들, 예컨대 제라르 드 네르발, 앙토냉 아르토, 조르주 바타유 등을 자주 언급하면서 살짝 선보인 내용이었다.

1962년에 죽은 조르주 바타유는 민속학과 헤겔 철학에도 조금 손을 대기는 했지만 극단적인 폭력과 에로티시즘을 담은 소설들로 더 잘 알려진 아주 논쟁적인 작가였다. 배교자 스타일의 처신에도 불구하고 바타유는 저명한 문예지 《신프랑스평론》(Nouvelle revue française)의 편집진 가운데 한 명이었는데, 바타유가 죽은 후 푸코 역시 편집진에 참여해 달라는 제안을 받았다. 푸코는 출판사 갈리마르에 바타유의 전집을 출판하도록 촉구하고 네 권으로 된 전집에 감동적인 서문을 쓰는 등 바타유가 죽은 뒤에도 명성을 유지할 수 있도록 성의를 다했다.

바타유의 대담하고 도발적인 저작은 푸코가 훗날 자신이 '한계 경험'이라고 이름붙인 현상에 주목하도록 이끌었다. 이런 유형의 또 다른 작가는 고도로 정신적이기는 하지만 노골적인 성애 묘사를 담은 작품들을 쓴 피에르 클로소프스키로, 푸코가 1960년대 초에 내놓은 많은 비평문 가운 하나는 그에 대한 것이었다. 푸코의 비평문들은 또한 모리스 블랑쇼와 철학자 질 들뢰즈의 저작들을 높이 평가했다. 블랑쇼는 한때 파시즘에 공감을 표시한 탓에 명성을 많이 구기기는 했지만 여전히 아주 영향력 있는 산문 작가였다. 들뢰즈는 니체 철학에 대한 선구적인 연구를 남겼는데 푸코 역시 들뢰즈의 저작을 통해 니체의 사상에 관심을 갖게 되었다. 푸코와 들뢰즈는 서로 변치 않을 우정을 나누었다. 하지만 이 시기에 푸코가 가장 관심을 기울인 작가는 레몽 루셀이었다. 루셀은 이미 잊혀진 19세기 말의 작가였는데, 푸코는 우연히 파리의 책방에서 그의 책을 발견했다. 루셀의 몽환적인 산문에는 기괴한 개인적 성찰과 이국정서가 담뿍 담겨 있었다. 푸코는 1963년에 《레몽 루셀》이라는 제목으로 출판한 거의 책 한 권 분량의 연구에서 루셀의 저작이 갖는 방향감각 상실 효과를 탐구했다.

이 무렵이 되면 푸코의 명성은 프랑스를 넘어서기 시작했으며, 여러 차례 해외 강연 요청을 받았다. 그는 브라질과 미국(버팔로 뉴욕주립대학)을 다녀왔으며 도쿄대학에서 제안한 자리를 놓고 심각하게 고려하기도 했다. 그는 점점 클레르몽페랑에서 지내는 생활에 흥미를 잃어 갔으나(푸코는 클레르몽페랑과 파리 사이를 정기적으로 오가며 지냈다) 결국은 다니엘 르페르와 관계를 고려한 끝에 프랑스에 남기로 결정했다. 푸코는 다시 역사적 탐색으로 돌아가서 이번에는 근대 임상의학의 기원을 연구하여 그 결과물을 《레몽 루셀》과 함께 출판했다. 이 책 《임상의학의 탄생》은 《광기의 역사》가 수용소에 관해 분석한 내용을 병원에 적용한 것이다. 여기서 푸코는 역사적 불연속성이라는 테마를 다시 끄집어내서, 대화를 바탕으로 옛 형태의 의료 관행과 임상병동 안에서 한 관찰에 중점을 두는 18세기 말의 의료 관행을 서로 대조해서 파악한다. 푸코에게 근대 병원과 질병의 관계는 앞에서 살펴본 수용소와 광기의 사례와 매한가지였다. 여기서 질병이 명칭을 달고 분류되고 결국은 근대 의료 직업의 권력과 권위를 정당화하는 데 이용된다는 바로 그 의미에서, 근대의 병원은 질병을 '만들어 내는' 제도가 되었다는 것이다.

다음에 푸코는 지식과 다양한 인문과학을 생산해 내는 물리적 공간으로서의 사회제도들에 대한 연구로부터 인문과학 자체에 대한 엄격한 검토라는 더 야심찬 시도로 관심을 돌린다. 그는 초기 두 저작에서 선보인 고고학적 방법론을 19세기에 등장한 여러 학문, 즉 유형학, 정치경제학, 비교언어학 같은 분야에 공통된 유형과 절차들에 적용했다. 시간의 문맥은 아주 적절했다. 19세기가 역사의 진전을 뚜렷하게 인식한 세기였던 까닭에, 지식의 이러한 여러 분야들은 그 지식이 연구하고자 하는 현상들의 시간적 발전 추세와 일정한 관련을 갖게 되니 말이다. 푸코의 연구는 1966년에 출판된 《말과 사물》로 결실을 맺었다. 《말과 사물》은 그의 여느 책들과 마찬가지로 톡톡 튀는 성찰과 함께 시작한다. 익숙한 '낯설게 하기' 방식을 활용해서(그는 언젠가 인터뷰에서 역사 지식에의 접근법으로 '배운 것 비우기'(unlearning)의 필요성을 말했다), 푸코는 인문과학들이 발전시킨 분류 체계들의 자의성을 드러내고자 한다. 따라서 그는 엉터리 분류 방식에 토대를 둔 중국의 옛날 백과사전에 대한 호르헤 보르헤스의 픽션에 대한 언급으로부터《말과 사물》을 시작한다. 중국 백과사전의 분류 방식을 보고 푸코는 웃음을 참을 수 없었지만 그와 동시에 우리 자신의 근대적 분류 체계도 그만큼 자의적이며 외부의 관찰자에게는 마찬가지로 우스꽝스러워 보일 것이라는 깨달음을 얻게 되었다고 말한다.

꽤나 까다로운 학술 서적치고는 놀랍게도《말과 사물》은 파리 서점가에서 초판부가 금방 다 팔려 나갔다.《말과 사물》로 푸코는 프랑스 지식인 유명인사의 반열에 올랐으며, 그와 그의 책은 문예 잡지와 신문, 방송의 기삿거리에 올랐다. 푸코와 그의 책이 조명을 받게 된 것은 이 무렵 프랑스에서 널리 유행하던 구조주의의 인기 덕이기도 했다. 정작 푸코는 자신이 구주주의자라고 생각하지 않았다. 하지만 인문과학들을 담론 체계로 분석하는 푸코의 저작들을 눈여겨본 사람들은 그가 언어를 인간의 작용으로부터 독립되어 있는 어떤 정교하고 자율적인 구조들로 파악하는 구조주의 분석틀을 고스란히 답습하고 있다고 생각했다. 그리고 푸코는 사실상 구조주의자들의 소위 '반휴머니즘'을 받아들였다.《말과 사물》은 현대 지식 체계의 중심축으로서의 '인간'의 죽음을 기리는 신니체주의 울림을 지닌 유명한 구절로 끝을 맺는다. 여기서 푸코는 사실상 사상적 선임자 격인 장폴 사르트르의 실존주의적 휴머니즘을 거부하고 있는 것이다.

《말과 사물》에 대한 반응 준 하나는 놀랍게도 벨기에의 초현실주의 화가 르네 마그리트가 보내 온 개인적 감상문 형태로 나타났다. 몇 년 후에 푸코는 언술과 표현 행위에 대한 이해에서 자기 자신과 마그리트 사이에 상당한 유사점이 있다는 것을 보여 주는 글을 썼다. 푸코의 단편 《이것은 파이프가 아니다》(1973)는 마그리트의 그림 〈이미지의 배반〉에 들어 있는 글귀에서 제목을 빌려온 것으로, 말미에 마그리트가 보내 준 작은 소묘 몇 컷이 실려 있다.

《캥젠 리테레르》(Quinzaine littéraire) 1967년 7월호에 모리스 앙리가 그린 만평 한 컷은 아마도 독자들에게 푸코가 완벽한 구조주의자라는 고정관념을 심어 주기에 충분했을 것이다. 마네의 유명한 그림 〈풀밭 위의 점심식사〉를 패러디한 만평 〈구조주의자들의 점심식사〉는 둥글게 둘러앉아 토론에 열중하고 있는 지도급 프랑스 이론가들 네 명을 묘사하고 있다. 이들은 구조주의 인류학자 클로드 레비스트로스에 대한 존중의 뜻인 양 그처럼 풀로 만든 옷을 걸치고 있다. 나머지 세 사람은 자크 라캉, 롤랑 바르트 그리고 푸코이다.

하지만 의미심장하게도 푸코는 구조주의 사상이 전성기를 구가하던 파리에 오래 머물려 하지 않았다. 그해 가을 푸코는 튀니지로 떠났으며 거기서 2년 넘게 머물렀다. 여기서 그는 프랑스 외무부를 통해 적당한 자리를 얻었으며 튀니스대학에서 강의를 맡았다. 충분한 시간적 여유를 누린 그는 자주 파리(푸코는 파리 15구에 아늑한 아파트를 장만하고 드페르와 함께 살았다)를 오가는 한편 이전의 책들과는 확연히 구별되는 새로운 내용의 책을 구상했다. 지성사에서의 이론적 탐색이라 할 수 있는 《지식의 고고학》(1969)은 당시까지 자신의 지적인 여정을 낱낱이 되짚어 보는 작업이었다. 이 자기 분석적인 저술을 통해서 푸코는 자신이 만들어 낸 고고학적 방법을 선보였으며 나아가고자 하는 새로운 출발점을 넌지시 내비쳤다. 그 자신을 구조주의 진영으로 분류하는 널리 퍼진 평가를 염두에 두고 푸코는 언어에 대한 자신의 특유한 접근법을 아주 상세하게 묘사하고자 했다. 이제 '담론'(discourses)이라는 것을 통해 그는 해묵은 '관념의 역사'와는 다른 고고학적 기획으로 옮겨간 것이다.

이 책은 또한 모름지기 작가라면 기존의 판에 박힌 글쓰기 형식에 순응하기보다는 쓰는 책마다 거듭 나야 한다는 진지한 호소를 담고 있다. 어떤 철학체계나 정교하게 꾸며낸 방법론의 발명자로 평가되는 것을 피하려는 의도에서 푸코는 글쓴이라는 골치 아픈 주제에 대해 1969년에 쓴 한 논문에서 자신의 생각을 밝혔다. 파리에서 발표한 강연 원고인 〈저자란 무엇인가?〉에서 푸코는 어떤 유명 저자의 이름이 달린 작품에 대해 독자들이 갖게 되는 이런저런 선입견, 즉 푸코 스스로 '저자-기능'(fonction-auteur)이라고 부른 것을 비판한다. 이런 선입견은 어떤 규범적인 독서로부터 우리가 얻을 수 있는 바를 쉽사리 왜곡시키고 미리 결정해 버리게 된다. 따라서 푸코는 우리가 우리 문명사의 중심에 있는 책들에 대해 완전히 색다른 물음을 던져야 한다고 주장한다. 즉 누가 이 책들을 추천하는가, 누가 이 책들의 유통을 통제하는가, 누구는 이 책들에 접근할 수 있고 누구는 그렇지 못한가 등등의 물음을 던져야 한다는 얘기이다.

'68년 5월'로 역사에 알려진 놀라운 사건이 소르본대학에서 터졌을 때 푸코는 튀니스에 있었다. 그는 파리로 돌아가려 애썼으나 학생봉기가 다 끝나갈 무렵에야 파리로 돌아올 수 있었다. 학생봉기는 프랑스 사회에 많은 변화를 몰고 왔으며 그 여파 속에 샤를 드골 대통령이 드디어 정계에서 물러났다. 교육부 장관은 제도적 기반이 다른 여러 형태의 대학들을 만들겠다고 약속했다. 신설 대학들 가운 가장 유명한 것은 파리 동쪽 끝 뱅센에 자리를 잡은 대학이었다. 이 대학에는 많은 유명한 철학자들과 특히 68년 5월의 정신을 반영하기나 한 듯 정신분석 이론가들이 강사진으로 참여할 터였다. 새로운 학문적 실험을 높이 평가한 푸코는 귀국하여 1968년 가을에 신설 대학에 교수진으로 참여했다.

하지만 이 대학에서 일에 전념한다는 것은 거의 불가능했다. 학생 시위나 학문적 아집으로 굳어진 정치적 불협화음 탓에 연구와 교육이 중단되는 일이 잦았기 때문이다. 결국 푸코는 다른 곳을 찾아 나서기 시작했다. 앞에서 말한 대로 푸코 세대에게 지적 멘토 구실을 했던 장 이폴리트가 1969년 초에 세상을 떠나자 그가 맡던 콜레주드프랑스의 교수 자리가 공석이 되었다. 에콜 가에 자리 잡은 엘리트 교육기관이자 학문적 권위의 상징인 콜레주드프랑스에서는 종신직으로 임명된 몇 안 되는 교수들이 강의와 학생 지도 등 상례적인 업무에서 벗어나 한 해에 몇 번 공개 강연을 열거나 수준 높은 연구세미나를 개최했다. 우연찮게도 이폴리트는 《말과 사물》이 출판되고 얼마 후 1966년 무렵에 푸코가 콜레주드프랑스의 회원이 될 만큼 충분한 자질을 갖추고 있다고 말한 적이 있다. 푸코와 그의 지지자들이 몇 달 간 조용하게 교섭을 벌인 끝에 푸코는 1969년 11월 말에 콜레주드프랑스에 입성하는 데 성공했다. 그는 사유체계의 역사에 대한 강좌를 맡았다.

1970년 12월 2일 미셸 푸코는 매끄럽고 느긋한 목소리로 콜레주드프랑스 취임강연을 했다. 강연문은 직후에 《담론의 질서》라는 제목으로 출판되었다. 강연에서 푸코는 일찍이 마르셀 프루스트가 제기한 현대 프랑스 문학에서의 한 가지 논지, 즉 저자의 삶과 인격보다는 저자가 남긴 작품이 훨씬 더 중요하다는 논지를 끄집어내면서 전임자 장 이폴리트에게 경의를 표하는 동시에 자신은 낮추었다. 사뮈엘 베케트의 《이름붙일 수 없는 자》(Unnamable)를 인용하면서 푸코는 자신이 내놓은 이야기와 담론의 '뒤켠으로' 사라져 버릴 수 있다면 좋겠다고 말했다.

취임강연 제목에서 알 수 있듯이 푸코는 이제 앞으로 밀고 나갈 연구 작업, 즉 '담론'에 대한 역사적 탐색의 첫 삽을 뜬 셈이다. 담론이란 확인하기, 비교하기, 구별 짓기, 배제하기 등의 원리에 따라 작동하는 사회의 특정 발전 단계에서 그 사회가 생산해 낸 말하기와 글쓰기의 총합을 의미한다. 이러한 정의는 푸코가 자신이 처음에 내놓았던 '고고학적' 접근에서 벗어나고 있음을 보여 주는 동시에, 역사학적 사유에서 니체의 철학이 가진 함의에 대해 그가 줄곧 지녀온 관심과 그 영향력을 잘 보여 준다. 이듬해 푸코는 장 이폴리트 추모 문집에 실린 〈니체, 계보학, 역사〉라는 논문에서 역사에 대한 니체식 접근의 일단을 탐색했다. 계보학적 방법론이란 특유한 영향들과 역사적 변동들 설명하기 위해 세부적이고 자세한 현상을 탐색하는 것을 뜻한다. 푸코가 보기에 이러한 계보학적 접근법은 어떤 절대적인 근원 지점들로 거슬러 올라가거나 아니면 거시적인 역사적 설명을 찾는 식의 탐구 방법을, 요컨대 그가 탐탁하게 생각하지 않는 헤겔-마르크스주의식 변증법적 모델을 피할 수 있는 장점이 있었다.

    큰 규모의 거대 담론을 놓고 작업하기보다는 특유한 주제들을 구명하는 역사연구를 선호한 푸코는 정치 문제에서도 사회에 드러나는 모습 그대로의 현안들을 해결하고자 했으며 국민의 양식을 계도하는 지식인의 예언자적 역할을 굳이 파하고자 했다. 장폴 사르트르는 (한 세기 전에 빅토르 위고처럼) 온힘을 다해 지식인으로서 역할을 다하고자 했으나 이러한 역할은 푸코에게는 성가시고 난처한 일이었다. 1970년대 초 프랑스의 정치문화는 1968년 5월 봉기의 지속적인 영향력을 나타냈다. 거리로 나섰던 학생과 노동자들은 마르크스주의는 물론이고 어떤 거대한 체계나 권위적 해석을 내세우는 사유 체계에 토대를 둔 정치사상을 더 이상 신뢰하지 않았다. 반면에 자신들이 몸담고 있는 제도적인 기구들에 걸맞은 국지적이고 전략적인 행동을 뒷받침해 줄 이론 체계를 원했다. 이러한 목적으로 5월 활동가들은 행동위원회들을 조직해서 따로 움직였으며 문제들에 각개전투식으로 접근했다.

당시에 가장 긴박한 과제 중 하나는 형무소에 갇혀 있는 죄수들에 대한 처우 문제였다. 이 무렵 죄수들 가운데에는 68년 5월의 봉기에 연루되어 유죄판결을 받고 복역 중인 활동가들이 많았다. 실제 수감 생활을 통해 이들은 형무소의 끔찍한 처지를 알게 되었으며 다른 수감자들과 연대감을 조성했다. 이들의 노력을 돕기 위한 외부의 변호사 단체들이 생겨났다. 가장 유명한 단체는 '감옥정보그룹'으로 푸코는 여기서 아주 적극적으로 활동했다. 1968년 5월은 또한 여성의 권리와 동성애자의 권리를 옹호하는 운동을 낳았으며, 물론 푸코는 동성연자 권리옹호 운동에서 두드러진 역할을 했다. 그는 경찰 검문을 피해 다니는 이주민들을 옹호하는 시위에 가담하는가 하면 이주민들이 프랑스에 거처를 마련하는 절차를 도왔다. 종종 푸코는 장 주네, 클로드 모리악 같은 저명 작가들과 행동을 함께했으며 심지어 자신과는 뜻이 맞지 않던 장폴 사르트르와도 함께 움직였다. 사르트르는 1971년에 파리에서 공개리에 조직된 북아프리카 이주민들 지원 시위에서 푸코와 어깨를 나란히 했다.

다음 몇 년 동안 푸코의 사회참여 활동은 그의 학문을 자극했으며 마찬가지로 그의 학문은 또 사회참여 활동을 북돋웠다. 콜레주드프랑스에서 푸코는 공개강연을 개설하기보다는 연구 세미나 지도를 택했다. 연구 세미나는 일반인에게도 개방되었는데, 종종 많은 청중들이 몰린 탓에 순조롭게 진행되기 힘든 경우가 많았다. 하지만 푸코는 핵심 수강생들을 중심으로 세미나를 이끌었으며 이들에게 기록보관소와 도서관(푸코는 주로 국립도서관, 병기창 도서관, 국립문서보관소, 경찰청 문서고에서 자료를 모았다)에서 모은 형벌, 범죄학, 수형 제도 따위에 대한 자료들을 제공하고 함께 토론했다. 푸코는 1830년대 프랑스 법의학 잡지에서 찾아낸 당시의 한 사건을 공동 세미나의 합동 연구 주제로 삼았으며 연구 결과를 1973년에 자료집 형태로 출판했다. 이 사건은 살인범이 정신 이상으로 판명된 까닭에 사형을 면했다는 점에서 유례를 찾기 힘든 존속살해 범죄였다. 푸코는 살인범이 1835년에 쓴 회고록의 첫머리에 나오는 구절을 그대로 책의 제목으로 썼다《나, 피에르 리비에르, 내 어머니와 누이와 남동생을 죽인……》.

푸코와 그의 동료들은 리비에르가 자신이 저지른 범죄에 관해 술회하는 섬뜩한 이야기에 사로잡혔으며 살인을 저지른 동기를 설명하려고 그가 내놓은 차분한 정당화 논리에 깊은 인상을 받았다. 비록 망상에 사로잡혀 있기는 했지만, 그는 자신의 범죄를 낱낱이 자백했으며 자신은 사형 언도를 받아야 마땅하다고 우겼다. 하지만 종신형 언도를 받고 수감되자 낙담한 나머지 수감 생활 5년 만에 목을 메달아 자살했다. 푸코가 출판한 자료집에는 짧막한 문헌 자료, 신문기사, 의료 진단서, 법정 소견서 등이 함께 실려 있는 데서 알 수 있듯이, 리비에르 재판은 전문가의 진술이 아주 폭넓게 활용된 최초의 살인 재판이기도 했다. 요컨대 그것은 전문가의 '담론들'(예컨대 의료 담론, 정신치료 담론, 범죄학 담론)이 발휘하는 힘이 법률 소송에서나 여타 시민사회에서 점점 더 결정적인 역할을 하고 있다는 사실을 잘 보여 주는 좋은 사례였다. 드라마의 주인공 피에르 리비에르의 운명을 두고 이 담론들이 저마다 제몫의 역할을 수행한 것이다.

푸코는 점점 더 감옥의 역사에 대한 연구에 빠져들었는데, 훗날 그는 권력을 분석하는 한 가지 방법으로 감옥이라는 이 특유한 사회제도를 연구하는 이점은 권력이 적어도 감옥에서는 "자신을 감추지 않는" 데에 있다고 말했다. 이 연구의 정점이 바로 1975년에 갈리마르 출판사에서 나온 《감시와 처벌, 감옥의 탄생》이다. 대다수 푸코의 독자들은 이 책이 푸코의 가장 영향력이 있는 작품이라고 생각한다. 계보학적 방법론에 따라 그리고 자신의 초기 저작들과 마찬가지로, 푸코는 근대의 감옥이 차지한 특유한 사회적 공간이 나타나기 이전의 어느 시점을 찾기 위해 역사가가 과연 어디까지 거슬러 올라가야 하는가 하고 묻는다. 그의 여느 책들과 마찬가지로 《감시와 처벌》도 아주 인상적인 도입부로 시작된다. 푸코는 책 첫머리에서 수십 년을 사이에 두고 벌어진 두 가지 아주 다른 사례를 대비시킨다. 하나는 루이 15세의 암살 모의에 가담한 대역죄인 다미앵이 받은 공개 고문과 사지절단 형벌 장면에 대한 끔찍한 묘사이다. 다른 하나는 1838년 파리 소년 감화원의 일과표에 대한 담백한 묘사이다. 아이러니하게도 푸코가 문제를 다루는 방식은 두 번째 사례가 더 큰 공포심을 자아 낼 수도 있다는 냉정한 깨달음을 독자들에게 전달한다. 그도 그럴 것이 인간의 행동과 감정, 지성을 통제하려는 근대적인 여러 기획은 인간 신체에 대한 야만적인 고문이라는 익숙한 사례와는 전혀 성격을 달리하는 것이니 말이다. 물론 여기서 요점은 첫 번째 방식이 더 낫다는 것이 아니라 너무도 익숙해진 나머지 별로 비판의 표적이 되지 않는 형벌 절차들을 드러내는 것이다.

차가운 내용을 담고 있는 이 책에서 가장 혼란스러운 구절들은 감옥을 감호 당국의, 더 나아가 감옥의 존재를 통해 자신의 정당성을 찾는 직업 집단들의 통제하는 눈길이 미치는 장소로 다루고 있다. 죄수들이 항상 자신이 감시당하고 있다고 믿은 대다수 19세기 감옥의 설계도에는 이렇듯 남을 압도하고 통제하는 시선(푸코는 이를 '권력의 눈'이라고 표현했다)이 잘 드러나 있다고 푸코는 말한다. 여기서 푸코는 이른바 '응시'(gaze) 곧 시선의 지배라는 것을 현대 사회가 극복해야 할 문제점이라고 본 바타유, 사르트르, 라캉을 비롯한 20세기 프랑스 지식인의 긴 대오에 합류한다. 감옥들은 조금씩 발전하면서 건강과 위생 문제와 관련된 도덕적 훈육의 장소가 되었다. 감옥의 전반적인 목표는 푸코의 표현을 따르자면

'순종적인 신체'를 생산하는 일인 셈이었다.《감시와 처벌》의 마지막 장들은 특히 인간 신체의 문제에 저점 더 관심을 기울이고 있다는 것을 보여준다. 국민 개개인에게 자신의 몸을 잘 관찰하고 가꾸도록 장려함으로써 현대 국가가 어떻게 인간의 몸을 규율해나가는가 하는 것이 바로 푸코의 관심사였다. 권력의 눈이라는 시각적 은유를 통해서 푸코가 말하고자 하는 것은 수감자들의 사례에서 알 수 있듯이 외부에서 오는 감시의 시선을 주체 스스로가 자기 몸으로 내재화하게 된다는 점이다.《감시와 처벌》이 출판된 후(언론의 호평 속에 큰 인기를 얻었다), 언론 인터뷰에서 푸코는 권력이란 그것이 강제적이지만은 않기 때문에 오히려 작동하게 되는 것이라고 주장했다. 권력이 맺는 관계들은 아주 "생산적인" 것이라고 그는 거듭 강조했다. 학교, 공장, 감옥 등등(이것들은 서로 닮았고 비슷한 기능을 한다는 것이 푸코의 주장이다)은 개별 주체가 자신의 행동에 대한 책임을 느끼게 만드는데, 이러한 감정이 일상생활 수준에서 권력의 작동을 원활하게 해준다는 것이다.

감옥 같은 주요 사회제도에서 작동하는 권력에 대한 푸코의 분석은 '주체'(subject)라는 서구 휴머니즘의 중심 어구, 즉 개별 인간이 모든 기본적인 문화적 고려 사항의 핵심이 된다는 신성불가침의 개념에 대한 끈질긴 문제 제기와 만난다. 여기서 (바르트, 라캉, 알튀세르, 데리다 등) 주요 구조주의 또는 후기구조주의 지식인들과 마찬가지로, 푸코는 '인간'의 개념에 대해 그리고 실존주의로 대표되는 근대 서구 사상의 무비판적 휴머니즘에 대해 적대적인 태도를 견지했다. 리비에르 사건에 대해 쓴 책에서와 마찬가지로 감옥에 관한 책에서 푸코는 자신이 오랫동안 성찰해 온 주제인 주체의 개념을 더욱 정교하게 다듬었다. 이제 푸코에게 주체란 자기 자신을 현 상태 그 자체로 바라보도록 조건 지워진 인간 개개인, 따라서 그가 1970년대 중반에 '권력–지식'(pouvoir-savoir)이라고 부르기 시작한 것의 통로로 사용될 수 있는 인간 개개인을 뜻한다. 이러한 개념 구도에서 권력은 그 권력이 순환하는 통로가 되는 담론들과 분리될 수 없게 된다. 푸코는 《감시와 처벌》에서 연극 무대를 연출하는 광경을 보여주듯이 항상 공간의 관점에서 사유했다. 이 책에서 감옥이라는 공간은 권력의 작동을 관찰할 수 있는 은유적인 수단이 된다. 주로 인터뷰, 시론, 강연 등에서 드러나는, 사회에 대한 푸코 나름의 사유체계 안에서, 사회 전체는 개개 주체들이 일종의 결절점을 이루며 흩어져 있는 권력관계의 그물망으로 인식된다. 이러한 구도 안에서 '권력-지식'은 지성뿐만 아니라 신체에도 침투하고 유입된다. 《감시와 처벌》을 출판한 후에 푸코는 사실상 더욱 더 신체의 문제에 그리고 권력의 순환에서 신체적 (특히 성적) 행위가 갖는 역할에 관심을 기울였다.

감목에 관한 그의 유명한 책을 출판한 지 딱 일 년 지난 1976년에 푸코는 섹슈얼리티와 역사에 대한 책, 《앎의 의지》(《성의 역사》 제1권)를 펴냈다. 이 책은 섹슈얼리티의 역사에 대한 야심찬 연작의 첫 권이었는데, 푸코는 속편들의 제목을 책 뒤표지에 예고했다. 하지만 저자의 구상은 둘째 (그리고 마지막) 권이 나오기 전에 완전히 바뀌었다. 《앎의 의지》에서 제시한 가장 중요한 논점은 섹슈얼리티에 대한 강조가 권력이 개인 생활의 가장 내밀한 부면에까지 침투하도록 허용한다는 것이며, 또 개인 차원에서의 이러한 강조가 개개인이 대상화되는 방식을 공고화함으로써 그 결과 이러한 상태를 무비판적으로 수용함으로써 권력의 작동을 알아채기 힘들게 만든다는 것이다.

푸코는 책의 첫머리에서부터 그가 '억압 가설'이라고 부른 것의 개념을 비판하면서 논쟁의 폭탄을 터트렸다. '억압 가설'이라는 구절은 소위 성의학자들, 특히 급진적 심리분석가 빌헬름 라이히의 저술들을 겨냥한 것이었다. 이들은 문명의 발달이 성적 표현을 금기시하려 하며 개인 해방의 길은 자신의 섹슈얼리티를 요구하고 자랑스럽게 드러내는 데 있다고 주장했다. 하지만 푸코는 권력의 작용이 섹슈얼리티에 대한 진실을 형성했는지 아니면 그것을 은폐하는 거짓말을 만들어냈는지를 아는 것은 별로 중요한 문제가 아니라고 주장한다. 어느 경우든 권력이 담론의 전달자 구실을 하기는 매한가지이기 때문이다. 푸코는 빅토리아 시대의 성 억압에 뒤이어서 현대의 성 해방이 나타났다는 주장을 터무니없는 생각이라고 비웃었다. 연구를 거듭하면서 푸코는 19세기 유럽인들은 성 문제에 대해 터놓고 정말 많은 이야기를 나누었다고, 달리 말해 훗날 그러했던 것만큼이나 19세기에도 섹슈얼리티가 대화의 초점이었다고 확신했다. 멋스런 웅변조의 문장으로 푸코는 "성을 긍정하는 것이 권력을 부정하는 것이라고 믿어서난 안 된다"라고 썼는데, 이것은 "나는 사랑을 나눌 때마다 혁명을 하고 있는 것이다"라는 1968년 5월의 에토스에 대한 명백한 빈정거림의 표현이기도 했다.

섹슈얼리티에 관한 이 새로운 책이 푸코에게 하나의 새로운 출발점이었다고 짐작케 해주는 요소들이 있다. 많은 독자들이 논평하듯이,《감시와 처벌》에서 푸코가 권력의 내재적 작동을 분석하는 길고 리드미컬한 구절들에서 나오는 수사법의 힘은 사람들의 숨을 가쁘게 하고 권력의 고삐에서 벗어나거나 권력의 힘에 맞설 길이 어디에도 없다고 낙담하게 만들 정도이다. 하지만《앎의 의지》는, 권력이 '권력-지식'의 내부에서 작동하면서 섹슈얼리티의 다양한 측면들을 포섭하는 수많은 길들을 유형별로 분류한다는 점에서, 이러한 돌아설 수 없는 지점으로부터 어느 정도 물러나 있다. 푸코는 이러한 추세들에 맞서기에 적합한 '전술'과 '전략'에 대해 이야기하며, 저항하는 힘이 차지할 수 있는 사회적 공간의 틈새를 암시하기도 한다. 1970년대 말에 언론 인터뷰에서 푸코는 권력으로부터 벗어나는 한 수단으로, 권력의 담론적 작동 방식을 폭로하는 것이 바로 자신의 기획이라고 말했다. 이러한 논지는 게이활동가들에게 푸코 저작의 정치적 함의에 대한 논쟁에 계속 불을 지폈다.

《앎의 의지》를 출판한 이후, 콜레주드프랑스에서 푸코의 연구 세미나는 근대 시기가 섹슈얼리티와 개인의 정체성 사이의 등식이 확립되는 시기라는 논점을 뚜렷이 부각시키는 데 활용될 수 특이한 자료들을 가지고 작업을 시작했다. 1978년에 푸코는 《에르퀼린 바르뱅, 알렉시나 B.로 불린……》이라는 제목의 자료집을 편집하여 출판했다. 에르퀼린 바르뱅으로 알려진 알렉시나 B.의 이야기는 1874년의 의학 보고서에서 찾아낸 것이다. 그것은 수녀원에서 소녀로 자랐지만 20세에 의사의 검진에 의해 남자로 재분류된, 1820년대에 살았던 한 양성구유자(푸코는 원래 성의 역사에 대한 연작으로 양성구유자 문제를 다룰 예정이었다)의 이야기이다.

판사의 판결에 따라 그 후 당사자는 남자로 살아가도록 규정되었다. 하지만 달라진 성에 적응하지 못하고 결국 자살로 생을 마감했다. 부검의의 보고서에 따르면 비록 부분적으로 형성되기는 했지만 두 가지 유전적 성징이 한꺼번에 에르퀼린 바르뱅에게 존재했다. 그런데 푸코가 특히 주목한 것은 의료 전문가들과 법률 전문가들이 그들로서도 마지못해 부과하는 분류 체계가 얼마나 경직된 것인가가 이 사건에서 여실하게 드러난다는 사실이었다. 양성구유자는 남성과 여성이라는 이분법적 분류에 의문을 제기할 수 있는 존재였으며 따라서 당시의 전문가 집단으로서는 받아들일 수 없는 존재였다는 것이다. 의례적인 식별 기준을 넘어서는 증거들 앞에서 아무튼 이 불행한 사람이 남성인지 여성인지 판별해야만 했다. '진정한 성'을 결정하는 일이 급선무였던 것이다. 여기서 푸코의 관심을 끈 것은 근대 사회에서 섹슈얼리티가 인간 정체성의 지표로서 어떻게 작용하는가, 그리고 근대 사회의 모든 담론들이 푸코가 여러 저작이나 인터뷰에서 말한 소위 '진리 체계'라는 것에 어떻게 봉사하는가 하는 문제이다. '진리 체계'라는 문구에는 니체의 분위기가 물씬 담긴 푸코 나름의 회의주의 및 진리 주장에 대한 반감이 배어 있다. 담론의 생산자나 전달자들은 자신만이 진리로 향한 길 위에 서있다고 믿는다는 것이 푸코의 담론 비판의 핵심이었다.

성의 범주화와 성적 정체성 문제에 대한 자신의 이론적 불신에도 불구하고 푸코는 1970년대와 1980년대에 괄목할 만큼 성장한 동성애자 권리 운동을 아주 기꺼이 후원했다. 다니엘 르페르와 맺은 오랜 연분에도 불구하고 푸코 자신은 방문한 세계의 주요 도시들, 특히 1980년대 초에 캘리포니아대학(버클리)에서 방문교수로 지내면서 샌프란시스코의 개방적인 동성애 하위문화를 흠뻑 즐겼다. 불행하게도 푸코가 1984년에 돌연 죽음을 맞이하게 된 원인인 에이즈 바이러스에 감염된 것도 아마도 이 무렵인 듯하다. 하지만 그가 죽은 직후에 아무도 사망 원인에 대해 알지 못했다(1992년 인터뷰에서 다니엘 르페르는 검진 의사들이 애초부터 에이즈 가능성을 배제했다고 밝혔다. 푸코에게는 당시 에이즈 질병의 증후로 알려진 기능 장애나 카포시 육종과 같은 피부 변색이 전혀 나타나지 않았기 때문이다. 이 인터뷰는 푸코 사망 20주년 추모식 무렵인 2004년 6월에 《리베라시옹》에 실렸다).

확실히 에이즈 공포로 동성애자 사회가 술렁이기 시작했으며 푸코는 동성애자들 사이의 긴박한 논쟁과 토론의 분위기에 말려들었다. 푸코는 동성애자는 어떻게 살아야 하는가 하는 윤리 교화적인 관점에서 접근했다. 푸코에게 요점은 어떤 정해진 성격이나 성향의 집합체라는 식으로 인습적이고 판에 박힌 고정관념으로 동성애를 바라보지 말아야 한다는 것이었다. 캐나다인 게이 활동가 두 명과 나눈 인터뷰에서 푸코는 니체의 《즐거운 지식》(Gay Science)에 나오는 '즐거운'(gay)이라는 용어를 빌려서 '즐거운, 곧 게이다운' 생활 방식을 끊임없이 만들어 내야 할 필요성을 역설했다.

이러한 윤리적 측면에 대한 강조는 1980년 이후 푸코가 진행하고 있는 연구의 성격을 반영한 것이었다. 이때 푸코는 서양 고대의 윤리와 도덕과 관련된 서적들을 집중적으로 읽어 나갔다. 서양 문명에서 개별 인간 주체를 섹슈얼리티 논의의 한복판에 위치시킨 첫 사례들을 자신의 계보학적 방법론에 따라 추적하면서 푸코는 자신에게 익숙한 역사 시대를 넘어 멀리 헬레니즘 세계까지 올라가 로마의 마르쿠스 아우렐리우스와 키케로 그리고 초대 교부철학자들의 저술을 연구했다. 초기의 작가들은 인간이 자신의 처신을 규율하고자 하는 다양한 방법들에 관심을 둔 반면에 기독교 시대가 시작되자 성적 행위들로 강조점이 점점 이동했다는 사실을 알아냈다. 이러한 문헌들을 파헤치면서 푸코는 조금씩 성의 역사에 관한 자신의 애초의 구상을 포기하고 이러한 고대의 윤리와 도덕의 관심사를 다루는 책 두 권을 쓰기 시작했다. 이렇게 방향을 바꾸게 된 계기 중 하나는 바로 그가 규칙적으로 출입하며 작업을 시작한 도서관이었다. 그것은 파리 13구에 자리 잡은 도미니쿠스회 수도원에 딸린 솔슈아 도서관이었다. 1979년 푸코는 오랫동안 즐겨 찾은 연구 장소였던 국립도서관의 형편없는 서비스에 정말 대경실색했다. 푸코는 솔슈아 도서관의 사서를 우연히 만났는데, 푸코의 하소연을 들은 그 사서가 솔슈아 도서관으로 오라고 권했다. 푸코는 새로운 연구 환경에 만족했으며 도서관의 고대사 중세사 관련 장서는 그의 학문적 열정을 충족시켜 주고도 남았다. 비록 독실한 가톨릭은 아니었지만 푸코는 죽을 당시 많은 유증품을 솔슈아 도서관에 남겼다. 푸코가 남긴 친필 유고들은 솔슈아 도서관의 소장품이 되었다.

푸코의 역사 연구는 주로 초기 근대와 근대 시기로 향했다. 하지만 고대 문헌들을 들추게 되면서 그는 자신이 그려 내고자 하는 역사의 범위와 궤적을 한껏 확대하기 시작했다. 푸코의 작업은 서구인들이 끊임없는 자기규율 작업과 섹슈얼리티에 대한 점점 더 늘어나는 집착을 동시에 지닌 주체들로서 거듭 나는 오랜 과정을 추적하는 것이었다. 섹슈얼리티 문제가 정신분석 같은 근대의 담론에 의해 새롭게 간추려지고 또 부각되기는 했지만 푸코는 그것이 나타난 지는 아주 오래 되었다는 사실을 알아냈다. 그는 '통치한다'(gouverner)라는 단어로 고대 작가들은 무엇을 뜻했는가를 살펴보면서 의미의 어원적 차원이 갖는 중요성을 강조했다. 라틴어 동사 'gubernare'는 가정을 관리하는 일, 취향과 여흥을 조절하는 일 등등 다양한 의미에서 자기 자신을 규율하는 행위와 관련이 있었다. 따라서 이 말은 방탕과 낭비를 피하고 일상생활을 검약한다는 의미로 통용되었다. 그런데 근대에 접어들어 '통치한다'라는 말은 점점 더 국가와 그 국가 안에 있는 시민들과 관련되기 시작했다. 말년에 푸코는 인터뷰나 강연에서 근대국가의 규율하고 통치하고자 하는 충동이 침투해 들어간, 점점 더 확대되는 생활 영역들을 분석하면서 '통치성'(gouvernementalité)의 개념을 부각시켰다. 요컨대 푸코는 권력이란 지배하는 힘, 하지만 그가 '주체들'이라고 부른 수많은 개개 행위자들의 지지를 받는 지배하는 힘이라는 것을 강조하기 위해 통치성이라는 용어를 사용한 것이다.

1979년부터 1984년까지 푸코는 성의 역사를 새롭게 다른 방식으로 쓰는 작업에 착수했으며, 파리를 떠나 초청강연을 다니고 방문교수로 일했다. 미국, 특히 캘리포니아는 푸코가 자주 찾는 방문지였다. 그는 영어로 능숙하게 공개강연을 했으며 캘리포니아대학 버클리 캠퍼스를 정기적으로 방문했다. 그는 버몬트대학에 머물면서 학과 동료들과 함께 세미나를 진행하기도 했다. 1983년에 푸코는 병치레가 잦았는데 그 무렵 막 에이즈로 알려지기 시작한 병원균에 감염되었기 때문이다. 《성의 역사》의 나머지 두 권을 완성하는 것은 정말로 시간을 다투는 일이었다. 책을 겨우 완성한 후 그는 한 달 가량 파리 병원에 입원했다. 1984년 6월 출판 원고 교정을 마치고 며칠 되지 않아 눈을 감았다.

1984년 5월에 함께 출판된 제2권 《쾌락의 활용》과 제3권 《자기에의 배려》는 언론과 출판계에서 열광적인 찬사를 받았다. (곁에 있던 동료들도 잘 몰랐던) 푸코의 죽음이 알려지자 저자에 대한 헌사가 책에 대한 평가와 뒤섞였으며 푸코는 한 달 넘게 신문 잡지의 앞면을 장식했다. 질 들뢰즈, 피에르 부르디외, 자크 데리다(일찍이 푸코와 논전을 벌였다) 등 저명인사들을 포함해서 프랑스 지식인 사회가 한 목소리로 헌사를 바쳤다. 전문적인 훈련을 쌓은 역사가들한테는 별로 평가를 받고 있지 못하다고 푸코가 생전에 불평을 늘어놓곤 했다는 점에서 볼 때, 페르낭 브로델, 엠마뉘엘 르루아 라뒤리 등 저명 역사가들 쪽에서도 찬사가 나왔다는 것은 놀라운 일이었다. 섹슈얼리티에 관한 이 두 권의 책은 감옥에 대한 푸코의 책과 맞먹는 커다란 영향력을 발휘하게 되리라는 것이 어느새 확실해진 것이다.

《쾌락의 활용》은 헬레니즘 시대의 저작들, 특히 소크라테스와 그 제자들의 저작들에 나타나는, 윤리와 '자기 실천'(pratique en soi, 푸코의 표현)이라고 부른 것의 관련을 탐색한 책이다. 1982년 버몬트대학 강연에서 푸코는 개개인이 자기 자신을 주체로서 바로 보고 주체로서 규율하게 되는 여러 수단들, 이른바 '자아의 테크닉'(techniques du soi)에 대해 언급했다. 푸코는 이 고대 작가들의 저술에서 자주 나오는 '아스케시스'(askesis)라는 개념을 강조했다. 여기서 '금욕주의자'(ascetic)가 이 낱말에서 유래하기는 했지만, 원래 그 말은 쾌락을 줄이고 평형을 되찾으며 도덕적 삶을 위한 개인적 의무를 다하기 위해 자기 자신에 대해 수행하는 작업이라는 아주 폭넓은 의미로 사용되었다. 따라서 동성과 나누는 성애, 특히 흔히 그리스 작가들의 윤리 논쟁의 중심 소재였던 '소년애'는 남자의 생활에서 불가결한 부분으로 간주되긴 했지만 인간 행위의 다른 측면들과 관련해서 제한되고 규율되었다는 것이다. 그럼에도 푸코는 여기서 헬레니즘 시대의 윤리도덕론은 성적 만족과 쾌락에 대해 논의하려는 것이라기보다는 훌륭한 삶의 질을 가늠하는 지표로서 적절한 절제에 대해 논의하려는 것이었다고 주장했다.

《자기에의 배려》는 이교도 시절과 초기 기독교 시절의 로마의 저작들을 다루고 있다. 당시 로마에서 소년에 대한 성적 욕망은 그리스에서처럼 허용되기는 했지만 이제 교회가 독신을 옹호하는 관점에서뿐 아니라 배우자와의 사랑과 그에 따른 책임이라는 관점에서 다루어져야 했다. 자신의 욕망들의 균형을 유지하려는 노력에서 최선의 윤리는 바로 극기라는 가르침으로 강조점이 이동하기 시작한 것이다. 동성애 욕망은 아직 단호한 규탄의 대상이 되지는 않았지만 다른 도덕적 의무들(예컨대 온전히 출산을 목적으로 하는 성교)에 비해 갈수록 더 정당화하기 힘들어졌다. 하지만 이 책에서 푸코의 주요 취지를 암시하는 것은 바로 '자기에의 배려'(souci de soi)라는 제목이다. 소위 '자기'라는 것은 개개 주체가 사려 깊은 원예가가 되어 조심스레 돌보고 가꾸어야 할 일종의 온실에서 자란 난초 정도로 그려진다. 고대의 윤리학 저술들이 남간 유산이 바로 이러한 것이다. 푸코의 앞선 저작이 '자기,' 특히 성적 정체성을 통해 발견되고 체험된 '자기'에 대한 강박관념적 관심을 불러일으키는 근대의 담론들을 강조한 반면에, 《자기에의 배려》는 이러한 충동이 이미 수세기 전에 나타났으며 따라서 그것이 근대성만의 문제가 아니라 서구 문명 전체를 관통하는 주요 문제라는 것을 암시한다. 이러한 주장은 푸코에게 하나의 커다란 새로운 출발점을 뜻했을 것이다. 하지만 그의 때 이른 죽음은 스스로 다시금 갈무리한 지적 토양을 어떻게 일구어 나가는가를 살펴볼 기회를 앗아 갔다. 자신은 몸소 온전히 변화되기 위해서, 저자로서 예전의 자아를 벗어나기 위해서 책을 쓴다고 한때 그가 말했다는 사실로 미루어볼 때, 아마도 그것은 아주 새로운 방향이었으리라고 짐작해 볼 따름이다.

푸코의 남다른 지적 여정을 염두에 둔다면 그의 작업과 저술을 종합하거나 요약한다는 게 쉬운 일도 현명한 일도 아닐 것이다. 그는 스스로도 인정할 정도로 모순으로 가득 찬 성격의 소유자였으며, 자신이 하고자 하는 연구나 자신이 쓰고자 하는 책에 대해서 어떤 정형화된 형식을 부여하려 하지 않았다. 의도적으로 그리고 쉬지 않고 자기 자신을 다시 발명해 나가곤 했다는 점에서 굳이 말하자면 그가 좋아한 니체를 닮았다. 이러한 자기 거부 또한 어떤 야심찬 철학 체계에 대해서도 그가 지닌 거의 병적인 불신에서 나온 것으로 보아야 할 것이다. 사실 그는 마르크스주의와 프로이트의 심리분석에 대해서 깊은 경멸감을 느꼈다. 하지만 여기에서도 다소 상충되는 측면이 엿보인다. 〈니체, 프로이트, 마르크스〉에 대한 1964년 컬로퀴엄에서 발표한 논문에서 푸코는 이들 세 사람을 근대성의 중심을 이루는 필수불가결한 이론적 실천의 창건자로 평가했다. 게다가 1975년 《감시와 처벌》 출판에 즈음하여 유명한 월간 문예지 《마가진 리테레르》와 가진 인터뷰에서, 푸코는 물리학자가 아인슈타인을 무시할 수 없는 것처럼 역사가는 마르크스에게 진 빚을 결코 잊을 수 없을 것이라고 평가했다.

마르크스주의 시각에서, 아니면 적어도 마르크스주의 분석과 친숙한 시각에서 푸코에 접근하는 여러 비평가들에게 권력, '권력-지식' 등 푸코의 용어는 사실 엇비슷한 분야를 들여다보는 개념임에도 굳이 '이데올로기,' '헤게모니' 같은 마르크스주의 용어를 피하려는 사려 깊고 의심적은 시도처럼 보였다. 이러한 비판이 공정하고 옳든 그렇지 않든, 푸코가 자기 세대에 속하는 여느 저명 프랑스 지식인들과 마찬가지로, 자신만의 용어를 발명함으로써 이론가로서 독자적인 지위를 확보하려 한 것으로 볼 수 있다. 따라서 어떤 면에서 푸코를 읽는다는 것은 문체에서든 논증에서든 표현 양식(style)에 익숙해지는 방법이라고 할 수 있다. '푸코'를 공격용이든 방어용이든 활용 가능한 일종의 진지, 즉 이론적 구조물로 보는 것은 따라서 요점에서 벗어나는 일일 것이다.

그럼에도 푸코식 역사 연구와 관점이 그의 뒤를 이어 나타난 역사가들에게 끼친 영향력은 어렵지 않게 찾아볼 수 있다. 그의 초기 저작들은 카를로 긴즈부르그나 내털리 제먼 데이비스 같은 근대 초기 유럽을 연구하는 사회사가와 문화사가에게뿐 아니라 린 헌트 같은 프랑스혁명을 연구하는 역사가에게도 상당한 영향력을 행사했다. 푸코가 최종적으로 연구한 두 가지 토픽, 즉 감옥과 섹슈얼리티는 오늘날에도 줄곧 연구가 이어지고 있다. 이 두 토픽을 이어 주는 연구 주제가 바로 '인체'(몸)이다. 몸은 여성사, 성의 역사, 의학사, 인류학 등에서 확실히 알 수 있듯이 역사 연구의 주요 주제가 되었다. 몸은 또한 푸코가 여성을 포함하는 역사 토픽에 대해서는 (가족사를 연구하는 프랑스 역사가 아를레트 파르주와의 공동 작업을 제외하고는) 별로 관심을 기울이지 않았다고 의심하는 일부 페미니스트 역사가들을 사로잡는 주제가 되었다.

성의 역사 분야에 푸코가 끼친 영향력은 그의 저작에서 직접 제목을 따온 학술 잡지가 나올 정도로 아주 뚜렷하게 나타났다. 성의 역사라는 분야는 푸코의 기초를 닦는 작업이 없었다면 생각하기 힘들었을 것이다. 역사가들이 젠더, 섹슈얼리티, 몸 따위의 주제를 다루는 곳이라면 이디에서든, 특히 그 주제가 '주체' 즉 '자기'라는 역사적 문제제기를 담은 범주와 연결될 때면 언제든 푸코의 영향력은 뚜렷이 나타날 것이다.

이용재 옮김

참고 자료

책

Maladie mentale et personnalité(Paris: Presses Universitaires de France, 1954); 《정신병과 심리학》(박혜영 옮김, 문학동네, 2002).

Folie et déraison: histoire de la folie à l'âge classique (Paris: Plon, 1961; enlarged edn., Paris: Gallimard, 1972); 《광기의 역사》(이규현 옮김, 나남출판, 2002).

Naissance de la clinique: une archéologie du regard médical (Paris: Presses Universitaires de France, 1963); 《임상의학의 탄생》(홍성민 옮김, 이매진, 2006).

Raymond Roussel (Paris: Gallimard, 1963).

Les Mots et les choses: une archéologie des sciences humaines (Paris: Gallimard, 1966); 《말과 사물》(이규현 옮김, 민음사, 2012).

L'Archéologie du savoir (Paris: Gallimard, 1969); 《지식의 고고학》(이정우 옮김, 민음사, 2000).

L'Ordre du discours: leçon inaugurale au Collège de France prononcée le 2 décembre 1970 (Paris: Gallimard, 1971); 《담론의 질서》(이정우 옮김, 중원문화, 1993).

Surveiller et punir: naissance de la prison (Paris: Gallimard, 1975); 《감시와 처벌, 감옥의 탄생》(오생근 옮김, 나남출판, 2003).

La Volonté de savoir: histoire de la sexualité, vol. 1 (Paris: Gallimard, 1976); 《성의 역사: 앎의 의지》제1권 (이규현 옮김, 나남출판, 1993).

L'Usage des plaisirs: histoire de la sexualité, vol. 2 (Paris: Gallimard, 1984); 《성의 역사: 쾌락의 활용》제2권 (문경자, 신은영 옮김, 나남출판, 1990).

Le Souci de soi: histoire de la sexualité, vol. 3 (Paris: Gallimard, 1984); 《성의 역사: 자기에의 배려》제3권 (이영목 옮김, 나남출판, 1993)

전집

Dits et écrits, 4 vols. (Paris: Gallimard, 1994).

그 밖의 저작과 인터뷰

Moi, Pierre Rivière, ayant égorgé ma mère, ma soeur, et mon frère ......: un cas de parricide au XIXe siècle, edited by Michel Foucault (Paris: Gallimard-Julliard, 1973); 《나, 라피에르》 (심세광 옮김, 앨피, 2008).

Language, Counter-Memory, Practice: Selected Essays and Interviews, edited by Donald F. Bouchard (Ithaca, NY: Cornell University Press, 1977).

Herculine Barbin, dite Alexina B., introduction by Michel Foucault (Paris: Gallimard, 1978).

Power/Knowledge: Selected Interviews and Other Writings, edited by Colin Gordon (New York: Pantheon, 1980).

Le Désordre des familles: lettres de cachet des archives de la Bastille au XVIIIe siècle, edited by Michel Foucault and Arlette Farge (Paris: Gallimard-Julliard, 1982).

Politics, Philosophy, Culture: Interviews and Other Writings, 1977-1984, edited by Lawrence D. Kritzman (New York: Routledge, 1988).

Technologies of the Self: A Seminar with Michel Foucault, edited by Luther H. Martin et al. (Amherst: University of Massachusetts Press, 1988).

Foucault Live (Interviews, 1966-84), edited by Sylvère Lotringer (New York: Semiotext(e), 1989).

참고문헌

Barker, Philip, *Michel Foucault: Subversions of the Subject* (New York: St. Martin's Press, 1993).

Dreyfus, Hubert and Rabinow, Paul, *Michel Foucault: Beyond Structuralism and Hermeneutics* (Chicago: University of Chicago Press, 1982; rev. and enlarged edn., 1983).

Eribon, Didier, *Michel Foucault, 1926-1984* (Paris: Flammarion, 1989).

Gutting, Gary (ed.), *The Cambridge Companion to Foucault* (Cambridge: Cambridge University Press, 1994).

Halperin, David M., *Saint Foucault: Towards a Gay Hagiography* (Oxford: Oxford University Press, 1995).

Hoy, David Couzens (ed.), *Foucault: A Critical Reader* (Oxford: Blackwell, 1986).

Macey, David, *The Lives of Michel Foucault: A Biography* (New York: Pantheon, 1994).

Miller, James, *The Passion of Michel Foucault* (New York: Simon and Schuster, 1993).

Mills, Sara, *Michel Foucault* (New York: Routledge, 2003).

O'Leary, Timothy, *Foucault: The Art of Ethics* (New York: Continuum, 2002).

Racevskis, Karlis (ed.), *Critical Essays on Michel Foucault* (New York: G. K. Hall, 1999).

32

모리스 아귈롱

1926~2014

Maurice Agulhon

모리스 아귈롱

피터 맥피

    제2차 세계대전 이후 프랑스 학계가 재건됨으로써 우수하고 젊은 좌파 남성들의 활동과, 제3공화국 아래에서 만들어진 전통적 정치 서술과 전쟁 전 아날학파가 개척한 계량적 사회경제사 사이의 공백을 메우려던 역사 연구가 순조로워졌다. 이 새로운 세대의 한 사람인 모리스 아귈롱은 전후 세대의 전형인 계량적 사회경제사 훈련을 받았지만 그것을 모방했다기보다는 영향을 받았다는 특징이 있다. 앙시앵레짐 말에서 19세기 중반까지 바르 도에 관한 그의 박사 학위논문은 애초에 그와 다른 사람들에 의해 주로 프랑스 사회사의 익숙한 시각 틀 안에서 구상된 것이지만, 실상 두 가지 면에서 중요한 전환을 나타냈다. 첫째, 아귈롱은 프로방스 사회를 이해하는 데 있어서 통계적 기반보다는 그 사회의 특별한 양상을 밝히는 데 사회사의 익숙한 방법론인 계량화를 사용했다. 툴롱 항만 노동자들의 출신 지역 또는 바르 도 농촌 지역 '민중클럽들'

831

(chambrées)의 지리적 형성 범위에 대한 계량적 분석은 구체적 서술로 끝을 맺었다. 둘째, 아귈롱은 바르 도의 조숙한 민주주의적 생활에 주어진 동시대인들의 설명을 분석하고 해석하기보다는 프로방스 지방의 '사회성'의 성격에 대해 질문을 던졌다. 그런 식으로 그는 엑상프로방스대학에서 맡았던 남부 프랑스 사회, 문화, 심성 구조에 관한 연구와 조르주 뒤비나 미셸 보벨의 영향을 받았다.

아귈롱은 1926년 가르 도의 위제스에서 교사의 아들로 태어났다. 아버지는 프랑스 남부 세벤 출신의 개신교도였고, 어머니는 남부 론 계곡의 빌뇌브레자비뇽 출신의 가톨릭교도였다. (이런 가족 배경에도 불구하고) 아귈롱은 세속적이며 열심히 공부하는 교육과 능력주의, 그리고 진보적 공화주의 가치에 고취되던 제3공화국 교육의 모델이었다. 같은 세대의 다른 역사가들과 마찬가지로 아귈롱의 가족사는 사회적 신분 상승의 역사를 보여 준다. 그의 조부모는 세벤을 떠나 철도 노동자와 세탁부로 일했다. 아귈롱은 평화주의와 양성평등을 수용하는, 당시로서는 흔치않은 부모의 교육을 기억했다. 그는 가르 도의 퓌조 마을학교를 마치고 1936년부터 아비뇽의 (프레데릭 미스트랄이 공부했던) 중등학교를 다녔다.

아귈롱이 리옹의 파크고등학교 학생이었을 때(1943~1946) 역사에 관심을 갖도록 만든 사람은 조제프 우르 선생님이었다. 그는 마르크 블로크와 함께 레지스탕스 운동을 했고, 학생들에게 《아날: 경제, 사회, 문명》에 관해 가르쳤다. 1946년에 이 학교 교장 드비두는 아귈롱에게 파리 윌름가에 있는 고등사범학교에 진학할 것을 권유했다. 아귈롱은 교육의 영향으로 좌파가 되었지만, 같은 해 프랑스공산당에 합류한 것은 전후 프랑스의 특수 상황 때문이었다. 그 무렵 진지하고 이상주의적인 다른 많은 동시대인과 마찬가지로 프랑스공산당은 레지스탕스 운동(아귈롱이 레지스탕스 운동 내 다른 그룹들의 역할을 인정한 것은 나중이었다)의 중추로서 사회당과 비교해 좌파 정당들의 가장 '순수하고' 비타협적인 점에 호소했다.

소르본대학에 입학한 아귈롱은 직접적으로는 사회경제사가인 에르네스트 라브루스, 그리고 간접적으로는 국제관계학 교수인 피에르 르누뱅의 영향을 받았다. 특히 아귈롱은 마르크스주의적 역사와 사회사, 그리고 '운동들'의 역사에 대한 전후 세대의 욕망을 대변했던 라브루스의 영향을 많이 받았다. 아귈롱은, 앙드레 시그프리드의 영향을 받아 왜 일부 지역이 특수한 정치 전통을 발전시켰는가 하는 문제에 심취해 있던 라브루스의 영향을 직접 받았다. 아귈롱은 교사로 근무하던 곳에서 그 연구에 전념하기로 결심했다. 그가 선호했던 지역은 남부 공업도시였고, 학과 수석이었던 그는 비교적 자유롭게 연구 주제를 선택했다. 그는 자신의 정치 활동 못지않게 역사적 관심 때문에 툴롱을 선택했다. 아귈롱은 자신의 선택이 프로방스의 정체성 의식에 영향을 받지 않았다고 말했다. 게다가 그의 연구가 늘 지역 문화의 견고함에 대해 세심하지 않았다 해도 차세대 역사가들이 크게 관심을 가졌던 자치주의 시각에 매료되지 않았다.

1950년대 초 그는 툴롱(1950~1952)과 마르세유(1952~1954)에서 교사이자 공산주의 운동가로 활동했다. 다른 사람들이 이미 다른 시기와 도들에 관한 학위논문 연구를 시작했기 때문에 아귈롱은 1954년 박사 학위논문 주제로는 범위가 너무 좁아 페르낭 브로델이 크게 관심을 갖지 않던 1789~1851년 바르 도에 대한 연구에 착수했다. 아귈롱은 국립과학연구원에서 3년 동안 라브루스의 연구조교로 경력을 이어 갔다. 그렇게 해서 그는 박사 학위논문을 쓰기 시작했고, 1957년 엑상프로방스대학(1969년부터 프로방스엑스-마르세유1대학으로 변경)의 피에르 귀랄 교수는 그를 '조교'로 임명했다.

프로방스 사회성의 기원에 관심이 많았던 아귈롱은 1966년 '예비 학위논문' 〈남부 프랑스의 사회성: 1세기 말 프로방스 동부 집단생활에서의 평신도회와 조합들〉을 제출했다. 기껏 등사기로 수백 부 출간된 논문이었음에도 이 논문은《르몽드》의 앙드레 라트레유의 관심을 끌었다. 이 논문은 1968년 프랑수아 퓌레와 드니 리셰가 공동 편집한 시리즈의 하나인《고해자와 프리메이슨단》(Pénitents et franc-maçons)이라는 제목으로 출간되었다. 아귈롱은 1969년에 박사 학위논문을 완성했다. 라브루스에게 받은 훈련과 사적인 은혜에도 불구하고 박사 학위논문은 아귈롱이 계량적 사회사가가 아니라는 점을 분명히 보여 주었다. 1,500쪽에 이르는 방대한 박사 학위논문에서 그는 경찰, 법정, 지방자치체의 기록을 풍부하게 이용했다. 그는 다른 지역들에 관해 사회사가들이 널리 이용했던 자료(토지대장, 호적, 경제 통계)를 간간히 이용했고, 그것도 집단행동을 설명할 때만 그랬다. 이 박사 학위논문은 1970년 각기 다른 출판사에서 세 권으로 출간되었다.《농촌 공화국: 프랑스혁명부터 제2공화국 시절의 바르 도 주민들》(La République au village: les populations du Var de la Révolution à la Seconde République)은 세 권 가운데 상업적으로 가장 큰 성공을 거두며 아귈롱에게 명성을 안겨 주었다. 사실 아귈롱이 가장 흡족해 했던 저작은 툴롱의 역사가 지닌 독보적 양상을 밝혀내는 데 더 혁신적이었던《유토피아 사회주의 시절의 노동자 도시: 1815~1851년의 툴롱》(Une ville ouvrière au temps du socialism utopique: Toulon de 1815 à 1851)이었다.

박사 학위논문에서 아귈롱이 다룬 주요 쟁점은 왜 특정 공동체와 지역들이 특수한 정치적 선택을 하는지, 그리고 정치의식 수준이 어떻게 변화하고 정치적 선택의 본질(농촌 정치학의 왜, 어떻게, 무엇을)은 무엇인가였다. 이전 세대는 사회경제적 구조의 반영으로서 정치 행위를 이해하기 위해 이러한 질문들을 던졌다. 예를 들어《알프스 지역의 제2공화국: 정치사회 연구》2권(필리프 비지에, 1963),《1848~1914년 루아르에셰르의 정치사회사 양상》(조르주 뒤퓌, 1962),《현대 초 아키텐 동부 지역의 주민들: 1845~1871년 저개발 지역에 대한 연구》(앙드레 아르망고, 1962),《1849~1878년 뒤팡루 주교 시절의 오를레앙 교구: 종교사회학과 망탈리테》(크리스티안 마르실라시, 1962)《19세기 중반의 오를레앙 교구: 교구민들과 그들의 망탈리테》(크리스티안 마르실라시, 1964) 같은 연구가 대표적이다. 그에 반해서 아귈롱의 접근 방법은 사회경제적 구조에 대한 묘사를 통해 그들 스스로 집단행동의 특수한 형태 또는 경제 위기에 대한 유사한 경험이 왜 서로 다른 정치적 반응을 만들어 냈는지를 해명할 수 없다는 사실에 자극을 받았다. 알랭 코르뱅(《1845~1880년 19세기 리무쟁의 의고주의와 근대성》, 2권, 1975)과 같이 아귈롱은 점진적인 경제 변화를 겪은 이 지역들이 어떻게 진정한 정치 변동과 선택을 위한 능력을 발휘했는지에 대한 설명을 사회적 상호작용과 '문화적 확산' 양식에서 찾았다.

프랑스 역사학의 고전으로 평가되는 아귈롱의 바르 도에 관한 예리하고 폭넓은 연구는 특히 중요하다. 프로방스 동부 지역 주민들의 민주사회주의(démoc-soc) 이데올로기 수용에 대한 아귈롱의 설명은 지방의 부르주아 '문화중개자들'(cultural-brokers)과 민중, 때로는 중개자(classe-relais)로서 도시 프티부르주아 사이의 사회적·문화적 상호작용 개념에 바탕을 두고 있다. 아귈롱은 프랑스인의 지식 확대와 문학 취향의 변화, 전달되었거나 모방되었던 여가 형태(cercles과 chambrées로 알려진 남성 클럽들)의 발달 같은 일련의 동향을 도표로 만들었다. 아귈롱의 개념화에 따라 민주사회주의 유권자들은 불균형한 사회경제적 힘을 행사하던 사람들의 '수직적 영향력'으로부터 독립할 수 있었고, 그들 스스로 '수평적 조직' 구조들에 통합되었다. 아귈롱에 따르면 "우파에서 좌파에 이르기까지, 즉 보수주의적 후원 구조로부터 민주주의적 평등 구조에 이르기까지 진보가 있었고, 이것은 민주주의적 후원제의 매개적 국면을 거쳤던 것 같다." 아귈롱의 작업은 농민과 장인들이 지방의 부르주아와 귀족, 성직자들의 권력에 도전할 수 있게 해준 '생태학'을 조명하는 데 큰 장점을 지니고 있었다.

제2공화국에 관한 아귈롱의 박사 학위논문에서 정점은 루이 나폴레옹의 1851년 12월 쿠데타에 맞선 프로방스 공화주의자들(전문 직업인, 장인, 농민)의 대대적인 저항이었다. 민주주의의 역사에서 폭동의 위치를 강조했던 아귈롱은 최후의 대규모 농민 폭동에서 원초적 폭력과 정치적 순진함을 지적한 다른 역사가들과 달랐다. 쿠데타와 질식할 듯한 압제에 의해 더 깊이 뿌리내렸던 것에 대한 헌신인 이러한 공화주의 전통에서 폭동의 문제는 쟁점이 되었다. 공화주의와 의회주의 전통에 관해 연구한 아귈롱과 다른 역사가들은 민주사회주의 운동을 특히 입헌선거 운동으로 보았고, 1851년 폭동을 폭력이라는 시대착오적 최후의 수단이 뒤따른 본질적으로 헌법에 대한 평화적 방어로 설명했다. 이 시기는 국가 정치에 헌신하고 참여하는 전환점에 해당되었다.

1973년 아귈롱은 제2공화국에 대한 개설서 《1848 또는 공화국의 실습, 1848~1852》(1848 ou l'apprentissage de la République, 1848-1852)을 출판했다. 제목이 말해 주듯이 이 책은 제2공화국을 공화주의에 대한 대중의 '실습 시절'과 특정 지역의 민주사회주의 시절로 묘사했다. 이 책은 아귈롱의 우아하고 섬세한 산문체로 서술된 간결하고도 명료한 역사 서술과 분석이 돋보이는 걸작이다. 또 30년 동안 계속 인쇄되었을 정도로 많이 팔렸다.

특정 지역에 관해 박사 학위논문을 쓴 다른 역사가들(코르뱅, 보벨, 비지에)과 달리, 아귈롱은 프레데릭 다르의 재치있는 말처럼 '그'의 바르 도나 '셰르에탕드르'의 역사가로서만 비치지 않기를 바랐다. 다른 역사가들처럼 아귈롱은 박사 학위논문에 특정 도나 지역과의 친숙함에 파리대학이 차지하는 '국가적' 위상과 프랑스 역사가로서의 국가적 전망을 담았다. 사실 그는 이미 앙드레 누쉬와 함께 두 권짜리 20세기 프랑스사를 공동 집필했다. 이후 그는 파리4대학으로 옮긴 루이 지라르의 뒤를 이어 1972년 파리I대학의 프랑스 현대정치사 교수로 임명되는 기쁨을 누렸다.

민족적·언어적 소수자들의 문화적 다양성에 관한 아귈롱의 설명은 19세기 프랑스 '정치문화'의 범위에 대해 좀 더 큰 인식 틀을 제공했다는 점에서 중요하다. 지방 엘리트나 유력 명사들과 농촌 주민들 사이의 현저한 차이는 종종 사회사에서 '엘리트' 문화와 '민중' 문화의 양분과 다름없었다. 그런 논쟁은 암암리에 경멸적인 어조를 띠는 경우가 많았다. 농촌의 사회적 관계가 갖고 있는 성격과 문화적 관습이 재생되고 변모되는 과정을 고려할 때 이런 논쟁은 도움이 되지 않는다. 아귈롱의 설명처럼 '민중'의 사고방식과 관습은 '엘리트' 문화와 분리되거나 품격이 떨어지는 변형이 아니었다. 농촌 문화는 계급이나 지역, 성별에 따라 달라지는 약간 다층적이면서도 역동적인 상호작용이었다.

아귈롱은 제2공화국의 아주 짧은 역사와 프랑스혁명부터 제1차 세계대전까지 프랑스 농촌의 역사를 다룬 역작《프랑스 농촌사》(Histoire de la France rurale, 1976년 조르주 뒤비와 아르망 발롱이 편집) 제3권에서 바르 도의 역사와 19세기 프랑스에 관해 방대하게 서술했다. 점차 그의 관심사는 예전에는 프로방스 정치학의 표현 수단으로 서술했으나 현재는 프랑스 전역을 넘어 의미 있는 문화적 표현으로 간주했던 결사 형태의 문화사로 옮겨 갔다. 그의 초기 걸작 가운데 하나는 중간계급의 사회성이 도외시되었던 장에 대한 혁신적 연구인《1810~1848년 프랑스 부르주아 서클: 사회성 변화 연구》(Le Cercle dans la France bourgeoise, 1810-1848: étude d'une mutation de sociabilité)였다.

박사 학위논문을 쓰면서 아귈롱의 관심은 공화국의 결정적 승리로 비쥐진 1880년대 지방자치체에 화려하게 장식된 프랑스 공화국의 여성 알레고리인 마리안(Marianne) 상들로 옮겨 갔다. 1973년 《아날》에 발표했던 논문 〈공화국의 고고학 개요: 여성 공민 알레고리〉(Esquisse pour une archéologie de la République: l'allégorie civique féminine)에서 아귈롱은 공화국의 초상 고고학에 대한 개요를 썼다. 그는 1789년부터 현재까지 공화국의(긍정적이고 부정적인) 초상으로서 마리안 역사에 관한 연구 프로젝트를 2001년까지 이끌었다.

　세 권의 책은 겉보기에 중요하지 않은 세부 사항의 중요성을 발견하게 함으로써 책을 즐겁게 읽게 해주는 능력, 대단한 박식함, 능숙한 필치, 겸손함 같은 특징 덕분에 유명해졌다. 이용한 자료의 범주도 문헌에서 포스터, 동전, 우표, 캐리커처, 기념물에 이르기까지 광범위했다.

　제2차 세계대전 당시 리옹의 역사 교사이자 스승이었던 조제프 우르에게 헌정한 《마리안의 투쟁: 1789~1880년 공화국의 초상과 상징》 (Marianne au combat: l'imagerie et la symbole républicaines de 1789 à 1880, 1979)은 90년 중에 24년을 지배했던 공화국의 강렬하면서도 논쟁을 불러일으키는 상징적 풍경을 그렸다. 반대로 2권 《권좌의 마리안: 1880~1914년 공화국의 초상과 상징》(Marianne au pouvoir: l'imagerie et la symbole républicaines de 1880 à 1914, 1989)은 권좌에 있던 조용하나 위풍당당한 마리안을 다루었다. 3권 《마리안의 변신: 1914년부터 현재까지 공화국의 초상과 상징》(Les Mtamorphoses de Marianne: l'imagerie et la symbole républicaines de 1914 à nos jours, 2001)은 다른 공화국의 상징들처럼 마리안이 비시 정권 시절의 공백에도 불구하고 정치적으로 합법화되는 경로를 밝혔다. 3권은 마리안의 승리가 지불한 대가가 공민도덕, 선거 민주주의와 평등의 알레고리로서 1970년대 이전에 마리안이 떠맡았던 의미를 퇴색하게 했다는 약간 안타까운 어조로 가득 채워졌다. 대신에 마리안은 대중매체에서 전형적인 프랑스의 화신으로 사용되었고, 브리지트 바르도, 미레유 마티외, 카트린 드뇌브, 레티티아 카스타 같은 국민 여배우의 모습으로 형상화되었다. 현재 이 대중적이고 유명한 마리안은 대부분의 도시 시청 홀에 전시되어 있다. 유로화가 채택되면서 주화에서 사라진 것은 마리안이 공식적 표상에서 대부분 퇴거했다는 사실을 나타낸다. 그 점에서 아귈롱은 200년 후에 끝마치게 될 역사 주기를 그렸다. 3부작 외에 초상에 관해 피에르 봉트와 공동 집필한 두 권의 책이 더 있다.

1986년 아귈롱은 콜레주드프랑스 교수로 임명되었고(1997년에 퇴임했다), 그때부터 공식 자격을 가진 조언자이자 기고자로서 중요한 역할을 담당했다. 그가 추진한 프로젝트는 "역사 연구와 기념에 관한 한 쌍의 프로젝트였다. …… 이 서로 다른 일은 연결되어 있다. 기념은 종종 역사 연구 이상을 필요로 하는 일이고, 그렇게 해서 지식을 증진시킨다. 그리고 지식은 우리에게 기억력을 기르고 유지하도록 도와준다." 아귈롱은 1989년에 미셸 보벨이 주도한 프랑스혁명 200주년 기념 대형 초상 전시회를 감독하는 중요한 역할을 맡았다. 그의 프로젝트는 1848년 혁명 50주년을 기념하는 공식 학술 행사에서도 큰 역할을 한 1998년까지 이어졌다. 1999년부터 그는 국가기념 고위위원회의 위원으로 임명되었고, 2001년에는 마리안, 삼색기, 마르세예즈가 공식적으로 상징했던 비중의 변화를 추적한 탁월한 논문 〈프랑스 공화국과 그 상징들〉(La République et ses symboles)을 공화국의 공식 웹사이트에 기고했다. 그는 그동안의 공헌을 인정받아 1989년 레지옹도뇌르 슈발리에, 1994년 교육공로훈장, 1995년 문학예술공로훈장, 1998년 레지옹도뇌르 오피시에 훈장을 받았다.

아귈롱은 1997년에 《쿠데타와 공화국》(Coup d'Etat et République)을 출판했고, 2000년에는 개인적으로 드골에 매료되지 않았음을 시인하면서도 나폴레옹이나 잔다르크만큼이나 신화적 지위를 갖게 된 사람과 타협을 시도한 《드골: 역사, 상징, 신화》(De Gaulle: histoire, symbole, mythe)를 출판했다. 게다가 일련의 남성 재임자들이 공화국의 화신인 마리안을 교체하는 데 전환점이 된 것은 1962년에 공화국 대통령 드골에 대한 직접선거(프랑스 역사에서 1848년 루이 나폴레옹에 대한 첫 번째 직접선거 이후 두 번째 선거)였다. 아귈롱은 프랑스 공화국의 역사에서 드골의 위상에 대해 다른 감상을 내놓았지만 아귈롱이 자양분을 주었던 공화국의 가치들을 세우고 옹호했던 사람들 사이에서 1851년의 반란자들을 기억해야 한다는 신념은 결코 흔들린 적이 없다. 아귈롱에 따르면 "나는 드골과 공화국의 초상을 바꾸려고 했다. 그 이유는 내가 12월 2일 쿠데타 직후의 테러리스트와 5월 13일 '쿠데타' 직후 태평함의 차이를 아는 데에 가장 좋은 위치에 있는 사람 가운데 한 명이기 때문이다."(개인 편지)

박사 학위논문을 완성한 직후 아귈롱은 드골주의에 반대하는 것 못지않게 대학 개혁에 기여하면서 공교육연맹 산하 고등교육 부문의 조직자로서 1968년 '운동'에 깊숙이 관여했다. 그는 1960년에 역사에 대해 너무 경직되고 편협하다고 생각하던 프랑스공산당과 결별한다. 비자본주의 사회들의 억압의 역사는 프랑스공산당의 정치학을 정당화하지 못했다. 아귈롱의 정치적 견해는 젊은 시절부터 형성된 것이었지만 나중에 그는 프랑스혁명의 자코뱅-레닌주의 도식의 화신으로 경직성과 공산주의적 정통성 양쪽 모두를 비판했던 알베르 소불을 열렬하게 옹호했다. 1982년 그는 《르몽드》에 실은 소불의 부고 기사에서 소불의 연구가 공산주의 독재를 정당화했음을 근거로 내세워 그를 공격하던 사람들의 반공산주의적 동기를 비판했다(《상퀼로트들의 역사가》, 《프랑스혁명사 연보》 249, 1982).

1987년 피에르 노라가 편집 출판한 《에고-역사 에세이》(Essai d'égo-histoire)에 대한 자전적 기고문 〈무대 뒤편에서〉(Vu des coulisses)에서 아귈롱은 자신을 자국사와 상징의 역사에 점점 관심을 가진 온건한 사회주의자 또는 사회민주주의자라고 밝히고 있다. 아귈롱이 역사서술에서 보여 준 자기성찰은 놀라울 정도의 명료함, 가독성, 겸손함, 상세하게 묘사하는 안목, 지적 솔직함 같은 특징을 보여 준다. 1970년 바르 도에 관한 권위 있는 연구가 완성된 이후 그의 연구 활동은 두 가지 광범위하고 상호 연관된 관심사로 이어졌다. 첫 번째는 통속적인 상징 역할뿐 아니라 정치체제 및 가치들의 공식적 표상을 조사하고 해석하는 일이었다. 그 결과 두 번째는 프랑스 공화국의 공식 역사가로서 책임감 또는 어떤 의미에서 공민의 의무를 띠는 것이었다. 아귈롱은 자신이 1946년 프랑스공산당에 입당한 것이 공화국의 '순수한' 가치들과 애국의 의무를 나타냈던 신념의 결과라고 말했다. 1960년대 들어 그 신념을 포기했지만 건전한 정치 형태의 공민적 가치에 대한 열정적 헌신은 변함이 없었다.

문지영 옮김

참고 자료

책

Histoire de la Provence, by Maurice Agulhon, Raoul Busquet, and V. L. Bourilly (Paris: Presses Universitaires de France, 1966).

La Sociabilité méridionale: confréries et associations dans la vie collective en Provence orientale à la fin du XVIIIe siècle (Aix-en-Provence: La Pensée Universitaire, 1966); republished as *Pénitents et francs-maçons de l'ancienne Provence: essai sur la sociabilité méridionale* (Paris: Fayard, 1968).

La République au village: les populations du Var de la Révolution à la Seconde République (Paris: Plon, 1970).

La Vie sociale en Provence intérieure au lendemain de la Révolution (Paris: Société des études Robespierristes, 1970).

Une ville ouvrière au temps du socialisme utopique: Toulon de 1815 à 1851 (Paris: Mouton, 1970).

CRS à Marseille: la police au service du peuple (1944-1947), by Maurice Agulhon and Fernand Barrat (Paris: A. Colin, 1971).

La France de 1914 à 1940, by Maurice Agulhon and André Nouschi (Paris: Nathan, 1971).

La France de 1940 à nos jours, by Maurice Agulhon and André Nouschi (Paris: Nathan, 1972).

1848 ou l'apprentissage de la République, 1848-1852 (Paris: Editions du Seuil, 1973).

Apogée et crise de la civilisation paysanne, 1789-1914 by Maurice Agulhon, Gabriel Désert, and Robert Specklin, vol. 3 of *Histoire de la France rurale*, edited by Georges Duby and Armand Wallon, 4 vols. (Paris: Seuil, 1976).

Le Cercle dans la France bourgeoise, 1810-1848:étude d'une mutation de sociabilité(Paris: A. Colin, 1977).

Marianne au combat: l'imagerie et la symbolique républicaines de 1789 à 1880 (Paris: Flammarion, 1979);《마리안느의 투쟁》(전수연 옮김, 한길사, 2003).

Les Associations au village, by Maurice Agulhon and Maryvonne Bodiguel (Le Garadou: Actes Sud, 1981).

Histoire vagabonde, 3 vols. (Paris: Gallimard, 1988-96).

Marianne au pouvoir: l'imagerie et la symbolique républicaines de 1880 à 1914 (Paris: Flammarion, 1989).

La République: de Jules Ferry à François Mitterrand, 1880 à nos jours (Paris: Hachette, 1990).

Coup d'état et République (Paris: Presses des Sciences Po, 1997);《쿠데타와 공화정》(이봉지 옮김, 한울, 1998).

De Gaulle: histoire, symbole, mythe (Paris: Plon, 2000).

Marianne dans la cité, by Maurice Agulhon and Pierre Bonte (Paris: Imprimerie nationale, 2001).

Les Métamorphoses de Marianne: l'imagerie et la symbolique républicaines de 1914 à nos jours (Paris: Flammarion, 2001).

Histoire et politique à gauche: réflexions et témoignages (Paris: Perrin, 2005).

La République en représentations: autour de l'oeuvre de Maurice Agulhon, by Maurice Agulhon,

Annette Becker, Evelyne Cohen, et al. (Paris: Publications de la Sorbonne, 2006).

Les Mots de la République, with the assistance of de Patrick Cabanel, Georges Mailhos, and Rémy Pech (Toulouse: Presses Universitaires du Mirail, 2007).

편집한 책

Les Quarante-huitards, edited by Maurice Agulhon (Paris: Gallimard/Julliard, 1975).

Histoire de Toulon, edited by Maurice Agulhon (Toulouse: Privat, 1980).

L'Impossible prison: recherches sur le système pénitentiaire au XIXe siècle, edited by Maurice Agulhon, Michelle Perrot, and Michel Foucault (Paris: Seuil, 1980).

La Ville de l'â ge industriel, edited by Maurice Agulhon, vol. 4 of *Histoire de la France urbaine*, edited by Georges Duby, 5 vols. (Paris: Seuil, 1983).

Les Maires en France, du Consulat à nos jours, edited by Maurice Agulhon, L. Girard, M. Robert, and W. Serman (Paris: Publications de la Sorbonne, 1986).

L'Election du Chef de l'Etat en France de Hugues Capet à nos jours: entretiens d'Auxerre 1987, edited by Maurice Agulhon, Léo Hamon, and Guy Lobrichon (Paris: Beauchesne, 1988).

La Révolution vécue par la province: mentalités et expressions populaires en Occitanie: actes du colloque réuni à Puylaurens les 15 et 16 avril 1989, edited by Maurice Agulhon (Béziers: Centre international de documentation occitane, 1990).

Le XIXe siècle et la Révolution française, edited by Maurice Agulhon (Paris: Créaphis, 1992).

Marianne: les visages de la République, edited by Maurice Agulhon and Pierre Bonte (Paris: Gallimard, 1992).

Nation, patrie, patriotisme, edited by Maurice Agulhon and Philippe Oulmont (Paris: La Documentation Française, 1993).

Flora Tristan, George Sand, Pauline Roland: les femmes et l'invention d'une nouvelle morale, 1830-1848, edited by Maurice Agulhon (Paris: Créaphis, 1994).

La Terre et la cité: mélanges offerts à Philippe Vigier, edited by Maurice Agulhon, Alain Faure, Alain Plessis, and Jean-Claude Farcy (Paris: Créaphis, 1994).

Cultures et folklores républicains, edited by Maurice Agulhon (Paris: Comité des travaux historiques et scientifi ques, 1995).

Les Révolutions de 1848 et l'Europe des images, edited by Maurice Agulhon, 2 vols. (Paris: Edition de l'Assemblée nationale, 1998).

La France d'un siècle à l'autre 1914-2000: dictionnaire critique, edited by Maurice Agulhon, Jean-Pierre Rioux, and Jean-François Sirinelli (Paris: Hachette Littératures, 1999).

참고문헌

Agulhon, Maurice, "Histoire contemporaine et engagements politiques," *Mélanges de la Casa de Velázquez*, 34 (2004): 273-91.

Agulhon, Maurice, "Vu des coulisses," in *Essais d'égo-histoire*, edited by Pierre Nora (Paris: Gallimard, 1987), pp. 20-3.

Charle, Christophe, et al. (eds.), *La France démocratique: combats, mentalités, symboles:mélanges offerts à Maurice Agulhon* (Paris: Publications de la Sorbonne, 1998).

Popkin, Jeremy D., "*Ego-histoire* and beyond: contemporary French historian-autobiographers," *French Historical Studies*, 19 (1996): 1139-67.

33

프랑수아 퓌레

1927~1997

François Furet

프랑수아 퓌레

마빈 콕스

　미국의 정치학자 마이클 모셔는 1997년 프랑수아 퓌레의 사망에 즈음하여 학술지 《정치 이론》(Political Theory)에 기고한 글에서, 세상을 떠남으로써 오히려 사람들의 눈길을 끌게 된 그의 이력에서 두드러진 양상을 이렇게 확인했다. 퓌레는 "프랑스 지식인들이 마르크스주의로부터 탈출하는 움직임을 주도한 사람"이었다. 같은 동기에서 영국 신문 《인디펜던트》에 기고한 콜린 루카스는 퓌레의 메시지가 "학계를 넘어서 일반 대중의 마음에까지" 영향을 끼쳤다고 말했다. 퓌레는 걸출한 대중적 지식인이었고, 광범위한 비전공 교양 독자층을 대상으로 글을 쓰는 박학다식한 작가였다. 이러한 면에서 가장 유명한 저작은 마지막 책인 《과거의 환상》(Le Paseé d'une illusion, 1995)이다. 이 책은 말하자면 '20세기 공산주의 이념'의 역사였다. 책 서문에서 퓌레는 자신이 이 주제와 '개인사적으로 연관'이 있다고 고백했다. '마르크스주의로부터의 탈출'에 합류했

847

던 독자 대중의 관심을 끌었던 것은 기본적으로 바로 이러한 측면이었다.

'개인사적 연관'은 퓌레가 공산주의의 매력을 설명하는 대목에서 가장 분명하게 드러나고 있다. 그 호소력의 한 측면은 소비에트사회주의공화국연방(USSR)이 나치 독일을 격퇴하는 과정에서 한 역할과 프랑스 공산주의자들이 레지스탕스에서 수행한 중추적 역할과 관계가 있다. 승리의 이데올로기인 공산주의는 제3공화국과 제4공화국으로 대표되는 부패하고 비효율적인 '부르주아민주주의'보다 우월해 보였다. 전후의 상황을 뛰어넘는 한층 더 심오한 매력은 퓌레가 공산주의 '역사 종교'라고 불렀던 것, 즉 인류가 프롤레타리아의 새천년을 향해서 거침없이 나아가고 있고 젊은 공산주의자들이 그 과정에서 행동 주체라는 믿음으로부터 나온다.

'개인사적 연관'에 따라 퓌레는 그 자신을 무언가 대표적인 인물로 제시했는데, 한 가지 중요한 점에서 그가 그렇게 한 것은 옳다. 1927년에 태어난 퓌레는 제2차 세계대전 직후 성년이 된 세대에 속한다. 그 세대의 수많은 의식 있는 프랑스인들이 소비에트연방을 찬양하고 패퇴한 제3공화국을 경멸했지만, 공산주의의 매력은 그 무렵 퓌레가 속한 계층의 젊은이들 사이에서 특히 강렬했다. 이 계층은 특권층에 속했고 파리에 근거를 두고 있었다. 은행장의 아들인 퓌레는 어린 시절의 대부분을 파리 16구의 상류사회에서 보냈다. 이 계층 젊은이들은 명문 중고등학교에 진학했고 그랑제콜에 다녔는데, 여기에서 그들은 장폴 사르트르 같은 전위적인 좌파 사상가들의 생각을 접하게 되었다. 나중에 퓌레는 자신이 이러한 정치 노선으로 기울게 된 것이 특수한 상황 때문이었다고 말했다. 그의 조상 중에는, 누명을 쓰고 반역자로 고발된 유대인 장교 드레퓌스를 옹호했던 공화파도 있었다. 1890년대에 프랑스 급진파는 드레퓌스 구명 운동에 착수한 바 있다. 그다음 세대인 조르주 모네는 1930년대 인민전선 정부의 사회당 각료였다. 그의 직계 조상들은 거의 모두가 반교권적이어서 퓌레는 다른 급진 부르주아 젊은이들을 공산주의에서 격리시켰던 가톨릭의 영향이 차단된 상태에서 양육되었다. 1949년 퓌레가 공산당에 입당했을 때, 막 싹트기 시작한 역사적 상상력을 조금 펼치기만 해도 자신이 19세기 나아가 프랑스혁명으로 거슬러 올라가는 좌파적 진보를 완성하고 있다고 생각할 만했다.

《과거의 환상》을 대표하는 인물상은 1986년의 인터뷰에서 투사된 자기 이미지 '우상파괴자 퓌레'를 통해서 균형을 이룬다. 이 두 인격을 다 참작한 퓌레의 인생 이야기는 그를 잘 닦인 길 위에서 출발했다가 그 길을 벗어나기를 되풀이한 인물로 소개할 것이다. 우선 학창 시절이 그런 모습을 잘 보여 준다. 비범한 징후를 보이던 늦은 청춘기에, 그는 프랑스 지식인 엘리트의 산실인 고등사범학교에 진학하려고 집중 준비반 과정에 등록했다. 하지만 합격하지 못했고 법과대학에 진학한 뒤 이어서 역사학을 전공했다. 더 진지한 관심은 역사 연구 쪽에 있었다. 1954년 그는 구체제를 전공한 저명한 역사가 에르네스트 라브루스의 지도 아래, '8월 4일의 밤'(La nuit du quatre août)에 관한 논문으로 교수자격시험을 위한 요건을 갖추었다.

이 논문으로 퓌레는 학자로서 경력을 시작할 수 있는 문 앞에 섰다. 하지만 다음 단계를 밟지 않았고 박사 학위논문을 끝내지 못했다. 그 대신에 1960년 인문과학고등연구원(Haute école des sciences humaines) 제6부의 연구조교로 대학에 일자리를 잡았다. 그는 프랑스의 정규대학 시스템 바깥에 있었지만, 이 자리 덕분에 학술지 《아날: 경제·사회·문명》에 참여하는 세계적으로 저명한 역사가들과 가까이 있을 수 있었다 (페르낭 브로델이 퓌레의 자리를 마련해 주었다). 그는 또 다른 아날학파 역사가인 아들린 도마르와 협력해서 첫 번째 학문적 업적인 《18세기 중반 파리의 사회구조와 사회관계》(Structures et relations sociales à Paris au milieu du XVIIIe siècle, 1961)를 출간했다.

하지만 이번에도 그의 경력은 곧장 앞으로 나아가지 못했다. 퓌레가 프랑스 독자들에게 처음 이름을 알린 것은 이 첫 번째 저서와 함께 아날학파로서가 아니라, 1958년 초에 유명한 시사 잡지 《프랑스 옵세르바퇴르》(France observateur)의 서평 작가이자 역사 평론가로서였다. 이처럼 퓌레는 역사가로 명성을 얻기 전에 대중적 지식인으로 이름을 알렸고 그에 걸맞은 경력을 쌓기 시작했다. 1950년대 말 프랑스에서 대중적 지식인은 급진적 대의를 옹호하는 자와 동일시되었는데, 그 뒤로 6년 동안 퓌레는 탈식민화와 좌파의 관심사를 다루는 글을 자주 썼다. 하지만 그는 곧 좌파와의 관계에서 학창 시절 그들 세대가 택했던 길로부터 가장 뚜렷하게 이탈했다.

정확하게 언제 그러한 이탈이 일어났는지는 분명하지 않다. 《과거의 환상》에서 퓌레는 그런 이탈이 일어난 것은 1956년 소비에트가 헝가리의 반공산주의 혁명을 진압한 직후였다고 암시했다. 그런가 하면 그 뒤로 《프랑스 옵세르바퇴르》에 기고한 글들은 이 최초의 각성 뒤에도 극좌파에 대한 공감이 남아 있었음을 보여 준다. 마르크스주의와 절연한 형태에 관해서도 불분명한 점이 있다. 부고 기사에서 퓌레의 가장 잘 알려진 글을 언급한 《르몽드》는 퓌레 필생의 작업은 고유한 의미에서 프랑스 혁명사라기보다는 오히려 "혁명적 열정의 운명인 장기적인, 아주 장기적인 역사"를 완성하는 것이었다고 말한다. 이러한 평가는 역사서술이 그에게 저널리즘의 확장이었고, 대중적 지식인으로서 그가 '마르크스주의로부터 탈출'을 주도했다는 사실을 암시한다. 퓌레는 사실 반마르크스주의 지도력 덕분에 전문 역사가로서 신임장을 획득했다. 여전히 급진적이었던 독서계는 그를 마르크스주의 정통 해석, 곧 프랑스혁명이 본질적으로 부르주아지에 의한 봉건제 타도였다는 생각, 더 간단하게 말하자면 부르주아혁명이라는 개념의 수정을 처음 발의한 사람으로 기억했다.

수정주의자로서 퓌레는 앨프리드 코반과 그 명성을 나눠 가졌다. 이 영국 역사가가 수정을 시작했다고 널리 인정되었고, 수정이 '혁명의 고향' 으로 넘어오기 전에 영국에서 시작되었다는 인상이 영어권 나라에 퍼졌다. 사실 수정주의자로서 퓌레의 경력은 코반만큼이나 멀리 거슬러 올라가는데, 매제인 드니 리셰와 함께 저술한 삽화가 많이 실린 두 권짜리 역사책 《프랑스혁명》(La Révolution, 1965, 1966)과 함께 시작되었다.

이 책은 애당초 자유민주주의 노선으로 나아가던 프랑스혁명이 1790년대 초 진로를 이탈한 뒤 독재와 공포정치를 향해 질주했다는 이른바 '일탈'(dérapage)이라는 개념을 도입했기 때문에 주목을 받았다. '일탈'은 주로 정치의 전개와 관련되어 있지만, 특히 퓌레가 집필한 이 책에서는 '사회적 변화'로 제시되기도 했다. 이러한 변화에 대한 퓌레의 논평은 코반이 《프랑스혁명의 사회적 해석》(The Social Interpretation of the French Revolution, 1964)에서 비판했던 마르크스주의 '정통' 해석과 동일한 측면에 관해서 문제들을 제기한다. 퓌레는 프랑스혁명이 결국 자본가들의 지배로 끝을 맺었다는 정통 해석의 기본 명제에 넌지시 의문을 던졌다. 퓌레는 혁명 후 지배계급이 표면적으로는 자본가 부르주아지를 닮았다고 인정하면서도, 이 계급의 핵심에 있던 은행가들의 활동은 전형적이고 이윤 지향적이며 생산적인 근대 경영 기법과 거의 공통점이 없었다고 말한다. 그런 방법에 헌신했던 기업가들은 1789년에 주도적인 역할을 했지만, 일단 혁명이 왼쪽으로 방향을 바꾸자, 경제 권력은 기술적으로는 새롭지만 현실적으로 구체제의 기생적인 궁정 자본가들에게 귀를 기울였던 사람들의 수중에 떨어졌다. 선배들과 마찬가지로 그들은 재정 혼란으로 돈을 벌었다. 프랑스혁명의 역사적 위상에 대한 퓌레의 판단은 '정통' 해석의 또 다른 가정에 대해서 문제를 제기한다. 퓌레가 학생이었을 때 주도적인 마르크스주의 역사가였던 조르주 르페브르는 프랑스혁명이 산업화를 가로막는 봉건적 장벽을 제거하고 자본주의로 나아가는 길을 닦았다는 견해를 제시했다. 한편 퓌레는 혁명이 프랑스에 정체된 농업 경제라는 짐을 지웠다고 말한다. 그는 이러한 결과를 일탈과도 결부시켰다. 1789년에 프랑스 경제는 자본주의 방향으로 움직이고 있다는 신호를 보냈지만, "전쟁과 파리의 민중"이 혁명과 국민을 "18세기의 지성과 부가 프랑스를 위해 그려 놓은" 거대한 경제적 궤도로부터 빗나가게 했다. 구체제의 낡은 상태가 다시 나타난 것이다.

퓌레가 '정통' 해석으로부터 이탈한 것은 마르크스주의의 '역사 종교'에 동의하지 않을 뿐 아니라 이를 신봉하는 지식층들과도 의견을 달리한다는 또렷한 신호였다. 프랑스혁명의 사회적 성격과 경제적 의미에 관한 퓌레의 결론은 그가 마르크스주의 해석의 토대를 잠식하던 최신 연구에 상당히 정통했다는 사실을 보여 준다. 프랑스혁명의 경제적 결과에 대한 그의 평가는 장 부비에, 마르셀 질레와 공동으로 연구한 성과물인 《19세기 프랑스의 수익 변동》(Le Mouvement du profit en France au XIXe siècle, 1965)의 견해와 일치한다. 이 책은 퓌레가 경제사의 배경 지식이 없고 실증적 연구자로서 경험이 없다는 널리 퍼진 또 다른 오해를 바로잡아 준다.

퓌레의 이후 경력은 그런 오해를 설명해 준다. 리셰와 함께 쓴 혁명사는 퓌레가 결국 사회사와 사회경제 연구로 진출했음을 의미한다. 직업이라는 면에서 볼 때, 그 이후에도 퓌레는 기본적으로 프랑스혁명사 연구에 초점을 두었다. 그의 경력에서 꽤나 긴 이 국면은 1971년 이른바 '혁명의 교리문답'(Le catéchisme révolutionnaire)이라고 알려진, 퓌레와 리셰의 혁명사에 대한 마르크스주의 역사가 클로드 마조리크의 비판에 대응하면서 시작되었다. 퓌레는 1978년에 이 글을 다른 논문 두 편과 함께 묶어 한 권의 책으로 펴냈다. 《프랑스혁명에 대한 생각》(Penser la Révolution française, 1978)은 퓌레의 경력과 유럽의 역사 연구에서 하나의 전환점이었다. 이 책은 '정통' 해석에 대한 초기의 수정을 진척시켰다. 이미 의문시되었던 부르주아혁명 개념은 이제 '형이상학적 괴물'로 구제불능이 되었다. 그러나 이 책은 기본적으로 마르크스주의의 오류에는 관심이 없다. 이 책은 주로 역사가들의 생각과 일반인들의 심리에 미치는 프랑스혁명 자체의 위력을 다루고 있다. 프랑스에서는 프랑스혁명이 국민의 역사를 중세로 되돌리는 퇴행적인 흐름과 현재 및 미래로 향하는 미래 지향적 흐름으로 양분하는 분수령이라는 믿음이 널리 퍼져 있어 제대로 검토되지 않았다고 퓌레는 말한다. 이러한 확신의 마법에 홀리어 현대인들은 혁명적 흐름을 따라 앞으로 나아갔고, 여전히 혁명 속에서 살며 혁명을 위해 투쟁하고 있다는 망상에 사로잡혀 있다. 이 책의 주된 목적은 이러한 환상을 깨는 것이었다. 그래야만 프랑스인들은 "혁명이 끝났다"는 현실을 인정할 수 있을 터였다.

《프랑스혁명에 대한 생각》은 교양 있는 독자들을 위해 저술되었고 대중적으로 성공을 거두었다. 그러나 퓌레는 프랑스혁명을 다시 살펴보고 신비감을 깨뜨리는 과업을 동료 역사가들에게 위임했다. 그는 그 과업에 어떻게 접근해야 하는지에 관해 몇 가지 독창적인 생각을 발전시켰다. 기본적으로 그가 주장한 것은 "더 멀리 뛰기 위해서 뒤로 물러서는" 방법, 즉 망상을 극복한 과거의 몇몇 역사가들에게 되돌아가는 전략이다. 이 방법은 그가 '사건 기록'이라고 불렀던 것에 고착되어 있는 미래의 역사가들에게 길을 일러 줄 터였다.

그런 역사가 가운데 으뜸은 단연 알렉시 드 토크빌이다. 퓌레는 토크빌의 여러 저작을 자유자재로 활용하면서, 이 위대한 사상가를 역사 연구의 한계를 뛰어넘기 위한 수단으로 삼았다. 토크빌이 부르주아혁명 개넘에 찬동했음에도, 퓌레는 토크빌을 '정통' 해석의 전통 바깥에 자리매김했다. 그는 토크빌을 역사가들 사이에서 매우 유명하게 만든 논제를 왜곡했다. 올바르게 이해된 논제는 혁명 탓으로 돌리는 많은 변화들이 혁명 이전에 이미 나타나고 있었다는 것이다. 퓌레는 이를 재해석하면서 혁명이 토크빌이 말한 사회적 '동란'이라기보다는 일종의 '용두사미'(anti-climax)였다는 식으로 말했다. 퓌레는 토크빌이 식별해 낸 18세기와 19세기의 연속성이 구체제의 낡은 특성들의 존속과 관련이 있다고 지적함으로써 두 번째로 이 논제를 왜곡했다. 토크빌이 다가올 무언가가 형성되고 있다고 보았던 혁명 전의 상황이 실은 조숙한 근대였고, 특히 "부르주아적이고 민주적"이었다.

그러나 퓌레는 자신의 역사 연구 전략을 실현하는 데 결정적인 몇 가지 중요한 항목에서, 토크빌 관해서 옳았다. 토크빌이 '정통' 해석의 몇 가지 기본 전제를 인정했을지라도, 그는 '정통파' 역사가들이 상정했던 것처럼 프랑스혁명이 인류에게 한층 더 높은 생활수준을 가져다주었다고 생각하지는 않았다. "(새로운 시대의) 도래"로서 혁명에 대한 토크빌의 회의주의를 공유하는 역사가들은 결국 '냉정'해질 수 있을 것이라고 퓌레는 말한다. 토크빌의 가장 중요한 역사서 《앙시앵레짐과 프랑스혁명》(L'Ancien Régime et le Révolution)에 대한 퓌레의 설명에서 현대 역사가들이 모방하는 또 다른 강점이 드러난다. 이 책은 냉정할 뿐 아니라 분석적이다. 쥘 미슐레와 대부분의 다른 좌파 역사가들은 혁명가들이나 혁명 자체와 동일시했던 역사 이야기를 썼지만, 토크빌은 스스로를 사건으로부터 떼어 놓음으로써 "사건을 분해하기" 위한 수단을 마련했다.

그러나 토크빌은 프랑스혁명사를 쓰지 않았다. '정통' 해석의 혁명사 서술이 무엇인지를 묘사하기 위해서, 퓌레는 토크빌보다 훨씬 더 역사학계 국외자의 틀에 잘 들어맞는 20세기 초 역사가 오귀스탱 코생의 책들을 이용했다. 퓌레에 따르면, 코생의 강점은 일반적인 관행과 달리 프랑스혁명을 구체제와 19세기 사이에 낀 하나의 삽입구가 아니라 그 자체로서 하나의 시대로 다루었다는 점이다. 코생은 이 시기를 집중적으로 조명해서 그 시대의 두드러진 특징이 '생소함'(strangeness)이라는 것을 밝혀냈다. 이 생소함의 일부는 혁명가들의 시간관념에서 비롯되었다. 평등주의적 이상 사회라는 18세기의 꿈이 한층 더 실현 가능한 것으로 보이자, 괘종시계와 전통 달력의 시간이 천년왕국의 전망에 길을 내주었다. 과거와 비교해 볼 때 시대 또한 낯설었다. 그 시대에 사람들은 근대 민주주의 정치의 탄생을 목도했기 때문이다. 프랑스혁명은 주권을 인민에게 귀속시켰다. 마치 구세주를 기다리는 것과도 같은 상황에서, 이 권력은 헌정 체제 안에서 그런 것처럼 이론적으로 인지된 것이 아니라 글자 그대로 인식되었다. 실제로 그 권력은 군중의 권력으로 해석되었다. 따라서 주권을 가진 군중은 그들의 유토피아적 강령을 실현하기 위해 투쟁하기 때문에 자신들을 방해하는 자들은 정적으로 간주되는 정도가 아니라 극악무도한 원수가 된다. 민중 주권과 천년왕국의 시간관념은 공포정치가 시작되는 데 주된 요인이 되었다. 그 배후에 있는 결정적 요인과 근대 민주정치의 본질적 특징은 극소수 광신적 이데올로그들이 매우 고양된 상태의 민중을 교묘하게 조작한다는 것이다.

퓌레는 혁명가들의 심리적 경향과 정치적 행태에 관해 코생의 거의 잊혔던 견해가 프랑스혁명의 역사적 위상에 관한 새로운 사고방식을 마련해 준다고 생각했다. '정통파'를 비롯한 역사가들에게, 프랑스혁명의 의미는 언제나 사회적이고 경제적인 것으로 인식되어 왔다. 그러나 주류뿐만 아니라 코생까지 참조하는 역사가들은 그 의미가 정치적이고 문화적이라는 것, 즉 장차 퓌레를 따라다니게 될 유명한 구절인 혁명의 '정치문화' 속에 프랑스혁명의 의미가 있다는 점을 깨닫게 될 것이다. 이 문화는 프랑스혁명이 세계에 남긴 첫 번째 유산이다. 그런 양상은 소비에트 러시아에서 다시 나타났다. 퓌레는 그 정치문화는 공산화된 중국과 크메르루주 치하의 캄보디아에서 여전히 힘을 발휘하고 있다고 암시했다. 그것은 전체주의 사회의 공통된 문화이다.

퓌레는 또한 혁명의 정치문화가 그 원조 국가에 결정적인 영향을 주었다고 생각했다. 혁명가들이 퍼뜨린 "(새로운 시대의) 도래"로서 혁명이라는 신화는 당대의 프랑스인들이 혁명의 흐름 속에서 앞으로 나아가고 있다고 확신하게 만들었다. 프랑스혁명 이후 거의 한 세기 동안, 바로 그 신화 탓에 프랑스인들은 안정된 민주주의 체제를 수립하지 못했다. 1790년대 좌절된 유토피아의 약속을 격렬하게 추구하면서, 파리의 급진파들은 여러 차례 온건파 동료 시민들을 반동으로 몰아갔다. 퓌레는 이러한 양상을 관찰하고 프랑스의 오랜 절대주의 경험이라는 측면에서 이를 설명한 공로를 토크빌에게 돌렸다. 그 경험이야말로 혁명가들의 폭군적인 권력욕의 원천이자 반동주의자들이 기꺼이 독재에 순종한 까닭이었다. 《좌파와 19세기 중반의 프랑스혁명》(La Gauche et la Révolution française au millieu du XIXe siècle, 1986)에서 퓌레는 역사학계의 세 번째 국외자 에드가 키네가 이러한 양상의 함의를 찾아낸 사람이라고 확인했다. 왕당파인 코생이나 실용적 자유주의자인 토크빌과 달리, 키네는 스스로를 1851년 '쿠데타' 이후 루이 나폴레옹에 의해 추방된 전투적 공화주의자로 규정했다. 키네는 망명 중에 출간한 혁명사에서 제2공화국 실패의 책임을 타도한 사람이 아니라, 1789년 이래 프랑스의 혁명적 역동성이 본디 안고 있는 극단주의 탓으로 돌렸다. 키네의 저서가 던지는 메시지는, 혁명과 반동이 되풀이되는 양상을 깨고 제2제정을 안정된 공화정으로 대체하려면 프랑스 민주파가 급진주의 전통을 부정하고 실증주의 정신에 입각해서 영국의 의회정치와 실용적인 미국 의회의 관행을 채택해야 한다는 것이다. 1985년에 출판한 논문집에서 퓌레는 장수한 제3공화국의 '창건자' 쥘 페리가 19세기 말에 이 실용주의적 사고를 열매 맺게 한 정치가였다고 주장했다.

《프랑스혁명에 대한 생각》이 출간되기 전에 퓌레는 비주류 역사가들 가운데 으뜸이었지만, 그 분야의 권위자였던 알베르 소불에게 괄시당한 국외자였다. 그러나 프랑스혁명 200주년인 1989년 《누벨 옵세르바퇴르》는 퓌레가 '프랑스혁명의 왕'(King of the Revoluiton)이라고 선언했다. 혁명사 연구를 지배하는 권위자로서 퓌레의 지위는 전해에 출판된 두 권의 저서로 확고해졌다. 그 가운데 하나는 개설서 《튀르고에서 쥘 페리까지의 혁명》(La Révolution de Turgot à Jules Ferry, 1988)이다. 연대기 측면에서 엄밀하게 보자면 이 책은 수정주의자로서 경력을 시작하게 했던 글의 뒤늦은 속편이지만, 퓌레는 신판으로 구판을 대체할 작정이었다. 실제로 이 책은 말년의 역사적 성찰을 보여 주는 포괄적인 속편이다. 토크빌을 충실하게 따르는 퓌레는 자신이 다룬 시대를 1789~1799년과 1815~1851년 두 시기로 나누고, 이 두 동란의 사이클 아래로 흐르는 연속성을 식별해 냈다. 그 두 시기에 부르봉 왕정은 자유주의 혁명가들에게 희생되었는데, 그 뒤를 이어 권력을 계승한 공화파 급진주의가 절대주의로 복귀시킬 반동을 일으켰다. 첫 번째 주기에 대해 설명하면서 퓌레는 코생이 윤곽을 잡았던 주제들을 발전시켰다. 역동적으로 전진하는 국가 중심의 독재가 자신을 통제한다는 사실을 알아차리지 못한 채, 혁명가들은 인류사의 새로운 시대를 연다고 주장하면서 민족의 과거를 부인했다. 대신 그들이 조장한 것은 원(原)전체주의 정치문화를 낳게 될 천년왕국을 애타게 기다리는 분위기였다. 이제 '일탈'이라는 개념은 사라졌다. 퓌레는 이미 1789년 봄부터 혁명 지도자들의 메시아적 광신주의가 그들과 온건 정파들 사이에 합리적인 타협을 가로막았다고 주장한다. 불가피하게 공포정치와 독재가 뒤따랐다. 두 번째 주기의 이야기는 집산주의의 유토피아적 전망이 19세기 급진주의자들의 마음을 사로잡았기 때문에 1830년과 1848년에 생존 가능한 자유민주주의 체제의 수립이 저지되었다는 키네의 생각을 중심으로 펼쳐진다. 이 책의 마지막 부분은 쥘 페리에 대한 퓌레의 논평들을 묶은 책의 서문과 똑같은 교훈, 즉 혁명과 반동의 주기는 1789년에 시작해서 적극적인 공화파가 혁명 전통의 악령을 몰아내고 보수적인 민주주의를 수립했던 1870년대 말에 가서야 끝이 났다는 점을 강조한다. 나중에《르몽드》는 퓌레의 새로운 혁명사를 "프랑스혁명 200주년의 베스트셀러"라고 평가했다.

1989년에 아이서 월로치는《미국역사학보》에, 퓌레가 참여한 두 번째 책《프랑스혁명 비평사전》(Le Dictionnaire critique de la Révolution française, 1988)이 "프랑스혁명 200주년과 관련된 저작 가운데 그 위대한 사건에 대한 가장 진지하고 눈에 띄는 재평가"였다고 썼다. 이 책은 20세기 말 프랑스혁명 연구의 집대성이다. 그러나 베스트셀러가 된 퓌레의 혁명사와 마찬가지로, 이 책은 하나의 테제를 위한 간결한 변론이기도 하다. 퓌레가 쓴 편집자 서문과 집필한 글들에서 호방한 주장들이 분명하게 그리고 예언적으로 드러난다. 그는 공포정치의 기원을 1793년 공포정치가 공인된 정책이 되었을 때로부터 1789년 민중의 폭력이 폭발했을 때까지로 끌어올린다. 민중 폭력은 사실상 프랑스혁명 내내 혁명의 독특하고 변함없는 특징이었다. '자코뱅주의'에 관한 항목에서 그는 1790년대의 프랑스 급진파가 20세기의 전체주의 이데올로그들처럼 의회를 협박하고 대중을 조작했음을 보여 준다. 다른 역사가들이 퓌레 테제의 다른 측면을 발전시킨 글을 기고했는데, 이는 퓌레가 이제 외톨이 수정주의자가 아니라 엄연히 한 학파의 지도자라는 사실을 보여 준다. 혁명력 2년에 제정된 단명했던 달력에 관한 기고문에서, 퓌레와 공동 편집자이자 공

저자였던 모나 오주프는 의식적으로 전통적인 시간 척도와 단절하는 것
이 인류의 재생에 기여할 것이라는 혁명가들의 믿음을 자세히 설명했다.
퓌레 테제의 정신은 저 유명한 문서에 명문화된 권리들만큼이나 무제한
적인 주권에 대한 혁명가들의 믿음을 강조하는 '인간의 권리'에 관한 마
르셀 고셰의 글에서 잘 드러난다.

퓌레는 전성기 내내 인문과학고등연구원 소속이었다. 중간에 사회과
학고등연구원으로 이름이 바뀌었지만, 이 기관에서 그는 1977년부터
1985년까지 원장으로 봉직했다. 그는 고등연구원 소속으로 혁명사 연구
의 최고봉에 오른 첫 번째 역사가였고, '프랑스혁명의 왕들' 가운데 소르
본대학의 혁명사 강좌주임 자리에 오르지 못한 매우 드문 경우였다. 고
등연구원은 그와 함께 프랑스혁명사 연구의 중심으로서 소르본을 대신
했다.《아날: 경제, 사회, 문명》이 그 분야의 권위 있는 학술지로서 ('정통
파'의 학회지인)《프랑스혁명사 연보》(Annales historique de la Révolution
française)의 뒤를 이었다.

프랑스혁명에 관한 퓌레의 글들은《아날: 경제, 사회, 문명》과 고등연구
원의 영향을 받았다. 〈역사 이야기에서 역사 문제로〉(De l'histoire récit
à l'histoire problème, 1975)에서 퓌레는 아날학파가 서술의 횡포로부
터 역사가들을 해방시켰다고 찬양했다. 그에 따르면, 서술의 횡포는 소설
가 같은 연대기 작가들이 꾸며낸 분별없는 이야기의 흐름 속에 역사가들
을 빠뜨린다. 아날학파의 접근법은 역사가들에게 이야기가 제기하고 덮
어 버리는 문제들을 인지하고 해결할 수 있게 해준다.《프랑스혁명에 대
한 생각》에서 퓌레는 토크빌을 이용해서 (인정받지 못했던) 이러한 접근법
의 장점들을 보여 주었다. 혁명적 정치문화라는 관념을 발전시키기 위해
서 퓌레는 아날학파의 역사가들처럼 문화인류학을 비롯한 사회과학으로
부터 도입한 개념과 방법들을 적용했다. "(새로운 시대의) 도래로서 혁명"

을 설명하면서 그는 전통적인 역사가들이 몰랐던 개념인 '현실의 표상'에 의지했다. 혁명적 정치문화의 힘에 대한 주장은 신원 확인이 가능한 역사적 인물들이 작성한 문서에서 도출한 증거가 아니라 미셸 푸코의 용어인 '담론'(discourse)이 적용되는 널리 유포된 이미지와 문구들을 근거로 삼았다. 퓌레가 《튀르고에서 쥘 페리까지의 혁명》에서 한 세기에 걸쳐 전개한 바 있는 이 담론은 아날학파의 여러 가지 업적 가운데 하나인 심성사에 꼭 맞아떨어진다. 이 책의 연대기는 아날학파의 다른 원칙, 즉 이해되고 분석되기 위해서 중요한 역사 현상은 1789~1794년과 같은 짧은 시간이 아니라 장기지속의 전망 속에서 관찰되어야만 한다는 원칙에 부합한다.

아날학파의 총체적인 사고방식에 충실한 퓌레는 몇몇 저작에서 혁명사의 연구 범위를 뛰어넘었다. 그는 다른 아날학파 역사가들과 함께 새로이 대두하던 분야인 '인쇄 문화'에 대한 획기적인 연구 《18세기 프랑스의 책과 사회》(Livre et société dans la France du XVIIIe siècle, 1965, 1970)를 집필하고 편집했다. 그는 《아날》에 그 방법론에 관한 논문 〈계량사와 역사적 사실의 구축〉(Histoire quantitative et construction du fait historique, 1971), 여러 문화들 사이의 상호작용에 관한 논문 〈3세기에 걸친 문화적 이종교배〉(Trois siècle de métissage culturel, 1977), 그리고 주요 관심사에 한층 더 다가서는 토크빌에 관한 논문 〈패러다임의 탄생: 토크빌과 미국 여행 1825~1831〉(Naissance d'un paradigme: Tocqueville et le voyage en Amérique 1825-1831, 1984)을 발표했다.

자신의 전공인 혁명사와 확연하게 구별되는, 역사 연구 전반에 관한 대표작 《역사의 작업장에서》(Dans l'atelier de l'histoire, 1982)에서 퓌레는 이따금 아날학파의 수호자로 자처한다. 그는 아날학파에 역사가라는 직업을 '재탄생'시킨 공로를 돌리며, 아날학파가 사회과학의 방법들을 역사학에 접목시켰다고 칭찬한다. 그럼에도 한편으로 《아날》과 거리를 두기도 했다. 아날학파는 정치문화를 소홀히 했고, 퓌레가 기여한바 심성에 관한 연구는 기대했던 것보다 성과가 적었다. 20세기 말에 이르면 인간 경험의 모든 측면을 포괄하는 '전체사'를 이루어 내겠다는, 아날학파의 창립자 뤼시앵 페브르와 마르크 블로크의 열망이 지나친 야심이었다는 것이 밝혀진다고 퓌레는 말한다.

한창때 퓌레는 언론인이라기보다는 학자였지만 변함없이 대중적 지식인으로 활동했다. 《프랑스혁명에 대한 생각》 덕분에 그는 가장 많은 독자와 만날 수 있었다. 프랑스혁명 200주년 동안 베스트셀러 작가이자 텔레비전 해설가로서 그는 국민적 인물이 되었다. 그러나 이러저러한 수준에서 명성은 진로의 변화가 뒤따랐다. 그는 이제 급진적 대의의 옹호자가 아니라 회의론자의 모습으로 나타났다. 사실 프랑스혁명을 재해석하라는 그의 주장은, 그가 보기에 프랑스혁명이 발발한 이래 프랑스 사상가들을 괴롭혀 온 그 섣부른 믿음을 포기하라고 주장하는 것이기도 하다.

퓌레의 마지막 주요 저작은 20세기 공산주의에 대한 평가인데, 통념의 연대기를 확대하면서 급진적 주장을 믿지 않고 거리를 유지했던 대중적 지식인의 본보기가 되었다. 그는 정치 참여의 책무 때문에 공평무사한 진실 추구를 희생시켰던 프랑스 지식인들에 대한 최초의 본격적인 고발인 《지식인의 배반》(La Trahison des clercs, 1924)을 쓴 쥘리앵 방다를 인용했다. 퓌레는 《소비에트연방으로부터의 귀환》(Le Retour de l'URSS, 1936)에서 인민전선의 망상적인 정치에 사로잡혀 있던 프랑스인들에게 스탈린주의의 실패를 폭로한 앙드레 지드를 상당히 길게 다루었다. 이 소수의 회의론자들 가운데 진정으로 본보기가 될 만한 인물은 레몽 아롱이다. 공산주의의 매력에 대한 아롱의 평론 《지식인의 아편》(L'Opium des intellectuels, 1955)은 《과거의 환상》의 예고편으로서 돋보인다. 퓌레는 레몽아롱연구소를 설립해서 죽을 때까지 소장을 맡았다. 이 기간에 퓌레는 시카고대학에서 해마다 한 학기씩 강의도 했다. 급진적인 주장에서 더 멀리 떨어져 나온 그는 1997년 아카데미프랑세즈 회원으로 선출되었다.

퓌레는 기존의 전통을 깼다. 하지만 역사 연구와 그 시대 지성사의 관계는 그의 인생 윤곽보다 더 복잡하다. 마르크스주의에 대한 그의 태도는 이러한 복잡성의 한 단면을 보여 준다. 수정주의자로서 퓌레는 일반적으로 프랑스혁명에 대한 마르크스주의 해석으로 간주되는 것을 비판했다. 그럼에도 그가 좌파를 버린 뒤에도 마르크스주의적 사고와 마르크스에 대한 신의와 미련이 남아 있었던 흔적이 보인다.

〈마르크스를 태워 버려야 하는가?〉(Faut-il bruûler Marx?, 1975)에서 스스로 던진 물음에 대한 대답은 "19세기에 가장 특별한 정신을 가진 인물"이 바로 마르크스라는 것이다.《프랑스혁명에 대한 생각》에서 그는 '정통' 해석의 오류가 마르크스주의의 책임이라고 주장하지 않는다. 코반이 마르크스주의자라고 간주했던 역사가들을, 퓌레는 그 범주에서 완전히 제외하거나(조르주 르페브르), 이데올로기적으로 절충주의라고 평가하거나(장 조레스), 아니면 마르크스주의자라기보다는 마르크스-레닌주의자로 분류한다(알베르 마티에즈와 알베르 소불). 퓌레가 자코뱅주의로부터 레닌주의까지 추적한바 이데올로기 흐름에서 마르크스주의는 그 자체로서는 소수 세력이었다.

《마르크스와 프랑스혁명》(Marx et la Révolution, 1983)에서 퓌레는 그 거대한 동란에 대한 마르크스의 해석에서 자신이 주요 오류라고 생각했던 것들을 지적한다. 그 가운데 가장 큰 오류는《루이 보나파르트의 브뤼메르 18일》(The Eighteenth Brumaire of Louis Bonaparte)에 제시된 다음과 같은 생각이다. 즉 19세기 전반에 프랑스가 불안정했던 것은 부

르주아혁명으로 국가기구를 수중에 넣게 된 자본가 당파들이 서로 다투
느라 장악력을 공고히 다질 수 없었기 때문이라는 것이다. 이 잘못된 생
각 때문에 마르크스는 퓌레가 감지했던바, 1789년 이후 프랑스가 겪은
잇따른 반란과 쿠데타는 혁명적 정치문화의 유산이었다는 점을 보지 못
했다. 그러나 이 결정적인 연구에서조차 퓌레는 다른 수정주의자들과 함
께 '정통' 해석의 가장 중요한 오해라고 간주했던 것, 즉 부르주아혁명이
프랑스를 자본주의 발전의 길로 나아가게 했다는 견해로부터 마르크스
를 떼어 놓으려고 애썼다.

퓌레에 따르면, 마르크스는 프랑스혁명이 프랑스의 부르주아지와 사회
발전 전반의 미성숙을 보여 주었고, 성숙한 독일 노동계급이 일으킬 프
롤레타리아혁명을 준비했기 때문에 프랑스혁명이 미래를 위해 중요하
다고 생각했다. 이러한 결론은 마르크스의 《철학 수고》(Philosophical
Manuscripts)와 《독일 이데올로기》(German Ideology)를 읽고서 나왔
다. 그러나 퓌레는 《프랑스의 계급투쟁》(Class Struggles in France)에 나
오는 구절들은 참작하지 않았다. 거기에서 마르크스가 프랑스혁명이 산
업화로, 따라서 1848년 6월 파리 프롤레타리아의 '세계사적인' 봉기로
이어졌다고 말한 바 있는데, 퓌레는 이러한 판단에 동의하지 않는다. 하
지만 그는 독일 철학자 위르겐 하버마스와 함께 마르크스의 판단 중에
하나는 옳았다는 데 동의한다. 요컨대, 프랑스 혁명가들이 군주정의 거
대한 행정기구에서 중세의 질곡을 걷어 내는 과정에서 근대국가를 탄
생시켰고, 그 과정에서 정치 영역과 공론 영역이 중첩되는 '조합 사회'
(corporate society)를 그 둘이 뚜렷이 구분되는 '시민사회'로 대체했다
는 것이다.

퓌레는 여러 곳에서 마르크스주의 목적론의 악영향에 대해 통탄했다.
그러나 마르크스주의 사회과학은 대체로 그의 혹평을 면했다. 그 주제에

대해 침묵한다는 점에서 퓌레는 마르크스주의의 두 측면을 모두 비판했던 레몽 아롱과 다르다. 아롱은 마르크스주의 사회과학이 특히 교활하다고 생각했다. 마르크스주의 역사철학에서 도출된 잘못된 전제가 공산주의의 아편에 저항하는 정신에도 침투한다. 아롱은 한층 더 순수한 사회과학에 기초를 둔 대안적 사회 개념들을 토크빌한테서 찾고자 했다.

퓌레는 사회과학에 대한 토크빌의 관심, 특히 사회사가가 되어야 한다는 토크빌의 주장에 동의했다. 그러나 퓌레는 자신이 사회사가로서는 실패했다고 판단한다. 토크빌의 사회사상은 마르크스와 달랐고, 퓌레가 선호한 것은 마르크스의 사회사상이었다. 퓌레는 토크빌이 공무원들을, 승리를 차지한 '혁명 이후 부르주아지'의 중심으로 보았다고 비난했는데, 이는 근대의 모든 전문직은 자본가의 대리인이라는 마르크스의 언명을 침해한 것이다. 퓌레는 또한 경제 발전에 관해서는 토크빌보다 마르크스에 더 가깝다. 1960년대 프랑스에서는 이 주제를 둘러싸고 두 가지 이론이 서로 경쟁하고 있었다. 그 가운데 하나는 '도약을 통한 역사'(l'histoire par bonds)라 불렸는데, 월트 로스토의 저 유명한 《경제성장의 단계》(Stages of Economic, 1961)에서 나왔다. 이 '반공산주의 선언'의 개념적 조상은 획기적인 경제 변화, 특히 잉글랜드의 농업혁명과 산업혁명에 관한 통찰을 담고 있는 《공산당 선언》그 자체였다. 프랑스 경제학자 프랑수아 크루제와 연관된, 그러나 정신적으로 토크빌의 사유와 더 가까운 그 경쟁 이론은 지각변동의 대위기를 겪는 영국식 발전 모델과 점진적 발전을 특징으로 하는 프랑스식 모델 사이에서 뚜렷이 구별된다.《19세기 프랑스의 수익 변동》에 실은 글에서 퓌레는 '도약을 통한 역사'로 기울었다. 퓌레는 리셰와 함께 쓴 혁명사에서 혁명 이후 프랑스를 서구의 발전 도식 바깥에 두었다. 왜냐하면, 혁명 후 프랑스가 마르크스주의 역사가들이 상상했던 엄청난 공업 발전을 경험하지 못했기 때문이다.

마르크스주의의 기본 전제들에 도전하지 않고, 그의 저작에서 몇 가지를 고수함으로써 퓌레는 간접적으로 마르크스주의의 영향력을 지속시키는 데 기여했다. 이 점에서 그는 우상파괴자일 뿐 아니라 계속성의 대리인이기도 했다. 퓌레는 또한 오랜 역사 논쟁에서 진영을 택함으로써 스스로 과거와 연결되었다. 이 논쟁은 프랑스혁명이 1789년의 인도적 자유주의로부터 1793~1794년의 공포정치로 이행한 것에 대한 설명들의 대립과 관련이 있다. 퓌레가 모델로 삼은 역사가들 가운데 한 사람인 오귀스탱 코생은 대립하는 설명들에 이름을 붙였는데, 급진화의 과정이 계몽사상의 평등주의적 환상에서 영감을 받은 광신자들의 책략에서 비롯되었다는 '음모론'(la thèse du complot)과 1792년 혁명전쟁의 발발과 같은 사건들이 혁명을 좌경화시켰다고 주장하는 '상황론'(la thèse des circonstances)이 그것이다.

'음모론'은 눈에 띄는 지적 계보를 갖고 있다. 에드먼드 버크까지 거슬러 올라가지만, 그 영향은 이폴리트 텐의 《현대 프랑스의 기원》(Les Origines de la France contemporaine)과 함께 19세기 말에 최고조에 달했다. 코생은 이 테제에 찬동했다. 하지만 코생에 따르면, 20세기 초에 적극적인 공화파 알퐁스 올라르가 '상황론'을 우세하게 만들었다. 이 테제는 알베르 마티에즈의 마르크스주의 저작에 다시 등장한다. 마티에즈와 같은 세대이면서 차세대의 혁명사 연구를 지배하게 될 조르주 르페브르가 두 테제 사이의 균형을 깼다. 1951년에 출간되어 정통파의 고전이 된 자신의 혁명사에서 르페브르는 공포정치 초에 이르기까지 혁명을 과격하게 만든 것은 상황, 특히 전쟁이었다고 주장했다. 그러나 일단 공식 정책이 되자 공포정치는 1794년의 피비린내 나는 '대공포정치'(Grande Terreur)에서 절정에 달하게 될 자체의 동력을 얻었는데, 르페브르는 이를 이데올로기적 필요라는 측면에서 설명한다.

퓌레와 리셰의 1965년판 혁명사도 상황론과 음모론의 균형에 상당한 타격을 가했다. 상황이 '일탈'을 작동시켰지만, 광신주의가 공포정치의 난폭함을 설명해 준다는 것이다. 그러나 후기의 저작들에서 퓌레는 '음모론'을 선택한다. 그 신호는 일찍이 《프랑스혁명에 대한 생각》에서 나타난다. 퓌레와 리셰의 혁명사에서 상대적으로 많이 나타나는 상황은 경제적 인과관계와 함께 시야에서 멀어진다. 혁명적 정치문화의 형성에서 광신주의가 무대의 중앙을 차지한다. 그 선택의 징후는 《비평사전》에서도 보이는데, 퓌레는 이 책에 올라르 같은 '대학 안에 있는' 전문 역사가들을 비방하는 글을 실었고, 모나 오주프는 이폴리트 텐을 찬양하는 글을 실었다. 음모론이 퓌레의 사고에 미친 영향은 1789~1794년 시기를 다룬 200주년의 베스트셀러 한 부분에서 훨씬 더 분명하게 드러난다.

퓌레는 이폴리트 텐의 역사를 베끼지 않았다. 텐은 군주주의자였고, 《현대 프랑스의 기원》은 대부분 제3공화정에 대한 고발장이었다. 퓌레는 근왕주의를 천년왕국적 집산주의가 좌파에 대한 전망을 가렸던 것만큼이나 우파에 대한 시각을 왜곡하는 패배한 대의라고 기각해 버렸다. 계몽주의에 대한 논평에서 퓌레는 혁명적 음모의 배후에 있는 환상에 대한 텐의 설명에서 가장 기본적인 고전주의와 데카르트의 합리주의에 대해 거의 언급하지 않았다. 정치문화에 대한 퓌레의 생각은 텐의 시대에 존재하지 않았던 분과학문의 발견을 반영하고 있다. 그럼에도 좌경화를 다루는 퓌레의 방식은 텐의 방식과 비슷한데, 이는 프랑스의 급진 민주주의 전통에 대한 혐오를 반영하고 있다. 퓌레는 텐처럼 이 전통을 1789년에 제3신분을 프랑스의 역사와 완전히 양립 불가능한 평등주의 실험으로 몰아간 소수의 극단주의자들 탓으로 돌렸다. 이 소수파의 심성을 재구성하면서 퓌레는 텐보다 더 인민주권의 매력을 강조했고 토크빌처럼 이 매력을 절대주의의 유산으로 묘사했다. 그러나 퓌레도 텐과 마찬가지로 급진주의자들의 절대권력 취향의 지적 기원은 루소의 일반의지 개념에 있다고 믿었다.

1789년부터 테르미도르(Thermidor, 열월) 9일까지 퓌레가 본 프랑스혁명은 거침없는 전진이다. 이처럼 그가 쓴 것은 '역사 문제'이자 '역사 이야기'였다. 이런 의미에서 그것은 우파뿐만 아니라 좌파의 전통적인 역사에 가까워졌다. 그러나 퓌레가 서술한 세목들을 볼 때 그는 이폴리트 텐에 더 가까웠으며, 이론들 사이의 중요한 차이를 밝혀냈다. '상황론'의 지지자들은 아날학파가 '사건사'(histoire événementielle)라고 부른 것, 즉 혁명의 진로를 결정한 사건들과 밀접하게 연관된 이야기를 썼다. 따라서 올라르가 볼 때는, 국왕이 프랑스의 적들과 공모해서 싸울 준비가 된 프랑스 인민들을 미몽에서 깨어나게 했기 때문에 군주정이 1792년에 공화정에 자리를 내줄 수밖에 없었다. 텐과 마찬가지로 퓌레가 보기엔 사건들이 프랑스혁명을 좌경화시킨 것이 아니다. 사건들은 이데올로기의 힘을 드러낼 뿐이다. 다시 말해서 공화국은 1789년의 이상을 실현한다는 것이다.

이러한 도식에서 사건들은 그 중요성을 많이 상실한다. 퓌레의 연대기는 대체로 물리적 시간의 구속으로부터 자유로운데, 그가 혁명가들 탓으로 돌리는 시간관념과 일치한다. 이러한 역설은 한편으로 퓌레가 쌓아 온 경력의 역설을 보여 준다. 이 독특한 시간관념을 파악하고 통찰함으로써 퓌레는 독자들이 혁명적 심성에 더 가까이 다가갈 수 있도록 했다. 그는 이 심성과 그에 뒤따르는 미몽이 어떻게 미래 세대에게 전수되었는지를 보여 준다. 이러한 인식을 통해서 그는 마르크스주의 역사가들의 천년왕국적 미몽을 인지할 수 있었다. 혁명적 사고방식에 대한 그의 해석이 정치문화에 집중하는 새로운 해석의 토대가 되었다. 이러한 사건 해석을 만들어 내면서 퓌레는 아날학파의 방법과 견해를 혁명사 서술에 도입했다.

그러나 또한 퓌레는 자기의식에 따른 혁신적 역사가들에게도 역사 연구의 전통이 영향을 끼쳤다는 사실을 보여 준다. 퓌레의 얼룩진 연대기는 이폴리트 텐과, 더 거슬러 올라가 프랑스혁명 당시의 비판자들을 떠올리게 한다. 그들은 혁명가들과 마찬가지로 자기 분수를 모르고 자신들의 생소한 경험에 기초해서 영속적인 해석을 공식화했다. 혁명이 전적으로 정치적이고 문화적이었다는 퓌레의 생각도 두드러지기는 하지만 그러한 해석의 변형으로서, 사회혁명은 생산수단의 변화에서 비롯되고 부르주아 혁명이 자본주의적 산업을 위한 길을 닦았다는 마르크스주의 역사서술의 전제들을 토대로 삼고 있다.

박윤덕 옮김

참고 자료

Structures et relations sociales à Paris au milieu du XVIIIe siècle, by François Furet and
    Adeline Daumard (Paris: A. Colin, 1961).

La Révolution, by François Furet and Denis Richet, 2 vols. (Paris: Hachette, 1964,
    1965); 《프랑스혁명사》(김응종 옮김, 일월서각, 1990).

Livre et sociétédans la France du XVIIIe siècle, by François Furet et al., 2 vols. (Paris:
    Mouton, 1965, 1970).

Le Mouvement du profi t en France au XIXe siècle, by Jean Bouvier, François Furet, and
    Marcel Gillet (Paris: Mouton, 1965).

Lire et ecrire: alphabétisation des Français de Calvin à Jules Ferry, edited by François Furet,
    with Jacques Ozouf (Paris: Editions du Minuit, 1977).

Penser la Révolution française (Paris: Gallimard, 1978); 《프랑스혁명의 해부》(정경희 옮김,
    법문사, 1987).

Dans l'atelier de l'histoire (Paris: Editions de l'Ecole des hautes études en sciences sociales, 1982).

Marx et la Révolution (Paris: Flammarion, 1983).

Jules Ferry, fondateur de la République: actes du colloque organisépar l'Ecole des hautesétudes en sciences sociales, edited by François Furet (Paris: Ecole des hautes études en sciences sociales, 1985).

La Gauche et la Révolution française au milieu du XIXe siècle: Edgar Quinet et la question du Jacobinisme, 1865-1870 (Paris: Hachette, 1986).

Le Dictionnaire critique de la Révolution française, edited by François Furet and Mona Ozouf (Paris: Flammarion, 1988).

La Révolution de Turgot à Jules Ferry (Paris: Hachette, 1988).

The Old Regime and the Revolution, by Alexis de Tocqueville, edited with an introduction by François Furet and Françoise Mélonio, translated by Alan S. Kahan, 2 vols. (Chicago: University of Chicago Press, 1998, 2001).

Le Passéd'une illusion: essai sur l'idée communiste au XXe siècle (Paris: R. Laffont, 1995).

34

미셸 페로

1928~

Michelle Perrot

미셸 페로

데니스 데이비드슨

역사가로서 뛰어난 경력을 가진 미셸 페로는 서로 독립적이지만 겹치는 분야인 노동사와 감옥의 역사, 여성사 연구에 이바지했다. 여성사 분야의 업적이 특히 외국에서 매우 유명하지만, 그녀의 초기 저작은 노동사와 감옥의 역사에 초점을 맞춰져 있다. 그리고 지금껏 세 분야 모두에서 계속 책을 펴냈다. 처음에 '과학적' 역사의 전문가였던 페로의 연구는 초창기 컴퓨터 기술과 펀치카드를 이용하는 19세기 파업에 관한 양적 분석에서부터 과거에 관한 더 문학적이고 '포스트모던'적인 접근에 이르기까지 주제와 방법론 모두 달라졌다.

이런 변화에도 불구하고 페로는 자신의 목표를 죽 견지했다. 정치와 당대의 관심사는 그에게 역사적 호기심을 불러일으켰다. 그리고 페로는 늘 전통적으로 역사에서 배제되어 온 '세상에 알려지지 않은' 사람들, 곧 노동자, 여성, 죄수들의 이야기를 하는 데 전념했다. 셀 수 없이 많은 기사,

서문, 책의 머리말, 그리고 다른 '대중적인' 책의 저자인 페로는 더 이상 생각하기 어려울 만큼 많은 저술과 영향력을 지닌 역사가이다.

미셸 루처럼 파리 12구에서 태어난 페로(결혼 후 남편 성을 따름)는 견실한 부르주아 가정에서 성장했다. 그는 아버지의 점포가 있던 활기 넘치던 파리 생드니 거리와 증조부의 집이 있던 프랑스 서부의 비엔 도 몽콩투르드푸아투의 시골 사이를 오가며 유년기를 보냈다. 증조모도 남편 없이 그곳에 살고 있었다. 반교권적이던 부모는 특히 공립중등학교가 무상으로 바뀌면서 '거친' 학생들로 메워지자 페로를 부르주아계급 소녀들이 다니기에 꽤 괜찮은 가톨릭학교 쿠르보쉬에(Cours Bossuet)에 보냈다. 자신이 다녔던 파리공립고등학교에 빈자리가 없자, 어머니는 자신의 원칙을 어기고 딸을 사립학교에 보냈다. 그 결과 페로는 어렸을 때 매우 보수적인 종교 교육을 받으면서 종교적 열정이 넘치는 시기를 보냈다. 훗날 자신을 무신론자라고 말했지만 유년기에 형성된 신앙은 그에게 오랫동안 영향을 주었다. 한 인터뷰에서 그는 신앙심 덕분에 일찍이 '다른' 삶을 알게 되었고, 불의를 당한 사람들에게 동정심을 느끼게 되었다고 말했다.

1939년 봄에 페로는 좀 더 나은 신체적·정신적 환경을 찾아 부모와 함께 파리 북부의 교외 몽모랑시로 이사했다. 하지만 이사하면서 기대했던 희망은 곧 사라지고 말았다. 1940년에 전쟁이 시작되자 다른 곳으로 피난 갔던 그들은 독일인들이 점령했던 원래 집으로 되돌아갔다. 페로의 어머니가 자신들의 집을 되찾는 해결책을 찾아냈지만 호사스럽고 넓은 집은 더 이상의 매력을 잃어버렸다. 페로는 프랑스의 대독 협력자들을 증오했고, 암시장에 파는 것을 거부하느라 사실상 장사를 중단했던 아버지가 확연하게 수동적으로 변하는 모습을 지켜보았다. 그 역시 다른 사람들이 먹을 것이 부족하다는 것을 알았을 때 거식증으로 육체적·정신적으로 고통을 받았다. 15세 때 척추만곡으로 건강이 나빠지기 시작했고 거식증으로 병세가 더 악화되었다. 페로는 척추만곡을 치료하기 위해 몇 달을 널빤지에 누워 있어야 했고, 혼자 있는 게 거식증 치료에 도움이 되었다. 하루하루 시간을 보내기 위해 읽을거리를 선택하는 일이 나치 점령에 대한 저항과 같다고 생각한 그는 특히 러시아와 미국 문학을 탐독했다. 1943년 가을에 학교로 돌아간 페로는 성경의 역사에 관한 담임교사의 엄밀하고도 과학적인 설명에 매료되었다. 성경이라는 렌즈를 통해 본 지중해 연안의 역사를 공부하면서 페로는 과거를 분석하는 데 열정을 보였다.

막 전쟁이 끝났을 때인 1946년 고등학교를 졸업한 페로는 부모한테 역사를 공부하고 싶다고 알렸다. 소르본대학에 입학한 페로는 그곳에서 방대한 자료 시리즈를 계량적으로 분석하던 당대의 저명한 경제사가이자 '과학적' 역사의 지지자 에르네스트 라브루스의 지도를 받아 학위(역사와 지리, 미술사 전공 학사와 석사)를 받았다. 석사 학위논문 주제를 의논하기 위해 라브루스를 만났을 때, 페로는 페미니즘(시몬 드 보부아르의 《제2의 성》이 막 출판되었다)에 관한 연구 주제를 제시했다. 페미니즘을 20세기 운동으로 생각하지 않은 데다 그렇게 '최신' 주제를 연구하는 데 부정적이었던 라브루스는 페로에게 19세기 노동자계급을 연구해 보라고 권유했다.

1951년에 교수 자격을 취득한 페로는 제2차 세계대전 때 파괴되었다가 재건 중이던 노르망디 연안의 도시인 캉의 여자고등학교 교사로 발령받았다. 그곳에서 페로는 (훗날 유명한 역사가가 된) 남편 장클로드 페로를 포함하여 몇몇 중요한 평생의 인연을 만났다. 또 페로는 이 시기에 정치적인 능력을 보여 주기 시작했다. 그녀는 소르본대학에 다니면서 프랑스 공산당의 몇몇 소그룹 모임을 알게 되었지만 입회는 하지 않았다. 1951년 알제리를 방문해 그곳의 민족주의자들과 만나 대화를 나눴던 페로는

1954년 알제리전쟁이 벌어지자 반전운동을 벌였다. 프랑스공산당 산하의 캉 여성협회에 가입했고, 그곳에서 활동하면서 캉 거리에서 일어난 반전 시위 조직화를 도왔다. 그러나 페로는 프랑스공산당의 기본 방침을 그대로 따르지 않았다. 1956년 후르쇼프의 연설이 스탈린의 월권을 비판했다는 뉴스가 도착했을 때 프랑스공산당은 그것이 진실이 아니라고 믿었다. 하지만 페로의 반응은 달랐다. 그는 엄밀히 말해 공산주의자가 아니었지만 좌파 정치 운동은 꾸준히 열심히 했다.

1958년 페로가 박사 학위논문 준비를 시작하기 위해 파리로 돌아왔을 때 선택한 주제는 자신의 정치적 신념과 직결되었다. 그는 노동자들과 연대하는 방식의 일환으로 노동자계급 연구를 선택했다. 파업이 자신의 연구에서 핵심인 노동자들의 이야기와 경험을 알려주고 평소에 알려지지 않은 집단에 관해 토론할 기회를 주었기 때문에 페로는 특히 파업을 연구 주제로 선택했다. 1871~1890년에 프랑스에서 일어난 모든 파업을 폭넓게 다룬 논문은 1971년 1월에 심사를 통과했고, 두 권짜리 단행본 《파업 중인 노동자들》(Les Ouvriers en Grève)로 출판되었다. 페로는 파리의 국가기록원과 프랑스 전역의 도립 기록보관소에서 하루 동안 지속된 파업 수, 노동자들의 요구, 고용주들의 반응, 폭력의 수준 등 여러 문제와 관련된 자료를 수집하면서 조사했다. 연구를 대부분 끝낸 페로는 1968년 5월 '사건'이 일어났을 때에야 학위논문을 쓰기 시작했다. 그때 페로는 5월 사건을 지켜보며 견딜 수 없는 자신을 발견했다. 그는 곧 학위논문 작성을 멈추고 파리 거리에서 소르본대학 학우들과 합류했다. 훗날 그는 그때를 낙관적이고 활력이 넘쳤던 시절이라고 묘사했다. 또 페로는 1968년 5월 혁명에 부응해 개교했던 신설 대학(쥐시외대학 또는 파리7대학)의 창설자 가운데 한 명이었다. 그곳에서 1969년부터 1993년 퇴임할 때까지 1974년에 정교수, 1992년부터는 명예교수로 학자 생활의 대부분을 보냈다. 페로의 연구를 이어받아 교수직을 승계한 여성은 페로의 제자 가브리엘 우브르였다.

《파업 중인 노동자들》은 출간되자마자 곧 프랑스 노동자계급의 역사에 크게 이바지했다는 평가를 받았다. 그는 파업의 평균 규모와 기간, 결과를 밝혀내고 노동자들의 요구 유형, 파업의 조직 방식, 파업 행동 등 여러 특징을 찾아내는 데 통계자료를 이용했다. 1968년의 경험에서 크게 영향을 받았던 그는 파업을 인정한 1884년 법이 초기 노동조합 운동의 '영웅적' 단계를 종식시킨 '조직화 효과'를 내면서 오래 가지는 못했지만 자발적 행동의 시기였던 파업의 '성숙기'가 가장 유의미하다는 점을 논거로 제시했다. 많은 사람이 연대순 구분과 연구의 한계에 의구심을 나타냈지만(어떤 이는 그녀가 1871년 파리코뮌의 진압부터 시작하기보다 조금 더 시기를 앞당겨 노동조합을 인정한 1864년 법부터 연구를 시작했기를 바랐다. 또 다른 이는 1890년 이후까지 분석하기를 바랐다) 비평가들은 총망라한 연구, 세심한 분석, 생생한 문체는 높은 평가를 받았다. 1975년 《근현대사학보》(Revue d'histoire moderne et contemporaine)에 실린 9쪽짜리 서평에서 자크 지로는 《파업 중인 노동자들》을 "열정적이고⋯⋯ 완벽한⋯⋯ 본보기"라고 평했다. 지로는 "두 권은 충분치 않다!"며 페로가 연구 시기를 1890년에서 멈추지 말고 이후까지 다루었어야 했다고 주장했다. 이 서평에서 더 중요한 문제로 다루어진 것은 페로가 사용한 사회학적 방법이었다. 그는 이 방법을 노동자 집단 분석으로 제한했다. 예를 들어 지로는 페로가 파업에 대한 여성의 반대를 분석하는 데 더 시간을 쏟았으면 했다. 다른 자료에 대해 다른 질문을 제기함으로써 페로는 후일의 연구에서 산업 발달과 다른 종류의 변화에 대한 여성의 반응 문제를 다루었다.

1976년 《근대사학보》(Journal of Modern History)에 발표한 서평에서

미국의 사회학자 찰스 틸리는 페로의 박사 학위논문이 "눈부신 위업"일 뿐 아니라 문장이 "생생하고 때로는 열정적"이라고 극찬했다. 특히 "개별 사례와 상호부조의 형태들에 관한 논의"를 통해 설명하고 노동자와 파업의 '집단 전기'를 만들어 냄으로써 계량적 연구 결과의 요약을 넘어서는 페로의 능력을 평가했다. 게다가 틸리는 "노동자의 주름진 얼굴, 일상생활의 응어리가 맺힌 다양한 모습"을 관찰한 페로의 노력을 칭찬했다.

1984년 페로의 박사 학위논문은 프랑스에서 일반 독자들을 겨냥해 요약본(실제로는 박사 학위논문의 3부)으로 출판되었다.《파업의 청춘 시절》(Jeunesse de la grève)이라는 제목의 요약본은 1987년에 영어로 번역되어 《파업 중인 노동자들》(Workers on Strike)로 출판되었다. 영어판 역시 반응이 뜨거웠다. 1989년 《미국역사학보》(American Historical Review)에 발표된 서평에서 개리 크로스는 페로를 "가장 영향력 있는 19세기 사회사가 가운데 한 명······ 프랑스 노동 이데올로기의 역사에 도달하려는 노력에서 선구자"라고 평가했다. 또 크로스는 페로의 연구가 순전히 계량적 접근을 넘어서서 "사회운동의 언어와 함께 현재의 중대 관심사를 예상했다"고 평했다. 그는 파업 노래, 연설, 집회 등*복잡한 의미를 찾는 페로의 능력에 감명을 받았다. 1990년 로저 프라이스는《근대사학보》에 발표한 서평에서 《파업 중인 노동자들》을 "풍성하고 유익한 책으로 노동자계급의 역사에 흥미를 가지고 있는 모든 사람이 읽을 만한 가치가 있다"고 평했다. 페로의 첫 주요 연구가 마땅히 지속되어야 한다고 인정한 사회과학고등연구원은 2001년에 오래전 절판된 그녀의 박사 학위논문을 다시 출판했다. 이 같은 지속성을 입증한 박사 학위논문은 거의 없었다.

노동사를 계속 연구하면서 논문을 발표했지만 1980년대 페로의 연구는 내용과 방법에서 달라졌다. 한편으로는 감옥의 역사와 죄수들의 경험, 또 한편으로는 여성사가 주된 연구 대상이 되었다. 그는 1973년 감옥의 역사 세미나에서 미셸 푸코를 만났고, 그 역시 약간의 의구심을 가졌지만 푸코의 접근 방식에 매료되었다. 1975년 푸코의 《감시와 처벌: 감옥의 탄생》이 출판된 후 페로는 푸코를 비롯한 몇몇 역사가와 함께 감옥의 역사에 관한 토론을 시작했다. 토론 결과는 1980년 《불가능한 감옥》(L'impossible prison)으로 출판되었다. 이 모음집에서 감옥과 1848년 혁명에 관한 페로의 시론은 구금된 사람들의 경험과 범죄, 빈곤과 혁명 사이의 관계에 초점을 맞추었다. 이 연구는 감옥 내부와 외부의 상호작용, 민중과 감옥 벽 뒤를 받치고 있는 사람들 사이를 지배했던 꾸준한 연대에 대해 고찰했다. 페로는 그 주제와 관련된 25편의 논문을 발표하면서 감옥 연구에 계속 주력했다. 그 연구 성과는 2001년 《역사의 그림자》(L'Ombre de l'histoire)라는 제목의 논문집으로 출판되었다.

감옥의 역사에 관한 관심을 설명하면서 페로는 늘 초등학교 옆 건물인 감옥 뜰에서 바람을 쐬고 있던 여죄수들을 목격한 경험담을 인용했다. 1936~1937년에 관찰했던 이 여죄수들의 광경은 당시 페로를 마음을 빼앗았고, 죽을 때까지 그들에 대한 호기심과 유대감을 고취시켰다. 또 감옥개혁 운동에 참여했던 페로는 감옥 내부의 실태를 폭로하고 감옥의 역사를 추적할 필요를 느꼈다. 그가 《역사의 그림자》의 머리말에서 쓰고 있듯이 그들을 잊고 싶어 하는 사회에서 "감옥의 역사를 쓰는 것은 그들의 존재를 가시화하는…… 온당한 시도를 보여 준다." 여성사와 노동자계급의 역사에 관한 페로의 관심처럼 그녀의 학문 추구는 늘 정치적 열정과 결부되었다.

일찍이 파리7대학 교수로 임용된 페로는 곧바로 여성사 강의를 시작했다. 1973년 가을 폴린 슈미트, 파비엔 보크와 함께 '여성은 역사를 가지고 있는가?'라는 주제로 공개강의를 했다. 세 사람 모두 프랑스에서 낙태를 합법화하기 위한 투쟁의 일환으로 시위 활동에 참여하면서 여성운동에 적극 나섰다. 처음부터 강의는 학술적·교육적 목적 못지않게 페미니스트적 정치 목적에 따라 진행되었다. 많은 좌파 남성들이 여성사가 주목할 만한 가치가 있다는 생각에 동의하지 않았기에 이런 움직임은 논쟁적이었다. 첫 강의는 학생들로 넘쳐났으나 대부분이 적대적이었다. 여성사를 잘 알고 있는 사람들이 적었음에도 불구하고 강의에 참석한 프랑스의 가장 걸출한 학자들로부터 지지를 받으면서 페로와 동료들은 인내심을 가지고 강의를 이어 갔다. 시대별로 여성의 조건에 관해 강의한 사람들 중에는 자크 르고프, 장루이 플랑드랭, 엠마뉘엘 르루아 라뒤리, 모나오주프도 있었다. 다수의 학생과 학자가 연구 주제로서 여성사의 타당성을 받아들이는 데에는 이런 역사가들의 참여가 큰 뒷받침이 되었다.

페로가 거의 단독으로 여성사를 서술하는 젊은 여성 지지자들을 이끌게 되면서 강의 제목에서 물음표가 사라졌다. 또 그는 월례 여성사 세미나를 이끌었다. 학생들과 학자들이 진행하고 있던 자신들의 연구를 발표했고, 당시 급증하던 여성사 분야에 대한 의견을 교환했다. 페로는 막 부상하고 있던 여성사를 별도의 범주로 보는 것은 잘못이며, 이상적인 것은 모든 역사가가 '양성 관계'(젠더)의 중요성을 인식하는 것이라고 주장했다. 하지만 여성사 서술은 남성사가 보편적인 것처럼 최종 목적을 달성하는 데 필요한 단계라고 강조했다. 페로의 여성사 논문 12편과 시론은 공적·사적 영역이 겹치는 성격, 정치와 여성의 관계, 양성 관계에서 권력 문제 같은 쟁점을 다루었다. 여성사 연구를 위한 사료는 문학 자료와 젠더 문제를 다룬 출판물에서 (카를 마르크스 딸들의 편지 같은) 미간행 편지들과 고문서 자료까지 전반에 걸쳐 있다.

여성사가 프랑스에서 공인된 역사 연구 분야가 되고 마르세유-엑상프로방스, 리옹, 툴루즈 같은 도시에 여성사연구소가 설립된 것은 모두 페로 덕분이다. 페로의 지도로 완성된 최근의 박사 학위논문 수는 무려 49편이나 되는데 대부분 단행본으로 출판되었다. 페로의 지도로 박사 학위 학위를 받은 크리스틴 바르, 실비 샤프롱, 낸시 그린, 오딜 크라코비치, 프랑수아즈 테보 같은 수많은 여성학자가 현재 프랑스 여성사 분야에서 중요한 위치를 차지하고 있다. 프랑스 여성사가, 페미니스트 학자 2세대(지금은 3세대)로서 지적 뿌리는 여성사라는 주제와 접근법을 받아들여 학문 공동체를 건설하려던 페로의 초기 노력에서 찾을 수 있다.

또 페로는 정치 운동에서 강연을 조직하고 회보를 발행하거나 책을 함께 집필하고 편집했던 공동 연구의 대가였다. 사회과학고등연구원의 학자들과 함께 프랑스 최초의 여성사 학술지 《페넬로프, 여성사 연구》(Pénléope, Cahiers pour l'histoire des femmes)의 창간을 도왔다. 1979년부터 1985년까지 13호가 나왔지만 그 뒤로 발행이 중단되었다. 1995년 페로의 제자들 가운데 한 사람인 테보가 이끌던 학자 집단에 의해 또 다른 여성사 학술지 《클리오》(Clio)가 창간되었다. 페로의 가장 널리 알려진 업적은 두 차례에 걸쳐 여러 전집을 편집한 일이다. 그는 1987년에 출판된 《사생활의 역사》(Histoire de la privée) 4권, '프랑스혁명에서 제1차 세계대전까지'의 주요 편집자였다. 또 4권 말고도 다른 권들의 많은 내용, 즉 19세기의 가족과 젠더 역할, 가정을 다룬 장들과 각 부분의 머리말을 썼다. 이 시리즈는 '사적인' 것들을 역사의 영역으로 끌어들이는 데 중요한 역할을 했다. 4권의 총론에서 페로는 사생활 연구의 의의와 잠재적 불만에 관해 명료하게 설명했다. "이 영역에서 말할 수 있는 것은 말할 수 없는 것을 창조하고, 빛은 어둠을 낳는다. 말하지 않았고, 알려지지 않았고, 알 수 없었던 것(그리고 그것에 관한 우리의 비극적 각성)은 우리 발 아래의 불가해한 신비에 대한 대단한 매력을 찾아내는 지식을 빠르게 증가시킨다."

역사에 대한 색다른 접근법, 알 수 없었던 것에 대한 강조는 비평가들로부터 엇갈린 반응을 끌어냈다. 1991년 《뉴욕리뷰오브북》(New York Review of Books)에서 데이비드 캐너딘은 "입증할 수 없고 무의미하게 정렬된 거칠고 허세에 찬 일반화로 이뤄진" 대단한 책의 집필에 대해 비판했다. 나아가 보니 스미스는 1991년 《미국역사학보》에 발표한 서평에서 더 단호하게 "이 책의 서술 방향에 실체가 없다"고 평가했고, "각 권의 해석의 무질서"로부터 배우게 되는 교훈을 강조했다. 스미스는 "사적인 개념에 대한 양면성이 지저분한 일을 역사로 서술하도록 만든다"고 지적했다.

페로는 조르주 뒤비와 함께 1991~1992년에 출판된 다섯 권짜리 《서양 여성사》(Histoire des femmes en Occident) 전집을 공동 편집했다. 극찬을 받은 이 전집은 거의 동시에 영어로 번역되었고 12개의 다른 언어로 출판되었다. 또 이 전집은 일본과 모로코의 여성사를 포함한 유럽 바깥세계의 여성사 서술 계획에도 영향을 주었다. 페로가 가장 직접적으로 관여한 4권에 대하여 매리 조 메인스가 쓴 1995년 《미국역사학보》 서평에서 페로의 공헌을 이렇게 평가했다. 여기서 페로는 "명료한 연대적·개념적 뼈대를 제공했듯이 "모든 책의 머리말로서 읽혀지는 데" 편리한 개관을 제공하면서 "여성의 지위에 대한 개념 고유의 공간적 형상화"를 분석했다. 그의 연구는 여성사보다 훨씬 더 폭이 넓었지만 페로는 이 두 야심찬 프로젝트 덕분에 여성사가로서는 처음으로 국제적 인정을 받았다. 두 전집은 재판을 거듭했고, 지리적·학문적 범주를 넘어 광범위하게 영향을 끼쳤다. 같은 시기에 페로는 또 다른 프로젝트에 관심을 가졌다. 1980년대 초 그는 감옥에 관한 알렉시 드 토크빌의 저작을 집대성하여 방대한 전집을 편집했다. 후에 페로는 조르주 상드의 정치 저작물 모음집과 아르망 바르베스와 주고받은 편지를 모아 편집 출판했다. 이런 프로젝트들을 진행하면서 페로는 19세기의 상상력이 풍부하고 관찰력이 예리한 개인들의 시선을 통해 여성사와 감옥의 역사를 다른 맥락에서 탐구했다.

또 페로는 학문적으로 복잡한 논쟁을 일반 대중에게 이해하기 쉽게 전달하려는 큰 발걸음을 내딛었다. 그녀는 정기적으로 '대중' 역사잡지 《역사》(L'Histoire)에 글을 실었다. 나아가 그의 다수 프로젝트는 학계의 동료 역사가들보다 더 광범한 독자들에게 영향을 미쳤다. 1992년 페로는 뒤비와 함께 아름다운 삽화가 실린 《여성의 이미지》(Immages des femmes)를 공동 편집했다. 1992년 프랑스어와 영어로 동시 출판된 이 '커피 테이블용 책'(꼼꼼히 읽기보다는 그냥 넘겨 보도록 만든, 사진과 그림이 많이 실린 크고 비싼 책—옮긴이)은 역사가나 미술사가들의 상상력이 풍부한 분석과 함께 원시시대에서 오늘날까지 여성의 이미지를 방대하게 다루었다. 광범위한 독자들에게 영향을 끼친 페로의 저작들 가운데 역사가와의 인터뷰 형태를 띠고 있는 또 다른 혁신적이고 삽화가 많은 《공적 여성》(Femmes publiques)이 1997년에 출판되었다. 이 책은 19세기 공적 영역으로 여성의 진입을 둘러싼 역사가들 사이의 논쟁에 일반 대중이 쉽게 접근할 수 있도록 만들었다. 페로는 이 책에서 여성이 공적 영역으로 진입하는 조건들, 당시 공적 영역에서 여성의 출현은 어떻게 해석되었는지, 그리고 이런 견해가 현재에 끼친 영향에 역점을 두어 다루었다.

가장 최근에 그는 라디오방송국 '프랑스퀼튀르'(France Culture)에서 공공 지식인으로 역할을 했다. 또 이 방송국에서 방영한 '역사의 월요일' (Les Lundis de l'histoire)이라는 주간 프로그램에서 자크 르고프, 로제 샤르티에, 필리프 르빌랭과 공동으로 참여했다. 2005년 '프랑스퀼튀르'는 매주 월요일마다 여성사를 주제로 토론하는 페로와의 20분짜리 인터뷰 25편을 시리즈로 방영했다. 이 인터뷰 시리즈는 CD나 MP3로도 들을 수 있고, 2006년에 출판된 페로의 책《나의 여성 이야기》(Mon histoire des femmes)에 패키지로 묶여 있다.

1993년에 교수직에서 물러난 페로는 후배 역사가들에게 줄곧 조언하고 격려하면서 믿기 어려울 정도로 정력적인 연구와 저술 활동을 이어가고 있다. 또 정기적으로 강연을 주재하고, 광범한 역사 주제를 다루면서 학술적인 논문과 대중적인 책을 출판하고 있다. 또 페로의 재능은 해마다 여성사, 노동사, 감옥의 역사에 관한 저작들에서 썼던 12편의 격조 높은 서문에서 더욱 빛을 발한다. 페로의 생애는 정치적·학문적 참여의 모델이었다. 그녀와 견해가 다른 사람들조차 친절함과 너그러운 영혼으로 잘 알려진 페로를 존경하고 칭찬하고 있다. 페로는 프랑스의 대학교수가 얻을 수 있는 모든 영예를 다 누렸다. 심지어 1992년에는 레지옹도뇌르 수훈자로 지명되기도 했다. 프랑스 여성사의 대모인 미셸 페로가 프랑스 학계에 여성사 분야를 확립하고 견고한 지반을 마련했다는 점에서는 의심의 여지가 없으나, 실제로는 그것보다 더 많은 일을 했다. 노동자, 여성, 감옥에 대한 연구, 그리고 상드와 토크빌 같은 작가의 정치사상에 대한 혁신적인 학제간 연구는 앞으로도 계속 학문의 발전에 기여할 것이다.

문지영 옮김

참고 자료

책

Le Socialisme français et le pouvoir, by Michelle Perrot and Annie Kriegel (Paris: Etudes et documentation internationale, 1966).

Enquête sur la condition ouvrière en France au XIXe siècle, microfi che collection (Paris: Hachette, 1971).

Les Ouvriers en grève (Paris: Mouton, 1974; expanded edn., Paris: EHESS, 2001).

Le Panoptique ou l'oeil du pouvoir, by Michelle Perrot and Michel Foucault (Paris: Belfond, 1977).

Jeunesse de la grève: France, 1871-1890 (Paris: Seuil, 1984).

Femmes publiques, by Michelle Perrot with Jean Lebrun as interviewer (Paris: Textuel, 1997).

Il était une fois-l'histoire des femmes: Michelle Perrot répond à Héloïse et Oriane (Evreux: Lunes, 2001).

Mon histoire des femmes (Paris: Seuil, 2006; Points Histoire, 2008).

저작집

Les Femmes, ou les silences de l'histoire (Paris: Flammarion, 1998).

Les Ombres de l'histoire: crime et ch â timents au XIXe siècle (Paris: Flammarion, 2001).

그 밖의 저작

"Premières mesures des faits sociaux: les dèbuts de la statistique criminelle en France (1780-1830)," in *Pour une histoire de la statistique* (Paris: INSEE, 1976), pp. 125-37.

Travaux des femmes dans la France du XIXe siècle (special issue of *Mouvement social*, no. 105), edited by Michelle Perrot (Paris: Editions ouvrières, 1978).

Les Lettres des filles de Karl Marx, edited by Michelle Perrot (Paris: Albin Michel, 1979).

"The three ages of industrial discipline in nineteenth-century France," in *Consciousness and Class Experience in Nineteenth-century Europe*, edited by John Merriman (New York: Holmes and Meier, 1979), pp. 149-68.

L'Impossible prison: recherches sur le système pénitaire au XIXe siècle, edited by Michelle Perrot (Paris: Seuil, 1980).

L'Espace de l'usine, edited by Michelle Perrot (Paris: Editions ouvrières, 1983).

Ecrits sur le système pénitentiaire en France et à l'é tranger, by Alexis de Tocqueville and Gustave de Beaumont, 2 vols., edited by Michelle Perrot (Paris: Gallimard, 1984).

"The first of May in France: the birth of a working-class ritual," in *The Power of the Past: Essays for Eric Hobsbawm*, edited by Pat Thane, Geoffrey Crossick, and Roderick Floud (Cambridge: Cambridge University Press, 1984), pp. 143-71.

Une histoire des femmes est-elle possible? edited by Michelle Perrot (Paris: Rivages, 1984).

Le Journal intime de Caroline B., edited by Michelle Perrot and G. Ribeill (Paris: Montalba, 1985).

"On the formation of the French working class," in *Working-class Formation: Nineteenth-century Patterns in Western Europe and the United States*, edited by Ira Katznelson and Aristide Zolbert (Princeton, NJ: Princeton University Press, 1986), vol. 1, pp. 71-111.

Compte générale de l'administration de la justice criminelle en France pendant l'année 1880 et rapport relatif aux années 1826-1880, edited by Michelle Perrot (Geneva: Slatkine Reprints, 1989).

Histoire de la vie privée, vol. 4: De la Révolution à la grande guerre (Paris: Seuil, 1997); 《사생활의 역사》(전수연 옮김, 새물결, 2002).

Histoire des femmes en Occident, edited by Michelle Perrot and Georges Duby, 5 vols. (Paris: Plon, 1991-2); 《여성의 역사 4》(권기돈·정나원 옮김, 새물결, 1998).

Images des femmes, edited by Michelle Perrot and Georges Duby (Paris: Plon, 1992).

Femmes et histoire, edited by Michelle Perrot and Georges Duby (Paris: Plon, 1993).

"Vies ouvrières," in *Les Lieux de mémoire*, edited by Pierre Nora, vol. 3: *De l'archive à l'emblème* (Paris: Gallimard, 1993), pp. 87-129.

"La jeunesse ouvrière: de l'atelier à l'usine," in *Histoire des jeunes*, edited by Giovanni Levi and Jean-Claude Schmitt (Paris: Le Seuil, 1996), pp. 85-143.

George Sand, politiques et polemiques, edited by Michelle Perrot (Paris: Imprimerie nationale, 1997).

Les Engagements du XXe siècle, edited by Michelle Perrot (Paris: Presses de Sciences Po., 1998).

"1914: Great feminist expectations," in *Women and Socialism/Socialism and Women: Europe between the Two World Wars*, edited by Helmut Gruber and Pamela Graves (New York: Berghahn Books, 1998), pp. 25-44.

Sand-Barbès: correspondance d'une amitiérépublicaine: 1848-1870, preface and notes by Michelle Perrot (Lectoure: Editions Le Capucin, 1999).

"Zola antifèministe? Une lecture de *Fécondité* (1899)," in *Un siècle d'antiféminisme*, edited by Christine Bard (Paris: Fayard, 1999), pp. 85-102.

An 2000: quel bilan pour les femmes? edited by Michelle Perrot (Paris: La Documentation francaise, 2000).

La Commune de 1871: l'é vénement, les hommes et la mémoire, edited by Michelle Perrot, Jacques Rougerie, and Claude Latta (Saint-Etienne: Publications de l' Universitè de Sainte-Etienne, 2004).

Filles de mai: 68 dans la mémoire des femmes, edited by Michelle Perrot (Latresne: Bord d' eau, 2004).

Journal d'un voyageur pendant la guerre, by George Sand, edited by Michelle Perrot ([Bègles]: Le Castor astral, 2004).

논문

"Archives policières et militants ouvriers sous la Troisième Rèpublique," *Revue d'histoire é conomique et sociale,* 37 (1959): 219-39.

"Le premier journal marxiste français: *L'Egalitè* de Jules Guesde (1877-1883)," *Actualité de l'histoire,* 28 (1959): 1-26.

"Les rapports des ouvriers français et des ouvriers ètrangers 1871-1893," *Bulletin de la Sociétéd'histoire moderne,* 58 (1960): 4-9.

"La presse syndicale des ouvriers mineurs (1880-1914): notes pour un inventaire," *Mouvement social,* 43 (1963): 93-116.

"Sources, institutionse tr echerchese nh istoireouv rièrefr ançaise," by Michelle Perrot and Jean Maitron, *Mouvement social,* 65 (1968): 121-61.

"The strengths and weaknesses of French social history," *Journal of Social History,* 10 (1976): 166-77.

"Workers and machines in France during the fi rst half of the nineteenth century," *Proceedings of the Annual Meeting of the Western Society for French History,* 5 (1977): 198-217.

"De la nourrice à l'employèe ⋯⋯ travaux de femmes dans la France du XIXe siècle," *Mouvement social,* 105 (1978): 3-10.

"La mènagère dans l'espace parisien au XIXe siècle," *Annales de la recherche urbaine,* 9 (1980): 3-22.

"Sur l'histoire des femmes en France," *Revue du Nord,* 63 (1981): 569-79.

"De la manufacture à l'usine en miettes," *Mouvement social,* 125 (1983): 3-12.

"Quinze ans d'histoire des femmes," *Travaux historiques,* 12 (1988): 19-27.

"Où en est en France l'histoire des femmes?" *French Politics and Society,* 12 (1994):

39-57.

"La cause du peuple," *Vingtième siècle*, 60 (1998): 4-13.

"1848: la rèvolution des femmes," *L'Histoire*, 218 (1998): 62-5.

"Fèminisme et modernitè," *Sciences humaines*, 85 (1998): 26-9.

"Alain Corbin et l'histoire des femmes," *French Politics, Culture, and Society*, 22 (2004): 44-55.

인터뷰

"New subjects, new social commitments: an interview with Michelle Perrot" (Laura Frader and Victoria deGrazia, interviewers), *Radical History Review*, 37 (1987):27-38.

"Fifty years after Simone de Beauvoir's *The Second Sex*, what is the situation of French feminism? A conversation with French historian Michelle Perrot" (Ingrid Galster interviewer), *European Journal of Women's Studies*, 8 (2001): 243-52.

"Des femmes, des hommes, et des genres," interview of Michelle Perrot and Alain Corbin by Raphaèlle Blanche and Danièle Voldman, *Vingtième Siècle*, 75 (2002): 167-76.

참고문헌

Basch, Françoise, et al. (ed.), *Vingt-cinq ans d'études feministes: l'expérience Jussieu* (Paris: Universitè de Paris 7, 2001).

Nora, Pierre (eds.), "L'air de temps" (autobiographical essay by Michelle Perrot), in *Essais d'ego-histoire* (Paris: Gallimard, 1987), pp. 241-93.

35

엠마뉘엘 르루아 라뒤리

1929~

Emmanuel
Le Roy Ladurie

엠마뉘엘 르루아 라뒤리

제프리 보먼

1973년 콜레주드프랑스 교수 취임강연에서, 엠마뉘엘 르루아 라뒤리는 '움직이지 않는 역사'에 관해 이야기했다. 그는 14세기 초부터 1720년 무렵까지의 시기는 인구 균형이 유지된 기간이라고 주장했다. 이 400년 동안, 프랑스 역사의 특징은 무엇보다도 '장기지속'(la longue durée)이다. 인구는 비교적 안정적이었고, 곡물 생산의 관습과 패턴은 거의 변하지 않았다. 이러한 근본적인 인구적·경제적 지속성은 불변적인 사회적 구조에 반영되었다. 마을과 가족생활의 기본 양태도 별로 변하지 않았다. 재산, 기후, 가족, 종교, 성(性)에 대한 사람들의 믿음과 태도 역시 장기지속의 성격을 띠고 있었다.

르루아 라뒤리의 '움직이지 않는 역사' 제창은 그의 탁월한 학문 경력 초기에 나왔지만, 《랑그도크의 농민들》(1966)에서 《기후의 인간사와 비교사: 가뭄과 빙하, 13세기~18세기》(2004)에 이르기까지 40년 동안 출

891

판된 주요 저작들의 중요한 특징을 잘 말해 준다. 르루아 라뒤리는 아날학파의 창시자인 뤼시앵 페브르와 마르크 블로크, 그리고 그 후계자인 페르낭 브로델의 지적인 후예이다. 블로크와 페브르는 프랑스 역사학의 초점을 주요 전투, 혁명적 조약, 위대한 지도자에서 일상생활의 구조로 옮겨 놓았다. 그렇게 하면서, 그들은 덧없는 정치적 사건의 역사보다는 장기지속적인 역사가 중요하다고 강조했다. 그들이 이룩한 지적 토대 위에서 르루아 라뒤리는 중세 말에서 18세기 중엽까지의 프랑스에 관심을 집중시키며, 유럽사의 시대구분에 사용된 전통적인 정치적·지적 프레임에 도전했다. 다른 역사가들이 이 시기의 결정적이고 주요한 변화라고 본 사건들(예를 들면 백년전쟁, 절대왕정의 성장, 르네상스, 종교개혁)은 르루아 라뒤리가 말하는 지속적인 균형의 시기에는 중요한 역할을 하지 못했다. 근대 이전 프랑스에 대한 기술에서, 도시는 문화와 산업의 중심지라기보다는 농촌의 잉여 인구를 흡수하는 인구적 안전밸브였다. 출정 군인들은 정치적 변화의 수행자라기보다는 질병의 전파자였다. 역사적 변화를 추동하는 것은 발견과 혁명이 아니라 서서히 변하는 기온과 줄어드는 빙하였다. 중요한 시점은 하나이거나 쉽게 확정할 수 있는 것(대관식, 조약)이 아니라 되풀이되는 것(포도 수확, 여름 목초지에서 겨울 목초지로 이동하는 양떼)이었다. 진정으로 혁명적인 인물은 왕이나 장군, 추기경, 과학자가 아니라 숲과 목초지, 들판, 그리고 무엇보다도 여기에서 삶을 일구기 위해 사투를 벌이는 농민들이었다.

르루아 라뒤리가 아날학파 역사학에 기여한 부분이라면 장기지속과 인구 균형을 매력적인 이야기로 전환시킨 데서 찾을 수 있다. 르루아 라뒤리가 기술한 과거는 아주 서서히 변화하지만, 그렇다고 사건들이 없는 것은 아니다. 르루아 라뒤리는 독자들이 농민 생활의 핵심에 놓여 있는 협상과 투쟁에 관해 숙고하도록 유도하며, 그럼으로써 가계와 정치보다는 인구와 경제에 바탕을 둔 역사를 발견하도록 한다. 그는 근대 이전의 농민들이 (개인적으로, 가정에서, 마을에서) 어떻게 서로, 그리고 자연환경과 상호작용했는지에 지속적으로 관심을 두었다. 취임강연은 이러한 점에서 그의 연구, 특히 《랑그도크의 농민들》과 《1000년 이후 기후의 역사》(1967)에서 나타나는 중요한 발견들을 요약하고 있으며, 다른 한편으로는 이후 수십 년 동안 그를 사로잡을 문제들을 예고한다. 르루아 라뒤리는 아날 역사학의 가장 설득력 있고 가장 영향력 있는 촉진자 가운데 한 사람이지만, 그러한 원칙을 교조적으로 따르지는 않았다. 1950년대 중반부터 21세기 초까지, 그가 수행한 연구의 특징은 특정한 학파에 엄격하게 합치되기보다는 넓은 폭과 유연한 에너지라고 말할 수 있다.

엠마뉘엘 르루아 라뒤리는 1929년 7월 19일, 칼바도스 도의 무티에앙생글래에서 노르망디 명문 집안의 자식으로 태어났다. 아버지 자크 르루아 라뒤리는 카리스마 넘치는 보수적인 인물로서 가문의 영지 관리와 지방 정치에 헌신했다. 1930년대, 프랑스 농민들의 불안한 경제 상황은 시급한 정치 현안이었다. 자크 르루아 라뒤리는 프랑스 농민들을 농업조합에 정치적으로 통합시킴으로써 자신이 말하는 '농민 해방'을 달성하려고 했다. 그는 농업조합중앙연합의 잡지를 편집했는데, 일반적으로 경멸적인 의미를 지니고 있던 농업조합이라는 용어를 바로잡기 위한 놀랍도록 성공적인 캠페인의 일환으로 그것을 '농민조합'으로 개명했다. 훗날 그 조직의 사무총장을 지냈으며, 피에르 라발 총리 아래에서 잠시 농업부 장관을 역임한 후 레지스탕스에 가담하여 싸웠다.

아버지 자크 르루아 라뒤리의 정치 활동은 어린 르루아 라뒤리가 학문 생활에서 탐구할 문제들을 제시해 주었다. 농민들의 물질적·정치적 상황과 논란이 되고 있는 프랑스의 정체성 문제였다. 르루아 라뒤리가 받은 이 같은 비공식적인 교육은 프랑스의 최고 정규교육으로 보완되었다. 르루아 라뒤리는 엘리트 교육기관인 고등사범학교(ENS)에서 공부한 후, 1955년에 몽플리에의 고등학교에서 교편을 잡았다. 국립과학연구원 (CNRS)에서 1957년부터 1960년까지 연구원으로 근무한 후 몽플리에 대학교 인문대학의 조교로 임명되었다. 1963년에 고등연구원(Ecole des haute Etudes)로 옮겨 가 조교수로 근무하다, 1965년부터는 제6국의 주임교수가 되었다. 1967년에 그는 블로크와 페브르가 창간하여 하나의 운동 이름이 된 잡지 《아날: 경제·사회·문명》의 편집인이 되었다. 그는 소르본대학과 파리7대학으로 옮겨 갔고, 1973년에는 스승인 페르낭 브로델을 계승하여 콜레주드프랑스의 근대문명사 교수가 되었다. 이러한 직위는 사람들의 부러움을 살 만큼 화려한 학문적 경력을 보여 주지만, 역사학에 대한 르루아 라뒤리의 기여는 아카데미 안에만 머물지 않았다. 1987년부터 1994년까지 그는 국립도서관 관장으로서 리슐리외 가에서 논란 많은 톨비아크의 새 건물로 방대한 도서를 옮기는 일을 감독했다.

그는 프랑스 안팎에서 학문적인 공헌을 인정받아 레지옹도뇌르 3등훈장을 받았고 프랑스학사원(윤리학·정치학아카데미) 회원이이기도 하다. 전세계의 수많은 대학(옥스퍼드대학, 미시간대학, 제네바대학, 더블린대학, 리즈대학, 하이파대학, 펜실베이니아대학 등)에서 명예박사 학위를 수여했다.

1966년까지 르루아 라뒤리는 《아날》을 비롯한 저명한 잡지들에 논문들을 발표했는데, 그에게 프랑스 농촌사의 권위자로서 명성을 가져다준 것은 그해 박사 학위논문을 출판한 《랑그도크의 농민들》이다. 《농민들》은 남프랑스 지방 농민들의 인구, 경제, 사회구조, 문화 등을 종합적으로 다룬 '전체사'이다. 저자는 방대한 양의 토지세 대장과 십일조 기록에 주로 근거하여 농촌 인구 변동, 가격 변화, 토지 소유의 변동 유형 등을 추적했다.

그는 축적된 자료를 가지고 이 균형 시기의 변동 양상을 도표로 만들

수 있었다. 1490년과 1570년 사이 지속적인 성장 시기는 14세기의 인구적·경제적 하락 시기를 뒤따랐다. 많은 소교구의 인구가 늘어났다. 인구 증가는 숲의 대량 벌목을 불러왔고, 새로운 토지를 경작지로 전환시켰으며, 좀 더 집약적인 경작(포도와 올리브)을 추구하게 만들었다. 이 같은 성장은 가격이 높았던 시기에 일어났기 때문에 그것을 반길 수 있는 농민들은 별로 없었다. 토머스 맬서스의 인구론은 이 연구에서 핵심적인 자리를 차지한다. 저자는 인구 증가가 생산 증가를 앞질렀다고 주장한다. 가격은 임금보다 더 빠르게 올랐으며 실질 농가 소득은 꼼짝도 하지 않았다. 대부분의 농민들은 더 적은 것을 가지고 더 많이 만들어야만 했다. 달리 말하면, 15세기의 경제성장은 랑그도크 농민들의 빈곤화를 동반했다. 그 지역 주민들의 악화된 상황은 농민들이 먹던 음식의 질적 저하에서 뚜렷하게 나타난다. 빵의 비중이 커진 반면, 올리브기름이나 우유의 중요성은 줄어들었다. 1526~1535년 시기 일련의 파국적인 흉작을 불러온 생태학적 충격은 생존 조건의 이러한 지속적인 악화를 더욱 심각하게 했을 뿐이다. 너무나 많은 사람들이 너무 적은 식량을 놓고 다투었다. 르루아 라뒤리가 '초창기'(proto) 자본가라고 부른 비교적 소수 경영자 계급만이 변화하는 상황을 이용하여 상당한 부를 축적했다.

르루아 라뒤리는 이러한 인구적·경제적 변동을 종교나 사회의식의 새로운 형태들과 연결시킨다. 도시의 직물 노동자들은 위그노(프랑스의 칼뱅파를 지칭하는 경멸적인 표현—옮긴이)의 가르침을 받아들인 반면, 그들의 상대편은 전통적인 민음과 실천에 단단히 매여 있었다. 농민들은 점증하는 도전에 직면하면서 전통적인 십일조 납부에 대해 분개하기 시작했다. 그들의 분노는 점차 1560~1594년에 일어난 일련의 농민 저항운동으로 표출되었다. 힘든 농민들은 불만의 소리를 냈으며, 때때로 도시 노동자 세력과 연대하여 변화를 요구했다. 몇몇 지역에서(1580년에 로망, 1635년에 아쟁과 루에르그, 1645년에 몽플리에에서) 이러한 긴장은 폭력으로 분출되기도 했다.

15세기의 불안한 성장 다음에 불황이 이어졌다. 가격이 붕괴되고 농촌 총생산은 감소했으며, 농민들은 생산적인 땅을 포기했다. 그 세기의 마지막 10년에는 인구가 감소했다. 서서히 진행된 경제적 경화(硬化)는 처음에는 스테그네이션으로, 그리고 최종적으로 17세기의 마지막 10~20년 무렵에는 경기 침체로 이어졌다. 이러한 고달픈 상황은 저항을 불러일으켰고 농민들의 적대감은 십일조에서 세금으로 대상을 바꾸었다. 루이 14세의 끝없는 전쟁욕과 사치는 더욱더 무거운 조세 부담과 농민들의 빈곤을 불러왔다.

이러한 경제 상황은 농민들의 지적 생활에도 영향을 주었다. 부분적으로 위그노 사상의 영향을 받은 예언가들과 신비주의자들은 징세관에 대한 증오심을 종말론적 기대와 연결시켰다. 예컨대, 1700년 무렵 일어난 카미자르 반란(1685년 루이 14세가 낭트칙령을 폐기하여 칼뱅파에게 가톨릭으로 강제 개종을 명하자, 이에 반발하여 프랑스 남부 지방에서 일어난 반란―옮긴이) 같은 저항운동에는 신비주의적인 요소가 많이 담겨 있었다.《농민들》의 초점은 인구와 경제에 놓여 있지만, 르루아 라뒤리는 경제적인 생활을 믿음과 문화적 표현과 연결시켰다.

《농민들》이 정말로 선구적인 점은 15세기 말부터 18세기 초까지 이어지는 '거대한 농업 주기'이다. 르루아 라뒤리가 보기에, 조세 대장과 십일조 기록은 식량 생산과 인구 균형을 맞추기 위해 투쟁하고 극복할 수 없는 물질적 한계에 맞서 싸우는 농촌 사회의 맬서스적인 드라마였다. 그는 수확, 가격, 임금 등이 변화하는 모습을 보여 주고 있지만, 포괄적인 주제는 이 시기가 단일하고 일관적이라는 것이다. 그의 지적인 스승들처럼, 르루아 라뒤리는 역사적인 변화를 몇 년, 몇 십 년이 아니라 몇 세대나

몇 세기 단위로 측정한다.

그 책의 주장과 시대구분은, 물론 그가 의존하고 있는 증거와 직접적인 관련이 있다. 그는 계량적이고 계열적인 자료의 중요성을 강조했다. 《농민들》이 제안하는 모델은 부분적으로는 십일조 증거들(즉, 교회에 현금이나 현물로 내는 것)에 의거하고 있다. 이러한 종류의 증거에 대한 저자의 열정은 다른 연구에서도 뚜렷하게 나타난다. 십일조는 시공간적으로 광범위하게 펼쳐져 있는 계량적인 자료들의 연속적인 계열을 역사가에게 제공해 준다. 십일조는 농업 생산량의 고정된 비율이기 때문에 적어도 이론적으로는 전반적인 농업 생산량을 반영하고 있다. 따라서 역사적인 증거로서 십일조는 아날학파의 성배(聖杯)와도 같은 것이었다. 그것은 연속적이고 계량적인 계열로서 비교사적 연구를 가능하게 해준다. 1963년 경제사가인 에르네스트 라브루스는 구체제의 농업 생산을 십일조에 기초하여 체계적으로 조사할 것을 제안했다. 조제프 구아와 협력하여, 르루아 라뒤리는 국제적인 연구 프로젝트를 기획하는 데 중심적인 역할을 했다. 한 종합적인 연구에서, 그는 라틴 아메리카에서 헝가리에 이르기까지 20여 년 동안 십일조에 기초하여 수행된 지역 연구의 결과를 요약했다. 모든 경제학자들이 십일조 기록의 객관성이나 정확성에 만족하는 것은 아니라는 점을 인정하면서도, 르루아 라뒤리는 그것들은 여전히 역사가에게 유용하고, 특히 다른 자료들과 관련하여 사용할 경우에 특히 그러하다는 점을 강조했다. 그 엄청난 '자료의 수확'을 검토하면서, 그는 자신이 랑그도크에 대한 연구를 토대로 제안했던 시대구분이 프랑스 안팎의 다른 지역들에서도 (지역에 따라 차이는 있지만) 나타났다고 주장한다. 농업 생산은 14세기부터 18세기 초까지는 일정한 한계를 안고 있었다. 15세기의 인구 감소에 이어 16세기의 빠른 증가, 그리고 나서 1600년 무렵에는 정체 현상이 나타났다. 16세기의 회복기에 인구는 늘어났고, 임금은 떨어졌으며, 가격은 올랐고, 농지는 분할되었다. 프랑스 전역에서 이러한 상황은 17세기에 벌어진 경제적 위기의 조건을 마련했으며, 그 결과는 전쟁에 의해 악화되었다. 달리 말하면, 르루아 라뒤리는 자신이 《농민들》에서 확인한 지속적인 균형기(극복할 수 없는 물질적인 한계라는 맬서스적 논리)는 대체로 프랑스 전역에도 적용된다고 주장했다.

혁신적인 시대구분 외에도, 다른 두 가지 차이점이 《농민들》을 르루아 라뒤리가 본보기로 삼은 책들(예컨대, 마르크 블로크가 1931년에 발표하여 많은 영향을 준 《프랑스 농촌사의 근본 성격》)과 구별해 준다. 하나는 증거를 새롭게 활용한 것이고, 다른 하나는 지역적인 성격에 초점을 맞춘 것이다.

대부분의 역사가들은 《농민들》이 혁신적인 연구이며 전근대 유럽을 이해하는 데 중요한 기여를 했음을 인정한다. 하지만 몇몇 경제사가들은 저자가 정의한 지대, 임금, 가격, 십일조 등이 좌절감을 줄 정도로 부정확하다고 말한다. 또 어떤 사람들은 그 책의 맬서스적 프레임워크는 풍부한 설명적 모델이라기보다는 해석상의 감옥이라고 말한다. 로버트 브레너는 맬서스적 모델이 전근대 프랑스의 사회계급 구조에 대한 이해를 왜곡시켰다고 비판한다.

르루아 라뒤리는 《농민들》을 내고 1년 만에 《기후의 역사》를 출간했다. 기후의 역사에 관한 이 포괄적인 연구에서, 그는 유럽의 과거를 바라보는 또 하나의 혁신적인 방법을 제안했다. 기후 현상에 관한 역사적인 증거를 확인하고 해석하는 문제는 참으로 어렵다. 전근대 세계에서 기후에 관한 기록은 불규칙하고 부정확하다. 연대기와 편지들은 풍성한 수확, 뜨거운 여름, 이른 서리 등에 관해 산발적으로 언급하고 있지만, 이러한 자료들은 르루아 라뒤리와 동료들이 존중하는 연속적이고 계량적이고 동질적인 계열 자료에는 미치지 못한다. 《기후의 역사》에서 르루아 라뒤리는 이 산만한 기록들로부터 아이디어를 찾아내면서, 나이테 연대학과 생물계절학에서 도출할 수 있는 한층 과학적인 증거에 의존한다. 나무의 나이테는 저마다 특정한 해의 기후를 보여 주는 자취이기 때문에, 각각의 나무는 건기와 우기, 더운 시기와 추운 시기를 그 어떤 기록 자료가 제공할 수 있는 것보다 더 정확하게 재구성할 수 있게 해주는 규칙적인 자료의 보고이다. 해마다 포도 수확일이 바뀌는 것도 유사한 계열 자료를 제공해 준다. 이른 수확 날짜는 더운 해와 일치한다. 빙하의 진출과 후퇴 자료도 기후변화를 드러낸다. 예컨대, 17세기 초에 커다란 피해를 입힌 빙하의 공격은 수십 년 동안 추운 시기가 이어졌음을 알려 준다. 계열 자료들은 기후사를 재구성할 수 있는 단단한 토대를 제공해 주지만, 르루아 라뒤리는 규칙적인 계열 자료라도 그것을 역사적인 확실성으로 전환하는 것이 늘 쉽지만은 않다고 인정한다. 늦은 수확 일자는 포도 생장기가 선선했음을 말해 주거나 아니면 그저 포도에 '고귀한 부패'를 가하려는 포도주 제조업자의 의지를 반영하기 때문이다. 북부 프랑스에서 포도밭을 포기한 현상은 기후의 변화를 알려줄지 모르지만, 포도주 가격의 하락 같은 순전히 경제적인 요인의 결과일지도 모른다.

이러한 증거로부터, 르루아 라뒤리는 10세기부터 20세기까지의 기후 변화의 역사를 재구성했다. 이 역사는 세 가지 커다란 움직임을 포함한다. ① 1000년경의 온난기, ② 선선한 기후가 특징인 1200~1300년경, 그리고 또다시 1580년과 1850년 사이 빙하의 진출로 나타난 '소빙기,' ③ 점진적으로 더워지는 현대. 1580년과 1850년 사이의 기간이 가장 많은 주목을 받았다. 1510년과 1560년 사이의 봄과 여름은 평년보다 따뜻했다 《농민들》에 나오는, 그 늘어난 농촌 인구는 더 뜨거운 햇볕 아래에서 노동했다). 16세기 말 평균 기온은 떨어지기 시작했고, 1세기 이상 계속 그랬다. 1690년대는 겨울이 더 춥고, 더 습했으며, 성장 기간은 더 짧았다. 늦은 수확(선선하고 습한 성장기)은 곡물 경작자들을 더욱더 어렵게 했을 것이다. 유럽의 빙하는 17세기 말과 18세기 중엽 사이에 최대한으로 팽창하여, 16세기 말부터의 '소빙기' 혹은 페르나우(알프스 산지 티롤 지방의 지명—옮긴이) 시기의 증거를 제공해 준다. 온난화 경향은 18세기에 시작된다. 19세기 말 이후 전지구적인 빙하의 신속한 후퇴는 이러한 경향이 지속적으로 확대되고 있음을 알려준다.

이렇게 커다란 오르내림은 르루아 라뒤리의 초기 저작의 주인공이었던 농민들에게 영향을 주었다. 그러나 여기에서 그는 기후의 역사 자체에 접근한다. 그는 기후와 사회구조 혹은 특별한 사건들을 연결시키려는 시도를 거의 하지 않는다. 그는 바이킹이 북대서양을 식민지화한 것, 그리고 11세기의 대규모 개간 사업 등은 1000년 무렵의 온난화와 어느 정도 관계가 있음을 시사한다. 그는 또한 16세기 말의 경제적 수축기와 동시대 페르나우의 빙하 변동과는 상관관계가 있을 것임을 시사한다. 그렇지만 궁극적으로, 르루아 라뒤리는 기후의 영향에 관한 문제들은 대부분 다른 연구자들에게 맡겨 두었는데, 수십 년 후 《기후의 인간사와 비교사》에서는 이 가운데 몇몇 문제를 직접 다루었다.

《기후의 역사》는 주목할 만한 성과이다. 《농민들》에서처럼, 르루아 라뒤리는 독자들이 점진적인 변화와 장기적인 지속을 바라보도록 권한다. 그는 역사적 변화의 템포를 이처럼 다르게 느끼도록 하는 것 외에도, 과거를 재구성하는 지적인 틀의 다른 유형을 제시하는데, 한편으로는 역사가들과 다른 한편으로는 과학자들(기후학자, 빙하학자, 고고학자)을 연결시키는 유형이 바로 그것이다. 마지막으로, 그 기획은 그의 전 학문 경력을 특징짓는 것이다. 역사가들이 갖추어야 하는 안목에 대한 폭넓은 감각이다. 르루아 라뒤리는 16세기 조세 대장을 다룰 때와 마찬가지로 핵심 표본과 나이테 앞에서도 두려움이 없다. 《기후의 역사》는 여러 측면에서 볼 때《농민들》에서 수행했던 인구학적 연구 유형에서 벗어난 것이지만, 천년에 걸친 기후의 역사를 추적하는 것은 아마도《아날》을 창건한 사람들의 과학적인 희망과 그들의 확장된 시간 틀에 대한 열망을 논리적으로 확장시킨 것일 터이다.

야심적인 두 초기 저작《농민들》과《기후의 역사》가 거의 동시에 출판됨으로써 르루아 라뒤리는 스승이 맡고 있던 콜레주드프랑스 교수직을 자연스럽게 계승할 수 있었다. 임용은 누가 봐도 놀라운 일이 아니었다. 그는 브로델의 제자들 가운데 '황태자'로 알려져 있었다. 임용된 바로 그해 기존에 발표한 29편의 논문을 엮어《역사가의 영토》1권(1973)을 출판했다. 여기에서 그는 계량적이고 계열적인 증거들의 가치를 강조하고, 역사가들이 '장기지속'의 관점에서 사고할 것을 촉구하며, 역사가들이 농촌 문명의 물질적이고 문화적인 역사를 탐구할 때 사용할 만한 몇 가지 방법을 제시한 후, 역사 문제에 대한 학제적 접근을 요청했다. 여기에 제시된 많은 아이디어는《농민들》과《기후의 역사》를 형성한 것이지만, 몇몇 논문들은 참신한 연구 의지를 자극하는 것으로서, 1950년대, 1960년대, 1970년대 초 프랑스 역사가들의 우선순위와 관심 사항을 대변해준다.

야심적이고 훌륭한 저서들과 학술 저널이나 대중매체에 실린 글들은 르루아 라뒤리를 주도적인 역사가로 만들었다. 많은 사람들이 르루아 라뒤리의 학문 세계를 알고 있었지만, 그가 다음 책에서 취할 방향을 예언한 사람은 거의 없었고, 그것의 놀라운 성공을 내다본 사람도 없었다. 《몽타유: 1294년에서 1324년까지의 랑그도크의 한 마을》(1975)의 시공간적인 범위는《농민들》과《기후의 역사》보다는 훨씬 제한적이지만, 기획 그 자체가 덜 야심적인 것은 아니었다. 1318년에서 1325년 사이, 자크 푸르니에라는 이름을 가진 이단재판관은 카타르파 이단을 색출하고 비정통적인 믿음을 근절하기 위해 파미에르 교구에서 이단재판을 실시했다. 푸르니에는 5백 번이 넘는 심문 과정에서 청취된 증거들을 담은 기록집을 편찬했다. 증인들 가운데 20여 명이 몽타유 마을 사람이었다. 이 기록집을 증거 자료로 삼아, 르루아 라뒤리는 카타르파 활동의 온상이었던 그 피레네 산골 마을의 일상생활을 재구성했다. 그의 목표는 단순히 민중적인 종교 믿음과 실천을 기술하는 것이 아니라(비록 그는 몇 장을 여기에 할애했지만), 몽타유에 살던 약 200명의 주민들에 대한 포괄적인 인류학적 연구를 제공하는 것이었다.

《몽타유》는 두 부분으로 구성되어 있다. 1부는 전근대시대 프랑스 농민들의 삶을 지배하고 있던 불변의 구조와 계절적 패턴을 기술한, 마을의 생태학이다. 2부 '몽타유의 고고학: 몸짓에서 신화로'는 마을 주민들의 몸짓, 태도, 습속 등을 탐구한다. 르루아 라뒤리는 몽타유 주민들의 '집단심성사'를 시도한 것이다.

푸아의 백작이나 파미에르의 주교 같은 세속의 영주와 고위 성직자들은 몽타유의 일상생활에서 별다른 역할을 하지 못했다. '도무스'(domus), 즉 가족이 마을 생활의 중심이었다. 몽타유 사람들은 어떤 집안이 카타르파에 호의적인지를 쉽게 식별할 수 있었다. 클레르그 집안은 사회적 사다리의 정상을 차지했지만, 대부분의 경우에 이웃들과 별로 다르지 않았다. 베르나르 클레르그는 푸아 백작의 지역 대리인이었다. 그의 형인 피에르는 마을의 방탕한 사제였다. 몽타유의 평범한 주민들은 대부분 목동이었기 때문에, 이동 방목의 계절 주기가 지역 경제에서 핵심적인 역할을 했다. 수수께끼 인물인 피에르 모리 같은 목동들은 해마다 수개월씩 가축을 끌고 피레네산맥과 남부 카탈루냐의 목초지를 누비고 다녔다. 이러한 생활은 목동들의 집단심성이라 할 만한 것을 만들어 냈는데, 그 특징은 세상에서 자신의 위치에 만족하는 태평스럽고 협협한 기질이었다. 여기에서, 르루아 라뒤리는 1970년대의 농촌사가 그러했듯이 약간의 향수를 느끼며 "구체제 행복의 편린"을 본다.

책의 2부(더 길다)는 중세 마을 주민들의 세속적인 일상 습관과 생각들 속으로 파고 내려간다. 여러 장(章)들은 몸짓 언어, 목욕 습관, 어린이다움, 죽음, 일, 시간 개념, 그리고 글 읽기 등을 탐구한다. 이단재판관들은 이단을 찾아내어 박멸하려 하지만, 정통 기독교와 카타르 이단 사이의 경계는 몽타뉴 주민들에게는 선명하지 않다. 클레르그 집안사람들이 다시 등장하는데, 여기에서는 그들의 사회적 지위 때문이 아니라 피에르 클레르그의 분명한 애정 행각 때문이다(증거에 따르면 그 정열적인 신부는 12명의 애인을 두고 있었다). 르루아 라뒤리는 몽타유 주민들의 집단심성을 재구성하면서, 마을 주민들은 종교적이고 도덕적인 문제에 대해 추상적인 사고를 하는 경향이 있었다고 강조한다. 그들은 공식적으로 교육받은 이단재판관들과는 다른 인식 도구를 사용하여 종교적이고 도덕적인 문제에 대해 씨름했다. 어쨌든 씨름은 씨름이었다.

《몽타유》는 역사적 재구성의 걸작이지만, 결점이 없지는 않다. 르루아 라뒤리는 독자들에게 중세 농민의 목소리를 직접 듣는 느낌이 들도록 하기 위해 심지어는 그들의 '말'을 이탤릭체로 표기하기도 했지만, 몇몇 비평가들은 저자가 자료의 성격을 고려하지 않았다고 비판한다. 그들은 그가 자크 푸르니에의 기록을 너무 성급하게 일종의 인류학적 기록으로 받아들였다고 말한다. 그러나 위협적인 분위기에서 증언 청취가 이루어졌음을 감안하면, 증인들은 왜곡했거나 잘못 기억했거나 혹은 자기들의 목숨을 구하기 위해서 혹은 (르루아 라뒤리 자신이 시사하듯이) 자기들의 적과의 해묵은 분쟁을 해결하기 위해서 거짓말을 하는 경향도 있었을 것이다. 최종적으로 기록은 농민들이 아니라 이단재판관에 의해 편집되었기 때문에, 그것은 몽타유 주민들의 생각보다는 파미에르의 서기들의 생각을 더 많이 반영하는 것이었다. 몇몇 독자들은 우리가 아무리 중세 농민들의 육성을 듣기를 원한다 해도 그들은 여전히 멀리 떨어져 있을 뿐이라고 비판한다. 이러한 비판은 비록 진지한 것이기는 하지만《몽타유》가 중세 유럽의 농민 생활에 관한 가장 영향력 있고 가장 널리 읽힌 설명이 되는 것을 막지는 못했다.《농민들》을 통해 르루아 라뒤리는 동료 역사가들 사이에서 명성을 획득했다면, 이 베스트셀러를 통해 그는 전 세계적인 대중적 독자층과 학부 학생들의 관심을 끌었다.

《몽타유》는 르루라 라뒤리의 독자층의 확대와 그의 연구 방향의 변화를 동시에 증언해 준다. 아날학파의 역사가들은 비전문가들이 접근할 수 없는 건조한 결과를 산출하는 계열적인 자료의 축적에 지나치게 몰두한다는 비난을 자주 받아왔다. 지역사 연구들은 태양, 땅, 양(羊)에 관한 무성한 언급으로 시작하고, 이러한 것들은 곧바로 추상적인 공식이나 도표 속으로 사라져 버린다. 그러나《몽타유》에서 르루아 라뒤리는 전근대 프랑스 농촌사가 다양하고 수준 높은 독자층을 확보할 수 있음을 유감없이 보여 주었다.

그가 이러한 목표를 달성할 수 있었던 것은 어느 정도는 새로운 방향으로 역사 연구를 밀고 나갔기 때문이기도 하다. 많은 측면에서,《몽타유》에서 그의 주된 관심은 마을 생활의 장기지속적인 진실들이었지만, 그가 의거한 이단재판 기록부는 단지 몇 년 동안의 사건을 기록했을 뿐이다. 이 기록부가 중세 농민들의 태도를 알려 주는 증거로서의 가치를 가지는가는 여전히 논란거리지만, 그것이 많은 역사가들(르루아 라뒤리를 포함한)이 수십 년 동안 변호해 온 경제적·사회적인 구조에 대한 계량적이고 계열적인 정보를 제공한다고 보는 사람은 없다.《몽타유》는 동시대 역사학의 몇몇 주도적인 원칙에 대한 명백한 거부는 아닐지라도, 적어도 전근대 농촌 세계의 역사를 탐구하는 역사가들은 베지에 지역의 십일조와 보배 지역의 십일조를 비교하는 것 이상의 작업을 할 수 있음을 강력히 상기시켜 준다.

이러한 새로운 방향은 《로망의 사육제》(1979)에서도 나타난다. 《농민들》에서 르루아 라뒤리는 십일조와 세금을 둘러싼 16세기의 분쟁을 기술하고, 한 예로 도시의 엘리트들이 성난 저항운동 지도자를 암살함으로써 유혈 낭자한 사건으로 변한 1580년 로망의 사육제(carnival)에 관해 언급한 바 있다. 암살 후 몇 주 동안 공모자로 의심받던 사람들이 재판받고 처형되었는데, 그 수는 30명에 달했다. 16세기 프랑스의 거리에서는 쉽사리 피가 흘렀음을 감안하면 많은 수는 아니지만, 르루아 라뒤리는 한 구체제 도시의 정치적·경제적·사회적 구조를 해부하기 위해 《로망의 사육제》에서 1580년의 소요를 주목한다.

1579년과 1580년의 갈등은 귀족들과 중간층 장인들, 특히 푸주한과 직조공들을 대립시켰다. 1580년, 연례적인 사육제는 소란한 파티와 사소한 시민전쟁 사이의 그 어떤 것으로 변질되었다. 도피네 지방의 다른 지역에서 벌어진 항거와 폭력은 로망에서 벌어질 학살을 예고했다. 1580년 직전 몇 년 동안, 도시 장인들과 농촌 농민들은 점점 늘어나는 세금에 허덕였고, 과중한 압력을 저항 없이는 견딜 수 없게 되었다. 그들은 조세 부담 증가에 분노했는데, 그 이유는 그것이 도시 행정 실패에서 비롯된 것으로 보았기 때문이고 그 지역의 귀족들은 대부분의 세금에서 면제되었기 때문이었다. 귀족들이 점점 더 많은 땅을 획득할수록 보통의 토지 소유자들은 더 많은 조세 부담을 짊어져야 했다. 그들의 불평은 그냥 엄살을 부리는 죽는소리가 아니었다. 르루아 라뒤리는 중간계급의 조세 부담이 실제로 빠르게 늘어났음을 보여 주었다.

이 같은 과다한 세금 징수에 대응하여, 도시 노동자들은 생각을 표출하고 이익을 증진시키기 위해 동맹을 결성했다. 그들은 잘 조직되었으며,

요구 조건을 분명히 제시했고, 쉽게 물러서지 않았다. 1570년대 이후의 '진정서'는 도피네 지방 제3신분의 불만을 분명히 표현하고 있다. 르루아 라뒤리는 푸주한과 직조공들이 표현한 정부와 과세에 대한 생각들은 장 보댕이나 동시대의 정치 이론가들의 정교한 사상을 반영하고 있다고 넌지시 말한다.

《사육제》에서, 르루아 라뒤리는 전근대 프랑스의 복잡한 정치사회 세계에 대한 감수성을 보여 주는데, 그것은 《농민들》과 《몽타유》에서도 드러난 바 있다. 그는 여러 집단들이 공유하는 공통된 이해관계와 다양한 이해관계를 분석하는 데 관심을 둔다. 도시의 부르주아 귀족들은 어떤 때는 주변 농촌의 귀족들과 연대하기도 하고, 또 어떤 때는 대립하기도 한다. 1580년의 사건에서, 도시의 몇몇 가난한 구역(특히 포도밭 주인들이 지배하는 구역들)은 이웃 구역에 있는 장인들을 지지하지 않았다. 도피네 지방의 다른 지역에 살던 농민들은 들고 일어났지만, 르루아 라뒤리는 그들의 이해관계와 목표는 로망의 고통받던 도시 장인들과 동일하지 않았음을 강조한다. 로망의 '인물극'(dramatis personae)에 관한 생생한 묘사는 전근대 프랑스인들이 경제적 이해관계, 이데올로기적 경향, 종교적 믿음에 따라 어떻게 집단을 형성했는지 분명하게 보여 준다. 르루아 라뒤리의 노력으로 1580년의 사건들은 로망인들의 도덕적이고 실용적인 계산법(도시 귀족들, 장인들, 그리고 농민들은 어떻게 자기들의 친구를 식별했고, 자기들의 동지를 도왔으며, 자기들의 적을 좌절시키기 위해 애썼는지)을 이해할 수 있도록 도와준다.

책의 제목이 '로망의 조세 폭동'이나 '로망의 이해 충돌'이 아니라 《로망의 사육제》일 정도로, 책에서 기술하고 있는 사건들이 도시의, 예배의, 농경의 달력상의 특정 시점에 일어났다는 것이 의미심장하다. 사순절 이전의 몇 주 동안, 이곳저곳의 형제회들은 행렬, 연극, 경기 등을 조직했다.

1580년의 이러한 행사들은 로망의 여러 집단들 사이의 긴장을 노출시켰다. 구체제에서, 종교적·사회적·경제적 여러 집단은 도시의 사육제에서 자신들의 존재를 과시했다. 아르놀트 반 게네프와 빅터 터너 같은 인류학자들의 연구에 의거하여, 르루아 라뒤리는 사육제에서 벌어지는 세상뒤집기의 상징적인 숲을 탐험한다. 형제회들은 거세한 토끼나 자고새, 곰이나 집토끼와 스스로를 결부시키는데, 그들의 선택은 구성원들이 세상을 어떻게 바라보는지에 대해 무엇인가 말해 준다. 1580년 로망의 사육제는 특히 폭력적이었지만, 그러한 제전은 언제나 사회적이고 정치적인 의미를 지니고 있다.

르루아 라뒤리는 처음에는 중세 마을(몽타유), 그다음에는 근대 초 도시(로망)의 사회적·정치적인 긴장을 재구성했다. 이 두 책의 전반적인 구성은 비슷하다. 르루아 라뒤리는 고립된 역사적인 사건들을 하찮은 것으로 방기하지 않는다. 아니 오히려 그는 그것들을 장기지속적인 경제적·사회적 구조들과 관련하여 자리매김한다. 1580년 로망의 사육제 주간 같은 단기지속적인 사건들도 면밀히 검토하면 이러한 사건들의 배후에서 의미를 부여하는 구조들을 재구성할 수 있게 해준다.

역사적 증거의 여러 가지 유형들의 한계를 실험하려는 르루아 라뒤리의 의지는 1980년대 초에 출판된 두 책에서도 분명히 나타난다.《랑그도크 지방에서의 돈, 사랑, 죽음》(1980)과《자스맹의 마녀》(1983) 이 두 책 모두 농촌적인 전근대 프랑스에 대한 르루아 라뒤리의 지속적인 관심에 뿌리내리고 있다. 두 책에서 르루아 라뒤리는《사육제》의 특징이었던 상징적인 생활에 대한 관심을 이어 간다. 그러나 문학적인 자료들을 역사적인 증거로 삼은 것은 새로운 출발을 보여 준다.

《랑그도크 지방에서의 돈, 사랑, 죽음》(이하,《돈》으로 줄임—옮긴이)에서는,《사육제》에서처럼 특정한 연도의 사건들을 분석하기보다 문학적 증거의 특별한 변형(민속)과 특별한 분석 양식(구조주의)에 의지하고 있다. 1765년, 파브르 신부는 《장롱프리》(Jean-l'ont-pris)*라는 오크어(語) 소설을 출판했다. 르루아 라뒤리는 이 소설을 중심으로 분석하면서, 그것의 관심사와 구성은 오크 지방의 광대한 민속과 밀접하게 관련되어 있다고 주장한다. 그에 따르면, 이러한 민속은 전근대 농민들의 '도덕 경제'에 관한 중요한 진실을 드러내 준다. 르루아 라뒤리는 '사랑의 사각형'(예컨대 장, 장의 못생긴 부인 가루이유, 불량배들과 함께 서리하는 어린 장을 붙잡은 포도밭 주인 세스티에, 세스티에의 바보 상속녀가 이루는 사각형—옮긴이)을 오크 지방 민속의 근본 구조라고 말한다. 16세기, 17세기, 18세기의 규격화된 민속이 말하는 것은 사소한 차이만 드러내는 단일한 이야기이다. 젊은 남자 주인공은 젊은 여자의 사랑을 얻고 결혼하기를 원한다. 이를 위해, 그는 여주인공의 아버지(또는 아버지 대리인)와 경쟁적인 구혼자들을 물리쳐야 한다. 구애, 방해, 그리고 그러한 방해에도 불구하고 주인공의 최종적인 승리는 모두 돈과 관계가 있다. 르루아 라뒤리는 문학적인 생산으로서가 아니라 장기지속적인 집단심성의 반영인 이러한 구조에 우선적으로 관심을 가진다. '사랑의 사각형'은 남부 농촌 주민들의 변함없는 관심사에 대해 뭔가 말해 준다. 독자들은, 돈 없는 젊은이는 어떻게 결혼을 추구하는지, 여자들은 구혼자들이 결혼에 적합한지 여부를 어떻게 판

---

* 장롱프리는 소설의 주인공이다. 그는 자기 아내 가루이유를 매장하고 돌아오는 길에 만난 보나주 지방의 한 남작에게 자신의 삶에 대해 이야기한다. 그의 아버지 트뤼케트는 제화공이었다. 그는 외과의사의 사생아인 마르고와 결혼하여 9일 만에 아들 장(Jean)을 낳았다. 트뤼케트는 성냥을 만들어 팔던 장모의 권유로 장사를 시작하여 2년 만에 밭, 초지, 집 등을 장만했다. 그러나 그는 모직물 꾸러미를 훔친 죄로 붙잡혀 교수형에 처해졌고, 그 다음날로 마르고는 결혼 전에 자기를 좋아하던 남자를 따라 집을 나가 버렸다. 동네 사람들이 어린 장에게 아버지가 어디 갔냐고 물으면 장은 "그들이 그를 데려 갔어요"(Ils l'ont pris)라고 대답했다. 그의 기이한 이름은 여기에서 나온 것이다.

단하는지, 사람들은 자기들의 재산을 어떻게 보호하려 하는지를 알게 된다. 전반적으로, '사랑의 사각형'의 논리는 농민들이 어떻게 전략을 세우는지를 드러내 준다.

《농민들》이후 르루아 라뒤리는 전근대 농촌 프랑스의 경제적이고 지적인 세계를 이해하고 설명하기 위해 꾸준히 노력해 왔는데, 이러한 관심은《돈》에서도 변함없이 나타난다. 예컨대, 르루아 라뒤리는 여러 면에서 이 세계는 장기적인 지속성을 특징적으로 지니고 있다고 주장한다. 이 책에서 특별히 달라진 것은, 생태학, 인구학, 농업으로 분석을 시작하는 것이 아니라 문학과 집단심성으로 분석을 시작한다는 것이다.《농민들》에서, 그리고《몽타유》에서는 한층 더, 르루아 라뒤리는 중세 농민들의 집단심성에 관해 기술했다. 그러나 그는 초기 저작들에서는 경제적인 분석에 기초하여 집단심성과 문화적 생산물을 다룬 반면, 이 책에서는 곡물 생산보다는 민속에서부터 시작했다.

민속이 일상생활에 대한 역사적인 증거 자료로 사용될 수 있으리라는 생각은 고무적인 것이었고, 다른 역사가들도 똑같은 가능성을 발견했다. 따라서《돈》은 흥미로운 실험, 아니 '사랑의 사각형'으로 분석된 이야기의 수를 고려하면, 일련의 '실험들'이다. 그러나 일부 독자들은 만족하지 못했다. 그들은 도식적이면서도 무한히 탄력적인 것처럼 보이는 모델을 반복적으로 적용하는 것은 무의미하다고 생각했다. 그 분석은 민속에 생명력을 불어넣어 주기는커녕 활기를 고갈시킨다는 것이다.《농민들》의 정확성과 신중함에 박수를 보냈던 또다른 독자들은 문학적인 구조와 역사적인 실제의 관련성이 면밀하게 검토되기보다 넌지시 암시되는 정도로 그친 데 실망했다.

르루아 라뒤리는《마녀》에서 랑그도크 지방의 민속 문화에 대한 탐험을 계속했다. 1840년, 아쟁 출신 미용사이자 시인이며 일반적으로 '자스맹'으로 알려진 자크 보에는 시의 주인공 이름이기도 한 〈프랑수네토〉라는 제목의 오크어 시를 발표했다. 이 시가 그 기획의 문학적이고 상징적인 중심이다. 이것으로부터, 르루아 라뒤리는 16세기 말부터 19세기 중엽까지 아쟁 지역에서 마녀와 마법이 어떠한 자리를 차지했는지를 스케치한다. 이 책은 3부로 나뉜다. 1부는 시와 마녀 고발에 대한 산발적인 재판 기록에 의거하여 가스코뉴 사회에서의 마녀와 마법의 자리를 탐험한다. 2부는 자스맹의 시를 산문으로 옮긴 것이다. 3부는 연대기이다. 저자의 궁극적인 목표는 자스맹의 시에 표현된 사건들의 날짜를 추적하는 것이 아니라 시에 표현된 사건들에는 탄탄한 역사적인 진실이 들어 있음을 보여 주는 것이다.

시에서, 매력적인 농촌 소녀인 프랑수네토는 아름다운 외모와 발랄한 춤으로 많은 구애자들의 관심을 끈다. 슬프게도 그녀를 쫓아다니던 구애자들은 심각한 사고를 당하거나, 정신이 산만해져 포도나무 가지치기 같은 중요한 농사일을 망치는 경향이 있었다. 마을의 흥겨운 댄스파티에서, 그 지역 젊은이들의 꽃이고 우상인 파스칼이 팔을 다쳐 대장장이 일을 할 수 없게 되었다. 얼마 후, 서해맞이 댄스파티에서, 로랑이 프랑수네토를 따라다니다가 미끄러져 팔을 부러뜨렸다. 동네 사람들은 그녀가 이러한 사고에 얼마간 책임이 있다고 생각하기 시작했다. 사마귀투성이 마법사가 마을에 와서 프랑수네토는 위그노 집안 출신이며 마녀라고 떠벌이자 의심의 불길이 타올랐다. 그 말은 예상대로 마을 사람들에게 정신을 번쩍 들게 하는 효과를 일으켰다. 프랑수네토는 사람들이 그 말을 근거 없는 농담으로 무시할 것을 기대했지만, 동네 사람들은 그녀를 멀리하기 시작했다. 그녀는 우울해졌다.

마을 사람들은 나름대로 증거를 모으기 시작했다. 예컨대, 그들은 그 마녀의 집안이 소유하고 있는 밭은 날씨가 나빠도 아무런 피해를 입지 않은 반면, 이웃 사람들은 우박으로 농사를 망친 사실을 기억했다. 증거가 쌓여 가자, 마을 사람들은(이전의 구애자들을 포함하여) 그녀를 배척했다. 그녀는 가까운 기도소로 성지순례를 떠났다. 그러나 태풍이 불어 작물과 포도나무에 피해를 입혔고 사람들의 분노가 폭발했다. 불굴의 파스칼만이 성난 마을 사람들이 그녀와 할머니가 함께 살고 있는 집을 불태우는 것을 가까스로 막을 수 있었다. 프랑수네토의 약혼자가 결혼에서 발을 빼자, 파스칼은 용감하게 신랑의 자리를 차지했다. 파스칼과 프랑수네토는 마침내 결혼했다. 결혼생활이 순조롭게 진행되자 그제서야 마을 사람들은 의심을 풀었다. 행복한 커플은 평화롭게 살았다.

르루아 라뒤리는 시에 나오는 사건들을 그 지역의 마녀들에 대한 다른 증거들과 함께 검토한다. 18세기 말 밀라메 집안사람들은, 프랑수네토처럼 노동자들을 다치게 하고, 태풍 피해를 일으키며, 돼지들을 죽게한다는 의심을 받았다. 어려운 시기에도 그들의 재산만큼은 불어났다는 사실이 이웃의 의심을 증폭시켰다. 밀라메 집안에게도 시련이 닥치긴 했지만, 그들의 사례도 프랑수네토의 사례와 마찬가지로 아무 일 없이 끝났다. 관리들은 그들에 대한 고발이 비방에 불과하다고 판정했고, 혐의를 벗었다. 르루아 라뒤리가 프랑수네토와 밀라메 사건 및 다른 증거들을 나란히 놓은 목적은 아쟁 지방에서의 마녀와 관련된 일련의 생각들을 확인하기 위함이었다. 마녀들은 노동자를 다치게 했고, 출산을 방해했고(동물과 사람), 나쁜 날씨를 일으켰고(특히 우박), 때때로 동물로 변신했고, 입냄새가 심했다. 어떤 요소들은 순전히 농촌적이고 오래된 것인 반면, 어떤 요소들은 마녀에 대한 중세 지식인들의 논의에서 유래한 것이다. 그것들은 함께 결합하여 중세 말 근대 초 마녀에 대한 특별한 이미지를 만들어 냈다.

책의 마지막 부분에서, 역사가는 시의 역사적 진실성을 찾는다. 르루아 라뒤리에 따르면, 자스맹은 오래된 구전을 중심으로 시를 엮었다. 자스맹의 시의 초반 부분은 16세기 말 사건들에 관한 언급으로 꾸며져 있다. 르루아 라뒤리는 시는 역사적 사건들의 순수한 기록이기는 하지만, 그 사건들은 16세기 말이 아니라 17세기 말에 일어났다고 주장한다. 그는 그 지역의 재산 기록부를 검토하여 프랑수에토 이야기가 수 세대에 걸쳐 어떻게 구전으로 전승되었는지를 재구성한다.

마지막으로 저자는 잔존하는 전승을 탐색하는데, 시를 쓸 무렵에 남아 있던 전승뿐 아니라 자기가 연구를 수행하던 1982년 당시의 마을 주민들로부터도 남아 있는 전승을 수집한다. 《돈》에서처럼, 이러한 재구성이 의도하는 교훈은 농민들의 집단심성에는 장기지속적인 것이 강하게 남아 있다는 것이다. 농촌에 구전으로 전해 내려온 믿음의 생생한 하부구조가 농민들이 세상을 바라보는 방식을 만들었다. 이러한 하부구조는, 변한다 해도 기후보다도 더 느리게 변했다. 가톨릭교회의 공식적인 가르침은 바위처럼 단단한 농촌의 집단심성에 붙어 있는 박판(薄板)에 불과했다.

《몽타유》에서부터, 르루아 라뒤리의 연구는 점점 더 농민들의 집단심성(인구보다)과 문학적 증거(계열적이고, 계량적인 자료보다)에 초점을 맞추어 왔다. 그렇다고 해서 생태적이고, 경제적이고, 사회적이고, 문화적인 요소들을 통합하는 '전체사'의 야심을 포기한 것은 아니었다. 1977년에 페르낭 브로델과 에르네스트 라브루스가 편집한 《프랑스 경제 사회사》의 일부로 나왔고 1987년에 《프랑스의 농민, 1450~1660》으로 영어로 번역되어 출판된 《심층의 다수: 농민》에서 르루아 라뒤리가 목표했던 것은 종합이었다. 르루아 라뒤리는 14세기부터 17세기 말까지 프랑스 농촌의 인구, 생태학, 경제를 개관한다. 그는 《농민》에서 소개한 지속적 인구 균형 모델을 다른 지역으로 확대 적용했다. 독자들은 낯익은 랑그도크의 농민들과, 노르망디의 농민들, 알자스의 농민들, 부르고뉴의 농민들을 함께 만난다. 지역적인 변화는 이 책에서 충분히 고려되었지만, 전반적으로 르루아 라뒤리는 프랑스의 주민들은 이 400년 동안 동일한 운명을 공유했고 비슷한 고통을 겪었다고 주장한다.

15세기부터 19세기 중엽까지, 종자당 생산량과 헥타르당 생산량이라는 기준에서 볼 때 산출량은 비교적 고정되었다. 이 시기는 인구 균형기이지만, 페스트, 기근, 불안(백년전쟁과 30년전쟁 같은)은 인구 변동을 일으켰다. 14세기에 인구 압력은 생산 능력을 뛰어넘었다. 저점에 도달한 것은 프랑스 인구가 천만 명 수준으로 내려간 1430년 무렵이었다(기근, 페스트, 전쟁으로 인한 인구 감소로). 마을들과 농장들이 버려졌지만 이 점에 관해서는, 프랑스의 농촌이 독일, 네덜란드, 잉글랜드의 농촌보다 안정적이었다.

르루아 라뒤리의 재구성은 몇몇 계열적인 지표에 바탕을 두고 있다. 연간 밀 소비량, 십일조, 소금 생산량, 결혼 연령(16세기보다 17세기에 늦어진다), 군대 소집병들의 신장(남부보다 북부가 더 컸다), 지대(1640년에서 1690년 사이 랑그도크 지방에서는 곱절로 늘어났는데, 같은 시기 북부에서는 폭락했다), 이자율(1570년과 1790년 사이에 몽플리에와 나르본에서는 떨어졌다), 임금, 포도주 소비량(16세기와 17세기에 랑그도크의 보통 농업 노동자는 하루에 1.5~2리터의 포도주를 소비했다).

여기에서 인구는 르루아 라뒤리의 주요 관심사이지만, 도무스(《몽타유》의 독자들에게 친숙한 작은 가족 공동체)에서 정치조직과 저항 조직에 이르는 정치적·사회적 조직의 문제도 그냥 지나치지 않았다. 이러한 안정기에, 르루아 라뒤리는 몇몇 정치적·경제적 변화가 일어났음을 식별한다. 17세기에 토지 소유권은 소수의 사람들에게 집중되었다. 국가의 점증하는 경제력과 국세의 점증하는 부담은 14세기와 17세기의 차이를 분명히 보여 준다. 이들 전근대 농민들은 복잡한 사회에서 살았는데, 상이한 유형의 사람들(지주, 농부, 일용 노동자)은 경제적·인구적 변화에 상이한 영향을 받았다. 예컨대, 도시 장인들은 농촌 장인들보다 칼뱅주의에 더 쉽게 동조했다. 독자들은 16세기의 구베르빌 영주로부터 노르망디 지방의 영지관리뿐만 아니라 건강관리, 종교, 시골소귀족들의 성 모럴 등에 대해 배운다. 르루아 라뒤리는 농민 문자해득률의 불균등 전파 등과 같은 문화적 변화도 관찰한다.

17세기의 조세 부담은 농민 저항운동을 야기했는데, 이것이 그 책의 마지막 장(章)이다. 이 운동은 대단히 다양하다. 예컨대, 어떤 운동은 특히 반(反)귀족적이었다. 전체적으로, 기엔 지방에서 1548년에 일어난 반소금세 반란에서부터 그다음 세기에 남서부 지방에서 일어난 대규모 조세 납부 거부 스트라이크에 이르기까지, 조세에 대한 적대감이 농민들의 저항력을 집결시키는 데 가장 큰 역할을 했다. 비록 이러한 반란은 그 최종적인 결과를 볼 때 혁명적이지는 않았지만, 르루아 라뒤리는 그것들은 실제적인 변화를 일으키는 데 한 몫 했다고 주장한다.

《프랑스의 농민》의 주제는 《농민들》과 《사육제》의 독자들에게 친숙한 것이지만(인구적 지속성, 경기 변동, 농민 저항), 더 광범위한 지리적 틀은 르루아 라뒤리로 하여금 많은 지역 연구들을 종합할 수 있게 해주었다. 많은 독자들은 이 책의 광범위함을 찬양하지만, 어떤 사람들은 저자가 지역적 연구들의 미묘한 차이를 간과하고 있다고 말한다. 그 시기 동안의 농촌 생활을 포괄적으로 처리하도록 해주는 증거는 조각나 있고, 또 르루아 라뒤리는 상이한 지역과 시기에서 추출한 계열적인 증거들을 비교하는 데에 따르는 해석상의 어려움을 모든 사람들이 만족할 만큼 인정하지는 않는다. 이러한 한계에도 불구하고, 연구 결과는 전근대 프랑스에 대한 훌륭한 종합 설명이다.

《프랑스의 농민》은 당시의 르루아 라뒤리에게서 기대할 만한 책이었다. 그의 연구는 수십 년 동안 농민들에게 집중되어 있었기 때문이다. 여기에서 그는 적어도 부분적으로는 자신이 개척한 분야에서 그동안 한 세대의 역사가들이 수행한 연구결과를 종합하면서 자신이 주장하는 14세기 초에서 18세기 초까지의 인구적 안정기 모델을 재정립할 수 있었다. 르루아 라뒤리가 구상하는 다음 기획의 주제가 무엇일지를 내다보기는 훨씬 어려웠다. 아날학파의 지지자들은 전통적인 형태의 이야기체 정치사를 거부했다. 학술지 논문, 강연, 그리고 《농민들》과 《돈》 같은 책에서, 르루아 라뒤리는 장기지속적인 역사를 권장했다. 그의 연구는 많은 면에서 혁명이나 전쟁이 아니라 지속성과 주기 순환(왕이나 장군이 아니라 푸주한, 포도밭 주인, 그리고 때때로 마녀)에 초점을 맞춘 역사의 모범을 보여주었다. 그러나, 르루아 라뒤리가 아날학파의 가장 위대한 주창자이긴 해도, 몽타유 주민들이 자기들의 종교적 믿음에 엄격하지 않았던 것과 마찬가지로 그 역시도 자기의 역사학적 신념을 교조적으로 고수하지는 않았다.

《루이 11세에서 앙리 4세까지의 왕국, 1460년~1610년》(1987)과 《구체제, 1610년~1774년》(1993)라는 두 권의 책은 르루아 라뒤리가 역사인구학자의 사명이 왕실전기 작가의 사명과 본질적으로 충돌하지 않는다고 생각했음을 알려준다. 두 권의 책은 군주, 그들의 대신들, 그리고 점진적인 프랑스 국가 건설에 초점을 맞추어 3세기에 걸친 프랑스사를 추적하고 있다. 풍부한 사진 자료를 곁들인 그 책은 폭넓은 대중을 겨냥한 것이다.

이전의 책에서, 르루아 라뒤리는 1300년에서 1720년까지의 특징적인 많은 지속성 가운데 하나의 중요한 변화는 국가권력의 강화라고 말한 바 있다. 초기의 책에서 그의 주된 관심은 조세증가가 농민들과 도시장인들에게 미친 영향을 보여 주는 것이었다. 《왕국》과 《구체제》에서 그는 매우 다른 관점에서 동일한 시기를 검토한다. 르루아 라뒤리는 국가 관료제의 발전과 절대주의의 성장을 추적한다. 르루아 라뒤리는, 농민들은 늘어나는 조세 부담 아래에서 꿈틀거린 반면, 국왕들, 그들의 대신들, 그들의 장군들의 계획과 야심 속에는 존중할 만한 것이 많이 있음을 발견한다. 이두 권의 책은 정치사와 왕조사에 초점을 맞추고 있기는 하지만, 아날학파가 개탄해 오던 이야기체 정치사로 은근슬쩍 복귀한 것은 아니다. 프랑스 국가가 떠오르던 이야기는 당시 르루아 라뒤리가 누리고 있던 평판에 걸맞게 폭넓고 생생한 필체로 장식되었다. 가장 교감할 만한 것은 그 두권의 책이 프랑스의 과거를 이해하는 상이한 방식들 간의 화해를 제안한다는 점이다. 두 책은 전통적인 사건사와 제도사가 르루아 라뒤리 자신이 권장하는 장기지속적인 구조사와 결합할 수 있으리라는 희망을 반영하고 있다. 그러나 어떤 사람들이 보기에, 그동안 경시되어 온 국왕의 개선(凱旋)은 아날 역사학의 근본 원칙이 대중적인 호소력을 결여했음을 자인하는 것이었다. 《몽타유》가 대성공을 거두기는 했지만, 일반 독자들은 도표와 그래프로 그려진 농민들의 노고보다는 화려한 수서본으로 장식된 군주들의 연회를 더 좋아했던 것이다.

이어, 르루아 라뒤리는 유행에서 멀리 벗어나 있던 역사서술의 또 다른 형식인 전기를 끌어안는다. 그는 이미 《농민들》에서 플래터 가문과 관련된 편지와 회고록들을 여러 차례 참고한 바 있다. 토마스 플래터와 그의 두 아들인 펠릭스와 토마스 2세. 《농민들》에서, 펠릭스의 회고록에 나오는 일화들은 십일조와 조세 대장을 분석하는 데 훌륭한 색깔을 입혀주었다. 펠릭스와 토마스는 젊었을 때 몽플리에서 몇 년을 보낸 적이 있다(마치 르루아 라뒤리가 학문적 경력의 초기에 그러했듯이). 두 사람은 그유명한 대학 도시에서 의학을 공부하고 고향인 바젤로 돌아와서 의사가되었다. 많은 역사가들처럼, 르루아 라뒤리는 플래터 자료가 교육, 일상생활, 상업, 출판, 그리고 근대 초 유럽에서의 여행 등에 관한 중요한 자료

뭉치임을 인정했다.《농민들》에서는 플래터 집안에 대해 의례적인 언급으로 그쳤지만, 르루아 라뒤리는 거기에서 더 많은 것을 우려낼 수 있을 것이라고 생각했다. 그 결과가 두 권짜리 가족 전기인《플래터 집안의 세기, 1499~1628》(1995, 2000)이다. 르루아 라뒤리는 세 사람에 초점을 맞추지만, 그들의 경력, 실망, 성취 등은 16세기의 생활을 대체로 반영하는 것이라고 독자들에게 말한다.

이 작은 왕국의 설립자에 관한 이야기는 지치지 않는 에너지, 야심, 사회적 신분 상승의 이야기이다. 토마스 플래터는 염소치기와 거지로 인생을 시작했고, 재능과 노력을 통해 상승했다. 공식적인 교육을 거의 받지 못했지만 라틴어, 그리스어, 히브리어 등을 충분히 공부한 후, 그는 1540년대에 바젤에서 교사가 되었고, 그 무렵 출판과 인쇄업을 시작했다. 그는 활기찬 바젤에서 탁월한 사회적 지위를 누리게 되었다. 그러나 르루아 라뒤리는 플래터가 미천한 어린 시절과의 끈을 놓지 않았다는 증거로, 토마스가 바젤 근처의 시골로 은퇴했으며, 1563년에 고(高)발래 지방에 있는 어린 시절의 집을 방문했음을 기술하고 있다. 그의 아들 펠릭스는 한층 특권적인 지위에서 삶을 시작했으며, 존경받는 (그리고 봉급을 많이 받는) 의사가 됨으로써 주위의 기대를 충족시켰다. 펠릭스의 회고록을 통해서, 우리는 그의 초기 교육에 관해서 뿐만 아니라, 그가 단 것을 좋아했으며 소년 시절에 장난감 병정을 가지고 놀았다는 것도 알 수 있다. 그는 몽플리에의 유명한 의과대학에 끌려 몽플리에에서 5년을 보냈다. 그의 회고록은 그가 학생으로서 거둔 큰 성공뿐 아니라 함께 무리 지어 지중해 연안으로 해수욕을 간 것, 독일어권 친구들과 랑그도크의 토박이들과 술 먹고 다툰 일 등을 담고 있다. 바젤로 돌아오는 길에, 펠릭스는 프랑스 일주 여행을 하면서 학교, 도시, 친구들을 방문하는데, 대개 여행자들이 그러하듯이, 상한 생선을 먹고 탈이 나기도 했다. 제2권은 프랑신도미니크 리히트난과 함께 쓴 것인데, 펠릭스의 어린 이복동생인 토마스 2세와 함께 가족 서사시를 이어 간다.

넓은 세계에서 벌어지는 사건들이 시험, 다툼, 결혼 협상, 그리고 플래터 집안 이야기의 핵심인 재정적인 근심 속으로 가끔씩 끼어든다. 토마스의 출판사는 1536년에 칼뱅의 《기독교 강요》 초판을 출판했으며, 몽플리에로 가던 16살의 펠릭스는 샤를 5세의 군대 행렬과 교차하기도 했다.

엠마뉘엘 르루아 라뒤리가 플래터 집안 이야기에서 16세기 세계의 생생한 그림을 본 첫 번째 역사가는 아니다. 그가 보기에, 그들의 이야기는 끊임없이 진취적으로 노력하는 독습자의 영웅적인 성공담이다. 저자는 토마스 플래터의 재산이 늘어나고 아들의 사회적 명성이 퍼져 나감에 따라 독자들이 그를 응원하기를 기대한다. 르루아 라뒤리는 토마스 플래터에게서 30년 전에 《농민들》에서 찾으려 했던 초기 자본가적 농민을 발견했을지 모른다. 그들의 개인적인 성격은 르루아 라뒤리의 설명에서 두드러지지만, 그들은 또한 16세기의 역동성, 활기, 인구 증가 등을 대변하기도 한다.

《플래터 집안의 세기》의 궤적은 사회적 상승의 궤적이다. 토마스 플래터는 싸움꾼에 염소치기라는 사회적 패자에서 시작하여 자력으로 부유한 부르주아지로 상승했다. 르루아 라뒤리의 《생시몽 혹은 궁정의 체계》(1997)는 《플래터 집안의 세기》와 마찬가지로, 회고록에 기초하여 특정 사회를 탐구하는 것이지만, 그것은 프랑스 사회의 정점에서 시작하여 정점에서 끝난다. 생시몽 공작의 글은 오랫동안 루이 14세의 궁정을 알려 주는 핵심적인 자료였다. 《생시몽》에서, 르루아 라뒤리는 그 궁정인-일기 작가를 모든 사회적 궤도 가운데 가장 높은 곳에 있는 사회 조직, 규범, 가치 등을 보고하는 인류학자로 만든다.

《생시몽》은 두 부분으로 구성되어 있다. 제1부는 루이 14세의 궁정에 대한 사회학적이고 문화적인 검토이다. 2부 '섭정 체제'는 태양왕 사후 벌어진 이합집산과 제도들에 관한 정치적 서술이다. 생시몽의 입장은 근본적으로 보수적이다. 비록 그는 루이 15세 시기에 루이 14세의 궁정에 대한 회고록을 썼지만, 르루아 라뒤리는 공작의 전반적인 시각은 더 이른 시기인 루이 13세의 시기도 간과하지 않았다고 주장한다. 특권과 정통성을 줄기차게 변호하는 공작은 왕실 사생아들의 요구에 대해 경악한다. 무엇보다도, 르루아 라뒤리가 묘사한 생시몽은 정치적 이합집산에 대한 해부학자이다. 그의 강박적인 관심은 궁정 사람들이 어떻게 경쟁적인 파당을 결성하고 유지하는가이다. 파당은 맹트농 부인(왕의 애첩), 므슈(왕의 동생), 몽세뇨르(왕의 손자), 그 밖의 중요 인물들을 중심으로 결성되었다. 각각의 궁정인들은 마치 당구공 같아서, 그들의 행동 하나하나는 경쟁자들과 동료들이 이해를 좇아 대리석 홀과 르 노트르(1613~1700, 루이 14세 시대에 베르사유 궁을 조경한 정원 조경사―옮긴이)의 정원 주위를 뛰어다니게 만든다. 자기 시대의 해석자인 르루아 라뒤리를 통해서, 생시몽은 궁정 생활의 정치적 논리에 대한 미묘하고 다층적인 그림을 그려 준다. 그러나 궁정의 얽히고설킨 관계들의 중심이 위계에 대한 집단적인 강박관념에 따라 움직인다는 사실은 독자들에게 그다지 놀라운 일이 아니다.

르루아 라뒤리가 보여 주듯이, 생시몽은 이처럼 위험한 세계로 인도하는 예리한 안내자이다. 《생시몽》에서 르루아 라뒤리는 특정 사회를 관찰하기 위해 또 다시 펠릭스 플래터나 파브르 신부 같은 특별히 뛰어난 증인에 의지한다. 그렇지만 이 경우의 무대는 매우 다르다. 르루아 라뒤리는 이제는 랑그도크 지방의 농가 부엌에서 저질 포도주를 들이키지 않고, 까다로운 궁정인들의 좌석 배치를 둘러싸고 언쟁을 벌인다. 책의 마지막 부분에서, 그는 프랑스에 대한 사랑을 다시 점화할 프랑스역사박물관을 베르사유에 세워야 한다고 주장한다. 그의 설명에 따르면 프랑스에 대한 사랑이 과거만큼 또는 당연히 그래야 하는 만큼 뜨겁지 않기 때문이다. 그것은 많은 측면에서 호소력 있는 제안이다. 그러나 독자들은 그것이 프랑스의 진정한 체현은 금박 입힌 궁전이 아니라 노르망디의 과수원, 랑그도크의 올리브 나무숲, 부르고뉴의 포도밭에서 찾아야 한다고 제안했던 초기 저작의 생각에서 근본적으로 변했음을 반영하는지 여부를 생각해 볼 필요가 있다. 르루아 라뒤리는 학문 경력을 시작할 때 함께했던 농민들에 대해 익숙해진 시각을 버리지 않았지만, 후속 저작들에서 초점을 모은 사람들은 몽타유의 목동, 로망의 푸주한, 몽플리에의 학생, 그리고 마를리와 베르사유의 귀족들이었다.

르루아 라뒤리의 주요 작품들을 둘러보는 것은 근대 프랑스 역사학에 대한 그의 기여가 어느 정도인지를 넌지시 살펴보는 것이다. 전체적으로 볼 때, 그의 책들은 20세기 후반에 역사 연구에서 이루어진 가장 중요한 발전의 일부를 반영한다. 그는 전근대 과거의 인구적·경제적 구조를 이해하기 위한 새로운 모델을 세웠고, 역사 탐구의 영역을 확대하여 사육제, 민속, 기후 등을 포함했으며, 자신의 연구 주제가 비교적 전통적인 경우에도 대화적 문체를 통해 프랑스 역사 연구를 폭넓은 청중들에게 전달했다. 르루아 라뒤리의 다양한 기여를 손쉽게 요약할 수는 없지만, 그의 영향은 세 가지 광범위하고 중첩적인 영역에서 특히 컸다. 첫째, 그는 아날 역사학의 원칙을 제창했으며, 동시에 아날의 추종자들이 취해야 할 방향을 제시했다. 둘째, 그는 전적으로 새로운 연구 주제를 개척하고 역사학과 다른 학문 간의 연결을 강화함으로써 역사학의 영토를 확대했다. 마지막으로, 그는 두 가지 의미에서 대중적인 역사를 만들어 냈다. 자기 세대까지는 역사학에 자주 등장하지 않던 목동, 푸주한, 학생들의 투쟁과 생각들을 포함하는 프랑스 집단사를 독자들에게 제공했다. 동시에, 그는 광범위한 독자들에게 이러한 투쟁과 생각들을 호소력이 있는 문체로 제시했다. 이 장(章)의 마지막 페이지는 이 세 가지 영향 영역에 관해 설명할 것이다.

르루아 라뒤리는 뤼시앵 페브르와 마르크 블로크가 《아날: 경제, 사회, 문명》의 전신인 《아날: 경제사회사》를 창간한 바로 그해에 태어났는데, 그것은 의미심장한 우연의 일치이다. 페브르와 블로크, 그리고 나중에 페르낭 브로델은 프랑스뿐 아니라 전 세계적으로 역사 연구의 성격을 변화시켰다. 수십 명의 탁월한 역사가들의 연구가 그들의 유산을 반영하고 있는데, 이들 가운데 르루아 라뒤리보다 더 많이 생산하고 더 많은 영향을 끼친 사람은 없다. 그는 블로크와 페브르가 정립한 아날의 원칙들을 제창했지만, 자신의 연구에서는 그들의 사상을 새로운 방향으로 밀고 나갔다.

아날학파의 수많은 동조자들처럼, 르루아 라뒤리는 장기지속적인 구조의 중요성, 농촌 생활의 불변적인 리듬 등을 강조했다. 르루아 라뒤리를 비롯한 역사가들에게 이러한 강조는 계열적이고 계량적인 증거들에 대한 강한 선호를 동반했다. 조세 대장, 십일조, 나이테 등은 역사적 증거로서 연대기, 편지, 회고록보다 선호되었다. 이 같은 우대 자료들을 통해 르루아 라뒤리는 14세기 초부터 18세기 초까지 펼쳐진 '거대한 농업 사이클'을 식별해 낼 수 있었다. 이 같은 시대구분은 독자들이 농업 세계에 대한 새로운 전망을 가질 수 있게 해주었으며, 정치사와 지성사에 기초한 시대구분을 전복시켰다. 르루아 라뒤리의 장기지속성은 중세 말과 근대 초 사이의 구분을 실질적으로 무너뜨렸다. 전통적인 이야기체 역사의 주제였던 조약, 전투, 대관식 등은 황량한 땅 위에서 근근히 살아가는 사람들의 만성적인 도전보다 덜 중요한 것으로 보였다. 생존의 어려움, 그리고 이러한 어려움에 맞선 랑그도크 농민들의 책략 등은 서서히 변했다. 장기지속적인 생태적·인구적·경제적 구조들은 사람들의 경험을 결정하고 사회관계와 생각을 형성했다.

프랑스 농촌사를 발굴하려는 연구기획은 르루아 라뒤리의 세대에게는 협동적인 기획이었다. 《농민들》은 계열적인 자료에 의거하고 경제적·사회적 구조의 장기적인 연속성에 초점을 맞추어 1960~1970년대에 출판된 지방사 연구들의 풍성한 수확물 가운데 하나였다. 이들 연구 가운데 르루아 라뒤리의 연구보다 앞서 나온 것(피에르 구베르의 보배 지역에 관한 연구)이 없지는 않지만, 대부분(몇 개만 열거하면, 카탈루냐에 관한 피에르 보나시와 피에르 빌라르의 연구, 라티움에 관한 피에르 투베르의 연구, 나르본 지방에 관한 엘리자베트 마뉴노르티에의 연구, 프로방스에 관한 장피에르 폴리의 연구)은 《농민들》의 출판 이후 10년 사이에 나왔다. 전체적으로, 이들 지방사 연구들은 20세기 프랑스 역사학의 위대한 성과 가운데 하나이다. 르루아 라뒤리의 《농민들》은 많은 점에서 이들 연구들과 닮았지만, 그의 연구 경력의 이처럼 이른 시점에서도, 르루아 라뒤리는 대부분의 동시대인들이 자기들의 연구 대상 지역 주민들의 태도와 사상에 기울인 관심보다 더 많은 관심을 기울였다. 이러한 강조점의 차이는 그의 후속 연구가 취할 방향을 암시한다. 그는 변함없이 농촌 생활과 사회구조의 장기지속적인 연속성에 흥미를 느꼈지만, 특히 그가 새로운 증거에 초점을 맞추면서부터는, 집단심성의 문제(인구와 경제보다)가 연구에서 점점 더 많은 비중을 차지했다.

다양한 증거를 적극적으로 활용하는 것은 역사 연구의 폭을 넓히려는 강한 의지의 표시이다. 마르크 블로크는 역사가들이 역사적 증거의 다양성에 대해 폭넓게 생각할 것을 권했는데, 르루아 라뒤리는 그 교훈을 마음에 새겼다. 그는 조세 대장을 통해 농업 노동자의 임금을, 나이테를 통해 나쁜 기후가 수십 년 간 지속되었음을, 회고록을 통해 대학 도시의 학생 문화를, 민속을 통해 돈과 결혼에 대한 태도를, 그리고 이단재판 기록을 통해 중세 마을 주민들의 추상적인 사고 능력을 재구성했다. 르루아 라뒤리의 학문적 특징은 달리 말하면, 놀라운 지적 민첩성이다.

역사적 증거에 대한 이처럼 무차별적인 욕심은 풍성한 보답을 받았지만, 몇몇 비평가들은 르루아 라뒤리가 이러한 자료들을 순수한 형태로 다룬 것만은 아니라고 말한다. 예컨대, 그는 몽타유 농민들의 목소리가 이단재판이라는 장치를 통해서 청취되었다거나,《프랑수네토》는 기본적으로 문학적인 구성물이라는 점을 인정하지 않는다. 대신에 그는 발자크, 생시몽 공작, 펠릭스 플래터, 파브르 신부, 레티프 드 라 브르통 등은 모두 인류학자로 여겨질 수 있다고 확신하고 있음을 보여 준다. 르루아 라뒤리는 그의 학문 경력을 통해 놀라운 실험 의지를 표출했는데, 이러한 실험들이 모두 동등한 수준의 성공을 거둔 것이 아님은 놀라운 일이 아니다.

르루아 라뒤리는 다양한 증거를 열정적으로 찾는 것만큼이나 자연히 다른 분야의 연구 결과도 적극적으로 받아들였다. 그는 프랑스의 동료들, 외국의 역사가들, 다른 분야의 학자들에게 빚지고 있음을 빠짐없이 인정했다. 또한 르루아 라뒤리는 아날학파의 창시자들의 예를 따르는데, 이들의 뒤르켐 사회학과 폴 비달 드라블라슈 지리학에 대한 열정은 학제적 연구의 선례를 만들었다. 생물학, 빙하학, 문학, 기후학 등은 모두 르루아 라뒤리의 학문에서 일정한 역할을 했지만, 학제적 협력의 가장 중요한 영역은 역사와 사회과학이었다. 그와 그의 많은 동료들은 고고학과 사회학의 교훈을 역사 연구에 적용시키는 데 열심이었다.《몽타유》와《생시몽》은 모두 역사인류학적 관념(안목 있고 체계적인 관찰자는 다른 문화의 낯선 관습과 사고방식을 설명할 수 있다는 관념)의 영향을 받은 것이다.《몽타유》는 이단재판의 역사에 나오는 하나의 에피소드에 관한 것이라기보다는 농촌마을 생활의 장기지속적인 성격에 관한 책이다. 그것의 시간 틀은

20세기 초 인류학자들의 연구를 특징짓는 민족지학적 현재와 같은 종류의 것이다. 다른 곳《로망의 사육제》에서 르루아 라뒤리는 근대 초 도시의 농촌 생활을 읽어 내기 위해 빅터 터너, 아르놀트 반 게네프, 에드먼드 리치 같은 인류학자들에게 의지한다.

르루아 라뒤리의 세 번째 성취는 대중적인 역사가로서이다. 우선, 그의 학문과 프랑스의 과거에 대한 시각은 궁정인과 왕뿐만 아니라 농민들과 푸주한들도 포착한다는 의미에서 대중적이다. 《농민들》과 다른 곳에서도, 그는 미천한 계급과 중간계급의 투쟁, 열망, 생각을 강자들의 정복과 계획만큼이나 진지하게 다루었다. 종종 그는 이들 목소리를 내지 못했을 사람들이 어떻게 근근이 살아갔는지, 어떻게 공동체를 건설했는지, 주위의 자연적·사회적 세계에 대해 어떻게 생각했는지를 보여 주려 했다. 심지어 그는 가장 밀접한 독자들 말고는 아무에게도 관심을 불러일으키지 못할 자료를 가지고 시작할 때에도, 계량적 자료의 앙상한 골격 주위에 살을 붙이는 재능을 가지고 있었다.

그는 전문 역사가들에게 근대 프랑스의 변화와 연속성을 이해할 수 있는 모델을 제시했지만, 동시에 일반 독자들에게도 아날 역사학의 몇몇 원칙들을 전해 주기도 했다. 역사가로서의 그의 확실한 재능 가운데에는 일상생활의 드라마를 발견하는 능력, 위협과 도전과 기회에 반응하는 실제 사람들의 생생한 그림을 독자들에게 그려 주는 능력이 있다. 1579년과 1580년에 있었던 도피네 지방의 만성적인 긴장은 법원 판사인 앙투안 게랭과 반대파의 지도자인 장 세르브포미에라는 인물에 반영되어 있다. 르루아 라뒤리는 100년전쟁이 인구와 세제 변화에 끼친 영향을 기술하면서, 마장스 같은 토지 투기꾼, 파리 교외에 있는 수익 좋은 포도밭을 관리하는 과부 클루에 같은 15세기의 인물을 보여 주었다. 그는 몽타유의 주민들이 어떻게 카타르파와 가톨릭의 가르침을 이해하려 애썼는지를 설명해 주었다. 50년간에 걸쳐, 그는 전근대 프랑스에게 하나의 인물, 혹은 여러 인물들의 갤러리를 제공해 주었다. 가축들을 몰고 피레네산맥을 오가는 행복한 목동에서부터 태양왕 주위를 맴도는 계산적인 궁정인에 이르는 인물들 말이다.

김응종 옮김

참고 자료

책

Histoire du Languedoc (Paris: Presses Universitaires de France, 1962).

Les Paysans de Languedoc, 2 vols. (Paris: SEVPEN, 1966; abridged edn., Paris: Flammarion, 1969); 《랑그도크의 농민들》(김응종, 조한경 옮김, 한길사, 2009).

Histoire du climat depuis l'an mil (Paris: Flammarion, 1967).

Anthropologie du conscrit français d'après les comptes numériques et sommaires du recrutement de l'armée (1819-1826): présentation cartographique, by Emmanuel Le Roy Ladurie, Jean-Paul Aron, and Paul Dumont (Paris: Mouton, 1972).

Le Territoire de l'historien, 2 vols. (Paris: Gallimard, 1973, 1978).

Montaillou: village occitan de 1294 à 1324 (Paris: Gallimard, 1975); 《몽타이유》(유희수 옮김, 길, 2006).

Le Carnaval de Romans: de la chandeleur au mercredi des cendres, 1579-1580 (Paris: Gallimard, 1979).

L'Argent, l'amour et la mort en pays d'oc (Paris: Seuil, 1980).

Paris-Montpellier: PC-PSU, 1945-1963 (Paris: Gallimard, 1982).

Tithe and Agrarian History from the Fourteenth to the Nineteenth Centuries: An Essay in Comparative History, by Emmanuel Le Roy Ladurie and Joseph Goy, translated by Susan Burke (Cambridge: Cambridge University Press, 1982).

Parmi les historiens (Paris: Gallimard, 1983).

La Sorcière de Jasmin (Paris: Seuil, 1983)

Pierre Prion scribe: mémoires d'unécrivain de campagne au XVIIIe siécle, by Emmanuel Le Roy Ladurie and Orest Ranum (Paris: Gallimard, 1985).

L'Etat royal, de Louis XI à Henri IV, 1460-1610 (Paris: Hachette, 1987).

L'Ancien régime, 1610-1774 (Paris: Hachette, 1993).

Le Siècle des Platter, 1499-1638, vol. 1: *Le Mendiant and le professeur* (Paris: Fayard, 1995).

L'Historien, le chiffre et le texte (Paris: Fayard, 1997).

Saint-Simon: ou le système de la Cour, by Emmanuel Le Roy Ladurie and Jean-François Fitou (Paris: Fayard, 1997).

Le Siècle des Platter, 1499-1638, vol. 2: *Le Voyage de Thomas Platter (1595-1599),* by Emmanuel Le Roy Ladurie and Francine-Dominique Liechtenan (Paris: Fayard, 2000).

Histoire de la France des regions: la péripherie française des origines à nos jours (Paris: Seuil, 2001).

Histoire des paysans de France: de la peste noire à la Révolution (Paris: Seuil, 2002).

Histoire humaine et comparédu climat: canicules et glaciers, XIIIème-XVIIIème siècles. (Paris: Fayard, 2004).

그 밖의 저작

"Les masses profondes: la paysannerie," in *Histoire économique et sociale de la France,* vol. 2, edited by Fernand Braudel and Ernest Labrousse (Paris: Presses Universitaires de France, 1977)

36

피에르 노라

1931~

Pierre Nora

피에르 노라

리처드 홀브룩

2002년 6월 6일, 피에르 노라는 아카데미프랑세즈에 선임되었고 관례에 따라 '강연'(취임연설)을 했다. 그는 아카데미의 회원 40명이 '불후의 존재'(immortels)로 알려져 있다는 언급으로 말문을 열었다. 그에 따르면, 아카데미 회원들이 이룩하지 못한 것 하나가 바로 '불후'라는 점에서 이것은 무언가 머리를 갸우뚱하게 만드는 표현이었다. 아카데미 회원은 직책을 차지하고 위엄을 지니며 직무를 수행한다. 노라는 스스로 특히 "프랑스와 프랑스 민족 기억"의 역사가로 자처했으며, 아카데미를 "프랑스와 프랑스의 역사, 그리고 프랑스의 모든 역사의 으뜸 구현체, 일종의 기념물이자 문서고로서 군주정 시절에서 유래한 유일한 제도"로 묘사했다. 그는 이어서 아카데미가 "당대 프랑스인들의 시선을 옛 프랑스에 가장 잘 맞출 줄 아는" 이들을 회원으로 받아들이는 것은 매우 적절한 일이라고 말했다.

피에르 노라는 자신의 세대에 들어서서 역사가 더 복잡해지고 확신을 잃고 더 버거운 질문들로 가득 차게 되었다고 힘주어 말했다. '역사가'가 역사를 만들기보다는 '역사'가 역사가를 만든다는 얘기이다. 역사를 쓰기 위해서는 프랑스라는 하나의 모델, 전통적인 틀과는 달리 자아에 대한 인식을 제공해 주는 어떤 모델이 필요하다. 이러한 역사는 정치사보다는 사회사가 될 것이고, 정치보다는 기억과 더 잘 어울리며, 민족(nation)보다는 문화자산(patrimony)에 더 초점을 맞추게 될 것이다.

이어서 노라는 아카데미에서 자신의 전임자인 언론인 미셸 드루아에 관해 언급한다. 미셸 드루아는 1965년부터 1975년까지 프랑스에서 일어난 모든 사건들에 관한 기록을 남겼는데, 노라가 보기에 이는 역사를 쓰는 방식을 바꾸어 놓게 되는 사건들이었다. 사회학자들은 이 시기를 제2차, 그러나 조용한 프랑스혁명이라고 이미 명명하고 있었다. 사회적이고 민족적인 모델에서 발생한 변화들은 우리가 무언가 '역사의 종착지'에 도달했다는 점을 일깨웠다. 지난 세월 오랫동안 "강력하고 기독교적이며 국가주의적이고 제국주의적이며 메시아적인 강국" 프랑스는 이제 뒷전으로 밀려났으며, 그 대신 고뇌 속에서 자기 자신을 되돌아보았던, 오늘날에도 자기 자신을 되돌아보고 있는 프랑스가 남았다. 노라에 따르자면, 이러한 변모는 역사가에게 지난 일들을 돌이켜보고 "자신의 시야, 자신의 접근법, 자신의 방법론"을 재검토하게 해주었는데, "내가 작업에 착수하게 된 것"도 바로 이런 연유에서였다.

아카데미프랑세즈 가입 연설에서 노라는 자신의 역사학 방법론에 영향을 준 두 가지 요소, 곧 유대주의와 계몽주의에 대해 말했다. 그는 아카데미 건물 회랑의 가운데 위편에 걸린 다비드의 별을 가리키며, 자신은 "유대인들이 세상 사람들에게 말해야 할 것은 무기보다는 정신에 관한 것이라고 믿는 사람들 가운데 하나이다"라고 말했다. "내가 자부심을 갖고 있는 역사 전통과 유서 깊은 문화"를 체현하고 있으며 "그것이 없었다면 오늘날의 나도 없었을 것이다." 이어서 그는 단테의 《신곡》을 장식하는 보티첼리의 그림을 바라보면서 낙원에 들어서는 시인을 둘러싸고 있는 별들에 주의를 환기시켰다. 이 작은 빛들은 노라에게 계몽주의 전통과 영원한 희망의 불꽃에 대한 확고한 애착을 상징한다.

외과의사의 아들인 피에르 노라는 제2차 세계대전 초기에 그르노블에서 어머니와 두 형제, 누이와 함께 지냈으나, 위험이 닥쳐오자 가족은 뿔뿔이 흩어졌다. 어느 겨울날 밤, 기숙사에서 홀로 지내던 열두 살배기 노라는 게슈타포가 찾아오자 창문을 통해 도망쳤다. 형 시몽은 노라를 베르코르 숲속으로 데려갔는데, 그는 거기서 전쟁이 끝날 때까지 머물면서 전시 일기를 써 그곳에 묻어 두었다. 전쟁이 끝난 후 그는 가족을 다시 만났고 파리로 돌아왔다. 파리에서 노라는 인문학을 공부했으며 문학 및 철학 학사학위를 받았고, 1958년에는 역사 교사자격시험을 통과했다. 그는 알제리의 오랑에서 2년 동안 교편을 잡았다. 알제리 폭동이 유혈극으로 치닫던 시절 자신이 겪고 관찰한 것들은 '피에 누아르'(pieds noirs: '검은 발'이라는 뜻으로 알제리 태생 프랑스인을 가리키는 말—옮긴이)에 대한 책으로 결실을 맺었다. 《알제리의 프랑스인》(Les Français d'Algérie, 1961)은 그 무렵 식민주의의 상흔을 검토한 최초의 연구서 가운데 하나였다.

《알제리의 프랑스인》에서 노라는 알제리 인구의 10퍼센트 정도를 차지하는, 알제리 태생 프랑스인인 피에 누아르들의 심성 상태, 달리 말하자면 의견, 환상, 편견 따위를 포함하는 정신 구조에 초점을 맞추었다. 노라에 따르면, 도의적인 관점에서 볼 때 알제리의 프랑스인들을 비난하는 것은 정당하고 공정했지만 알제리 폭동의 원인을 밝히는 일은 역사가의 관점에서 사태를 파악하는 작업을 필요로 했다.

노라는 알제리 프랑스인들의 심리적 초상을 그리는 것으로부터 시작했는데, 이는 그의 후기 작업을 특징짓게 될 최초의 방법론적 탐색이었던 셈이다. 프랑스인들은 프랑스혁명 당시까지 돌이켜 찾아볼 수 있는 심리적 태도들을 알제리에 가지고 왔다. 하지만 대혁명의 자유주의 원리에 담긴 장점을 확립하고자 하면서도 프랑스인들은 의식하지 못하는 가운데 모순된 상황에 빠져들었다. 그들은 민법전을 들여와서는 공동선이라는 이름으로 아랍인들한테서 땅을 빼앗는 데 이용했다. 빈곤 퇴치를 위한 개혁을 펼치면서도 그들은 정치적 변혁을 거부했다. 예컨대 아랍인에게 프랑스 시민권을 부여하는 것은 그들에게 혁명적 봉기로 나아가는 한 걸음으로 보였던 것이다. 이런 방식으로 통치하면서 그들은 관용, 불안, 죄의식 따위가 뒤섞인 심성 구조를 발전시켰다. 식민 통치를 통해 사실상 이들 피에 누아르는 일종의 '회개하는 인종주의자'(repentant racists)가 되었는데, 이들은 자신들이 아랍인의 충성심을 누리고 있다고 여전히 믿고 있었다. 자유주의적 도덕성의 문제와 경제학에 지나치게 몰두한 나머지 그들은 제2차 세계대전의 여파 속에 특히 중요해진 역사의 무게를 무시했다. 노라에 따르자면, 피에 누아르들은 1940년 프랑스의 패배가 아랍인들에게 무엇을 의미했는지 전혀 깨닫지 못하고 있었던 것이다.

파리로 돌아온 후 노라는 프랑스든 미국이든 여느 역사가들과는 뚜렷하게 구별되는 길로 접어들었다. 학계와 출판계에 동시에 뛰어든 것이다. 1961년에 《알제리의 프랑스인》을 출판한 후, 르네 쥘리아르는 노라를 '쥘리아르 편집장'(Editions Julliard)이라고 불렀다. 초청은 매우 시의적절했다. 노라가 보기에 전통적인 분석 틀은 너무 협소했으며, 르네 레몽의 표현을 빌자면 "낡은 레토릭에 갇혀 있었다." 노라는 이제 학계의 장벽을 낮추고 학문들 사이의 통섭을 북돋우며, 더 나아가 새로운 사유와 시야를 고무할 기회를 얻었다. 쥘리아르의 제안은 새로운 장르를 만들자는 것, 즉 역사가의 '실험실'(도서관과 문서고)을 일반 독자에게 가져다주자는 것이었다. 이제 역사가는 다른 형태의 역사학을 도모하도록 초청받은 것이다.

다른 한편으로 노라는 자신의 주제들(심성, 기억, 역사적 맥락의 의미 등)을 강의에 도입하기 시작했다. 그는 '소문,' '베스트셀러' 따위의 주제에 관한 세미나를 이끌었다. 그는 파리정치학연구소에서 강사로 일했으며, 1977년에 역사가 프랑수아 퓌레가 원장을 맡고 있던 사회과학고등연구원(EHESS)의 연구지도 교수가 되었다. 역사가 피에르 로장발롱의 표현에 따르자면, 사회과학고등연구원은 "자유로운 틀 안에 있는 가장 중요한 제도적 연구 공간"(닉 휼렛의 《현대 프랑스의 민주주의》에서 인용)이었다. 1970년대 말에 사회과학고등연구원의 동료들은 세미나 강의 하나를 열었는데, 이 자리에서 노라는 퓌레, 로장발롱을 비롯한 여러 역사가들과 자크 쥘리아르, 마르셀 고셰, 피에르 마낭 같은 정치철학자들을 만나 역사와 정치사상에 대한 자유로운 접근법을 논의했다.

학계와 출판사에서 동시에 일하면서 노라는 계속 글을 썼으며 1966년에 〈미국에서 역사의 짐〉(Le 'fardeau de l'histoire' aux Etats-Unis)이라는 논문을 완성했다. 이 미국 역사학에 대한 검토에는 '기억을 통한 의식'이나 '국민적 심성' 같은 주제가 등장한다. 그것은 "태생적으로 국민 정체성 문제에 사로잡혀 있는" 나라, 역사가들이 '의식의 계도자'이자 '국민감정의 해석자' 역할을 하는 나라에 대한 분석이었다. 미국인의 집단 심리는 식민지 시대에 형성되었는데, 이때 연이은 이민 물결 속에서 미국인의 새로운 보금자리에 대한 '이데올로기'(노라의 표현)가 만들어졌다. 노라가 '건국의 아버지들'이 내세운 종교적·보편주의적 원리들에 바탕을 둔 평등, 행복, 자유의 이념들을 파악하는 것은 바로 이 이데올로기를 통해서이다. 이러한 과거를 수용한다는 것은 하나의 공통된 미래, 그리고 직선적이고 진보적이며 규범적인 하나의 과거에 대한 약속을 의미했다. 변화에 대한 어떤 요구도 예컨대 뉴프런티어(New Frontier)에서 나타나듯이 과거에 대한 참조가 뒤따랐다. 따라서 노라는 미국 역사를, 말하자면 '짐을 부과하는 것'으로 보았다. 역사가 리처드 호프스태터가 말했듯이, "이데올로기를 갖는 것이 아니라 이데올로기가 되는 것이 하나의 국민으로서 우리의 운명이었다".

출판사에서 르네 쥘리아르는 염가 판본을 활용하고자 했는데, 이 보급판 책은 원가를 낮추고 잠재적으로 독자층을 늘리는 기술적이고 상업적인 혁명이었다. "문헌을 독자의 호주머니에 집어넣자"라는 것이 노라가 만들어 낸 슬로건이자 도전이었다. 노라는 이미 1964년에 '폴리오 문헌 선집'(Collection Folio Archives)을 선보였다. 그는 주제들을 선별하고 문헌을 편집하기에 가장 적임인 역사가들을 찾으면서 모든 과정에 개입했다. 문헌 선집은 고대 로마와 잔다르크의 재판에서 중국의 예수회와 미국의 KKK단에 이르기까지 모든 시대와 모든 영역에 걸쳐 있었다. 이러한 노력은 결실을 맺어 오늘날 선집은 백여 권이 달한다. 1965년에 쥘리아르가 죽자 노라는 갈리마르 출판사로 옮겼으며 여기서 '폴리오 문헌 선집'을 이어 갔다.

노라의 아카데미 입성을 축하하는 자리에서 앙투안 갈리마르는 노라가 출판업의 근본적인 변화를 내다보고 재촉했으며 몸소 이끌었다고 치하했다. 사실 노라의 기획 아래 갈리마르 출판사는 관록을 과시한 문예 분야를 넘어서까지 시야를 넓힐 수 있었다. 이를 위해 노라는 경제학, 언어학, 사회학 같은 다른 분야에 익숙해져야 했다. 1966년에 '인문과학 총서'이라는 이름을 단 출판 프로젝트가 선을 보였다. 현재 140여 권에 달하는 '인문과학 총서'는 자본주의, 예술비평, 중국의 불교, 볼리비아의 인디오, 이교 신앙, 일과 여가에 이르기까지 온갖 주제를 망라하고 있다.

1971년부터 노라는 '역사 총서'를 내놓았는데, 오늘날 이 시리즈는 당대 최고급 프랑스 역사가들의 단행본을 포함해서 무려 180여 권에 달한다. 그는 이 시리즈에 대해서 "인문과학 총서와는 별도로, 최근 역사서술의 변화를 반영하는 여러 층위에서 역사에 자리를 만들어 줄 필요성"이 있었다고 말했다. 노라는 문화, 문명, 사건 따위에 깃들어 있으면서 겉으로는 잘 들어나지 않는 그 어떤 것, 말하자면 주변 세계에 대한 집단적 인식 체계를 내장하고 있는 이데올로기, 상징, 제의(祭儀) 따위에 특히 관심을 기울이는 책들로 총서를 꾸미고자 했다. '인문과학 총서'와 마찬가지로 '역사 총서'에도 미국, 독일, 영국, 브라질, 에스파냐, 폴란드, 네덜란드, 러시아 등 외국 학자들이 널리 참여했다. 노라가 의도한 대로, 프랑스어 번역판은 프랑스 독자층을 확보하는 데 충분했다. 노라는 사회과학고등연구원과 콜레주드프랑스에서 저자를 물색했다. 아날학파가 남긴 유산에 각별한 관심을 기울인 노라는 마르크 블로크의 《기적을 행하는 왕》(Les Rois thaumaturges)을 다시 간행했으며, 중세 집단심성사 연구에 관심을 갖고 조르주 뒤비의 《전사와 농민》(Guerriers et paysans)과 《세 위계, 봉건제의 상상 세계》(Trois ordres ou l'imaginaire du féodalisme)를, 그리고 엠마뉘엘 르루아 라뒤리의 《몽타유》(Montaillou)와 에른스트 칸트로비치의 《왕의 두 몸체》(Les Deux corps du roi)를 출판했다. 이 가운데 《세 위계》와 《몽타유》는 역사학 저술로는 드물게 베스트셀러 목록에 올랐으며 각각 5만 부 이상 팔렸다.

1974년에 노라는 동료 역사가 자크 르고프와 함께 '역사 총서'의 하나로 《역사 만들기》(Faire de l'histoire)를 내놓았다. 역사학 방법론에 관해 주제별로 역사가들이 집필한 이 책에서 노라와 르고프는 인접 학문을 통해 역사를 다루는 데 내재한 위험성을 부각시켰다. 여기서 노라와 르고프는 계량화에 대한 지나친 집착이 역사가들을 통계학자로 바꾸어 놓을 위험을 안고 있다고 일침을 가했다. 그들은 역사가들이 "역사학이란 모름지기 변화의 …… 변용의 학문이어야 한다"는 사실을 잊지 않도록 촉구했으며, 역사학이 그저 사회과학 모델을 위한 실험 장소 정도로 이용되는 일(르고프와 노라는 이것을 '침탈 행위'라고 표현했다)을 그대로 방치해서는 안 된다고 말했다.

노라는 '역사 총서'의 하나로 1987년에 출판된 《역사가의 자화상》(Essais d'ego-histoire)에서 역사학 방법론에 대한 비판적 성찰을 밀고 나갔다. 그는 뒤비, 모리스 아귈롱, 피에르 쇼뉘 같은 이들에게 자기 자신의 대한 역사가가 되도록, 달리 말하자면 "역사가로서 예술가의 초상을 그려 보라고" 요청했으며 기왕의 역사학적 접근으로부터 벗어난 자신들의 지적 여정을 추적해 보라고 요청했다. 이들은 19세기 역사학으로부터 물려받은 접근법, 즉 주어진 하나의 주제에 대한 집중적이고 철저한 탐구라든지, 아니면 상부구조와 하부구조의 변증법에 대한 검토 따위에서부터 첫발을 내딛은 역사가들이었다. 하지만 이들은 사회경제사 연구에 마르크스주의의 시각을 빌려왔으며 경제학, 심리학, 인류학 등을 활용해 자신의 역사학을 "시간 속에 있는 사회들에 관한 과학"(sciences des sociétés dans le temps)으로 자리매김했다. 여기서 노라는 제2차 세계대전 이후의 프랑스 역사학파야말로 "우리가 유일하게 내세울 만한 수출품"이라고 마치 혼잣말처럼, 거의 한숨을 내쉬며 덧붙였다.

편집자로 작업을 이끌면서 노라는 역사학, 심성 구조, 민족, 특히 프랑스 민족의 의미 등에 관한 생각을 다듬어 나갔다. 편집 작업은 집필 기회를 제공하기도 했으며, 그는 특히 심성 구조를 다룬 책들에 논평을 덧붙이기도 했다. 하지만 뜻밖의 큰일을 떠맡기도 했는데, 바로 정치학연구소에서 출판된 뱅상 오리올의 《7년 일지》(Journal de septennat)였다. 1947년부터 1954년까지 프랑스 대통령이었던 뱅상 오리올은 노라가 보기에 전쟁 후 유럽에서 아주 중요한 정치인임을 충분히 입증할 만한 일기를 남겼다. 일기는 오리올이 살았던 제4공화국의 세계로 독자를 안내한다. 그 시대는 프랑스 식민 제국의 붕괴, 옛 식민지에서 해방전쟁 발발, 경제 불황, 전쟁 때보다 더 가혹한 배급제, 드골주의자와 공산주의자 사이에 벌어지는 끝없는 정치투쟁에 이르기까지 풀기 힘든 대내외적 문제들로 가득 찬 세계였다. 일곱 권으로 구성된 《7년 일지》의 서문에서 노라는 "우리는 역사에 이바지한다는 확신을 가지고 있다"라고 썼다. 그는 특히 오리올이 그린 프랑스의 이미지, 냉전이 시작되는 동안 "두 거인 사이에 긴 난장이족"의 이미지에 큰 충격을 받았다.

　노라는 소련과 미국에 대한 프랑스의 견해가 어떻게 프랑스 자체에 대한 이미지를 형성하게 되는지를 탐색해 나갔다. 1978년에 쓴 논문, 〈미국 그리고 프랑스 지식인들〉에서 그는 "[프랑스 문화사에서] 진기한 순간, 즉 [1974년 솔제니친의 망명으로] 사회주의에 대한 부정적 이미지가 미합중국 이미지의 복권을 촉진한 듯 보이는 시기……"를 눈여겨보았다. 하지만 이러한 잠재적 '복권'은 상처 입은 민족주의에 의해 상쇄되었다. 미군에 의해 두 차례 해방된 프랑스는 이제 더 이상 '강국'으로서 지위를 뽐낼 수 없었다. 따라서 프랑스는 미국 문화를 희생시키면서 프랑스 문화를 고양하는 방법으로 대응했다. 합리화와 효율을 앞세우고 경제성장과 민주주의 발전 사이의 상관관계를 주장하는 미국의 사회과학은 제국주의의 도구나 다름 없는 것으로 보였다. 1968년 5월 폭동은 이러한 프랑스의 태도에 한층 더 이의를 제기했다. 프랑스는 프랑스의 대학생들이 내세운 아나키즘이나 초현실주의 같은 입장이 이미 미국의 대학 캠퍼스에서 발명된 것이라는 사실을 깨닫지 않을 수 없었다.

　'역사 총서'의 또 다른 책에 긴 논평을 쓰는 일은 노라에게 민족 심성의 개념에 대해 깊이 성찰할 기회를 제공했다. 1975년에 갈리마르 출판사는 1843년에 처음 출판된 퀴스틴 후작의 기행문 《러시아에서 온 편지:

1839년 러시아》(Lettres de Russie: la Russie en 1839) 선집을 출판했다. 노라는 퀴스틴이 "대의제 정부에 맞서는 논지를 찾아서" 러시아로 갔으며 "헌법의 수호자가 되어" 프랑스로 돌아왔다고 썼다. 퀴스틴은 "질서에 대한 애착으로 거짓 포장된 압제와 광신적 복종"이 결합된 러시아의 현황을 고발한 첫 외국인 관찰자였다. 1830년대 차르 치하의 러시아와 볼셰비키 혁명 이후 이후의 러시아를 대비하는 일은 피할 수 없었다. 노라는 온갖 형태의 차르 전제정치가 고스란히 볼셰비키 독재로 이행되었다고 주장했다.

갈리마르 출판사는 1976년에 출판된 《소비에트의 '보통' 재판: 재판정에 선 스턴 박사》(Un procès 'ordinaire' en URSS: le Dr. Stern devant ses juges)에서 소비에트에 전제정치가 지속되고 있음을 입증하는 증거들을 보여 주었다. 노라는 1974년의 뇌물사범 재판이 사실상 소련을 떠나려고 비자를 요청한 유대인 내과의사에 대한 앙갚음이었다고 비난했다. 스턴 사건에 대한 노라의 개입은 갈리마르 출판사에서 책을 출판하는 것으로만 그치지 않았다. 노라는 노벨상 수상자 50여 명과 나란히 80년 징역형은 너무 엄청나고 부당하다는 점을 재확인하는 청원서(《르몽드》, 1975년 3월 25일)에 이름을 실었다. 이제 노라는 세간에 널리 알려진 지식인의 반열에 올랐다.

1980년대 무렵에, 역사학의 성격과 역사가의 방법론, 심성 구조와 민족성, 프랑스와 프랑스의 역사 등에 대한 노라의 성찰은 마침내 그를 새로운 연구프로젝트로 안내했다. 노라의 주요 업적이 될 연구였으며 그의 이름을 전 세계에 널리 알리게 될 연구였다. 연구소에서 세미나를 이끌 당시에, 노라는 '현재의 역사'라는 항목 아래 집단기억의 관점에서 역사 서술을 들여다보기 시작했다. 1978년부터 1981년까지 사회과학고등연구원에서 개최한 세미나에서 그가 시범을 보인 역사학은 "상징화된 프랑스의 방대한 지형학을 그려 낼 요량으로, 전통적인 주제별 연대기별 방식이 아니라 프랑스의 집단 유산이 응축되어 있는 지점들, 집단기억이 뿌리박혀 있는 주요 '장소들'(lieux)에 대한 분석을 통해서 민족 감정을 연구하는 것"이었다. 기억 전승의 중요 전통을 검토하고 있는, 영국 역사가 F. 예이츠의 책《기억의 기술》(Art of Memory)에 근거해서, 노라는 고전적인 기억을 '기억 지점'(loci memoriae)이라는 체계적인 분류에 토대를 둔 것으로 파악하기에 이르렀다. 세미나는 성공을 거두었다. 1984년에 선보인《기억의 장소》(Lieux de mémoire) 첫 권이 바로 그 결실이었다.

《기억의 장소》는 모두 합하여 3부 7권에 걸쳐 120여 명의 저자들이 참여한 논문 모음집이다(〈공화국〉, 한 권 1984년; 〈민족〉, 세 권 1986년; 〈프랑스들〉, 세 권 1992년). 노라에 따르면, 이 연구의 목적은 선택한 연구 대상이 당대 상황과 맺고 있는 관계 및 기억의 역할을 검토하고 이를 통해 오랜 시간 속에서 다져진 프랑스의 정체성을 포착해 내는 것이었다. 노라는 역사, 문학, 예술 분야에서 두루 필진을 구했다. 집필자들에게는 특별한 서면 지침을 제시하지 않았으며 집필자마다 개별적으로 의견을 조율했다. 요컨대 작업은 일률적이라기보다는, 노라의 표현을 빌리자면 '다성부(多聲部) 음악'으로 진행되었다. 노라가 선정한 '장소'는 물질적인 것, 구체적인 것, 추상적인 것, 제도적인 것 그리고 일상적인 것 등을 총망라했다. 노라 자신도 논문 몇 편을 실었으며, 궁극적인 취지는 민족이란 무엇인가, 프랑스 민족의 특유성은 어디에서 찾을 수 있는가 따위의 문제를 탐색하는 것이었다.

노라의 세미나 강의가《기억의 장소》기획을 촉발시킨 계기가 되었다면, 노라가 〈미국 그리고 프랑스 지식인들〉에서 얼핏 다루었던 1970년대의 여러 사건들은 그 계획을 구체화하는 계기가 되었다. 민족에 대한 낡은 관념들은 프랑스 외부에서 시작되어 프랑스 사회에 닥쳐온 변화들로 인해 완전히 뒤집혔다. 1973년의 오일쇼크는 오랜 경제성장 시기의 종언을 기록했다. 도시화 물결과 미국식 소비 풍조가 세상을 뒤바꾸어 놓고 있었으며, 전통적인 농촌 사회는 프랑스 정체성을 구성하는 요소의 하나인 농민들과 더불어 사라지고 있었다. 제2차 바티칸 공의회는 대다수 프랑스인들에게 가톨릭 예배의 핵심이었던 라틴어 미사를 폐지했는데, 이는 종교적 심성이 와해되고 있음을 의미했다. 1969년에 드골 대통령이 하야하자 지금껏 프랑스가 세계무대에서 차지해 온 위상에 대한 환상도 말끔히 사라졌다. 국제적 지위의 실추에 대한 쓰디쓴 인식은 식민지 전쟁들의 여파로 더욱 악화되었다. 프랑스 안에서는 새로운 형태의 사회적 긴장이 나타났는데, 이는 전통적인 종교적·정치적 반목보다는 프랑스의 옛 식민지들에서 들어오는 이민자들과 결부되어 있었다. 노라는 《기억의 장소》에서 "오랫동안 농업 중심적이고 패권주의적이며 국가 중심적이었던 한 민족이 이제 사라졌다"고 적고 있다.

바로 이러한 시대의 격변은 프랑스 역사가들이 작업하는 방식에서 나타나는 변화에 고스란히 반영되었다. 좀 더 정치적인 주제가 다루어지기 시작했으며, 역사가들이 현재에 대한 역사의 함의를 논구하기 시작함에 따라 주제는 더욱 현재성을 띠었다. 좀 더 성찰적인 주제가 다루어지기 시작했으며, 역사가들은 기존의 역사서술이 보여 주는 갑갑한 통제와 한계에 대해 공개적으로 해결책을 모색했다. 노라가 종종 '기준점'(repère)이라고 표현하는 전통적인 준거점은 낡은 모양새를 드러냈다. 지난 세월 그토록 오랫동안 프랑스 정치문화의 붙박이 품목이었던 혁명적 관념이 사라지고 있었다. 마르크스주의의 실추는 혁명적 변혁의 가능성에 대한 모든 관념을 파괴했다. 프랑스판 공산주의는 이데올로기적 동력으로서 견인력을 상실했으며, 마르크스주의는 더 이상 역사적·사회적 분석을 위한 각별한 도구가 아니었다.

이러한 상황에서 역사가는 어떤 질문을 던져야 하며 어떤 방법론을 택해야 할 것인가 하고 노라는 자문했다. 물론 노라가 여기서 처음으로 이런 문제를 제기한 것은 아니었다. 《알제리의 프랑스인》(1961)에서 그리고 국민 교사 에르네스트 라비스에 대한 논문(《역사학보》(Revue historique, 1962)에서, 노라는 이미 프랑스 정체성의 특징과 그 항구적 구현에 대해 탐색한 적이 있다. 그리고 사회과학고등연구원에서 이끈 세미나에서, 노라는 수강생들에게 "프랑스 상징들의 방대한 지형도"를 탐색해 보라고 요청했는데, 오늘날 《기억의 장소》의 목표가 바로 이것이다. 이러한 지형도를 갖춘다면, 기억은 역사학의 주제가 될 수 있는데, 그도 그럴 것이 "한 민족의 과거로부터 나온 모든 것은 집단기억 속에 어떤 자취를 남기게 마련이며" 그 집단기억은 연구할 수 있는 대상이기 때문이다. 역사가의 과업은 "한 국민의 정체성을 구성하고 있는 요소이기도 한 이러한 반추된 과거의 역사"를 쓰는 일이다. 이러한 관점에서 어떻게 역사를 써야 하는가? 역사가는 사건을 단지 일어난 일로서 검토해서는 안 되며, 그 사건이 시간의 흐름 속에서 구성되는 모습을, 그리고 그 사건의 의미가 사라지고 또 되살아나는 과정을 포착해야만 한다. 역사가는 "과거를 단지 일어난 것으로서가 아니라 사람들에 의해 사용되고 오용되며 재사용되는 그 어떤 것으로 취급해야만 하며, 전통 자체가 아니라 그 전통이 구성되고 전승되는 방식에 관심을 기울여야 한다." 노라가 간추린 '기억의 장소'는 어떤 시대적 요청의 산물이기도 했다. 노라는 "우리 민족 기억의 급속한 소멸"을 내다보면서 '기억의 장소'에 들어갈 목록을 선정한 것이다.

《기억의 장소》를 구상하면서 노라는 제1부를 〈공화국〉에 할애하는데, 이는 그가 보기에 공화국이야말로 민족 기억의 실질적인 중핵이기 때문이다. 대다수 프랑스인에게 진정한 공화국을 의미하는 제3공화국은 기억을 연구하기에 가장 알맞은 무대가 된다. 상징, 기념물, 교육학, 기념제, 대항 기억 등을 공화주의 정체성의 구성 요소로 분석하는 논문들이 여러 편 실려 있다. 제2부 〈민족〉은 우선 먼 과거의 유산(수도원, 궁왕 묘역, 국왕의 대관식 또는 도유식 장소인 렝스 등)을 탐색하고, 다음에 역사서술, 토지 따위에 대해 살펴보며, 마지막으로 국가, 국경, 기록보관소, 도서관, 영예(gloire), 말과 글 따위를 검토한다. 제3부 〈프랑스들〉은 정치와 종교에서 나타난 갈등과 분열뿐 아니라 지역별 차이와 세대별 차이에 집중한다. 노라가 제3부 제목을 굳이 〈프랑스들〉(Les France) 이라고 복수형으로 잡은 것은 프랑스의 다양한 정체성을 돋보이게 표현하기 위해서였다. 통합된 하나의 프랑스가 있지만 통합된 하나의 프랑스 역사란 있을 수 없다. 그도 그럴 것이 이들 '장소'는 저마다 그 자체 안에 프랑스 전체를 품고 있기 때문이다. 제3부는 '골족과 프랑크족'이나 '구체제와 대혁명'으로부터 '비시 정부'나 '드골주의자와 공산주의자'에 이르기까지 갈등과 분열로 점철된 프랑스를 다룬다. 더 나아가 제3부는 프랑스의 종교적 소수파뿐만 아니라, 산림(山林)이나 도(道, département) 같은 공간적 분리나 세대(世代) 같은 시간적 분리 등 다양한 주제를 다루고 있다.

노라는 20세기에 프랑스를 강타해서 프랑스의 과거와 현재 사이의 유대를 끊어 놓은 역사적 충격들을 《기억의 장소》의 출발점으로 삼았다. 잃어버린 과거를 되찾으려는 노력은 역사가의 과업이 되었으며 노라의 작업에서 핵심이기도 했다. '기억으로서의 민족'(nation-mémoire)이라는 제목을 단 짧막한 서문(《기억의 장소》, 제2권)에서 노라는 민족 기억의 유형론을 제시했다. 첫 번째는 고대적 기원에 대한 강박관념에 쌓여 있던 중세 봉건 왕정에서 찾아볼 수 있다. 기독교적인 동시에 왕조적이었던 이 민족 기억은 왕정의 제도적 기반을 신의 섭리에서 찾았다. 두 번째는 이른바 국가-기억으로, 국가가 기념물(베르사유 궁성), 궁정 의례(언행록), 루브르 궁성(국왕의 거처, 대혁명 이후 국립박물관), 그리고 기억을 관장하는 기관들(콜레주드프랑스, 아카데미프랑세즈) 등을 통해 기억 속에 재현되는 형태에 해당한다. 예컨대 종교전쟁 당시 에티엔 파스키에가 쓴 '조사 연구서'《프랑스 탐구》(Recherche de la France)는 '의회제 형식'을 갖춘 동시에 교황의 영향권에서 벗어나 프랑스의 이익을 앞세우고자 하는 국가에 대해 정통성을 부여한 문건이었다. 민족-기억 시대에 접어들어 민족은 드디어 스스로를 인식하게 되었으며, 대혁명을 통해 구현되었고, 역사학을 통해 과거를 집대성했으며, 자체의 기억을 계발하고 보존하기 위해 기관들(기록물보관소, 박물관)을 세웠다. 학문과 조국애 사이의 연계는 공민-기억을 표현했던 역사가 에르네스트 라비스의 작업을 통해 이어졌다. 제1차 세계대전과 더불어 시작된 20세기의 충격 속에서 기억은 점점 일종의 '문화자산-기억'으로서 의미를 띠게 되었다. 민족 기억이, 말하자면 유물이나 문화재 목록으로 변형된 것이다.

노라는 민족 기억을 확립하고 선양하는 데 크게 공헌한 라비스에 관해 두 편의 논문을 실었다. 프랑스가 프로이센에게 굴욕적인 패배를 당한 후에 자극을 받은 라비스는 초등학교에서 대학교 수준까지 공교육을 단일한 프랑스의 기억을 재구성하고 외부의 도전에도 맞설 수 있는 역량을 북돋우는 도구로 전환시켰다. 그는 초등학교에서 역사를 가르치는 교본으로 이른바《아동용 라비스》(Petit Lavisse)를 직접 만들었다. 그는 공문서를 다루는 독일식 문헌학의 기술을 도입해서 역사가들의 문헌 연구 방식을 개선했다. 라비스는《프랑스 역사》총서를 편찬했는데, 이것은 사실상 프랑스의 정체성을 재확인하는 작업이었다. 노라가 보기에 라비스의 총서는 학자적 확신과 헌신적 조국애라는 두 요소의 상호작용이었으며 보편적 진리로서의 사료와 개별적 진리로서의 민족이 하나로 합쳐진 결실이었다. 역사란 일종의 도덕적 훈육으로서 프랑스를 위해 죽을 채비를 갖추도록 시민들을 계도하는 방식이었다. 노라는 라비스의 업적을 민족적 유산의 주요 상징 요소들 가운데 하나라고 본다. 노라에 따르면, 라비스의 저술은 또한 역사학이란 결코 순진무구한 습작이 아니라는 점을 잘 보여 주고 있다. 역사학이란 본질적으로 비판 작업이며, 라비스의 경우에는 특히 앞선 역사서술들의 부적합성을 들추어내는 일이었다. 그리고 국민의식을 형성하는 데 역사학이 떠맡고 있는 역할은 역사학이 다분히 논쟁적인 내용을 담고 있다는 것을 의미한다(《기억의 장소》제1권에 실린 권두 논문 〈기억과 역사 사이〉를 보라).

《아동용 라비스》의 속편에 해당하는 저작이 있는데, 그것이 바로 당시 라비스의 동료로 초등교육 장학관이었던 페르디낭 뷔송이 쓴《교육학 사전》(Dictionnaire de pédagogie)이다. 노라가 볼 때 뷔송의 《교육학 사전》은 교육을 통해서 프랑스대혁명을 공화국, 더 나아가 민주주의와 이어 주는 주는 논박의 여지가 없는 연결 고리였다. 여기에 실려 있는 논문들은 제3공화국 시절 아동에 대한 교육 세계 전반을 재구성하고 있다. 라비스의 교본과 마찬가지로《교육학 사전》은 초등학교 교사들을 위한 이론적이고 실질적인 교육 지침서 구실을 했다. 라비스를 비롯하여 당대의 저명인사 모두 이 책에 기고문을 실었다.

노라가 볼 때,《교육학 사전》은 과거를 재구성하는 작업과 당대의 교육적 논의가 서로 맞물려 동시에 고양되는 어떤 지속성의 국면을 대변했다.《교육학 사전》은 뷔송과 라비스에게 작품 주인공의 등장, 즉 아동들에게 애국심을 가르칠 막중한 사명을 짊어진 '초등교사'(instituteur)의 등장을 알리는 것이었다.《교육학 사전》이 남다른 '기억의 장소'가 될 수 있는 까닭은 바로 그 사전의 출현이 '장소'의 주요 특징이라 할 기억이 함양되는 바로 그 순간을 드러내 준다는 사실에 있을 것이다.

제3부에 실린 노라의 논문 세 편은 프랑스가 얼마나 자신의 지난 역사 그리고 자신의 정체성과 기억에 대한 역사적 인식에 영향을 받고 있

는지를 분석하는 글들이다. '세대'(génération)라는 제목을 붙인 논문에서 노라는 포착하기 쉽지 않은 주제를 다룬다. 무릇 세대란 상징적인 시간 단위를 뜻하기 마련인데, 그렇다면 이 세대라는 것은 통계학적인 현상인가 아니면 심리학적인 현상인가? 한 세대는 얼마나 오래 지속되는가? 누가 어떤 세대에 속하는지를 과연 누가 결정하는가? 그리고 어떤 특정 사건에 의해 어떤 한 세대가 만들어진다고 할지라도, 모든 사건들이 다 고유한 세대를 갖는 것은 아니지 않은가? 노라는 1968년 5월의 사건들이 입증하듯이, 세대가 탁월한 '기억의 장소'가 될 수 있다고 주장한다. 1968년 5월은 1789년 세대와 더불어 시작된 세대라는 관념의 궁극적인 절정이라고 할 만하다. 세대 개념은 세습 통치의 종언과 대의제 통치의 새로운 정통성 사이의 연결에 대한 어떤 명확한 표현과 더불어 시작되었다고 말할 수 있다. 혁명가들에게 과거는 더 이상 준칙이 아니었던 것이다.

19세기 초의 낭만주의 세대는 노라의 논지를 강화시켜 주었다. 노라가 볼 때 이 세대는 정치, 문필, 권력 그리고 문예(특히 시구)가 하나로 어우러져 한 세대의 정체성을 표현해 내던, 프랑스 역사의 중요한 국면을 대변했다. 세대라는 개념은 포착해 내기 쉽지 않을 수도 있다. 하지만 노라는 이 개념이 프랑스대혁명 이후의 프랑스 정치사를 쓰는 데 매우 유용한 것으로 입증되었다고 주장한다.

〈기념제의 시대〉라는 논문에서 노라는 기념제의 의미가 어떻게 달라졌는지를 검토한다. 기념제의 고전적 모델은 합의된 하나의 역사라는 가정 아래 국가가 주재하는 기념제로서 특정 위인보다는 프랑스의 주권, 공화국 그리고 민족 자체를 재확립하는 작업이었다. 하지만 두 차례의 세계대전을 거치면서 얼룩진 분파 정치는 전통적인 형태의 공민적 기념제를 완전히 뒤흔들어 놓곤 했으며, 과거를 제멋대로 이용했다. 기념제의 본질의 변화는 프랑스가 겪은 변화, 즉 통합된 하나의 민족의식을 가진 나라에서 민족의식이 일종의 문화자산 형태로 표출되는 나라로 변화를 반영하는 것이다(이는 1980년 '문화재의 해' 행사가 큰 성공을 거둔 데서 잘 나타난다). '문화재'는 이제 물려받은 재산이라기보다는 우리가 누구인지를 깨닫게 해주는 자산을 의미하게 되었다. 자신이 어떤 특정 장소에 뿌리를 두고 있으며 전체로서의 사회와 연결되어 있다는 것을 사람들이 느끼게 해주는 것이라면 어떤 것이든 다 문화재의 범주 안에 들어가게 된 것이다.

노라는 논문 〈드골주의자와 공산주의자〉 첫머리에서부터 통합적이고 확정된 민족 신화가 더 이상 가능하지 않다고 확언한다. 프랑스대혁명이 만들어 낸 단합된 한 민족이라는 신화는 두 차례 세계대전을 거칠 때까지 일종의 격언처럼 남아 있었다. 그것은 민족의식 속에 깊이 뿌리박혀 있었으며 프랑스 보편주의(프랑스의 역사는 전진하는 이성의 역사이다)의 토대를 이루기도 했다. 프랑스로서는 자신의 사명과 소명의식이라는 관념을 포기하는 것보다는 오히려 강국으로서의 지위 상실을 감내하는 것이 더 쉬웠다고 노라는 말한다. 드골주의자들과 공산주의자들은 이러한 생각의 극단적인 편향을 체현하고 있다. 이들이 제시한 민족 정통성에 대한 서로 다른 두 버전은 프랑스에서 정치가 얼마나 "위대한 기억들을 일깨우는 일과 과거를 정서적으로 조작하는 일에 영향을 받고 있는지를 고스란히 드러내 준다. 바로 이런 의미에서 노라는 드골주의자와 공산주의자 둘 모두를 '기억의 장소'로 취급한다.

《기억의 장소》를 마무리하면서 노라는 그것을 "우리의 민족 기억이 뿌리내리고 있는" 프랑스의 주요 '장소들'을 집대성하는 작업으로 보았다. 마지막 개괄 논문인 〈프랑스 역사를 어떻게 쓸 것인가?〉에서 노라는 선정 가능한 '장소들'의 수효 자체가 작업을 어렵게 만들며 개념 자체를 무의미하게 만들 위험이 있다고 자인했다. 여기에 더해 사학사적인 문제가 뒤따랐다. 물론 하나의 단일한 프랑스가 존재하기는 하지만 프랑스가 포괄하고 있는 '장소들'은 모두 저마다 나름대로의 방식으로 프랑스를 재생산하고 있는 까닭에 하나의 동일한 역사를 구성할 수는 없을 것이라고 노라는 주장한다. 따라서 노라는 과연 오늘날 단일한 프랑스사가 서술될 수 있는가라는 근원적인 질문에 봉착한다. 노라의 답변은 우회적이다. 우선, 이전의 모든 프랑스 역사는 프랑스를 하나의 상징적 단일체로 전제하고 있으며 현재를 과거에 일어난 일을 통해 설명하려 했다. 사학사적 관점에서 말하자면, 오늘날 우리는 여전히 프랑스를 하나의 상징적 단일체로 정의할 수 있다. 역사가는 사건들이 미친 효과, 시간 속에 구현되는 사건들의 의미, 시간의 흐름에 따라 사건들이 재구성되고 전승되는 방식 따위를 중점적으로 부각시킬 수 있다. 이러한 접근법은 자기인식과 귀속 감정에 대한 오늘날의 관심뿐 아니라 나라의 유산을 보존하고 전승해야 한다는 요구에도 잘 부합하는 것이다. 20세기에 프랑스가 겪은 급격한 변화들 그리고 그에 따라 달라진 민족 감정은 민족(nation)으로 회귀할 것을 '지시하고'(dicter, 노라의 표현) 있다. 왜냐하면 민족은 여전히 우리에게 안정성과 항구성을 제공해 줄 수 있기 때문이다. 민족이라는 관념은 기억을 통해 전승되는데, 바로 여기에서 과거에 대한 그리고 그 과거가 재구성된 모습에 대한 충실감이 생겨나게 된다. 요컨대 민족이란 세부적인 것들, 즉 모두를 위한 하나의 프랑스라고 할 수 있는 그러한 '장소들' 속에 내재해 있는 것이다.

《기억의 장소》는 그것이 한 나라의 집단 유산에 대한 선택적 탐색이라는 점에서 지금까지와는 사뭇 다른 역사를 제공한다. 《기억의 장소》는 표상 체계와 심성 구조에 대한 역사로서 지난 19세기에 권장되고 학교에서 가르친 민족사와는 너무도 다르다. 라비스가 보여 주는 확정적인 역사 해석과는 달리, 무릇 역사적 사건들은 보는 입장에 따라 다르게 파악될 수 있다. 프랑스대혁명이 좋은 사례가 된다. 대혁명은 끝났을 수도 있고 그렇지 않을 수도 있다. 1793년에 방데 지방에서 벌어진 전쟁은 대량학살로 볼 수도 있고 그렇지 않을 수도 있다. 공포정치는 끔찍한 막간극일수도 있고 프랑스 정치문화의 근원적 일부분일 수도 있다. 그리고《기억의 장소》의 연구 대상, 즉 '장소들'의 선정은 자의적이라고 평가할 수 있으며, 노라는 이 점에 대해 어떤 변명도 하지 않는다. 이 책에는 민족사의시금석이라 할, 하나의 수미일관한 전체로서의 역사상이 부족할 수도 있다. 하지만 유구한 세월에 걸친 프랑스 정체성의 이미지는 넉넉히 찾아볼수 있다.

연구가 진척됨에 따라, 노라는 자신의 '장소' 개념을 재정립해 나갔다. 즉 '장소'는 연구해야 할 대상이라기보다 '만들어야 할' 대상이라는 의미를 더 띠게 되었다. 이제 역사가는 연구 대상의 역사적 실재성을 넘어서야만 하며 "상징적 실재성을 탐색해야 하고 또 그것이 간직하고 있는 기억을 재발견해 내야" 한다는 것이다. 성공 여부는 이러한 상징적 전체상과 상징적 조각들을 짜 맞추는 저자의 능력에 달려 있다. 1992년 노라가연구를 마무리할 무렵에, '기억의 장소'라는 개념은 일반인에게도 널리알려지기 시작했다. '기억의 장소'란 인간의 의지에 의해서든 시간의 경과에 의해서든 어떤 공동체의 기억 유산 속의 상징적인 요소로 되어 버린유무형의 어떤 의미 있는 실체를 뜻했다. '기억의 장소'라는 용어는 마침내 1993년에《로베르 프랑스어 대사전》에 수록되는 영예를 누렸다.

이러한 새로운 방식의 역사 쓰기는 거의 즉각적인 영향력을 발휘했다. '장소'라는 개념은 학술적 범주로 수용되었으며 프랑스의 밖에서도 여러비슷한 연구를 자극했다. 마리오 이스넹기가 편집한 이탈리아판《기억의장소》(I Luoghi della memoria, 3권, 1996~1997), 그리고 에티엔 프랑수아와 하겐 슐체가 편집한《독일 기억의 장소》(Deutsche Erinnerungsorte, 3권, 2001~2002)가 선을 보였다. 네덜란드에서는 헨크 베슬링이《기억의 장소》(Plaatsen van herinnering, 4권, 2005~2007)를 출판했다. 그리고 노라가 창안한 이 개념은 역사학 외부에서도 사람들의 상상력을 자극했다. 미국의 언론과 잡지들은 아이스킬로스의 《페르시아인들》이나 1920년대 미국의 할렘 르네상스 또는 중국 예술처럼 멀리 떨어진 주제들을 논의하는 데에도 노라의 기억 이론, 특히 '기억의 장소' 개념을 즐겨 인용하곤 했다.

아마 외국인들은 노라가 과연 어느 정도 지적 영향력을 행사하고 있는지 가늠하기가 쉽지 않을 것이다. 사실 프랑스 국내에서도 그의 위치는 아주 특별하다. 기념비적인 대작 《기억의 장소》, 권위 있는 출판사의 편집장, 학자로서의 소양과 자질, 학문 활동, 이렇게 여러 방면에 걸친 활동과 업적이 쌓여서 마침내 그는 널리 알려진 존경받는 지식인이 되었다. 이러한 다양한 경력에 더해서 그는 한 잡지의 편집주간이 되었는데, 이는 프랑스 출판업계에서는 유례가 없는 일이기도 했다. 갈리마르 출판사 편집장이라는 지위는 그를 당대 정치와 사회에서 일어나는 사건들과 흐름의 한복판에 서게 했던 것이다.

1980년에 노라는 시사평론지 《토론》(Le Débat)을 창간했다. 겉보기에 새 잡지를 만들게 된 동기는 갈리마르에서 역사 총서나 인문학 총서를 담당하고 있는 저자들에게 짤막한 논술들을 발표할 수 있는 지면을 제공한다는 데에 있었다. 하지만 진정한 동기는 아마도 당시 평단의 시금석 구실을 하던 이른바 '사상가식 글쓰기 자세'를 거부하고 열린 공간을 마련한다는 데에 있었을 것이다(《누벨 옵세르바퇴르》, 2000년 11월 2일). 새 잡지는 곧 목표를 "미디어 비평식 환원주의와 지나친 학문적 전문화에 맞서서" 싸우는 일로까지 확대했으며, "공민적 책임을 다하기 위해서 정파적 제휴나 연대를 거부한다"고 밝혔다. 새 잡지의 출현은 곧 논쟁을 불러일으켰다. 거의 같은 시기에 철학자이자 사회학자인 레몽 아롱에 의해 《논평》(Commentaires)이라는 또 다른 잡지가 창간되었다. 아롱은 노라의 새 잡지에서 자신의 저작과 입장이 공격받고 있다고 생각했던 것이다. 노라의 작업, 특히 《토론》이 일군 탁월한 성과는 1988년에 문화 창달에 기여한 모범적인 작품에 수여되는 디드로유니베르살리스 상(Diderot-Universalis Prize)을 수상하는 영예를 얻었다. "역사가이자 편집인인 피에르 노라가 인문과학 분야에서 일군 업적, 그리고 잡지 《토론》이 우리 시대의 문제들에 대한 비판적 성찰을 이끈 데 대한" 찬사와 더불어 5만 프랑의 포상금이 주어졌다.

노라는 더욱 적극적으로 공적 무대로 나서 활동했다. 당시는 2005년 파리 교외 지역에서 발생한 폭동의 여진 속에서 역사학이 국가에서 떠맡은 역할, 도덕성과 기억이 역사 속에서 차지하는 지위 따위가 다시금 의문에 붙여지던 때였다. 정치적으로 사회적으로 민감한 법률들이 통과되었다. 뉘른베르크 전범재판 당시 규정한 반인륜 범죄를 부정하는 행위를 처벌하는 게이소(Gayssot) 법(1990), 아르메니아인 학살을 제노사이드로 인정하는 법(2001), 노예제와 대서양 노예무역을 반인륜 범죄로 규정하고 노예제 문제를 학교 커리큘럼에 포함시키도록 한 토비라(Taubira) 법(2001), 그리고 식민화의 '긍정적인 역할'을 부각시킨 바네스트(Vanneste) 수정안 따위로 여론이 들끓었다. 언제나 역사가의 독립성을 옹호해 온 노라는 이러한 정부의 시책을 비판하는 19명의 역사가 대오에 합류했다. 이들은 2005년 12월에 《누벨 옵세르바퇴르》와 《르몽드》에 이러한 법안들의 철회를 요청하는 청원서를 실었다. "역사적 진실을 선포하는 일," 달리 말하자면 연구 방법을 규정하는 일 또는 결론을 위한 기준을 정하는 일 따위는 법률 제정자들의 몫이 아니라고 이들은 주장했다.

노라의 입장은 곧 나치 전범 추적자 세르주 클라르스펠트, 영화 〈쇼아〉(Shoah)의 제작자 클로드 란츠만을 포함해 29명에 이르는 작가, 법률가, 역사가들의 대항 청원서로 도전을 받았다. 이들은 홀로코스트에 관한 "비방, 또는 거짓 정보의 유포"는 공공질서에 위협이 된다고 주장했다(www.imprescriptible.fr, 2005. 12. 20을 보라). 법률안에 대한 전투는 날카롭게 그어진 전선을 따라 줄곧 이어졌다. 2008년에 《누벨 옵세르바퇴르》와 인터뷰(2008년 8월 14일)에서, 노라는 프랑스가 "일반적으로 전체주의 체제의 특징이라 할 수 있는 이러한 사법적 진리 세우기 관행을 발전시킨 사실상 유일한 민주주의 국가이다"라고 유감을 표명했다. 란츠만은 노라와 벌인 논쟁에서 사르트르의 책 《유대인 문제에 대한 성찰》(1946)에 나오는, "반유대주의는 의견이 아니라 범죄이다"라는 구절을 인용하면서 공세를 가했다(사실 사르트르가 쓴 정확한 표현은 "…… 의견이 아니라 격정이다"였다). 노라는 과거의 이러한 '결빙 현상'을 비판했는데, 그도 그럴 것이 그로서는 어느 역사가든 결국 이러한 법률적 규제의 피해자가 될 것이라고 생각했기 때문이다(《왜 역사에 대해 법령을 만드는가?》,《누벨 옵세르바퇴르》, 2008년 10월 9일). 노라는 역사가로서 자신의 가치관과 유대인으로서의 정체성 사이에서 어려운 줄타기를 하는 듯 보였다. 논쟁이 벌어진 직후, 프랑스령 기아나 출신 의원으로 이른바 토비라 법의 당사자인 크리스티안 토비라는 "민족 서사와 관련된 문제라면 응당 법률 제정가가 개입할 수 있다"라고 말했다(《르몽드》, 2008년 10월 16일;《카나르앙셰네》(Canard enchaîné), 2008년 11월 5일). 더 나아가서 그녀는 노라의 《기억의 장소》가 무려 5천 쪽에 달하는 지면 가운데 단지 12쪽만을 식민주의에 대한 토론에 할애하고 있을 뿐이라는 지적을 잊지 않았다.

노라를 포함한 19명의 청원자들은 여기서 포기하지 않았다. 곧 600여 학자들이 결집한 '역사를 위한 자유'(Liberté pour l'histoire)라는 단체가 조직되었고 노라가 회장을 맡았다. 단체는 "과거에 대해 관이 주도하는 진실 세우기에마저 연구를 보호하고, 어떤 종류의 정치적 간섭이나 이데올로기적 압력에 맞서 역사가의 표현의 자유를 옹호한다"라는 목표를 내걸었다. 2009년 신년사에서 노라는 단체가 거둔 성과를 조목조목 밝혔다. 의회위원회와 가진 회합을 통해 노라는 '제노사이드'나 '반인류 범죄' 같은 현대의 용어들을 사용하여 과거의 사건들을 정의하는 법률안은 의회에서 통과될 수 없다는 성명을 이끌어 냈다. 그리고 정부는 아르메니아 제노사이드에 대한 2차 제안서를 상원에 재상정하지 않기로 결정했다. 식민지 선교에서 프랑스가 떠맡은 역할에 토비라 법의 일부 조항은 사문화되었으며, 중등 역사교과서의 내용을 중앙정부가 관리하려는 계획안도 철회되었다.

"대학인도 아니고······ 역사가도 아니고······ 편집자도 아니고······ 노라 씨, 그렇다면 당신은 무엇을 하는 사람입니까? 우리가 지금 받아들이는 당신은 누구입니까?"(노라의 아카데미 취임연설에 대한 답사로 역사가 르네 레몽이 노라에게 보낸 찬사 중에서). 대학인이 아니다? 노라는 굳이 교수 자리를 차지하려고 애쓰지 않았을지는 몰라도 역사학 분야에서 새로운 방법론을 가르쳤으며 한 세대에 걸친 교사와 학자들을 양성했다. 편집자가 아니다? 무려 600여 권의 책이 노라의 편집에 힘입어 출판되었다. 그의 개인적인 지도는 많은 작가들을 이끌고 북돋아 주었으며, 그의 논평은 커다란 영향을 끼쳤다. 역사학에 대해서 말하자면, 《알제리의 프랑스인》으로부터 시작하는 그의 평론은 프랑스인의 심성 구조에 대한 시야를 확대해 주었다. 《기억의 장소》는 어느 나라에서든 역사가들이 과거를 연구할 때 반드시 기억의 역할을 고려하도록 이끌었다. 《기억의 장소》는 "역사학의 영토에 하나의 영역 전부를" 덧붙인 셈이었다. 《기억의 장소》를 떠올리면서 르네 레몽은 노라야말로 "우리 시대 백과전서의 디드로"라고 치켜세웠다.

오랜 경력을 쌓아 나가면서 노라는 자신의 전공 영역을 두루 감싸는 질문들을 제기하고 또 매달렸다. 기억이란 무엇인가? 역사란 무엇인가? 민족이란 무엇인가? 역사가의 일이란 무엇인가? '역사를 위한 자유'라는 단체를 만든 발기인들은 그들이 내놓은 첫 청원서에 이렇게 썼다.

> 역사는 종교가 아니다. 역사가는 교조(dogma)를 받아들이지 않으며, 규제를 존중하지 않고, 금기를 알지 못한다. …… 역사가의 역할은 찬양하거나 규탄하는 것이 아니라 설명하는 것이다. 역사학은 현재의 노예가 아니다. 역사가는 과거에 현대의 이데올로기적 형식들을 부과하지 않으며, 지나간 사건들에 오늘날의 감성을 도입하지 않는다. 역사는 기억이 아니다. 역사가는 과학적인 방안으로 사람들의 회고담들을 모으고 그것들을 서로 비교하며, 그것들을 다른 문헌, 물건, 자취, 기존 사실들과 견주어 본다. 역사는 기억을 고려하기는 하지만 그렇다고 기억으로 환원되지는 않는다. (《누벨 옵세르바퇴르》, 2005년 12월 14일)

노라는 자신의 모든 작업과 경력을 통해 이러한 원칙들을 계발하고 옹호했으며 몸소 체현했다. 그리고 그는 이러한 원칙들을 직업 영역을 넘어 사회 전반으로 펼쳐 냈다. 그가 2009년 신년사에서 "역사를 위한 자유는 모두를 위한 자유이다"라고 밝혔듯이 말이다.

이용재 옮김

참고 자료

책과 논문

Les Français d'Algérie, with an introduction by Charles-André Julien (Paris: Julliard, 1961).

Archives et construction d'une histoire nationale: le cas français ([S. l.] [1976 ?]).

"America and the French intellectuals," *Daedalus* ("A new America?" winter, 1978): 325-37.

La CFDT [Confédération française démocratique du travail] en questions by François Ceyrac et al., interviews and analysis collected and introduced by Pierre Nora (Paris: Gallimard, 1984).

Constructing the Past: Essays in Historical Methodology, edited by Jacques Le Goff and Pierre Nora with an introduction by Colin Lucas. Selections from *Faire de l'histoire* (Cambridge: Cambridge University Press, 1985).

"Between memory and history: *Les Lieux de mémoire,*" *Representations, 26*, special issue: emory and Counter-Memory (spring, 1989): 7-24.

"Chateaubriand, fi gure de l'intellectuel," in *Chateaubriand, éclaireur du monde actuel. Actes du colloque, Paris, 10 juin 1998* (Paris: Les Editions de la bouteille de la mer, 1999).

Discours de réception de Pierre Nora à l'Académie française et réponse de René Rémond: Suivis des allocutions prononcées à l'occasion de la remise de l'épée (Paris: Gallimard, 2002).

역사 총서

"Le 'fardeau de l'histoire'aux Etats-Unis," in *Mélanges Pierre Renouvin:études d'histoire des relations internationales* (Paris: Presses Universitaires de France, 1966).

Journal du septennat, 1947-1954, 7 vols., by Vincent Auriol, edited by Pierre Nora, with an introduction by Pierre Nora and Jacques Ozouf (Paris: A. Colin, 1970-8).

"L'ombre de Taine," *Contrepoint*, 9 (Jan., 1973): 71.

Faire de l'histoire, edited by Jacques Le Goff and Pierre Nora (Paris: Gallimard, 1974), 3 vols; vol. 1: *Le Retour de l'é venément*.

Lettres de Russie: la Russie en 1839, by Astolphe, Marquis de Custine, 1790-1857, edited and introduced by Pierre Nora (Paris: Gallimard, 1975).

Essais d'ego-histoire, contributions by Maurice Agulhon et al.; collected and

954 20세기 프랑스 역사가들

introduced by Pierre Nora (Paris: Gallimard, 1987): 《나는 왜 역사가가 되었나》
(이성엽 외 옮김, 에코리브르, 2001).

폴리오 문헌선집

Les Lieux de mémoire, edited by Pierre Nora (Paris: Gallimard, 1984-92). Essays
by Pierre Nora appear in the following volumes: Part I, *La République*:
"Présentation," "Entre mémoire et histoire," "Lavisse, instituteur national,"
* "Le dictionnaire de pédagogie de Ferdinand Buisson," and "De la
république à la nation"; Part II, *La Nation*, vol. 1: "L'histoire de France de
Lavisse"; † † vol. 2: "Les mémoires d'é tat"; † † vol. 3: "La nation-mémoire";
Part III, *Les France*, vol. 1: "Comment écrire l'histoire de France?," "Gaullistes
et communistes," * "La génération," * "L'ére de la communication"; * vol. 2:
"Présentation."

Realms of Memory: Rethinking the French Past, edited by Pierre Nora; English language
edition edited and with a foreword by Lawrence D. Kritzman; 《기억의 장소》
전5권 (김인중 · 유희수 외 옮김, 나남, 2010).

Science et conscience du patrimoine: entretiens du patrimoine, Théâtre national de Chaillot,
Paris, November 28-30, 1994, edited by Pierre Nora (Paris: Fayard, Editions
du patrimoine, 1997).

L'Ogre historien: autour de Jacques Le Goff, edited by Jacques Revel and Jean-Claude
Schmitt; contributions by Marc Augé, et al. (Paris: Gallimard, 1998).

Rethinking France, edited by Pierre Nora; translated by Mary Trouille et al.;
translation directed by David P. Jordan, vols. 1 and 2 published, vol. 3 in
press (Chicago: University of Chicago Press, 2001-6).

La Pensée tiède: un regard critique sur la culture française, by Perry Anderson, translated by
William O. Desmond and response by Pierre Nora, *La Pensée réchauffée* (Paris:
Editions de Seuil, 2005).

Libertépour l'histoire, co-authored with Françoise Chandernagor (Paris: CNRS,
2008).

노라가 서문을 쓴 책

Les Luttes de classes en France: le 18 brumaire de Louis Bonaparte de Karl Marx, introduction by
Pierre Nora, translation of *Die Klassenkä mpfe in Frankreich: Der Achtzehnte Brumaire
des Louis Bonaparte* (Paris: J.-J. Pauvert, 1964).

Un procès "ordinaire" en URSS: le Dr. Stern devant ses juges by Mikhail Shtern, défendant (Regional tribunal of Vinnitza, December 11-31, 1974), edited by August Stern; translated from the Russian by Ania Chevallier; preface by Pierre Nora (Paris: Gallimard, 1976).

Le Métier de lire: réponses à Pierre Nora, preface by Pierre Nora (Paris: Editions Gallimard, 1990; rev. edn., 2001).

Tristes tropiques by C. Lévi-Strauss, preface by Pierre Nora (Paris: France loisirs, 1990).

Chroniques d'humeur by André Fermigier, foreword by Pierre Nora (Paris: Gallimard, 1991).

Littérature: textes et documents by Dominique Rincé, Bernard Lecherbonnier, et al.; historical introduction by Pierre Nora (Paris: Nathan, 1996).

Montagnes, Méditerranée, mémoire: mélanges offerts à Philippe Joutard, preface by Pierre Nora, texts collected by Patrick Cabanel, Anne-Marie Granet-Abisset, and Jean Guibal (Aix-en-Provence; Grenoble: Université de Provence, Musée Dauphinois, 2002).

L'Ecole républicaine et la question des savoirs: enquête auçoe ur du Dictionnaire de pédagogie de Ferdinand Buisson, edited by Daniel Denis and Pierre Kahn, preface by Pierre Nora (Paris: CNRS, 2003).

Maurice Halbwachs: un intellectuel en guerres mondiales, 1914-1945 by Annette Becker, preface by Pierre Nora (Paris: A. Viénot, 2003).

Edition de sciences humaines et sociales: leçoe ur en danger. Report of the fact-finding mission for the Centre national du livre sur l'édition de sciences humaines et sociales en France, March 2004, by Sophie Barluet, preface by Pierre Nora (Paris: PUF, 2004).

Le Dimanche de Bouvines: 27 juillet 1214 by Georges Duby, preface by Pierre Nora (Paris: Gallimard, 2005; a reissue of the original 1973 edition originally published in the series, "Trente journées qui ont fait la France," since renamed "Les journées qui ont fait la France").

Le Temps suspendu: les Archives nationales, Centre historique des Archives nationales, photography by Patrick Tourneboeuf, preface by Pierre Nora (for the text; Trézélan: Filigranes, 2006).

Images, mémoires et saviors: une histoire en partage by Bogumil Koss Jewsiewicki, preface by Pierre Nora (Paris: Editions Karthala, 2009).

잡지 《토론》에 실린 논문

"Que peuvent les intellectuels?" 1 (May, 1980): 3.

"Un idéologue bien de chez nous: B.-H. L.," 13 (June, 1981): 102.

"Écrivez, on ne vous lira pas," 19 (Feb., 1982): 14.

"Continuons Le Débat," 21 (Sept., 1982): 3.

"Mémoire de Michel Foucault," 41 (Sept.-Nov., 1986): 3.

"L'aventure des idées: relégimation du religieux," 50 (May-Aug., 1988): 157.

"Dictionnaire d'une époque: existence," 50 (May-Aug., 1988): 171.

"Dictionnaire d'une époque: aliénation," 50 (May-Aug., 1988): 174.

"Dix ans de Débat," 60 (May-Aug. 1990): 3.

"Dans le bon sens," 62 (Nov.-Dec., 1990): 4.

"Bibliothéque de France: d'où venons-nous, où allons-nous?" 70 (May-Aug., 1992): 113.

"Mémoires comparées," 78 (Jan.-Feb., 1994): 3.

"La loi de la mémoire," 78 (Jan.-Feb., 1994): 187.

"Le vin est tiré……," 84 (Mar.-April, 1995): 140.

"C'est un secret d'état," 91 (Sept.-Oct., 1996): 49.

"Traduire: nécessitéet diffi cultés," 93 (Jan.-Feb., 1997): 93.

"A lire: la fin de l'idéologie de Daniel Bell," 95 (May-Aug., 1997): 188.

"François Furet dans Le Débat," 96 (Sept.-Oct., 1997): 7.

"A lire: l'expérience de l'histoire de Reinhart Koselleck," 99 (Mar.-April, 1998): 188.

"Retour sur les lieux du crime," 105 (May-Aug., 1999): 118.

"Adieu aux intellectuels?" 110 (May-Aug., 2000): 4.

"L'aventure des idées: éléments d'une chronologie, 1989-1999. Sous le signe de la commémoration," 111 (Sept.-Oct., 2000): 209.

"Points et contrepoints: Mitterrandologie. François Mitterrand ou la biographie perpétuelle," 112 (Nov.-Dec., 2000): 100.

"Pour une histoire au second degré," 122 (Nov.-Dec., 2002): 24.

"Mémoire et identité juives dans la France contemporaine: les grands déterminants," 131 (Sept.-Oct., 2004): 20.

"Du Général à l'Amiral," 134 (Mar.-April, 2005): 156.

"Malaise dans l'identité historique," 141 (Sept.-Oct., 2006): 48.

"Le Débat," 150 (May-Aug., 2008). Explanation of reasons for publishing *Le*

Débat (available at www.diplomatie.gouv.fr/en/france-priorities_1/books-and-writing_2113/revue-revues_2114/colonne-droite_2197/presentation-of-the journals_2198/debat_2036.html).

오디오 자료

"Michelet, historien de la France," by Pierre Nora, "A voix haute" (Collection de CD des Éditions Gallimard, 1999), 60 minutes.

"René Rémond: un historien dans le siécle," Colloque du mercredi novembre 29, 2006 / Marie Odile Germain, Pierre Nora, Jacques Prévotat, et al. (Paris: Bibliothéque nationale de France, 2006), 4 video cassettes, 6 hours.

Collection: Conférences de la Bibliothéque nationale de France.

참고문헌

Hewlett, Nick, *Democracy in Modern France* (London: Continuum, 2004).

37

모나 오주프

1931~

Mona Ozouf

모나 오주프

하비 치시크

    모나 오주프는 사람을 감동시키는 재능 있는 학자이다. 그의 저작은 역사 분야, 여성 연구, 문학 비평으로 확대해 나갔고, 1998년에는 프랑스 혁명에 관한 연구로 'A. H. 하이네켄 상'을 받았다. 그녀는 프랑수아 퓌레와 함께 프랑스혁명 200주년 때, 전통적인 '사회적 해석'에 도전하는 다른 노선의 프랑스혁명 해석을 발전시켰다. 알베르 마티에즈, 조르주 르페브르, 알베르 소불 같은 역사가들과 연관된 사회적 해석은 20세기 동안 이 주제에 관한 학술 활동을 지배했다. 많은 연구자들이 보기에, 오주프의 이런 해석은 프랑스혁명의 사회적 해석을 대체했거나 아니면 적어도 그 토대를 흔들었다.

    대체로, 프랑스혁명에 대한 수정주의 해석은 기본적으로 오주프의 협력자인 프랑수아 퓌레와 관련이 있다. 이는 아마도 퓌레가 글을 많이 쓰는 재능 있는 저자이고, 매우 유능한 학계의 행정가이자 정치가로서 대중매체에서 인지도가 무척 높았기 때문일 것이다. 퓌레는 프랑스에서 혁명 200주년 행사를 조직하는 데 중요한 역할을 했고, 신문을 비롯한 여러 대중매체의 요청을 받아 논평을 쓰거나 인터뷰에 응했다. 그러나 이러한 팡파르의 이면에 퓌레와 오주프 사이에 오래 지속된 긴밀하고 공생적인 협력 관계를 발견하게 된다. 프랑스혁명의 수정주의 해석을 다룬 퓌레와 오주프의 가장 영향력 있는 역작으로 볼 수 있는 책은《프랑스혁명 비평사전》(Le Dictionnaire critique de la Révolution française, 1988)이다. 두 편찬자는 이 저작을 함께 기획했고, 각자 대략 비슷한 분량의 항목을 집필했다. 확실히 두 사람의 작업에는 기질이나 강조점에서 차이가 있어서 오주프가 퓌레보다 논쟁적 경향이 덜했을지라도, 그들의 취지에 공감한 다수의 동료들과 함께 시작한 수정주의 기획은 그들이 어느 정도 동등하게 협력한 작업으로 볼 만하다.

모나 오주프는 브르타뉴에서 태어나 자랐다.《프랑스의 학교》(L'Ecole de la France, 1984)의 감동적인 서문에서 묘사했듯이, 완전히 이질적인 두 문화가 공존했던 그녀의 고향은 브르타뉴의 지방주의와 중앙집권적인 정부의 문화적·언어적 강요 사이의 오래된 긴장에 휘감겨 있었다. 오주프의 아버지는 마을 학교의 선생으로서 프랑스어를 사용하는 고급문화의 대표인 동시에 브르타뉴 지방어를 말하고 서재에 브르타뉴 문학의 고전들을 소장하고 있는 브르타뉴 애국파였기 때문에, 그녀의 가정환경은 예외적으로 이러한 긴장을 하나로 통합했다.

오주프는 고향에서 고등학교를 마쳤고, 엘리트 교육기관인 전문학교(grandes écoles) 진학을 위한 입시준비 과정도 첫 해는 렌에서 하고, 고등사범학교 준비과정 2년만 파리에 가서 수학했다. 수도에 유리한 중앙집권적인 교육 시스템을 고려해 볼 때, 오주프는 자신이 좋아했던 학과인 문학에서 파리에서 조련된 학생들과 사실상 경쟁할 수 없었다고 생각했다. 그 시대에 문학 과목은 고전 언어에서 매우 높은 수준의 능력을 요구했다. 그녀는 철학 학위 이수를 선택했다. 사람들은 어떤 뛰어난 역사가가 문학과 철학 사이에서 심하게 망설이다가 역사 공부를 시작했으리라고는 예상하지 못했을 것이다. 하지만 모나 오주프의 경력에서 역사 전공자로서 도제 수업이나 훈련 같은 것은 거의 없었다.

같은 세대의 대다수 역사가와 달리 오주프는 박사 학위논문을 쓰지 않았다. 그녀는 고등학교에서 철학을 가르치면서 경력을 시작했고, 1952년부터 1955년까지는 저 유명한 고등사범학교(ENS)에서 강의를 했다. 이 학교 선생의 책무는 연구와 저술을 위한 시간을 거의 낼 수 없을 만큼 너무나 부담스러웠다. 그러나 두 가지 변화 때문에 오주프는 철학 강의에서 역사 저술로 옮겨 갈 수 있었다. 첫째, 존경받는 역사가이며 퓌레의 친구이자 협력자인 자크 오주프와 결혼해서 역사가와 지식인 집단의 일원이 되었다. 그들에게 역사는 그야말로 일상생활의 일부였다. 둘째, 그녀는 국립과학연구원(Centre nationale de la recherches scientifique)에 자리를 잡게 되었다. 이 기관의 연구원들은 강의 준비와 과제 검토의 부담에서 해방되어 연구와 저술, 공동 관심사에 대한 세미나를 조직하는 데 전념할 수 있었다.

모나 오주프의 첫 책인《학교, 교회, 공화국, 1871~1914》(L'Ecole, l'église et la République)은 1962년에 출판되었다. 제3공화국에서 교육의 역할, 교회와 국가의 관계를 다룬 이 책은 공공 영역에서 교육이 차지하는 위상에 대한 오주프의 오래된 관심을 반영하고 있지만, 역사 연구의 분수령이 되었다고 말할 수는 없다. 그러나 14년 뒤 오주프는《혁명의 축제, 1789~1799》(La Fête révolutionnaire, 1789-1799, 1976)를 발표했다. 이 단행본은 첫 번째 저서와는 달리 20세기 후반에 출판된 가장 혁신적이고 중요한 프랑스혁명 연구서 가운데 하나가 되었다. 거의 주목받지 못하던 주제를 다뤘을 뿐 아니라, 그 무렵 유행하던 것과는 근본적으로 다른 또 하나의 프랑스혁명 연구 모델을 제시했다.

1960~1970년대에 역사가들은 일반적으로 중요한 역사 문제에 대한 적절한 답변은 사회집단들, 사회의 구조, 사회적 동인이라는 측면에서 틀이 짜여야 한다고 생각했다. 일부는 널리 퍼져 있던 강단 마르크스주의의 영향력 때문에, 일부는 사회과학을 역사에 적용하는 데 걸었던 기대 때문에 사회의 구조와 그 작동은 대다수 역사가들의 중심적 의제였다. 모나 오주프는 프랑스혁명의 원인이나 성격 같은 역사 문제를 문화적·인류학적·철학적 시각에서 다룬 최초의 인물이다. 혁명 축제에 관한 연구는 상세하게 서술된 축제 이야기나 참가자들에 대한 사회적 분석보다는 상징적 표상의 문제, 축제의 정치·문화적 기능과 의미, 그리고 이를 통한 혁명의 의미에 더 관심을 두었다.

구성 면에서 보면, 오주프의 《혁명의 축제》는 역사·지리에 관한 장으로 시작해서 1790년과 1799년 사이의 주요 축제들에 대한 연대기적 분석으로 이어진다. 그러고 나서 이 책은 이야기에서 주제별 분석으로 넘어간다. 오주프는 공간과 시간, 교육, 민중의 참여, 의례 같은 여러 문제에 달려들었다. 그녀의 의도는 축제의 상징적 표상을 분석하고, 축제의 이데올로기적 기능과 축제가 불러온 모순을 설명하고, 모든 혁명 축제들을 관통하는 하나의 단일한 공인된 양식이 있었는지를 파악하는 것이었다. 오주프가 밝혀낸 축제의 양식은 프랑스혁명이 실제로 무엇이었나에 대한 성찰이라고 볼 수 있다. 이와 같이 상징과 이데올로기 측면에서 프랑스혁명을 다시 살펴본 것이 오주프의 공적이다.

프랑스혁명기의 상징적 표상을 분석하면서, 오주프는 프랑스 학계에 광범위한 영향을 미치기 시작한 문화인류학과 언어에 관심을 보였다. 오주프는 또 쥘 미슐레, 에드가 키네, 알렉시 드 토크빌 같은, 대부분 마르크스주의자가 아닌 19세기의 위대한 역사가와 몇몇 사회 이론가들에게로 되돌아갔다. 그녀는 이런 학자들의 저작을 다른 사람들이 일반적으로 하는 것보다 훨씬 더 진지하게 다방면에 걸쳐서 고찰했다. 프랑스혁명이 실제로 무엇에 관한 것이었는지를 설명하는 데 사회경제적 범주들이 적절하다거나 그것이면 충분하다는 생각을 암묵적으로 거부하고, 프랑스혁명을 사회적 투쟁의 표출이라기보다는 문화적 현상으로 보는 접근법을 채택한 것이다. 《혁명적 축제》는 '퓌레-오주프' 또는 '오주프-퓌레'의 프랑스혁명 연구 방법의 밑바탕이 되었다.

오주프가 프랑스혁명에 접근한 방식은 여러 면에서 사회적 해석과 다르다. 전체적으로 그녀의 접근이 더 추상적이다. 그녀는 혁명 축제의 모델이 여러 개인지 아니면 하나인지의 문제를 거듭 제기한다. 그녀의 결론은 그 모델이 단 하나라는 것이다. 축제들을 시간 순서에 따라 조사한 결과를 요약하면서 그녀는 이렇게 썼다.

우리가 프랑스혁명의 축제들에서 발견하게 되는 놀라운 계속성을 고려할 때, 만약 프랑스혁명이 해체될 수 없는 하나의 통일체라면 그것은 확실하게 혁명의 축제에 반영되어 있을 것이라고 생각하게 된다. 이제부터 복수의 축제들이 아니라 단수의 프랑스혁명 축제에 대해서 말하자.

정책과 강령을 저마다 이익을 추구하는 상이한 사회적·경제적 집단들 사이에 이루어지는 상호작용의 결과로 간주하는 사회사가들에게, 혁명 축제들의 기본 형태나 모델의 문제는 별로 중요하지 않다. 그러나 오주프에게 그 문제는 결정적으로 중요했다. 왜냐하면 그녀는 그 문제를 프랑스혁명을 규정하는 원칙과 이념이 구체화되는 것으로 보기 때문이다.

게다가 오주프는 프랑스혁명을 유토피아를 실현하려는 시도라고 본다. 그녀는 "처음부터 …… 혁명과 유토피아 사이에 오해가 있었다. 프랑스혁명은 스스로를 '유토피아의 딸'이라고 생각하고 그렇게 되고자 했다"고 주장한다. 축제는 '유토피아의 의례'로, 혁명은 '유토피아적 기획'으로 간주되었다. 이 기획은 필연적으로 조화와 사회 통합, 근원적인 평등["유토피아는 곧 이소토피아(isotopia, 동등한 자들의 세상—옮긴이)다!"], 부패를 극복하는 재생의 이미지를 투사하지만, 한편으로 일치와 질서, 세밀한 규제가 필요하다.

축제라면 그럴 것이라고 기대하는 것처럼 오주프는 몇몇 축제들이 즐거웠다는 사실을 부정하지 않았으나, 혁명 축제는 그 안에 이중적 성격의 폭력이라는 요소를 담고 있다고 주장한다. 한편에서 축제는 프랑스혁명의 시작과 진행에 편입되어 있는 폭력에 대한 기억을 지워 버리고자 시도했지만, 다른 한편으로는 암묵적인 폭력과 억압의 위협이 축제가 조장하고자 했던 통합과 조화를 강화하는 데 필수적이었다. 오주프는 프랑스혁명의 격렬한 민중봉기, 또는 이른바 '혁명의 날들'(journées)은 일종의 축제였다는 루이 세바스티앙 메르시에의 견해를 받아들이지 않았다. 혁명의 날들에 그랬던 것과 달리, 축제에서는 생명을 잃거나 재산을 파괴하지 않는다. 그럼에도 이 승화된 형태의 폭력 또는 가장된 폭력은 축제에서 무척 중요했다. 마찬가지로 오주프는 혁명 축제들이 교육적 역할을 했고 새로운 체제의 핵심적 가치들을 강조하고자 했다는 점을 부인하지 않았지만, 축제의 이면에 있는 기본적으로 자극적인 힘이 무섭다는 점을 알았다.

혁명 축제의 기능 가운데 하나는 광범위한 변화를 겪은 정치체를 통합하는 것이다. 그러나 이러한 통합의 열망 뒤에는 반드시 만장일치에 대한 반자유주의적인 요구가 숨어 있다. 이러한 만장일치는 필요한 경우 억압과 배제를 통해서 획득되었다. 많은 역사가들로부터 대중이 아주 자유롭게 열성적으로 참여했으며 가장 총괄적인 혁명 축제였다고 평가받는 1790년 여름의 연맹제에서, 오주프는 특권계급과 (하층계급이라는 의미에서) 민중 둘 다 배제되었다고 보았다. 더구나 공식적이거나 수동적인 배제의 관행이 민중협회와 클럽에서는 쉽사리 쓸모없는 자들에 대한 적극적인 숙청으로 확장되었다. 오주프가 보기에, 혁명 축제를 조직하는 사람이 끊임없이 통일과 통합, 만장일치를 요구하고 열망하는 것은 현실에 존재하는 불평등을 가리거나 인정하지 않으려는 시도였다. 오주프는 '최고 존재'(Etre suprême)의 축제에서 보여 준 사회적 통합에 대한 열망을 '거대한 사기'나 다름없는 것이라고 규정했다.

대부분의 축제가 당국에 의해서 제정·조직되고 면밀하게 감독되었을지라도, 민초들이 축제를 주도한 경우도 있고 일부 행사에서 축제의 요소들을 표출한 경우도 있다. 일반적으로 혁명의 적들을 조롱하고 위협하는 축제는 민중문화의 해학적인 전통의 연장으로 간주되었는데, 사육제(carnival)의 전통이 좀 더 잘 유지되었던 곳에서 더 자주 나타났다. 오주프는 또한 전통적인 민중의 상징 '오월의 나무'(labre de mai)에 대한 상세한 분석을 제시했는데, 그것은 환희와 재생의 상징으로서 농민들에게 의미하는 바가 가장 많았던 혁명 초의 성과를 경축하면서 몇몇 농민 공동체들이 잘 보이는 장소에 세웠던 것이라고 설명했다. 오월의 나무가 자유의 나무로 간주되었지만, 동시에 폭력을 위협하는 교수대 또는 예로부터 내려온 이교 문화에서 온 다산의 상징으로 여겨질 수도 있었듯이, 오월의 나무는 매우 양가적인 성격을 띠고 있었다. 어쨌든 오주프는 농민과 노동자들의 집단행동이나 축하 의식의 표출을 계급 이해관계 또는 그 지향성의 반영이 아니라, 특정 집단의 경제적 또는 정치적 기획과 이해관계 너머까지 뻗친 민중문화의 측면들이라고 여겼다.

오주프가 프랑스혁명에서 다루는 중요한 범주들 가운데 하나는 광의의 사회학적·인류학적 의미에서 이해된 신성성(神聖性, the sacred)이다. 프랑스혁명이 불러온 사회적 분열을 극복하기 위한 노력에서 편입하고 통합하는 힘으로서 종교는 매우 중요했다. "프랑스혁명과 마찬가지로, 축제도 자기 자신을 모르는 종교이고 절대적이고 거의 본능적인 피조물"이라고 오즈프는 주장한다. 오주프는 역시 거침없는 어조로, 혁명 축제에서 고대(Antiquity)가 핵심적인 역할을 한 것은 "무엇보다도 기독교적 가치가 쇠퇴하는 세계에서도 신성성이 필요하다는 것을 드러낸 것"이라고 주장했다. 그에 따르면, "스스로를 세운 사회는 바로 그 창업의 공적을 신성시한다." 한 세기 동안 지속된 서유럽 사회의 세속화 추세 속에 자리매김해야 마땅할 (혁명) 운동에서 신성화의 본능적 욕구가 정말로 중요했는지는 따져 봐야 할 문제이다. 게다가 근대의 세속 지식인들이 거의 아무런 감정이입도 하지 않는 분야에 의지한 것이 적절했는지, 그리고 '세속'에 대한 명확한 개념이 없거나 적어도 신성과 비속을 분명하게 구별하지 않는 사회에 인류학자들이 근대 초 유럽의 사회들보다 덜 복잡한 사회들을 묘사하기 위해서 사용했던 개념과 용어들을 적용하는 것이 적절한지는 생각해 볼 문제이다. 이에 대한 의견이 어떻든 간에, 프랑스혁명의 의미를 파악하기 위한 오주프의 광범위한 철학적 시도에 신성성이라는 범주가 추가된 것이다.

　　오주프는 사회적 해석과 기본적으로 다르고 아마도 분명 그 해석과 양립 불가능한 프랑스혁명 해석을 제시했지만, 논쟁에는 말려들지 않았다. 그녀는 프랑스혁명과 혁명가들에 대해서 사회적 해석의 옹호자들보다 덜 우호적인 것처럼 보인다. 그녀의 학문적 관심과 역사 연구의 범주들은 사회적 해석을 옹호하는 이들과 거의 공통점이 없다. 그러나 프랑스혁명에 대한 오주프-퓌레식 접근법을 특징짓게 될 해석의 요소들은 대부분 1976년에 발표한 단행본에서 나타난 관심 영역과 범주들에 포함되어 있다.

프랑스혁명에 대한 사회적 해석의 전통 속에서 연구하는 학자들은 사회경제적 지위, 이해관계, 정치 사이에 폭넓은 상관관계를 가정하는 경향이 있고, 그들은 프랑스혁명이 사회구조, 토지 소유와 경작 방식, 서로 다른 여러 계층의 물적 조건, 열망, 정치적 목표들 사이의 관계라는 측면에서 가장 잘 설명될 수 있다고 생각했다. 적정한 가격에 생필품을 확보하고자 했던 18세기의 농민과 노동자들의 열망은 우파 역사가들보다 E. P. 톰슨, 조르주 르페브르, 조지 루데, 알베르 소불 같은 역사가들로부터 한층 더 우호적으로 받아들여졌고, 한층 더 예리하게 분석되었다. 모나 오주프가 프랑스혁명 전체에 대해 비판적이라고 말하는 것은 공정하지 못하지만, 그녀가 프랑스혁명과 혁명가들을 분석하고 서술하기 위해서 사용한 범주들은 프랑스혁명과 혁명을 추진한 세력들에 대해 특별히 긍정적인 관점을 반영하지는 않는다.

물론 프랑스혁명에 대한 비판은 혁명 자체만큼이나 오래되었다. 1790년 11월 초에 출판된 에드먼드 버크의 책 《프랑스혁명에 관한 성찰》(Reflections on the Revolution in France)이 광범위하고 영향력 있는 비판을 제시했다. 오주프는 버크의 저작을 잘 알고 있었고 때때로 인용했다. 그러나 프랑스혁명에 대한 오주프의 비판은 버크적인 전통만큼이나 자유주의적인 전통을 물려받았다. 다른 많은 자유주의자들처럼 오주프도 사회 또는 '사회 영역'은 대체로 자발적 지지의 토대 위에서 작동한다고 보았다. 오주프와 퓌레는 사회 영역은 당연히 자율적이고, 혁명의회의 정치가들, 민중협회와 자코뱅 클럽의 지지자들이 말을 잘 듣지 않는 사회에 그들의 유토피아적인 도식을 강제하려던 시도는 기본적으로 비극을 불러오는 잘못이라고 주장한다. 정치는 사회의 자율성을 침해하려고 시도할 수 없고 시도해서도 안 된다. 추상적인 강령을 실행하고 장기간의 진화 과정을 통해서 도달한 합의를 바꾸기 위해서 물리력을 사용하는 것은 억압자들이 좋은 의도를 가졌든 이상주의적이든 상관없이 그 결말이 좋을 수가 없다.

오주프가 축제에서 찾아낸 공포의 요소와 혁명 전반에서 나타난 공포의 확산에 대해서는 이미 언급한 바 있다. 겉으로만 평화적이고 상징적인 시연(試演)에 대한 오주프의 분석에서 공포와 함께, 폭력 및 폭력에 대한 기억을 억제하거나 상쇄해야 할 필요성이 핵심적인 역할을 한다. 배제와 억압의 범주들도 혁명 축제에서 두드러진 역할을 한다. 퓌레가 자코뱅 클럽에 대해 설명하면서 이 범주들을 더 발전시켰다. 오주프는 여러 차례에 걸쳐 프랑스혁명의 지도자들과 지지자들의 태도와 사고방식을 강박적인 것이라고 규정했다. 몇몇 문제들에 관심이 집중되는 것은 위기의 시대에 특별한 것은 아니지만, '강박'이란 용어와 그 파생어는 심리적 불균형을 암시한다.

혁명가들의 추상과 유토피아주의에 대한 비판은 한나 아렌트가《혁명론》(On Revolution)에서 취한 입장과도 가깝다. 정치는 정확히 필요 영역의 명령, 즉 사회경제적 고려가 끼어들어 가도록 허용해서는 안 되는 자유의 영역이라고 그는 주장한다. 이런 이유에서 아렌트는 미국인들이 재산과 생계수단의 분배에 관한 문제가 그들의 독립전쟁과 그 전쟁에서 비롯된 해결책에 영향을 미치도록 허용하지 않은 것을 칭찬했다. 이 해결책이 모든 흑인 노예의 인간성을 부정했다는 사실이 다분히 헤겔 철학적인 정신에 맞닿은 사회 비판을 막지는 못했다.

오주프의 접근법이 발휘한 전반적인 효과는 프랑스혁명 연구를 한층 더 추상적인 수준으로 이동시킨 것이다. 프랑스혁명의 사회적 해석에 대한 대안을 찾으면서 오주프와 퓌레는 그들의 목적이 무엇인지를 설명하고자 했던 혁명가들의 글과 프랑스혁명이 무엇인가, 그 의미는 무엇인가라는 문제를 해결하려고 고심했던 논평자 및 역사가들, 특히 미슐레, 키네, 토크빌에 주목했다. 오주프와 퓌레의 혁명사 연구에서 해석과 추상의 경향은 지식인, 예술가, 언론인, 역사가들에 대한 새로운 강조, 출판된 사료와 사회적 해석이 허용하는 것보다 한층 더 지적인 혁명관, 이를테면 어깨 위에서 내려다보는 관점으로 복귀하게 되었다. 여기에서 얻은 것도 있고 잃은 것도 있다.

얻은 것은 사회적 해석의 패러다임 안에서 연구하는 대부분의 역사가들이 너무나 자주 경시하거나 단지 부차적인 것으로만 다루는 프랑스혁명의 문화적·지성적 차원에 대한 평가이다. 오주프와 퓌레는 이와 같이 그 사건들에 대한 완벽한 분석이 가능하다면 주목받을 만하거나, 더 나아가 주목받아야 하는 사건 복합체의 여러 측면들을 역사가의 의제로 복원했다. 잃은 것은 사회경제적 범주들의 그에 걸 맞는 비중인데, 오주프와 퓌레가 그 문제에 대해 언급하는 데 주의를 많이 기울이지 않았기 때문이다. 그 결과는 사회적 측면을 경시하면서 문화적·정치적 측면을 설명하는 것이다. 그러나 정치가 자율적인 영역이라는 주장은 문제가 되는데, 복잡한 사회에서 사회, 정치, 문화 영역이 뒤얽혀 있어 나눌 수 없기 때문이다. 오주프와 퓌레는 문화적·정치적 요인들을 프랑스혁명 연구에 다시 편입시켰기 때문에 칭찬을 받는 것이다. 그럼에도 불구하고, 사회경제적·문화적 요인들을 종합한 서술이 이루어져야 한다.

오주프의 《혁명의 축제》는 환영받았고 1980년대 말에 이르면 확실하게, 학자들이 이 책에 대해 언급하며 강렬한 표현을 사용했다. 《미국역사학보》에 영어판에 대해서 서평을 쓴 어떤 이는 "축제와 혁명에 대한 오주프의 탁월한 통찰력"에 대해 언급했고, 다른 이는 《영국역사학보》에서 오주프의 책을 "프랑스혁명에 대한 수정주의 역사서술 가운데서 가장 훌

릉하고 가장 오래 갈 저작들 가운데 하나"라고 평가했다.《혁명의 축제》
의 성공을 가늠할 또 다른 척도는 판매 부수이다. 오늘날 역사 분야 학
술서는 1천 부가 팔리는 경우도 거의 없는데, 오주프의 책은 1989년 초
까지 프랑스에서만 2만2천 부 이상이 팔렸다.

역사가들이 단행본의 형태로 한층 더 포괄적으로 다루기 위해서 연구
중인 주제에 대해 여러 편의 논문을 작성하는 것은 흔히 있는 일이다. 모
나 오주프는 프랑스혁명에 관해서 중요한 단행본을 먼저 쓰고 나서, 여러
논문에서 자신의 견해를 발전시키고 다듬어 갔다. 오주프는 프랑수아 퓌
레와 함께, 프랑스혁명의 종결 또는 안정화의 문제(1990), 지롱드파(1991),
공화주의(1993)와 같은 프랑스혁명사의 특정 주제들에 관한 일련의 공동
연구와 프랑스혁명의 해석(1999)에 관한 한층 더 포괄적인 책들을 편찬
하고 글을 기고했다.

1984년 오주프의 논문집《프랑스의 학교》(L'Ecole de la France)가 출
간되었다. 4부로 구성된 이 책은 1부에서 프랑스혁명을, 2부에서 교육, 3
부에서 유토피아를 다루었고 마지막 4부에서 프랑스 정체성의 여러 측
면들을 검토하고 있다. 몇 편의 논문은 혁명적 축제를 계속 주제로 잡
았는데, 그 가운데 두 편은 기념의 문제를 다루었고, 다른 것들은 혁
명의 해석에 관한 오주프와 퓌레의 더 광범위한 기획에 관련된 문제들
을 다루었다. 〈'자코뱅': 한 단어의 행운과 불운〉('Jacobins': fortune et
infortunes d'un mot)이라는 논문에서 오주프는, 본디 1978년에 프랑스
어로 발표된, 논란거리가 되었고 많은 영향을 미쳤던 논문 〈프랑스혁명
은 끝났다〉(The French Revolution is over)에서 퓌레가 그 운동을 이론
적으로 대담하게 다루었던 것과 잘 어울리게 그 단어의 정의를 제시했
다. 퓌레처럼 오주프도 공포정치에서 자코뱅의 역할과 특히 자코뱅 정치
문화의 비자유주의적인 측면을 강조했다. 그녀가 혁명기 축제에 관한 저

서에서 더 보편적으로 했던 것처럼 그녀는 자코뱅파에게서 사적·사회적 영역의 평가절하로 이어지는 유토피아적인 경향, 즉 그녀가 '현실의 일시정지'라고 명명했던 것을 찾아냈다. 이 책에 영어로 실린 또 다른 논문 〈프랑스의 혁명 담론에서 전쟁과 공포정치〉(War and terror in French revolutionary discourse)에서 오주프는, 퓌레가 〈프랑스혁명은 끝났다〉에서 혁명에 호의적인 몇몇 역사가들이 공포정치를 설명하거나 정당화하기 위해서 사용했던 '상황론'이라고 일컬었던 것을 다루었다. 1792년 9월, 1793년 8월 20일과 9월 20일 사이, 혁명력 2년 플로레알(Floréal, 화월) 27일과 프레리알(Prairial, 목월) 27일(1794년 5월과 6월) 사이의 정치가들의 담화를 검토하면서, 오주프는 혁명의 대변자들 스스로가 공포정치를 기본적으로 유럽과의 대외 전쟁과 프랑스 국내의 내전에 대한 대응으로 간주하지 않았다는 점을 보여 주었다. 그러나 많은 역사가들이 공포정치를 '확대된 전쟁'이자 '혁명의 동체'로 이해한 자코뱅의 관점을 무비판적으로 채택했다.

1989년에 모나 오주프는 논문집 《갱생한 인간: 프랑스혁명에 관한 논문들》(L'Homme régénéré: essais sur la Révolution française)을 출판했다. 이 책에서 그녀는 이전의 저작들에서 했던 것보다 더 직접적으로 프랑스혁명에서 이념 특히 계몽사상이 한 역할에 대해서 언급했다. 여론, 바렌 탈주 사건, 왕비의 재교육에 관한 바르나브(Barnave)의 생각, 새로운 혁명적 인간의 형성, 형제애, 국왕 시해, 그리고 유토피아적 사회주의자들이 혁명을 보는 방식에 대한 논문들이 이 책에 실렸다. 오주프는 또한 《혁명의 축제》에서 이미 살펴본 혁명 초기 케르시 지방의 민중 행동을 검토할 때, 이전의 관심으로 돌아갔다. 새로운 인간의 형성에 대한 논문은 오주프가 기본적으로 새로운, 아니면 최소한 다른 유형의 사람을 양성하려는 혁명의 불가능한, 그럼에도 불구하고 프랑스혁명의 진전과 그 의미에서 핵심적인 기획으로 간주했던 것에 대한 조사·연구이다. 어떤 의미에서 이러한 인류의 재건은 혁명의 궁극적인 유토피아적 전망과 강령으로, 프랑스혁명의 최대 열망과 결과론적인 무용성을 이와 같이 동시에 반영한다.

《갱생한 인간》에 실린 많은 주제들은 프랑스혁명 200주년을 맞아 출간된 가장 중요한 저작들 가운데 하나인 《프랑스혁명 비평사전》(1988)에서도 중요한 자리를 차지한다. 편집자와 주요 기고자들이 기꺼이 인정하는 것처럼, 퓌레와 오주프가 편찬한 《비평사전》은 사전이라는 단어가 가지는 일반적 의미에서 사전은 아니다. 특정 인물이나 사건에 대한 정보를 얻고자 하는 사람이라면, 알베르 소불이 편찬한 《프랑스혁명사 사전》(Dictionnaire historique de la Révolution française, 1989)이나 그에 상응하는 영어로 된 사전 가운데 하나를 보는 쪽이 나을 것이다. 《비평사전》은 보통의 참고 서적들에서보다 더 길고 더 성찰적이며 비판적인 99편의 글로 구성되어 있다. 《비평사전》의 영어판에는 오주프가 쓴 글이 22편, 퓌레가 쓴 글이 22편으로, 두 사람이 집필한 글이 거의 절반에 이른다. 다른 집필자들은 몇몇 예외를 제외하면 편집자들이 관계하는 기관, 즉 사회과학고등연구원 소속이다.

여러 가지 면에서, 《비평사전》은 가장 완벽하게 그리고 가장 철저하게 자의식에 따라 프랑스혁명에 대한 퓌레-오주프의 해석을 공식화한 것이다. 문화와 정치에 방점이 찍혔다. 자제력이 뛰어난 오주프가 예외적으로 큰마음을 먹고 그 세대의 프랑스혁명사가 중에 최고였고, 두 번째로 소르본대학의 프랑스혁명사 강좌주임 자리를 차지했던 알베르 마티에즈가 공포정치 시기 혁명재판소의 검사였던 "푸키에탱빌(Fouquier-Tinville)의 자리를 차지했다"고 묘사했을지라도 논조는 한층 더 예의 바르고, 표현은 퓌레의 매우 논쟁적인 논문 〈혁명의 교리문답〉이나 〈프랑스혁명은 끝

낳다〉에서보다 한층 더 절제되었다.

《비평사전》은 사건, 인물, 제도, 이념, 역사가라는 다섯 개의 큰 범주로 나뉜다. 마지막 두 개의 범주는 퓌레와 오주프의 오래된 관심을 반영했고, 다른 주요 범주들의 처리도 편집자들이 되살렸거나 개척한 문화적·정치적 접근법과 조화를 이루고 있다. 오주프는 비기독교회, 연방주의, 연맹, 국왕 재판, 바렌, 당통, 마라, 지롱드파, 산악파, 도(département), 혁명력, 혁명 종교. 평등, 형제애, 자유, 공공 정신, 재생, 루소, 볼테르, 장 조레스, 이폴리트 텐 등의 항목에 관해서 집필했다. '이념' 편에 실린 글들이 특히 좋고 계몽적인데, 혁명은 혁명의 주요 대변자들과 18세기에 활동했던 그들의 선배 세대가 주장했고 성취하고자 애썼던 가치와 이념이라는 측면에서 가잘 잘 이해될 수 있다는 퓌레와 오주프의 견해를 반영하고 있다. 철학자로 조련된 오주프는 주요 사상가들의 저작에서 취급되었던 프랑스혁명의 핵심 이념을 능수능란하게 다룰 수 있었지만, 정기간행물, 신문, 현수막 같은 비공식적이고 민중적인 자료들에 표현된 18세기 후반의 여론과 우려의 분위기를 다루기는 쉽지 않았다.

이 책에는 오주프와 퓌레가 이전의 저작들에서 다루었던 주제들이 많이 등장한다. 신성성의 문제와 마찬가지로, 프랑스혁명의 유토피아적 특징들이 다시 언급되었다. 프랑스혁명이 하나의 종교를 가졌었다고 말할 수 있는지에 대해서, 오주프는 조국과 인류에 신성성의 외피를 다시 입히는 것이 종교의 적절한 정의라면 그렇게 말할 수 있지만 초월성이 요구된다면 그렇게 말할 수 없다고 주장한다. 프랑스혁명이 사회 영역의 자율성을 인정하지 못했다는 것과 자유를 유지하기 위해서 정치로부터 사회를 분리하는 것이 중요했다는 점도 논의되었다. 오주프와 퓌레는 과거에 그랬던 것처럼, 그리고 퓌레가 1770년부터 1880년까지의 프랑스사에서 다시 그랬던 것처럼 이 책에서도 프랑스혁명을 끝내거나 진정시키는 문제에 관심을 보였다. 그들은 이 책에서 그들이 프랑스혁명을 다루는 방법을 공포정치를 종식하는 문제와 관련된 테르미도르, 나아가 그 이후의 체제에도 적용했다. 많은 역사가들이 프랑스혁명은 로베스피에르의 몰락과 함께 끝났다고 암묵적으로 생각했지만, 퓌레와 오주프는 프랑스혁명의 마지막 국면들을 혁명사 서술에 다시 포함시키는 데 그렇게 이바지했다.

《비평사전》에서 오주프와 퓌레는 그들이 이전의 저작들에서 그랬던 것보다 프랑스혁명이 직면해야 했던 어려운 문제들을 더 많이 이해하고 훨씬 더 절제하는 편이다. 퓌레가 이데올로기를 가리기 위한 편리한 가면이라고 비판했던 상황의 역할이 통상적인 그 자리와 비슷한 자리에 다시 복원되었다. 아마도 분석에 대립되는 것으로서 서술에 가담하면 할수록, 점점 더 불가피해지는 상황이 설명의 범주가 되기 때문일 것이다. 무엇보다도 이야기는 이론이라는 측면만으로 설명될 수 없다. 오주프는 자유에 관한 논문에서 깔끔하게 다듬어진 문장으로 '교육의 조절된 폭력'에 대해 언급했다. 이 대목에서 탁월한 통찰력으로, 자기가 받게 될 교육의 유형에 관해서 또는 앞으로 되고자 하는 인간형에 대해 표현할 능력이 없는 아이들에게 특정 교육을 부과하는 것은 사회화와 분리할 수 없는 일종의 억압이라고 주장한다. 그 당시 가장 자유주의적인 체제에서조차도 '정치'는 '사회'에 몇 가지 요구를 할 것이다. 게다가 억압에 의지하는 것은 혁명 체제에만 고유한 어떤 것이 아니라, 동시대의 영국, 오스트리아, 이탈리아, 또는 국가와 사회가 구별될 수 있는 어떤 형태에도 있는 것이다. 상황 없는 역사가 없는 것처럼, 억압 없는 정치도 없다.

이 일련의 논문집과 편저들에 이어서 모나 오주프는 프랑스혁명사에 관한 두 번째 저서를 펴냈다. 이 책은 2005년에 갈리마르 출판사의 유명한 시리즈 '프랑스를 만든 사건들'(Les journées qui ont fait la France)의 일부로 출간되었는데, 책 제목은 《바렌: 왕정의 죽음》(Varennes: la mort de la royauté)이었다. 이야기체 구성이 요구되는 이 책은 오주프가 선호했던 해석 중심의 접근법에 호소할 것으로 기대되는 유형의 주제는 아니다. 그러나 오주프는 광범위한 조사와 사려 깊은 해석의 결합을 통해서, 바렌 탈주와 그 결과를 혁명 전체의 진행에서 결정적인 사건으로 파악함으로써 역사가로서의 능력을 인정받았다.

1791년 6월 20일, 왕가가 파리로부터 도주했다가 바렌에서 발각·저지되어 수도로 귀환하는 과정을 완벽하게 서술하고 신중하게 분석한 다음, 오주프는 국왕과 측근들의 성격과 동기, 이와 관련된 헌정적 문제들, 그리고 그 일련의 사건들이 그 시대의 정치문화에서 어떻게 막을 내렸는지를 세밀하게 검토했다. 국민방위대와 파리 민중운동의 끊임없는 감시 아래서 튈르리 궁은 왕가를 위한 '작은 지옥'이 되었고, 성직자민사기본법(Constitution civile du clergé)은 루이 16세의 종교적 감수성을 시험했으며, 제헌의회가 초안한 헌법의 윤곽은 국왕에게 거의 실권을 주지 않았는데, 이는 국왕의 왕권에 대한 자유주의적이고 개혁주의적인 개념과 조화를 이룰 수 없었다. 국왕이 진술한 목표는 왕국에서 탈출하는 것이 아니라, 로렌 지방의 몽메디(Montmédy) 요새에 당도하는 것이었다고 오즈프는 지적한다. 그녀는 이를 루이 16세에게 걸맞은 것으로 인정하는 편이다. 왕가가 예정보다 늦게 된 지연과 오해를 지적했지만, 혁명가들이 사업가적인 근대의 시간관념에 따라 일하는 경향이 있었다면, 국왕의 측근들은 시간에 대해서 한층 더 여유롭고 특권계급적인 태도를 가지고 있어 서두르는 것을 싫어했다.

바렌 사건은 공화주의에 대한 공중의 지지를 촉진했지만, 공화주의에 대한 지지는 분열되었고 너무 약해서 널리 확산될 수 없었다. 그럼에도 바렌은 군주정의 개념에 회복할 수 없는 타격을 가했다. 이후 루이 16세와 마리 앙투아네트의 운명은 바로 이 사건의 결과였다고 볼 수 있다. 오주프에 따르면, 이 에피소드는 마치 대관식에서처럼, 권력에 정통성을 부여하는 '새로운 성유'라 할 수 있는 여론이 군주정에 반대하는 쪽으로 움직이게 만들었고, 광범위한 각성의 맥락에서 군주정의 탈신성화 과정이 계속되었다. 저서 《바렌》은 또한 헌법과 국왕의 헌정적 지위에 대한 토론에서뿐 아니라 7월 17일의 샹드마르스 광장에서 벌어진 시위와 그에 대한 폭력적인 진압에서 왕가 탈주의 직접적인 정치적 결과를 논했고, 그 에피소드가 문학과 영화에 남긴 인상을 개괄하면서 결론을 내렸다. 상징적 표상을 끌어들이고 여론과 정치를 강조하면서 〈바렌〉은 오주프가 프랑스혁명에 관한 이전의 저작들에서 역점을 두어 다루었던 관심 주제들을 진척시켰다.

1995년, 모나 오주프는 18세기부터 20세기 말까지 프랑스의 여성 문필가와 사상가들의 평전과 페미니즘에 관한 논문을 함께 엮어 출판했다. 2년 뒤에는 영어판 《여성들의 이야기: 프랑스의 특이성에 대한 시론》(Women's Words: Essay on French Singularity)이 출판되었다. 이 책은 프랑스혁명에 대한 오주프의 견해를 조명하는 한편, 앵글로색슨의 페미니즘과 프랑스의 페미니즘 사이에 상당한 차이가 있다고 주장한다.

이전의 저작들에서처럼, 오주프는 자신이 계량적 방법을 삼가고, 출판할 계획으로 작성된 저작들보다 편지나 일기와 같은 사적인 사료들을 토대로 한 서술을 선호한다는 점을 밝히고 있다. 오주프가 그 삶을 그려 낸 여성들은 모두 작가와 지식인이었고, 단지 일부만이 페미니스트로 간주될 수 있을지라도 페미니즘에 대해 생각했던 사람들이다. 그 명단은 다음과 같다. 드팡 부인, 사리에르 부인, 롤랑 부인, 스타엘 부인, 레뮈자 부인, 조르주 상드, 위베르틴 오클레르, 콜레트, 시몬 베유, 시몬 드 보부아르. 구체제의 제도화되고 노골적인 불평등을 경험했던 여성들은 정도의 차이는 있지만, 특권계급의 지위나 탁월한 능력을 통해서 여성에게 설정된 공식적인 제한을 상쇄할 수 있었다. 그러나 프랑스혁명은 여성의 지위 문제를 복잡하게 만들었다.

조앤 렌드스, 캐롤 페이트먼, 조앤 W. 스콧과 같은 몇몇 미국 연구자들은 프랑스혁명이 여성에게 공공 영역을 차단함으로써 여성의 지위를 후퇴시켰다고 주장했다. 이와 대조적으로 오주프는 여성의 정치적 권리를 주장했던 콩도르세와 같은 뚜렷이 구별되는 소수의 혁명가들에 주목하면서, 프랑스혁명의 전반적인 흐름은 "모든 불평등을 부당한 것으로 만들었다"고 지적했다. 게다가 프랑스혁명으로부터 유해한 공화주의 전통은 보편주의적이고 평등주의적이었다. 여성들이 교회를 지지하고 공화국에 반대했다는 기억을 지워 버리기 위해 시간이 필요했을지라도, 공화주의의 논리는 여성 시민들에게 남성과 똑같은 시민적·정치적 권리를 부여할 것을 요구했다. 진보 이념의 영향도 같은 방향으로 작용했다. 오주프가 광범위하게 연구했던 학교는 여성이 평등을 획득하는 데 상당히 기여했다. "프랑스에서 교육은 국가가 평등주의적 권리를 창안하고, 여성이 결정적인 승리를 획득한 지점이었다"고 그녀는 주장한다. 장기적으로 프랑스혁명의 가치들이 여성의 지위를 개선하고 여성에게 평등한 권리를 보장하는 데 기여했다는 것이 오주프의 입장이다.

오주프는 또한 프랑스의 페미니즘이 앵글로색슨 페미니스트들의 페미니즘보다 더 온건하고 총괄적이라고 주장한다. 그녀는 이러한 절제와 총괄성을 '프랑스의 특성'이라고 지칭했다. 프랑스 페미니즘의 발전은 근대 프랑스 사회의 수립 단계, 곧 프랑스혁명과 관련된다. 인류에 대한 총괄적인 전망에 토대를 둔 프랑스 페미니즘의 주류는 보편주의적이고 '인본주의적인 페미니즘'(humanist feminism)으로 귀결된다. 이런 유형의 페미니즘 덕분에, "보편주의적·추상적·이성적 주장"이 "특수주의적·경험적·감성적 주장"을 뛰어넘을 수 있었다. 프랑스에 급진적인 '차별의 페미니즘'을 지지하는 자들이 다수 있지만, 이러한 경향의 페미니즘은 주변적인 현상이었고, 인본주의적 페미니즘이 여전히 지배적이다. 이와 대조적으로 아메리카에서는 남성과 여성 사이에 근본적인 적대 관계를 단정하는 철저하게 특수주의적인 차별의 페미니즘이 뿌리를 내렸다. 이는 오주프가 애착이나 존경을 거의 갖지 않는 이데올로기인 마르크스주의에 대비했던 형태의 페미니즘이다. 예상했던 것처럼, 자신의 주장 때문에 오주프는 북아메리카의 페미니스트들에게 사랑받지 못했다. 그러나 그 당시 오주프는 인기를 얻기 위해서가 아니라 그녀가 연구해 온 주제들에 대한 가장 강력한 주장과 해석을 찾아내기 위해서 자신의 경력을 바쳤다.

모나 오주프의 탁월한 학문적 성과는 의심할 바 없이 프랑수아 퓌레와 함께 프랑스혁명의 사회적 해석에 맞서는 문화적·정치적 해석을 제시한 것이다. 이 새로운 해석은 그 자체로서 중요한 업적이다. 그러나 여기에 교육사에 관한 광범위한 연구 및 저술, 그리고 문학에서 두 가지 중요한 최신 연구가 추가되어야 한다. 하나는 19세기 소설에 대한 것이고 다른 하나는 헨리 제임스에 관한 것이다. 이와 같이 모나 오주프는 역사학에 중요한 기여를 했을 뿐만 아니라, 라틴어 실력이 매우 불충분하다고 생각했기 때문에 오래전에 포기했던 분야로 복귀해서 책을 펴낼 수 있었다.

박윤덕 옮김

참고 자료

책

L'Ecole, l'église et la République, 1871-1914 (Paris: Armand Colin, 1962).

La Fête révolutionnaire, 1789-1799 (Paris: Gallimard, 1976).

L'Ecole de la France: essais sur la Révolution, l'utopie et l'enseignement (Paris: Gallimard, 1984).

L'Homme régénéré: essais sur la Révolution française (Paris: Gallimard, 1989).

Les Mots des femmes: essai sur la singularité française (Paris: Fayard, 1995).

La Muse démocratique: Henry James, ou les pouvoirs du roman (Paris: Calmann-Levy, 1998).

Les Aveux du roman: le XIXe siècle entre ancien régime et Révolution (Paris: Gallimard, 2004).

Varennes: la mort de la royauté (Paris: Gallimard, 2005).

편집한 책

La Classe ininterrompue: cahiers de la famille Sandre, enseignants, edited by Mona Ozouf (Paris: Hachette, 1979).

Dictionnaire critique de la Révolution française, edited by François Furet and Mona Ozouf (Paris: Flammarion, 1988).

Terminer la Révolution: Mounier et Barnave dans la Révolution française, edited by François Furet and Mona Ozouf (Grenoble: Presses Universitaires de Grenoble, 1990).

La Gironde et les Girondins, edited by François Furet and Mona Ozouf (Paris: Payot, 1991).

Le Siècle de l'avènement républicain, edited by François Furet and Mona Ozouf (Paris: Gallimard, 1993).

La Révolution en débat, edited by Mona Ozouf and François Furet (Paris: Gallimard, 1999).

논문

"Architecture et urbanisme: l'image de la ville chez Claude-Nicolas Ledoux," *Annales: économies, sociétés, civilisations*, 21 (1966): 1273-304.

"De Thermidor à Brumaire: le discours de la Révolution sur elle-même," *Revue historique*, 243 (1970): 31-66.

"La fête révolutionnaire et le renouvellement de l'imaginaire collectif," *Annales historiques de la Révolution française*, 47 (1975): 385-405.

"Deux légitimations historiques de la société française: Mably et

Boulainvilliers," by Mona Ozouf and François Furet, *Annales: économies, sociétés, civilisations*, 34 (1979): 438-50.

"L'invention de l'ethnographie française: le questionnaire de l'Académie celtique," *Annales: économies, sociétés, civilisations*, 36 (1981): 210-30.

"War and terror in French revolutionary discourse," *Journal of Modern History*, 56 (1984): 579-97.

"'Public opinion' at the end of the Old Regime," *Journal of Modern History*, supplement, 60 (1988): 1-21.

"L'idée républicaine et l'interprétation du passé national," *Annales: histoire, sciences sociales*, 53 (1998): 1075-87.

미셸 보벨

1933~

Michel Vovelle

미셸 보벨

피터 맥피

　미셸 보벨의 주요 업적(현재까지 가장 중요한 업적)은 전통적 사회사와 새로운 문화사의 연결을 통해 둘 다를 발전시킨 것이다. 보벨은 역사학에서 브로델을 비롯한 여러 학자들이 고안해 낸 장기지속(longue durée)이라는 아날학파의 패러다임에서 심성사, 민중문화사, 심지어 미시사로 방향 전환을 이룩해 낸 핵심 인물이다. 보벨은 무엇보다도 특히 프랑스혁명의 거대한 분열을 따라서 농촌 사회와 죽음, 죽음에 대한 태도에 대해서 썼다. 여기서 보벨은 아날학파가 결코 1789년 이후 시기를 연구하려고 시도하지 않은 점 때문에 도움을 받았다. 왜냐하면 아날학파의 접근 방법은 경제적 사회적으로 깊은 영향을 끼친 특정한 사건인 1789년 이후의 프랑스를 이해하는 데에 한계를 명확히 인식하게 만들기 때문이다. 동시에, 보벨은 광대한 이야기 윤곽과 연관 관계를 포기하지 않으면서 마르크스주의의 계급적 관심, 사회경제적 변화와 정치적 실행의 변증법을 뛰어넘음으로써, 전임자들인 르페브르와 소불이 보벨에게 남겨 놓은 프랑스혁명사의 익숙한 개요들을 풍성하게 만드는 데에 성공했다.

보벨은 1933년 외르에루아르 도의 갈라르동에서 태어났다. 뛰어난 학생이었던 보벨은 1953년에 생클루의 고등사범학교(ENS)에 수석으로 입학했다. 1956년에 교수자격시험을 통과하여 교수 자격을 취득했다. 이때 보벨은 최초의 저서인 장폴 마라의 전기를 썼다. 고등사범학교의 은사인 역사가이자 공산당 투사였던 에밀 테르상의 격려로 보벨은 에르네스트 라브루스 아래에서 역사를 연구하기로 결정했다. 프랑수아 퓌레, 아니 크리겔, 그리고 아마도 엠마뉘엘 르루아 라뒤리를 포함하는 소르본대학의 좌파들(gauchiste)에게 너무 온건하며 심지어 친미적이라고 공격을 받았음에도 불구하고, 라브루스는 그 무렵 여전히 좌파에서 핵심 '거장'(master)으로 간주되고 있었다.

라브루스와 함께, 보벨은 프랑스 근현대사의 새로운 역사가 세대에 대응하는 전통적인 전후 세대를 형성했다. 아날학파의 많은 도전과 그들이 던진 광범위한 연대기적 지리적 구조 틀의 큰 질문들로 괴롭힘을 당하면서, 보벨은 근본적으로 특정한 시간과 공간에 대한 사회사가로서 훈련을 받았다. 보벨은 라브루스와 다른 스승들로부터 집단의 사회 행동에 대한 설명은 경제사나 정치사가 인문지리와 통합될 필요가 있다고 배웠다. 아날학파 역사가들처럼, 이러한 접근 방식은 인과관계의 위계질서, 다시 말해 경제구조에서 사회 세력으로 그리고 정치 행동으로 가는 계서제라는 토대에서 지속되었으나, 마르크스주의자인 보벨과 다른 학자들은 행동을 단순히 '사건들'(events)보다는 역사 연구의 적절한 대상으로 보았다. 이러한 관점에서 보벨의 연구는 고등학교와 대학교에서 만난 역사의 자신감 넘치는 실증주의 관점의 흔적을 보여 준다. 진리를 추구하는 과정에 포함된 절대적 약속에 대한 이러한 믿음은 역사적 지식의 확실성과 힘에 바탕을 둔 프랑스공산당의 회원이라는 사실로 인해 더욱 깊이 자리 잡았다.

《이성의 모험들: 라샤르 피귀에르와 인터뷰》(1989)에서 보벨은 파리코 뮌을 주제로 고등연구학위(D.E.S.) 논문을 쓰려고 라브루스에게 갔던 일을 회상했다. 그 자리에서 그는 30분 만에 라브루스가 1955년에 로마 회의에서 발표한 유명한 논문에서 설명한 새로운 사회 연구계획서의 한 부분이었던, 18세기 말 지방 도시 샤르트르에 대한 주제로 바꾸게 되었다고 말했다(그때 라브루스는 코뮌 주제를 막 자크 루즈리)에게 넘겼다고 주장했다. 보벨은 자신의 방법론 때문에 유언장이나 재산 양도증과 같은 서류들을 보관하고 있는 호적 등기소에서 전혀 분류조차 되지 않은 기록들을 사용해야 했다. 보벨은 기록관리관(archivist)이 거대한 방을 열어 주면서 "문서들이 여기에 있어요" 하며 웃던 장면을 기억했다.

보벨은 라브루스의 지도 아래 1958년부터 1962년까지 《18세기 도시와 농촌: 샤르트르와 라보스》(1980)를 구성하는 장들을 써 내려갔다. 보벨은 "만약 상황이 다른 방향으로 조정되지 않았다면" 아마도 이 논문은 박사논문이 되었을 것이라고 회상했다. 보벨은 그가 저술할 당시에는 실제로 전혀 이용되지 않았던 호적장부(enregistrement des actes)와 같은 기록관리소의 사료들을 폭넓게 활용했다. 그가 쓴 책의 한 장에서 한 농촌 사회에 대한 분석은 비범한 연구의 깊이를 보여 준다. 이 글에서 보벨은 라보스(la Beauce)를 프랑스 남부 그리고 그 소도시 및 농촌의 소부르주아지와 비교했다. 이 책은 1959년에 다니엘 로슈가 사회범주로서 '부르주아지'의 의미, 즉 스스로 혹은 공식적으로 '부르주아지'(지대와 농노로부터 수입을 얻는 사람들)로 묘사되는 사람들에 대해서 쓴 기념비적인 논문에서 각광받았다.

보벨은 샤르트르와 주변 지역에 대한 연구에서, 한 지역의 구조와 행위를 이해하는 것은 오직 도시와 농촌의 역학이라는 관점에서만 이해할 수 있다고 주장했다. 여러 면에서 구체제의 지방 중심지들은 농촌 지역에 기생했다. 대성당의 참사회, 수도회들, 거주 귀족들, 상인들, 그리고 다른 전문직들은 농민들로부터 영주세와 지대를 받았다. 영주세와 지대는 이후에 샤르트르 같은 지방 도시에서 가내 하인들을 직접 고용하고, 특히 사치품 같은 전문적 무역업을 간접적으로 유지하고 자선사업을 준비하는 데 사용되었다. 보벨은 도시가 순전히 농촌의 잉여물에 의존하고 농촌 세계는 전적으로 도시의 통제 아래에 있다는 점에서 도시와 농촌의 관계를 의존과 지배의 관계로 표현했다. 도시와 농촌의 핵심 연결 고리는 노동자의 일상 음식인 곡물 특히 밀을 둘러싼 초기의 갈등이었다. 장인들과 그 고용인들이 한쪽, 농촌 공동체의 다른 분야들이 다른 쪽에서 이해관계로 서로 대립하고 있었다. 샤르트르 근교 라보스의 자본주의 농장에서 파리로 공급되는 밀은, 가난해진 마을로 돌아가기 전에 대로를 순회하는 '불법자' 집단에 의해 지속적으로 위협받았다. 그러나 보벨은 1789년 이후 10년의 혁명 기간에 걸쳐서 집단 항의의 대상들이 어떻게 영주들로부터 부르주아 '지주계급'으로 옮겨 갔는지 보여 줄 수 있었다. 가장 중요한 것은 보벨이, 혁명의 직접적 결과로서 농촌이 마케팅과 행정의 연결망을 도시와 유지하면서 어떻게 도시로부터 광범위하게 해방되었는지를 보여 주었다는 점이다. 대성당의 참사회는 해체되었고 참사회의 재산들은 매각되었다. 라브루스는 전집의 서문에서 보벨의 분석이 라보스에 집중되기는 하지만 사실상 '사회사의 국가적 문제들'(national problems of social history)을 다루었다며 칭찬했다.

알제리에서 군복무를 마친 후에, 보벨은 1961년에 프로방스대학(오늘날 엑스마르세유1대학) 인문학부 교수로 임명되었다. 그는 여기서 근대사 정교수로 22년을 보냈다. 이 기간은 보벨에게 민중문화와 심성

(mentalités), 도상학(iconography), 죽음과 사후에 대한 태도의 역사와 같은 선구적 연구들뿐 아니라 특히 《왕정의 몰락》(1972) 같은 개론서들을 저술하는 엄청나게 풍성한 업적을 낸 시기였다.

보벨이 액상프로방스로 갈 때 처음 생각한 것은 프랑스혁명기에 분출했던 반혁명, 특히 비기독교화의 수용과 거부의 문제를 연구하는 것이었다. 처음에 보벨은 자신의 연구가 뤼시앵 페브르와 가스통 루프넬 같은 농촌사 대가들의 연구를 좀 더 진전시키는 것으로 생각했다. 그러나 비기독교화에 대한 반응이 다른 시기에 집단 여론의 정치적이거나 종교적인 다른 표현들과 유사했기 때문에, 보벨은 "좀 더 장기적인 리듬의 역사" (une histoire plus longue)가 있다고 확신했다. 특히 프로방스 지방의 익숙지 않은 환경에서 보벨은 곧 1960년대에 남부 프랑스의 독특한 문화에 매료되었다. 도상학에 대한 보벨의 관심은 1970년에 아내 가비 보벨과 함께 《연옥의 영혼을 위한 제단에 의한 15세기부터 19세기까지 프로방스 지방의 죽음과 사후 세계에 관한 상상도》(Vison of Death and the Beyond in Provence from the Fifteenth Century to the Nineteenth Century, according to the Altars for Souls in Purgatory)라는 공저를 출간하게 했다. 가장 중요한 것은 보벨의 연구가 종교적 믿음의 외적 표현에 대한 연구에서 가장 깊숙이 자리 잡은 가설과 실행들, 사적인 행위뿐 아니라 공적 행위의 버팀목 역할을 하는 심성에 대한 연구로 나아갔다는 점이다. 여기서 보벨은 프랑수와 퓌레와 아들린 도마르의 부에 대한 양적 연구로 작업을 확장했다. 특히 보벨은 개인적 삶에 대한 정보의 원천이었던 공증인의 기록보관소 사료들을 처음으로 사용했다. 약 2만5천 건의 유언장은 그의 박사논문에 핵심적인 사료가 되었다. 유언장은 미사 요청, 종교 단체의 회원 여부, 매장에 대한 엄격함, 자선단체에 대한 기부에 이르기까지 새로운 질문들에 대해 답할 수 있는 길을 열어 주었다. 프로방스 지방 유언장에서 자신의 영혼을 위해 미사를 요구한 사람의 수는 1750년에서 1789년 사이에 80퍼센트에서 50퍼센트로 감소했는데, 1789년에 위령미사를 요구한 수는 남성이 46퍼센트와 여성이 67퍼센트였다.

보벨이 1971년 리옹대학에서 완성한 박사 학위논문은《바로크적 경건함과 비기독교화: 유언장에 따른 18세기 프로방스 지방의 죽음에 대한 태도들》이었다. 보벨은 날카로운 소견과 함께《이성의 모험》에 수록한 그의 박사논문 심사에 대해 이렇게 언급했다.

> 나는 사회사에서 심성사로 옮겨 온 역사가 세대에 속한다. …… 나는 사람들과 그들의 재산을 계산하는 데에서부터, 숫자를 세고 자로 재고 무게를 다는 계량적 역사의 방법론에 여전히 충실하면서 그들의 집단적 태도, 그들의 영감과 행동을 탐구하는 이 위험한 수준 즉 에르네스트 라브루스의 표현을 빌리자면 '제3수준'에 도달했다.

이 책은 1973년에《바로크적 경건과 비기독교화, 유언장에 따른 계몽의 세기 프로방스 지방의 죽음에 대한 태도들》이라는 제목으로 출간되었고, 모리스 아귈롱과 함께 새로운 심성사의 선구적인 연구가 되었다. 그럼에도 불구하고 이 책은 당시에 완전한 마르크스주의자는 아니지만 여전히 좌파였던 르루아 라뒤리로부터, 역사의 '어떻게'에 관해 토론할 수는 있지만 '왜'라는 질문에는 답할 수 없는 전문가의 저술이라고 일간지《르몽드》에서 비판받았다.

1976년 보벨의 박사 연구에서 나온 두 번째 책《1750년부터 1820년까지 프로방스 지방 축제의 변화》도 신도회와 종교 단체들을 통해 아귈롱이 밝혀낸 '지중해의 사회 유대성'(meriodional sociability)에서 크게 영향을 받았다. 보벨은 프로방스 지방에 종교적 축제에서 민중 축제에 이르는 전통적인 축제 체계의 엄청난 존재감, 그리고 1750년 이후에 축제들의 변화와 1790년 이후 혁명 기념행사들의 전혀 다른 일정들로 인한 충격들 때문에 이 주제에 엄청난 호기심을 가졌다. 혁명 축제들은 좀 더 오래된 형식들에 적응했을까 아니면 차별성을 두었을까? 그리고 혁명 축제들은 부르봉 왕조가 1815년에 복귀했을 때 일시성을 증명했을까?

종교적 의식과 왕정의 찬란함을 풍부하게 표현하는 사회에서, 보벨은 혁명의 통합성을 가능케 한 최초의 형식이 스타일이나 실체 혹은 상상력이라는 측면에서 오래된 의식에서 끌어낸 것이라는 점을 발견했다. 거꾸로, 오래전에 형성된 집단적 표현들은 지역 문화와 혁명 정치의 자발적 융합에서 영향을 받았다. 이 시기에 집단적 표현들은 보벨이 '창조적 폭발'(creative explosion)이라고 부른 것을 겪었다.

장기지속(longue durée)과 드라마틱한 단기지속(temps court) 사이의 역동적인 상호작용은 농촌 사회에 대한 보벨의 관심사 중심에 있었다. 보벨은 이러한 상호작용에 집중하면서 농촌 사회가 시간을 초월하여 불변한다는 민족지학자들의 가정을 참을 수 없었다. 보벨은 이러한 접근 방식을 발전시킨 유일한 학자는 아니었다. 모리스 아귈롱과 모나 오주프도 같은 시대에 유사한 작업을 하고 있었다. 그러나 보벨의 방법론은 계량화에 능숙하다는 점에서 좀 더 개성이 강하게 나타났다. 《축제의 변형》은 사료와 방법론을 경이로운 방식으로 배열하고 축제의 형상으로부터 계절과 지리에 따른 축제의 발생에 대한 토론을 이끌어 낸 사회사의 걸작이다. (그의 저작은 논문 〈1750~1789년 프랑스의 심성의 전환: 전(前)혁명의 감수성〉, 《사회사》, 5호, [1977년]에 전문가의 손길에 의해 영어로 잘 요약되었다.)

이러한 저술을 통해 프랑스 사학사에 끼친 보벨의 특별한 기여는, 전형적으로 도(道) 단위나 지방 단위에서 이루어지던 고전적 사회사의 영역을 뛰어넘어, 연구의 첫 번째 관심을 공적이거나 사적인 모든 행동들을 다룬 최초의 역사가라는 점이다. 동시에는 보벨은 문화적 실행들만 따로 연구할 수 있다거나, 심성과 이데올로기가 자율적인 믿음 체계라는 견해를 거부했다. 보벨은 사회사가들이 물어볼 질문들과 이용할 사료들의 범위를 확장함으로써, 사회사가들이 조사할 수 있는 영역들을 엄청나게 확대했다.

심성 연구에 대한 보벨의 접근 방식은 그가 《1300년부터 현재까지 죽음과 서양》(1983)에서 죽음의 의미를 이해하는 대목에서 특히 핵심적으로 나타난다. 보벨은 아무도 피할 수 없는 마지막 진실의 순간에 확신이 믿음 및 의식과 중첩된다는 사실에 매혹되었다. 보벨은 오래전부터 도상학에 관심을 가져왔고, 예술에 대한 그의 이해는 시각 정보에 크게 의지하던 사회에서 죽음의 재현에 대한 역사에 통합되었다. 18세기 프랑스는 구어나 노랫말, 동작에 의해 소리 나는 표현 방식들, 건물들, 회화, 의복, 동작과 같은 비문어적 의사소통 형태로 특징지을 수 있다. 그러나 또한 여기서 보벨은 역사가들이 단지 이미지를 설명이나 사색을 위해서만 사용하는 차원을 넘어서 이미지 자체를 연구 대상으로 탐구할 필요가 있다고 주장했다. 이러한 점에서 보벨은 문화사는 반드시 사회사이기도 해야 한다고 주장했다.

1980년에 보벨은 프로방스에서 1964년부터 1978년까지 학술지에 발표한 탁월한 논문집 《지하실에서 다락방까지: 프로방스 지방에서 사회사에서 심성사로 여행하기》를 출간했다. 이 책의 제목은 보벨이 르루아 라뒤리와 함께 나눈 대화에서 가져왔다. 이 대화에서 르루아 라뒤리는 (아직 《몽타유》를 쓰지 않았을 때이다) 덜 확실한 심성사의 세계보다는 사회경제구조라는 친숙한 세계에 남아 있기를 원한다고 자신의 심경을 표현한 바 있다. 15년에 걸쳐 쓴 20개의 논문은, 민중 반란의 연구를 통한 이주와 사회구조의 계량적 역사로부터 종교 관행과 축제에 대한 성찰에 이르는 보벨의 학문적 여행을 대변한다. 예를 들면, 사드 후작과 그의 루베롱 지역 라코스트에 대한 영주권 사이의 관계에 대한 연구(1969년)는 어떻게 전제주의의 희생자로 인식되었던 한 인물에 대한 민중의 호감이 1792년 9월17일에 사드 후작의 저택을 약탈하는 것으로 악화되었는지를 잘 보여 준다. 보벨은 얼마나 쉽게 구조와 심성 사이를 오고갈 수 있는지를 잘 보여 주었다. 보벨은 이 논문에서 왜 사드가 매년 17,500리브르에 달하는 엄청난 부를 가져온 농촌 세계가 마치 사드가 단지 보지 못한 것처럼 그의 소설에서 빠져 있어야 했는지를 규명했다. 사드의 영주권은 앱트(Apt)에 있는 공증인의 손에 있었으며, 1769년 그의 서재에 있던 440권 중에는 단 한 권만이 농업경제에 관한 책이었다는 사실이 이를 잘 설명해 준다. '사드 추종자들'(saddistes)은 사드 저택의 약탈을 대중의 무식함을 설명하는 방법으로 사용하곤 했다. 그러나 보벨은 사드 저택의 약탈을 프로방스 지역에서 1792년 여름에 있었던 반봉건적 반란이라는 좀 더 큰 맥락에서 설명했다.

이 논문에서 보벨은 밀수로부터 대규모의 반란에 이르는 각 개인의 범죄를 검토하기 위하여, 인쇄된 사료들과 지형학에 대한 상세한 지식을 결합함으로써 계량적 분석의 가치를 잘 보여 주었다. 동시에, 보벨은 유언장을 비롯한 어마어마한 양의 사료들에 대해 참신한 질문들을 던질 수 있는 능력과 믿음의 변화를 조명하기 위해 계량적 분석을 사용하는 능력을 입증했다. 그러나 심성사는 언제나 사회사를 풍요롭게 하는 방식이었다. 보벨은 1976년과 1977년에 미국 프린스턴대학에서 접한 심리사(psycho-history)를 두고 표현했듯이 미국의 '정신의 자율성'(autonomy of the mental)에 대해 비판적이었다. 보벨은 또한 좀 더 넓은 사회경제적·정신적 맥락의 이해를 개인들과 연결시키고자 노력했다. 따라서 지방의 혁명가인 조제프 세크와 테오도르 데소르그에 대한 개인 전기 연구들은 보벨에게 특히 흥미로웠다. 왜냐하면 소불이나 아귈롱처럼, 보벨 자신처럼 사회적 상승의 전형적 사례였기 때문이다. 이들 세 학자는 모두 장인이나 농민이라는 사회적 배경을 가진 학교 선생인 아버지의 자녀들이었다.

보벨은 대부분의 학문적 경력을 연구소 창설, 학술대회 조직과 다양한 학문 조직들 간의 연결망 확립 그리고 박사 논문과 연구 논문 지도에 헌신했다. 보벨은 1974년에 액스에 지중해사회사연구소를 설립했고, 1975년에서 1983년 사이에 문화사를 주제로 다섯 차례나 학술대회를 조직했다. 1983년 이후에 그는 파리와 국가 차원에서 유사한 조직들을 세우는 데에 노력했다. 1983년에 보벨은 친구인 알베르 소불의 뒤를 이어 팡테옹소르본 파리1대학의 프랑스혁명사 주임교수로 취임했다. 이후 10년 동안 보벨의 연구의 대부분은 프랑스혁명의 성격과 중요성에 대한 포괄적 견해들을 제시하는 데에 바쳐졌다. 이 시기 보벨의 초기 연구들은 프랑스혁명 200주년을 기념하여, 탁월하지만 그동안 기념되지 않은 혁명의 개관인《혁명적 심성》(1985)을 종합적으로 다루었다. 이 책에서 보벨은 가장 어려운 질문을 제기했다. 보벨은 공포와 분노, 폭력, 종교, 축제 그리고 사랑과 죽음까지도 포함하는 집단적 표현에 나타나는 변화와 연속성을 논의하면서, 혁명은 '집단 무의식'(collective subconscious)에 어떤 영향을 끼쳤는가를 질문했다. 동시에 이미지의 역사와 정치적 이용에 대한 보벨의 오랜 관심은 다섯 권짜리《프랑스혁명: 이미지와 이야기》(1986)와《인물의 역사: 중세의 괴물부터 원더우먼까지》(1989)로 표출되었다.

1989년 프랑스혁명 200주년 기념과 관련된 엄청난 규모의 활동들도 똑같이 중요했다. 1982년 알베르 소불의 갑작스런 죽음으로 당시 연구개발부 장관이었던 장피에르 슈벤망은 미셸 보벨에게 200주년을 기념할 수 있는 여러 가능성들을 보고해 달라고 요청했다. 1989년까지 보벨은 "혁명은 끝났다"는 퓌레의 단순한 선언이 공화당과 민주당의 계획 소멸과 함께 프랑스 교육에서 혁명의 지위가 추락한 것과 관련이 있다고 보고 점차 큰 관심을 갖게 되었다. 1988년 6월 11일 로베스피에르의 고향인 아라스에서 '우리는 왜 로베스피에르주의자인가?'라는 제목으로 특별 강연을 했다. 강연 제목은 알베르 마티에즈가 1920년에 로베스피에르학회 창립자로서 연설했던 제목을 따온 것으로, 보벨은 1933년에 아라스에서 청중들에게 연설했던 전임자인 조르주 르페브르의 전철을 밟고 있었다. 보벨의 주제는 고전적이다. 로베스피에르는 민주 공화주의자이며 사회민주주의자로서 그는 전쟁을 피할 길을 찾는 애국적 국제주의자였으며, 가장 모순된 것은 항상 적법한 절차를 통하여 공포정치를 추구한 법률가였다는 점이다. 그의 강연에서, 당통과 데물랭의 재판 과정이나 또는 반혁명 활동의 범주를 크게 확대하고 반혁명 활동을 사형으로 처벌하는 프레리알 22일(1794년 6월 10일) 법령에서, 로베스피에르의 역할은 없었다.

200주년을 위한 사전 준비 과정에서, 보벨은 1985년부터 1989년까지 세 차례 학술회의를 조직했고 전 세계에 걸쳐 70번 해외여행을 했다. 1989년 7월 6~12일에 있었던 소르본대학의 학술대회에는 800명이 참가했고, 43개국에서 온 300명의 학자들이 발표했다. 전체적으로 1984년부터 1990년까지 혁명을 주제로 549차례(국외에서 320개)에 달하는 학술회의가 열린 것으로 추산된다. 14개국 60명의 동료학자들이 제출한 논문을 모은 《보벨 교수 기념논총》은 그의 국제적 명성을 증언하고 있다. 보벨과 다른 학자들이 200주년에 투입한 에너지에도 불구하고, 혁명의 기념에 대해 이의가 제기되었고 논란이 벌어졌다. 혁명의 유산이 갖는 의미와 위대함이 평가 절하되고 있다는 보벨의 염려는 《프랑스혁명을 위한 투쟁》(1993)으로 표현되었다.

보벨은 늘 여러 시대들이 서로 어떻게 연관되는지에 매혹되었다. 보벨은 장기지속적인 구조와 사상이 1789년과 같은 급격한 변화의 충격과 어떻게 연관되며, 1849년에 나타난 정치적 선택처럼 외형적으로 지속적으로 보이는 구조들이 1981년 이후 시대에 어떻게 변화했는지에 매혹되었다. 이러한 관점에서 1993년에 출간된 《정치의 발견: 프랑스혁명의 정치지리학》이 특별히 중요하다. 이 책은 엠마뉘엘 토드와 에르베 르브라가 사용한 가족구조 결정론과 유진 웨버의 농촌의 정치화에 대한 전혀 설득력 없는 주장과 같은 반역사적 접근 방법에 대한 보벨의 반응이다. 여기서 보벨은 정치에서 민중이 개입한 기원들을 추적하고 사회적·문화적·경제적·공간적·인구학적 지역 전통에 대한 기원들을 추적하기 위하여 '전체사'(total history)를 쓰고자 했다. 보벨은 장기지속적인 문화의 변화, 종교의 위기, 정치의 대립과 농촌의 반란의 역사에 프랑스혁명 10년을 끼워 넣는 데 성공했다. 보벨은 라브루스를 재발견했고 농촌 구조, 가격 동향과 통신망의 중요성을 재발견했다. 이러한 모든 것들은, 종교적 개혁에 대한 반응, 소문의 확산, 파리로 글을 쓰는 성향과 같은 정치적 개입의 32가지 요소를 통합하기 위한 정치적 참여와 선택의 일상적인 수준을 훨씬 넘어서는 것이었다. 보벨은 가족 구조가 결코 결정적이지 않으며, 좌파에 투표한 전통적인 가톨릭 지역이 있었다는 것으로 보아 종교도 결코 결정적이지 않다고 결론지었다. 결국 정치적 개입의 수준과 타입을 결정하는 데에 있어서, 이러한 변수들 가운데 정보에 대한 용이함과 개방성(파리와 얼마나 떨어졌는지가 아님)와 물질적 행복이 문자해득률, 종교 혹은 민중적 모임들의 밀도보다 훨씬 더 중요했다.

어떤 면에서, 《정치의 발견》은 보벨의 가장 야심차고 가장 중요한 책이다. 그러나 이 책은 정치 여론의 지도를 구성하기 위하여 선거정치의 실행이나 계량화 기술을 사용하는 것이 얼마나 어려운지를 보여 준다. '정치사와 사회사'라는 그의 결론은 역사가로서 초기 저작들에 대한 확인이다. 그는 어떠한 결정론적인 설명도 제시하지 않으면서, 이러한 정치적 견습 기간(apprenticeship)을 본질적으로 규정짓는 것은 경제구조들과 사회관계들이라고 주장한다. 보벨은 자신의 분석을 사회적인 것, 문화적인 것, 정신적인 것 그리고 정치적인 것을 결합하는 전체사의 한 예라고 보았다. "혁명은 심도 있는 이국적인 사건인가, 일탈인가? 아니면 장기지속적인 사건인가? 내게 혁명은 정치적 의식을 가져오고 근대성으로 들어가는 문이었다."

1996년에 보벨은 모두가 오랫동안 기다려온 아나톨리 아도의《혁명기의 농민들》에 서문을 썼다. 이 책은 아도가 1971년에 모스크바대학에 제출한 박사 학위논문이었다. 보벨은 이 책이 현재까지도 지속되고 있는 혁명의 가장 핵심적 요소를 다루고 있다고 보았다. 이 책은 혁명에 대한 핵심 논쟁들 즉 농민반란과 프랑스혁명 그리고 좀 더 일반적으로는 프랑스에서 자본주의 특히 농업 자본주의와 관계는 무엇이었는가를 다루고 있다. (아도의 논문과 그에 대한 프랑스 학계의 반응에 대해서는 이 책의 알베르 소불 항목 참조) 비록 프랑스혁명의 중요성이 마르크스의 저작들에 전체적으로 스며들어 있지만, 카를 마르크스가 프랑스혁명에 관해서 직접적으로 얘기한 것은 거의 없다. 그러나 이 논문의 경우에, 아도의 분석은 카를 마르크스의《자본론》3권(특히 20장과 47장)의 짧지만 중요한 문장들 그리고 1905년 토지개혁에 대한 레닌의 논문 특히 소규모 상품 생산을 통한 자본주의로 가는 "진실로 혁명을 일으키는 길"에 대한 논문의 짧지만 중요한 문장들에서 비롯된 것이다. 아도의 저술은 보벨에게 직접적으로 마르크스의 구성 개념들을 논하는 보기 드문 기회를 제공했다. 보벨은 아도의 저작의 장점이 "전혀 도전받지 않았지만 유연하게 이용되고 숙달되었던 마르크스주의의 방법론"이라고 주장했다. 보벨은 책 서문에서 사회사가 즉 농촌 사회와 프랑스혁명의 역사가로서 자신의 훈련과 아도의 저작을 직접적으로 연관 지었다. 보벨은 1905년 혁명 이후에 억압적인 분위기에서 강제로 이주했던 루치스키, 코발레스키와 카레예프 같은 일단의 러시아 역사가들과 부분적으로 동일한 역사학적 맥락에서 작업했다. 확실히 아도가 농민 혁명이 경제적으로 '지연시키는' 결과들에 대한 평가절하하는 개념들을 거부한 것은 혁명의 사회적 결과들에 대한 보벨 자신의 확실성 일부를 다시 생각하도록 만들었다.

보벨은 항상 역사가의 핵심 책무는 오늘날 논쟁에 참가하여, 농촌 축제의 부흥에 관한 토론("오늘날 축제의 재발견에서 역사를 통해 우회하기," 《농촌연구》, 86집, 1982년: "Le détour par l'histoire dans la découverte de la fête aujourd'hui," Etudes rurales, 86, 1982)이나 오늘날 토론에서 잘못 사용하고 있는 자코뱅주의에 대한 재고(《자코뱅파》, 2001)처럼, 역사적 관점을 가지고 오늘날 논쟁을 좀 더 풍성하게 만드는 것이라고 보았다. 보벨은 공적인 삶에서 일간지 《뤼마니테》를 통하여, 예를 들어 2000년 3월 교육부 장관 클로드 알레그르가 1903년에 창립된 프랑스혁명사위원회를 해체한 조치를 비판한 것처럼 적극적인 참여가로 계속 활약했다. 보벨은 2002년 프랑스-알제리 축구 경기에서 관중들이 '라마르세예즈'를 휘파람으로 분 행위에 관한 토론에 참여했는데, 여기서 학생들이 학교에서 프랑스혁명에 대해서 거의 배우지 않으며 일부 학생들은 '라마르세예즈'가 1998년 월드컵 경기를 위해 작곡한 노래로 알고 있다는 사실을 알고 우울해했다. 보벨은 1993년에 《뤼마니테》 동우회의 창립 회장으로 추대되었고 1999년까지 회장을 맡았다.

미셸 보벨은 엄청난 양의 학술 서적, 다시 말해 30권에 달하는 독자적인 연구서들과 수많은 공동 저서들, 그리고 260편이 넘는 논문들, 서문들 그리고 여러 글들을 남겼다. 보벨은 관심의 범주에서 창의적인만큼이나 생산적이었으며, 늘 혁명 프랑스를 이해할 수 있는 새로운 방법들을 탐구했다. 동시에, 자신의 학풍을 형성하는 과정에서 중요한 역할을 한 스승들이 분명하게 표현한 핵심 방법들과 유사한 대단히 중요한 이야기들에 보벨은 새로운 통찰력을 통합시켰다. 보벨의 저작들이 장기지속과 수량화의 상징적 사용을 강조하는 아날학파의 저작들과 유사함에도 불구하고, 보벨은 본질적으로 정치적이고 기질적인 이유로 브로델이나 브로델의 아날학파와 가까운 적이 없었다. 보벨의 초기 저작들은 오히려 에르네스트 라브루스의 고전적인 사회경제사 즉 토지조사에서 공증인 문서에 이르는 사료 탐구와 함께 직업과 재산 구조를 통해 이해하는 사회의 영향을 크게 받았다. 보벨은 곧 이러한 유형의 사회사를 심성사, 다시 말해 비기독교화, 죽음에 대한 태도, 민중 축제의 변화, 민중문화에 대한 혁명의 영향력과 같은 역사를 위한 기반으로 이용함으로써 사회사를 풍성하게 만들었다. 어떤 역사가들도 보벨만큼 프랑스혁명의 사학사에서 이렇게 풍성하고 혁신적인 기여를 했던 역사가는 없었다.

백인호 옮김

참고 자료

책

Vision de la mort et de l'au-del à en Provence, du XVe au XIXe siècle, d'après les autels des âmes du purgatoire, by Michel Vovelle and Gaby Vovelle (Paris: A. Colin, 1970).

Nouvelle histoire de la France contemporaine, vol. 1: La Chute de la monarchie (1787-1792) (Paris:

Seuil, 1972); 《왕정의 몰락과 프랑스혁명, 1787~1792》(최갑수 옮김, 일월서각, 1992).

Piété baroque et déchristianisation: attitudes provençales devant la mort au siècle des Lumières, d'après les clauses des testaments (Paris: Plon, 1973).

Mourir autrefois: les attitudes devant la mort aux XVIIe et XVIIIe siècles (Paris: Gallimard, 1974).

L'Irrésistible ascension de Joseph Sec, bourgeois d'Aix, suivi de quelques clés pour la lecture des naïfs (Aix: Edisud, 1975).

Les Métamorphoses de la fête en Provence, de 1750 à 1820 (Paris: Flammarion, 1976).

Religion et révolution: la déchristianisation de l'an II (Paris: Hachette, 1976).

Breve storia della Rivoluzione Francese (Rome: Laterza, 1979).

De la cave au grenier: un itinéraire en Provence, de l'histoire sociale à l'histoire des mentalités (Aix: Edisud, 1980).

Ville et campagne au XVIIIe siècle: Chartres et la Beauce (Paris: Editions Sociales, 1980).

Idéologies et mentalités (Paris: Maspero, 1982).

La Mort et l'Occident de 1300 à nos jours (Paris: Gallimard, 1983; expanded edn., 2001).

La Ville des morts: essai sur l'imaginaire collectif urbain d'après les cimetières provençaux, 1800– 1980, by Michel Vovelle and Régis Bertrand (Marseille: Editions du Centre national de la recherche scientifi que, 1983).

La Mentalité révolutionnaire (Paris: Messidor, 1985).

Théodore Desorgues ou la désorganisation (Paris: Seuil, 1985).

La Révolution française: images et récits, 5 vols. (Paris: Livre Club Diderot, 1986).

1793, la Révolution contre l'Eglise: de la raison à l'être suprême (Brussels: Complexe, 1988).

Les Aventures de la raison: entretiens avec Richard Figuier (Paris: Pierre Belfond, 1989).

Histoires fi gurales: des monstres médiévaux à Wonderwoman (Paris: Usher, 1989).

Combats pour la Révolution française (Paris: Coédition La Découverte-Institut d' histoire de la Révolution française, 1993).

La Découverte de la politique: géopolitique de la Révolution française (Paris: La Découverte, 1993).

L'Heure du grand passage (Paris: Gallimard, 1993).

La Passion de la République, by Michel Vovelle et al. (Paris: Messidor, 1993).

La Révolution française (Paris: A. Colin, 1993).

Les Ames du Purgatoire, ou le travail du deuil (Paris: Gallimard, 1996).

Giacobini e giacobinismo (Rome: Laterza, 1997).

Les Jacobins (Paris: Découverte/Poche, 2001).

La Marseillaise, with Emmanuel Hondré (Paris: Arts et Culture, 2002).

Les Folies d'Aix ou La fin d'un monde (Pantin: le Temps des cérises, 2004).

Les Mots de la Révolution (Toulouse: Presses Universitaires du Mirail, 2004).

La Révolution française expliquée à ma petite-fille (Paris: Editions du Seuil, 2006).

1789, l'héritage et la mémoire (Toulouse: Privat, 2007).

편집한 책

Marat: textes choisis (Paris: Editions Sociales, 1962).

L'Historia universal-époque moderne, du XVIe au XVIIIe siècle, vol. 10 (Barcelone: Salvat Editores, 1982).

L'Etat de la France pendant la Révolution (1789-1799) (Paris: La Découverte, 1988).

Les Images de la Révolution française:études réunies et présentées par Michel Vovelle. Actes du colloque des 25-27 octobre 1985 (Paris: Publications de la Sorbonne, 1988).

Paris et la Révolution: actes du colloque de Paris I, 14-16 avril 1989 (Paris: Publications de la Sorbonne, 1989).

Bicentenaire de la Révolution française: l'image de la Révolution française. Communications présentées lors du Congrès mondial pour le bicentenaire de la Révolution. Sorbonne, 6-12 juillet 1989, 4 vols. (Paris: Pergamon Press, 1989-90).

Les Colloques du bicentenaire: répertoire des rencontres scientifiques nationales et internationales, edited by Michel Vovelle and Danielle le Monnier (Paris: La Découverte-IHRF-Société des études robespierristes, 1991).

Recherches sur la Révolution: un bilan des travaux scientifiques du bicentenaire (Paris: La Découverte-IHRF-Société des études robespierristes, 1991).

Mémoires de Fouché (Paris: Editions de l'Imprimerie Nationale, 1993).

Révolution et République: l'exception française. Actes du colloque de Paris I, Sorbonne, 21-26 septembre 1992 (Paris: Kimé, 1994).

L'Homme des Lumières (Paris: Seuil, 1996).

Le Siècle des Lumières, vol. 2, edited by Michel Vovelle et al. (Paris: Presses Universitaires de France, 1997).

참고문헌

Daumard, Adeline, *La Bourgeoisie parisienne de 1815 à 1848* (Paris: Ecole pratique des hautes études, 1963).

Daumard, Adeline and Furet, François, *Structures et relations sociales à Paris au milieu du*

XVIIIe siècle (Paris: Cahiers des Annales, 1961).

Duprat, Catherine, "L'historien, l'image et le temps," in *Mélanges Michel Vovelle. Sur la Révolution: approches plurielles*, edited by Jean-Paul Bertaud et al. (Paris: Société des études robespierristes, 1997), pp. xi-xxvi.

Kaplan, Steven Laurence, *Farewell, Revolution: The Historians' Feud, France 1789/1989* (Ithaca, NY: Cornell University Press, 1995).

Le Bras, Hervé, *Les Trois France* (Paris: Odile Jacob, 1986).

Todd, Emmanuel, *La Nouvelle France* (Paris: Seuil, 1988).

Vovelle, Michel, "La mia strada alla storia," *Studi Storici*, 40 (1999): 657-80.

Weber, Eugen, *Peasants into Frenchmen: The Modernization of Rural France, 1870-1914* (Stanford: Stanford University Press, 1976).

39

다니엘 로슈

1935~

Daniel Roche

다니엘 로슈

하비 치시크

다니엘 로슈는 프랑스가 역사학 방법론 및 역사 연구의 혁신을 선도했던 세대를 주도한 역사가 가운데 한 사람이다. 페르낭 브로델, 에르네스트 라브루스, 엠마뉘엘 르루아 라뒤리, 피에르 구베르, 도미니크 쥘리아, 미셸 보벨, 프랑수아 퓌레, 로제 샤르티에 같은 역사가들과 함께, 로슈는 1960년대와 1980년대를 거쳐 아마도 그 이상으로 프랑스의 주도적 역사 잡지 《아날: 경제·사회·문명》에 글을 실었다. 이 훌륭한 학술지에 기고했던 많은 사람들처럼, 로슈는 확실하게 그러나 간접적으로 인간사(人間事)의 진행을 결정했던, 근원적이지만 대개 비인격적인 힘들을 확인하고 분석하고자 했다. 그리고 아날학파의 많은 역사가들처럼 로슈는 문헌조사, 특히 광범위한 사회현상을 평가할 수 있을 만큼 충분히 오래되고 폭넓은 계열(series)의 문서에 매달렸다. 이러한 작업은 대부분 집단적으로 수행되었다. 그러나 《아날》에 참여했던 많은 동료들과는 달리, 로슈의 연구는 넓은 의미에서 문화 분야를 지향했다. 그의 연구는 대부분 18세기에 관한 것이기 때문에 '부동의 역사'(historie immobile) 또는 '불변의 역사'(unchanging history)로 묘사되는, 거의 무시간적인 리듬의 농촌에는 관심이 적었고, 프랑스 사회가 18세기나 프랑스혁명 전후에 경험했던 변화에 더 많은 관심을 두었다. 다니엘 로슈는 아날학파의 '문화사 연구'를 대표하는 걸출한 인물이라고 말하는 것이 아마도 공평할 것이다.

다니엘 로슈는 1935년 파리의 유복한 중간계급 가정에서 태어났다. 가족의 사회·정치적 견해는 대체로 전통적이고 보수적이었다. 그는 파리와 그 인근에서 초등·중등교육을 받았고, 1958년 소르본에서 역사·지리 학사학위를 취득했다. 2년 뒤 부담스럽고 경쟁이 치열한 국가고시인 교수자격시험에 합격했을 때, 선생으로서의 길이 열렸다. 많은 프랑스 학자들이 차후 경력의 토대가 되는 이 시험에 합격했다. 그러나 로슈에게는 그 연구와 저술에 10년 이상의 세월을 바치게 될 육중한 국가박사 학위 논문을 시작했을 때 그의 경력이 시작되었다.

프랑스의 많은 저명한 학자와 지식인들처럼 로슈도 한동안 중등학교에서 가르쳤는데, 그는 운 좋게도 지방 문서고를 잘 이용할 수 있는 샬롱쉬르마른에서 교사로 근무했다. 그는 1962년에 파리 근교의 엘리트 사범학교에서 강의를 시작했고, 1969년 국립과학연구원(CNRS)의 연구원으로 임용되었다. 그는 18세기 프랑스 지방 아카데미에 관한 두툼한 논문을 완성하여 국가박사 학위를 받았다. 이 학위는 프랑스 학계의 최고 엘리트들에게도 더 이상 필수가 아니지만, 그럼에도 피에르 구베르나 엠마뉘엘 르루아 라뒤리, 다니엘 로슈 같은 역사가들의 경우 20세기의 가장 창조적이고 종합적인 역사학을 위한 틀을 세웠다. 국가박사 학위를 받은 후 로슈는 파리대학에 취직함으로써 고등교육에서 길고 눈에 띄는 교수 경력을 시작했다.

1978년 프랑스의 지방 아카데미에 관한 박사 학위논문을 《지방에서의 계몽의 세기: 지방 아카데미와 그 회원들》(Le Siècle des Lumières en province: académies et académiciens provinciaux, 1689-1789)이라는 제목으로 출판한 로슈는 곧바로 18세기 문화사의 권위자로 인정받았다. 지방 아카데미에 관한 연구의 의미를 제대로 평가하기 위해서는, 일반적으로 주류 역사서술에서 계몽사상이 어떻게 묘사되는지를 유념해야 한다. 1970년대까지 대부분의 교과서와 세부 연구들에서 계몽사상은 급진적이고 추상적인 경향을 띠는 것으로 특징지어졌고, 보통 프랑스혁명의 지적 배경으로 간주되었다. 이 운동의 주요 대변자들은 '철학자'로 간주되었는데, 볼테르, 몽테스키외, 루소, 디드로 같은 사상가와 문필가들이었다. 그들은 추종자들과 함께 그들이 비판했던 체제에서 소외되었고, 따라서 그 체제에 적대적이라고 여겨졌다. 이 운동의 지리적인 중심은 파리였다. 넓은 틀에서 보면, 계몽사상은 성장하는 중간계급, 즉 부르주아지의 열망을 대변하고 그들의 이해관계를 옹호한 것으로 간주되었다.

지방 아카데미에 관해서 로슈가 찾아낸 것은 거의 모든 면에서 계몽사상에 대한 전통적인 견해와 모순된다. 그는 18세기의 지방 아카데미 회원을 6천 명 이상 분석했는데, 그 가운데 귀족이 43퍼센트, 성직자가 약 20퍼센트를 차지했다. 아카데미에 소속된 제3신분 회원들은 상업보다 자유 전문직 종사자가 압도적으로 많았는데, 이와 같이 "구체제 유형의 부르주아지'라고 불렸던 것이 반영되었다. 아카데미 안에서 지도자 역할을 했던 특권계급, 학문의 세계에서 적어도 어느 정도 의미 있게 그 전통적 위상을 유지했던 성직자, 그리고 유복하고 존경받는 박사와 변호사들이 한데 어울린 엘리트층은, 계몽사상에서 중추적 역할을 했던 것으로 종종 묘사되던 가난하고 원한을 품은 소외된 지식인들로부터 정말 멀리 떨어져 있었다.

지방 아카데미 회원들이 관심을 가졌던 주제들이 어떤 것인지 확정하기 위해서, 로슈는 그들이 회의에서 다뤘고 의사록에 등재한 문제들뿐 아니라, 그 시대의 지적 생활에서 점점 더 중요한 역할을 했고 아카데미들이 공론 주제로 설정하고자 했던 현상 논문 주제들을 분류하고 분석했다. 취급된 주제라는 측면에서 볼 때, 18세기 동안 문학과 골동품에 관한 것에서 한층 더 실용적인 사회, 과학, 경제에 관한 것으로 주제가 바뀌었다. 결코 미술, 역사, 이론과학에 대한 관심을 버린 것은 아니지만, 프랑스의 지방 아카데미들은 보통 사람들의 물질적 행복과 한층 더 효율적인 정부 운용에 관한 문제에 더 큰 관심을 보이게 되었다. 현상 논문 공모를 위해서 아카데미들이 선택한 주제에는 곡물 생산과 저장을 개선하기 위한 방안, 일반화된 질병을 효과적으로 처치하는 방법, 빈민 구제, 형벌 체계, 교육의 조직 등이 포함되었다.

지방 아카데미들이 역점 과제로 선택한 주제들의 범위와 지방 아카데미들이 그 문제에 접근하는 방식이 주는 인상은 대체로 실용적이고 개혁적인 전망을 암시한다. 지방 아카데미 회원 자격을 누리던 엘리트들은 결코 구체제에서 소외되거나 적대적이지 않았고, 구체제에 완전히 통합되었고 구체제가 유지 가능하다고 믿었으며 광범위한 문제들에 대한 건설적인 개혁을 진지하게 생각함으로써 구체제에 참여하고자 했다. 국왕 특허장에 의거해서 설립되었고, 흔히 지사(intendant)와 긴밀하게 협력하는 이 아카데미들은, 대개 개방적이고 진취적이었을지라도 지방에서 왕권의 가장 중요한 하수인으로서 현상 유지에 헌신했다.

다니엘 로슈는 결코 지방 아카데미들이 전부 계몽운동에 참여했다고 주장하지 않았지만, 계몽 시도의 진원지들 가운데 하나는 구체제 사회의 구조들에 잘 통합되어 있었고 국왕 행정과 사이좋게 협력했던 지방 명사들로 구성되었다는 사실을 전례 없이 분명하게 밝혔다. 로슈는 계몽운동에서 철학자들 또는 그럽 가(Grub Street, 3류 작가들의 모여 살던 런던 밀턴 가의 옛 이름)의 불만 많은 급진주의자들이 한 역할을 부정하지는 않았지만, 다방면에 걸친 지방 아카데미들의 관계망에 주목했다. 그 안에서 계몽운동의 온건하고 개혁적이며 신뢰할 만한 견해들이 만개했다. 로슈의 프랑스 지방 아카데미에 관한 연구의 방법론도 언급할 가치가 있다. 그의 연구는 아카데미에 관한 기록들이 보관되어 있는 시립 도서관, 도(道) 문서고, 때로는 개인 문서고에서 조사해야 하는 문헌 사료들을 토대로 삼았다. 사회사의 중요한 연구인 《지방에서의 계몽의 세기》를 집필하면서 아카데미와 지방 제도 및 환경의 접촉 면들이 고찰되었다. 로슈는 가능한 곳이면 어디에서든 자료를 계량화했기 때문에, 그의 일반화는 《지방에서의 계몽의 세기》 제2권의 대부분을 차지하는 도표와 그래프들에서 제시된 확고한 통계자료에 의거할 수 있었다. 이사벨 나이트에 따르면, 프랑스 지방 아카데미를 연구하면서 "로슈는 한때 구체제의 창조물이었다가 그 천벌이 된 계몽사상과 구체제의 복잡한 공생 관계에 대한 우리의 이해를 엄청나게 증진했다."

로슈는 1981년에 자신의 두 번째 저서 《파리의 민중》(Le Peuple de Paris)를 출판했다. 접근 방법은 유사했지만, 이 연구는 사회적·지리적 비중에서 지방 아카데미에 관한 연구와 상당한 거리가 있었다. 아카데미에 관한 연구와 마찬가지로, 수도의 민중 계급에 관한 로슈의 연구는 변함없이 사료 조사에 의거했고, 그 시대에 관련된 문학 작품과 그림 자료, 그리고 최신 연구 성과들을 통해 보완되었다. 이 연구도 접근법에 있어서 철저하게 계량적이었다.

이 책은 18세기 프랑스 수도의 도시 공간과 인구 구성을 설명한 장들로 시작해서 '민중'의 원초적 정의를 제시한다. 파리 노동자들의 물적 조건과 문화생활을 평가하기 위해서, 로슈와 그의 동료들은 18세기

초부터 말까지 사망 당시 노동자와 하인들의 재산에 관한 공증인 문서(inventaires après décès) 200건을 데이터베이스 자료로 정리했다. 공증인 문서에서 극빈층 주민들이 배제되었을지라도, 그 문서들은 그것이 아니면 접근 불가능한 보통 사람들의 재산에 관한 정보를 담고 있었다. 로슈는 물질문명을 설명해 주는 확고한 토대 위에서 생각과 문화의 재구성으로 나아간 것이다.

이 책의 중간 부분은 민중의 물적 생존 조건, 특히 주거, 가구, 의복을 다루었다. 로슈는 나중에 다시 이 주제로 돌아가 유용한 책들을 썼다. 몇몇 분야에서는 18세기 내내 거의 아무런 변화도 없었다. 노동계급 가족들은 보통 방 하나에서 함께 살았기 때문에, 서로 부대끼는 것은 불가피했고 사생활은 꿈도 꿀 수 없는 사치였다. 한 가족이 오직 침대 하나를 가지고 있었다면, 이를 함께 쓰는 것은 불가피했다. 이런 경우는 꽤나 흔했다. 다른 한편, 18세기 동안 중요한 변화들도 있었다. 1750년 무렵 파리의 가정에 화덕이 도입되어, 요리는 더 이상 벽난로의 불 위에서 하지 않게 되었다. 철제 조리 기구들은 값싼 도기 제품에 자리를 내주기 시작했다. 노동계급 사이에서 가장 놀라운 일은 아마도 의복이 한층 더 다양하고, 더 풍부하고, 더 화려해졌다는 것이다. 특히 여성 의복이 그러했다. 이러한 현상들은 종합해 보면 소비문화의 출현을 보여 주는 것이라고 로슈는 주장했다. 이러한 주장은 사회적·문화적 변화에 관한 중요한 문제 제기였고, 로슈는 그러한 문제 제기를 한 첫 번째 인물이었다.

경제사가들은 18세기에 특정 지역에서 노동자의 상황이 악화되었다는 데 동의한다. 임금은 평균적으로 18세기 동안 약 3분의 1 정도 증가했지만 빵 값은 3분의 2 정도, 땔감은 그 이상 증가했고, 파리에서 임대료는 두 배가 되었다. 따라서 실질임금은 감소했다. 이 때문에 많은 가정이 현실적인 어려움을 겪었지만, 로슈는 이러한 고난의 무게보다 보통 사람들이 상황 악화에 적응하는 방식을 더 강조했다. 대처 방식은 금속제 대신 도기로 제작된 더 값싼 부엌살림을 마련하고, 값비싼 모직 제품보다는 더 저렴하지만 더 다채로운 면제품을 선택하는 것이었다. 로슈는 또한 부자들의 번영이 일정 수준의 노동계층, 특히 함께 사는 하인들에게 영향을 주어 상승하는 식료 및 주거 비용이 분담되었다고 지적했다.

《파리의 민중》의 마지막 장들은 민중문화와 민중이 다른 계층의 주민들과 상호작용하는 방식에 관한 것이다. 로슈는 서명이 필요했던 문서들을 활용해서 18세기 동안 노동자 및 하인들의 문자해득률이 상당히 상승했다는 사실을 보여 줄 수 있었다. 마찬가지로, 사망 당시의 재산 기록들을 통해서, 노동자들의 서적 보유율이 루이 14세 치세와 루이 16세 치세 사이에 곱절 넘게 증가했음을 보여 주었다. 팸플릿, 신문, 악보와 그림, 간판, 포스터, 현수막 등이 모두 도시 곳곳에 있었고, 보통 사람들은 일상적으로 그것들과 접촉하게 되었다. 로슈는 이러한 매체들과의 상호작용에서 민중 계급은 자신들과 관련된 것을 선택적으로 챙겼고, 수동적으로 모방하지 않았다는 사실을 알아냈다.

빈민들의 생활 방식을 검토하면서 로슈는 사회인류학자의 자세를 취했다. 그는 하층계급의 삶에서는 확대된 가족이 여전히 빈약한 역할을 했을 뿐이고, 사회활동이나 주변적인 경제활동이 수렴되는 중심으로 기능을 했던 선술집이 그랬던 것처럼 이웃 관계가 민중 생활을 조직하는 핵심적 요소였다는 사실을 밝혀냈다. 폭력은 민중문화의 빠뜨릴 수 없는 부분일 뿐만 아니라 두드러진 부분이었지, 엘리트들이 생각했던 것처럼 단순히 무질서의 징후는 아니었다. 로슈는 경찰이 민중을 감시 아래 두고 그들의 활동을 통제하려고 애썼지만, 경찰도 정부가 적정 가격으로 곡물을 제공해야 할 책임이 있다는 것 따위의 몇 가지 금언을 민중과 공유했다는 점을 보여 주었다. 이 문제는 막 나타나고 있던 노동계급의 정치의식에 관심이 집중되고 있음을 보여 준다. 하인을 노동계급 전체와 구별하면서, 로슈는 그들이 경제적 안락을 더 많이 누렸을 뿐 아니라 사회적·문화적 매개자 역할도 했다는 사실을 밝혀냈다. 노동자들의 생활과 행위에 대한 이러한 설명에서 도출되는 것은 그들이 정체성에 대한 자의식과 그들만의 독특한 문화를 가지고 있었고, 이러한 것들은 나름의 논리를 가지고 있으며, 파리의 빈민과 노동계급은 단순히 그들이 이해할 수도 통제할 수도 없는 상황의 수동적 희생자가 아니라, 자기가 살고 있는 상황에 적극적으로 그리고 창조적으로 적응했다는 확신이다.

《파리의 민중》이 출간된 이듬해인 1982년에 로슈는 파리 노동자에 관한 매우 다른 책을 한 권 펴냈다. 이 책은 《내 인생의 일기: 18세기의 유리 직공 자크루이 메네트라의 일기에 대한 비평》(Journal de ma vie: édition critique du journal de Jacques-Louis Ménétra, compagnon vitrier au XVIIIe siècle)이라는 제목을 단 한 수공업자의 자서전이다. 이 책은 1986년에 영어로, 1992년에 이탈리아어로 번역되었다. 《파리의 민중》이 기본적으로 문헌 사료에서 추출한 정보를 계량적으로 분석한 것을 토대로 삼았다면, 《일기》는 한 노동자의 삶과 그가 살았던 시대에 관한 주관적인 설명이다. 메네트라의 자서전은 자기 목소리로 말하고 일반 노동자들의 관심사를 표현하는 파리 민중 가운데 하나를 보여 준다. 루소, 마르몽텔, 발랑탱 자므리뒤발이 그랬던 것처럼, 문필가가 된 노동자들이 회고록을 쓰는 일은 특별한 것이 아니지만 그 밖의 노동자들이 그렇게 하는 것은 극히 드문 일이었다.

다니엘 로슈가 파리역사도서관에 소장되어 있던 메네트라의 자서전을 처음 본 학자는 아니다. 제프리 케플로가 파리 노동계급에 관한 연구인 《국왕의 이름》(The Names of Kins, 1972)에서 이를 활용한 바 있다. 그러나 이 특별한 저작이 출판될 만한 가치가 있다고 생각했고, 직인의 인생에 등장하는 특정 인물과 사건들을 확인하기 위해서 필요한 조사를 동료들과 함께 진행하려고 준비했던 이는 바로 로슈였다.

자크루이 메네트라는 1738년 파리에서 태어났고, 도제 수업을 끝마치고 나서 시작한 편력 기간의 프랑스 일주를 제외하면, 거의 평생 동안 파리에서 살았다. 그는 가족, 어린 시절, 직업 훈련, 사회 활동, 연애, 직장 생활, 여가 활동, 가족 및 친지와의 관계, 루소에 대한 지식, 그리고 혁명기의 경험에 대해 썼다. 메네트라의 인생과 경력은 세심하게 검증되었고, 그의 자서전에 메네트라의 경험 모든 측면들을 설명해 주는 사회사 연구 논문을 덧붙였다. 노동자들의 상황과 감정에 대한 직접경험자의 주관적인 견해를 그 내부로부터 제공한다는 점에서뿐 아니라, 이전의 연구에서 상대적으로 거의 주목받지 못했던 영역인 일과 가족에 초점을 맞추었다는 점에서, 로슈가 펴낸 메네트라의 일지는 《파리의 민중》을 보완해 주었다.

로슈는 피렌체를 굽어보는 피에졸레의 유럽대학에서 4년 임기의 유럽문화사 담당 교수를 맡게 되어 1987년에 일시적으로 소르본을 떠났다. 이 기간 동안에도 로슈는 여러 편의 저서를 펴냈다. 그 첫 번째는 이전의 단행본 저서들과 달리, 피에르 구베르와 함께 지은 《프랑스인과 앙시앵레짐》(Les Français et l'ancien régime)였다. 이 책은 일반 교양 독자층의 관심도 끌 수 있는 대학 수준의 교재로 기획되었다. 사회와 국가에 관한 제1권은 구베르가 10년 전에 같은 출판사에서 펴낸 두 권짜리 교재의 개정판으로서, 신뢰할 만하다고 널리 인정받았다. '문화와 사회'라는 제목을 단 제2권은 대부분 로슈가 썼다.

이 책에서 채택된 문화에 대한 접근법은 거의 대부분 아날학파의 접근법이다. 공인된 사상보다 태도나 심성에, 계몽사상의 위대한 글들보다 문화생활의 사회적·제도적 토대에 더 관심을 가진 '문화와 사회'의 첫 3부 가운데 2부는 사회제도와 사회 세력을 다루고 있다. 1부는 교회와 종교,

특히 보통 사람의 신앙과 종교 생활, 교회와의 관계에 관한 것이다. 제2부 '태어나고, 살고, 죽고'(Being Born, Living, Dying)는 인구학을 기초로, 사회사와 문화사는 분리될 수 없다는 로슈와 구베르의 믿음을 반영하고 있다.

이 책의 3부는 고급문화를 좀 더 직접적으로 다루고 있다. 교육, 문화 영역, 문자해득, 출판업과 그 발전, 국가의 출판 규제 방식, 독자와 독서 관행, 그리고 서점, 독서실, 프리메이슨 지부, 살롱, 아카데미와 같은 교양 층의 친교 장소 등이 여기에서 다루고 있는 주요 주제들이다. 3부는 또한 회화나 판화 같은 그림, 민중 대상이든 엘리트를 위한 것이든 무대 예술, 음악과 노래 등의 문화를 다루고 있다. 이 책의 첫 3부에서 서술된 문화 의 파노라마는 계몽사상을 공유하는 극소수의 특권층뿐 아니라 프랑스 인 전체를 포괄하고 있다.

'문화와 사회'의 제4부는 18세기에 나타난 변화를 중점적으로 다룬다. 제4부 '변화에서 위기로'(From Change to Crisis)는 아날학파에게 매우 소중한 주제인, '경기변동' 또는 프랑스혁명의 전제조건을 창출한 사회경 제적·인구학적·정치적·문화적 변화의 수렴이라는 문제를 다루고 있다. 구베르와 로슈는 인간의 잘못보다는 광범위한 사회경제적·문화적 힘들 사이의 긴장과 유연하지 못한 국가 구조가 구체제의 해체를 가져왔다고 주장한다.

1988년 피렌체에 있는 동안 로슈는 대부분 이미 다른 데서 발표했던 논문들을 모아 《문필 공화파》(Les Républicains des lettres)를 펴냈다. 이 책은 그 참가자들에게 방점을 둔 '문필공화국'에 관한 참고서였다. 이 책은 '저자'라는 전문 직업의 발전과 '역사가'가 그에게 의미하는 바를 조 명하는 서론으로 시작된다. 그러고 나서 이 책은 책의 역사의 다양한 측 면들, 책을 만드는 지식인들의 삶과 활동, 책이 만들어지는 맥락에 관한 일련의 특수한 연구들을 소개한다. 예상했던 대로 이 책에는 학자들, 특히 그들의 활동에서 정치, 역사, 과학이 한 역할에 대한 연구들(5~7장)이 많이 들어 있다. 출판과 독서의 측면들은 1, 3, 4장에서 다루었고, 기관들, 유통 경로, 사회적·직업적 집단들의 관계는 보다 전문적인 연구 주제였다(8~10장, 12~15장). '문필공화국'의 개별 구성원들은 이 책에서 몇몇 다른 발췌문의 초점이 되었지만, 그 시대의 주요 사상가들은 아무도 다루지 않았고, 공인된 사상에 관한 것도 전혀 없었다. 도르투드마리앙(Dortous de Marian)의 책방에 관한 논문이 있는데(2장), 그가 쓴 것보다는 그가 읽은 것에 대해 서술하고 있다. 님(Nîmes)의 아카데미 회원인 세기에(Séguier)의 서신들이 친구나 협력자들과의 관계망을 파악하기 위해서 검토되었다. 결론에 해당하는 장에서 로슈는 그가 펴낸 회고록의 저자 자크루이 메네트라의 견해를 자신의 경험담을 글로 남긴 또 다른 무명의 노동자 루이 시몽의 견해와 비교했다(16장). 메네트라보다 3년 늦게 수공업자 가정에서 태어난 시몽은 외딴 농촌공동체에서 살았는데, 농사도 짓고 옷감도 짜고 여인숙을 하면서 생계를 꾸렸다. 이 책에 실린, 각기 다른 방법론이 사용된 논문들은 로슈가 한 작업의 여러 측면들을 매우 상세하게 보여 준다. 그 측면들은 그의 장기적인 작업에서 언제나 즉각적으로 드러나지는 않지만 그 연구를 고무하고 풍부하게 한다.

프랑스혁명 200년제를 맞이하여 로슈는 미국의 권위 있는 계몽사상 연구자 로버트 단턴과 함께 논문집 《출판에서의 혁명: 프랑스의 언론 1755~1800》(Revolution in Print: The Press in France, 1755-1800)을 편찬했다. 출판 규제, 이 규제를 회피하는 방법들, 서적 생산, 인쇄소에서 일하는 사람들의 경험, 인쇄물의 유통, 정기간행물, 팸플릿, 연감, 판화, 노래, 단명한 잡문 등 뜨는 장르와 지는 장르 등을 이 책의 중심 주제로 잡으면서, 이 논문집은 이념보다는 인쇄물의 역사, 구조, 유포를 다뤘다. 편집자들의 글뿐 아니라, 레이먼드 번, 칼라 헤스, 피에르 카셀, 필리프 미나르, 미셸 베르뉘, 제러미 폽킨, 앙투안 드 베크, 장 동브르, 리즈 앙드리스, 롤프 라이하르트, 로라 메이슨, 제임스 레이트 같은 권위 있는 연구자들의 기고문은 이 책을 프랑스혁명을 기념하는 가장 견실하고 가치 있는 논문집으로 만들었다. 그 가운데 하나도 빠뜨릴 게 없다.

또한 5년에 걸친 작업의 결과물인, 의복과 패션에 관한 로슈의 연구가 1989년에 프랑스어판 《외모의 문화》(La Culture des apparences)로 출판되었다. 이 책의 영어판은 1994년 《의복의 문화》(The Culture of Clothing: Dress and Fashin in the Ancien Régime)라는 제하에 출판되었다. 로슈는 이미 《파리의 민중》 6장에서 이 주제를 끄집어냈고, 그 책에서 활용했던 바로 그 사료들, 즉 사망 후 작성된 재산 목록, 문학 작품과 그림 자료들을 이용했다. 또한 그는 연구 방향을 잡아 주었던, 기본적으로 인류학적이고 정신분석학적인 다양한 이론서들을 검토했다. 의복이 실용적 목적과 상징적 목적에 동시에 봉사하는 제품들의 생산과 소비가 집중되는 포인트로서 사회경제적으로 핵심적인 역할을 했다는 점을 간파한 로슈는 의복과 패션에 관한 공인된 많은 연구들 너머까지 나아갔다. "참여, 연대, 위계, 배제의 외면적 표식"으로서 의복은 "사회를 이해하기 위한 암호 가운데 하나"이다. "패션은" 그보다 더 "사회관계와 그 관계가 전개되는 방식을 보여 준다." 17세기부터 19세기 초까지 남성 패션의 경향은 억제된 색채와 통일성을 지향하며 회색 또는 검은색 정장으로 전형화 되었다. 그 반면, 여성 특히 특권계급 여성에게는 그들의 의복에서 더 많은 다양성, 더 많은 색깔, 더 많은 노출이 허용되었다. 부르주아의 의복은 체면과 절제를 강박적으로 추구했고, 빈민들의 꾀죄죄한 초라함뿐만 아니라 특권계급의 현란함과 확연하게 구별되고자 하는 마음을 반영했다고 로슈는 주장한다.

더 잘 입을 수 없는 빈민과 대다수 농민의 경제적 무능력에 기인한 계속성, 사회적 지위와 복장 사이의 긴밀한 상관관계, 의복이 당연히 국가와 사회의 통제 대상이라는 생각이 '의복의 구체제'의 주요 특징이었다고 로슈는 단정한다. 그러나 경제적 번영과 소비자 수요가 점증함에 따라, 도시 주민, 특히 파리 시민들이 스타일을 바꾸고 옷장의 크기를 확대하기 시작했다. 부유층과 여성이 모든 곳에서 이를 주도했다. 여성의류를 중심으로 더 많고 다양해진 옷들과 내의류 사용의 갑작스러운 일반화는 근대적 소비주의와 이른바 '의복 혁명'의 시작을 알리는 것이다. 프랑스혁명은 아마도 한 세기 동안 서서히 나타나고 있던 의복과 사회적 지위 사이의 단절을 공식화했고, 의복에 대한 낡은 관념을 새롭게 대체했다.

로슈는 의복을 사회문화사의 대상으로 접근한다. 다른 곳에서도 그랬던 것처럼, 그는 문화에 있어서 '물질문명'의 중요성과 문화의 진화를 그 진화가 일어나는 사회구조와 경제체제의 맥락에서 보아야 할 필요성을 강조한다. 로슈는 계몽사상이 단지 아카데미 회원들, 프리메이슨, 독서실 회원들 사이에 유통되는 서적과 잡지의 문제일 뿐만 아니라, 무엇을 입느냐의 문제이기도 하다고 보았다. "의복의 변화, 패션의 상품화, 속옷 혁명은 집단의 감수성을 기독교적 금욕주의의 영역에서 멀리 지상에서의 행복 쪽으로 옮겨놓는 데 기여했다." 계몽사상은 기본적으로 여러 가지 형태와 모습을 띤 지상에서의 행복에 관한 것이었다.

1997년에 로슈는《계몽시대의 프랑스》(La France des Lumières)라는 대작을 발표했다. 이듬해 같은 제목(France in the Enlightenment)의 영어판이 출간되었다.《프랑스인과 앙시앵레짐》제2권보다 덜 직접적으로 사회사와 인구학에 연관된 이 책은 그럼에도 불구하고, 프랑스 계몽운동의 문화를 그 시대의 실제적인 사회, 경제, 정치 상황에 확고하게 뿌리박은 것으로 간주했다. 로슈 자신이 지적한 것처럼, "우리는 경제생활을 복원해서 정신문화의 원인들 사이에 지리 매김 해야 한다." 로슈는 사회경제적 조건과 정치·행정적 필요와 열망을 그의 출발점으로 삼았기 때문에, 그가 여기에서 제시한 판형의 계몽운동은 독창적이다.

전통적으로 계몽사상 연구자들은 계몽운동의 주요 주제들을 정의하고 분석하고자 했다. 다니엘 모르네와 같은 몇몇 드문 예외를 제외하면, 그들은 기본적으로 통칭 '철학자'라 불린 볼테르, 몽테스키외, 디드로, 루소, 또는 라메트리, 엘베시우스, 올바크, 마르몽텔 같은 대표적인 사상가들의 글을 이용해서 그렇게 했다. 이러한 접근은 문헌에 의존하고, 잘 알려진 원저자들을 중시하고, 진보적이고 종종 급진적인 지식인들을 보수적인 당국과 대립시키는 경향이 있다. 로슈도 계몽운동의 위대한 사상가들과 그들의 저작을 인용했지만, 그들은 이 책에서 부차적인 역할을 했다. 그는 계몽운동의 정치에 대한 태도의 기원을 왕국을 보다 효율적으로 통제하고 관리하기 위해서 왕국과 그 주민에 대한 정보를 모으려는 지식인과 행정가들의 시도에서 찾았다. 지식은 변화된 또는 변화하는 상황에 법률, 관습, 제도를 맞추기 위한 선행조건인 것처럼, 효율적인 권력 행사를 위한 선행조건이기도 했다. 프랑스의 지도를 작성하고 그 주민, 자원, 상업에 대한 정보를 수집하면서, 절대왕정은 국가와 그 대리인들을 이해하고, 통제하고, 개혁하고자 했다. 로슈에 따르면, 정부 내에 개혁에의 유인(誘引)이 있었다. 그러나 핵심적 문제인 과세에서처럼, 그 체제의 원리는 필요한 조정을 미리 배제했고, 원대한 개혁안들은 '불가능'했고, 그러한 개혁 없이는 체제를 구할 수 없었다. 로슈가 보기에, 튀르고와 말제르브와 같은 대부분의 개혁가들은 구체제에 잘 통합되어 있었고 그 체제를 타도할 이유도 마음도 없었던 온건파였다.

로슈는 진보적인 사회경제 사상의 기원을 이 주제에 관해 출간된 저작들이 아니라 사회경제적 힘에서 찾았다. 도시의 성장은 한층 더 개방된 형태의 사회적 혼합과 한층 더 다양한 문화적 교류를 가능하게 한 조건들을 창출했고, 주소 매기기와 시계 사용의 확대는 보통 사람들로 하여금 도시의 시·공간을 다르게 인식하게 만들었다. 농촌 사람들이 도시로 유입되고, 그 가운데 4분의 1 내지 3분의 1이 고향으로 되돌아감으로써 새로운 태도가 확산되었다. 경제적 번영은 첫 번째 형태의 대중 소비주의의 출현의 밑바탕이 되었고, 보통 사람들의 관심을 정신적 차원에서 물질적 차원으로 옮겨놓는 데 기여했다. 문자해득률이 18세기 내내 증가해서 인쇄물에 더 많은 사람들이 접근할 수 있었고, 부유층 사이에서 다양한 교양층의 친목 장소의 발전, 문화의 매개자 역할을 하는 하인들과 농촌 사제 또는 목사들의 활동으로 계몽사상과 결부된 이념과 가치들이 널리 퍼지게 되었다. 로슈는 계몽운동이 사상과 태도에서 상당한 변화를 수반했다는 점을 부정하지 않지만, 그는 그 누구보다도 더 효과적으로 물적 사회적 조건들이 이념과 가치들을 형성하는 데 영향을 미쳤고, 이러한 변화는 그 시대의 위대한 문학 철학 작품을 소장하고 읽었던 사람들만이 아니라 보통 사람들에 관한 것이라는 점을 보여 주었다.

1977년 로슈는 《평범한 것들의 역사》(HIstoire des choses banales)를 출판했다. 3년 뒤에 이 책의 영어판 《일상적인 것들의 역사: 프랑스에서 소비의 탄생, 1600~1800》(A History of Everyday Things: The Birth of Consumption in France, 1600-1800)이 출간되었다. 이 책은 전통문화로부터 근대문화로의 변천을 서술하고 분석했고, 대부분의 로슈의 저작들처럼, 문화의 물질적 토대, 물질적 조건에서의 변화가 사회와 세계에 대한 태도, 그에 대한 생각에 영향을 미치고 상호작용하는 방식을 강조한다. 《파리의 민중》과 《외모의 문화》에서 끄집어냈던 주제들을 정교하게 다듬고 한 걸음 더 나아갔다.

《평범한 것들의 역사》의 첫 3장은 사회경제 조직이 자연이 인간에게 부과한 한계를 상쇄하는 방법을 다루면서 생계 경제와 사치품뿐 아니라, 도시와 직종을 검토한다. 나머지 장들은 주거, 조명, 난방, 물, 가구, 의복, 음식과 같은 일상생활의 주요 문제들을 다룬다.《평범한 것들의 역사》의 주요 주제 가운데 하나가 소비주의의 출현이다. 로슈가 제시한 것처럼, 이 현상은 빈곤, 내핍, 종교가 핵심적 역할을 했던 결핍과 전통의 문화로부터, 더 많은 선택의 여지가 있고 유용성과 안락이 중요한 가치가 된 풍요로운 상황으로의 광범위한 변화에서 빠뜨릴 수 없는 부분이다. 이 과정은 길거리의 가로등이나 벽난로를 대신할 화덕의 도입과 같은 제한적이지만 점진적인 기술의 발전과 속옷과 기본적으로 목욕용보다는 세탁용인 물의 수요를 자극했던 위생과 개인 청결에 대한 관심과 같은 태도의 변화를 수반했다.

여기에서 로슈가 하는 긴 이야기는 위로는 중세에서, 아래로는 물의 사용과 물에 대한 태도를 다룰 때처럼 경우에 따라서 20세기까지 확장된다. 효과적인 하수체계와 실내 펌프 도입과 같은 용수(用水)에서의 가장 극적인 발전이 19~20세기에 이르러서야 일어났지만, 로슈는 18세기가 전환점이었다고 보았는데, 그 이유는 그가 보기에 18세기에 도시계획과 물을 다루는 방법에서 중요한 혁신이 있었을 뿐만 아니라, 기대와 태도에서도 근본적인 변화가 있었기 때문이다. 계몽사상은 로슈가 논한 근대화 과정과 결코 무관하지 않지만, 다른 많은 현대의 역사가들과 달리, '철학자'들의 글은 그것을 낳고 다듬고, 그것이 영향을 미친 물질적 사회적 상황과 결코 분리되어서는 안 된다.

이때까지 로슈가 펴낸 저서와 논문도 매우 인상적이었는데, 몇 년 뒤 또 다른 야심작이 나왔다. 2003년에 그는 천 쪽이 넘는《부랑자들의 기질》(Humeurs vagabonds)을 출판했다. 가장 넓은 의미로 여행과 이주의 현상을 주제로 택한 이 책은 모두 3부로 구성되었는데, 각 부는 한 권의 단행본이나 다름없었다. 1부는 여행에 관한 지식과 이동의 범위를 다룬다. 2부는 여행의 제약과 자유, 그리고 3부는 자기와 세계의 발견에 관한 것이다. 로슈가 이전에 펴낸 저서들처럼, 이 책에서는 매우 다양한 사료와 상이한 관점들이 뒤섞였다. 그는 기행 문학의 내용과 인기뿐만 아니라, 그 제작 방식과 조건들, 몽테뉴, 몽테스키외, 볼테르와 루소의 여행에 대한 생각뿐 아니라, 보통 노동자들과 프랑스혁명기의 '망명자'(émigrés)들의 경험, 그리고 기행문뿐 아니라 여행의 사회경제적이고 물질적인 맥락과 문화적 파생 효과도 다루고 있다. 이 대작은 사회문화사가로서 로슈의 박학다식과 능수능란함, 그리고 그가 전공하는 문화사의 무궁무진함을 보여 주는 불후의 명작이다.

다니엘 로슈의 경력은 여러 가지 면에서 프랑스 학계의 본보기이다. 그는 여러 해 동안 동료 및 학생들과 함께 집단 작업을 했는데, 이 연구팀(équipe)들은 영미계통의 전통에 따라 개별적으로 작업하는 연구자들보다 종종 더 많은 성과를 얻었다. 로슈는 또한 시간을 내서 저명한 학술지 《근현대사평론》(Revue d'histoire moderne et contemporaine)를 편집했다. 이는 일류 역사가들이 좀처럼 맡으려 하지 않는 성가신 일이다. 그는 또한 셀 수도 없이 많은 제자와 동료들의 저서와 논문집을 편찬했고 서문을 썼다. 그의 학연은 대단하다. 그가 맡았던 소르본대학과 피렌체 소재 유럽대학의 교수직은 매우 위엄 있는 자리였는데, 1997년 콜레주드프랑스의 프랑스 계몽사상사 강좌주임에 임명되어 그 명성을 더 높였다.

2003년 그때까지 출판된 그의 저작 전부를 고찰하기 위해서 프랑스사서부협회(Western Society for French History)가 캘리포니아대학(어바인)에서 개최한 학술대회는 다니엘 로슈에 대한 매우 특별한 존경의 표시였다. 이듬해 《프랑스사연구》에 실린 학술대회 논문들에 대한 서문에서 티머시 태킷은 로슈를 "프랑스사 분야에 가장 뚜렷한 흔적을 남긴 현대 역사가들" 가운데 한 사람으로 언급했다. 로슈의 저작에 나타나는 여러 측면들에 관한 이 논문들은 그의 동료들이 그를 얼마나 존경하고 있는지를 잘 보여 주고 있다. 그에 답하면서 로슈는 그의 저작을 평가해 준 토론자들에게 정중하게 감사의 뜻을 전하고, 유머를 섞어가며 진지하게, 사회사가로서 그의 지향성을 설명하고 에밀 뒤르켐과 카를 마르크스의 접근법이 결실을 맺을 것이라는 그의 확신을 거듭 피력했다.

역사서술에 대한 다니엘 로슈의 기여를 특징짓기는 쉽지 않다. 그는 평생 브로델, 라브루스, 구베르가 연구했던 사회사에 헌신했다. 그러나 그는 그들의 접근법을 문화사로 확대했다. 로슈의 연구에서 의복, 불, 물의 사용과 그에 대한 태도와 같은 몇몇 주제들은 반드시, 브로델과 아날학파에게 소중했던, 장기지속(longue durée) 또는 몇 세기에 걸친 장기의 전망 속에서 고찰되어야 한다. 그러나 그의 저작은 대부분 18세기에 초점을 맞추었다. 왜냐하면, 그가 보기에 18세기는 근대성이 나타나는 전환점이기 때문이다.

다른 많은 역사가들과 달리, 로슈는 일관되게 문화의 물적 토대의 중요성을 강조했다. 이런저런 사상가들을 읽고 이용하면서도, 그는 정보를 제공하고 전망을 제시하는 문서고 사료를 그의 연구의 중심에 두었다. 로슈에 따르면, 문화는 물질적이고 사회경제적인 토대와 상호작용하고 그로부터 출현한다. 따라서 그들로부터 정당하게 분리될 수 없다. 이러한 접근법은 문화사를 개방해서 노동자를 포괄하고, 그가 가장 많이 연구했던 분야인 계몽사상을 단지 부유하고 교양 있는 엘리트들만이 아니라 더 많은 사람들의 운동으로 만들었다.

《파리의 민중》의 서문에서 로슈는 "나에게 사회사는 한물간 게 아니다……"라고 썼다. 로슈의 사회사는 기존의 것과 다른 사회사였다는 것이 인정되어야 하지만, 25년 뒤에도 그는 거의 확실하게 똑같은 견해에 찬동할 것이다.

박윤덕 옮김

참고 자료

책

Le Siècle des Lumières en province: académies et académiciens provinciaux, 1689-1789, 2 vols. (Paris: Mouton, 1978);《지방의 계몽주의》(주명철 옮김, 동문선, 2002)

Le Peuple de Paris: essai sur la culture populaire au XVIIIe siècle (Paris: Aubier, 1981).

Journal de ma vie:édition critique du journal de Jacques-Louis Ménétra, compagnon vitrier au XVIIIe siècle (Paris: Montalba, 1982).

Les Français et l'ancien régime, by Daniel Roche and Pierre Goubert, 2 vols. (Paris: Colin, 1984).

Les Républicains des lettres: gens de culture et Lumières au XVIIIe siècle (Paris: Fayard, 1988).

La Culture des apparences: essai sur l'histoire du vêtement aux XVIIe et XVIIIe siècles (Paris: Fayard, 1989).

La France des Lumières (Paris: Fayard, 1997).

Histoire des choses banales: naissance de la sociétéde consommation, XVIIIe et XIXe siècles (Paris: Fayard, 1997).

Humeurs vagabondes: de la circulation des hommes et de l'utilité des voyages (Paris: Fayard, 2003).

편집한 책

Revolution in Print: The Press in France, 1775-1800, edited by Daniel Roche and Robert Darnton (Berkeley, CA: University of California Press, 1989).

Ville promise: mobilitéet accueil à Paris (fin XVIIe-début XIXe siècle), edited by Daniel Roche (Paris: Fayard, 2000).

논문

"La diffusion des Lumières. Un exemple: l'Acadèmie de Châlons-sur-Marne," *Annales: économies, sociétés, civilisations*, 19 (1964): 887-922.

"Milieux acadèmiques provinciaux et sociètès des Lumières: trois academies provinciales au XVIIIe siècle: Bordeaux, Dijon, Châlons-sur-Marne," in *Livre et sociétédans la France du XVIIIe siècle*, (Paris: Mouton, 1965), vol. 1, pp. 93-184.

"Encyclopèdistes et acadèmiciens dans la France du XVIIIe siècle," *Bulletin de la Société académique du Bas-Rhin*, 89-90 (1967-8): 34-54.

"Les primitifs du rousseauisme: une analyse sociologique et quantitative de la correspondance de Jean-Jacques Rousseau," *Annales: économies, sociétés, civilisations*, 26 (1971): 151-72.

"Voltaire aujourd'hui," *Revue historique*, 500 (1971): 341-58.

"Acadèmies et loges maçonniques: problèmes de sociologie culturelle à l'âge des Lumières," *Histoire littéraire de la France* (Paris: Editions sociales, 1975), vol. 2, pp. 273-301.

"Le livre: un changement de perspective," in *Faire l'histoire*, edited by Jacques Le Goff and Pierre Nora (Paris: Gallimard, 1975), vol. 3, pp. 115-36.

"Talents, raison et sacrifi ce: l'image du mèdecin des Lumières d'après les èloges de la Sociètè Royale de Mèdecine (1776-1789)," *Annales: économies, sociétés, civilisations*, 32 (1977): 866-86.

"De l'histoire sociale à l'histoire culturelle," *Mélanges de l'Ecole française de Rome*, 91 (1979): 7-19.

"Nouveaux Parisiens au XVIIIe siècle," *Cahiers d'histoire*, 24 (1979): 2-20.

"Urban reading habits during the French Enlightenment," *British Journal of Eighteenth-century Studies*, 2 (1979): 138-49, 220-30.

"Lumières et maçonnerie," in *Histoire de la Franc-Maçonnerie en France*, edited by Jean Andrè Faucher (Toulouse: Privat, 1981), pp. 97-116.

"Le temps de l'eau rare: du moyen âge à l'èpoque moderne," *Annales: économies, sociétés, civilisations*, 39 (1984): 383-98.

"Mouvement acadèmique et sociabilitè culturelle," *Revue des sciences morales et politiques*, 141 (1986): 199-212.

"Les occasions de lire," *XVIIIe siècle*, 18 (1986): 23-32.

"Paris, capital of the poor," *French History*, 1 (1987): 182-204.

"La violence rèvolutionnaire vue d'en bas," *Annales: économies, sociétés, civilisations*, 44

(1989): 47-65.

"Peuple des mots, peuple des images: les reprèsentations du peuple de l'ancien règime à la Rèvolution; peuple, plebe, populace, idèes, representations, quotidien, de l'ancien règime au temps des Girondins," *Revue française d'histoire du livre*, 66-7 (1990): 15-32.

"Natural history in the academies," in *Culture of Natural History*, edited by N. Jardine, S. A. Secord, and E. C. Spray (Cambridge: Cambridge University Press, 1996), pp. 127-44.

40

알랭 코르뱅

1936~

Alain Corbin

알랭 코르뱅

피터 맥피

    1980년 이후 알랭 코르뱅이 프랑스 역사서술에 기여한 바는, 고전적인 프랑스 사회사 논문들이 스스로를 제한시켰던 지방적인 혹은 도(道) 단위의 일시적인 설명 틀을 넘어설 수 있었던 능력에서 나왔다. 그리고 19세기의 역사가 여전히 역사 연구의 풍요로운 영역으로 남아 있으려면 이전의 사료들을 새로운 용도에 맞게 이용해야 한다는 그의 깨달음에서 비롯되었다. 19세기 리무쟁의 사회사에 대한 모범적인 연구 이후 코르뱅은 두 가지의 연관된 연구 계획, 즉 일상생활사와 그 사회적 관행들, 그리고 감정이나 감각적인 경험의 역사에 집중해 왔다. 그가 이용했던 사료들은 19세기의 역사가들에게도 새로운 것이 아니었다. 하지만 역사가들 가운데 냄새나 공포, 소리를 지각하는 역사를 서술하기 위해 이런 사료를 이용하겠다고 생각했던 사람은 거의 없었다.

    알랭 코르뱅은 1936년 쿠르토메르(오른 도)에서 과들루프 출신의 의

사 아버지와 노르망디 출신의 어머니 사이에서 태어났다. 그는 가톨릭 학교에서 교육받았으며 캉대학을 졸업하고 교수자격시험을 통과한 후 1959년 리모주고등학교(오트비엔 도) 교사로 임용되었다. 하지만 얼마 후 그는 프랑스 육군에 징집되어 2년 동안 알제리에서 근무했으며 리모주의 기뤼삭고등학교로 돌아온 이후 박사 학위논문 준비를 시작했다. 그는 〈인민전선 서막〉이라는 제목의 3기 박사 학위논문을 1968년 푸아티에대학에서 제출했는데, 이 논문은 1934년부터 1936년까지 오트비엔 도의 여론에 관한 이 연구는 당시로서는 예외적으로 인터뷰를 광범하게 이용함으로써 주목받았다.

그는 1969년 투르대학의 강사로 임용되었으며 클레르몽페랑대학에서 국가박사 학위논문 준비를 계속했다. 〈이주 리무쟁, 정주 리무쟁: 19세기 리무쟁 지방사에 대한 기여〉라는 제목의 국가박사 학위논문은 1973년에 완성되었으며, 1975년 《19세기 리무쟁의 고풍스러움과 근대성, 1845~1880》이라는 제목의 두 권짜리 책으로 출판되었다. 이 책에서 코르뱅은 고전적인 프랑스 사회사 연구에 나타나는 전형적인 접근 방식과 방법론에 정통했음을 입증했는데, 이는 확장된 시기에 걸친 지방사 연구를 위해 남아 있는 사료(경제, 정치, 사법, 인구)들을 철저하게 검토하는 것을 의미했다. 그가 다룬 지방은 프랑스 중부 마시프상트랄 서쪽의 리무쟁(코레즈 도, 크뢰즈 도, 오트비엔 도)이었다. 1848혁명과 제2공화정에 중점을 둔 것은 그 무렵 거대한 지방사 논문들(아귈롱, 마르실라시, 비지에 등)에 나타나는 특징이었다. 다만 이 논문들과 달리 코르뱅은 몇몇 리무쟁 문화 요소의 고풍스러움을 규명하기 위해서 다양한 사료들을 이용했다.

정치적으로 리무쟁은 19세기에 눈에 띄는 불안정성이 나타났다. 예를 들어 크뢰즈 도와 오트비엔 도에서 치른 1848년 12월 대통령 선거에서 루이 나폴레옹이 각각 86퍼센트와 90퍼센트의 득표를 했던 반면, 불과

5개월 이후 치러진 의원선거의 경우 56개 농촌 선거구 가운데 39곳에서 좌파인 민주사회주의자들이 과반수를 차지했으며, 이 중에 17곳에서는 득표율이 70~80퍼센트에 달하기도 했다. 역사가들은 오랫동안 이 불안정성을 설명하기 위해 하나의 이유, 즉 계절적이거나 일시적인 이주 노동자들이, 예를 들어 파리의 건축업에 수년간 동원된 크뢰즈 석공들이 되돌아온 영향을 강조해 왔다. 19세기 중엽 리무쟁에는 연간 6만 명이나 되는 이주 노동자들이 있었다. 반면 코르뱅은 실제로 좌파가, 오크어를 쓰는 탓에 프랑스어 문자해득률이 낮은 지역에서 더욱 선전했음을 주목했다. 또 핵심적인 활동가의 역할도 미약했다. 코르뱅의 서술에 따르면, "좌파의 승리를 심층적으로 설명해 줄 수 있는 요소들은, 민주주의 이데올로기의 확산보다는 적어도 당시에 존재했던 평등한 사회구조와 연관된 민주적인 정신에 의거한 것이었다." 코르뱅은 또 겉보기에 정치적으로 보이는 정치적인 표현들이 굳건히 자리 잡은 것인지에 대해서도 회의적이었다. 오히려 그의 논문은 목축과 혼합경작을 하는 이 가난한 지역에서 일상생활의 지속성을 강조했다. 리무쟁 대부분의 지역에서 거주지들이 흩어지고 교류가 어려웠던 반면, 좌파가 지지를 받은 이 지역에서는 농촌에 거주하는 활동적이고 부유한 엘리트가 없었던 대신, 촌락 거주자들이 독특하게 강력하고 '민주적인' 형태의 사회성을 창조해 왔던 것이다. 리무쟁에 살던 사람들이 프랑스 서부의 보카주 지역 거주자들과 함께 도시, 부르주아 자유주의 그리고 자본주의에 대한 불신을 공유하고 있었지만, "방데의 백색 전설에 대해서, 리무쟁에서는 적색 전설이 대응했다."

국가박사 학위논문을 마친 후 코르뱅은 완전히 다른 주제로 관심을 돌리게 된다. 이런 관심은 그가 파리에서 매춘을 했던 19세기 크뢰즈 이주 노동자들을 알게 되면서 처음 생겨난 것이었다. 도시 거주민들의 급속한 성장에도 불구하고, 전국적으로 등록된 창녀의 수는 1851년 16,239

명에서 1878년 15,047명으로 줄었고, 파리에서 사창가의 수는 1840년 240곳에서 1880년에 140곳으로 줄었다. 1978년에 《창부(娼婦): 성적 빈곤과 매춘, 19~20세기》라는 제목으로 출판된 코르뱅의 연구는 상업적으로 학술적으로 눈부신 성공을 거두었다. 코르뱅은 사창가들이 점점 더 특화된 고가의 '취향'에 부응하려 했음을 찾아냈다. 몇몇 가게들은 레즈비언 사랑, 사도-마조히즘 같은 '살아 있는 메뉴'(tableaux vivants)를 제공하면서 100프랑이나 받았다. 반면 노동계급의 매춘은 보통 거리와 카페를 전전하며 독립적으로 일하는 여성들과 관련이 있었는데, 그녀들은 50상팀에도 고객을 받았다. 코르뱅에게 이런 변화는 부르주아 계층 남성의 심각한 '성적 빈곤'의 결과물이자, 제2제정의 작업장 통제를 연상시키는 규제에 대해 노동자들이 느끼던 반감의 결과물이기도 했다. 코르뱅이 제시한 인구학적인 사료와 이런 계량적인 사료 속에 숨겨진 문화적 관행 사이의 관련성은 프랑스 역사가들이 사회사를 서술하는 방식에서 중대한 전환점이 될 터였다. 지나고 나서 생각해 보면, 매춘에 대한 남성의 행동과 태도에 대한 코르뱅의 관심은 여성사가 젠더의 역사로 전환되는 돌파구였음이 분명해 보인다.

사회적 관행에 대한 태도들의 분명한 변화를 도표로 그리듯 간명하게 제시하려는 관심은 19세기 초의 사회개혁가들, 특히 파랑뒤샤틀레와 같은 사회 '위생학자들'의 심성에 대한 연구로 그를 이끌었다. 코르뱅은 파랑뒤샤틀레의 파리 매춘에 대한 보고서 《알렉상드르 파랑뒤샤틀레의 19세기 파리의 매춘》에 주를 달아 1981년에 출판했다. 많은 19세기 사회개혁가들의 '도덕화시키려는' 충동에 대해 알게 됨으로써 코르뱅은 미셸 푸코(《감시와 처벌: 감옥의 탄생》, 1977), 필리프 아리에스(《죽음에 대한 서구의 태도들: 중세부터 현대까지》, 1974), 노르베르트 엘리아스(《문명화과정》, 1939) 같은 역사가와 사회학자의 작업을 확장시킬 수 있었다. 이들은 19

세기 유럽의 '예민한 영혼'(l'âme sensible), 즉 공개된 고통과 잔혹한 죽음을 두려워하는 중간계급 특유의 감성 표현을 도표처럼 간명하게 제시했었다. 이 감성은 프랑스에서 매춘에 대한 더욱 엄격한 통제, 사법적 고문과 동물 학대 금지법, 감옥, 수용소, 처형장을 도시 교외로 이전하는 조치 등으로 표현되었다. 의사, 심리학자 그리고 법에 관여하는 전문직 종사자들이 인간의 본성과 그것으로부터의 일탈에 대한 지식을 스스로가 독점해야 한다고 자신만만하게 주장하는 것은, 그와 유사하게 더 광범위한 부르주아 여론이 완벽하게 질서 잡힌 사회에 대해 도덕적이고 성적인 특성을 강조하는 것의 일부였다. 이처럼 거대한 논리들을 적용하여 태도들, 심지어 감각적인 의미들에서 역사적 특수성을 섬세하게 이해할 수 있게 만든 것이 바로 코르뱅의 독창적인 성과였다.

사회사와 문화사의 새로운 형태로서 《창부》의 성공은 코르뱅으로 하여금 분석을 더욱 연장하여 여러 방면에 걸친 감각의 역사로 나아가도록 이끌었다. 19세기의 성적 관행에 대한 태도의 변화는 감각들에 대한 더 광범위한 담론, 즉 코르뱅의 용어에 따르면 '인식 혁명'의 일부였다. 다음 단계는 19세기동안 도시로부터 동물과 쓰레기, 인간의 냄새를 세척함으로써 '냄새 없는'(odorless) 환경을 만들어 낸 과정에 대한 연구였고, 그 결과물이 1982년에 출판된 《악취와 향수: 18~19세기 후각과 사회적 상상》이다. 인식들을 문화적인 맥락에서 연구했던 다른 역사가들과 달리, 코르뱅은 언제나 이 인식들에 영향을 미치는 정치적 맥락을 의식하고 있었다. 예를 들어 1877년 공화파의 정치적 승리 이후에 농민들은 점점 더 공화파의 가치를 굳건하게 구현한 존재로 여겨졌다. 코르뱅에 따르면, 좋은 냄새에 대한 부르주아 인식의 변화가 동시에 이루어졌다. 이제 공화국 체제의 안정된 기반으로 여겨졌으며, 동시에 기차를 통해 쉽게 접근할 수 있게 된 더 발전된 시골은, 더 이상 거름더미와 땀 냄새가 나는 역겨운 악취의 고장이 아니라 꽃으로 둘러싸인 자연의 안식처로 여겨졌다. 이와는 대조적으로, 노동자들이 (농민, 창녀, 그리고 심지어 유대인과 동성애자들처럼) 건강에 해로운 악취를 풍기고 다닌다는 부르주아의 믿음이 더욱 강해졌음을 코르뱅은 지적했다. 곧 비데와 물병이 가정 청결의 필수품이 되었다.

일상생활의 관행들에 대한 코르뱅의 연구는 조르주 뒤비와 필리프 아리에스가 편집한 《사생활의 역사》 4권에 책 한 권에 가까운 분량으로 수록된 뛰어난 기고문(4부는 'coulisses'라는 제목이 붙어 있으며 '무대 뒤 켠'으로 번역되었다)에서 종합되었다. 르루아 라뒤리가 너무 심리 분석에 치우쳐 있다고 비판하기는 했지만(《렉스프레스》 1988년 6월 3일자 서평), 코르뱅의 글은 거들먹거리거나 외설적이지 않은 방식으로 은밀한 행위의 잃어버린 세계를 되찾아낸 놀라운 능력을 보였다고 많은 칭찬을 받았다. 그의 기고문이 출판된 것은 또한 코르뱅이 19세기를 조망하는 종합을 시도한 때이기도 했다.

뒤이어 1988년에 출판된 《비어 있는 대지: 서구와 해변에 대한 욕망, 1750~1840》에서 코르뱅은 1750년 이후 한 세기 동안 여행객들의 행동을 살펴봄으로써 바다와 그 해안들에 대한 태도의 변화를 탐구했다. 산과 숲에 대한 태도를 연구했던 다른 역사가들처럼 코르뱅은 바다가 공포스럽지만 동시에 매혹적인 주목의 대상이었음을 밝혀냈다. 자산가 엘리트들의 세계로부터 멀리 떨어진 어부들이 날마다 마주해야 하는 악천후와의 싸움은 바다에 관해 글을 쓰는 사람들을 두려움에 떨게 했다. 이들에게 대양은 무서운 자연적 환경 속에서 문명화되지 않은 온갖 행동이 벌어지는 현장이었던 것이다. 엘리트의 감성에서 18세기의 자연에 대한 숭배는 대개 바다로까지 확장되지는 않았다. 산처럼 바다는 낯설고도 위험한 것이었다. 코르뱅이 밝힌 바에 따르면 이런 태도는 19세기에 들어 변화하게 되는데, 차가운 바닷물이 질병을 치료하는 속성이 있음을 새로운 의학이 밝혀내면서 브라이턴에서 도버까지, 도빌에서 아르카송에까지 이르는 해변에 늘어나는 리조트들이 중간계급 여행객들을 끌어들였던 것이다.

코르뱅의 모든 연구는 그가 연구하는 대상을 인식하는 구조이자 역사 연구의 분석틀인 시간에 대한 섬세한 이해가 뒷받침하고 있었다. 그 이전의 프랑스 사회사가 중기지속을 강조하고 행동을 사회경제적인 구조의 반영으로 다루었던 것에 비해서, 코르뱅은 몇몇 다른 역사가들과 함께 기꺼이 역사적 순간의 드라마를 출발점으로 간주할 준비가 되어 있었다. 개개의 사건들을 장기지속의 구조적 전환 위에 놓인 잔물결의 영역으로 격하시키지 않고, 그는 더 넓은 사회적 맥락을 밝히기 위해서 잘 선택된 개별 연구들을 이용하는 '진입점'(point-of-entry) 방법론을 적용했다. 이 전략은 서술적인 역사를 부활시키는 것이 아니라, 역사가가 달성하기 가장 어려운 목표, 즉 과거 사회 구성 요소들의 상호 관련성이 드러나고 부각될 수 있는 것이 역사적 순간의 결합들 속에서임을 인정하는 것이었다.

이런 접근 방식을 이용함으로써 코르뱅은 큰 성공을 거두었다. 1990년에 출판된 《광란의 마을》(Le Village des cannibales)에서 묘사되는 사건은 1870년 8월 16일에 일어났다. 프랑스 남서부 농트롱 근교의 작은 마을 오트파유 근처에 모여든 농민 수백 명이 젊은 귀족 한 사람을 두 시간 동안 집단 폭행한 뒤 불질러 죽인 것이다. 이 살인의 끔직한 설명 속에서 코르뱅은 그 귀족에게 오트파유가 있어서는 안 될 곳이었던 이유를 찾아내려 한다. 설명의 일부는 역사적 사실들의 그물망이다. 도르도뉴 도의 북부인 이곳 민중들의 의식은 오랫동안 이어진 귀족에 대한 증오(1789년의 대공포에서 잘 드러난다), 사제에 대한 불신(1868년 십일조를 다시 부과하려는 음모가 있다는 소문이 돈 뒤에 일어난 폭동의 물결로 입증된다),

그리고 도시의 공화파에 대한 분개(1848년 6월 봉기는 이 지역에서 극심한 공포를 불러일으켰으며 45상팀을 추가로 증세한 조치는 폭력적인 저항을 불러일으키기도 했다)로 유명했다. 이 분명한 의식은, 제2제정기의 유례없는 번성과 연관되어 열렬한 보나파르트주의를 발생시켰다. 1870년 8월 프로이센·프랑스전쟁 동안 프랑스군이 보충대를 동원했다는 소식이 가뭄의 피해를 입은 농촌에 전해졌다. 오트파유 주변에서 몰려든 사람들은 장터에 들렀다가 나폴레옹 3세의 국경일(8월 15일)을 축하하고 있던 중이었다. 공격한 사람들 대부분 그를 몰랐지만, 그 젊은 귀족은 "공화국 만세"를 외쳤고 "프로이센의"라는 말을 덧붙이려 했다고 고발되었다. 그는 중첩된 증오와 두려움의 불운한 상징이 되었다.

광범위한 연구를 통해 이 무시무시한 살인에 대한 설명을 시도했던 저작의 결론 부분에서 코르뱅은 이렇게 덧붙인다.

역사가들의 작업은 지나간 세기를 폭력이나 가혹한 사건이 생략된 역사로 서술하는 경향이 있다. (……) 대학살은 살균되었고, 혁명들의 피는 깨끗하게 지워졌으며, 그래서 정치적 순교자들의 투명한 후광만이 남게 되었다. (……) 선한 것과 악한 것을 조심스럽게 구분하려는 욕망에 사로잡힌 이 단정하고 깨끗한 역사는 (……) 공포에 대한 진실과 현재 벌어지는 잔학 행위를 찾지 못하도록 가로막는다.

집단적인 폭력을 분노의 표현으로 이해하는 것을 넘어서서 그 관행에 의미를 부여해야 한다는 코르뱅의 도전은 이후 역사가들이 집단 폭력에 접근하는 방식에 영향을 미칠 터였다.

1870년 오트파유에서 발생한 사건은 몇 주 후에 권력을 장악하게 될 것이었으며 농촌 대중들이 계몽주의의 직접적인 진보를 공유하고 있다고 믿었던 자유주의 공화파들에게 충격을 주어 매우 당혹스럽게 만들었다. 이 살인이 프랑스대혁명이 일어나고 시민권, 법 앞의 평등, 관용, 그리고 인민주권에 바탕을 둔 새로운 정치문화가 승리했다고 여겨진 지 80년이 지난 때에 발생했기 때문이었다. 따라서 코르뱅은 집단적인 폭력의 의미를 밝히기 위해서뿐 아니라 자유민주주의와 농촌 대중의 폭력 사이 상관관계를 문제 삼기 위해 오트파유 사건에 주목한 것이었다.

여기에서 코르뱅은 우리 자신과 19세기 프랑스의 농촌 거주자들 사이의 시간과 공간, 그리고 인식의 거리를 적절히 강조하기 위해 문화인류학적인 통찰력을 이용한다. 이 책은 코르뱅에게 엄청난 성공이었지만, 동시에 이 책으로 인해서 다른 문화사가들로부터 비판을 받기도 했다. 풍부한 문서 사료를 남긴 극적인 사건의 매력으로 인해 매우 비정상적인 행동이 어떤 의미에서 "전형적인" 것으로 여겨짐으로써, 과거 사회들의 폭력성이 과장될 수도 있다는 비판이었다. 이런 방식이 극단적으로 적용된다면 신경질적인 행동의 극단적인 예를 "실제로 그러했던 것처럼" 확대해석하여, "낡은 과거"가 "근대적인 현재"와 극적으로 대비된다는 인상을 만들어 낼 수도 있는 것이다.

코르뱅의 국가박사 학위논문이 그 세대 최고 사회사가들의 능력을 잘 보여 주는 것이었던 반면, 1980년 이후 다양한 영역에 걸친 그의 글들은 이미 오래전에 사라진 감각적인 세계를 탐구하려는 욕망을 드러내고 있다. 코르뱅이 훈련받은 사회사 방법론의 핵심적인 약점은 지방의 역사를 분석하기 위해서 20세기 말의 범주에 따라 의미를 갖는 특히 계량화라는 기술을 사용했다는 점이었다. 대신 코르뱅은 이 사회사와, 의미와 인식의 문화사 사이의 차이를 연결시키려 했다. 이런 시도는 당연히 그때까지 사회사가들에게 별다른 흥미를 불러일으키지 못하거나 그들의 능력 밖에 존재한다고 여겨졌던 19세기 일상의 다양한 현상들을 살피기 위해서 기존의 사료들을 재검토하는 작업으로 이어졌다.

문화적 의미에 대한 이런 탐구가 가장 성공적으로 수행된 작업이 바로 1994년에 출판된 《종: 소리의 풍경과 19세기 시골의 문화적 감수성》이다. 이 책에서 코르뱅은, 우리의 경험과는 매우 다르게 독특한 소리들을 지닌 농촌 세계를 묘사하기 위해서 사료를 "결을 거슬러," 즉 문자가 전달해 주려 했던 것과는 다른 의미를 찾아서 읽었다. 예를 들어 교회의 종은 종교 행사나 하루의 시간을 표시하는 것으로부터 위험을 알리는 비상벨의 역할을 하는 등 다양한 의미를 표현했다. 종교적이고 세속적인 시간을 알려 주는 종은 당연히 지역적 자부심과 내부의 갈등을 동시에 표출하는 사물이기도 했다. 특히 프랑스대혁명기의 전쟁으로 10만 개의 종 가운데 6만 개 정도가 총알을 만들기 위해 녹여졌다. 19세기 동안 이 종들을 다시 설치하는 일은 자연스러운 일도 아니었고 갈등이 없지도 않았다.

코르뱅은 또 사회사를 그 극한에까지 끌고 가려 했다. 사회의 역사를 공동체와 사회집단의 역사로 이해했던 직업의 전문가로 교육받았던 그는 사회사가 실제로 모든 구성원 전체를 그 우산 아래에 가릴 수 있을 정도로 포괄적인가를 물었다. 사회사의 일반적인 방법론을 뒤집어서 그 중심에 집단이 아니라 개인을 위치시킬 수 있는가? 이것이, 별다른 특징 없는 공동체에서 그냥 아무렇게나 한 사람을 골라서 이 '별 볼일 없는 사람' (non-entity)의 삶을 재구성할 수 있는가라는 질문을 던지면서 그가 했던 일이었다. 그는 오른 도의 오리니르뷔탱 마을에서 나무꾼이자 나막신 제조공으로 살았던 루이프랑수아 피나고(1798~1876)라는 인물을 골랐다. 물론 코르뱅은 '전형적인' 사람이나 공동체가 존재하지 않는다는 점을 잘 알고 있었고, 그의 선택은 이런 의미에서 독특한 것이었다. 그럼에도 그의 전기는 전문적인 훈련을 받은 역사가가 파편적인 정보만을 근거로 보다 광범위한 맥락을 상상적으로 동원함으로써 "알려지지 않은 사람"을 되살려 내는 뛰어난 본보기를 보여 주었다. 이 책은 또 코르뱅이 자신의 고향인 오른 도에서 겪은 농촌 생활의 기억을 되살리는 기회를 얻은 것으로도 읽을 수 있다.

1987년 코르뱅은 파리1대학(팡테옹소르본)에 임명되었고 1992년에는 프랑스대학학사원(Institut universitaire de France)의 회원으로 선출되었다. 이제 그는 전국적인 학회와 토론을 조직하고 참가를 독려하는 데 훨씬 주도적인 역할을 할 수 있게 되었다. 특히 그는 민중적인 축제나 여가로부터 정치에서 여성의 역할, 바리케이드의 역사 등 광범한 주제에 대한 학술대회의 결과물들을 획기적인 시리즈로 엮어 내는 편집자로서 중요한 자극을 제공하고 있다. 코르뱅처럼 프랑스를 벗어나, 특히 영어권에서 영향력을 행사하는 프랑스 역사가는 그렇게 많지 않다. 감성과 의미의 영역에 대한 창의적이고 섬세한 코르뱅의 탐구는 문화사에 대한 새로운 접근의 확대와 함께 했고, 그것이 그의 책들이 번역되는 빈도와 속도를 설명해 준다.

더욱 막중해진 책임감에도 불구하고, 그는 변함없이 의미의 영역들과 역사가들이 너무 익숙하게 만들어 버린 최근의 과거가 지닌 특수성들을 탐험하고 있다. 침대보의 역사로부터 집단적인 분노와 살인의 역사에 이르기까지, 어떤 프랑스 19세기 역사가도 코르뱅만큼 다양한 영역에 관심을 보이지는 않았다. 최근의 과거에 대한 이해를 분명히 해 주면서도 동시에 그 전체상에 대한 우리의 확실성을 불분명하게 하는, 행동들을 이해하기 위한 연구를 그는 결코 중단한 적이 없었다. 그는 늘 다른 문화권 출신이거나 다른 학문을 연구하는 학자들의 통찰력에 매우 개방적이었다. 다른 역사가들의 저작을 인용하면서도 늘 우호적이고 너그러웠다. 그 스스로 영역을 표시하기 위해 독자적인 방법론이나 전망을 구분 지으려

하지 않았음에도, 문화와 사회의 역사에 대한 그의 특정한 접근 방식은, 인간의 어떤 생각이나 행동의 장도 서로 연결되지 않은 것이 없다는, 이전 사회사의 근본적인 약속을 실행에 옮기는 것이었다. 비록 가장 창의적이고 추측에 의존하는 경우에도, 코르뱅의 역사는 행동을 시간과 장소 그리고 사회적 환경에 특수한 것으로 이해해야만 한다는 점을 결코 잊지 않았다. 역사적 상상력의 풍요로움은 코르뱅의 학문적인 엄격성과 능숙하고 매혹적인 산문체에 모두 걸맞은 것이었다.

김정인 옮김

참고 자료

책

Prélude au Front Populaire: contribution à l'histoire de l'opinion publique dans le département de la Haute-Vienne (1934-1936) (Limoges: Méry, 1968).

Archaïsme et modernitéen Limousin au XIXe siècle, 1845-1880, 2 vols. (Paris: M. Riviére, 1975).

Les Filles de noce: misère sexuelle et prostitution: 19e et 20e siècles (Paris: Aubier Montaigne, 1978); 《창부》(이종민 옮김, 동문선, 1995).

Le Miasme et la jonquille: l'odorat et l'imaginaire social XVIIIe–XIXe siècles (Paris: Aubier Montaigne, 1982).

Le Territoire du vide: l'Occident et le désir du rivage, 1750-1840 (Paris: Aubier, 1988).

Le Village des cannibales (Paris: Aubier, 1990).

Le Temps, le désir et l'horreur: essais sur le dix-neuvième siècle (Paris: Aubier, 1991); 《시간 욕망 그리고 공포》(변기찬 옮김, 동문선, 2002).

Les Cloches de la terre: paysage sonore et culture sensible dans les campagnes au XIXe siècle (Paris: A. Michel, 1994).

Le Monde retrouvéde Louis-François Pinagot: sur les traces d' un inconnu, 1798-1876 (Paris:

Flammarion, 1998).

Le Ciel et la mer (Paris: Bayard, 2005).

L'Harmonie des plaisirs: les manières de jouir du siècle des Lumières à l'avènement de la sexologie (Paris: Perrin, 2007).

Histoire du christianisme: pour mieux comprendre notre temps, Alain Corbin(dir.) avec Nicole Lemaitre, Françoise Thelamon, Catherine Vincent (Paris: Seuil, 2007); 《역사 속의 기독교》(주명철 옮김, 도서출판 길, 2008).

La pluie, le soleil et le vent: une histoire de la sensibilité au temps qu'il fait, Alain Corbin(dir.) (Paris: Aubier, 2013); 《날씨의 맛》(길혜연 옮김, 책세상, 2016).

편집한 책

Alexandre-Jean-Baptiste Parent-Duchâtelet, *De la prostitution dans la ville de Paris: la prostitution à Paris au XIXe siècle*, edited by Alain Corbin (Paris: Seuil, 1981).

"Coulisses," by Alain Corbin, in *Histoire de la vie privée*, edited by Georges Duby and Philippe Ariés, vol. 4 (Paris: Editions du Seuil, 1985–7), pp. 389–519.

Les Usages politiques des fêtes aux XIXe–XXe siecles, edited by Alain Corbin, Noelle Gérône, and Danielle Tartakowsky (Paris: Publications de la Sorbonne, 1994).

L'Avènement des loisirs, 1850–1960, edited by Alain Corbin et al. (Paris: Aubier, 1995).

La Barricade, edited by Alain Corbin and Jean-Marie Mayeur (Paris: Publications de la Sorbonne, 1997).

Femmes dans la cité, 1815–1871, edited by Alain Corbin, Jacqueline Lalouette, and Michéle Riot-Sarcey (Paris: Créaphis, 1997).

참고문헌

Corbin, Alain, *Historien du sensible: entretiens avec Gilles Heuzé* (Paris: Découverte, 2000).

Demartini, Anne-Emmanuelle and Kalifa, Dominique (eds.), *Imaginaire et sensibilités au XIXe siècle:études pour Alain Corbin* (Paris: Editions Créaphis, 2005).

Gerson, Stéphane (ed.), *Alain Corbin and the Writing of History*, special issue of *French Politics, Culture and Society*, 22 (2) (2004).

41

로제 샤르티에

1945~

Roger Chartier

로제 샤르티에

로라 메이슨

    책의 역사를 연구하는 대표적인 학자로 손꼽히는 로제 샤르티에는 대표적 역사가라는 말의 의미를 한계점까지 끌어올렸다. 다작이면서도 지칠 줄 모르는 편집자인 샤르티에는, 오랫동안 특혜 받은 책의 지위에 도전함으로써 책의 영역 자체를 변화시켰다. 그는 책 영역을 인쇄라는 좀 더 넓은 영역으로 회복시켰고, 독자들이 텍스트를 소비하고 향유하는 방식을 고려하게 만들었다. 샤르티에는 이제 인쇄 문화와 독서라는 광범위하게 정의된 역사를 지식층 문화와 민중문화의 관계, 프랑스혁명의 연구사, 그리고 문화사의 '언어로의 전환'(linguistic turn)과 같이 점차 관심이 증가하고 있는 주제들에 적용하고 있다. 샤르티에는 민첩하게 비판하고 조정하고 전유하면서, 전혀 논쟁적이거나 당파적이지 않은 일련의 저작을 생산하고 있다. 자신이 좀 더 거대한 규모로 정의한 계획에 다른 이들이 기여한 점을 관대하게 지지하면서, 샤르티에의 지성적 도전은 이미 겪은 경험들의 복잡성을 재현하는 것이 얼마나 어려운지를 상기시켜 주는 역할을 하고 있다.

1945년 리옹에서 출생한 로제 샤르티에는 생클루 고등사범학교와 소르본대학(1964~1969년)에서 역사를 공부했다. 소르본대학에서 알퐁스 뒤프롱의 수업을 통해 근대 초 유럽 문화를 전공한 도미니크 쥘리아와 다니엘 로슈와 친해졌고 이들의 연구는 샤르티에에게 영향을 끼쳤다. 18세기 리옹 아카데미에 관한 석사 논문을 마치고 1969년 역사 교수자격 시험을 수석으로 합격한 후에, 샤르티에는 소르본대학(1970~1975)의 근대 유럽사 강사가 되었다. 사회과학고등연구원이 독립기관이 되던 해인 1975년에 이 기관으로 자리를 옮겼고, 1978년에는 강사에서 전임강사로, 1984년에는 연구지도 교수가 되었다. 2007년에는 콜레주드프랑스의 '근대 유럽의 글쓰기와 문화' 교수에 선임되었다.

이렇듯 샤르티에의 약력을 짧게 나열한 것은 샤르티에 자신이 사생활에 대해 침묵했기 때문이다. 멘토들과 동료들 사이에서 '자아-역사'(ego-histoire)가 인기를 얻었지만, 입담 좋은 샤르티에는 개인적 정보가 그의 역사 연구를 밝혀 주지 않는다고 주장하면서 개인적 경험에 관한 질문들을 비켜 갔다. 같은 용어로 자신을 설명한 것처럼, 샤르티에는 근대 초 시기를 가능성을 제공하는 동시에 제약을 주는 사회적·문화적 네트워크에 의해 형성된 시기로 보았다. 샤르티에는 한 개인의 상세한 사항은 오직 그 개인이 속한 집단을 조명할 수 있을 때에만 중요하다고 주장했다.

한 집단의 회원으로 보자면, 샤르티에의 초기 저작의 뿌리를 가장 잘 설명하는 것은 아날학파 역사가이자 소르본대학의 알퐁스 뒤프롱 교수의 세미나 구성원이라는 샤르티에의 신분이다. 1960년대 중반에 샤르티에가 연구를 시작했을 때에 아날학파의 3세대가 태동하고 있었다. 아날학파 제1세대의 문화에 대한 관심을 새롭게 하면서, 3세대는 2세대가 사회경제 현상을 연구하면서 발전시킨 계량적 방법을 문화에 적용했다.

계량적 연구의 옹호자인 알퐁스 뒤프롱은 제자들에게 계량적 방법을 사용하도록 권고했으며, 심지어 제 3세대 역사 방법론의 전형적인 고전이 되어 버린 《18세기 프랑스의 책과 사회》라는 두 권짜리 책 맺음말에서까지 계량적 방법을 권장했다. 그러나 종교와 영성에 대한 저서에서, 뒤프롱은 믿음의 징후들보다는 오히려 믿음의 내용 그리고 믿음과 집단 심리학의 관계에 주목했다. 이러한 강조를 통해 샤르티에는 책 목록에 나타나는 제목의 외관보다는 텍스트의 성격에 더 주목했다. 그리하여 샤르티에는 인쇄물의 생산과 이해에 대한 더 깊은 통찰력을 약속하는 방법론들을 모색했다.

사회학자인 노르베르트 엘리아스와 미셸 드 세르토의 저작들은, 샤르티에가 오늘날까지도 사용하는 지적인 기둥들을 만드는 데 가장 유용하게 사용되었다. 엘리아스가 조직 내 회원들의 행동과 심리 상태를 형성하는 사회적 상호작용의 긴밀한 네트워크를 설명하면서 통제(constraint)를 강조했다면, 드 세르토는 남자와 여자가 사적인 필요와 욕망을 충족하기 위하여 문화적 대상과 상징을 전유함으로써 어떻게 수동적 소비자의 전형을 초월하는지 검토하면서 독립을 강조했다. 샤르티에의 역사들은 근대 초 시대가 어떻게 유산으로 전해지고 동시에 영원히 새롭게 만들어지는 문화로 나아갔는지를 분석함으로써, 엘리아스의 '한계'와 드 세르토의 '창의력' 사이의 긴장을 탐구하는 것이다.

샤르티에는 1989년 《아날: 경제·사회·문명》에 기고한 논문 〈재현으로서의 세상〉(Le monde comme représentation)을 통해 사회와 문화에 대한 정적인 개념들에 도전했다. 역사가들이 문화적 활동을 정의하기 위해 사용한 전형적인 사회적 범주들의 사용(한 집단이 어떤 문화적 객체를 갖고 또 어떻게 이용하는지를 물질적 조건들이 지배한다고 주장하는 역사가들의 경향)을 거부하면서, 샤르티에는 사회와 문화가 쌍방향으로 서로 영향을 끼치는 좀 더 역동적인 과정을 구상했다. 다른 말로 하자면, 만약에 물질적 조건이 문화 자원에 접근하는 길을 형성한다면, '재현'도 물질적 조건의 이해를 형성한다. 문화는 신분을 정의하고 사회관계에 영향을 끼치는 경험된 세계의 부수 현상(epiphenomenon, 의식은 단순히 뇌의 생리적 현상에 부수된 현상—옮긴이)일 뿐만 아니라 경험된 세계의 조직적 모습이다.

샤르티에는 객관적인 구조와 주관적 재현을 엄격하게 구분하지 않은 학자들이 과거를 이해하는 새로운 방법을 제시해 왔다고 단언했다. 이 학자들은 사회 정체성을 더 이상 특정한 물질적 조건들의 생산물로 보지 않으면서, 이를 "분류하고 이름을 붙이는" 불공평한 권력을 가진 객체들 사이에서 재현을 위해 투쟁한 결과로 설명한다. 이러한 관점은 역사가들로 하여금 "지위와 관계를 결정짓고, 그리고 각각의 계급이나 집단, 환경(milieu)을 위해 그 정체성을 구성하는 한 지각 있는 존재를 만들어 내는 상징적 전략에 집중함으로써, 사회 자체에 대해 신선한 시각을 던지도록" 만들어 주었다. 또한 이 관점은 역사가들로 하여금 문화적 객체와 실행을 새롭게 이해하게 만들어, 문화의 확산과 이용이 사회적 '구별짓기'의 과정을 어떻게 조명하는지를 고려하도록 만들었다.

샤르티에는 인쇄 문화와 독서에 관한 초기 저작에서 좀 더 기동성이 있는 문화사의 방법들을 먼저 연구하기 시작했다. 가장 눈에 띄는 공동 연구는 앙리장 마르탱의 웅장한 저서 《프랑스 출판의 역사》(1982~1986년 출간)의 공동 편집에서 시작되었다. 2절판(folio) 용지에 아름다운 삽화들이 그려진 네 권에 달하는 이 저서는, 구텐베르크의 발명으로부터 20세기 중반에 이르는 인쇄의 역사를 추적하기 위하여 전 세계적으로 지도적인 지성사가와 문화사가들로부터 논문들을 수집함으로써, 출판 영역의 상태를 규정했다. 이 저서에 수록된 샤르티에의 논문들은 근대 초 인쇄 문화에 대한 자신의 확장된 개념들의 개요를 그리고 있다. 다니엘 로슈와 공동으로 쓴 《도시의 독서 방법》(les pratiques urbaines de l'imprimé, 1984)은 책을 읽는 독자들에 초점을 맞추었다. 18세기 전반에 걸쳐 책 소유권의 확장을 보여 주는 계량적 연구에서 시작하여 중도에 편지, 소설, 회고록뿐 아니라 그림과 판화를 포함하는 좀 더 불연속적이고 질적인 증거들로 옮겨 감으로써, 그의 논문 형태 자체가 새로운 방법론으로 전환하고 있음을 보여 준다.

출간된 전체 도서의 저작권 비율이나 숫자가 인쇄물을 만나고 소비하던 근대 초 도시민들의 수많은 방법들을 모두 다루지 못했다는 사실을 우리에게 상기시키면서, 샤르티에와 로슈는 18세기 프랑스를 읽을 기회가 많은 풍족한 나라로 묘사하고 있다. 주로 종교인이든 세속인이든 식자층이 콜레주, 종교기관과 몇몇 개인들이 운영하는 방대한 도서관에 출입할 수 있었다면, 중간계층들은 독서방(chambres de lecture)이나 서재(cabinet)에 연회비를 지불하고 소설, 철학, 여행기록문, 정기간행물을 소장한 책장에서 책을 빌려 볼 수 있었다. 수입이 적은 독자들은 책 판매상으로부터 시간당으로 대중소설을 빌려 보았고, 가장 가난한 문맹들도 몇 페니 정도 내고 서적 판매상의 판매대나 서점 앞에서 큰 소리로 신문을 읽어 주는 소리를 들을 수 있었다.

인쇄물에 접근하는 방식이 상당히 달랐듯이 인쇄 형태도 달랐다. 근대 초기에 책들보다는 비정기적 텍스트가 훨씬 많았다. 비정기적 텍스트는 한 장의 종이에 목판화와 표제를 달아 기적이나 재난을 구체적으로 그리거나 정치적 사건을 기념하고 성인이나 거룩한 행위들을 경축하고 혹은 연중 휴일이나 계절을 표시했다. 포스터는 책 판매상과 책 행상인들에 의해 판매되거나 신도회에서 회원들에게 보급되었으며, 포스터가 집이나 작업장 벽을 장식하기에 적합하지 않을 경우에는 이 손에서 저 손으로 여러 사람을 거쳐 갔다. 서정시가 있는 몇 쪽의 원고 초안이나 불만이 많은 시기에 손으로 쓴 현수막과 같은 텍스트들은 "읽기와 읽기 이상의 것이었던 인쇄물과 밀접한 친분을 맺었다는 만장일치의 증거"였다.

인쇄 문화의 모든 차원의 복잡성을 인정하면서, 샤르티에와 로슈는 독서 행위 자체가 변모를 거듭했다고 주장한다. 독서는 반드시 혼자서 하거나 조용히 하지 않았으며 문자해득률의 특정한 한계점에 기초하지도 않았다. 다양한 독서 행위는 다양한 수준의 기능들에 따라 보상되고 포함되는 사회관계에 깊이 뿌리박고 있다. 갖가지 텍스트들은 엘리트이건 대중이건 가족 모임에서, 종교적 공동체의 회원들 사이에서, 혹은 공공 광장에 게시된 불평 때문에 비공식적으로 모인 정치적 집회에서 큰 소리로 읽힐 때, 목소리라는 매개를 통해서 공유되었다.

《프랑스 출판의 역사》를 위해 집필한 논문 〈파란 책과 민중의 독서〉(Livres bleus et lectures populaires, 1984)에서, 샤르티에는 관심을 독자로부터 책으로 옮겼다. 샤르티에는 나중에 《책들의 질서》(1992)에서 텍스트는 그 내용에 대한 독자들의 기대를 만들어 내는 텍스트의 물리적 형태로부터 요약해서는 안 된다는 좀 더 폭넓은 논쟁을 제기했지만, 이 논문에서는 주로 경험적 사례를 다루고 있다. 17세기와 18세기에 값싼 대중서적인 파란 책 전체를 이용하여, 샤르티에는 인쇄업자와 출판업자들이 새 독자들을 얻기 위해 텍스트를 어떻게 바꾸었는지 검토함으로써 특정한 제목과 장르에 대한 통계조사에서 좀 더 질적인 분석으로 옮겨 갔다.

책의 특정한 파란 종이 표지로 인해 '청색 문고'(bibliothèque bleue)라고 불리는 출판 사업은, 수완 좋은 출판업자들이 식자층에게 좀 더 쉽게 접근할 수 있도록 구성한 텍스트를 판매함으로써, '민중문학'에 대한 역사가들의 기대를 저버렸다. 좀 더 많은 독자들에게 호소할 것 같은 텍스트들(예를 들면 일반적인 경건행위를 위한 종교적 입문서들 혹은 에피소드 설명이나 흔한 등장인물로 인해 그다지 주의 깊게 읽지 않아도 되는 소설들)을 선택함으로써, 출판업자들은 좀 더 널리 판매하기 위해 책을 물리적으로 변화시켰다. 출판업자들은 '간헐적으로' 읽기를 쉽게 하고 여러 길잡이 표지들이 필요한 제한된 능력을 가진 독자들을 도와주기 위해서, 두꺼운 페이지 체제를 새로운 문단과 장들로 나누었다. 이들은 서술 문장에서 불필요한 부분을 가지 쳐 내고 고풍스러운 구절들을 현대적으로 바꾸고 행동의 리듬을 느리게 만들었던 등장인물의 묘사를 잘라 냄으로써, 이야기를 매끄럽게 만들었다. 또 이해를 쉽게 하기 위하여 그림을 전략적으로 배치했다.

샤르티에는 10년 후에 《책들의 질서》(L'ordre des livres, 1992)에서 논할 출판 전략의 좀 더 포괄적인 의미를 요약했다. '파란 책'은 같은 시기에 에스파냐에서 출간된 '플리에고스 데 코르델'(pliegos de cordel, 즉 매달아 놓고 파는 책자—옮긴이)이나 잉글랜드의 '싸구려 책'처럼, 특정한 텍스트는 단일한 의미만을 가지고 식자층 혹은 민중 독자층 가운데 오직 한쪽만을 대상으로 한다는 역사가들의 오래도록 지속되어 온 가정에 도전했다. 오히려 출판업자들은 창의적인 편집 전략과 새로운 출판 형태를 통해 텍스트에 대한 다양한 독자를 창출해 내고 텍스트의 새로운 사용을 이끌어 냈다. 새로운 독자들을 유인한 출판업자들의 성공은 독자층 사이의 사회적 구별은 고정되어 있지 않으며 역동적인 과정의 산물이라는 것을 말해 준다.

독서와 텍스트 형태의 범주가 얼마나 넓은지를 보여 줌으로써 샤르티에는 인쇄 문화가 얼마나 방대한 의미를 함축하고 있는지 보여 주었다. 샤르티에는 다음에 언급한 주제들을 편집하고 발간함으로써, 저자와 편집자로서 인쇄물의 가능성을 탐색했다. 근대 초기 종교와 정치 텍스트들의 이용에 대한 모음집인《인쇄물의 이용 (15~19세기)》(1987), 편지 쓰기의 규범과 실행들인《서한집: 19세기의 편지 쓰기》(1991), 민중의 독서 실행과 책 행상인들이 판매한 다양한 텍스트들인《행상과 민중의 독서: 16~19세기 유럽에서 대량 유통된 인쇄물들》(1996), 그리고 작가라는 인물의 개념 변화를 다룬《고대의 작가의 정체성과 유럽의 전통》(2004) 같은 책이 있다.

장기지속적인 전망이 현재 실행에 무엇을 기여할 수 있는지를 이해하는 아날학파의 학자로서, 샤르티에는 또한 지식에 접근하는 현대적 방법과 우리의 ’책’에 대한 개념을 바꾸고 있는 텍스트의 디지털화라는 거대한 계획에도 참여하고 있다. 〈기록된 말의 재현〉(1995)은 컴퓨터 화면에서 읽기라는 변화의 특징을 구텐베르크의 인쇄술 발명보다 훨씬 광대한 기술혁명으로서 묘사하고 있다. 전자 미디어가 독자들에게 예전에는 결코 할 수 없었던 방식으로 텍스트에 주석을 달고 편집하고 재조립하는 새로운 가능성을 제공한 것을 축하하면서, 샤르티에는 이제 막 태어난 (무엇보다도 저작권과 판권의) 새로운 법률적 개념들과 (목록 만들기, 참고문헌 목록 기술과 같은) 문학적 실행들을 환기시켰다. 동시에 그는 우리의 역사의식 상실을 경고했다. 왜냐하면 비록 컴퓨터가 이 세상의 모든 지식을 모두 아우르는 유토피아적인 도서관을 건설한다고 약속한다고 할지라도, 컴퓨터는 어느 곳에서 나왔는지 알 수 없는 텍스트를 세상 모든 곳에 퍼트린다고 위협하고 있기 때문이다. 도서관 사서들과 역사가들은 예전의 형태를 반드시 보존해야 한다. 왜냐하면 우리의 조상들이 인쇄물을 통해 만났던 책, 팸플릿, 신문과 포스터 없이는 우리는 그들이 인쇄물을 이해했던 방식을 망각할 것이기 때문이다.

샤르티에도 인쇄와 독서 역사의 중심에 있는 이론적 문제들, 다시 말해 지식층 문화와 민중문화의 관계에 대해 명쾌하게 입장을 드러냈다.

《민중의 재현: 독자들과 그들의 책들》(1995)은 지식층 문화와 구별되지만 의존적인 논리를 가진 "논리 정연한 상징체계"라고 하는 민중문화의 좀 더 오래된 정의에 대해 이의를 제기했다. 이 정의에 따르면, 공동 생산과 독창적 생산을 하던 황금시대가 엘리트의 위협과 엄격한 외부 규범에 의해 패배했을 때, 고립된 민중문화가 부상하기 시작했다.

샤르티에는 이러한 시각에 대해 다양한 비판을 발전시켰다. 샤르티에는 역사가들이 마치 중세와 종교개혁 시대, 19세기의 새로운 사회적 불화들이 엘리트들이 민중과 공유했던 객체와 실행을 결정적으로 포기했기 때문에 일어난 것처럼 추정했다고 지적하면서, 이러한 연대기에 이의를 제기했다. 그는 차라리 분열의 고립된 순간들에 대한 직선적인 설명들을, 엘리트와 민중이 시간이 흐르면서 어떻게 관계가 변화를 거듭했는지에 대해 생각하는 덜 목적론적인 역사로 대체할 것을 제안한다. 좀 더 넓게 말하자면, 샤르티에는 문화의 대상과 실행이 "사회적으로 순수"하다는 사실을 거부한다. 책이든 종교적 헌신이든 "동시에 타문화에 성공적으로 동화된 사람과 동화되고 있는" 서로 다른 사회집단들 사이에서 공유되었다. 미셸 드 세르토를 따라서, 샤르티에는 강조점을 대상(object)에서 대상의 사용으로 옮겨 갔다. 소비자들은 의미를 타협하고 지배적인 사회집단이나 기관이 강제하고 싶은 규범에 대해 이의를 제기함으로써 문화적 '기호'와 생산물을 전유한다. 그러나 종속적인 집단의 활동은 항상 지배집단의 규범을 단순히 받아들이거나 거부하는 것 이상이다. 예를 들자면 독자들은 "본래 의도했던 의미로부터 아주 멀리 떨어지도록" 의미를 부여하기 위해 텍스트를 해체하고 재조직하곤 한다.

〈예절〉(Civilité, 1986)은 재현을 두고 일어나는 경쟁이 항상 민중이 엘리트 규범을 저항하는 것으로 제한되지 않는다는 사실을 보여 줌으로써 사례의 폭을 넓혔다. 여기서, 샤르티에의 근대 초 에티켓 규범의 분석은 엘리트들이 한때 책에서 좀 더 높은 사회적 신분을 선전하거나 규범적이라고 널리 받아들여진 행동들을 반복적으로 포기해 왔다는 사실을 보여 준다. 왜냐하면 만약에 유일한 실행이 아니라면 어떻게 사회적 차별을 시사할 수 있는가?

1990년대 초기에, 샤르티에는 프랑스혁명의 원인이라는 고전적 역사학의 문제와 씨름하기로 작정했다. 그러나 《프랑스혁명의 문화적 기원》(1990)이 출발점이었다면, 샤르티에는 이 책에 10년 넘게 힘써 노력해 온 문제와 방법을 담았다. 여기서, 그는 사건 자체에서 비롯되는 주장, 다시 말해 프랑스혁명의 뿌리는 계몽사상가들에 의해 생산된 새로운 진보적 사상에서 나왔다는 주장을 끄집어낸다. 이러한 주장을 18세기 역사에 통합시킨 세 사상가인 알렉시 드 토크빌, 이폴리트 텐, 그리고 다니엘 모르네에 주목하면서, 사상이 프랑스혁명의 규모로 반란을 만들어 낼 수 있는지 질문을 던짐으로써 명백하게 자신만의 독특한 문제들을 제기한다. 샤르티에는 청색 문고 이야기를 다룰 때보다 계몽사상을 다루는 것이 더욱 생산적이라는 것을 발견한다. 샤르티에는 일관성이 있고 역사를 초월하는 보편적인 추상성이 아니라, 좀 더 거대한 믿음과 실행의 '몸체'(corpus)에 포함된 진술로서 계몽사상을 다루었다. "사상의 확산은 단순히 강제함으로써 이루어질 수 없다. 사상의 수용은 항상 받은 것을 변형하고 재조직하고 초월하는 재현을 수반한다. …… 사상의 순환은 …… 항상 역동적이고 창조적인 과정이다."

1989년 프랑스혁명 200주년 전에 출간된 18세기 프랑스에 관한 광대한 학문 세계를 요약하면서, 샤르티에는 그 함축된 의미를 고찰했다. 그는 혁명 직전의 세계를 실행과 사고방식에서 지대한 영향을 끼칠 변화가 진행되고 있는 세계로 묘사했다. 문학 시장의 성장으로 책 순환이 증가하면서, 독서의 변화는 일상생활에 침투하여 책에 대하여 그리고 인생 경험에 대한 비판적 견해를 격려했다. 교회와 왕권에 대한 태도의 변화는 공식적인 종교 교리에 대한 충성심을 느슨하게 만들었고, 왕을 성인으로 보는 생각의 권위를 떨어뜨렸다. 농민 자신들은 귀족 권력에 대한 종속에서 더 자유롭다고 느꼈으며, 노동자들은 집단행동에 더 익숙해졌고, 살롱과 프리메이슨 지부에 드나드는 엘리트들은 전통적인 사회 범주를 덜 존중하게 되었다. 이러한 변화의 결과는 새로운 정치문화였다. 새로운 정치문화에서는 좀 더 넓게 인식된 대중은 스스로 "왕국의 한계나 제도화된 권력에 의무적으로 복종하는 것에 대해 비판적으로 판단"할 수 있도록 허락받았다고 생각했다.

그러나 아직 샤르티에는 좁은 의미의 인과관계를 거부한다. 새로운 정치문화는 프랑스혁명을 기계적으로 만들어 내지 않았으며 혁명을 '상상할 수 있는' 것으로 만듦으로써 혁명이 가능하도록 했다. 그는 결론적으로 혁명이 스스로 독자적인 사건이 되기 위하여 이전의 모든 것들로부터 첨예한 단절을 만들어 낸 혁명의 내적 역동성을 무시하지 말아야 한다고 주장한다. 계몽사상과 혁명을 "동일한 목적과 비슷한 기대를 서로 다른 방식으로 공유하면서 …… 서로를 포함하고 서로를 넘어서 확대해 나가면서 장기지속적 과정 안에서 함께 써 가는" 것으로 인식하는 것이 더 좋다고 보았다.

이 책은 개념적 야심과 종합적 성취로 인해 대단히 환영받았지만, 그럼에도 그를 존경하는 어느 평자는 계몽사상가들의 작품을 너무 가볍게 다루었다며 샤르티에를 비판했다. 샤르티에는 결코 부정할 수 없을 정도로 계몽사상의 중요성을 철저하게 상대화했지만, 《프랑스혁명의 문화적 기원》을 사상이 등장할 무대를 좀 더 선별하기 위해서 날개 안에 사상들을 보존한 것으로 묘사하는 편이 더 정확할 것이다. 계몽사상가들의 글이 읽히던 세계와 계몽사상가들의 전유가 형성되는 조건들을 좀 더 잘 이해하게 되면서, 우리는 18세기의 독자들이 '근대인들'이 완벽하게 이해하고 있다고 믿는 사상들을 어떻게 해석했는지를 더 잘 이해하게 되었다.

지금까지 출간된 저작 가운데 가장 야심작으로 꼽히는 《벼랑 끝에서》(1998)에서 샤르티에는 잠정적으로 문화사의 기초들을 심사숙고하기 위해서 역사 연구를 옆으로 제쳐두었다. 그는 미셸 푸코, 미셸 드 세르토, 헤이든 화이트, 노르베르트 엘리아스 같은 현대의 중요한 사상가들의 저작을 해석하고 분석하는 논문들을 통해 이런 작업을 수행했다. 서지학자인 도널드 매켄지와 철학자이며 예술사가인 루이 마랭에 관한 논문은 지성사와 심성사의 고전적 접근에 대한 샤르티에의 다년간에 걸친 비평을 확장시켰다. 만약 사상이 역사를 초월하는 보편적 내용이 부족하거나 물질적 기준에 의해 선험적으로 정의된 사회집단과 연관되지 못한다면, 매켄지와 마랭은 어떻게 이 사상들을 역사적 맥락에서 복원시키고 더 거대한 이데올로기 체제 안에서 형성된 의미들을 알아낼 수 있는지 제시했다. 이를 위하여 매켄지는 샤르티에가 했던 것처럼 텍스트를 텍스트가 오랫동안 지속해 온 책과의 관계로부터 분리시켜서, 팸플릿, 포스터, 지도, 악보와 풍경 그리고 현대 세계에서는 컴퓨터 자료와 디지털화한 텍스트의 물리적 상이성을 강조했다. 책의 물질적 측면을 분석하는 서지학자의 공식적 업무를 수행하면서, 매켄지는 어떻게 한 텍스트의 형태 변화가 그 의미들을 변화시킬 수 있는지 보여 줌으로써 서지학자의 업무가 역사에 봉사하도록 만들었다.

루이 마랭은 매켄지와 유사한 방식들을 근대 초기의 그림, 이미지와 의식에 적용했다. 17세기의 이론들과 실제 재현 예술을 짝지으면서, 마랭은 어떻게 개인과 집단이 신분과 계급을 표현하는 "실행과 기호"를 제도화시키고 현실을 특정한 방식으로 분류하여 더 큰 사회와 연관을 맺는지를 탐구했다. 샤르티에는 마랭의 작업이 "지배자와 피지배자 사이에 그랬던 것처럼 어떻게 서로 다른 사회집단들 사이에서 난폭한 힘이나 순수한 폭력에 기초한 갈등이 상징적 투쟁으로 변모했는지를 이해하도록 만든다"고 결론지었다. 노르베르트 엘리아스에 관해 논의한 3개의 장은 대상으로부터 청중으로 강조점을 옮겼을 뿐 아니라, 샤르티에로 하여금 그의 저작에서 유일하게 수입한 학자들에게 돌아가도록 만들었다. 샤르티에는 1985년에 출간된 《궁정 사회》 서문에서 엘리아스의 저작에 담겨 있는 핵심을 먼저 요약했다. 서문에서 그는 '문명화 과정'에 대한 사회학자의 역사적 설명, 다시 말해 국가는 왕실의 의전이 궁정 대신의 육체와 감정을 점차 제한함으로써 폭력을 독점하게 되었다는 설명에 대해 연구했다.

《벼랑 끝에서》의 논문들은 엘리아스의 사회 이론을 상세히 설명하면서 역사로부터 사회학으로 강조점을 옮겼다. 샤르티에의 설명에 따르면, 엘리아스는 개인이 항상 개인으로부터 독립적이며 개인의 외곽에 위치하는 사회와 대립한다는 전통적인 반대 의견을 거부했다. 엘리아스는 개인과 사회는 불가분의 관계라고 주장했다. 인간은 그들이 서로 어떻게 관계를 맺으며 자신의 개성을 어떻게 형성해 가는지를 결정하는 사회관계망 속에서 작동한다고 주장했다. 이러한 관계망이 없이 우리는 유명한 아베롱의 거친 자녀들과 같을 것이고, 관계망이 있으면 우리는 궁정의 무희와 같을 것이다.

> 각 무희가 만들어 내는 스텝과 절, 제스처, 움직임은 …… 다른 무희의 동작들과 동시에 움직인다. 만약에 춤추는 무희들 가운데 누구라도 독단적으로 관찰된다면, 그 무희의 움직임의 기능들은 이해될 수 없다. 개인이 이러한 상황에서 행동하는 방법은 무희들 서로서로의 관계에 따라 결정된다. (샤르티에는 엘리아스를 인용했다)

엘리아스 저작의 프랑스어 개정판 서문으로 쓰인 샤르티에의 논문은 엘리아스의 저작들이 사회문화사에 뚜렷하게 기여했음을 보여 주고 있지만, 이 논문들은 그러한 기여들에 대해 전혀 일정한 거리를 유지하고 있지 않다. 샤르티에의 실험적 저작들이 미셸 드 세르토가 경축한 바 있는 개인의 창의성과 작은 형태의 저항의 예들로 엘리아스의 사회결정론을 완화시켰는지 고려한다면, 이것은 이상한 침묵이다. 그러나 역사적 인식론에 대한 토론에서 대담자로 활약하면서, 드 세르토는 이 책에서 다른 역할을 하고 있기 때문에, 샤르티에가 단순히 이론적 논쟁을 원했는지 아니면 최근에 사회적 통제에 대한 좀 더 결정론적 입장을 취했는지는 알기 어렵다.

《벼랑 끝에서》의 대부분은 미국 문화사에서 나타난 '언어로의 전환'에 대한 논의에 집중했으며, 이에 따라 대부분의 논평을 미국에서 끌어왔다. 샤르티에는 이미 오래전에 계량화를 포기했음에도, 역사는 방법론과 목적에서 사회과학으로 남아 있어야 한다고 주장한 것이 이를 잘 보여 준다. 역사가들이 연구하는 문화들은 확고하게 언어 바깥에 존재하는 제스처, 갈등, 습관들을 포함한다. 따라서 문화는 우리가 언어에 적용하는 동일한 논리에 따라 해석돼서는 안 된다. 그리고 샤르티에는 '인증의 전략'(진실을 말하는 기록)과 표현의 독특한 방법들 때문에, 기록된 역사는 이야기체를 선호함에도 불구하고 소설과 구별된다고 주장한다.

이 책은 미국 문화사가들 사이에서 활발하고 생산적인 토론을 이끌어 냈다. 윌리엄 시웰은 샤르티에의 비판에 호의적이면서 프랑스의 한 지성인이 지나치게 언어적 분석에 치우치는 미국인들을 혼내 주는 아이러니를 기뻐하는 인물로, 그는 샤르티에가 이미 자기 것이라 주장하는 중간 지대(언어와 실행 사이의 지대를 말함—옮긴이)를 옹호한다. 시웰은 언어를 실행하고 분할하기보다는, "언어적 패러다임을 광대한 기호학 가족들과 동등한 회원"으로 포함해서, 언어와 실행 모두를 학자들이 해석 도구의 범주로써 필요하다고 생각하는 넓은 범주에 위치시킨다. 샤르티에는 비록 적절한 방법론이 만들어지지 않았을지라도, 자신과 시웰이 문화적 실행들을 "문화적 실행의 가능한 사회적 조건들"과 연계하여 연구하고자 하는 공통된 연구 목표를 갖고 있다고 인식했다.

지식이 생산되고 이송되고 획득되는 무수한 방법들에 빈틈없이 맞추어서, 로제 샤르티에는 더욱 큰 세상을 향해 지칠 줄 모르고 나아가고 있다. 사회과학고등연구원에서 열리는 샤르티에의 세미나는 어떤 경력의 프랑스 학자나 외국인 학자들이든지 자신의 작업을 공유할 수 있는 토론장을 제공하면서 샤르티에의 사상을 풀어나가는 현대적 살롱 역할을 오랫동안 수행했다. 그의 세미나를 넘어서, 그는 첫 10년 동안 과학사와 과학 이론의 선도적인 연구소인 알렉상드르코이레센터를 이끌었고 프랑스 국립도서관을 설립하는 과정에 중요한 고문 역할을 했다. 샤르티에의 저서들과 논문들은 적어도 7개 국어로 번역되었으며, 샤르티에는 파리를 벗어나 여러 나라들을 여행하면서 15년 동안 3개 대륙의 24개가 넘는 기관에서 방문교수와 특강교수로 활약했다.

샤르티에는 거의 20년 동안에 걸친 《르몽드》의 정기 서평란을 통해서 학술 출판의 한계를 벗어났다. 《규칙의 경기: 특강들》(2000)에 수집된 이 서평들은 현대 문화사에서 가장 중요한 책들 가운데 일부 프랑스어로 번역된 책들을 독자들에게 소개했다. 카를로 긴즈부르그와 조바니 레비의 책 서평을 통해서 이탈리아 미시사의 방법과 목적을 묘사하거나, 내털리 제먼 데이비스와 아를레트 파르주와 다니엘 아스뒤복, 엘리안 비에노가 편집한 논문집들이 어떻게 근대 초 유럽에서 여성의 역할에 대한 이해를 넓혀 주었는지를 탐구하거나, 스티븐 섀핀과 사이먼 섀퍼의 《리바이어던과 공기 펌프》(Leviathan and the Air Pump)가 어떻게 과학혁명과 과학사에 신선한 빛을 비추게 되었는지를 설명하면서, 샤르티에는 근대 초의 출판인들이 좀 더 많은 대중에게 번역해 주고 그들 앞에서 사상을 기념했던 것처럼 새로운 사상에 대한 새로운 청중을 창출했다.

백인호 옮김

참고 자료

*로제 샤르티에가 출간한 저작은 너무 많아 그 모든 책과 논문을 여기에 다 소개하는 것은 불가능하다. 책들 중에서, 영어 번역본과 영어로 번역되지 않은 프랑스어나 에스파냐어 번역된 책만 수록했다. 그의 400개가 넘는 학회지 논문들과 전집에 포함된 논문들과 서문들 가운데 이 글에서 인용한 논문들만 여기에 수록했다. 완벽한 참고문헌 목록을 원한다면 샤르티에의 콜레주드프랑스의 웹페이지를 살펴보기 바란다.
(www.college-de-france.fr/default/EN/eur_mod/travaux_bibliographie.htm)

책

L'Education en France du XVIe au XVIIIe siècle, by Roger Chartier, Dominique Julia, and Marie-Madeleine Compère (Paris: SEDES, 1976).

La Nouvelle Histoire, edited by Roger Chartier, Jacques Le Goff, and Jacques Revel (Paris: Retz, 1978).

Figures de la gueuserie (Paris, Montalba: Bibliothèque bleue, 1982).

Histoire de l'édition française, 4 vols., edited by Henri-Jean Martin and Roger Chartier (Paris: Promodis, 1982. 6).

Représentation et vouloir politique: autour des Etats Généraux de 1614, edited by Roger Chartier and Denis Richet (Paris: Editions de L'EHESS, 1982).

Pratiques de la lecture, edited by Roger Chartier (Marseille: Rivages, 1985).

Les Universités européennes du XVIe au XVIIIe siècle: histoire sociale des populations étudiantes, vol. I, edited by Roger Chartier, Dominique Julia, and Jacques Revel (Paris: Editions de L'EHESS, 1986).

The Cultural Uses of Print in Early Modern France, translated by Lydia G. Cochrane (Princeton, NJ: Princeton University Press, 1987).

Cultural History: Between Practices and Representations, translated by Lydia G. Cochrane (Cambridge: Polity Press, 1988).

The Culture of Print: Power and the Uses of Print in Early Modern Europe, 15th. 19th Centuries, edited by Roger Chartier, translated by Lydia G. Cochrane (Cambridge: Polity Press, 1989).

A History of Private Life, vol. III: Passions of the Renaissance, edited by Roger Chartier, Philippe Ariès, and Georges Duby, translated by Arthur Goldhammer (Cambridge, MA: Belknap Press of Harvard University Press, 1989); 《사생활의 역사》 전5권(이영림 외 옮김, 새물결, 2002~2006).

The Cultural Origins of the French Revolution, translated by Lydia G. Cochrane (Durham, NC: Duke University Press, 1991); 《프랑스혁명의 문화적 기원》(백인호 옮김, 지만지, 2015).

La Correspondance: les usages de la lettre au XIXe siècle, edited by Roger Chartier (Paris: Fayard, 1991).

The Order of Books: Readers, Authors, and Libraries in Europe between the Fourteenth and Eighteenth Centuries, translated by Lydia G. Cochrane (Cambridge: Polity Press, 1994).

Forms and Meanings: Texts, Performances, and Audiences from Codex to Computer (Philadelphia, PA: University of Pennsylvania Press, 1995).

Histoires de la lecture: un bilan des recherches, edited by Roger Chartier (Paris: IMEC Editions and Editions de la Maison des sciences de l'homme, 1995); 《읽는다는 것의 역사》(이종삼 옮김, 한국출판마케팅연구소, 2006).

Colportage et lecture populaire: imprimés de large circulation en Europe, XVIe-XIXe siècles, edited by Roger Chartier and Hans-Jürgen Lüsebrink (Paris: IMEC Editions and Editions de la Maison des sciences de l'homme, 1996).

Sciences et langues en Europe, edited by Roger Chartier and Pietro Corsi (Paris: Centre Alexandre Koyré, CID, 1996).

Le Livre en revolutions: entretiens avec Jean Lebrun (Paris: Editions Textuel, 1997).

On the Edge of the Cliff: History, Language, and Practices, translated by Lydia G. Cochrane (Baltimore, MD: The Johns Hopkins University Press, 1997).

A History of Reading in the West, edited by Roger Chartier and Guglielmo Cavallo, translated by Lydia G. Cochrane (Cambridge: Polity Press, 1999).

Publishing Drama in Early Modern Europe: The Panizzi Lectures 1998 (London: The British

Library, 1999).

Entre poder y placer: cultura escrita y literatura en la Edad moderna, translated by Maribel García S a nchez, Alejandro Pescador, Horacio Pons and María Condor (Madrid: Ediciones C a tedra, 2000).

Le Jeu de la règle: Lectures (Bordeaux: Presses Universitaires de Bordeaux, 2000).

Las Revoluciones de la cultura escrita: di a logoéintervenciones, translated by Alberto Luis Bixio (Barcelona: Gedisa, 2000).

Identités d' auteur dans l'Antiquité et la tradition européenne, edited by Roger Chartier and Claude Calame (Grenoble: Editions Jérôme Millon, 2004).

Europa, América y el Mundo: tiempos históricos, edited by Roger Chartier and Antonio Feros (Madrid: Fundaci o n Rafael del Pino / Marcial Pons, 2006).

¿ Qué es un libro?, edited by Roger Chartier (Madrid: Círculo de Bellas Artes, 2006).

Inscription and Erasure: Literature and Written Culture from the Eleventh to the Eighteenth Century, translated by Arthur Goldhammer (Philadelphia, PA: University of Pennsylvania Press, 2007).

논문

"The *bibliothèque bleue* and popular reading," in *The Cultural Uses of Print in Early Modern France*, translated by Lydia G. Cochrane (Princeton, NJ: Princeton University Press, 1987); originally published in H.-J. Martin and Roger Chartier (eds.), *Histoire de l'édition française, vol. II: Le Livre triomphant* (Paris: Promodis, 1984).

"Urban reading practices, 1660-1780," with Daniel Roche, in *The Cultural Uses of Print in Early Modern France*, translated by Lydia G. Cochrane (Princeton, NJ: Princeton University Press, 1987); originally published in H.-J. Martin and Roger Chartier (eds.), *Histoire de l'édition française, vol. II: Le Livre triomphant* (Paris: Promodis, 1984).

"From texts to manners. A concept and its books: civilité between aristocratic distinction and popular appropriation," in *The Cultural Uses of Print in Early Modern France*, translated by Lydia G. Cochrane (Princeton, NJ: Princeton University Press, 1987); originally published in Rolf Reichardt and E. Schmitt (eds.), *Handbücher politisch-sozialer Grundbegriffe in Frankreich, 1680-1820* (Munich: Oldenbourg, 1986).

"Social figuration and habitus: reading Elias," in *Cultural History: Between Practices and Representations*, translated by Lydia G. Cochrane (Ithaca, NY: Cornell

University Press, 1988); originally published as the preface to *La Société de cour* (Paris: Flammarion, 1985).

"Communities of readers," in *The Order of Books*, translated by Lydia G. Cochrane (Stanford: Stanford University Press, 1994).

"Popular appropriations: the readers and their books," translated by Daniel Thorburn and David Hall in *Forms and Meanings: Texts, Performances, and Audience from Codex to Computer* (Philadelphia, PA: University of Pennsylvania Press, 1995).

"Representations of the written word," translated by Laura Mason and Milad Doueihi in *Forms and Meanings: Texts, Performances, and Audience from Codex to Computer* (Philadelphia, PA: University of Pennsylvania Press, 1995).

"The world as representation," in *Histories: French Constructions of the Past*, edited by Jacques Revel and Lynn Hunt (New York: New Press, 1995); originally published as "Le monde comme représentation," *Annales* 44 (1989): 1505. 20.

인터뷰

"Dialogue à propos de l'histoire culturelle," with Pierre Bourdieu and Robert Darnton in *Actes de la recherche en sciences sociales*, 59 (1985): 86. 3.

"Gens à histoires, gens sans histoires," with Pierre Bourdieu, *Politix*, 6 (1989): 53. 60.

"Dialogue sur l'espace public," with Keith Michael Baker, *Politix*, 26 (1994): 5. 22.

"L'histoire culturelle aujourd'hui: entretien avec Roger Chartier," by Gérard Noiriel, *Genèses*, 15 (1) (1994): 115. 29.

"Reading literature/culture: a translation of 'Reading as a cultural practice,'" a dialogue with Pierre Bourdieu, by Todd W. Reeser and Steven D. Spalding, *Style*, 36 (4) (2002): 659. 76.

"Le livre: son passé, son avenir. Un entretien avec Roger Chartier," by Ivan Jablonka (available at www.laviedesidees.fr/Le-livre-son-passe-son-avenir. html; September 29, 2008).

참고문헌

Censer, Jack, "Review of *The Cultural Origins of the French Revolution*," *American Historical Review*, 97 (4) (1992): 1225. 6.

Poirrier, Philippe, "l'histoire culturelle en France. Retour sur trois itinéraires: Alain Corbin, Roger Chartier et Jean-François Sirinelli," *Cahiers d'histoire*, 26 (2) (2007): 49. 59.

Smith, Bonnie G., Dewald, Jonathan, Sewell, William, et al., "Critical pragmatism, language, and cultural history: on Roger Chartier's *On the Edge of the Cliff*," *French Historical Studies*, 21 (2) (1998): 213. 64.

42

앙리 루소

1954~

Henry Rousso

앙리 루소

휴고 프레이·크리스토퍼 플러드

앙리 루소는 역사와 정치, 비시 정권(1940~1944)의 유산을 전문적으로 다루는 현대 역사가이다. 그는 이 주제들에 대한 저작을 널리 출판했고, 교수 자격과 파리정치대학의 연구지도 자격을 보유하고 있다. 2000년 장피에르 아제마의 지도 아래 통과된 5권의 박사 학위논문《암울한 시기의 역사와 기억》(Histoire et mémoire des années noires)으로 두 번째 자격을 획득했다. 이 박사 학위논문은 2001년《비시: 사건, 기억, 역사》(Vichy: l'événement, la mémoire, l'histoire)로 제목을 바꿔 출판되었다. 1994~2005년에는 파리의 정부 지원 연구소 현재사연구소(IHTP) 소장을 지냈고 국가공로훈장을 받았다.

현대사 전문가로서 루소는 자신의 능력을 정치학, 저널리즘, 공공서비스 분야에서 펼쳤다. 예를 들어 그는 1997년 이전 대독 협력자 모리스 파퐁의 재판에 전문가 증언자로 참여해 달라는 요청을 받았다. 루소는 역사가가 법정에서 해야 할 역할의 공과를 고려한 지적 관심사 때문에 이 제안을 거절했다. 게다가 그는 교육부에 의해 리옹3대학에 임용된 극우파 지식인 그룹의 활동을 조사하는 위원회 위원장을 맡았다. 이 민감한 조사를 진행하기 위해 루소가 책임을 맡았다는 사실은 교수로서뿐 아니라 정부 내에서 높은 평가를 받고 있다는 증거이다(2004년 최종 발행 보고서인 리옹3대학 자료 참조).

루소는 1954년 이집트의 알렉산드리아에서 태어났다. 하지만 그의 가족은 1956년 수에즈 위기 때 나세르의 조치 때문에 어쩔 수 없이 이집트를 떠나야만 했다. 그 뒤 생클루 고등사범학교를 졸업한 루소는 1976년 비시 정권의 조직위원회(comités d'organisation) 연구로 파리1대학에서 석사 학위를 받았다. 이 문제의 조직위원회들은 나치 점령 아래 산업을 부흥시키려 한 일종의 협동조합이었다. 석사 학위논문을 완성한 루소는 국가박사 학위논문을 쓰기 위해 박사과정에 등록했다. 처음에는 장 부비에가, 그리고 그의 갑작스런 사망 이후 앙투안 프로가 루소의 연구를 지도했다. 연구의 초점은 여전히 현대 경제사였다. 그 분야에서 계속 출판물을 내놓았지만 연구를 마무리하지 못한 루소는 점차 경제학으로 관심이 옮겨 갔다.

비교적 젊은 나이에 루소는 잠시 중요한 출판물 시리즈에 기고했다. 그의 논문 〈비시의 산업 조직〉은 1979년 루소가 몇 년 뒤에 이끌게 될 현재사연구소의 정기간행물 《제2차 세계대전사》에 게재되었다. 루소는 이 논문에서 어떻게 프랑스 산업이 독일 점령군과 협력했는지 밝히고 있다. 그렇게 해서 그는 전임 공직자들, 특히 프랑수아 르이되가 주장했던 비시 정권에 대한 방어적 시각을 수정했다. 루소는 조직위원회 같은 경영 구조에 대한 생각이 불합리한 나치 정책의 월권에 방패막이로 작용했다고 주장한다. 루소의 논거는 1973년 프랑스에서 처음 출판된 로버트 팩스턴의

《1940~1944년 비시 프랑스》(La France de Vichy, 1940~1944)에 의해 널리 알려졌다. 팩스턴의 관점에서 루소는 비시 정권의 현대화 요소, 팩스턴이 말하는 '새로운 질서'의 테크노크라트(기술 관료), 그리고 경제 협력에서 그들이 담당한 부분을 분석했다. 마찬가지로 팩스턴의 논거에 따라 루소는 어떻게 대독 협력이 독일의 요구보다 프랑스의 주도로 이루어졌는지를 역설했다.

루소의 첫 전공 논문은 1980년에 프레드 쿠퍼만이 지도하던 시리즈에 연재되었다. 《독일의 성》(Un château en Allemagne)은 기발하고 열정이 넘치는 정치사 서술의 사례였다. (독일 남부에 소재한) 지그마링겐에 망명한 페탱 정권의 최후를 다룬 이 연구는 학문적으로 독보적이고 흥미롭다. 비시에 대한 팩스턴의 해석에 영향을 받아 연구해 나간 루소는 비시 정권의 파벌주의가 어떻게 최후의 날까지 지속되었는지를 설명한다. 게다가 루소의 비시 정권 최후의 날에 대한 평가는 망명 압력과 육체적 망각이 이데올로기적 분열과 사적 질투심을 두드러지게 했다고 밝혔다. 더구나 지그마링겐의 도당을 보면서 루소는 1944~1945년 독일에서 살면서 일했던 또 다른 프랑스인들의 경험을 탐구하는 데 그의 논문을 이용했다. 그는 전쟁포로들과 독일의 덫에 걸렸던 자원 노동자들의 생활과 태도에 대한 대조적인 해석뿐 아니라 자크 도리오 같은 파시스트들에 대해서도 독창적인 논의를 펼쳤다. 루소가 망각되고 정치적으로 골치 아픈 집단들의 역사를 서술할 필요성을 발견한 것은 그의 통찰력 덕분이다. 그것은 젊은이 특유의 자신감의 표시이기도 하다. 게다가 루소 이전에 이 주제와 관련해 가장 유명한 것은 1957년에 루이페르디낭 셀린의 회고록 《한 성에서 다른 성으로》(D'un château l'autre, 1957)였다. 마찬가지로 루소가 지그마링겐을 선택한 것은 1971년에 지그마링겐을 대독 협력자 크리스티앙 드 라 마지에르와의 인터뷰를 위한 장소를 부분적으로 이용했던 제작된 마르셀 오퓔의 획기적인 다큐멘터리 〈고통과 연민〉이 가지는 간접적 중요성을 나타낸다.

방법론적으로 말해서 《독일의 성》은 설득력 있는 서사 방식으로 서술된 정치사가의 저서이다. 이 책은 생기와 열정으로 서술된 일련의 연대순 개요와 감상을 보여 주었다. 특히 선배인 셀린과 마찬가지로 루소는 풍자적이고 조롱 섞인 유머로 재능을 과시했다. 예를 들어 이 연구에서 가장 중요한 부분은 예리한 말로 시작했다. "지그마링겐은 온천 도시이다—또다시!" 이런 언급은 나머지 부분의 논조를 정했다. 루소의 서사는 풍자적이고 반파시스트 의식으로 특징지어졌다. 게다가 역사적 증거를 표시하는 데 있어서 포퓰리스트적인 측면이 있다. 루소는 이 책에서 여러 번 허구적 문학 형식을 통해 과거를 재구성하기 위해 일련의 일차사료를 이용했다. 이 과정에서 루소는 사실적으로 서로 다르게 기록된 경험들을 하나의 상징적 반향을 가진 일화로 종합했다.

돌이켜 생각해 보면 《독일의 성》의 마지막 부분은 확실히 1980~1990년대 루소의 연구 의제를 예측케 한다. 대독 협력자 도리오의 죽음을 둘러싼 혼란스런 사건을 생생하게 묘사하면서 루소는 지그마링겐 패주의 광범한 유산에 관해 인상적인 논평을 내놓았다. 여기서 그는 1944~1945년에 법망을 피해 독일로 도피했던 수많은 친독 의용대(milice)가 프랑스로 귀환했다고 설명한다. 그다음 의용대원들의 전형적인 과거 경력을 그렸다. "1952년 그는 프랑스의 미국계 기업 미국전기회사에 근무했다. 노조를 진압하는 게 그의 일이었다. …… 다르낭의 살인자는 솜씨를 잃지 않았다." 더욱이 다른 대독 협력자들의 증언을 보면 대개 그들은 남모르는 자부심을 느꼈다. 루소는 1970년대 중반 그들이 파리의 세련된 편집자들과 전쟁 회고록을 출판하면서 다시금 활발한 집단이었다는 데 주목한다. 비시 도당의 여생에 대한 루소의 도발적인 조망은 다음 단계에 그가 다루게 될 주제를 강조한다.

　1987년 처음 출판된 이래 1990년에 약간의 수정을 거쳐 재판된 《비시 신드롬》(Le Syndrme de Vichy)은 1944년부터 현재까지 비시 정권에 대한 역사적 기억을 상세히 분석한다. 여기서 루소는 프랑스가 어떻게 암울한 시기에 대한 기억과 타협했는지를 총체적으로 설명한다. 다시 말해 그는 1940년의 기억들이 어떻게 전후 정치에 영향을 미쳤고 구체적으로 어떻게 전개되었는지를 다루고 있다. 루소는 이 역사적 도식으로 문화적 산물의 스펙트럼을 분석하는데, 문학, 영화, 신문·잡지와 정치 관련 자료들을 아우른다. 루소는 이 자료들을 '기억의 매개체'로 간주하고 비시 정권을 향한 프랑스의 장기적 태도에서 집단적 '질병' 또는 신드롬을 경험했다는 점을 밝히는 데 활용했다.

　정신분석학 언어를 사용한 정교한 시대구분은 자료들에 대한 해석을 짜 맞췄다. 루소는 비시 정권에 대한 네 시기의 기억이 있었다고 말한다. 첫째, 국가가 비시 정권의 기록과 타협할 수 없었던 '불완전한 애도'의 시기(1945~1954)가 있었다. 둘째, 대독 협력에 대한 기억들이 레지스탕스 영웅주의의 선택적 기억으로 대체되면서 비시 정권 관련 주제에 대해 일치나 화해를 이룰 수 없었던 프랑스인들이 일화들을 '억누른' 시기(1954~1971)가 있었다. 셋째, 억압 단계에 이의를 제기하고 이윽고 산산이 조각난 '깨진 거울'의 시기(1971~1974)가 있었다. 넷째, 비시 정권 관련 주제가 1974년 이후부터 강박관념에 사로잡힌 언급 대상이었던 시기가 있었다. 그렇게 해서 불균형한 억압은 1940년대의 '암울한 시기'에 문제가 많고 위태위태한 매력으로 바뀐 것으로 보인다.

　대중적이고 유행을 따르는 역사 주제로서 지그마링겐에 대한 루소의 초기 선택과 마찬가지로 비시 정권에 대한 기억은 제2차 세계대전 발발 40주년과 어느 정도 부합하는 시의적절하고도 현명한 연구 주제였다. 그것은 학계, 지식인, 대중의 경향에 대해 지속적으로 인상 깊은 안목을 가졌던 한 학자를 특징짓는 직업적 선택이었다. 그러나 미시사의 논쟁적 일화에 전념했던 루소의 초기 저작들과 달리《비시 신드롬》은 집단기억에 대한 40년의 국가사가 되면서 범위가 확장되었다. 특히 그의 연구는 견고한 경험 연구뿐 아니라 '신드롬' 자체로 설득력 있는 구성 개념에 근거했다. 의학에서 이 용어를 빌려온 루소의 통찰력은 상상력을 사로잡았고, 문제가 되는 비시 정권의 유산이 어떻게 전후 세대에게 나타났는지를 극적으로 표현했다. 단 한 명의 역사가도 암울한 시기의 기억에 대해 완전한 역사를 쓰려는 기대하지 않았는데 루소의 '신드롬' 개념은 주제에 매달리는 데 호기심을 자아내는 해석상의 고리를 제공했다. 물론 루소의 지도교수였던 앙투안 프로 같은 몇몇 학자가 루소 이전에 집단기억과 기념물 문제에 관해 연구했다. 마찬가지로 1970년대 이래 널리 퍼진 문화적 분위기와 오퓔(Ophuls), 말(Malle), 몰리나로(Molinaro), 카르바니(Carvanni), 로제(Losey) 감독의 복고풍 영화들에서 비시 정권의 유산에 대한 문제가 일부 다루어졌다. 하지만 루소는 국가의 추모 정신과 함께 무엇이 '잘못되었는지'에 대해 전면적인 개요를 설명한 첫 역사가였다.

역사학계는 루소의 통찰력과 무엇보다도 중요한 그의 논지를 널리 환영했다. 특히 피에르 노라의 걸출한 모음집《기억의 장소》(Lieux de mémoire)에 글을 실었던 필리프 뷔랭은 루소의 작업을 우호적으로 인용했다. 마찬가지로 그것은 사회가톨릭계 잡지《에스프리》에 처음 게재된 비시와 레지스탕스의 역사서술에 관한 프랑수아 베다리다의 시론 정보를 암암리에 알려 준다. 파리 밖에서《비시 신드롬》은 프랑스사나 프랑스학 연구 영역에서 영어권 학문 못지않게 중요하다. 예를 들어 1995년《프랑스사 연구》(French Historical Studies)는 버트램 고든과 피에르 노라 등의 논문을 포함해 '비시 신드롬'의 문제에 대한 특집호를 기획했다. 곧 현대 프랑스 문명에 대한 문제는 집단 전쟁 기억에 관한 루소의 설명이 가지는 영향과 중요성에 관한 논쟁을 포함했다. 이렇게 해서 루소의 학문은 프랑스 역사학계의 엘리트들을 넘어 영어권 나라의 프랑스학 연구자와 학생 세대에게 영향을 미쳤다. 루소가 《비시 신드롬》에서 처음으로 표명했던 생각은 서유럽과 미국의 고등교육에서 널리 통용되었다. 여러 웹사이트와 학부 및 대학원 교과과정은 루소의 연구에서 처음 공식화된 문제들을 조사하고 토론했다.

루소 저작물의 인상 깊고 광범위한 영향에도 불구하고 전쟁 기억에 관한 그의 해석은 이론적·경험적 근거를 이유로 비판받았다. 이론적 문제점은 루소의 집단 기억 개념의 이용이다. 특별히 조직된 학제 간 세미나에서 루소에 응수했던 정치학자 마리클레르 라바브르는 루소가 집단기억(mémoire collective), 국가 기억(mémoire nationale), 단체 기억(mémoire de groupe), 공식 기억(mémoire officielle), 지배 기억(mémoire dominante) 등의 용어들을 과다하게 사용함으로써 나타나는 개념적 느슨함을 지적했다. 그는 루소의 기억 다루기와 그것의 다양한 형태에서 근본적 혼동이 있다고 보았다. 그것은 두 가지 매우 다른 현상, 즉 한편으로는 점령의 트라우마에 대한 지속적인 영향을 밝히는 왜곡된 행동의 정치적·사회적·문화적 징후와, 또 다른 한편으로는 이데올로기적 이유 때문에 과거에 대한 정치적 조작 사이의 구별을 희미해지게 한다. 전자는 현재의 과거에 대한 비중을 바라보는 가정에 근거하고 있는 반면 후자는 현재의 목적을 위해 과거에 대해 선택적·도구적 이용을 가정하고 있다. 《비시 신드롬》에서 루소가 증언한 바는 후자를 설명하는 경향이 있으나 전자의 측면에서 더 광범위하게 주제를 짜 맞추고 있다. 이러한 비판의 신랄함과 타당성을 고려해 루소는 1991년 라바브르의 박사 학위논문을 공동 편집하는 형식으로 단행본 《정치사와 사회과학》

(Histoire politique et sciences sociales)을 출판함으로써 깊은 존경심을 보여 주었다. 그러나 같은 책에서 그의 대답은 문제를 해명하지 못했고, (정치, 정신분석, 문화, 영화, 젠더) 이론의 역할은 2008년에 그가 역사, 정치사, 그리고 학제간 연구에 관한 한 권의 책을 공동 편집했지만 여전히 별로 중요하게 생각하지 않았다.

미국의 역사가 버트럼 고든은 다른 종류의 비판을 했다. 앞서 언급한 《프랑스사 연구》의 특집호에서 그는 루소 연구의 양상이 의미가 있고 통찰력이 있음에도 불구하고 비시에 관한 출판물의 경험 연구가 주장했던 시대구분을 반영하지 않았다고 주장했다. 프랑스의 출판 목록(Biblio, Bibliographie de la France, Bibliographie nationale 등)을 연구하던 고든은 1980~1990년대에 잠시 증가하긴 했지만 1940년대 말에 정점에 달했던 비시에 대한 관심은 그 후 비교적 낮아졌다는 설득력 있는 주장을 하고 있다. 그 주제가 그만큼 덜 관심을 받았던 동안에 약간의 의미 있는 '저점' 또는 '억압'이 있었다. 반대로 1970~1980년대의 출판 목록에는 그 주제에 대한 대중적 강박관념의 증거가 많이 보이지 않는다. 따라서 고든에게 그것은 논픽션 출판의 영역에서 '비시 신드롬'의 징후가 없었음을 입증하는 것이다.

고든의 비판은 루소가 지지한 구체적 학문 영역인 경험적 기반에 근거했기 때문에 루소에게 라바브르의 초기 개입보다 더 손상을 입혔다. 특히 고든의 연구는 《비시 신드롬》이 광범위한 실증적 자료를 망라하면서도 루소의 연구가 철저하지 못했다는 사실을 강조했다. 따라서 대개의 역사 및 역사서술 작업과 마찬가지로 그의 논지는 새로운 문헌 분석에 근거한 수정과 개정의 여지가 있다. 1995년 고든에 대한 루소의 대답은 논픽션 작업의 출판 주기와 관련한 고든의 증거가 정치 활동 방식, 문학 및 문화 논쟁 또는 영화 표상에 관한 그의 논지를 부적절하다고 판단하지 않았다고 주장했다. 답변이 타당함에도 여전히 원작의 개정을 시사했다. 역사적 기억에 대한 다른 시대구분법은 다른 표상 형태에 적용되어야 한다고 주장함으로써 루소는 자신의 논지를 약화시켰다.

다시 한 번 자신의 저서 《비시: 사건, 기억, 역사》에 관해 숙고하던 루소 역시 신드롬의 시대구분법이 장래에 개정할 필요가 있다는 점을 인정했다. 최근에 그는 1974년부터 현재까지 강박관념의 시기인 신드롬의 최종 장기 국면에 대한 애초의 접근법에 약간의 의혹을 표명했다. 이 문제에 대해 루소는 '강박관념' 단계가 너무 애매하다는 점을 인정했다. 더욱이 시간이 지나면서 이 강박관념 시기 역시 약 30년의 '신드롬'을 구성하면서 문제가 많아졌다. 이러한 경고 외에 루소는 자신의 본래 논지를 계속 옹호했다. 《비시 신드롬》의 저술이 루소에게 명료하면서도 저명한 공적 정체성을 제공했기 때문에 그가 자신의 책에 대한 논박에 참여하기를 기대하는 것은 순진한 일일 것이다.

학계를 넘어 비시의 기억에 관해 루소 논지가 단순화된 측면은 어떻게 프랑스가 자국의 역사 때문에 골머리를 썩었는지에 대한 설명처럼 거의 신화적 지위를 얻는 대중매체 토론의 일부가 되었다. 저널리스트들과 다른 논평자들은 루소의 핵심 개념을 재빨리 이해했고, 계속해서 그들은 어떻게 비시 정권이 논의의 대상으로 남게 되었는지를 설명하기 위해 루소의 핵심 개념을 단순화하고자 했다. 루소가 제기했던 '억압'과 '강박관념' 같은 주제들은 복잡한 사회정치학적 사건을 이해함으로써 설득력 있고 감동적인 방식을 제공했다. 그러나 루소가 자신의 박사 학위논문에서 글자 그대로 프랑스가 1960년대에 비시 문제에 대해 '침묵'했거나 또는 완전히 억압했다고 주장하지 않았다는 점은 중요하다. 대신에 루소는 훨씬 더 미묘한 용어로 경향과 추세를 말하고 자신의 주장을 완화하는 상세한 위험 부담을 이용하면서 '억압'의 역사를 보여 준다.

예를 들어 억압의 시기(1954~1968)에 관한 서술에서 루소는 차이를 다음과 같이 설명한다. "1960년대의 억압에도 불구하고 레지스탕스의 기억은 과거에 대한 드골주의적 해석으로 확립된 틀 내에서 광범위하게 논의되었다. 그러나 그런 서사적 시각은 당시에 우선권을 확립하지 못했고, 모든 의혹에 침묵할 수 없었거나 비통함을 뿌리 뽑을 수 없었다." 예를 들어 균형감각과 직업적 신중함이 이러한 인용구를 설명했음에도 불구하고 신드롬에 대한 대중화된 관점은 빠르게 대중의 상상력으로 재활용되었다.《비시 신드롬》을 읽은 많은 독자들에게 프랑스가 글자 그대로 '비시를 잊었고," 1980년대에 강박적 신경증으로 고통 받았다는 것은 분명해 보였다. 그의 작업이 신드롬의 일부가 되었다고 언급했던 루소는 그것의 영향이 갖는 측면을 아쉬워했다. 하지만 학계 다수 학자의 기여와 달리 루소의 저서는 고든의 논지를 받아들여 경험적으로 문제가 있는 방식을 어떻게 해서든 단순화할 수 있겠지만 프랑스가 어떻게 자신만의 역사를 경험했는지를 알게 해주었다.

《비시 신드롬》이 크게 성공하자 루소는 본래의 논지를 계속 확장하는 추가 저술을 펴냈다. 1994년에 저널리스트 에릭 코난과 공동연구로 출판된《비시: 사라지지 않는 과거》(Vichy: un pass qui ne passe pas)는 비시의 기억에 의해 형성된 현대의 스캔들과 위기들에 대한 평가로 연구의 범위를 확장했다. 이 책의 주요 부분은 제2차 세계대전 발발 40주년이 되는 시기인 1990~1994년에 벌어진 논쟁들에 초점을 맞춘 일련의 장들로 구성되었다. 맨 첫 장 '동계 경륜장 벨디브 급습 또는 불가능한 추모'는 1942년 7월 유대인들에 대한 대규모 집단 검거 추모와 프랑수아 미테랑 대통령에게 비시의 반유대주의 범죄를 공식적으로 인정하도록 압력을 가한 격렬한 캠페인에 대해 설명하고 있다. 다음의 장들은 프랑스 기록보관소의 사서들이 주요 문서를 연구자들에게 숨겼다는 주장, 전범인 폴 투비에의 재판, 점령기의 프랑수아 미테랑의 경험을 둘러싼 폭로를 다루었다.

루소와 코난은 이러한 일화들이 서로 연결되어 있음을 확인했다. 특히 그들은 비시로 인한 현대의 강박관념이 반유대주의, 프랑스 유대인의 역사, 홀로코스트의 양상과 관련된 문제들을 지나치게 부각시켰다고 적고 있다. 그들은 불행하게도 1960년대에는 이 문제들에 관심이 부족했던 반면 지금의 세대는 비시 정권이 반유대주의와 파시즘과 관련되었다고 믿도록 만들었다고 생각했다. 루소와 코난에게 프랑스 파시즘은 암울한 시대에 일조했으나 분명히 그것은 프랑스만의 특유한 점은 아니었다. 그들의 처지에서 볼 때 1990년대를 살아가던 사람들은 다른 주제들과 상이한 해석의 주제들을 희생해 가며 비시의 이러한 양상을 지나치게 강조했다. 《비시: 사라지지 않는 과거》를 통해 과학적으로 엄격한 논거를 제시한 최고의 자격을 가진 사람들이 비시의 역사를 냉정히 서술할 수 있도록 은연중의, 그리고 때로는 노골적인 요청이 있었다.

《비시: 사라지지 않는 과거》에서 나타난 경험적·실증적 경향은 1994년 루소의 두 번째 주요 저작으로 확인되었다. 파리국립기록보관소와 협력해 작업하면서 루소는 제2차 세계대전에 관련된 사료들에 대한 거의 완벽한 안내서를 공동 편집했다. 《제2차 세계대전: 프랑스의 보존 사료 안내서》(La Seconde Guerre mondiale: guide des sources conservées en France)는 공공기관(국립·도립 기록보관소)과 사설 또는 자선단체(도서관, 연구소, 전문박물관 등)에서 발견된 일차사료의 범위에 관한 정확한 정보를 모아 기념비적 연구를 시도했다. 1천 페이지를 넘어서는 이 책은 그 주제에 관한 서술에 관심을 가졌던 모든 연구자들에게 거의 완벽한 색인 역할을 했다. 학문의 도구로서 중요한 가치를 가졌던 이 책은 4개 장으로 구성되었고, 본질에 대한 논리적 구분과 그들이 언급했던 사료의 보존 장소에 근거했다. 매우 인상적인 이 책은 루소가 머리말에서 완벽한 목록이 되지 못했음을 인정할 때 짐짓 꾸민 겸손 이상의 뭔가가 있다. 이 안내서는 그 분야에서 이루어진 중요한 진전이었고, 의심할 여지없이 프랑스에서 제2차 세계대전의 경험을 연구하기를 원하는 모든 장래의 역사가들에게 경전이 되었다.

《비시 신드롬》이후 루소의 활동이 안내서의 주요 학문적 성취만큼이나 문제가 없었던 것은 아니다. 수년간 루소는 잘 아는 기고문들과 자신의 연구 결과에 대한 단순화된 토론을 제공하면서 특히 대중 언론에서 유명했다. 1997년에 루소는 '오브락 사건'(Aubrac affair)으로 알려진 사건의 피해가 진행되는 동안 잠시 그의 통제를 넘어 소용돌이쳤던 미디어와 관련된 문제들과 맞닥뜨렸다. 비시 정권에 대한 루소와 다른 저명한 역사가들은 잘 알려진 부부 레지스탕스 운동가 레몽과 루시 오브락(Raymon & Lucie Aubrac)을 인터뷰하러 리베라시옹 신문사에 초대되었다. 나이 지긋한 오브락 부부는 그들의 전쟁 기록에 불리하게 작용한 논란에 대한 제라르 쇼비 기자의 비난을 반박하고자 회의를 주선했다. 그러나 회의가 진행되자 루소와 다른 역사가들은 쇼비 논지에 대한 오브락 부부의 입장을 무시했을 뿐 아니라 동시에 이들 부부를 지지할 의향이 없다는 점을 분명히 밝혔다. 특히 그들은 부부 레지스탕스 운동가의 전후 출판물들이 인생 이야기 외에 다른 계산이 포함되어 있음을 큰 문제점으로 생각했다. 이 상반된 태도에 상처를 입은 오브락 부부는 불만스러워하며 회의장을 떠났다. 돌이켜 생각해 보면 이 토론에서 루소는 아직도 살아 있는 사람들이 기억하는 지극히 당연한 모순에 대해 인간적 고려를 하기보다 지나치게 현학적이고 학문적이며 무신경했다. 루소가 자신의 저작에서 사용했던 매우 명석하고 우아한 방식은 여기서 엄격한 실증주의적 말투로 나타났다. 많은 목격자에게 오브락 사건의 슬픈

결말은 루소 자신을 포함한 몇몇 학자의 직업적 평판을 떨어뜨렸다는 점이다.

10년 이상 중요한 연구 단위를 관리해 가며 작업을 하는 학자에게 흔히 있는 일이나 루소는 아직까지 세 번째 단독 논문을 발표하지 못하고 있다. 대신에 (미디어 활동과는 대조적으로) 그의 전문적 역사 연구는 모음집(본업 이외의 경제사 분야에 잠시 진출한 것을 포함해)을 편집하고, 시론을 기고하고, 학술 행사에 참석하고 조직하는 데 시간을 보냈다. 인터뷰 단편 모음집인 《과거에 대한 강박관념》(La Hantise du passé)은 1998년에 출판되었다. 이 책은 오브락 사건에 대한 사과가 아니라 반성의 기회를 제공했다. 여기서 약간의 새로운 자료가 소개되었다. 마찬가지로 이전에 출판된 논문들과 몇몇 장을 《비시: 사건, 기억, 역사》에 모았다. 이 책은 2001년에 출판되었고, 루소의 '교수 자격' 작업에 기반이 되었다.

같은 해 루소는 이전에 피에르 노라, 프랑수아 퓌레, 자크 르고프, 레지 드브레, 프랑수아 루아에가 거쳤던 존경받던 유산보존협회(Entretien du patrimoine) 회장직을 맡았다. 협회 회의에 제출된 문서들은 루소에 의해 편집되어 《역사에 대한 시선: 19세기 프랑스에서 유산 개념의 출현과 발달》로 출간되었다. 이 장의 머리말에서 지적했던 것처럼 다른 더 복잡한 역사적·정치적 프로젝트들이 착수되었다. 리옹의 두 대학 내 극우파 지식인들의 침투에 관한 루소의 연구는 2004년에 논문으로 발표되었다.(《리옹3대학 사건 기록: 장물랭대학의 인종주의와 홀로코스트 부정에 관한 보고서》) 이 연구는 어떻게 극우파 학자들이 학계에 일자리를 얻고 유지했는지에 관해 독특한 통찰력을 보여 준다. 루소가 유명한 '크세주' 시리즈에서 비시 정권에 대한 새로운 역사를 저술하기로 결심했을 때 그에게는 중요한 대중적 접촉이 이뤄졌다. 여기서 미묘한 차이의 결과가 나타났고, 프랑스어권 학생 세대의 정신을 형성하는 것과 같은 간단한 작업을 정교하게 했다. 200쪽밖에 되지 않는 책이지만 정확하고 공정하고 비판적인 평가를 쓰려던 루소의 생각과 예리함은 빛을 발했다. 간결함은 프랑스 역사가들이나 지식인들 사이에서 흔히 볼 수 있는 미덕이 아니다. 그러나 루소는 많은 동시대인들보다 훨씬 적은 공간을 달성했다. 연구 작업에서 만들어진 판단의 명석함은 연구자들이나 조교들, 학생들에게 상당히 영향을 끼쳤음을 의미한다. 확실히 루소는 비시 정권의 합법성, 페탱의 인기, 프랑스인들에 대한 국가폭력, 유대인 공동체, 프리메이슨, 공산주의자들, 레지스탕스 운동 같은 주요 쟁점을 피하지 않았다.

가끔 루소는 프랑스 바깥 미국과 영국의 유력한 대학 및 연구소들에서 논문을 발표할 뿐 아니라 여러 차례 방문교수로 오가며 시간을 보냈다. 그의 최근 연구의 초점(2003년 일련의 대중 강연에서 소개했던)은 1987년 클라우스 바르비의 재판과 그 사건을 녹화한 텔레비전의 역할에 대한 광범위한 영향에 맞춰졌다. 법학의 역사와 미디어 연구의 통찰력을 겸비하면서 현재 루소는 《비시 신드롬》에서 처음 얼버무리고 넘어갔던 주요 사건에 대해 간간하게 재평가를 시작하고 있다. 최근에는 여성사와 역사 표상에서의 젠더 역할에 관심을 가지고 있다. 마찬가지로 트라우마의 목격과 경험의 개념에 대한 재평가도 있다. 미디어, 특히 텔레비전의 영향력에 대해서도 큰 관심을 가지고 있다. 교훈을 암시하는 잘 알려진 루소의 주제들에 있어서 최근의 변화는 오브락 사건에서 배운 것이었다. 그것들은 루소를 동시대 세대 가운데에서 가장 혁신적인 학자들 가운데 한 명이고, 마찬가지로 루소가 암울한 시대와 그 시대의 복잡한 관계에 계속 매료되도록 한다는 사실을 분명히 보여 준다.

문지영 옮김

참고 자료

책

Un château en Allemagne: Sigmaringen 1944-1945 (Paris: Ramsay, 1980); republished as *Pétain et la fin de collaboration: Sigmaringen 1944-45* (Brussels: Editions Complexe, 1984).

La Collaboration: les noms, les thèmes, les lieux (Paris: MA Editions, 1987).

Le Syndrome de Vichy 1944-198-(Paris: Seuil, 1987; rev. and enlarged edn., 1990); 《비시 신드롬》(이학수 옮김, 휴머니스트, 2006).

Les Années noires: vivre sous l'Occupation (Paris: Gallimard, 1992).

La Seconde Guerre mondiale: guide des sources conservées en France, 1939-1945, by Brigitte Blanc, Henry Rousso, and Chantal de Tourtier-Bonazzi (Paris: Archives Nationales, 1994).

Vichy: un passé qui ne passe pas, by Eric Conan and Henry Rousso (Paris: Fayard, 1994; rev. and enlarged edn., Paris: Seuil, 1996).

La Hantise du passé: entretien avec Philippe Petit (Paris: Editions Textuel, 1998).

Vichy: l'événement, la mémoire, l'histoire (Paris: Gallimard, 2001).

Le Dossier Lyon III: le rapport sur le racism et le négationnisme à l'université Jean-Moulin (Paris: Fayard, 2004).

Le Régime de Vichy (Paris: PUF, 2007).

편집한 책

De Monnet à Massé: enjeux politiques et objectifs économiques dans le cadre des quatre premiers plans (1946-1965) (Paris: Editions du Centre national de la recherche scientifi que, 1986).

La Planifi cation en crises (1965-1985) (Paris: Editions du Centre national de la recherche scientifi que, 1987).

Histoire politique et sciences sociales, edited by Denis Peschanski, Michael Pollak, and Henry Rousso (Brussels: Editions Complexe, 1991).

Le Régime de Vichy et les Français, edited by François Bédarida and Jean-Pierre Azéma, with the collaboration of Denis Peschanski and Henry Rousso (Paris: Fayard, 1992).

La Vie des entreprises sous l'Occupation: une enquête à l'échelle locale, edited by Alain Beltran, Robert Frank, and Henry Rousso (Paris: Belin, 1994).

Stalinisme et nazisme: histoire et mémoire comparées, edited by Henry Rousso and Nicolas Werth (Brussels: Editions Complexe, 1999).

La Violence de guerre 1914-1945: approches comparées des deux confl its mondiaux, edited by Henry Rousso et al. (Brussels: Editions Complexe, 2002).

Le Regard de l'histoire: l'é mergence et l'é volution de la notion de patrimoine au cours du XXe siècle en France (Paris: Fayard, 2003).

La Fabrique interdisciplinaire: histoire et science politique, edited by Michel Offerlé and Henry Rousso (Rennes: Presses Universitaires de Rennes, 2008).

학술지 특집호

"Les guerres franco-françaises," edited by Henry Rousso, Jean-Pierre Azéma, and Jean-Pierre Rioux, *Vingtième siècle: revue d'histoire*, 5 (Jan.-Mar., 1985).

"Histoires d'Allemagnes," edited by Henry Rousso, Hinnerk Bruhns, and Etienne François, *Vingtième siècle: revue d'histoire*, 34 (April-June, 1992).

"Stratégies industrielles sous l'Occupation," edited by Henry Rousso and Dominique Barjot, *Histoire, économie et société*, 3 (1992).

"1945: Consequences and sequels of the Second World War," edited by Henry Rousso, David Dilks, and Peter Romijn, *Bulletin du Comité international d'histoire de la Deuxième Guerre Mondiale*, 27/28 (1995).

논문

"L'Organisation industrielle de Vichy," *Revue d'histoire de la Deuxième Guerre Mondiale*, 116 (October 1979): 27-44.

집필자

에릭 더스텔러 Eric R. Dursteler
브리검영대학(유타) 역사학과 교수. 2000년 브라운대학에서 박사 학위를 받았다.
지은 책으로 《여성 배교자: 근대 초 지중해의 개종과 경계》(Renegade women:
Conversion and Boundaries in the early Modern Mediterranean, 2010),
《콘스탄티노플의 베네치아인들: 근대 초 지중해의 민족, 정체성, 공존》(Venetians
in Constantinople: Nation, Identity and Coexistence in the Early Modern
mediterranean, 2006) 등이 있다.

로런스 하버드 데이비스 Lawrence Harvard Davis
노스쇼어커뮤니티칼리지(매사추세츠) 역사학과 교수. 코네티컷대학에서 〈조르쥬
르페브르: 역사가이자 대중적 지식인, 1928-1959〉으로 박사 학위를 받았고, 《혁명
프랑스 협회의 논문선 1750-1850》, 《노동》, 《캐나다 역사연보》에 프랑스와 유럽 지
성사에 관한 논문과 서평을 발표했다.

데니스 데이비드슨 Denise Z. Davidson
조지아주립대학 역사학과 교수. 프랑스혁명과 그 이후의 부부관계, 1780~1830년
부르주아 가족의 편지와 친족 관계에 관해 연구하고 있다. 지은 책으로 《혁명 이후
의 프랑스: 도시 생활, 젠더, 그리고 새로운 사회질서》(France after Revolution:
Urban Life, Gender, and the New Social Order, 2007) 등이 있다.

필립 데일리더 Philip Daileader
윌리엄앤메리칼리지(버지니아) 역사학과 교수. 중세 지중해 유럽, 특히 남
부 프랑스와 에스파냐의 사회사·종교사·문화사를 연구하고 있다. 지은 책으
로 《성 빈첸시오 페레리오, 그의 시대와 삶》(Saint Vincent Ferrer, His World
and Life: Religion and Society in Late Medieval Europe, 2016), 《진정
한 시민들: 1162~1397년 중세 페르피냥 공동체의 폭력과 기억, 정체성》(True
Citizens: Violence, Memory, and Identity in the Medieval Community of

Perpignan, 1162-1397, 2000) 등이 있다.

배리 랫클리프 Barrie M. Ratcliffe

라발대학(퀘백) 역사학과 교수. 파리 민중계급 단체들에 관해 연구하고 있다. 지은 책으로 《도시에 살기: 19세기 초반 파리의 민중계급》(Vivre la ville: les classes populaires à Paris, 2007) 등이 있다.

리어노어 로프트 Leonore Loft

뉴욕주립대학(프레도니아) 프랑스학 교수. 18세기 프랑스 지성사를 연구하고 있다. 지은 책으로 《열정, 정치, 철학: 브리소의 재발견》(Passion, Politics, and Philosophie: Rediscovering J.-P, Brissot, 2002) 등이 있다.

조엘 롤로코스터 Joëlle Rollo-Koster

로드아일랜드대학 역사학과 교수. 중세 말 교황청의 문화사회사를 연구하고 있다. 지은 책으로 《성 베드로 읽기: 빈 교구들과 폭력, 그리고 1378년 교회 대분열의 시작》(Reading Saint Peter: Empty Sees, Violence, and the Initiation of Great Western Schism, 1378, 2008), 《아비뇽 교황청의 사람들: 분류서와 노트르담라마주르의 명부에 관한 주해》(The People of Curial Avignon: A Critical Edition of the Liber Divisionis and the Matriculae of Notre Dame la Majour, 2009) 등이 있다.

피터 맥피 Peter McPhee

멜버른대학 명예교수. 프랑스혁명기 농촌 지역의 삶에 관해 연구하고 있다. 지은 책으로 《자유 또는 죽음: 프랑스혁명》(Liberty or Death: The French Revolution, 2016), 《로베스피에르: 혁명가의 삶》(Robespierre: A Revolutionary Life, 2013) 등이 있다.

로라 메이슨 Laura Mason

조지아대학 역사학과 교수. 테르미도르 반동 이후의 의회주의의 몰락과 그라쿠스 바뵈프의 재판에 관해 연구하고 있다. 지은 책으로 《프랑스혁명: 사료 모음집》(The French Revolution: A Document Collection, 1998), 《프랑스혁명을 노래하

기: 민중문화와 정치, 1787~1799》(Singing the French Revolution: Popular Culture and Politics, 1789-1799, 1996) 등이 있다.

프랑신 미쇼 Francine Michaud
캘거리대학 역사학과 교수. 중세 말 프로방스의 경제와 사회를 연구하고 있다. 지은 책으로《일자리 자부심: 흑사병 시대 마르세유의 노동조건과 관계》(Earning Dignity: Labour Conditions and Relations during the Century of the Black Death in Marseille, 2016),《시대의 한 징후: 13세기 말 마르세유에서의 가산을 둘러싼 가족의 위기》(Un Signe des temps: accroissements des crises familiales autour du patrimoine à Marseille à la fin du XIIIe siècle, 1994) 등이 있다.

제프리 보먼 Jeffrey A. Bowman
케년대학(오하이오) 역사학과 교수. 중세 에스파냐와 지중해 프랑스의 법, 사회, 신성(神聖)에 관해 연구하고 있다. 지은 책으로《이정표 옮기기: 1000년 경 카탈로니아 지방의 재산, 증거, 논쟁》(Shifting Landmarks: Property, Proof, and Dispute in Catalonia around the Year 1000, 2004) 등이 있다.

레아 쇼프코브 Leah Shopkow
인디애나대학(블루밍턴) 역사학과 교수. 서양 중세의 역사서술에 관해 연구하고 있다. 지은 책으로《랑베르 다르드르: 긴 백작들과 아르드르 영주들의 역사》(Lambert of Ardres: The History of the Counts of Guines and Lords of Ardres, 2001),《역사와 공동체: 11·12세기 노르만의 역사서술》(History and Community: Norman Historical Writing in the Eleventh and Twelfth Centuries, 1997) 등이 있다.

데이비드 스튜어트 David Stewart
힐스데일대학(미시간) 역사학 교수. 근대 초기 프랑스와 18세기 카탈루냐에 관해 연구하고 있다. 지은 책으로《근대 초 유럽의 동화와 문화접변: 프랑스와 루시용 1659-1715》(Assimilation and Acculturation in Early Modern Europe: France and Roussillon, 1659-1715, 1997) 등이 있다.

토머스 우스터 Thomas Worcester

홀리크로스칼리지(매사추세츠) 역사학과 교수. 근대 초기 프랑스와 이탈리아의 종교문화사를 연구하고 있다. 지은 책으로 《캠브리지 예수회 안내서》(The Cambridge Companion to the Jesuits, 2008), 《17세기 문화담론: 프랑스와 카뮈 주교의 설교》(Seventeenth-century Cultural Discourse: France and the Preaching of Bishop Camus, 1997) 등이 있다.

필립 월런 Philip Whalen

코스털캐롤라이나대학 역사학과 교수. 프랑스 지방사와 관련하여 여행, 음식, 민중 축제 그리고 부르고뉴 지방의 포도 농장에 관한 역사생태학을 연구하고 있다. 지은 책으로 《가스통 루프넬: 농민의 심성과 인문학》(Gaston Roupnel: âme paysanne et sciences humaines, 2001), 엮은 책으로 《편대 프랑스의 장소와 로컬리티》(Place and Locality in Modern France, 2014) 등이 있다.

제임스 윈더스 James A. Winders

애팔래치아주립대학 명예교수. 19~20세기 프랑스 문화사와 지성사를 연구하고 있다. 지은 책으로 《아프리카의 파리: 아프리카 디아스포라의 흐름》(Paris African, 2006), 《1848년 이후의 유럽 문화: 모던에서 포스트모던으로》(From Modern to Postmodern and Beyond: Rhythms of the African Diaspora, 2001), 《젠더, 이론, 그리고 정전》(Gender, Theory and the Canon, 1991) 등이 있다.

하비 치시크 Harvey Chisick

존스홉킨스대학에서 박사 학위를 받고, 이스라엘 하이파대학에서 강의하고 있다. 지은 책으로 《프랑스 혁명 초기 보수 신문의 생산, 배포, 그리고 독자층》(The Production, Distribution and Readership of a Conservative Journal of the early French Revolution, 1992), 《계몽사상에서 개혁의 한계들》(The Limits of Reform in the Enlightenment, 1981) 등이 있다.

케빈 캘러헌 Kevin J. Callahan

세인트조지프대학(코네티컷) 역사사회학과 교수. 지은 책으로 《시위 문화: 1889~1914년 유럽 사회주의와 제2인터내셔널》(Demonstration Culture:

European Socialism and the Second International, 1889-1914, 2010),《차이의 관점: 근대 프랑스의 정체성 만들기》(Views from the Margins: Creating Identities in Modern France, 2008) 등이 있다.

새뮤얼 캘먼 Samuel Kalman
프랑수아자비에르대학 유럽사 교수. 전간기 프랑스령 알제리에서 나타난 파시즘에 관해 연구하고 있다. 지은 책으로《전간기 프랑스의 극우파: 패소와 불의 십자군》(The Extreme right in Interwar France: The Faisceau and the Croix de Feu, 2008) 등이 있다.

월러스 커소프 Wallace Kirsop
모나시대학(클레이턴) 명예교수. 17세기 서지학과 독서의 역사, 1840년대 오스트레일리아 타스마니아 주의 문화적 삶에 관해 연구하고 있다. 지은 책으로《책의 공화국: 이안 윌리엄 기념논총》(The Commonwealth of Books : Essays and Studies in Honor of Ian Willison, 2007),《프랑스 문학사 저작목록》(The bibliography of French literary history: Progress, problems, projects, 1964) 등이 있다.

에밋 케네디 Emmet Kennedy
조지워싱턴대학 역사학과 교수. 프랑스혁명기 청각장애 교육의 기원, 제2차 세계대전 중 피레네산맥 일대의 난민 수용에 관해 연구하고 있다. 지은 책으로《프랑스혁명의 문화사》(A Cultural History of the French Revolution, 1989),《프랑스혁명기의 철학자: 데스튀 드 트라시와 '이데올로기'의 기원》(A Philosophe in the Age of Revolution: Destutt de Tracy and the Origins of 'Ideology', 1978) 등이 있다.

샤론 케터링 Sharon Kettering
몽고메리칼리지(메릴랜드) 역사학 교수를 지냈다. 근대 초 프랑스 법제사를 연구하고 있다. 지은 책으로《루이 13세 궁정에서의 권력과 명성: 뤼인 공작 샤를 알베르의 경력》(Power and reputation at the court of Louis XIII: The career of Charles D'Albert, duc de Luynes, 1578-1621, 2008),《1589~1715년의 프랑스

사회: 유럽 사회사》(French Society: 1589-1715: A Social History of Europe, 2001) 등이 있다.

마빈 콕스 Marvin R. Cox
코네티컷대학 역사학과 명예교수. 지은 책으로 《프랑스혁명의 역사적 위치》(The Place of the French Revolution in History, 1997), 《프랑스혁명 역사사전》(Historical Dictionary of the French Revolution, 1985) 등이 있다.

제임스 콜린스 James B. Collins
조지타운대학 역사학과 교수. 프랑스 초기 근대사를 연구하고 있다. 지은 책으로 《근대 초 프랑스의 국가》(The State in Early Modern France, 2009)가 있고, 《무정부의 히드라 죽이기: 근대 초 프랑스의 레스 푸블리카의 죽음》(Slaying the Hydra of Anarchy: The Death of the Res Publica in Early Modern France) 출간을 준비하고 있다.

조지프 텐들러 Joseph Tendler
세인트앤드루스대학(스코틀랜드) 박사후 연구원. 아날학파가 어떻게 공적·사적 논쟁의 대상이 되었는지를 밝히기 위해 영국, 프랑스, 독일, 이탈리아, 네덜란드, 미국 학자들의 민간 기록보관소에서 방대한 사료 연구를 진행했다. 지은 책으로 《아날학파의 반대자들》(Opponents of the Annales School, 2013)이 있다.

마크 포터 Mark Potter
와이오밍대학 역사학과 교수를 지냈으며 현재 메트로폴리탄주립대학(덴버) 재능개발센터 원장으로 근무하고 있다. 지은 책으로 《단체와 고객들: 프랑스의 공공재정과 정치적 변화, 1688~1715》(Corps and Clienteles: Public Finance and Political Change in France, 1688-1715, 2003) 등이 있다.

빌렘 프라이호프 Willem Frijhoff
암스테르담자유대학 역사학과 명예교수. 현재 네덜란드 국가 연구프로그램 '문화 동력과 문화유산'을 이끌고 있다. 파리 사회과학고등연구원 연구원(1971~1981), 로테르담 에라스뮈스대학 교수(1983~1997)를 지냈다. 지은 책으로 《전도의 소

명: 에베라르두스 보가르두스의 두 세계》(Fulfilling God's Mission: The Two Worlds of Dominie Everardus Bogardus, 1607-1647, 2007),《네덜란드 사회와 학위증서 1575-1814: 지식인의 지위에 관한 계열사 연구》(La societe neerlandaise et ses gradues, 1575-1814: Une recherche serielle sur le statut des intellectuels, 1981) 등이 있다.

휴고 프레이 Hugo Frey

영국 치체스터대학 역사학과 교수. 비시 프랑스의 집단기억과 탈식민지 전쟁에 관해 연구하고 있다. 지은 책으로《프랑스의 민족주의와 영화: 정치 신화와 필름 사건들》(Nationalism and the Cinema in France: Political Mythologies and Film Events, 1945-1995, 2016),《루이 말》(Louis Malle, 2004) 등이 있다.

제임스 프리구글리에티 James Friguglietti

하버드대학에서 박사 학위를 받고 프랑스혁명과 나폴레옹 시대를 연구했다. 지은 책으로《혁명사가 알베르 마티에즈, 1874~1932》(Albert Mathiez, historien révolutionnaire, 1874-1932, 1974),《근대 프랑스의 형성: 1715년 이후 프랑스사에 대한 저작들》(The shaping of modern France : writings on French history since 1715, 1969) 등이 있다.

발터 프리베니어 Walter Prevenier

헨트대학과 브뤼셀대학 역사학 교수를 지냈다. 부르고뉴령 네덜란드(14~16세기)의 사회문화사, 역사 및 사회과학의 방법론, 고문서학을 연구하고 있다. 지은 책으로《명예, 복수, 사회 소요: 저지대 부르고뉴 지방의 사면장》(Honor, Vengeance, and Social Trouble: Pardon Letters in the Burgundian Low Countries, 2015) 등이 있다.

크리스토퍼 플러드 Christopher Flood

영국 서리대학교 유럽학 교수. '민족주의·민족성·다문화주의연구소' 소장으로 있다. 프랑스 이데올로기와 현대 프랑스 지성사를 연구하고 있다. 지은 책으로《민족주의, 민족성, 시민권》(Nationalism, Ethnicity, Citizenship, 2011),《정치적 신화》(Political Myth, 2001) 등이 있다.

존 하비 John L. Harvey

세인트클라우드주립대학(미네소타) 역사학과 교수. 20세기 비교역사학과 트랜스내셔널 지성사를 연구하고 있다. 지은 책으로《인류의 공통 모험: 20세기 역사학자들과 대서양 정체성》(The Common Adventure of Mankind: Academic Historians and an Atlantic Identity in the Twentieth Century, 2010) 등이 있다.

패트릭 허튼 Patrick H. Hutton

버몬트대학(벌링턴) 역사학과 명예교수. 근대 프랑스 정치와 문화예술사를 연구하고 있다. 지은 책으로《필리프 아리에스와 프랑스 문화사의 정치학》(Philippe Ariès and the Politics of French Cultural History, 2004),《기억의 예술로서 역사》(History as an Art of Memory, 1993) 등이 있다.

리처드 홀브룩 Richard Holbrook

일리노이대학(시카고) 명예교수. 프랑스 근현대사를 중심으로 종교와 정치에 관해 연구하고 있다. 피에르 노라의《기억의 장소》영어판 번역 작업에 참여했다. 일리노이대학 기술발전연구소 부소장, 노스웨스턴대학 기술혁신센터 소장 등을 지냈다.

제임스 휘든 James Whidden

캐나다 아카디아대학 역사학과 교수. 주로 이집트 식민지배 문제를 중심으로 대영제국 사회문화사와 이집트의 1919년 정치 세대에 관해 연구하고 있다. 지은 책으로《이집트의 군주제와 근대성》(Monarchy and Modernity in Egypt: Politics, Islam and Neo-Colonialism Between the Wars, 2013) 등이 있고,《아프리카역사 백과사전》,《옥스퍼드 대영제국사》집필에 참여했다.

옮긴이

김응종 충남대 사학과 교수. 프랑슈콩테대학 대학원에서 〈뤼시앵 페브르와 역사〉로 박사 학위를 받았다.

김정인 서울대 서양사학과 강사. 파리4대학 대학원에서 〈프랑스 19세기의 '좋은 선생님들': 초등교사 포상제도 문서를 통해 살펴본 5세대의 남녀 교사들〉로 박사 학위를 받았다.

문지영 숙명여대 역사문화학과 교수. 프랑스 사회과학고등연구원에서 〈양차대전기 프랑스의 전력노동자와 노동조합주의〉로 박사 학위를 받았다.

박윤덕 충남대 사학과 교수. 파리1대학 프랑스혁명사연구소에서 〈제헌국민의회기의 농촌소요와 농민운동〉으로 박사 학위를 받았다.

백인호 서강대 사학과 교수. 파리1대학 대학원에서 〈프랑스혁명 하의 센에와즈도의 종교사회사 연구〉로 박사 학위를 받았다.

성백용 한남대 역사교육과 교수. 서울대학교 대학원에서 〈14세기 후반~15세기 초 프랑스 왕정과 북부 도시들의 반란〉으로 박사 학위를 받았다.

양희영 서울여대 사학과 교수. 서울대학교 대학원에서 〈프랑스혁명기 툴루즈와 지방혁명의 자율성〉으로 박사 학위를 받았다.

이용재 전북대 사학과 교수. 파리1대학 대학원에서 〈직능노조주의와 산업노조주의: 프랑스 건설노동자들의 조합이념〉으로 박사 학위를 받았다.

임승휘 선문대 역사문화콘텐츠학과 교수. 파리4대학 대학원에서 〈17세기 초 프랑스 가톨릭교도들의 정치사상〉으로 박사 학위를 받았다.

찾아보기